U0925395

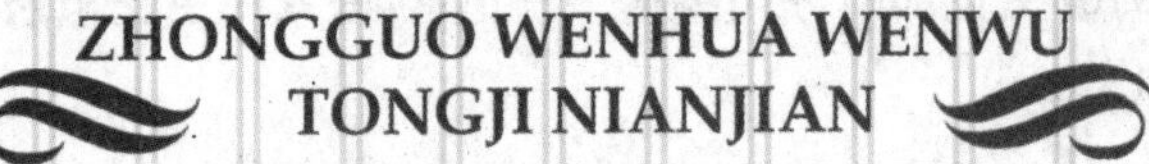

中国文化文物统计年鉴

文化部财务司　编著

2010

國家圖書館出版社

图书在版编目(CIP)数据

中国文化文物统计年鉴.2010/文化部财务司编著. —北京:国家图书馆出版社,2010.9

ISBN 978-7-5013-4404-8

Ⅰ.①中… Ⅱ.①文… Ⅲ.①文化事业—统计资料—中国—2010—年鉴 ②文物工作—统计资料—中国—2010—年鉴 Ⅳ.①G12-66 ②K87-66

中国版本图书馆 CIP 数据核字(2010)第 163230 号

责任编辑:金丽萍　王明亮

书名　中国文化文物统计年鉴(2010)

著者　文化部财务司　编著

出版　国家图书馆出版社(原北京图书馆出版社)

(100034 北京市西城区文津街 7 号)

发行　010-66139745　66151313　66175620　66126153

66174391(传真)　66126156(门市部)

E-mail　btsfxb@nlc.gov.cn(邮购)

Website　www.nlcpress.com→投稿中心

经销　新华书店

印刷　河北三河弘翰印务有限公司

开本　880×1230(毫米)　1/16

印张　39.5

字数　1500(千字)

版次　2010 年 9 月第一版第一次印刷

书号　ISBN 978-7-5013-4404-8

定价　180.00 元

《中国文化文物统计年鉴》编委会

说　　明

《中国文化文物统计年鉴(2010)》是一部最具权威性的有关文化及相关产业的统计资料。

本年鉴共分为两大部分:历史资料和年度资料。

历史资料是根据文化部历年统计报表以及各省、自治区、直辖市文化主管部门补报的1966年至1977年文化事业统计数据,并搜集有关部门的文化事业统计资料整理汇编而成。

年度资料是根据各省、自治区、直辖市及各计划单列市、省辖市文化主管部门报送的2009年文化及相关产业统计年报和文化部对外文化联络(港澳台)司的有关报表整理编印。本年鉴尚缺香港、台湾、澳门资料。

年鉴中“——”表示数字为零,“…”表示缺资料。

本年鉴的出版发行工作,得到了各级文化主管部门以及有关部门的大力支持,在此我们表示衷心的感谢!

年鉴中若有遗漏和不足之处,请同志们批评、指正,以便在内容上不断完善和充实。

编　　者
2010年9月

目　录

历史资料

年度资料

(一) 综合部分

(二) 艺术业

(三)图书馆业

(四)群众文化业

(五)文化市场经营机构

(六)文化市场执法机构

(七)教育、科技及其他

(八)文物业

(九)非物质文化遗产保护

排序资料

附　　录

2009年全国文化建设概述

2009年是新中国六十华诞，是举国同庆、喜庆祥和的一年，也是我国克服国际金融危机，实现经济形势总体回升向好，国际影响力极大提升的一年。一年来，全国文化系统认真贯彻落实党中央、国务院的总体部署，紧紧围绕党和国家的工作大局，以新的文化发展理念为统领，以推进文化大发展、大繁荣为目标，全面推进文化建设，各项工作取得新的进展。

一、全国文化单位机构和人员稳步增长

截至2009年底，全国共有各类文化单位、机构30.58万个，从业人员198.42万人。分类看：

全国共有各类艺术表演团体6139个，从业人员20.8万人。从业人员中，中级职称39 614人，占总人数的19.0%；高级职称20 196人，占9.7%。其中，文化部门所属的艺术表演团体2644个，从业人员13.7万人。

全国共有各类艺术表演场所2137个，从业人员4.6万人。从业人员中，中级职称3274人，占总人数7.1%；高级职称1042人，占2.2%。其中，文化部门所属的艺术表演场所1499个，从业人员2.8万人。

全国共有公共图书馆2850个，从业人员5.3万人。从业人员中，中级职称16 724人，占总人数31.6%；高级职称4177人，占总人数7.9%。其中，县级图书馆共有2491个，从业人员3.0万人。

全国共有文化馆（群众艺术馆）3223个，从业人员5.1万人。其中，县级文化馆2862个，从业人员4.0万人。在县级文化馆从业人员中，中级职称11 237人，占总人数27.9%；高级职称2519人，占6.3%。全国共有文化站38 736个，从业人员8.6万人。其中乡镇文化站33 378个，从业人员7.2万人。在乡镇文化站从业人员中，中级职称7785人，占总人数10.8%；高级职称1394人，占1.9%。

全国共有文物机构4842个，从业人员10.2万人。其中博物馆2252个，从业人员6.0万人。在博物馆从业人员中，中级职称

8324人，占总人数13.9%；高级职称3680人，占6.1%。

全国文化市场经营机构24.0万个，从业人员129.5万人；艺术创作机构306个，从业人员0.2万人；艺术科研机构210个，从业人员0.3万人；艺术展览机构43个，从业人员0.1万人，其中美术馆29个，从业人员0.1万人。

二、文化发展环境和条件进一步改善

近年来，党中央国务院高度重视文化建设，2006年9月，我国第一个关于文化建设的中长期规划《国家“十一五”时期文化发展规划纲要》颁布，文化发展被纳入国家发展的总体战略加以统筹规划。党的十七大报告明确指出要大力发展文化产业，推动社会主义文化大发展大繁荣，提出了一系列加强文化建设的新论断、新思路、新要求，极大鼓舞了全社会参与文化建设的热情。2009年，为加快文化产业发展，国家颁布了《文化产业振兴规划》，该规划的颁布，标志着我国已经把文化产业发展作为一个战略性的产业提升到了国家战略层面。各级党委政府对文化建设的重视程度也在不断提高，文化工作、文化建设的环境和条件大为改善，人民的文化权益得到了更好保障。

(一)全国文化事业费稳步增长

2009年，全国文化事业费(财政拨款)292.32亿元，占国家财政总支出的0.4%，比上年增加44.28亿元，增长17.9%。分地区看，文化事业费超过10亿元的地区有8个，分别是：广东(22.62亿元)、浙江(21.07亿元)、上海(17.96亿元)、江苏(15.64亿元)、北京(13.91亿元)、山东(12.74亿元)、四川(11.82亿元)、辽宁(10.39亿元)。

文化事业费增长速度超过20%的省份有16个。其中，增幅最高的为青海省，增长73.1%，其次为湖南和吉林，分别增长57.7%和50.0%。

2009年，全国人均文化事业费为21.9元，比上年增加3.22元，同比增长17.2%。分地区看，人均文化事业费超过30元的省份有8个，分别是：上海(93.51元)、北京(79.24元)、天津(48.38元)、青海(45.88元)、西藏(44.69元)、浙江(40.68元)宁夏(39.44元)、内蒙古(37.50元)。

人均文化事业费增长速度超过20%的有16个地区。增幅最高的为青海省，增长72.1%，其次为湖南和吉林，分别增长57.1%和49.7%。

(二)文化投入继续向农村和西部地区倾斜

2009年，农村文化投入86.03亿元，比上年增加19.44亿元，增长29.2%；城市文化投入206.29亿元，比上年增加24.84亿元，增长13.7%。

2009年，西部地区文化投入70.15亿元，比上年增加11.39亿元，增长19.4%；中东部地区文化投入222.17亿元，比上年增加32.89亿元，增长17.4%。

（三）各项重大文化项目稳步推进

乡镇综合文化站建设：根据《全国"十一五"乡镇综合文化站建设规划》，"十一五"期间，中央计划投入39.48亿元补助全国2.67万个乡镇综合文化站建设项目，到"十一五"末，基本实现"乡乡有综合文化站"的建设目标。截至2009年底，文化部和国家发展和改革委员会已安排中央预算内资金21亿元，其中中西部地区20.53亿元。

为配合各地乡镇综合文化站建设工程的实施，文化部、财政部从2008年起增设了乡镇文化站内容建设专项资金，重点是改善现有文化站设备陈旧状况，完善其服务功能，并为新建文化站添置必要的设备器材，以消除文化站"空壳"现象。2008年至2009年中央财政连续两年安排专项经费7.43亿元，为中西部22个省（区、市）已建成且达标的10 871个乡镇文化站购置基本业务设备和共享工程设备。

全国文化信息资源共享工程建设：按规划，中央财政计划从2007年到2010年累计安排资金24.76亿元，建成以数字资源建设为核心，多种传播方式为手段，资源丰富、覆盖城乡的数字文化服务体系，保证县有支中心，乡有基层服务点，努力实现"村村通"。2007年至2009年中央财政已累计安排资金20.71亿元。

流动舞台车配置：从2005年到2010年，中央财政计划安排资金3亿元，为基层剧团和文化机构配备流动舞台车，改善剧团等文化机构的服务条件。截至2009年底已为基层配送流动舞台车804台。这些流动舞台车深入城乡，开展灵活多样的文化服务，受到基层群众的欢迎和好评。

（四）公共文化设施建设成绩显著

2009年，全国文化（文物）系统建设项目10 173个，比上年增加5732个；计划总投资560.62亿元，比上年增长47.3%；计划施工面积（建筑面积）1309.01万平方米，增长32.6%；本年到位资金136.26亿元，增长80.3%，其中国家预算内资金95.2亿元，增长110.9%，占本年到位资金的70.0%。全国竣工项目4925个，比上年增加3663个；竣工面积339.9万平方米，增长60.0%。本年完成投资120.46亿元，增长71.4%。

2009年，全国文化建设项目9809个，比上年增加5614个；计划总投资367.9亿元，增长43.0%；计划施工面积（建筑面积）1015.9万平方米，增长35.7%；本年到位资金98.2亿元，增长82.9%，其中国家预算内资金64.6亿元，增长128.2%，占本年到位资金的65.8%。本年完成投资为81.67亿元，比上年增加37.21亿元，增长83.7%。全国文化竣工项目4842个，竣工面积284.1万平方米。

在文化建设项目中，全国有185个公共图书馆建设项目，占文化建设项目的1.9%；建筑面积占文化建设项目的15.5%；完成投资占文化建设项目的15.3%。

全国有8958个群众文化建设项目，占文化基建项目的91.3%；建筑面积占文化建设项目的36.5%；实际完成投资占文化建设项目的29.3%。

2009年，全国文物建设项目总数为364个（不含文物维修项目），比上年增加118个；计划总投资192.8亿元，比上年增加69.4亿元，增长56.2%；施工面积（建筑面积）293.1万平方米，比上年增加54.5万平方米，增长22.8%。本年到位资金38.1亿元，比上年增加16.3亿元，增长74.8%；其中国家预算内资金30.6亿元，比上年增加13.8亿元，增长82.1%，占本年到位资金的80.3%。本年完成投资38.8亿元，比上年增加12.9亿元，增长50.3%。全国文物竣工项目83个，竣工面积55.86万平方米。

在文物建设项目中，有205个博物馆建设项目，比上年增加46个，占文物建设项目的56.3%。博物馆建设面积197.1万平方米，占文物建设项目的67.3%。国家预算内资金22.92亿元，占文物建设项目的74.7%；本年实际完成投资32.04亿元，占文物建设项目的82.6%。2009年，全国共有44个博物馆项目建成，竣工面积31.6万平方米。

2009年，全国竣工的亿元以上的文化（文物）设施项目有12个，分别是：武汉琴台艺术中心二期音乐厅、福建大剧院、鄂尔多斯大剧院、东营市广饶县图书档案综合馆、大连市西岗区市民文化活动中心、湖南省群众艺术馆新馆、秦皇岛市文化广场、厦门市同安区文化中心、浙江美术馆、杭州碑林（孔庙）扩建工程、江西省文物库房、扬州中国雕版印刷博物馆。

三、城乡文化生活丰富多彩

以新中国成立60周年为契机，文化部继续加强对艺术创作的规划和引导，创新艺术管理手段，文艺事业发展再上新台阶。圆满完成了创作演出大型音乐舞蹈史诗《复兴之路》，成功举办了“向祖国汇报——庆祝新中国成立六十周年献礼演出”、“向祖国汇报——新中国美术六十年”大型美术展览和国家重大历史题材美术创作工程作品展览等一系列大型庆祝活动，为祖国的六十年华诞营造了欢乐、喜庆的节日氛围；继续实施“国家昆曲艺术抢救、保护和扶持工程”，成功举办了第四届中国昆剧节，集中展示了一批传统的昆曲剧目和新创剧目，表彰奖励了一批昆曲优秀理论工作者；继续组织实施“全国重点京剧院团扶持工程”，采取多种形式培养京剧人才，资助11个国家重点京剧院团赴11个国家和地区演出，完成了333场进校园演出；继续深入开展高雅艺术进校园活动，共为近30万学生演出154场，提高了青少年学生的艺术修养；成功组织了四川汶川特大地震一周年慰问演出和“西藏民主改革50周年演出周”等活动，受到了基层群众的广泛好评。

2009年,全国6139个艺术表演团体全年原创首演剧目1578个。全年共演出120.1万场,国内观众达到8.2亿人次。其中,到农村演出74.1万场,占总演出场次的61.7%。

艺术表演团体中,文化部门的艺术表演团体2644个,全年原创首演剧目1209个。全年共演出44.9万场,平均每团演出170场,国内观众达到4.5亿人次。其中到农村演出26.2万场,占总演出场次60.6%。文化部门县级剧团全年原创首演剧目603个,共演出27.1万场,观众人次2.83亿,其中到农村演出19.6万场,占总场次72.3%,观众2.18亿人次,占77.0%。

2009年,全国2137个艺术表演场所共演(映)出60.6万场次,观众人次1.2亿。其中,文化部门1499个艺术表演场所共演出64.1万场次,观众人次7493万。文化部门县级艺术表演场所共演出9.4万场,观众人次2663万。

四、全国公共文化服务体系进一步完善

公共文化设施管理和业务评估体系进一步完善。文化部下发了《乡镇综合文化站管理办法》,研究起草了《文化馆管理办法》、《城市社区文化设施管理办法》、《公共图书馆服务标准》等一系列规范性文件;参与全国文化先进单位(县)评选表彰工作,开展了第四次公共图书馆评估定级工作。

文化部贯彻落实中央领导同志指示精神,召开"城市街区24小时自助图书馆系统"现场会,推广深圳市以科技创新推进服务创新的重要经验。在浙江嘉兴召开全国农村图书馆服务网络建设工作经验交流会,推动建立和完善以县图书馆、乡镇综合文化站、村文化室为主体的农村公共图书馆服务网络。与教育部、科技部联合下发《关于进一步加强文献信息资源共建共享服务基层的意见》,努力建立健全跨系统的"图书馆联盟"、"图书馆联合体"等机制,实现文化、教育、科技系统文献信息资源共建共享。积极推广图书馆总分馆制、流动图书馆和自助图书馆模式。

2009年,全国公共图书馆总藏量共有5.9亿册(件),比上年增加3457万册(件),增长6.3%;全国公共图书馆新购藏量2939万册,比上年增加88万册,增长3.1%。全国公共图书馆购买报刊种类89.2万种。全年共发放借书证1749万个,比上年增加295万个,增长20.3%。全国千人拥有借书证13.1个,比上年增加2.2个,增长20.2%。流通总人次为3.33亿人次,比上年增加40 269万人次,增长14.3%。其中,书刊文献外借1.3亿人次和2.6亿册次,分别比上年增加了1026万人次和2729万册次,分别增长8.4%和11.8%。

全国公共图书馆充分利用网络技术,丰富服务手段。全国共有电子阅览终端72 150

台,比上年增加了19 195台,增长36.25%。2009年,全国公共图书馆为读者举办各种活动5.52万次,共有2550万人次参加。其中,组织各类讲座31 277次,601万人参加;举办9296次展览,1800万人次参观;举办培训班14 619个,149万人次参加。

2009年,全国群众文化机构41 959个,共举办展览11.03万场,增长9.3%;组织文艺活动55.5万次,增长17.2%;组织各类理论研讨活动和讲座次数1.1万次;举办各类训练班30.5万班次,增长1.7%;结业人次1593万人次。全国群艺馆、文化馆、文化站的藏书达1.39亿册。

全国群众文化单位注重自身建设,加强业余文化辅导,配置了84 347台计算机,对公众开放了33.6万平方米的阅览室,比上年增加10.5万平方米,增长45.5%。全国共有馆办文艺团体5260个,演出7.5万场;指导农村集镇文化中心21 344个,文化户64.1万个,群众业余文艺团体26万个,馆办老年大学776个。

五、文化市场进一步活跃

2009年,文化部先后下发了《关于加强指导综合执法工作的通知》、《关于加强综合执法制度建设的通知》、《关于进一步加强游艺娱乐场所管理的通知》、《关于加强网络游戏虚拟货币管理工作的通知》等文件,加强文化市场管理,促进文化市场的健康持续发展。相继开展了净化社会文化环境、整治互联网低俗之风、网络动漫市场专项整治行动,为新中国成立60周年创造了和谐稳定的社会文化环境,文化市场进一步活跃繁荣。

2009年,全国文化市场经营单位23.96万家,从业人员129.49万人,全年营业总收入968.79亿元,营业利润总额349.89亿元。其中,演出经纪机构1237家,全年组织演出场次5.27万场,观众人次1.19亿人次;娱乐场所8.22万家,从业人员63.68万人;经营性互联网文化单位161个,日均访问量6496万人次;互联网上网服务营业场所(网吧)13.8万家,计算机终端数1131.52万台;艺术品经营机构2319个,从业人员8942人。

全国省、市、县三级文化市场执法机构共有2702个,从业人员21 439人。机动执法车辆2357辆,数码取证设备2550台,执法通讯设备1858台,影视鉴定设备532台。

六、文化产业持续健康快速发展

据国家统计局初步核算,2009年文化及相关产业增加值为8400亿元左右,比2008年增长10%,快于同期GDP的现价增长速度3.2个百分点,占同期GDP初步核算数的比重为2.5%左右,比2008年提高了0.07个百分点。

2009年,为贯彻《文化产业振兴规划》,文化部发布了《关于加快文化产业发展的指导意见》和《文化产业投资指导目录》，明确了“十二五”时期文化产业总体发展目标，提出了文化产业的十个发展方向和发展重点、十项主要任务和十条保障措施，对社会资本进入文化产业进行了积极的引导和规范。

文化产业博览会成功举办，成交活跃。第五届中国(深圳)国际文化产业博览交易会克服金融危机影响，逆势而上，创历史最好成绩。观众人数达357.69万人次，总成交880.69亿元，同比增长25.4%。

金融工具支持文化产业发展全面启动。文化部与中国银行签订《支持文化产业发展战略合作协议》，与中国进出口银行签订了《关于扶持培育文化出口重点企业、重点项目的合作协议》。经过征集和评审，分别向中国银行和中国进出口银行推荐文化产业贷款项目32个和15个，贷款额近80亿。

鼓励扶持中国文化产品和服务走出去，扩大中华文化影响力。联合有关部门对列入2007—2008年度《国家文化出口重点企业目录》的企业进行联合评审，对84个企业给予总额5800万元的奖励，其中文化企业39家，获奖金2250万元。联合商务、广电、新闻出版等部门共同评定了2009—2010年度《国家文化出口重点企业目录》和《国家文化出口重点项目目录》，出台《关于进一步支持文化出口重点企业和重点项目的指导意见》。积极参加第五次“中国—西班牙论坛”、“东京国际动漫节”等活动，组织举办了“中国—东盟文化产业论坛”、“中国吉林国际动漫游戏论坛”，促进文化产业对外交流。

七、文化遗产保护事业取得新突破

第三次全国文物普查稳步推进。截至2009年12月15日，中央和地方各级财政累计已投入文物普查经费10.43亿元，全国各级文物普查机构共投入人员4.7万人，全国实地文物调查启动率为99.7%，完成率95.8%；共调查登记不可移动文物89.2万处，其中新发现65.17万处，复查24.03万处。工业遗产、乡土建筑、20世纪遗产、文化线路、文化景观等新型文化遗产在普查中得到充分重视，山东、浙江、福建、广东、海南等水下文物普查工作取得阶段性成果。

考古和大遗址保护工作稳步开展。南水北调东、中线文物保护方案业经批复，核定投资5.3亿元，保证了考古工作的顺利开展；国家水下文化遗产保护中心正式挂牌成立，“南海Ⅰ号”、“华光礁Ⅰ号”、“南澳Ⅰ号”等水下考古和文物保护工作有序开展；良渚遗址、牛河梁红山遗址、大明宫遗址、隋唐洛阳城遗址等考古遗址公园建设也在陆续启动。

全国博物馆免费开放工作顺利开展。中央财政安排免费开放专项经费20亿元，重点补助地方博物馆、纪念馆免费开放所需资金，鼓励改善陈列布展和举办临时展览，支持重点博物馆、纪念馆提升服务能力。

2009年全国免费开放博物馆、纪念馆总数达到1749个，全年参观人次2.47亿人次。

2009年，全国文物业4842个机构共有文物保管品、藏品2680.27万件(套)；共举办陈列展览1.6万个；参观人次达4.32亿人次，比上年增加0.78亿人次，增长22.0%。

大力加强非物质文化遗产保护工作。2009年6月，按照《国家级非物质文化遗产项目代表性传承人认定与管理暂行办法》规定的标准和程序，公布了第三批国家级非物质文化遗产代表性传承人共711名，加上前两批公布的777名，目前国家级非物质文化遗产项目代表性传承人共1488名。

进一步推进文化生态区建设，召开了“文化生态保护区建设研讨会”，理清了文化生态保护区建设的思路，为生态区的建设和发展确定了目标和方向；指导各地兴建了一批非物质文化遗产保护基础设施。

八、艺术科研教育工作有了新进展

积极开展文化科技创新工作。2009年组织举行了第三届“文化部创新奖”评审工作，共有129个项目进行申报，参评项目涉及文物保护和非物质文化遗产传承、博物馆和图书馆建设的科技进步、社会文化服务和文化市场管理、文化体制机制改革和艺术人才培养等多方面内容，最终“中国盲人数字图书馆网站建设”等20个项目荣获文化部创新奖，“徽州文化生态保护的创新与实践”荣获文化部创新特等奖。

艺术科研工作切实加强。2009年，全国共有文化文物科研机构314个，比上年增加21个，增长7.2%。有中高级职称的科研人员3770人，占从业人员总数的51.8%。全年完成科研项目502个，其中获国家奖54个，占项目总数的10.8%；获省部级奖187个，占项目总数的37.3%。

艺术教育工作稳步推进。2009年，全国文化部门共有各类教育机构158个，共招生29 079人，毕业20 918人，在校生88 630人，培训干部4791人。其中，高等艺术院校招生11 745人，毕业9183人，在校生35 761人；中等专业学校招生14 887人，毕业9628人，在校生46 585人。

九、对外和对港澳台文化交流不断加强

2009年，我国对外文化交流突出重点，借助重大外事活动平台，举办大型文化交流活动，扩大中华文化影响。积极配合纪念中美建交30周年、中俄建交60周年、中朝建交60周年以及上合组织元首峰会、亚欧首脑峰会等重大活动，组织举办高规格、高水平的演出、展览、晚会，营造出良好的外交氛围；圆满组织欧罗巴利亚中国艺术节、中朝友好年、日本中国文化节、中泰一家亲、尼泊尔中国节、中非文化聚焦、阿拉伯海湾中国艺术节、亚洲艺术节等活动，在国际上全面深入

地展示了中国文化形象。

对港澳台文化交流活动有声有色。积极配合中央对台工作大局，积极开展对台文化交流活动，大力推动文化入岛交流。2009年北京故宫与台北“故宫博物院”联合办展，“两岸非物质文化遗产月”的成功举办，形成了两岸官方共同支持和推动两岸文化交流的良性格局；坚持“立足主流，面向青少年，着眼长远，以文化认同促进港澳与内地融合”的工作策略，大力推动中华文化在港澳地区的传播，加强内地与港澳文化主管部门的沟通与联系，积极推动港澳地区参与国家文化外交活动及文化交流活动。

历　史　资　料

全国文化事业机构数

单位:个

年份	艺术表演团体	艺术表演场所	博物馆	公共图书馆	群众艺术馆	文化馆	文化站	中等艺术学校
1949年	1 000	891	21	55	——	896	——	1
1952年	2 084	1 510	35	83	——	2 430	4 107	4
1957年	2 884	2 296	72	400	——	2 748	——	29
1962年	3 320	2 249	230	541	61	2 514	1 192	46
1965年	3 458	2 943	214	562	62	2 598	2 125	51
1970年	2 541	1 432	182	323	29	2 303	1 794	14
1975年	2 836	1 464	242	629	81	2 589	2 717	49
1978年	3 150	1 095	349	1 218	92	2 748	1 729	71
1980年	3 533	1 444	365	1 732	218	2 912	25 273	69
1985年	3 317	1 377	711	2 344	335	2 965	52 858	102
1986年	3 195	2 058	777	2 406	337	2 993	53 519	113
1987年	3 094	2 148	827	2 440	348	2 973	52 867	116
1988年	2 985	2 081	903	2 485	358	2 975	52 923	116
1989年	2 850	2 050	967	2 512	366	2 955	51 910	121
1990年	2 805	1 955	1 013	2 527	366	2 955	52 435	111
1991年	2 772	2 068	1 075	2 535	371	2 894	51 959	122
1992年	2 753	2 037	1 106	2 558	372	2 900	48 375	126
1993年	2 707	2 024	1 130	2 572	370	2 886	46 212	129
1994年	2 698	1 998	1 161	2 589	374	2 887	46 619	129
1995年	2 684	1 918	1 194	2 608	373	2 886	45 038	131
1996年	2 664	1 934	1 219	2 620	392	2 892	41 969	130
1997年	2 663	1 947	1 282	2 628	385	2 901	42 163	137
1998年	2 652	1 929	1 339	2 652	386	2 901	42 547	135
1999年	2 632	1 911	1 363	2 669	389	2 905	42 543	141
2000年	2 630	1 863	1 384	2 677	390	2 907	42 024	137
2001年	2 605	1 854	1 454	2 696	399	2 842	40 138	142
2002年	2 587	1 829	1 504	2 697	389	2 854	39 273	131
2003年	2 601	1 900	1 507	2 709	382	2 846	38 588	121
2004年	2 759	1 928	1 548	2 720	380	2 841	38 181	129
2005年	2 805	1 866	1 581	2 762	447	2 841	38 362	120
2006年	2 866	1 839	1 617	2 778	395	2 819	36 874	121
2007年	2 492	1 732	1 722	2 799	411	2 806	37 384	121
2008年	2 551	1 662	1 893	2 820	389	2 829	37 938	117
2009年	2 494	1 499	2 252	2 850	361	2 862	38 736	107

全国艺术表演团体分剧种机构数

单位:个

年　份	总　计	话剧、儿童剧、滑稽剧团	歌　剧、舞 剧、歌舞剧团	歌舞团、轻音乐团	乐　团合唱团	文工团、文宣队、乌兰牧骑	戏曲剧团		曲、杂、木、皮团
								京　剧	
1949年	1 000	…	…	…	…	…	860	…	…
1952年	2 084	…	…	…	…	255	1 706	350	123
1957年	2 884	100	103	…	…	13	2 406	…	262
1962年	3 320	78	113	…	15	91	2 450	249	647
1965年	3 458	94	102	…	14	212	2 318	230	725
1970年	2 541	52	93	…	7	932	1 293	226	156
1975年	2 836	58	113	…	4	1 225	1 253	243	183
1978年	3 150	76	116	…	7	959	1 726	239	266
1980年	3 533	100	143	…	11	669	2 224	231	386
1981年	3 483	104	152	…	10	605	2 272	221	340
1982年	3 460	5	165	…	11	584	2 269	215	326
1983年	3 444	105	170	…	12	558	2 271	209	328
1984年	3 397	105	184	…	16	530	2 231	191	331
1985年	3 317	103	204	…	18	517	2 167	181	308
1986年	3 195	100	226	…	20	502	2 061	163	286
1987年	3 094	97	261	…	22	490	1 954	154	270
1988年	2 985	94	283	…	21	466	1 861	138	260
1989年	2 850	91	289	…	24	445	176	126	234
1990年	2 805	90	298	…	22	440	1 722	122	233
1991年	2 772	92	41	252	21	432	1 707	121	227
1992年	2 753	94	43	250	21	432	1 695	120	218
1993年	2 707	90	42	254	18	421	1 667	119	215
1994年	2 698	90	44	258	20	427	1 647	116	212
1995年	2 682	89	45	261	19	425	1 634	116	209
1996年	2 664	92	61	283	17	415	1 587	114	209
1997年	2 663	93	59	283	19	432	1 573	113	204
1998年	2 652	88	65	286	17	424	1 562	112	210
1999年	2 632	86	74	295	17	410	1 541	110	209
2000年	2 619	86	79	289	17	419	1 520	109	209
2001年	2 605	97	112	321	15	379	1 479	109	187
2002年	2 587	87	109	343	15	383	1 472	111	178
2003年	2 601	88	104	361	32	361	1 466	114	189
2004年	2 759	140	92	347	28	313	1 544	110	173
2005年	2 805	165	88	270	33	176	1 848	125	105
2006年	2 866	143	109	380	34	330	1 505	93	194
2007年	4 512	242	164	729	49	320	1 917	116	529
2008年	5 114	293	156	743	39	452	1 914	90	906
2009年	6 139	89	190	1 137	58	344	2 333	109	1 117

注:2007年以后剧团数是行业统计数,含事业和企业团体数。

全国文化事业费占国家财政总支出的比重

年　份	文　化 事业费(亿元)	国家财政 总支出(亿元)	占国家 财政比重(%)
一五时期	4.97	1 345.6	0.37
二五时期	7.99	2 288.7	0.35
三年调整	4.49	1 204.9	0.37
三五时期	10.36	2 518.6	0.41
四五时期	15.36	3 919.6	0.39
五五时期	22.04	5 247.3	0.42
1978 年	4.44	1 122.1	0.40
1980 年	5.60	1 228.8	0.45
六五时期	36.03	7 483.2	0.48
1985 年	10.72	2 004.3	0.47
七五时期	62.45	12 865.7	0.49
1986 年	10.74	2 204.9	0.49
1987 年	10.77	2 262.2	0.48
1988 年	12.18	2 491.2	0.49
1989 年	13.57	2 823.8	0.48
1990 年	17.94	3 083.6	0.49
八五时期	121.23	24 387.5	0.50
1991 年	17.28	3 386.6	0.51
1992 年	19.46	3 742.2	0.52
1993 年	22.37	4 642.3	0.48
1994 年	28.83	5 792.6	0.50
1995 年	33.39	6 823.7	0.49
九五时期	254.51	57 043.5	0.45
1996 年	38.77	7 937.6	0.49
1997 年	46.19	9 233.6	0.50
1998 年	50.78	10 798.2	0.47
1999 年	55.61	13 187.7	0.42
2000 年	63.16	15 886.5	0.40
十五时期	496.13	128 022.9	0.39
2001 年	70.99	18 902.6	0.38
2002 年	83.66	22 053.2	0.38
2003 年	94.03	24 650.0	0.38
2004 年	113.63	28 486.9	0.40
2005 年	133.82	33 930.3	0.39
2006 年	158.03	40 213.2	0.39
2007 年	198.96	49 565.4	0.40
2008 年	248.04	62 427.0	0.40
2009 年	292.32	75 874.0	0.39

注：资料来源：国家财政总支出、文教科学卫生事业费均系国家财政决算数。文化事业费：1953—1980 年系国家财政决算数（“一五”至“四五”时期含文物、出版经费，“五五”时期不含文物、出版经费）；1981 年以后系文化事业统计年报数（不含文物、出版及科学研究费）。

全国文化事业费总支出分项情况

单位:万元

年　份	总　计	艺术表演团　体	艺术表演场　所	公　共图书馆	群　众文化事业	干部训练	其　他
六五时期	459 316	213 563	30 046	47 760	74 866	940	75 720
1981 年	69 232	38 897	…	6 145	12 140	…	9 253
1982 年	79 318	39 693	6 169	252	11 957	…	11 420
1983 年	89 282	42 861	6 653	9 121	13 631	261	13 641
1984 年	103 885	44 820	7 705	1 184	16 798	335	18 838
1985 年	117 599	47 292	9 519	13 393	20 340	344	22 568
七五时期	980 847	294 857	138 074	116 300	168 619	5 122	228 353
1986 年	151 892	53 238	16 912	17 242	27 118	1 160	31 582
1987 年	163 618	54 334	21 887	19 030	28 222	958	34 350
1988 年	193 954	57 834	27 420	23 021	32 385	872	46 454
1989 年	226 748	61 937	33 601	26 737	3 818	1 000	58 335
1990 年	244 635	67 514	38 254	30 270	42 470	1 132	57 632
八五时期	2 090 837	559 130	302 037	261 106	334 861	8 148	547 478
1991 年	287 937	76 065	45 634	34 388	48 674	1 228	73 338
1992 年	328 295	87 797	49 738	41 132	55 330	1 217	82 598
1993 年	398 478	100 106	58 860	48 211	63 172	1 489	112 922
1994 年	502 210	134 508	68 389	63 295	78 794	1 985	134 126
1995 年	574 193	160 654	79 416	74 080	88 891	2 229	144 769
九五时期	4 522 682	1 121 883	447 005	622 921	835 808	10 103	1 262 994
1996 年	741 671	183 534	88 947	88 963	137 775	1 573	208 402
1997 年	848 548	202 789	93 125	113 927	158 861	2 186	238 100
1998 年	899 877	223 877	92 580	127 032	173 207	2 084	237 277
1999 年	973 733	242 797	85 653	135 826	177 528	1 486	278 754
2000 年	1 058 853	268 886	86 700	157 173	188 437	2 774	300 461
十五时期	7 103 503	2 025 076	471 018	1 215 721	1 381 016	7 969	2 003 334
2001 年	1 101 333	311 852	83 431	183 368	210 181	2 030	310 471
2002 年	1 277 797	363 312	89 374	208 929	235 593	1 659	378 930
2003 年	1 384 184	397 890	104 384	235 819	265 751	2 479	378 491
2004 年	1 573 501	459 369	102 174	275 034	310 850	724	425 350
2005 年	1 767 102	492 653	91 655	312 571	358 641	1 077	510 506
2006 年	2 070 984	561 499	119 971	344 076	412 430	1 177	631 831
2007 年	3 060 095	679 613	138 693	431 326	575 722	——	1 234 741
2008 年	3 770 495	786 080	119 250	519 841	653 613	——	1 691 715
2009 年	4 337 383	865 654	120 996	606 630	794 190	——	1 949 913

全国文化事业费总支出构成情况

单位：%

年份	总计	艺术表演团体	艺术表演场所	公共图书馆	群众文化事业	干部训练	其他
六五时期	100	46.5	6.5	10.4	16.3	0.2	16.5
1981年	100	56.2	——	8.9	17.5	——	13.4
1982年	100	50.0	7.8	9.1	15.1	——	14.4
1983年	100	48.0	7.5	10.2	15.3	0.3	15.3
1984年	100	43.1	7.4	11.4	16.2	0.3	18.1
1985年	100	40.2	8.1	11.4	17.3	0.3	19.2
七五时期	100	30.1	14.1	11.9	17.2	0.5	23.3
1986年	100	35.0	11.1	11.4	17.9	0.8	20.8
1987年	100	33.2	13.4	11.6	17.2	0.6	21.0
1988年	100	29.8	14.1	11.9	16.7	0.4	24.0
1989年	100	27.3	14.8	11.8	16.9	0.4	25.7
1990年	100	27.6	15.6	12.4	17.4	0.5	23.6
八五时期	100	26.7	14.4	12.5	16.0	0.4	26.2
1991年	100	26.4	15.8	11.9	16.9	0.4	25.5
1992年	100	26.7	15.1	12.5	16.9	0.3	25.2
1993年	100	25.1	14.8	12.1	15.9	0.4	28.3
1994年	100	26.8	13.6	12.6	15.7	0.4	26.7
1995年	100	28.0	13.8	12.9	15.5	0.4	25.2
九五时期	100	24.8	9.9	13.8	18.5	0.2	27.9
1996年	100	24.7	12.0	12.0	18.6	0.2	28.3
1997年	100	23.9	11.0	13.4	18.7	0.3	28.0
1998年	100	24.9	10.3	14.1	19.2	0.2	26.4
1999年	100	24.9	8.8	13.6	18.2	0.2	29.0
2000年	100	25.3	8.2	14.8	17.8	0.3	28.4
十五时期	100	28.5	6.6	17.1	19.4	0.1	28.3
2001年	100	28.3	8.1	17.0	19.1	0.2	27.3
2002年	100	28.4	7.0	16.4	18.4	0.1	29.7
2003年	100	28.7	7.5	17.0	19.2	0.2	27.4
2004年	100	29.2	6.5	17.5	19.8	0.05	27.0
2005年	100	27.8	5.1	17.6	20.2	0.06	29.3
2006年	100	27.1	5.8	16.6	19.9	0.1	30.5
2007年	100	22.2	4.5	14.1	18.8	——	40.3
2008年	100	20.8	3.2	13.8	17.3	——	44.9
2009年	100	20.0	2.8	14.0	18.3	——	45.0

全国文化产业增加值情况

单位:亿元

年 份	总计	其中			
		艺术业	图书馆业	群众文化业	文化娱乐业
九五期间	1 020.97	82.03	30.00	46.61	499.64
1996年	211.84	15.05	4.22	7.43	138.28
1997年	207.14	15.65	4.91	8.87	127.31
1998年	207.62	16.00	6.47	9.21	121.25
1999年	191.29	16.91	6.54	10.24	101.99
2000年	205.95	18.42	7.59	10.86	100.33
十五期间	1483.69	170.06	68.56	89.3	735.48
2001年	210.68	20.95	9.57	12.19	99.95
2002年	250.00	23.75	10.80	13.83	123.78
2003年	307.20	31.93	11.91	15.44	163.12
2004年	326.10	46.15	17.02	22.46	149.40
2005年	389.71	47.28	19.26	25.38	199.23
2006年	446.84	54.29	21.86	27.94	237.51
2007年	791.08	72.80	25.86	35.43	——
2008年	762.43	79.75	29.26	40.42	——
2009年	1 037.70	109.04	33.96	48.32	——

全国文化产业增加值主要行业构成情况

单位:%

年 份	总计	其中			
		艺术业	图书馆业	群众文化业	文化娱乐业
九五期间	100.00	8.03	2.94	4.57	48.94
1996年	100.00	7.10	1.99	3.51	65.28
1997年	100.00	7.56	2.37	4.28	61.46
1998年	100.00	7.71	3.12	4.44	58.40
1999年	100.00	8.84	3.42	5.35	53.32
2000年	100.0	9.07	4.28	5.35	51.38
十五期间	100.00	11.46	4.62	6.01	49.57
2001年	100.00	9.94	4.54	5.79	47.44
2002年	100.00	9.50	4.32	5.53	49.51
2003年	100.00	10.39	3.88	5.03	53.10
2004年	100.00	14.15	5.22	6.89	45.81
2005年	100.00	12.13	4.94	6.51	51.12
2006年	100.00	12.15	4.89	6.25	53.15
2007年	100.00	9.20	3.27	4.48	——
2008年	100.00	10.50	3.84	5.30	——
2009年	100.00	10.51	3.27	4.66	——

全国文化事业基本建设投资占全国基本建设投资的比重

年　份	文化事业基建投资(亿元)	国家基建投资(亿元)	文化事业基建投资占国家基建投资比重(%)
一五时期	2.58	531.19	0.49
二五时期	1.97	944.38	0.21
三年调整	0.40	371.74	0.11
三五时期	2.38	871.28	0.27
四五时期	2.67	1 454.72	0.18
五五时期	3.77	1 696.40	0.22
六五时期	25.68	3 410.09	0.75
1981 年	3.63	442.91	0.82
七五时期	28.83	7 286	0.40
1986 年	6.32	1 176.11	0.54
1990 年	5.14	1 703.81	0.30
八五时期	53.13	23 545.69	0.23
1991 年	5.78	2 115.8	0.27
1992 年	7.85	3 012.65	0.26
1995 年	16.10	7 365	0.22
九五时期	98.79	56 547	0.17
1996 年	14.43	8 399	0.17
1998 年	17.01	11 904	0.14
2000 年	22.95	13 125	0.17
十五时期	136.39	150 602	0.09
2001 年	19.84	14 567	0.14
2002 年	24.00	17 251	0.14
2003 年	25.54	22 729	0.14
2004 年	37.12	42 482	0.09
2005 年	29.89	53 573	0.06
2006 年	37.17	66 672.4	0.06
2007 年	40.08	83 544	0.05
2008 年	44.46	104 783	0.04
2009 年	81.67	166 202	0.05

注:1. 资料来源:①国家基建投资均摘自国家统计局统计年鉴。其中 1953—1980 年系国家预算内投资;1981 年以后系国家基本建设投资(包括国家预算内投资、自筹投资和银行贷款等)。②文化事业基建投资:1953—1980 年系国家预算内投资;1981—1984 年以后系国家基本建设投资(包括国家预算内投资、自筹投资和银行贷款等)。1985—1989 年系文化事业统计年报中文化事业基建实际完成投资额(包括国家预算内投资、自筹投资和银行贷款等)。

2. 文化事业基建投资:1953—1984 年包括文化系统内所属文化、出版、文物的基建投资;1985 年以后仅为文化部系统的基建投资,不含文物、出版的基建投资。

全国文化事业基本建设情况

年　份	本年资金来源总计(万元)		实际完成投资额(万元)	交付使用	
		国家预算内资金		项目(个)	面积(万平方米)
1982年	46 244	——	37 090	1 187	——
1983年	53 170	18 063	42 381	1 292	——
1984年	58 589	22 517	48 479	1 024	——
1985年	73 267	32 150	64 460	986	——
七五时期	320 139	152 369	288 287	2 419	520.6
1986年	69 939	32 864	63 197	74	117.6
1987年	69 692	34 951	61 383	622	121
1988年	69 918	31 594	64 186	581	97
1989年	51 964	24 680	48 124	542	97.9
1990年	58 626	28 280	51 397	476	87.1
八五时期	627 173	180 715	531 208	1 540	299.3
1991年	67 112	23 214	57 781	325	62.8
1992年	89 707	28 348	78 488	358	65.6
1993年	110 843	28 170	91 766	314	56.3
1994年	154 649	48 912	142 171	268	48.1
1995年	204 862	52 071	161 002	275	66.5
九五时期	1 255 378	497 573	988 048	1 174	413.2
1996年	187 692	58 225	144 433	287	94.1
1997年	223 963	98 845	204 774	285	74.1
1998年	230 649	119 561	170 079	176	73.0
1999年	280 005	112 130	239 269	217	78.4
2000年	333 069	108 812	229 493	209	93.6
十五时期	1 678 383	918 246	1 363 909	1 087	338.8
2001年	251 075	171 729	198 397	160	77.2
2002年	346 381	159 999	240 023	150	73.9
2003年	335 434	180 416	255 359	217	115.0
2004年	395 208	207 739	371 204	286	44.4
2005年	350 285	198 363	298 926	274	28.3
2006年	451 099	317 046	371 736	253	139.0
2007年	578 655	355 023	400 798	783	137.3
2008年	665 375	297 124	444 627	1 175	125.6
2009年	1208 917	692 040	816 741	4 842	284.1

全国文化部门艺术表演团体演出及收支情况

年 份	机构数(个)	演出场次(万场次)		观众人次(万人次)	平均每团演出场次(场)	总收入(万元)			总支出(万元)		经费自给率(%)
			农村演出				财政拨款	演出收入		排练制作费	
1949年	1 000	30	——	——	300	——	——	——	——	——	——
1952年	2 084	66	——	2 312	317	——	——	——	——	——	——
1957年	2 884	137	——	79 245	474	——	——	——	——	——	——
1958年	3 181	205	——	120 290	644	——	——	——	——	——	——
1964年	3 302	171	82	84 293	518	19 030	5 290	——	19 817	——	69.3
1978年	3 143	65	22	79 395	206	32 086	19 644	11 079	30 049	7 393	41.4
1980年	2 183	54	20	61 519	245	34 687	22 503	10 685	29 524	5 953	41.3
1985年	3 295	74	49	72 322	226	48 568	30 942	13 092	47 292	6 007	37.3
1990年	2 788	49	32	51 012	176	71 535	43 759	18 041	41 184	3 952	41.1
1991年	2 760	45	29	46 411	162	71 756	42 638	17 798	76 065	4 566	38.3
1992年	2 744	43	28	46 338	155	80 959	46 617	19 559	87 797	4 843	39.1
1993年	2 698	41	26	42 530	151	92 770	51 093	21 756	100 106	4 762	41.6
1994年	2 691	40	26	40 935	149	127 628	75 583	27 276	134 508	6 608	38.7
1995年	2 676	41	26	43 166	154	151 388	86 619	34 385	160 654	9 302	40.3
1996年	2 656	42	27	47 934	158	184 240	109 781	39 870	183 534	8 090	40.6
1997年	2 651	42	26	46 361	157	206 794	125 300	40 716	202 789	10 161	40.2
1998年	2 640	42	26	53 486	161	218 546	139 913	41 730	223 877	11 215	35.1
1999年	2 622	42	26	46 904	161	242 645	155 609	48 967	242 797	16 423	35.8
2000年	2 619	41	26	46 168	157	263 664	172 864	51 650	268 886	14 926	33.8
2001年	2 590	42	24	47 385	163	311 852	210 018	57 448	312 601	18 783	32.6
2002年	2 577	42	24	45 980	161	365 331	246 661	64 884	363 312	188 896	32.7
2003年	2 601	39	22	39 163	147	400 867	269 640	71 781	397 890	22 036	33.0
2004年	2 694	45	26	39 833	165	464 215	313 068	91 157	462 777	21 635	32.7
2005年	2 502	40	23	36 295	159	507 628	359 005	114 381	514 001	24 776	28.9
2006年	2 508	42	24	41 579	167	590 880	378 712	103 431	558 540	32 080	38.0
2007年	2 455	42	25	45 404	170	691 050	487 842	120 396	670 009	——	30.3
2008年	2 465	41	25	41 272	167	803 030	573 623	133 077	777 735	——	29.5
2009年	2 481	42	25	43 127	169	889 046	631 197	142 227	860 603	——	30.0

全国文化部门艺术表演场所演出及收支情况

年 份	机构数(个)	演出场次(万场次)	艺术演出场次	观众人次(万人次)	收入合计(万元)	财政拨款	艺术演出收入	总支出(万元)
1985年	1 377	99	12	——	11 630	1 506	1 776	9 519
1986年	1 928	203	15	88 670	19 547	2 233	2 488	16 786
1990年	1 995	302	9	89 157	43 491	2 865	3 375	37 402
1991年	2 009	367	9	77 613	47 406	1 682	3 760	44 260
1992年	1 987	288	7	53 188	51 123	1 545	4 487	48 185
1993年	1 972	245	6	43 278	60 204	1 596	4 635	56 846
1994年	1 947	221	5	27 552	68 000	2 375	5 268	66 234
1995年	1 918	205	5	24 252	79 507	5 723	6 481	77 139
1996年	1 892	256	5	59 057	86 147	5 034	7 611	87 204
1997年	1 898	231	5	16 572	88 540	6 559	8 387	89 732
1998年	1 882	206	5	15 368	84 956	6 800	8 869	88 735
1999年	1 864	168	6	11 581	75 675	7 588	10 187	80 731
2000年	1 863	136	6	12 982	81 081	8 643	10 735	82 040
2001年	1 840	83	7	20 544	83 431	11 300	11 601	84 389
2002年	1 819	74	7	11 421	83 643	12 033	13 186	89 374
2003年	1 900	56	7	8 087	103 274	15 703	21 425	104 384
2004年	1 674	59	8	12 689	106 121	16 483	27 180	112 171
2005年	1 759	60	9	8 430	113 760	16 792	35 668	89 301
2006年	1 390	37.5	9	6529	117 975	19 603	37 511	117 871
2007年	1 330	38.6	6	5906	115 036	24 067	38 414	117 321
2008年	1 355	40.2	5	5596	123 572	28 116	28 649	111 036
2009年	1 248	26.6	6	5045	113 851	32 074	23 954	112 603

全国公共图书馆业务活动情况

年份	机构数(个)	总藏量(万册/件)		总流通人次(万人次)		图书外借册次(万册次)	书架单层总长度(万米)	发放借书证数(万个)
			书刊		外借人次			
1979年	1 651	18 353	18 353	7 787	——	9 625	——	——
1980年	1 732	19 904	19 904	9 045	——	11 830	——	——
1985年	2 344	25 573	25 573	11 614	——	18 942	——	——
1986年	2 406	26 133	26 133	11 722	——	16 205	504	523
1990年	2 527	29 064	29 064	12 435	——	20 242	772	603
1991年	2 535	30 614	29 877	20 496	7 949	13 325	758	631
1992年	2 558	31 175	30 493	18 495	7 653	12 625	748	563
1993年	2 572	31 410	30 737	16 973	6 970	11 685	797	562
1994年	2 589	32 332	31 683	14 451	7 232	11 852	776	552
1995年	2 615	32 850	32 171	18 298	7 160	11 814	899	540
1996年	2 620	33 686	32 913	14 793	7 731	13 544	967	527
1997年	2 628	37 549	33 514	16 114	8 561	15 685	817	556
1998年	2 662	38 514	34 443	17 058	8 910	15 422	873	582
1999年	2 669	39 539	35 418	18 040	9 075	16 290	934	596
2000年	2 675	40 953	36 550	18 854	9 600	16 913	978	623
2001年	2 696	42 130	37 585	20 757	9 829	17 559	945	792
2002年	2 697	42 628	37 928	21 950	10 428	20 021	995	918
2003年	2 709	43 776	38 992	21 440	10 666	18 775	1 035	943
2004年	2 720	46 152	40 891	22 095	10 140	18 536	1 247	1 056
2005年	2 762	48 056	42 480	23 331	10 821	20 268	1 320	1 062
2006年	2 778	50 025	44 261	25 218	11 408	21 039	1 413	1 160
2007年	2 799	52 053	45 987	26 103	11 454	21 319	1 318	1 273
2008年	2 820	55 064	48 408	28 141	12 251	23 129	1 112	1 454
2009年	2 850	58 521	50 917	32 168	13 277	25 857	1 216	1 749

全国公共图书馆经费收支及设施情况

年份	收入合计(万元)	财政补助收入	支出合计(万元)	购书费	新购图书(万册)	公用房屋建筑面积(万平方米)	书库	阅览室	座席数(万个)
1979年	5 040	5 040	5 206	2 163	——	86.6	38.1	21.1	——
1980年	5 476	5 476	5 486	2 273	——	92.0	42.1	23.5	——
1985年	15 272	15 272	13 393	4 164	1 343	172.0	64.1	46.1	23.1
1986年	19 891	19 070	17 242	5 300	1 359	210.0	73.0	53.4	33.7
1990年	32 328	29 296	30 271	8 474	895	326.0	98.4	76.1	32.1
1991年	36 764	32 593	34 388	8 927	771	349.1	104.3	80.0	34.0
1992年	45 354	39 010	41 132	9 916	740	363.6	105.3	84.3	34.4
1993年	50 917	42 975	48 211	10 698	631	368.0	108.0	85.0	34.3
1994年	74 586	60 639	63 295	9 252	556	409.1	113.6	85.7	34.8
1995年	79 685	65 838	74 080	16 788	551	415.5	117.8	88.3	35.2
1996年	93 235	76 582	88 963	19 626	577	441.4	120.8	94.0	35.6
1997年	114 004	93 177	113 927	25 527	680	471.5	124.9	98.0	37.4
1998年	129 082	107 521	127 032	28 067	700	492.5	131.7	101.8	39.9
1999年	137 430	115 830	135 826	30 473	678	506.0	137.4	105.7	41.6
2000年	163 799	139 321	157 123	37 141	692	598.2	139.0	109.7	41.6
2001年	183 368	152 732	187 661	36 489	819	561.8	146.4	114.4	43.7
2002年	213 322	176 882	208 929	41 853	946	582.8	151.6	122.6	43.9
2003年	242 188	205 252	235 819	44 407	1 049	588.6	156.0	129.7	46.1
2004年	281 234	238 141	275 034	50 780	1 228	625.1	158.4	138.6	47.2
2005年	325 880	277 848	312 571	59 781	1 535	677.0	170.0	150.0	48.0
2006年	366 089	319 479	344 076	66 095	1 686	718.9	175.5	159.0	50.0
2007年	450 512	395 441	431 326	78 262	1 871	741.4	181.6	169.2	52.7
2008年	531 926	477 616	519 841	83 832	2 070	780.0	183.5	179.3	55.4
2009年	613 175	550 808	606 630	104 404	2 939	850.3	194.7	203.5	60.2

全国群众文化事业业务活动、经费收支及设施情况

年份	机构数(个)	举办展览个数(个)	组织文艺活动次数(次)	举办训练班次(次)	藏书(万册)	收入合计(万元)		支出合计(万元)		公用房屋建筑面积(万平方米)
							财政拨款		业务费	
1979年	3 965	13 001	114 307	——	4 241	10 114	10 114	10 114	3 439	——
1980年	7 723	23 553	202 828	20 359	——	11 270	11 270	11 376	4 138	——
1985年	8 746	30 998	118 888	31 842	3 294	20 835	20 835	20 340	4 186	308.5
1986年	8 906	32 803	106 726	30 576	1 830	29 573	25 505	23 751	4 918	354.8
1990年	9 087	34 292	99 068	37 017	1 915	49 763	36 985	42 476	6 556	457.8
1991年	10 507	35 498	116 618	39 568	1 852	45 874	31 066	43 559	7 250	484.5
1992年	9 564	32 095	96 481	40 707	1 801	53 735	35 577	49 798	7 060	496.1
1993年	10 155	29 636	86 680	34 279	1 855	62 098	37 840	57 877	7 764	538.6
1994年	11 276	30 224	92 167	39 296	2 014	79 167	48 906	73 174	8 598	560.3
1995年	13 487	31 070	110 509	46 023	2 585	89 411	56 826	83 628	10 517	614.1
1996年	45 253	76 397	247 357	130 592	8 675	139 090	74 434	137 775	18 143	1 110.0
1997年	43 738	87 795	278 782	119 873	7 126	160 117	92 275	158 861	20 245	1 176.0
1998年	45 834	86 960	267 351	125 872	7 948	178 165	96 416	173 207	21 827	1 195.3
1999年	45 837	94 270	280 373	138 195	8 251	111 089	108 656	177 528	24 703	1 195.2
2000年	45 321	91 670	276 574	143 370	8 562	186 896	118 430	118 437	27 909	1 229.9
2001年	43 397	89 392	284 316	156 089	8 999	210 181	141 754	210 860	29 829	1 213.8
2002年	42 516	92 917	301 792	137 350	9 145	241 050	165 163	235 593	30 535	1 203.6
2003年	41 816	93 514	327 306	154 502	9 316	271 704	190 424	265 751	35 887	1 431.3
2004年	41 402	116 639	401 818	165 823	10 105	313 104	227 641	310 850	87 175	1 408.4
2005年	41 588	111 300	391 439	190 194	10 630	365 887	279 033	358 641	100 183	1 507.0
2006年	40 088	141 150	497 779	218 696	11 011	428 962	322 773	412 430	123 047	1 622.8
2007年	40 601	90 900	546 477	242 055	11 707	548 301	432 311	575 722	119 065	1 667.4
2008年	41 156	100 877	473 613	299 791	12 450	660 111	528 838	653 613	147 093	1 931.0
2009年	41 959	110 251	555 052	304 955	13 923	807 244	681 147	794 190	171 758	2 193.6

注：1996—1998年群众文化事业机构包括其他部门文化站。

按年份各地区文化事业费情况

单位:万元

地　区	1980年	1985年	1990年	1995年	2000年	2005年	2008年	2009年
总　计	**56 073**	**107 188**	**179 376**	**333 853**	**631 591**	**1 338 193**	**2 480 404**	**2 923 138**
中　央	2 389	5 609	11 021	20 973	55 498	113 028	200 875	207 120
地　方	53 684	101 579	168 355	312 880	576 093	1 225 165	2 279 529	2 716 018
北　京	1 146	2 333	4 592	8 427	24 008	64 587	148 139	139 070
天　津	851	1 586	2 813	5 098	9 796	31 592	52 784	59 419
河　北	2 286	3 740	6 243	11 393	18 984	39 626	51 444	67 514
山　西	1 931	3 334	6 020	9 215	12 347	29 832	73 766	68 915
内蒙古	1 816	3 670	5 861	8 624	14 515	30 543	66 313	90 834
辽　宁	3 022	5 748	9 417	17 525	26 790	47 578	83 172	103 852
吉　林	2 199	3 899	5 911	10 613	15 711	26 566	54 629	81 951
黑龙江	2 264	4 008	6 358	10 722	16 598	33 742	54 549	66 055
上　海	1 568	3 717	6 426	15 431	42 608	79 201	134 079	179 641
江　苏	2 329	4 319	7 657	18 234	38 527	77 658	138 463	156 415
浙　江	1 834	4 282	6 774	14 764	35 334	110 397	189 152	210 702
安　徽	1 891	3 318	5 136	8 836	15 849	30 541	50 924	68 005
福　建	1 472	2 627	5 073	11 023	22 174	42 949	67 310	89 566
江　西	1 832	3 174	4 112	7 404	10 696	23 398	45 349	66 782
山　东	2 709	4 704	9 016	16 315	30 944	61 687	116 810	127 359
河　南	2 455	4 528	6 883	12 447	20 948	37 708	77 833	91 641
湖　北	2 541	4 801	6 349	11 268	19 367	43 585	72 181	97 863
湖　南	2 467	4 658	5 989	10 525	16 564	34 771	55 775	87 969
广　东	2 437	5 112	11 547	27 486	58 321	128 095	203 212	226 179
广　西	1 525	2 677	4 701	8 617	14 608	28 089	50 837	68 074
海　南	…	…	1 241	2 965	3 468	6 007	22 342	25 626
重　庆	…	…	…	…	9 151	17 505	46 287	51 464
四　川	3 501	10 037	10 037	16 905	20 500	44 523	110 798	118 242
贵　州	898	3 364	3 364	4 785	9 131	18 731	38 840	53 265
云　南	1 682	7 247	7 247	14 563	23 945	42 036	79 385	76 259
西　藏	797	1 733	1 733	2 124	4 264	8 003	11 101	12 921
陕　西	1 990	3 269	5 758	8 583	13 976	23 462	59 995	72 478
甘　肃	1 283	2 502	4 101	6 935	9 130	20 882	39 396	47 046
青　海	749	1 425	1 730	2 574	3 696	7 349	14 772	25 570
宁　夏	784	1 783	1 888	2 108	3 625	9 646	23 237	24 661
新　疆	1 425	3 263	4 378	7 371	10 518	24 877	46 657	60 681

按年份各地区文化事业费占财政支出比重情况

单位:%

地区	1995年		2002年		2003年		2005年		2006年		2007年		2008年	
	比重	位次	比重	位次	比重	位次	比重	位次	比重	位次	比重	位次	比重	位次
北京	0.55	21	0.56	7	0.57	6	0.61	4	0.49	10	0.77	2	0.76	2
天津	0.55	21	0.46	20	0.45	19	0.71	3	0.54	5	0.62	3	0.61	5
河北	0.60	18	0.43	23	0.43	20	0.40	24	0.37	27	0.30	30	0.28	31
山西	0.82	7	0.55	10	0.51	14	0.44	14	0.39	22	0.53	7	0.56	7
内蒙古	0.84	5	0.52	13	0.51	15	0.44	15	0.42	17	0.49	11	0.45	13
辽宁	0.64	15	0.43	23	0.41	25	0.39	25	0.37	29	0.36	27	0.39	22
吉林	0.88	3	0.57	6	0.54	9	0.42	18	0.48	14	0.47	14	0.46	11
黑龙江	0.61	17	0.42	25	0.46	18	0.42	19	0.37	28	0.42	18	0.35	26
上海	0.59	19	0.61	4	0.55	7	0.48	9	0.49	11	0.51	8	0.52	10
江苏	0.72	10	0.60	5	0.65	2	0.46	12	0.52	7	0.44	16	0.43	16
浙江	0.82	8	0.75	2	0.78	1	0.87	1	0.87	1	0.83	1	0.86	1
安徽	0.65	14	0.46	20	0.48	16	0.42	20	0.38	25	0.36	25	0.31	29
福建	0.64	15	0.72	3	0.63	3	0.72	2	0.67	2	0.60	4	0.60	6
江西	0.67	13	0.83	1	0.40	28	0.41	22	0.40	20	0.38	22	0.38	23
山东	0.59	19	0.48	16	0.43	21	0.42	21	0.42	18	0.41	20	0.43	17
河南	0.60	18	0.42	25	0.41	26	0.33	31	0.28	31	0.29	31	0.34	27
湖北	0.69	12	0.53	12	0.55	8	0.55	6	0.51	8	0.48	13	0.44	15
湖南	0.61	17	0.39	30	0.42	23	0.39	26	0.38	26	0.34	29	0.32	28
广东	0.52	22	0.56	7	0.61	4	0.55	7	0.60	4	0.55	6	0.54	8
广西	0.61	17	0.52	13	0.52	12	0.45	13	0.47	16	0.36	26	0.39	21
海南	0.70	11	0.48	16	0.36	30	0.39	27	0.48	13	0.40	21	0.63	4
重庆	…	…	0.41	28	0.38	29	0.35	29	0.39	21	0.43	17	0.46	12
四川	0.61	17	0.42	25	0.43	22	0.41	23	0.38	24	0.41	19	0.37	24
贵州	0.56	20	0.35	31	0.35	31	0.35	30	0.38	23	0.37	23	0.37	25
云南	0.62	16	0.56	7	0.53	11	0.54	8	0.67	3	0.50	9	0.54	9
西藏	0.61	17	0.51	15	0.41	27	0.43	16	0.40	19	0.36	28	0.29	30
陕西	0.84	6	0.40	29	0.42	24	0.36	28	0.35	30	0.37	24	0.42	18
甘肃	0.85	4	0.48	16	0.52	13	0.48	10	0.49	12	0.46	15	0.41	19
青海	0.89	2	0.44	22	0.48	17	0.43	17	0.50	9	0.49	12	0.41	20
宁夏	0.92	1	0.55	10	0.59	5	0.60	5	0.53	6	0.57	5	0.72	3
新疆	0.76	9	0.47	19	0.54	10	0.47	11	0.47	15	0.50	10	0.44	14

按年份各地区人均文化事业费及位次

单位:元

地区	1990年		1995年		2000年		2005年		2008年		2009年	
	人均经费	位次	人均经费	位次	人均经费	位次	人均经费	位次	人均经费	位次	人均经费	位次
总计	**1.33**	——	**2.75**	——	**5.11**	——	**10.23**	——	**18.68**	——	**21.90**	——
北京	3.07	4	8.74	2	21.56	2	41.99	2	87.40	1	79.24	2
天津	2.63	6	7.56	3	10.66	4	30.29	3	44.88	3	48.38	3
河北	0.81	28	1.78	25	2.85	25	5.78	25	7.36	31	9.60	31
山西	1.57	12	3.12	15	3.86	19	8.89	16	21.63	11	20.11	16
内蒙古	2.19	8	4.13	9	6.31	11	12.8	9	27.47	7	37.50	8
辽宁	2.06	10	4.31	6	6.48	10	11.27	12	19.28	14	24.05	13
吉林	2.14	9	4.21	8	5.98	12	9.78	14	19.98	13	29.91	9
黑龙江	1.56	13	2.95	16	4.49	17	8.83	17	14.26	21	17.26	20
上海	4.55	1	13.1	1	32.24	1	44.54	1	71.02	2	93.51	1
江苏	0.99	22	2.62	8	5.45	15	10.39	13	18.04	16	20.25	15
浙江	1.42	16	3.26	13	7.85	5	22.54	5	36.94	6	40.68	6
安徽	0.78	29	1.48	28	2.52	28	4.99	30	8.30	29	11.09	29
福建	1.45	15	3.27	12	6.71	8	12.15	11	18.68	15	24.69	12
江西	0.97	23	1.94	22	2.57	26	5.43	27	10.31	26	15.07	23
山东	1.01	21	1.93	23	3.45	21	6.67	21	12.40	24	13.45	28
河南	0.7	30	1.34	30	2.2	31	4.02	31	8.25	30	9.66	30
湖北	1.05	20	2.04	21	3.26	22	7.63	19	12.64	23	17.11	21
湖南	0.84	26	1.67	26	2.54	27	5.5	26	8.74	28	13.73	27
广东	1.16	19	3.93	10	7.78	6	13.93	7	21.29	12	23.47	14
广西	0.9	24	1.93	24	3.09	23	6.03	24	10.56	25	14.02	26
海南	1.48	14	2.5	19	4.56	16	7.25	20	26.16	9	29.66	10
重庆	…	…	…	…	2.96	24	6.09	23	16.30	18	18.00	18
四川	0.85	25	1.56	27	2.44	30	5.42	28	13.61	22	14.45	24
贵州	0.83	27	1.36	29	2.48	29	5.02	29	10.24	27	14.02	25
云南	1.57	11	3.47	11	5.87	13	9.45	15	17.47	17	16.68	22
西藏	4.4	2	3.22	14	16.97	3	28.89	4	38.68	4	44.69	5
陕西	1.34	18	2.42	20	3.91	18	6.31	22	15.95	19	19.21	17
甘肃	1.4	17	2.93	17	3.6	20	8.05	18	14.99	20	17.85	19
青海	3.03	5	5.3	5	7.69	7	13.53	8	26.66	8	45.88	4
宁夏	3.18	3	4.23	7	6.54	9	16.18	6	37.60	5	39.44	7
新疆	3.32	7	5.39	4	5.87	13	12.38	10	21.89	10	28.11	11

按年份各地区文化事业费总支出情况

单位:万元

地　区	1985年	1990年	1995年	2000年	2001年	2005年	2006年	2007年	2008年	2009年
总　计	**119 106**	**250 231**	**574 196**	**1 004 432**	**1 097 430**	**1 772 009**	**2 070 984**	**3 060 095**	**3 770 495**	**4 337 832**
中　央	5 125	12 224	26 007	68 996	55 631	135 546	167 626	242 652	287 223	321 410
地　方	113 981	238 007	548 189	935 436	1 041 798	1 636 464	1 903 358	2 817 443	3 483 272	4 015 935
北　京	2 783	6 729	18 039	40 313	46 079	82 489	87 964	191 865	212 831	191 173
天　津	1 873	3 946	10 008	16 565	18 359	32 169	38 045	68 794	69 876	89 085
河　北	4 165	8 522	17 366	27 056	39 459	49 487	54 217	74 674	91 555	102 891
山　西	4 672	12 784	14 724	18 774	23 009	38 999	46 006	79 626	133 090	117 100
内蒙古	3 676	5 703	10 720	19 200	20 834	33 865	36 885	66 326	85 106	106 303
辽　宁	6 714	14 313	28 705	37 177	39 546	61 594	72 728	86 077	114 167	137 344
吉　林	4 994	8 102	16 706	20 204	22 790	32 287	40 760	59 909	71 403	92 109
黑龙江	4 103	6 983	15 890	44 298	25 394	39 052	39 680	67 627	77 258	96 870
上　海	4 599	14 586	49 623	97 643	116 380	150 962	165 486	233 000	244 695	307 614
江　苏	5 174	15 445	43 011	68 696	73 123	105 799	124 187	176 594	209 563	232 383
浙　江	4 980	11 546	34 097	61 855	73 876	148 040	167 726	227 771	264 978	298 031
安　徽	3 286	6 540	13 798	22 848	26 121	39 223	46 498	71 718	89 413	114 201
福　建	3 268	7 513	16 835	32 134	41 126	56 944	68 460	84 746	108 466	131 899
江　西	2 995	5 039	10 094	14 766	19 313	30 389	36 417	55 209	67 623	88 541
山　东	5 393	12 879	26 333	43 198	48 472	75 425	15 519	128 421	154 068	168 872
河　南	5 984	11 257	22 947	32 718	35 945	51 961	58 450	112 864	125 547	143 994
湖　北	5 535	9 908	25 424	35 023	38 233	65 558	92 279	108 935	122 650	159 484
湖　南	4 971	8 643	19 554	28 972	31 809	48 718	55 111	75 685	89 177	129 263
广　东	6 059	14 285	44 643	98 294	107 672	173 985	210 064	270 597	364 691	371 207
广　西	2 884	6 613	13 253	20 179	23 479	36 191	42 267	58 592	79 950	95 994
海　南	…	1 264	4 146	5 083	4 383	7 417	9 227	14 392	29 125	38 715
重　庆	…	…	…	14 876	16 057	24 097	29 503	48 170	61 005	88 422
四　川	7 483	13 773	29 144	34 608	38 742	62 714	66 096	116 723	166 835	172 942
贵　州	2 090	3 655	6 537	11 778	11 890	21 754	26 337	42 192	56 203	78 105
云　南	3 244	7 354	17 508	28 646	29 408	51 688	61 017	83 868	110 783	110 654
西　藏	1 304	1 063	2 386	4 299	4 092	8 353	8 347	15 411	16 871	23 362
陕　西	3 609	7 356	12 724	20 242	20 152	32 660	37 825	60 149	83 137	108 718
甘　肃	2 497	4 095	9 023	11 681	14 442	24 719	29 502	43 081	57 853	63 797
青　海	1 270	1 599	2 853	5 248	5 877	8 021	10 959	18 029	24 485	33 488
宁　夏	1 261	2 168	2 971	4 962	5 783	10 823	12 582	18 863	34 527	33 448
新　疆	3 115	4 344	9 127	14 099	19 954	31 081	39 613	57 535	66 341	89 967

按年份各地区文化事业实际完成基建投资情况

单位:万元

地区	1985年	1990年	1995年	2000年	2001年	2002年	2008年	2009年
总计	**64 460**	**53 983**	**161 004**	**229 493**	**198 397**	**240 023**	**444 627**	**816 741**
中央	10 940	12 241	17 876	46 779	21 986	21 340	28 052	23 803
地方	53 520	41 742	143 128	182 714	176 411	218 683	416 575	792 939
北京	1 799	1 248	2 646	6 679	7 670	…	4 154	6 517
天津	1 078	2 512	1 167	328	279	403	6 764	20 277
河北	1 691	933	1 904	6 235	5 355	9 254	21 836	12 037
山西	1 166	1 606	640	3 730	2 169	2 162	15 251	32 240
内蒙古	898	678	1 587	392	1 041	1 219	54 959	84 232
辽宁	2 601	1 872	2 807	11 835	12 732	5 192	12 074	16 282
吉林	597	984	1 207	1 643	1 756	585	3 207	17 627
黑龙江	868	495	1 008	2 270	3 704	4 862	5 593	10 840
上海	1 482	2 586	18 635	5 943	94	3 000	——	8 669
江苏	1 825	3 017	12 241	36 346	20 566	10 252	25 012	29 404
浙江	2 334	1 366	12 759	34 259	25 668	46 813	4 287	16 841
安徽	847	467	1 762	1 168	472	1 940	2 533	19 785
福建	2 032	1 479	4 598	3 339	5 074	2 953	25 412	45 043
江西	1 454	1 258	4 279	947	2 463	334	6 305	39 870
山东	2 354	2 292	7 173	3 086	5 739	5 132	17 167	46 723
河南	2 310	1 695	4 018	1 570	1 728	4 564	21 245	53 188
湖北	2 181	1 887	8 590	21 835	7 049	1 652	45 206	43 390
湖南	2 257	1 234	4 755	5 410	3 369	5 765	9 013	21 691
广东	8 213	5 483	18 800	18 881	48 983	72 222	50 096	69 124
广西	592	1 478	2 722	411	968	2 351	699	10 460
海南	…	481	1 967	110	962	314	628	19 563
重庆	…	…	…	254	1 380	1 616	8 352	13 999
四川	2 904	2 211	18 240	6 996	7 076	7 705	22 029	72 520
贵州	839	127	1 429	1 635	1 326	67	5 031	4 665
云南	2 026	1 674	3 678	3 220	8 055	3 829	30 261	28 439
西藏	2 468	85	125	…	…	…	——	1 075
陕西	2 150	1 427	1 059	183	364	881	2 512	6 418
甘肃	1 166	659	406	2 908	10	1 207	3 071	14 125
青海	486	113	838	120	…	500	624	1 749
宁夏	947	…	270	279	127	200	4 467	3 220
新疆	1 955	395	1 818	700	238	…	8 789	22 927

按年份各地区艺术表演团体机构数

单位:个

地　　区	1958 年	1965 年	1978 年	1980 年	1985 年	1990 年	1995 年	2000 年	2003 年	2005 年	2006 年	2008 年	2009 年
总　　计	**3 181**	**3 458**	**3 150**	**3 533**	**3 317**	**2 805**	**2 682**	**2 619**	**2 601**	**2 805**	**2 866**	**5 114**	**6 139**
中　　央	…	34	19	18	19	20	18	11	10	17	16	17	17
地　　方	3 181	3 424	3 131	3 515	3 298	2 785	2 664	2 608	2 591	2 788	2 850	5 097	6 122
北　　京	36	29	11	24	23	23	22	20	20	20	18	18	18
天　　津	26	29	21	19	25	23	19	16	15	16	16	15	29
河　　北	289	264	205	206	181	143	138	138	133	126	135	228	246
山　　西	172	136	147	162	175	169	162	159	158	156	158	164	267
内 蒙 古	49	86	70	176	148	124	118	116	113	109	108	117	120
辽　　宁	81	119	116	132	120	97	89	77	74	66	66	256	245
吉　　林	72	106	103	107	99	74	68	65	65	61	60	62	68
黑 龙 江	62	129	112	120	122	94	92	89	86	84	84	84	90
上　　海	65	73	16	48	44	36	31	29	65	85	97	42	77
江　　苏	224	233	143	157	147	137	136	133	127	129	127	119	359
浙　　江	139	146	127	170	126	90	83	79	77	273	245	65	435
安　　徽	153	140	129	137	126	99	92	92	93	92	89	1 204	1 172
福　　建	126	115	101	107	104	91	91	96	94	91	92	338	373
江　　西	103	126	118	118	105	86	81	79	78	79	78	83	103
山　　东	175	176	155	156	158	119	118	118	120	117	118	119	118
河　　南	281	390	250	280	264	231	216	205	199	199	199	200	413
湖　　北	148	151	117	127	118	108	105	100	98	99	114	150	196
湖　　南	118	134	141	138	115	91	89	90	86	91	93	98	110
广　　东	197	171	172	195	171	130	134	138	144	139	138	561	344
广　　西	39	54	118	121	117	115	117	118	117	118	118	140	135
海　　南	…	…	…	…	…	22	23	21	28	22	73	21	59
重　　庆	…	…	…	…	…	…	…	38	32	29	36	177	160
四　　川	197	246	254	244	207	155	140	98	89	84	81	274	332
贵　　州	70	41	31	32	33	33	30	28	26	26	24	24	61
云　　南	85	72	149	154	156	137	134	129	121	135	126	127	146
西　　藏	…	5	9	10	29	25	25	26	27	27	26	29	29
陕　　西	104	105	132	137	139	119	117	118	116	113	112	111	123
甘　　肃	69	36	82	98	97	85	78	76	74	76	75	82	81
青　　海	19	12	21	23	18	14	14	14	14	12	12	23	30
宁　　夏	17	15	17	23	25	20	15	15	14	23	14	47	47
新　　疆	65	85	64	94	106	95	87	88	88	91	118	119	136

按年份各地区艺术表演团体演出场次

单位:千场

地　区	1964年	1978年	1980年	1985年	1990年	1995年	2000年	2005年	2006年	2008年	2009年
总　计	**1 709**	**647**	**1 112**	**744**	**491**	**412**	**410**	**470**	**493**	**905**	**1 202**
中　央	3	2	4	3	2	1	1	3	3	3	3
地　方	1 706	646	1 108	741	490	411	409	467	490	902	1 198
北　京	22	3	10	7	4	4	6	8	8	8	7
天　津	…	3	8	7	4	3	2	2	2	2	4
河　北	125	45	64	49	36	29	27	32	28	39	46
山　西	52	37	51	57	48	44	34	26	29	28	48
内蒙古	49	9	24	18	17	13	14	14	15	16	19
辽　宁	97	22	37	25	16	10	9	9	8	19	19
吉　林	59	14	26	23	15	11	7	5	6	7	8
黑龙江	32	17	30	22	14	14	12	11	10	9	11
上　海	76	6	49	33	21	10	13	15	17	12	17
江　苏	261	54	141	93	47	38	40	39	40	39	88
浙　江	112	28	82	38	18	11	13	66	62	12	104
安　徽	65	21	42	29	10	7	13	11	13	318	304
福　建	43	16	32	26	15	15	14	12	14	76	85
江　西	40	23	30	16	10	7	9	10	10	14	18
山　东	69	43	58	37	19	17	21	20	19	20	20
河　南	158	67	101	74	57	50	37	39	39	44	117
湖　北	84	26	39	19	13	13	15	16	23	31	37
湖　南	61	35	45	22	13	12	15	22	22	22	22
广　东	57	32	45	30	24	17	18	16	16	47	45
广　西	12	15	17	10	14	11	13	12	12	16	13
海　南	…	…	…	…	2	2	2	2	10	2	8
重　庆	…	…	…	…	…	…	2	3	3	11	14
四　川	130	72	92	34	12	9	10	9	10	36	51
贵　州	20	4	4	3	3	2	2	3	2	4	7
云　南	19	7	16	9	9	15	10	13	14	14	24
西　藏	——	——	1	1	1	2	2	2	2	2	1
陕　西	33	22	33	29	25	23	22	20	22	20	22
甘　肃	13	20	19	14	13	13	14	15	15	15	16
青　梅	1	2	2	2	2	2	2	2	1	3	3
宁　夏	3	2	3	5	4	2	2	2	2	5	6
新　疆	12	4	8	10	7	7	9	11	16	12	14

按年份各地区文化部门艺术表演团体财政拨款情况

单位:万元

地　区	1964年	1978年	1980年	1985年	1990年	1995年	2000年	2003年	2005年	2006年	2008年	2009年
总　计	**5 290**	**19 644**	**22 503**	**30 942**	**43 759**	**86 619**	**172 864**	**269 640**	**359 005**	**387 812**	**573 623**	**631 197**
中　央	342	743	658	954	974	2 960	6 265	13 337	25 205	17 473	33 498	29 109
地　方	…	18 902	21 847	29 988	42 785	83 659	166 599	256 303	333 800	370 339	540 125	602 088
北　京	118	465	664	847	1 384	2 137	7 119	14 475	22 482	18 803	20 140	22 440
天　津	…	242	335	502	646	1 625	2 973	4 618	12 827	10 620	25 049	28 403
河　北	176	1 069	1 002	985	1 107	2 416	4 704	6 637	9 851	9 633	14 319	15 278
山　西	124	680	648	813	1 419	2 341	4 891	7 873	10 916	12 291	20 309	18 018
内蒙古	157	447	764	1 227	1 698	2 913	5 277	8 887	11 796	14 502	21 136	26 212
辽　宁	261	1 219	1 203	1 785	2 166	4 138	6 683	9 606	10 880	12 096	19 148	21 774
吉　林	269	649	815	1 151	1 637	2 938	5 073	7 586	9 246	12 439	16 531	20 660
黑龙江	277	936	1 043	1 583	2 310	4 553	7 524	12 581	14 876	17 168	26 072	30 023
上　海	215	421	606	945	1 298	4 207	7 011	12 296	12 746	12 827	19 280	18 635
江　苏	222	737	816	1 105	1 931	4 050	9 911	13 002	15 181	14 985	20 734	25 159
浙　江	125	551	624	889	1 210	2 501	7 431	13 185	19 810	20 430	29 758	32 928
安　徽	234	805	784	932	1 335	2 554	5 161	7 610	10 163	12 106	14 876	14 675
福　建	133	465	632	756	1 313	2 258	7 607	9 870	11 839	14 687	21 495	24 263
江　西	155	679	816	874	1 076	1 736	3 529	4 855	6 909	7 128	10 419	12 817
山　东	179	967	1 036	1 607	2 197	3 817	7 952	12 140	17 800	20 539	33 437	32 816
河　南	129	1 036	745	1 134	1 542	2 803	5 435	6 677	10 575	10 623	16 206	16 856
湖　北	229	906	1 066	1 462	1 962	3 459	6 610	10 242	13 635	18 386	23 817	27 882
湖　南	143	579	754	962	1 187	2 040	3 842	5 482	7 402	8 483	11 949	14 306
广　东	145	905	1 076	1 393	1 998	6 533	12 701	20 852	19 809	24 424	32 086	30 632
广　西	141	552	590	754	1 265	2 237	4 913	8 119	9 022	11 031	14 294	17 385
海　南	…	…	…	…	290	962	1 390	2 000	2 200	2 174	3 929	2 886
重　庆	…	…	…	…	…	…	2 355	4 107	4 178	5 012	6 913	10 061
四　川	287	1 272	1 702	2 163	3 009	5 065	6 610	9 909	11 642	12 789	19 308	21 383
贵　州	153	287	318	610	842	1 475	2 546	4 010	5 716	6 877	9 375	11 258
云　南	194	633	645	1 074	1 547	3 783	7 270	9 792	13 017	15 280	19 383	20 541
西　藏	80	161	231	398	625	1 130	2 341	3 538	4 725	4 730	7 464	8 247
陕　西	173	899	1 037	1 213	2 078	2 995	6 125	5 917	8 477	9 947	15 155	20 807
甘　肃	187	468	648	857	1 211	1 958	3 514	6 044	8 779	9 912	16 979	19 668
青　海	81	253	276	486	503	1 068	1 500	2 771	3 115	3 866	5 983	7 813
宁　夏	97	217	285	391	476	646	1 279	2 124	3 015	3 579	6 394	7 057
新　疆	348	404	686	1 092	1 523	3 321	5 325	9 500	11 172	12 973	18 186	21 206

按年份各地区文化部门艺术表演团体演出收入情况

单位:万元

地　区	1978年	1980年	1985年	1990年	1995年	2000年	2002年	2003年	2005年	2006年	2008年	2009年
总　计	**11 079**	**17 767**	**13 092**	**18 041**	**34 385**	**51 650**	**64 884**	**71 781**	**114 381**	**103 431**	**133 077**	**142 227**
中　央	56	221	204	403	1 394	2 630	4 028	6 479	12 048	10 786	19 359	13 704
地　方	11 023	17 546	12 888	17 638	32 991	49 020	60 855	65 302	102 333	92 645	113 718	128 523
北　京	70	271	231	295	1 068	2 265	3 759	3 836	8 001	6 384	6 354	6 615
天　津	78	211	226	209	347	547	654	773	1 335	1 415	2 012	2 523
河　北	779	1 068	875	1 148	1 754	2 279	3 014	2 839	3 853	3 858	5 135	5 510
山　西	574	1 041	1 316	1 742	2 528	2 683	3 030	2 832	4 299	4 280	7 353	8 354
内蒙古	63	233	182	275	606	497	776	779	914	1 190	1 477	1 352
辽　宁	456	776	660	887	1 209	2 185	2 509	2 668	3 298	3 051	3 338	4 367
吉　林	236	381	387	554	778	1 051	1 437	2 539	2 658	3 411	4 670	4 905
黑龙江	347	439	287	245	866	959	1 012	746	887	1 033	1 119	1 624
上　海	151	614	561	1 639	3 023	4 527	7 465	8 869	12 412	10 186	12 259	14 738
江　苏	744	1 155	866	1 149	2 332	4 142	4 838	5 347	8 022	7 612	9 137	11 604
浙　江	367	735	430	626	1 648	2 768	3 226	4 488	11 426	5 254	6 597	7 891
安　徽	302	600	457	298	507	993	1 212	1 267	2 017	2 193	2 745	3 443
福　建	225	552	596	869	1 953	2 382	2 274	2 474	3 158	3 085	4 350	4 893
江　西	398	551	222	276	381	438	741	582	727	1 375	2 039	2 129
山　东	737	956	579	640	1 500	2 963	3 242	3 088	4 202	5 015	5 222	5 529
河　南	1 263	1 932	1 518	1 910	2 647	3 104	3 363	3 205	4 743	5 818	6 383	7 684
湖　北	403	618	319	427	1 075	1 610	1 988	2 010	2 813	3 131	4 667	4 207
湖　南	595	835	322	405	630	1 137	1 434	1 665	2 151	2 617	2 952	3 077
广　东	857	1 292	1 108	1 656	3 861	6 282	7 415	7 846	9 157	9 918	11 259	10 332
广　西	183	290	147	365	507	717	839	841	1 550	1 238	2 287	1 809
海　南	…	…	…	142	476	367	322	658	550	404	748	1 069
重　庆	…	…	…	…	…	433	551	493	467	470	636	835
四　川	1 160	1 387	502	303	604	732	1 164	967	1 725	2 015	2 539	3 305
贵　州	70	71	40	69	119	142	233	147	313	263	395	381
云　南	88	173	67	167	353	455	634	820	6 096	1 323	1 349	1 608
西　藏	…	2	1	8	27	12	11	31	28	57	4	1
陕　西	436	761	563	679	1 245	1 804	1 726	1 539	2 685	3 041	3 226	4 093
甘　肃	375	379	215	244	446	579	843	1 065	1 652	1 806	2 177	2 629
青　海	16	25	17	46	63	71	155	135	215	272	351	593
宁　夏	22	62	63	108	52	122	270	159	221	337	426	759
新　疆	30	140	131	254	386	775	719	596	762	594	516	664

按年份各地区文化部门艺术表演团体总支出情况

单位:万元

地区	1964年	1978年	1980年	1985年	1990年	1995年	2000年	2003年	2005年	2006年	2008年	2009年
总计	**19 817**	**30 049**	**41 184**	**47 292**	**67 514**	**160 653**	**268 886**	**397 890**	**514 001**	**558 540**	**777 735**	**860 603**
中央	478	820	906	1 349	1 771	6 635	11 794	25 949	51 633	35 480	59 490	45 888
地方	19 339	29 229	40 278	45 934	65 743	154 018	257 092	371 941	462 368	523 059	718 245	814 715
北京	429	537	940	1 193	1 566	5 062	15 566	20 122	26 226	29 292	35 454	30 506
天津	…	331	539	785	962	2 570	4 525	7 817	10 387	12 343	18 216	20 990
河北	1 358	1 782	2 156	1 951	2 472	5 302	8 505	10 492	15 067	15 613	22 465	23 305
山西	952	1 383	1 800	2 341	3 462	6 054	8 330	11 450	16 134	18 658	28 919	30 762
内蒙古	462	477	1 034	1 341	1 953	3 861	7 964	9 859	13 604	15 902	22 051	28 710
辽宁	963	1 633	1 943	2 246	3 236	6 727	10 198	13 542	16 414	15 885	23 493	27 425
吉林	655	934	1 265	1 604	2 305	4 735	6 848	10 637	12 332	16 355	20 984	26 010
黑龙江	759	1 392	1 564	1 999	2 760	6 318	9 313	13 811	16 442	18 855	27 566	31 565
上海	760	585	1 021	1 699	3 450	10 162	15 257	32 679	34 321	30 724	46 151	53 455
江苏	1 061	1 425	1 979	2 282	3 482	9 742	17 384	20 742	24 396	26 675	35 296	43 330
浙江	754	871	1 348	1 483	1 940	6 574	12 513	21 781	26 804	29 388	40 991	46 128
安徽	738	1 042	1 405	1 380	1 717	3 787	6 867	9 721	13 117	15 870	19 867	19 829
福建	618	659	1 117	1 451	2 292	5 107	10 354	13 518	16 117	20 295	28 237	33 373
江西	626	1 024	1 427	1 192	1 533	2 974	4 423	6 266	8 727	9 719	13 689	16 450
山东	930	1 641	2 030	2 331	3 090	7 026	12 594	17 527	24 843	27 924	40 447	42 172
河南	1 495	2 133	2 729	2 710	3 519	6 587	9 735	10 897	16 211	17 881	25 940	29 126
湖北	764	1 302	2 251	2 007	2 774	6 368	9 808	14 206	19 248	24 402	30 873	35 921
湖南	660	1 152	1 596	1 512	1 956	4 565	6 552	9 155	11 420	13 980	17 801	21 680
广东	1 175	1 638	2 332	2 672	3 960	12 955	22 365	31 675	33 064	38 977	48 619	46 654
广西	267	715	872	949	1 727	3 670	6 492	9 810	11 679	13 946	17 540	22 532
海南	…	…	…	…	396	1 728	1 957	2 894	3 150	3 227	4 959	4 192
重庆	…	…	…	…	…	…	4 020	5 888	5 443	6 753	7 759	13 345
四川	1 305	2 344	3 158	3 259	4 320	8 638	9 657	12 930	16 178	17 407	25 124	27 914
贵州	279	363	408	725	986	1 960	3 421	4 764	6 888	8 124	11 544	13 115
云南	341	684	869	1 246	1 886	4 974	8 442	11 857	15 455	19 587	23 391	25 384
西藏	85	161	233	398	636	1 333	2 380	3 591	4 794	4 872	7 458	8 190
陕西	743	1 297	1 794	1 824	2 930	5 657	8 991	10 501	13 035	14 744	20 531	28 073
甘肃	404	827	1 023	1 093	1 485	3 211	4 413	7 304	10 976	12 518	20 414	23 351
青海	93	263	300	486	559	1 190	1 699	3 069	3 522	4 457	6 667	9 008
宁夏	176	221	345	441	574	779	1 421	2 425	3 446	4 055	6 533	8 744
新疆	489	415	802	1 346	1 815	4 402	7 011	11 009	12 932	14 633	19 266	23 478

按年份各地区文化部门艺术表演团体平均每团演出场次及位次

单位:场

地区	1964年		1978年		1980年		1985年		1990年		1995年		2000年		2005年		2006年		2009年	
	场次	位次	场次	位次	场次	位次	场次	位次	场次	位次	场次	位次	场次	位次	场次	位次	场次	位次	场次	位次
全　国	**518**	…	**206**	…	**245**	…	**226**	…	**176**	…	**154**	…	**157**	…	**159**	…	**167**	…	**169**	…
北　京	741	5	232	9	418	5	282	5	182	11	200	6	299	3	400	1	375	1	226	3
天　津	…	…	154	17	429	4	276	7	164	13	153	10	124	19	125	19	125	18	185	12
河　北	574	7	217	12	310	11	272	8	252	4	212	5	195	5	253	3	200	6	207	7
山　西	354	17	252	6	317	10	325	3	281	3	269	3	213	4	166	11	186	11	209	6
内蒙古	506	9	123	21	134	22	123	22	133	19	112	18	120	20	128	17	139	16	156	18
辽　宁	742	4	188	14	282	14	205	14	163	14	117	17	116	21	136	14	121	20	114	24
吉　林	591	6	134	19	238	17	235	10	201	7	160	9	107	24	81	29	100	26	122	20
黑龙江	254	23	151	18	255	15	191	15	151	17	151	11	134	16	120	21	120	21	115	22
上　海	1 007	2	398	1	1 064	1	796	1	592	1	332	1	448	1	230	5	333	2	356	1
江　苏	1 094	1	378	2	897	2	634	2	346	2	276	2	300	2	302	2	316	3	313	2
浙　江	745	3	220	10	484	3	300	4	197	8	133	14	164	11	191	8	197	8	180	14
安　徽	453	12	166	16	308	12	228	12	97	24	79	23	145	22	119	22	148	14	198	11
福　建	362	16	154	17	295	13	250	9	167	12	160	9	166	13	131	16	152	13	165	17
江　西	323	19	198	13	253	16	148	20	113	23	83	21	113	15	128	18	128	17	172	15
山　东	391	15	176	4	369	7	233	11	157	15	140	12	177	9	170	10	161	12	166	16
河　南	429	13	267	5	359	8	281	6	245	5	233	4	180	8	195	7	196	10	214	5
湖　北	469	11	218	11	308	12	158	19	121	21	125	16	149	12	163	13	214	5	219	4
湖　南	427	14	251	7	323	9	191	15	147	18	133	14	166	10	241	4	237	4	199	10
广　东	300	21	185	15	232	18	175	17	184	10	128	15	130	18	115	23	115	22	115	23
广　西	226	24	124	20	143	21	84	25	122	20	93	20	110	23	101	27	103	24	92	28
海　南	…	…	…	…	…	…	…	…	68	28	70	25	95	27	90	28	100	27	75	30
重　庆	…	…	…	…	…	…	…	…	…	…	…	…	52	31	103	26	103	25	109	25
四　川	505	10	284	3	375	6	165	18	74	27	66	26	101	25	107	25	123	19	118	21
贵　州	523	8	119	22	128	23	98	24	85	25	70	25	71	30	115	24	83	29	95	27
云　南	275	22	46	27	105	24	58	26	66	29	108	19	77	28	76	30	85	28	90	29
西　藏	80	27	49	26	58	27	31	27	48	30	76	24	76	29	74	31	77	31	51	31
陕　西	320	20	166	16	238	17	210	13	209	6	193	7	186	6	176	9	196	9	185	13
甘　肃	333	18	240	8	197	19	146	21	154	16	168	8	184	7	197	6	200	7	202	9
青　海	54	28	85	24	83	26	98	24	114	22	136	13	142	14	166	12	83	30	138	19
宁　夏	203	25	94	23	147	20	178	16	185	9	133	4	133	17	133	15	143	15	205	8
新　疆	194	26	57	25	90	25	100	23	82	26	78	22	102	26	123	20	111	23	109	26

按年份各地区文化部门艺术表演团体经费自给率情况

单位:%

地区	1964年		1978年		1985年		1990年		1995年		2000年		2005年		2008年		2009年	
	自给率	位次	自给率	位次	自给率	位次	自给率	位次	自给率	位次	自给率	位次	自给率	位次	自给率	位次	自给率	位次
总计	**69.3**		**41.4**		**37.3**		**41.1**		**40.3**		**32.6**		**28.9**		**29.5**		**30.0**	
中央	30.0		9.6		23.9		51.2		45.7		48.3		62.6		52.0		43.1	
地方	68.9		42.3		37.7		40.9		40.1		30.7		33.9		27.6		29.2	
北京	70.5	11	14.2	24	22.3	22	28.2	19	34.2	16	20.9	22	31.5	14	26.0	14	30.7	11
天津	…	…	28.2	20	37.7	10	36.9	10	32.5	17	32.4	11	21.7	23	17.5	24	19.7	23
河北	75.5	5	45.7	9	51.0	5	58.9	4	48.0	7	45.1	2	40.5	10	38.5	3	35.1	6
山西	77.4	3	58.6	3	61.1	2	57.3	6	53.6	3	39.1	6	37.5	11	36.7	4	46.1	2
内蒙古	58.9	20	13.4	26	17.9	25	17.3	27	19.7	23	11.3	29	11.0	28	9.4	28	11.6	28
辽宁	69.7	13	29.2	19	36.2	11	38.0	9	35.2	15	31.4	12	44.6	5	16.4	25	22.4	19
吉林	56.4	21	33.2	16	30.5	16	35.4	13	28.7	19	25.0	16	27.4	18	24.1	19	21.2	21
黑龙江	64.7	18	33.3	15	25.7	20	21.4	23	27.3	20	16.1	26	10.9	29	7.9	30	9.0	30
上海	66.3	17	30.3	17	44.8	7	68.6	1	64.0	1	48.2	1	85.3	1	61.6	1	63.2	1
江苏	72.0	8	62.5	1	52.4	4	57.5	5	52.9	4	36.3	9	48.1	3	43.5	2	42.5	3
浙江	76.2	4	50.3	7	43.7	8	52.4	7	54.1	2	37.0	8	41.5	7	29.1	9	34.2	8
安徽	59.9	19	29.4	18	35.3	12	27.2	20	25.8	21	21.9	23	22.9	21	27.4	11	29.5	12
福建	71.7	9	36.4	14	53.8	3	48.0	8	50.4	6	28.9	15	27.8	15	29.1	8	29.2	13
江西	69.0	14	42.9	11	29.2	17	31.1	18	29.0	18	20.7	21	21.9	22	25.7	16	26.3	16
山东	71.0	10	47.3	8	31.5	15	32.7	17	42.8	11	35.7	10	27.6	17	21.3	20	21.0	22
河南	85.7	1	59.3	2	65.5	1	63.3	2	50.8	5	42.0	4	46.8	4	36.0	5	40.5	4
湖北	70.0	12	37.5	13	28.8	18	33.9	15	40.0	12	31.2	13	34.7	12	24.6	18	23.3	18
湖南	72.5	7	54.6	4	34.2	13	36.2	12	44.9	9	39.5	5	41.1	8	32.7	6	37.4	5
广东	83.2	2	54.1	5	48.7	6	62.1	3	47.4	8	39.1	7	48.8	2	32.1	7	34.3	7
广西	50.9	22	27.1	21	22.9	21	35.4	13	33.2	16	23.7	18	27.2	19	26.1	13	22.1	20
海南	…		…		…		34.6	14	44.6	10	24.1	17	32.8	13	28.6	10	31.5	10
重庆	…		…		…		…		…		42.2	3	40.7	9	25.8	15	26.8	15
四川	74.7	6	53.3	6	33.6	14	36.8	11	39.9	13	22.9	19	27.6	16	25.5	17	24.9	17
贵州	48.5	24	21.7	23	16.9	26	21.2	25	25.5	21	22.5	20	20.2	25	19.1	22	14.4	27
云南	67.1	15	24.3	22	21.6	23	20.8	26	15.0	24	14.1	27	25.4	20	19.8	21	31.6	9
西藏	5.6	28	…	…	0.1	29	2.8	29	6.8	27	0.9	31	1.0	31	1.0	31	1.8	31
陕西	66.9	16	42.4	12	43.0	9	33.5	16	36.5	14	30.5	14	41.6	6	26.8	12	27.0	14
甘肃	49.7	23	45.4	10	26.0	19	23.8	21	20.3	22	18.8	28	20.4	24	18.6	23	17.4	24
青海	11.9	27	6.1	27	7.9	28	10.6	28	9.7	26	7.9	30	9.6	30	10.4	27	14.7	26
宁夏	22.0	26	14.2	24	16.2	27	21.3	24	11.0	25	13.0	28	11.2	27	12.9	26	15.1	25
新疆	28.9	25	14.0	25	18.7	24	22.4	22	17.3	24	20.5	24	12.8	26	8.5	29	9.2	29

注:经费自给率是考核文化事业单位自身生存能力的指标。2007年以后计算公式为:经费自经率=(总收入－财政拨款)/总支出×100%。

按年份各地区文化部门艺术表演团体平均每场演出经费补贴情况

单位:元

地区	1964年	1978年	1980年	1985年	1990年	1995年	2000年	2004年	2005年	2008年	2009年
总计	**31**	**303**	**202**	**416**	**891**	**2 101**	**4 216**	**7 025**	**8 894**	**13 651**	**14 175**
中央	1 342	4 174	1 521	2 982	6 493	29 595	62 652	9 837	95 112	165 830	202 145
地方	29	293	197	405	874	2 034	4 073	6 483	8 318	12 926	13 570
北京	55	1 821	662	1 305	3 460	5 087	11 864	23 642	27 779	30 698	71 013
天津	…	746	411	726	1 794	5 605	14 864	35 831	55 050	105 247	102 539
河北	14	240	157	181	307	825	1 742	2 491	3 066	5 885	6 409
山西	24	184	126	143	299	538	1 439	3 105	4 122	7 623	5 253
内蒙古	32	518	324	672	1 029	2 207	3 769	7 789	8 158	13 716	15 686
辽宁	27	560	323	725	1 371	2 275	7 426	11 740	12 680	26 337	25 143
吉林	46	470	319	495	1 099	2 695	7 247	13 107	18 273	24 455	24 654
黑龙江	87	562	347	707	1 627	3 276	6 270	13 796	14 034	28 156	31 737
上海	28	662	124	283	609	4 085	5 393	6 285	13 794	17 092	15 314
江苏	8	137	58	119	407	1 077	2 478	3 694	3 830	6 127	6 470
浙江	11	198	76	235	684	2 273	5 716	3 096	16 563	25 112	25 631
安徽	36	376	186	325	1 391	3 499	3 970	4 991	9 107	9 274	8 729
福建	30	299	200	290	864	1 752	5 433	7 071	10 171	11 434	16 328
江西	38	291	274	564	1 109	2 591	3 921	6 884	6 637	7 673	8 611
山东	26	226	180	437	1 175	2 313	3 787	7 165	9 096	16 439	16 942
河南	8	155	74	153	273	557	1 469	2 115	2 738	3 725	3 854
湖北	27	355	272	778	1 498	2 641	4 406	7 299	8 582	10 841	12 537
湖南	24	164	169	439	886	1 729	2 561	3 422	3 414	5 346	6 976
广东	25	285	238	472	843	3 820	7 056	11 825	12 872	22 247	22 176
广西	122	377	340	766	904	2 053	3 779	8 087	7 852	13 211	16 294
海南	…	…	…	…	1 933	6 012	6 952	11 275	11 281	20 465	18 817
重庆	…	…	…	…	…	…	11 776	15 455	16 634	15 748	30 674
四川	22	176	186	633	2 617	5 446	6 610	11 527	13 569	21 359	12 505
贵州	67	779	775	1 887	3 007	7 024	12 730	22 270	21 249	25 001	21 376
云南	57	930	400	1 180	1 700	2 609	7 270	13 604	14 741	20 212	16 048
西藏	2 000	3 611	4 003	4 472	5 208	5 949	11 707	23 328	29 530	44 962	56 105
陕西	52	411	318	415	835	1 325	2 784	3 484	4 168	7 623	10 066
甘肃	140	237	337	605	924	1 495	2 510	5 047	5 734	11 025	12 354
青海	1 165	1 420	1 450	2 762	3 143	5 622	7 500	30 762	18 767	29 966	39 261
宁夏	319	1 354	842	875	1 286	3 232	6 393	11 129	14 425	25 680	26 528
新疆	299	1 114	816	1 104	2 115	4 884	5 917	10 522	10 047	18 563	18 767

按年份各地区艺术表演场所机构数

单位:个

地 区	1952年	1965年	1978年	1980年	1985年	1990年	1995年	2000年	2003年	2005年	2006年	2008年	2009年
总 计	**1510**	**2943**	**1095**	**1444**	**1377**	**1995**	**1918**	**1863**	**1900**	**1866**	**1 839**	**1 944**	**2 137**
中 央	4	8	6	5	2	2	3	3	4	4	5	5	3
地 方	1506	2935	1089	1439	1375	1993	1915	1860	1896	1862	1 834	1 939	2 134
北 京	18	30	28	30	32	24	22	22	24	39	42	54	72
天 津	33	28	13	9	9	29	27	30	32	28	28	29	39
河 北	152	274	29	84	94	101	99	96	96	95	93	106	102
山 西	27	52	25	29	44	51	53	49	48	44	46	69	83
内蒙古	23	43	8	19	12	30	33	30	30	27	28	32	28
辽 宁	71	81	55	60	70	83	79	71	68	59	50	45	60
吉 林	24	57	33	50	60	64	59	51	48	73	69	59	33
黑龙江	24	60	39	50	56	53	48	53	50	45	46	47	44
上 海	96	68	18	43	43	39	35	38	180	160	148	67	104
江 苏	216	587	33	23	21	125	129	134	115	87	81	90	189
浙 江	78	124	85	107	89	93	93	88	77	125	141	48	239
安 徽	106	196	95	169	12	107	109	103	91	90	93	103	79
福 建	32	81	…	24	55	75	77	79	76	76	69	71	59
江 西	53	79	53	49	80	77	69	61	57	58	58	57	55
山 东	89	128	74	71	62	117	115	105	104	94	95	88	82
河 南	66	356	81	97	87	175	169	165	159	156	152	155	161
湖 北	79	116	55	75	75	90	86	77	69	66	67	63	70
湖 南	87	120	66	106	108	110	104	94	94	83	78	74	67
广 东	38	70	5	21	26	75	79	74	70	68	67	251	144
广 西	23	33	21	27	35	39	34	31	22	23	22	22	24
海 南	…	…	…	…	…	3	3	18	19	13	16	8	9
重 庆	…	…	…	…	…	…	…	25	25	17	19	54	42
四 川	99	162	141	159	159	150	124	92	76	65	65	95	96
贵 州	16	3	3	7	17	14	15	14	13	12	11	11	9
云 南	19	34	3	26	16	46	44	40	37	38	33	31	34
西 藏	…	…	…	…	1	9	9	20	36	24	26	22	22
陕 西	20	77	89	70	68	111	108	111	108	107	108	105	100
甘 肃	11	38	26	24	27	56	47	46	32	30	28	31	30
青 海	3	6	4	3	3	3	3	2	1	1	1	16	21
宁 夏	3	10	…	…	2	16	17	19	13	12	11	16	16
新 疆	…	16	7	7	12	28	26	22	26	47	43	20	21

按年份各地区艺术表演场所演(映)出场次

单位:千场

地　区	1985年	1990年	1995年	2000年	2001年	2002年	2003年	2005年	2006年	2008年	2009年
总　计	**988**	**3 020**	**2 048**	**1 355**	**832**	**740**	**559**	**604**	**585**	**740**	**606**
中　央	1	…	1	…	…	1	…	…	…	…	…
地　方	987	3 020	2 047	1 355	832	739	559	604	585	740	606
北　京	31	49	28	23	17	18	14	27	31	45	41
天　津	11	65	68	40	39	39	30	20	26	23	20
河　北	38	82	82	64	40	31	21	18	15	22	12
山　西	50	35	36	31	24	21	17	26	28	23	23
内蒙古	11	29	19	18	7	6	3	6	6	10	5
辽　宁	78	205	66	49	16	13	10	12	11	5	12
吉　林	71	132	32	27	20	13	12	10	18	23	14
黑龙江	27	36	15	19	12	11	7	5	4	2	2
上　海	58	73	48	39	21	20	36	47	35	19	20
江　苏	14	340	266	126	80	58	51	50	63	131	87
浙　江	7	171	142	73	55	39	28	31	27	12	61
安　徽	4	170	169	82	35	27	17	15	14	35	18
福　建	61	130	64	49	28	27	20	21	23	38	36
江　西	51	91	49	20	12	11	6	7	6	6	5
山　东	15	133	116	95	73	4	35	25	17	23	15
河　南	46	222	164	103	66	82	53	78	70	90	26
湖　北	64	161	118	89	49	54	23	28	11	20	25
湖　南	91	166	109	76	52	45	37	33	32	28	28
广　东	25	181	156	90	58	53	49	48	47	91	52
广　西	13	68	37	18	5	3	2	12	13	5	16
海　南	…	4	3	8	4	3	2	2	2	1	2
重　庆	…	…	…	16	7	6	4	3	8	19	27
四　川	72	150	60	24	12	16	12	12	19	11	13
贵　州	26	36	14	10	11	12	10	13	10	…	1
云　南	6	71	63	48	19	14	8	7	7	12	9
西　藏	…	4	21	21	5	9	18	7	3	1	1
陕　西	30	98	39	42	24	17	12	11	10	10	6
甘　肃	12	49	29	32	19	16	12	6	4	4	4
青　海	7	11	4	2	2	2	2	2	2	2	6
宁　夏	5	33	22	12	7	2	1	1	2	1	1
新　疆	3	25	7	9	13	17	7	21	21	28	18

按年份各地区艺术表演场所艺术演出场次

单位:千场

地　区	1985年	1990年	1995年	2000年	2001年	2002年	2003年	2005年	2006年	2007年	2008年	2009年
总　计	**116.1**	**89**	**49.1**	**59**	**65**	**71**	**66**	**93**	**94**	**138**	**97**	**150**
北　京	2.9	1	0.7	2	1	3	2	7	8	9	11	14
天　津	1.1	1	0.4	1	…	1	…	1	1	4	3	2
河　北	5.7	4	2.0	2	1	2	1	1	2	2	3	6
山　西	3.6	1	0.6	1	1	1	1	1	1	2	2	3
内蒙古	0.4	1	0.3	…	1	1	…	1	2	——	1	1
辽　宁	6.5	5	1.2	1	1	1	1	2	2	1	1	6
吉　林	4.6	7	0.5	1	1	2	1	1	1	2	2	2
黑龙江	5.1	3	1.0	1	1	1	1	1	1	1	1	1
上　海	4.7	4	4.4	3	3	5	13	14	13	11	6	9
江　苏	1.9	6	7.2	5	6	6	4	4	5	5	4	7
浙　江	6.7	5	4.1	6	12	9	7	12	13	39	3	31
安　徽	1.3	3	1.8	1	2	2	1	3	3	4	8	4
福　建	3.1	1	1.8	6	6	4	3	5	4	4	6	14
江　西	4.0	2	0.7	1	1	2	1	2	2	2	2	2
山　东	6.6	5	3.5	2	2	…	2	2	3	2	2	2
河　南	13.2	10	4.5	3	3	2	5	3	3	4	2	4
湖　北	7.2	9	2.2	2	2	3	2	9	4	2	4	4
湖　南	7.7	4	1.9	3	4	4	5	5	4	3	3	4
广　东	3.7	3	2.6	6	7	6	7	8	8	19	17	15
广　西	2.3	1	0.8	2	1	1	1	1	1	1	1	2
海　南	…	…	0.1	1	1	1	1	…	1	3	——	——
重　庆	…	…	…	…	…	1	…	…	…	2	3	2
四　川	13.0	5	2.6	3	2	3	3	3	4	8	5	8
贵　州	0.6	1	…	…	…	1	…	…	…	——	——	——
云　南	1.1	1	0.9	…	2	2	1	3	2	2	2	2
西　藏	——	…	…	…	…	…	…	…	…	——	——	——
陕　西	5.7	4	1.5	3	2	3	2	2	3	3	3	3
甘　肃	1.4	1	0.7	1	2	1	1	1	1	1	1	1
青　海	0.3	…	0.1	…	…	…	…	…	…	——	——	——
宁　夏	0.2	…	0.4	…	…	…	…	…	1	1	1	1
新　疆	1.0	1	0.3	…	…	…	…	1	1	1	——	——

按年份各地区文化部门艺术表演场所财政拨款情况

单位:万元

地区	1984年	1985年	1990年	1995年	2000年	2001年	2003年	2005年	2006年	2008年	2009年
总计	**1 892**	**1 506**	**2 865**	**5 723**	**8 643**	**11 300**	**15 703**	**16 792**	**19 603**	**28 116**	**32 074**
中央	24	…	8	…	…	…	…	…	…	——	400
地方	1 864	1 506	2 857	5 723	8 643	11 300	15 703	16 792	19 603	28 116	31 674
北京	24	12	2	40	387	150	58	40	124	49	191
天津	…	…	2	13	70	28	10	173	111	185	108
河北	36	44	65	134	392	762	561	1 097	605	833	1 164
山西	51	75	258	151	93	167	216	263	427	756	986
内蒙古	5	14	72	156	232	327	360	508	550	776	1 126
辽宁	67	114	103	200	253	242	599	553	297	2 040	1 512
吉林	136	258	242	366	615	1 107	1 492	1 017	2 277	2 071	1 675
黑龙江	10	4	29	23	124	174	91	142	207	340	441
上海	…	…	11	54	189	150	1 231	1 304	501	3 733	4 216
江苏	12	32	27	191	89	60	109	67	25	246	348
浙江	87	83	112	325	768	931	2 819	1 875	2 263	1 927	2 471
安徽	3	3	259	338	517	815	664	864	977	946	898
福建	9	28	114	381	672	1 049	660	1 503	649	1 093	1 031
江西	113	58	114	301	334	678	438	712	588	967	899
山东	67	105	330	439	730	1 036	861	274	339	307	400
河南	76	76	229	444	337	447	485	561	558	859	3 142
湖北	424	99	40	81	135	168	180	307	428	655	1 385
湖南	36	40	99	264	543	571	576	607	958	1 492	686
广东	4	1	97	324	650	860	1 472	2 097	4 243	2 909	3 207
广西	50	20	28	59	18	39	35	44	155	85	96
海南	…	…	…	…	11	…	…	1	51	18	12
重庆	…	…	…	…	81	91	182	111	26	44	45
四川	66	196	138	255	210	262	295	173	492	968	856
贵州	24	…	6	93	63	100	90	75	70	76	160
云南	286	6	76	146	187	201	322	249	308	434	343
西藏	…	22	…	81	261	143	340	494	199	375	284
陕西	108	37	109	226	288	366	810	538	625	1 580	1 559
甘肃	119	86	222	402	180	124	143	99	192	359	509
青海	…	16	…	…	…	…	…	…	…	100	206
宁夏	32	56	4	21	45	30	116	106	55	165	136
新疆	24	23	69	217	173	309	492	941	1 304	1 731	1 583

按年份各地区文化部门艺术表演场所总支出情况

单位:万元

地区	1984年	1985年	1990年	1995年	2000年	2001年	2003年	2005年	2006年	2008年	2009年
总计	**7 705**	**9 519**	**37 402**	**77 139**	**82 040**	**84 389**	**104 384**	**89 301**	**117 871**	**111 036**	**112 603**
中央	39	44	81	185	232	556	258	737	650	1 148	210
地方	7 666	9 475	37 321	76 954	81 808	83 832	104 126	88 563	117 222	109 888	112 393
北京	414	472	785	1 690	3 567	3 108	4 333	5 252	5 782	2 167	2 467
天津	93	143	566	1 311	1 464	1 412	1 648	1 147	1 015	1 594	1 603
河北	282	371	1 096	2 405	2 847	2 995	2 673	3 574	3 264	3 186	3 632
山西	284	344	672	1 620	1 403	1 579	1 637	1 993	2 717	3 916	4 082
内蒙古	89	131	485	666	648	759	661	815	856	1 318	1 772
辽宁	694	906	2 881	3 481	2 767	4 452	4 338	4 153	17 028	4 669	5 326
吉林	621	682	1 244	2 308	1 999	2 294	2 655	1 940	4 237	3 821	3 845
黑龙江	75	131	511	560	819	737	957	858	918	1 293	1 187
上海	586	599	1 398	5 056	7 344	5 916	22 424	17 864	24 743	19 774	21 259
江苏	68	65	3 743	8 848	9 270	8 808	9 639	618	930	1 643	2 166
浙江	544	708	2 108	4 672	5 471	6 117	8 089	7 807	8 132	9 050	10 494
安徽	18	26	1 533	3 250	3 295	3 246	2 959	3 058	3 271	3 558	3 296
福建	292	344	1 438	3 629	3 905	4 496	3 634	5 031	5 430	6 769	6 614
江西	251	228	533	1 227	1 421	1 786	1 670	2 028	1 838	2 410	2 089
山东	199	243	2 120	4 271	4 530	5 294	4 669	1 172	1 074	928	835
河南	394	450	2 688	5 146	4 156	4 059	4 150	5 974	6 081	9 170	8 014
湖北	539	492	1 525	4 476	3 043	3 318	3 261	2 820	3 508	4 310	5 329
湖南	527	683	1 655	3 325	4 883	4 084	5 470	2 908	2 839	3 520	2 832
广东	487	749	4 069	8 148	7 986	8 219	8 115	6 061	8 856	8 322	7 100
广西	181	202	1 036	1 480	1 203	962	991	1 167	1 159	1 324	2 141
海南	…	…	136	354	453	351	221	193	217	137	155
重庆	…	…	…	…	546	405	343	298	161	167	57
四川	419	650	1 554	2 676	1 861	2 084	2 294	2 501	2 843	4 088	3 483
贵州	118	222	311	489	711	731	828	793	799	854	945
云南	5	21	577	1 337	1 503	1 487	1 094	1 505	1 874	2 170	1 839
西藏	1	24	68	313	357	219	457	506	207	403	313
陕西	208	219	976	1 521	2 124	1 976	2 361	2 428	2 590	3 717	3 673
甘肃	127	166	766	1 456	1 221	1 133	955	1 079	1 206	1 224	1 803
青海	35	66	157	275	121	95	76	…	…	103	343
宁夏	68	80	290	499	436	370	402	271	265	281	422
新疆	47	58	400	465	452	1 343	1 125	2 751	3 380	4 004	3 278

按年份各地区公共图书馆机构数

单位:个

地　　区	1949年	1957年	1965年	1978年	1980年	1985年	1990年	1995年	2000年	2003年	2005年	2006年	2008年	2009年
总　　计	**52**	**400**	**562**	**1 218**	**1 732**	**2 344**	**2 527**	**2 615**	**2 675**	**2 709**	**2 762**	**2 778**	**2 820**	**2 850**
中　　央	1	1	1	1	1	1	1	1	1	1	1	1	1	1
地　　方	51	399	561	1 217	1 731	2 343	2 526	2 614	2 674	2 708	2 761	2 777	2 819	2 849
北　　京	2	7	6	17	20	22	22	22	24	25	25	24	24	24
天　　津	2	5	10	19	18	26	30	31	31	31	32	32	32	31
河　　北	2	14	12	42	80	104	121	134	145	147	153	156	163	164
山　　西	…	5	17	61	72	103	111	119	121	122	122	122	122	126
内 蒙 古	…	15	12	24	83	94	104	107	108	108	110	110	113	113
辽　　宁	…	22	30	71	85	121	123	127	128	128	126	127	128	128
吉　　林	2	11	18	60	48	39	47	51	60	62	63	64	64	66
黑 龙 江	…	12	26	78	80	87	96	96	97	97	96	95	101	100
上　　海	20	21	24	17	23	46	51	31	31	35	28	28	29	29
江　　苏	…	25	35	78	82	90	91	94	101	100	103	104	106	109
浙　　江	2	31	35	63	69	76	80	81	83	83	90	92	94	96
安　　徽	…	16	34	36	80	82	84	83	84	84	88	85	85	89
福　　建	…	10	12	23	26	65	74	78	81	82	84	85	85	85
江　　西	2	11	20	38	49	105	104	104	104	104	104	105	105	108
山　　东	3	40	27	80	88	99	115	130	133	140	145	145	147	150
河　　南	1	10	17	36	71	118	127	132	134	136	136	136	142	142
湖　　北	3	15	7	47	101	99	101	100	103	103	102	102	104	107
湖　　南	1	15	37	72	77	110	116	116	115	115	120	120	120	120
广　　东	2	19	46	76	97	117	103	114	124	129	129	129	132	133
广　　西	…	10	29	84	87	89	90	92	94	96	95	100	100	100
海　　南	…	…	…	…	…	…	19	19	19	19	20	20	20	20
重　　庆	…	…	…	…	…	…	…	…	42	44	43	43	43	43
四　　川	…	26	44	78	98	115	148	166	129	132	141	146	154	156
贵　　州	…	9	16	25	44	76	84	87	89	90	91	91	92	93
云　　南	…	10	16	16	80	149	148	148	148	149	149	149	150	150
西　　藏	…	1	1	1	1	18	18	18	1	1	4	3	4	4
陕　　西	7	9	13	43	69	113	113	114	114	111	111	111	111	112
甘　　肃	1	12	8	6	39	75	83	86	91	92	92	92	92	93
青　　海	…	1	1	13	23	27	41	41	38	38	43	43	43	44
宁　　夏	…	3	3	8	14	20	20	20	22	21	20	20	21	20
新　　疆	1	14	5	5	27	58	62	60	80	84	96	98	93	94

按年份各地区公共图书馆总藏量情况

单位:万册/件

地区	1979 年	1980 年	1985 年	1990 年	1995 年	2000 年	2002 年	2003 年	2005 年	2006 年	2008 年	2009 年
总计	**18 353**	**19 904**	**25 573**	**29 064**	**32 850**	**40 953**	**42 628**	**43 776**	**48 056**	**50 025**	**55 064**	**58 521**
中央	1 020	1 060	1 310	1 598	1 959	2 249	2 373	2 412	2 505	2 570	2 697	2 778
地方	17 333	18 844	2 426	27 466	30 891	38 704	40 256	41 364	45 551	47 454	52 367	55 742
北京	483	548	560	607	670	767	876	944	1 121	1 206	1 403	1 589
天津	547	550	584	664	677	786	822	840	869	945	1 107	1 159
河北	384	423	504	707	845	1 081	1 132	1 179	1 307	1 351	1 451	1 549
山西	427	444	588	662	777	867	898	912	963	993	1 102	1 176
内蒙古	401	367	482	550	621	683	696	707	744	761	831	870
辽宁	1 391	1 487	1 521	1 557	1 786	1 970	2 119	2 115	2 326	2 400	2 584	2 785
吉林	651	665	834	831	921	1 030	1 071	1 090	1 202	1 229	1 345	1 338
黑龙江	535	613	848	1 009	1 094	1 186	1 227	1 248	1 291	1 436	1 506	1 572
上海	1 107	1 138	1 430	1 585	1 586	5 500	5 817	5 894	6 049	6 062	6 394	6 593
江苏	1 364	1 433	1 816	2 110	2 420	2 669	2 777	2 846	3 179	3 410	3 776	4 071
浙江	814	843	1 038	1 266	1 511	1 715	1 848	1 918	2 324	2 497	3 179	3 552
安徽	556	563	651	681	752	787	792	807	847	907	1 073	1 136
福建	395	431	709	845	902	985	1 053	1 097	1 274	1 362	1 458	1 542
江西	513	768	916	1 003	1 070	1 122	1 167	1 197	1 282	1 309	1 398	1 474
山东	1 070	1 159	1 234	1 469	1 724	1 989	2 176	2 246	2 746	2 846	3 141	3 515
河南	660	708	975	1 022	1 062	1 239	1 303	1 336	1 429	1 470	1 633	1 724
湖北	650	771	1 032	1 220	1 445	1 678	1 759	1 819	1 923	1 981	2 106	2 181
湖南	732	808	1 120	1 239	1 362	1 514	1 548	1 602	1 667	1 704	1 766	1 839
广东	689	798	1 065	1 260	1 651	2 316	2 300	2 498	3 119	3 454	3 995	4 367
广西	581	644	935	1 102	1 243	1 312	1 378	1 419	1 491	1 564	1 695	1 760
海南	…	…	…	100	137	154	165	167	184	193	257	341
重庆	…	…	…	…	…	811	678	700	768	792	932	988
四川	1 471	1 502	1 880	2 125	2 356	1 722	1 746	1 773	2 002	2 094	2 305	2 480
贵州	229	292	451	527	616	681	691	713	764	771	731	800
云南	420	503	906	1 034	1 104	1 254	1 252	1 287	1 371	1 397	1 453	1 508
西藏	…	17	46	54	51	60	60	60	42	45	50	50
陕西	482	480	645	658	733	837	840	852	887	913	1 002	1 059
甘肃	323	338	586	579	670	745	759	795	860	872	929	951
青海	195	220	287	260	280	286	295	295	324	289	348	402
宁夏	156	185	300	328	338	380	368	361	378	389	523	435
新疆	107	147	321	412	489	579	644	649	817	811	894	934

注:本年鉴的总藏量,1991 年以前只包括图书。

按年份各地区公共图书馆人均拥有藏书册数

单位:册

地　区	1980年	1985年	1990年	1995年	2000年	2005年	2008年	2009年
全　国	**0.2**	**0.2**	**0.3**	**0.2**	**0.3**	**0.3**	**0.4**	**0.4**
北　京	0.6	0.6	0.6	0.6	0.7	0.7	0.8	0.9
天　津	0.7	0.7	0.8	0.7	0.9	0.8	0.9	0.9
河　北	0.8	0.1	0.1	0.1	0.2	0.1	0.2	0.2
山　西	0.2	0.2	0.2	0.2	0.3	0.2	0.3	0.3
内蒙古	0.2	0.2	0.3	0.2	0.3	0.3	0.3	0.4
辽　宁	0.4	0.4	0.4	0.4	0.5	0.5	0.6	0.6
吉　林	0.3	0.4	0.3	0.3	0.4	0.4	0.5	0.5
黑龙江	0.2	0.3	0.3	0.3	0.3	0.3	0.4	0.4
上　海	1.0	1.2	1.2	1.1	1.5	3.4	3.4	3.4
江　苏	0.2	0.3	0.3	0.3	0.4	0.4	0.5	0.5
浙　江	0.2	0.3	0.3	0.3	0.3	0.4	0.6	0.7
安　徽	0.1	0.1	0.1	0.1	0.1	0.1	0.2	0.2
福　建	0.2	0.3	0.3	0.2	0.3	0.3	0.4	0.4
江　西	0.2	0.3	0.3	0.2	0.3	0.2	0.3	0.3
山　东	0.2	0.2	0.2	0.2	0.2	0.2	0.3	0.4
河　南	0.1	0.1	0.1	0.1	0.1	0.1	0.2	0.2
湖　北	0.2	0.2	0.2	0.2	0.3	0.3	0.4	0.4
湖　南	0.2	0.2	0.2	0.2	0.2	0.2	0.3	0.3
广　东	0.2	0.2	0.2	0.2	0.3	0.3	0.4	0.5
广　西	0.2	0.1	0.3	0.2	0.3	0.3	0.4	0.4
海　南	…	…	0.2	0.2	0.2	0.2	0.3	0.4
重　庆	…	…	…	…	0.1	0.2	0.3	0.4
四　川	0.2	0.2	0.2	0.2	0.5	0.2	0.3	0.3
贵　州	0.1	0.2	0.2	0.1	0.2	0.2	0.2	0.2
云　南	0.2	0.3	0.3	0.2	0.3	0.3	0.3	0.3
西　藏	0.1	0.2	0.3	0.2	0.2	0.1	0.2	0.2
陕　西	0.2	0.2	0.2	0.2	0.2	0.2	0.3	0.3
甘　肃	0.2	0.3	0.3	0.2	0.3	0.3	0.4	0.4
青　海	0.6	0.7	0.6	0.5	0.6	0.5	0.6	0.7
宁　夏	0.5	0.7	0.7	0.6	0.7	0.6	0.9	0.7
新　疆	0.1	0.3	0.3	0.3	0.3	0.4	0.4	0.4

按年份各地区公共图书馆总流通人次

单位:万人次

地　区	1979年	1980年	1985年	1990年	1995年	2000年	2003年	2005年	2006年	2008年	2009年
总　计	**7 787**	**9 045**	**11 614**	**12 435**	**18 298**	**18 854**	**21 440**	**23 331**	**25 218**	**28 141**	**32 168**
中　央	48	53	72	169	133	381	449	458	391	328	521
地　方	7 739	8 992	11 542	12 266	18 165	18 473	20 991	22 873	24 827	27 813	31 647
北　京	126	157	142	180	272	320	443	715	747	801	823
天　津	209	214	291	245	265	461	399	483	474	567	676
河　北	135	242	289	390	473	736	602	634	588	594	712
山　西	200	251	247	330	227	261	348	255	257	298	350
内蒙古	139	195	190	179	282	270	291	380	324	286	310
辽　宁	432	544	606	686	829	1 184	1 132	1 133	1 209	1 405	1 666
吉　林	133	132	182	314	385	409	510	505	551	806	490
黑龙江	241	327	514	619	631	608	441	505	547	613	617
上　海	439	544	797	660	687	1 225	1 204	1 249	1 342	1 370	1 460
江　苏	575	640	883	909	883	1 227	1 533	1 734	1 753	2 384	2 787
浙　江	446	464	482	589	555	1 140	1 174	1 397	1 651	2 691	4 253
安　徽	274	487	358	402	372	561	541	460	560	528	671
福　建	142	130	405	384	466	647	777	733	712	931	1 182
江　西	279	319	778	490	413	485	553	533	460	547	596
山　东	701	707	494	504	509	795	1 055	1 421	1 334	1 460	1 603
河　南	323	555	442	440	650	713	799	828	780	805	1 011
湖　北	263	316	370	548	559	714	897	1 145	1 197	1 215	1 271
湖　南	396	375	616	498	618	808	978	787	960	965	940
广　东	524	504	739	903	1 447	2 235	2 635	3 542	4 695	4 101	4 565
广　西	320	239	452	461	809	927	949	895	1 381	1 518	1 100
海　南	…	…	…	52	94	121	115	114	139	85	193
重　庆	…	…	…	…	…	266	459	594	330	505	588
四　川	740	814	850	933	776	554	638	766	889	952	1 151
贵　州	113	129	275	320	462	228	241	187	190	258	267
云　南	206	289	463	517	559	654	739	735	695	754	962
西　藏	…	…	3	5	…	2	3	1	3	3	2
陕　西	217	236	258	207	242	275	617	365	368	408	384
甘　肃	65	71	166	222	225	185	334	316	306	361	414
青　海	33	35	73	43	39	58	61	68	57	104	90
宁　夏	40	38	101	131	140	142	140	166	160	163	147
新　疆	28	38	76	105	140	263	384	211	167	336	364

按年份各地区公共图书馆图书外借册次

单位:万册次

地区	1979年	1980年	1985年	1990年	1995年	2000年	2003年	2005年	2006年	2008年	2009年
总计	**9 625**	**11 830**	**18 942**	**20 242**	**11 814**	**16 913**	**18 775**	**20 268**	**21 039**	**23 129**	**25 857**
中央	110	129	177	654	29	217	321	428	332	165	221
地方	9 515	11 701	18 765	19 588	11 785	16 697	18 454	19 840	20 708	22 963	25 636
北京	279	361	367	366	283	442	448	678	734	905	890
天津	485	471	581	467	237	274	339	379	359	429	637
河北	133	234	358	504	379	673	541	468	497	475	528
山西	228	310	403	467	204	207	181	272	228	219	242
内蒙古	116	202	246	294	239	233	264	243	260	234	242
辽宁	726	957	1 321	1 197	856	1 119	1 101	1 173	1 245	1 410	1 407
吉林	165	165	474	338	332	259	466	794	432	559	443
黑龙江	268	533	1 346	1 239	500	527	457	789	425	674	560
上海	673	862	1 143	1 045	507	970	956	1 027	1 087	1 072	1 453
江苏	720	837	1 758	1 557	967	1 269	1 245	1 493	1 642	2 143	2 445
浙江	513	600	926	1 068	550	1 054	1 087	1 233	1 612	2 386	2 785
安徽	289	588	497	463	343	455	399	340	416	463	578
福建	179	217	633	610	517	779	1 002	729	700	945	1 129
江西	326	364	987	726	383	543	524	722	437	482	518
山东	932	872	753	807	573	718	984	1 378	1 166	1 386	1 544
河南	401	614	652	796	517	695	948	646	697	734	952
湖北	293	371	661	954	543	769	965	926	1 078	1 039	1 047
湖南	457	388	1 081	953	562	735	858	801	880	984	958
广东	374	498	952	1 439	687	1 192	1 452	2 036	3 097	2 081	2 536
广西	251	287	338	546	528	688	687	761	684	723	774
海南	…	…	…	39	49	64	78	28	44	75	134
重庆	…	…	…	…	…	435	603	471	586	539	760
四川	960	953	1 328	1 370	691	564	664	651	713	1 071	949
贵州	115	141	372	289	133	189	179	117	123	157	213
云南	218	338	540	705	529	680	618	700	631	568	770
西藏	…	…	3	10	10	11	1	3	6	5	2
陕西	209	299	366	311	238	305	671	263	278	315	258
甘肃	89	94	220	398	173	153	275	261	265	304	329
青海	36	40	136	86	51	52	60	57	46	96	43
宁夏	47	62	197	372	125	265	123	212	172	204	156
新疆	33	53	126	172	91	251	280	175	169	288	354

按年份各地区公共图书馆财政拨款情况

单位:万元

地区	1979年	1980年	1985年	1990年	1995年	2000年	2002年	2003年	2005年	2006年	2008年	2009年
总计	**5 040**	**5 467**	**15 272**	**29 296**	**65 838**	**139 321**	**176 882**	**205 252**	**277 848**	**319 479**	**477 616**	**550 808**
中央	470	489	1 292	3 420	9 421	15 293	18 326	18 155	23 650	29 211	37 038	49 040
地方	4 570	4 978	13 980	25 876	56 417	124 028	158 556	187 096	254 198	290 268	440 579	501 768
北京	144	127	322	743	1 683	8 734	8 173	8 984	15 554	15 561	21 862	28 294
天津	159	162	321	409	1 295	2 751	3 298	3 445	10 980	9 265	13 373	14 970
河北	108	111	569	741	1 827	2 980	3 638	4 150	6 717	6 583	10 029	10 090
山西	154	124	331	517	1 184	2 150	2 719	3 433	4 862	5 579	9 504	9 433
内蒙古	131	167	420	876	1 432	2 452	3 437	3 792	5 086	5 358	9 294	14 221
辽宁	344	368	973	1 841	3 737	6 822	9 425	9 620	15 446	15 006	23 822	30 535
吉林	194	193	530	876	1 707	3 364	4 068	4 850	5 861	6 526	14 276	11 982
黑龙江	281	234	625	1 068	2 088	3 104	4 193	5 871	7 752	7 313	11 209	12 227
上海	399	433	990	2 159	5 558	22 871	22 442	23 862	30 636	32 358	43 953	55 912
江苏	226	297	741	1 403	3 620	6 729	10 683	13 792	16 075	31 083	31 326	33 088
浙江	121	146	725	1 195	2 356	6 509	9 935	13 582	20 316	21 656	34 742	38 761
安徽	125	149	313	519	1 165	2 054	3 031	4 830	5 436	5 856	7 673	9 933
福建	84	131	411	879	1 778	3 681	4 448	4 513	6 579	6 533	10 404	11 962
江西	121	111	451	700	1 184	2 022	2 651	2 965	3 780	4 102	7 140	7 772
山东	254	283	543	1 284	2 814	6 129	7 720	8 618	12 039	14 084	20 211	21 027
河南	143	119	429	819	1 766	3 591	4 704	4 776	5 987	6 588	13 767	12 201
湖北	168	211	768	941	1 649	2 896	4 541	5 383	6 498	7 579	14 771	23 000
湖南	199	176	771	884	1 816	2 550	3 428	3 996	5 376	6 163	8 405	11 217
广东	219	286	844	2 157	6 110	11 868	18 920	26 025	28 592	31 819	49 495	55 146
广西	138	174	456	793	1 563	2 851	3 989	4 345	5 469	6 542	8 997	11 353
海南	…	…	…	123	378	322	628	440	631	1 977	2 205	2 882
重庆	…	…	…	…	…	1 491	2 249	2 410	2 957	4 022	7 145	7 268
四川	254	291	690	1 545	2 591	2 877	3 811	4 752	7 229	8 963	17 105	18 586
贵州	91	101	241	479	746	1 259	1 779	1 969	3 401	4 408	4 970	5 383
云南	97	140	401	944	2 178	5 134	4 558	4 497	6 096	7 348	14 918	11 670
西藏	…	…	13	11	72	111	188	194	336	350	571	609
陕西	118	132	253	566	934	2 038	3 225	3 468	3 973	5 295	8 043	9 107
甘肃	93	85	217	482	985	1 752	2 318	3 852	4 438	4 748	7 589	8 888
青海	69	70	164	227	724	678	1 001	909	1 237	1 636	2 512	2 965
宁夏	67	85	178	264	408	786	1 138	997	1 504	1 756	4 711	4 592
新疆	69	72	290	431	1 062	1 476	2 221	2 778	3 360	4 209	6 559	6 694

按年份各地区公共图书馆总支出情况

单位:万元

地区	1979 年	1980 年	1985 年	1990 年	1995 年	2000 年	2002 年	2003 年	2005 年	2008 年	2009 年
总计	**5 206**	**5 486**	**13 393**	**30 271**	**74 080**	**157 173**	**208 929**	**235 819**	**312 571**	**519 841**	**606 630**
中央	511	490	1 325	3 550	9 460	21 155	23 462	24 608	28 686	45 182	58 163
地方	4 695	4 996	12 068	26 721	64 620	136 018	185 466	211 211	283 885	474 659	548 467
北京	142	130	284	733	1 851	5 326	9 181	10 270	16 840	24 999	24 095
天津	164	160	323	643	2 128	3 074	4 084	4 130	7 548	20 142	16 083
河北	125	135	306	758	2 044	3 458	4 395	4 603	7 208	10 763	10 186
山西	148	126	287	527	1 170	2 270	3 159	3 677	5 085	9 905	17 289
内蒙古	143	150	370	734	1 458	2 536	3 584	3 898	4 959	9 056	15 166
辽宁	348	375	846	2 099	4 392	7 783	10 636	10 596	16 225	24 209	31 112
吉林	192	176	474	871	1 835	3 520	4 318	4 986	6 295	10 895	12 141
黑龙江	290	286	518	1 132	2 139	3 409	4 448	5 612	8 602	11 391	12 551
上海	402	379	897	2 484	7 021	24 425	28 659	29 432	36 757	52 652	63 238
江苏	219	259	695	1 514	4 046	8 400	12 609	15 712	20 630	37 013	37 970
浙江	130	135	624	1 237	3 082	8 500	12 229	16 506	22 905	38 113	44 880
安徽	134	137	254	521	1 384	2 641	3 361	5 656	5 767	8 759	11 014
福建	91	90	335	777	1 710	3 916	5 386	5 447	7 446	11 961	12 294
江西	114	137	372	744	1 323	2 343	3 227	3 552	4 343	8 121	9 401
山东	275	269	496	1 268	2 968	6 881	8 238	9 623	13 242	20 806	23 034
河南	161	168	371	815	2 140	3 902	5 348	5 320	6 377	14 639	12 674
湖北	166	225	636	1 109	2 372	3 952	6 070	6 745	8 120	16 597	24 834
湖南	199	207	548	982	2 329	3 399	4 374	4 887	6 431	9 431	12 226
广东	201	259	691	2 011	6 807	14 597	20 800	26 569	33 777	52 674	56 428
广西	148	165	431	749	1 769	3 077	4 598	5 182	6 288	9 819	12 343
海南	…	…	…	118	369	355	679	476	658	2 248	3 149
重庆	…	…	…	…	…	2 026	2 679	3 009	3 856	7 812	9 123
四川	258	287	618	1 789	3 245	3 462	4 657	5 290	8 218	15 436	20 540
贵州	83	95	241	417	810	1 428	1 806	2 104	3 497	5 933	6 350
云南	108	142	398	843	2 234	3 928	6 099	5 339	6 786	12 425	15 896
西藏	…	3	31	15	61	110	190	195	336	571	609
陕西	126	133	214	482	951	2 263	3 526	3 766	4 405	8 377	9 663
甘肃	107	99	200	441	1 011	1 799	2 492	3 728	4 399	7 320	8 639
青海	81	89	165	237	424	780	1 039	1 040	1 315	2 576	3 065
宁夏	69	82	153	265	430	783	1 174	1 017	1 574	3 625	4 603
新疆	71	98	290	406	1 119	1 677	2 423	2 848	3 999	6 393	7 873

按年份各地区公共图书馆购书费支出情况

单位:万元

地　区	1979年	1980年	1985年	1990年	1995年	2000年	2002年	2003年	2005年	2006年	2008年	2009年
总　计	**2 163**	**2 273**	**4 164**	**8 474**	**16 788**	**37 141**	**41 853**	**44 407**	**59 781**	**66 095**	**83 832**	**104 404**
中　央	297	297	735	2 200	6 036	9 000	10 991	10 993	12 001	13 003	14 792	16 898
地　方	1 866	1 975	3 429	6 274	10 752	28 141	30 862	33 414	47 780	53 092	69 040	87 506
北　京	42	42	102	163	251	914	1 664	1 755	3 413	4 188	2 904	3 756
天　津	67	67	104	106	318	563	609	617	1 527	2 590	3 254	3 664
河　北	63	68	76	161	302	428	367	444	677	949	1 403	1 471
山　西	50	49	68	93	131	292	184	281	385	438	650	1 205
内蒙古	45	51	66	85	86	166	192	211	169	281	637	830
辽　宁	115	117	205	454	768	948	1 777	1 482	2 027	2 079	3 172	4 070
吉　林	98	61	104	152	250	459	597	491	777	758	931	1 397
黑龙江	79	91	128	251	235	395	390	409	410	659	1 127	1 248
上　海	172	187	431	1 079	2 204	11 210	7 607	8 607	10 342	10 686	13 888	16 490
江　苏	98	99	284	458	732	1 780	2 657	2 933	3 739	4 370	6 008	7 671
浙　江	68	68	191	374	578	1 577	1 990	2 337	3 994	4 375	7 116	9 805
安　徽	57	60	62	121	262	297	370	271	619	593	814	1 468
福　建	42	47	111	170	311	716	890	929	599	1 301	1 518	1 588
江　西	44	58	67	129	99	302	351	347	646	807	549	954
山　东	87	85	113	237	506	978	1 468	1 434	1 868	1 922	2 842	3 525
河　南	62	65	80	165	255	413	530	540	655	827	1 281	1 240
湖　北	55	94	120	256	299	699	972	1 033	1 296	1 534	1 802	1 888
湖　南	68	73	115	177	207	415	549	627	900	914	1 119	1 499
广　东	74	83	251	465	1 186	2 832	4 575	5 222	7 394	8 056	9 723	12 042
广　西	71	82	96	159	291	520	516	556	674	747	857	1 697
海　南	…	…	…	21	59	41	100	61	92	66	433	557
重　庆	…	…	…	…	…	330	306	340	569	570	759	1 461
四　川	107	109	168	289	431	485	417	559	1 095	1 230	2 045	2 145
贵　州	48	46	79	128	100	166	216	232	301	383	474	491
云　南	49	63	110	207	441	538	598	647	720	843	926	1 605
西　藏	…	2	5	3	14	16	13	30	43	40	63	107
陕　西	62	42	61	88	1 041	117	275	295	701	504	1 123	1 169
甘　肃	41	51	61	108	170	289	352	480	594	588	728	1 013
青　海	38	37	40	39	33	54	54	36	72	72	128	198
宁　夏	29	32	42	59	41	68	111	42	136	133	318	483
新　疆	35	46	89	77	91	136	168	170	347	590	449	769

按年份各地区公共图书馆人均购书费情况

单位:元

地　区	1985年	1990年	1995年	2000年	2005年	2006年	2008年	2009年
全　国	**0.040**	**0.074**	**0.139**	**0.287**	**0.457**	**0.503**	**0.705**	**0.782**
北　京	0.106	0.150	0.239	0.661	2.219	2.649	2.125	2.140
天　津	0.129	0.120	0.360	0.562	1.463	2.409	2.796	2.983
河　北	0.014	0.026	0.048	0.063	0.098	0.138	0.221	0.209
山　西	0.026	0.032	0.045	0.089	0.114	0.130	0.291	0.351
内蒙古	0.033	0.039	0.039	0.070	0.070	0.117	0.342	0.343
辽　宁	0.056	0.114	0.194	0.224	0.480	0.487	0.827	0.942
吉　林	0.045	0.061	0.101	0.168	0.286	0.278	0.376	0.510
黑龙江	0.039	0.070	0.067	0.107	0.107	0.172	0.309	0.326
上　海	0.354	0.807	1.710	6.697	5.816	5.888	7.612	8.584
江　苏	0.046	0.068	0.108	0.239	0.500	0.579	0.883	0.993
浙　江	0.047	0.090	0.135	0.337	0.815	0.878	1.527	1.893
安　徽	0.012	0.021	0.045	0.050	0.101	0.097	0.165	0.239
福　建	0.041	0.056	0.101	0.206	0.452	0.366	0.475	0.438
江　西	0.019	0.034	0.026	0.073	0.149	0.186	0.198	0.215
山　东	0.015	0.028	0.059	0.108	0.202	0.207	0.324	0.372
河　南	0.011	0.019	0.029	0.045	0.069	0.088	0.158	0.131
湖　北	0.024	0.047	0.054	0.116	0.226	0.269	0.329	0.330
湖　南	0.020	0.029	0.033	0.064	0.142	0.144	0.194	0.234
广　东	0.040	0.073	0.183	0.328	0.804	0.866	1.296	1.249
广　西	0.025	0.037	0.067	0.116	0.144	0.158	0.241	0.350
海　南	…	0.032	0.088	0.052	0.110	0.079	0.583	0.645
重　庆	…	…	…	…	0.203	0.203	0.304	0.511
四　川	0.016	0.027	0.039	0.058	0.133	0.151	0.311	0.262
贵　州	0.027	0.039	0.030	0.047	0.080	0.102	0.161	0.129
云　南	0.032	0.052	0.117	0.125	0.161	0.188	0.262	0.351
西　藏	0.030	0.014	0.061	0.063	0.155	0.142	0.221	0.370
陕　西	0.021	0.027	0.031	0.033	0.188	0.135	0.323	0.310
甘　肃	0.030	0.048	0.074	0.113	0.228	0.225	0.338	0.384
青　海	0.098	0.087	0.074	0.103	0.132	0.130	0.235	0.356
宁　夏	0.086	0.126	0.084	0.120	0.228	0.220	0.886	0.773
新　疆	0.065	0.050	0.058	0.071	0.172	0.288	0.301	0.356

按年份各地区公共图书馆购书费占总支出比重

单位:%

地区	1979年	1980年	1985年	1990年	1995年	2000年	2001年	2004年	2005年	2006年	2008年	2009年
中央	58.1	60.8	55.5	62.0	63.8	42.5	45.5	44.9	41.8	43.1	32.7	29.1
地方	39.7	39.5	28.4	23.5	16.6	20.7	20.2	15.8	16.8	16.9	14.5	16.0
北京	24.0	25.5	26.2	20.0	9.0	14.2	14.4	11.6	18.5	23.5	11.6	15.6
天津	32.1	31.6	19.0	10.5	7.5	7.9	8.5	14.7	15.3	26.8	16.2	22.8
河北	41.4	45.3	26.5	19.0	6.4	9.4	7.2	13.0	8.9	14.5	13.0	14.4
山西	32.9	53.1	24.3	20.2	10.1	6.3	3.1	2.8	6.7	7.3	6.6	7.0
内蒙古	25.5	32.5	19.3	8.9	7.4	8.3	4.4	3.1	4.0	5.1	7.0	5.5
辽宁	29.5	28.8	27.3	18.2	18.2	17.1	16.8	15.9	11.0	13.0	13.1	13.1
吉林	34.8	31.7	20.4	14.8	17.2	15.2	13.6	14.8	15.4	11.0	8.5	11.5
黑龙江	21.8	20.8	28.4	23.9	14.7	12.0	10.4	9.6	10.5	8.5	9.9	9.9
上海	40.5	25.4	27.4	17.4	11.8	14.5	17.9	13.8	14.1	27.7	26.4	26.1
江苏	38.7	32.9	41.5	31.5	17.7	21.5	19.1	14.0	16.5	18.2	16.2	20.2
浙江	40.4	45.7	27.7	25.4	19.4	19.1	11.3	14.9	14.5	16.9	18.7	21.8
安徽	35.4	37.5	22.9	21.0	21.5	14.0	12.1	12.5	16.7	9.3	9.3	13.3
福建	33.1	50.1	21.4	16.6	19.7	23.7	22.4	18.4	16.4	18.0	12.7	12.9
江西	38.6	35.5	21.1	17.9	5.8	10.5	19.7	11.8	15.1	15.9	6.8	10.1
山东	35.4	34.1	26.7	21.5	17.4	15.4	16.5	13.0	15.4	12.8	13.7	15.3
河南	37.7	42.2	26.9	22.5	12.0	15.0	10.5	13.1	12.3	11.9	8.7	9.8
湖北	41.4	42.4	24.4	23.7	15.1	16.0	16.9	14.8	15.2	16.8	10.9	7.6
湖南	37.3	33.3	14.8	14.1	8.4	12.8	10.0	7.5	10.8	12.8	11.9	12.3
广东	25.7	26.8	45.7	24.5	20.6	21.6	21.0	21.2	22.1	20.3	18.5	21.3
广西	43.3	45.9	16.7	26.1	18.9	16.1	12.5	12.0	10.5	10.0	8.7	13.8
海南	…	…	…	21.1	15.7	9.7	12.1	19.3	19.5	5.6	19.3	17.7
重庆	…	…	…	…	…	12.8	11.0	13.4	16.2	14.3	9.7	16.0
四川	44.2	37.6	34.1	15.8	15.2	14.2	10.6	13.7	15.7	13.6	13.2	10.4
贵州	55.8	52.4	21.2	38.3	7.2	14.5	23.2	4.6	9.7	8.9	8.0	7.7
云南	50.8	49.8	35.4	38.3	13.6	15.9	15.6	8.5	7.1	11.1	7.5	10.1
西藏	…	57.6	…	…	…	14.9	…	…	13.6	11.6	11.1	17.6
陕西	57.6	34.9	33.3	14.7	11.4	5.9	16.2	15.8	25.9	8.9	13.4	12.1
甘肃	44.8	41.4	23.2	26.8	13.4	12.5	12.9	15	13.3	12.1	9.9	11.7
青海	55.4	36.1	14.1	12.2	3.7	0.6	1.4	2.6	3.0	4.3	5.0	6.5
宁夏	53.1	46.7	22.1	20.0	12.2	20.3	27.4	13.6	6.8	7.5	8.8	10.5
新疆	70.0	49.2	29.8	21.6	11.3	11.3	10.8	10.1	7.7	12.8	7.0	9.8

按年份各地区地市级公共图书馆购书费占总支出比重

单位:%

地区	1979年	1980年	1985年	1990年	1995年	2000年	2001年	2004年	2005年	2006年	2008年	2009年
总计	**36.7**	**31.8**	**28.0**	**20.3**	**14.8**	**16.0**	**15.4**	**14.3**	**15.1**	**14.5**	**13.1**	**14.8**
北京	24.0	25.5	26.2	20.0	9.0	14.2	14.4	11.6	18.5	——	——	——
天津	32.1	31.6	19.0	10.5	7.5	7.9	8.5	14.7	15.3	——	——	——
河北	41.4	45.3	26.5	19.0	6.4	9.4	7.2	13.0	8.9	13.2	17.4	17.0
山西	32.9	53.1	24.3	20.2	10.1	6.3	3.1	2.8	6.8	6.2	6.1	2.2
黑龙江	25.5	32.5	19.3	8.9	7.4	8.3	4.4	3.1	4.0	5.0	8.6	7.4
辽宁	29.5	28.8	27.3	18.2	18.2	17.1	16.8	15.9	11.0	12.8	13.2	11.8
吉林	34.8	31.7	20.4	14.8	17.2	15.2	13.6	14.8	15.4	14.4	10.4	13.6
黑龙江	21.8	20.8	28.4	23.9	14.7	12.0	10.4	9.6	10.5	10.9	8.9	11.2
上海	40.5	25.4	27.4	17.4	11.8	14.5	17.9	13.8	14.1	——	——	——
江苏	38.7	32.9	41.5	31.5	17.7	21.5	19.1	14.0	16.5	16.0	17.6	17.5
浙江	40.4	45.7	27.7	25.4	19.4	19.1	11.3	14.9	14.5	15.8	17.6	24.1
安徽	35.4	37.5	22.9	21.0	21.5	14.0	12.1	12.5	16.8	13.6	11.2	15.9
福建	33.1	50.1	21.4	16.6	19.7	23.7	22.4	18.4	16.5	12.2	11.9	9.5
江西	38.6	35.5	21.1	17.9	5.8	10.5	19.7	11.8	15.1	13.6	12.1	11.6
山东	35.4	34.1	26.7	21.5	17.4	15.4	16.5	13.0	15.5	15.9	13.3	18.5
河南	37.7	42.2	26.9	22.5	12.0	15.0	10.5	13.1	12.3	14.5	6.8	13.9
湖北	41.4	42.4	24.4	23.7	15.1	16.0	16.9	14.8	15.3	17.7	15.8	14.9
湖南	37.3	33.3	14.8	14.1	8.4	12.8	10.0	7.5	10.8	10.8	10.9	15.2
广东	25.7	26.8	45.7	24.5	20.6	21.6	21.0	21.2	22.1	18.5	13.5	18.4
广西	43.3	45.9	16.7	26.1	18.9	16.1	12.5	12.0	10.5	10.9	14.0	14.4
海南	…	…	…	21.1	15.7	9.7	12.1	19.3	19.6	10.0	10.0	27.7
重庆	…	…	…	…	…	12.8	11.0	13.4	16.2	12.6	——	——
四川	44.2	37.6	34.1	15.8	15.2	14.2	10.6	13.7	15.8	14.0	13.1	11.0
贵州	55.8	52.4	21.2	38.3	7.2	14.5	23.2	4.6	9.7	7.5	12.0	8.2
云南	50.8	49.8	35.4	38.3	13.6	15.9	15.6	8.5	7.1	12.0	10.0	15.0
西藏	…	57.6	…	…	…	14.9	…	…	13.6	——	12.9	4.9
陕西	57.6	34.9	33.3	14.7	11.4	5.9	16.2	15.8	26.0	18.5	18.9	12.4
甘肃	44.8	41.4	23.2	26.8	13.4	12.5	12.9	15.0	13.3	11.7	15.7	13.1
青海	55.4	36.1	14.1	12.2	3.7	0.6	1.4	2.6	3.0	1.9	1.2	6.3
宁夏	53.1	46.7	22.1	20.0	12.2	20.3	27.4	13.6	6.8	9.7	5.0	7.2
新疆	70.0	49.2	29.8	21.6	11.3	11.3	10.8	10.1	7.7	8.1	4.9	10.0

按年份各地区县级公共图书馆购书费占总支出比重

单位:%

地　区	1979年	1980年	1985年	1990年	1995年	2000年	2001年	2004年	2005年	2006年	2008年	2009年
总　计	**37.0**	**35.3**	**17.2**	**15.1**	**10.3**	**9.9**	**9.3**	**9.4**	**10.9**	**12.7**	**10.3**	**12.0**
北　京	39.1	34.7	19.2	13.5	8.6	6.9	9.0	9.3	40.8	25.0	11.0	13.8
天　津	31.5	51.3	22.8	7.2	8.6	4.2	1.8	5.4	0.7	22.5	10.0	12.0
河　北	46.9	40.7	16.7	14.6	13.6	4.6	5.1	5.2	5.5	5.6	6.1	7.4
山　西	33.8	32.1	16.6	13.0	4.8	5.4	4.6	3.6	6.1	6.6	5.0	7.2
内蒙古	35.6	32.0	14.4	10.9	4.9	4.2	3.6	3.0	3.2	3.1	4.2	5.2
辽　宁	32.9	24.4	16.6	13.9	14.1	11.4	10.3	7.4	9.2	7.5	8.7	10.5
吉　林	34.4	28.8	12.3	9.6	7.2	4.0	3.9	3.8	4.8	3.5	4.1	5.2
黑龙江	23.6	23.9	16.7	14.6	7.8	6.4	4.4	4.7	5.0	4.9	3.9	4.2
上　海	40.5	39.4	26.8	27.1	15.8	18.4	14.6	22.1	12.2	17.6	15.0	21.3
江　苏	41.8	34.0	19.3	19.5	11.4	13.9	12.1	12.1	12.0	12.2	12.8	13.7
浙　江	51.4	47.1	19.7	25.1	14.2	14.7	13.2	11.6	15.7	16.0	16.2	15.8
安　徽	39.2	37.1	18.0	17.6	8.8	5.1	5.5	5.0	6.0	7.6	5.8	8.1
福　建	36.4	50.9	23.8	22.0	11.6	9.5	11.0	9.6	23.5	16.3	11.0	12.6
江　西	31.6	39.8	12.8	9.5	7.5	12.5	8.4	8.0	8.9	9.6	5.5	6.4
山　东	24.1	23.9	9.6	8.3	10.0	6.7	8.9	8.7	9.3	8.5	9.9	10.4
河　南	36.2	36.8	12.9	12.7	5.8	6.3	5.5	6.2	5.7	7.5	8.3	6.3
湖　北	35.9	41.9	8.3	15.0	10.7	14.2	16.2	10.7	12.3	11.5	10.0	9.8
湖　南	29.4	31.5	17.2	14.2	8.4	8.4	8.1	7.4	10.0	8.2	7.1	7.7
广　东	31.0	29.8	19.4	18.0	13.3	13.5	13.2	14.4	16.6	15.0	14.9	14.0
广　西	45.0	45.4	19.5	16.3	11.1	8.0	9.0	8.6	8.4	7.2	4.6	8.5
海　南	…	…	…	16.3	16.3	12.5	13.8	7.8	9.6	7.6	6.2	11.6
重　庆	…	…	…	…	…	12.7	12.1	7.7	5.1	8.2	10.4	12.2
四　川	38.1	34.3	17.7	11.3	10.5	10.1	8.9	15.1	8.2	10.5	11.8	11.0
贵　州	66.7	43.6	35.0	18.9	7.0	6.5	6.9	6.0	4.8	6.4	5.0	5.7
云　南	48.0	44.1	21.5	20.6	14.2	10.5	10.0	8.3	8.3	7.4	7.2	9.2
西　藏	…	…	17.5	20.0	…	…	…	…	…	…	——	——
陕　西	52.4	22.3	19.3	8.9	3.6	2.4	4.0	3.8	5.3	4.0	1.7	3.8
甘　肃	37.1	84.0	18.8	14.5	7.1	4.5	4.4	4.3	4.4	2.5	1.8	3.3
青　海	48.9	44.0	17.4	10.8	2.8	1.6	2.1	0.8	1.7	1.2	2.1	3.8
宁　夏	32.9	39.5	19.8	13.7	6.2	5.9	11.1	3.9	3.5	2.9	2.9	5.1
新　疆	55.8	55.9	16.9	14.4	6.3	5.8	3.1	4.7	8.7	7.2	5.4	7.9

按年份各地区地市级公共图书馆平均每馆购书费情况

单位:万元

地区	1979年	1980年	1985年	1990年	1995年	2000年	2001年	2004年	2005年	2006年	2008年	2009年
总计	**1.8**	**1.9**	**3.3**	**5.7**	**10.0**	**19.4**	**21.9**	**32.9**	**40.9**	**40.2**	**53.5**	**71.7**
北京	1.4	1.8	3.2	7.8	7.2	25.6	28.2	31.2	76.3	——	——	——
天津	1.9	1.6	1.4	1.6	2.7	4.9	6.5	19.7	28.0	——	——	——
河北	2.5	2.8	3.4	5.1	6.0	12.2	9.9	27.3	29.8	33.7	63.2	61.2
山西	1.2	1.3	1.9	3.2	3.4	6.1	3.3	8.4	14.5	12.7	24.8	28.7
内蒙古	1.2	1.5	2.2	1.8	3.1	5.4	4.1	4.4	5.8	7.7	21.3	39.1
辽宁	3.5	4.2	5.0	8.7	18.1	27.6	34.8	48.0	44.0	47.0	71.1	87.8
吉林	2.1	2.1	3.1	6.3	16.7	23.4	24.3	38.5	48.6	46.1	51.2	66.5
黑龙江	2.0	3.1	3.5	10.3	12.9	15.8	13.7	22.1	25.2	28.6	40.3	46.5
上海	2.1	2.1	2.9	5.6	14.7	30.3	45.4	60.7	79.9	——	——	——
江苏	2.7	2.8	8.1	13.5	17.5	49.5	59.5	69.3	79.9	86.7	128.0	148.8
浙江	2.5	2.9	4.3	8.0	15.0	38.8	27.7	63.5	86.6	111.4	186.8	276.8
安徽	1.5	1.1	2.3	3.3	10.2	9.1	10.4	17.7	25.9	20.2	22.6	37.8
福建	1.7	2.1	1.9	3.3	7.7	39.6	30.4	43.6	45.8	30.6	42.6	34.4
江西	1.1	1.5	2.7	3.5	3.0	3.2	9.8	9.7	12.3	11.5	25.5	30.5
山东	1.8	1.9	3.1	6.5	12.3	20.1	26.9	43.2	45.3	56.0	66.4	96.9
河南	2.0	1.9	2.7	4.0	5.7	14.6	11.0	17.7	17.7	23.3	30.5	37.8
湖北	2.2	1.9	2.8	5.4	6.8	9.3	19.1	22.4	30.9	39.6	43.1	52.2
湖南	1.1	1.3	1.8	3.1	4.1	8.5	8.3	8.3	12.6	14.4	19.8	34.8
广东	1.2	1.4	12.5	15.3	33.3	69.4	71.2	148.1	152.7	152.3	138.4	207.4
广西	1.8	2.4	2.6	6.0	13.3	16.1	16.2	17.0	17.6	21.3	31.4	37.4
海南	…	…	…	4.0	11.8	6.2	8.8	22.6	28.3	17.9	25.4	94.9
重庆	…	…	…	…	…	5.9	5.9	11.0	14.3	12.5	——	——
四川	2.7	2.0	3.8	7.1	9.5	9.2	6.1	29.3	22.8	27.1	31.3	36.0
贵州	1.8	2.0	2.2	5.2	2.0	10.1	18.9	5.1	12.0	13.9	29.1	19.3
云南	1.0	1.2	1.9	3.4	4.6	13.1	11.9	9.2	9.8	17.0	19.1	33.1
西藏	…	1.9	…	…	…	16.4	…	…	4.3	…	7.8	2.5
陕西	1.7	1.8	1.3	1.8	3.0	6.5	13.7	19.2	38.9	29.6	46.7	42.9
甘肃	1.0	0.9	1.2	3.2	3.4	6.5	10.3	16.3	15.9	19.6	35.7	31.7
青海	1.3	1.4	1.0	1.3	0.6	0.1	0.5	1.3	1.5	1.5	1.3	8.9
宁夏	3.8	2.8	2.7	1.3	5.4	12.3	20.4	23.6	7.9	14.5	13.0	23.7
新疆	1.0	1.7	1.8	2.6	3.4	5.1	5.9	7.5	7.0	9.2	7.6	19.8

按年份各地区县级公共图书馆平均每馆购书费情况

单位:万元

地　　区	1979年	1980年	1985年	1990年	1995年	2000年	2001年	2004年	2005年	2006年	2008年	2009年
总　　计	**0.5**	**0.5**	**0.5**	**0.8**	**1.2**	**1.9**	**2.0**	**3.3**	**4.1**	**6.7**	**8.2**	**11.2**
北　　京	1.3	1.3	1.3	3.3	3.2	5.9	10.3	15.0	119.5	112.1	73.1	88.7
天　　津	0.7	1.0	2.0	0.8	2.2	1.8	0.7	3.4	0.5	44.1	28.3	37.6
河　　北	0.3	0.3	0.2	0.4	0.9	0.4	0.5	0.8	0.9	1.0	1.6	2.2
山　　西	0.4	0.4	0.3	0.4	0.3	0.5	0.5	0.6	1.2	1.7	2.3	3.4
内 蒙 古	0.3	0.3	0.4	0.5	0.5	0.6	0.6	0.8	0.9	0.9	2.1	3.2
辽　　宁	0.6	0.6	0.7	1.0	2.2	2.8	2.9	3.7	4.3	3.5	7.1	11.5
吉　　林	0.5	0.5	0.9	0.9	1.2	1.0	1.0	1.2	1.8	1.5	3.1	4.2
黑 龙 江	0.6	0.5	0.5	0.7	0.7	1.0	0.8	1.2	1.3	1.4	1.6	2.2
上　　海	1.7	1.9	1.8	3.0	11.6	31.2	33.0	64.2	49.0	93.6	113.1	239.2
江　　苏	0.6	0.5	0.7	1.7	2.8	5.6	5.6	12.3	12.8	13.8	18.7	22.1
浙　　江	0.6	0.6	1.1	2.4	3.3	7.8	8.4	15.6	22.6	24.3	34.6	41.6
安　　徽	0.4	0.3	0.3	0.7	0.8	0.8	0.9	1.3	1.5	2.8	2.7	5.4
福　　建	0.6	0.7	0.6	1.0	1.3	1.8	2.2	2.6	9.4	6.9	7.0	9.7
江　　西	0.4	0.5	0.3	0.5	0.6	2.2	1.2	1.6	2.1	2.6	2.6	3.3
山　　东	0.5	0.5	0.3	0.6	1.5	1.7	2.3	3.1	3.8	3.8	6.4	8.0
河　　南	0.4	0.4	0.3	0.5	0.5	0.9	0.8	1.3	1.2	1.8	3.5	3.2
湖　　北	0.3	0.5	0.4	1.0	1.4	4.0	4.2	3.4	4.8	4.4	5.3	6.2
湖　　南	0.5	0.5	0.6	0.7	1.0	1.3	1.5	1.9	3.2	2.7	3.2	4.2
广　　东	0.4	0.5	0.5	1.5	3.2	7.2	7.3	16.1	16.9	18.7	27.7	27.2
广　　西	0.5	0.6	0.5	0.9	0.9	1.0	1.4	1.6	1.9	1.9	1.8	4.7
海　　南	…	…	…	0.8	2.1	1.7	2.0	1.7	2.1	1.8	2.5	6.5
重　　庆	…	…	…	…	…	2.0	2.4	2.3	2.2	2.6	9.3	13.3
四　　川	0.5	0.5	0.6	0.8	1.2	1.3	1.4	5.1	2.6	2.9	6.7	7.1
贵　　州	0.7	0.5	0.7	0.5	0.4	0.4	0.6	0.8	0.7	1.1	1.1	1.4
云　　南	0.4	0.5	0.4	0.7	1.4	1.7	1.8	2.2	2.2	2.2	2.7	4.0
西　　藏	…	…	0.2	0.5	…	…	…	…	…	…	——	——
陕　　西	0.6	0.2	0.2	0.2	0.2	0.2	0.5	0.6	1.0	0.8	0.7	1.9
甘　　肃	0.6	0.9	0.3	0.4	0.4	0.4	0.6	0.7	0.8	0.6	0.7	1.5
青　　海	1.1	0.8	0.5	0.3	0.1	0.1	0.2	0.1	0.2	0.2	0.5	1.0
宁　　夏	0.9	1.2	0.8	1.2	0.8	1.3	4.3	1.5	1.2	1.2	2.2	4.3
新　　疆	1.0	1.0	0.5	0.5	0.6	0.7	0.5	1.0	1.8	1.8	2.2	3.7

按年份各地区公共图书馆新购图书册数

单位:万册

地　区	1985年	1990年	1995年	2000年	2005年	2006年	2007年	2008年	2009年
总　计	**1 343**	**895**	**551**	**692**	**1535**	**1686**	**1871**	**2070**	**2939**
中　央	70	71	17	21	28	32	36	34	83
地　方	1 273	824	534	671	1507	1654	1835	2036	2856
北　京	30	23	11	33	114	151.9	135.5	114.0	162.9
天　津	31	13	14	17	34	81.2	65.3	65.5	89.4
河　北	45	22	26	15	33	38.7	63.6	45.3	92.7
山　西	30	25	7	12	16	17.1	29.9	34.3	40.3
内蒙古	31	18	7	11	8	14.2	17.6	24.4	42.3
辽　宁	94	66	41	39	72	79.3	106.1	117.8	173.2
吉　林	34	17	14	14	31	21.6	25.1	44.3	64.0
黑龙江	48	32	17	17	26	37.0	41.2	45.5	60.2
上　海	67	49	44	67	100	102.7	129.0	155.4	196.7
江　苏	68	54	41	57	106	136.2	142.2	149.7	204.7
浙　江	67	50	33	54	142	162.8	201.8	235.1	321.0
安　徽	27	17	9	11	23	34.1	31.7	42.9	81.9
福　建	40	23	18	25	70	52.3	54.1	69.8	95.5
江　西	61	19	9	15	25	25.0	35.2	28.2	39.0
山　东	44	28	23	32	64	77.6	77.1	111.4	171.6
河　南	40	25	16	21	29	30.8	43.4	53.0	68.9
湖　北	64	43	23	28	42	48.4	53.4	55.6	67.8
湖　南	62	26	19	24	54	31.8	43.2	46.3	58.8
广　东	54	58	69	77	315	296.2	284.4	280.8	341.8
广　西	38	66	16	20	26	27.9	27.4	39.9	60.7
海　南	…	4	6	3	2	2.1	14.8	13.4	18.4
重　庆	…	…	…	12	23	19.2	39.7	30.6	57.7
四　川	74	46	25	21	46	73.8	49.8	98.3	160.4
贵　州	36	20	5	8	7	10.3	10.1	17.3	24.4
云　南	69	33	22	15	25	24.7	38.1	30.0	51.8
西　藏	3	1	0.1	0.3	1	1.0	1.2	1.8	0.8
陕　西	28	10	5	6	25	19.4	18.5	27.1	37.1
甘　肃	26	15	7	7	12	11.4	10.8	18.6	21.6
青　海	13	4	1	2	3	1.1	3.1	4.8	6.0
宁　夏	24	7	2	3	4	5.3	6.8	11.5	17.0
新　疆	25	10	6	5	14	19.0	34.6	23.6	27.2

按年份各地区地市级公共图书馆平均每馆新购图书册数

单位:万册

地　区	1983年	1985年	1990年	1995年	2000年	2001年	2004年	2005年	2006年	2008年	2009年
总　计	**1.8**	**1.3**	**0.8**	**0.6**	**0.7**	**0.8**	**1.2**	**1.5**	**0.6**	**1.9**	**2.8**
北　京	2.7	1.6	1.5	0.4	1.3	1.9	1.6	3.0	6.3	——	——
天　津	1.3	0.9	0.3	0.3	0.3	0.4	0.7	0.6	2.5	——	——
河　北	1.4	1.4	1.0	0.5	0.6	0.5	1.0	1.3	0.3	2.6	5.4
山　西	1.0	0.9	0.7	0.1	0.1	0.3	0.3	0.3	0.1	1.4	1.5
黑龙江	1.5	1.1	0.4	0.2	0.3	0.3	0.2	0.2	0.1	0.8	0.8
辽　宁	3.1	2.2	1.3	1.0	0.8	1.1	1.4	1.4	0.6	2.4	6.0
吉　林	2.1	1.1	0.7	0.8	0.9	0.6	0.7	1.4	0.3	2.6	2.9
黑龙江	0.9	1.3	1.3	0.8	0.8	0.7	1.0	1.3	0.4	2.0	2.6
上　海	2.1	1.6	0.9	0.9	1.0	1.2	1.7	2.3	3.7	——	——
江　苏	3.3	2.8	1.7	1.3	1.6	1.9	2.4	2.9	1.3	4.4	5.2
浙　江	2.4	1.8	1.2	0.8	1.8	1.5	2.7	3.6	1.8	7.6	10.4
安　徽	1.0	0.9	0.6	0.2	0.3	0.3	0.5	0.7	0.4	0.8	1.2
福　建	3.3	1.1	0.7	0.5	1.6	1.2	1.5	2.2	0.6	2.6	2.9
江　西	2.0	1.3	0.5	0.3	0.2	1.1	0.4	0.6	0.2	1.0	1.6
山　东	1.8	1.4	0.6	0.4	0.7	0.9	1.3	1.8	0.5	2.1	3.4
河　南	5.1	1.3	0.7	0.4	0.7	0.5	0.7	1.0	0.2	1.0	1.9
湖　北	1.7	1.5	0.9	0.5	0.4	0.7	0.8	1.0	0.5	1.2	1.6
湖　南	1.4	1.2	0.6	0.3	0.4	0.4	0.4	0.6	0.3	0.7	1.2
广　东	1.9	1.8	0.9	1.7	1.4	2.1	4.8	6.2	2.3	4.6	5.5
广　西	1.8	1.3	1.0	0.5	0.9	0.8	0.7	0.7	0.3	1.0	1.1
海　南	…	…	0.5	1.2	0.3	0.5	1.6	0.6	0.1	1.1	1.9
重　庆	…	…	…	…	0.2	0.2	0.4	0.8	0.5	——	——
四　川	2.1	1.7	1.0	0.5	0.4	0.2	1.0	0.9	0.5	0.9	1.4
贵　州	2.4	1.2	0.5	0.1	0.5	0.6	0.4	0.2	0.1	0.6	0.7
云　南	1.1	1.1	0.4	0.3	0.2	0.5	0.3	0.4	0.2	0.6	0.6
西　藏	…	…	…	…	0.3	…	…	0.3	0.3	0.4	0.1
陕　西	1.1	0.6	0.3	0.2	…	1.4	0.7	1.2	0.2	1.2	0.9
甘　肃	1.8	0.6	0.8	0.2	0.2	0.2	0.4	0.5	0.1	1.2	0.9
青　海	0.5	0.4	0.1	0.02	…	0.01	0.2	0.1	——	0.1	0.3
宁　夏	2.7	1.4	1.0	0.5	0.5	0.6	0.8	0.5	0.3	0.4	0.9
新　疆	0.8	0.6	0.3	0.3	0.2	0.5	0.3	0.3	0.2	0.3	0.4

按年份各地区县级公共图书馆平均每馆新购图书册数

单位:万册

地　区	1983年	1985年	1990年	1995年	2000年	2001年	2004年	2005年	2006年	2008年	2009年
总　计	**0.44**	**0.32**	**0.17**	**0.10**	**0.11**	**0.11**	**0.20**	**0.25**	**0.33**	**0.39**	**0.57**
北　京	1.39	0.88	0.56	0.33	0.28	0.43	0.80	6.00	5.23	3.79	5.75
天　津	0.78	0.68	0.17	0.18	0.10	0.18	0.18	0.14	2.00	0.82	0.82
河　北	0.35	0.19	0.08	0.13	0.04	0.06	0.10	0.09	0.11	0.07	0.16
山　西	0.26	0.22	0.13	0.03	0.07	0.03	0.15	0.10	0.09	0.20	0.21
内蒙古	0.20	0.21	0.12	0.05	0.05	0.04	0.09	0.05	0.05	0.09	0.32
辽　宁	0.54	0.45	0.27	0.14	0.13	0.13	0.20	0.26	0.23	0.38	0.45
吉　林	0.49	0.61	0.23	0.15	0.06	0.08	0.09	0.16	0.11	0.18	0.42
黑龙江	0.34	0.27	0.14	0.08	0.07	0.05	0.09	0.09	0.10	0.08	0.16
上　海	1.54	0.92	0.55	0.72	1.17	1.10	1.60	1.53	2.33	3.99	5.22
江　苏	0.64	0.44	0.38	0.25	0.34	0.33	0.68	0.61	0.91	0.76	1.05
浙　江	0.71	0.57	0.49	0.25	0.31	0.39	0.74	1.06	1.25	1.45	1.85
安　徽	0.28	0.20	0.11	0.07	0.04	0.05	0.08	0.08	0.27	0.28	0.65
福　建	0.91	0.33	0.18	0.11	0.09	0.11	0.16	0.63	0.31	0.44	0.71
江　西	0.35	0.47	0.13	0.07	0.14	0.08	0.11	0.11	0.12	0.12	0.15
山　东	0.40	0.23	0.12	0.12	0.13	0.17	0.22	0.19	0.20	0.51	0.75
河　南	0.36	0.20	0.12	0.06	0.07	0.06	0.10	0.09	0.12	0.24	0.27
湖　北	0.30	0.23	0.26	0.13	0.21	0.18	0.23	0.23	0.22	0.27	0.34
湖　南	0.54	0.41	0.15	0.12	0.12	0.11	0.16	0.38	0.16	0.24	0.25
广　东	0.34	0.26	0.27	0.25	0.33	0.33	0.79	1.11	0.79	0.95	1.38
广　西	0.45	0.29	0.21	0.09	0.08	0.08	0.11	0.10	0.10	0.12	0.31
海　南	…	…	0.18	0.21	0.12	0.07	0.08	0.10	0.08	0.13	0.35
重　庆	…	…	…	…	0.10	0.12	0.13	0.13	0.13	0.32	0.87
四　川	0.53	0.35	0.15	0.09	0.11	0.09	0.41	0.20	0.35	0.56	0.91
贵　州	0.36	0.36	0.13	0.03	0.04	0.02	0.06	0.04	0.06	0.10	0.14
云　南	0.40	0.33	0.15	0.10	0.07	0.08	0.10	0.12	0.11	0.11	0.18
西　藏	…	0.14	0.06	…	…	…	…	…	…	——	——
陕　西	0.27	0.16	0.05	0.02	0.04	0.02	0.06	0.07	0.07	0.08	0.11
甘　肃	0.29	0.22	0.05	0.04	0.03	0.08	0.04	0.04	0.04	0.04	0.08
青　海	0.71	0.26	0.06	0.01	…	0.01	0.03	0.06	0.02	0.05	0.06
宁　夏	1.26	1.02	0.18	0.05	0.06	0.16	0.08	0.04	0.05	0.19	0.21
新　疆	0.35	0.30	0.09	0.04	0.02	0.03	0.05	0.09	0.11	0.20	0.16

按年份各地区群众文化事业机构数

单位:个

地　区	1985 年	1990 年	1995 年	2000 年	2005 年	2008 年	2009 年
总　计	**56 158**	**55 756**	**58 525**	**45 321**	**41 588**	**41 156**	**41 959**
北　京	392	396	356	278	328	330	332
天　津	524	367	362	306	217	238	256
河　北	3 916	3 587	3 194	2 257	2 149	2 234	2 265
山　西	1 785	1 803	1 835	1 851	1 355	1 495	1 529
内蒙古	1 708	1 622	2 122	1 712	1 329	985	1 020
辽　宁	1 732	2 479	3 327	1 520	1 522	1 500	1 534
吉　林	1 105	1 072	1 420	894	821	793	964
黑龙江	1 337	1 372	1 546	1 201	1 015	1 141	1 227
上　海	369	410	334	340	249	245	242
江　苏	2 427	2 287	3 401	1 771	1 534	1 411	1 447
浙　江	3 610	3 623	3 877	1 932	1 592	1 593	1 613
安　徽	3 196	3 328	2 178	1 898	1 677	1 493	1 480
福　建	1 115	1 160	1 321	1 085	1 116	1 182	1 187
江　西	2 050	2 096	1 999	2 000	1 546	1 834	1 834
山　东	2 355	2 641	2 521	2 581	1 926	1 982	2 025
河　南	2 351	2 452	2 435	2 479	2 395	2 364	2 466
湖　北	2 991	1 849	3 136	1 695	1 258	1 356	1 369
湖　南	3 286	3 333	2 788	2 667	2 617	2 594	2 543
广　东	2 127	1 926	3 057	2 042	1 725	1 743	1 739
广　西	1 256	1 422	1 527	1 408	1 254	1 251	1 254
海　南	…	326	328	327	243	230	232
重　庆	…	…	…	1 248	1 086	1 035	1 035
四　川	7 294	7 041	4 964	3 865	4 716	4 076	4 222
贵　州	2 187	1 858	1 556	1 030	1 401	1 470	1 514
云　南	1 605	1 661	3 254	1 734	1 684	1 524	1 513
西　藏	27	56	104	94	208	257	295
陕　西	2 857	2 785	2 370	2 065	1 732	1 788	1 801
甘　肃	1 181	1 310	1 363	1 432	1 190	1 252	1 296
青　海	305	307	358	250	244	254	294
宁　夏	297	318	465	309	252	251	250
新　疆	773	869	1 023	1 060	1 207	1 255	1 181

按年份各地区群众艺术馆机构数

单位:个

地区	1959年	1965年	1978年	1980年	1985年	1990年	1995年	2000年	2003年	2005年	2008年	2009年
总计	**51**	**62**	**92**	**218**	**335**	**366**	**373**	**390**	**382**	**375**	**389**	**361**
北京	1	1	…	1	1	1	1	1	1	1	1	1
天津	1	1	1	1	1	1	1	1	1	1	1	1
河北	3	1	14	17	20	18	12	12	12	13	13	13
山西	1	…	…	5	11	12	12	12	12	12	12	12
内蒙古	1	…	4	10	13	13	13	13	13	13	13	13
辽宁	6	3	9	13	16	16	23	23	22	22	25	17
吉林	3	4	7	7	10	12	13	13	13	14	13	13
黑龙江	4	3	15	18	17	16	16	15	16	17	17	17
上海	1	1	…	1	1	1	3	3	2	1	1	1
江苏	…	2	…	1	11	12	12	14	4	14	13	13
浙江	2	2	1	12	12	12	12	12	12	12	12	12
安徽	1	1	1	2	12	14	14	14	15	14	21	15
福建	2	8	6	9	10	10	10	10	10	10	10	10
江西	1	8	…	11	12	12	12	12	12	12	13	12
山东	4	8	8	13	13	17	18	19	19	18	18	18
河南	2	11	10	12	17	22	23	23	23	18	19	18
湖北	2	2	1	15	17	16	13	18	18	13	20	13
湖南	1	…	…	1	16	14	15	15	15	15	15	15
广东	2	…	…	13	15	19	21	21	22	22	22	22
广西	1	…	…	4	14	14	14	15	15	16	15	15
海南	…	…	…	…	…	3	3	3	2	3	3	3
重庆	…	…	…	…	…	…	…	4	3	1	1	1
四川	3	2	5	5	16	24	24	27	25	21	22	22
贵州	2	2	2	3	7	7	8	8	11	8	8	8
云南	1	1	1	18	18	19	19	20	20	17	17	13
西藏	…	…	2	6	7	7	7	7	8	8	7	7
陕西	3	…	2	9	11	11	11	11	11	11	12	10
甘肃	1	…	1	8	14	15	15	15	15	16	15	16
青海	2	1	1	2	8	9	9	9	9	9	9	8
宁夏	…	…	1	1	2	4	4	4	5	7	6	7
新疆	…	…	…	…	13	15	15	16	16	16	15	15

按年份各地区文化馆机构数

单位:个

地　区	1978年	1985年	1990年	1995年	2000年	2005年	2008年	2009年
总　计	**2 748**	**2 960**	**2 955**	**2 886**	**2 907**	**2 841**	**2 829**	**2 862**
北　京	19	22	22	22	22	21	19	19
天　津	17	18	18	18	18	18	18	18
河　北	161	172	170	169	166	162	164	164
山　西	124	117	118	118	118	119	119	119
内蒙古	54	104	103	102	104	102	102	102
辽　宁	118	161	161	105	102	110	101	105
吉　林	72	36	43	45	89	67	63	63
黑龙江	100	132	122	121	118	127	130	129
上　海	20	42	48	40	45	32	28	28
江　苏	110	108	109	110	107	103	104	104
浙　江	75	93	85	83	84	87	87	88
安　徽	96	101	101	99	103	104	99	105
福　建	76	78	80	80	80	80	82	84
江　西	106	103	101	101	101	101	100	103
山　东	147	144	142	140	140	140	138	140
河　南	150	210	203	201	191	186	183	184
湖　北	176	188	182	179	129	111	93	99
湖　南	119	127	127	122	125	125	125	125
广　东	124	123	113	115	119	117	121	123
广　西	86	92	96	98	99	99	98	99
海　南	…	…	17	17	18	18	18	18
重　庆	…	…	…	…	43	31	40	40
四　川	220	214	209	212	171	180	181	181
贵　州	87	86	84	85	85	87	87	87
云　南	144	130	128	128	127	132	131	135
西　藏	3	10	23	26	52	33	45	49
陕　西	115	112	113	111	111	110	108	110
甘　肃	94	83	84	83	83	84	86	85
青　海	30	43	42	42	43	43	45	43
宁　夏	19	20	19	22	22	18	20	19
新　疆	86	91	92	92	92	94	94	94

按年份各地区文化站机构数

单位:个

地区	1978年	1985年	1990年	1995年	2000年	2005年	2008年	2009年
总计	**17 297**	**52 858**	**52 435**	**45 038**	**42 024**	**38 362**	**37 938**	**38 736**
北京	87	369	373	321	255	306	310	312
天津	——	505	348	343	287	198	219	237
河北	133	3 724	3 399	3 011	2 079	1 974	2 057	2 088
山西	——	1 657	1 673	1 705	1 721	1 224	1 364	1 398
内蒙古	3	1 591	1 506	1 575	1 595	1 214	870	905
辽宁	1 542	1 555	2 302	1 805	1 395	1 390	1 374	1 412
吉林	950	1 059	1 017	1 010	792	740	717	888
黑龙江	565	1 183	1 234	1 280	1 068	871	994	1 081
上海	344	326	361	289	292	216	216	213
江苏	2 093	2 308	2 166	2 221	1 650	1 417	1 294	1 330
浙江	1 182	3 505	3 526	1 891	1 836	1 493	1 494	1 513
安徽	1 448	3 083	3 213	1 827	1 781	1 559	1 373	1 360
福建	914	1 027	1 070	1 072	995	1 026	1 090	1 093
江西	347	1 935	1 983	1 886	1 887	1 433	1 721	1 719
山东	2 103	2 198	2 482	2 363	2 422	1 768	1 826	1 867
河南	1 260	2 124	2 227	2 211	2 265	2 191	2 162	2 264
湖北	321	2 786	1 651	1 856	1 548	1 134	1 243	1 257
湖南	3 590	3 143	3 192	2 651	2 527	2 477	2 454	2 403
广东	15	1 989	1 794	1 957	1 902	1 586	1 600	1 594
广西	332	1 150	1 312	1 412	1 294	1 139	1 138	1 140
海南	——	——	306	301	306	222	209	211
重庆	——	——	——	——	1 201	1 044	994	994
四川	9	7 064	6 808	4 718	3 667	4 515	3 873	4 019
贵州	——	2 094	1 767	863	937	1 306	1 375	1 419
云南	2	1 457	1 514	1 567	1 587	1 535	1 376	1 365
西藏	——	10	26	44	35	167	205	239
陕西	28	2 734	2 661	2 237	1 933	1 611	1 668	1 681
甘肃	——	1 084	1 211	1 265	1 334	1 090	1 151	1 195
青海	12	254	256	219	198	192	200	243
宁夏	16	275	295	266	283	227	225	224
新疆	1	669	762	862	952	1 097	1 146	1 072

按年份各地区群众文化事业财政拨款情况

单位:万元

地区	1978年	1980年	1985年	1990年	1995年	2000年	2002年	2003年	2005年	2006年	2008年	2009年
总计	**11 520**	**11 270**	**20 835**	**36 985**	**56 826**	**118 430**	**165 163**	**190 424**	**279 033**	**322 773**	**528 838**	**681 147**
北京	142	126	281	812	661	2 594	3 491	5 318	8 145	9 007	14 018	18 494
天津	187	139	279	415	691	1 422	2 136	2 228	3 076	3 453	6 545	7 709
河北	594	513	740	1 819	2 362	5 161	6 350	6 626	9 767	10 335	15 325	20 653
山西	512	486	621	1 207	1 603	2 674	3 801	4 104	5 571	7 350	14 063	18 441
内蒙古	354	324	759	1 320	1 723	3 388	4 841	4 886	7 068	6 979	11 877	18 211
辽宁	599	700	1 426	2 047	3 488	5 054	6 030	6 347	9 121	14 383	18 053	23 074
吉林	359	336	732	1 043	1 986	3 384	4 502	4 535	5 989	7 374	12 108	20 805
黑龙江	431	461	832	1 399	1 972	3 541	4 435	4 857	6 193	7 201	10 410	14 160
上海	184	178	667	1 006	1 492	5 020	7 377	11 128	22 327	20 539	34 393	45 306
江苏	542	584	1 079	1 852	3 959	8 521	11 421	12 604	19 063	22 080	38 800	44 296
浙江	401	416	1 050	1 989	4 660	9 446	15 796	19 016	29 490	32 944	50 375	61 801
安徽	369	433	591	1 052	1 430	3 609	4 746	6 134	7 803	7 610	12 969	13 221
福建	281	306	573	932	1 794	2 895	4 666	4 276	5 168	6 678	9 794	16 192
江西	402	346	504	960	1 182	2 504	3 609	3 386	4 714	4 823	11 340	12 398
山东	637	722	1 067	2 151	2 622	7 295	8 514	9 032	12 633	16 386	28 696	42 245
河南	572	654	818	1 377	2 282	4 630	5 710	6 459	8 194	8 159	20 256	24 967
湖北	475	492	994	1 229	1 965	3 832	4 608	5 028	6 284	8 130	13 467	19 747
湖南	648	636	1 050	1 352	1 620	3 571	5 158	5 392	7 570	9 168	15 551	19 829
广东	495	440	891	1 909	4 518	12 113	18 455	25 682	40 125	47 583	64 876	71 562
广13 92西	347	348	637	1 225	1 231	2 639	4 358	5 103	6 056	7 403	8 833	10 628
海南	…	…	…	210	363	645	838	708	1 260	1 414	2 888	3 082
重庆	…	…	…	…	…	2 202	2 777	3 065	4 069	5 422	11 081	15 444
四川	841	710	1 391	2 544	3 149	4 730	7 015	7 828	12 246	13 827	28 703	37 616
贵州	307	231	297	558	895	1 657	2 275	2 830	4 797	5 744	10 165	14 164
云南	368	360	843	2 061	3 551	5 950	7 789	8 178	10 958	13 105	17 841	21 871
西藏	21	42	133	209	454	556	727	781	1 098	923	2 025	1 901
陕西	521	416	673	1 455	1 448	3 027	4 149	3 929	5 296	6 588	13 113	19 008
甘肃	307	266	471	1 139	1 116	1 980	2 701	3 493	4 620	5 890	8 822	10 510
青海	172	142	298	373	520	829	1 038	1 141	1 531	1 941	3 432	8 277
宁夏	146	170	234	410	504	879	1 489	1 609	1 901	2 079	4 470	4 775
新疆	306	293	904	930	1 586	2 683	4 364	4 723	6 902	8 260	12 757	17 462

按年份各地区群众文化事业总支出情况

单位:万元

地　　区	1978年	1980年	1985年	1990年	1995年	2000年	2002年	2003年	2005年	2006年	2008年	2009年
总　　计	**10 114**	**11 376**	**20 340**	**42 476**	**83 628**	**188 437**	**235 593**	**265 751**	**358 641**	**412 430**	**653 613**	**794 190**
北　　京	107	176	281	782	1 566	4 681	5 448	7 115	10 119	12 137	17 174	20 413
天　　津	146	174	289	695	1 376	2 633	3 111	3 376	4 133	4 705	7 745	9 494
河　　北	689	561	788	1 686	2 713	5 714	6 937	7 176	10 549	10 922	17 410	21 883
山　　西	482	522	637	1 075	1 824	3 151	4 230	4 473	6 016	7 680	16 091	19 348
内 蒙 古	201	359	733	1 173	1 932	3 799	5 171	5 153	7 478	7 304	11 934	18 374
辽　　宁	542	662	1 324	2 706	4 552	6 172	7 569	7 838	10 129	11 040	18 731	24 722
吉　　林	349	337	711	1 106	2 101	3 748	4 975	4 960	6 394	7 493	12 984	18 569
黑 龙 江	499	467	814	1 407	2 219	3 804	4 917	5 112	6 485	7 682	10 860	15 076
上　　海	220	253	674	2 333	6 752	14 985	20 128	24 967	38 967	36 473	50 094	56 497
江　　苏	328	471	1 072	3 778	8 509	16 394	17 965	20 290	25 920	31 167	48 531	55 830
浙　　江	306	417	1 011	2 629	7 101	17 194	23 384	27 280	39 851	45 336	66 404	75 512
安　　徽	388	419	572	1 323	1 934	4 302	5 490	7 042	8 976	9 083	18 104	23 909
福　　建	251	309	517	1 094	2 199	4 135	5 436	5 299	6 763	9 227	12 460	19 582
江　　西	337	374	515	1 055	1 493	3 167	4 176	3 979	6 265	5 921	15 709	14 943
山　　东	653	705	987	2 369	3 317	8 909	10 096	10 556	14 358	17 561	30 681	45 242
河　　南	674	695	914	1 469	2 737	5 647	7 625	8 729	8 810	9 455	23 139	27 499
湖　　北	442	480	981	1 706	3 885	7 841	7 732	7 890	10 072	12 351	20 981	26 724
湖　　南	542	572	941	1 702	2 575	5 696	7 060	7 563	9 603	11 573	18 677	24 462
广　　东	361	510	887	1 709	5 937	27 213	32 677	42 018	57 669	69 416	84 031	84 547
广　　西	279	278	656	1 235	1 877	3 425	6 018	6 375	6 842	8 654	12 120	14 977
海　　南	…	…	…	200	364	887	961	914	1 329	1 556	2 924	3 241
重　　庆	…	…	…	…	…	4 889	5 892	6 228	6 627	8 937	16 859	23 681
四　　川	636	740	1 313	3 108	5 327	8 927	10 473	11 208	14 375	16 321	33 733	42 249
贵　　州	274	268	359	585	989	1 976	2 625	3 142	5 123	6 121	10 953	15 599
云　　南	314	424	692	1 832	4 191	7 312	8 920	9 391	11 933	14 548	20 318	24 277
西　　藏	21	47	137	172	429	607	997	843	1 169	1 135	2 033	2 005
陕　　西	459	346	597	988	1 569	3 648	4 810	4 573	5 775	7 124	13 985	20 242
甘　　肃	310	267	506	861	1 189	2 251	2 903	3 863	4 995	6 333	9 979	11 738
青　　海	84	157	290	340	537	870	1 104	1 174	1 629	2 166	3 697	8 860
宁　　夏	108	115	260	418	651	1 202	1 768	1 842	2 096	2 598	10 593	5 450
新　　疆	112	271	882	940	1 785	3 261	4 999	5 384	8 194	10 412	14 681	19 247

按年份各地区文物业文物藏品数

单位:件

地　　区	1995年	2000年	2001年	2002年	2003年	2005年	2006年	2008年	2009年
全　　国	**11 331 575**	**12 491 531**	**12 598 808**	**12 360 506**	**14 343 943**	**19 964 963**	**18 453 447**	**25 738 228**	**26 802 714**
中　　央	1 422 369	1 461 199	1 256 553	1 474 399	1 474 399	1 667 307	1 686 643	1 260 514	2 162 318
地　　方	9 909 206	11 030 332	11 342 255	10 886 107	12 869 544	18 297 656	16 766 804	24 477 714	24 640 396
北　　京	167 342	181 864	173 441	196 469	1 123 558	1 152 341	1 154 683	3 675 668	3 731 567
天　　津	546 695	553 684	578 696	564 870	577 485	598 813	202 611	947 295	955 282
河　　北	617 098	668 097	864 153	440 829	440 531	527 123	523 534	545 427	549 484
山　　西	394 648	397 373	398 244	413 819	458 658	897 875	944 350	835 602	802 477
内 蒙 古	352 021	367 847	268 195	271 966	272 243	442 177	448 307	462 665	424 424
辽　　宁	225 092	214 994	276 002	271 582	232 517	423 106	385 989	649 923	709 835
吉　　林	163 694	168 976	155 996	131 901	129 479	190 796	194 057	203 931	327 628
黑 龙 江	162 820	166 115	160 590	151 646	154 228	168 899	173 221	189 727	208 946
上　　海	203 424	268 984	270 791	279 671	281 611	1 496 698	308 077	1 447 989	1 445 473
江　　苏	771 836	803 066	871 147	854 978	881 396	1 933 152	1 930 699	2 372 559	2 290 390
浙　　江	396 543	494 206	509 085	509 320	678 426	869 053	1 068 973	1 032 726	882 154
安　　徽	328 780	432 385	429 033	452 762	459 631	446 566	484 528	683 112	505 821
福　　建	218 598	263 587	324 761	321 219	327 065	419 697	418 000	446 770	453 309
江　　西	202 575	241 239	222 107	173 679	185 780	387 165	365 436	496 217	546 505
山　　东	591 720	792 763	663 867	665 211	655 930	811 316	806 951	1 378 366	1 396 215
河　　南	1 021 544	1 260 014	1 319 825	1 135 850	1 206 533	1 435 202	1 435 495	1 618 398	1 744 709
湖　　北	560 737	615 162	533 034	1 034 134	998 578	983 730	817 623	1 126 659	1 149 587
湖　　南	278 609	277 841	272 754	264 644	275 575	532 768	524 518	817 718	834 156
广　　东	456 762	498 102	504 718	362 383	483 261	988 920	1 005 832	1 157 468	1 157 448
广　　西	232 666	211 091	206 089	197 264	196 551	301 908	269 691	307 575	324 733
海　　南	24 938	48 731	44 927	44 297	47 666	30 140	37 889	32 636	48 679
重　　庆	…	237 413	236 799	232 456	237 987	301 849	322 923	654 368	760 449
四　　川	675 154	457 941	502 103	544 487	653 333	752 459	756 962	972 628	894 390
贵　　州	36 892	41 579	41 837	72 100	72 911	54 690	54 936	93 417	117 051
云　　南	214 693	244 475	232 442	213 466	232 942	299 465	305 870	376 005	430 699
西　　藏	127 026	68 650	72 929	12 467	89 738	212 691	182 215	113 310	41 647
陕　　西	502 005	533 192	544 269	433 537	828 333	883 408	880 382	945 702	937 288
甘　　肃	249 723	280 812	404 043	371 548	373 969	429 726	443 671	529 417	547 705
青　　海	75 233	97 052	87 553	34 057	128 638	141 121	135 515	139 129	187 116
宁　　夏	37 881	48 620	63 452	25 759	68 238	77 025	75 249	79 208	83 813
新　　疆	72 457	94 477	109 373	207 736	116 753	107 777	108 617	146 099	151 416

按年份各地区博物馆机构数

单位:个

地区	1995年	2000年	2001年	2002年	2003年	2004年	2005年	2006年	2008年	2009年
全国	**1 194**	**1 384**	**1 454**	**1 504**	**1 507**	**1 548**	**1 581**	**1 617**	**1 893**	**2 252**
中央	5	5	5	5	4	4	4	4	5	5
地方	1 189	1 379	1 449	1 499	1 503	1 544	1 577	1 613	1 888	2 247
北京	17	25	26	24	27	31	34	33	37	40
天津	14	14	14	15	17	17	18	19	18	18
河北	31	43	45	44	44	45	46	46	64	64
山西	69	76	79	85	86	88	86	87	85	86
内蒙古	17	25	27	28	28	31	33	35	36	46
辽宁	26	30	34	34	35	37	39	36	54	61
吉林	16	16	19	22	22	18	18	18	26	71
黑龙江	29	41	41	46	45	47	46	47	56	71
上海	12	11	21	23	23	24	25	26	28	29
江苏	72	86	87	90	89	97	99	100	165	182
浙江	59	65	69	70	70	73	80	83	89	100
安徽	30	37	37	37	40	40	43	44	38	68
福建	64	81	80	79	79	79	82	84	89	93
江西	82	81	83	84	84	85	82	87	96	103
山东	56	59	66	70	73	72	75	76	91	111
河南	66	70	72	75	75	76	78	79	95	103
湖北	88	94	95	96	96	98	91	96	111	116
湖南	57	66	67	70	70	71	73	72	74	75
广东	114	128	141	140	143	143	146	148	152	160
广西	37	39	40	41	42	49	49	53	60	62
海南	17	15	16	16	17	16	16	15	16	15
重庆		14	14	17	17	15	18	16	21	37
四川	54	50	55	51	51	54	55	59	85	89
贵州	4	8	9	10	10	10	11	13	23	53
云南	22	30	30	30	30	31	32	33	36	113
西藏	2	2	2	2	2	2	2	2	1	2
陕西	59	67	75	88	81	81	82	86	91	101
甘肃	52	65	64	67	65	67	69	70	81	91
青海	8	14	13	16	16	16	15	17	18	18
宁夏	3	4	5	5	5	6	6	5	5	6
新疆	12	23	23	24	23	25	28	8	47	63

历年对外文化交流情况

单位:起

年份	签订文化协定	签订文化协定执行计划	文化交流来往项目		
			总计	来华	出国
1985年	5	17	804	381	423
1986年	2	16	1 075	456	619
1987年	8	32	880	378	502
1988年	5	19	707	282	425
1989年	4	18	484	182	302
1990年	1	14	733	263	470
1991年	4	29	736	227	509
1992年	13	11	1 181	413	768
1993年	8	31	1 534	480	1 054
1994年	7	22	1 176	401	775
1995年	1	28	1 647	500	1 147
1996年	4	22	1 580	859	721
1997年	1	27	1 446	527	919
1998年	2	23	1 871	672	1 199
1999年	4	31	1 366	534	832
2000年	2	27	1 433	595	838
2001年	4	25	2 042	1 103	939
2002年	4	26	1 447	748	729
2003年	4	23	762	420	342
2004年	15	14	1 647	815	832
2005年	16	12	1 168	587	581
2006年	7	17	1 672	943	729
2007年	2	25	1 815	605	1 210
2008年	2	24	1 422	625	797
2009年	2	20	1 537	737	804

年 度 资 料

全国文化文物机构数、

	合计				文化							
					合计				国有经济			
	机构数（个）	从业人员数（人）	高级职称	中级职称	机构数（个）	从业人员数（人）	高级职称	中级职称	机构数（个）	从业人员数（人）	高级职称	中级职称
总计	**305 764**	**1 984 159**	**42 485**	**105 586**	**61 357**	**561 764**	**39 400**	**99 808**	**60 414**	**537 390**	**38 075**	**95 951**
文化及相关产业	**305 630**	**1 980 884**	**42 416**	**105 256**	**61 230**	**558 678**	**39 331**	**99 478**	**60 309**	**535 085**	**38 025**	**95 662**
艺术业	8 582	256 776	21 854	43 431	4 449	167 662	19 208	38 888	3 856	148 203	17 995	35 371
图书馆业	2 850	52 688	4 177	16 724	2 850	52 688	4 177	16 724	2 850	52 688	4 177	16 724
群众文化服务	41 959	137 484	6 155	23 984	41 959	137 484	6 155	23 984	41 959	137 484	6 155	23 984
艺术教育业	158	12 796	2 124	3 731	158	12 796	2 124	3 731	152	12 707	2 113	3 695
文化市场经营机构	239 571	1 294 915	——	——	237	1 787	——	——	84	995	——	——
文艺科研	210	3 478	1 037	1 076	210	3 478	1 037	1 076	210	3 478	1 037	1 076
文物业	4 842	101 986	5 806	13 844	4 608	94 243	5 582	13 009	4 577	93 697	5 571	12 977
其他文化及相关产业	7 458	120 761	1 263	2 466	6 759	88 540	1 048	2 066	6 621	85 833	977	1 835
非文化及相关产业	**134**	**3 275**	**69**	**330**	**127**	**3 086**	**69**	**330**	**105**	**2 305**	**50**	**289**

全国文化文物机构数、从业人员数

	总计		按单位性质分类				按登记注册					
			事业		企业		内资合计		在内资企业			
									国有企业(单位)		集体企业(单位)	
	机构数（个）	从业人员数（人）	机构数（个）	从业人员数(人)	机构数（个）	从业人员数(人)	机构数（个）	从业人员数(人)	机构数（个）	从业人员数(人)	机构数（个）	从业人员数(人)
总计	**305 764**	**1 984 159**	**60 459**	**551 373**	**245 305**	**1 432 786**	**305 248**	**1 972 102**	**61 573**	**568 254**	**1 675**	**27 473**
文化及相关产业	**305 630**	**1 980 884**	**60 406**	**550 192**	**245 224**	**1 430 692**	**305 115**	**1 969 192**	**61 465**	**565 862**	**1 662**	**27 326**
艺术业	8 582	256 776	4 085	162 614	4 497	94 162	8 568	256 190	4 029	161 305	587	17 463
图书馆	2 850	52 688	2 850	52 688	——	——	2 850	52 688	2 850	52 688	——	——
群众文化服务	41 959	137 484	41 959	137 484	——	——	41 959	137 484	41 959	137 484	——	——
艺术教育业	158	12 796	158	12 796	——	——	158	12 796	152	12 707	3	31
文化市场经营机构	239 571	1 294 915	——	——	239 571	1 294 915	239 088	1 285 818	893	11 118	1 013	9 192
文艺科研	210	3 478	210	3 478	——	——	210	3 478	210	3 478	——	——
文物业	4 842	101 986	4 710	99 049	132	2 937	4 842	101 986	4 742	100 720	15	164
其他文化产业及相关产业	7 458	120 761	6 434	82 083	1 024	38 678	7 440	118 752	6 630	86 362	44	476
非文化及相关产业	**134**	**3 275**	**53**	**1 181**	**81**	**2 094**	**133**	**2 910**	**108**	**2 392**	**13**	**147**

从业人员数综合情况

部门								其他部门			
集体经济				其他经济							
机构数（个）	从业人员数			机构数（个）	从业人员数			机构数（个）	从业人员数		
	（人）	高级职称	中级职称		（人）	高级职称	中级职称		（人）	高级职称	中级职称
506	**15 071**	**700**	**2 781**	**437**	**9 303**	**625**	**1 076**	**244 407**	**1 422 395**	**3 085**	**5 778**
493	**14 924**	**699**	**2 777**	**428**	**8 669**	**607**	**1 039**	**244 400**	**1 422 206**	**3 085**	**5 778**
415	14 227	694	2 728	178	5 232	519	789	4 133	89 114	2 646	4 543
——	——	——	——	——	——	——	——	——	——	——	——
——	——	——	——	——	——	——	——	——	——	——	——
3	31	3	9	3	58	8	27	——	——	——	——
23	177	——	——	130	615	——	——	239 334	1 293 128	——	——
——	——	——	——	——	——	——	——	——	——	——	——
10	84	——	21	462	11	32	234	7 743	224	835	——
42	405	2	40	96	2 302	69	191	699	32 221	215	400
13	**147**	**1**	**4**	**9**	**634**	**18**	**37**	**7**	**189**	**——**	**——**

综合情况（按单位性质和登记注册类型分）

类型分类											
（单位）中								港澳台商投资企业		外商投资企业	
股份合作、联营企业		有限责任、股份有限公司		私营企业		其他					
机构数（个）	从业人员数（人）	机构数（个）	从业人员数（人）	机构数（个）	从业人员数（人）	机构数（个）	从业人员数（人）	机构数（个）	从业人员数（人）	机构数（个）	从业人员数（人）
2 220	**21 297**	**21 257**	**290 585**	**184 717**	**893 629**	**33 806**	**170 864**	**312**	**7 370**	**202**	**4 681**
2 219	**21 279**	**21 247**	**290 298**	**184 717**	**893 629**	**33 805**	**170 798**	**311**	**7 005**	**202**	**4 681**
38	705	511	15 411	2 858	50 439	545	10 867	8	292	6	294
——	——	——	——	——	——	——	——	——	——	——	——
——	——	——	——	——	——	——	——	——	——	——	——
——	——	——	——	2	32	1	26	——	——	——	——
2 171	20 454	20 098	248 293	181 678	837 243	33 235	159 518	294	5 691	187	3 400
——	——	——	——	——	——	——	——	——	——	——	——
3	9	23	629	49	330	10	134	——	——	——	——
7	111	615	25 965	130	5 585	14	253	9	1 022	9	987
1	**18**	**10**	**287**	**——**	**——**	**1**	**66**	**1**	**365**	**——**	**——**

全国文化部门直属机构数、

	合计				国有经济			
	机构数(个)	从业人员数(人)	高级职称	中级职称	机构数(个)	从业人员数(人)	高级职称	中级职称
总计	**61 357**	**561 764**	**39 400**	**99 808**	**60 414**	**537 390**	**38 075**	**95 951**
文化及相关产业	**61 230**	**558 678**	**39 331**	**99 478**	**60 309**	**535 085**	**38 025**	**95 662**
艺术业	4 449	167 662	19 208	38 888	3 856	148 203	17 995	35 371
图书馆	2 850	52 688	4 177	16 724	2 850	52 688	4 177	16 724
群众文化服务	41 959	137 484	6 155	23 984	41 959	137 484	6 155	23 984
艺术教育业	158	12 796	2 124	3 731	152	12 707	2 113	3 695
文化市场经营机构	237	1 787	——	——	84	995	——	——
文艺科研	210	3 478	1 037	1 076	210	3 478	1 037	1 076
文物业	4 608	94 243	5 582	13 009	4 577	93 697	5 571	12 977
其他文化及相关产业	6 759	88 540	1 048	2 066	6 621	85 833	977	1 835
非文化及相关产业	**127**	**3 086**	**69**	**330**	**105**	**2 305**	**50**	**289**

全国艺术业机构数、

	合计				文化							
					合计				国有经济			
	机构数(个)	从业人员数(人)	高级职称	中级职称	机构数(个)	从业人员数(人)	高级职称	中级职称	机构数(个)	从业人员数(人)	高级职称	中级职称
总计	**8 582**	**256 776**	**21 854**	**43 431**	**4 449**	**167 662**	**19 208**	**38 888**	**3 856**	**148 203**	**17 995**	**35 371**
一、艺术表演团体	**6 139**	**208 174**	**20 196**	**39 614**	**2 644**	**137 437**	**17 896**	**35 850**	**2 178**	**119 802**	**16 718**	**32 431**
1.话剧、儿童剧、滑稽剧团	89	6 341	1 719	1 588	69	5 417	1 477	1 461	63	5 189	1 439	1 376
其中:儿童剧团	12	784	201	205	7	553	169	169	7	553	169	169
2.歌剧、舞剧、歌舞剧团	190	12 723	2 298	3 539	98	11 013	2 219	3 449	85	10 270	2 120	3 139
3.歌舞团、轻音乐团	1 137	38 005	3 560	7 168	478	25 173	3 286	6 611	401	23 437	3 167	6 320
4.乐团、合唱团	58	6 049	880	881	26	2 335	634	559	22	2 220	632	549
5.文工团、文宣队、乌兰牧骑	344	10 831	368	1 952	326	9 573	307	1 855	313	9 068	287	1 757
6.戏曲剧团	2 333	92 387	7 639	17 235	1 299	64 133	7 176	16 244	1 024	53 381	6 701	14 375
其中:京剧	109	8 139	1 683	2 426	84	7 140	1 604	2 284	75	6 797	1 568	2 191
7.曲、杂、木、皮团	1 117	21 501	1 823	2 958	169	9 286	1 225	2 190	126	7 895	1 151	1 961
8.综合性艺术表演团体	871	20 337	1 909	4 293	179	10 507	1 572	3 481	144	8 342	1 221	2 954
二、艺术表演场馆	**2 137**	**46 436**	**1 042**	**3 274**	**1 499**	**28 059**	**696**	**2 495**	**1 375**	**26 259**	**663**	**2 398**
1.剧场、影剧院	1 672	32 476	887	2 689	1 372	25 883	655	2 267	1 261	24 272	627	2 188
其中:儿童剧场	16	157	14	31	8	54	1	12	8	54	1	12
2.书场、曲艺场	29	230	4	5	12	63	1	1	6	35	1	——
3.杂技、马戏场	10	650	8	19	6	133	5	13	6	133	5	13
4.音乐厅	24	4 312	19	34	14	356	10	24	13	356	10	24
5.综合性	236	5 406	67	408	79	1 490	21	178	75	1 366	17	167
6.其他	166	3 362	57	119	16	134	4	12	14	97	3	6
三、艺术创作机构	**306**	**2 166**	**616**	**543**	**306**	**2 166**	**616**	**543**	**303**	**2 142**	**614**	**542**

从业人员数综合情况

集体经济				其他经济			
机构数	从业人员数			机构数	从业人员数		
（个）	（人）	高级职称	中级职称	（个）	（人）	高级职称	中级职称
506	**15 071**	**700**	**2 781**	**437**	**9 303**	**625**	**1 076**
493	**14 924**	**699**	**2 777**	**428**	**8 669**	**607**	**1 039**
415	14 227	694	2 728	178	5 232	519	789
——	——	——	——	——	——	——	——
——	——	——	——	——	——	——	——
3	31	3	9	3	58	8	27
23	177	——	——	130	615	——	——
——	——	——	——	——	——	——	——
10	84	——	——	21	462	11	32
42	405	2	40	96	2 302	69	191
13	**147**	**1**	**4**	**9**	**634**	**18**	**37**

从业人员数综合情况

部门								其他部门			
集体经济				其他经济							
机构数	从业人员数			机构数	从业人员数			机构数	从业人员数		
（个）	（人）	高级职称	中级职称	（个）	（人）	高级职称	中级职称	（个）	（人）	高级职称	中级职称
415	**14 227**	**694**	**2 728**	**178**	**5 232**	**519**	**789**	**4 133**	**89 114**	**2 646**	**4 543**
331	**13 700**	**685**	**2 690**	**135**	**3 935**	**493**	**729**	**3 495**	**70 737**	**2 300**	**3 764**
5	208	38	84	1	20	——	1	20	924	242	127
——	——	——	——	——	——	——	——	5	231	32	36
2	398	42	150	11	345	57	160	92	1 710	79	90
14	611	50	182	63	1 125	69	109	659	12 832	274	557
——	——	——	——	4	115	2	10	32	3 714	246	322
11	464	20	97	2	41	——	1	18	1 258	61	97
257	10 399	457	1 844	18	353	18	25	1 034	28 254	463	991
9	343	36	93	——	——	——	——	25	999	79	142
35	1 155	62	212	8	236	12	17	948	12 215	598	768
7	465	16	121	28	1 700	335	406	692	9 830	337	812
82	**508**	**7**	**37**	**42**	**1 292**	**26**	**60**	**638**	**18 377**	**346**	**779**
76	480	7	36	35	1 131	21	43	300	6 593	232	422
——	——	——	——	——	——	——	——	8	103	13	19
6	28	——	1	——	——	——	——	17	167	3	4
——	——	——	——	——	——	——	——	4	517	3	6
——	——	——	——	1	——	——	——	10	3 956	9	10
——	——	——	——	4	124	4	11	157	3 916	46	230
——	——	——	——	2	37	1	6	150	3 228	53	107
2	**19**	**2**	**1**	**1**	**5**	**——**	**——**	**——**	**——**	**——**	**——**

全国图书馆、群众文化服务机构数、

	合计				文化							
					合计				国有经济			
	机构数（个）	从业人员数（人）			机构数（个）	从业人员数（人）			机构数（个）	从业人员数（人）		
			高级职称	中级职称			高级职称	中级职称			高级职称	中级职称
图书馆	**2 850**	**52 688**	**4 177**	**16 724**	**2 850**	**52 688**	**4 177**	**16 724**	**2 850**	**52 688**	**4 177**	**16 724**
其中：少儿图书馆	91	1 774	177	606	91	1 774	177	606	91	1 774	177	606
群众文化服务业	**41 959**	**137 484**	**6 155**	**23 984**	**41 959**	**137 484**	**6 155**	**23 984**	**41 959**	**137 484**	**6 155**	**23 984**
文化馆	3 223	51 159	4 483	14 769	3 223	51 159	4 483	14 769	3 223	51 159	4 483	14 769
一、省级文化馆	31	1 711	456	448	31	1 711	456	448	31	1 711	456	448
二、地市级文化馆	330	9 123	1 508	3 084	330	9 123	1 508	3 084	330	9 123	1 508	3 084
三、县、市文化馆	2 862	40 325	2 519	11 237	2 862	40 325	2 519	11 237	2 862	40 325	2 519	11 237
文化站	38 736	86 325	1 672	9 215	38 736	86 325	1 672	9 215	38 736	86 325	1 672	9 215
其中：乡镇文化站	33 378	71 768	1 394	7 785	33 378	71 768	1 394	7 785	33 378	71 768	1 394	7 785

全国艺术教育、艺术科研及其他文化产业

	合计				文化							
					合计				国有经济			
	机构数（个）	从业人员数（人）			机构数（个）	从业人员数（人）			机构数（个）	从业人员数（人）		
			高级职称	中级职称			高级职称	中级职称			高级职称	中级职称
艺术教育业	**158**	**12 796**	**2 124**	**3 731**	**158**	**12 796**	**2 124**	**3 731**	**152**	**12 707**	**2 113**	**3 695**
一、高等院校	15	4 754	990	1 381	15	4 754	990	1 381	15	4 754	990	1 381
二、中等专业学校	107	7 009	1 009	2 086	107	7 009	1 009	2 086	104	6 951	1 001	2 059
三、文化干部学校	6	198	11	40	6	198	11	40	6	198	11	40
四、其他教育机构	30	835	114	224	30	835	114	224	27	804	111	215
艺术科研机构	**210**	**3 478**	**1 037**	**1 076**	**210**	**3 478**	**1 037**	**1 076**	**210**	**3 478**	**1 037**	**1 076**
一、文化科技研究	61	1 529	499	497	61	1 529	499	497	61	1 529	499	497
二、综合性艺术研究	98	1 471	435	444	98	1 471	435	444	98	1 471	435	444
三、地方戏艺术研究	36	278	53	84	36	278	53	84	36	278	53	84
四、其他艺术研究	15	200	50	51	15	200	50	51	15	200	50	51
文化市场经营机构	**239 571**	**1 294 915**	**——**	**——**	**237**	**1 787**	**——**	**——**	**84**	**995**	**——**	**——**
其他文化产业	**6 737**	**93 746**	**1 263**	**2 466**	**6 711**	**87 298**	**1 048**	**2 066**	**657**	**10 825**	**883**	**1 547**
一、艺术展览机构	47	1 165	178	252	47	1 165	178	252	43	1 052	171	239
其中：美术馆	29	715	134	150	29	715	134	150	29	715	134	150
二、其　他	6 690	92 581	1 085	2 214	6 664	86 133	870	1 814	614	9 773	712	1 308
非文化及相关产业	**134**	**3 275**	**69**	**330**	**127**	**3 086**	**69**	**330**	**105**	**2 305**	**50**	**289**

从业人员数综合情况

部门								其他部门			
集体经济				其他经济							
机构数（个）	从业人员数			机构数（个）	从业人员数（人）			机构数（个）	从业人员数（人）		
		高级职称	中级职称			高级职称	中级职称			高级职称	中级职称
——	——	——	——	——	——	——	——	——	——	——	——
——	——	——	——	——	——	——	——	——	——	——	——
——	——	——	——	——	——	——	——	——	——	——	——
——	——	——	——	——	——	——	——	——	——	——	——
——	——	——	——	——	——	——	——	——	——	——	——
——	——	——	——	——	——	——	——	——	——	——	——
——	——	——	——	——	——	——	——	——	——	——	——
——	——	——	——	——	——	——	——	——	——	——	——
——	——	——	——	——	——	——	——	——	——	——	——

机构数、从业人员数综合情况

部门								其他部门			
集体经济				其他经济							
机构数（个）	从业人员数（人）			机构数（个）	从业人员数（人）			机构数（个）	从业人员数（人）		
		高级职称	中级职称			高级职称	中级职称			高级职称	中级职称
3	**31**	**3**	**9**	**3**	**58**	**8**	**27**	——	——	——	——
——	——	——	——	——	——	——	——	——	——	——	——
——	——	——	——	3	58	8	27	——	——	——	——
——	——	——	——	——	——	——	——	——	——	——	——
3	31	3	9	——	——	——	——	——	——	——	——
——	——	——	——	——	——	——	——	——	——	——	——
——	——	——	——	——	——	——	——	——	——	——	——
——	——	——	——	——	——	——	——	——	——	——	——
——	——	——	——	1	——	——	——	——	——	——	——
——	——	——	——	——	——	——	——	——	——	——	——
23	**177**	——	——	**130**	**615**	——	——	**239 334**	**1 293 128**	——	——
42	**405**	**2**	**40**	**53**	**1 262**	**69**	**191**	**26**	**6 448**	**215**	**400**
——	——	——	——	4	113	7	13	——	——	——	——
——	——	——	——	——	——	——	——	——	——	——	——
42	405	2	40	49	1 149	62	178	26	6 448	215	400
13	**147**	**1**	**4**	**9**	**634**	**18**	**37**	**7**	**189**	——	——

全国文物业机构数、

	合计				文化 合计				文化 国有经济			
	机构数（个）	从业人员数（人）	高级职称	中级职称	机构数（个）	从业人员数（人）	高级职称	中级职称	机构数（个）	从业人员数（人）	高级职称	中级职称
总　计	**4 842**	**101 986**	**5 806**	**13 844**	**4 608**	**94 243**	**5 582**	**13 009**	**4 577**	**93 697**	**5 571**	**12 977**
一、文物科研机构	**104**	**3 799**	**794**	**863**	**104**	**3 799**	**794**	**863**	**104**	**3 799**	**794**	**863**
1.考古	67	2 968	626	645	67	2 968	626	645	67	2 968	626	645
2.古建	12	307	64	95	12	307	64	95	12	307	64	95
3.其他	25	524	104	123	25	524	104	123	25	524	104	123
二、文物保护管理机构	**2 263**	**28 629**	**895**	**3 548**	**2 254**	**25 073**	**892**	**3 228**	**2 253**	**25 060**	**892**	**3 228**
三、博物馆	**2 252**	**59 919**	**3 680**	**8 324**	**2 028**	**55 746**	**3 459**	**7 812**	**2 025**	**55 731**	**3 459**	**7 812**
1.综合性	1 086	24 421	1 757	4 282	1 056	24 008	1 749	4 236	1 055	24 006	1 749	4 236
2.历史类	817	28 143	1 219	2 898	739	25 776	1 134	2 636	738	25 763	1 134	2 636
3.艺术类	114	2 673	250	435	78	2 356	221	389	78	2 356	221	389
4.自然科技类	73	1 460	149	226	34	907	85	123	34	907	85	123
5.其他	162	3 222	305	483	121	2 699	270	428	120	2 699	270	428
四、文物商店	**80**	**1 898**	**97**	**382**	**80**	**1 898**	**97**	**382**	**75**	**1 857**	**96**	**376**
五、其他文物机构	**143**	**7 741**	**340**	**727**	**142**	**7 727**	**340**	**724**	**120**	**7 250**	**330**	**698**

全国经营性文化产业机构数、

	合计		文化 合计		文化 国有经济	
	机构数（个）	从业人员数（人）	机构数（个）	从业人员数（人）	机构数（个）	从业人员数（人）
总　计	**245 305**	**1 432 786**	**1 183**	**23 386**	**645**	**13 324**
一、文化艺术服务	4 591	94 640	414	10 312	206	4 965
二、网络文化服务	161	15 474	——	——	——	——
三、文化休闲娱乐服务	220 269	1 218 388	188	1 097	39	373
四、其他文化服务	16 912	58 296	415	8 276	298	5 593
五、动漫企业服务	721	27 015	48	1 242	5	202
六、文化用品、设备及相关文化产品的生产与销售	2 385	15 425	118	2 459	97	2 191
七、其他	266	3 548	——	——	——	——

从业人员数综合情况

部门								其他部门			
集体经济				其他经济							
机构数（个）	从业人员数（人）	高级职称	中级职称	机构数（个）	从业人员数（人）	高级职称	中级职称	机构数（个）	从业人员数（人）	高级职称	中级职称
10	**84**	**——**	**——**	**21**	**462**	**11**	**32**	**234**	**7 743**	**224**	**835**
——	**——**	**——**	**——**	**——**	**——**	**——**	**——**	**——**	**——**	**——**	**——**
——	——	——	——	——	——	——	——	——	——	——	——
——	——	——	——	——	——	——	——	——	——	——	——
——	——	——	——	——	——	——	——	——	——	——	——
1	**13**	**——**	**——**	**——**	**——**	**——**	**——**	**9**	**3 556**	**3**	**320**
1	**13**	**——**	**——**	**2**	**2**	**——**	**——**	**224**	**4 173**	**221**	**512**
——	——	——	——	1	2	——	——	30	413	8	46
1	13	——	——	——	——	——	——	78	2 367	85	262
——	——	——	——	——	——	——	——	36	317	29	46
——	——	——	——	——	——	——	——	39	553	64	103
——	——	——	——	1	——	——	——	41	523	35	55
——	**——**	**——**	**——**	**5**	**41**	**1**	**6**	**——**	**——**	**——**	**——**
8	**58**	**——**	**——**	**14**	**419**	**10**	**26**	**1**	**14**	**——**	**3**

人员数综合情况

部门				其他部门	
集体经济		其他经济			
机构数（个）	从业人员数（人）	机构数（个）	从业人员数（人）	机构数（个）	从业人员数（人）
129	**1 418**	**409**	**8 644**	**244 122**	**1 409 400**
49	673	159	4 674	4 177	84 328
——	——	——	——	161	15 474
27	207	122	517	220 081	1 217 291
42	419	75	2 264	16 497	50 020
——	——	43	1 040	673	25 773
11	119	10	149	2 267	12 966
——	——	——	——	266	3 548

全国民族自治地方主要文化

	合计				文化							
					合计				国有经济			
	机构数（个）	从业人员数（人）	高级职称	中级职称	机构数（个）	从业人员数（人）	高级职称	中级职称	机构数（个）	从业人员数（人）	高级职称	中级职称
总　计	**53 967**	**255 698**	**4 589**	**14 874**	**11 692**	**79 057**	**4 488**	**14 563**	**11 590**	**77 935**	**4 436**	**14 419**
艺　术　业	953	31 144	2 552	6 252	751	25 427	2 453	5 954	718	24 546	2 403	5 814
1.艺术表演团体	748	28 201	2 454	5 955	579	23 602	2 366	5 712	548	22 791	2 316	5 572
其中:少数民族歌舞团	122	5 557	593	1 085	73	4 045	584	995	68	3 917	584	995
2.艺术表演场馆	186	2 809	58	254	153	1 691	47	199	151	1 621	47	199
其中:剧场、影剧院	145	1 798	48	184	135	1 538	45	176	133	1 468	45	176
3.其　他	19	134	40	43	19	134	40	43	19	134	40	43
图　书　馆	619	7 439	464	2 472	619	7 439	464	2 472	619	7 439	464	2 472
群众文化服务	7 945	21 982	789	4 097	7 945	21 982	789	4 097	7 945	21 982	789	4 097
2.文化馆	738	9 179	605	2 722	738	9 179	605	2 722	738	9 179	605	2 722
3.文化站	7 207	12 803	6 451	184	7 207	12 803	6 451	184	7 207	12 803	6 451	184
文　物　业	833	8 495	493	1 476	823	8 310	491	1 463	823	8 310	491	1 463
其中:文物保护管理机构	499	3 113	121	540	499	3 113	121	540	499	3 113	121	540
博物馆	312	4 437	263	785	302	4 252	261	772	302	4 252	261	772
其他文化产业及相关产业	9 769	32 778	291	577	1 485	15 676	291	577	1 484	15 650	289	573

全国文化(文物)机构

	本年收入合计(千元)					本年支出(千元)			
		财政拨款	事业收入	经营收入	其他收入		基本支出	项目支出	经营支出
总　计	**58 994 416**	**39 366 891**	**6 370 030**	**624 829**	**2 433 872**	**57 108 553**	**32 469 508**	**21 681 449**	**664 869**
1.文化合计	**44 113 350**	**29 231 768**	**3 538 050**	**396 254**	**1 622 157**	**43 373 832**	**25 828 715**	**15 263 046**	**458 016**
艺术表演团体	8 940 957	6 362 470	1 616 890	30 062	553 763	8 656 536	6 872 729	1 440 988	69 451
艺术表演场馆	1 222 435	404 669	443 344	133 008	199 603	1 209 959	852 488	150 640	160 161
图书馆	6 131 745	5 508 084	262 478	33 819	216 607	6 066 300	3 488 543	2 341 009	23 968
群众文化	8 072 435	6 811 471	377 320	88 232	388 700	7 941 904	5 551 522	1 893 333	102 279
其他文化	19 745 778	10 145 074	838 018	111 133	263 484	19 499 133	9 063 433	9 437 076	102 157
2.文物合计	**13 924 157**	**9 520 658**	**2 565 731**	**222 580**	**764 690**	**12 809 156**	**5 939 126**	**6 205 575**	**201 758**
文物科研机构	882 098	278 719	495 323	3 230	91 020	860 622	476 364	381 048	1 808
文物保护管理机构	2 865 048	1 465 523	920 296	47 314	176 046	2 635 225	1 492 410	847 154	53 954
博物馆	7 209 144	5 427 586	1 054 997	106 664	462 784	6 534 172	3 386 964	2 861 681	80 624
文物商店	8 403	8 403	——	——	——	8 403	——	8 403	——
其他文物机构	2 959 464	2 340 427	95 115	65 372	34 840	2 770 734	583 388	2 107 289	65 372
3.教育合计	**956 909**	**614 465**	**266 249**	**5 995**	**47 025**	**925 565**	**701 667**	**212 828**	**5 095**
其中:中等专业学校	512 151	351 320	114 229	3 486	20 311	503 717	370 452	128 199	2 888

产业机构数、从业人员数综合年报

部门								其他部门			
集体经济				其他经济							
机构数（个）	从业人员数			机构数（个）	从业人员数			机构数（个）	从业人员数		
	（人）	高级职称	中级职称		（人）	高级职称	中级职称		（人）	高级职称	中级职称
4	**70**	**——**	**20**	**98**	**1 052**	**52**	**124**	**42 275**	**176 641**	**101**	**311**
4	70	——	20	29	811	50	120	202	5 717	99	298
4	70	——	20	27	741	50	120	169	4 599	88	243
——	——	——	——	5	128	——	——	49	1 512	9	90
——	——	——	——	2	70	——	——	33	1 118	11	55
——	——	——	——	2	70	——	——	10	260	3	8
——	——	——	——	——	——	——	——	——	——	——	——
——	——	——	——	——	——	——	——	——	——	——	——
——	——	——	——	——	——	——	——	——	——	——	——
——	——	——	——	——	——	——	——	——	——	——	——
——	——	——	——	——	——	——	——	——	——	——	——
——	——	——	——	——	——	——	——	10	185	2	13
——	——	——	——	——	——	——	——	——	——	——	——
——	——	——	——	——	——	——	——	10	185	2	13
——	——	——	——	1	26	2	4	8 284	17 102	——	——

经费收支情况

合计										资产总计（千元）	
在支出合计中：											
工资福利支出	商品和服务支出					对个人和家庭补助支出		其他资本性支出			固定资产原值
		差旅费	劳务费	福利费	税金支出		抚恤金和生活补助		各种设备购置费		
16 630 278	**19 472 494**	**711 692**	**1 268 076**	**301 951**	**285 899**	**5 495 655**	**303 490**	**7 148 726**	**2 310 208**	**107 264 241**	**75 137 197**
13 351 745	**13 856 035**	**541 096**	**922 654**	**235 128**	**208 856**	**4 601 332**	**267 492**	**5 187 120**	**1 749 667**	**76 843 070**	**57 194 004**
3 697 051	2 374 455	170 281	348 922	67 954	65 968	1 575 417	95 939	481 857	278 690	10 580 263	6 994 223
412 855	363 694	8 953	18 433	13 210	42 564	90 280	8 171	60 007	35 950	7 558 534	6 255 312
1 963 309	1 338 745	34 342	53 345	28 592	28 063	596 211	18 858	1 824 725	397 262	20 731 308	18 224 774
3 439 502	1 717 583	62 651	133 215	51 310	23 237	659 245	40 214	643 004	267 922	15 443 050	13 421 181
3 839 028	8 061 558	264 869	368 739	74 062	49 024	1 680 179	104 310	2 177 527	769 843	22 529 915	12 298 514
2 947 916	**5 378 344**	**162 760**	**311 152**	**61 006**	**75 749**	**702 778**	**29 384**	**1 824 934**	**519 484**	**28 819 100**	**16 805 205**
178 128	439 126	35 922	82 600	3 699	3 875	53 369	2 509	108 098	47 956	1 676 766	960 038
740 912	778 778	28 458	48 863	17 634	23 439	123 025	6 359	381 382	46 076	6 124 168	3 016 804
1 781 671	2 482 917	70 226	142 210	34 705	42 568	467 719	18 052	1 003 634	356 385	16 929 375	11 581 397
——	8 403	——	——	——	——	——	——	——	——	1 340 318	291 887
247 205	1 669 120	28 154	37 479	4 968	5 867	58 665	2 464	331 820	69 067	2 748 473	955 079
330 617	**238 115**	**7 836**	**34 270**	**5 817**	**1 294**	**191 545**	**6 614**	**136 672**	**41 057**	**1 602 071**	**1 137 988**
190 172	99 866	3 463	11 015	3 656	398	97 292	2 010	93 041	18 652	774 146	586 475

全国文化事业机构主要财务指标

	机构数（个）	从业人员（人）	本年收入		
				财政拨款	事业收入
总计	**60 459**	**551 373**	**59 973 985**	**46 429 026**	**6 954 682**
一、文化艺术服务	54 190	455 161	38 179 570	27 678 398	6 168 403
1. 文艺创作与表演	2 800	139 274	9 274 181	6 578 964	1 679 789
2. 艺术表演场馆	1 285	23 340	1 477 326	324 203	765 902
3. 文物及文化保护	2 503	31 838	3 310 350	1 617 779	1 139 789
4. 博物馆、纪念馆	2 252	59 919	7 659 240	5 692 991	1 097 551
5. 图书馆	2 850	52 688	6 131 745	5 508 084	262 478
6. 群众文化活动	41 959	137 484	8 072 435	6 811 471	377 320
7. 社会人文科学研究	314	7 277	1 509 863	730 176	611 553
8. 文化社会团体	3	11	1 006	887	——
9. 其他文化艺术	224	3 330	743 424	413 843	234 021
二、艺术教育	158	12 796	1 595 198	1 044 562	440 487
三、文化、文物主管部门	3 088	51 230	14 972 346	13 721 773	——
四、文化文物执法机构	2 704	21 449	1 115 639	947 225	——
五、其他	319	10 737	4 125 412	3 037 068	359 972

	合计					
	在支出合计中：					
	工资福利支出	商品和服务支出				
			差旅费	劳务费	福利费	税金支出
总计	**16 974 882**	**19 784 999**	**723 077**	**1 277 786**	**311 144**	**297 924**
一、文化艺术服务	13 017 384	10 457 197	450 256	884 145	240 476	260 601
1. 文艺创作与表演	3 900 864	2 488 462	174 900	360 010	71 139	69 601
2. 艺术表演场馆	425 653	372 111	9 025	18 505	13 273	43 673
3. 文物及文化保护	897 752	931 666	37 323	59 511	23 273	25 970
4. 博物馆、纪念馆	1 894 828	2 676 751	78 697	147 745	37 034	49 677
5. 图书馆	1 963 309	1 338 745	34 342	53 345	28 592	28 063
6. 群众文化活动	3 439 502	1 717 583	62 651	133 215	51 310	23 237
7. 社会人文科学研究	337 685	621 632	47 935	103 395	9 882	6 808
8. 文化社会团体	476	308	43	——	——	——
9. 其他文化艺术	157 315	309 939	5 340	8 419	5 973	13 572
二、艺术教育	559 710	387 239	12 349	45 438	9 987	4 462
三、文化、文物主管部门	2 351 941	6 522 357	199 873	280 139	39 059	9 508
四、文化文物执法机构	588 663	254 226	25 639	9 257	13 259	1 568
五、其他	457 184	2 163 980	34 960	58 807	8 363	21 785

综合情况(按国民经济行业分)

合计(千元)		本年支出(千元)			
经营收入	其他收入		基本支出	项目支出	经营支出
1 156 162	**2 621 397**	**57 909 173**	**33 010 354**	**21 869 309**	**688 808**
623 059	2 301 194	36 559 407	23 815 108	10 344 507	601 840
32 019	592 230	9 044 635	7 164 200	1 532 787	71 044
143 919	201 393	1 157 321	788 695	150 768	167 923
82 695	207 742	3 133 748	1 849 017	956 608	76 302
169 256	528 089	7 007 204	3 655 770	3 025 596	106 359
33 819	216 607	6 066 300	3 488 543	2 341 009	23 968
88 232	388 700	7 941 904	5 551 522	1 893 333	102 279
39 445	111 536	1 453 286	822 157	211 557	35 216
——	60	1 054	992	——	——
33 674	54 837	753 955	494 212	232 849	18 749
11 829	71 855	1 524 242	1 170 380	334 237	9 800
——	——	14 934 803	6 008 300	8 241 230	——
——	90 573	1 081 540	763 371	141 937	——
521 274	157 775	3 809 181	1 253 195	2 807 398	77 168

对个人和家庭补助支出		其他资本性支出		资产总计(千元)		增加值(千元)
	抚恤金和生活补助		各种设备购置费		固定资产原值	
5 558 980	**307 408**	**7 223 613**	**2 333 433**	**109 341 637**	**77 744 029**	**28 120 644**
3 952 243	210 011	4 719 566	1 543 730	85 612 159	64 897 548	21 562 801
1 645 033	97 911	502 072	292 319	11 056 598	7 343 026	6 334 932
91 103	8 182	60 370	36 262	7 841 536	6 493 792	1 197 001
153 851	10 035	411 163	57 747	6 675 030	3 331 871	1 405 940
487 200	19 363	1 064 426	367 581	19 545 758	13 898 959	3 252 904
596 211	18 858	1 824 725	397 262	20 731 308	18 224 774	3 395 739
659 245	40 214	643 004	267 922	15 443 050	13 421 181	4 832 390
181 253	6 638	154 775	85 306	2 489 898	1 331 295	782 420
89	——	181	181	653	637	593
138 258	8 810	58 850	39 150	1 828 328	852 013	360 882
301 439	8 600	185 211	62 226	2 697 689	1 989 982	1 013 117
1 103 280	79 469	1 877 435	596 471	15 755 533	8 306 526	4 049 499
60 686	3 278	40 188	22 559	610 619	401 549	693 476
141 332	6 050	401 213	108 447	4 665 637	2 148 424	815 931

全国文化企业机构主要财务指标

	机构数（个）	从业人员（人）	资产、负债、所有者权益（千元）			
			资产总计			负债总计
				固定资产原值	当年提取的折旧总额	
总　计	**245 305**	**1 432 786**	**168 457 139**	**117 473 309**	**12 283 006**	**43 559 460**
一、文化艺术服务	4 591	94 640	8 081 811	4 577 199	453 729	2 759 080
其中：1. 文艺创作与表演	3 645	71 066	2 175 734	1 009 892	87 946	504 068
2. 艺术表演场馆	852	23 096	5 744 206	3 480 847	364 211	2 206 218
3. 其他文化艺术	13	47	1 370	1 395	28	——
二、网络文化服务	161	15 474	15 474 008	2 255 372	373 764	9 269 201
三、文化休闲娱乐服务	220 269	1 218 388	120 399 206	102 363 832	10 791 633	21 478 409
其中：1. 娱乐场所	82 200	636 800	62 713 053	51 472 527	4 404 472	13 633 456
2. 其他计算机服务（网吧）	138 048	580 749	55 854 374	50 524 477	6 366 696	6 324 036
四、其他文化服务	16 912	58 296	12 323 449	4 629 914	321 826	5 340 417
其中：1. 文化艺术经纪代理	1 248	12 747	2 968 326	1 319 740	111 406	1 077 970
2. 艺术品、收藏品拍卖	34	314	68 057	20 762	1 257	28 516
3. 广告业	10	114	13 011	10 535	125	15 149
4. 会议及展览服务	——	——	——	——	——	——
五、动漫企业服务	721	27 015	7 366 964	1 674 961	181 370	2 814 283
六、文化用品、设备及相关文化产品的生产与销售	2 385	15 425	3 613 533	1 307 469	78 747	1 491 890
其中：文物商店	80	1 898	1 340 318	291 887	16 814	485 960
七、其他	266	3 548	1 198 168	664 562	81 937	406 180

	损益及分配（千元）				
		养老、医疗、失业等保险费	住房公积金和住房补贴	差旅费	工会经费
总　计	**65 778 822**	**935 049**	**220 377**	**365 321**	**116 380**
一、文化艺术服务	3 443 959	103 763	27 974	23 632	7 529
其中：1. 文艺创作与表演	1 624 585	28 597	10 398	15 018	2 645
2. 艺术表演场馆	1 786 037	74 408	17 468	8 466	4 879
3. 其他文化艺术	590	3	——	——	——
二、网络文化服务	7 815 847	81 267	30 500	42 991	12 960
三、文化休闲娱乐服务	45 005 514	499 371	96 617	170 193	78 191
其中：1. 娱乐场所	24 845 270	346 097	57 209	98 754	36 332
2. 其他计算机服务（网吧）	19 945 811	147 883	36 946	70 630	41 321
四、其他文化服务	4 560 998	106 373	31 056	66 982	8 325
其中：1. 文化艺术经纪代理	2 079 303	42 024	11 251	43 365	2 795
2. 艺术品、收藏品拍卖	21 208	788	995	612	22
3. 广告业	7 874	576	81	17	11
4. 会议及展览服务	——	——	——	——	——
五、动漫企业服务	2 859 179	94 474	16 184	44 996	4 800
六、文化用品、设备及相关文化产品的生产与销售	1 885 690	43 802	15 540	11 816	3 482
其中：文物商店	475 387	24 486	9 787	5 513	1 517
七、其他	207 635	5 999	2 506	4 711	1 093

综合情况(按国民经济行业分)

所有者权益总计	实收资本	国家资本金	损益及分配(千元) 营业总收入	主营业务收入
125 398 781	**70 218 561**	**4 963 776**	**108 164 675**	**93 470 730**
5 866 880	3 128 377	1 584 757	4 509 040	2 164 790
1 671 666	743 381	194 139	2 192 928	1 382 838
4 082 137	2 357 414	1 390 618	2 258 242	729 397
1 370	1 260	——	1 236	1 230
6 204 807	2 116 887	61 000	12 657 794	12 489 124
98 877 750	53 016 466	1 189 769	79 418 557	68 387 981
49 078 083	29 675 096	1 015 208	41 300 853	35 847 892
49 488 805	23 111 184	18 462	37 853 619	32 281 357
6 983 032	6 454 874	1 633 541	5 650 511	5 030 226
1 890 356	3 830 469	332 925	2 338 488	2 087 019
39 541	26 761	3 800	49 443	44 892
2 138	4 563	3 053	8 052	5 406
——	——	——	——	——
4 552 681	3 647 947	218 339	3 263 322	2 953 589
2 121 643	1 001 120	258 390	2 354 198	2 182 604
854 358	211 973	196 166	521 549	486 948
791 988	852 890	17 980	311 253	262 416

营业利润	营业外收入	政府补助	营业外支出	利润总额	工资、福利费、税金(千元) 应付工资总额	应付福利费总额	应交增值税	增加值(千元)
36 344 983	**3 296 320**	**813 582**	**2 843 778**	**36 791 401**	**16 861 055**	**751 247**	**6 510 569**	**75 636 045**
925 216	360 150	280 801	132 812	1 152 590	1 276 165	40 979	270 395	3 407 498
497 922	165 266	129 833	57 767	605 421	875 642	18 738	54 485	1 673 774
403 046	194 852	150 968	74 933	523 001	394 819	22 038	212 619	1 697 825
640	——	——	——	640	349	——	33	1 053
4 729 283	186 088	161 708	30 841	4 884 530	647 438	55 303	587 284	6 904 931
29 026 329	2 197 984	3 381	2 381 236	28 836 917	13 146 575	562 102	5 088 976	59 502 707
13 870 665	1 004 867	——	1 188 581	13 678 459	7 177 699	307 534	3 335 153	29 685 673
15 107 905	1 187 765	——	1 190 654	15 107 348	5 936 553	247 798	1 741 725	29 688 082
896 834	265 091	166 970	156 381	1 005 544	804 675	43 460	294 212	2 826 621
175 326	112 724	92 943	84 587	203 463	274 768	16 122	115 846	889 360
24 701	162	80	113	24 750	8 494	338	4 814	41 449
119	3	——	7	115	718	44	509	3 060
——	——	——	——	——	——	——	——	——
256 426	219 183	188 746	83 936	391 673	647 006	29 667	148 373	1 730 919
445 377	61 803	11 966	44 123	463 057	284 145	18 010	107 683	1 021 078
43 120	15 078	8 403	5 151	53 047	92 874	7 581	30 493	240 463
65 518	6 021	10	14 449	57 090	55 051	1 726	13 646	242 291

全国文化产业增加值综合情况

单位：千元

	总产出	中间消耗	增加值	劳动者报酬	生产税净额	固定资产折旧	营业盈余
总计	**153 566 096**	**49 809 407**	**103 756 689**	**42 559 459**	**6 770 799**	**15 351 005**	**39 075 426**
艺术业	14 241 530	3 352 178	10 889 352	7 879 275	380 378	1 005 619	1 624 080
其中：艺术表演团体	10 272 909	2 431 163	7 841 746	6 682 504	123 700	373 150	662 392
艺术表演场馆	3 751 334	856 508	2 894 826	1 053 104	256 292	623 958	961 472
图书馆	4 622 331	1 226 592	3 395 739	2 624 694	28 063	728 996	13 986
群众文化	6 338 347	1 505 957	4 832 390	4 246 547	23 237	536 715	25 891
艺术教育	1 339 674	326 557	1 013 117	908 761	4 462	79 603	20 291
文化市场经营机构	96 878 881	27 660 765	69 218 116	15 999 489	5 897 731	11 491 970	35 828 926
动漫企业	3 263 322	1 532 403	1 730 919	793 085	148 373	181 370	608 091
文艺科研	492 511	151 823	340 688	311 058	2 933	14 845	11 852
文物业	11 293 283	5 536 157	5 757 126	4 442 339	124 451	781 561	408 775
其他文化产业及相关产业	15 096 217	8 516 975	6 579 242	5 354 211	161 171	530 326	533 534

全国经营性文化产业增加值综合情况

单位：千元

	总产出	中间消耗	增加值	劳动者报酬	生产税净额	固定资产折旧	营业盈余
总计	**108 164 675**	**32 528 630**	**75 636 045**	**18 860 820**	**6 510 569**	**12 283 006**	**37 981 650**
一、文化艺术服务	4 509 040	1 101 542	3 407 498	1 454 896	270 395	453 729	1 228 478
其中：1. 文艺创作与表演	2 192 928	519 154	1 673 774	935 913	54 485	87 946	595 430
2. 艺术表演场馆	2 258 242	560 417	1 697 825	512 198	212 619	364 211	608 797
3. 其他文化艺术	1 236	183	1 053	352	33	28	640
二、网络文化服务	12 657 794	5 752 863	6 904 931	825 034	587 284	373 764	5 118 849
三、文化休闲娱乐服务	79 418 557	19 915 850	59 502 707	14 362 410	5 088 976	10 791 633	29 259 688
其中：1. 娱乐场所	41 300 884	11 615 211	29 685 673	7 916 620	3 335 156	4 404 481	14 029 416
2. 其他计算机服务(网吧)	37 853 682	8 165 600	29 688 082	6 398 495	1 741 728	6 366 696	15 181 163
四、其他文化服务	5 650 511	2 823 890	2 826 621	994 806	294 212	321 826	1 215 777
其中：1. 文化艺术经纪代理	2 338 488	1 449 128	889 360	348 607	115 846	111 406	313 501
2. 艺术品、收藏品拍卖	49 443	7 994	41 449	10 668	4 814	1 257	24 710
3. 广告业	8 052	4 992	3 060	1 427	509	125	999
4. 会议及展览服务	——	——	——	——	——	——	——
五、动漫企业服务	3 263 322	1 532 403	1 730 919	793 085	148 373	181 370	608 091
六、文化用品、设备及相关文化产品的生产与销售	2 354 198	1 333 120	1 021 078	364 349	107 683	78 747	470 299
其中：文物商店	521 549	281 086	240 463	135 995	30 493	16 814	57 161
七、其他	311 253	68 962	242 291	66 240	13 646	81 937	80 468

全国文化部门增加值综合情况

单位:千元

	总产出	中间消耗	增加值	劳动者报酬	生产税净额	固定资产折旧	营业盈余
总　　计	**48 112 041**	**19 207 813**	**28 904 228**	**24 266 485**	**459 022**	**3 349 502**	**829 219**
第一产业	——	——	——	——	——	——	——
第二产业	78 407	44 878	33 529	19 884	5 100	3 456	5 089
其中:制造业	27 034	11 978	15 056	9 517	1 431	2 253	1 855
建筑业	40 447	30 503	9 944	4 100	2 011	608	3 225
第三产业	48 033 634	19 162 935	28 870 699	24 246 601	453 922	3 346 046	824 130
其中:文化产业	30 929 512	9 641 679	21 287 833	17 651 620	341 431	2 754 238	540 544
批、零、餐饮业	828 262	414 703	413 559	215 023	58 751	37 843	101 942
房地产业	30 386	11 638	18 748	6 452	4 128	8 005	163

全国文化部门文化产业增加值综合情况

单位:千元

	总产出	中间消耗	增加值	劳动者报酬	生产税净额	固定资产折旧	营业盈余
总　　计	**47 570 242**	**18 950 670**	**28 619 572**	**24 086 344**	**422 899**	**3 306 334**	**803 995**
艺术业	10 151 681	2 548 098	7 603 583	6 555 200	138 818	750 272	159 293
其中:艺术表演团体	8 090 475	1 934 665	6 155 810	5 719 151	69 979	288 875	77 805
艺术表演场馆	1 843 919	548 926	1 294 993	692 382	68 453	452 886	81 272
图书馆	4 622 331	1 226 592	3 395 739	2 624 694	28 063	728 996	13 986
群众文化	6 338 347	1 505 957	4 832 390	4 246 547	23 237	536 715	25 891
艺术教育	1 339 674	326 557	1 013 117	908 761	4 462	79 603	20 291
文化市场经营机构	190 717	73 619	117 098	39 154	10 694	23 613	43 637
文艺科研	492 511	151 823	340 688	311 058	2 933	14 845	11 852
文物业	10 655 154	5 283 974	5 371 180	4 172 355	116 629	680 550	401 646
其他文化产业及相关产业	13 779 827	7 834 050	5 945 777	5 228 575	98 063	491 740	127 399

全国文化（文物）机构基本

	项目个数（个）	计划总投资（千元）	建筑面积（千平方米）	本年资金					
				（千元）	上年结余资金		本年资金		
							国家预算内资金	国内贷款	债券
总　计	**10 173**	**56 062 174**	**13 090.05**	**17 568 483**	**3 941 989**	**13 626 494**	**9 519 993**	**595 121**	**73 119**
文化合计	9 809	36 786 883	10 159.09	12 089 166	2 271 538	9 817 628	6 463 092	457 311	72 919
艺术表演团体	82	983 255	237.23	242 567	62 538	180 029	164 121	——	——
艺术表演场馆	82	7 701 597	770.66	1 753 419	379 736	1 373 683	985 190	221 000	——
公共图书馆	185	7 608 907	1 570.83	1 731 365	199 211	1 532 154	1 050 317	29 000	70 000
文化馆	129	925 831	277.79	314 755	15 992	298 763	202 636	——	——
文化站	8 829	3 524 590	3 430.26	3 109 418	285 628	2 823 790	2 018 677	3 277	2 799
中等艺术学校校舍	12	507 703	255.18	135 950	10 415	125 535	57 895	26 508	——
其　他	490	15 535 000	3 617.14	4 801 692	1 318 018	3 483 674	1 984 256	177 526	120
文物合计	364	19 275 291	2 930.96	5 479 317	1 670 451	3 808 866	3 056 901	137 810	200
文物科研机构	11	344 240	28.13	353 117	114 271	238 846	201 610	——	——
文物保护管理机构	72	1 513 553	335.64	481 706	144 546	337 160	206 987	100	——
博 物 馆	205	15 075 670	1 971.29	3 981 757	1 169 637	2 812 120	2 292 251	122 748	200
文物商店	——	——	——	——	——	——	——	——	——
其　他	76	2 341 828	595.90	662 737	241 997	420 740	356 053	14 962	——

全国艺术表演团体演出及

	剧团数		从业人员			团创作首演剧目（个）	演出场次		
	（个）	补贴团数	（人）	高级职称	中级职称		（千场次）	国内演出场次	
									农村演出场次
总　计	**6 139**	**2 586**	**208 174**	**20 196**	**39 614**	**1 578**	**1 201.58**	**1 126.35**	**740.59**
其中：民间职业剧团	**3 128**	**163**	**58 077**	**1 227**	**2 431**	**240**	**694.55**	**649.53**	**454.51**
按照登记注册类型分									
国　有	2 214	2 105	125 375	17 322	33 003	1 149	353.53	332.97	197.82
集　体	427	296	16 315	884	3 044	120	93.49	90.55	65.37
其　他	3 498	185	66 484	1 990	3 567	309	754.55	702.82	477.40
按隶属关系分									
中　央	17	11	5 185	1 548	958	103	3.29	3.05	0.78
省、区、市	234	198	33 222	7 280	8 855	207	53.59	48.73	15.19
地　、市	778	582	48 777	7 405	15 081	368	149.19	138.18	53.53
县　、市	5 110	1 795	120 990	3 963	14 720	900	995.50	936.39	671.09
按管理部门分									
文化部门	2 644	2 405	137 437	17 896	35 850	1 209	448.86	421.86	262.11
其他部门	3 495	181	70 737	2 300	3 764	369	752.71	704.49	478.48
按剧种分									
话剧、儿童剧、滑稽剧团	89	71	6 341	1 719	1 588	87	12.63	12.00	2.61
歌剧、舞剧、歌舞剧团	190	92	12 723	2 298	3 539	64	27.61	22.93	8.44
歌舞团、轻音乐团	1 137	446	38 005	3 560	7 168	246	198.38	171.82	75.97
乐团、合唱团	58	21	6 049	880	881	100	6.02	5.64	0.74
文工团、文宣队、乌兰牧骑	344	315	10 831	368	1 952	58	39.17	36.65	22.68
戏曲剧团	2 333	1 315	92 387	7 639	17 235	728	453.86	434.54	358.81
其中：京剧	109	86	8 139	1 683	2 426	48	20.71	19.59	11.10
曲、杂、木、皮团	1 117	154	21 501	1 823	2 958	71	355.39	342.32	220.09
综合性艺术表演团体	871	172	20 337	1 909	4 293	224	108.54	100.47	51.27

建设投资综合情况

来源总计					各项应付款合计		自开始建设至本年底累计完成投资额		本年新增固定资产（千元）	竣工项目（个）	竣工面积（千平方米）
来源小计											
利用外资		自筹资金		其他资金来源	（千元）	工程款	（千元）	本年完成投资额			
	外商直接投资		单位自有资金								
10 715	**8 025**	**2 082 993**	**650 801**	**1 344 553**	**4 855 923**	**3 755 899**	**30 136 573**	**12 045 914**	**6 807 276**	**4 925**	**3 399.35**
8 748	6 058	1 726 880	491 440	1 088 678	3 963 861	2 960 471	18 963 821	8 167 413	5 307 629	4 842	2 840.79
——	——	13 268	1 280	2 640	43 424	37 751	427 071	152 098	136 017	20	44.19
1 500	——	79 127	4 938	86 866	475 603	450 596	5 992 184	1 457 571	990 635	21	154.34
——	——	118 663	5 265	264 174	468 071	368 405	3 061 793	1 249 040	679 578	47	229.97
——	——	61 144	1 930	34 983	120 656	113 444	356 286	209 316	158 896	34	45.31
1 998	808	595 211	198 729	201 828	1 589 988	978 484	2 417 602	2 180 550	1 990 328	4 534	1 873.43
5 250	5 250	18 430	2 332	17 452	7 721	7 340	233 548	84 467	2 540	1	2.20
——	——	841 037	276 966	480 735	1 258 398	1 004 451	6 475 337	2 834 371	1 349 635	185	491.35
1 967	1 967	356 113	159 361	255 875	892 062	795 428	11 172 752	3 878 501	1 499 647	83	558.56
——	——	36 736	36 736	500	28 602	1 742	95 256	48 967	13 186	2	4.27
500	500	27 440	24 365	102 133	146 854	138 556	905 467	283 776	350 213	18	151.21
1 467	1 467	270 005	97 760	125 449	610 540	556 144	8 691 722	3 203 736	919 153	44	316.06
——	——	——	——	——	——	——	——	——	——	——	——
——	——	21 932	500	27 793	106 066	98 986	1 480 307	342 022	217 095	19	87.02

收支综合情况

国内演出观众人次		收入情况（千元）		支出情况（千元）	资产总计		增加值（千元）	公用房屋建筑面积		流动舞台车数量（辆）	利用流动舞台车演出场次（千场次）	利用流动舞台车演出观众人次（千人次）
（千人次）	农村观众人次	财政拨款	演出收入	工资福利支出	（千元）	固定资产原值		（千平方米）	排练练功用房			
817 159	**515 891**	**6 501 444**	**2 882 143**	**6 303 578**	**12 964 676**	**8 139 936**	**7 855 926**	**4 566.55**	**1 195.38**	**1 598**	**120.71**	**109 170**
324 330	**193 068**	**18 254**	**1 028 659**	**701 123**	**1 339 636**	**644 209**	**1 333 470**	**375.49**	**142.65**	**425**	**46.28**	**22 215**
374 870	247 114	6 076 475	1 426 128	5 131 479	10 501 081	6 917 839	5 881 558	3 765.22	941.13	933	65.11	78 468
84 739	57 395	316 638	175 792	327 334	462 705	339 622	385 237	303.61	68.91	108	6.90	7 402
357 550	211 382	108 331	1 280 223	844 765	2 000 890	882 475	1 589 131	497.73	185.35	557	48.71	23 300
4 130	637	349 337	213 339	326 292	1 531 306	1 146 716	427 047	258.10	33.48	——	——	——
46 278	20 417	2 438 965	614 484	1 969 381	5 020 701	2 539 621	2 303 033	1 042.68	289.52	91	2.64	4 897
125 447	67 503	2 387 933	581 747	2 059 820	3 314 121	2 348 078	2 360 666	1 470.61	375.50	260	11.44	14 113
641 304	427 334	1 325 209	1 472 573	1 948 085	3 098 548	2 105 521	2 765 180	1 795.17	496.89	1 247	106.63	90 160
448 592	301 907	6 362 470	1 543 475	5 372 641	10 886 248	7 160 510	6 155 810	4 032.02	1 004.20	1 097	73.62	86 694
368 567	213 984	138 974	1 338 668	930 937	2 078 428	979 426	1 700 116	534.53	191.18	501	47.10	22 476
11 898	2 863	628 715	126 813	412 650	1 427 404	800 322	489 900	298.18	51.59	24	0.50	703
21 374	7 326	691 046	202 624	591 249	1 791 877	1 015 013	716 176	401.06	116.36	61	2.09	2 476
119 791	45 391	1 234 953	793 657	1 120 999	2 575 982	1 671 297	1 672 064	848.99	222.28	405	26.82	17 005
3 308	285	237 163	137 073	279 119	503 826	348 773	357 228	68.48	15.61	7	0.01	6
39 590	22 335	312 810	51 138	259 624	323 822	291 050	283 680	272.12	72.09	113	5.24	5 714
456 600	355 604	2 517 819	980 879	2 520 225	3 953 877	2 650 492	2 905 794	1 862.01	452.84	667	61.39	68 771
17 788	10 911	564 551	83 354	465 567	1 239 721	710 808	528 822	373.76	76.89	30	1.95	3 051
82 506	44 871	464 170	248 412	617 127	1 320 314	667 512	784 723	350.36	139.83	109	6.64	3 502
82 092	37 216	414 768	341 547	502 585	1 067 574	695 477	646 361	465.38	124.78	212	18.06	10 993

全国艺术表演团体

	剧团数（个）		从业人员（人）			本团原创首演剧目（个）	演出场次（千场次）		
								国内演出场次	
		补贴团数		高级职称	中级职称				农村演出场次
总计	**2 494**	**2 375**	**137 108**	**17 854**	**35 351**	**1 242**	**421.75**	**401.39**	**253.33**
按照登记注册类型分									
国　有	2 164	2 087	123 491	17 168	32 672	1 138	344.36	324.75	194.67
集　体	322	281	13 337	681	2 654	100	76.30	75.71	57.80
其　他	8	7	280	5	25	4	1.08	0.92	0.86
按隶属关系分									
中　央	17	11	5 185	1 548	958	103	3.29	3.05	0.78
省、区、市	194	190	30 659	6 894	8 397	179	43.38	38.73	11.07
地　、市	578	573	44 402	7 258	14 863	357	103.77	95.09	44.79
县　、市	1 705	1 601	56 862	2 154	11 133	603	271.30	264.52	196.69
按管理部门分									
文化部门	2 481	2 369	132 282	17 361	34 895	1 150	419.56	399.40	252.48
其他部门	13	6	4 826	493	456	92	2.18	1.99	0.85
按剧种分									
话剧、儿童剧、滑稽剧团	69	68	5 861	1 679	1 537	72	10.03	9.92	1.82
歌剧、舞剧、歌舞剧团	88	87	10 696	2 162	3 299	43	12.12	11.72	3.99
歌舞团、轻音乐团	409	401	23 690	3 199	6 364	182	46.59	43.78	20.11
乐团、合唱团	27	20	5 519	861	829	99	4.05	3.91	0.55
文工团、文宣队、乌兰牧骑	327	312	10 507	366	1 938	52	37.26	35.44	21.85
戏曲剧团	1 272	1 207	63 280	7 153	16 177	618	225.94	222.17	171.98
其中：京剧	84	84	7 140	1 604	2 284	41	12.66	12.30	4.93
曲、杂、木、皮团	158	144	8 957	1 212	2 162	52	61.81	50.97	18.66
综合性艺术表演团体	144	136	8 598	1 222	3 045	124	23.96	23.49	14.39

	本年支出					
	在支出					
	工资福利支出	商品和服务支出				
			差旅费	劳务费	福利费	税金支出
总计	**3 811 881**	**2 415 003**	**171 757**	**352 539**	**70 244**	**69 215**
按照登记注册类型分						
国　有	3 564 799	2 276 257	160 689	330 406	62 462	67 521
集　体	243 651	137 710	11 009	21 911	7 357	1 679
其　他	3 431	1 036	59	222	425	15
按隶属关系分						
中　央	215 130	176 069	14 955	22 099	3 614	12 320
省、区、市	1 196 542	996 086	62 142	133 272	18 786	30 419
地　、市	1 406 079	887 053	61 133	138 329	23 239	18 335
县　、市	994 130	355 795	33 527	58 839	24 605	8 141
按管理部门分						
文化部门	3 697 051	2 374 455	170 281	348 922	67 954	65 968
其他部门	114 830	40 548	1 476	3 617	2 290	3 247
按剧种分						
话剧、儿童剧、滑稽剧团	232 082	254 765	10 225	19 658	5 698	8 819
歌剧、舞剧、歌舞剧团	383 512	291 957	24 548	41 404	6 351	8 883
歌舞团、轻音乐团	698 145	429 603	30 211	61 702	9 642	12 019
乐团、合唱团	231 666	145 478	16 203	34 635	2 438	7 795
文工团、文宣队、乌兰牧骑	218 737	58 450	6 585	9 298	2 807	1 245
戏曲剧团	1 527 472	909 934	66 226	134 072	33 935	21 991
其中：京剧	275 385	173 988	12 524	22 995	3 360	7 066
曲、杂、木、皮团	265 220	176 051	9 696	23 424	4 778	6 340
综合性艺术表演团体	255 047	148 765	8 063	28 346	4 595	2 123

（事业）综合情况

国内演出观众人次（千人次）	农村观众人次	本年收入合计（千元）	财政拨款	事业收入	演出收入	经营收入	其他收入	本年支出合计（千元）	基本支出	项目支出	经营支出
433 566	**295 229**	**9 036 846**	**6 371 611**	**1 668 891**	**1 499 305**	**30 262**	**577 660**	**8 798 473**	**6 982 444**	**1 472 990**	**69 651**
366 903	243 516	8 522 197	6 053 651	1 509 257	1 359 342	28 471	552 125	8 289 124	6 550 350	1 413 728	56 964
65 031	50 388	508 850	313 877	158 578	138 957	1 591	25 075	503 900	427 429	59 032	12 537
1 632	1 325	5 799	4 083	1 056	1 006	200	460	5 449	4 665	230	150
4 130	637	632 953	349 337	193 218	213 339	2 723	76 082	573 828	421 401	139 705	2 722
40 136	17 612	3 411 075	2 372 134	571 329	488 680	5 969	236 668	3 303 806	2 461 070	726 370	11 213
105 763	58 576	3 223 717	2 377 296	518 208	453 753	14 783	201 811	3 158 885	2 573 978	480 443	26 488
283 537	218 404	1 769 101	1 272 844	386 136	343 533	6 787	63 099	1 761 954	1 525 995	126 472	29 228
431 274	294 646	8 890 455	6 311 968	1 616 890	1 422 270	30 062	553 763	8 606 034	6 822 227	1 440 988	69 451
2 292	583	146 391	59 643	52 001	77 035	200	23 897	192 439	160 217	32 002	200
8 469	2 141	898 703	619 898	130 506	99 892	278	121 534	736 483	560 104	174 004	277
13 445	4 764	1 000 531	690 760	183 304	162 935	1 886	47 184	981 691	725 591	213 766	6 299
53 293	23 329	1 654 693	1 179 491	329 309	297 761	5 517	86 955	1 601 802	1 304 201	222 465	10 631
2 517	114	427 580	237 113	147 357	134 270	0	28 437	488 256	341 801	121 027	50
34 823	21 678	365 470	312 630	21 939	48 489	569	5 863	366 717	329 925	22 077	1 213
274 853	221 707	3 508 735	2 513 893	609 452	532 510	18 949	214 221	3 451 129	2 781 863	517 917	36 997
12 922	6 513	736 343	564 522	77 927	67 334	2 344	33 993	713 765	534 317	149 996	3 936
21 736	7 811	641 534	435 419	142 497	133 232	772	36 434	633 421	492 458	121 614	11 462
24 430	13 685	539 600	382 407	104 527	90 216	2 291	37 032	538 974	446 501	80 120	2 722

合计（千元）合计中：对个人和家庭补助支出	抚恤金和生活补助	其他资本性支出	各种设备购置费	资产合计（千元）	固定资产原值	增加值（千元）	公用房屋建筑面积（千平方米）	排练练功用房	流动舞台车数量（辆）	利用流动舞台车演出场次（场次）	利用流动舞台车演出观众人次（千人次）
1 597 317	**96 326**	**489 018**	**284 654**	**10 788 942**	**7 130 044**	**6 182 152**	**3 984.27**	**990.12**	**1 007**	**70.91**	**84 991**
1 535 365	90 128	443 252	271 190	10 390 550	6 836 435	5 831 535	3 716.89	932.78	923	64.21	77 664
61 825	6 190	45 393	13 101	390 657	288 313	346 133	265.29	56.00	81.00	6.51	7 067
127	8	373	363	7 735	5 296	4 484	2.10	1.34	3	0.19	260
111 162	14 805	39 275	22 962	1 531 306	1 146 716	427 047	258.10	33.48	——	——	——
679 977	22 284	219 934	135 110	4 497 590	2 372 359	2 161 109	977.80	277.34	86	2.37	4 353
602 839	35 946	126 221	75 215	3 196 076	2 285 731	2 264 495	1 414.94	356.65	254	11.01	13 840
203 339	23 291	103 588	51 367	1 563 970	1 325 238	1 329 501	1 333.44	322.65	667	57.53	66 798
1 575 417	95 939	481 857	278 690	10 580 263	6 994 223	6 014 227	3 925.16	981.35	1 001	70.91	84 985
21 900	387	7 161	5 964	208 679	135 821	167 925	59.11	8.77	6	0.01	6
171 440	11 002	51 956	23 571	1 325 119	759 614	464 287	291.42	49.84	19	0.43	580
189 983	10 442	49 521	34 257	1 711 081	973 825	666 140	377.52	108.11	35	1.55	2 024
238 126	14 733	102 323	51 175	1 844 264	1 317 337	1 081 551	691.69	173.76	191	7.80	8 051
44 400	2 934	34 363	28 793	496 325	345 202	350 285	63.62	13.38	6	0.01	6
38 688	2 983	14 726	9 566	314 979	283 188	279 919	268.76	70.98	111	4.98	5 452
686 544	43 130	177 722	111 956	3 711 400	2 502 041	2 486 431	1 712.20	387.93	544	50.02	62 116
178 875	6 413	57 515	29 148	1 232 321	703 544	513 782	366.78	71.26	30	1.95	3 051
128 432	6 695	34 643	14 625	871 018	545 745	450 413	285.71	107.67	30	1.51	1 706
99 704	4 407	23 764	10 711	514 756	403 092	403 126	293.37	78.45	71	4.63	5 056

全国文化部门艺术表演团体

	剧团数		从业人员			本团原创首演剧目（个）	演出场次（千场次）		
								国内演出场次	
	（个）	补贴团数	（人）	高级职称	中级职称				农村演出场次
总计	**2 481**	**2 369**	**132 282**	**17 361**	**34 895**	**1 150**	**419.56**	**399.40**	**252.48**
按照登记注册类型分									
国　有	2 153	2 081	118 701	16 675	32 217	1 046	342.32	322.87	193.93
集　体	321	281	13 324	681	2 654	100	76.29	75.70	57.78
其　他	7	7	257	5	24	4	0.95	0.83	0.77
按隶属关系分									
中　央	10	8	3 069	1 202	609	11	1.44	1.36	0.10
省、区、市	193	190	28 118	6 751	8 312	179	43.27	38.62	11.07
地　、市	578	573	44 402	7 258	14 863	357	103.77	95.09	44.79
县　、市	1 700	1 598	56 693	2 150	11 111	603	271.07	264.33	196.52
按剧种分									
话剧、儿童剧、滑稽剧团	68	67	5 397	1 477	1 460	71	9.38	9.27	1.81
歌剧、舞剧、歌舞剧团	88	87	10 696	2 162	3 299	43	12.12	11.72	3.99
歌舞团、轻音乐团	407	400	23 666	3 199	6 363	182	46.46	43.69	20.01
乐团、合唱团	22	18	2 220	632	549	11	3.17	3.11	0.09
文工团、文宣队、乌兰牧骑	324	311	9 523	307	1 853	49	36.79	35.05	21.64
戏曲剧团	1 270	1 206	63 225	7 150	16 164	618	225.86	222.09	171.91
其中：京剧	84	84	7 140	1 604	2 284	41	12.66	12.30	4.93
曲、杂、木、皮团	158	144	8 957	1 212	2 162	52	61.81	50.97	18.66
综合性艺术表演团体	144	136	8 598	1 222	3 045	124	23.96	23.49	14.39

	本年支出					
	在支出					
	工资福利支出	商品和服务支出				税金支出
			差旅费	劳务费	福利费	
总计	**3 697 051**	**2 374 455**	**170 281**	**348 922**	**67 954**	**65 968**
按照登记注册类型分类						
国　有	3 450 399	2 235 749	159 225	326 799	60 173	64 284
集　体	243 621	137 710	11 009	21 911	7 357	1 679
其　他	3 031	996	47	212	424	5
按隶属关系分						
中　央	176 666	135 901	13 496	18 515	1 411	9 083
省、区、市	1 121 542	996 086	62 142	133 272	18 786	30 419
地　、市	1 406 079	887 053	61 133	138 329	23 239	18 335
县　、市	992 764	355 415	33 510	58 806	24 518	8 131
按剧种分						
话剧、儿童剧、滑稽剧团	211 282	234 648	9 241	17 349	3 974	6 540
歌剧、舞剧、歌舞剧团	383 512	291 957	24 548	41 404	6 351	8 883
歌舞团、轻音乐团	697 721	429 563	30 199	61 692	9 641	12 009
乐团、合唱团	148 355	132 935	15 950	34 380	2 438	7 172
文工团、文宣队、乌兰牧骑	209 284	50 942	6 363	8 278	2 328	910
戏曲剧团	1 526 630	909 594	66 221	134 049	33 849	21 991
其中：京剧	275 385	173 988	12 524	22 995	3 360	7 066
曲、杂、木、皮团	265 220	176 051	9 696	23 424	4 778	6 340
综合性艺术表演团体	255 047	148 765	8 063	28 346	4 595	2 123

（事业）综合情况

国内演出观众人次（千人次）	农村观众人次	本年收入合计（千元）	财政拨款	事业收入	演出收入	经营收入	其他收入	本年支出合计（千元）	基本支出	项目支出	经营支出
431 274	**294 646**	**8 890 455**	**6 311 968**	**1 616 890**	**1 422 270**	**30 062**	**553 763**	**8 606 034**	**6 822 227**	**1 440 988**	**69 451**
364 621	242 941	8 376 360	5 994 008	1 457 550	1 282 601	28 471	528 288	8 097 235	6 390 283	1 381 956	56 914
65 026	50 384	508 796	313 877	158 524	138 903	1 591	25 075	503 850	427 399	59 032	12 537
1 627	1 321	5 299	4 083	816	766	——	400	4 949	4 545	——	——
2 025	182	489 059	291 089	142 051	137 038	2 723	52 253	458 883	338 178	107 983	2 722
40 103	17 612	3 411 075	2 372 134	571 329	488 680	5 969	236 668	3 228 806	2 386 070	726 370	11 213
105 763	58 576	3 223 717	2 377 296	518 208	453 753	14 783	201 811	3 158 885	2 573 978	480 443	26 488
283 383	218 276	1 766 604	1 271 449	385 302	342 799	6 587	63 031	1 759 460	1 524 001	126 192	29 028
8 141	2 121	823 296	569 537	119 609	91 791	278	107 415	675 188	519 757	153 056	277
13 445	4 764	1 000 531	690 760	183 304	162 935	1 886	47 184	981 691	725 591	213 766	6 299
53 288	23 325	1 654 169	1 179 467	329 069	297 521	5 317	86 895	1 601 278	1 304 057	222 235	10 481
1 597	114	388 385	232 604	113 187	100 200	——	20 004	389 652	250 113	114 161	——
33 909	21 243	335 748	309 022	15 639	14 259	569	4 586	336 471	303 637	18 119	1 213
274 728	221 583	3 507 192	2 512 752	609 058	532 116	18 949	214 213	3 449 359	2 780 113	517 917	36 997
12 922	6 513	736 343	564 522	77 927	67 334	2 344	33 993	713 765	534 317	149 996	3 936
21 736	7 811	641 534	435 419	142 497	133 232	772	36 434	633 421	492 458	121 614	11 462
24 430	13 685	539 600	382 407	104 527	90 216	2 291	37 032	538 974	446 501	80 120	2 722

合计（千元）合计中：其他资本性支出	各种设备购置费	对个人和家庭补助支出	抚恤金和生活补助	资产合计（千元）	固定资产原值	增加值（千元）	公用房屋建筑面积（千平方米）	排练练功用房	流动舞台车数量（辆）	利用流动舞台车演出场次（场次）	利用流动舞台车演出观众人次（千人次）
1 575 417	**95 939**	**481 857**	**278 690**	**10 580 263**	**6 994 223**	**6 014 227**	**3 925.16**	**981.35**	**1001**	**70.91**	**84 985**
1 513 465	89 741	436 101	265 226	10 182 244	6 700 934	5 664 079	3 657.98	924.14	917	64.21	77 658
61 825	6 190	45 393	13 101	390 604	288 313	346 099	265.29	56.00	81	6.51	7 067
127	8	363	363	7 415	4 976	4 049	1.90	1.22	3	0.19	260
89 825	14 418	32 129	17 003	1 331 143	1 013 090	336 381	200.56	25.25	——	0.00	——
679 977	22 284	219 934	135 110	4 491 590	2 372 359	2 086 109	977.80	277.34	86	2.37	4 353
602 839	35 946	126 221	75 215	3 196 076	2 285 731	2 264 495	1 414.94	356.65	254	11.01	13 840
202 776	23 291	103 573	51 362	1 561 454	1 323 043	1 327 242	1 331.86	322.12	661	57.53	66 792
159 296	10 980	45 552	18 354	1 157 431	652 329	418 659	273.32	49.69	19	0.43	580
189 983	10 442	49 521	34 257	1 711 081	973 825	666 140	377.52	108.11	35	1.55	2 024
238 126	14 733	102 313	51 175	1 843 944	1 317 017	1 081 092	691.49	173.64	191	7.80	8 051
43 115	2 903	33 621	28 051	485 302	340 179	249 768	49.95	11.28	——	0.00	——
30 780	2 649	14 726	9 566	286 527	260 870	260 151	242.79	64.80	111	4.98	5 452
685 981	43 130	177 717	111 951	3 710 204	2 501 166	2 484 878	1 711.02	387.72	544	50.02	62 116
178 875	6 413	57 515	29 148	1 232 321	703 544	513 782	366.78	71.26	30	1.95	3 051
128 432	6 695	34 643	14 625	871 018	545 745	450 413	285.71	107.67	30	1.51	1 706
99 704	4 407	23 764	10 711	514 756	403 092	403 126	293.37	78.45	71	4.63	5 056

全国艺术表演团体

	剧团数(个)	补贴团数	从业人员(人)	高级职称	中级职称	本团原创首演剧目(个)	演出场次(千场次)	国内演出场次	农村演出场次
总计	**3 645**	**211**	**71 066**	**2 342**	**4 263**	**336**	**779.83**	**724.96**	**487.26**
其中:民间职业剧团	**3 128**	**163**	**58 077**	**1 227**	**2 431**	**240**	**694.55**	**649.53**	**454.51**
按照登记注册类型分类									
国　有	50	18	1 884	154	331	11	9.17	8.22	3.15
集　体	105	15	2 978	203	390	20	17.19	14.84	7.57
其　他	3 490	178	66 204	1 985	3 542	305	753.47	701.90	476.54
按隶属关系分									
中　央	——	——	——	——	——	——	——	——	——
省、区、市	40	8	2 563	386	458	28	10.21	10.00	4.12
地　、市	200	9	4 375	147	218	11	45.42	43.09	8.74
县　、市	3 405	194	64 128	1 809	3 587	297	724.20	671.87	474.40
按管理部门分									
文化部门	163	36	5 155	535	955	59	29.30	22.46	9.63
其他部门	3 482	175	65 911	1 807	3 308	277	750.53	702.50	477.63
按剧种分									
话剧、儿童剧、滑稽剧团	20	3	480	40	51	15	2.60	2.08	0.79
歌剧、舞剧、歌舞剧团	102	5	2 027	136	240	21	15.49	11.21	4.45
歌舞团、轻音乐团	728	45	14 315	361	804	64	151.79	128.04	55.86
乐团、合唱团	31	1	530	19	52	1	1.97	1.73	0.19
文工团、文宣队、乌兰牧骑	17	3	324	2	14	6	1.91	1.21	0.83
戏曲剧团	1 061	108	29 107	486	1 058	110	227.92	212.37	186.83
其中:京剧	25	2	999	79	142	7	8.05	7.29	6.17
曲、杂、木、皮团	959	10	12 544	611	796	19	293.58	291.35	201.43
综合性艺术表演团体	727	36	11 739	687	1 248	100	84.58	76.98	36.88

	损益及管理费用(千元) 养老、医疗、失业等保险费	住房公积金和住房补贴	差旅费	工会经费
总计	**28 597**	**10 398**	**15 018**	**2 645**
其中:民间职业剧团	**7 583**	**1 817**	**9 397**	**1 023**
按照登记注册类型分类				
国　有	3 135	2 390	803	453
集　体	1 143	239	1 008	63
其　他	24 319	7 769	13 207	2 129
按隶属关系分				
—— 中　央	——	——	——	——
省、区、市	14 159	5 462	1 513	487
地　、市	2 128	2 054	1 005	270
县　、市	12 310	2 882	12 500	1 888
按管理部门分				
文化部门	9 044	5 193	2 105	599
其他部门	19 553	5 205	12 913	2 046
按剧种分				
话剧、儿童剧、滑稽剧团	1 624	543	269	182
歌剧、舞剧、歌舞剧团	339	560	644	305
歌舞团、轻音乐团	11 925	3 467	3 988	1 276
乐团、合唱团	154	10	71	——
文工团、文宣队、乌兰牧骑	231	——	61	2
戏曲剧团	2 494	371	4 388	296
其中:京剧	35	——	336	——
曲、杂、木、皮团	4 315	1 268	2 339	311
综合性艺术表演团体	7 515	4 179	3 258	273

（企业）综合情况

国内演出观众人次（千人次）	农村观众人次	资产、负债、所有者权益（千元）：资产总计	固定资产原值	当年提取的折旧总额	负债总计	所有者权益合计	实收资本	国家资本金	损益及分配（千元）：营业总收入	演出收入	营业总成本
383 593	**220 662**	**2 175 734**	**1 009 892**	**87 946**	**504 068**	**1 671 666**	**743 381**	**194 139**	**2 192 928**	**1 382 838**	**1 624 585**
324 330	**193 068**	**1 339 636**	**644 209**	**60 381**	**275 433**	**1 064 203**	**375 049**	**94 146**	**1 675 709**	**1 028 659**	**1 111 601**
7 967	3 598	110 531	81 404	5 784	58 854	51 677	69 492	68 133	86 239	66 786	96 150
19 708	7 007	72 048	51 309	1 498	3 530	68 518	13 074	1 953	51 082	36 835	37 102
355 918	210 057	1 993 155	877 179	80 664	441 684	1 551 471	660 815	124 053	2 055 607	1 279 217	1 491 333
——	——	——	——	——	——	——	——	——	——	——	——
6 142	2 805	523 111	167 262	15 944	146 810	376 301	252 777	46 115	237 858	125 804	283 118
19 684	8 927	118 045	62 347	5 178	18 733	99 312	47 573	8 260	144 711	127 994	117 980
357 767	208 930	1 534 578	780 283	66 824	338 525	1 196 053	443 031	139 764	1 810 359	1 129 040	1 223 487
17 318	7 261	305 985	166 287	9 104	127 832	178 153	56 298	42 689	195 539	121 205	206 468
366 275	213 401	1 869 749	843 605	78 842	376 236	1 493 513	687 083	151 450	1 997 389	1 261 633	1 418 117
3 429	722	102 285	40 708	9 686	45 815	56 470	44 389	3 000	79 530	26 921	87 608
7 929	2 562	80 796	41 188	4 496	51 623	29 173	27 135	16 200	63 108	39 689	39 155
66 498	22 062	731 718	353 960	31 111	147 973	583 745	199 755	66 497	762 450	495 896	433 398
791	171	7 501	3 571	577	1 268	6 233	5 182	1 385	8 041	2 803	4 959
4 767	657	8 843	7 862	305	337	8 506	4 910	3 832	4 977	2 649	3 810
181 747	133 897	242 477	148 451	17 826	27 138	215 339	87 904	16 714	502 874	448 369	411 435
4 866	4 398	7 400	7 264	1 279	1 813	5 587	5 307	400	16 783	16 020	14 153
60 770	37 060	449 296	121 767	8 463	75 244	374 052	144 280	30 484	417 428	115 180	340 448
57 662	23 531	552 818	292 385	15 482	154 670	398 148	229 826	56 027	354 520	251 331	303 772

分配（千元）：营业利润	营业外收入（千元）	政府补助（补贴收入）	营业外支出	利润总额	工资、福利费、税金（千元）：本年发放工资总额	本年应付福利费总额	本年应交税金总额	增加值（千元）	公用房屋建筑面积（千平方米）	排练练功用房	流动舞台车数量（辆）	利用流动舞台车演出场次（场次）	利用流动舞台车演出观众人次（千人次）
497 922	**165 266**	**129 833**	**57 767**	**605 421**	**875 642**	**18 738**	**54 485**	**1 673 774**	**582.28**	**205.26**	**591**	**49.80**	**24 179**
507 126	**43 573**	**18 254**	**36 466**	**514 233**	**690 105**	**11 018**	**38 767**	**1 333 470**	**375.49**	**142.65**	**425**	**46.28**	**22 215**
21 476	23 575	22 824	2 015	84	30 014	1 301	2 737	50 023	48.33	8.35	10	0.90	804
11 903	3 433	2 761	1 602	13 734	21 641	217	1 820	39 104	38.32	12.91	27	0.39	335
507 495	138 258	104 248	54 150	591 603	823 987	17 220	49 928	1 584 647	495.63	184.01	554	48.52	23 040
——	——	——	——	——	——	——	——	——	——	——	——	——	——
47 817	74 404	66 831	138	26 449	89 106	3 756	7 398	141 924	64.88	12.18	5	0.27	544
21 545	12 583	10 637	443	33 685	49 170	1 732	3 337	96 171	55.67	18.85	6	0.43	273
524 194	78 279	52 365	57 186	545 287	737 366	13 250	43 750	1 435 679	461.73	174.24	580	49.10	23 362
18 240	54 697	50 502	6 624	29 833	94 541	5 632	4 011	141 583	106.86	22.85	96	2.71	1 709
516 162	110 569	79 331	51 143	575 588	781 101	13 106	50 474	1 532 191	475.42	182.41	495	47.09	22 470
8 326	12 264	8 817	199	3 739	8 543	585	2 507	25 613	6.76	1.75	5	0.07	123
18 728	692	286	1 436	17 984	17 230	524	2 527	50 036	23.54	8.25	26	0.54	452
290 210	63 633	55 462	33 357	320 486	177 487	7 241	30 785	590 513	157.30	48.52	214	19.02	8 954
2 481	470	50	2 493	458	3 015	38	96	6 943	4.86	2.23	1	——	——
866	205	180	120	951	2 127	72	107	3 761	3.36	1.11	2	0.26	262
81 458	5 260	3 926	5 910	80 808	301 692	4 517	7 114	419 363	149.81	64.91	123	11.37	6 655
2 227	38	29	27	2 238	11 260	47	173	15 040	6.98	5.63	——	——	——
72 677	44 146	28 751	7 902	108 921	221 815	1 660	4 952	334 310	64.65	32.16	79	5.13	1 796
39 828	38 596	32 361	6 350	72 074	143 733	4 101	6 397	243 235	172.01	46.33	141	13.43	5 937

全国文化部门艺术表演团体

	剧团数 (个)	补贴团数	从业人员 (人)	高级职称	中级职称	本团原创首演剧目 (个)	演出场次(千场次)	国内演出场次	农村演出场次
总计	**163**	**36**	**5 155**	**535**	**955**	**59**	**29.30**	**22.46**	**9.63**
按照登记注册类型分									
国　有	25	14	1 101	43	214	5	4.65	4.44	2.46
集　体	10	4	376	4	36	3	2.51	1.91	0.88
其　他	128	18	3 678	488	705	51	22.15	16.12	6.28
按隶属关系分									
中　央	——	——	——	——	——	——	——	——	——
省、区、市	6	3	1 195	286	282	18	4.98	4.90	2.42
地　、市	8	4	450	17	97	6	1.35	0.95	0.27
县　、市	149	29	3 510	232	576	35	22.97	16.61	6.93
按剧种分									
话剧、儿童剧、滑稽剧团	1	——	20	——	1	1	0.31	0.21	0.09
歌剧、舞剧、歌舞剧团	10	2	317	57	150	8	3.90	0.76	0.31
歌舞团、轻音乐团	71	13	1 507	87	248	16	8.89	7.04	2.71
乐团、合唱团	4	——	115	2	10	——	0.26	0.22	0.04
文工团、文宣队、乌兰牧骑	2	——	50	——	2	2	0.15	0.15	0.03
戏曲剧团	29	6	908	26	80	1	4.14	3.48	2.46
其中:京剧	——	——	——	——	——	——	——	——	——
曲、杂、木、皮团	11	5	329	13	28	7	2.48	2.13	0.46
综合性艺术表演团体	35	10	1 909	350	436	24	9.17	8.46	3.54

	损益及管理费用(千元)			
	养老、医疗、失业等保险费	住房公积金和住房补贴	差旅费	工会经费
总计	**9 044**	**5 193**	**2 105**	**599**
按照登记注册类型分类				
国　有	2 572	1 881	393	333
集　体	168	42	297	1
其　他	6 304	3 270	1 415	265
按隶属关系分				
中　央	——	——	——	——
省、区、市	4 955	2 491	152	1
地　、市	1 369	1 641	246	202
县　、市	2 720	1 061	1 707	396
按剧种分				
话剧、儿童剧、滑稽剧团	7	——	——	2
歌剧、舞剧、歌舞剧团	137	1	342	1
歌舞团、轻音乐团	3 358	1 406	841	516
乐团、合唱团	139	10	——	——
文工团、文宣队、乌兰牧骑	1	——	3	——
戏曲剧团	358	21	91	23
其中:京剧	——	——	——	——
曲、杂、木、皮团	39	10	474	8
综合性艺术表演团体	5 005	3 745	354	49

（企业）综合情况

国内演出观众人次		资产、负债、所有者权益（千元）							损益及分配（千元）		
（千人次）	农村观众人次	资产总计	固定资产原值	当年提取的折旧总额	负债总计	所有者权益合计	实收资本	国家资本金	营业总收入	演出收入	营业总成本
17 318	**7 261**	**305 985**	**166 287**	**9 104**	**127 832**	**178 153**	**56 298**	**42 689**	**195 539**	**121 205**	**206 468**
5 662	3 070	47 437	30 578	1 981	14 731	32 706	17 939	16 590	45 553	34 164	50 822
3 427	480	32 654	31 425	161	2 601	30 053	2 883	877	3 875	1 959	3 257
8 229	3 711	225 894	104 284	6 962	110 500	115 394	35 476	25 222	146 111	85 082	152 389
——	——	——	——	——	——	——	——	——	——	——	——
2 035	1 560	174 188	78 910	3 712	81 475	92 713	21 000	17 985	94 707	52 454	111 128
978	275	32 268	13 267	1 964	14 364	17 904	9 700	7 100	32 369	28 641	38 691
14 305	5 426	99 529	74 110	3 428	31 993	67 536	25 598	17 604	68 463	40 110	56 649
240	80	4 003	1 017	117	709	3 294	3 000	3 000	2 662	2 463	2 632
311	111	4 303	2 750	138	1 405	2 898	1 270	50	6 935	1 266	4 618
3 633	1 416	53 738	28 329	2 421	11 712	42 026	12 357	8 597	54 583	42 399	56 687
347	32	1 524	1 125	153	711	813	530	385	1 541	86	1 264
81	49	160	159	2	39	121	150	102	1 099	289	900
5 857	2 947	9 855	6 920	429	1 025	8 830	6 535	3 444	12 683	8 985	9 317
——	——	——	——	——	——	——	——	——	——	——	——
1 230	266	41 386	35 650	1 666	16 676	24 710	4 920	75	10 068	5 606	9 836
5 619	2 360	191 016	90 337	4 178	95 555	95 461	27 536	27 036	105 968	60 111	121 214

分配（千元）					工资、福利费、税金（千元）			增加值（千元）	公用房屋建筑面积		流动舞台车数量（辆）	利用流动舞台车演出场次（场次）	利用流动舞台车演出观众人次（千人次）
营业利润	营业外收入（千元）	政府补助（补贴收入）	营业外支出	利润总额	本年发放工资总额	本年应付福利费总额	本年应交税金总额		（千平方米）	排练练功用房			
−18 240	**54 697**	**50 502**	**6 624**	**29 833**	**94 541**	**5 632**	**4 011**	**141 583**	**106.86**	**22.85**	**96**	**2.71**	**1709**
−10 789	16 341	15 930	1 375	4 177	19 107	1 216	1 640	31 513	26.89	4.75	6	0.89	804
188	1 290	1 190	1 006	472	1 882	60	408	2 930	9.99	2.26	3	0.07	58
−7 639	37 066	33 382	4 243	25 184	73 552	4 356	1 963	107 140	69.98	15.85	87	1.75	847
——	——	——	——	——	——	——	——	——	——	——	——	——	——
−16 528	28 298	25 474	35	11 735	53 143	2 361	639	67 311	48.32	7.18	3	0.25	509
−9 851	10 442	10 124	32	559	11 201	872	897	18 509	8.50	1.20	2	0.15	151
8 139	15 957	14 904	6 557	17 539	30 197	2 399	2 475	55 763	50.03	14.47	91	2.32	1049
30	——	——	——	30	295	91	102	644	——	——	1	0.01	10
2 256	240	207	133	2 363	1 120	101	79	3 946	3.75	1.32	1	——	——
−6 398	18 453	17 552	4 020	8 035	22 434	2 209	1 763	39 469	22.19	7.69	60	1.59	527
170	100	——	150	120	263	28	19	922	0.56	0.04	——	——	——
199	——	——	——	199	42	——	22	266	0.56	0.30	——	——	——
2 247	1 033	926	997	2 283	6 519	88	696	11 123	9.08	2.28	12	0.30	283
——	——	——	——	——	——	——	——	——	——	——	——	——	——
55	4 398	4 378	15	4 438	4 816	598	148	7 899	7.12	2.45	4	0.06	89
−16 799	30 473	27 439	1 309	12 365	59 052	2 517	1 182	77 314	63.59	8.78	18	0.76	800

全国艺术表演场馆

	机构数（个）	从业人员（人）	高级职称	中级职称	坐席数（个）	演(映)出场次合计（千场次）	艺术演出场次
总　计	**2 137**	**46 436**	**1 042**	**3 274**	**1 573 344**	**606.26**	**149.67**
其中:附属剧场	538	10 893	231	640	347 384	136.12	46.58
儿童剧场	16	157	14	31	6 611	7.23	2.65
按登记注册类型分							
国　有	1 512	33 788	761	2 619	1 190 935	432.57	79.34
集　体	158	1 129	22	66	108 725	22.46	7.06
其　他	467	11 519	259	589	273 684	151.22	63.27
按管理部门分							
文化部门	1 499	28 059	696	2 495	1 126 705	418.99	74.33
其他部门	638	18 377	346	779	446 639	187.27	75.35
按机构类型分							
剧场	738	16 835	493	1 337	556 221	150.13	50.32
影剧院	934	15 641	394	1 352	692 178	351.66	47.20
书场、曲艺场	29	230	4	5	6 008	6.32	4.69
杂技、马戏场	10	650	8	19	14 847	1.53	1.43
音乐厅	24	4 312	19	34	22 104	6.73	2.88
综合性	236	5 406	67	408	222 995	57.28	20.86
其他艺术表演场馆	166	3 362	57	119	58 991	32.60	22.29
按隶属关系分							
中　央	3	68	2	3	6 738	0.46	0.46
省、区、市	192	8 807	262	432	149 551	138.07	33.92
地　、　市	425	14 732	247	1 027	291 253	186.45	26.01
县、市及以下	1 517	22 829	531	1 812	1 125 802	281.29	89.28

综合情况

观众人次合计（千人次）	艺术演出观众人次	收入情况(千元) 财政拨款	艺术演出分成收入	人员支出（千元）	年末固定资产原值（千元）	增加值（千元）	公用房屋建筑面积（千平方米）	演(映)业务用房
123 193	**53 692**	**475 171**	**1 287 354**	**933 613**	**9 974 639**	**2 894 826**	**6 712.71**	**3 766.92**
24 792	15 444	76 941	729 606	215 748	1 384 723	838 891	1 386.65	773.44
983	910	2 670	26 583	4 830	17 196	7 208	45.18	20.58
81 670	35 917	374 185	763 831	698 057	8 068 799	1 810 205	5 323.25	3 005.86
6 153	2 121	7 455	12 773	18 610	290 422	54 878	318.96	181.89
35 370	15 654	93 531	510 750	216 946	1 615 418	1 029 743	1 070.50	579.16
74 926	32 067	404 669	395 582	627 498	7 812 663	1 294 993	5 182.09	2 878.33
48 267	21 625	70 502	891 772	306 115	2 161 976	1 599 833	1 530.62	888.59
38 840	24 376	255 934	501 049	436 249	5 114 378	1 294 889	2 796.86	1 537.01
56 560	14 949	108 482	108 922	280 654	2 744 398	546 069	2 590.45	1 475.70
1 145	783	461	10 067	6 046	9 994	11 535	14.80	8.67
1 829	1 827	2 958	4 652	11 382	80 034	79 025	20.58	11.62
2 558	1 978	21 614	370 422	43 830	176 997	384 084	110.94	52.62
14 448	6 542	74 620	190 238	83 549	1 411 658	270 301	981.50	575.53
7 813	3 237	11 102	102 004	71 903	437 180	308 923	197.58	105.78
303	303	4 038	——	1 641	3 322	7 505	34.16	20.10
20 060	14 557	86 119	763 208	292 151	3 149 811	1 107 714	1 081.80	636.66
30 374	12 635	168 070	163 064	267 615	2 944 419	810 127	1 819.31	977.35
72 456	26 197	216 944	361 082	372 206	3 877 087	969 480	3 777.44	2 132.80

全国艺术表演场馆

	机构数（个）	从业人员（人）	高级职称	中级职称	坐席数（个）	演（映）出场次合计（千场次）	艺术演出场次
总　计	**1 285**	**23 340**	**598**	**2 076**	**945 081**	**274.58**	**61.44**
其中：附属剧场	264	4 061	102	264	164 398	41.62	10.27
儿童剧场	4	21	——	4	1 110	0.17	0.11
按登记注册类型分							
国　有	1 225	22 766	594	2 046	906 309	264.92	58.89
集　体	46	233	4	29	32 382	2.76	1.30
其　他	14	341	——	1	6 390	6.89	1.25
按管理部门分							
文化部门	1 248	22 902	587	2 050	911 775	265.71	58.30
其他部门	37	438	11	26	33 306	8.87	3.14
按机构类型分							
剧场	543	10 726	324	975	398 774	74.84	25.42
影剧院	636	11 191	245	949	465 403	185.42	31.17
书场、曲艺场	6	17	1	1	288	0.29	0.29
杂技、马戏场	5	67	3	8	4 433	0.12	0.12
音乐厅	12	266	6	11	8 452	2.68	1.39
综合性	71	985	15	125	61 453	10.10	2.44
其他艺术表演场馆	12	88	4	7	6 278	1.12	0.61
按隶属关系分							
中　央	2	35	1	1	5 523	0.31	0.31
省、区、市	98	4 818	177	283	83 149	77.80	18.08
地　、市	303	6 680	162	736	187 088	99.65	12.85
县、市及以下	882	11 807	258	1 056	669 321	96.82	30.20

	本年支出				在支出			
		基本支出	项目支出	经营支出	工资福利支出	商品和	差旅费	劳务费
总　计	**1 157 321**	**788 695**	**150 768**	**167 923**	**425 653**	**372 111**	**9 025**	**18 505**
其中：附属剧场	144 928	97 803	23 506	17 278	44 312	57 356	833	4 317
儿童剧场	2 897	1 061	——	1 836	722	2 175	——	——
按登记注册类型分								
国　有	1 138 823	778 616	150 508	163 897	417 754	370 346	8 887	18 199
集　体	12 208	6 818	250	1 669	5 369	1 094	129	249
其　他	6 290	3 261	10	2 357	2 530	671	9	57
按管理部门分								
文化部门	1 126 032	768 561	150 640	160 161	412 855	363 694	8 953	18 433
其他部门	31 289	20 134	128	7 762	12 798	8 417	72	72
按机构类型分								
剧场	611 252	418 086	104 387	58 409	213 429	217 437	4 436	10 849
影剧院	435 696	305 334	18 431	88 262	168 303	121 800	3 645	6 547
书场、曲艺场	1 025	1 024	——	——	477	235	——	——
杂技、马戏场	3 131	3 131	——	——	1 681	1 266	13	27
音乐厅	14 666	11 801	7 581	——	14 160	16 171	120	533
综合性	88 206	46 253	20 369	20 977	25 293	14 801	804	542
其他艺术表演场馆	3 345	3 066	——	275	2 310	401	7	7
按隶属关系分								
中　央	2 102	28	——	200	28	72	60	——
省、区、市	397 499	276 240	54 630	60 932	126 177	151 462	2 973	5 614
地　、市	342 795	229 730	39 556	58 533	129 529	103 685	3 101	5 590
县、市及以下	414 925	282 697	56 582	48 258	169 919	116 892	2 891	7 301

（事业）综合情况

观众人次合计		本年收入合计					
				事业收入			
（千人次）	艺术演出观众人次	（千元）	财政拨款		艺术演出收入	经营收入	其他收入
53 315	**26 567**	**1 477 326**	**324 203**	**765 902**	**557 957**	**143 919**	**201 393**
9 333	5 783	441 256	37 227	363 922	339 477	20 096	14 840
87	87	2 719	——	7	——	1 402	1 310
51 869	25 772	1 460 926	321 026	762 315	555 158	138 900	197 996
926	445	10 887	3 177	3 187	2 469	1 577	2 235
520	350	5 513	——	400	330	3 442	1 162
50 452	24 507	1 138 508	320 742	443 344	239 536	133 008	199 603
2 863	2 060	338 818	3 461	322 558	318 421	10 911	1 790
21 833	13 660	628 375	182 782	261 043	167 053	53 262	111 092
26 499	9 712	433 623	93 549	160 689	61 740	85 129	74 454
26	26	1 056	281	104	104	——	671
124	124	3 144	40	3 091	2 052	——	13
1 154	1 068	321 320	3 963	309 362	308 498	——	7 438
3 223	1 684	86 625	42 885	31 272	18 224	5 120	6 104
456	293	3 183	703	341	286	408	1 621
162	162	10 215	4 000	7	——	6 208	——
10 385	7 323	715 320	68 279	511 230	459 720	41 808	80 797
15 289	6 163	338 636	101 395	113 615	44 977	49 276	67 043
27 479	12 919	413 155	150 529	141 050	53 260	46 627	53 553

合计（千元）						资产合计		增加值（千元）	公用房屋建筑面积	
合计中										
服务支出		对个人和家庭补助支出		其他资本性支出						
福利费	税金支出		抚恤金和生活补助		各种设备购置费	（千元）	固定资产原值		（千平方米）	排练练功用房
13 273	**43 673**	**91 103**	**8 182**	**60 370**	**36 262**	**7 841 536**	**6 493 792**	**1 197 001**	**4 139.39**	**2 361.27**
571	3 820	13 020	2 151	2 878	2 420	833 216	650 331	396 560	671.18	370.01
——	149	——	——	——	——	13 163	12 318	1 368	13.55	4.70
13 096	42 913	90 703	8 079	59 330	35 334	7 682 856	6 347 451	1 180 291	3 993.72	2 286.19
171	275	385	95	173	61	103 430	98 705	11 169	99.99	57.54
6	485	15	8	867	867	55 250	47 636	5 541	45.68	17.54
13 210	42 564	90 280	8 171	60 007	35 950	7 558 534	6 255 312	864 872	3 964.31	2 263.73
63	1 109	823	11	363	312	283 002	238 480	332 129	175.08	97.54
6 392	21 274	45 898	3 091	36 806	22 312	4 715 407	4 042 607	487 705	1 881.23	1 061.19
5 279	17 311	38 113	4 710	15 222	9 410	2 281 743	1 875 760	320 617	1 787.10	1 010.00
——	1	313	——	——	——	1 024	804	825	1.04	0.30
——	221	184	——	——	——	42 784	38 958	3 685	13.96	7.10
255	2 849	2 678	10	1 717	1 717	96 157	52 274	328 425	24.07	14.19
1 309	1 907	3 541	344	6 373	2 581	694 352	473 826	52 496	410.09	254.57
38	110	376	27	252	242	10 069	9 563	3 248	21.91	13.93
——	12	374	——	——	——	5 258	3 285	5 485	12.16	4.10
5 335	19 903	29 565	2 777	22 667	15 444	3 082 175	2 413 354	610 127	627.37	376.48
3 066	13 757	32 151	2 298	17 138	11 361	2 481 620	1 985 643	267 743	1 160.38	654.03
4 872	10 001	29 013	3 107	20 565	9 457	2 272 483	2 091 510	313 646	2 339.48	1 326.66

全国文化部门艺术表演

	机构数（个）	从业人员（人）			坐席数（个）	演（映）出场次合计（千场次）	
			高级职称	中级职称			艺术演出场次
总　计	**1 248**	**22 902**	**587**	**2 050**	**911 775**	**265.71**	**58.30**
其中：附属剧场	247	3 905	100	262	149 593	38.92	8.10
儿童剧场	4	21	——	4	1 110	0.17	0.11
按登记注册类型分							
国　有	1 194	22 395	583	2 021	877 614	257.38	56.71
集　体	43	211	4	28	28 641	2.46	1.29
其　他	11	296	——	1	5 520	5.87	0.29
按机构类型分							
剧场	527	10 584	321	973	384 434	72.23	23.25
影剧院	623	10 943	240	933	454 631	179.90	30.69
书场、曲艺场	6	17	1	1	288	0.29	0.29
杂技、马戏场	5	67	3	8	4 433	0.12	0.12
音乐厅	11	266	6	11	6 652	2.38	1.10
综合性	65	942	13	119	55 947	9.78	2.31
其他艺术表演场馆	11	83	3	5	5 390	1.01	0.53
按隶属关系分							
中　　央	2	35	1	1	5 523	0.31	0.31
省、区、市	90	4 733	177	283	75 192	76.01	16.37
地　、　市	297	6 597	155	728	181 292	95.69	12.69
县、市及以下	859	11 537	254	1 038	649 768	93.70	28.93

	本　年　支　出							
					在　支　出			
						商　品　和		
		基本支出	项目支出	经营支出	工资福利支出		差旅费	劳务费
总　计	**1 126 032**	**768 561**	**150 640**	**160 161**	**412 855**	**363 694**	**8 953**	**18 433**
其中：附属剧场	131 067	85 441	23 506	15 913	37 388	52 597	818	4 261
儿童剧场	2 897	1 061	——	1 836	722	2 175	——	——
按登记注册类型分								
国　有	1 109 575	759 375	150 470	156 759	405 709	362 003	8 831	18 127
集　体	11 497	6 529	160	1 669	5 132	1 068	113	249
其　他	4 960	2 657	10	1 733	2 014	623	9	57
按机构类型分								
剧场	595 380	404 153	104 309	57 044	205 205	212 479	4 424	10 791
影剧院	421 342	300 136	18 401	81 905	164 196	118 877	3 602	6 533
书场、曲艺场	1 025	1 024	——	——	477	235	——	——
杂技、马戏场	3 131	3 131	——	——	1 681	1 266	13	27
音乐厅	14 666	11 801	7 581	——	14 160	16 171	120	533
综合性	87 223	45 320	20 349	20 947	24 876	14 265	787	542
其他艺术表演场馆	3 265	2 996	——	265	2 260	401	7	7
按隶属关系分								
中　　央	2 102	28	——	200	28	72	60	——
省、区、市	385 107	264 490	54 630	60 690	119 600	146 909	2 966	5 573
地　、　市	333 488	226 735	39 556	52 221	126 709	103 240	3 090	5 575
县、市及以下	405 335	277 308	56 454	47 050	166 518	113 473	2 837	7 285

场馆(事业)综合情况

观众人次合计(千人次)	艺术演出观众人次	本年收入合计(千元)	财政拨款	事业收入	艺术演出收入	经营收入	其他收入
50 452	**24 507**	**1 138 508**	**320 742**	**443 344**	**239 536**	**133 008**	**199 603**
7 526	4 298	123 047	36 289	49 359	25 274	17 990	14 238
87	87	2 719	——	7	——	1 402	1 310
49 377	23 973	1 124 451	317 565	440 069	236 737	129 749	196 433
835	444	10 304	3 177	2 875	2 469	1 577	2 008
240	90	3 753	——	400	330	1 682	1 162
20 321	12 313	612 347	181 394	249 160	155 820	51 156	110 441
25 813	9 534	416 596	92 079	155 004	59 352	76 454	73 355
26	26	1 056	281	104	104	——	671
124	124	3 144	40	3 091	2 052	——	13
707	621	16 600	3 963	4 642	3 778	——	7 438
3 035	1 622	85 662	42 282	31 002	18 144	5 060	6 074
426	267	3 103	703	341	286	338	1 611
162	162	10 215	4 000	7	——	6 208	——
8 823	5 801	397 741	68 279	194 735	143 775	41 315	80 206
14 841	6 018	329 860	100 572	113 615	44 977	42 144	66 222
26 626	12 526	400 692	147 891	134 987	50 784	43 341	53 175

合计(千元) 合计中 服务支出 福利费	税金支出	对个人和家庭补助支出	抚恤金和生活补助	其他资本性支出	各种设备购置费	资产合计(千元)	固定资产原值	增加值(千元)	公用房屋建筑面积(千平方米)	排练练功用房
13 210	**42 564**	**90 280**	**8 171**	**60 007**	**35 950**	**7 558 534**	**6 255 312**	**864 872**	**3 964.31**	**2 263.73**
540	3 294	12 452	2 150	2 772	2 350	727 060	561 327	79 897	608.97	320.69
——	149	——	——	——	——	13 163	12 318	1 368	13.55	4.70
13 033	41 862	89 880	8 068	58 967	35 022	7 411 180	6 120 166	849 852	3 830.48	2 198.29
171	265	385	95	173	61	96 604	92 010	10 653	91.44	49.80
6	437	15	8	867	867	50 750	43 136	4 367	42.40	15.64
6 378	20 766	45 330	3 090	36 560	22 102	4 564 511	3 927 717	473 012	1 812.87	1 007.71
5 230	16 730	37 878	4 700	15 145	9 338	2 166 077	1 768 610	309 067	1 720.60	987.83
——	1	313	——	——	——	1 024	804	825	1.04	0.30
——	221	184	——	——	——	42 784	38 958	3 685	13.96	7.10
255	2 849	2 678	10	1 717	1 717	96 157	52 274	23 705	19.07	9.19
1 309	1 887	3 541	344	6 343	2 551	678 092	457 566	51 407	379.86	242.17
38	110	356	27	242	242	9 889	9 383	3 171	16.91	9.43
——	12	374	——	——	——	5 258	3 285	5 485	12.16	4.10
5 326	19 455	28 998	2 777	22 614	15 391	3 022 965	2 390 150	296 370	593.37	344.48
3 065	13 439	32 075	2 297	17 085	11 344	2 398 150	1 908 280	261 381	1 130.06	637.60
4 819	9 658	28 833	3 097	20 308	9 215	2 132 161	1 953 597	301 636	2 228.72	1 277.55

全国艺术表演场馆

	机构数（个）	从业人员（人）	高级职称	中级职称	坐席数（个）	演(映)出场次合计（千场次）	艺术演出场次
总　计	**852**	**23 096**	**444**	**1 198**	**628 263**	**331.68**	**88.23**
其中:附属剧场	274	6 832	129	376	182 986	94.50	36.31
儿童剧场	12	136	14	27	5 501	7.06	2.54
按登记注册类型分							
国　有	287	11 022	167	573	284 626	167.65	20.45
集　体	112	896	18	37	76 343	19.70	5.76
其　他	453	11 178	259	588	267 294	144.33	62.02
按管理部门分							
文化部门	251	5 157	109	445	214 930	153.28	16.03
其他部门	601	17 939	335	753	413 333	178.40	72.21
按机构类型分							
剧场	195	6 109	169	362	157 447	75.29	24.90
影剧院	298	4 450	149	403	226 775	166.24	16.03
书场、曲艺场	23	213	3	4	5 720	6.03	4.40
杂技、马戏场	5	583	5	11	10 414	1.41	1.31
音乐厅	12	4 046	13	23	13 652	4.05	1.49
综合性	165	4 421	52	283	161 542	47.18	18.42
其他艺术表演场馆	154	3 274	53	112	52 713	31.48	21.68
按隶属关系分							
中　央	1	33	1	2	1 215	0.15	0.15
省、区、市	94	3 989	85	149	66 402	60.27	15.84
地　、　市	122	8 052	85	291	104 165	86.80	13.16
县、市及以下	635	11 022	273	756	456 481	184.47	59.08

	艺术演出收入	损益及营业总成本（千元）	养老、医疗、失业等保险费	住房公积金和住房补贴	差旅费	工会经费
总　计	**729 397**	**1 786 037**	**74 408**	**17 468**	**8 466**	**4 879**
其中:附属剧场	390 129	511 705	22 050	4 627	2 584	1 440
儿童剧场	26 583	11 827	162	22	68	14
按登记注册类型分						
国　有	208 673	712 348	51 978	13 034	4 208	2 768
集　体	10 304	33 275	864	125	171	94
其　他	510 420	1 040 414	21 566	4 309	4 087	2 017
按管理部门分						
文化部门	156 046	562 927	31 244	8 188	4 437	1 910
其他部门	573 351	1 223 110	43 164	9 280	4 029	2 969
按机构类型分						
剧场	333 996	699 400	35 236	7 383	3 387	1 651
影剧院	47 182	309 577	19 168	3 753	2 465	1 108
书场、曲艺场	9 963	13 008	657	212	37	74
杂技、马戏场	2 600	65 963	320	97	206	106
音乐厅	61 924	119 782	4 435	1 730	661	571
综合性	172 014	258 281	6 552	2 843	1 082	848
其他艺术表演场馆	101 718	320 026	8 040	1 450	628	521
按隶属关系分						
中　央	——	6 094	206	58	5	——
省、区、市	303 488	512 596	25 509	6 505	2 771	1 440
地　、　市	118 087	634 356	26 372	7 470	3 496	2 068
县、市及以下	307 822	632 991	22 321	3 435	2 194	1 371

(企业)综合情况

观众人次合计(千人次)	艺术演出观众人次	资产、负债、所有者权益(千元) 资产总计	固定资产原值	当年提取的折旧总额	负债总计	所有者权益合计	实收资本	国家资本金	营业收入
69 878	**27 125**	**5 744 206**	**3 480 847**	**364 211**	**2 206 218**	**4 082 137**	**2 357 414**	**1 390 618**	**2 258 242**
15 459	9 661	1 738 431	734 392	81 696	1 007 675	1 273 906	825 125	327 842	641 628
896	823	13 317	4 878	15	1 203	12 114	2 300	1 500	12 263
29 801	10 145	2 681 835	1 721 348	232 308	1 192 103	2 032 882	1 244 576	1 166 344	874 268
5 227	1 676	250 609	191 717	20 600	20 302	230 307	58 503	31 846	84 396
34 850	15 304	2 811 762	1 567 782	111 303	993 813	1 818 948	1 054 335	192 428	1 299 578
24 474	7 560	1 642 952	1 557 351	202 677	701 642	941 310	879 846	789 380	690 124
45 404	19 565	4 101 254	1 923 496	161 534	1 504 576	3 140 827	1 477 568	601 238	1 568 118
17 007	10 716	1 836 356	1 071 771	218 400	1 107 322	1 272 183	1 038 703	784 157	858 363
30 061	5 237	1 112 501	868 638	52 835	401 668	710 833	413 827	261 456	425 156
1 119	757	18 247	9 190	2 122	4 031	14 216	11 892	7 732	15 665
1 705	1 703	45 786	41 076	5 882	27 079	18 707	1 833	1 233	15 359
1 404	910	445 327	124 723	9 131	33 327	412 000	21 610	17 410	109 788
11 225	4 858	1 371 708	937 832	34 655	227 424	1 145 284	734 111	295 828	359 550
7 357	2 944	914 281	427 617	41 186	405 367	508 914	135 438	22 802	474 361
141	141	7 111	37	10	4 548	2 563	500	500	6 176
9 675	7 234	1 523 893	736 457	115 336	1 389 621	677 421	550 537	358 506	661 312
15 085	6 472	1 368 818	958 776	140 564	415 769	954 049	478 389	403 243	578 225
44 977	13 278	2 844 384	1 785 577	108 301	396 280	2 448 104	1 327 988	628 369	1 012 529

分配(千元) 营业利润	营业外收入	政府补助(补贴收入)	营业外支出	利润总额	增加值(千元)	工资、福利费、税金(千元) 本年发放工资总额	本年应付福利费总额	本年应交税金总额	公用房屋建筑面积(千平方米)	演(映)出业务用房
403 046	**194 852**	**150 968**	**74 933**	**523 001**	**1 697 825**	**394 819**	**22 038**	**212 619**	**2 573.32**	**1 405.65**
49 966	46 493	39 714	14 097	82 362	442 331	152 928	5 488	57 122	715.47	403.43
−278	2 670	2 670	888	1 504	5 840	4 103	5	343	31.63	15.88
−37 926	66 124	53 159	16 066	12 132	629 914	178 853	10 747	56 804	1 329.53	719.67
2 706	5 442	4 278	1 055	7 093	43 709	10 986	1 870	1 056	218.97	124.35
438 266	123 286	93 531	57 812	503 776	1 024 202	204 980	9 421	154 759	1 024.82	561.62
−83 019	95 977	83 927	15 246	−2 288	430 121	115 347	9 016	25 889	1 217.78	614.60
486 065	98 875	67 041	59 687	525 289	1 267 704	279 472	13 022	186 730	1 355.54	791.05
108 990	76 407	73 152	8 897	176 500	807 184	170 147	6 775	140 056	915.63	475.82
25 196	21 933	14 933	9 224	37 905	225 452	68 706	5 532	17 123	803.35	465.70
1 315	225	180	54	1 486	10 710	5 181	75	505	13.76	8.37
48 458	2 920	2 918	620	50 758	75 340	8 588	929	7 968	6.62	4.52
−10 009	17 683	17 651	8	7 666	55 659	24 130	2 862	6 656	86.87	38.43
83 842	42 537	31 735	34 443	91 972	217 805	51 823	2 892	9 845	571.41	320.96
145 254	33 147	10 399	21 687	156 714	305 675	66 244	2 973	30 466	175.67	91.85
82	38	38	14	106	2 020	1 147	92	425	22.00	16.00
93 452	24 528	17 840	12 291	105 689	497 587	131 174	5 235	68 377	454.43	260.18
130 274	66 397	66 675	3 060	193 647	542 384	97 525	8 410	35 939	658.93	323.32
179 238	103 889	66 415	59 568	223 559	655 834	164 973	8 301	107 878	1 437.96	806.14

全国文化部门艺术表演

	机构数（个）	从业人员（人）	高级职称	中级职称	坐席数（个）	演(映)出场次合计（千场次）	艺术演出场次
总计	**251**	**5 157**	**109**	**445**	**214 930**	**153.28**	**16.03**
其中:附属剧场	42	473	8	30	28 522	12.81	2.93
儿童剧场	4	33	1	8	2 058	0.71	0.71
按登记注册类型分							
国有	181	3 864	80	377	159 014	105.83	10.60
集体	39	297	3	9	25 650	9.04	1.97
其他	31	996	26	59	30 266	38.42	3.46
按机构类型分							
剧场	83	1 888	48	163	66 012	26.99	6.52
影剧院	139	2 468	46	198	119 361	103.02	5.97
书场、曲艺场	6	46	——	——	749	2.01	1.02
杂技、马戏场	1	66	2	5	2 143	0.55	0.55
音乐厅	3	90	4	13	2 245	0.26	0.22
综合性	14	548	8	59	20 768	20.13	1.44
其他艺术表演场馆	5	51	1	7	3 652	0.33	0.31
按隶属关系分							
中央	1	——	——	——	——	——	——
省、区、市	22	963	32	66	22 462	20.26	3.35
地、市	72	1 801	52	189	59 861	65.35	6.84
县、市及以下	157	2 393	25	190	132 607	67.68	5.83

	艺术演出收入	损益及营业总成本（千元）	养老、医疗、失业等保险费	住房公积金和住房补贴	差旅费	工会经费
总计	**156 046**	**562 927**	**31 244**	**8 188**	**4 437**	**1 910**
其中:附属剧场	12 457	34 475	2 179	77	386	305
儿童剧场	6 261	5 557	30	——	——	6
按登记注册类型分						
国有	100 794	374 311	25 134	6 998	3 066	1 504
集体	3 601	14 538	296	73	27	13
其他	51 651	174 078	5 814	1 117	1 344	393
按机构类型分						
剧场	99 402	279 578	13 497	3 928	1 598	879
影剧院	17 279	183 391	13 899	2 917	1 998	704
书场、曲艺场	718	1 464	19	16	25	——
杂技、马戏场	1 000	2 659	320	97	99	31
音乐厅	8 336	27 838	391	703	264	173
综合性	25 601	63 590	2 910	494	421	123
其他艺术表演场馆	3 710	4 407	208	33	32	——
按隶属关系分						
中央	——	——	——	——	——	——
省、区、市	59 663	104 490	3 625	1 009	687	136
地、市	68 132	321 492	14 722	4 963	2 790	1 174
县、市及以下	28 251	136 945	12 897	2 216	960	600

场馆（企业）综合情况

观众人次合计（千人次）		资产、负债、所有者权益（千元）							营业收入
	艺术演出观众人次	资产总计			负债总计	所有者权益合计			
			固定资产原值	当年提取的折旧总额			实收资本		
								国家资本金	
24 474	**7 560**	**1 642 952**	**1 557 351**	**202 677**	**701 642**	**941 310**	**879 846**	**789 380**	**690 124**
2 060	801	104 532	88 433	7 819	46 452	58 080	49 106	29 265	63 762
218	218	5 520	4 824	3	64	5 456	500	——	6 261
17 114	5 877	1 106 045	1 179 292	170 569	408 715	697 330	624 042	596 359	485 694
1 317	464	91 845	44 930	17 948	12 827	79 018	23 706	21 743	58 422
6 043	1 219	445 062	333 129	14 160	280 100	164 962	232 098	171 278	146 008
7 469	3 567	556 617	575 881	133 709	205 581	351 036	380 837	368 982	350 358
14 150	1 985	633 962	498 560	41 615	320 373	313 589	265 118	205 592	260 266
225	179	1 907	2 386	1 367	826	1 081	1 482	732	2 451
433	433	24 453	25 343	3 837	11 779	12 674	1 000	1 000	2 361
204	179	22 353	13 246	6 878	10 880	11 473	3 230	3 230	17 869
1 715	962	394 762	433 342	13 830	147 538	247 224	222 973	208 283	49 704
278	255	8 898	8 593	1 441	4 665	4 233	5 206	1 561	7 115
——	——	——	——	——	——	——	——	——	——
3 320	2 404	369 120	365 366	31 891	133 464	235 656	173 115	159 659	123 972
7 593	2 764	674 403	670 197	131 495	332 912	341 491	390 688	337 550	367 418
13 561	2 392	599 429	521 788	39 291	235 266	364 163	316 043	292 171	198 734

分配（千元）					增加值（千元）	工资、福利费、税金（千元）			公用房屋建筑面积（千平方米）	
营业利润	营业外收入		营业外支出	利润总额		本年发放工资总额	本年应付福利费总额	本年应交税金总额		演（映）出业务用房
		政府补助（补贴收入）								
−83 019	**95 977**	**83 927**	**15 246**	**−2 288**	**430 121**	**115 347**	**9 016**	**25 889**	**1 217.78**	**614.60**
−1 466	3 002	2 200	835	701	26 800	8 891	605	2 881	117.61	62.58
704	——	——	1	703	2 504	1 694	——	67	7.18	4.25
−49 875	58 365	48 514	13 821	−5 331	339 626	83 317	7 286	17 712	900.93	459.59
−630	2 030	1 197	526	874	24 306	4 029	184	156	68.96	42.94
−32 514	35 582	34 216	899	2 169	66 189	28 001	1 546	8 021	247.89	112.08
−52 435	49 200	47 139	1 465	−4 700	232 461	54 885	3 022	11 741	468.62	218.32
1 498	10 791	5 747	4 071	8 218	136 954	40 527	3 190	10 067	471.53	280.55
——	205	160	4	201	1 935	377	18	90	2.88	1.31
−2 979	2 920	2 918	620	−679	8 739	3 332	18	1 098	2.00	1.50
−9 969	11 793	11 772	8	1 816	14 579	3 672	2 049	434	45.22	7.36
−19 342	20 068	15 191	9 078	−8 352	31 974	11 341	718	2 367	214.94	96.40
208	1 000	1 000	——	1 208	3 479	1 213	1	92	12.58	9.15
——	——	——	——	——	——	——	——	——	——	——
−5 464	21 609	16 654	9 601	6 544	87 524	28 312	1 240	10 488	172.23	94.46
−57 352	60 079	57 575	1 701	1 026	237 117	48 304	5 229	10 808	511.95	242.59
−20 203	14 289	9 698	3 944	−9 858	105 480	38 731	2 547	4 593	533.61	277.55

全国公共图书馆

	机构数（个）	从业人员（人）	高级职称	中级职称	总藏	图书	古籍	善本	报刊
总　计	**2 850**	**52 688**	**4 177**	**16 724**	**585 206.04**	**436 728.53**	**27 447.27**	**2 453.47**	**72 443.54**
其中：少儿图书馆	91	1 774	177	606	19 500.20	17 194.55	73.29	3.79	854.59
按隶属关系分：									
中　央	1	1 390	189	639	27 783.11	10 905.18	1 925.10	277.39	13 299.27
省、区、市	37	7 863	1 200	2 453	160 744.55	101 830.05	13 816.44	1 476.41	16 921.30
地　、市	321	13 040	1 562	4 887	149 633.30	119 899.83	6 719.38	334.20	15 098.45
县　、市	2 491	30 395	1 226	8 745	247 045.09	204 093.47	4 986.34	365.48	27 124.53
县图书馆	1 529	15 104	478	4 119	103 025.92	82 515.54	2 317.52	192.83	14 816.75

	举办展览（次）	参观人次（千人次）	举办培训班（次）	培训人次（千人次）	信息化建设 计算机（台）	电子阅览室终端数	本年收入合计（千元）	财政拨款	购书专项经费	事业收入	经营收入	其他收入
总　计	**9 296**	**18 001.14**	**14 619**	**1 489.17**	**126 207**	**72 150**	**6 131 745**	**5 508 084**	**1 065 288**	**262 478**	**33 819**	**216 607**
其中：少儿图书馆	359	579.92	1 575	123.63	4 407	2 678	218 388	196 119	32 421	11 790	2 384	5 581
按隶属关系分：												
中　央	49	137.50	30	2.50	2 382	236	594 921	490 402	165 000	48 860	9 414	46 245
省、区、市	819	2 254.52	1 082	62.71	14 953	4 220	1 577 334	1 385 368	347 387	102 711	16 309	47 971
地　、市	2 158	5 924.35	4 144	470.96	28 816	14 171	1 525 000	1 408 763	229 577	53 262	1 207	45 392
县　、市	6 270	9 684.76	9 363	953.01	80 056	53 523	2 434 490	2 223 551	323 324	57 645	6 889	76 999
县图书馆	2 823	3 046.42	4 681	421.94	39 155	28 182	783 530	713 771	64 410	15 556	429	22 169

	在支出合计中：对个人和家庭补助支出	抚恤金和生活补助	其他资本性支出	各种设备购置费	新增藏量购置费	本年新购藏量（千册/件）	资产合计（千元）	固定资产原值
总　计	**596 211**	**18 858**	**1 824 725**	**397 262**	**1 044 043**	**29 388.69**	**20 731 308**	**18 224 774**
其中：少儿图书馆	25 128	669	50 176	7 995	32 875	1 542.44	555 218	488 680
按隶属关系分：								
中　央	56 031	774	251 556	79 658	168 982	829.11	2 705 457	2 245 605
省、区、市	145 010	4 713	624 500	96 561	365 544	5 421.85	7 432 813	6 552 800
地　、市	171 758	4 758	402 138	98 353	230 147	8 854.29	5 089 884	4 530 540
县　、市	223 412	8 613	546 531	122 690	279 370	14 283.44	5 503 154	4 895 829
县图书馆	79 649	3 694	131 627	46 929	61 244	4 534.63	1 894 271	1 733 060

综合情况

量 (千册/件、套)						总流通人次			为读者举办各种活动	
									组织各类讲座次数(次)	
视听文献、缩微制品	其他	在藏量中:开架书刊	当年购买的报刊种类(种)	书架单层总长度(米)	累计发放有效借书证数(个)	(千人次)	书刊文献外借人次	书刊文献外借册次(千册次)		参加人次(千人次)
28 347.40	**47 686.58**	**219 977.58**	**892 396**	**12 163 277**	**17 496 074**	**321 674.68**	**132 771.00**	**258 572.80**	**31 277**	**6 011.00**
856.62	594.44	12 111.73	33 752	153 359	1 003 867	17 112.24	7 950.03	19 607.51	1 277	230.30
1 577.47	2 001.19	1 817.89	15 861	——	229 527	5 209.10	832.37	2 212.83	213	49.80
15 491.55	26 501.65	35 091.10	146 151	4 437 626	2 877 584	32 376.16	12 340.68	30 301.31	2 583	590.10
6 069.95	8 565.08	70 906.43	235 962	3 685 722	5 354 085	95 643.28	40 246.07	77 664.68	10 337	1 940.30
5 208.44	10 618.66	112 162.15	494 422	4 039 929	9 034 878	188 446.15	79 351.88	148 393.99	18 144	3 430.80
1 283.52	4 410.12	38 344.37	203 247	1 822 630	3 061 270	71 183.58	32 613.08	52 830.51	6 705	1 360.30

本年支出合计(千元)									
				在支出合计中:					
					商品和服务支出				
	基本支出	项目支出	经营支出	工资福利支出		差旅费	劳务费	福利费	税金支出
6 066 300	**3 488 543**	**2 341 009**	**23 968**	**1 963 309**	**1 338 745**	**34 342**	**53 345**	**28 592**	**28 063**
214 549	139 358	72 831	1 982	83 879	44 176	1 479	1 957	1 104	850
581 626	184 076	395 162	2 388	99 060	172 592	1 993	9 147	196	2 165
1 590 144	688 354	875 365	13 475	336 722	467 118	7 992	13 512	4 989	14 108
1 557 163	986 403	473 296	1 095	547 726	285 920	9 776	10 597	8 678	8 594
2 337 367	1 629 710	597 186	7 010	979 801	413 115	14 581	20 089	14 729	3 196
780 819	624 085	106 453	828	378 731	118 231	6 982	6 015	4 399	838

	公用房屋建筑面积					阅览室坐席数		图书馆延伸服务情况				
			阅览室面积									
增加值(千元)	(千平方米)	书库面积		书刊阅览室面积	电子阅览室面积	(个)	少儿阅览室坐席数	流动图书馆车书刊借阅人次(千人次)	流动图书馆车书刊借阅册次(千册次)	分馆数量(个)	借阅人次(千人次)	借阅册次(千册次)
3 395 739	**8 503.32**	**1 946.69**	**2 034.83**	**1 469.08**	**343.70**	**601 519**	**150 558**	**4 868.82**	**9 046.49**	**5 834**	**22 842.04**	**51 747.02**
132 080	223.19	34.43	66.76	48.39	11.94	21 640	18 986	307.60	574.24	496	2 143.28	4 175.22
257 079	253.71	48.53	66.29	65.24	1.05	6 550	——	——	——	——	——	——
776 149	1 137.60	338.81	272.43	230.67	23.72	49 895	5 607	254.36	611.12	860	2 789.47	18 497.57
925 730	2 502.86	535.65	576.64	454.52	70.69	143 957	31 167	1 149.79	1 988.11	1 314	10 348.09	17 178.71
1 436 781	4 609.15	1 023.69	1 119.47	718.65	248.24	401 117	113 784	3 464.68	6 447.26	3 660	9 704.48	16 070.74
536 444	2 030.35	457.97	489.68	288.59	117.95	188 304	57 633	1 269.51	2 247.05	1 010	2 445.16	3 767.55

全国群众艺术馆、

	机构数(个)	从业人员(人)	高级职称	中级职称	举办展览个数(个)	组织文艺活动次数(次)	藏书(千册)	举办训练班班次(次)	培训人次(千人次)	组织各类理论研讨和讲座次数(次)
总　计	**41 959**	**137 484**	**6 155**	**23 984**	**110 251**	**555 052**	**139 228**	**304 955**	**15 933.22**	**11 259**
文化馆	**3 223**	**51 159**	**4 483**	**14 769**	**18 092**	**127 234**	**3 972.67**	**69 227**	**3 488.71**	**11 259**
省　级	31	1 711	456	448	330	976	107.86	1 672	63.22	635
地市级	330	9 123	1 508	3 084	2 169	16 678	296.94	13 558	638.47	1 082
县市级	2 862	40 325	2 519	11 237	15 593	109 580	3 567.87	53 997	2 787.02	9 542
其中:县文化馆	1 643	21 411	1 036	5 843	8 495	49 983	1 538.76	20 082	1 093.93	3 995
文化站	**38 736**	**86 325**	**1 672**	**9 215**	**92 159**	**427 818**	**135 254.88**	**235 728**	**12 445.00**	**——**
其中:乡镇文化站	33 378	71 768	1 394	7 785	71 395	300 228	100 678.32	154 960	8 650.99	——

	本年支出合计(千元)	在支出合计中:商品和服务支出	差旅费	劳务费	福利费	税金支出	对个人和家庭补助支出	抚恤金和生活补助	其他资本性支出	各种设备购置费
总　计	**1 717 583**		**62 651**	**133 215**	**51 310**	**23 237**	**659 245**	**40 214**	**643 004**	**267 922**
文化馆	**992 799**		**37 598**	**89 406**	**27 341**	**14 427**	**592 537**	**34 542**	**189 646**	**94 357**
省　级	110 917		3 238	9 038	1 663	1 282	60 203	4 731	16 714	6 975
地市级	229 563		10 095	19 981	6 405	3 365	162 995	5 711	49 310	29 550
县市级	652 319		24 265	60 387	19 273	9 780	369 339	24 100	123 622	57 832
其中:县文化馆	190 935		12 615	20 320	8 386	915	142 552	12 164	56 185	26 472
文化站	724 784		25 053	43 809	23 969	8 810	66 708	5 672	453 358	173 565
其中:乡镇文化站	490 674		18 515	28 989	16 321	5 358	51 884	3 991	374 938	131 688

文化馆(站)综合情况

计算机(台)	本年收入合计(千元)						本年支出合计(千元)				
		财政拨款	业务活动专项经费	事业收入	经营收入	其他收入		基本支出	项目支出	经营支出	工资福利支出
84 347	**8 072 435**	**6 811 471**	**1 013 286**	**377 320**	**88 232**	**388 700**	**7 941 904**	**5 551 522**	**1 893 333**	**102 279**	**3 439 502**
15 880	**3 966 407**	**3 414 640**	**436 364**	**195 609**	**39 138**	**192 738**	**3 859 115**	**3 031 335**	**634 049**	**29 659**	**1 674 480**
885	332 025	266 346	79 284	24 013	6 311	12 197	293 321	185 028	102 218	2 752	73 192
3 377	937 293	813 537	101 155	48 856	4 073	42 879	915 374	710 848	166 734	6 741	359 563
11 618	2 697 089	2 334 757	255 925	122 740	28 754	137 662	2 650 420	2 135 459	365 097	20 166	1 241 725
4 503	**1 033 420**	**940 509**	**72 677**	**24 759**	**1 228**	**41 122**	**1 017 973**	**848 571**	**107 843**	**3 294**	**529 227**
68 467	4 106 028	3 396 831	576 922	181 711	49 094	195 962	4 082 789	2 520 187	1 259 284	72 620	1 765 022
48 542	3 188 568	2 632 888	390 109	144 191	39 946	143 715	3 144 334	1 949 531	977 113	54 814	1 404 854

资产合计(千元)		增加值(千元)	公用房屋建筑面积(千平方米)			流动舞台车数量(台)	利用流动舞台车演出场次(场次)	利用流动舞台车演出观众人次(千人次)	由本馆指导的单位			
	固定资产原值			业务用房面积					馆办文艺团体(个)		馆办老年大学(个)	群众业余文艺团队(个)
					对公众开放阅览室面积					馆办文艺团体演出场次(次)		
15 443 050	**13 421 181**	**4 832 390**	**21 936.27**	**14 311.85**	**336.27**	**209**	**9 695**	**11 379**	**5 260**	**74 877**	**776**	**259 608**
5 237 732	**4 443 323**	**2 556 977**	**5 672.25**	**3 566.17**	**336.27**	**209**	**9 695**	**11 379**	**5 260**	**74 877**	**776**	**70 177**
334 913	206 732	151 721	146.00	89.59	12.54	6	213	97	100	2 015	9	82
1 174 546	989 791	589 082	1 014.50	637.88	41.68	25	1 315	1 842	807	8 471	70	5 420
3 728 273	3 246 800	1 816 174	4 511.75	2 838.70	282.06	178	8 167	9 440	4 353	64 391	697	64 675
1 464 105	1 326 070	745 599	2 112.38	1 321.54	166.19	102	4 960	5 029	1 917	31 289	369	27 794
10 205 318	8 977 858	2 275 413	16 264.02	10 745.68	——	——	——	——	——	——	——	189 431
7 797 300	6 909 424	1 790 928	12 553.98	8 418.89	——	——	——	——	——	——	——	135 189

全国文化站

	机构数（个）	从业人员（个）	专职人员	高级职称	中级职称	举办展览个数（个）	组织文艺活动次数（次）
总　计	**38 736**	**86 325**	**42 324**	**1 672**	**9 215**	**92 159**	**427 818**
乡镇文化站	33 378	71 768	35 999	1 394	7 785	71 395	300 228
街道文化站	5 358	14 557	6 325	278	1 430	20 764	127 590

	本年收入合计（千元）		本年支出合计（千元）		
	经营收入	其他收入		基本支出	项目支出
总　计	**49 094**	**195 962**	**4 082 789**	**2 520 187**	**1 259 284**
乡镇文化站	39 946	143 715	3 144 334	1 949 531	977 113
街道文化站	9 148	52 247	938 455	570 656	282 171

	本年支出合计（千元） 在支出合计中：			
	对个人和家庭补助支出		其他资本性支出	
		抚恤金和生活补助		各种设备购置费
总　计	**66 708**	**5 672**	**453 358**	**173 565**
乡镇文化站	51 884	3 991	374 938	131 688
街道文化站	14 824	1 681	78 420	41 877

综合情况

藏书（千册）	计算机（台）	举办训练班班次（次）	培训人次（千人次）	本年收入合计（千元）			
					财政拨款	业务活动专项经费	事业收入
135 255	**68 467**	**235 728**	**12 445**	**4 106 028**	**3 396 831**	**576 922**	**181 711**
100 678	48 542	154 960	8 651	3 188 568	2 632 888	390 109	144 191
34 577	19 925	80 768	3 794	917 460	763 943	186 813	37 520

经营支出	在支出合计中：					
	工资福利支出	商品和服务支出、				
			差旅费	劳务费	福利费	各种税金支出
72 620	**1 765 022**	**724 784**	**25 053**	**43 809**	**23 969**	**8 810**
54 814	1 404 854	490 674	18 515	28 989	16 321	5 358
17 806	360 168	234 110	6 538	14 820	7 648	3 452

资产合计（千元）		增加值（千元）	公用房屋建筑面积（千平方米）		本站指导群众业余文艺团队（支）	辖区内社区文化中心（个）	辖区内村文化室（个）
	固定资产原值			文化活动用房			
10 205 318	**8 977 858**	**2 275 413**	**16 264**	**10 746**	**189 431**	**83 438**	**250 530**
7 797 300	6 909 424	1 790 928	12 554	8 419	135 189	49 678	229 711
2 408 018	2 068 434	484 485	3 710	2 327	54 242	33 760	20 819

全国文化部门教育

	机构数（个）	从业人员（人）	高级职称	中级职称	毕业生数（人）	招生数（人）
总　计	**158**	**12 796**	**2 124**	**3 731**	**20 918**	**29 079**
高等院校	15	4 754	990	1 381	9 183	11 745
其中:高等职业院校	12	3 813	822	1 101	6 603	8 998
中等专业学校	107	7 009	1 009	2 086	9 628	14 887
文化干部学校	6	198	11	40	——	——
其他教育机构	30	835	114	224	2 107	2 447

	本年收入合计(千元)	财政拨款	事业收入	经营收入	其他收入
总　计	**1 595 198**	**1 044 562**	**440 487**	**11 829**	**71 855**
高等院校	663 469	390 518	233 121	5 885	32 965
其中:高等职业院校	535 164	324 468	176 547	3 376	29 793
中等专业学校	800 455	565 810	173 773	4 531	32 343
文化干部学校	23 769	13 709	8 547	1 413	100
其他教育机构	107 505	74 525	25 046	——	6 447

	本年支出合计(千元)　在支出合计中:　商品和服务支出				
	劳务费	福利费	税金支出	对个人和家庭补助支出	抚恤金和生活补助
总　计	**45 438**	**9 987**	**4 462**	**301 439**	**8 600**
高等院校	24 761	3 581	2 571	139 660	5 024
其中:高等职业院校	17 623	3 219	1 986	116 290	3 716
中等专业学校	16 996	5 155	1 329	141 630	3 228
文化干部学校	44	82	466	6 074	151
其他教育机构	3 637	1 169	96	14 075	197

机构综合情况

在校生数(人)							在校生中高职生人数(人)	培训干部(人)
	戏剧类	戏曲类	舞蹈类	音乐类	美术类	其他		
88 630	**4 445**	**7 597**	**24 169**	**17 839**	**15 512**	**19 068**	**23 399**	**4 791**
35 761	2 194	2 234	7 114	6 875	8 433	8 911	19 583	61
26 945	1 613	1 410	4 932	5 563	6 689	6 738	16 510	61
46 585	1 766	4 876	15 257	9 773	5 832	9 081	3 088	564
——	——	——	——	——	——	——	——	3 405
6 284	485	487	1 798	1 191	1 247	1 076	728	761

本年支出合计(千元)						
	基本支出	项目支出	经营支出	在支出合计中：工资福利支出		差旅费
1 524 242	**1 170 380**	**334 237**	**9 800**	**559 710**	**387 239**	**12 349**
616 189	484 869	126 839	4 412	203 790	190 003	5 775
485 246	395 957	87 015	2 205	163 084	148 663	4 394
785 285	602 687	173 122	3 975	319 668	171 747	5 657
24 649	18 022	5 214	1 413	7 906	4 153	30
98 119	64 802	29 062	——	28 346	21 336	887

其他资本性支出		资产合计		增加值	公用房屋建筑面积	
	各种设备购置费	(千元)	固定资产原值	(千元)	(千平方米)	教学用房面积
185 211	**62 226**	**2 697 689**	**1 989 982**	**1 013 117**	**1 831**	**1 163**
59 612	27 403	1 232 084	889 984	418 234	698	455
39 291	18 677	1 010 076	757 461	341 174	602	393
113 649	24 614	1 271 132	989 833	526 447	1 024	639
4	——	95 710	57 154	16 711	27	23
11 946	10 209	98 763	53 011	51 725	82	46

全国文化艺术科技、

	机构数（个）	从业人员（人）			本年完成科研项目（个）			所办刊物（种）
			高级职称	中级职称		获国家奖	获省、部奖	
总　　计	**210**	**3 478**	**1 037**	**1 076**	**390**	**53**	**181**	**89**
按行业分类								
1.文化科技研究	61	1 529	499	497	136	23	81	32
2.综合性艺术研究	98	1 471	435	444	190	23	78	43
3.地方戏艺术研究	36	278	53	84	55	7	21	9
4.其他艺术研究	15	200	50	51	9	——	1	5
按经费来源分类								
1.科研经费	12	1 056	353	342	26	——	17	13
2.文化经费	188	2 348	663	700	364	53	164	76
3.其他经费	10	74	21	34	——	——	——	——
按隶属关系分类								
1.中央	2	790	285	248	14	——	14	10
2.省级	35	1 147	360	326	85	6	21	33
3.地级	139	1 369	359	449	246	47	131	41
4.县级	34	172	33	53	45	——	15	5
按部门分类								
文化部门	210	3 478	1 037	1 076	390	53	181	89
非文化部门	——	——	——	——	——	——	——	——

	本年支出合计（千元）							
		基本支出	项目支出	经营支出	在支出合			
					工资福利支出	商品和服务		
							差旅费	劳务费
总　　计	**592 664**	**345 793**	**209 749**	**33 408**	**159 557**	**182 506**	**12 013**	**20 795**
按行业分类								
1.文化科技研究	351 112	174 280	141 680	32 999	81 411	113 269	7 068	14 446
2.综合性艺术研究	189 854	132 013	56 327	409	59 952	56 018	4 059	5 639
3.地方戏艺术研究	18 068	15 987	1 625	——	8 827	3 051	269	123
4.其他艺术研究	33 630	23 513	10 117	——	9 367	10 168	617	587
按经费来源分类								
1.科研经费	303 916	127 307	143 634	32 874	57 015	107 539	6 144	13 967
2.文化经费	283 462	213 646	65 669	534	99 867	73 617	5 781	6 828
3.其他经费	5 286	4 840	446	——	2 675	1 350	88	——
按隶属关系分类								
1.中央	245 479	106 297	139 182	——	44 845	97 616	4 675	13 663
2.省级	196 058	113 594	48 953	33 408	49 885	53 306	4 477	4 831
3.地级	139 906	115 068	21 413	——	58 964	30 610	2 768	2 271
4.县级	11 221	10 834	201	——	5 863	974	93	30
按部门分类								
文化部门	592 664	345 793	209 749	33 408	159 557	182 506	12 013	20 795
非文化部门	——	——	——	——	——	——	——	——

科研机构综合情况

申请专利数（个）	论文及资料：专著数（册）	论文及资料：论文数（省级及以上刊物公开发表）（篇）	本年收入合计（千元）	财政拨款	事业收入	经营收入	其他收入
20	**193**	**1 438**	**627 765**	**451 457**	**116 230**	**36 215**	**20 516**
20	103	741	379 745	233 011	105 935	35 620	4 656
——	74	597	192 307	171 995	2 757	595	14 342
——	9	40	18 713	18 120	51	——	345
——	7	60	37 000	28 331	7 487	——	1 173
20	75	611	335 229	189 836	107 929	35 500	1 955
——	118	827	287 309	256 631	8 301	715	18 335
——	——	——	5 227	4 990	——	——	226
——	63	529	275 800	165 954	107 929	——	1 908
20	70	612	199 199	141 940	6 545	36 215	11 595
——	52	279	141 599	132 400	1 756	——	7 009
——	8	18	11 167	11 163	——	——	4
20	193	1 438	627 765	451 457	116 230	36 215	20 516
——	——	——	——	——	——	——	——

支出：福利费	支出：税金支出	对个人和家庭补助支出	其中：抚恤金和生活补助	其他资本性支出	其中：各种设备购置费	资产合计（千元）	固定资产原值	增加值（千元）	公用房屋建筑面积（千平方米）	业务房屋面积
6 183	**2 933**	**127 884**	**4 129**	**46 677**	**37 350**	**813 132**	**371 257**	**340 688**	**116**	**65**
4 979	2 262	61 258	2 267	25 436	24 738	612 157	259 249	183 980	68	44
1 020	333	56 131	1 553	13 351	5 724	133 696	66 572	124 510	33	14
87	1	4 526	180	370	368	8 801	5 957	13 638	7	3
97	337	5 969	129	7 520	6 520	58 478	39 479	18 560	9	4
4 761	2 427	44 062	1 756	30 659	30 449	634 991	276 466	143 674	63	44
1 385	506	82 583	2 346	16 018	6 901	175 023	91 836	192 968	52	20
37	——	1 239	27	——	——	3 118	2 955	4 046	1	——
2 355	855	36 342	1 251	29 490	29 490	502 525	224 437	117 736	44	33
2 898	2 059	47 227	1 481	14 520	5 689	244 347	107 741	110 206	52	27
907	19	40 708	1 376	2 625	2 163	64 565	37 728	103 186	20	4
23	——	3 607	21	42	8	1 695	1 351	9 560	——	——
6 183	2 933	127 884	4 129	46 677	37 350	813 132	371 257	340 688	116	65
——	——	——	——	——	——	——	——	——	——	——

全国文物保护科学

	机构数（个）	从业人员（人）	高级职称	中级职称	文物藏品（件/套）	一级品	二级品	三级品	本年考古出土文物及标本数（件/套）	本年从有关部门接收文物数（件/套）	本年藏品征集数（件/套）
总计	**104**	**3 799**	**794**	**863**	**929 189**	**2 582**	**9 091**	**101 684**	**29 286**	**225**	**247**
按性质分类											
考古研究	67	2 968	626	645	880 542	2 519	8 639	67 011	28 761	225	7
古建研究	12	307	64	95	34 100	——	——	33 080	500	——	——
其他研究	25	524	104	123	14 547	63	452	1 593	25	——	240
按隶属关系分类											
中　央	1	134	57	48	——	——	——	——	——	——	——
省区市	39	2 463	543	552	608 336	2 056	7 766	59 217	10 616	179	——
地　市	59	1 106	178	251	319 889	521	1 318	42 231	18 645	46	247
县　市	5	96	16	12	964	5	7	236	25	——	——
按经费来源分类											
科研经费	91	3 170	619	650	733 921	2 425	8 465	100 341	29 152	225	7
文物经费	8	421	106	146	194 203	117	288	943	134	——	——
其他经费	5	208	69	67	1 065	40	338	400	——	——	240

	承担文物保护项目（个）	国保单位	省级保单位	市、县级保单位	基本陈列（个）	举办展览（个）	参观人次（千人次）	未成年人参观人次	门票销售总额（千元）	本年完成科研项目（个）	获国家奖
总计	**197**	**40**	**87**	**26**	**10**	**4**	**13 276**	**2 744**	**57 384**	**112**	**1**
按性质分类											
考古研究	98	21	31	22	8	3	11 875	2 530	47 191	99	1
古建研究	31	17	10	4	——	——	50	3	150	2	——
其他研究	68	2	46	——	2	1	1 351	211	10 043	11	——
按隶属关系分类											
中　央	——	——	——	——	——	——	——	——	——	——	——
省区市	91	24	23	11	3	2	532	7	47 092	101	1
地　市	99	13	60	15	7	2	12 079	2 576	252	11	——
县　市	7	3	4	——	——	——	665	161	10 040	——	——
按经费来源分类											
科研经费	130	28	35	23	10	4	13 262	2 742	57 344	112	1
文物经费	10	6	4	——	——	——	14	2	40	——	——
其他经费	57	6	48	3	——	——	——	——	——	——	——

	本年支出合计（千元）	基本支出	项目支出	经营支出	工资福利支出	商品和服务支出	差旅费	劳务费	福利费	税金支出
总计	**860 622**	**476 364**	**381 048**	**1 808**	**178 128**	**439 126**	**35 922**	**82 600**	**3 699**	**3 875**
按性质分类										
考古研究	666 218	369 155	296 550	52	146 790	361 747	24 806	69 720	3 280	1 449
古建研究	34 832	21 114	11 021	1 756	11 397	17 094	2 328	4 559	162	625
其他研究	159 572	86 095	73 477	——	19 941	60 285	8 788	8 321	257	1 801
按隶属关系分类										
中　央	76 483	37 200	39 283	——	3 926	41 074	7 254	5 981	109	1 789
省区市	560 206	342 933	216 225	——	120 843	280 475	23 846	48 436	2 844	1 193
地　市	211 376	91 048	118 166	1 808	50 366	111 057	3 919	25 473	693	893
县　市	12 557	5 183	7 374	——	2 993	6 520	903	2 710	53	——
按经费来源分类										
科研经费	678 455	372 595	304 406	52	153 823	325 932	22 775	56 306	3 045	1 429
文物经费	99 556	63 271	36 285	——	17 870	70 028	5 378	19 463	472	196
其他经费	82 611	40 498	40 357	1 756	6 435	43 166	7 769	6 831	182	2 250

研究机构综合情况

(件/套)	本年修复藏品数 一级品	二级品	三级品	考古发掘项目(个)	主动性发掘项目	基本建设中考古发掘项目	抢救性发掘项目	考古钻探面积(千平方米)	考古发掘面积(千平方米)	发掘墓葬数(个)	规划及方案设计(个)
11 493	**20**	**73**	**614**	**938**	**605**	**221**	**96**	**44 902**	**1 189**	**10 965**	**339**
9 895	——	7	106	918	587	219	96	44 768	1 186	10 939	165
100	——	——	——	15	15	——	——	3	——	——	50
1 498	20	66	508	5	3	2	——	131	2	26	124
——	——	——	——	——	——	——	——	——	——	——	101
6 047	4	9	13	496	311	94	76	23 406	999	7 455	156
5 446	16	64	601	424	280	124	19	20 848	175	3 389	82
——	——	——	——	18	14	3	1	648	15	121	——
10 539	4	13	116	802	531	169	86	43 152	1 121	8 427	215
954	16	60	498	136	74	52	10	1 747	68	2 538	——
——	——	——	——	——	——	——	——	3	——	——	124

获省、部奖	科研成果 专利(个)	专著或图录(册)	论文(省级及以上刊物公开发表)(篇)	考古报告(册)	古建维修报告(册)	主办刊物(种)	本年收入合计 (千元)	财政拨款	事业收入	经营收入	其他收入
6	**13**	**83**	**869**	**158**	**30**	**10**	**882 098**	**278 719**	**495 323**	**3 230**	**91 020**
5	3	66	740	157	25	8	715 170	207 223	427 451	380	68 921
——	——	1	41	1	4	——	41 877	22 953	9 024	2 850	6 550
1	10	16	88	——	1	2	125 051	48 543	58 848	——	15 549
——	4	13	53	——	——	1	57 664	33 561	23 870	——	233
1	3	48	597	111	29	7	571 483	180 890	311 281	——	72 871
5	3	20	200	47	1	2	236 584	55 771	152 377	3 230	17 851
——	3	2	19	——	——	——	16 367	8 497	7 795	——	65
6	9	57	631	132	26	8	728 174	206 165	430 396	380	77 427
——	——	13	185	26	4	1	89 963	35 596	41 007	——	13 360
——	4	13	53	——	——	1	63 961	36 958	23 920	2 850	233

对个人和家庭补助支出	抚恤金和生活补贴	其他资本性支出	各种设备购置费	资产合计 (千元)	固定资产原值	增加值(千元)	公用房屋建筑面积 (千平方米)	文物库房(含标本室)面积	实验室面积	国际合作 项目数(个)	外方投资(千元)
53 369	**2 509**	**108 098**	**47 956**	**1 676 766**	**960 038**	**441 732**	**301**	**70**	**5**	**17**	**1 000**
38 011	2 171	72 541	34 039	1 231 568	658 388	365 458	249	65	1	8	1 000
3 996	224	1 013	1 013	86 649	22 732	22 986	12	——	——	——	——
11 362	114	34 544	12 904	358 549	278 918	53 288	39	5	4	9	——
9 643	98	16 840	11 474	278 756	205 667	30 041	29	2	3	——	——
34 295	1 835	79 629	26 045	1 022 326	574 679	277 891	193	38	1	17	1 000
8 460	569	11 181	9 989	333 813	161 937	124 192	75	27	1	——	——
971	7	448	448	41 871	17 755	9 608	3	3	——	——	——
35 135	2 136	88 569	33 793	1 200 538	684 528	357 411	227	55	2	16	1 000
8 273	275	2 226	2 226	159 466	64 014	49 653	42	13	——	1	——
9 961	98	17 303	11 937	316 762	211 496	34 668	32	2	3	——	——

全国文化市场经营

	机构数（个）	从业人员（人）	资产、负债、所有者权益（千元）			
			资产总计			负债总计
				固定资产原值	当年提取的折旧总额	
总　计	**239 571**	**1 294 912**	**141 823 200**	**108 799 741**	**11 491 961**	**31 458 659**
按城乡分						
1.城市	100 425	707 737	88 565 640	60 869 512	6 599 056	25 213 756
2.县城	90 649	416 655	38 560 529	34 722 660	3 507 148	4 512 130
3.县以下	48 496	170 514	14 696 831	13 207 319	1 385 727	1 732 773
按经营范围分						
1.演出经纪机构	1 237	12 619	2 859 568	1 286 041	110 232	1 035 778
2.娱乐场所	82 200	636 800	62 713 053	51 472 527	4 404 472	13 633 456
3.网络文化经营机构	161	15 474	15 474 008	2 255 372	373 764	9 269 201
4.互联网上网服务营业场所(网吧)	138 048	580 749	55 854 374	50 524 477	6 366 696	6 324 036
5.艺术品经营机构	2 319	8 942	1 509 814	799 725	51 148	508 687
6.其他经营机构	15 352	36 860	2 223 435	1 805 979	103 758	281 381
7.文化市场连锁经营机构	254	3 468	1 188 948	655 620	81 891	406 120
按登记注册类型分						
1.内资企业	239 090	1 285 821	140 404 961	107 678 089	11 400 796	30 802 446
2.港澳台商投资企业	294	5 691	730 663	592 580	49 828	448 277
3.外商投资企业	187	3 400	687 576	529 072	41 337	207 936
按部门分						
文化部门	237	1 787	403 657	313 984	23 613	129 647
非文化部门	239 334	1 293 125	141 419 543	108 485 757	11 468 348	31 329 012

	损益及分配（千元）				
	费用				营业利润
	养老、医疗、失业等保险费	住房公积金和住房补贴	差旅费	工会经费	
总　计	**637 354**	**144 252**	**266 918**	**96 927**	**35 051 457**
按城乡分					
1.城市	460 352	110 054	184 721	74 758	20 786 913
2.县城	117 688	24 384	55 849	14 815	10 506 164
3.县以下	59 314	9 814	26 348	7 354	3 758 260
按经营范围分					
1.演出经纪机构	39 167	10 823	42 992	2 589	166 492
2.娱乐场所	346 097	57 209	98 754	36 332	13 870 665
3.网络文化经营机构	81 267	30 500	42 991	12 960	4 729 283
4.互联网上网服务营业场所(网吧)	147 883	36 946	70 630	41 321	15 107 905
5.艺术品经营机构	6 407	2 150	2 524	330	365 682
6.音像制品批发、零售、出租机构	10 630	4 118	4 316	2 302	746 731
7.其他经营机构	5 903	2 506	4 711	1 093	64 699
按登记注册类型分					
1.内资企业	620 481	141 969	264 746	96 070	34 937 808
2.港澳台商投资企业	11 831	1 369	1 221	733	67 656
3.外商投资企业	5 042	914	951	124	45 993
按部门分					
文化部门	5 210	1 570	942	253	39 545
非文化部门	632 144	142 682	265 976	96 674	35 011 912

机构基本综合情况

损益及分配（千元）					
所有者权益合计	实收资本		营业总收入		
		国家资本金		主营业务收入	营业总成本
110 321 494	**61 106 586**	**1 457 515**	**96 878 787**	**85 171 736**	**56 121 389**
63 309 530	37 682 608	1 018 427	61 643 121	54 971 592	37 761 259
34 047 706	16 331 838	145 707	25 518 096	21 762 200	13 116 933
12 964 058	7 092 140	293 381	9 717 367	8 437 764	5 243 137
1 823 790	3 791 022	293 554	2 014 444	1 767 621	1 764 437
49 078 083	29 675 096	1 015 208	41 300 853	35 847 892	24 845 270
6 204 807	2 116 887	61 000	12 657 794	12 489 124	7 815 847
49 488 805	23 111 184	18 462	37 853 619	32 281 357	19 945 811
1 001 127	636 053	9 218	981 962	922 401	597 582
1 942 054	932 092	45 341	1 762 250	1 604 313	947 376
782 828	844 252	14 732	307 865	259 028	205 066
109 559 468	60 269 475	1 457 515	96 151 304	84 564 215	55 565 897
282 386	539 630	——	399 300	338 405	300 078
479 640	297 481	——	328 183	269 116	255 414
274 010	170 502	103 947	190 717	154 708	135 470
110 047 484	60 936 084	1 353 568	96 688 070	85 017 028	55 985 919

营业外收入		营业外支出	利润总额	工资、福利费、税金（千元）			增加值（千元）	经营面积（千平方米）
	政府补助（补贴收入）			本年发放工资总额	本年应付福利费总额	本年应交税金总额		
2 539 719	**256 247**	**2 595 663**	**34 989 353**	**14 496 099**	**646 618**	**5 897 725**	**69 218 022**	**79 232**
1 622 378	249 805	1 489 502	20 913 815	8 627 091	424 636	3 808 897	41 596 845	41 315
706 493	5 662	825 306	10 387 165	4 186 643	142 043	1 480 566	19 998 070	25 860
210 848	780	280 855	3 688 253	1 682 315	79 939	608 259	7 622 904	12 057
110 240	90 529	84 517	192 215	263 387	15 889	102 679	849 922	409
1 004 867	——	1 188 581	13 678 459	7 177 699	307 534	3 335 153	29 685 642	37 595
186 088	161 708	30 841	4 884 530	647 438	55 303	587 284	6 904 931	480
1 187 765	——	1 190 654	15 107 348	5 936 553	247 798	1 741 725	29 688 019	30 324
14 980	1 280	38 498	342 164	114 113	6 377	46 769	596 022	358
29 824	2 720	48 148	728 407	303 057	11 991	70 529	1 253 415	9 778
5 955	10	14 424	56 230	53 852	1 726	13 586	240 071	287
2 494 860	256 247	2 569 660	34 856 848	14 342 014	639 343	5 806 395	68 727 676	78 754
11 687	——	8 781	70 562	84 683	5 178	49 987	280 376	268
33 172	——	17 222	61 943	69 402	2 097	41 343	209 970	210
5 790	2 325	7 002	38 333	30 724	1 440	10 694	117 098	87
2 533 929	252 642	2 588 661	34 951 020	14 465 375	645 178	5 887 031	69 100 924	79 145

全国演出经纪机构

	机构数（个）	从业人员（人）	资产、负债、所有者权益 （千元）						
			资产总计			负债总计	所有者权益合计		
				固定资产原值	当年提取的折旧总额			实收资本	
									国家资本金
总　　计	**1 237**	**12 619**	**2 859 568**	**1 286 041**	**110 232**	**1 035 778**	**1 823 790**	**3 791 022**	**293 554**
按城乡分									
1. 城市	1 113	10 833	2 626 909	1 133 924	100 127	942 662	1 684 247	3 710 685	286 010
2. 县城	109	1 471	211 477	141 369	7 930	86 445	125 032	58 737	7 463
3. 县以下	15	315	21 182	10 748	2 175	6 671	14 511	21 600	81
按登记注册类型分									
1. 内资企业	1 235	12 613	2 848 132	1 286 007	110 228	1 030 490	1 817 642	3 785 022	293 554
2. 港澳台商投资企业	——	——	——	——	——	——	——	——	——
3. 外商投资企业	2	6	11 436	34	4	5 288	6 148	6 000	——
按部门分									
文化部门	55	656	129 407	98 284	10 743	20 313	109 094	89 799	77 123
非文化部门	1 182	11 963	2 730 161	1 187 757	99 489	1 015 465	1 714 696	3 701 223	216 431

	损　益　及　分　配（千元）						
				营业外收入			
	差旅费	工会经费	营业利润		政府补助（补贴收入）	营业外支出	利润总额
总　　计	**42 992**	**2 589**	**166 492**	**110 240**	**90 529**	**84 517**	**192 215**
按城乡分							
1. 城市	40 936	2 473	137 421	102 505	85 943	83 891	156 035
2. 县城	2 035	112	27 625	7 039	4 080	371	34 293
3. 县以下	21	4	1 446	696	506	255	1 887
按登记注册类型分							
1. 内资企业	42 976	2 589	165 684	110 240	90 529	84 511	191 413
2. 港澳台商投资企业	——	——	——	——	——	——	——
3. 外商投资企业	16	——	808	——	——	6	802
按部门分							
文化部门	626	126	9 324	2 824	1 909	5 949	6 199
非文化部门	42 366	2 463	157 168	107 416	88 620	78 568	186 016

基本综合情况

损益及分配（千元）				
营业收入		营业总成本		
	主营业务收入		养老、医疗、失业等保险费	住房公积金和住房补贴
2 014 444	**1 767 621**	**1 764 437**	**39 167**	**10 823**
1 880 465	1 640 350	1 663 301	36 734	10 677
122 128	115 859	90 759	2 358	140
11 851	11 412	10 377	75	6
2 007 798	1 760 975	1 758 599	39 139	10 823
——	——	——	——	——
6 646	6 646	5 838	28	——
98 755	83 624	82 546	3 563	1 054
1 915 689	1 683 997	1 681 891	35 604	9 769

工资、福利费、税金（千元）			增加值（千元）	演出场次		经营面积（千平方米）
本年发放工资总额	本年应付福利费总额	本年应交税金总额		（次）	观众人次（千人次）	
263 387	**15 889**	**102 679**	**849 922**	**52 697**	**119 151**	**409**
244 008	14 822	93 798	772 322	44 885	76 636	344
17 415	877	7 422	68 852	5 943	22 907	54
1 964	190	1 459	8 748	1 869	19 608	11
263 287	15 887	102 429	848 728	52 691	119 091	409
——	——	——	——	——	——	——
100	2	250	1 194	6	60	——
15 172	581	5 728	50 241	11 505	16 041	26
248 215	15 308	96 951	799 681	41 192	103 110	383

全国娱乐场所

	机构数(个)	从业人员(人)	资产、负债、所有者权益 (千元)						
			资产总计			负债总计	所有者权益合计		
				固定资产原值	当年提取的折旧总额			实收资本	
									国家资本金
总　计	**82 200**	**636 800**	**62 713 053**	**51 472 527**	**4 404 472**	**13 633 456**	**49 078 083**	**29 675 096**	**1 015 208**
按城乡分									
1.城市	33 512	353 097	37 295 789	29 092 875	2 529 357	10 115 267	27 179 008	18 069 213	607 305
2.县城	36 307	222 165	20 102 572	17 860 279	1 540 876	2 555 545	17 547 027	8 705 471	115 298
3.县以下	12 381	61 538	5 314 692	4 519 373	334 239	962 644	4 352 048	2 900 412	292 605
按登记注册类型分									
1.内资企业	81 777	628 116	61 319 329	50 360 632	4 314 616	12 986 827	48 330 988	28 854 737	1 015 208
2.港澳台商投资企业	269	5 393	723 539	586 144	49 116	447 352	276 187	537 067	——
3.外商投资企业	154	3 291	670 185	525 751	40 740	199 277	470 908	283 292	——
按经营类别分									
1.歌舞娱乐场所	50 816	530 930	52 856 207	43 332 084	3 721 257	11 268 036	41 586 657	24 534 798	675 111
2.游艺娱乐场所	29 680	89 248	7 721 933	6 650 523	534 265	1 111 853	6 610 080	3 984 722	286 048
3.其他	1 704	16 622	2 134 913	1 489 920	148 950	1 253 567	881 346	1 155 576	54 049
按是否连锁分									
1.连锁门店	761	13 921	1 582 345	1 049 581	110 594	600 976	981 369	751 991	1 315
2.非连锁门店	81 439	622 879	61 130 708	50 422 946	4 293 878	13 032 480	48 096 714	28 923 105	1 013 893
按部门分									
文化部门	108	821	209 207	174 486	10 243	69 465	139 742	69 331	21 888
非文化部门	82 092	635 979	62 503 846	51 298 041	4 394 229	13 563 991	48 938 341	29 605 765	993 320

	损　益　及　分　配(千元)					
	差旅费	工会经费	营业利润	营业外收入	营业外支出	利润总额
总　计	**98 754**	**36 332**	**13 870 665**	**1 004 867**	**1 188 581**	**13 678 459**
按城乡分						
1.城市	61 273	26 501	7 501 989	588 397	727 377	7 354 570
2.县城	26 154	6 479	5 255 722	363 042	389 343	5 229 368
3.县以下	11 327	3 352	1 112 954	53 428	71 861	1 094 521
按登记注册类型分						
1.内资企业	96 674	35 491	13 760 134	960 098	1 162 665	13 549 075
2.港澳台商投资企业	1 194	718	66 146	11 623	8 746	69 023
3.外商投资企业	886	123	44 385	33 146	17 170	60 361
按经营类别分						
1.歌舞娱乐场所	77 347	25 690	11 864 587	837 859	998 019	11 695 935
2.游艺娱乐场所	15 132	7 526	1 749 657	141 488	136 135	1 755 010
3.其他	6 275	3 116	256 421	25 520	54 427	227 514
按是否连锁分						
1.连锁门店	6 407	1 653	251 128	38 068	35 975	253 221
2.非连锁门店	92 347	34 679	13 619 537	966 799	1 152 606	13 425 238
按部门分						
文化部门	222	114	16 100	2 082	677	17 505
非文化部门	98 532	36 218	13 854 565	1 002 785	1 187 904	13 660 954

基本综合情况

损益及分配（千元）				
营业收入		营业总成本		
	主营业务收入		养老、医疗、失业等保险费	住房公积金和住房补贴
41 300 853	**35 847 892**	**24 845 270**	**346 097**	**57 209**
24 562 391	21 425 306	15 575 167	240 644	39 587
13 358 623	11 486 851	7 206 940	72 593	13 281
3 379 839	2 935 735	2 063 163	32 860	4 341
40 590 200	35 254 489	24 302 589	329 556	54 935
395 265	334 992	298 016	11 811	1 364
315 388	258 411	244 665	4 730	910
35 253 605	30 841 083	21 349 529	249 055	36 555
4 533 547	3 791 219	2 389 550	41 426	11 664
1 513 701	1 215 590	1 106 191	55 616	8 990
1 102 587	972 399	804 109	15 793	1 980
40 198 266	34 875 493	24 041 161	330 304	55 229
61 373	49 546	38 654	1 488	444
41 239 480	35 798 346	24 806 616	344 609	56 765

工资、福利费、税金（千元）			增加值（千元）	经营面积（千平方米）	核定人数（个）	包房包间数量（个）	电子游戏及游艺机台数（台）
本年发放工资总额	本年应付福利费总额	本年应交税金总额					
7 177 699	**307 534**	**3 335 153**	**29 685 642**	**37 595**	**8 892 677**	**585 328**	**970 213**
4 195 836	186 364	2 117 335	16 950 557	19 695	4 878 004	318 692	462 001
2 341 767	74 280	915 941	10 231 609	14 047	3 173 195	216 446	364 549
640 096	46 890	301 877	2 503 476	3 852	841 478	50 190	143 663
7 026 034	300 350	3 245 329	29 204 171	37 194	8 787 345	580 403	966 558
83 857	5 150	49 623	276 845	212	61 806	3 378	1 582
67 808	2 034	40 201	204 626	189	43 526	1 547	2 073
6 118 194	258 627	2 813 046	25 201 952	27 877	8 750 531	577 774	1 247
811 040	32 821	351 024	3 564 374	6 259	10 489	408	965 870
248 465	16 086	171 083	919 316	3 459	131 657	7 146	3 096
170 373	8 999	136 373	701 303	782	193 784	15 327	12 523
7 007 326	298 535	3 198 780	28 984 339	36 813	8 698 893	570 001	957 690
11 911	736	3 131	44 260	39	8 278	475	1 258
7 165 788	306 798	3 332 022	29 641 382	37 556	8 884 399	584 853	968 955

全国经营性互联网文化单位

	机构数（人）	从业人员（人）	资产、负债、所有者权益（千元）						
			资产总计			负债总计	所有者权益合计		
				固定资产原值	当年提取的折旧总额			实收资本	
									国家资本金
总计	**161**	**15 474**	**15 474 008**	**2 255 372**	**373 764**	**9 269 201**	**6 204 807**	**2 116 887**	**61 000**
按城乡分									
1.城市	158	15 458	15 473 178	2 254 942	373 753	9 269 201	6 203 977	2 116 807	61 000
2.县城	3	16	830	430	11	——	830	80	——
3.县以下	——	——	——	——	——	——	——	——	——
按登记注册类型分									
1.内资企业	161	15 474	15 474 008	2 255 372	373 764	9 269 201	6 204 807	2 116 887	61 000
2.港澳台商投资企业	——	——	——	——	——	——	——	——	
3.外商投资企业	——	——	——	——	——	——	——	——	
按经营类别分									
1.网络游戏经营单位	127	13 350	14 229 693	2 057 467	353 571	8 830 386	5 399 307	1 659 143	60 000
2.网络音乐经营单位	4	165	32 644	11 658	2 362	67 892	−35 248	26 040	——
3.其他单位	30	1 959	1 211 671	186 247	17 831	370 923	840 748	431 704	1 000
按部门分									
文化部门	——	——	——	——	——	——	——	——	——
非文化部门	161	15 474	15 474 008	2 255 372	373 764	9 269 201	6 204 807	2 116 887	61 000

	损益及分配（千元）						
	差旅费	工会经费	营业利润	营业外收入		营业外支出	利润总额
					政府补助（补贴收入）		
总计	**42 991**	**12 960**	**4 729 283**	**186 088**	**161 708**	**30 841**	**4 884 530**
按城乡分							
1.城市	42 991	12 960	4 728 871	186 061	161 708	30 823	4 884 109
2.县城	——	——	412	27	——	18	421
3.县以下	——	——	——	——	——	——	——
按登记注册类型分							
1.内资企业	42 991	12 960	4 729 283	186 088	161 708	30 841	4 884 530
2.港澳台商投资企业	——	——	——	——	——	——	——
3.外商投资企业	——	——	——	——	——	——	——
按经营类别分							
1.网络游戏经营单位	38 923	12 671	4 564 673	170 985	148 439	−7 957	4 743 615
2.网络音乐经营单位	300	——	−2 088	613	214	529	−2 004
3.其他单位	3 768	289	166 698	14 490	13 055	38 269	142 919
按部门分							
文化部门	——	——	——	——	——	——	——
非文化部门	42 991	12 960	4 729 283	186 088	161 708	30 841	4 884 530

网络文化经营机构综合情况

损益及分配（千元）				
营业收入		营业总成本		
	主营业务收入		养老、医疗、失业等保险费	住房公积金和住房补贴
12 657 794	**12 489 124**	**7 815 847**	**81 267**	**30 500**
12 656 986	12 488 356	7 815 479	81 267	30 500
808	768	368	——	——
——	——	——	——	——
12 657 794	12 489 124	7 815 847	81 267	30 500
——	——	——	——	——
——	——	——	——	——
11 927 861	11 770 042	7 254 521	71 126	26 630
13 607	12 419	14 607	524	187
716 326	706 663	546 719	9 617	3 683
——	——	——	——	——
12 657 794	12 489 124	7 815 847	81 267	30 500

工资、福利费、税金（千元）			增加值（千元）	经营面积（千平方米）	注册用户数（千人次）	日均访问量（千人次）	拥有自主知识产权的网络游戏产品数（个）	所运营网络游戏产品日均在线人数（千人次）
本年发放工资总额	本年应付福利费总额	本年应交税金总额						
647 438	**55 303**	**587 284**	**6 904 931**	**480**	**1 854 860**	**64 960**	**419**	**9 866**
647 123	55 303	587 214	6 904 123	479	1 854 590	63 940	398	9 826
315	——	70	808	1	270	1 020	21	40
——	——	——	——	——	——	——	——	——
647 438	55 303	587 284	6 904 931	480	1 854 860	64 960	419	9 866
——	——	——	——	——	——	——	——	——
——	——	——	——	——	——	——	——	——
571 902	42 360	574 904	6 595 316	452	1 837 525	57 986	287	9 293
4 172	120	311	8 673	1	7 723	485	——	1
71 364	12 823	12 069	300 942	28	9 612	6 489	132	572
——	——	——	——	——	——	——	——	——
647 438	55 303	587 284	6 904 931	480	1 854 860	64 960	419	9 866

全国互联网上网服务营业

	机构数（个）	从业人员（人）	资产、负债、所有者权益（千元）						
			资产总计			负债总计	所有者权益合计		
				固定资产原值	当年提取的折旧总额			实收资本	
									国家资本金
总　　计	**138 048**	**580 749**	**55 854 374**	**50 524 477**	**6 366 696**	**6 324 036**	**49 488 805**	**23 111 184**	**18 462**
按城乡分									
1.城　　市	57 650	300 533	29 594 979	26 286 737	3 427 542	3 822 172	25 731 967	11 872 483	16 873
2.县　　城	46 301	174 829	17 061 588	15 719 211	1 894 814	1 757 231	15 303 664	7 124 924	1 338
3.县 以 下	34 097	105 387	9 197 807	8 518 529	1 044 340	744 633	8 453 174	4 113 777	251
按登记注册类型分									
1.内 资 企 业	138 005	580 583	55 844 615	50 515 606	6 365 663	6 322 708	49 480 374	23 106 886	18 462
2.港澳台商投资企业	16	81	6 633	5 993	504	731	5 902	2 478	——
3.外商投资企业	27	85	3 126	2 878	529	597	2 529	1 820	——
按是否连锁分									
1.连 锁 门 店	18 828	83 951	8 855 832	7 484 601	1 160 135	1 743 708	7 111 674	3 577 311	10 310
2.非连锁门店	119 220	496 798	46 998 542	43 039 876	5 206 561	4 580 328	42 377 131	19 533 873	8 152
按 部 门 分									
文化部门	65	182	17 433	16 572	2 321	1 816	15 617	6 126	220
非文化部门	137 983	580 567	55 836 941	50 507 905	6 364 375	6 322 220	49 473 188	23 105 058	18 242

	损　益　及　分　配（千元）					
	差旅费	工会经费	营业利润	营业外收入	营业外支出	利润总额
总　　计	**70 630**	**41 321**	**15 107 905**	**1 187 765**	**1 190 654**	**15 107 348**
按城乡分						
1.城　　市	30 278	30 371	7 658 311	714 510	583 036	7 792 250
2.县　　城	25 440	6 980	4 850 035	317 634	400 626	4 766 910
3.县 以 下	14 912	3 970	2 599 559	155 621	206 992	2 548 188
按登记注册类型分						
1.内 资 企 业	70 618	41 321	15 105 775	1 187 729	1 190 599	15 105 237
2.港澳台商投资企业	——	——	1 387	10	9	1 388
3.外商投资企业	12	——	743	26	46	723
按是否连锁分						
1.连 锁 门 店	9 267	4 418	2 222 417	246 993	243 774	2 225 623
2.非连锁门店	61 363	36 903	12 885 488	940 772	946 880	12 881 725
按 部 门 分						
文 化 部 门	12	3	6 741	372	326	6 787
非文化部门	70 618	41 318	15 101 164	1 187 393	1 190 328	15 100 561

场所(网吧)综合情况

损益及分配(千元)				
营业收入		营业总成本		
	主营业务收入		养老、医疗、失业等保险费	住房公积金和住房补贴
37 853 619	**32 281 357**	**19 945 811**	**147 883**	**36 946**
20 528 331	17 582 876	11 538 003	84 234	22 889
11 090 417	9 289 200	5 281 680	37 787	8 641
6 234 871	5 409 281	3 126 128	25 862	5 416
37 845 974	32 275 183	19 941 049	147 673	36 946
3 423	3 029	1 713	14	——
4 222	3 145	3 049	196	——
5 816 367	4 811 174	3 159 550	19 439	4 911
32 037 252	27 470 183	16 786 261	128 444	32 035
12 636	8 889	3 811	27	8
37 840 983	32 272 468	19 942 000	147 856	36 938

工资、福利费、税金(千元)			增加值(千元)	计算机终端数(台)	上网人次(千人次)	经营面积(千平方米)
本年发放工资总额	本年应付福利费总额	本年应交税金总额				
5 936 553	**247 798**	**1 741 725**	**29 688 019**	**11 315 209**	**16 776 040**	**30 324**
3 245 626	154 622	923 077	15 601 440	6 068 576	9 314 849	16 334
1 674 311	61 192	518 268	9 054 830	3 349 358	4 927 146	8 903
1 016 616	31 984	300 380	5 031 749	1 897 275	2 534 045	5 088
5 934 978	247 725	1 740 595	29 681 850	11 308 509	16 772 516	30 301
753	27	352	3 037	1 246	1 547	4
822	46	778	3 132	5 454	1 977	19
892 059	51 374	246 920	4 606 517	1 608 973	2 721 321	4 294
5 044 494	196 424	1 494 805	25 081 502	9 706 236	14 054 719	26 030
1 777	28	1 038	11 943	3 718	5 433	9
5 934 776	247 770	1 740 687	29 676 076	11 311 491	16 770 607	30 315

全国艺术品经营

	机构数（个）	从业人员（人）	资产、负债、所有者权益（千元）						
			资产总计			负债总计	所有者权益合计		
				固定资产原值	当年提取的折旧总额			实收资本	
									国家资本金
总　计	**2 319**	**8 942**	**1 509 814**	**799 725**	**51 148**	**508 687**	**1 001 127**	**636 053**	**9 218**
按城乡分									
1.城　市	1 418	5 443	1 051 118	441 375	34 729	458 120	592 998	497 616	5 452
2.县　城	823	3 051	426 227	327 175	15 300	48 177	378 050	131 710	3 552
3.县 以 下	78	448	32 469	31 175	1 119	2 390	30 079	6 727	214
按登记注册类型分									
1.内资企业	2 314	8 923	1 506 914	799 160	50 934	505 913	1 001 001	629 684	9 218
2.港澳台商投资企业	2	4	151	201	150	——	151	——	——
3.外商投资企业	3	15	2 749	364	64	2 774	－25	6 369	——
按经营类别分									
1.艺术品销售	1 955	7 194	1 042 861	574 896	40 102	341 727	701 134	511 149	5 770
2.艺术品拍卖	5	99	30 485	5 427	347	5 443	25 042	20 000	——
3.艺术品展览	79	429	160 321	84 875	1 527	48 794	111 527	26 142	——
4.艺术品评估鉴定	——	——	——	——	——	——	——	——	——
5.艺术品经纪代理	24	123	26 768	5 508	405	20 583	6 185	1 551	——
6.其　他	256	1 097	249 379	129 019	8 767	92 140	157 239	77 211	3 448
按部门分									
文化部门	5	38	44 004	23 081	265	38 033	5 971	1 670	1 140
非文化部门	2 314	8 904	1 465 810	776 644	50 883	470 654	995 156	634 383	8 078

	损　益　及　分　配（千元）						
	差旅费	工会经费	营业利润	营业外收入		营业外支出	利润总额
					政府补助（补贴收入）		
总　计	**2 524**	**330**	**365 682**	**14 980**	**1 280**	**38 498**	**342 164**
按城乡分							
1.城　市	2 013	237	226 983	5 157	951	16 533	215 607
2.县　城	482	72	125 007	9 673	249	21 577	113 103
3.县 以 下	29	21	13 692	150	80	388	13 454
按登记注册类型分							
1.内资企业	2 487	329	365 595	14 930	1 280	38 498	342 027
2.港澳台商投资企业	——	——	50	50	——	——	100
3.外商投资企业	37	1	37	——	——	——	37
按经营类别分							
1.艺术品销售	1 530	239	279 458	14 328	1 100	38 071	255 715
2.艺术品拍卖	236	22	21 992	142	80	108	22 026
3.艺术品展览	148	5	23 590	32	——	112	23 510
4.艺术品评估鉴定	——	——	——	——	——	——	——
5.艺术品经纪代理	151	——	1 964	20	——	5	1 979
6.其　他	459	64	38 678	458	100	202	38 934
按部门分							
文化部门	10	——	7 095	——	——	——	7 095
非文化部门	2 514	330	358 587	14 980	1 280	38 498	335 069

机构综合情况

损益及分配（千元）				
营业收入		营业总成本		
	主营业务收入		养老、医疗、失业等保险费	住房公积金和住房补贴
981 962	**922 401**	**597 582**	**6 407**	**2 150**
633 763	589 469	394 505	5 248	1 756
321 790	310 472	190 990	1 014	374
26 409	22 460	12 087	145	20
979 864	921 431	595 639	6 318	2 146
223	101	106	1	——
1 875	869	1 837	88	4
742 285	698 283	450 590	4 029	693
38 833	35 216	13 663	669	974
56 579	51 280	32 720	755	108
——	——	——	——	——
5 374	4 440	3 054	39	——
138 891	133 182	97 555	915	375
15 821	10 617	8 612	43	6
966 141	911 784	588 970	6 364	2 144

工资、福利费、税金（千元）			增加值（千元）	拍卖场次（场）	年成交件数（件）	年成交额（千元）	展览场次（场）	经营面积（千平方米）
本年发放工资总额	本年应付福利费总额	本年应交税金总额						
114 113	**6 377**	**46 769**	**596 022**	**51**	**4 457**	**355 425**	**22 756**	**358.17**
65 859	2 850	33 437	374 114	11	4 157	355 245	7 138	220.59
42 329	2 777	12 039	198 940	——	——	——	15 369	119.51
5 925	750	1 293	22 968	40	300	180	249	18.08
113 442	6 362	46 664	594 833	51	4 457	355 425	22 755	356.70
19	——	3	223	——	——	——	——	0.30
652	15	102	966	——	——	——	1	1.17
85 563	4 897	32 125	450 088	——	——	——	14 465	272.87
5 313	185	3 861	33 378	51	4 457	355 425	41	3.35
5 337	203	3 256	34 791	——	——	——	1 735	17.15
——	——	——	——	——	——	——	——	——
823	28	694	3 963	——	——	——	214	9.08
17 077	1 064	6 833	73 802	——	——	——	6 301	55.73
960	13	775	9 158	——	——	——	4	2.54
113 153	6 364	45 994	586 864	51	4 457	355 425	22 752	355.63

全国文化市场其他

	机构数(个)	从业人员(人)	资产、负债、所有者权益(千元)			
			资产总计			负债总计
				固定资产原值	当年提取的折旧总额	
总　计	**15 352**	**36 860**	**2 223 435**	**1 805 979**	**103 758**	**281 381**
按城乡分						
1.城　市	6 499	19 375	1 364 144	1 033 464	52 225	200 214
2.县　城	6 929	14 661	728 660	645 071	47 680	64 732
3.县以下	1 924	2 824	130 631	127 444	3 853	16 435
按登记注册类型分						
1.内资企业	15 344	36 644	2 223 015	1 805 692	103 700	281 187
2.港澳台商投资企业	7	213	340	242	58	194
3.外商投资企业	1	3	80	45	——	——
按部门分						
文化部门	4	90	3 606	1 561	41	20
非文化部门	15 348	36 770	2 219 829	1 804 418	103 717	281 361

	损益及分配(千元)				
	费用				营业利润
	养老、医疗、失业等保险费	住房公积金和住房补贴	差旅费	工会经费	
总　计	**10 630**	**4 118**	**4 316**	**2 302**	**746 731**
按城乡分					
1.城　市	6 322	2 142	2 532	1 123	489 683
2.县　城	3 936	1 945	1 725	1 172	226 459
3.县以下	372	31	59	7	30 589
按登记注册类型分					
1.内资企业	10 625	4 113	4 289	2 287	746 638
2.港澳台商投资企业	5	5	27	15	73
3.外商投资企业	——	——	——	——	20
按部门分					
文化部门	89	58	72	10	285
非文化部门	10 541	4 060	4 244	2 292	746 446

经营单位综合情况

损益及分配(千元)					
所有者权益合计			营业总收入		
	实收资本				
		国家资本金		主营业务收入	营业总成本
1 942 054	**932 092**	**45 341**	**1 762 250**	**1 604 313**	**947 376**
1 163 930	571 552	27 055	1 102 407	1 010 090	577 420
663 928	310 916	18 056	595 501	535 402	338 609
114 196	49 624	230	64 342	58 821	31 347
1 941 828	932 007	45 341	1 761 809	1 603 985	947 108
146	85	——	389	283	243
80	——	——	52	45	25
3 586	3 576	3 576	2 132	2 032	1 847
1 938 468	928 516	41 765	1 760 118	1 602 281	945 529

营业外收入		营业外支出	利润总额	工资、福利费、税金(千元)			增加值(千元)	经营面积(千平方米)
	政府补助(补贴收入)			本年发放工资总额	本年应付福利费总额	本年应交税金总额		
29 824	**2 720**	**48 148**	**728 407**	**303 057**	**11 991**	**70 529**	**1 253 415**	**9 778.30**
22 459	1 203	35 541	476 601	179 272	8 973	41 994	781 887	4 005.79
6 412	1 323	11 248	221 623	106 073	2 893	25 285	415 588	2 685.17
953	194	1 359	30 183	17 712	125	3 250	55 940	3 087.35
29 820	2 720	48 122	728 336	302 983	11 990	70 508	1 253 092	9 726.81
4	——	26	51	54	1	9	271	51.29
——	——	——	20	20	——	12	52	0.20
512	416	50	747	904	82	22	1 496	9.65
29 312	2 304	48 098	727 660	302 153	11 909	70 507	1 251 919	9 768.65

全国文化市场连锁

	机构数（个）	从业人员（人）	资产、负债、所有者权益（千元）						
			资产总计			负债总计	所有者权益合计		
				固定资产原值	当年提取的折旧总额			实收资本	
									国家资本金
总　计	**254**	**3 468**	**1 188 948**	**655 620**	**81 891**	**406 120**	**782 828**	**844 252**	**14 732**
按城乡分									
1.城市	75	2 998	1 159 523	626 195	81 323	406 120	753 403	844 252	14 732
2.县城	178	468	29 375	29 375	567	——	29 375	——	——
3.县以下	1	2	50	50	1	——	50	——	——
按登记注册类型分									
1.内资企业	254	3 468	1 188 948	655 620	81 891	406 120	782 828	844 252	14 732
2.港澳台商投资企业	——	——	——	——	——	——	——	——	——
3.外商投资企业	——	——	——	——	——	——	——	——	——
按连锁类型分									
1.网吧	246	3 450	1 188 433	655 105	81 881	406 120	782 313	844 252	14 732
2.娱乐场所	——	——	——	——	——	——	——	——	——
3.其他	8	18	515	515	10	——	515	——	——
按部门分									
文化部门	——	——	——	——	——	——	——	——	——
非文化部门	254	3 468	1 188 948	655 620	81 891	406 120	782 828	844 252	14 732

	损益及分配（千元）						
	差旅费	工会经费	营业利润	营业外收入		营业外支出	利润总额
					政府补助（补贴收入）		
总　计	**4 711**	**1 093**	**64 699**	**5 955**	**10**	**14 424**	**56 230**
按城乡分							
1.城市	4 698	1 093	43 655	3 289	——	12 301	34 643
2.县城	13	——	21 024	2 666	10	2 123	21 567
3.县以下	——	——	20	——	——	——	20
按登记注册类型分							
1.内资企业	4 711	1 093	64 699	5 955	10	14 424	56 230
2.港澳台商投资企业	——	——	——	——	——	——	——
3.外商投资企业	——	——	——	——	——	——	——
按连锁类型分							
1.网吧	4 698	1 093	64 499	5 930	10	14 424	56 005
2.娱乐场所	——	——	——	——	——	——	——
3.其他	13	——	200	25	——	——	225
按部门分							
文化部门	——	——	——	——	——	——	——
非文化部门	4 711	1 093	64 699	5 955	10	14 424	56 230

经营机构综合情况

损益及分配（千元）				
营业收入		营业总成本		
	主营业务收入		养老、医疗、失业等保险费	住房公积金和住房补贴
307 865	**259 028**	**205 066**	**5 903**	**2 506**
278 778	235 145	197 384	5 903	2 503
29 032	23 828	7 647	——	3
55	55	35	——	——
307 865	259 028	205 066	5 903	2 506
——	——	——	——	——
——	——	——	——	——
307 370	258 533	204 771	5 903	2 503
——	——	——	——	——
495	495	295	——	3
	——	——	——	——
307 865	259 028	205 066	5 903	2 506

工资、福利费、税金（千元）			增加值（千元）	经营面积（千平方米）	连锁门店数（个）		
本年发放工资总额	本年应付福利费总额	本年应交税金总额				直营门店数	加盟门店数
53 852	**1 726**	**13 586**	**240 071**	**286.62**	**17 519**	**3 069**	**7 605**
49 367	1 702	12 042	212 402	236.49	10 577	3 061	7 605
4 483	24	1 544	27 646	50.02	6 940	7	——
2	——	——	23	0.10	2	1	——
53 852	1 726	13 586	240 071	286.62	17 519	3 069	7 605
——	——	——	——	——	——	——	——
——	——	——	——	——	——	——	——
53 700	1 726	13 586	239 705	285.73	17 503	3 061	7 605
——	——	——	——	——	——	——	——
152	——	——	366	0.89	16	8	——
——	——	——	——	——	——	——	——
53 852	1 726	13 586	240 071	286.62	17 519	3 069	7 605

全国文化市场执法

	机构数（个）	从业人员（人）				本年收入合计（千元）		
			行政编制	事业编制	其他人员	（千元）	财政拨款	其他收入
总　计	**2 702**	**21 439**	**3 666**	**14 759**	**1 871**	**1 113 488**	**945 074**	**90 573**
中　央	——	——	——	——	——	——	——	——
省、区、市	32	551	121	394	17	71 004	65 099	2 933
地市级	254	2 934	520	2 057	222	206 884	186 704	7 436
县市级	2 416	17 954	3 025	12 308	1 632	835 600	693 271	80 204

	本年支出合计（千元）				资产合计		增加值（千元）
	在支出合计中：（千元）						
	对个人和家庭补助支出	抚恤金和生活补助	其他资本性支出	各种设备购置费	（千元）	固定资产原值	
总　计	**60 590**	**3 278**	**39 988**	**22 359**	**607 048**	**398 807**	**692 369**
中　央	——	——	——	——	——	——	——
省、区、市	2 842	29	2 995	945	102 824	38 243	33 323
地市级	18 686	602	5 368	4 527	126 157	78 537	139 932
县市级	39 062	2 647	31 625	16 887	378 067	282 027	519 114

全国其他文化

	机构数（个）	从业人员（人）			本年收	
			高级职称	中级职称		财政拨款
总　计	**834**	**10 624**	**1 413**	**2 006**	**2 310 274**	**1 435 702**
一、其他艺术业	**360**	**3 353**	**803**	**824**	**656 758**	**439 344**
1. 艺术创作机构	306	2 166	616	543	237 335	207 353
其中：剧目创作室	107	555	137	156	45 691	43 512
2. 艺术展览机构	43	1 052	171	239	402 012	219 745
其中：美术馆	29	715	134	150	343 498	181 298
3. 其他艺术	11	135	16	42	17 411	12 246
二、其　他	**474**	**7 271**	**610**	**1 182**	**1 653 516**	**996 358**

	本年支出合计（千元）					
	在支出合计中：					
	工资福利支出	商品和服务支出	差旅费	劳务费	福利费	税金支出
总　计	**487 820**	**930 387**	**20 674**	**45 460**	**11 174**	**31 790**
一、其他艺术业	**164 548**	**218 446**	**8 260**	**14 925**	**1 767**	**2 837**
1. 艺术创作机构	88 983	73 459	3 143	7 471	895	386
其中：剧目创作室	21 008	8 794	496	1 823	216	8
2. 艺术展览机构	70 728	141 862	5 015	7 224	654	2 248
其中：美术馆	56 191	112 627	3 802	5 664	521	1 883
3. 其他艺术	4 837	3 125	102	230	218	203
二、其　他	**323 272**	**711 941**	**12 414**	**30 535**	**9 407**	**28 953**

机构综合情况

本年支出合计（千元）								
	基本支出	项目支出	工资福利支出	在支出合计中：				
					商品和服务支出			
					差旅费	劳务费	福利费	税金支出
1 079 285	**761 116**	**141 937**	**587 895**	**253 035**	**25 399**	**9 244**	**13 154**	**1 568**
——	——	——	——	——	——	——	——	——
59 692	48 802	10 889	27 572	24 608	1 847	259	229	8
207 434	154 897	26 533	114 146	53 423	5 485	1 446	2 157	95
812 159	557 417	104 515	446 177	175 004	18 067	7 539	10 768	1465

公用房屋建筑面积（千平方米）	执法装备				参加人身意外伤害保险人数(人)	
	机动执法车辆（辆）	数码取证设备（台）	执法通讯设备（台）	影视鉴定设备（台）		保险费用（千元）
211.44	**2 357**	**2 550**	**1 858**	**532**	**2 962**	**2 632**
——	——	——	——	——	——	——
4.13	84	85	59	34	186	96
25.47	399	459	332	81	522	389
181.85	1 874	2 006	1 467	417	2 254	2 147

事业机构综合情况

入合计(千元)			本年支出合计			
事业收入	经营收入	其他收入	（千元）	基本支出	项目支出	经营支出
545 052	**67 873**	**213 003**	**2 171 528**	**1 419 812**	**667 231**	**63 683**
62 893	**5 796**	**121 604**	**550 616**	**375 785**	**164 325**	**6 366**
10 898	1 757	14 570	246 162	181 756	59 797	1 393
357	——	1 142	45 941	38 887	5 936	30
50 313	3 554	104 036	289 959	181 026	103 680	4 510
43 884	——	93 952	236 416	148 790	86 885	——
1 682	485	2 998	14 495	13 003	848	463
482 159	**62 077**	**91 399**	**1 620 912**	**1 044 027**	**502 906**	**57 317**

对个人和家庭补助支出		其他资本性支出		资产合计		增加值（千元）	公用房屋建筑面积（千平方米）
	抚恤金和生活补助		各种设备购置费	（千元）	固定资产原值		
274 455	**14 802**	**160 528**	**89 575**	**4 206 361**	**2 336 826**	**966 252**	**921.22**
81 159	**2 389**	**58 570**	**19 479**	**1 069 437**	**776 340**	**304 601**	**306.61**
47 716	1 585	13 054	7 665	267 656	212 982	152 780	140.80
12 859	432	485	464	14 024	8 598	35 851	3.24
27 593	611	45 503	11 811	780 483	550 678	140 090	154.67
22 378	564	44 204	10 541	683 762	467 023	114 188	94.68
5 850	193	13	3	21 298	12 680	11 731	11.15
193 296	**12 413**	**101 958**	**70 096**	**3 136 924**	**1 560 486**	**661 651**	**614.61**

全国其他文化

	机构数（个）	从业人员（人）			资产、负债、所有者权益 （千元）			
			高级职称	中级职称	资产总计			负债总计
						固定资产原值	当年提取的折旧总额	
总　计	**384**	**13 757**	**441**	**1 045**	**9 719 623**	**2 185 956**	**137 414**	**5 953 504**
第一产业	——	——	——	——	——	——	——	——
第二产业	28	4 893	149	282	864 526	308 715	13 639	565 162
其中：制造业	19	4 686	149	275	815 697	301 593	13 106	513 870
建筑业	6	92	——	7	26 654	3 978	132	24 712
第三产业	356	8 864	292	763	8 855 097	1 877 241	123 775	5 388 342
其中：批、零和餐饮业	57	1 505	9	49	381 321	328 673	20 224	186 206
房地产业	5	216	7	15	277 938	164 348	7 989	202 835
文化产业	214	5 225	223	564	2 470 814	926 677	69 207	1 534 166
按部门分								
文化部门	353	7 122	226	647	3 164 149	1 258 501	92 709	1 905 540
非文化部门	31	6 635	215	398	6 555 474	927 455	44 705	4 047 964

	损益及分配 （千元）					
	营业总成本					营业利润
		养老、医疗、失业等保险费	住房公积金和住房补贴	差旅费	工会经费	
总　计	**2 756 865**	**69 019**	**20 933**	**20 563**	**5 133**	**76 336**
第一产业	——	——	——	——	——	——
第二产业	856 131	14 095	4 417	3 318	1 168	65 297
其中：制造业	791 922	12 599	4 222	3 298	1 142	63 102
建筑业	17 706	862	124	11	9	－1 116
第三产业	1 900 734	54 924	16 516	17 245	3 965	11 039
其中：批、零和餐饮业	231 376	8 734	3 723	1 851	1 139	29 202
房地产业	28 881	603	126	325	46	－763
文化产业	1 276 339	35 323	8 504	11 918	1 937	－75 802
按部门分						
文化部门	1 358 885	48 482	13 237	10 951	2 820	－54 009
非文化部门	1 397 980	20 537	7 696	9 612	2 313	130 345

全国文化行政

	机构数（个）	从业人员（人）		本年收入合计（千元）		
			事业编制人员		财政拨款	
						行政运行
总　计	**3 088**	**51 230**	**14 838**	**14 972 346**	**13 721 773**	**3 814 876**
中　央	1	489	——	822 809	773 554	47 229
省、区、市	31	2 142	93	2 689 893	2 485 170	320 465
地、市	322	8 719	1 336	3 054 287	2 821 573	862 800
县、市	2 734	39 880	13 409	8 405 357	7 641 476	2 584 382

	本年支出合计（千元）				
	在支出合计中：				
	商品和服务支出				对个人和家
	差旅费	劳务费	福利费	税金支出	
总　计	**199 873**	**280 139**	**39 059**	**9 508**	**1 103 280**
中　央	20 632	17 990	58	——	62 910
省、区、市	27 483	30 332	2 158	307	143 306
地、市	59 527	76 615	6 527	880	337 900
县、市	92 231	155 202	30 316	8 321	559 164

企业综合情况

所有者权益合计			损益及分配(千元)	
	实收资本		营业总收入	
		国家资本金		主营业务收入
3 766 119	**2 095 466**	**1 460 441**	**2 875 363**	**2 585 229**
——	——	——	——	——
299 364	174 656	55 258	923 810	863 800
301 827	161 321	49 423	856 522	797 924
1 942	5 309	5 309	17 474	16 062
3 466 755	1 920 810	1 405 183	1 951 553	1 721 429
195 115	134 247	105 251	263 994	223 779
75 103	29 500	29 499	28 461	25 810
936 648	616 209	422 012	1 230 610	1 087 989
1 258 609	896 389	585 118	1 343 414	1 141 088
2 507 510	1 199 077	875 323	1 531 949	1 444 141

营业外收入				工资、福利费、税金(千元)				公用房屋建筑面积	
	政府补助(补贴收入)	营业外支出	利润总额	本年发放工资总额	本年应付福利费总额	本年应交税金总额	增加值(千元)	(千平方米)	业务用房面积
158 986	**77 824**	**25 578**	**209 744**	**330 997**	**23 806**	**156 328**	**993 393**	**1 029.99**	**570.21**
——	——	——	——	——	——	——	——	——	——
3 265	2 358	3 948	64 614	69 201	3 608	32 195	208 874	146.42	126.61
2 466	2 358	−21	65 589	65 909	3 340	29 398	195 668	144.19	125.71
——	——	2	−1 118	1 774	156	1 177	4 375	2.20	0.90
155 721	75 466	21 630	145 130	261 796	20 198	124 133	784 519	883.57	443.60
29 787	292	772	58 217	55 870	4 478	24 547	157 918	97.64	68.87
6 514	6 134	3 113	2 638	4 692	540	4 109	18 125	33.82	25.88
65 391	17 910	11 005	−21 416	141 598	6 577	68 784	403 890	477.50	250.75
100 611	22 304	18 979	27 623	210 730	12 311	86 844	556 230	656.34	286.22
58 375	55 520	6 599	182 121	120 267	11 495	69 484	437 163	373.65	283.99

主管部门综合情况

		本年支出合计(千元)				
一般行政管理事务	文化活动等经费		基本支出	项目支出	工资福利支出	商品和服务支出
1 045 244	**5 764 765**	**14 934 803**	**6 008 300**	**8 241 230**	**2 351 941**	**6 522 357**
35 380	690 944	1 150 127	205 257	944 870	72 522	950 917
72 514	1 242 887	2 448 827	512 653	1 935 112	147 453	1 382 508
244 421	1 105 308	3 221 830	1 308 304	1 837 052	516 101	1 302 440
692 929	2 725 626	8 114 019	3 982 086	3 524 196	1 615 865	2 886 492

庭补助支出	其他资本性支出		资产合计			
抚恤金和生活补助		各种设备购置费	(千元)	固定资产原值	增加值(千元)	公用房屋建筑面积(千平方米)
79 469	**1 877 435**	**596 471**	**15 755 533**	**8 306 526**	**4 049 499**	**3 130.46**
24 609	63 778	4 962	2 104 751	1 081 439	173 449	134.41
4 457	541 775	274 219	2 698 196	785 881	352 295	193.11
8 745	477 159	67 828	3 315 498	1 749 042	1 003 050	647.86
41 658	794 723	249 462	7 637 088	4 690 164	2 520 705	2 155.08

全国文物业

	机构数（个）	从业人员（人）	高级职称	中级职称	文物藏品（件/套）	一级品	二级品	三级品	本年考古出土文物及标本数（件/套）	本年从有关部门接收文物数（件/套）	本年藏品征集数（件/套）
总　计	**4 842**	**101 986**	**5 806**	**13 844**	**26 802 714**	**66 818**	**1 116 185**	**3 052 652**	**29 286**	**49 127**	**161 630**
按单位性质分											
文物科研机构	104	3 799	794	863	929 189	2 582	9 091	101 684	29 286	225	247
文物保护管理机构	2 263	28 629	895	3 548	1 958 904	5 388	18 265	160 695	——	4 682	9 414
博 物 馆	2 252	59 919	3 680	8 324	15 711 150	56 277	1 060 569	2 647 498	——	44 211	150 680
文物商店	80	1 898	97	382	7 616 192	84	178	12 335	——	——	——
其他文物机构	143	7 741	340	727	587 279	2 487	28 082	130 440	——	9	1 289
按隶属关系分											
中　央	11	2 584	451	531	2 162 318	15 078	793 481	806 856	——	4 005	848
省 区 市	257	23 709	1 991	2 706	12 743 630	22 759	210 499	1 251 514	10 616	9 459	49 982
地　市	978	30 805	2 121	5 159	6 586 064	13 676	62 591	518 198	18 645	8 076	48 259
县　市	3 596	44 888	1 243	5 448	5 310 702	15 305	49 614	476 084	25	27 587	62 541
按部门分											
文物部门	4 608	94 243	5 582	13 009	25 961 672	65 797	1 114 548	2 973 565	29 286	47 964	140 577
其他部门	234	7 743	224	835	841 042	1 021	1 637	79 087	——	1 163	21 053

	门票销售总额（千元）	本年收入合计（千元）	财政拨款	事业收入	经营收入	其他收入	本年支出合计（千元）	基本支出	项目支出	经营支出
总　计	**2 406 074**	**15 284 667**	**9 794 552**	**2 790 004**	**314 144**	**835 253**	**14 173 330**	**6 434 049**	**6 383 609**	**217 735**
按单位性质分										
文物科研机构	57 384	882 098	278 719	495 323	3 230	91 020	860 622	476 364	381 048	1 808
文物保护管理机构	1 358 248	3 089 487	1 474 012	1 102 015	76 286	181 304	2 905 600	1 718 527	871 237	72 032
博 物 馆	990 442	7 659 240	5 692 991	1 097 551	169 256	528 089	7 007 204	3 655 770	3 025 596	106 359
文物商店	——	521 549	8 403	——	——	——	475 387	——	——	——
其他文物机构	——	3 132 293	2 340 427	95 115	65 372	34 840	2 924 517	583 388	2 105 728	37 536
按隶属关系分										
中　央	55	1 339 627	1 097 458	92 490	130 145	16 263	1 235 885	366 842	794 594	71 202
省 区 市	513 571	4 711 338	2 885 152	783 821	43 652	305 447	4 287 343	1 428 282	2 391 882	16 643
地　市	863 783	4 967 039	2 982 760	1 190 097	29 688	332 683	4 469 078	2 401 203	1 704 489	14 040
县　市	1 028 665	4 266 663	2 829 182	723 596	110 659	180 860	4 181 024	2 237 722	1 492 644	115 850
按部门分										
文物部门	2 049 332	14 607 483	9 520 658	2 565 731	222 580	764 690	13 427 399	5 939 126	6 195 611	173 922
其他部门	356 742	677 184	273 894	224 273	91 564	70 563	745 931	494 923	187 998	43 813

综合情况

(件/套)	本年修复藏品数 一级品	二级品	三级品	考古发掘项目 (个)	基本建设中考古发掘项目	抢救性发掘项目	主动性发掘项目	考古钻探面积(千平方米)	考古发掘面积(千平方米)	发掘墓葬数(个)	基本陈列(个)	举办展览(个)	参观人次 (千人次)	未成年人参观人次(千人次)
44 440	**480**	**1 472**	**20 700**	**2 904**	**1 537**	**1 016**	**272**	**66 558.01**	**3 809.11**	**20 448**	**6 173**	**10 347**	**432 482**	**122 034**
11 493	20	73	614	938	605	221	96	44 902.45	1 188.93	10 965	10	4	13 276	2 744
3 755	107	94	1 226	763	200	357	155	9 349.09	1 301.75	4 474	1 310	1 139	92 050	19 506
29 184	353	1 305	18 860	1 203	732	438	21	12 306.47	1 318.43	5 009	4 853	9 204	327 156	99 784
——	——	——	——	——	——	——	——	——	——	——	——	——	——	——
8	——	——	——	——	——	——	——	——	——	——	——	——	——	——
163	6	138	19	2	——	1	1	200.00	1.10	1	45	60	12 564	1 518
10 601	182	798	1 498	540	339	101	85	24 902.73	1 540.57	7 798	353	1 023	58 525	16 991
25 471	115	276	16 441	1 411	1 010	351	33	34 687.63	537.68	9 136	1 327	3 263	146 969	35 908
8 205	177	260	2 742	951	188	563	153	6 767.64	1 729.76	3 513	4 448	6 001	214 424	67 617
43 048	479	1 465	20 601	2 903	1 537	1 016	271	66 558.01	3 808.61	20 448	5 760	9 737	372 724	105 504
1 392	1	7	99	1	——	——	1	——	0.50	——	413	610	59 758	16 530

在支出合计中：工资福利支出	商品和服务支出 差旅费	劳务费	福利费	各种税金支出	对个人和家庭补助支出	抚恤金和生活补助	其他资本性支出	各种设备购置费	资产总计 (千元)	固定资产原值	增加值(千元)	公用房屋建筑面积 (千平方米)	文物库房
3 175 271	**181 957**	**317 173**	**78 226**	**124 451**	**743 365**	**32 904**	**1 892 297**	**536 433**	**32 031 160**	**19 359 400**	**5 757 126**	**13 436.01**	**1 154.08**
178 128	35 922	82 600	3 699	3 875	53 369	2 509	108 098	47 956	1 676 766	960 038	441 732	300.70	70.34
844 730	29 824	49 349	22 145	23 999	144 131	8 568	387 953	51 829	6 432 931	3 223 512	1 316 540	2 626.46	109.57
1 894 828	78 697	147 745	37 034	49 677	487 200	19 363	1 064 426	367 581	19 545 758	13 898 959	3 252 904	9 668.58	891.14
7 581	5 513	——	7 581	30 493	——	——	——	——	1 340 318	291 887	240 463	179.39	81.33
250 004	32 001	37 479	7 767	16 407	58 665	2 464	331 820	69 067	3 035 387	985 004	505 487	660.88	1.71
186 635	18 832	18 268	2 588	15 613	112 067	1 287	277 261	165 404	2 433 326	954 979	399 447	464.59	104.90
691 501	61 983	112 391	19 012	55 260	206 535	11 290	680 558	207 026	10 371 041	6 048 204	1 605 047	2 216.75	393.30
1 127 088	51 264	110 301	27 914	32 250	261 780	9 039	562 514	84 550	10 689 322	5 783 628	2 004 847	4 740.36	327.65
1 170 047	49 878	76 213	28 712	21 328	162 983	11 288	371 964	79 453	8 537 471	6 572 589	1 747 785	6 014.31	328.24
2 958 255	172 117	311 152	71 345	116 629	702 778	29 384	1 824 934	519 484	29 103 803	16 834 820	5 371 180	11 873.21	1 119.42
217 016	9 840	6 021	6 881	7 822	40 587	3 520	67 363	16 949	2 927 357	2 524 580	385 946	1 562.80	34.67

全国文物主管部门

	机构数(个)	从业人员(人)			文物藏品(件/套)				本年从有关部门接收文物数(件/套)	本年藏品征集数(件/套)
			高级职称	中级职称		一级品	二级品	三级品		
总　计	**710**	**5 203**	**170**	**448**	**131 751**	**666**	**1 071**	**9 358**	**9**	**1 211**
中　央	1	84	——	——	——	——	——	——	——	——
省区市	30	506	45	21	——	——	——	——	——	——
地　市	131	1 381	76	111	1 754	26	76	377	——	6
县　市	548	3 232	49	316	129 997	640	995	8 981	9	1 205

	本年支出合计(千元)					资产合计		增加值(千元)	公用房屋建筑面积(千平方米)	举办出国(境)文物展览(个)
	在支出合计中:									
	商品和服务支出	对个人和家庭补助支出		其他资本性支出		(千元)	固定资产原值			
	各种税金支出		抚恤金和生活补贴		各种设备购置费					
总　计	**382**	**50 484**	**1 531**	**266 359**	**29 834**	**2 291 189**	**770 965**	**302 589**	**612**	**37**
中　央	——	8 638	——	1 331	1 331	304 442	54 618	17 397	——	——
省区市	143	11 497	303	188 752	17 307	1 017 245	330 268	71 909	9	37
地　市	33	12 732	632	18 702	6 152	566 264	140 810	81 336	279	——
县　市	206	17 617	596	57 574	5 044	403 238	245 269	131 947	325	——

基本综合情况

本年收入合计(千元)					本年支出合计 (千元)							
	财政拨款	在财政拨款中:				基本支出	项目支出	在支出合计中:				
		行政运行	一般行政管理事务	文物保护等经费				工资福利支出	商品和服务支出			
										差旅费	劳务费	福利费
2 642 527	**2 223 501**	**232 654**	**106 889**	**1 425 169**	**2 514 530**	**472 217**	**2 004 733**	**191 916**	**1 571 551**	**21 752**	**26 722**	**2 377**
211 300	210 725	10 040	15 107	59 300	222 469	27 054	195 415	5 676	205 661	3 173	695	——
1 099 186	921 390	43 176	42 146	789 128	1 086 525	80 217	998 442	33 866	703 299	6 875	12 797	255
676 557	569 806	72 653	22 100	433 188	590 956	168 144	412 543	58 003	369 132	6 231	4 599	567
655 484	521 580	106 785	27 536	143 553	614 580	196 802	398 333	94 371	293 459	5 473	8 631	1 555

本年度培训情况(人次)					本辖区文物点(处)				各级文物保护专项资金设立情况(千元)		
	接受国内培训人员数			出国接受培训人员数		全国重点文物保护单位	省级文物保护单位	市县级文物保护单位	中央级	省级	市县级
	国家级培训班	省级培训班	市县级培训班								
10 283	**2 318**	**2 626**	**4 739**	**145**	**548 716**	**2 244**	**11 912**	**61 454**	**——**	**504 891**	**108 355**
1 969	1 969	——	——	——	——	——	——	——	——	——	——
5 594	336	2 496	2 379	145	548 716	2 244	11 912	61 454	——	504 891	36 130
860	4	16	691	——	——	——	——	——	——	——	22 475
1 860	9	114	1 669	——	——	——	——	——	——	——	49 750

全国文物保护管理

	机构数（个）	从业人员（人）	高级职称	中级职称	文物藏品（件/套）	一级品	二级品	三级品	本年从有关部门接收文物数（件/套）	本年藏品征集数（件/套）
总　计	**2 263**	**28 629**	**895**	**3 548**	**1 958 904**	**5 388**	**18 265**	**160 695**	**4 682**	**9 414**
按隶属关系分										
中　央	——	——	——	——	——	——	——	——	——	——
省 区 市	12	339	22	30	1 888	364	70	72	——	——
地　市	303	8 609	366	1 173	534 583	755	3 549	26 923	1 955	1 073
县　市	1 948	19 681	507	2 345	1 422 433	4 269	14 646	133 700	2 727	8 341
按部门分类										
文物部门	2 254	25 073	892	3 228	1 955 610	5 279	18 064	160 096	4 682	9 414
宗教部门	——	——	——	——	——	——	——	——	——	——
园林部门	——	——	——	——	——	——	——	——	——	——
其他部门	9	3 556	3	320	3 294	109	201	599	——	——
按机构类型分										
区域性文物保护管理机构	1 848	16 127	724	2 626	1 850 332	4 349	16 742	151 904	4 677	8 484
专门为一处或几处文物保护单位设立的保护管理机构	415	12 502	171	922	108 572	1 039	1 523	8 791	5	930

	本年收入合计（千元）	财政拨款	事业收入	经营收入	其他收入	本年支出合计（千元）	基本支出	项目支出	经营支出
总　计	**3 089 487**	**1 474 012**	**1 102 015**	**76 286**	**181 304**	**2 905 600**	**1 718 527**	**871 237**	**72 032**
按隶属关系分									
中　央	——	——	——	——	——	——	——	——	——
省 区 市	75 114	31 433	38 902	——	2 577	50 216	38 999	11 066	——
地　市	1 310 644	559 756	611 012	11 909	100 382	1 135 879	729 929	383 410	4 950
县　市	1 703 729	882 823	452 101	64 377	78 345	1 719 505	949 599	476 761	67 082
按部门分类									
文物部门	2 865 048	1 465 523	920 296	47 314	176 046	2 635 225	1 492 410	847 154	53 954
宗教部门	——	——	——	——	——	——	——	——	——
园林部门	——	——	——	——	——	——	——	——	——
其他部门	224 439	8 489	181 719	28 972	5 258	270 375	226 117	24 083	18 078
按机构类型分									
区域性文物保护管理机构	1 668 763	1 026 732	264 180	39 483	105 603	1 546 946	853 287	468 867	22 764
专门为一处或几处文物保护单位设立的保护管理机构	1 420 724	447 280	837 835	36 803	75 701	1 358 654	865 240	402 370	49 268

机构综合情况

本年修复藏品数				基本陈列	举办展览	参观人次		门票销售总额	考古发掘项目				考古钻探面积	考古发掘面积	发掘墓葬数
(件/套)	一级品	二级品	三级品	(个)	(个)	(千人次)	未成年人参观人次(千人次)	(千元)	(个)	基本建设中考古发掘项目	抢救性发掘项目	主动性发掘项目	(千平方米)	(千平方米)	(个)
3 755	**107**	**94**	**1 226**	**1 310**	**1 139**	**92 050**	**19 506**	**1 358 248**	**763**	**200**	**357**	**155**	**9 349**	**1 302**	**4 474**
——	——	——	——	——	——	——	——	——	——	——	——	——	——	——	——
——	——	——	——	4	8	996	27	58 850	——	——	——	——	——	——	——
701	——	16	7	116	187	22 187	3 352	545 807	160	81	61	7	5 661	94	2 588
3 054	107	78	1 219	1 190	944	68 867	16 127	753 591	603	119	296	148	3 689	1 208	1 886
3 755	107	94	1 226	1 301	1 137	78 258	17 008	1 091 311	763	200	357	155	9 349	1 302	4 474
——	——	——	——	——	——	——	——	——	——	——	——	——	——	——	——
——	——	——	——	——	——	——	——	——	——	——	——	——	——	——	——
——	——	——	——	9	2	13 792	2 498	266 937	——	——	——	——	——	——	——
3 635	107	94	1 223	1 058	838	52 960	13 639	500 618	758	198	355	154	9 349	1 283	4 473
120	——	——	3	252	301	39 090	5 867	857 630	5	2	2	1	——	18	1

在支出合计中:									资产总计		增加值	公用房屋建筑面积	
	商品和服务支出				对个人和家庭补助支出		其他资本性支出						
工资福利支出	差旅费	劳务费	福利费	各种税金支出		抚恤金和生活补助		各种设备购置费	(千元)	固定资产原值	(千元)	(千平方米)	文物库房
844 730	**29 824**	**49 349**	**22 145**	**23 999**	**144 131**	**8 568**	**387 953**	**51 829**	**6 432 931**	**3 223 512**	**1 316 540**	**2 626.46**	**109.57**
——	——	——	——	——	——	——	——	——	——	——	——	——	——
18 382	771	487	56	300	5 815	73	1 560	374	115 906	37 489	44 804	25.66	0.40
310 870	9 863	24 174	8 694	12 677	73 580	2 776	277 496	14 587	3 635 330	1 178 798	557 551	1 105.92	20.47
515 478	19 190	24 688	13 395	11 022	64 736	5 719	108 897	36 868	2 681 695	2 007 225	714 185	1 494.88	88.70
740 912	28 458	48 863	17 634	23 439	123 025	6 359	381 382	46 076	6 124 168	3 016 804	1 175 930	2 576.13	108.27
——	——	——	——	——	——	——	——	——	——	——	——	——	——
——	——	——	——	——	——	——	——	——	——	——	——	——	——
103 818	1 366	486	4 511	560	21 106	2 209	6 571	5 753	308 763	206 708	140 610	50.33	1.31
434 795	21 878	40 428	7 472	6 695	77 293	5 269	86 135	17 319	3 290 671	1 523 561	654 907	1 831.93	94.55
409 935	7 946	8 921	14 673	17 304	66 838	3 299	301 818	34 510	3 142 260	1 699 951	661 633	794.53	15.02

全国博物馆

	机构数（个）	从业人员（人）	高级职称	中级职称	安全保卫人员（人）	藏品（件/套）	一级品	二级品	三级品	本年从有关部门接收文物数（件/套）	本年藏品征集数（件/套）
总计	**2 252**	**59 919**	**3 680**	**8 324**	**10 443**	**15 711 150**	**56 277**	**1 060 569**	**2 647 498**	**44 211**	**150 680**
其中：免费开放	1 749	43 541	2 634	6 142	7 195	11 732 247	33 015	254 270	1 685 294	38 789	132 479
按机构类型分											
综合性	1 086	24 421	1 757	4 282	4 920	9 512 857	26 080	190 588	1 470 982	17 445	59 321
历史类	817	28 143	1 219	2 898	4 214	3 634 022	19 106	670 651	685 136	21 001	51 236
艺术类	114	2 673	250	435	454	576 183	2 085	43 984	159 280	1 318	11 105
自然科技类	73	1 460	149	226	256	950 981	1 321	3 086	77 261	184	22 806
其他	162	3 222	305	483	599	1 037 107	7 685	152 260	254 839	4 263	6 212
按隶属关系分											
中央	5	2 021	329	426	428	1 762 318	13 493	771 540	689 521	4 005	848
省区市	108	18 197	1 224	1 735	2 461	6 228 773	20 117	197 682	1 189 491	9 280	49 982
地市	543	18 243	1 461	3 420	3 403	4 187 633	12 328	57 522	436 340	6 075	46 933
县市	1 596	21 458	666	2 743	4 151	3 532 426	10 339	33 825	332 146	24 851	52 917
按系统分类											
文物系统	2 028	55 746	3 459	7 812	9 555	14 873 402	55 365	1 059 133	2 569 010	43 048	129 627
非文物系统	181	3 889	200	490	809	709 513	912	1 436	73 880	1 163	17 656
私人	43	284	21	22	79	128 235	——	——	4 608	——	3 397

	考古钻探面积（千平方米）	考古发掘面积（千平方米）	发掘墓葬数（个）	基本陈列（个）	举办展览（个）	参观人次（千人次）	未成年人参观人次	门票销售总额（千元）	本年承担课题、项目数（个）	省部级以上课题、项目数	结项课题、项目数
总计	**12 306**	**1 318**	**5 009**	**4 853**	**9 204**	**327 156**	**99 784**	**990 442**	**540**	**244**	**150**
其中：免费开放	11 321	1 285	4 695	4 109	8 065	246 573	83 228	92 150	338	184	106
按机构类型分											
综合性	10 658	1 033	3 957	2 486	4 727	126 086	43 814	171 949	214	130	69
历史性	578	135	836	1 699	2 948	158 411	44 144	693 674	190	47	37
艺术类	60	147	209	226	867	14 666	2 888	72 909	36	17	8
自然科技类	——	1	——	173	159	7 237	3 148	29 148	60	32	18
其他	1 010	3	7	269	503	20 756	5 790	22 762	40	18	18
按隶属关系分											
中央	200	1	1	45	60	12 564	1 518	55	105	13	10
省区市	1 497	542	343	346	1 013	56 997	16 957	407 629	189	129	45
地市	8 179	269	3 159	1 204	3 074	112 703	29 980	317 724	150	56	61
县市	2 431	506	1 506	3 258	5 057	144 892	51 329	265 034	96	46	34
按系统分类											
文物系统	12 306	1 318	5 009	4 449	8 596	281 190	85 752	900 637	460	201	122
非文物系统	——	1	——	328	510	44 378	13 638	87 268	73	43	27
私人	——	——	——	76	98	1 588	394	2 537	7	——	1

	本年支出合计（千元）	基本支出	项目支出	经营支出	在支出合计中：工资福利支出	商品和服务支出	差旅费	劳务费	福利费	税金支出
总计	**7 007 204**	**3 655 770**	**3 025 596**	**106 359**	**1 894 828**	**2 676 751**	**78 697**	**147 745**	**37 034**	**49 677**
其中：免费开放	4 635 864	2 431 280	1 987 293	24 583	1 260 405	1 759 686	57 119	106 592	27 590	11 300
按机构类型分										
综合性	2 919 477	1 626 638	1 167 342	10 311	810 961	1 148 705	32 038	84 771	18 368	7 922
历史性	2 758 182	1 489 092	1 138 339	75 726	789 048	1 000 861	32 135	42 889	13 599	37 038
艺术类	532 311	218 004	308 255	4 107	130 709	241 942	5 280	7 180	2 800	2 612
自然科技类	144 883	83 980	45 722	11 719	45 253	50 121	2 210	2 142	817	522
其他	652 351	238 056	365 938	4 496	118 857	235 122	7 034	10 763	1 450	1 583
按隶属关系分										
中央	812 073	267 654	504 100	37 575	154 201	328 028	7 325	9 312	359	9 706
省区市	2 107 123	927 276	1 122 779	12 734	495 716	905 849	19 627	49 589	8 503	23 399
地市	2 266 413	1 379 944	789 375	7 282	692 575	846 600	27 836	49 065	14 775	6 771
县市	1 821 595	1 080 896	609 342	48 768	552 336	596 274	23 909	39 779	13 397	9 801
按系统分类										
文物系统	6 534 172	3 386 964	2 861 681	80 624	1 781 671	2 482 917	70 226	142 210	34 705	42 568
非文物系统	458 560	262 070	161 739	23 595	108 288	189 363	8 389	5 512	2 314	6 909
私人	14 472	6 736	2 176	2 140	4 869	4 471	82	23	15	200

综合情况

本年修复文物数				考古发掘项目			
(件/套)	一级品	二级品	三级品	(个)	基本建设中考古发掘项目	抢救性发掘项目	主动性发掘项目
29 184	**353**	**1 305**	**18 860**	**1 203**	**732**	**438**	**21**
11 251	220	1 045	3 517	1 114	722	362	18
23 606	224	814	18 029	1 157	722	417	9
3 522	114	293	667	30	7	16	4
1 602	5	147	38	5	2	3	——
132	6	——	82	7	1	——	6
322	4	51	44	4	——	2	2
163	6	138	19	2	——	1	1
4 554	178	789	1 485	44	28	7	9
19 316	99	196	15 833	827	649	166	7
5 151	70	182	1 523	330	55	264	4
27 792	352	1 298	18 761	1 202	732	438	20
1 323	1	7	59	1	——	——	1
69	——	——	40	——	——	——	——

科研成果					本年收入合计(千元)				
专利(个)	专著或图录(册)	论文(省级及以上刊物公开发表)(篇)	考古报告(册)	古建维修报告(册)		财政拨款	事业收入	经营收入	其他收入
56	**12 530**	**3 777**	**183**	**11 273**	**7 659 240**	**5 692 991**	**1 097 551**	**169 256**	**528 089**
39	12 418	2 576	76	271	5 101 356	4 248 313	306 788	25 022	392 824
31	266	1 994	151	78	3 221 114	2 595 012	352 234	13 261	177 457
2	4 163	1 311	18	10 990	2 860 779	1 776 419	609 629	126 597	289 103
10	36	120	2	1	625 827	503 168	80 647	7 623	29 915
8	8 015	136	12	201	165 949	115 923	19 006	15 461	9 011
5	50	216	——	3	785 571	702 469	36 035	6 314	22 603
——	43	346	——	——	895 825	802 222	9 135	69 971	11 831
9	2 145	1 594	16	6	2 431 830	1 696 523	424 223	38 454	207 483
19	195	1 156	121	10 989	2 455 309	1 782 869	401 717	14 549	207 198
28	10 147	681	46	278	1 876 276	1 411 377	262 476	46 282	101 577
32	12 458	3 423	169	11 269	7 209 144	5 427 586	1 054 997	106 664	462 784
23	65	343	14	3	443 076	265 393	42 436	57 114	64 272
1	7	11	——	1	7 020	12	118	5 478	1 033

对个人和家庭补助支出		其他资本性支出		资产合计		增加值	公用房屋建筑面积		
	抚恤金和生活补贴		各种设备交通工具、图书购置费	(千元)	固定资产原值	(千元)	(千平方米)	展览用房	文物库房
487 200	**19 363**	**1 064 426**	**367 581**	**19 545 758**	**13 898 959**	**3 252 904**	**9 669**	**4 616**	**891**
299 128	13 561	666 666	222 215	12 915 607	9 468 387	2 115 301	7 391	3 686	657
215 413	9 902	302 972	110 388	7 987 634	5 913 708	1 406 391	4 414	1 969	472
179 732	7 303	460 996	93 209	7 565 346	5 378 500	1 311 984	3 194	1 579	240
22 882	813	113 893	87 836	1 956 533	1 282 630	223 522	532	204	86
9 760	522	26 082	3 146	681 104	560 785	83 969	837	623	20
59 413	823	160 483	73 002	1 355 141	763 336	227 038	692	241	73
91 559	1 079	213 566	116 677	1 561 077	586 306	289 716	427	98	103
150 553	8 783	391 490	160 495	6 826 564	4 840 370	957 975	1 860	756	302
165 504	4 535	254 525	53 331	5 763 468	4 175 382	1 125 477	3 195	1 526	251
79 584	4 966	204 845	37 078	5 394 649	4 296 901	879 736	4 186	2 236	235
467 719	18 052	1 003 634	356 385	16 929 375	11 581 397	3 010 217	8 156	3 669	858
19 481	1 311	60 414	11 009	2 554 051	2 276 629	235 427	1 463	915	30
——	——	378	187	62 332	40 933	7 260	50	32	3

全国文物商店

	机构数（个）	从业人员（人）			库存文物数（件/套）			
			高级职称	中级职称		一级品	二级品	三级品
总　计	**80**	**1 898**	**97**	**382**	**7 616 192**	**84**	**178**	**12 335**
按隶属关系分								
中　央	——	——	——	——	——	——	——	——
省区市	25	1 051	69	229	5 896 843	39	59	49
地　市	48	800	24	142	1 501 588	45	119	12 286
县　市	7	47	4	11	217 761	——	——	——
按系统分类								
文物系统	80	1 898	97	382	7 616 192	84	178	12 335
非文物系统	——	——	——	——	——	——	——	——

	损益及分配（千元）					
	营业总成本					营业利润
		养老、医疗、失业等保险费	住房公积金和住房补贴	差旅费	工会经费	
总　计	**475 387**	**24 486**	**9 787**	**5 513**	**1 517**	**43 120**
按隶属关系分						
中　央	——	——	——	——	——	——
省区市	273 318	16 141	6 195	2 666	996	35 194
地　市	200 005	8 131	3 512	2 735	506	7 633
县　市	2 064	214	80	112	15	293
按系统分类						
文物系统	475 387	24 486	9 787	5 513	1 517	43 120
非文物系统	——	——	——	——	——	——

综合情况

资产、负债、所有者权益(千元)							损益(千元)	
	资产总计			所有者权益合计			营业总收入	
	固定资产原值	当年提取的折旧总额	负债合计		实收资本	国家资本金		主营业务收入
1 340 318	**291 887**	**16 814**	**485 960**	**854 358**	**211 973**	**196 166**	**521 549**	**486 948**
——	——	——	——	——	——	——	——	——
1 010 064	183 231	10 587	350 786	659 278	138 917	135 238	311 007	291 881
321 706	107 906	6 044	130 854	190 852	69 793	57 884	208 185	192 837
8 548	750	183	4 320	4 228	3 263	3 044	2 357	2 230
1 340 318	291 887	16 814	485 960	854 358	211 973	196 166	521 549	486 948
——	——	——	——	——	——	——	——	——

营业外收入				工资、福利费、税金(千元)				公用房屋建筑面积		
	政府补助(补贴收入)	营业外支出	利润总额	本年发放工资总额	本年支付的职工福利费	本年应交税金总额	增加值(千元)	(千平方米)	营业用房	文物库房
15 078	**8 403**	**5 151**	**53 047**	**92 874**	**7 581**	**30 493**	**240 463**	**179.39**	**66.27**	**81.33**
——	——	——	——	——	——	——	——	——	——	——
9 358	5 585	4 441	40 111	58 232	4 837	18 686	159 641	116.73	37.00	52.55
5 421	2 708	569	12 485	33 895	2 713	11 712	79 105	60.07	28.12	28.38
299	110	141	451	747	31	95	1 717	2.59	1.15	0.41
15 078	8 403	5 151	53 047	92 874	7 581	30 493	240 463	179.39	66.27	81.33
——	——	——	——	——	——	——	——	——	——	——

全国其他文物事业

	机构数（个）	从业人员			藏品（件/套）				本年从有关部门接收文物数（件/套）	本年藏品征集数（件/套）
		（人）	高级职称	中级职称		一级品	二级品	三级品		
总　计	**91**	**1 499**	**139**	**195**	**455 528**	**1 821**	**27 011**	**121 082**	**——**	**78**
按隶属关系分										
中　　央	5	345	65	57	400 000	1 585	21 941	117 335	——	——
省 区 市	35	350	58	65	7 790	183	4 922	2 685	——	——
地　　市	17	570	16	56	40 617	1	7	41	——	——
县　　市	34	234	——	17	7 121	52	141	1 021	——	78
按所属关系分										
直　　属	91	1 499	139	195	455 528	1 821	27 011	121 082	——	78
非 直 属	——	——	——	——	——	——	——	——	——	——

	在支出合计中：									资产总计		增加值（千元）	公用房屋建筑面积	
	商品和服务支出					对个人和家庭补助支出		其他资本性支出		（千元）	固定资产原值		（千平方米）	文物库房
		差旅费	劳务费	福利费	各种税金支出		抚恤金和生活补助		各种设备购置费					
总　计	**96 008**	**6 402**	**10 757**	**2 591**	**5 485**	**8 181**	**933**	**65 461**	**39 233**	**457 284**	**184 114**	**121 343**	**43.91**	**1.71**
按隶属关系分														
中　　央	52 715	1 080	2 280	2 120	4 118	2 227	110	45 524	35 922	289 051	108 388	62 293	8.53	——
省 区 市	25 714	4 634	1 082	342	1 307	4 375	296	19 127	2 805	116 026	57 853	26 985	8.45	0.47
地　　市	16 522	621	6 990	127	——	1 504	527	610	491	50 605	16 271	26 861	24.74	0.42
县　　市	1 057	67	405	2	60	75	——	200	15	1 602	1 602	5 204	2.19	0.82
按所属关系分														
直　　属	96 008	6 402	10 757	2 591	5 485	8 181	933	65 461	39 233	457 284	184 114	121 343	43.91	1.71
非 直 属	——	——	——	——	——	——	——	——	——	——	——	——	——	——

机构综合情况

本年修复藏品数				本年收入合计					本年支出合计				
(件/套)	一级品	二级品	三级品	(千元)	财政拨款	事业收入	经营收入	其他收入	(千元)	基本支出	项目支出	经营支出	在支出合计中:工资福利支出
8	**——**	**——**	**——**	**315 376**	**115 365**	**95 115**	**65 372**	**34 840**	**254 643**	**111 171**	**100 995**	**37 536**	**55 289**
——	——	——	——	174 838	50 950	59 485	60 174	4 199	124 860	34 934	55 796	33 627	22 832
——	——	——	——	87 410	48 463	9 415	5 198	22 516	86 551	38 857	43 370	3 909	15 682
8	——	——	——	46 583	11 850	24 991	——	7 252	36 611	32 138	995	——	12 216
——	——	——	——	6 545	4 102	1 224	——	873	6 621	5 242	834	——	4 559
8	——	——	——	315 376	115 365	95 115	65 372	34 840	254 643	111 171	100 995	37 536	55 289
——	——	——	——	——	——	——	——	——	——	——	——	——	——

补充资料									
国家文物出境鉴定站数(个)	责任鉴定人员(人)	出境文物审核数(件/套)	禁止出境文物数(件/套)	暂入境文物审核数(件/套)	涉案文物鉴定数(件/套)	馆藏文物鉴定数(件/套)	拍卖文物标的审核数(件/套)	禁止上拍文物标的数	出国展览文物审核数(件/套)
8	**42**	**54 573**	**654**	**24 095**	**38 091**	**46 539**	**177 898**	**361**	**536**
——	——	——	——	——	——	——	——	——	——
8	42	54 573	654	24 095	38 091	46 539	177 898	361	536
——	——	——	——	——	——	——	——	——	——
——	——	——	——	——	——	——	——	——	——
8	42	54 573	654	24 095	38 091	46 539	177 898	361	536
——	——	——	——	——	——	——	——	——	——

全国其他文物企业

	机构数（个）	从业人员			资产、负债、所有者权益　（千元）			
		（人）	高级职称	中级职称	资产总计	固定资产原值	当年提取的折旧总额	负债总计
总　计	**52**	**1 039**	**31**	**84**	**286 914**	**29 925**	**3 281**	**136 728**
按隶属关系分								
中　央	——	——	——	——	——	——	——	——
省 区 市	38	803	30	74	262 910	24 314	2 470	126 572
地　市	8	96	——	6	18 136	2 524	269	5 580
县　市	6	140	1	4	5 868	3 087	542	4 576
按系统分类								
文物系统	51	1 025	31	81	284 703	29 615	3 241	134 929
非文物系统	1	14	——	3	2 211	310	40	1 799

	损益（千元）						工资、福利费、税金（千元）		
	营业总成本	营业利润	营业外收入		营业外支出	利润总额	本年发放工资总额	本年支付的职工福利费	本年应交税金总额
	工会经费			政府补助（补贴收入）					
总　计	**479**	**16 622**	**3 172**	**1 561**	**744**	**19 050**	**23 593**	**2 799**	**10 540**
按隶属关系分									
中　央	——	——	——	——	——	——	——	——	——
省 区 市	264	10 543	2 406	868	115	12 834	18 334	2 175	10 232
地　市	148	5 339	1	——	21	5 319	3 493	345	164
县　市	67	740	765	693	608	897	1 766	279	144
按系统分类									
文物系统	479	16 770	2 166	1 561	680	18 256	22 885	2 758	10 387
非文物系统	——	−148	1 006	——	64	794	708	41	153

机构综合情况

所有者权益合计	实收资本	国家资本金	损益及分配(千元) 营业总收入	主营业务收入	营业总成本	养老、医疗、失业等保险费	住房公积金和住房补贴	差旅费
150 186	**55 786**	**46 558**	**174 390**	**160 903**	**155 344**	**6 711**	**1 355**	**3 847**
——	——	——	——	——	——	——	——	——
136 338	43 801	34 760	135 308	124 721	123 404	5 180	1 241	3 564
12 556	9 817	9 630	33 177	31 412	27 838	449	114	59
1 292	2 168	2 168	5 905	4 770	4 102	1 082	——	224
149 774	55 436	46 208	171 741	160 088	152 820	5 067	1 292	3 844
412	350	350	2 649	815	2 524	1 644	63	3

公用房屋建筑面积(千平方米)	业务用房	文物拍卖机构补充资料 文物拍卖场次(次)	文物拍卖标的数(件/套)	经审核禁止出境文物数	文物拍卖标的成交数(件/套)	文物拍卖标的成交金额(千元)
4.77	**3.05**	**49**	**10 110**	**3 708**	**6 887**	**1 465 000**
——	——	——	——	——	——	——
3.67	2.25	49	10 110	3 708	6 887	1 465 000
1.10	——.80	——	——	——	——	——
——	——	——	——	——	——	——
4.77	3.05	49	10 110	3 708	6 887	1 465 000
——	——	——	——	——	——	——

全国文物保护单位保护、

	维修项目（个）	项目总预算（千元）	累计拨入项目经费（千元）		
				中央补助	省专项补助
总　计	**1 999**	**6 972 296**	**3 479 931**	**1 163 523**	**622 468**
按部门分					
文物部门	1 852	6 167 082	2 873 010	1 138 353	599 254
宗教部门	20	76 469	64 693	4 140	3 540
园林部门	18	9 772	8 440	800	1 300
其他部门	108	718 873	533 688	20 230	18 274
按保护单位级别分					
国保单位	643	4 360 478	1 947 518	1 024 995	345 928
省保单位	748	1 814 109	1 091 317	103 756	196 062
市县保单位	608	797 709	441 096	34 772	80 478
按维修进度分					
1. 前期准备	337	1 062 370	287 766	183 396	53 480
2. 施工	576	4 414 694	1 964 060	824 119	238 236
3. 竣工	1 075	1 491 206	1 222 201	152 408	329 252
4. 成果出版	11	4 026	5 904	3 600	1 500

维修综合情况

本年项目资金来源合计(千元)	财政拨款			其他资金	本年支出合计(千元)	项目累计支出(千元)	维修面积(千平方米)
		中央补助	省级补助				
2 403 983	**1 541 696**	**804 388**	**301 678**	**618 013**	**1 722 492**	**2 676 270**	**5 349.71**
1 984 656	1 468 604	779 818	280 644	272 873	1 334 104	2 127 729	4 526.58
31 651	6 278	3 540	1 690	25 373	31 931	63 183	30.08
7 940	5 740	800	800	2 200	8 221	8 405	7.66
379 636	60 974	20 230	18 544	317 567	348 136	476 853	785.05
1 149 580	924 001	666 790	113 261	215 404	885 973	1 402 173	1 714.14
849 541	378 839	105 200	132 775	246 953	503 883	901 910	1 670.97
404 862	238 856	32 398	55 642	155 656	332 636	372 187	1 964.59
280 503	259 182	175 776	41 890	15 461	135 188	94 253	467.92
1 288 448	873 042	542 780	123 400	403 361	952 356	1 356 977	3 085.34
832 618	407 388	85 332	135 038	198 861	632 357	1 219 269	1 795.11
2 414	2 084	500	1 350	330	2 591	5 771	1.34

全国非物质文化遗产

	机构数（个）	工作人员数（人）	高级职称	中级职称	非物质文化遗产名录数量（个）国家级	省级	市级	县级
总计	**2 506**	**14 546**	**1 142**	**3 648**	**3 742**	**12 810**	**23 431**	**79 405**
中央	1	——	——	——	2	——	——	——
省、区、市	41	604	118	144	1 183	4 802	1 170	3 297
地、市	263	2 092	291	571	928	2 857	8 157	4 298
县、市	2 201	11 850	733	2 933	1 629	5 151	14 104	71 810

	普查成果					非物质文化遗产收藏展示				
	录音资料（小时）	录像资料（小时）	调查报告（篇）	出版成果（册）	资源清单（册）	非物质文化遗产保护展览馆（个）	民族民间博物馆	收藏实物数（件/套）	展示面积（千平方米）	实物收藏库房面积
总计	**252 473**	**138 853**	**115 258**	**757 972**	**208 127**	**1 412**	**901**	**858 575**	**892**	**269**
中央	50	140	——	15	——	——	——	——	——	——
省、区、市	153 996	28 004	208	14 025	75 674	80	7	88 147	241	3
地、市	40 704	38 382	12 045	96 570	9 148	243	115	302 527	192	61
县、市	57 723	72 327	103 005	647 362	123 305	1 089	779	467 901	459	205

	本年收入合计（千元）						
	经营收入	其他收入		基本支出	项目支出	经营支出	工资福利支出
总计	**1 308**	**7 122**	**147 758**	**89 562**	**49 948**	**511**	**38 501**
中央	——	——	——	——	——	——	——
省、区、市	——	980	15 330	6 809	7 466	——	2 945
地、市	856	2 205	19 772	9 457	10 085	124	5 113
县、市	452	3 937	112 656	73 296	32 397	387	30 443

保护综合情况

传承活动				宣传展示活动									
传习所		国家级代表性		举办展览		举办展演		举办民俗活动		举办竞技比赛			
(个)	培训学员(人)	传承人(人)	学徒人数(人)	(个)	参观人次(千人次)	(个)	观众人次(千人次)	(个)	参与人次(千人次)	(人)	参与人次(千人次)	征集实物(件/套)	征集文本资料(件)
15 503	**596 316**	**3 148**	**151 533**	**49 487**	**74 712**	**33 707**	**35 013**	**29 209**	**53 502**	**6 994**	**1 961**	**313 927**	**279 067**
1 500	——	——	20	2	250	8	16	1	2	——	——	119	——
64	3 030	881	1 948	89	2 545	96	1 071	30	515	40	51	51 831	22 300
3 418	112 563	591	25 158	1 745	55 350	3 982	6 795	3 019	22 058	303	366	61 651	23 440
10 521	480 723	1 676	124 407	47 651	16 568	29 621	27 131	26 159	30 927	6 651	1 544	200 326	233 327

非物质文化遗产保护专项经费投入(千元)			本年收入合计(千元)		
	财政拨款	社会资助		财政拨款	事业收入
733 059	**527 243**	**10 235**	**106 632**	**84 112**	**11 462**
——	——	——	——	——	——
55 729	50 640	90	16 960	14 176	1 686
241 644	95 557	3 204	20 687	16 963	467
435 686	381 046	6 941	68 985	52 973	9 309

本年支出合计(千元)									资产合计	
在支出合计中:										
商品和服务支出					对个人和家庭补助支出		其他资本性支出		(千元)	
	差旅费	劳务费	福利费	税金支出		抚恤金和生活补助		各种设备购置费		固定资产原值
33 534	**3 320**	**2 394**	**613**	**873**	**10 067**	**1 010**	**8 874**	**5 791**	**144 352**	**81 316**
——	——	——	——	——	——	——	——	——	——	——
8 334	764	721	53	3	2 535	148	852	554	8 057	3 541
8 392	277	548	121	8	1 931	62	1 980	1 484	6 958	4 108
16 808	2 279	1 125	439	862	5 601	800	6 042	3 753	129 337	73 667

全国非物质文化遗产

	机构数（个）	工作人员数（人）			非物质文化遗产名录数量（个）国家级	省级	市级	县级
			高级职称	中级职称				
总　计	**1 235**	**8 297**	**734**	**2 093**	**2 592**	**9 983**	**15 327**	**43 847**
按级别分								
中　央	1	——	——	——	2	——	——	——
省、区、市	25	243	67	56	1 162	4 786	1 170	3 297
地、市	169	1 338	203	347	603	2 228	6 357	3 547
县、市	1 040	6 716	464	1 690	825	2 969	7 800	37 003
按性质分								
独立核算	120	1 289	78	229	723	2 814	2 111	6 969
非独立核算	1 115	7 008	656	1 864	1 869	7 169	13 216	36 878

	普查成果					非物质文化遗产收藏展示				
	录音资料（小时）	录像资料（小时）	调查报告（篇）	出版成果（册）	资源清单（册）	非物质文化遗产保护展览馆（个）	民族民间博物馆	收藏实物数（个）	展示面积（千平方米）	实物收藏库房面积
总　计	**216 556**	**101 206**	**96 347**	**683 374**	**195 328**	**1 068**	**701**	**679 482**	**679**	**214**
按级别分										
中　央	50	140	——	15	——	——	——	——	——	——
省、区、市	153 820	27 867	202	14 012	75 674	80	7	62 007	236	3
地、市	30 584	28 124	9 317	90 908	7 374	202	97	253 041	140	51
县、市	32 102	45 075	86 828	578 439	112 280	786	597	364 434	303	160
按性质分										
独立核算	70 291	25 304	1 851	5 511	42 929	130	35	174 822	263	24
非独立核算	146 265	75 902	94 496	677 863	152 399	938	666	504 660	415	190

	本年收入合计（千元）						
	经营收入	其他收入		基本支出	项目支出	经营支出	工资福利支出
总　计	**1 074**	**6 427**	**76 993**	**46 456**	**23 752**	**280**	**26 785**
按级别分							
中　央	——	——	——	——	——	——	——
省、区、市	——	886	11 442	3 556	6 831	——	1 924
地、市	856	2 149	18 695	8 746	9 719	124	4 637
县、市	218	3 392	46 856	34 154	7 202	156	20 224
按性质分							
独立核算	1 032	5 529	50 266	26 292	17 673	180	16 800
非独立核算	42	898	26 727	20 164	6 079	100	9 985

保护中心综合情况

传承活动				宣传展示活动									
传习所		国家级代表性		举办展览		举办展演		举办民俗活动		举办竞技比赛			
（个）	培训学员（人）	传承人（人）	学徒人数（人）	（个）	参观人次（千人次）	（个）	观众人次（千人次）	（个）	参与人次（千人次）	（人）	参与人次（千人次）	征集实物（件/套）	征集文本资料（件）
6 232	**333 743**	**2 177**	**46 095**	**45 414**	**15 430**	**23 528**	**20 706**	**18 621**	**41 947**	**1 766**	**1 180**	**241 997**	**182 358**
1 500	——	——	20	2	250	8	16	1	2	——	——	119	——
52	1 250	853	1 894	88	2 543	88	1 045	30	515	10	51	51 743	22 194
1 026	83 076	431	12 269	779	3 953	2 332	4 872	2 218	21 368	246	335	54 966	17 913
3 654	249 417	893	31 912	44 545	8 684	21 100	14 773	16 372	20 062	1 510	794	135 169	142 251
1 789	36 505	556	12 307	374	4 031	1 408	2 898	1 284	3 349	115	157	50 668	15 427
4 443	297 238	1 621	33 788	45 040	11 399	22 120	17 808	17 337	38 598	1 651	1 023	191 329	166 931

非物质文化遗产保护专项经费投入（千元）			本年收入合计（千元）		
	财政拨款	社会资助		财政拨款	事业收入
514 430	**343 206**	**8 214**	**75 558**	**57 844**	**8 353**
——	——	——	——	——	——
52 288	49 885	——	12 792	10 211	1 577
228 483	83 364	3 086	19 606	15 938	467
233 659	209 957	5 128	43 160	31 695	6 309
41 150	25 998	2 688	50 521	40 169	2 330
473 280	317 208	5 526	25 037	17 675	6 023

本年支出合计（千元）									资产合计	
在支出合计中：										
商品和服务支出					对个人和家庭补助支出		其他资本性支出		（千元）	固定资产原值
	差旅费	劳务费	福利费	税金支出		抚恤金和生活补助		各种设备购置费		
29 068	**1 800**	**2 106**	**379**	**832**	**6 211**	**664**	**6 375**	**3 941**	**126 247**	**65 402**
——	——	——	——	——	——	——	——	——	——	——
8 058	759	714	17	3	612	55	819	521	5 944	2 378
8 045	225	531	52	8	1 911	42	1 914	1 418	6 628	3 778
12 965	816	861	310	821	3 688	567	3 642	2 002	113 675	59 246
21 467	1 010	1 717	161	16	3 253	443	3 959	2 702	44 466	25 828
7 601	790	389	218	816	2 958	221	2 416	1 239	81 781	39 574

全国各地区文化(文物)

地区	本年收入合计(千元)	财政拨款	事业收入	经营收入	其他收入		基本支出	项目支出	经营支出
总计	**58 994 416**	**39 366 891**	**6 370 030**	**624 829**	**2 433 872**	**57 108 553**	**32 469 508**	**21 681 449**	**664 869**
中央	4 283 219	3 168 659	605 248	174 496	233 956	4 449 981	1 714 334	2 630 427	116 238
北京	2 862 081	2 079 162	142 127	23 223	54 088	2 715 652	901 603	1 766 752	31 365
天津	1 192 426	750 500	117 834	1 879	24 448	1 065 286	806 508	253 003	2 432
河北	1 612 302	972 570	279 534	6 844	74 461	1 559 159	1 153 997	355 529	11 253
山西	1 862 978	1 175 261	314 545	32 645	55 804	1 946 991	1 049 808	701 349	38 223
内蒙古	1 451 193	1 114 238	88 935	6 152	45 533	1 283 521	1 003 605	213 069	13 100
辽宁	1 797 948	1 307 986	191 537	5 231	26 239	1 727 487	1 107 835	516 175	20 218
其中:大连	362 106	280 871	22 995	0	4 020	372 269	201 243	128 960	162
吉林	1 225 833	952 437	107 180	5 592	24 208	1 080 364	721 914	338 652	6 102
黑龙江	1 148 672	790 179	38 055	1 538	25 970	1 120 935	803 485	278 424	2 149
上海	3 523 518	2 116 052	685 497	28 001	132 629	3 460 155	1 916 399	1 255 727	30 175
江苏	3 033 305	2 045 508	343 888	11 631	152 677	2 921 764	2 004 232	899 184	23 076
浙江	4 646 361	3 227 987	488 828	57 983	245 809	4 384 532	2 160 938	2 075 916	65 428
其中:宁波	530 131	361 982	32 479	211	30 636	539 484	292 000	228 333	629
安徽	1 463 102	927 125	88 689	5 621	57 737	1 411 371	824 676	490 066	11 669
福建	1 879 402	1 172 285	134 536	29 431	57 524	1 554 689	822 462	602 718	30 074
其中:厦门	278 907	215 763	15 982	1 279	8 707	263 211	129 796	127 071	2 896
江西	1 148 006	839 708	78 675	2 436	33 288	1 085 722	630 600	398 159	3 300
山东	2 412 849	1 683 313	223 975	13 760	41 279	2 352 601	1 575 069	483 049	26 750
其中:青岛	281 197	205 692	18 657	804	4 839	282 046	208 880	65 371	966
河南	2 448 269	1 430 363	407 357	23 438	166 171	2 374 723	1 583 258	673 534	33 521
湖北	1 982 698	1 256 621	151 570	18 053	137 503	1 985 804	1 010 391	887 579	23 275
湖南	1 658 362	1 165 091	137 423	17 838	82 361	1 636 420	1 006 028	555 245	18 115
广东	4 071 565	2 751 750	379 742	25 109	111 785	4 377 008	2 101 524	2 025 791	24 645
其中:深圳	1 022 300	662 647	38 947	52	38 359	1 256 264	382 895	828 504	26
广西	1 130 538	797 441	58 870	23 895	49 763	1 135 895	683 617	361 821	21 916
海南	502 808	288 246	14 591	941	4 832	414 410	148 917	247 580	3 793
重庆	1 081 363	690 203	86 044	34 880	44 961	1 102 648	451 732	568 859	28 733
四川	2 787 942	1 670 954	430 128	14 447	134 547	2 549 580	1 311 192	1 090 032	18 247
贵州	919 275	674 810	27 924	9 800	24 163	931 192	582 332	287 310	6 220
云南	1 355 111	898 468	70 683	17 486	81 991	1 282 479	811 877	383 133	20 085
西藏	363 136	169 664	35 936	183	854	288 671	178 114	101 562	380
陕西	1 998 072	1 048 588	440 988	11 878	229 635	1 955 311	1 384 865	454 502	12 671
甘肃	1 073 368	715 154	129 144	3 870	19 835	1 041 075	769 121	249 149	4 120
青海	400 379	294 168	11 624	37	10 562	371 040	274 703	72 524	87
宁夏	425 809	311 472	27 110	4 093	17 891	408 565	270 741	118 732	4 022
新疆	1 252 526	880 928	31 813	12 418	31 368	1 133 522	703 631	345 897	13 487

机构事业费收支情况

本年支出合计(千元)										资产总计 (千元)	
在支出合计中:											
工资福利支出	商品和服务支出					对个人和家庭补助支出		其他资本性支出			固定资产原值
		差旅费	劳务费	福利费	税金支出		抚恤金和生活补助		各种设备购置费		
16 630 278	**19 472 494**	**711 692**	**1 268 076**	**301 951**	**285 899**	**5 495 655**	**303 490**	**7 148 726**	**2 310 208**	**107 264 241**	**75 137 197**
697 581	2 373 447	63 844	87 536	11 106	40 667	446 616	50 116	739 612	340 189	10 553 994	6 242 430
414 044	1 219 541	8 710	48 790	2 843	9 203	185 117	5 406	338 298	82 077	4 393 316	2 398 839
315 077	445 310	5 364	13 926	4 834	6 788	167 047	3 111	85 381	24 079	2 316 366	651 973
660 952	459 493	20 524	42 992	7 042	3 152	158 278	11 899	126 187	47 481	2 582 146	2 020 822
538 658	721 484	32 226	44 924	12 639	6 112	134 888	7 800	161 495	92 611	2 621 684	1 778 578
460 005	389 410	25 331	45 749	8 109	2 719	118 240	7 643	157 590	102 636	1 769 857	1 271 356
611 649	478 837	19 105	60 617	5 772	16 074	233 412	9 087	197 478	37 947	2 949 137	2 317 415
137 220	99 065	3 641	25 811	426	414	18 790	971	51 976	5 938	407 530	320 850
354 201	292 874	20 749	20 576	2 392	3 849	181 565	7 158	145 691	38 594	1 686 565	1 020 809
439 986	240 703	18 247	16 107	3 854	2 789	178 731	6 565	133 210	34 664	1 852 691	1 691 028
904 981	1 340 903	14 877	40 927	23 453	31 174	138 718	9 765	483 556	118 380	10 139 320	7 038 666
935 162	1 234 718	29 276	90 435	18 633	6 490	392 526	16 812	344 971	109 710	6 832 869	5 143 904
1 206 938	1 758 173	55 181	99 928	38 935	22 236	322 377	7 187	673 121	152 794	7 372 598	4 665 980
172 580	236 110	6 771	12 295	3 241	1 898	30 004	996	29 216	12 954	716 700	475 179
390 410	336 176	13 916	24 092	6 026	1 996	192 953	8 108	188 753	34 298	1 722 796	1 360 417
390 327	364 885	18 783	30 574	8 913	8 229	133 220	8 252	211 386	62 173	2 632 039	1 845 388
65 649	64 225	2 506	3 513	1 724	1 360	24 017	746	16 442	4 182	471 152	353 180
332 122	241 436	17 313	14 199	8 145	4 223	118 502	6 948	90 599	26 892	1 325 689	946 294
866 408	533 816	20 463	32 284	7 085	12 683	215 390	9 498	237 229	100 060	4 508 202	3 561 438
120 666	62 832	2 430	3 496	888	942	26 436	1 180	15 676	5 574	540 147	449 925
747 838	818 390	32 573	89 145	16 010	7 903	210 224	13 062	160 792	68 659	4 211 999	2 443 095
531 011	551 777	27 519	40 030	17 803	8 454	227 677	10 688	313 506	80 960	3 855 949	2 923 564
514 981	630 100	20 113	25 211	13 789	7 363	141 222	12 813	111 164	47 932	2 311 337	1 834 332
1 254 484	1 253 261	51 681	96 382	23 820	21 492	365 022	9 910	683 668	107 285	7 748 468	6 467 910
270 398	373 037	16 915	35 502	3 939	3 246	23 022	346	376 313	25 029	1 315 724	996 313
368 182	364 193	18 659	34 531	4 726	7 837	136 461	7 614	127 201	50 949	1 838 419	1 468 381
87 482	133 129	4 771	6 914	1 417	565	12 850	762	103 032	35 270	657 197	451 573
261 597	418 511	25 294	41 616	6 427	8 911	101 771	5 746	171 285	92 919	1 951 327	1 243 095
669 283	823 157	36 024	60 190	15 070	10 106	219 218	14 949	288 068	125 361	5 579 528	3 579 582
288 799	272 570	10 983	15 677	6 050	3 920	106 357	8 189	153 394	121 997	1 803 113	1 292 386
454 140	438 528	20 886	36 252	5 396	5 156	150 884	7 748	96 997	31 836	2 701 480	2 191 400
115 323	29 924	3 317	129	312	274	29 105	1 418	2 902	854	696 294	513 424
762 241	549 527	30 742	60 888	9 079	16 066	120 190	9 022	299 001	30 976	3 347 197	2 656 267
399 831	291 318	18 967	18 028	5 584	6 066	123 420	9 753	144 459	40 046	2 262 101	1 742 226
137 789	84 397	6 200	5 848	740	637	54 786	3 436	22 233	8 227	543 340	440 552
133 268	91 801	5 871	8 984	1 684	623	55 678	4 452	50 632	9 478	426 477	342 011
385 528	290 705	14 183	14 595	4 263	2 142	123 210	8 573	105 835	52 874	2 070 746	1 592 062

全国各地区文化

地　　区	本年收入合计(千元)								
		财政拨款	事业收入	经营收入	其他收入		基本支出	项目支出	经营支出
总　　计	**44 113 350**	**29 231 768**	**3 538 050**	**396 254**	**1 622 157**	**43 373 832**	**25 828 715**	**15 263 046**	**458 016**
中　　央	2 943 592	2 071 201	512 758	44 351	217 693	3 214 096	1 347 492	1 835 833	18 489
北　　京	2 076 379	1 390 702	110 685	22 355	33 966	1 911 734	695 168	1 172 811	30 287
天　　津	994 923	594 193	89 348	1 538	20 496	890 847	668 154	217 259	2 091
河　　北	1 066 103	675 137	76 534	4 781	45 554	1 028 906	801 585	183 806	7 024
山　　西	1 101 710	689 149	114 031	13 446	33 441	1 171 004	704 923	303 931	19 544
内 蒙 古	1 147 906	908 341	25 489	5 892	18 184	1 063 034	837 832	164 597	12 840
辽　　宁	1 435 503	1 038 523	113 007	8	21 656	1 373 438	916 382	381 457	13 948
其中:大连	306 706	231 362	18 303	0	3 161	314 006	174 163	115 009	162
吉　　林	1 045 005	819 506	69 349	5 537	14 398	921 088	638 040	264 465	5 856
黑 龙 江	995 818	660 548	24 495	1 035	17 979	968 703	694 349	237 009	1 454
上　　海	3 120 924	1 796 407	627 327	26 164	118 637	3 076 141	1 756 821	1 040 180	30 154
江　　苏	2 410 673	1 564 148	236 290	9 483	125 673	2 323 829	1 641 935	669 725	17 097
浙　　江	3 041 138	2 107 020	181 469	56 011	167 139	2 980 314	1 596 174	1 244 457	63 658
其中:宁波	436 441	293 819	19 532	167	25 027	440 863	243 479	183 570	553
安　　徽	1 179 540	680 054	81 390	5 621	43 032	1 142 009	721 012	344 950	11 659
福　　建	1 566 034	895 655	124 267	27 957	50 099	1 318 986	728 979	489 996	29 364
其中:厦门	242 492	184 391	14 042	3	8 172	230 748	110 605	114 558	2 267
江　　西	930 434	667 816	59 446	2 432	25 385	885 408	512 903	318 608	3 290
山　　东	1 680 127	1 273 587	81 290	1 534	33 648	1 688 715	1 246 417	350 432	2 607
其中:青岛	248 718	179 937	13 900	804	3 522	249 710	181 991	60 005	913
河　　南	1 436 148	916 412	125 285	15 153	64 749	1 439 936	1 017 433	326 039	26 984
湖　　北	1 603 872	978 634	123 339	10 032	97 264	1 594 841	843 690	680 865	15 426
湖　　南	1 304 704	879 686	105 419	15 166	67 281	1 292 632	830 962	392 700	15 694
广　　东	3 390 865	2 261 792	252 313	19 443	87 050	3 712 074	1 768 578	1 708 903	21 705
其中:深圳	928 088	592 628	33 654	52	20 328	1 168 449	346 775	780 640	26
广　　西	969 769	680 741	40 910	20 954	39 577	959 937	584 941	292 002	19 944
海　　南	468 060	256 255	12 795	891	3 929	387 153	140 349	230 765	3 645
重　　庆	849 727	514 638	50 562	25 982	41 067	884 217	383 334	435 047	19 254
四　　川	1 745 267	1 182 421	85 554	13 357	54 822	1 729 415	922 466	729 135	17 430
贵　　州	759 044	532 651	18 108	7 081	22 373	781 045	491 223	245 098	3 622
云　　南	1 171 575	762 591	39 174	16 599	73 681	1 106 538	722 365	305 971	18 655
西　　藏	262 646	129 600	825	183	854	233 617	148 624	76 000	380
陕　　西	1 091 887	724 775	83 646	3 171	39 492	1 087 175	805 778	200 265	4 879
甘　　肃	722 010	470 463	38 794	3 809	8 898	637 974	570 957	45 647	3 709
青　　海	355 920	255 703	9 319	37	8 722	334 881	248 682	63 228	87
宁　　夏	333 471	246 609	9 601	4 019	8 532	334 480	220 088	97 700	4 011
新　　疆	912 576	606 810	15 231	12 232	16 886	899 665	621 079	214 165	13 229

事业费收支情况

本年支出合计（千元）										资产总计（千元）	
在支出合计中：											
工资福利支出	商品和服务支出					对个人和家庭补助支出		其他资本性支出			固定资产原值
		差旅费	劳务费	福利费	税金支出		抚恤金和生活补助		各种设备购置费		
13 351 745	**13 856 035**	**541 096**	**922 654**	**235 128**	**208 856**	**4 601 332**	**267 492**	**5 187 120**	**1 749 667**	**76 843 070**	**57 194 004**
510 946	1 745 969	45 012	69 268	8 518	25 054	334 549	48 829	462 351	174 785	8 120 668	5 287 451
326 667	771 343	7 282	29 855	2 159	6 353	158 008	4 515	160 482	74 519	3 286 979	2 037 977
249 615	383 275	4 278	10 106	4 297	6 089	131 425	2 530	79 539	22 525	1 549 638	563 600
455 891	256 290	13 830	23 977	4 692	2 418	112 329	9 556	104 454	36 671	1 606 024	1 313 903
364 604	328 646	16 761	23 584	7 543	3 441	94 339	4 323	105 778	59 439	1 686 205	1 253 113
409 994	284 008	21 102	31 746	6 917	2 517	105 023	7 089	130 271	87 224	1 397 996	1 002 343
506 651	358 241	14 639	42 573	4 059	15 544	203 666	8 799	149 863	32 844	1 986 247	1 638 593
117 940	82 715	3 396	25 189	226	401	16 401	971	50 786	5 528	338 004	286 706
313 077	256 421	15 524	20 133	2 220	3 536	165 124	6 537	136 748	35 580	1 391 708	819 670
386 514	207 169	16 461	13 183	3 242	2 785	154 690	6 075	116 605	30 163	1 282 878	1 140 975
795 472	1 162 499	13 396	38 574	21 039	30 108	127 466	8 781	414 393	95 466	8 614 234	6 132 023
751 577	960 795	23 187	64 103	15 845	4 576	320 739	14 248	278 778	91 146	5 110 550	4 056 252
929 639	1 153 477	44 078	72 259	28 378	14 025	252 619	5 998	272 245	84 814	4 764 977	3 344 518
143 409	181 931	5 275	9 924	2 736	1 538	25 791	552	25 915	11 309	559 187	363 562
339 792	258 178	11 474	22 050	4 941	1 981	172 557	7 715	167 088	30 000	1 413 523	1 145 219
341 126	309 366	15 564	27 722	8 083	7 955	117 895	8 041	166 890	57 516	2 268 276	1 628 036
56 300	55 531	2 364	3 415	1 563	1 355	20 796	718	10 505	4 038	409 054	306 198
272 609	161 052	12 056	12 055	6 432	3 812	102 501	5 746	69 533	21 784	1 088 496	811 004
698 611	381 770	14 575	23 889	5 975	3 422	182 265	8 917	208 872	81 446	3 016 557	2 512 494
108 633	52 498	1 796	2 725	777	860	22 467	1 180	14 504	4 434	408 168	331 913
533 221	391 221	22 879	41 614	11 922	6 161	166 484	11 005	102 117	49 981	1 786 528	1 492 052
443 741	427 778	21 932	30 719	14 084	8 192	206 228	9 441	259 773	62 720	2 827 433	2 209 547
431 518	509 675	14 681	17 803	11 653	6 662	125 837	11 356	74 907	31 137	1 720 943	1 371 743
1 060 817	1 031 980	45 951	84 167	20 185	19 247	303 329	8 852	598 591	82 591	6 487 304	5 534 336
242 256	346 632	15 347	32 266	3 653	3 179	21 831	342	373 107	22 586	1 179 372	915 594
321 466	302 851	15 538	31 804	3 588	6 579	121 776	7 122	106 018	47 555	1 509 966	1 235 237
79 849	122 698	4 078	5 722	1 343	518	11 856	761	96 967	29 337	594 715	408 585
196 590	304 134	19 863	35 435	5 216	4 700	87 714	5 184	158 754	89 489	1 546 599	978 144
491 481	487 940	24 182	32 819	9 955	4 031	176 670	11 682	214 767	110 024	2 901 117	2 160 511
258 845	194 526	8 282	11 205	3 930	3 562	100 545	7 746	143 052	117 392	923 586	638 583
412 820	359 114	17 359	26 941	4 534	4 921	135 522	7 243	82 362	25 108	2 237 654	1 846 421
100 145	18 369	3 108	115	311	79	24 980	1 415	2 772	724	609 078	466 892
497 585	260 803	21 647	45 679	5 532	3 695	83 948	6 129	123 229	22 353	1 724 288	1 492 910
300 254	148 284	11 755	9 612	3 257	3 706	106 210	7 478	57 609	17 112	1 346 461	1 020 562
121 879	74 882	5 117	5 061	675	521	51 358	3 109	19 644	6 826	392 572	311 380
112 132	69 309	4 401	7 991	1 207	618	49 656	3 691	48 787	7 906	327 701	259 706
336 617	173 972	11 104	10 890	3 396	2 048	114 024	7 579	73 881	33 490	1 322 169	1 080 224

全国各地区文物

地区	本年收入合计(千元)								
		财政拨款	事业收入	经营收入	其他收入		基本支出	项目支出	经营支出
总计	**13 924 157**	**9 520 658**	**2 565 731**	**222 580**	**764 690**	**12 809 156**	**5 939 126**	**6 205 575**	**201 758**
中央	1 339 627	1 097 458	92 490	130 145	16 263	1 235 885	366 842	794 594	97 749
北京	785 702	688 460	31 442	868	20 122	803 918	206 435	593 941	1 078
天津	130 142	105 382	12 436	341	3 656	113 070	81 809	30 920	341
河北	479 418	260 919	181 408	2 063	20 232	467 266	291 796	169 668	4 229
山西	634 840	400 027	161 015	19 199	21 520	649 414	251 967	363 793	18 679
内蒙古	288 790	194 835	60 011	260	27 349	209 046	154 332	48 472	260
辽宁	354 794	264 025	76 317	5 223	4 583	346 836	184 240	134 718	6 270
其中:大连	55 400	49 509	4 692	0	859	58 263	27 080	13 951	——
吉林	180 828	132 931	37 831	55	9 810	159 276	83 874	74 187	246
黑龙江	121 471	109 556	2 253	503	7 990	120 839	77 751	41 407	695
上海	391 372	313 482	56 335	1 837	10 768	374 672	153 632	213 355	21
江苏	516 413	409 471	78 008	2 148	22 264	494 461	275 727	212 555	5 979
浙江	1 481 589	1 043 995	280 809	1 262	64 218	1 294 509	479 902	807 321	1 061
其中:宁波	93 690	68 163	12 947	44	5 609	98 621	48 521	44 763	76
安徽	282 480	247 071	7 127	0	13 795	268 134	102 436	145 116	10
福建	268 262	241 862	3 462	198	6 846	192 056	73 895	89 292	81
其中:厦门	23 678	22 140	252	0	66	20 398	9 926	10 342	——
江西	217 572	171 892	19 229	4	7 903	200 314	117 697	79 551	10
山东	717 080	400 273	136 545	12 226	7 582	649 069	317 612	128 840	24 143
其中:青岛	32 479	25 755	4 757	0	1 317	32 336	26 889	5 366	53
河南	951 550	473 490	264 419	6 383	100 867	873 433	516 459	337 455	4 635
湖北	356 501	262 371	25 243	8 021	37 019	369 119	149 622	201 949	7 849
湖南	347 317	280 645	30 651	2 672	14 852	337 520	169 828	161 545	2 421
广东	602 540	443 101	112 685	4 166	24 643	581 335	294 431	273 304	1 440
其中:深圳	94 212	70 019	5 293	0	18 031	87 815	36 120	47 864	——
广西	132 089	96 964	10 759	2 941	8 443	149 112	80 753	60 946	1 922
海南	34 748	31 991	1 796	50	903	27 257	8 568	16 815	148
重庆	216 372	168 586	27 848	8 898	3 243	203 252	54 829	132 202	9 479
四川	965 530	455 142	307 269	483	74 593	743 242	337 293	340 061	512
贵州	160 231	142 159	9 816	2 719	1 790	150 147	91 109	42 212	2 598
云南	160 695	121 422	24 359	887	7 354	153 872	69 735	74 870	1 430
西藏	100 490	40 064	35 111	0	0	55 054	29 490	25 562	——
陕西	906 185	323 813	357 342	8 707	190 143	868 136	579 087	254 237	7 792
甘肃	351 358	244 691	90 350	61	10 937	403 101	198 164	203 502	411
青海	44 459	38 465	2 305	0	1 840	36 159	26 021	9 296	——
宁夏	80 267	54 888	15 879	74	8 893	61 741	40 798	18 543	11
新疆	323 445	261 227	13 181	186	14 269	217 911	72 992	125 346	258

事业费收支情况

本年支出合计（千元）										资产总计（千元）	
在支出合计中：											
工资福利支出	商品和服务支出					对个人和家庭补助支出		其他资本性支出			固定资产原值
		差旅费	劳务费	福利费	税金支出		抚恤金和生活补助		各种设备购置费		
2 947 916	**5 378 344**	**162 760**	**311 152**	**61 006**	**75 749**	**702 778**	**29 384**	**1 824 934**	**519 484**	**28 819 100**	**16 805 205**
186 635	627 478	18 832	18 268	2 588	15 613	112 067	1 287	277 261	165 404	2 433 326	954 979
87 377	448 198	1 428	18 935	684	2 850	27 109	891	177 816	7 558	1 106 337	360 862
42 410	44 538	925	950	452	699	16 635	553	4 009	1 324	644 827	62 471
175 832	188 595	6 377	17 784	1 857	734	29 191	1 891	19 769	9 752	894 945	638 797
132 217	348 797	13 407	17 587	4 519	2 671	17 178	906	40 184	21 197	798 701	415 940
45 460	102 533	4 104	13 987	1 117	202	9 935	530	26 581	14 674	342 178	256 462
101 687	118 570	4 440	18 044	1 651	530	28 070	288	47 415	5 103	945 988	662 279
19 280	16 350	245	622	200	13	2 389	0	1 190	410	69 526	34 144
41 124	36 453	5 225	443	172	313	16 441	621	8 943	3 014	294 857	201 139
40 271	27 529	1 556	1 353	489	4	11 942	411	16 517	4 413	531 577	512 927
105 631	176 094	1 457	2 053	2 368	1 010	10 191	984	68 273	22 024	1 497 342	889 830
140 884	250 362	5 326	22 091	2 480	1 912	44 677	1 648	56 091	13 929	1 567 993	970 155
239 266	566 691	9 490	21 200	9 057	7 900	53 399	1 103	384 276	59 640	2 255 742	1 053 257
29 171	54 179	1 496	2 371	505	360	4 213	444	3 301	1 645	157 513	111 617
50 358	77 699	2 442	2 042	1 085	15	20 088	393	21 304	4 298	308 851	214 827
40 567	50 554	2 997	1 963	762	261	10 455	179	23 698	4 465	323 088	178 589
5 705	6 900	109	98	93	5	1 238	0	4 191	0	34 775	19 659
59 513	80 384	5 257	2 144	1 713	411	16 001	1 202	21 066	5 108	237 193	135 290
162 134	149 419	5 802	7 844	1 104	9 261	30 432	566	24 523	18 139	1 462 189	1 023 402
12 033	10 334	634	771	111	82	3 969	0	1 172	1 140	131 979	118 012
188 684	414 741	9 463	45 645	3 784	1 421	29 418	1 641	53 280	17 646	2 308 824	875 527
78 197	115 863	5 375	9 301	3 519	261	17 625	1 212	52 923	17 655	954 490	678 098
80 551	118 929	5 341	7 252	2 113	701	14 677	1 259	36 037	16 675	580 075	452 600
172 859	213 558	5 536	12 153	2 793	1 991	49 235	1 054	42 741	17 530	1 138 429	847 904
28 142	26 405	1 568	3 236	286	67	1 191	4	3 206	2 443	136 352	80 719
37 183	57 870	3 091	2 228	980	1 248	9 417	331	20 884	3 274	283 252	188 508
7 633	10 431	693	1 192	74	47	994	1	6 065	5 933	62 482	42 988
58 154	111 105	5 081	6 004	1 045	4 149	10 613	527	11 692	3 041	388 929	252 228
153 203	304 756	11 289	20 959	4 931	5 811	31 166	2 250	66 125	13 824	2 552 329	1 339 088
29 954	78 044	2 701	4 472	2 120	358	5 812	443	10 342	4 605	879 527	653 803
34 998	72 662	3 211	6 482	719	235	7 474	173	13 528	5 621	445 365	328 704
15 178	11 555	209	14	1	195	4 125	3	130	130	87 216	46 532
264 656	288 724	9 095	15 209	3 547	12 371	36 242	2 893	175 772	8 623	1 622 909	1 163 357
99 577	143 034	7 212	8 416	2 327	2 360	17 210	2 275	86 850	22 934	915 640	721 664
15 910	9 515	1 083	787	65	116	3 428	327	2 589	1 401	150 768	129 172
17 286	18 870	1 350	718	214	5	3 680	697	1 387	1 330	88 021	73 651
42 527	114 793	2 965	3 632	676	94	7 851	845	26 863	19 220	715 710	480 175

全国各地区文化部门

地区	本年收入合计(千元)								
		财政拨款	事业收入	经营收入	其他收入		基本支出	项目支出	经营支出
总计	**956 909**	**614 465**	**266 249**	**5 995**	**47 025**	**925 565**	**701 667**	**212 828**	**5 095**
中央	——	——	——	——	——	——	——	——	——
北京	——	——	——	——	——	——	——	——	——
天津	67 361	50 925	16 050	——	296	61 369	56 545	4 824	——
河北	66 781	36 514	21 592	——	8 675	62 987	60 616	2 055	——
山西	126 428	86 085	39 499	——	843	126 573	92 918	33 625	——
内蒙古	14 497	11 062	3 435	——	——	11 441	11 441	——	——
辽宁	7 651	5 438	2 213	——	——	7 213	7 213	——	——
其中:大连	——	——	——	——	——	——	——	——	——
吉林	——	——	——	——	——	——	——	——	——
黑龙江	31 383	20 075	11 307	——	1	31 393	31 385	8	——
上海	11 222	6 163	1 835	——	3 224	9 342	5 946	2 192	——
江苏	106 219	71 889	29 590	——	4 740	103 474	86 570	16 904	——
浙江	123 634	76 972	26 550	710	14 452	109 709	84 862	24 138	709
其中:宁波	——	——	——	——	——	——	——	——	——
安徽	1 082	——	172	——	910	1 228	1 228	——	——
福建	45 106	34 768	6 807	1 276	579	43 647	19 588	23 430	629
其中:厦门	12 737	9 232	1 688	1 276	469	12 065	9 265	2 171	629
江西	——	——	——	——	——	——	——	——	——
山东	15 642	9 453	6 140	——	49	14 817	11 040	3 777	——
其中:青岛	——	——	——	——	——	——	——	——	——
河南	60 571	40 461	17 653	1 902	555	61 354	49 366	10 040	1 902
湖北	22 325	15 616	2 988	——	3 220	21 844	17 079	4 765	——
湖南	6 341	4 760	1 353	——	228	6 268	5 238	1 000	——
广东	78 160	46 857	14 744	1 500	92	83 599	38 515	43 584	1 500
其中:深圳	——	——	——	——	——	——	——	——	——
广西	28 680	19 736	7 201	——	1 743	26 846	17 923	8 873	50
海南	——	——	——	——	——	——	——	——	——
重庆	15 264	6 979	7 634	——	651	15 179	13 569	1 610	——
四川	77 145	33 391	37 305	607	5 132	76 923	51 433	20 836	305
贵州	——	——	——	——	——	——	——	——	——
云南	22 841	14 455	7 150	——	956	22 069	19 777	2 292	——
西藏	——	——	——	——	——	——	——	——	——
陕西	——	——	——	——	——	——	——	——	——
甘肃	——	——	——	——	——	——	——	——	——
青海	——	——	——	——	——	——	——	——	——
宁夏	12 071	9 975	1 630	——	466	12 344	9 855	2 489	——
新疆	16 505	12 891	3 401	——	213	15 946	9 560	6 386	——

教育经费收支情况

本年支出合计（千元）										资产总计（千元）	
在支出合计中：											
工资福利支出	商品和服务支出	差旅费	劳务费	福利费	税金支出	对个人和家庭补助支出	抚恤金和生活补助	其他资本性支出	各种设备购置费		固定资产原值
330 617	**238 115**	**7 836**	**34 270**	**5 817**	**1 294**	**191 545**	**6 614**	**136 672**	**41 057**	**1 602 071**	**1 137 988**
—	—	—	—	—	—	—	—	—	—	—	—
—	—	—	—	—	—	—	—	—	—	—	—
23 052	17 497	161	2 870	85	—	18 987	28	1 833	230	121 901	25 902
29 229	14 608	317	1 231	493	—	16 758	452	1 964	1 058	81 177	68 122
41 837	44 041	2 058	3 753	577	—	23 371	2 571	15 533	11 975	136 778	109 525
4 551	2 869	125	16	75	—	3 282	24	738	738	29 683	12 551
3 311	2 026	26	—	62	—	1 676	—	200	—	16 902	16 543
—	—	—	—	—	—	—	—	—	—	—	—
—	—	—	—	—	—	—	—	—	—	—	—
13 201	6 005	230	1 571	123	—	12 099	79	88	88	38 236	37 126
3 878	2 310	24	300	46	56	1 061	—	890	890	27 744	16 813
42 701	23 561	763	4 241	308	2	27 110	916	10 102	4 635	154 326	117 497
38 033	38 005	1 613	6 469	1 500	311	16 359	86	16 600	8 340	351 879	268 205
—	—	—	—	—	—	—	—	—	—	—	—
260	299	—	—	—	—	308	—	361	—	422	371
8 634	4 965	222	889	68	13	4 870	32	20 798	192	40 675	38 763
3 644	1 794	33	—	68	—	1 983	28	1 746	144	27 323	27 323
—	—	—	—	—	—	—	—	—	—	—	—
5 663	2 627	86	551	6	—	2 693	15	3 834	475	29 456	25 542
—	—	—	—	—	—	—	—	—	—	—	—
25 933	12 428	231	1 886	304	321	14 322	416	5 395	1 032	116 647	75 516
9 073	8 136	212	10	200	1	3 824	35	810	585	74 026	35 919
2 912	1 496	91	156	23	—	708	198	220	120	10 319	9 989
20 808	7 723	194	62	842	254	12 458	4	42 336	7 164	122 735	85 670
—	—	—	—	—	—	—	—	—	—	—	—
9 533	3 472	30	499	158	10	5 268	161	299	120	45 201	44 636
—	—	—	—	—	—	—	—	—	—	—	—
6 853	3 272	350	177	166	62	3 444	35	839	389	15 799	12 723
24 599	30 461	553	6 412	184	264	11 382	1 017	7 176	1 513	126 082	79 983
—	—	—	—	—	—	—	—	—	—	—	—
6 322	6 752	316	2 829	143	—	7 888	332	1 107	1 107	18 461	16 275
—	—	—	—	—	—	—	—	—	—	—	—
—	—	—	—	—	—	—	—	—	—	—	—
—	—	—	—	—	—	—	—	—	—	—	—
—	—	—	—	—	—	—	—	—	—	—	—
3 850	3 622	120	275	263	—	2 342	64	458	242	10 755	8 654
6 384	1 940	114	73	191	—	1 335	149	5 091	164	32 867	31 663

全国各地区文化(文物)机构总收入情况

单位:千元

地区	总计	1. 文化合计					2. 文物合计				
			艺术表演团体	艺术表演场馆	图书馆	群众文化		文物科研机构	文物保护管理机构	博物馆	其他文物机构
总计	**58 994 416**	**44 113 350**	**8 940 957**	**1 222 435**	**6 131 745**	**8 072 435**	**13 924 157**	**882 098**	**2 865 048**	**7 209 144**	**2 959 464**
中央	4 283 219	2 943 592	489 059	10 215	594 921	0	1 339 627	57 664	——	895 825	386 138
北京	2 862 081	2 076 379	318 132	23 258	300 304	218 766	785 702	10 124	37 424	235 603	502 551
天津	1 192 426	994 923	325 420	15 730	162 736	92 499	130 142	——	10 576	118 336	——
河北	1 612 302	1 066 103	234 615	32 866	104 958	228 151	479 418	34 250	194 437	196 898	53 833
山西	1 862 978	1 101 710	322 209	41 438	100 504	197 064	634 840	56 033	79 474	214 204	285 129
内蒙古	1 451 193	1 147 906	295 320	19 234	143 119	187 518	288 790	51 921	46 690	172 692	17 487
辽宁	1 797 948	1 435 503	279 076	49 554	342 971	252 990	354 794	24 185	72 103	241 284	17 022
其中:大连	362 106	306 706	43 327	7 594	74 797	53 239	55 400	223	——	55 177	——
吉林	1 225 833	1 045 005	261 727	38 334	125 354	216 497	180 828	21 485	19 805	139 200	338
黑龙江	1 148 672	995 818	328 602	11 812	125 840	153 944	121 471	4 147	30 485	83 809	3 030
上海	3 523 518	3 120 924	524 368	236 085	652 864	594 745	391 372	——	12 534	361 121	17 717
江苏	3 033 305	2 410 673	459 057	27 011	381 385	547 430	516 413	4 620	65 688	398 187	47 918
浙江	4 646 361	3 041 138	496 339	135 459	450 579	765 294	1 481 589	27 024	606 531	589 872	258 025
其中:宁波	530 131	436 441	61 252	13 534	47 207	139 491	93 690	——	47 572	41 773	4 345
安徽	1 463 102	1 179 540	208 755	34 159	115 378	239 109	282 480	5 553	46 756	98 412	131 067
福建	1 879 402	1 566 034	340 035	78 384	142 585	202 231	268 262	492	15 468	184 241	68 061
其中:厦门	278 907	242 492	54 480	9 870	34 387	36 984	23 678	——	2 893	20 785	——
江西	1 148 006	930 434	173 821	20 872	91 134	152 490	217 572	8 111	13 570	178 622	17 269
山东	2 412 849	1 680 127	419 503	14 529	219 898	447 780	717 080	24 561	386 663	252 523	52 303
其中:青岛	281 197	248 718	66 679	329	35 011	48 113	32 479	1 130	1 892	24 137	5 320
河南	2 448 269	1 436 148	286 804	78 805	129 668	281 765	951 550	75 526	277 983	312 357	285 301
湖北	1 982 698	1 603 872	362 429	51 945	250 315	265 538	356 501	11 878	36 555	236 082	70 786
湖南	1 658 362	1 304 704	224 802	27 804	126 959	237 217	347 317	18 902	95 015	172 703	59 046
广东	4 071 565	3 390 865	474 001	94 147	588 648	869 452	602 540	43 404	64 504	437 396	57 236
其中:深圳	1 022 300	928 088	46 240	47 039	194 303	221 187	94 212	5 963	6 311	68 277	13 661
广西	1 130 538	969 769	223 606	21 729	124 156	154 124	132 089	7 864	13 389	94 407	16 025
海南	502 808	468 060	42 538	1 034	29 978	34 197	34 748	——	5 868	28 880	——
重庆	1 081 363	849 727	136 441	873	83 664	234 510	216 372	15 004	19 993	152 826	28 549
四川	2 787 942	1 745 267	283 350	33 699	211 987	422 662	965 530	98 185	267 559	493 342	106 444
贵州	919 275	759 044	131 568	10 652	62 115	155 002	160 231	9 017	28 664	100 904	21 511
云南	1 355 111	1 171 575	285 600	17 157	125 277	253 544	160 695	23 237	47 478	57 893	31 927
西藏	363 136	262 646	83 913	3 894	6 092	19 174	100 490	1 252	44 678	867	52 512
陕西	1 998 072	1 091 887	283 878	36 571	95 145	204 973	906 185	118 107	167 300	487 963	132 815
甘肃	1 073 368	722 010	237 196	17 430	90 375	113 151	351 358	104 775	46 398	176 038	24 147
青海	400 379	355 920	91 355	2 136	30 236	92 245	44 459	6 144	6 131	24 018	8 166
宁夏	425 809	333 471	83 792	3 971	47 929	50 819	80 267	9 345	37 934	28 758	4 230
新疆	1 252 526	912 576	233 646	31 648	74 671	187 554	323 445	9 288	67 395	43 881	202 881

全国各地区文化(文物)机构财政拨款情况

单位:千元

地区	总计	1.文化合计	艺术表演团体	艺术表演场馆	图书馆	群众文化	2.文物合计	文物科研机构	文物保护管理机构	博物馆	其他文物机构
总计	**39 366 891**	**29 231 768**	**6 362 470**	**404 669**	**5 508 084**	**6 811 471**	**9 520 658**	**278 719**	**1 465 523**	**5 427 586**	**2 340 427**
中央	3 168 659	2 071 201	291 089	4 000	490 402	——	1 097 458	33 561	——	802 222	261 675
北京	2 079 162	1 390 702	224 402	1 910	282 939	184 942	688 460	7 730	31 499	198 037	451 194
天津	750 500	594 193	284 032	1 083	149 695	77 092	105 382	——	7 659	96 493	——
河北	972 570	675 137	152 786	11 909	100 903	206 531	260 919	10 892	54 695	154 814	40 518
山西	1 175 261	689 149	180 543	10 859	94 334	184 410	400 027	12 622	31 120	121 074	235 211
内蒙古	1 114 238	908 341	262 121	11 259	142 212	182 110	194 835	4 867	41 681	134 372	13 915
辽宁	1 307 986	1 038 523	217 739	15 117	305 353	230 742	264 025	14 378	56 167	177 900	15 380
其中:大连	280 871	231 362	22 969	2 762	72 745	48 856	49 509	223	——	49 286	——
吉林	952 437	819 506	206 600	16 753	119 817	208 045	132 931	12 270	19 255	101 068	338
黑龙江	790 179	660 548	300 230	4 412	122 268	141 599	109 556	4 147	28 499	73 903	3 007
上海	2 116 052	1 796 407	186 522	48 428	559 116	453 056	313 482	——	12 368	286 001	15 113
江苏	2 045 508	1 564 148	274 724	7 885	330 875	442 960	409 471	2 324	51 505	308 711	46 931
浙江	3 227 987	2 107 020	338 580	54 709	387 610	618 014	1 043 995	15 670	318 821	495 182	214 185
其中:宁波	361 982	293 819	41 974	4 515	41 065	109 055	68 163	——	31 966	31 852	4 345
安徽	927 125	680 054	150 313	9 612	99 334	132 211	247 071	5 013	34 355	82 243	124 768
福建	1 172 285	895 655	242 627	17 182	119 615	161 922	241 862	492	11 894	162 242	67 234
其中:厦门	215 763	184 391	43 587	684	31 781	32 207	22 140	——	2 866	19 274	——
江西	839 708	667 816	130 540	8 991	77 718	123 979	171 892	2 688	8 742	145 627	14 835
山东	1 683 313	1 273 587	330 873	10 332	210 266	422 447	400 273	8 921	117 263	223 037	50 022
其中:青岛	205 692	179 937	47 324	329	33 091	43 791	25 755	864	1 842	17 729	5 320
河南	1 430 363	916 412	168 817	31 532	122 008	249 672	473 490	16 533	71 007	199 957	185 610
湖北	1 256 621	978 634	278 821	14 870	230 001	197 472	262 371	3 802	22 069	183 261	52 039
湖南	1 165 091	879 686	143 637	6 856	112 165	198 288	280 645	4 480	76 124	151 108	47 282
广东	2 751 750	2 261 792	313 785	58 389	551 456	715 616	443 101	17 865	23 235	350 101	51 900
其中:深圳	662 647	592 628	33 571	32 707	181 914	194 351	70 019	5 959	4 790	46 478	12 792
广西	797 441	680 741	173 852	956	113 534	139 257	96 964	1 723	10 932	73 478	10 427
海南	288 246	256 255	29 355	120	28 823	30 820	31 991	——	3 900	28 091	——
重庆	690 203	514 638	100 611	746	72 684	154 440	168 586	1 099	18 341	122 376	26 770
四川	1 670 954	1 182 421	213 828	8 850	185 864	376 163	455 142	9 154	165 278	259 446	21 264
贵州	674 810	532 651	112 654	1 604	53 834	141 644	142 159	2 713	26 743	94 018	18 550
云南	898 468	762 591	205 413	3 431	116 700	218 712	121 422	3 449	40 950	46 912	29 951
西藏	169 664	129 600	82 474	2 841	6 092	19 006	40 064	1 102	9 717	867	27 197
陕西	1 048 588	724 775	208 069	15 585	91 072	190 080	323 813	25 039	84 330	109 970	104 474
甘肃	715 154	470 463	196 676	5 088	88 878	105 095	244 691	42 635	19 456	161 233	21 367
青海	294 168	255 703	78 130	2 062	29 653	82 770	38 465	4 259	5 652	20 884	7 670
宁夏	311 472	246 609	70 565	1 356	45 921	47 752	54 888	6 317	16 222	28 119	4 230
新疆	880 928	606 810	212 062	15 942	66 942	174 624	261 227	2 974	46 044	34 839	177 370

全国各地区文化(文物)机构事业收入情况

单位:千元

地区	总计	1.文化合计					2.文物合计				
			艺术表演团体	艺术表演场馆	图书馆	群众文化		文物科研机构	文物保护管理机构	博物馆	其他文物机构
总计	**6 370 030**	**3 538 050**	**1 616 890**	**443 344**	**262 478**	**377 320**	**2 565 731**	**495 323**	**920 296**	**1 054 997**	**95 115**
中央	605 248	512 758	142 051	7	48 860	——	92 490	23 870	——	9 135	59 485
北京	142 127	110 685	71 241	6 897	7 231	12 980	31 442	2 163	2 675	22 999	3 605
天津	117 834	89 348	27 101	11 205	5 412	10 241	12 436	——	2 010	10 426	——
河北	279 534	76 534	57 441	9 041	676	3 033	181 408	15 184	131 159	35 065	——
山西	314 545	114 031	88 560	18 858	798	2 433	161 015	43 352	24 275	86 866	6 522
内蒙古	88 935	25 489	14 011	4 994	149	616	60 011	45 100	4 731	10 180	——
辽宁	191 537	113 007	44 576	24 993	27 382	3 791	76 317	9 807	6 805	59 515	190
其中:大连	22 995	18 303	7 825	4 832	1 526	1 263	4 692	——	——	4 692	——
吉林	107 180	69 349	49 523	12 620	450	1 469	37 831	7 827	20	29 984	——
黑龙江	38 055	24 495	18 660	2 264	1 607	1 426	2 253	——	490	1 740	23
上海	685 497	627 327	189 512	135 452	49 391	56 186	56 335	——	111	56 224	——
江苏	343 888	236 290	137 291	16 449	19 896	43 082	78 008	973	11 677	65 358	——
浙江	488 828	181 469	85 673	36 038	23 504	30 122	280 809	9 605	254 792	16 412	——
其中:宁波	32 479	19 532	8 981	4 564	494	5 493	12 947	——	4 560	8 387	——
安徽	88 689	81 390	36 641	6 434	4 498	3 328	7 127	——	1 467	5 660	——
福建	134 536	124 267	65 112	22 699	12 638	10 049	3 462	——	449	3 013	——
其中:厦门	15 982	14 042	3 683	7 219	2 334	806	252	——	——	252	——
江西	78 675	59 446	27 231	7 363	7 250	5 045	19 229	4 884	2 816	9 889	1 640
山东	223 975	81 290	62 088	2 806	4 894	6 491	136 545	13 716	101 682	21 147	——
其中:青岛	18 657	13 900	10 865	——	123	2 912	4 757	——	50	4 707	——
河南	407 357	125 285	80 512	20 174	2 132	5 810	264 419	45 306	135 768	70 317	13 028
湖北	151 570	123 339	50 398	25 822	5 624	14 330	25 243	7 226	6 816	9 979	1 222
湖南	137 423	105 419	36 995	11 020	5 295	11 283	30 651	14 410	6 241	10 000	——
广东	379 742	252 313	109 703	27 437	15 861	85 522	112 685	23 988	30 555	57 145	997
其中:深圳	38 947	33 654	9 771	14 268	3 372	3 494	5 293	——	192	5 101	——
广西	58 870	40 910	21 147	10 111	2 288	3 879	10 759	364	606	9 789	——
海南	14 591	12 795	11 036	36	——	31	1 796	——	1 796	——	——
重庆	86 044	50 562	16 420	126	6 121	23 713	27 848	13 828	420	13 504	96
四川	430 128	85 554	43 147	6 955	4 982	23 124	307 269	74 800	55 899	176 570	——
贵州	27 924	18 108	5 269	771	1 685	3 198	9 816	6 265	287	3 264	——
云南	70 683	39 174	22 274	7 630	1 328	5 899	24 359	19 194	1 685	3 480	——
西藏	35 936	825	472	255	——	98	35 111	150	34 961	——	——
陕西	440 988	83 646	48 561	9 046	923	4 057	357 342	54 726	48 785	245 543	8 288
甘肃	129 144	38 794	30 927	4 863	259	2 229	90 350	55 452	26 694	8 204	——
青海	11 624	9 319	6 428	43	55	960	2 305	1 731	——	574	——
宁夏	27 110	9 601	7 813	432	598	315	15 879	——	15 285	594	——
新疆	31 813	15 231	9 076	503	691	2 580	13 181	1 402	9 339	2 421	19

全国各地区文化(文物)机构经营收入情况

单位:千元

地区	总计	1.文化合计	艺术表演团体	艺术表演场馆	图书馆	群众文化	2.文物合计	文物科研机构	文物保护管理机构	博物馆	其他文物机构
总计	**624 829**	**396 254**	**30 062**	**133 008**	**33 819**	**88 232**	**222 580**	**3 230**	**47 314**	**106 664**	**65 372**
中央	174 496	44 351	2 723	6 208	9 414	——	130 145	——	——	69 971	60 174
北京	23 223	22 355	2 591	11 521	1 941	3 662	868	——	70	1	797
天津	1 879	1 538	——	121	1 317	100	341	——	341	——	——
河北	6 844	4 781	——	3 633	223	889	2 063	——	1 195	868	——
山西	32 645	13 446	3 916	5 028	1 391	388	19 199	——	13 598	1 200	4 401
内蒙古	6 152	5 892	40	495	——	68	260	——	——	260	——
辽宁	5 231	8	——	——	——	8	5 223	——	5 223	——	——
其中:大连	——	——	——	——	——	——	——	——	——	——	——
吉林	5 592	5 537	686	3 967	485	223	55	——	——	55	——
黑龙江	1 538	1 035	——	835	——	200	503	——	——	503	——
上海	28 001	26 164	——	2 847	1 365	16 394	1 837	——	——	1 837	——
江苏	11 631	9 483	——	1 196	2 675	5 076	2 148	——	21	2 127	——
浙江	57 983	56 011	2 357	11 358	952	2 245	1 262	——	991	271	——
其中:宁波	211	167	——	——	——	167	44	——	——	44	——
安徽	5 621	5 621	376	3 952	555	188	——	——	——	——	——
福建	29 431	27 957	120	22 476	1 463	3 743	198	——	——	198	——
其中:厦门	1 279	3	——	——	——	3	——	——	——	——	——
江西	2 436	2 432	56	1 328	157	636	4	——	——	4	——
山东	13 760	1 534	——	376	——	329	12 226	——	12 226	——	——
其中:青岛	804	804	——	——	——	35	——	——	——	——	——
河南	23 438	15 153	373	10 968	722	1 296	6 383	380	4 913	1 090	——
湖北	18 053	10 032	2 541	2 042	207	3 132	8 021	——	392	7 629	——
湖南	17 838	15 166	3 464	2 162	3 763	1 697	2 672	——	509	2 163	——
广东	25 109	19 443	1 099	3 219	4	14 242	4 166	——	963	3 203	——
其中:深圳	52	52	——	52	——	——	——	——	——	——	——
广西	23 895	20 954	121	8 250	349	1 441	2 941	2 850	3	88	——
海南	941	891	——	833	——	58	50	——	50	——	——
重庆	34 880	25 982	1 709	——	351	23 782	8 898	——	——	8 898	——
四川	14 447	13 357	659	7 267	2 646	846	483	——	35	448	——
贵州	9 800	7 081	5 802	——	——	572	2 719	——	50	2 669	——
云南	17 486	16 599	897	4 927	3 799	6 028	887	——	74	813	——
西藏	183	183	104	48	——	31	——	——	——	——	——
陕西	11 878	3 171	100	2 778	40	203	8 707	——	6 445	2 262	——
甘肃	3 870	3 809	311	3 208	——	290	61	——	61	——	——
青海	37	37	17	20	——	——	——	——	——	——	——
宁夏	4 093	4 019	——	159	——	300	74	——	74	——	——
新疆	12 418	12 232	——	11 786	——	165	186	——	80	106	——

全国各地区文化(文物)机构总支出情况

单位:千元

地区	总计	1.文化合计					2.文物合计				
			艺术表演团体	艺术表演场馆	图书馆	群众文化		文物科研机构	文物保护管理机构	博物馆	其他文物机构
总　计	**57 108 553**	**43 373 832**	**8 656 536**	**1 209 959**	**6 066 300**	**7 941 904**	**12 809 156**	**860 622**	**2 635 225**	**6 534 172**	**2 770 734**
中　央	4 449 981	3 214 096	458 883	2 102	581 626	——	1 235 885	76 483	——	812 073	347 329
北　京	2 715 652	1 911 734	305 057	24 672	240 946	204 134	803 918	9 779	34 278	206 256	553 605
天　津	1 065 286	890 847	209 896	16 028	160 825	94 941	113 070	——	10 382	101 458	——
河　北	1 559 159	1 028 906	233 063	36 587	101 864	218 826	467 266	32 032	198 071	150 469	86 694
山　西	1 946 991	1 171 004	307 976	41 822	172 885	193 481	649 414	69 859	75 041	226 171	278 343
内蒙古	1 283 521	1 063 034	287 102	17 720	151 660	183 735	209 046	24 614	38 362	122 723	23 347
辽　宁	1 727 487	1 373 438	274 251	53 260	311 121	247 220	346 836	17 895	63 071	242 145	23 525
其中:大连	372 269	314 006	43 327	7 599	81 297	53 927	58 263	223	——	58 040	——
吉　林	1 080 364	921 088	260 104	38 448	121 408	185 690	159 276	13 276	18 959	126 703	338
黑龙江	1 120 935	968 703	315 647	11 867	125 514	150 759	120 839	4 126	30 131	83 630	2 952
上　海	3 460 155	3 076 141	534 721	218 859	632 384	564 970	374 672	——	54 420	305 045	15 207
江　苏	2 921 764	2 323 829	456 431	26 059	379 701	558 304	494 461	4 616	63 579	380 109	46 157
浙　江	4 384 532	2 980 314	470 572	134 941	448 804	755 116	1 294 509	23 635	531 609	487 966	251 162
其中:宁波	539 484	440 863	59 722	13 530	46 581	139 417	98 621	——	46 499	47 777	4 345
安　徽	1 411 371	1 142 009	201 856	33 598	110 143	239 087	268 134	5 545	44 516	89 670	127 711
福　建	1 554 689	1 318 986	333 727	73 011	122 940	195 823	192 056	492	18 173	163 154	10 237
其中:厦门	263 211	230 748	55 232	8 817	29 087	33 157	20 398	——	4 068	16 330	——
江　西	1 085 722	885 408	166 869	20 888	94 010	149 432	200 314	8 328	11 400	165 233	15 353
山　东	2 352 601	1 688 715	424 435	14 680	230 339	452 423	649 069	16 674	357 647	228 275	45 443
其中:青岛	282 046	249 710	66 892	329	35 045	50 471	32 336	1 101	1 856	23 697	5 682
河　南	2 374 723	1 439 936	291 516	80 252	126 736	274 986	873 433	83 105	250 250	252 097	287 598
湖　北	1 985 804	1 594 841	359 214	54 305	248 337	267 244	369 119	13 463	36 607	238 016	79 833
湖　南	1 636 420	1 292 632	217 378	28 319	122 257	244 617	337 520	19 475	96 121	164 148	56 125
广　东	4 377 008	3 712 074	474 006	97 319	564 278	845 474	581 335	42 167	62 375	423 202	53 591
其中:深圳	1 256 264	1 168 449	43 814	51 122	175 203	211 593	87 815	5 888	6 503	60 601	14 823
广　西	1 135 895	959 937	225 321	21 410	123 434	149 768	149 112	5 045	12 732	110 970	19 961
海　南	414 410	387 153	42 417	1 551	31 491	32 406	27 257	——	5 967	21 290	——
重　庆	1 102 648	884 217	133 449	873	91 228	236 805	203 252	12 346	13 991	150 429	26 486
四　川	2 549 580	1 729 415	279 141	35 119	205 404	422 491	743 242	65 595	211 313	417 506	48 828
贵　州	931 192	781 045	131 223	9 445	63 495	155 991	150 147	7 479	24 784	95 864	21 885
云　南	1 282 479	1 106 538	253 840	18 393	158 959	242 773	153 872	21 511	45 552	50 761	35 888
西　藏	288 671	233 617	81 900	3 128	6 092	20 048	55 054	1 110	24 440	757	27 566
陕　西	1 955 311	1 087 175	280 727	36 729	96 631	202 421	868 136	111 962	174 384	455 077	126 713
甘　肃	1 041 075	637 974	233 512	18 031	86 386	117 379	403 101	143 643	42 603	175 817	41 038
青　海	371 040	334 881	90 082	3 431	30 646	88 595	36 159	5 780	5 343	16 862	8 174
宁　夏	408 565	334 480	87 436	4 218	46 025	54 497	61 741	7 966	21 359	29 328	3 088
新　疆	1 133 522	899 665	234 784	32 894	78 731	192 468	217 911	12 621	57 765	40 968	106 557

全国各地区文化(文物)机构基本支出情况

单位:千元

地区	总计	1.文化合计					2.文物合计				
			艺术表演团体	艺术表演场馆	图书馆	群众文化		文物科研机构	文物保护管理机构	博物馆	其他文物机构
总计	**32 469 508**	**25 828 715**	**6 872 729**	**852 488**	**3 488 543**	**5 551 522**	**5 939 126**	**476 364**	**1 492 410**	**3 386 964**	**583 388**
中央	1 714 334	1 347 492	338 178	28	184 076	——	366 842	37 200	——	267 654	61 988
北京	901 603	695 168	224 408	11 070	120 566	139 529	206 435	8 306	21 477	115 657	60 995
天津	806 508	668 154	178 729	15 281	125 304	79 576	81 809	——	7 145	74 664	——
河北	1 153 997	801 585	198 046	25 075	84 846	177 049	291 796	9 757	180 403	72 847	28 789
山西	1 049 808	704 923	236 576	29 227	66 281	129 808	251 967	32 596	49 420	84 783	85 168
内蒙古	1 003 605	837 832	248 091	15 674	122 941	171 483	154 332	22 114	34 658	95 825	1 735
辽宁	1 107 835	916 382	221 318	28 652	214 181	199 345	184 240	8 175	25 602	138 292	12 171
其中:大连	201 243	174 163	37 555	4 070	46 112	37 215	27 080	200	——	26 880	——
吉林	721 914	638 040	216 624	31 341	94 481	138 404	83 874	8 279	13 776	61 674	145
黑龙江	803 485	694 349	276 719	10 694	100 546	120 708	77 751	4 120	17 998	52 746	2 887
上海	1 916 399	1 756 821	395 857	176 367	287 211	387 893	153 632	——	7 135	146 347	150
江苏	2 004 232	1 641 935	377 132	25 372	241 404	441 974	275 727	4 192	40 108	228 843	2 584
浙江	2 160 938	1 596 174	335 507	97 244	241 937	449 226	479 902	12 673	260 266	195 695	11 268
其中:宁波	292 000	243 479	44 186	10 242	29 513	77 964	48 521	——	22 731	25 790	——
安徽	824 676	721 012	172 298	25 836	67 952	163 399	102 436	5 545	27 059	51 853	17 979
福建	822 462	728 979	248 684	45 318	79 120	119 410	73 895	492	8 347	62 744	2 312
其中:厦门	129 796	110 605	43 434	5 781	22 776	19 053	9 926	——	629	9 297	——
江西	630 600	512 903	143 376	19 523	70 967	104 994	117 697	3 377	9 897	100 020	4 403
山东	1 575 069	1 246 417	353 134	13 166	168 960	313 655	317 612	9 533	116 166	173 807	18 106
其中:青岛	208 880	181 991	62 333	329	29 253	37 972	26 889	1 101	833	22 010	2 945
河南	1 583 258	1 017 433	240 706	41 047	103 236	229 116	516 459	59 220	216 406	196 980	43 853
湖北	1 010 391	843 690	255 370	38 820	88 942	162 821	149 622	7 564	23 535	85 372	33 151
湖南	1 006 028	830 962	195 687	23 313	89 658	183 008	169 828	7 308	48 237	102 773	11 510
广东	2 101 524	1 768 578	329 981	53 281	308 804	471 507	294 431	13 529	42 090	215 670	23 142
其中:深圳	382 895	346 775	16 056	30 710	71 033	110 720	36 120	2 808	236	30 130	2 946
广西	683 617	584 941	155 477	9 779	80 503	116 412	80 753	2 291	10 351	68 111	——
海南	148 917	140 349	29 237	1 066	12 459	18 752	8 568	——	3 596	4 972	——
重庆	451 732	383 334	80 459	838	37 133	135 009	54 829	4 191	7 075	43 503	60
四川	1 311 192	922 466	201 639	24 581	91 526	244 413	337 293	8 547	83 779	236 304	8 663
贵州	582 332	491 223	111 831	8 766	46 691	130 219	91 109	2 031	13 347	65 605	10 126
云南	811 877	722 365	199 669	12 186	79 737	186 454	69 735	20 290	24 522	24 923	——
西藏	178 114	148 624	78 891	2 644	6 087	18 300	29 490	1 030	23 783	502	4 175
陕西	1 384 865	805 778	261 652	30 854	78 670	170 288	579 087	94 472	104 672	276 671	103 272
甘肃	769 121	570 957	214 526	11 769	79 335	109 814	198 164	76 736	19 256	95 383	6 789
青海	274 703	248 682	79 245	3 261	26 111	51 291	26 021	5 005	5 180	12 374	3 462
宁夏	270 741	220 088	64 083	4 076	31 681	45 911	40 798	4 764	17 395	16 073	2 566
新疆	703 631	621 079	209 599	16 339	57 197	141 754	72 992	3 027	29 729	18 297	21 939

全国各地区文化(文物)机构项目支出情况

单位:千元

地区	总计	1. 文化合计	艺术表演团体	艺术表演场馆	图书馆	群众文化	2. 文物合计	文物科研机构	文物保护管理机构	博物馆	其他文物机构
总计	**21 681 449**	**15 263 046**	**1 440 988**	**150 640**	**2 341 009**	**1 893 333**	**6 205 575**	**381 048**	**847 154**	**2 861 681**	**2 107 289**
中央	2 630 427	1 835 833	107 983	--	395 162	--	794 594	39 283	--	504 100	251 211
北京	1 766 752	1 172 811	68 947	--	119 245	57 860	593 941	1 323	11 995	89 041	491 582
天津	253 003	217 259	31 167	20	33 210	13 889	30 920	--	2 896	26 794	--
河北	355 529	183 806	31 270	5 849	11 247	27 919	169 668	21 484	15 705	74 574	57 905
山西	701 349	303 931	51 255	4 310	20 836	54 003	363 793	37 263	9 757	135 534	181 239
内蒙古	213 069	164 597	22 372	1 203	21 731	8 170	48 472	2 500	1 585	22 775	21 612
辽宁	516 175	381 457	48 848	2 461	87 177	33 261	134 718	9 720	28 644	84 885	11 269
其中:大连	128 960	115 009	5 772	--	29 525	11 825	13 951	23	--	13 928	--
吉林	338 652	264 465	40 265	2 208	25 364	44 392	74 187	4 997	5 133	63 864	193
黑龙江	278 424	237 009	32 567	543	23 141	20 689	41 407	--	11 521	29 821	65
上海	1 255 727	1 040 180	47 650	25 575	328 031	133 018	213 355	--	46 836	154 516	12 003
江苏	899 184	669 725	79 299	19	136 061	108 367	212 555	424	23 450	145 308	43 373
浙江	2 075 916	1 244 457	115 435	22 793	204 688	265 402	807 321	10 962	264 475	291 903	239 844
其中:宁波	228 333	183 570	15 536	2 968	17 066	51 412	44 763	--	18 507	21 911	4 345
安徽	490 066	344 950	11 710	542	33 802	60 469	145 116	--	15 558	27 173	101 693
福建	602 718	489 996	67 131	1 788	41 306	61 303	89 292	--	9 340	72 027	7 925
其中:厦门	127 071	114 558	11 798	--	6 230	12 042	10 342	--	3 439	6 903	--
江西	398 159	318 608	15 767	36	16 243	32 071	79 551	4 851	1 203	62 547	10 950
山东	483 049	350 432	64 366	285	56 146	86 432	128 840	7 141	40 378	53 439	26 852
其中:青岛	65 371	60 005	3 224	--	5 335	8 576	5 366	--	995	1 634	2 737
河南	673 534	326 039	36 659	16 587	15 038	35 412	337 455	23 833	25 908	45 430	241 901
湖北	887 579	680 865	96 077	10 809	154 604	82 461	201 949	5 899	12 680	136 537	45 633
湖南	555 245	392 700	15 114	1 190	24 426	40 774	161 545	12 167	47 070	56 061	44 596
广东	2 025 791	1 708 903	128 473	45 600	247 535	307 262	273 304	28 637	16 262	200 629	27 776
其中:深圳	828 504	780 640	27 758	20 369	102 390	80 915	47 864	3 080	2 459	30 448	11 877
广西	361 821	292 002	61 331	--	37 478	20 006	60 946	644	1 980	37 957	19 961
海南	247 580	230 765	7 634	--	15 936	11 557	16 815	--	1 086	15 729	--
重庆	568 859	435 047	49 471	--	47 509	65 611	132 202	8 155	5 983	91 638	26 426
四川	1 090 032	729 135	67 020	1 330	105 327	155 405	340 061	57 048	120 834	122 034	40 145
贵州	287 310	245 098	15 403	629	14 451	17 821	42 212	5 448	9 001	15 929	11 699
云南	383 133	305 971	47 059	827	71 453	39 705	74 870	1 221	17 849	24 037	31 603
西藏	101 562	76 000	268	17	5	268	25 562	80	657	255	23 389
陕西	454 502	200 265	14 120	1 938	14 519	25 098	254 237	17 490	56 244	160 178	20 325
甘肃	249 149	45 647	18 436	--	7 050	5 722	203 502	66 907	23 124	80 243	33 228
青海	72 524	63 228	9 313	--	4 485	34 851	9 296	775	150	3 839	4 532
宁夏	118 732	97 700	23 100	--	9 808	4 971	18 543	3 202	2 053	13 192	96
新疆	345 897	214 165	15 478	4 081	17 995	39 164	125 346	9 594	17 797	19 692	78 263

全国各地区文化(文物)机构经营支出情况

单位:千元

地　区	总计	1.文化合计	艺术表演团体	艺术表演场馆	图书馆	群众文化	2.文物合计	文物科研机构	文物保护管理机构	博物馆	其他文物机构
总　计	**664 869**	**458 016**	**69 451**	**160 161**	**23 968**	**102 279**	**201 758**	**1 808**	**53 954**	**80 624**	**65 372**
中　央	116 238	18 489	2 722	200	2 388	——	97 749	——	——	37 575	60 174
北　京	31 365	30 287	11 701	10 705	1 034	3 933	1 078	——	245	36	797
天　津	2 432	2 091	——	714	1 317	60	341	——	341	——	——
河　北	11 253	7 024	960	4 498	317	1 213	4 229	——	1 181	3 048	——
山　西	38 223	19 544	8 774	6 983	1 391	672	18 679	——	13 586	692	4 401
内蒙古	13 100	12 840	1 898	804	39	233	260	——	——	260	——
辽　宁	20 218	13 948	——	13 618	——	330	6 270	——	6 270	——	——
其中:大连	162	162	——	——	——	162	——	——	——	——	——
吉　林	6 102	5 856	1 139	3 479	485	577	246	——	——	246	——
黑龙江	2 149	1 454	88	530	140	696	695	——	——	695	——
上　海	30 175	30 154	——	3 972	150	20 569	21	——	——	21	——
江　苏	23 076	17 097	——	668	2 236	13 922	5 979	——	21	5 958	——
浙　江	65 428	63 658	9 810	12 288	951	4 081	1 061	——	933	128	——
其中:宁波	629	553	——	——	——	553	76	——	——	76	——
安　徽	11 669	11 659	4 363	5 601	657	486	10	——	——	10	——
福　建	30 074	29 364	2 241	22 275	397	3 879	81	——	——	81	——
其中:厦门	2 896	2 267	——	1 328	——	939	——	——	——	——	——
江　西	3 300	3 290	690	1 106	207	1 223	10	——	——	10	——
山　东	26 750	2 607	64	1 041	——	793	24 143	——	24 090	53	——
其中:青岛	966	913	——	——	——	253	53	——	——	53	——
河　南	33 521	26 984	3 251	18 539	722	2 716	4 635	52	2 812	1 771	——
湖　北	23 275	15 426	3 229	3 321	199	4 166	7 849	——	392	7 457	——
湖　南	18 115	15 694	3 299	1 821	3 612	1 864	2 421	——	433	1 988	——
广　东	24 645	21 705	2 009	3 963	35	15 126	1 440	——	171	1 269	——
其中:深圳	26	26	——	15	——	11	——	——	——	——	——
广　西	21 916	19 944	295	11 593	339	1 035	1 922	1 756	63	103	——
海　南	3 793	3 645	3 092	485	10	58	148	——	5	143	——
重　庆	28 733	19 254	2 252	——	572	16 290	9 479	——	——	9 479	——
四　川	18 247	17 430	2 562	8 232	2 589	2 373	512	——	32	480	——
贵　州	6 220	3 622	1 895	——	13	1 385	2 598	——	167	2 431	——
云　南	20 085	18 655	1 572	5 088	3 807	2 679	1 430	——	177	1 253	——
西　藏	380	380	14	81	——	285	——	——	——	——	——
陕　西	12 671	4 879	746	3 521	193	409	7 792	——	2 721	5 071	——
甘　肃	4 120	3 709	550	2 492	——	667	411	——	223	188	——
青　海	87	87	17	50	20	——	——	——	——	——	——
宁　夏	4 022	4 011	——	97	116	257	11	——	11	——	——
新　疆	13 487	13 229	218	12 396	32	302	258	——	80	178	——

全国各地区文化(文物)机构工资福利支出情况

单位:千元

地区	总计	1.文化合计					2.文物合计				
			艺术表演团体	艺术表演场馆	图书馆	群众文化		文物科研机构	文物保护管理机构	博物馆	其他文物机构
总计	**16 630 278**	**13 351 745**	**3 697 051**	**412 855**	**1 963 309**	**3 439 502**	**2 947 916**	**178 128**	**740 912**	**1 781 671**	**247 205**
中央	697 581	510 946	176 666	28	99 060	——	186 635	3 926	——	154 201	28 508
北京	414 044	326 667	104 407	6 056	64 849	49 839	87 377	3 848	12 524	49 148	21 857
天津	315 077	249 615	95 212	7 057	53 753	38 527	42 410	——	4 580	37 830	——
河北	660 952	455 891	120 936	16 127	51 271	122 623	175 832	6 599	112 803	42 119	14 311
山西	538 658	364 604	135 072	15 533	42 808	77 099	132 217	10 665	27 087	50 831	43 634
内蒙古	460 005	409 994	138 222	8 403	56 165	95 896	45 460	2 353	16 174	26 421	512
辽宁	611 649	506 651	130 593	17 168	113 979	121 436	101 687	4 473	16 704	76 068	4 442
其中:大连	137 220	117 940	26 218	3 182	32 375	25 120	19 280	167	——	19 113	——
吉林	354 201	313 077	92 135	12 586	53 746	85 930	41 124	2 567	8 239	30 184	134
黑龙江	439 986	386 514	159 020	5 702	58 375	79 792	40 271	2 016	10 771	26 189	1 295
上海	904 981	795 472	187 155	74 885	164 234	208 423	105 631	——	4 438	101 193	——
江苏	935 162	751 577	168 507	6 898	124 362	217 273	140 884	1 679	16 908	120 628	1 669
浙江	1 206 938	929 639	199 037	34 774	141 975	278 099	239 266	7 040	106 636	118 226	7 364
其中:宁波	172 580	143 409	28 731	4 125	19 579	47 387	29 171	——	13 758	15 413	——
安徽	390 410	339 792	85 306	15 221	36 122	97 960	50 358	1 913	12 367	21 519	14 559
福建	390 327	341 126	130 560	17 406	38 130	64 092	40 567	403	3 800	35 129	1 235
其中:厦门	65 649	56 300	25 139	4 007	9 081	9 286	5 705	——	488	5 217	——
江西	332 122	272 609	77 796	9 215	33 341	67 231	59 513	2 024	4 127	51 915	1 447
山东	866 408	698 611	196 984	4 896	100 743	198 504	162 134	4 348	67 082	81 289	9 415
其中:青岛	120 666	108 633	35 779	——	16 710	26 691	12 033	442	589	9 523	1 479
河南	747 838	533 221	112 138	29 205	60 268	171 859	188 684	14 769	72 111	83 202	18 602
湖北	531 011	443 741	140 269	16 701	53 880	91 635	78 197	5 605	11 058	54 942	6 592
湖南	514 981	431 518	90 591	13 071	51 532	127 345	80 551	4 540	23 405	47 416	5 190
广东	1 254 484	1 060 817	185 271	19 684	199 002	330 992	172 859	8 206	15 874	140 075	8 704
其中:深圳	270 398	242 256	18 333	659	53 631	84 095	28 142	1 432	872	23 333	2 505
广西	368 182	321 466	97 151	7 022	47 663	82 387	37 183	1 826	6 227	29 130	——
海南	87 482	79 849	20 627	895	7 249	13 931	7 633	——	3 252	4 381	——
重庆	261 597	196 590	37 095	490	25 714	76 120	58 154	5 120	2 708	50 306	20
四川	669 283	491 481	107 580	15 374	51 156	147 066	153 203	11 703	43 404	93 943	4 153
贵州	288 799	258 845	57 048	4 920	24 694	100 208	29 954	616	8 895	17 772	2 671
云南	454 140	412 820	123 153	3 310	48 650	123 886	34 998	2 949	15 456	16 593	——
西藏	115 323	100 145	57 524	2 345	3 570	9 392	15 178	831	11 524	416	2 407
陕西	762 241	497 585	170 610	21 662	54 226	135 933	264 656	23 632	64 433	146 578	30 013
甘肃	399 831	300 254	101 510	9 700	37 336	78 235	99 577	37 526	9 282	48 089	4 680
青海	137 789	121 879	43 085	2 932	16 845	25 999	15 910	2 507	3 830	7 002	2 571
宁夏	133 268	112 132	32 900	2 279	17 303	29 225	17 286	2 273	9 269	5 575	169
新疆	385 528	336 617	122 891	11 310	31 308	92 565	42 527	2 171	15 944	13 361	11 051

全国各地区文化(文物)机构商品和服务支出情况

单位:千元

地区	总计	1.文化合计					2.文物合计				
			艺术表演团体	艺术表演场馆	图书馆	群众文化		文物科研机构	文物保护管理机构	博物馆	其他文物机构
总计	**19 472 494**	**13 856 035**	**2 374 455**	**363 694**	**1 338 745**	**1 717 583**	**5 378 344**	**439 126**	**778 778**	**2 482 917**	**1 669 120**
中央	2 373 447	1 745 969	135 901	72	172 592	——	627 478	41 074	——	328 028	258 376
北京	1 219 541	771 343	102 555	2 376	58 044	111 912	448 198	3 651	12 544	129 562	302 441
天津	445 310	383 275	38 449	7 373	20 376	21 796	44 538	——	3 745	39 563	——
河北	459 493	256 290	59 268	5 664	14 188	22 663	188 595	22 161	52 095	51 115	63 224
山西	721 484	328 646	87 612	10 325	19 069	37 171	348 797	30 725	23 410	112 934	181 728
内蒙古	389 410	284 008	66 248	4 920	15 629	24 204	102 533	10 856	11 176	66 718	13 783
辽宁	478 837	358 241	62 356	6 442	84 923	46 619	118 570	10 587	11 115	93 330	3 338
其中:大连	99 065	82 715	10 062	648	9 021	11 143	16 350	19	——	16 331	——
吉林	292 874	256 421	80 278	14 616	22 470	20 505	36 453	7 473	3 439	25 337	204
黑龙江	240 703	207 169	58 509	3 735	24 900	22 641	27 529	1 153	4 554	20 952	870
上海	1 340 903	1 162 499	199 495	78 059	178 428	169 259	176 094	——	47 683	117 206	11 205
江苏	1 234 718	960 795	155 371	11 907	81 822	247 061	250 362	1 969	32 579	179 759	36 055
浙江	1 758 173	1 153 477	157 289	41 639	112 663	280 293	566 691	12 321	139 760	186 052	228 421
其中:宁波	236 110	181 931	18 394	6 137	10 476	50 911	54 179	——	23 952	25 882	4 345
安徽	336 176	258 178	44 248	5 190	20 517	23 124	77 699	1 071	14 662	27 927	33 347
福建	364 885	309 366	85 983	18 330	25 497	45 642	50 554	37	8 265	41 281	971
其中:厦门	64 225	55 531	19 866	3 041	11 245	8 147	6 900	——	92	3 498	——
江西	241 436	161 052	38 297	7 730	17 919	18 192	80 384	4 981	4 247	57 881	13 275
山东	533 816	381 770	105 001	1 216	40 966	59 932	149 419	9 138	47 819	70 403	21 029
其中:青岛	62 832	52 498	16 281	——	6 999	10 003	10 334	521	182	9 314	317
河南	818 390	391 221	86 388	9 171	15 554	27 627	414 741	55 237	110 231	89 245	159 645
湖北	551 777	427 778	102 244	19 629	21 703	59 541	115 863	4 596	8 682	90 017	11 368
湖南	630 100	509 675	70 916	6 990	26 337	44 319	118 929	3 114	24 980	55 601	33 583
广东	1 253 261	1 031 980	154 851	61 283	97 424	156 507	213 558	25 767	33 743	142 751	11 297
其中:深圳	373 037	346 632	18 333	28 387	28 871	42 408	26 405	1 909	2 361	21 465	670
广西	364 193	302 851	76 190	7 435	22 623	24 549	57 870	2 006	3 998	49 939	1 523
海南	133 129	122 698	11 217	112	8 865	4 839	10 431	——	1 113	9 318	——
重庆	418 511	304 134	40 766	7	29 396	48 229	111 105	6 864	3 878	75 207	25 156
四川	823 157	487 940	83 338	11 180	65 317	68 827	304 756	51 388	80 258	138 702	34 408
贵州	272 570	194 526	34 372	2 349	14 935	17 112	78 044	6 171	4 011	50 238	17 489
云南	438 528	359 114	54 177	7 442	62 750	44 545	72 662	17 667	9 875	14 662	30 298
西藏	29 924	18 369	6 538	366	762	2 509	11 555	223	9 529	127	495
陕西	549 527	260 803	59 519	8 731	15 968	17 276	288 724	60 968	29 938	126 221	71 597
甘肃	291 318	148 284	56 680	2 430	17 065	14 228	143 034	42 215	9 581	63 137	28 101
青海	84 397	74 882	17 013	157	4 000	12 356	9 515	2 357	427	5 660	1 071
宁夏	91 801	69 309	11 400	797	13 495	8 049	18 870	923	6 770	11 177	——
新疆	290 705	173 972	31 986	6 021	12 548	16 056	114 793	2 433	24 671	12 867	74 822

全国各地区文化(文物)机构对个人和家庭补助支出情况

单位:千元

地区	总计	1.文化合计					2.文物合计				
			艺术表演团体	艺术表演场馆	图书馆	群众文化		文物科研机构	文物保护管理机构	博物馆	其他文物机构
总计	**5 495 655**	**4 601 332**	**1 575 417**	**90 280**	**596 211**	**659 245**	**702 778**	**53 369**	**123 025**	**467 719**	**58 665**
中央	446 616	334 549	89 825	374	56 031	——	112 067	9 643	——	91 559	10 865
北京	185 117	158 008	73 920	147	21 601	15 443	27 109	1 591	2 030	12 685	10 803
天津	167 047	131 425	48 311	935	22 464	21 138	16 635	——	1 794	14 841	——
河北	158 278	112 329	26 664	1 904	12 039	19 045	29 191	2 367	15 247	7 506	4 071
山西	134 888	94 339	36 543	815	9 630	15 397	17 178	3 109	2 602	6 737	4 730
内蒙古	118 240	105 023	37 194	1 419	15 674	17 426	9 935	26	3 164	6 638	107
辽宁	233 412	203 666	65 695	1 546	38 319	36 864	28 070	1 676	3 037	22 296	1 061
其中:大连	18 790	16 401	2 317	176	2 699	2 880	2 389	14	——	2 375	——
吉林	181 565	165 124	67 890	9 130	22 912	31 666	16 441	1 615	2 069	12 757	——
黑龙江	178 731	154 690	75 296	1 723	20 525	21 069	11 942	949	2 678	7 538	777
上海	138 718	127 466	38 584	13 984	22 221	18 594	10 191	——	464	9 727	——
江苏	392 526	320 739	64 578	1 487	52 363	56 388	44 677	317	5 585	38 164	611
浙江	322 377	252 619	58 498	10 266	32 527	50 032	53 399	1 428	27 771	22 903	1 297
其中:宁波	30 004	25 791	3 981	1 090	2 211	5 366	4 213	——	2 367	1 846	——
安徽	192 953	172 557	51 547	8 031	15 045	23 497	20 088	2 561	3 867	9 505	4 155
福建	133 220	117 895	44 922	3 814	12 803	13 563	10 455	52	1 311	8 990	102
其中:厦门	24 017	20 796	6 754	1 149	3 725	2 598	1 238	——	114	1 124	——
江西	118 502	102 501	33 576	2 599	14 716	18 721	16 001	555	1 437	13 400	609
山东	215 390	182 265	79 011	385	22 544	27 339	30 432	1 724	4 300	22 484	1 924
其中:青岛	26 436	22 467	9 136	——	3 086	4 240	3 969	71	82	3 156	660
河南	210 224	166 484	60 790	3 979	17 417	24 011	29 418	3 682	9 758	12 891	3 087
湖北	227 677	206 228	82 471	4 426	16 735	23 905	17 625	2 178	1 927	12 006	1 514
湖南	141 222	125 837	41 384	3 606	13 709	17 926	14 677	1 799	2 134	9 622	1 122
广东	365 022	303 329	89 643	1 657	46 453	40 133	49 235	2 921	4 994	37 907	3 413
其中:深圳	23 022	21 831	298	——	3 804	3 777	1 191	338	——	801	52
广西	136 461	121 776	43 698	504	16 738	19 702	9 417	376	883	8 158	——
海南	12 850	11 856	2 115	2	954	573	994	——	304	690	——
重庆	101 771	87 714	32 694	——	9 100	14 419	10 613	163	891	9 556	3
四川	219 218	176 670	66 424	3 470	17 388	30 220	31 166	1 993	7 987	20 382	804
贵州	106 357	100 545	32 787	1 492	8 914	13 190	5 812	70	1 210	4 318	214
云南	150 884	135 522	46 606	3 062	14 249	22 281	7 474	793	2 128	4 553	——
西藏	29 105	24 980	10 792	31	686	3 766	4 125	56	3 235	58	776
陕西	120 190	83 948	32 721	2 630	6 941	13 225	36 242	5 174	3 976	23 575	3 517
甘肃	123 420	106 210	50 080	1 928	13 457	15 414	17 210	5 077	1 534	10 180	419
青海	54 786	51 358	22 127	241	4 950	6 329	3 428	698	708	1 802	220
宁夏	55 678	49 656	18 973	627	6 593	8 731	3 680	162	1 484	2 034	——
新疆	123 210	114 024	50 058	4 066	10 513	19 238	7 851	614	2 516	2 257	2 464

全国各地区文化企业机构数情况

单位:个

地区	总计	一、文化艺术服务	二、网络文化服务	三、文化休闲娱乐服务	四、其他文化服务	五、动漫企业服务	六、文化用品、设备及相关文化产品的生产与销售	七、其他
总计	**245 305**	**4 591**	**161**	**220 269**	**16 912**	**721**	**2 385**	**266**
中央	61	1	——	——	58	——	2	——
北京	2 134	62	——	1 987	15	26	44	——
天津	1 403	33	5	1 199	130	31	5	——
河北	9 216	168	——	8 954	76	14	4	——
山西	5 576	119	——	5 416	26	11	1	3
内蒙古	7 646	18	——	5 148	2 471	3	6	——
辽宁	13 098	202	2	11 259	1 437	24	3	171
其中:大连	3 289	46	——	2 322	920	——	1	——
吉林	8 013	6	——	5 128	2 867	6	6	——
黑龙江	8 743	10	2	8 590	54	83	1	3
上海	4 271	90	89	3 857	139	31	51	14
江苏	15 481	416	12	14 520	293	147	89	4
浙江	11 087	557	——	10 319	148	22	38	3
其中:宁波	1 663	95	——	1 558	9	1	——	——
安徽	11 590	1 111	——	9 404	982	12	81	——
福建	6 327	290	9	5 782	164	46	31	5
其中:厦门	432	8	——	394	——	29	1	——
江西	8 483	25	8	8 105	321	——	14	10
山东	17 178	116	2	15 178	209	104	1 557	12
其中:青岛	2 447	10	——	2 282	13	14	120	8
河南	9 732	227	2	9 087	376	20	12	8
湖北	10 631	108	9	10 378	55	7	69	5
湖南	14 534	13	——	14 351	117	14	39	——
广东	12 852	324	——	12 040	416	57	6	9
其中:深圳	1 076	31	——	900	142	3	——	——
广西	7 963	21	——	7 869	52	6	15	——
海南	1 707	44	1	1 656	6	——	——	——
重庆	6 427	156	4	6 152	83	12	15	5
四川	15 228	291	14	14 763	23	5	131	1
贵州	4 598	15	1	4 422	156	——	2	2
云南	11 009	47	——	10 135	799	——	25	3
西藏	1 575	1	——	824	745	2	1	2
陕西	5 128	17	——	4 088	989	27	5	2
甘肃	2 706	4	——	2 572	99	——	30	1
青海	1 272	21	——	620	541	2	87	1
宁夏	1 830	43	——	1 518	248	9	12	——
新疆	7 806	35	1	4 948	2 817	——	3	2

全国各地区文化企业机构主要财务指标情况

单位:千元

地　区	营业总收入	营业总成本	利润总额	本年应交税金总额	本年发放工资总额
总　计	**108 164 675**	**65 778 822**	**36 791 401**	**6 510 569**	**16 861 055**
中　央	398 584	353 882	65 600	27 589	70 980
北　京	1 503 371	1 218 776	263 164	128 677	309 598
天　津	1 282 732	854 702	381 101	66 480	188 381
河　北	2 131 593	1 201 801	693 739	101 584	374 990
山　西	1 384 448	779 749	520 652	54 147	285 268
内蒙古	1 947 492	820 067	1 031 874	79 095	249 771
辽　宁	2 823 510	1 406 187	1 202 403	182 655	457 624
其中:大连	876 921	539 734	252 063	43 971	156 175
吉　林	1 932 781	972 530	861 401	60 063	258 467
黑龙江	1 618 213	823 165	725 752	119 671	253 227
上　海	16 324 670	10 366 151	5 463 696	1 055 039	1 322 928
江　苏	9 229 379	6 456 556	2 507 683	559 549	1 434 274
浙　江	8 673 122	5 673 420	2 434 034	588 752	1 466 829
其中:宁波	1 413 000	969 338	382 816	66 457	283 475
安　徽	4 121 637	2 273 790	1 698 376	159 169	743 434
福　建	5 363 052	3 965 372	1 206 333	418 895	818 039
其中:厦门	600 029	558 382	10 191	85 242	131 242
江　西	2 701 341	1 312 239	1 133 676	167 362	359 369
山　东	4 987 894	2 467 134	2 067 495	248 799	859 238
其中:青岛	866 585	512 617	351 842	63 855	171 200
河　南	3 498 481	1 700 635	1 493 544	160 978	519 560
湖　北	4 007 393	2 207 853	1 718 868	188 897	603 345
湖　南	5 025 124	2 645 623	1 942 039	233 746	1 023 794
广　东	7 854 084	5 793 602	1 826 185	688 598	1 639 687
其中:深圳	1 120 522	725 427	224 379	70 764	187 048
广　西	2 833 116	1 754 298	928 924	204 996	506 528
海　南	589 709	369 698	201 193	26 992	120 523
重　庆	2 071 216	1 324 961	569 786	89 110	404 570
四　川	6 432 229	3 561 144	2 594 222	342 990	967 121
贵　州	1 305 273	740 297	438 773	83 496	231 318
云　南	2 008 122	1 080 361	708 222	129 408	350 258
西　藏	314 048	136 880	169 177	36 448	51 015
陕　西	3 050 044	1 945 895	952 271	106 697	405 502
甘　肃	801 203	386 641	354 478	47 353	190 130
青　海	335 261	139 955	162 849	20 980	68 831
宁　夏	569 711	341 211	194 266	45 531	87 328
新　疆	1 045 842	704 247	279 625	86 823	239 128

全国各地区文化艺术服务机构主要财务指标情况

单位:千元

地　区	营业总收入	营业总成本	利润总额	本年应交税金总额	本年发放工资总额
总　计	**4 509 040**	**3 443 959**	**1 152 590**	**270 395**	**1 276 165**
中　央	6 176	6 094	106	425	1 147
北　京	475 949	446 530	70 304	35 018	92 805
天　津	152 210	90 601	60 831	6 737	21 476
河　北	59 007	44 603	14 539	1 562	26 976
山　西	45 603	32 832	7 424	2 317	18 539
内蒙古	31 767	18 081	12 183	1 352	8 795
辽　宁	37 932	21 275	13 284	1 083	11 380
其中:大连	8 021	5 191	2 115	607	2 599
吉　林	4 633	5 234	－1 686	208	3 192
黑龙江	2 107	560	2 635	26	178
上　海	172 350	94 605	15 633	6 874	29 156
江　苏	617 039	430 949	82 455	89 512	128 772
浙　江	802 875	611 644	211 112	42 205	218 269
其中:宁波	184 806	160 244	35 994	3 233	47 609
安　徽	409 486	308 514	101 020	4 551	213 994
福　建	170 781	153 109	23 868	1 515	94 630
其中:厦门	9 856	15 648	280	186	3 452
江　西	10 261	8 688	1 479	856	4 474
山　东	87 829	66 232	21 163	3 775	19 852
其中:青岛	22 095	21 523	－229	747	3 339
河　南	304 171	98 541	201 157	2 714	55 065
湖　北	50 607	64 385	11 018	1 621	17 755
湖　南	26 269	25 853	1 446	623	7 373
广　东	417 594	445 014	196 843	24 626	122 042
其中:深圳	157 822	81 202	13 272	2 758	19 828
广　西	6 315	4 835	1 370	297	2 928
海　南	66 510	42 393	14 721	962	15 713
重　庆	55 962	47 384	4 524	944	18 522
四　川	262 541	196 762	59 735	7 563	84 219
贵　州	4 646	3 705	715	107	1 718
云　南	95 988	78 661	15 149	4 388	11 067
西　藏	100	50	50	3	20
陕　西	55 036	33 302	－698	19 481	33 080
甘　肃	1 895	1 133	733	52	699
青　海	11 770	8 090	1 955	2 508	3 062
宁　夏	55 186	48 510	5 162	6 333	6 259
新　疆	8 445	5 790	2 360	157	3 008

全国各地区网络文化服务机构主要财务指标情况

单位:千元

地　区	营业总收入	营业总成本	利润总额	本年应交税金总额	本年发放工资总额
总　计	**12 657 794**	**7 815 847**	**4 884 530**	**587 284**	**647 438**
中　央	——	——	——	——	——
北　京	——	——	——	——	——
天　津	17 600	28 826	−18 169	1 019	7 642
河　北	——	——	——	——	——
山　西	——	——	——	——	——
内 蒙 古	——	——	——	——	——
辽　宁	800	450	353	55	260
其中:大连	——	——	——	——	——
吉　林	——	——	——	——	——
黑 龙 江	20 862	8 199	12 669	362	3 174
上　海	10 351 868	5 881 405	4 473 785	474 904	370 058
江　苏	462 666	373 271	102 647	10 469	46 370
浙　江	——	——	——	——	——
其中:宁波	——	——	——	——	——
安　徽	——	——	——	——	——
福　建	777 686	793 156	−8 929	41 711	96 337
其中:厦门	——	——	——	——	——
江　西	4 505	3 300	1 200	105	3 090
山　东	4 317	5 002	−822	441	2 494
其中:青岛	——	——	——	——	——
河　南	208	118	71	20	115
湖　北	149 867	118 933	31 878	6 391	17 629
湖　南	——	——	——	——	——
广　东	——	——	——	——	——
其中:深圳	——	——	——	——	——
广　西	——	——	——	——	——
海　南	18 527	13 600	4 927	779	4 760
重　庆	110 999	108 347	2 116	4 422	34 688
四　川	692 752	451 133	268 109	42 367	47 660
贵　州	45 007	29 857	14 909	4 233	13 078
云　南	——	——	——	——	——
西　藏	——	——	——	——	——
陕　西	——	——	——	——	——
甘　肃	——	——	——	——	——
青　海	——	——	——	——	——
宁　夏	——	——	——	——	——
新　疆	130	250	−214	6	83

全国各地区文化休闲娱乐服务机构主要财务指标情况

单位:千元

地　区	营业总收入	营业总成本	利润总额	本年应交税金总额	本年发放工资总额
总　计	**79 418 557**	**45 005 514**	**28 836 917**	**5 088 976**	**13 146 575**
中　央	——	——	——	——	——
北　京	461 947	285 187	111 712	51 869	97 748
天　津	815 599	457 752	316 946	43 191	111 929
河　北	1 971 353	1 070 500	668 909	98 057	329 725
山　西	1 253 013	681 236	512 610	48 812	250 832
内蒙古	1 559 972	600 093	882 357	62 586	196 913
辽　宁	2 643 881	1 303 109	1 136 479	174 496	423 188
其中:大连	819 607	506 514	234 001	40 941	145 531
吉　林	1 532 836	730 527	722 579	47 662	179 404
黑龙江	1 497 136	742 030	687 482	116 122	230 475
上　海	4 552 518	3 316 244	793 968	495 089	770 644
江　苏	6 101 721	3 709 680	2 158 347	375 569	984 064
浙　江	7 253 449	4 489 695	2 171 173	513 004	1 170 899
其中:宁波	1 200 851	784 519	342 827	62 315	233 489
安　徽	2 965 801	1 563 410	1 268 219	137 047	464 592
福　建	4 079 880	2 723 414	1 175 073	360 807	553 059
其中:厦门	439 662	396 910	20 899	81 207	88 876
江　西	2 620 185	1 255 854	1 107 776	163 133	335 487
山　东	4 329 870	2 010 419	1 869 091	217 428	717 680
其中:青岛	799 172	457 251	340 042	61 914	149 365
河　南	2 900 119	1 364 661	1 297 372	146 483	398 925
湖　北	3 399 814	1 678 142	1 607 943	165 089	532 469
湖　南	4 660 674	2 337 111	1 930 447	221 618	959 602
广　东	6 336 521	4 297 422	1 582 507	590 803	1 322 876
其中:深圳	843 596	564 494	185 637	60 818	146 193
广　西	2 724 549	1 670 447	904 172	199 879	493 261
海　南	490 216	302 310	178 529	24 745	99 188
重　庆	1 731 916	1 020 982	540 066	72 791	321 586
四　川	5 254 911	2 735 241	2 221 394	279 565	807 112
贵　州	1 203 692	664 923	415 252	77 155	208 673
云　南	1 792 249	921 351	677 689	119 847	318 049
西　藏	272 494	116 389	151 498	34 279	38 826
陕　西	2 647 621	1 616 593	894 775	75 748	331 860
甘　肃	778 389	374 284	344 796	46 867	185 376
青　海	201 377	73 826	103 829	14 415	39 483
宁　夏	484 248	272 675	179 917	38 097	73 122
新　疆	900 606	620 007	224 010	76 723	199 528

全国各地区其他文化服务机构主要财务指标情况

单位:千元

地　区	营业总收入	营业总成本	利润总额	本年应交税金总额	本年发放工资总额
总　计	**5 650 511**	**4 560 998**	**1 005 544**	**294 212**	**804 675**
中　央	327 244	307 508	14 605	20 209	52 366
北　京	65 986	40 457	22 720	6 560	13 369
天　津	52 996	48 983	2 932	3 811	10 426
河　北	72 521	60 921	6 670	1 426	9 897
山　西	34 729	30 889	2 492	1 738	4 885
内蒙古	352 342	198 995	136 537	14 983	42 198
辽　宁	100 823	62 259	31 033	4 867	15 318
其中:大连	43 873	22 454	16 102	2 179	6 572
吉　林	390 275	234 964	137 618	11 993	74 889
黑龙江	53 470	47 295	5 676	2 466	6 411
上　海	492 428	490 334	17 734	30 423	53 167
江　苏	608 381	573 119	79 169	33 177	59 876
浙　江	409 138	374 666	29 030	22 228	44 479
其中:宁波	27 343	24 575	3 995	909	2 377
安　徽	195 894	61 893	131 606	2 575	18 064
福　建	80 899	64 439	15 100	5 183	12 515
其中:厦门	——	——	——	——	——
江　西	49 634	30 385	18 938	3 062	12 918
山　东	94 598	83 928	14 380	4 463	20 672
其中:青岛	3 721	2 593	487	129	856
河　南	177 904	129 438	20 713	8 718	27 686
湖　北	66 005	55 594	17 840	1 644	11 436
湖　南	114 984	62 179	14 532	3 836	18 895
广　东	793 133	767 381	35 218	55 822	112 107
其中:深圳	117 538	78 211	25 535	7 150	20 349
广　西	21 630	16 944	3 698	1 324	4 695
海　南	14 456	11 395	3 016	506	862
重　庆	155 660	136 130	19 228	9 609	26 803
四　川	152 983	124 743	28 304	11 604	13 134
贵　州	47 708	38 299	7 173	1 826	7 415
云　南	96 072	67 515	11 278	2 888	18 435
西　藏	38 442	18 254	16 804	2 066	10 773
陕　西	322 215	276 377	52 785	11 359	36 470
甘　肃	7 146	3 651	2 866	144	2 411
青　海	100 991	50 371	43 884	3 330	20 981
宁　夏	26 848	17 151	8 695	874	6 417
新　疆	132 976	74 541	53 270	9 498	34 705

全国各地区文化用品、设备及相关文化产品的生产与销售机构主要财务指标情况

单位:千元

地　区	营业总收入	营业总成本	利润总额	本年应交税金总额	本年发放工资总额
总　计	**2 354 198**	**1 885 690**	**463 057**	**107 683**	**284 145**
中　央	65 164	40 280	50 889	6 955	17 467
北　京	105 380	72 631	31 757	6 770	21 664
天　津	67 398	64 561	4 067	4 597	14 075
河　北	150	70	80	4	60
山　西	7 650	7 474	176	219	1 110
内蒙古	1 131	538	557	24	85
辽　宁	11 482	11 707	−108	610	3 145
其中:大连	5 420	5 575	−155	244	1 473
吉　林	782	545	50	5	243
黑龙江	——	——	——	——	——
上　海	196 961	175 008	18 138	12 584	18 424
江　苏	976 288	906 570	71 782	34 873	79 708
浙　江	36 806	26 172	10 408	5 370	4 080
其中:宁波	——	——	——	——	——
安　徽	357 598	222 937	116 145	12 821	21 251
福　建	15 009	12 061	1 141	764	3 889
其中:厦门	4 422	4 673	−251	274	1 407
江　西	9 996	11 117	458	141	1 748
山　东	276 692	153 622	111 997	9 878	50 587
其中:青岛	27 507	12 422	14 276	456	8 823
河　南	12 924	12 076	1 047	393	2 356
湖　北	34 568	28 561	4 418	923	7 921
湖　南	22 837	19 043	6 212	1 234	4 642
广　东	44 819	39 913	4 143	3 508	9 352
其中:深圳	——	——	——	——	——
广　西	4 760	4 908	164	265	1 358
海　南	——	——	——	——	——
重　庆	11 702	9 802	1 879	1 207	1 515
四　川	42 440	34 027	8 299	1 475	6 871
贵　州	3 607	3 395	503	119	330
云　南	13 885	9 990	3 673	1 325	2 072
西　藏	1 104	1 104	——	1	933
陕　西	3 602	2 927	658	106	676
甘　肃	4 773	3 573	1 083	290	1 359
青　海	21 063	7 653	13 161	726	5 300
宁　夏	838	688	96	102	577
新　疆	2 789	2 737	184	394	1 347

全国各地区文化产业增加值情况

单位:千元

地区	总产出	中间消耗	增加值	劳动者报酬	生产税净额	固定资产折旧	营业盈余
总计	**153 566 096**	**49 809 407**	**103 756 689**	**42 559 459**	**6 770 799**	**15 351 005**	**39 075 426**
中央	4 158 161	2 349 727	1 808 434	1 310 538	64 661	261 005	172 230
北京	3 928 639	1 816 641	2 111 998	1 151 580	138 512	226 436	595 470
天津	2 219 405	879 410	1 339 995	717 540	71 679	126 303	424 473
河北	3 541 764	955 615	2 586 149	1 268 536	105 040	481 924	730 649
山西	2 857 969	901 382	1 956 587	1 030 050	59 747	311 632	555 158
内蒙古	2 990 644	729 278	2 261 366	891 842	81 814	203 588	1 084 122
辽宁	4 264 111	856 448	3 407 663	1 444 387	198 804	562 572	1 201 900
其中:大连	1 143 811	143 185	1 000 626	377 290	44 385	327 945	251 006
吉林	2 807 220	803 574	2 003 646	821 059	63 901	219 649	899 037
黑龙江	2 566 757	595 653	1 971 104	909 354	122 136	215 434	724 180
上海	18 976 960	8 113 987	10 862 973	2 804 911	1 080 568	1 124 479	5 853 015
江苏	12 165 395	4 824 114	7 341 281	3 108 923	570 962	1 118 550	2 542 846
浙江	12 123 666	3 881 424	8 242 242	3 224 300	603 041	1 805 819	2 609 082
其中:宁波	1 870 171	668 886	1 201 285	513 689	68 355	236 425	382 816
安徽	5 095 593	1 409 534	3 686 059	1 405 090	161 165	429 301	1 690 503
福建	6 329 861	2 595 918	3 733 943	1 500 243	427 124	418 919	1 387 657
其中:厦门	768 103	311 612	456 491	254 893	86 602	61 314	53 682
江西	3 426 429	776 908	2 649 521	856 162	171 595	480 425	1 141 339
山东	6 733 460	1 254 879	5 478 581	2 083 777	260 731	1 059 299	2 074 774
其中:青岛	1 093 793	241 443	852 350	349 346	64 797	231 918	206 289
河南	5 391 639	1 414 241	3 977 398	1 646 300	168 861	593 189	1 569 048
湖北	5 432 189	1 639 350	3 792 839	1 461 666	195 923	390 817	1 744 433
湖南	6 430 607	1 784 082	4 646 525	1 793 099	242 265	527 593	2 083 568
广东	10 913 239	3 446 769	7 466 470	3 613 518	700 067	1 021 881	2 131 004
其中:深圳	1 832 993	673 243	1 159 750	581 308	74 010	236 452	267 980
广西	3 741 756	1 010 508	2 731 248	1 061 033	212 152	496 599	961 464
海南	840 739	290 677	550 062	233 471	27 557	78 584	210 450
重庆	2 917 542	916 070	2 001 472	875 994	97 841	399 799	627 838
四川	8 342 579	2 507 963	5 834 616	2 030 086	353 088	826 361	2 625 081
贵州	2 021 572	539 851	1 481 721	655 627	87 416	275 638	463 040
云南	3 146 794	826 635	2 320 159	1 034 150	134 541	387 763	763 705
西藏	523 834	67 999	455 835	197 772	36 722	46 806	174 535
陕西	4 600 003	1 398 248	3 201 755	1 368 424	122 731	735 115	975 485
甘肃	1 680 080	362 696	1 317 384	732 138	53 419	165 894	365 933
青海	626 832	123 881	502 951	272 445	21 617	27 977	180 912
宁夏	869 261	203 972	665 289	288 284	46 154	120 255	210 596
新疆	1 901 396	531 973	1 369 423	767 160	88 965	211 399	301 899

全国各地区文化产业总产出分项情况

单位:千元

地区	总计	艺术业			图书馆	群众文化	艺术教育	文化市场经营机构	文艺科研	文物业	其他文化产业及相关产业
			艺术表演团体	艺术表演场馆							
总计	**153 566 096**	**14 241 530**	**10 272 909**	**3 751 334**	**4 622 331**	**6 338 347**	**1 339 674**	**96 878 881**	**492 511**	**11 293 283**	**15 096 217**
中央	4 158 161	575 218	549 947	11 717	418 035	——	16 106	——	198 181	989 251	1 961 370
北京	3 928 639	1 120 848	426 574	669 101	184 127	185 988	70 632	487 669	——	913 801	571 465
天津	2 219 405	359 024	189 958	167 747	107 597	85 867	63 360	848 865	6 195	166 227	405 341
河北	3 541 764	305 743	253 050	48 328	90 640	177 482	64 378	2 013 580	15 079	505 117	341 183
山西	2 857 969	363 992	305 698	48 656	87 788	142 673	123 535	1 302 496	19 155	530 994	264 880
内蒙古	2 990 644	297 597	267 194	28 334	96 519	146 113	25 389	1 912 992	10 216	197 330	302 208
辽宁	4 264 111	338 610	294 966	38 499	267 772	216 657	36 071	2 763 138	15 631	313 956	312 276
其中:大连	1 143 811	52 975	43 647	7 696	50 540	41 432	9 430	863 480	3 839	44 706	77 409
吉林	2 807 220	299 521	246 617	41 798	107 875	142 614	101	1 902 768	17 379	125 601	207 106
黑龙江	2 566 757	321 665	300 086	14 081	123 415	131 695	34 415	1 563 589	7 729	134 179	205 898
上海	18 976 960	957 568	539 734	415 089	457 290	433 819	8 229	15 505 109	11 454	405 040	705 158
江苏	12 165 395	1 094 725	553 749	489 381	311 246	588 359	114 639	6 553 085	19 178	772 055	2 254 888
浙江	12 123 666	1 341 690	930 196	411 494	335 304	645 480	133 263	7 563 300	23 252	974 693	946 522
其中:宁波	1 870 171	250 778	159 619	91 159	36 205	109 107	——	1 222 039	654	91 589	159 799
安徽	5 095 593	634 038	542 012	85 040	86 993	154 518	62 448	3 502 352	7 521	163 682	291 183
福建	6 329 861	495 064	430 016	64 702	96 260	134 745	49 085	4 975 007	13 243	117 478	242 247
其中:厦门	768 103	75 502	63 924	11 578	28 242	21 174	8 642	439 662	2 808	18 962	27 022
江西	3 426 429	193 798	163 873	25 703	73 964	110 200	21 135	2 670 550	7 289	176 516	172 977
山东	6 733 460	463 412	395 645	45 307	199 198	317 031	32 788	4 677 193	12 515	431 494	416 333
其中:青岛	1 093 793	66 753	62 226	3 827	32 518	43 639	——	846 449	1 850	32 719	57 223
河南	5 391 639	622 759	554 996	67 763	105 045	238 106	67 626	3 107 415	16 981	708 248	454 305
湖北	5 432 189	440 836	366 526	73 374	112 618	194 126	65 477	3 639 885	13 891	264 076	400 374
湖南	6 430 607	274 281	214 816	52 570	102 856	201 724	52 028	4 747 261	4 170	324 288	523 639
广东	10 913 239	976 719	536 664	437 769	412 777	588 621	83 853	6 733 304	15 579	528 040	1 354 883
其中:深圳	1 832 993	225 910	58 425	167 485	99 133	140 786	29 808	961 134	——	64 142	310 514
广西	3 741 756	252 285	225 185	26 816	98 995	136 674	21 659	2 737 670	6 740	115 052	296 819
海南	840 739	103 512	66 987	36 525	19 457	24 741	13 114	523 199	——	22 330	134 386
重庆	2 917 542	173 197	150 471	19 774	72 065	161 868	14 085	1 981 176	11 722	226 597	276 832
四川	8 342 579	583 604	433 437	132 686	148 961	278 169	70 173	6 044 896	4 586	624 955	561 833
贵州	2 021 572	140 403	126 701	10 188	54 978	136 751	——	1 292 914	2 862	145 860	247 804
云南	3 146 794	345 640	267 264	78 242	145 121	213 994	21 523	1 899 129	9 651	147 927	363 809
西藏	523 834	87 106	81 083	6 023	7 289	20 507	——	311 884	2 383	49 930	43 675
陕西	4 600 003	368 084	276 484	91 600	91 828	175 933	38 704	2 968 134	10 155	654 959	292 206
甘肃	1 680 080	242 102	211 418	20 085	79 134	117 164	——	796 799	1 467	291 196	152 218
青海	626 832	98 613	84 052	14 561	28 689	46 880	9 163	306 915	1 706	34 452	100 414
宁夏	869 261	124 125	72 994	49 593	40 443	47 639	10 096	511 934	2 719	51 161	78 553
新疆	1 901 396	245 751	214 516	28 788	58 052	142 209	16 599	1 034 673	3 882	186 798	213 432

全国各地区文化产业

地区	总计	艺术业			图书馆
			艺术表演团体	艺术表演场馆	
总　计	**103 756 689**	**10 889 352**	**7 841 746**	**2 894 826**	**3 395 739**
中　央	1 808 434	429 455	412 867	7 505	257 079
北　京	2 111 998	799 169	276 482	509 864	128 937
天　津	1 339 995	279 870	158 452	120 341	88 875
河　北	2 586 149	240 907	197 706	40 120	77 231
山　西	1 956 587	266 235	226 897	33 929	70 500
内蒙古	2 261 366	237 313	217 237	18 319	82 206
辽　宁	3 407 663	276 733	239 158	33 125	196 253
其中:大连	1 000 626	41 268	33 504	6 313	42 614
吉　林	2 003 646	217 329	177 582	29 372	85 768
黑龙江	1 971 104	269 719	251 381	11 454	99 668
上　海	10 862 973	612 052	350 283	260 198	290 865
江　苏	7 341 281	765 062	399 058	331 409	237 378
浙　江	8 242 242	935 620	669 247	266 373	235 190
其中:宁波	1 201 285	148 042	99 137	48 905	27 336
安　徽	3 686 059	516 217	439 043	71 761	69 112
福　建	3 733 943	371 149	327 268	43 568	72 757
其中:厦门	456 491	51 267	41 230	10 037	17 485
江　西	2 649 521	156 892	133 670	19 790	57 897
山　东	5 478 581	366 475	308 172	40 396	160 806
其中:青岛	852 350	52 722	48 523	3 525	25 692
河　南	3 977 398	522 867	464 920	57 947	91 453
湖　北	3 792 839	328 815	278 892	49 054	93 411
湖　南	4 646 525	200 394	154 997	40 383	79 137
广　东	7 466 470	899 810	411 065	486 792	327 026
其中:深圳	1 159 750	168 573	47 320	121 253	75 121
广　西	2 731 248	191 264	170 511	20 536	78 771
海　南	550 062	70 922	51 487	19 435	11 267
重　庆	2 001 472	127 881	110 792	15 169	45 137
四　川	5 834 616	408 315	310 148	86 822	87 623
贵　州	1 481 721	110 204	98 776	9 027	41 176
云　南	2 320 159	244 331	219 083	25 121	84 049
西　藏	455 835	80 657	74 911	5 746	6 543
陕　西	3 201 755	380 114	226 662	153 452	77 075
甘　肃	1 317 384	190 586	163 773	19 265	63 168
青　海	502 951	82 756	70 081	12 675	24 914
宁　夏	665 289	97 902	64 828	31 807	27 608
新　疆	1 369 423	212 337	186 317	24 071	46 859

增加值分项情况

单位:千元

群众文化	艺术教育	文化市场经营机构	动漫企业	文艺科研	文物业	其他文化产业及相关产业
4 832 390	**1 013 117**	**69 218 116**	**1 730 919**	**340 688**	**5 757 126**	**6 579 242**
——	13 387	——	——	117 736	399 447	591 330
79 413	54 287	393 314	178 491	——	364 421	113 966
65 807	48 741	587 020	60 880	4 364	89 407	115 031
157 095	51 514	1 517 356	16 006	12 738	307 059	206 243
111 268	81 310	1 079 898	17 927	13 556	200 664	115 229
125 236	20 386	1 522 861	2 173	8 485	109 956	152 750
174 718	28 177	2 330 667	——	13 657	199 481	187 977
32 186	7 123	796 039	——	3 316	26 808	51 272
123 529	101	1 377 319	4 144	14 084	82 313	99 059
110 938	29 889	1 201 282	34 329	6 358	98 839	120 082
293 442	6 322	8 894 945	297 490	5 717	191 815	270 325
359 658	91 907	4 398 632	288 071	13 595	380 822	806 156
393 667	96 786	5 601 791	70 574	18 465	432 874	457 275
63 600	——	859 412	——	597	40 743	61 555
134 763	45 136	2 532 745	143 230	6 755	87 327	150 774
95 588	36 852	2 822 406	125 802	8 794	67 990	132 605
13 820	6 918	255 379	83 280	2 013	10 151	16 178
94 815	16 540	2 112 670	——	6 380	95 219	109 108
261 958	26 922	3 992 777	133 656	10 025	272 622	253 340
34 078	——	659 695	16 511	1 313	23 060	39 279
213 875	54 994	2 472 752	40 096	15 242	336 675	229 444
141 703	42 921	2 708 822	84 392	10 453	158 368	223 954
163 313	36 717	3 743 424	63 814	3 771	164 776	191 179
463 832	71 207	4 651 638	118 252	10 662	307 092	616 951
110 379	26 821	639 761	1 267	——	40 263	97 565
114 985	18 648	2 082 681	29 801	5 985	60 532	148 581
20 684	10 716	379 081	——	——	12 952	44 440
125 861	11 241	1 454 469	——	3 167	116 218	117 498
218 378	46 343	4 432 005	19 062	3 554	337 593	281 743
121 686	——	1 005 547	——	1 515	72 357	129 236
174 390	17 763	1 524 012	——	7 287	77 576	190 751
18 136	——	271 914	1 000	2 181	39 621	35 783
163 197	27 267	1 977 328	——	9 001	395 968	171 805
104 589	——	695 408	——	1 119	161 383	101 131
35 402	7 538	272 811	——	1 380	25 909	52 241
41 541	7 020	406 950	1 729	2 432	33 314	46 793
128 923	12 485	773 591	——	2 230	76 536	116 462

全国各地区文化部门增加值情况

单位:千元

地区	总产出	中间消耗	增加值	劳动者报酬	生产税净额	固定资产折旧	营业盈余
总计	**48 112 041**	**19 207 813**	**28 904 228**	**24 266 485**	**459 022**	**3 349 502**	**829 219**
中央	4 125 209	2 410 015	1 715 194	1 273 868	65 444	256 958	118 924
北京	2 060 852	1 209 678	851 174	686 867	18 216	97 637	48 454
天津	1 118 441	492 697	625 744	548 761	17 711	29 818	29 454
河北	1 409 074	427 031	982 043	865 011	3 389	80 984	32 659
山西	1 517 891	674 833	843 058	739 836	8 105	75 303	19 814
内蒙古	1 044 253	331 603	712 650	626 367	2 723	50 800	32 760
辽宁	1 454 664	407 740	1 046 924	913 167	18 348	96 407	19 002
其中:大连	273 116	74 660	198 456	184 579	804	12 994	79
吉林	891 949	279 016	612 933	560 651	5 017	43 062	4 203
黑龙江	934 500	221 589	712 911	637 610	3 944	69 001	2 356
上海	3 068 013	1 446 560	1 621 453	1 179 103	54 829	305 686	81 835
江苏	3 241 290	1 326 120	1 915 170	1 568 293	23 689	285 745	37 443
浙江	3 793 499	1 733 359	2 060 140	1 725 101	39 246	234 708	61 085
其中:宁波	493 417	234 067	259 350	226 875	3 240	28 125	1 110
安徽	1 021 607	311 161	710 446	618 462	4 811	61 715	25 458
福建	992 295	328 189	664 106	563 199	9 369	76 927	14 611
其中:厦门	172 496	59 583	112 913	96 216	1 634	14 091	972
江西	762 660	223 047	539 613	480 704	6 757	39 640	12 512
山东	1 884 535	536 678	1 347 857	1 159 354	17 781	156 957	13 765
其中:青岛	234 952	58 558	176 394	155 686	978	18 432	1 298
河南	1 909 520	711 374	1 198 146	1 059 916	8 624	97 980	31 626
湖北	1 451 612	494 661	956 951	824 644	9 096	117 571	5 640
湖南	1 521 637	707 786	813 851	715 224	10 466	78 137	10 024
广东	3 780 011	1 449 184	2 330 827	1 854 502	53 575	373 827	48 923
其中:深圳	818 766	332 720	486 046	354 345	4 364	124 913	2 424
广西	940 948	323 032	617 916	545 617	8 861	59 619	3 819
海南	251 845	123 930	127 915	109 103	565	18 085	162
重庆	874 526	373 547	500 979	417 468	11 514	53 462	18 535
四川	1 968 034	759 841	1 208 193	970 290	13 134	145 808	78 961
贵州	731 827	254 739	477 088	412 999	4 261	53 937	5 891
云南	1 205 853	445 055	760 798	649 795	7 722	90 102	13 179
西藏	212 874	28 509	184 365	145 139	335	20 480	18 411
陕西	1 578 066	476 972	1 101 094	951 532	17 943	110 373	21 246
甘肃	881 397	260 979	620 418	539 411	6 222	70 325	4 460
青海	322 382	89 770	232 612	204 728	4 134	20 564	3 186
宁夏	301 938	80 191	221 747	197 676	646	13 867	9 558
新疆	858 839	268 927	589 912	522 087	2 545	64 017	1 263

全国各地区文化部门总产出分项情况

单位:千元

地区	总计	第一产业	第二产业			第三产业			
				制造业	建筑业		文化产业	批、零、餐饮业	房地产业
总计	**48 112 041**	**——**	**78 407**	**27 034**	**40 447**	**48 033 634**	**30 929 512**	**828 262**	**30 386**
中央	4 125 209	——	——	——	——	4 125 209	2 347 190	67 989	——
北京	2 060 852	——	941	941	——	2 059 911	956 108	91 334	——
天津	1 118 441	——	2 845	——	2 845	1 115 596	628 555	80 881	——
河北	1 409 074	——	——	——	——	1 409 074	895 909	——	——
山西	1 517 891	——	——	——	——	1 517 891	839 053	10 694	——
内蒙古	1 044 253	——	——	——	——	1 044 253	713 000	745	——
辽宁	1 454 664	——	——	——	——	1 454 664	1 077 799	11 482	——
其中:大连	273 116	——	——	——	——	273 116	185 981	5 420	——
吉林	891 949	——	3 381	3 183	198	888 568	665 489	615	1 708
黑龙江	934 500	——	7 335	7 335	——	927 165	675 852	——	——
上海	3 068 013	——	——	——	——	3 068 013	2 279 227	91 297	——
江苏	3 241 290	——	11 493	11 493	——	3 229 797	2 202 022	129 351	——
浙江	3 793 499	——	651	651	——	3 792 848	2 382 759	66 708	22 775
其中:宁波	493 417	——	——	——	——	493 417	334 774	——	——
安徽	1 021 607	——	——	——	——	1 021 607	619 445	4 741	——
福建	992 295	——	——	——	——	992 295	698 063	9 143	——
其中:厦门	172 496	——	——	——	——	172 496	130 176	4 422	——
江西	762 660	——	485	485	——	762 175	532 190	8 550	——
山东	1 884 535	——	24 201	——	24 201	1 860 334	1 370 165	31 497	——
其中:青岛	234 952	——	——	——	——	234 952	172 795	1 505	——
河南	1 909 520	——	831	482	——	1 908 689	1 142 296	12 188	——
湖北	1 451 612	——	8 297	——	——	1 443 315	944 542	10 661	——
湖南	1 521 637	——	13 228	25	13 203	1 508 409	800 197	17 504	343
广东	3 780 011	——	1 085	1 085	——	3 778 926	2 565 009	127 663	——
其中:深圳	818 766	——	——	——	——	818 766	488 083	——	——
广西	940 948	——	——	——	——	940 948	618 519	10 468	——
海南	251 845	——	——	——	——	251 845	106 789	——	——
重庆	874 526	——	——	——	——	874 526	537 829	2 514	5 560
四川	1 968 034	——	1 482	——	——	1 966 552	1 267 555	18 435	——
贵州	731 827	——	——	——	——	731 827	474 442	3 607	——
云南	1 205 853	——	——	——	——	1 205 853	774 188	11 347	——
西藏	212 874	——	——	——	——	212 874	162 085	1 104	——
陕西	1 578 066	——	1 418	620	——	1 576 648	1 086 995	2 741	——
甘肃	881 397	——	734	734	——	880 663	604 138	1 775	——
青海	322 382	——	——	——	——	322 382	227 479	504	——
宁夏	301 938	——	——	——	——	301 938	213 555	——	——
新疆	858 839	——	——	——	——	858 839	521 068	2 724	——

全国各地区文化部门增加值分项情况

单位：千元

地区	总计	第一产业	第二产业			第三产业			
				制造业	建筑业		文化产业	批、零、餐饮业	房地产业
总　计	**28 904 228**	**——**	**33 529**	**15 056**	**9 944**	**28 870 699**	**21 287 833**	**413 559**	**18 748**
中　央	1 715 194	——	——	——	——	1 715 194	1 248 208	52 281	——
北　京	851 174	——	941	941	——	850 233	561 638	63 999	——
天　津	625 744	——	2 437	——	2 437	623 307	466 726	33 011	——
河　北	982 043	——	——	——	——	982 043	681 749	——	——
山　西	843 058	——	——	——	——	843 058	554 645	5 081	——
内蒙古	712 650	——	——	——	——	712 650	514 234	332	——
辽　宁	1 046 924	——	——	——	——	1 046 924	806 026	5 599	——
其中：大连	198 456	——	——	——	——	198 456	141 574	3 021	——
吉　林	612 933	——	3 364	3 183	181	609 569	494 412	615	471
黑龙江	712 911	——	3 278	3 278	——	709 633	554 878	——	——
上　海	1 621 453	——	——	——	——	1 621 453	1 352 320	42 831	——
江　苏	1 915 170	——	3 978	3 978	——	1 911 192	1 427 806	38 882	——
浙　江	2 060 140	——	651	651	——	2 059 489	1 478 743	39 046	15 719
其中：宁波	259 350	——	——	——	——	259 350	199 336	——	——
安　徽	710 446	——	——	——	——	710 446	494 551	2 966	——
福　建	664 106	——	——	——	——	664 106	490 997	7 028	——
其中：厦门	112 913	——	——	——	——	112 913	86 071	2 307	——
江　西	539 613	——	294	294	——	539 319	401 305	3 293	——
山　东	1 347 857	——	3 109	——	3 109	1 344 748	1 061 442	10 192	——
其中：青岛	176 394	——	——	——	——	176 394	133 724	1 176	——
河　南	1 198 146	——	803	454	——	1 197 343	854 215	5 229	——
湖　北	956 951	——	6 223	——	——	950 728	671 966	5 514	——
湖　南	813 851	——	4 242	25	4 217	809 609	573 759	6 128	343
广　东	2 330 827	——	975	975	——	2 329 852	1 712 037	69 375	——
其中：深圳	486 046	——	——	——	——	486 046	363 368	——	——
广　西	617 916	——	——	——	——	617 916	457 685	4 528	——
海　南	127 915	——	——	——	——	127 915	75 602	——	——
重　庆	500 979	——	——	——	——	500 979	366 996	1 401	2 215
四　川	1 208 193	——	1 211	——	——	1 206 982	851 412	3 760	——
贵　州	477 088	——	——	——	——	477 088	359 351	1 100	——
云　南	760 798	——	——	——	——	760 798	552 907	5 308	——
西　藏	184 365	——	——	——	——	184 365	142 764	946	——
陕　西	1 101 094	——	1 289	543	——	1 099 805	845 132	778	——
甘　肃	620 418	——	734	734	——	619 684	458 947	1 237	——
青　海	232 612	——	——	——	——	232 612	176 717	441	——
宁　夏	221 747	——	——	——	——	221 747	169 037	——	——
新　疆	589 912	——	——	——	——	589 912	429 626	2 658	——

全国各地区文化部门文化产业增加值情况

单位:千元

地区	总产出	中间消耗	增加值	劳动者报酬	生产税净额	固定资产折旧	营业盈余
总计	**47 570 242**	**18 950 670**	**28 619 572**	**24 086 344**	**422 899**	**3 306 334**	**803 995**
中央	4 044 448	2 373 356	1 671 092	1 243 741	60 999	255 650	110 702
北京	2 060 852	1 209 678	851 174	686 867	18 216	97 637	48 454
天津	1 097 762	484 457	613 305	539 736	16 122	28 855	28 592
河北	1 409 022	427 012	982 010	864 980	3 389	80 982	32 659
山西	1 514 158	674 389	839 769	737 466	7 573	75 129	19 601
内蒙古	1 044 177	331 535	712 642	626 363	2 723	50 796	32 760
辽宁	1 454 634	407 740	1 046 894	913 137	18 348	96 407	19 002
其中:大连	273 116	74 660	198 456	184 579	804	12 994	79
吉林	882 660	275 361	607 299	555 276	4 996	42 897	4 130
黑龙江	927 065	217 495	709 570	636 515	3 522	68 176	1 357
上海	2 930 121	1 355 058	1 575 063	1 151 850	48 146	296 058	79 009
江苏	3 229 050	1 319 457	1 909 593	1 563 082	23 592	285 687	37 232
浙江	3 704 492	1 699 008	2 005 484	1 703 996	31 027	210 003	60 458
其中:宁波	493 417	234 067	259 350	226 875	3 240	28 125	1 110
安徽	1 020 470	310 803	709 667	617 689	4 811	61 711	25 456
福建	990 793	327 333	663 460	562 568	9 369	76 912	14 611
其中:厦门	172 496	59 583	112 913	96 216	1 634	14 091	972
江西	757 481	221 992	535 489	476 800	6 753	39 551	12 385
山东	1 866 849	522 826	1 344 023	1 156 658	16 997	156 742	13 626
其中:青岛	234 702	58 558	176 144	155 436	978	18 432	1 298
河南	1 908 182	711 122	1 197 060	1 058 911	8 604	97 977	31 568
湖北	1 430 633	489 496	941 137	811 823	7 437	116 522	5 355
湖南	1 510 439	703 654	806 785	708 587	10 313	77 887	9 998
广东	3 690 693	1 413 481	2 277 212	1 823 608	43 207	371 566	38 831
其中:深圳	818 766	332 720	486 046	354 345	4 364	124 913	2 424
广西	923 111	317 527	605 584	534 737	8 180	59 300	3 367
海南	250 413	123 622	126 791	108 013	565	18 051	162
重庆	868 966	370 202	498 764	415 915	11 311	53 007	18 531
四川	1 965 310	759 436	1 205 874	968 380	13 126	145 414	78 954
贵州	731 827	254 739	477 088	412 999	4 261	53 937	5 891
云南	1 204 712	444 656	760 056	649 359	7 529	89 989	13 179
西藏	212 874	28 509	184 365	145 139	335	20 480	18 411
陕西	1 577 238	476 920	1 100 318	950 862	17 901	110 309	21 246
甘肃	881 386	260 970	620 416	539 409	6 222	70 325	4 460
青海	321 417	89 770	231 647	203 810	4 134	20 517	3 186
宁夏	300 241	80 142	220 099	196 048	646	13 846	9 559
新疆	858 766	268 924	589 842	522 020	2 545	64 014	1 263

全国各地区文化(文物)机构

地区	项目个数(个)	计划总投资(千元)	建筑面积(千平方米)	本年资金来源总计(千元)	上年结余资金	本年资金来源小计	国家预算内资金	国内贷款	债券	利用外资	外商直接投资
总计	**10 173**	**56 062 174**	**13 090**	**17 568 483**	**3 941 989**	**13 626 494**	**9 519 993**	**595 121**	**73 119**	**10 715**	**8 025**
中央	30	1 635 396	153	939 216	657 024	282 192	282 189	——	——	——	——
北京	11	1 114 742	68	498 887	120 913	377 974	277 974	——	——	——	——
天津	9	585 540	97	298 237	46 257	251 980	151 980	——	——	——	——
河北	498	973 124	380	428 459	76 481	351 978	279 416	——	——	——	——
山西	635	2 186 822	464	654 966	128 938	526 028	222 224	8 000	1 620	——	——
内蒙古	325	3 893 751	833	1 295 170	218 625	1 076 545	721 859	——	290	500	500
辽宁	134	794 186	247	221 481	4 282	217 199	177 949	——	120	——	——
其中:大连	36	395 939	106	142 948	3 820	139 128	119 698	——	——	——	——
吉林	270	1 056 710	252	374 240	89 046	285 194	232 375	——	120	——	——
黑龙江	338	1 046 616	256	371 045	72 117	298 928	227 288	——	——	——	——
上海	11	368 807	84	198 064	56 341	141 723	112 223	——	——	——	——
江苏	79	2 604 602	462	608 585	145 132	463 453	313 112	22 000	——	2 467	1 467
浙江	191	3 812 999	658	752 904	295 219	457 685	274 465	——	——	——	——
其中:宁波	6	391 738	47	81 938	19 484	62 454	44 454	——	——	——	——
安徽	362	872 328	431	422 185	86 868	335 317	197 206	25 000	——	——	——
福建	103	2 947 985	722	915 294	258 953	656 341	542 045	73 500	——	6 750	5 250
其中:厦门	6	737 690	168	157 093	33 664	123 429	118 167	——	——	5 250	5 250
江西	244	1 904 184	586	755 755	157 170	598 585	388 157	200	——	——	——
山东	113	3 701 962	554	1 100 444	265 346	835 098	459 880	7 076	——	——	——
其中:青岛	——	——	——	——	——	——	——	——	——	——	——
河南	708	3 670 288	871	1 109 254	226 315	882 939	619 733	17 251	120	——	——
湖北	383	3 238 856	824	664 741	76 760	587 981	291 827	231 500	——	——	——
湖南	849	1 910 968	766	290 492	28 126	262 366	169 106	2 488	320	540	540
广东	81	7 426 574	1 018	1 395 485	136 034	1 259 451	1 120 370	60 180	——	——	——
其中:深圳	4	285 300	130	49 277	6 019	43 258	43 258	——	——	——	——
广西	261	517 437	186	226 643	74 580	152 063	112 571	——	280	——	——
海南	95	346 504	94	221 346	10 500	210 846	166 266	42 000	——	——	——
重庆	339	495 195	224	276 371	34 430	241 941	197 405	28 877	——	——	——
四川	2 131	2 435 017	1 150	1 235 190	173 574	1 061 616	686 398	18 597	70 249	378	268
贵州	173	530 498	124	124 888	26 193	98 695	74 523	17 362	——	——	——
云南	449	2 205 850	594	616 770	236 748	380 022	320 292	14 250	——	——	——
西藏	39	20 340	13	19 620	1 260	18 360	18 360	——	——	——	——
陕西	352	2 070 418	270	507 741	98 531	409 210	244 240	26 340	——	80	——
甘肃	461	842 633	261	525 879	101 917	423 962	325 762	500	——	——	——
青海	145	47 980	38	48 646	——	48 646	47 710	——	——	——	——
宁夏	36	91 905	126	43 256	——	43 256	38 367	——	——	——	——
新疆	318	711 957	284	427 229	38 309	388 920	226 721	——	——	——	——

注：表头层级——“本年资金来源总计（千元）”下设“上年结余资金”“本年资金来源小计”；“本年资金来源小计”下设“国家预算内资金”“国内贷款”“债券”“利用外资”；“利用外资”下设“外商直接投资”。

基本建设投资情况

自筹资金	单位自有资金	其他资金来源	各项应付款合计(千元)	工程款	自开始建设至本年底累计完成投资额(千元)	本年完成投资额	本年新增固定资产(千元)	竣工项目(个)	竣工面积(千平方米)
2 082 993	**650 801**	**1 344 553**	**4 855 923**	**3 755 899**	**30 136 573**	**12 045 914**	**6 807 276**	**4 925**	**3 399**
3	3	——	90	90	1 208 801	258 022	44 909	5	8
——	——	100 000	40 360	38 860	565 759	383 551	304 869	1	8
90 000	——	10 000	43 922	43 922	479 918	207 424	80 885	1	13
71 432	38 109	1 130	86 935	80 086	449 052	160 833	208 394	264	128
276 164	78 062	18 020	122 156	107 756	1 128 773	421 446	110 450	177	80
256 883	24 150	97 013	518 001	472 885	3 006 421	1 077 459	404 959	230	162
22 845	5 000	16 285	143 596	7 802	458 453	187 299	75 396	97	131
3 195	——	16 235	——	——	276 561	134 021	26 596	31	81
51 899	19 809	800	28 979	28 759	296 038	205 053	38 347	110	38
67 774	500	3 866	98 526	98 526	373 722	256 083	134 292	240	110
23 500	500	6 000	34 049	28 605	176 614	111 726	38 697	1	5
92 128	25 104	33 746	110 209	99 974	975 817	382 582	352 365	37	115
105 902	43 636	77 318	101 219	87 032	2 799 738	403 524	478 438	84	116
18 000	——	——	25 789	22 137	263 311	60 190	4 000	1	4
83 776	59 409	29 335	563 278	139 166	357 584	246 970	187 328	205	96
23 150	12 770	10 896	390 072	363 636	1 874 157	475 773	262 760	21	100
——	——	12	134 998	123 418	672 242	145 958	100 000	1	30
53 307	16 325	156 921	177 273	123 064	963 579	521 487	246 313	112	218
72 017	33 545	296 125	279 905	263 278	2 045 654	1 021 356	585 974	86	151
——	——	——	——	——	——	——	——	——	——
109 646	23 889	136 189	310 252	280 298	2 322 787	996 397	238 976	374	217
40 734	20 407	23 920	110 737	80 917	1 624 334	569 166	1 125 212	236	217
70 278	7 522	19 634	118 175	112 025	424 062	255 939	340 580	509	381
11 837	3 520	67 064	190 004	158 453	3 628 682	1 073 912	11 772	8	23
——	——	——	11 179	11 179	56 747	46 120	——	——	——
33 712	——	5 500	83 815	74 001	364 018	138 646	85 457	102	67
——	——	2 580	118 572	98 794	264 580	195 890	48 359	69	31
13 659	6 330	2 000	218 019	154 733	290 831	172 508	181 716	184	93
113 447	38 826	172 547	402 301	323 432	1 314 960	791 287	596 775	962	422
5 410	4 040	1 400	33 519	33 252	66 413	61 483	40 857	44	28
31 773	6 508	13 707	111 135	89 889	768 405	629 307	171 878	197	116
——	——	——	3 144	3 144	11 704	10 754	19 488	37	12
128 362	81 562	10 188	75 443	42 113	926 779	188 474	85 650	86	34
95 002	45 826	2 698	101 777	90 109	392 169	195 350	91 035	219	74
906	70	30	46 229	45 818	18 506	17 494	16 096	63	15
4 629	2 549	260	40 722	34 972	50 631	39 693	6 419	18	95
132 818	52 830	29 381	153 509	150 508	507 632	389 026	192 630	146	96

全国各地区文化机构

地区	项目个数（个）	计划总投资（千元）	建筑面积（千平方米）	本年资金来源总计（千元）							
					上年结余资金	本年资金来源小计					
							国家预算内资金	国内贷款	债券	利用外资	
											外商直接投资
总　计	**9 809**	**36 786 883**	**10 159**	**12 089 166**	**2 271 538**	**9 817 628**	**6 463 092**	**457 311**	**72 919**	**8 748**	**6 058**
中　央	27	1 599 179	144	910 992	644 319	266 673	266 670	——	——	——	——
北　京	4	100 916	26	69 536	1 962	67 574	67 574	——	——	——	——
天　津	6	536 730	90	281 200	43 320	237 880	137 880	——	——	——	——
河　北	488	818 164	357	375 547	73 543	302 004	229 490	——	——	——	——
山　西	607	1 459 054	387	437 065	38 317	398 748	111 944	8 000	1 620	——	——
内蒙古	315	2 810 803	647	964 253	66 343	897 910	577 354	——	290	——	——
辽　宁	126	701 451	230	191 152	3 820	187 332	148 282	——	120	——	——
其中:大连	34	377 939	101	134 851	3 820	131 031	111 601	——	——	——	——
吉　林	265	965 703	228	328 233	89 046	239 187	187 990	——	120	——	——
黑龙江	327	271 249	164	143 047	——	143 047	115 820	——	——	——	——
上　海	6	248 163	47	114 215	16 492	97 723	97 223	——	——	——	——
江　苏	62	1 921 047	360	457 750	105 442	352 308	212 383	22 000	——	1 000	——
浙　江	168	1 971 192	461	413 426	144 880	268 546	165 526	——	——	——	——
其中:宁波	2	18 648	8	5 056	——	5 056	5 056	——	——	——	——
安　徽	353	398 128	369	367 811	83 300	284 511	147 300	25 000	——	——	——
福　建	94	2 579 072	640	693 762	225 626	468 136	357 940	73 500	——	6 750	5 250
其中:厦门	6	737 690	168	157 093	33 664	123 429	118 167	——	——	5 250	5 250
江　西	230	1 060 816	380	586 099	132 014	454 085	245 525	100	——	——	——
山　东	105	1 930 514	387	482 121	811	481 310	106 092	7 076	——	——	——
其中:青岛	——	——	——	——	——	——	——	——	——	——	——
河　南	689	2 774 729	777	677 903	79 276	598 627	392 109	621	120	——	——
湖　北	359	1 822 086	412	495 468	8 520	486 948	195 878	231 500	——	——	——
湖　南	835	1 738 518	626	263 925	25 186	238 739	158 391	2 488	120	540	540
广　东	62	5 603 080	753	952 768	120 654	832 114	753 133	180	——	——	——
其中:深圳	2	238 320	46	21 769	519	21 250	21 250	——	——	——	——
广　西	248	210 857	138	146 090	6 959	139 131	100 639	——	280	——	——
海　南	93	341 338	91	218 330	10 000	208 330	163 750	42 000	——	——	——
重　庆	335	391 135	195	229 861	28 670	201 191	156 655	28 877	——	——	——
四　川	2 103	1 975 011	968	1 128 801	144 546	984 255	641 216	419	70 249	378	268
贵　州	164	69 222	73	62 925	8 662	54 263	44 953	2 500	——	——	——
云　南	438	1 339 877	466	392 955	107 605	285 350	227 480	12 650	——	——	——
西　藏	39	20 340	13	19 620	1 260	18 360	18 360	——	——	——	——
陕　西	334	182 338	153	142 921	210	142 711	123 131	400	——	80	——
甘　肃	437	348 009	204	191 653	40 798	150 855	101 843	——	——	——	——
青　海	145	47 980	38	48 646	——	48 646	47 710	——	——	——	——
宁　夏	33	76 705	112	38 037	——	38 037	33 148	——	——	——	——
新　疆	312	473 477	225	263 054	19 957	243 097	129 703	——	——	——	——

基本建设投资情况

			各项应付款合计(千元)		自开始建设至本年底累计完成投资额(千元)		本年新增固定资产(千元)	竣工项目(个)	竣工面积(千平方米)
自筹资金	单位自有资金	其他资金来源		工程款		本年完成投资额			
1 726 880	**491 440**	**1 088 678**	**3 963 861**	**2 960 471**	**18 963 821**	**8 167 413**	**5 307 629**	**4 842**	**2 841**
3	3	——	90	90	1 185 227	238 025	44 909	5	8
——	——	——	260	260	84 098	65 174	45 574	1	8
90 000	——	10 000	43 922	43 922	475 264	202 770	80 885	1	13
71 384	38 061	1 130	66 567	59 837	364 161	120 367	197 594	260	120
259 164	61 062	18 020	86 637	78 097	483 403	322 396	110 450	177	80
256 883	24 150	63 383	445 344	414 028	1 998 389	842 321	318 169	226	138
22 645	5 000	16 285	134 012	5 997	399 840	162 815	65 636	93	118
3 195	——	16 235	——	——	269 804	127 264	26 596	31	81
51 077	18 987	——	28 979	28 759	267 253	176 268	37 547	109	37
23 361	500	3 866	44 901	44 901	153 343	108 401	95 066	234	86
500	500	——	34 049	28 605	118 197	86 689	38 697	1	5
87 728	24 904	29 197	73 784	66 716	523 564	294 035	224 676	35	89
76 402	32 136	26 618	67 412	57 254	1 496 991	168 407	92 160	78	78
——	——	——	2 260	2 260	12 056	5 056	4 000	1	4
82 876	59 109	29 335	522 218	98 106	293 122	197 853	181 628	204	94
19 050	12 770	10 896	212 675	190 988	1 574 465	450 430	247 727	20	97
——	——	12	134 998	123 418	672 242	145 958	100 000	1	30
51 855	16 325	156 605	176 990	123 064	583 467	398 703	137 374	107	67
72 017	33 545	296 125	188 461	171 834	924 561	467 226	543 624	84	135
——	——	——	——	——	——	——	——	——	——
99 788	14 806	105 989	244 242	214 508	1 625 289	531 877	237 269	370	215
40 100	20 373	19 470	61 622	40 153	1 115 272	433 896	854 138	226	172
58 066	7 522	19 134	110 238	104 836	380 898	216 913	309 051	501	254
11 737	3 520	67 064	178 080	146 835	2 491 275	691 244	10 166	7	23
——	——	——	2 671	2 671	20 849	18 730	——	——	——
33 712	——	4 500	49 460	44 571	122 072	104 595	82 641	100	65
——	——	2 580	116 579	96 801	264 320	195 630	46 106	69	31
13 659	6 330	2 000	190 799	131 243	184 931	139 988	175 030	184	93
105 018	37 708	166 975	398 734	321 296	891 452	725 195	582 282	953	364
5 410	4 040	1 400	31 880	31 713	47 093	46 653	40 357	44	28
31 773	6 508	13 447	105 691	85 189	376 572	284 388	168 677	195	108
——	——	——	3 144	3 144	11 704	10 754	19 488	37	12
9 412	1 362	9 688	38 959	36 807	73 656	64 183	55 008	83	31
48 712	6 770	300	73 532	65 119	149 038	141 251	70 690	212	67
906	70	30	46 229	45 818	18 506	17 494	16 096	63	15
4 629	2 549	260	35 499	29 749	42 642	32 204	5 630	17	93
99 013	52 830	14 381	152 872	150 231	243 756	229 268	173 284	146	96

全国各地区文物机构

地　区	项目个数（个）	计划总投资（千元）	建筑面积（千平方米）	本年资金来源总计（千元）						
					上年结余资金	本年资金来源小计				
							国家预算内资金	国内贷款	债券	利用外资
										外商直接投资
总　计	**364**	**19 275 291**	**2 931**	**5 479 317**	**1 670 451**	**3 808 866**	**3 056 901**	**137 810**	**200**	**1 967**	**1 967**
中　央	3	36 217	9	28 224	12 705	15 519	15 519	——	——	——	——
北　京	7	1 013 826	42	429 351	118 951	310 400	210 400	——	——	——	——
天　津	3	48 810	7	17 037	2 937	14 100	14 100	——	——	——	——
河　北	10	154 960	24	52 912	2 938	49 974	49 926	——	——	——	——
山　西	28	727 768	77	217 901	90 621	127 280	110 280	——	——	——	——
内蒙古	10	1 082 948	187	330 917	152 282	178 635	144 505	——	——	500	500
辽　宁	8	92 735	17	30 329	462	29 867	29 667	——	——	——	——
其中:大连	2	18 000	4	8 097	——	8 097	8 097	——	——	——	——
吉　林	5	91 007	25	46 007	——	46 007	44 385	——	——	——	——
黑龙江	11	775 367	92	227 998	72 117	155 881	111 468	——	——	——	——
上　海	5	120 644	37	83 849	39 849	44 000	15 000	——	——	——	——
江　苏	17	683 555	102	150 835	39 690	111 145	100 729	——	——	1 467	1 467
浙　江	23	1 841 807	197	339 478	150 339	189 139	108 939	——	——	——	——
其中:宁波	4	373 090	39	76 882	19 484	57 398	39 398	——	——	——	——
安　徽	9	474 200	62	54 374	3 568	50 806	49 906	——	——	——	——
福　建	9	368 913	82	221 532	33 327	188 205	184 105	——	——	——	——
其中:厦门	——	——	——	——	——	——	——	——	——	——	——
江　西	14	843 368	206	169 656	25 156	144 500	142 632	100	——	——	——
山　东	8	1 771 448	167	618 323	264 535	353 788	353 788	——	——	——	——
其中:青岛	——	——	——	——	——	——	——	——	——	——	——
河　南	19	895 559	93	431 351	147 039	284 312	227 624	16 630	——	——	——
湖　北	24	1 416 770	413	169 273	68 240	101 033	95 949	——	——	——	——
湖　南	14	172 450	141	26 567	2 940	23 627	10 715	——	200	——	——
广　东	19	1 823 494	265	442 717	15 380	427 337	367 237	60 000	——	——	——
其中:深圳	2	46 980	84	27 508	5 500	22 008	22 008	——	——	——	——
广　西	13	306 580	48	80 553	67 621	12 932	11 932	——	——	——	——
海　南	2	5 166	3	3 016	500	2 516	2 516	——	——	——	——
重　庆	4	104 060	30	46 510	5 760	40 750	40 750	——	——	——	——
四　川	28	460 006	182	106 389	29 028	77 361	45 182	18 178	——	——	——
贵　州	9	461 276	51	61 963	17 531	44 432	29 570	14 862	——	——	——
云　南	11	865 973	128	223 815	129 143	94 672	92 812	1 600	——	——	——
西　藏	——	——	——	——	——	——	——	——	——	——	——
陕　西	18	1 888 080	116	364 820	98 321	266 499	121 109	25 940	——	——	——
甘　肃	24	494 624	57	334 226	61 119	273 107	223 919	500	——	——	——
青　海	——	——	——	——	——	——	——	——	——	——	——
宁　夏	3	15 200	15	5 219	——	5 219	5 219	——	——	——	——
新　疆	6	238 480	59	164 175	18 352	145 823	97 018	——	——	——	——

基本建设投资情况

自筹资金			各项应付款合计(千元)		自开始建设至本年底累计完成投资额(千元)		本年新增固定资产(千元)	竣工项目(个)	竣工面积(千平方米)
	单位自有资金	其他资金来源		工程款		本年完成投资额			
356 113	**159 361**	**255 875**	**892 062**	**795 428**	**11 172 752**	**3 878 501**	**1 499 647**	**83**	**559**
——	——	——	——	——	23 574	19 997	——	——	——
——	——	100 000	40 100	38 600	481 661	318 377	259 295	——	——
——	——	——	——	——	4 654	4 654	——	——	——
48	48	——	20 368	20 249	84 891	40 466	10 800	4	8
17 000	17 000	——	35 519	29 659	645 370	99 050	——	——	——
——	——	33 630	72 657	58 857	1 008 032	235 138	86 790	4	25
200	——	——	9 584	1 805	58 613	24 484	9 760	4	13
——	——	——	——	——	6 757	6 757	——	——	——
822	822	800	——	——	28 785	28 785	800	1	——
44 413	——	——	53 625	53 625	220 379	147 682	39 226	6	23
23 000	——	6 000	——	——	58 417	25 037	——	——	——
4 400	200	4 549	36 425	33 258	452 253	88 547	127 689	2	25
29 500	11 500	50 700	33 807	29 778	1 302 747	235 117	386 278	6	38
18 000	——	——	23 529	19 877	251 255	55 134	——	——	——
900	300	——	41 060	41 060	64 462	49 117	5 700	1	2
4 100	——	——	177 397	172 648	299 692	25 343	15 033	1	3
——	——	——	——	——	——	——	——	——	——
1 452	——	316	283	——	380 112	122 784	108 939	5	150
——	——	——	91 444	91 444	1 121 093	554 130	42 350	2	16
——	——	——	——	——	——	——	——	——	——
9 858	9 083	30 200	66 010	65 790	697 498	464 520	1 707	4	2
634	34	4 450	49 115	40 764	509 062	135 270	271 074	10	45
12 212	——	500	7 937	7 189	43 164	39 026	31 529	8	127
100	——	——	11 924	11 618	1 137 407	382 668	1 606	1	1
——	——	——	8 508	8 508	35 898	27 390	——	——	——
——	——	1 000	34 355	29 430	241 946	34 051	2 816	2	2
——	——	——	1 993	1 993	260	260	2 253	——	——
——	——	——	27 220	23 490	105 900	32 520	6 686	——	——
8 429	1 118	5 572	3 567	2 136	423 508	66 092	14 493	9	58
——	——	——	1 639	1 539	19 320	14 830	500	——	——
——	——	260	5 444	4 700	391 833	344 919	3 201	2	8
——	——	——	——	——	——	——	——	——	——
118 950	80 200	500	36 484	5 306	853 123	124 291	30 642	3	3
46 290	39 056	2 398	28 245	24 990	243 131	54 099	20 345	7	7
——	——	——	——	——	——	——	——	——	——
——	——	——	5 223	5 223	7 989	7 489	789	1	2
33 805	——	15 000	637	277	263 876	159 758	19 346	——	——

全国各地区文化行政主管部门机关事业费收支情况

地区	机构数（人）	事业编制人员数（人）	本年收入合计（千元）	财政拨款	本年支出合计（千元）	基本支出	项目支出	在支出合计中：工资福利支出
总计	**3 088**	**14 838**	**14 972 346**	**13 721 773**	**14 934 803**	**6 008 300**	**8 241 230**	**2 351 941**
中央	1	——	822 809	773 554	1 150 127	205 257	944 870	72 522
北京	20	26	1 056 778	933 041	999 330	107 991	883 682	54 142
天津	19	16	307 585	291 679	322 904	189 077	133 012	28 362
河北	185	1 546	377 577	360 469	346 737	256 642	81 183	110 931
山西	131	529	365 224	337 998	380 002	186 097	162 340	64 275
内蒙古	112	348	364 649	350 845	299 828	199 161	91 117	67 156
辽宁	102	390	364 568	362 957	363 541	153 586	192 001	62 263
其中：大连	11	3	95 359	94 679	95 332	22 770	63 632	9 604
吉林	70	133	325 341	307 271	240 123	97 060	143 029	34 782
黑龙江	137	540	319 911	310 460	308 652	142 854	156 209	55 533
上海	19	66	681 389	620 275	737 992	203 652	435 398	53 974
江苏	105	306	696 562	616 667	667 962	383 335	283 702	145 141
浙江	101	367	961 204	861 635	939 606	334 583	587 248	176 445
其中：宁波	12	48	151 001	123 213	156 860	61 545	91 864	29 323
安徽	114	332	464 944	413 753	451 897	203 366	229 216	63 599
福建	95	308	672 780	606 434	473 163	165 004	275 831	56 996
其中：厦门	7	6	96 773	88 991	94 605	12 999	81 537	5 310
江西	123	595	245 639	228 999	239 905	128 927	94 525	55 412
山东	162	1 088	417 210	400 040	414 022	279 636	124 485	120 017
其中：青岛	13	135	80 906	78 616	79 125	41 031	38 094	20 159
河南	167	1 308	530 566	496 140	505 756	288 600	189 765	102 621
湖北	114	508	516 407	427 433	511 667	189 520	306 317	83 413
湖南	135	784	530 572	502 276	520 542	208 450	297 980	84 313
广东	146	693	1 128 509	1 005 043	1 494 516	453 438	902 700	233 507
其中：深圳	8	99	358 318	305 582	625 820	79 562	527 571	58 535
广西	117	243	377 856	342 997	373 289	174 023	165 646	54 019
海南	23	69	339 652	324 995	254 655	62 387	191 157	23 072
重庆	41	123	323 463	297 852	356 574	105 648	237 281	40 760
四川	205	1 376	701 134	662 683	693 763	302 415	377 115	130 106
贵州	93	867	337 817	303 412	361 480	150 814	187 830	52 888
云南	147	462	433 492	385 414	371 133	207 081	140 920	88 090
西藏	8	179	136 379	136 260	109 611	33 618	75 382	18 398
陕西	117	324	373 387	324 238	373 728	179 985	136 864	66 793
甘肃	100	584	229 554	227 926	147 701	128 984	11 664	51 829
青海	53	130	115 279	99 624	97 914	68 940	10 669	22 346
宁夏	26	291	121 961	109 462	118 087	54 854	58 628	19 474
新疆	100	307	332 148	299 941	308 596	163 315	133 464	58 762

全国各地区省级文化行政主管部门机关事业费收支情况

地区	机构数（人）	事业编制人员数（人）	本年收入合计（千元）	财政拨款	本年支出合计（千元）	基本支出	项目支出	在支出合计中：工资福利支出
总计	**31**	**93**	**2 689 893**	**2 485 170**	**2 448 827**	**512 653**	**1 935 112**	**147 453**
中央	——	——	——	——	——	——	——	——
北京	1	——	279 127	233 119	266 442	15 826	250 615	5 746
天津	1	7	228 552	216 830	245 798	138 520	107 278	5 971
河北	1	——	21 289	19 548	20 817	8 363	12 453	3 690
山西	1	6	88 041	86 270	87 331	7 487	79 844	3 347
内蒙古	1	——	72 182	66 141	52 674	10 146	42 528	2 356
辽宁	1	——	15 922	15 922	14 687	8 891	5 795	3 298
其中:大连	——	——	——	——	——	——	——	——
吉林	1	——	140 779	127 048	64 497	9 855	54 641	3 635
黑龙江	1	——	134 780	127 004	134 973	12 140	122 832	4 508
上海	1	——	175 414	172 322	178 643	42 155	136 487	12 631
江苏	1	——	94 179	80 235	86 061	15 423	70 638	6 239
浙江	1	——	48 251	46 423	47 403	16 816	30 587	6 357
其中:宁波	——	——	——	——	——	——	——	——
安徽	1	——	133 913	104 718	137 520	13 911	123 608	3 985
福建	1	——	105 812	92 520	31 230	13 293	17 937	3 368
其中:厦门	——	——	——	——	——	——	——	——
江西	1	——	16 620	16 548	16 244	8 737	7 507	2 792
山东	1	——	25 651	25 556	29 162	13 668	15 494	4 542
其中:青岛	——	——	——	——	——	——	——	——
河南	1	8	34 182	33 780	30 975	8 442	22 533	8 442
湖北	1	——	35 603	35 220	37 128	12 171	24 957	4 968
湖南	1	11	211 085	211 085	210 571	13 443	197 128	5 287
广东	1	——	65 768	50 030	60 662	24 433	36 229	6 848
其中:深圳	——	——	——	——	——	——	——	——
广西	1	——	47 242	43 028	47 157	8 127	39 030	3 198
海南	1	7	95 677	94 979	37 074	9 558	27 516	6 401
重庆	1	12	112 074	99 821	139 970	14 344	125 626	6 559
四川	1	——	49 038	40 974	58 742	8 672	50 069	3 136
贵州	1	10	108 593	102 989	152 520	11 321	141 199	5 201
云南	1	——	87 402	82 161	62 082	10 570	50 520	3 654
西藏	1	7	58 892	58 832	45 316	7 840	37 476	4 458
陕西	1	——	97 666	97 343	110 265	10 126	100 138	3 922
甘肃	1	8	77 648	77 407	15 914	15 914	——	3 390
青海	1	3	7 472	7 357	7 532	6 138	1 334	2 595
宁夏	1	14	9 996	9 112	9 696	7 026	2 670	3 528
新疆	1	——	11 043	10 848	9 741	9 297	443	3 401

全国各地区地市级文化行政主管部门机关事业费收支情况

地区	机构数（人）	事业编制人员数（人）	本年收入合计（千元）	财政拨款	本年支出合计（千元）	基本支出	项目支出	在支出合计中：工资福利支出
总计	**322**	**1 336**	**3 054 287**	**2 821 573**	**3 221 830**	**1 308 304**	**1 837 052**	**516 101**
中央	——	——	——	——	——	——	——	——
北京	——	——	——	——	——	——	——	——
天津	——	——	——	——	——	——	——	——
河北	11	94	111 126	107 559	86 768	70 730	16 038	20 955
山西	11	35	86 738	83 599	76 571	35 645	29 032	11 667
内蒙古	12	33	111 105	106 761	68 948	53 653	12 552	10 349
辽宁	12	6	134 184	134 172	135 553	37 227	98 324	16 809
其中：大连	1	——	44 390	44 390	44 390	6 692	37 698	3 217
吉林	9	13	52 396	51 247	58 010	23 031	34 978	7 441
黑龙江	13	54	56 117	56 041	56 309	45 121	11 188	17 555
上海	——	——	——	——	——	——	——	——
江苏	13	4	239 955	212 578	235 938	126 678	109 050	50 678
浙江	11	21	229 817	228 257	236 159	74 792	160 867	39 253
其中：宁波	1	——	22 373	22 373	23 842	12 492	11 350	6 635
安徽	16	31	106 900	103 501	113 796	58 118	55 678	16 148
福建	9	14	72 175	61 592	69 302	31 193	38 109	11 567
其中：厦门	1	6	22 009	14 696	17 493	7 957	9 536	2 841
江西	11	29	42 719	37 745	45 421	27 926	15 252	10 325
山东	17	58	111 024	103 862	112 774	59 023	53 601	25 563
其中：青岛	1	——	37 787	35 815	37 686	9 538	28 148	4 703
河南	17	66	136 286	126 101	133 591	67 225	65 468	23 692
湖北	13	27	133 100	106 070	133 058	43 857	88 289	18 988
湖南	14	100	81 766	76 864	83 521	42 768	38 684	18 517
广东	21	237	532 913	486 248	806 286	178 523	620 828	98 789
其中：深圳	1	56	243 616	205 019	506 466	41 657	464 808	30 453
广西	14	31	129 052	103 682	126 607	46 789	63 025	12 274
海南	2	6	54 288	51 566	45 485	4 462	41 022	2 275
重庆	——	——	——	——	——	——	——	——
四川	21	58	173 691	162 028	170 129	57 013	112 718	26 604
贵州	7	10	52 406	46 939	49 193	32 354	16 839	5 730
云南	12	87	64 550	61 982	68 633	28 917	37 505	16 209
西藏	7	172	77 487	77 428	64 295	25 778	37 906	13 940
陕西	9	8	52 305	49 209	49 257	33 206	11 956	8 841
甘肃	14	61	46 434	45 946	32 565	24 978	5 370	10 669
青海	8	2	41 698	34 812	44 134	26 794	418	4 568
宁夏	5	30	64 205	54 616	62 044	17 031	44 304	3 571
新疆	13	49	59 850	51 168	57 483	35 472	18 051	13 124

全国各地区县级文化行政主管部门机关事业费收支情况

地　区	机构数（人）	事业编制人员数（人）	本年收入合计（千元）	财政拨款	本年支出合计（千元）	基本支出	项目支出	在支出合计中：工资福利支出
总　计	**2 734**	**13 409**	**8 405 357**	**7 641 476**	**8 114 019**	**3 982 086**	**3 524 196**	**1 615 865**
中　央	——	——	——	——	——	——	——	——
北　京	19	26	777 651	699 922	732 888	92 165	633 067	48 396
天　津	18	9	79 033	74 849	77 106	50 557	25 734	22 391
河　北	173	1 452	245 162	233 362	239 152	177 549	52 692	86 286
山　西	119	488	190 445	168 129	216 100	142 965	53 464	49 261
内蒙古	99	315	181 362	177 943	178 206	135 362	36 037	54 451
辽　宁	89	384	214 462	212 863	213 301	107 468	87 882	42 156
其中:大连	10	3	50 969	50 289	50 942	16 078	25 934	6 387
吉　林	60	120	132 166	128 976	117 616	64 174	53 410	23 706
黑龙江	123	486	129 014	127 415	117 370	85 593	22 189	33 470
上　海	18	66	505 975	447 953	559 349	161 497	298 911	41 343
江　苏	91	302	362 428	323 854	345 963	241 234	104 014	88 224
浙　江	89	346	683 136	586 955	656 044	242 975	395 794	130 835
其中:宁波	11	48	128 628	100 840	133 018	49 053	80 514	22 688
安　徽	97	301	224 131	205 534	200 581	131 337	49 930	43 466
福　建	85	294	494 793	452 322	372 631	120 518	219 785	42 061
其中:厦门	6	——	74 764	74 295	77 112	5 042	72 001	2 469
江　西	111	566	186 300	174 706	178 240	92 264	71 766	42 295
山　东	144	1 030	280 535	270 622	272 086	206 945	55 390	89 912
其中:青岛	12	135	43 119	42 801	41 439	31 493	9 946	15 456
河　南	149	1 234	360 098	336 259	341 190	212 933	101 764	70 487
湖　北	100	481	347 704	286 143	341 481	133 492	193 071	59 457
湖　南	120	673	237 721	214 327	226 450	152 239	62 168	60 509
广　东	124	456	529 828	468 765	627 568	250 482	245 643	127 870
其中:深圳	7	43	114 702	100 563	119 354	37 905	62 763	28 082
广　西	102	212	201 562	196 287	199 525	119 107	63 591	38 547
海　南	20	56	189 687	178 450	172 096	48 367	122 619	14 396
重　庆	40	111	211 389	198 031	216 604	91 304	111 655	34 201
四　川	183	1 318	478 405	459 681	464 892	236 730	214 328	100 366
贵　州	85	847	176 818	153 484	159 767	107 139	29 792	41 957
云　南	134	375	281 540	241 271	240 418	167 594	52 895	68 227
西　藏	——	——	——	——	——	——	——	——
陕　西	107	316	223 416	177 686	214 206	136 653	24 770	54 030
甘　肃	85	515	105 472	104 573	99 222	88 092	6 294	37 770
青　海	44	125	66 109	57 455	46 248	36 008	8 917	15 183
宁　夏	20	247	47 760	45 734	46 347	30 797	11 654	12 375
新　疆	86	258	261 255	237 925	241 372	118 546	114 970	42 237

综合部分主要指标解释

一、基本概念及涵义

国民经济行业分类

国民经济行业分类是对全社会经济活动进行的标准分类。国民经济行业分类采用经济活动的同质性原则划分行业类别，即每一个行业类别都按照相同性质的经济活动归类，而不是依据行政事业编制、会计制度和部门管理归类。

一个行业（或产业）是指从事相同性质的经济活动的所有机构的集合，是按照各机构（或劳动者）从事的经济活动进行分类。在划分国民经济行业时，一个机构的行业性质是根据该机构所从事的经济活动确定的。如果一个机构从事两种或两种以上的经济活动，则按主要活动确定行业。

我国《国民经济行业分类》的三次产业划分：

第一产业，指农业、林业、牧业、渔业。

第二产业，指采矿业、制造业、电力、燃气及水的生产和供应业、建筑业。

第三产业，指除上述第一、二产业以外的其他各类产业。

第三产业的分类：

交通运输，仓储和邮政业，信息传输、计算机服务和软件业，批发和零售业，住宿和餐饮业，金融业，房地产业，租赁和商务服务业，科学研究、技术服务和地质勘查业，水利、环境和公共设施管理业，居民服务和其他服务业，教育，卫生、社会保障和社会福利业，文化、体育和娱乐业，公共管理和社会组织，国际组织。

文化及相关产业：是指为社会公众提供文化、娱乐产品和服务的活动以及与这些活动有关联的活动的集合。根据提供文化、娱乐产品和服务活动的属性特点，划分为公益性文化活动和经营性文化活动两大类。

文化及相关产业是第三产业的重要组成部分，是在我国《国民经济行业分类》基础上的派生分类，有文化服务和相关文化服务两大类：

文化服务：主要有新闻服务，出版发行和版权服务，广播、电视、电影服务，文化艺术服务，网络文化服务，文化休闲娱乐服务，其他文化服务。

相关文化服务：主要有文化用品、设备及相关文化产品的生产，文化用品、设备及相关文化产品的销售。

本制度调查的文化及相关产业，根据提供文化、娱乐产品和服务活动的属性特点和财务核算形式划分，有文化事业和文化产业两大类。

文化及相关产业活动的价值体现在社会效益与经济效益的一致性上，即为社会提供文化、娱乐产品和服务的同时，为国民经济发展创造物质财富。

非文化及相关产业：指由文化部门主办的不属于文化及相关产业的其他各类行业活动。

非文化及相关产业在为国民经济发展创造物质财富的同时，也为文化的繁荣与发展提供一定的物质条件。

二、行业、机构、从业人员指标解释

行业、机构指标解释

文艺创作与表演：指文学、美术创造和表演艺术（如戏剧、戏曲、歌舞、舞蹈、音乐、曲艺、杂技、马戏、木偶、皮影等各种表演艺术）等活动。包括文学（含电影、电视剧剧本）、音乐、歌曲、舞蹈、戏曲、曲艺等的创作）；美术（绘画、雕塑）、工艺品、书法、篆刻等的艺术创作；编导、演员的表演、创作活动；剧务、舞台美工、服装道具、灯光音响等活动；民族艺术创作；其他未列明的文艺创作、表演及辅助活动。

艺术创作机构：指有专职创作人员、独立建制的剧目创作室（组）、美术创作室（组）及各类画院等专门从事艺术创作的机构。不包括业余性质的文艺创作机构。

艺术表演团体：指由文化部门主办或实行行业管理（经文化行政部门审批或已申报登记并领取相关许可证），专门从事表演艺术等活动的各类专业艺术表演团体，含民间职业剧团。不包括群众业余文艺表演团队。

艺术表演场馆：指由文化部门主办或实行行业管理（经文化市场行政部门审批或已申报登记并领取相关许可证），有观众席、舞台、灯光设备，公开售票、专供文艺团体演出的文化活动场所。附属于文化部门机构内非独立核算的剧场、排演场，公开营业的也应单独统计。

图书馆：指各类图书馆的管理与服务（对文献和信息的搜集、整理、存储、利用和管理，向社会公众开放并提供科学、文化等各种知识普及教育）。包括公共图书馆和各类机构内部举办的或单独举办的图书馆的管理与服务。不包括部队系统以及文化馆（文化中心、群众艺术馆）、文化站内设的图书室。

公共图书馆：指文化部门主办的面向社会服务的图书馆。

其他部门图书馆：是指除文化部门主办的公共图书馆以外的图书馆机构，如教育、科研、厂矿企业等举办的图书馆。

群众文化活动：指开展群众文化活动的场所的管理和组织活动。包括文化馆（含综合性文化中心、群众艺术馆）、文化站、文化宫、少年宫等群众文化活动。在本制度中，目前暂不统计文化部门以外的文化宫和少年宫。

文化馆（含综合性文化中心、群众艺术馆）、文化站：指专门从事群众文化活动的群众文化场馆。不包括临时抽调人员组成、没有编制的农村和街道文化工作队、服务站等。

文化市场行政执法机构：指经法律法规授权或依法接受委托专门从事文化市场行政执法工作的机构。

文化艺术研究机构：指有明确的研究方向和任务，有一定水平的学术带头人和一定数量、质量的研究人员，有开展工作的基本条件，主要进行文化艺术研究（含科技）的机构。

文化部门教育机构：指文化部门主办的高等艺术职业院校和中等专业学校、文化干部院校、其他文化艺术教育机构。

高等艺术职业院校：指按国家规定的设置标准和审批程序批准主办的，纳入国家招生计划，通过国家统一招生考试，招收高中毕业生和相当于高中学历者为主要培养对象，实施高等教育的全日制、独立设置的学院和高等专科艺术学校。高等艺术院校均应填报国家教委统一印发的学年度“普通高等学校基层报表”，高等艺术院校举办的分校（教学点）或大专班，不计校数。机构、学生人数应与向各级教委填报的“普通高等学校基层报表”的数字相一致。职工人数应填报年末时点数；培训干部应填报当年累计结业人数。在本制度中，只统计由文化部门主办和管理的院校。

中等艺术学校：指文化部门内由文化部或省、自治区、直辖市人民政府批准举办，纳入国家招生计划，按国家规定组织入学考试，招收小学或初中（或部分高中）毕业生和具有同等学历者，实施中等艺术教育、培养中等艺术人才的全日制专业学校。中等艺术学校均应填报国家教委的学年度“中等专业学校基层报表”,各校举办的分校(或校外班)不计校数。机构、学生人数应与向各级教委填报的学年度“中等专业学校基层报表”的数字相一致。职工人数和培训干部人数的填报口径同“高等艺术院校”。

文化干部院校:指各级文化行政主管部门领导的培养和训练文化干部的成人高等教育院校。

其他教育机构:指不填报国家教委制发的教育事业基层报表的非正规的艺术学校、训练班等教育机构。不包括随团的学员班。

其他文化事业机构、其他文化企业和非文化产业:指不属于以上分类的文化部门内其他的文化事业机构和其他的各类企业机构。

艺术展览机构:指各级文化行政主管部门行业管理的、具有一定的展出面积、展出设备,专门供艺术作品展览用的场所。不包括文化馆(文化中心、群众艺术馆)内设的非独立核算的展览场所。

出版业:包括书、报、杂志、音像制品的出版活动,如报社、杂志社、音像出版社、图书出版社等。

在本制度中,目前仅统计文化主管部门直属的独立核算的出版机构,以及文化机构办的独立核算的出版机构。

文化市场经营机构:指经文化市场行政部门审批或已申报登记并领取相关许可证的、从事文化经营和文化服务活动的机构。

文化市场经营机构主要由以下统计调查对象组成:

演出经纪机构:指经文化市场行政管理部门审批并申请了营业性演出许可证的从事演出组织、制作、营销等经营活动,演出居间、代理、行纪等经纪活动和演员签约、推广、代理等经纪活动的经营单位。不包括作家、艺术家个人的经纪代理活动;影视演员经纪人代理活动;歌唱演员经纪人代理活动;模特演员经纪人代理活动;演员推荐、选派活动;出版和著作权代理活动;为文艺演出、晚会、艺术节、大赛等进行策划、组织活动;为演员个人形象包装设计活动。

娱乐场所:指以营利为目的,并向公众开放,消费者自娱自乐的歌舞、游艺等场所。不包括台球、保龄球、飞镖、健身中心等休闲健身娱乐场所;电影院、录像厅;慢摇吧、酒吧、咖啡厅;网吧、氧吧;游泳馆等。

经营性互联网文化单位:指向文化市场行政部门申领了《网络文化经营许可证》的、从事或提供网络游戏、网络音乐下载以及其他互联网文化信息服务活动的机构。

互联网上网服务营业场所(网吧):指通过计算机等设备向公众提供互联网上网服务的营业性娱乐文化服务场所。如:网吧、电脑休闲室。

艺术品经营机构:指从事艺术品、销售活动、艺术品经纪代理、拍卖活动以及与艺术品销售有直接关系的各种服务类经营活动的机构,主要包括画廊、画店、艺术品公司、艺术品拍卖企业、艺术品经纪代理机构和艺术品展览、艺术品、评估、鉴定机构。

画廊、画店、美术品公司:指从事与艺术品销售有直接关系的各种展销经营服务机构。

艺术品拍卖机构:指经营艺术品拍卖活动的机构。

艺术品鉴定机构:指从事艺术品评估、鉴定等经营服务的机构。

文化市场连锁经营机构:指由文化市场行政管理部门审核批准的文化市场连锁经营机构,不包括直营门店。

文化市场其他经营机构:指不属于以上分类的文化市场其他经营服务机构。

本制度对文化市场经营机构实行行业性统计。各地根据实际情况,确定由文化市场行政部门或文化市场管理执法机构,依法对本辖区的文化市场经营机构进行统计调查,并完成全部数据的录入、审核和汇总。

动漫企业:从事漫画创作、动画创作、网络动漫(含手机动漫)创作、动漫舞台剧制作、动漫软件开发和动漫衍生产品研发等动漫业务的企业。

文物及文化保护：指对具有历史、文化、艺术、科学价值，并经有关部门鉴定，列入文物保护范围的不可移动文物的保护和管理活动；对我国语言、文字、民间文化艺术、民俗等非物质遗产的文化保护和管理活动。含近现代重要史迹及具有代表性、纪念性的建筑物的保护（含革命遗址、纪念碑、名人故居）；寺庙、清真寺、教堂及各种祠、堂、碑遗址的保护；古文化遗址、古墓地、古建筑、石窟寺、石刻等的保护；民族语言、文字遗产保护；民间艺术（民间传说、神话、歌谣、故事、音乐、舞蹈、戏曲、曲艺、皮影、绘画、剪纸等）遗产保护；民间、民俗传统活动（传统节日、庆典、民族艺术活动、民族体育活动等）遗产保护；民族制作（建筑风格、服饰、家具、木器、陶器、铜器等）遗产保护；其他未列明的文物与文化保护。

博物馆：指为了研究、教育、欣赏的目的，收藏、保护、展示人类活动和自然环境的见证物，向公众开放，非营利性、永久性社会服务机构，包括以博物馆（院）、纪念馆（舍）、美术（艺术）馆、科技馆、陈列馆等专有名称开展活动的单位。

综合性博物馆：指综合收藏、展示自然、历史（含革命史和建设成就）、艺术等方面藏品的博物馆。如：黑龙江省博物馆、内蒙古博物馆、甘肃省博物馆、贵州省博物馆、南通博物苑、旅顺博物馆等。

历史类博物馆：指主要收藏、展示关于国家（地区）、民族、社会发展、重大事件和人物的历史（古代史、近代史、战争史、革命纪念馆、历史名人纪念馆等）的文物资料的博物馆。如国家博物馆、陕西历史博物馆、泉州海外交通史博物馆、东北烈士纪念馆、韶山毛泽东同志纪念馆、遵义会议会址纪念馆、黑龙江省民族博物馆等。

艺术类博物馆：指主要收藏、展示艺术品、工艺品文物（美术、工艺品、绘画、书法、篆刻、民间艺术）的博物馆。如故宫博物院、上海博物馆、南阳汉画像馆、广东民间工艺馆、武强年画博物馆、徐悲鸿纪念馆、天津戏剧博物馆、景德镇陶瓷历史博物馆等。

自然、科技类博物馆：指主要收藏、展示自然物种历史、发展以及反映科学技术成果方面标本、实物的博物馆。如天津自然博物馆、自贡恐龙博物馆、中国科学技术馆、中国地质博物馆、柳州白莲洞洞穴科学博物馆等。

其他博物馆：指上述 4 类博物馆之外，内容独特的行业性、专门性博物馆。如中国丝绸博物馆、中国茶叶博物馆、以及农业、体育、邮电、中药、交通、水利、煤炭、林业、公安、儿童等专门博物馆。

文物考古研究所：是各省级文物行政管理部门领导下的文物保护和科学研究机构承担有关文物的调查、保护、发掘、研究和宣传工作，对地、市、县的文物工作进行业务辅导的机构。

古建所：从事古建筑及其他地上不可移动文物维修保护、勘察、设计的专业技术机构。

文保中心：从事地上不可移动文物维修保护、工程勘察、设计及相关技术研究、保护试验、监测的专业综合机构。

文物商店：经国务院文物行政部门或者省、自治区、直辖市人民政府文物行政部门依法批准设立的文物购销经营单位。

国家文物出境鉴定站：由国务院文物行政部门依法指定的文物进出境审核机构。

古建公司：一般指省级古建所或文保中心下属的文物维修保护工程施工企业。

监理公司：一般指省级古建所或文保中心下属的从事文物保护工程监理工作的企业。

非物质文化遗产保护中心：指从事非物质文化遗产的调查、抢救、保护、研究、宣传、展示，以及其他相关保护活动的专业综合机构。

从业人员指标解释

高级职称:指已获得高级职称的全部人员。

中级职称:指已获得中级职称的全部人员。

安全保卫人员:指从事文物安全保卫工作和安全管理工作的人员,包括聘用人员。

三、经费指标解释

1. 事业经费指标解释

本制度调查的全部事业机构和行政主管部门,应依据本机构经费收支财务决算数,如实填报统计表的事业经费和行政经费指标。

(1)资产合计:指反映行政事业单位在年末(或报告期末)占有或者使用的,能以货币计量的经济资源。包括流动资产、固定资产、债权和其他权利。根据"资产负债表"中的"资产合计"年(期)末数。

(2)固定资产原值:反映填表机构使用年限在一年以上、单位价值在规定标准以上并在使用过程中基本保持原来物质形态的资产,包括房屋和建筑物、专用设备、一般设备、文物和陈列品、图书、其他固定资产等。该指标根据"资产负债表"中的"固定资产原值"年(期)末数填列。

(3)本年收入合计:反映行政事业单位在本年(或报告期)从各种渠道获得的收入,包括财政拨款、行政单位预算外资金、上级补助收入、事业收入、事业单位经营收入、附属单位上缴收入和其他收入。根据"收入支出表"中的"收入合计"项填报。

①财政拨款:反映填表机构本年度实际收到的本级财政拨款(不含基本建设的财政拨款)。一级预算单位收到的应拨给下级单位使用的款项,年终时尚未拨出的,在编制财务决算表和填报统计报表时,应列为本机构的财政拨款。

②事业收入:反映填表机构开展专业业务活动及辅助活动取得的收入。根据"收入支出表"中的"事业收入"项填报。

③经营收入:反映填表机构在专业业务活动及辅助活动之外开展非独立核算经营活动取得的收入。根据"收入支出表"中的"经营收入"项填报。在确认经营收入时,应注意两个问题:一是经营收入是经营活动取得的收入,而不是专业业务活动及辅助活动取得的收入;二是经营收入是非独立核算的经营活动取得的收入,而不是独立核算的经营活动取得的收入。

④其他收入:反映填表机构取得的除上述规定以外的各项收入,包括投资收益、利息收入、捐赠收入等。

(4)本年支出合计:反映填表机构在业务活动中发生的各项资产耗费和损失等支出情况,包括基本支出、项目支出、上缴上级支出、经营支出、对附属单位补助支出和结转自筹基建。根据行政事业单位支出决算表和支出决算明细表对应填报。在基本支出和项目支出下设置明细科目:工资福利支出、商品和服务支出、对个人和家庭补助支出、其他资本性支出。这些科目反映行政事业单位基本支出、行政事业性项目支出和其他项目支出的明细情况,不含基本建设项目支出的情况。

①基本支出:反映填表机构为保障其机构正常运转、完成日常工作任务而发生的各项支出。

②项目支出:反映填表机构为完成本机构特定的行政工作任务或事业发展目标;在基本支出之外发生的各项支出。项目支出按照性质分为行政事业性项目支出、基本建设项目支出和其他项目支出。

③经营支出:反映填表机构开展专业业务活动及辅助活动之外开展非独立核算经营活动发生的支出。在经营活动中应正确归集实际发生的各项费用数,无法归集的,应按规定的比例合理分摊。

④工资福利支出:反映填表机构支付给在职职工和编制外长期聘用人员的各类劳动报酬,以及为上述人员缴纳的各项社会保险费等。主要包括基本工资、津贴补贴、奖金、社会保障缴费、伙食费、伙食补助费、

绩效工资、其他工资福利支出等。根据“支出决算明细表”中的“工资福利支出”项填报。

⑤商品和服务支出:反映填表机构在开展业务活动中购买商品和服务的支出(不包括用于购置固定资产的支出、战略性和应急储备支出等)。主要包括办公费、印刷费、咨询费、手续费、水费、电费、邮电费、取暖费、物业管理费、交通费、差旅费、出国费、维修(护)费、租赁费、会议费、培训费、招待费、专用材料费、专用燃料费、劳务费、委托业务费、工会经费、福利费等日常公用支出。根据“支出决算明细表”中的“商品和服务支出”项填报。

差旅费:反映填表机构工作人员出差的住宿费、旅费、伙食补助费、杂费,以及干部及大中专学生调遣费、调干家属旅费补助等方面的支出。根据“支出决算明细表”中的“商品和服务支出”项的其中“差旅费”项填报。

劳务费:反映填表机构支付给单位和个人的劳务费用。如:临时聘用人员、钟点工工资、翻译费、咨询费、评审费、手续费等。根据“支出决算明细表”中的“商品和服务支出”项的其中“劳务费”项填报。

福利费:反映填表机构根据国家规定按工资总额一定比例提取的福利费。根据“支出决算明细表”中的“商品和服务支出”项的其中“福利费”项填报。

各种税金支出:反映填表机构向国家交纳的各种税金,如房产税、营业税、车船使用税、土地使用税、城市维护建设税、印花税、教育费附加费、养路费、排污费等。从基本建设支出、结余和收益中支付的税金不包括在内。

⑥对个人和家庭补助支出:反映政府对个人和家庭的补助支出,包括离休费、退休费、退职(役)费、抚恤费、生活补助、救济费、医疗费、助学金、奖励金、生产补贴、住房公积金、提租补贴、购房补贴以及其他对个人和家庭的补助支出等。

抚恤金和生活补助:抚恤金指按规定支付给烈士家属、牺牲病故人员家属的一次性和定期抚恤金,革命残疾人员的抚恤金、离退休人员等其他人员的各项抚恤金。生活补助指按规定支付给优抚对象、退伍军人的生活补助费,行政事业单位职工和家属生活补助,因公负伤等住院治疗、住疗养院期间的伙食补助费、长期赡养人员补助费等。根据“支出决算明细表”中的“对个人和家庭的补助”项的其中“抚恤金”和“生活补助”项汇总填报。

⑦其他资本性支出:反映填表机构使用非各级发展与改革部门集中安排的用于购置固定资产、战略性和应急性储备、土地和无形资产,以及购建基础设施、大型修缮和财政支持企业更新改造所发生的支出。如:房屋建筑物购建、办公设备购置、专用设备购置、交通工具购置、大型修缮、信息网络购建、其他资本性支出。

各种设备、交通工具、图书购置费:反映填表机构用于购置不够基本建设投资额度、但按会计制度规定纳入固定资产核算范围的各种设备的支出。主要包括:办公设备购置、专用设备购置、交通工具购置(含车辆购置税)、信息网络购建(计算机硬件和软件开发应用)、图书购置、档案设备购置费等。

2. 企业经费指标解释

资产总计:反映填表企业拥有或控制的能以货币计量的经济资源,包括各种财产、债权和其他权利。资产按其流动性(即资产的变现能力和支付能力)划分,有流动资产、长期投资、固定资产、无形资产、递延资产和其他资产等分类。根据企业会计“资产负债表”中“资产总计”项的期末数填列。

固定资产原价:反映填表企业在建造、购置、安装、改建、扩建、技术改造某项固定资产时所支出的全部货币总额。根据会计“资产负债表”中“固定资产原价”项的年末数填列。

当年提取的折旧总额:反映填表企业在报告年度内提取的固定资产折旧合计数。根据企业会计决算“基本情况表”中“当年提取的折旧总额”项的数值填列。

负债合计:反映填表企业过去的交易、事项形成的现有义务合计数,履行该义务预期会导致经济利益流出企业。根据企业会计“资产负债表”中“负债合计”项的期末数填列。

所有者权益合计:反映所有者在填表企业资产中享有的经济利益,其金额为资产减去负债后的余额。根据企业会计“资产负债表”中“所有者权益合计”项的期末数填列。

实收资本(股本):反映填表企业的各投资者实际投入的资本(或股本)总额。其中:中外合作经营企业“实收资本”按扣除“已归还投资”后的净额填列。

国家资本:反映有权代表国家投资的政府部门或机构、直属事业机构对填表企业投资形成的资本金。

损益

(1)营业总收入:反映企业经营主要业务和其他业务所确认的收入总额。企业填写营业总收入指标时,一般根据企业会计“利润表”中各自的“主营业务收入”的本年累计数与“其他业务收入”的本期累计数之和填写。

(2)营业总成本:反映填表企业在报告期内从事销售商品、提供劳务及转让资产使用权等日常经营活动中所发生的各种耗费。包括:营业成本(主营业务成本、其他业务成本)、营业税金及附加、销售费用、管理费用、财务费用等,根据会计“利润表”中对应项目计算填列。

①养老、医疗、失业等各种社会保险费:反映企业为职工缴纳的基本养老保险、基本医疗保险、失业保险费、工伤保险、生育保险费。根据企业决算的“应上交应弥补款项表”填列。

②住房公积金和住房补贴:反映报告期内填报企业为职工缴纳的住房公积金和企业支付的职工住房补贴。根据会计“营业费用”、“管理费用”等相关成本、费用项目归纳计算填报。

③差旅费:根据会计“管理费用”科目中的对应项目填报。

④工会经费:反映填表企业按规定计提的拨交工会使用的费用,根据会计“管理费用”科目中的对应项目填报。

(3)营业利润:反映填表企业进行生产经营活动所实现的利润,根据会计“利润表”中“营业利润”项的本期累计数填报。

(4)营业外收入:反映企业发生的与经营业务无直接关系的各项营业外收入,根据企业会计“利润表”中“营业外收入”项的本年累计数填列。

政府补助(补贴收入):反映填表企业从政府无偿取得的货币性资产或非货币性资产,但不包括政府作为企业所有者投入的资本。

(5)营业外支出:反映企业发生的与经营业务无直接关系的各项营业外支出。根据企业会计“利润表”中“营业外支出”项的本年累计数填列。

(6)利润总额:反映企业在生产经营过程中各种收入减去各种耗费后的盈余,反映填表企业在报告期内实现的亏盈总额,包括营业利润和营业外收支净额。根据会计“利润表”中的对应指标期末累计数填列。

(7)工资、福利费、税金: 本年发放工资总额:反映填报企业在报告期内支付给本单位全部职工的劳动报酬,包括工资、奖金、津贴和补贴,它反映企业报告期内累计应付的工资总额。工资总额根据企业会计核算中“应付工资”科目的本期贷方累计发生额填列,而不是“应付工资”科目的余额。

本年支付的职工福利费:反映填报企业在报告期内根据国家有关规定开支的各项福利支出。职工福利费根据企业会计成本和费用科目中的相关项目归纳计算填列,而不仅是会计“应付福利费”科目。

本年应交税金总额:反映填表企业按照国家规定应计算交纳的各项税金总额。根据企业决算的“应上交应弥补款项表”填列。

3. 增加值、总产出、中间消耗的指标解释

增加值：反映产业机构在生产和服务过程中创造的新增价值和固定资产的转移价值。反映一定时期内生产经营活动的最终成果。

一个生产机构的增加值代表了这个机构对整个国民经济的贡献份额。

本制度对增加值的统计，仅限于本制度规定的调查对象。

增加值收入法的计算公式：

增加值 ＝ 劳动者报酬 ＋ 生产税净额 ＋ 固定资产折旧 ＋ 营业盈余。

(1)劳动者报酬：反映劳动者从事生产经营活动所获得的全部报酬。包括获得的各种形式的工资、奖金和津贴，包括货币形式的，实物形式的，包括劳动者所享受的公费医疗、单位支付的社会保险费、住房公积金等。

(2)生产税净额：反映生产税减生产补贴后的余额，及税金支出减补贴收入的余额。生产税指政府对产业机构从事生产经营活动所征收的各种税、附加费等。生产补贴指政府对产业机构的单方面转移支出，包括政策性补贴等。

(3)固定资产折旧：反映一定时期内为弥补固定资产损耗按照规定提取的固定资产折旧，或按统一规定的折旧率虚拟计算的固定资产折旧，该指标反映固定资产在当期的转移价值。企业和企业化管理的事业机构以实际提取的折旧费为准。不计提折旧的机关、非企业化管理的事业机构按照统一规定的折旧率和固定资产原值计算虚拟折旧。

(4)营业盈余：反映产业机构创造的增加值扣除劳动者报酬、生产税净额和固定资产折旧后的余额。

①事业增加值计算方法：

增加值＝劳动者报酬＋生产税净额＋固定资产折旧＋营业盈余

劳动者报酬＝工资福利支出＋福利费＋劳务费＋差旅费×6.4％＋（对个人和家庭补助支出－抚恤金和生活补助）

生产税净额＝各种税金支出

固定资产折旧＝固定资产原值×4％

营业盈余＝(本年收入合计－本年支出合计)×(经营收入＋事业收入)÷ 本年收入合计

②企业增加值计算方法：

增加值 ＝ 劳动者报酬＋生产税净额＋固定资产折旧＋营业盈余

劳动者报酬＝本年发放工资总额＋本年支付的职工福利费＋养老、医疗、失业等各种社会保险费＋住房公积金和住房补贴＋工会经费×60％＋差旅费×6.4％

固定资产折旧＝当年提取的折旧总额

生产税净额＝本年应交税金总额

营业盈余＝营业利润＋工会经费×40％

总产出：反映产业机构的全部生产活动总成果或总规模，也称总产品。它既包括转移价值，也包括新增价值，因此，它是中间投入与增加值之和。总产出包括企业总产出和事业总产出两种。

①企业总产出计算方法：

总产出＝营业总收入

②事业总产出计算方法：

事业总产出＝工资福利支出＋商品和服务支出＋（对个人和家庭补助支出－抚恤金和生活补助）＋固定资产原值×4％＋(本年收入合计－本年支出合计)×{(经营收入 ＋ 事业收入) ÷ 本年收入合计}

中间消耗:指产业机构在生产过程中消耗或转换的物质产品和服务价值。是总产出中的转移价值,消耗或转移的物质产品称物质产品投入,消耗或转换的服务称服务投入。中间消耗包括企业中间消耗和事业中间消耗两种。

中间消耗计算方法:

中间消耗=总产出-增加值

4. 公用房屋建筑面积指标解释

公用房屋建筑面积:指文化部门、房产部门拥有产权,或产权虽归政府部门所有,但交由填表机构长期固定、无偿使用的各种办公和业务用房。包括单身宿舍、学生宿舍和暂被家属、职工或学生挤占了的非居住用房,不包括职工家属宿舍和租用的民房。公用房屋建筑面积均按总的建筑面积(指从外墙算起的各房屋面积相加之和)填报,此项指标的其中数(如书库、阅览室、教学用房、文物库房等),凡属独立建筑的均按建筑面积统计;凡属非独立建筑的均按使用面积统计;二者兼有的,可按两种方法统计加总。

各地区艺术表演团体分剧种机构数

单位:个

地区	总计	话剧、儿童剧、滑稽剧团	歌剧、舞剧、歌舞剧团	歌舞团、轻音乐团	乐团、合唱团	文工团、文宣队、乌兰牧骑	戏曲剧团		曲、杂、木、皮团	综合性艺术表演团体
								京剧		
总计	**6 139**	**89**	**190**	**1 137**	**58**	**344**	**2 333**	**109**	**1 117**	**871**
中央	17	2	2	3	6	3	1	1	——	——
北京	18	2	——	1	1	——	9	2	5	——
天津	29	2	1	2	1	1	10	2	4	8
河北	246	2	2	39	3	5	107	5	22	66
山西	267	4	6	19	3	10	162	1	19	44
内蒙古	120	1	3	22	——	74	8	1	3	9
辽宁	245	8	39	119	3	3	23	5	11	39
其中:大连	46	1	10	24	——	2	2	1	1	6
吉林	68	3	2	11	——	3	26	1	2	21
黑龙江	90	4	2	12	——	13	32	3	5	22
上海	77	9	5	11	11	——	21	1	9	11
江苏	359	7	4	83	5	1	146	7	43	70
浙江	435	5	2	32	8	——	311	25	29	48
其中:宁波	75	——	——	7	2	——	51	——	4	11
安徽	1 172	3	5	82	1	3	157	5	767	154
福建	373	2	5	12	1	1	335	1	13	4
其中:厦门	13	——	1	2	——	——	8	——	2	——
江西	103	2	4	15	1	10	58	4	2	11
山东	118	3	5	10	1	3	78	20	10	8
其中:青岛	12	1	1	——	1	——	6	1	1	2
河南	413	2	——	136	——	2	184	4	66	23
湖北	196	2	10	37	1	6	93	7	6	41
湖南	110	1	5	29	——	5	65	1	3	2
广东	344	5	26	40	5	2	221	——	26	19
其中:深圳	16	——	——	7	1	——	——	——	2	6
广西	135	1	10	31	——	48	29	1	7	9
海南	59	——	3	13	——	1	32	——	10	——
重庆	160	3	9	22	1	10	11	2	6	98
四川	332	2	13	120	1	5	51	1	24	116
贵州	61	1	——	28	1	15	7	3	6	3
云南	146	1	9	83	——	25	12	1	3	13
西藏	29	1	——	4	——	23	——	——	——	1
陕西	123	5	5	8	3	11	78	2	6	7
甘肃	81	1	2	21	——	8	43	1	2	4
青海	30	——	——	23	——	3	1	——	——	3
宁夏	47	3	1	6	——	3	14	1	4	16
新疆	136	2	10	63	1	47	8	1	4	1

各地区艺术表演团体

地区	总计				文化							
					合计				国有经济			
	机构数（个）	从业人员数（人）	高级职称	中级职称	机构数（个）	从业人员数（人）	高级职称	中级职称	机构数（个）	从业人员数（人）	高级职称	中级职称
总计	**6 139**	**208 174**	**20 196**	**39 614**	**2 644**	**137 437**	**17 896**	**35 850**	**2 178**	**119 802**	**16 718**	**32 431**
中央	17	5 185	1 548	958	10	3 069	1 202	609	10	3 069	1 202	609
北京	18	2 319	429	700	14	1 609	342	574	7	1 422	328	520
天津	29	2 042	547	671	15	1 901	540	653	14	1 900	540	652
河北	246	7 463	821	1 406	116	5 377	776	1 261	94	4 485	695	1 047
山西	267	12 313	561	1 917	166	9 668	486	1 809	21	2 203	206	536
内蒙古	120	5 692	776	1 381	107	5 229	733	1 295	107	5 229	733	1 295
辽宁	245	6 344	871	1 444	82	4 663	847	1 385	63	4 346	846	1 375
其中：大连	46	810	121	153	6	560	97	106	6	560	97	106
吉林	68	4 103	903	1 336	68	4 103	903	1 336	66	4 089	902	1 332
黑龙江	90	5 205	911	1 666	82	5 122	908	1 666	81	5 122	908	1 666
上海	77	6 258	863	1 144	42	3 158	681	1 000	32	3 064	668	969
江苏	359	8 568	981	1 906	124	5 754	937	1 772	23	1 735	374	630
浙江	435	14 170	1 125	1 867	72	3 990	775	1 202	69	3 934	775	1 201
其中：宁波	75	2 110	130	265	7	511	91	183	7	511	91	183
安徽	1 172	16 040	602	1 432	87	4 070	460	1 336	80	3 875	455	1 308
福建	373	13 003	396	1 184	90	4 109	347	1 069	88	4 029	346	1 051
其中：厦门	13	750	66	141	6	437	62	130	6	437	62	130
江西	103	4 082	269	1 029	92	3 839	267	996	84	3 629	263	980
山东	118	6 279	1 372	1 811	118	6 279	1 372	1 811	117	6 239	1 371	1 806
其中：青岛	12	745	163	233	12	745	163	233	12	745	163	233
河南	413	16 619	935	2 197	205	10 335	542	1 461	188	9 497	540	1 456
湖北	196	7 117	969	2 124	101	6 167	866	1 919	100	6 104	866	1 915
湖南	110	5 029	500	1 650	103	4 885	494	1 638	100	4 784	492	1 627
广东	344	12 026	623	1 166	127	5 755	438	1 022	109	5 167	430	983
其中：深圳	16	579	69	141	5	391	15	55	1	153	12	44
广西	135	4 774	445	1 158	116	4 260	428	1 120	116	4 260	428	1 120
海南	59	2 066	33	151	20	882	30	135	20	882	30	135
重庆	160	2 813	364	480	30	1 400	305	356	30	1 400	305	356
四川	332	8 876	752	2 106	136	5 209	664	1 835	80	4 306	529	1 576
贵州	61	2 718	335	683	53	2 616	325	669	48	2 497	325	669
云南	146	5 914	491	1 419	114	4 799	486	1 403	107	4 548	436	1 283
西藏	29	1 238	119	320	29	1 238	119	320	29	1 238	119	320
陕西	123	7 424	561	1 699	112	7 124	553	1 659	86	6 072	536	1 476
甘肃	81	4 450	331	898	79	4 392	329	894	79	4 392	329	894
青海	30	1 301	133	337	17	1 057	133	337	13	907	133	336
宁夏	47	2 033	188	309	13	1 061	181	286	13	1 061	181	286
新疆	136	4 710	442	1 065	104	4 317	427	1 022	104	4 317	427	1 022

机构数、从业人员数

部门								其他部门			
集体经济				其他经济							
机构数（个）	从业人员数（人）	高级职称	中级职称	机构数（个）	从业人员数（人）	高级职称	中级职称	机构数（个）	从业人员数（人）	高级职称	中级职称
331	**13 700**	**685**	**2 690**	**135**	**3 935**	**493**	**729**	**3 495**	**70 737**	**2 300**	**3 764**
——	——	——	——	——	——	——	——	7	2 116	346	349
7	187	14	54	——	——	——	——	4	710	87	126
1	1	——	1	——	——	——	——	14	141	7	18
22	892	81	214	——	——	——	——	130	2 086	45	145
137	7 210	276	1 268	8	255	4	5	101	2 645	75	108
——	——	——	——	——	——	——	——	13	463	43	86
——	——	——	——	19	317	1	10	163	1 681	24	59
——	——	——	——	——	——	——	——	40	250	24	47
——	——	——	——	2	14	1	4	——	——	——	——
1	——	——	——	——	——	——	——	8	83	3	——
1	17	3	3	9	77	10	28	35	3 100	182	144
97	2 941	278	855	4	1 078	285	287	235	2 814	44	134
——	——	——	——	3	56	——	1	363	10 180	350	665
——	——	——	——	——	——	——	——	68	1 599	39	82
6	185	2	21	1	10	3	7	1 085	11 970	142	96
2	80	1	18	——	——	——	——	283	8 894	49	115
——	——	——	——	——	——	——	——	7	313	4	11
——	——	——	——	8	210	4	16	11	243	2	33
——	——	——	——	1	40	1	5	——	——	——	——
——	——	——	——	——	——	——	——	——	——	——	——
17	838	2	5	——	——	——	——	208	6 284	393	736
——	——	——	——	1	63	——	4	95	950	103	205
2	98	1	11	1	3	1	——	7	144	6	12
7	140	3	11	11	448	5	28	217	6 271	185	144
1	50	——	2	3	188	3	9	11	188	54	86
——	——	——	——	——	——	——	——	19	514	17	38
——	——	——	——	——	——	——	——	39	1 184	3	16
——	——	——	——	——	——	——	——	130	1 413	59	124
4	82	7	45	52	821	128	214	196	3 667	88	271
——	——	——	——	5	119	——	——	8	102	10	14
1	——	——	——	6	251	50	120	32	1 115	5	16
——	——	——	——	——	——	——	——	——	——	——	——
25	1 014	17	183	1	38	——	——	11	300	8	40
——	——	——	——	——	——	——	——	2	58	2	4
1	15	——	1	3	135	——	——	13	244	——	——
——	——	——	——	——	——	——	——	34	972	7	23
——	——	——	——	——	——	——	——	32	393	15	43

各地区艺术表演团体分剧种原创首演剧目数

单位:个

地区	总计	话剧、儿童剧、滑稽剧团	歌剧、舞剧、歌舞剧团	歌舞团、轻音乐团	乐团、合唱团	文工团、文宣队、乌兰牧骑	戏曲剧团		曲、杂、木、皮团	综合性艺术表演团体
								京剧		
总计	**1 578**	**87**	**64**	**246**	**100**	**58**	**728**	**48**	**71**	**224**
中央	103	2	1	3	92	3	2	2	—	—
北京	15	2	—	4	—	—	6	—	3	—
天津	8	2	—	—	—	—	6	5	—	—
河北	34	3	—	1	1	—	22	2	—	7
山西	70	5	1	5	1	1	52	1	—	5
内蒙古	44	—	4	11	—	22	5	—	—	2
辽宁	28	5	4	1	—	4	9	2	3	2
其中:大连	3	—	—	—	—	2	1	1	—	—
吉林	49	7	—	7	—	—	13	—	—	22
黑龙江	17	4	—	3	—	4	2	1	—	4
上海	34	9	6	2	—	—	17	4	—	—
江苏	112	11	2	7	1	4	57	1	8	22
浙江	110	2	—	7	—	—	89	10	9	3
其中:宁波	19	—	—	3	—	—	13	—	1	2
安徽	38	2	1	2	—	—	31	1	—	2
福建	124	1	2	51	1	—	55	1	14	—
其中:厦门	10	—	1	7	—	—	2	—	—	—
江西	96	—	5	12	—	2	72	1	1	4
山东	46	6	2	1	—	—	32	7	3	2
其中:青岛	5	2	1	—	—	—	2	—	—	—
河南	68	1	—	4	—	—	52	—	2	9
湖北	104	4	8	11	1	—	27	3	4	49
湖南	72	1	2	14	—	4	44	1	5	2
广东	75	5	2	11	3	2	41	—	3	8
其中:深圳	9	—	—	2	2	—	—	—	3	2
广西	21	1	2	6	—	3	6	—	3	—
海南	7	—	—	2	—	—	5	—	—	—
重庆	17	—	1	—	—	—	7	2	5	4
四川	123	2	16	18	—	—	24	—	7	56
贵州	11	1	—	4	—	—	2	—	—	4
云南	40	1	2	22	—	2	2	—	—	11
西藏	2	—	—	1	—	1	—	—	—	—
陕西	33	9	1	5	—	—	18	—	—	—
甘肃	27	—	2	8	—	—	17	—	—	—
青海	8	—	—	6	—	—	—	—	—	2
宁夏	20	1	—	4	—	5	8	2	—	2
新疆	22	—	—	13	—	1	5	2	1	2

各地区艺术表演团体分剧种国内演出场次

单位:千场

地　　区	总计	话剧、儿童剧、滑稽剧团	歌剧、舞剧、歌舞剧团	歌舞团、轻音乐团	乐团、合唱团	文工团、文宣队、乌兰牧骑	戏曲剧团		曲、杂、木、皮团	综合性艺术表演团体
								京剧		
总　　计	**1 126.35**	**12.00**	**22.93**	**171.82**	**5.64**	**36.65**	**434.54**	**19.59**	**342.32**	**100.47**
中　　央	3.05	0.94	0.33	0.30	0.80	0.38	0.28	0.28	——	——
北　　京	6.64	0.63	——	1.63	0.06	——	2.61	1.53	1.70	——
天　　津	3.49	0.54	0.29	——	0.13	——	1.64	0.35	0.52	0.36
河　　北	43.64	0.21	0.75	6.58	0.22	0.17	20.40	0.73	4.98	10.33
山　　西	43.71	0.17	0.58	1.24	0.20	0.94	33.95	0.09	3.56	3.07
内 蒙 古	17.48	0.07	0.21	3.11	——	11.92	0.96	0.10	0.45	0.76
辽　　宁	14.71	0.48	3.15	5.80	0.04	0.09	2.35	0.61	0.92	1.88
其中:大连	1.11	0.07	0.09	0.45	——	0.04	0.12	0.12	0.10	0.25
吉　　林	7.23	0.28	0.33	1.06	——	0.22	3.00	0.09	0.17	2.17
黑 龙 江	10.18	1.05	0.44	0.84	——	1.17	3.02	1.08	0.49	3.16
上　　海	15.76	1.09	0.89	1.58	0.62	——	6.70	0.23	2.91	1.97
江　　苏	84.66	0.71	0.63	18.78	0.15	0.18	21.15	0.60	25.92	17.13
浙　　江	97.01	0.69	0.10	6.29	1.03	——	73.34	7.72	9.42	6.14
其中:宁波	11.80	——	——	0.88	0.01	——	10.01	——	0.25	0.63
安　　徽	299.35	0.42	0.75	11.39	——	0.25	22.12	0.43	253.28	11.16
福　　建	81.79	0.39	0.71	1.45	0.14	0.09	75.98	0.10	2.75	0.29
其中:厦门	2.19	——	0.14	0.11	——	——	1.63	——	0.32	——
江　　西	16.94	0.15	0.51	2.10	1.59	1.57	9.44	0.37	0.22	1.37
山　　东	18.55	0.69	0.74	1.18	0.04	0.17	12.73	3.04	2.02	0.99
其中:青岛	1.60	0.16	0.17	——	0.04	——	0.94	0.17	0.06	0.24
河　　南	103.01	0.29	——	44.58	——	0.19	39.86	0.23	15.23	2.87
湖　　北	34.22	0.56	1.88	6.15	0.07	1.26	19.09	0.89	0.99	4.24
湖　　南	21.38	0.11	1.00	4.18	——	0.92	14.31	0.13	0.49	0.37
广　　东	42.25	0.31	2.03	3.84	0.41	0.28	28.91	——	4.39	2.08
其中:深圳	1.14	——	——	0.27	0.12	——	——	——	0.36	0.39
广　　西	12.34	0.11	0.95	2.45	——	4.11	2.61	0.11	0.81	1.32
海　　南	7.94	——	0.34	0.91	——	——	4.96	——	1.74	——
重　　庆	12.36	0.48	0.92	3.26	0.02	0.24	0.51	0.10	1.05	5.89
四　　川	47.42	0.11	1.85	16.75	0.03	0.34	4.75	——	6.18	17.41
贵　　州	6.40	0.12	——	3.96	——	1.06	0.84	0.20	0.23	0.19
云　　南	17.41	0.12	1.69	10.32	——	1.43	0.96	0.13	0.25	2.64
西　　藏	1.41	0.11	——	0.21	——	1.03	——	——	——	0.07
陕　　西	20.41	0.48	0.89	0.77	0.09	1.47	15.35	0.02	0.79	0.58
甘　　肃	15.55	0.14	0.38	2.53	——	1.21	10.40	0.17	0.51	0.38
青　　海	2.76	——	——	1.89	——	0.17	0.13	——	——	0.57
宁　　夏	4.70	0.41	0.14	0.55	——	0.66	1.82	0.24	0.13	0.99
新　　疆	12.66	0.13	0.46	6.16	——	5.14	0.39	0.05	0.25	0.12

各地区艺术表演团体分剧种国内演出观众人次

单位:千人次

地　区	总计	话剧、儿童剧、滑稽剧团	歌剧、舞剧、歌舞剧团	歌舞团、轻音乐团	乐团、合唱团	文工团、文宣队、乌兰牧骑	戏曲剧团		曲、杂、木、皮团	综合性艺术表演团体
								京剧		
总　计	**817 159**	**11 898**	**21 374**	**119 791**	**3 308**	**39 590**	**456 600**	**17 788**	**82 506**	**82 092**
中　央	4 130	640	646	708	1 072	914	150	150	——	——
北　京	4 497	547	——	1 630	80	——	1 339	626	901	——
天　津	3 651	183	295	1 000	112	2	1 310	327	267	482
河　北	42 590	173	1 020	5 284	312	255	21 984	1 086	3 977	9 585
山　西	64 283	292	1 045	1 581	325	1 621	50 155	63	1 813	7 451
内蒙古	16 302	42	217	3 110	——	9 283	2 218	35	132	1 300
辽　宁	9 498	549	1 681	2 520	47	112	2 460	493	254	1 875
其中:大连	878	80	31	353	——	60	137	137	80	137
吉　林	7 296	252	430	777	——	180	3 853	47	136	1 668
黑龙江	9 401	1 027	220	675	——	1 767	3 708	1 176	375	1 629
上　海	10 120	933	356	1 978	407	——	2 467	210	2 249	1 730
江　苏	51 114	770	118	11 010	112	200	20 039	515	6 487	12 378
浙　江	75 836	1 584	2	4 494	227	——	62 571	5 208	3 739	3 219
其中:宁波	9 926	——	——	1 133	10	——	7 988	——	115	680
安　徽	68 675	338	478	5 792	15	912	20 052	442	33 761	7 327
福　建	39 346	230	722	1 410	4	160	35 021	65	1 637	162
其中:厦门	1 430	——	115	110	——	——	1 115	——	90	——
江西	19 961	194	209	2 126	75	1 324	14 800	854	230	1 003
山　东	22 959	509	900	1 042	37	190	17 611	4 477	1 125	1 545
其中:青岛	2 343	47	173	——	37	——	1 524	170	62	500
河　南	81 061	214	——	10 390	——	200	58 514	88	9 793	1 950
湖　北	34 710	502	1 861	4 988	72	1 225	22 238	795	905	2 919
湖　南	19 130	33	1 004	4 616	——	545	12 114	63	585	233
广　东	68 676	452	2 453	5 144	292	250	54 414	——	3 103	2 568
其中:深圳	674	——	——	98	120	——	——	——	200	256
广　西	12 653	82	1 123	3 669	——	4 177	2 927	100	449	226
海　南	8 992	——	98	1 569	——	——	6 023	——	1 302	——
重　庆	17 937	983	1 573	5 744	32	178	876	91	1 302	7 249
四　川	37 769	127	986	16 124	11	3 627	2 627	——	5 853	8 414
贵　州	5 438	118	——	3 273	——	1 052	564	82	177	254
云　南	20 696	73	2 573	10 502	——	1 796	1 519	63	400	3 833
西　藏	1 918	100	——	621	——	991	——	——	——	206
陕　西	24 193	326	547	687	76	2 108	19 298	22	809	342
甘　肃	20 432	110	417	2 478	——	1 660	14 438	250	381	948
青　海	1 982	——	——	1 200	——	264	17	——	——	501
宁　夏	4 710	492	84	547	——	1 320	1 092	435	170	1 005
新　疆	7 203	23	316	3 102	——	3 277	201	25	194	90

各地区艺术表演团体分剧种财政拨款收入情况

单位：千元

地区	总计	话剧、儿童剧、滑稽剧团	歌剧、舞剧、歌舞剧团	歌舞团、轻音乐团	乐团、合唱团	文工团、文宣队、乌兰牧骑	戏曲剧团	京剧	曲、杂、木、皮团	综合性艺术表演团体
总　计	6 501 444	628 715	691 046	1 234 953	237 163	312 810	2 517 819	564 551	464 170	414 768
中　央	349 337	76 288	69 131	105 284	49 777	3 608	45 249	45 249	——	——
北　京	265 559	63 305	——	8 607	15 357	——	151 676	63 288	26 614	——
天　津	284 032	121 156	28 470	——	27 600	1 288	83 954	43 685	21 564	——
河　北	154 974	9 362	60	26 080	6 044	1 362	89 406	18 356	12 461	10 199
山　西	181 145	13 411	15 777	16 844	50	11 171	114 827	5 531	4 757	4 308
内蒙古	262 321	3 054	7 469	90 028	——	110 017	33 014	6 976	10 778	7 961
辽　宁	217 739	35 964	47 255	53 263	4 628	1 544	44 428	18 327	13 640	17 017
其中：大连	22 969	4 565	——	8 575	——	574	1 139	1 139	8 116	——
吉　林	206 600	14 996	30 529	43 447	——	2 345	71 629	19 049	7 227	36 427
黑龙江	300 230	37 188	48 502	9 080	——	16 291	100 406	39 113	23 811	64 952
上　海	186 957	16 574	28 055	8 476	28 118	——	93 879	40 693	10 141	1 714
江　苏	275 263	20 293	——	66 176	2 516	——	119 321	12 404	29 157	37 800
浙　江	349 497	20 114	——	57 996	20 307	——	201 634	17 043	24 377	25 069
其中：宁波	48 384	——	——	12 512	——	——	16 703	——	——	19 169
安　徽	150 364	8 333	6 110	29 462	——	1 306	89 790	16 517	9 822	5 541
福　建	249 312	10 005	23 557	59 660	1 263	600	114 277	14 686	37 135	2 815
其中：厦门	49 857	——	17 876	10 349	——	——	16 862	——	4 770	——
江　西	130 744	6 961	16 779	19 302	——	5 490	68 924	16 561	5 349	7 939
山　东	330 873	29 478	47 804	17 710	11 330	1 130	170 313	59 313	39 005	14 103
其中：青岛	47 324	6 495	9 369	——	11 330	——	15 046	5 376	1 650	3 434
河　南	168 818	4 148	——	30 280	——	5	124 930	5 882	9 014	441
湖　北	279 538	26 539	73 416	19 128	7 723	2 929	121 669	35 560	15 203	12 931
湖　南	143 637	6 724	19 347	12 050	——	2 850	85 122	6 165	11 000	6 544
广　东	315 688	27 307	64 429	39 255	55 861	1 427	73 841	——	47 671	5 897
其中：深圳	35 412	——	——	441	28 743	——	——	——	4 158	2 070
广　西	173 852	5 965	29 293	28 303	——	30 754	67 849	5 799	10 863	825
海　南	29 365	——	10 128	11 780	——	46	7 231	——	180	——
重　庆	114 202	10 190	14 244	13 808	——	942	44 102	11 877	24 248	6 668
四　川	214 082	12 385	17 682	37 781	——	2 706	67 914	1 082	16 922	58 692
贵　州	112 674	5 593	——	40 817	——	10 499	29 798	11 352	12 480	13 487
云　南	205 413	7 733	20 962	89 885	——	14 775	41 234	4 934	7 830	22 994
西　藏	82 474	10 292	——	34 813	——	26 931	——	——	——	10 438
陕　西	208 069	5 732	33 788	28 514	6 589	12 292	104 412	7 024	14 604	2 138
甘　肃	197 026	6 577	16 477	68 118	——	3 375	90 940	16 988	8 554	2 985
青　海	78 132	——	——	53 216	——	1 303	5 007	——	——	18 606
宁　夏	71 065	1 461	——	24 390	——	4 433	30 659	11 723	3 773	6 349
新　疆	212 462	11 587	21 782	91 400	——	41 391	30 384	9 374	5 990	9 928

各地区艺术表演团体分剧种演出收入情况

单位：千元

地　　区	总计	话剧、儿童剧、滑稽剧团	歌剧、舞剧、歌舞剧团	歌舞团、轻音乐团	乐团、合唱团	文工团、文宣队、乌兰牧骑	戏曲剧团		曲、杂、木、皮团	综合性艺术表演团体
								京剧		
总　　计	2 882 143	126 813	202 624	793 657	137 073	51 138	980 879	83 354	248 412	341 547
中　　央	213 339	15 067	33 115	65 555	56 514	34 230	8 858	8 858	——	——
北　　京	134 080	24 529	——	18 950	9 035	——	37 092	19 656	44 474	——
天　　津	28 137	1 401	6 262	470	2 843	——	12 658	6 568	3 969	534
河　　北	89 565	941	280	19 680	1 923	90	28 229	1 333	17 622	20 800
山　　西	109 571	4 531	13 611	7 336	440	3 419	69 606	2 186	3 605	7 023
内 蒙 古	32 108	——	249	14 411	——	1 849	2 554	230	2 254	10 791
辽　　宁	64 658	2 501	9 411	23 952	801	18	9 602	3 459	9 526	8 847
其中：大连	10 690	108	170	4 238	——	10	1 345	1 215	4 019	800
吉　　林	50 697	347	9 253	26 887	——	143	8 998	709	1 545	3 524
黑 龙 江	16 584	2 248	2 623	201	——	393	3 354	1 691	973	6 792
上　　海	164 583	35 543	19 190	19 810	34 563	——	22 397	5 152	28 535	4 545
江　　苏	210 427	7 096	3 602	53 821	1 128	8	50 732	1 058	15 590	78 450
浙　　江	519 482	10 719	1 000	202 128	4 278	——	220 818	17 043	17 586	62 953
其中：宁波	109 065	——	——	59 920	40	——	41 397	——	464	7 244
安　　徽	100 506	1 819	2 211	16 260	27	250	36 117	1 968	16 962	26 860
福　　建	197 832	982	3 469	19 103	189	250	168 951	665	4 467	421
其中：厦门	12 079	——	732	4 998	——	——	5 501	——	848	——
江　　西	27 467	523	2 644	4 263	356	2 627	13 476	1 065	579	2 999
山　　东	58 297	3 174	9 640	4 401	1 498	42	25 183	7 663	9 332	5 027
其中：青岛	8 874	816	2 919	——	1 498	——	2 712	913	207	722
河　　南	163 882	1 424	——	77 716	——	126	59 998	423	20 994	3 624
湖　　北	56 029	2 509	6 858	6 925	700	547	20 713	1 412	7 176	10 601
湖　　南	36 430	132	4 314	8 740	——	705	16 597	493	2 535	3 407
广　　东	169 188	2 601	21 352	19 923	20 366	——	85 710	——	11 421	7 815
其中：深圳	18 703	——	——	4 900	9 771	——	——	——	1 508	2 524
广　　西	21 934	623	4 961	5 562	——	559	5 830	——	1 938	2 461
海　　南	41 053	——	3 345	15 913	——	——	18 513	——	3 282	——
重　　庆	34 214	379	1 862	16 076	230	811	3 998	253	2 028	8 830
四　　川	184 753	1 991	9 124	101 454	190	370	6 136	——	16 392	49 096
贵　　州	6 585	28	——	2 857	——	259	2 335	584	518	588
云　　南	46 057	186	19 227	17 056	——	237	2 189	396	220	6 942
西　　藏	12	——	——	——	——	12	——	——	——	——
陕　　西	44 807	2 966	9 184	2 670	1 992	1 294	24 498	60	1 002	1 201
甘　　肃	27 072	204	2 609	9 336	——	530	12 927	227	1 031	435
青　　海	7 448	——	——	4 379	——	400	217	——	——	2 452
宁　　夏	13 864	1 662	81	2 804	——	1 557	2 203	202	1 388	4 169
新　　疆	11 482	687	3 147	5 018	——	412	390	——	1 468	360

各地区艺术表演团体分剧种人员支出情况

单位:千元

地区	总计	话剧、儿童剧、滑稽剧团	歌剧、舞剧、歌舞剧团	歌舞团、轻音乐团	乐团、合唱团	文工团、文宣队、乌兰牧骑	戏曲剧团		曲、杂、木、皮团	综合性艺术表演团体
								京剧		
总计	6 303 578	412 650	591 249	1 120 999	279 119	259 624	2 520 225	465 567	617 127	502 585
中央	326 292	54 960	69 692	87 121	61 353	17 361	35 805	35 805	——	——
北京	212 428	37 255	——	10 840	12 333	——	130 155	63 722	21 845	——
天津	145 068	19 328	27 407	221	9 780	1 342	64 935	29 978	21 654	401
河北	168 195	8 826	165	29 288	5 073	1 203	85 704	14 358	17 174	20 762
山西	188 426	9 858	20 314	9 310	763	10 318	123 267	7 462	5 153	9 443
内蒙古	183 041	2 523	5 689	68 401	——	66 685	26 265	5 467	6 961	6 517
辽宁	205 293	28 314	41 082	53 399	4 815	1 058	44 565	22 041	13 323	18 737
其中:大连	29 952	3 543	752	10 242	——	558	6 901	6 821	7 719	237
吉林	161 572	12 816	20 836	30 905	——	2 226	54 226	11 073	8 050	32 513
黑龙江	234 448	22 141	32 239	8 518	——	15 442	80 995	28 586	18 419	56 694
上海	307 053	33 952	36 466	14 523	105 877	——	84 254	23 611	30 118	1 863
江苏	321 504	15 391	2 549	58 227	1 883	40	120 412	11 842	35 362	87 640
浙江	422 482	15 812	300	67 081	9 621	——	274 932	23 168	25 944	28 792
其中:宁波	66 000	——	——	16 516	——	——	31 063	——	109	18 312
安徽	345 075	7 375	5 720	33 073	10	1 484	92 514	16 350	186 333	18 566
福建	268 577	7 628	19 469	26 996	1 169	540	187 106	7 652	22 441	3 228
其中:厦门	35 152	——	13 517	3 240	——	——	15 305	——	3 090	——
江西	115 643	6 164	10 119	17 371	326	4 940	65 077	12 820	4 329	7 317
山东	278 654	19 895	42 517	15 726	9 786	1 187	144 502	51 829	31 113	13 928
其中:青岛	44 915	6 874	8 413	——	9 786	——	14 480	4 813	1 382	3 980
河南	225 430	3 651	——	63 272	——	131	136 843	5 607	17 628	3 905
湖北	235 568	19 089	50 469	20 533	6 958	3 081	108 049	28 173	14 022	13 367
湖南	135 736	4 927	14 869	14 386	——	2 408	83 507	5 706	10 583	5 056
广东	335 227	20 088	53 578	40 585	41 970	902	131 966	——	37 856	8 282
其中:深圳	26 407	——	——	1 826	18 631	——	——	——	3 882	2 068
广西	143 734	3 985	22 134	28 251	——	26 339	49 290	5 150	11 161	2 574
海南	36 391	——	6 172	11 974	——	46	15 869	——	2 330	——
重庆	81 753	6 251	12 437	2 989	700	1 220	31 440	9 864	14 200	12 516
四川	232 048	8 839	14 805	65 757	100	2 272	54 074	1 012	17 572	68 629
贵州	91 394	3 700	——	29 027	——	10 102	25 932	10 258	9 699	12 934
云南	177 409	5 396	16 629	80 160	——	11 931	33 894	3 984	7 417	21 982
西藏	68 316	9 272	——	26 695	——	22 720	——	——	——	9 629
陕西	206 927	7 315	37 341	23 438	6 602	12 281	106 106	6 585	11 729	2 115
甘肃	152 120	5 547	11 929	51 616	——	3 588	71 466	5 456	5 137	2 837
青海	66 780	——	——	43 053	——	1 294	5 471	——	——	16 962
宁夏	55 291	3 271	39	13 806	——	4 531	23 855	8 653	3 513	6 276
新疆	175 703	9 081	16 283	74 457	——	32 952	27 749	9 355	6 061	9 120

各地区艺术表演团体

地　区	剧团数（个）	补贴团数	从业人员（人）	高级职称	中级职称	本团原创首演剧目	演出场次（千场次）	国内演出场次	农村演出场次
总　计	**6 139**	**2 586**	**208 174**	**20 196**	**39 614**	**1 578**	**1201.58**	**1126.35**	**740.59**
中　央	17	11	5 185	1 548	958	103	3.29	3.05	0.78
北　京	18	16	2 319	429	700	15	6.80	6.64	1.71
天　津	29	15	2 042	547	671	8	3.74	3.49	1.21
河　北	246	105	7 463	821	1 406	34	46.09	43.64	28.90
山　西	267	147	12 313	561	1 917	70	47.56	43.71	37.11
内蒙古	120	108	5 692	776	1 381	44	18.89	17.48	7.23
辽　宁	245	61	6 344	871	1 444	28	18.70	14.71	4.27
其中：大连	46	6	810	121	153	3	1.98	1.11	0.35
吉　林	68	64	4 103	903	1 336	49	8.38	7.23	3.60
黑龙江	90	78	5 205	911	1 666	17	10.86	10.18	3.68
上　海	77	36	6 258	863	1 144	34	16.89	15.76	1.93
江　苏	359	119	8 568	981	1 906	112	88.31	84.66	56.59
浙　江	435	100	14 170	1 125	1 867	110	104.27	97.01	70.89
其中：宁波	75	12	2 110	130	265	19	11.91	11.80	9.79
安　徽	1 172	89	16 040	602	1 432	38	304.07	299.35	209.01
福　建	373	116	13 003	396	1 184	124	85.39	81.79	75.22
其中：厦门	13	8	750	66	141	10	2.33	2.19	1.61
江　西	103	84	4 082	269	1 029	96	17.91	16.94	12.39
山　东	118	110	6 279	1 372	1 811	46	19.53	18.55	11.94
其中：青岛	12	12	745	163	233	5	1.61	1.60	0.75
河　南	413	194	16 619	935	2 197	68	117.42	103.01	68.31
湖　北	196	152	7 117	969	2 124	104	36.50	34.22	25.64
湖　南	110	101	5 029	500	1 650	72	21.84	21.38	15.46
广　东	344	126	12 026	623	1 166	75	45.18	42.25	24.04
其中：深圳	16	10	579	69	141	9	1.15	1.14	——
广　西	135	116	4 774	445	1 158	21	13.49	12.34	5.64
海　南	59	21	2 066	33	151	7	8.16	7.94	6.68
重　庆	160	31	2 813	364	480	17	14.47	12.36	4.27
四　川	332	86	8 876	752	2 106	123	51.30	47.42	16.32
贵　州	61	48	2 718	335	683	11	7.23	6.40	3.29
云　南	146	106	5 914	491	1 419	40	23.70	17.41	5.09
西　藏	29	29	1 238	119	320	2	1.47	1.41	0.89
陕　西	123	111	7 424	561	1 699	33	21.67	20.41	15.98
甘　肃	81	79	4 450	331	898	27	16.10	15.55	10.48
青　海	30	14	1 301	133	337	8	2.80	2.76	1.39
宁　夏	47	15	2 033	188	309	20	5.56	4.70	3.32
新　疆	136	98	4 710	442	1 065	22	14.05	12.66	7.36

演出及收支基本情况

国内演出观众人次		收入情况(千元)		支出情况(千元)	资产总计			公用房屋建筑面积		流动舞台车数量		
(千人次)	农村观众人次	财政拨款	演出收入	人员支出	(千元)	固定资产原值	增加值(千元)	(千平方米)	排练练功用房	(辆)	利用流动舞台车演出场次(场)	利用流动舞台车演出观众人次(千人次)
817 159	**515 891**	**6 501 444**	**2 882 143**	**6 303 578**	**12 964 676**	**8 139 936**	**7 855 926**	**4 566.55**	**1 195.38**	**1 598.00**	**120.71**	**109 170**
4 130	637	349 337	213 339	326 292	1 531 306	1 146 716	427 047	258.10	33.48	——	——	——
4 497	1 319	265 559	134 080	212 428	737 229	333 945	276 482	101.37	12.95	1.00	——	——
3 651	876	284 032	28 137	145 068	483 231	55 408	158 452	63.21	18.33	8.00	0.56	430
42 590	30 643	154 974	89 565	168 195	283 079	230 280	197 706	158.46	51.97	101.00	5.32	6 333
64 283	39 233	181 145	109 571	188 426	292 146	206 011	226 897	209.32	48.28	42.00	0.83	1 063
16 302	7 628	262 321	32 108	183 041	226 018	175 317	217 237	157.13	48.27	59.00	2.40	2 271
9 498	3 381	217 739	64 658	205 293	248 760	185 365	239 158	149.97	59.11	39.00	1.29	1 002
878	393	22 969	10 690	29 952	23 717	19 423	33 504	15.27	9.44	18.00	0.07	3
7 296	4 151	206 600	50 697	161 572	278 936	183 613	177 582	93.75	25.18	31.00	1.93	2 453
9 401	3 813	300 230	16 584	234 448	233 894	196 691	251 381	181.95	37.00	39.00	1.61	1 519
10 120	1 160	186 957	164 583	307 053	1 142 617	442 211	350 283	62.24	18.97	11.00	0.17	224
51 114	28 884	275 263	210 427	321 504	566 033	339 461	399 058	194.50	41.21	169.00	32.66	16 414
75 836	56 590	349 497	519 482	422 482	1 014 137	556 271	669 247	274.98	84.78	54.00	2.57	1 881
9 926	7 342	48 384	109 065	66 000	145 316	80 797	99 137	61.35	25.35	8.00	0.45	72
68 675	48 275	150 364	100 506	345 075	393 176	162 981	439 043	72.81	23.67	90.00	5.34	5 703
39 346	33 677	249 312	197 832	268 577	429 464	340 299	327 268	177.41	39.32	33.00	0.86	742
1 430	1 029	49 857	12 079	35 152	91 780	73 297	41 230	19.77	2.60	9.00	0.44	168
19 961	16 996	130 744	27 467	115 643	245 845	154 379	133 670	113.16	16.17	49.00	3.11	3 383
22 959	16 312	330 873	58 297	278 654	395 558	302 509	308 172	218.16	69.56	41.00	5.26	7 228
2 343	1 604	47 324	8 874	44 915	56 623	50 338	48 523	35.62	12.29	5.00	0.78	1 170
81 061	64 902	168 818	163 882	225 430	341 649	275 807	464 920	217.37	71.74	160.00	14.45	21 279
34 710	20 442	279 538	56 029	235 568	494 192	384 328	278 892	279.32	64.58	76.00	9.55	10 274
19 130	13 414	143 637	36 430	135 736	241 690	215 333	154 997	156.93	36.54	102.00	11.02	9 670
68 676	42 392	315 688	169 188	335 227	626 774	430 751	411 065	229.05	64.01	14.00	1.80	2 650
674	——	35 412	18 703	26 407	54 878	46 287	47 320	9.48	2.88	1.00	0.02	60
12 653	6 251	173 852	21 934	143 734	160 994	129 265	170 511	116.48	33.76	32.00	1.16	1 283
8 992	6 839	29 365	41 053	36 391	86 496	67 691	51 487	31.84	11.11	33.00	2.93	974
17 937	5 994	114 202	34 214	81 753	243 258	143 544	110 792	77.17	35.88	25.00	1.55	2 825
37 769	7 537	214 082	184 753	232 048	689 259	365 328	310 148	212.46	49.46	190.00	8.35	1 374
5 438	2 492	112 674	6 585	91 394	127 348	73 081	98 776	63.75	24.28	12.00	0.41	345
20 696	6 945	205 413	46 057	177 409	352 353	244 877	219 083	129.50	41.00	60.00	1.15	1 535
1 918	989	82 474	12	68 316	174 213	157 617	74 911	59.48	17.39	12.00	0.07	60
24 193	20 693	208 069	44 807	206 927	343 924	259 862	226 662	209.74	54.03	30.00	1.42	1 888
20 432	14 956	197 026	27 072	152 120	241 844	131 689	163 773	115.43	16.99	36.00	0.86	1 456
1 982	1 097	78 132	7 448	66 780	59 089	48 413	70 081	30.74	6.51	12.00	0.15	160
4 710	3 178	71 065	13 864	55 291	73 131	51 731	64 828	29.21	9.86	13.00	1.01	1 906
7 203	4 195	212 462	11 482	175 703	207 033	149 162	186 317	121.61	30.06	24.00	0.96	845

各地区省级艺术表演团体

地区	剧团数		从业人员			本团原创首演剧目	演出场次		
	（个）	补贴团数	（人）	高级职称	中级职称		（千场次）	国内演出场次	
									农村演出场次
总计	**234**	**198**	**33 222**	**7 280**	**8 855**	**207**	**53.59**	**48.73**	**15.19**
中央	——	——	——	——	——	——	——	——	——
北京	11	11	2 132	415	646	15	6.10	5.95	1.71
天津	10	10	1 797	532	611	8	2.35	2.24	0.26
河北	8	8	1 156	402	326	5	1.29	1.11	0.39
山西	8	7	1 122	108	201	2	1.22	1.22	0.53
内蒙古	6	6	653	284	171	6	0.81	0.59	0.16
辽宁	6	5	910	312	242	4	1.05	0.64	0.08
其中：大连	——	——	——	——	——	——	——	——	——
吉林	5	4	695	193	242	1	0.96	0.91	0.56
黑龙江	6	6	959	154	212	——	0.71	0.71	0.35
上海	19	17	5 333	777	965	20	8.22	8.14	0.27
江苏	2	1	1 070	285	281	12	4.58	4.51	2.14
浙江	9	9	944	268	275	6	4.41	4.14	1.41
其中：宁波	——	——	——	——	——	——	——	——	——
安徽	5	5	746	192	254	4	1.64	1.28	0.06
福建	6	6	825	176	285	31	1.35	0.87	0.27
其中：厦门	——	——	——	——	——	——	——	——	——
江西	6	6	582	126	154	1	0.58	0.55	0.26
山东	6	6	913	275	244	5	0.98	0.60	0.16
其中：青岛	——	——	——	——	——	——	——	——	——
河南	8	8	930	183	257	7	1.13	1.11	0.49
湖北	5	5	882	277	194	5	0.73	0.73	0.37
湖南	7	7	972	230	255	9	1.09	0.85	0.34
广东	9	9	1 277	240	336	18	1.43	1.39	0.72
其中：深圳	——	——	——	——	——	——	——	——	——
广西	8	8	745	168	194	7	1.14	1.02	0.23
海南	2	2	204	22	51	——	0.09	0.09	0.04
重庆	7	7	809	210	156	5	1.31	0.81	0.38
四川	4	4	787	130	272	9	0.67	0.63	0.24
贵州	8	6	613	140	201	3	0.70	0.65	0.27
云南	6	6	840	215	234	3	1.24	0.91	0.52
西藏	3	3	371	70	191	1	0.22	0.22	0.14
陕西	16	7	1 916	322	659	1	2.85	2.26	0.92
甘肃	9	8	1 012	186	297	3	1.82	1.77	0.54
青海	2	2	355	85	133	5	0.73	0.73	0.24
宁夏	20	4	956	134	125	8	1.57	1.55	0.87
新疆	7	5	716	169	191	3	0.63	0.58	0.27

演出及收支基本情况

国内演出观众人次		收入情况(千元)		支出情况(千元)	资产总计		增加值	公用房屋建筑面积		流动舞台车数量		
(千人次)	农村观众人次	财政拨款	演出收入	人员支出	(千元)	固定资产原值	(千元)	(千平方米)	排练练功用房	(辆)	利用流动舞台车演出场次(场)	利用流动舞台车演出观众人次(千人次)
46 278	**20 417**	**2 438 965**	**614 484**	**1 969 381**	**5 020 701**	**2 539 621**	**2 303 033**	**1042.68**	**289.52**	**91**	**2.64**	**4 897**
——	——	——	——	——	——	——	——	——	——	——	——	——
4 301	1 317	254 926	124 071	196 381	715 653	321 211	259 590	96.04	10.94	1	——	——
1 397	230	275 178	24 352	135 183	474 329	49 223	147 499	60.76	18.19	1	——	——
2 484	1 025	59 194	16 327	52 539	115 646	103 563	60 159	49.90	15.47	5	0.15	695
1 450	732	40 011	20 419	40 216	83 520	41 351	47 259	26.53	7.13	3	0.11	46
913	417	40 353	6 819	32 515	52 060	37 650	34 567	25.81	9.48	4	0.03	49
1 037	78	78 320	12 701	67 380	61 933	55 088	74 419	29.40	8.24	3	0.08	118
——	——	——	——	——	——	——	——	——	——	——	——	——
1 162	771	66 326	14 166	44 507	77 527	51 027	50 957	26.59	6.75	4	0.21	311
852	439	81 669	3 346	58 533	51 867	47 790	64 387	18.39	8.51	1	——	——
3 789	304	177 891	127 824	287 655	1 064 220	399 479	321 483	53.84	15.52	3	——	——
1 216	850	21 334	47 638	52 831	168 490	77 273	63 956	47.82	6.68	1	0.04	89
2 751	1 209	136 510	28 783	90 225	270 063	156 471	114 730	38.61	4.90	7	0.21	424
——	——	——	——	——	——	——	——	——	——	——	——	——
1 248	130	51 515	15 052	41 592	42 775	28 502	49 327	9.03	5.94	1	0.02	11
1 315	493	102 488	14 897	50 788	178 175	146 514	62 480	48.75	7.33	5	0.03	13
——	——	——	——	——	——	——	——	——	——	——	——	——
616	394	37 104	3 956	27 639	79 259	19 535	31 626	30.02	5.69	5	0.12	120
492	146	107 165	7 405	78 622	129 021	102 086	84 726	46.13	15.82	——	——	——
——	——	——	——	——	——	——	——	——	——	——	——	——
2 329	1 358	40 212	21 168	38 387	76 546	60 237	49 318	28.97	20.54	8	0.27	731
1 542	1 093	83 935	5 805	59 191	147 689	118 063	70 256	44.23	8.93	2	0.04	49
1 089	465	52 165	5 535	43 710	70 592	59 789	48 296	37.35	8.28	7	0.07	106
2 445	1 329	111 996	44 673	116 855	209 021	99 009	136 743	28.80	7.35	——	——	——
——	——	——	——	——	——	——	——	——	——	——	——	——
1 369	386	65 463	9 036	40 058	62 064	43 111	57 584	19.82	8.32	1	——	——
325	145	14 778	3 083	8 272	19 433	14 871	9 467	2.72	0.42	2	——	——
1 388	738	74 510	4 122	49 043	135 501	57 391	62 414	29.70	15.97	6	0.21	353
593	213	48 202	7 907	27 769	101 433	32 661	32 850	22.77	2.48	——	——	——
704	319	43 999	1 912	26 556	41 696	24 015	29 720	19.15	12.13	3	0.07	103
1 252	921	58 751	5 206	43 396	151 310	92 030	54 962	21.75	14.30	6	0.23	449
350	239	37 718	——	33 906	100 158	93 912	37 813	40.46	12.43	1	——	——
2 123	1 336	84 688	14 236	82 025	76 368	55 251	85 394	45.42	12.76	1	0.01	10
3 095	1 533	67 405	8 932	42 510	127 565	64 097	48 055	42.81	5.89	3	0.08	235
796	417	37 968	4 937	32 078	22 816	15 665	34 502	12.77	3.06	2	0.05	——
1 577	1 262	44 802	7 175	32 812	47 026	33 752	38 816	15.78	5.90	5	0.63	985
278	128	42 389	3 001	36 207	66 945	39 004	39 678	22.56	4.20	——	——	——

各地区地市级艺术表演

地区	剧团数（个）	补贴团数	从业人员（人）	高级职称	中级职称	本团原创首演剧目	演出场次（千场次）	国内演出场次	农村演出场次
总计	**778**	**582**	**48 777**	**7 405**	**15 081**	**368**	**149.19**	**138.18**	**53.53**
中央	——	——	——	——	——	——	——	——	——
北京	——	——	——	——	——	——	——	——	——
天津	——	——	——	——	——	——	——	——	——
河北	38	31	2 005	323	711	22	9.86	8.00	5.73
山西	35	35	3 160	340	1 130	18	5.69	5.60	4.44
内蒙古	17	17	1 631	321	558	5	2.20	1.96	0.93
辽宁	57	23	2 666	459	740	13	7.27	5.96	0.86
其中:大连	4	4	536	97	90	1	0.98	0.39	0.07
吉林	16	16	1 564	455	463	15	2.63	1.66	0.57
黑龙江	28	23	2 582	640	925	6	6.02	5.47	0.98
上海	——	——	——	——	——	——	——	——	——
江苏	44	43	2 672	548	908	27	15.06	14.77	5.51
浙江	28	19	1 933	338	430	19	5.44	4.87	2.36
其中:宁波	2	2	307	69	120	3	0.49	0.48	0.25
安徽	59	19	2 057	133	465	8	25.62	25.36	5.13
福建	19	19	1 386	143	508	42	4.13	3.99	1.84
其中:厦门	5	5	404	62	129	9	0.72	0.70	0.18
江西	19	18	1 228	101	404	14	3.47	3.35	1.02
山东	43	42	3 138	797	884	23	7.59	6.99	2.79
其中:青岛	6	6	555	149	146	3	0.65	0.64	——
河南	37	35	2 295	227	590	8	7.53	7.27	4.71
湖北	36	22	2 305	435	794	21	4.98	4.78	2.23
湖南	23	23	1 565	228	663	21	4.21	4.17	2.59
广东	76	35	2 761	296	506	21	10.85	9.45	2.68
其中:深圳	1	1	153	12	44	2	0.12	0.12	——
广西	33	26	1 814	232	586	6	4.00	3.66	0.89
海南	17	3	601	11	53	3	2.23	2.23	1.72
重庆	——	——	——	——	——	——	——	——	——
四川	37	33	2 843	387	1 054	22	6.73	6.04	1.42
贵州	13	13	1 229	180	429	7	1.19	1.11	0.41
云南	18	14	1 522	155	473	11	3.18	3.08	1.02
西藏	8	8	473	44	125	1	0.44	0.40	0.20
陕西	18	18	1 324	177	424	15	2.05	1.98	1.14
甘肃	14	14	1 454	135	437	6	2.32	2.29	1.14
青海	10	8	584	48	203	2	0.99	0.96	0.35
宁夏	5	5	381	40	103	3	1.24	0.64	0.30
新疆	30	20	1 604	212	515	9	2.31	2.19	0.63

团体演出及收支基本情况

国内演出观众人次		收入情况(千元)		支出情况(千元)	资产总计		增加值	公用房屋建筑面积		流动舞台车数量		
(千人次)	农村观众人次	财政拨款	演出收入	人员支出	(千元)	固定资产原值	(千元)	(千平方米)	排练练功用房	(辆)	利用流动舞台车演出场次(场)	利用流动舞台车演出观众人次(千人次)
125 447	**67 503**	**2 387 933**	**581 747**	**2 059 820**	**3 314 121**	**2 348 078**	**2 360 666**	**1470.61**	**375.50**	**260**	**11.44**	**14 113**
——	——	——	——	——	——	——	——	——	——	——	——	——
——	——	——	——	——	——	——	——	——	——	——	——	——
——	——	——	——	——	——	——	——	——	——	——	——	——
9 824	8 236	80 331	22 945	72 751	108 173	75 508	81 451	48.25	16.68	18	1.12	1 941
9 179	6 807	100 148	30 988	80 063	111 677	84 779	91 613	77.59	12.28	18	0.29	293
3 225	1 355	95 915	4 843	67 596	65 833	47 611	78 385	38.48	12.94	11	0.33	551
2 824	730	102 123	28 641	96 111	146 771	94 665	105 606	93.65	40.62	8	0.43	214
573	211	22 395	7 815	27 977	16 983	11 920	28 754	12.01	8.01	2	——	——
1 537	597	87 692	29 937	71 268	152 874	94 351	76 993	26.20	5.86	5	0.09	54
3 982	847	173 295	12 096	133 645	148 282	118 444	143 887	122.18	20.48	12	0.38	347
——	——	——	——	——	——	——	——	——	——	——	——	——
6 953	2 180	168 761	79 642	165 610	213 438	128 788	196 091	80.25	16.92	8	0.24	234
5 074	2 954	117 349	95 477	107 713	257 554	169 430	148 662	71.60	26.20	8	0.58	447
635	320	25 425	23 927	23 546	68 714	54 454	31 898	24.56	17.72	——	——	——
11 139	5 459	37 056	25 974	47 966	67 669	39 538	58 003	23.09	8.29	13	0.95	1 128
3 663	1 758	100 661	13 386	77 726	134 802	111 588	88 447	48.72	10.58	13	0.36	448
528	188	41 781	2 560	30 377	84 668	66 516	34 977	13.08	1.60	2	0.08	35
2 457	1 458	52 399	6 139	42 284	84 840	57 052	48 348	28.44	2.40	13	0.89	1 301
8 691	4 593	164 150	34 469	140 251	201 701	142 980	159 170	119.57	38.64	6	0.29	720
528	4	38 761	6 745	35 638	48 614	42 448	39 473	29.78	11.67	——	——	——
12 288	8 837	75 439	24 735	74 308	130 027	94 088	90 601	58.43	16.92	19	1.16	1 706
4 475	1 816	133 754	21 536	108 234	220 376	156 845	123 356	77.44	20.83	10	0.40	650
4 309	2 561	54 205	10 128	48 136	61 524	54 800	52 027	47.69	13.91	20	2.21	1 975
8 230	4 127	168 594	53 275	134 601	329 786	264 752	168 504	121.49	32.29	2	0.04	22
120	——	28 743	9 771	18 631	34 269	27 072	28 349	2.70	——	——	——	——
2 729	1 148	56 262	9 746	58 029	52 397	42 442	63 790	33.23	9.81	4	0.12	266
3 597	3 016	6 013	12 902	10 685	33 838	25 341	16 371	8.84	1.67	2	——	——
——	——	——	——	——	——	——	——	——	——	——	——	——
5 375	1 322	142 596	26 309	124 724	206 270	146 832	141 045	98.30	16.43	14	0.50	401
1 365	495	56 269	1 625	51 911	66 339	32 628	53 746	26.35	6.59	6	0.10	72
4 690	1 047	70 849	10 387	65 078	81 526	64 143	72 688	31.44	12.14	8	0.11	99
923	302	37 986	——	27 979	58 061	48 344	29 983	15.57	3.99	6	0.04	38
2 235	1 827	57 073	8 442	56 787	177 353	124 569	66 433	64.11	12.69	4	0.15	166
3 923	2 649	94 469	10 880	71 942	78 041	36 258	76 219	32.99	4.64	8	0.09	159
551	326	38 466	1 170	32 020	34 363	31 344	32 633	16.16	2.37	8	0.07	88
547	273	20 123	2 770	15 710	12 309	4 456	18 034	5.61	0.30	2	0.13	220
1 662	783	95 955	3 305	76 692	78 297	56 502	78 580	54.94	9.01	14	0.37	573

各地区县级艺术表演

地区	剧团数		从业人员			本团原创首演剧目	演出场次		
	（个）	补贴团数	（人）	高级职称	中级职称		（千场次）	国内演出场次	
									农村演出场次
总　计	**5 110**	**1 795**	**120 990**	**3 963**	**14 720**	**900**	**995.50**	**936.39**	**671.09**
中　央	——	——	——	——	——	——	——	——	——
北　京	7	5	187	14	54	——	0.70	0.69	——
天　津	19	5	245	15	60	——	1.39	1.25	0.95
河　北	200	66	4 302	96	369	7	34.93	34.53	22.78
山　西	224	105	8 031	113	586	50	40.65	36.89	32.15
内蒙古	97	85	3 408	171	652	33	15.88	14.93	6.14
辽　宁	182	33	2 768	100	462	11	10.37	8.11	3.34
其中：大连	42	2	274	24	63	2	1.01	0.73	0.28
吉　林	47	44	1 844	255	631	33	4.80	4.66	2.46
黑龙江	56	49	1 664	117	529	11	4.13	4.00	2.34
上　海	58	19	925	86	179	14	8.67	7.63	1.65
江　苏	313	75	4 826	148	717	73	68.68	65.37	48.94
浙　江	398	72	11 293	519	1 162	85	94.43	88.01	67.13
其中：宁波	73	10	1 803	61	145	16	11.42	11.31	9.53
安　徽	1 108	65	13 237	277	713	26	276.81	272.72	203.82
福　建	348	91	10 792	77	391	51	79.91	76.94	73.11
其中：厦门	8	3	346	4	12	1	1.62	1.49	1.43
江　西	78	60	2 272	42	471	81	13.86	13.05	11.10
山　东	69	62	2 228	300	683	18	10.96	10.96	9.00
其中：青岛	6	6	190	14	87	2	0.96	0.96	0.75
河　南	368	151	13 394	525	1 350	53	108.76	94.64	63.12
湖　北	155	125	3 930	257	1 136	78	30.77	28.72	23.04
湖　南	80	71	2 492	42	732	42	16.54	16.36	12.53
广　东	259	82	7 988	87	324	36	32.91	31.42	20.64
其中：深圳	15	9	426	57	97	7	1.03	1.02	——
广　西	94	82	2 215	45	378	8	8.37	7.66	4.53
海　南	40	16	1 261	——	47	4	5.85	5.62	4.93
重　庆	153	24	2 004	154	324	12	13.16	11.54	3.89
四　川	291	49	5 246	235	780	92	43.90	40.74	14.66
贵　州	40	29	876	15	53	1	5.35	4.65	2.61
云　南	122	86	3 552	121	712	26	19.28	13.41	3.56
西　藏	18	18	394	5	4	——	0.80	0.79	0.55
陕　西	89	86	4 184	62	616	17	16.77	16.18	13.92
甘　肃	58	57	1 984	10	164	18	11.97	11.49	8.80
青　海	18	4	362	——	1	1	1.08	1.08	0.81
宁　夏	22	6	696	14	81	9	2.73	2.49	2.15
新　疆	99	73	2 390	61	359	10	11.11	9.89	6.46

团体演出及收支基本情况

国内演出观众人次		收入情况(千元)		支出情况(千元)	资产总计		增加值(千元)	公用房屋建筑面积		流动舞台车数量		
(千人次)	农村观众人次	财政拨款	演出收入	人员支出	(千元)	固定资产原值		(千平方米)	排练练功用房	(辆)	利用流动舞台车演出场次(场)	利用流动舞台车演出观众人次(千人次)
641 304	**427 334**	**1 325 209**	**1 472 573**	**1 948 085**	**3 098 548**	**2 105 521**	**2 765 180**	**1795.17**	**496.89**	**1 247**	**106.63**	**90 160**
——	——	——	——	——	——	——	——	——	——	——	——	——
196	2	10 633	10 009	16 047	21 576	12 734	16 892	5.33	2.00	——	——	——
2 254	646	8 854	3 785	9 885	8 902	6 185	10 953	2.45	0.14	7	0.56	430
30 282	21 382	15 449	50 293	42 905	59 260	51 209	56 096	60.31	19.82	78	4.05	3 697
53 654	31 694	40 986	58 164	68 147	96 949	79 881	88 025	105.20	28.87	21	0.42	724
12 164	5 856	126 053	20 446	82 930	108 125	90 056	104 285	92.84	25.85	44	2.04	1 671
5 637	2 573	37 296	23 316	41 802	40 056	35 612	59 133	26.93	10.25	28	0.78	670
305	182	574	2 875	1 975	6 734	7 503	4 750	3.26	1.43	16	0.07	3
4 597	2 783	52 582	6 594	45 797	48 535	38 235	49 632	40.96	12.57	22	1.64	2 088
4 567	2 527	45 266	1 142	42 270	33 745	30 457	43 107	41.38	8.01	26	1.23	1 172
6 331	856	9 066	36 759	19 398	78 397	42 732	28 800	8.40	3.45	8	0.17	224
42 945	25 854	85 168	83 147	103 063	184 105	133 400	139 011	66.42	17.61	160	32.39	16 091
68 011	52 427	95 638	395 222	224 544	486 520	230 370	405 855	164.78	53.68	39	1.77	1 010
9 291	7 022	22 959	85 138	42 454	76 602	26 343	67 239	36.81	7.63	8	0.45	72
56 288	42 686	61 793	59 480	255 517	282 732	94 941	331 713	40.69	9.44	76	4.38	4 564
34 368	31 426	46 163	169 549	140 063	116 487	82 197	176 341	79.94	21.41	15	0.47	281
902	841	8 076	9 519	4 775	7 112	6 781	6 253	6.69	1.00	7	0.36	133
16 888	15 144	41 241	17 372	45 720	81 746	77 792	53 696	54.70	8.08	31	2.10	1 962
13 776	11 573	59 558	16 423	59 781	64 836	57 443	64 276	52.47	15.10	35	4.97	6 508
1 815	1 600	8 563	2 129	9 277	8 009	7 890	9 050	5.85	0.62	5	0.78	1 170
66 444	54 707	53 167	117 979	112 735	135 076	121 482	325 001	129.97	34.28	133	13.02	18 842
28 693	17 533	61 849	28 688	68 143	126 127	109 420	85 280	157.65	34.82	64	9.11	9 575
13 732	10 388	37 267	20 767	43 890	109 574	100 744	54 674	71.89	14.35	75	8.75	7 589
58 001	36 936	35 098	71 240	83 771	87 967	66 990	105 818	78.76	24.36	12	1.77	2 628
554	——	6 669	8 932	7 776	20 609	19 215	18 971	6.78	2.88	1	0.02	60
8 555	4 717	52 127	3 152	45 647	46 533	43 712	49 137	63.42	15.63	27	1.03	1 017
5 070	3 678	8 574	25 068	17 434	33 225	27 479	25 649	20.28	9.02	29	2.93	974
16 549	5 256	39 692	30 092	32 710	107 757	86 153	48 378	47.48	19.91	19	1.34	2 472
31 801	6 002	23 284	150 537	79 555	381 556	185 835	136 253	91.39	30.55	176	7.86	973
3 369	1 678	12 406	3 048	12 927	19 313	16 438	15 310	18.26	5.56	3	0.24	170
14 754	4 977	75 813	30 464	68 935	119 517	88 704	91 433	76.31	14.57	46	0.80	987
645	448	6 770	12	6 431	15 994	15 361	7 115	3.45	0.97	5	0.03	22
19 835	17 530	66 308	22 129	68 115	90 203	80 042	74 835	100.21	28.57	25	1.26	1 712
13 414	10 774	35 152	7 260	37 668	36 238	31 334	39 499	39.63	6.47	25	0.68	1 062
635	354	1 698	1 341	2 682	1 910	1 404	2 946	1.81	1.08	2	0.03	72
2 586	1 643	6 140	3 919	6 769	13 796	13 523	7 978	7.82	3.66	6	0.25	701
5 263	3 284	74 118	5 176	62 804	61 791	53 656	68 059	44.11	16.85	10	0.58	272

各地区艺术表演团体(事业)

地区	剧团数（个）	补贴团数	从业人员（人）	高级职称	中级职称	本团原创首演剧目（个）	演出场次（千场次）	国内演出场次	农村演出场次
总计	**2 494**	**2 375**	**137 108**	**17 854**	**35 351**	**1 242**	**421.75**	**401.39**	**253.33**
中央	17	11	5 185	1 548	958	103	3.29	3.05	0.78
北京	14	12	1 609	342	574	7	3.16	3.11	0.94
天津	15	15	1 901	540	653	8	2.77	2.66	0.60
河北	113	97	5 316	776	1 261	31	23.34	20.91	16.49
山西	155	135	9 218	481	1 793	53	32.34	31.96	28.27
内蒙古	107	107	5 229	733	1 295	40	16.71	15.51	6.66
辽宁	63	61	4 346	846	1 375	28	7.19	5.55	2.11
其中:大连	6	6	560	97	106	3	1.01	0.42	0.10
吉林	66	64	4 089	902	1 332	45	8.08	6.93	3.60
黑龙江	82	78	5 122	908	1 666	17	9.46	8.82	3.68
上海	32	30	5 634	812	1 062	23	10.83	10.73	0.92
江苏	116	111	4 549	651	1 447	58	36.25	35.86	20.64
浙江	67	64	3 849	768	1 187	44	11.92	11.48	7.00
其中:宁波	6	4	408	81	156	6	1.13	1.13	0.80
安徽	86	84	3 950	453	1 268	36	17.01	16.45	5.56
福建	90	87	4 109	347	1 069	108	14.86	14.03	9.27
其中:厦门	6	6	437	62	130	9	0.91	0.90	0.36
江西	83	78	3 594	263	965	92	14.21	13.28	9.58
山东	116	109	6 119	1 371	1 806	46	19.20	18.22	11.80
其中:青岛	12	12	745	163	233	5	1.61	1.60	0.75
河南	200	190	10 116	519	1 414	51	42.74	42.38	36.14
湖北	100	98	6 104	866	1 915	91	21.88	21.57	14.63
湖南	101	99	4 770	493	1 620	64	20.06	19.66	14.35
广东	119	110	5 374	433	996	63	13.50	12.89	8.18
其中:深圳	1	1	153	12	44	2	0.12	0.12	——
广西	116	116	4 260	428	1 120	20	10.67	9.75	5.49
海南	19	19	837	30	131	7	1.42	1.30	1.02
重庆	30	27	1 400	305	356	14	3.28	2.43	1.03
四川	84	81	4 388	536	1 621	43	9.87	8.99	3.55
贵州	47	45	2 491	325	667	10	4.46	4.22	1.97
云南	107	106	4 548	436	1 283	32	9.58	8.72	4.02
西藏	29	29	1 238	119	320	2	1.47	1.41	0.89
陕西	111	111	7 086	553	1 659	32	20.54	19.84	15.55
甘肃	79	78	4 392	329	894	26	15.92	15.38	10.39
青海	13	13	907	133	336	7	1.79	1.75	0.61
宁夏	13	13	1 061	181	286	20	2.66	2.04	1.23
新疆	104	97	4 317	427	1 022	21	11.30	10.54	6.38

演出及收支基本情况(一)

国内演出观众人次		本年收入合计(千元)					
(千人次)	农村观众人次		财政拨款	事业收入	演出收入	经营收入	其他收入
433 566	**295 229**	**9 022 666**	**6 371 611**	**1 654 711**	**1 499 305**	**30 262**	**577 660**
4 130	637	618 773	349 337	179 038	213 339	2 723	76 082
1 631	699	318 132	224 402	71 241	66 147	2 591	13 547
2 129	830	325 420	284 032	27 101	25 228	——	6 751
23 885	19 475	234 605	152 776	57 441	55 103	——	18 688
38 582	29 884	321 849	180 183	88 560	83 539	3 916	15 689
14 720	7 198	295 320	262 121	14 011	13 520	40	6 866
6 380	2 391	279 076	217 739	44 576	43 669	——	6 499
633	261	43 327	22 969	7 825	7 825	——	2 276
7 281	4 151	261 727	206 600	49 523	49 048	686	2 485
9 329	3 813	328 602	300 230	18 660	16 237	——	5 421
4 839	659	524 625	186 579	189 712	147 477	——	16 789
20 047	11 852	435 923	251 590	137 291	116 035	——	39 491
13 224	9 112	488 532	330 425	86 013	79 250	2 357	38 976
1 217	766	54 996	35 718	8 981	8 981	——	4 435
13 730	7 020	205 187	146 745	36 641	34 427	376	10 690
13 992	10 309	340 035	242 627	65 112	48 932	120	15 463
646	296	54 480	43 587	3 683	2 900	——	1 757
13 326	10 757	171 954	128 173	27 471	21 530	256	11 710
22 709	16 175	416 789	328 159	62 088	55 292	——	15 115
2 343	1 604	66 679	47 324	10 865	8 874	——	2 319
60 376	53 004	286 544	168 557	80 512	76 842	373	32 652
26 189	18 509	362 429	278 821	50 398	42 073	2 541	21 212
18 046	12 660	224 223	143 058	36 995	30 770	3 464	35 191
18 659	12 812	466 611	306 341	109 757	103 376	1 099	21 907
120	——	41 412	28 743	9 771	9 771	——	2 898
10 763	6 181	223 606	173 852	21 147	18 091	121	22 437
2 818	2 009	42 038	28 855	11 036	10 693	——	1 488
3 135	1 392	136 441	100 611	16 420	8 347	1 709	15 767
7 658	2 871	283 347	213 825	43 147	33 054	659	22 218
4 632	1 951	131 498	112 584	5 269	3 813	5 802	4 599
15 088	6 289	285 600	205 413	22 274	16 082	897	54 600
1 918	989	83 913	82 474	472	12	104	825
23 911	20 519	283 878	208 069	48 561	40 926	100	24 159
19 962	14 781	237 196	196 676	30 927	26 292	311	4 266
1 607	854	91 355	78 130	6 428	5 931	17	5 502
2 423	1 564	83 792	70 565	7 813	7 586	——	3 620
6 447	3 882	233 646	212 062	9 076	6 644	——	6 955

各地区艺术表演团体(事业)

地区	本年支出合计（千元）									
		基本支出	项目支出	经营支出	在支出合计中					
					工资福利支出	商品和服务支出				税金支出
							差旅费	劳务费	福利费	
总　　计	**8 798 473**	**6 982 444**	**1 472 990**	**69 651**	**3 811 881**	**2 415 003**	**171 757**	**352 539**	**70 244**	**69 215**
中　　央	573 828	421 401	139 705	2 722	215 130	176 069	14 955	22 099	3 614	12 320
北　　京	305 057	224 408	68 947	11 701	104 407	102 555	4 315	16 349	830	2 984
天　　津	209 896	178 729	31 167	——	95 212	38 449	2 074	5 001	1 252	1 362
河　　北	233 053	198 036	31 270	960	120 936	59 268	4 522	7 743	1 941	1 122
山　　西	307 616	236 216	51 255	8 774	135 072	87 612	7 010	10 533	3 707	1 469
内 蒙 古	287 102	248 091	22 372	1 898	138 222	66 248	6 119	14 334	2 016	1 141
辽　　宁	274 251	221 318	48 848	——	130 593	62 356	4 403	8 079	938	2 535
其中:大连	43 327	37 555	5 772	——	26 218	10 062	421	55	——	231
吉　　林	260 104	216 624	40 265	1 139	92 135	80 278	7 476	7 930	1 263	1 574
黑 龙 江	315 647	276 719	32 567	88	159 020	58 509	7 392	6 951	947	1 596
上　　海	609 748	470 784	47 700	50	262 255	199 495	1 634	9 681	3 086	8 211
江　　苏	433 297	353 998	79 299	——	168 507	155 371	6 523	27 919	4 740	1 386
浙　　江	462 996	327 931	115 435	9 810	199 849	157 629	13 610	24 421	5 510	3 720
其中:宁波	53 466	37 930	15 536	——	28 731	18 394	1 007	4 495	283	415
安　　徽	198 288	168 730	11 710	4 363	85 306	44 248	2 419	9 230	1 454	586
福　　建	333 727	248 684	67 131	2 241	130 560	85 983	5 388	13 721	2 962	2 240
其中:厦门	55 232	43 434	11 798	——	25 139	19 866	1 086	1 329	598	113
江　　西	165 002	141 129	15 997	840	78 196	38 337	3 923	5 468	1 528	1 784
山　　东	421 721	350 420	64 366	64	196 984	105 001	4 145	13 053	2 663	2 164
其中:青岛	66 892	62 333	3 224	——	35 779	16 281	300	1 354	617	588
河　　南	291 256	240 446	36 659	3 251	112 138	86 388	6 409	22 980	3 605	2 074
湖　　北	359 214	255 370	96 077	3 229	140 269	102 244	8 163	13 516	4 646	2 034
湖　　南	216 799	195 108	15 114	3 299	90 591	70 916	2 790	5 595	3 340	2 378
广　　东	466 612	322 567	128 473	2 009	185 325	154 851	17 856	28 441	4 346	6 717
其中:深圳	38 986	11 228	27 758	——	18 333	18 333	3 846	5 788	729	1 300
广　　西	225 321	155 477	61 331	295	97 151	76 190	4 277	19 285	1 876	1 177
海　　南	41 917	28 737	7 634	3 092	20 627	11 217	730	1 697	301	341
重　　庆	133 449	80 459	49 471	2 252	37 095	40 766	6 928	11 352	1 197	283
四　　川	279 138	201 636	67 020	2 562	107 580	83 338	5 058	12 681	2 994	806
贵　　州	131 153	111 761	15 403	1 895	57 048	34 372	1 426	4 586	1 404	1 637
云　　南	253 840	199 669	47 059	1 572	123 153	54 177	3 978	9 071	1 905	1 316
西　　藏	81 900	78 891	268	14	57 524	6 538	1 293	76	156	50
陕　　西	280 727	261 652	14 120	746	170 610	59 519	4 261	5 378	3 044	1 493
甘　　肃	233 512	214 526	18 436	550	101 510	56 680	6 498	6 304	1 347	1 231
青　　海	90 082	79 245	9 313	17	43 085	17 013	2 467	2 520	40	328
宁　　夏	87 436	64 083	23 100	——	32 900	11 400	922	2 684	750	306
新　　疆	234 784	209 599	15 478	218	122 891	31 986	2 793	3 861	842	850

演出及收支基本情况（二）

对个人和家庭补助支出	抚恤金和生活补助	其他资本性支出	各种设备购置费	资产合计（千元）	固定资产原值	增加值（千元）	公用房屋建筑面积（千平方米）	排练练功用房	流动舞台车数量（辆）	利用流动舞台车演出场次（场）	利用流动舞台车演出观众数（千人次）
1 597 317	**96 326**	**489 018**	**284 654**	**10 788 942**	**7 130 044**	**6 182 152**	**3 984.27**	**990.12**	**1007**	**70.91**	**84 991**
111 162	14 805	39 275	22 962	1 531 306	1 146 716	427 047	258.10	33.48	——	——	——
73 920	1 877	15 292	14 637	404 993	258 015	210 256	88.49	9.86	——	——	——
48 311	809	19 536	14 533	478 548	52 783	156 049	62.95	18.19	5	0.20	400
26 664	1 845	21 473	9 859	248 677	205 492	166 898	134.25	39.59	38	3.19	4 825
36 543	1 305	16 097	10 123	250 817	172 714	199 130	174.74	34.14	36	0.81	1 043
37 194	1 618	13 465	11 232	201 028	157 867	198 474	148.00	45.31	53	2.10	2 181
65 695	1 461	8 443	5 433	228 637	169 799	215 043	134.23	53.72	21	1.20	979
2 317	13	949	910	17 317	12 254	29 325	12.21	8.01	2	——	——
67 890	3 181	10 671	8 991	273 928	183 596	175 889	89.75	25.10	31	1.93	2 453
75 296	3 196	17 051	10 288	227 839	193 668	249 784	175.11	36.95	39	1.61	1 519
38 584	3 419	28 524	20 784	1 120 446	433 531	339 468	57.82	15.97	10	0.17	206
64 578	5 848	44 841	10 224	291 979	189 197	272 180	128.11	31.02	35	3.76	3 427
59 061	1 059	19 827	16 714	610 240	382 327	314 628	158.92	37.77	22	1.03	1 122
3 981	76	1 590	1 573	75 116	56 882	40 490	25.56	17.64	——	——	——
51 547	1 896	5 779	3 427	170 441	118 639	154 089	64.65	21.74	55	4.23	5 110
44 922	3 463	24 364	9 045	365 918	301 552	204 935	149.45	29.31	24	0.50	609
6 754	171	2 398	1 397	86 190	67 707	36 612	15.78	1.60	2	0.08	35
33 576	1 497	4 481	3 165	234 973	143 557	126 636	105.23	15.39	39	3.07	3 363
79 011	4 196	21 302	13 722	390 363	300 188	303 078	216.96	68.76	41	5.26	7 228
9 136	1 015	1 976	1 120	56 623	50 338	48 523	35.62	12.29	5	0.78	1 170
60 790	3 669	16 247	12 366	276 501	220 080	208 393	171.95	52.70	118	13.34	19 877
82 471	2 715	22 629	13 117	484 168	378 866	256 200	268.03	60.11	74	9.41	10 234
41 384	5 430	6 799	4 810	208 363	181 046	146 549	147.88	34.02	99	10.64	9 502
89 643	2 423	26 393	14 827	550 818	398 072	330 685	189.90	45.07	9	0.53	445
298	——	2 022	1 913	34 269	27 072	28 349	2.70	——	——	——	——
43 698	3 283	5 678	4 174	157 301	126 355	165 741	101.13	30.08	31	1.16	1 281
2 115	173	4 981	4 439	55 350	42 911	26 795	18.57	2.25	11	0.16	184
32 694	1 887	16 400	12 628	187 598	101 639	87 003	67.72	30.87	13	0.49	713
66 424	4 148	12 182	6 302	336 301	204 098	196 301	149.23	30.49	17	0.66	578
32 787	4 866	2 418	1 783	123 081	70 941	95 859	61.71	23.18	9	0.19	215
46 606	2 352	20 564	3 357	308 761	221 516	190 222	115.31	37.83	56	1.13	1 485
10 792	99	549	475	174 213	157 617	74 911	59.48	17.39	12	0.07	60
32 721	1 954	9 608	4 463	340 100	257 623	222 407	206.65	53.45	29	1.41	1 878
50 080	4 349	24 300	9 238	239 934	130 379	162 559	113.74	16.09	35	0.79	1 443
22 127	2 001	2 486	2 107	58 441	48 121	68 301	30.41	6.18	12	0.15	160
18 973	1 474	1 398	1 036	60 598	40 676	56 198	24.84	8.12	10	0.82	1 656
50 058	4 028	5 965	4 393	197 281	140 463	180 444	110.99	26.04	23	0.92	815

各地区文化部门艺术表演

地区	剧团数（个）	补贴团数	从业人员（人）	高级职称	中级职称	本团原创首演剧目（个）	演出场次（千场次）	国内演出场次	农村演出场次
总　计	**2 481**	**2 369**	**132 282**	**17 361**	**34 895**	**1 150**	**419.56**	**399.40**	**252.48**
中　央	10	8	3 069	1 202	609	11	1.44	1.36	0.10
北　京	14	12	1 609	342	574	7	3.16	3.11	0.94
天　津	15	15	1 901	540	653	8	2.77	2.66	0.60
河　北	113	97	5 316	776	1 261	31	23.34	20.91	16.49
山　西	155	135	9 218	481	1 793	53	32.34	31.96	28.27
内蒙古	107	107	5 229	733	1 295	40	16.71	15.51	6.66
辽　宁	63	61	4 346	846	1 375	28	7.19	5.55	2.11
其中:大连	6	6	560	97	106	3	1.01	0.42	0.10
吉　林	66	64	4 089	902	1 332	45	8.08	6.93	3.60
黑龙江	82	78	5 122	908	1 666	17	9.46	8.82	3.68
上　海	30	29	3 003	668	969	23	10.69	10.60	0.92
江　苏	116	111	4 549	651	1 447	58	36.25	35.86	20.64
浙　江	66	63	3 807	765	1 174	44	11.86	11.42	6.94
其中:宁波	6	4	408	81	156	6	1.13	1.13	0.80
安　徽	86	84	3 950	453	1 268	36	17.01	16.45	5.56
福　建	90	87	4 109	347	1 069	108	14.86	14.03	9.27
其中:厦门	6	6	437	62	130	9	0.91	0.90	0.36
江　西	82	78	3 571	263	964	92	14.08	13.19	9.49
山　东	116	109	6 119	1 371	1 806	46	19.20	18.22	11.80
其中:青岛	12	12	745	163	233	5	1.61	1.60	0.75
河　南	200	190	10 116	519	1 414	51	42.74	42.38	36.14
湖　北	100	98	6 104	866	1 915	91	21.88	21.57	14.63
湖　南	101	99	4 770	493	1 620	64	20.06	19.66	14.35
广　东	117	109	5 360	433	996	63	13.49	12.87	8.17
其中:深圳	1	1	153	12	44	2	0.12	0.12	——
广　西	116	116	4 260	428	1 120	20	10.67	9.75	5.49
海　南	19	19	837	30	131	7	1.42	1.30	1.02
重　庆	30	27	1 400	305	356	14	3.28	2.43	1.03
四　川	84	81	4 388	536	1 621	43	9.87	8.99	3.55
贵　州	47	45	2 491	325	667	10	4.46	4.22	1.97
云　南	107	106	4 548	436	1 283	32	9.58	8.72	4.02
西　藏	29	29	1 238	119	320	2	1.47	1.41	0.89
陕　西	111	111	7 086	553	1 659	32	20.54	19.84	15.55
甘　肃	79	78	4 392	329	894	26	15.92	15.38	10.39
青　海	13	13	907	133	336	7	1.79	1.75	0.61
宁　夏	13	13	1 061	181	286	20	2.66	2.04	1.23
新　疆	104	97	4 317	427	1 022	21	11.30	10.54	6.38

团体(事业)演出及收支基本情况(一)

国内演出观众人次		本年收入合计(千元)					
(千人次)	农村观众人次		财政拨款	事业收入	演出收入	经营收入	其他收入
431 274	**294 646**	**8 890 455**	**6 311 968**	**1 616 890**	**1 422 270**	**30 062**	**553 763**
2 025	182	489 059	291 089	142 051	137 038	2 723	52 253
1 631	699	318 132	224 402	71 241	66 147	2 591	13 547
2 129	830	325 420	284 032	27 101	25 228	——	6 751
23 885	19 475	234 605	152 776	57 441	55 103	——	18 688
38 582	29 884	321 849	180 183	88 560	83 539	3 916	15 689
14 720	7 198	295 320	262 121	14 011	13 520	40	6 866
6 380	2 391	279 076	217 739	44 576	43 669	——	6 499
633	261	43 327	22 969	7 825	7 825	——	2 276
7 281	4 151	261 727	206 600	49 523	49 048	686	2 485
9 329	3 813	328 602	300 230	18 660	16 237	——	5 421
4 782	659	524 195	186 349	189 512	147 377	——	16 789
20 047	11 852	435 923	251 590	137 291	116 035	——	39 491
13 104	8 992	487 043	329 284	85 673	78 910	2 357	38 968
1 217	766	54 996	35 718	8 981	8 981	——	4 435
13 730	7 020	205 187	146 745	36 641	34 427	376	10 690
13 992	10 309	340 035	242 627	65 112	48 932	120	15 463
646	296	54 480	43 587	3 683	2 900	——	1 757
13 321	10 753	171 454	128 173	27 231	21 290	56	11 650
22 709	16 175	416 789	328 159	62 088	55 292	——	15 115
2 343	1 604	66 679	47 324	10 865	8 874	——	2 319
60 376	53 004	286 544	168 557	80 512	76 842	373	32 652
26 189	18 509	362 429	278 821	50 398	42 073	2 541	21 212
18 046	12 660	224 223	143 058	36 995	30 770	3 464	35 191
18 654	12 808	466 533	306 317	109 703	103 322	1 099	21 907
120	——	41 412	28 743	9 771	9 771	——	2 898
10 763	6 181	223 606	173 852	21 147	18 091	121	22 437
2 818	2 009	42 038	28 855	11 036	10 693	——	1 488
3 135	1 392	136 441	100 611	16 420	8 347	1 709	15 767
7 658	2 871	283 347	213 825	43 147	33 054	659	22 218
4 632	1 951	131 498	112 584	5 269	3 813	5 802	4 599
15 088	6 289	285 600	205 413	22 274	16 082	897	54 600
1 918	989	83 913	82 474	472	12	104	825
23 911	20 519	283 878	208 069	48 561	40 926	100	24 159
19 962	14 781	237 196	196 676	30 927	26 292	311	4 266
1 607	854	91 355	78 130	6 428	5 931	17	5 502
2 423	1 564	83 792	70 565	7 813	7 586	——	3 620
6 447	3 882	233 646	212 062	9 076	6 644	——	6 955

各地区文化部门艺术表演

地区	本年支出合计（千元）									
		基本支出	项目支出	经营支出	在支出合计中					
					工资福利支出	商品和服务支出				
							差旅费	劳务费	福利费	税金支出
总计	**8 606 034**	**6 822 227**	**1 440 988**	**69 451**	**3 697 051**	**2 374 455**	**170 281**	**348 922**	**67 954**	**65 968**
中央	458 883	338 178	107 983	2 722	176 666	135 901	13 496	18 515	1 411	9 083
北京	305 057	224 408	68 947	11 701	104 407	102 555	4 315	16 349	830	2 984
天津	209 896	178 729	31 167	——	95 212	38 449	2 074	5 001	1 252	1 362
河北	233 053	198 036	31 270	960	120 936	59 268	4 522	7 743	1 941	1 122
山西	307 616	236 216	51 255	8 774	135 072	87 612	7 010	10 533	3 707	1 469
内蒙古	287 102	248 091	22 372	1 898	138 222	66 248	6 119	14 334	2 016	1 141
辽宁	274 251	221 318	48 848	——	130 593	62 356	4 403	8 079	938	2 535
其中:大连	43 327	37 555	5 772	——	26 218	10 062	421	55	——	231
吉林	260 104	216 624	40 265	1 139	92 135	80 278	7 476	7 930	1 263	1 574
黑龙江	315 647	276 719	32 567	88	159 020	58 509	7 392	6 951	947	1 596
上海	534 548	395 684	47 650	——	187 155	199 495	1 634	9 681	3 086	8 211
江苏	433 297	353 998	79 299	——	168 507	155.371	6 523	27 919	4 740	1 386
浙江	461 276	326 211	115 435	9 810	199 037	157 289	13 605	24 398	5 424	3 720
其中:宁波	53 466	37 930	15 536	——	28 731	18 394	1 007	4 495	283	415
安徽	198 288	168 730	11 710	4 363	85 306	44 248	2 419	9 230	1 454	586
福建	333 727	248 684	67 131	2 241	130 560	85 983	5 388	13 721	2 962	2 240
其中:厦门	55 232	43 434	11 798	——	25 139	19 866	1 086	1 329	598	113
江西	164 502	141 009	15 767	690	77 796	38 297	3 911	5 458	1 527	1 774
山东	421 721	350 420	64 366	64	196 984	105 001	4 145	13 053	2 663	2 164
其中:青岛	66 892	62 333	3 224	——	35 779	16 281	300	1 354	617	588
河南	291 256	240 446	36 659	3 251	112 138	86 388	6 409	22 980	3 605	2 074
湖北	359 214	255 370	96 077	3 229	140 269	102 244	8 163	13 516	4 646	2 034
湖南	216 799	195 108	15 114	3 299	90 591	70 916	2 790	5 595	3 340	2 378
广东	466 538	322 513	128 473	2 009	185 271	154 851	17 856	28 441	4 346	6 717
其中:深圳	38 986	11 228	27 758	——	18 333	18 333	3 846	5 788	729	1 300
广西	225 321	155 477	61 331	295	97 151	76 190	4 277	19 285	1 876	1 177
海南	41 917	28 737	7 634	3 092	20 627	11 217	730	1 697	301	341
重庆	133 449	80 459	49 471	2 252	37 095	40 766	6 928	11 352	1 197	283
四川	279 138	201 636	67 020	2 562	107 580	83 338	5 058	12 681	2 994	806
贵州	131 153	111 761	15 403	1 895	57 048	34 372	1 426	4 586	1 404	1 637
云南	253 840	199 669	47 059	1 572	123 153	54 177	3 978	9 071	1 905	1 316
西藏	81 900	78 891	268	14	57 524	6 538	1 293	76	156	50
陕西	280 727	261 652	14 120	746	170 610	59 519	4 261	5 378	3 044	1 493
甘肃	233 512	214 526	18 436	550	101 510	56 680	6 498	6 304	1 347	1 231
青海	90 082	79 245	9 313	17	43 085	17 013	2 467	2 520	40	328
宁夏	87 436	64 083	23 100	——	32 900	11 400	922	2 684	750	306
新疆	234 784	209 599	15 478	218	122 891	31 986	2 793	3 861	842	850

团体(事业)演出及收支基本情况(二)

对个人和家庭补助支出		其他资本性支出		资产合计		增加值	公用房屋建筑面积		流动舞台车数量		
对个人和家庭补助支出	抚恤金和生活补助	其他资本性支出	各种设备购置费	(千元)	固定资产原值	(千元)	(千平方米)	排练练功用房	(辆)	利用流动舞台车演出场次(场)	利用流动舞台车演出观众数(千人次)
1 575 417	**95 939**	**481 857**	**278 690**	**10 580 263**	**6 994 223**	**6 014 227**	**3 925.16**	**981.35**	**1001**	**70.91**	**84 985**
89 825	14 418	32 129	17 003	1 331 143	1 013 090	336 381	200.56	25.25	--	--	--
73 920	1 877	15 292	14 637	404 993	258 015	210 256	88.49	9.86	--	--	--
48 311	809	19 536	14 533	478 548	52 783	156 049	62.95	18.19	5	0.20	400
26 664	1 845	21 473	9 859	248 677	205 492	166 898	134.25	39.59	38	3.19	4 825
36 543	1 305	16 097	10 123	250 817	172 714	199 130	174.74	34.14	36	0.81	1 043
37 194	1 618	13 465	11 232	201 028	157 867	198 474	148.00	45.31	53	2.10	2 181
65 695	1 461	8 443	5 433	228 637	169 799	215 043	134.23	53.72	21	1.20	979
2 317	13	949	910	17 317	12 254	29 325	12.21	8.01	2	--	--
67 890	3 181	10 671	8 991	273 928	183 596	175 889	89.75	25.10	31	1.93	2 453
75 296	3 196	17 051	10 288	227 839	193 668	249 784	175.11	36.95	39	1.61	1 519
38 584	3 419	28 524	20 784	1 113 446	432 531	264 221	57.62	15.77	4	0.17	200
64 578	5 848	44 841	10 224	291 979	189 197	272 180	128.11	31.02	35	3.76	3 427
58 498	1 059	19 822	16 709	609 097	381 452	313 109	157.74	37.56	22	1.03	1 122
3 981	76	1 590	1 573	75 116	56 882	40 490	25.56	17.64	--	--	--
51 547	1 896	5 779	3 427	170 441	118 639	154 089	64.65	21.74	55	4.23	5 110
44 922	3 463	24 364	9 045	365 918	301 552	204 935	149.45	29.31	24	0.50	609
6 754	171	2 398	1 397	86 190	67 707	36 612	15.78	1.60	2	0.08	35
33 576	1 497	4 471	3 165	234 653	143 237	126 201	105.03	15.27	39	3.07	3 363
79 011	4 196	21 302	13 722	390 363	300 188	303 078	216.96	68.76	41	5.26	7 228
9 136	1 015	1 976	1 120	56 623	50 338	48 523	35.62	12.29	5	0.78	1 170
60 790	3 669	16 247	12 366	276 501	220 080	208 393	171.95	52.70	118	13.34	19 877
82 471	2 715	22 629	13 117	484 168	378 866	256 200	268.03	60.11	74	9.41	10 234
41 384	5 430	6 799	4 810	208 363	181 046	146 549	147.88	34.02	99	10.64	9 502
89 643	2 423	26 393	14 827	550 765	398 072	330 627	189.90	45.07	9	0.53	445
298	--	2 022	1 913	34 269	27 072	28 349	2.70	--	--	--	--
43 698	3 283	5 678	4 174	157 301	126 355	165 741	101.13	30.08	31	1.16	1 281
2 115	173	4 981	4 439	55 350	42 911	26 795	18.57	2.25	11	0.16	184
32 694	1 887	16 400	12 628	187 598	101 639	87 003	67.72	30.87	13	0.49	713
66 424	4 148	12 182	6 302	336 301	204 098	196 301	149.23	30.49	17	0.66	578
32 787	4 866	2 418	1 783	123 081	70 941	95 859	61.71	23.18	9	0.19	215
46 606	2 352	20 564	3 357	308 761	221 516	190 222	115.31	37.83	56	1.13	1 485
10 792	99	549	475	174 213	157 617	74 911	59.48	17.39	12	0.07	60
32 721	1 954	9 608	4 463	340 100	257 623	222 407	206.65	53.45	29	1.41	1 878
50 080	4 349	24 300	9 238	239 934	130 379	162 559	113.74	16.09	35	0.79	1 443
22 127	2 001	2 486	2 107	58 441	48 121	68 301	30.41	6.18	12	0.15	160
18 973	1 474	1 398	1 036	60 598	40 676	56 198	24.84	8.12	10	0.82	1 656
50 058	4 028	5 965	4 393	197 281	140 463	180 444	110.99	26.04	23	0.92	815

各地区艺术表演团体

地区	剧团数（个）	补贴团数	从业人员（人）	高级职称	中级职称	本团原创首演剧目（个）	演出场次（千场次）	国内演出场次	农村演出场次
总计	**3 645**	**211**	**71 066**	**2 342**	**4 263**	**336**	**779.83**	**724.96**	**487.26**
中央	——	——	——	——	——	——	——	——	——
北京	4	4	710	87	126	8	3.64	3.53	0.77
天津	14	——	141	7	18	——	0.97	0.83	0.61
河北	133	8	2 147	45	145	3	22.75	22.73	12.41
山西	112	12	3 095	80	124	17	15.22	11.75	8.84
内蒙古	13	1	463	43	86	4	2.18	1.97	0.57
辽宁	182	——	1 998	25	69	——	11.51	9.16	2.16
其中:大连	40	——	250	24	47	——	0.97	0.69	0.25
吉林	2	——	14	1	4	4	0.30	0.30	——
黑龙江	8	——	83	3	——	——	1.40	1.36	——
上海	45	6	624	51	82	11	6.06	5.03	1.01
江苏	243	8	4 019	330	459	54	52.06	48.80	35.95
浙江	368	36	10 321	357	680	66	92.35	85.53	63.89
其中:宁波	69	8	1 702	49	109	13	10.78	10.67	8.99
安徽	1 086	5	12 090	149	164	2	287.06	282.90	203.45
福建	283	29	8 894	49	115	16	70.53	67.76	65.95
其中:厦门	7	2	313	4	11	1	1.42	1.29	1.25
江西	20	6	488	6	64	4	3.70	3.66	2.81
山东	2	1	160	1	5	——	0.33	0.33	0.14
其中:青岛	——	——	——	——	——	——	——	——	——
河南	213	4	6 503	416	783	17	74.68	60.63	32.17
湖北	96	54	1 013	103	209	13	14.62	12.65	11.01
湖南	9	2	259	7	30	8	1.78	1.72	1.11
广东	225	16	6 652	190	170	12	31.68	29.36	15.86
其中:深圳	15	9	426	57	97	7	1.03	1.02	——
广西	19	——	514	17	38	1	2.82	2.59	0.15
海南	40	2	1 229	3	20	——	6.74	6.64	5.66
重庆	130	4	1 413	59	124	3	11.19	9.93	3.24
四川	248	5	4 488	216	485	80	41.43	38.43	12.77
贵州	14	3	227	10	16	1	2.77	2.18	1.32
云南	39	——	1 366	55	136	8	14.12	8.69	1.07
西藏	——	——	——	——	——	——	——	——	——
陕西	12	——	338	8	40	1	1.13	0.57	0.43
甘肃	2	1	58	2	4	1	0.18	0.17	0.09
青海	17	1	394	——	1	1	1.01	1.01	0.78
宁夏	34	2	972	7	23	——	2.90	2.66	2.09
新疆	32	1	393	15	43	1	2.75	2.12	0.98

(企业)演出及收支基本情况(一)

国内演出观众人次（千人次）	农村观众人次	资产、负债、所有者权益(千元) 资产总计	固定资产原值	本年折旧	负债总计	所有者权益合计	实收资本	国家资本金	损益及分配(千元) 营业收入	演出收入	主营业务成本
383 593	**220 662**	**2 175 734**	**1 009 892**	**87 946**	**504 068**	**1 671 666**	**743 381**	**194 139**	**2 192 928**	**1 382 838**	**1 624 585**
——	——	——	——	——	——	——	——	——	——	——	——
2 866	620	332 236	75 930	10 587	64 901	267 335	228 257	27 930	134 200	67 933	167 117
1 522	46	4 683	2 625	50	112	4 571	1 445	——	3 207	2 909	2 618
18 705	11 168	34 402	24 788	1 210	1 688	32 714	10 856	2 639	37 977	34 462	30 130
25 701	9 349	41 329	33 297	2 114	6 751	34 578	20 395	701	35 116	26 032	27 862
1 582	430	24 990	17 450	320	396	24 594	4 878	2 500	20 355	18 588	10 147
3 118	990	20 123	15 566	681	2 760	17 363	4 580	——	29 402	20 989	16 119
245	132	6 400	7 169	441	——	6 400	1 450	——	4 573	2 865	2 095
15	——	5 008	17	——	7 060	−2 052	2 500	2 500	1 693	1 649	2 518
72	——	6 055	3 023	48	680	5 375	3 080	——	1 765	347	381
5 281	501	22 171	8 680	277	11 174	10 997	9 717	1 381	21 855	17 106	18 656
31 067	17 032	274 054	150 264	11 657	141 656	132 398	40 869	17 588	160 661	94 392	154 170
62 612	47 478	403 897	173 944	32 920	69 243	334 654	207 507	38 867	492 463	440 232	348 734
8 709	6 576	70 200	23 915	3 419	5 238	64 962	9 840	1 300	105 993	100 084	99 476
54 945	41 255	222 735	44 342	1 224	48 933	173 802	4 650	3 210	355 099	66 079	282 282
25 354	23 368	63 546	38 747	2 310	1 839	61 707	33 209	20 452	158 366	148 900	140 190
784	733	5 590	5 590	750	581	5 009	9 680	9 680	9 555	9 179	15 403
6 635	6 239	10 872	10 822	322	100	10 772	8 757	7 989	7 928	5 937	6 769
250	137	5 195	2 321	110	7 079	−1 884	2 182	2 082	5 719	3 005	5 877
——	——	——	——	——	——	——	——	——	——	——	——
20 685	11 898	65 148	55 727	3 936	2 522	62 626	12 474	2 760	289 282	87 040	89 516
8 521	1 933	10 024	5 462	195	1 970	8 054	1 235	200	28 796	13 956	19 567
1 084	754	33 327	34 287	2 055	4 010	29 317	5 187	187	8 848	5 660	4 627
50 017	29 580	75 956	32 679	5 108	24 497	51 459	28 924	16 423	91 774	65 812	79 090
554	——	20 609	19 215	4 686	21 640	−1 031	19 192	14 152	19 806	8 932	11 636
1 890	70	3 693	2 910	162	270	3 423	420	——	5 862	3 843	4 350
6 174	4 830	31 146	24 780	1 687	180	30 966	8 530	1 000	31 359	30 360	22 523
14 802	4 602	55 660	41 905	2 170	14 338	41 322	31 268	17 830	35 976	25 867	27 971
30 111	4 666	352 958	161 230	5 049	75 012	277 946	50 769	21 270	170 602	151 699	124 797
806	541	4 267	2 140	197	265	4 002	2 380	240	4 189	2 772	3 199
5 608	656	43 592	23 361	1 288	13 679	29 913	12 227	6 190	35 415	29 975	18 511
——	——	——	——	——	——	——	——	——	——	——	——
282	174	3 824	2 239	206	148	3 676	2 565	200	4 743	3 881	4 186
470	175	1 910	1 310	60	230	1 680	120	——	1 475	780	853
375	243	648	292	50	3	645	——	——	1 787	1 517	1 578
2 287	1 614	12 533	11 055	1 454	239	12 294	1 134	——	9 194	6 278	5 049
756	313	9 752	8 699	499	2 333	7 419	3 266	——	7 820	4 838	5 198

各地区艺术表演团体

地区	损益及分配(千元)						
	营业总成本				营业利润	营业外收入	
	养老、医疗、失业等保险费	住房公积金和住房补贴	差旅费	工会经费			政府补助(补贴收入)
总　计	**28 597**	**10 398**	**15 018**	**2 645**	**497 922**	**165 266**	**129 833**
中　央	——	——	——	——	——	——	——
北　京	9 199	2 971	1 257	486	－34 368	45 848	41 157
天　津	138	46	14	12	583	47	——
河　北	113	49	203	83	6 882	2 276	2 198
山　西	348	2	678	68	4 748	1 206	962
内蒙古	210	100	300	100	9 291	636	200
辽　宁	1 079	24	29	20	12 880	264	——
其中:大连	——	——	——	——	2 255	——	——
吉　林	——	13	23	28	－869	——	——
黑龙江	43	——	48	——	1 345	1 417	——
上　海	221	9	697	13	2 680	447	378
江　苏	5 966	2 795	1 223	163	－6 366	27 383	23 673
浙　江	2 264	403	3 110	227	116 059	20 031	19 072
其中:宁波	601	——	408	198	6 318	13 305	12 666
安　徽	1 100	406	233	130	68 761	18 108	3 619
福　建	945	287	1 701	191	17 665	7 139	6 685
其中:厦门	——	39	797	7	－6 036	6 270	6 270
江　西	——	——	134	——	－652	2 596	2 571
山　东	617	1 704	70	——	－158	2 714	2 714
其中:青岛	——	——	——	——	——	——	——
河　南	73	44	652	40	197 904	2 856	261
湖　北	181	7	81	11	9 084	984	717
湖　南	7	130	549	10	2 369	579	579
广　东	1 235	670	1 141	151	8 562	10 139	9 347
其中:深圳	453	165	227	90	4 421	7 439	6 669
广　西	15	——	6	7	1 421	——	——
海　南	394	——	129	46	7 847	510	510
重　庆	1 147	240	799	197	7 460	14 110	13 591
四　川	2 184	370	1 405	277	40 576	4 186	257
贵　州	129	55	45	33	817	110	90
云　南	753	25	317	336	16 590	304	——
西　藏	——	——	——	——	——	——	——
陕　西	10	——	71	——	265	10	——
甘　肃	——	——	——	——	622	408	350
青　海	——	——	——	——	149	7	2
宁　夏	168	10	83	——	3 500	550	500
新　疆	58	38	20	16	2 275	401	400

(企业)演出及收支基本情况(二)

		工资、福利费、增值税(千元)				公用房屋建筑面积		流动舞台车数量		
营业外支出	利润总额	本年发放工资总额	本年支付的职工福利费	本年应交税金总额	增加值(千元)	(千平方米)	排练练功用房	(辆)	利用流动舞台车演出场次(场)	利用流动舞台车演出观众数(千人次)
57 767	**605 421**	**875 642**	**18 738**	**54 485**	**1 673 774**	**582.28**	**205.26**	**591**	**49.80**	**24 179**
——	——	——	——	——	——	——	——	——	——	——
21	11 459	32 733	1 368	6 683	66 226	12.88	3.09	1	——	——
16	614	1 396	149	28	2 403	0.26	0.14	3	0.36	30
621	8 537	20 346	249	763	30 808	24.21	12.38	63	2.13	1 508
815	5 139	16 488	323	2 045	27 767	34.58	14.14	6	0.02	20
1 100	8 827	7 415	210	798	18 763	9.13	2.96	6	0.30	90
3 013	10 131	8 903	102	425	24 115	15.74	5.39	18	0.09	23
440	1 815	1 402	15	66	4 179	3.06	1.43	16	0.07	3
——	−869	1 547	——	104	1 693	4.00	0.08	——	——	——
8	2 754	104	28	26	1 597	6.84	0.05	——	——	——
207	2 920	6 015	199	948	10 815	4.42	3.00	1	——	18
1 116	19 901	85 502	2 917	3 454	126 878	66.39	10.19	134	28.90	12 987
7 802	128 288	160 313	3 259	22 768	354 619	116.06	47.01	32	1.54	759
4 141	15 482	32 146	1 142	2 030	58 647	35.79	7.71	8	0.45	72
7 281	79 588	207 413	809	1 496	284 954	8.16	1.93	35	1.11	593
422	24 382	92 699	396	1 023	122 333	27.96	10.01	9	0.36	133
——	234	3 208	51	175	4 618	3.99	1.00	7	0.36	133
414	1 530	3 815	56	706	7 034	7.93	0.78	10	0.04	20
2 714	−158	2 464	195	——	5 094	1.20	0.80	——	——	——
——	——	——	——	——	——	——	——	——	——	——
5 360	195 400	52 088	414	1 988	256 527	45.42	19.04	42	1.11	1 402
741	9 327	9 078	3 750	254	22 692	11.29	4.47	2	0.14	40
856	2 092	3 293	468	82	8 448	9.05	2.52	3	0.38	168
3 275	15 426	59 172	1 087	2 025	80 380	39.15	18.94	5	1.27	2 205
2 798	9 062	6 728	1 048	880	18 971	6.78	2.88	1	0.02	60
19	1 402	2 835	50	277	4 770	15.35	3.68	1	——	2
260	8 097	13 329	320	740	24 692	13.27	8.86	22	2.77	790
16 528	5 042	11 426	538	559	23 789	9.45	5.01	12	1.06	2 112
3 877	40 885	56 781	1 263	4 768	113 847	63.23	18.97	173	7.69	796
110	817	1 482	77	107	2 917	2.04	1.10	3	0.22	130
364	16 530	7 285	365	2 189	28 861	14.19	3.17	4	0.02	50
——	——	——	——	——	——	——	——	——	——	——
25	250	3 559	37	54	4 255	3.09	0.58	1	0.01	10
397	633	530	——	2	1 214	1.69	0.90	1	0.07	13
23	133	1 568	——	13	1 780	0.33	0.33	——	——	——
98	3 952	3 341	77	20	8 630	4.37	1.74	3	0.19	250
284	2 392	2 722	32	140	5 873	10.62	4.02	1	0.04	30

各地区艺术表演

地区	机构数（个）	从业人员（人）	高级职称	中级职称	坐席数（个）	演（映）出场次合计（千场次）	艺术演出场次
总计	**2 137**	**46 436**	**1 042**	**3 274**	**1 573 344**	**606.26**	**149.67**
中央	3	68	2	3	6 738	0.46	0.46
北京	72	1 798	26	55	51 017	41.47	13.95
天津	39	1 044	20	8	30 171	19.79	1.66
河北	102	1 658	58	210	91 275	12.30	5.57
山西	83	1 347	11	158	67 287	22.83	2.59
内蒙古	28	462	7	65	22 298	5.49	1.26
辽宁	60	1 129	28	68	38 080	11.75	5.75
其中:大连	10	170	13	37	10 012	2.03	0.98
吉林	33	747	18	61	17 047	14.43	2.22
黑龙江	44	363	11	27	25 517	2.26	0.74
上海	104	1 891	114	183	84 305	19.90	8.86
江苏	189	3 362	39	206	151 459	86.59	7.30
浙江	239	3 849	38	195	141 179	60.79	31.14
其中:宁波	30	811	3	14	19 921	9.06	1.97
安徽	79	1 420	51	219	44 309	17.74	3.74
福建	59	768	11	83	35 507	35.90	13.70
其中:厦门	5	95	——	9	3 431	3.23	0.32
江西	55	604	29	104	31 290	5.31	1.68
山东	82	1 640	52	190	71 501	15.34	1.75
其中:青岛	9	118	3	19	4 680	0.22	0.02
河南	161	4 363	141	253	119 626	26.45	3.72
湖北	70	1 826	44	163	60 607	25.10	4.22
湖南	67	1 031	15	144	54 987	27.50	4.18
广东	144	7 905	137	221	142 715	51.85	14.95
其中:深圳	18	556	99	136	16 228	7.05	1.45
广西	24	324	3	24	22 903	16.22	1.60
海南	9	397	——	——	7 394	1.55	0.39
重庆	42	662	7	25	22 438	26.64	1.92
四川	96	1 735	57	269	69 712	13.01	7.96
贵州	9	205	4	19	5 070	0.76	0.45
云南	34	2 363	10	46	21 091	9.02	2.48
西藏	22	32	6	——	11 465	0.68	0.40
陕西	100	2 122	70	154	67 710	5.66	2.62
甘肃	30	467	4	32	21 059	4.08	0.74
青海	21	211	——	——	10 364	6.13	0.45
宁夏	16	275	1	38	7 322	1.41	0.80
新疆	21	368	28	51	19 901	17.90	0.40

场馆基本情况

观众人次合计		收入情况（千元）		人员支出（千元）	年末固定资产原值（千元）	增加值（千元）	公用房屋建筑面积	
（千人次）	艺术演出观众人次	财政拨款	艺术演出收入				（千平方米）	演（映）业务用房
123 193	**53 692**	**475 171**	**1 287 354**	**933 613**	**9 974 639**	**2 894 826**	**6 712.71**	**3 766.92**
303	303	4 038	——	1 641	3 322	7 505	34.16	20.10
7 846	6 375	3 026	559 256	74 477	274 679	509 864	317.98	204.81
2 218	647	1 153	4 275	29 350	238 210	120 341	148.97	62.75
3 581	2 224	12 949	15 655	24 955	135 311	40 120	251.19	177.05
3 308	1 301	11 964	9 118	18 970	260 712	33 929	282.61	152.92
1 828	414	11 259	11 356	11 304	72 520	18 319	72.74	52.32
3 584	1 591	15 117	25 581	21 740	124 855	33 125	167.20	114.60
708	218	2 762	5 352	4 568	18 700	6 313	39.29	27.28
1 423	421	16 753	5 810	23 361	63 568	29 372	134.93	48.05
1 080	443	4 412	2 026	7 500	67 113	11 454	74.33	47.47
7 561	5 260	51 029	154 400	114 140	1 975 019	260 198	383.85	159.15
24 143	4 073	14 835	43 024	56 329	1 161 551	331 409	653.51	363.45
13 561	5 859	75 593	150 161	105 701	765 158	266 373	788.89	415.48
2 256	413	5 428	11 629	20 841	80 494	48 905	84.66	53.25
2 545	1 342	9 812	17 268	29 816	135 566	71 761	174.05	96.12
3 193	1 537	17 182	10 947	23 151	247 256	43 568	205.89	112.40
475	122	684	423	5 400	62 197	10 037	14.11	11.69
1 400	669	8 991	2 249	12 564	107 890	19 790	134.10	71.27
2 706	1 177	10 604	10 085	20 706	288 571	40 396	239.12	151.52
134	16	329	12	1 993	20 815	3 525	17.26	13.98
4 835	2 467	31 532	18 839	36 681	276 449	57 947	480.88	272.71
4 698	2 357	38 818	37 422	30 414	361 135	49 054	261.27	156.52
2 818	1 802	6 856	13 787	21 232	427 305	40 383	218.50	113.48
11 738	5 733	61 847	59 500	90 681	1 171 084	486 792	649.87	328.55
1 796	620	33 135	16 057	16 266	155 927	121 253	219.18	48.88
1 527	844	956	1 912	7 629	256 967	20 536	111.72	63.05
737	711	120	35 151	3 341	108 016	19 435	17.70	10.44
4 319	527	9 566	9 018	7 794	81 903	15 169	68.97	31.20
4 368	2 351	8 850	62 288	46 377	431 178	86 822	226.73	153.88
346	133	1 604	5	6 648	28 411	9 027	21.19	9.87
1 613	843	3 431	15 165	10 623	113 755	25 121	87.40	59.09
313	134	2 841	250	2 376	77 610	5 746	36.02	22.40
2 266	1 199	15 585	4 491	54 640	269 271	153 452	235.13	144.60
941	430	5 088	4 062	11 818	144 774	19 265	65.83	46.93
452	132	2 062	642	4 891	54 138	12 675	43.47	31.72
663	134	1 356	3 200	7 093	43 668	31 807	31.81	18.66
1 279	259	15 942	411	15 670	207 674	24 071	92.73	54.38

各地区省级艺术表演

地区	机构数（个）	从业人员（人）	高级职称	中级职称	坐席数（个）	演(映)出场次合计（千场次）	艺术演出场次
总计	**192**	**8 807**	**262**	**432**	**149 551**	**138.07**	**33.92**
中央	——	——	——	——	——	——	——
北京	66	1 579	21	51	44 356	39.27	13.35
天津	18	641	13	4	7 438	3.83	0.72
河北	5	75	——	5	5 324	0.54	0.22
山西	2	30	1	6	2 030	8.92	0.14
内蒙古	——	——	——	——	——	——	——
辽宁	3	218	10	5	2 976	0.51	0.40
其中:大连	——	——	——	——	——	——	——
吉林	3	164	10	14	1 477	0.05	0.05
黑龙江	2	45	6	1	1 700	0.11	0.06
上海	18	1 091	103	136	28 949	5.11	4.84
江苏	3	81	4	7	2 079	0.51	0.39
浙江	5	160	9	18	5 089	2.64	0.65
其中:宁波	——	——	——	——	——	——	——
安徽	2	109	4	18	2 287	0.51	0.40
福建	3	159	2	9	4 008	19.50	9.79
其中:厦门	——	——	——	——	——	——	——
江西	4	79	3	14	2 020	1.31	0.01
山东	4	185	12	13	3 575	0.50	0.40
其中:青岛	——	——	——	——	——	——	——
河南	2	200	4	18	4 080	0.31	0.20
湖北	4	90	16	9	3 917	14.82	0.26
湖南	5	168	2	18	3 327	7.14	0.33
广东	2	115	2	2	1 979	0.24	0.24
其中:深圳	——	——	——	——	——	——	——
广西	2	55	——	2	2 156	8.23	0.06
海南	——	——	——	——	——	——	——
重庆	5	——	——	——	763	0.03	0.03
四川	2	112	6	16	2 500	0.13	0.13
贵州	4	113	2	14	1 465	0.26	0.26
云南	5	2 032	——	——	2 857	4.75	0.21
西藏	——	——	——	——	——	——	——
陕西	5	926	24	30	3 589	0.10	0.01
甘肃	5	49	1	7	1 711	0.25	0.12
青海	2	65	——	——	1 716	2.17	0.12
宁夏	8	145	1	6	2 511	0.58	0.43
新疆	3	121	6	9	3 672	15.77	0.11

场馆基本情况

观众人次合计		收入情况（千元）		人员支出（千元）	年末固定资产原值（千元）	增加值（千元）	公用房屋建筑面积	
（千人次）	艺术演出观众人次	财政拨款	艺术演出收入				（千平方米）	演（映）业务用房
20 060	**14 557**	**86 119**	**763 208**	**292 151**	**3 149 811**	**1 107 714**	**1 081.80**	**636.66**
——	——	——	——	——	——	——	——	——
7 438	6 063	1 116	554 610	68 274	199 917	500 709	282.83	186.25
775	290	773	2 652	17 823	118 168	101 309	51.54	25.49
436	192	5 134	2 320	1 983	15 749	2 988	45.43	36.66
227	90	——	901	2 002	13 714	2 852	7.65	7.65
——	——	——	——	——	——	——	——	——
554	424	7 500	10 775	4 994	13 916	7 084	26.60	18.54
——	——	——	——	——	——	——	——	——
73	73	2 493	2 288	6 277	30 769	8 571	27.86	9.02
160	98	——	1 619	2 260	13 940	3 761	11.70	3.07
4 060	3 735	26 843	122 317	77 050	1 741 646	193 927	162.14	43.13
283	225	——	1 753	1 758	105 023	18 429	6.92	5.85
618	500	——	9 943	11 985	154 171	21 275	38.32	27.91
——	——	——	——	——	——	——	——	——
404	270	634	4 227	2 636	19 673	16 459	20.20	15.80
947	684	7 473	8 051	4 296	49 579	9 931	44.89	25.41
——	——	——	——	——	——	——	——	——
35	10	——	268	3 069	16 254	4 644	10.70	2.50
295	230	3 918	5 450	5 304	33 790	8 979	39.02	22.04
——	——	——	——	——	——	——	——	——
280	168	20 900	7 004	5 710	5 438	6 974	81.67	74.00
733	226	685	14 900	4 982	94 988	10 894	39.77	28.77
615	407	265	9 314	6 805	174 041	12 677	45.79	15.06
178	178	1 039	471	8 151	26 166	12 418	1.37	1.24
——	——	——	——	——	——	——	——	——
250	56	——	——	1 048	11 961	2 741	13.33	13.33
——	——	——	——	——	——	——	——	——
5	5	——	——	——	——	——	——	——
129	129	——	1 683	7 882	64 988	11 401	28.19	14.20
85	85	——	——	3 508	12 354	4 718	10.53	4.36
283	146	628	1 720	2 422	42 821	6 243	21.22	17.06
——	——	——	——	——	——	——	——	——
72	8	——	——	27 694	83 752	92 561	16.13	1.45
191	90	769	200	2 024	24 990	3 134	6.36	6.06
218	55	——	622	1 618	22 942	7 512	13.19	11.87
125	42	1 276	60	5 175	23 882	27 458	12.30	5.26
591	78	4 673	60	5 421	35 179	8 065	16.17	14.70

各地区地市级艺术表演

地　　区	机构数（个）	从业人员（人）			坐席数（个）	演（映）出场次合计（千场次）	
			高级职称	中级职称			艺术演出场次
总　计	**425**	**14 732**	**247**	**1 027**	**291 253**	**186.45**	**26.01**
中　央	——	——	——	——	——	——	——
北　京	——	——	——	——	——	——	——
天　津	——	——	——	——	——	——	——
河　北	29	687	12	85	11 306	4.55	1.89
山　西	20	529	5	73	17 248	10.41	0.80
内蒙古	11	251	5	46	8 934	2.95	0.66
辽　宁	11	159	9	11	3 738	0.92	0.59
其中：大连	2	38	9	4	1 115	0.26	0.23
吉　林	10	225	1	15	4 506	11.78	1.41
黑龙江	18	127	3	7	12 428	1.59	0.26
上　海	——	——	——	——	——	——	——
江　苏	33	1 515	7	69	31 165	47.56	3.02
浙　江	22	480	8	70	18 753	6.97	2.43
其中：宁波	3	34	——	10	1 164	0.54	0.50
安　徽	12	330	37	107	6 647	9.25	0.30
福　建	11	158	2	22	7 544	5.28	0.36
其中：厦门	——	——	——	——	——	——	——
江　西	14	354	14	62	5 553	1.77	0.92
山　东	21	476	21	57	14 703	6.93	0.56
其中：青岛	6	93	——	13	2 334	0.07	——
河　南	38	1 315	12	45	13 685	20.72	0.67
湖　北	24	864	13	68	14 806	5.70	0.98
湖　南	11	187	6	49	7 869	12.57	0.71
广　东	44	5 647	42	80	50 096	19.50	4.73
其中：深圳	2	150	13	29	3 491	0.29	0.26
广　西	11	199	3	18	8 571	7.63	1.21
海　南	1	17	——	——	936	——	——
重　庆	——	——	——	——	——	——	——
四　川	27	231	14	29	16 656	3.44	2.17
贵　州	2	29	——	——	1 323	0.04	0.01
云　南	10	182	7	32	6 521	1.27	0.45
西　藏	3	18	——	——	2 878	0.19	0.18
陕　西	19	347	4	23	9 026	1.24	0.92
甘　肃	12	189	——	9	8 008	2.17	0.23
青　海	3	12	——	——	2 300	0.21	0.21
宁　夏	3	51	——	12	838	0.50	0.20
新　疆	5	153	22	38	5 215	1.32	0.17

场馆基本情况

观众人次合计		收入情况（千元）		人员支出（千元）	年末固定资产原值（千元）	增加值（千元）	公用房屋建筑面积	
（千人次）	艺术演出观众人次	财政拨款	艺术演出收入				（千平方米）	演（映）业务用房
30 374	**12 635**	**168 070**	**163 064**	**267 615**	**2 944 419**	**810 127**	**1 819.31**	**977.35**
——	——	——	——	——	——	——	——	——
——	——	——	——	——	——	——	——	——
——	——	——	——	——	——	——	——	——
957	779	3 572	4 233	13 543	36 514	16 598	40.63	27.55
1 642	592	4 809	5 819	7 726	37 960	11 238	94.59	41.32
961	309	5 837	1 111	6 096	24 238	8 449	37.50	27.52
204	124	280	7 774	3 484	22 722	4 443	26.71	19.57
104	104	——	4 816	1 263	5 230	1 489	7.80	4.87
607	173	8 403	1 092	10 727	12 256	12 415	45.15	16.97
734	210	2 065	387	2 410	28 283	3 677	37.61	30.09
——	——	——	——	——	——	——	——	——
5 612	1 051	8 972	25 280	27 894	581 013	101 806	244.04	128.24
2 146	1 160	40 452	30 532	23 502	116 843	43 536	194.49	81.22
167	141	3 924	3 932	4 788	25 676	6 253	7.30	3.40
705	263	2 473	1 394	9 829	28 850	24 819	28.16	13.49
706	136	4 442	400	6 255	31 611	10 533	52.15	39.54
——	——	——	——	——	——	——	——	——
305	225	6 755	1 486	6 206	29 753	9 145	35.70	27.10
729	290	277	2 832	5 500	135 597	15 498	60.08	39.50
7	——	——	——	1 244	14 794	2 687	9.24	7.39
1 582	501	1 519	4 700	14 655	99 668	21 881	130.89	46.90
1 479	618	1 412	4 387	10 795	157 508	16 071	91.11	48.07
544	245	350	1 455	4 439	114 916	11 095	38.94	22.74
6 588	3 493	46 688	38 778	64 388	849 554	396 416	332.70	167.94
390	346	20 576	12 058	13 052	124 822	100 891	83.72	6.39
984	516	49	1 828	5 415	120 218	11 597	60.63	29.99
——	——	——	——	712	6 136	976	2.97	1.58
——	——	——	——	——	——	——	——	——
1 223	880	5 844	12 012	8 008	140 952	16 791	74.64	53.88
10	2	40	5	437	3 533	658	3.96	3.96
740	264	2 106	13 301	5 303	33 025	13 003	31.51	20.15
54	53	1 632	240	1 320	54 170	3 747	14.79	4.90
606	389	7 650	3 329	13 852	68 052	31 673	53.33	33.80
450	186	1 917	423	4 530	79 607	9 068	32.61	24.27
55	55	821	——	722	14 125	1 307	9.60	6.30
400	17	40	202	992	6 543	1 607	6.32	6.32
351	104	9 665	64	8 875	110 772	12 080	38.52	14.47

各地区县级艺术表演

地区	机构数（个）	从业人员（人）	高级职称	中级职称	坐席数（个）	演（映）出场次合计（千场次）	艺术演出场次
总计	**1 517**	**22 829**	**531**	**1 812**	**1 125 802**	**281.29**	**89.28**
中央	——	——	——	——	——	——	——
北京	6	219	5	4	6 661	2.20	0.60
天津	21	403	7	4	22 733	15.96	0.94
河北	68	896	46	120	74 645	7.20	3.47
山西	61	788	5	79	48 009	3.50	1.66
内蒙古	17	211	2	19	13 364	2.53	0.60
辽宁	46	752	9	52	31 366	10.32	4.76
其中:大连	8	132	4	33	8 897	1.78	0.75
吉林	20	358	7	32	11 064	2.60	0.77
黑龙江	24	191	2	19	11 389	0.56	0.42
上海	86	800	11	47	55 356	14.79	4.02
江苏	153	1 766	28	130	118 215	38.51	3.88
浙江	212	3 209	21	107	117 337	51.20	28.06
其中:宁波	27	777	3	4	18 757	8.52	1.47
安徽	65	981	10	94	35 375	8.00	3.05
福建	45	451	7	52	23 955	11.11	3.56
其中:厦门	5	95	——	9	3 431	3.23	0.32
江西	37	171	12	28	23 717	2.23	0.75
山东	57	979	19	120	53 223	7.91	0.80
其中:青岛	3	25	3	6	2 346	0.15	0.02
河南	121	2 848	125	190	101 861	5.42	2.86
湖北	42	872	15	86	41 884	4.58	2.99
湖南	51	676	7	77	43 791	7.79	3.14
广东	98	2 143	93	139	90 640	32.11	9.97
其中:深圳	16	406	86	107	12 737	6.75	1.19
广西	11	70	——	4	12 176	0.35	0.33
海南	8	380	——	——	6 458	1.55	0.39
重庆	37	662	7	25	21 675	26.61	1.89
四川	67	1 392	37	224	50 556	9.45	5.66
贵州	3	63	2	5	2 282	0.46	0.18
云南	19	149	3	14	11 713	3.00	1.83
西藏	19	14	6	——	8 587	0.49	0.21
陕西	76	849	42	101	55 095	4.32	1.69
甘肃	13	229	3	16	11 340	1.66	0.40
青海	16	134	——	——	6 348	3.75	0.12
宁夏	5	79	——	20	3 973	0.33	0.17
新疆	13	94	——	4	11 014	0.82	0.12

场馆基本情况

观众人次合计		收入情况（千元）		人员支出（千元）	年末固定资产原值（千元）	增加值（千元）	公用房屋建筑面积	
（千人次）	艺术演出观众人次	财政拨款	艺术演出收入				（千平方米）	演（映）业务用房
72 456	**26 197**	**216 944**	**361 082**	**372 206**	**3 877 087**	**969 480**	**3 777.44**	**2 132.80**
——	——	——	——	——	——	——	——	——
408	312	1 910	4 646	6 203	74 762	9 155	35.14	18.56
1 443	357	380	1 623	11 527	120 042	19 032	97.43	37.27
2 188	1 253	4 243	9 102	9 429	83 048	20 534	165.13	112.84
1 439	619	7 155	2 398	9 242	209 038	19 839	180.37	103.96
867	105	5 422	10 245	5 208	48 282	9 870	35.25	24.80
2 826	1 043	7 337	7 032	13 262	88 217	21 598	113.90	76.49
604	114	2 762	536	3 305	13 470	4 824	31.49	22.41
743	175	5 857	2 430	6 357	20 543	8 386	61.93	22.07
186	135	2 347	20	2 830	24 890	4 016	25.02	14.32
3 501	1 525	24 186	32 083	37 090	233 373	66 271	221.72	116.03
18 248	2 797	5 863	15 991	26 677	475 515	211 174	402.55	229.36
10 797	4 199	35 141	109 686	70 214	494 144	201 562	556.09	306.35
2 089	272	1 504	7 697	16 053	54 818	42 652	77.36	49.85
1 436	809	6 705	11 647	17 351	87 043	30 483	125.69	66.84
1 540	717	5 267	2 496	12 600	166 066	23 104	108.84	47.45
475	122	684	423	5 400	62 197	10 037	14.11	11.69
1 060	434	2 236	495	3 289	61 883	6 001	87.70	41.67
1 682	657	6 409	1 803	9 902	119 184	15 919	140.02	89.98
127	16	329	12	749	6 021	838	8.03	6.59
2 973	1 798	9 113	7 135	16 316	171 343	29 092	268.32	151.81
2 486	1 513	36 721	18 135	14 637	108 639	22 089	130.40	79.69
1 659	1 150	6 241	3 018	9 988	138 348	16 611	133.77	75.68
4 972	2 062	14 120	20 251	18 142	295 364	77 958	315.80	159.37
1 406	274	12 559	3 999	3 214	31 105	20 362	135.46	42.49
293	272	907	84	1 166	124 788	6 198	37.75	19.73
737	711	120	35 151	2 629	101 880	18 459	14.73	8.86
4 314	522	9 566	9 018	7 794	81 903	15 169	68.97	31.20
3 016	1 342	3 006	48 593	30 487	225 238	58 630	123.89	85.79
251	46	1 564	——	2 703	12 524	3 651	6.70	1.55
590	433	697	144	2 898	37 909	5 875	34.67	21.88
259	81	1 209	10	1 056	23 440	1 999	21.23	17.50
1 588	802	7 935	1 162	13 094	117 467	29 218	165.67	109.35
300	154	2 402	3 439	5 264	40 177	7 063	26.87	16.61
179	22	1 241	20	2 551	17 071	3 856	20.68	13.55
138	75	40	2 938	926	13 243	2 742	13.19	7.08
337	77	1 604	287	1 374	61 723	3 926	38.03	25.22

各地区艺术表演场馆(事业)

地　区	机构数(个)	从业人员			坐席数(个)	演(映)出场次合计	
		(人)	高级职称	中级职称		(千场次)	艺术演出场次
总　计	**1 285**	**23 340**	**598**	**2 076**	**945 081**	**274.58**	**61.44**
中　央	2	35	1	1	5 523	0.31	0.3[illegible]
北　京	14	284	5	4	13 812	3.71	2.11
天　津	20	264	17	3	12 185	5.18	1.32
河　北	67	1 118	26	129	48 291	6.28	1.00
山　西	76	1 176	11	158	63 741	22.05	2.09
内蒙古	24	395	4	58	19 507	3.69	0.67
辽　宁	40	894	24	37	24 625	6.09	3.54
其中:大连	4	67	9	7	3 613	0.26	0.23
吉　林	29	710	17	57	15 754	12.55	1.76
黑龙江	42	349	11	26	23 583	1.92	0.42
上　海	66	1 284	96	149	57 246	14.90	6.52
江　苏	16	237	8	35	17 658	4.30	0.50
浙　江	50	755	11	109	42 576	16.37	2.73
其中:宁波	4	42	——	10	2 041	0.72	0.54
安　徽	63	1 085	38	171	36 592	6.80	1.78
福　建	52	619	11	77	30 785	25.85	11.22
其中:厦门	4	83	——	3	2 431	3.22	0.31
江　西	50	543	29	99	28 370	4.78	1.40
山　东	42	763	22	95	38 682	5.62	0.72
其中:青岛	——	——	——	——	——	——	——
河　南	147	4 091	116	205	104 912	24.03	2.27
湖　北	58	1 478	31	146	51 424	24.04	3.72
湖　南	63	838	11	131	50 080	12.66	3.63
广　东	45	1 148	7	46	46 818	13.66	3.25
其中:深圳	2	48	——	5	2 360	0.74	0.18
广　西	22	301	3	23	22 203	15.77	1.47
海　南	5	66	——	——	2 116	1.02	——
重　庆	17	19	——	——	7 021	1.31	0.53
四　川	54	506	22	99	36 879	5.25	2.37
贵　州	8	188	4	19	3 747	0.72	0.44
云　南	26	2 111	2	9	17 695	7.36	1.43
西　藏	22	32	6	——	11 465	0.68	0.40
陕　西	95	1 099	35	108	65 611	4.95	2.27
甘　肃	28	451	1	30	18 546	3.71	0.62
青　海	17	76	——	——	7 904	0.76	0.33
宁　夏	7	98	1	14	2 508	0.66	0.27
新　疆	18	327	28	38	17 222	17.65	0.33

基本情况(一)

观众人次合计 (千人次)	艺术演出观众人次	本年收入合计 (千元)	财政拨款	事业收入	演出收入	经营收入	其他收入
53 315	**26 567**	**1 477 326**	**324 203**	**765 902**	**557 957**	**143 919**	**201 393**
162	162	10 215	4 000	7	——	6 208	——
1 709	1 613	338 487	1 910	321 042	318 791	12 014	1 943
1 312	606	15 730	1 083	11 205	3 837	121	1 183
1 547	910	32 598	11 641	9 041	4 009	3 633	8 100
2 786	1 093	41 983	10 964	19 128	5 298	5 158	5 580
1 382	299	19 234	11 259	4 994	1 071	495	1 082
2 348	1 154	51 314	15 117	24 993	22 331	1 760	4 294
107	104	7 594	2 762	4 832	4 832	——	——
934	342	38 334	16 753	12 620	3 991	3 967	4 994
966	350	11 812	4 412	2 264	2 006	835	4 271
5 794	4 114	238 099	42 642	143 002	106 173	2 947	40 238
844	400	24 493	5 359	16 457	8 344	1 196	1 481
3 725	1 201	105 462	24 712	36 038	15 641	11 358	31 025
188	146	13 034	4 015	4 564	4 028	——	2 731
1 716	789	33 525	8 978	6 434	2 126	3 952	9 062
2 569	1 055	71 511	10 309	22 699	2 550	22 476	15 573
469	118	9 870	684	7 219	206	——	1 852
1 245	559	20 872	8 991	7 363	2 023	1 328	1 227
1 254	583	9 382	4 002	2 806	1 952	909	1 518
——	——	——	——	——	——	——	——
3 923	1 945	78 690	31 417	20 174	11 810	10 968	15 364
4 113	2 016	50 925	13 850	25 822	21 424	2 042	7 344
2 060	1 342	27 804	6 856	11 020	4 488	2 162	5 648
2 588	1 092	75 679	32 067	27 810	4 695	10 514	6 666
370	79	26 243	11 911	14 268	——	52	12
1 441	805	21 729	956	10 111	1 781	8 250	2 263
26	——	1 034	120	36	——	833	45
380	121	573	446	126	126	——	——
2 167	1 242	33 409	8 560	6 955	3 760	7 267	9 368
336	131	10 652	1 604	771	——	——	8 277
1 048	566	17 157	3 431	7 630	1 948	4 927	1 119
313	134	3 894	2 841	255	250	48	——
2 043	1 186	37 654	15 585	9 258	3 101	3 378	7 857
814	396	17 430	5 088	4 863	4 012	3 208	3 519
110	77	2 136	2 062	43	20	20	11
492	62	3 971	1 356	432	260	159	2 001
1 168	222	31 538	15 832	503	139	11 786	340

各地区艺术表演场馆(事业)

地区	本年支出合计 （千元）									
		基本支出	项目支出	经营支出	在支出合计中					
					工资福利支出	商品和服务支出				税金支出
							差旅费	劳务费	福利费	
总计	**1 157 321**	**788 695**	**150 768**	**167 923**	**425 653**	**372 111**	**9 025**	**18 505**	**13 273**	**43 673**
中央	2 102	28	——	200	28	72	60	——	——	12
北京	35 164	21 320	——	10 947	11 133	6 929	7	41	9	448
天津	16 028	15 281	20	714	7 057	7 373	130	5	248	1 055
河北	36 319	24 807	5 849	4 498	16 127	5 664	153	197	285	1 009
山西	42 367	29 712	4 330	7 023	16 084	11 259	281	1 211	397	1 455
内蒙古	17 720	15 674	1 203	804	8 403	4 920	737	403	66	303
辽宁	54 590	29 256	2 461	14 242	17 684	6 490	273	297	247	1 771
其中:大连	7 599	4 070	——	——	3 182	648	18	16	2	17
吉林	38 448	31 341	2 208	3 479	12 586	14 616	77	453	111	1 719
黑龙江	11 867	10 694	543	530	5 702	3 735	132	69	179	852
上海	217 959	172 624	25 585	3 982	77 368	79 635	1 060	3 526	2 523	5 989
江苏	23 541	22 846	27	668	7 898	12 651	114	94	143	658
浙江	104 944	67 247	22 793	12 288	34 774	41 639	1 024	2 760	1 950	4 452
其中:宁波	13 030	9 742	2 968	——	4 125	6 137	109	——	78	450
安徽	32 964	25 202	542	5 601	15 221	5 190	264	980	131	607
福建	66 138	38 445	1 788	22 275	17 406	18 330	407	124	1 142	4 342
其中:厦门	8 817	5 781	——	1 328	4 007	3 041	4	——	271	1 229
江西	20 888	19 523	36	1 106	9 215	7 730	327	275	464	1 056
山东	10 104	7 839	285	1 792	5 724	1 363	115	122	50	256
其中:青岛	——	——	——	——	——	——	——	——	——	——
河南	80 137	40 932	16 587	18 539	29 205	9 171	472	347	1 215	2 262
湖北	53 285	37 800	10 809	3 321	16 701	19 629	356	1 463	676	1 980
湖南	28 319	23 313	1 190	1 821	13 071	6 990	557	373	638	1 240
广东	78 684	28 623	45 670	9 908	21 350	61 672	332	3 112	549	4 145
其中:深圳	30 326	9 914	20 369	15	659	28 387	90	2 435	19	2
广西	21 410	9 779	——	11 593	7 022	7 435	322	5	441	904
海南	1 551	1 066	——	485	895	112	1	——	——	111
重庆	573	538	——	——	490	7	4	3	——	——
四川	34 829	24 291	1 330	8 232	15 374	11 180	324	261	403	1 806
贵州	9 445	8 766	629	——	4 920	2 349	12	99	243	844
云南	18 393	12 186	827	5 088	3 310	7 442	627	1 557	222	1 066
西藏	3 128	2 644	17	81	2 345	366	296	30	14	26
陕西	37 960	31 583	1 958	3 671	22 339	8 757	193	215	160	986
甘肃	18 031	11 769	——	2 492	9 700	2 430	118	54	82	1 541
青海	3 431	3 261	——	50	2 932	157	4	19	1	——
宁夏	4 218	4 076	——	97	2 279	797	37	186	75	168
新疆	32 784	16 229	4 081	12 396	11 310	6 021	209	224	609	610

基本情况(二)

对个人和家庭补助支出		其他资本性支出		资产合计		增加值	公用房屋建筑面积	
	抚恤金和生活补助		各种设备购置费	(千元)	固定资产原值	(千元)	(千平方米)	演(映)出业务用房
91 103	**8 182**	**60 370**	**36 262**	**7 841 536**	**6 493 792**	**1 197 001**	**4 139.39**	**2 361.27**
374	——	——	——	5 258	3 285	5 485	12.16	4.10
714	143	481	476	117 246	96 966	320 922	69.87	52.28
935	47	133	70	75 185	69 331	12 687	75.13	37.35
1 904	204	3 929	191	153 176	93 688	23 135	183.05	134.47
835	193	4 009	3 977	455 360	245 505	29 990	270.21	143.97
1 419	97	572	552	64 295	55 370	13 112	64.23	46.12
1 546	157	5 560	5 484	133 213	98 889	25 811	126.16	89.58
176	39	——	——	8 423	7 044	3 636	14.29	10.37
9 130	291	703	486	110 276	58 505	26 532	128.53	46.05
1 723	78	388	388	69 456	66 076	11 112	71.83	44.97
13 984	762	9 247	5 434	2 259 688	1 849 520	203 881	305.93	121.98
1 487	10	1 505	1 470	265 070	255 444	21 254	167.52	92.78
10 266	639	2 838	2 095	447 455	347 020	68 668	226.68	119.34
1 090	107	1 171	780	37 814	25 983	6 744	9.72	5.03
8 031	719	737	710	125 452	88 228	28 147	123.89	71.93
3 814	401	6 316	2 442	242 815	212 754	39 593	155.45	95.79
1 149	——	——	——	64 005	62 197	9 736	13.91	11.49
2 599	143	325	117	96 528	91 589	17 457	117.60	63.36
461	66	261	120	121 277	114 437	11 135	101.02	67.57
——	——	——	——	——	——	——	——	——
3 979	420	2 350	1 587	285 645	247 220	47 558	443.35	253.49
4 426	1 024	10 613	3 368	454 868	289 322	36 076	218.52	140.80
3 606	255	1 520	339	282 049	267 541	30 446	174.52	105.11
1 667	260	2 928	2 647	672 271	650 299	58 101	295.78	124.90
——	——	1 255	1 162	15 217	10 586	3 544	103.00	10.03
504	35	690	690	264 776	256 436	20 298	109.06	62.96
2	2	——	——	9 626	9 176	1 373	6.80	2.94
——	——	69	69	2 959	881	529	6.66	2.77
3 470	882	991	683	319 858	285 105	32 155	166.21	102.40
1 492	26	4	4	31 306	24 878	8 570	17.23	5.91
3 062	377	714	714	107 308	97 652	13 112	65.55	48.65
31	——	38	38	80 450	77 610	5 746	36.02	22.40
2 780	50	1 429	297	205 185	181 455	33 924	220.83	141.86
1 928	130	258	93	153 299	143 374	18 919	58.83	41.78
241	——	10	10	32 096	31 196	4 441	28.88	19.77
627	555	——	——	11 223	10 751	3 235	15.48	9.57
4 066	216	1 752	1 711	186 867	174 289	23 597	76.43	44.33

各地区文化部门艺术表演场馆

地区	机构数（个）	从业人员（人）			坐席数（个）	演(映)出场次合计（千场次）	
			高级职称	中级职称			艺术演出场次
总计	**1 248**	**22 902**	**587**	**2 050**	**911 775**	**265.71**	**58.30**
中央	2	35	1	1	5 523	0.31	0.31
北京	7	219	5	4	7 389	2.35	0.75
天津	20	264	17	3	12 185	5.18	1.32
河北	67	1 118	26	129	48 291	6.28	1.00
山西	71	1 125	8	152	58 087	21.78	1.96
内蒙古	24	395	4	58	19 507	3.69	0.67
辽宁	37	849	24	37	23 755	5.07	2.58
其中:大连	4	67	9	7	3 613	0.26	0.23
吉林	29	710	17	57	15 754	12.55	1.76
黑龙江	42	349	11	26	23 583	1.92	0.42
上海	62	1 204	96	142	53 313	13.89	6.11
江苏	10	214	7	33	11 206	4.08	0.34
浙江	50	755	11	109	42 576	16.37	2.73
其中:宁波	4	42	——	10	2 041	0.72	0.54
安徽	63	1 085	38	171	36 592	6.80	1.78
福建	52	619	11	77	30 785	25.85	11.22
其中:厦门	4	83	——	3	2 431	3.22	0.31
江西	49	537	29	97	27 770	4.61	1.33
山东	40	734	16	88	37 679	5.57	0.69
其中:青岛	——	——	——	——	——	——	——
河南	147	4 091	116	205	104 912	24.03	2.27
湖北	58	1 478	31	146	51 424	24.04	3.72
湖南	63	838	11	131	50 080	12.66	3.63
广东	41	1 063	6	45	41 488	8.89	3.22
其中:深圳	2	48	——	5	2 360	0.74	0.18
广西	22	301	3	23	22 203	15.77	1.47
海南	5	66	——	——	2 116	1.02	——
重庆	17	19	——	——	7 021	1.31	0.53
四川	54	506	22	99	36 879	5.25	2.37
贵州	8	188	4	19	3 747	0.72	0.44
云南	26	2 111	2	9	17 695	7.36	1.43
西藏	22	32	6	——	11 465	0.68	0.40
陕西	90	1 045	35	107	62 570	4.93	2.27
甘肃	28	451	1	30	18 546	3.71	0.62
青海	17	76	——	——	7 904	0.76	0.33
宁夏	7	98	1	14	2 508	0.66	0.27
新疆	18	327	28	38	17 222	17.65	0.33

(事业)基本情况(一)

观众人次合计 (千人次)	艺术演出观众人次	本年收入合计 (千元)	财政拨款	事业收入	演出收入	经营收入	其他收入
50 452	**24 507**	**1 138 508**	**320 742**	**443 344**	**239 536**	**133 008**	**199 603**
162	162	10 215	4 000	7	——	6 208	——
487	391	23 258	1 910	6 897	4 646	11 521	1 352
1 312	606	15 730	1 083	11 205	3 837	121	1 183
1 547	910	32 598	11 641	9 041	4 009	3 633	8 100
2 635	1 039	40 438	9 859	18 858	5 218	5 028	5 540
1 382	299	19 234	11 259	4 994	1 071	495	1 082
2 068	894	49 554	15 117	24 993	22 331	——	4 294
107	104	7 594	2 762	4 832	4 832	——	——
934	342	38 334	16 753	12 620	3 991	3 967	4 994
966	350	11 812	4 412	2 264	2 006	835	4 271
5 323	3 809	229 819	42 162	135 452	102 053	2 847	40 138
641	257	22 609	3 483	16 449	8 336	1 196	1 481
3 725	1 201	105 462	24 712	36 038	15 641	11 358	31 025
188	146	13 034	4 015	4 564	4 028	——	2 731
1 716	789	33 525	8 978	6 434	2 126	3 952	9 062
2 569	1 055	71 511	10 309	22 699	2 550	22 476	15 573
469	118	9 870	684	7 219	206	——	1 852
1 186	531	20 872	8 991	7 363	2 023	1 328	1 227
1 207	553	8 199	4 002	2 806	1 952	376	868
——	——	——	——	——	——	——	——
3 923	1 945	78 690	31 417	20 174	11 810	10 968	15 364
4 113	2 016	50 925	13 850	25 822	21 424	2 042	7 344
2 060	1 342	27 804	6 856	11 020	4 488	2 162	5 648
2 162	1 075	67 825	32 067	27 437	4 627	3 219	6 484
370	79	26 243	11 911	14 268	——	52	12
1 441	805	21 729	956	10 111	1 781	8 250	2 263
26	——	1 034	120	36	——	833	45
380	121	573	446	126	126	——	——
2 167	1 242	33 409	8 560	6 955	3 760	7 267	9 368
336	131	10 652	1 604	771	——	——	8 277
1 048	566	17 157	3 431	7 630	1 948	4 927	1 119
313	134	3 894	2 841	255	250	48	——
2 039	1 185	36 571	15 585	9 046	3 101	2 778	7 630
814	396	17 430	5 088	4 863	4 012	3 208	3 519
110	77	2 136	2 062	43	20	20	11
492	62	3 971	1 356	432	260	159	2 001
1 168	222	31 538	15 832	503	139	11 786	340

各地区文化部门艺术表演场馆

地区	本年支出合计（千元）									
		基本支出	项目支出	经营支出	在支出合计中					
					工资福利支出	商品和服务支出				
							差旅费	劳务费	福利费	税金支出
总计	**1 126 032**	**768 561**	**150 640**	**160 161**	**412 855**	**363 694**	**8 953**	**18 433**	**13 210**	**42 564**
中央	2 102	28	——	200	28	72	60	——	——	12
北京	24 672	11 070	——	10 705	6 056	2 376	——	——	——	——
天津	16 028	15 281	20	714	7 057	7 373	130	5	248	1 055
河北	36 319	24 807	5 849	4 498	16 127	5 664	153	197	285	1 009
山西	40 822	28 227	4 310	6 983	15 533	10 325	256	1 211	388	1 435
内蒙古	17 720	15 674	1 203	804	8 403	4 920	737	403	66	303
辽宁	53 260	28 652	2 461	13 618	17 168	6 442	273	297	247	1 723
其中:大连	7 599	4 070	——	——	3 182	648	18	16	2	17
吉林	38 448	31 341	2 208	3 479	12 586	14 616	77	453	111	1 719
黑龙江	11 867	10 694	543	530	5 702	3 735	132	69	179	852
上海	212 593	170 101	25 575	3 972	74 885	78 059	1 052	3 524	2 523	5 762
江苏	21 657	20 970	19	668	6 898	11 907	110	92	139	658
浙江	104 944	67 247	22 793	12 288	34 774	41 639	1 024	2 760	1 950	4 452
其中:宁波	13 030	9 742	2 968	——	4 125	6 137	109	——	78	450
安徽	32 964	25 202	542	5 601	15 221	5 190	264	980	131	607
福建	66 138	38 445	1 788	22 275	17 406	18 330	407	124	1 142	4 342
其中:厦门	8 817	5 781	——	1 328	4 007	3 041	4	——	271	1 229
江西	20 888	19 523	36	1 106	9 215	7 730	327	275	464	1 056
山东	8 350	6 836	285	1 041	4 896	1 216	114	107	49	226
其中:青岛	——	——	——	——	——	——	——	——	——	——
河南	80 137	40 932	16 587	18 539	29 205	9 171	472	347	1 215	2 262
湖北	53 285	37 800	10 809	3 321	16 701	19 629	356	1 463	676	1 980
湖南	28 319	23 313	1 190	1 821	13 071	6 990	557	373	638	1 240
广东	70 997	26 959	45 600	3 963	19 684	61 283	321	3 100	509	3 819
其中:深圳	30 326	9 914	20 369	15	659	28 387	90	2 435	19	2
广西	21 410	9 779	——	11 593	7 022	7 435	322	5	441	904
海南	1 551	1 066	——	485	895	112	1	——	——	111
重庆	573	538	——	——	490	7	4	3	——	——
四川	34 829	24 291	1 330	8 232	15 374	11 180	324	261	403	1 806
贵州	9 445	8 766	629	——	4 920	2 349	12	99	243	844
云南	18 393	12 186	827	5 088	3 310	7 442	627	1 557	222	1 066
西藏	3 128	2 644	17	81	2 345	366	296	30	14	26
陕西	36 729	30 854	1 938	3 521	21 662	8 731	177	215	160	976
甘肃	18 031	11 769	——	2 492	9 700	2 430	118	54	82	1 541
青海	3 431	3 261	——	50	2 932	157	4	19	1	——
宁夏	4 218	4 076	——	97	2 279	797	37	186	75	168
新疆	32 784	16 229	4 081	12 396	11 310	6 021	209	224	609	610

(事业)基本情况(二)

对个人和家庭补助支出		其他资本性支出		资产合计		增加值（千元）	公用房屋建筑面积	
	抚恤金和生活补助		各种设备购置费	（千元）	固定资产原值		（千平方米）	演(映)出业务用房
90 280	**8 171**	**60 007**	**35 950**	**7 558 534**	**6 255 312**	**864 872**	**3 964.31**	**2 263.73**
374	——	——	——	5 258	3 285	5 485	12.16	4.10
147	143	428	423	78 036	74 762	9 155	37.87	21.28
935	47	133	70	75 185	69 331	12 687	75.13	37.35
1 904	204	3 929	191	153 176	93 688	23 135	183.05	134.47
815	193	3 969	3 947	377 920	168 065	26 290	231.51	136.47
1 419	97	572	552	64 295	55 370	13 112	64.23	46.12
1 546	157	5 560	5 484	128 713	94 389	24 637	122.88	87.68
176	39	——	——	8 423	7 044	3 636	14.29	10.37
9 130	291	703	486	110 276	58 505	26 532	128.53	46.05
1 723	78	388	388	69 456	66 076	11 112	71.83	44.97
13 984	762	9 205	5 392	2 239 262	1 848 294	198 719	289.23	117.69
1 487	10	1 365	1 330	228 984	219 358	18 805	122.51	67.40
10 266	639	2 838	2 095	447 455	347 020	68 668	226.68	119.34
1 090	107	1 171	780	37 814	25 983	6 744	9.72	5.03
8 031	719	737	710	125 452	88 228	28 147	123.89	71.93
3 814	401	6 316	2 442	242 815	212 754	39 593	155.45	95.79
1 149	——	——	——	64 005	62 197	9 736	13.91	11.49
2 599	143	325	117	91 528	86 589	17 257	115.10	62.16
385	65	208	103	67 730	63 427	8 146	94.89	61.44
——	——	——	——	——	——	——	——	——
3 979	420	2 350	1 587	285 645	247 220	47 558	443.35	253.49
4 426	1 024	10 613	3 368	454 868	289 322	36 076	218.52	140.80
3 606	255	1 520	339	282 049	267 541	30 446	174.52	105.11
1 657	250	2 893	2 617	634 804	618 480	54 619	279.35	114.05
——	——	1 255	1 162	15 217	10 586	3 544	103.00	10.03
504	35	690	690	264 776	256 436	20 298	109.06	62.96
2	2	——	——	9 626	9 176	1 373	6.80	2.94
——	——	69	69	2 959	881	529	6.66	2.77
3 470	882	991	683	319 858	285 105	32 155	166.21	102.40
1 492	26	4	4	31 306	24 878	8 570	17.23	5.91
3 062	377	714	714	107 308	97 652	13 112	65.55	48.65
31	——	38	38	80 450	77 610	5 746	36.02	22.40
2 630	50	1 429	297	195 859	172 260	32 718	206.50	132.57
1 928	130	258	93	153 299	143 374	18 919	58.83	41.78
241	——	10	10	32 096	31 196	4 441	28.88	19.77
627	555	——	——	11 223	10 751	3 235	15.48	9.57
4 066	216	1 752	1 711	186 867	174 289	23 597	76.43	44.33

各地区剧场(事业)

地　　区	机构数(个)	从业人员(人)			坐席数(个)	演(映)出场次合计(千场次)	
			高级职称	中级职称			艺术演出场次
总　　计	**543**	**10 726**	**324**	**975**	**398 774**	**74.84**	**25.42**
中　　央	2	35	1	1	5 523	0.31	0.31
北　　京	7	65	——	——	5 351	1.21	1.21
天　　津	6	120	2	3	4 754	2.19	0.33
河　　北	31	466	19	67	19 870	2.59	0.30
山　　西	20	327	1	41	13 518	1.49	0.74
内 蒙 古	——	——	——	——	——	——	——
辽　　宁	19	505	10	17	12 780	3.13	2.65
其中:大连	2	38	9	4	1 115	0.26	0.23
吉　　林	10	275	12	27	3 552	1.79	0.73
黑 龙 江	19	45	——	3	9 770	0.12	0.09
上　　海	22	806	92	129	25 347	4.94	4.15
江　　苏	7	72	1	3	7 185	0.42	0.13
浙　　江	32	497	5	66	28 414	6.42	1.38
其中:宁波	3	29	——	8	1 841	0.39	0.21
安　　徽	26	486	32	100	14 171	4.16	0.90
福　　建	17	144	3	22	10 311	4.75	0.50
其中:厦门	1	13	——	——	510	2.36	0.04
江　　西	22	209	12	32	9 626	1.07	1.00
山　　东	26	408	9	68	23 061	1.46	0.40
其中:青岛	——	——	——	——	——	——	——
河　　南	47	1 070	43	45	31 705	1.51	0.57
湖　　北	33	895	18	93	25 977	2.30	1.48
湖　　南	37	411	3	60	30 819	3.89	1.87
广　　东	12	226	2	17	11 646	2.38	0.81
其中:深圳	1	42	——	5	1 548	0.44	0.10
广　　西	13	130	1	10	14 343	0.94	0.86
海　　南	2	30	——	——	1 736	0.98	——
重　　庆	13	12	——	——	5 543	0.93	0.18
四　　川	38	313	20	49	26 644	3.55	2.09
贵　　州	3	79	2	6	1 008	0.20	——
云　　南	7	2 024	——	——	3 874	0.48	0.25
西　　藏	1	——	——	——	748	0.17	0.17
陕　　西	50	509	13	65	36 359	3.19	1.72
甘　　肃	18	362	1	20	11 567	2.46	0.41
青　　海	——	——	——	——	——	——	——
宁　　夏	——	——	——	——	——	——	——
新　　疆	3	205	22	31	3 572	15.82	0.17

基本情况(一)

观众人次合计（千人次）	艺术演出观众人次	本年收入合计（千元）	财政拨款	事业收入	演出收入	经营收入	其他收入
21 833	**13 660**	**628 375**	**182 782**	**261 043**	**167 053**	**53 262**	**111 092**
162	162	10 215	4 000	7	——	6 208	——
854	854	10 509	——	9 425	9 425	493	591
679	221	8 450	703	6 166	2 511	121	12
411	213	8 676	1 664	2 748	628	2 522	1 562
495	301	12 228	4 427	3 367	1 045	110	4 042
——	——	——	——	——	——	——	——
829	700	36 609	8 852	18 654	17 022	1 080	2 873
104	104	4 816	——	4 816	4 816	——	——
292	222	9 320	5 131	3 741	2 590	——	448
126	98	1 377	915	——	——	462	——
3 239	2 888	179 103	32 668	108 160	89 711	1 904	33 235
248	111	7 676	3 515	3 331	179	——	830
1 681	800	78 137	18 647	29 030	13 536	6 496	21 946
161	119	9 602	2 425	4 407	3 871	——	1 323
843	306	17 528	3 197	2 998	1 105	2 209	7 251
994	271	16 807	5 127	3 673	512	2 155	5 831
354	4	2 843	457	1 269	152	——	1 117
380	340	6 052	3 916	1 335	1 127	410	237
632	338	6 231	2 537	2 112	1 517	789	666
——	——	——	——	——	——	——	——
837	479	14 328	4 944	4 520	1 311	574	3 944
1 788	1 128	29 388	12 651	9 464	6 960	812	5 154
1 084	836	13 126	3 391	4 344	1 937	874	4 087
913	398	55 092	29 709	20 929	2 839	2 044	2 410
348	67	26 191	11 911	14 268	——	——	12
530	447	5 076	545	1 253	1 009	2 178	1 061
22	——	878	——	——	——	833	45
317	73	403	396	6	6	——	——
1 330	1 008	27 011	6 384	6 588	3 668	6 131	6 749
201	——	4 856	730	18	——	——	4 108
309	170	9 735	949	7 007	1 728	1 177	602
40	40	990	——	240	240	——	——
1 490	939	19 921	10 367	7 894	2 558	——	637
485	208	14 438	4 135	3 871	3 797	3 208	2 472
——	——	——	——	——	——	——	——
——	——	——	——	——	——	——	——
622	109	24 215	13 282	162	92	10 472	299

各地区剧场(事业)

<table>
<tr><th rowspan="4">地　区</th><th colspan="10">本年支出合计　(千元)</th></tr>
<tr><th rowspan="3"></th><th rowspan="3">基本支出</th><th rowspan="3">项目支出</th><th rowspan="3">经营支出</th><th colspan="6">在支出合计中</th></tr>
<tr><th rowspan="2">工资福利支出</th><th colspan="5">商品和服务支出</th></tr>
<tr><th></th><th>差旅费</th><th>劳务费</th><th>福利费</th><th>税金支出</th></tr>
<tr><td>总　计</td><td>611 252</td><td>418 086</td><td>104 387</td><td>58 409</td><td>213 429</td><td>217 437</td><td>4 436</td><td>10 849</td><td>6 392</td><td>21 274</td></tr>
<tr><td>中　央</td><td>2 102</td><td>28</td><td>——</td><td>200</td><td>28</td><td>72</td><td>60</td><td>——</td><td>——</td><td>12</td></tr>
<tr><td>北　京</td><td>10 492</td><td>10 250</td><td>——</td><td>242</td><td>5 077</td><td>4 553</td><td>7</td><td>41</td><td>9</td><td>448</td></tr>
<tr><td>天　津</td><td>8 083</td><td>7 877</td><td>20</td><td>174</td><td>3 156</td><td>4 124</td><td>17</td><td>5</td><td>49</td><td>666</td></tr>
<tr><td>河　北</td><td>11 671</td><td>6 226</td><td>1 475</td><td>3 512</td><td>5 141</td><td>1 699</td><td>63</td><td>——</td><td>206</td><td>446</td></tr>
<tr><td>山　西</td><td>12 065</td><td>11 145</td><td>355</td><td>508</td><td>4 057</td><td>5 668</td><td>46</td><td>776</td><td>133</td><td>516</td></tr>
<tr><td>内蒙古</td><td>——</td><td>——</td><td>——</td><td>——</td><td>——</td><td>——</td><td>——</td><td>——</td><td>——</td><td>——</td></tr>
<tr><td>辽　宁</td><td>37 622</td><td>19 719</td><td>83</td><td>9 225</td><td>10 860</td><td>3 034</td><td>152</td><td>——</td><td>156</td><td>1 039</td></tr>
<tr><td>其中:大连</td><td>4 821</td><td>1 292</td><td>——</td><td>——</td><td>1 261</td><td>52</td><td>2</td><td>——</td><td>2</td><td>17</td></tr>
<tr><td>吉　林</td><td>9 792</td><td>6 665</td><td>1 707</td><td>——</td><td>3 385</td><td>2 290</td><td>13</td><td>7</td><td>59</td><td>876</td></tr>
<tr><td>黑龙江</td><td>1 377</td><td>1 189</td><td>——</td><td>188</td><td>950</td><td>——</td><td>——</td><td>——</td><td>——</td><td>——</td></tr>
<tr><td>上　海</td><td>165 839</td><td>132 052</td><td>23 721</td><td>1 106</td><td>56 852</td><td>62 186</td><td>900</td><td>1 876</td><td>2 017</td><td>4 643</td></tr>
<tr><td>江　苏</td><td>7 555</td><td>7 547</td><td>8</td><td>——</td><td>3 498</td><td>2 748</td><td>5</td><td>71</td><td>44</td><td>10</td></tr>
<tr><td>浙　江</td><td>78 195</td><td>49 996</td><td>21 792</td><td>4 461</td><td>22 745</td><td>35 263</td><td>806</td><td>2 710</td><td>1 316</td><td>3 581</td></tr>
<tr><td>其中:宁波</td><td>9 785</td><td>6 997</td><td>2 468</td><td>——</td><td>2 664</td><td>4 964</td><td>69</td><td>——</td><td>36</td><td>348</td></tr>
<tr><td>安　徽</td><td>15 256</td><td>9 272</td><td>471</td><td>3 980</td><td>7 251</td><td>2 136</td><td>89</td><td>83</td><td>30</td><td>390</td></tr>
<tr><td>福　建</td><td>15 131</td><td>10 004</td><td>610</td><td>4 436</td><td>4 317</td><td>4 063</td><td>122</td><td>100</td><td>95</td><td>874</td></tr>
<tr><td>其中:厦门</td><td>1 639</td><td>1 091</td><td>——</td><td>548</td><td>813</td><td>434</td><td>——</td><td>——</td><td>35</td><td>82</td></tr>
<tr><td>江　西</td><td>5 645</td><td>5 132</td><td>5</td><td>482</td><td>2 940</td><td>1 612</td><td>160</td><td>57</td><td>156</td><td>311</td></tr>
<tr><td>山　东</td><td>6 920</td><td>5 196</td><td>81</td><td>1 557</td><td>3 678</td><td>746</td><td>39</td><td>67</td><td>19</td><td>231</td></tr>
<tr><td>其中:青岛</td><td>——</td><td>——</td><td>——</td><td>——</td><td>——</td><td>——</td><td>——</td><td>——</td><td>——</td><td>——</td></tr>
<tr><td>河　南</td><td>14 214</td><td>11 955</td><td>1 430</td><td>456</td><td>7 631</td><td>2 289</td><td>151</td><td>70</td><td>222</td><td>112</td></tr>
<tr><td>湖　北</td><td>30 326</td><td>17 298</td><td>10 809</td><td>1 445</td><td>9 314</td><td>7 610</td><td>173</td><td>123</td><td>375</td><td>559</td></tr>
<tr><td>湖　南</td><td>14 478</td><td>11 901</td><td>1 139</td><td>1 226</td><td>6 988</td><td>3 145</td><td>335</td><td>84</td><td>204</td><td>739</td></tr>
<tr><td>广　东</td><td>55 936</td><td>17 619</td><td>37 348</td><td>968</td><td>7 394</td><td>44 011</td><td>128</td><td>2 745</td><td>169</td><td>530</td></tr>
<tr><td>其中:深圳</td><td>30 274</td><td>9 904</td><td>20 369</td><td>——</td><td>634</td><td>28 385</td><td>90</td><td>2 435</td><td>19</td><td>——</td></tr>
<tr><td>广　西</td><td>4 076</td><td>3 541</td><td>——</td><td>497</td><td>1 992</td><td>827</td><td>21</td><td>——</td><td>29</td><td>291</td></tr>
<tr><td>海　南</td><td>1 395</td><td>910</td><td>——</td><td>485</td><td>894</td><td>112</td><td>1</td><td>——</td><td>——</td><td>111</td></tr>
<tr><td>重　庆</td><td>403</td><td>396</td><td>——</td><td>——</td><td>396</td><td>——</td><td>——</td><td>——</td><td>——</td><td>——</td></tr>
<tr><td>四　川</td><td>28 546</td><td>19 268</td><td>1 230</td><td>7 262</td><td>12 291</td><td>10 738</td><td>266</td><td>184</td><td>235</td><td>1 728</td></tr>
<tr><td>贵　州</td><td>3 798</td><td>3 798</td><td>——</td><td>——</td><td>2 160</td><td>732</td><td>6</td><td>19</td><td>87</td><td>252</td></tr>
<tr><td>云　南</td><td>10 418</td><td>7 943</td><td>600</td><td>1 867</td><td>1 056</td><td>5 694</td><td>552</td><td>1 480</td><td>67</td><td>556</td></tr>
<tr><td>西　藏</td><td>270</td><td>——</td><td>——</td><td>——</td><td>——</td><td>——</td><td>——</td><td>——</td><td>——</td><td>——</td></tr>
<tr><td>陕　西</td><td>19 774</td><td>18 370</td><td>1 048</td><td>356</td><td>11 816</td><td>4 747</td><td>95</td><td>142</td><td>64</td><td>462</td></tr>
<tr><td>甘　肃</td><td>15 039</td><td>9 694</td><td>——</td><td>2 492</td><td>8 144</td><td>2 019</td><td>95</td><td>20</td><td>80</td><td>1 410</td></tr>
<tr><td>青　海</td><td>——</td><td>——</td><td>——</td><td>——</td><td>——</td><td>——</td><td>——</td><td>——</td><td>——</td><td>——</td></tr>
<tr><td>宁　夏</td><td>——</td><td>——</td><td>——</td><td>——</td><td>——</td><td>——</td><td>——</td><td>——</td><td>——</td><td>——</td></tr>
<tr><td>新　疆</td><td>24 834</td><td>13 095</td><td>455</td><td>11 284</td><td>9 418</td><td>5 319</td><td>134</td><td>189</td><td>571</td><td>481</td></tr>
</table>

基本情况(二)

				资产合计			公用房屋建筑面积	
对个人和家庭补助支出	抚恤金和生活补助	其他资本性支出	各种设备购置费	(千元)	固定资产原值	增加值(千元)	(千平方米)	演(映)出业务用房
45 898	**3 091**	**36 806**	**22 312**	**4 715 407**	**4 042 607**	**487 705**	**1 881.23**	**1 061.19**
374	——	——	——	5 258	3 285	5 485	12.16	4.10
567	——	53	53	39 210	22 204	7 047	29.72	28.72
177	40	96	40	14 172	11 897	4 950	30.69	17.62
296	13	373	35	47 969	34 189	7 461	65.38	45.39
271	134	362	350	40 246	36 398	7 289	77.86	51.14
——	——	——	——	——	——	——	——	——
1 155	4	3 881	3 805	74 932	46 692	15 363	72.74	59.79
2	2	——	——	6 609	5 230	1 489	7.80	4.87
3 054	19	5	5	65 269	39 434	8 939	44.74	17.56
238	12	——	——	25 524	22 692	2 084	29.70	23.76
11 131	410	8 842	5 129	2 114 295	1 764 016	167 001	175.49	50.29
519	——	790	755	37 835	36 807	5 665	66.21	40.04
6 520	382	2 406	1 663	368 498	300 211	48 965	163.08	80.86
495	29	1 155	764	29 356	22 546	4 473	8.92	4.63
2 347	155	590	575	69 006	40 822	11 903	46.47	27.54
1 043	136	2 284	2 276	63 496	60 141	9 389	49.71	32.37
392	——	——	——	2 510	1 904	1 936	2.77	2.57
496	66	15	15	34 788	32 549	5 380	52.21	25.74
354	59	243	102	88 534	84 469	7 673	70.23	46.62
——	——	——	——	——	——	——	——	——
1 853	74	217	189	64 482	58 453	12 410	114.23	60.81
2 473	192	9 937	2 812	204 048	180 645	19 891	117.84	86.89
1 825	177	1 156	152	75 770	67 387	12 585	85.23	56.01
143	——	1 521	1 245	492 126	486 937	31 677	191.36	63.92
——	——	1 255	1 162	14 417	9 786	3 485	100.00	9.83
235	30	37	37	144 491	139 376	9 125	54.83	31.21
2	2	——	——	8 186	7 736	1 314	4.47	2.58
——	——	——	——	2 078	——	396	3.47	0.88
2 817	761	801	659	259 737	225 883	25 625	119.39	72.40
902	26	4	4	11 317	6 603	3 659	6.00	1.00
1 079	44	714	714	50 354	47 876	6 151	17.90	12.85
——	——	——	——	41 700	41 700	1 843	10.53	2.04
1 280	36	888	271	98 072	90 356	17 524	113.45	78.35
995	104	188	23	126 972	117 782	15 263	33.52	26.98
——	——	——	——	——	——	——	——	——
——	——	——	——	——	——	——	——	——
3 752	215	1 403	1 403	47 042	36 067	15 648	22.63	13.76

各地区影剧院(事业)

地 区	机构数（个）	从业人员（人）	高级职称	中级职称	坐席数（个）	演(映)出场次合计（千场次）	艺术演出场次
总 计	**636**	**11 191**	**245**	**949**	**465 403**	**185.42**	**31.17**
中 央	——	——	——	——	——	——	——
北 京	6	219	5	4	6 661	2.20	0.60
天 津	13	144	15	——	7 431	2.99	0.99
河 北	32	553	7	55	24 034	3.43	0.59
山 西	41	695	6	94	34 537	19.98	0.93
内蒙古	24	395	4	58	19 507	3.69	0.67
辽 宁	16	329	5	14	9 141	2.74	0.77
其中:大连	1	10	——	1	1 500	——	——
吉 林	16	382	4	25	11 366	10.55	0.87
黑龙江	13	232	8	9	8 647	1.55	0.14
上 海	41	417	4	18	29 912	9.61	2.01
江 苏	4	58	7	12	4 981	2.29	0.17
浙 江	14	228	4	37	13 161	8.00	0.68
其中:宁波	——	——	——	——	——	——	——
安 徽	34	579	6	71	20 279	2.53	0.77
福 建	34	472	8	55	20 274	21.07	10.69
其中:厦门	3	70	——	3	1 921	0.86	0.28
江 西	14	206	16	55	9 415	2.54	0.17
山 东	16	355	13	27	15 621	4.16	0.32
其中:青岛	——	——	——	——	——	——	——
河 南	98	2 857	73	145	70 327	22.38	1.57
湖 北	20	438	10	45	18 750	21.15	1.97
湖 南	25	427	8	71	17 677	8.74	1.73
广 东	32	807	3	27	33 193	11.04	2.19
其中:深圳	1	6	——	——	812	0.30	0.08
广 西	6	63	——	7	3 726	9.97	0.09
海 南	3	36	——	——	380	0.04	——
重 庆	1	——	——	——	912	0.04	0.02
四 川	10	131	2	28	5 039	1.02	0.08
贵 州	4	85	——	9	2 199	0.40	0.38
云 南	19	87	2	9	13 821	6.88	1.19
西 藏	9	26	6	——	5 198	0.30	0.10
陕 西	43	588	22	43	28 553	1.76	0.55
甘 肃	10	89	——	10	6 979	1.25	0.22
青 海	16	73	——	——	7 524	0.68	0.28
宁 夏	7	98	1	14	2 508	0.66	0.27
新 疆	15	122	6	7	13 650	1.83	0.17

基本情况(一)

观众人次合计		本年收入合计					
				事业收入			
(千人次)	艺术演出观众人次	(千元)	财政拨款		艺术演出收入	经营收入	其他收入
26 499	**9 712**	**433 623**	**93 549**	**160 689**	**61 740**	**85 129**	**74 454**
——	——	——	——	——	——	——	——
408	312	23 258	1 910	6 897	4 646	11 521	1 352
633	385	7 279	380	5 039	1 326	——	1 170
866	592	14 972	4 615	2 826	1 056	1 094	6 435
1 792	404	25 075	4 617	13 966	2 843	4 768	1 486
1 382	299	19 234	11 259	4 994	1 071	495	1 082
1 262	330	8 357	3 524	4 048	3 018	680	105
——	——	312	312	——	——	——	——
599	95	21 303	8 943	8 393	915	3 967	——
724	151	6 774	1 082	1 877	1 619	373	3 442
2 242	913	52 900	9 954	31 984	13 604	1 043	5 785
352	157	5 826	68	4 501	4 355	1 196	61
1 882	325	22 031	4 255	6 747	1 844	4 862	6 133
——	——	——	——	——	——	——	——
762	373	15 534	5 595	3 308	923	1 743	1 662
1 568	777	54 398	5 032	19 012	2 024	20 307	9 617
115	114	7 027	227	5 950	54	——	735
467	71	9 441	1 266	5 470	599	918	8
622	245	3 151	1 465	694	435	120	852
——	——	——	——	——	——	——	——
2 906	1 346	34 095	5 533	9 385	4 230	7 384	11 372
1 870	612	17 290	977	12 737	12 137	1 055	2 161
938	468	14 428	3 465	6 426	2 301	1 288	1 561
1 497	516	18 048	1 319	5 546	1 385	8 470	2 618
22	12	52	——	——	——	52	——
273	46	7 516	411	1 971	——	4 088	1 046
4	——	156	120	36	——	——	——
28	13	58	——	58	58	——	——
368	48	3 978	629	241	56	1 108	2 000
110	106	4 462	40	753	——	——	3 669
739	396	7 422	2 482	623	220	3 750	517
195	55	2 602	2 539	15	10	48	——
553	247	17 733	5 218	1 364	543	3 378	7 220
329	188	2 992	953	992	215	——	1 047
90	67	2 016	1 992	13	——	——	11
492	62	3 971	1 356	432	260	159	2 001
546	113	7 323	2 550	341	47	1 314	41

各地区影剧院(事业)

地区	本年支出合计　（千元）									
		基本支出	项目支出	经营支出	在支出合计中					
					工资福利支出	商品和服务支出				
							差旅费	劳务费	福利费	税金支出
总　计	**435 696**	**305 334**	**18 431**	**88 262**	**168 303**	**121 800**	**3 645**	**6 547**	**5 279**	**17 311**
中　央	——	——	——	——	——	——	——	——	——	——
北　京	24 672	11 070	——	10 705	6 056	2 376	——	——	——	——
天　津	7 944	7 404	——	540	3 901	3 248	113	——	199	388
河　北	14 922	13 081	160	974	8 956	3 519	80	17	78	327
山　西	25 508	14 414	3 405	6 444	9 388	4 925	203	410	264	919
内蒙古	17 720	15 674	1 203	804	8 403	4 920	737	403	66	303
辽　宁	8 347	6 054	1 009	1 248	4 454	2 182	36	247	91	157
其中:大连	312	312	——	——	163	16	——	16	——	——
吉　林	20 979	16 999	501	3 479	5 083	9 714	50	210	45	649
黑龙江	6 848	6 406	——	342	2 856	2 808	32	——	156	852
上　海	47 782	37 438	1 864	2 876	17 560	17 381	159	1 650	481	1 346
江　苏	5 781	5 094	19	668	943	4 418	45	——	——	261
浙　江	21 673	13 108	68	7 827	9 573	4 564	178	21	559	769
其中:宁波	——	——	——	——	——	——	——	——	——	——
安　徽	17 193	15 418	71	1 621	7 770	2 967	171	897	89	208
福　建	50 636	28 397	1 178	17 826	13 045	14 262	285	24	1 047	3 463
其中:厦门	7 178	4 690	——	780	3 194	2 607	4	——	236	1 147
江　西	9 841	8 999	31	614	4 455	4 454	60	61	227	687
山　东	3 184	2 643	204	235	2 046	617	76	55	31	25
其中:青岛	——	——	——	——	——	——	——	——	——	——
河　南	36 257	23 816	2 087	6 648	16 413	5 945	211	277	391	1 925
湖　北	18 735	16 453	——	1 701	4 937	10 513	140	1 311	271	1 170
湖　南	13 841	11 412	51	595	6 083	3 845	222	289	434	501
广　东	20 386	9 303	1 717	8 940	7 045	3 472	185	93	183	960
其中:深圳	52	10	——	15	25	2	——	——	——	2
广　西	8 019	2 032	——	5 987	1 498	5 553	17	——	13	246
海　南	156	156	——	——	1	——	——	——	——	——
重　庆	58	58	——	——	10	7	4	3	——	——
四　川	3 833	3 268	100	395	2 333	302	27	45	117	75
贵　州	4 313	4 313	——	——	2 105	1 617	6	80	156	592
云　南	7 975	4 243	227	3 221	2 254	1 748	75	77	155	510
西　藏	2 556	2 392	——	48	2 093	366	296	30	14	26
陕　西	18 166	13 193	910	3 315	10 503	4 010	98	73	96	524
甘　肃	2 992	2 075	——	——	1 556	411	23	34	2	131
青　海	3 211	3 211	——	——	2 812	157	4	19	1	——
宁　夏	4 218	4 076	——	97	2 279	797	37	186	75	168
新　疆	7 950	3 134	3 626	1 112	1 892	702	75	35	38	129

基本情况(二)

对个人和家庭补助支出		其他资本性支出		资产合计		增加值（千元）	公用房屋建筑面积	
	抚恤金和生活补助		各种设备购置费	（千元）	固定资产原值		（千平方米）	演(映)出业务用房
38 113	**4 710**	**15 222**	**9 410**	**2 281 743**	**1 875 760**	**320 617**	**1 787.10**	**1 010.00**
——	——	——	——	——	——	——	——	——
147	143	428	423	78 036	74 762	9 155	35.14	18.56
758	7	37	30	60 928	57 355	7 733	44.45	19.73
1 406	150	52	52	89 841	47 991	12 601	77.54	55.43
478	59	3 552	3 542	182 481	176 552	18 590	113.45	63.66
1 419	97	572	552	64 295	55 370	13 112	64.23	46.12
94	85	——	——	49 159	47 164	7 017	39.53	19.75
46	37	——	——	1 081	1 081	231	3.89	3.00
5 163	260	665	448	38 963	15 887	12 003	60.98	26.09
1 039	26	15	15	29 874	29 631	6 076	31.98	14.91
2 743	352	405	305	95 375	72 486	32 221	126.44	70.00
10	10	410	410	30 709	28 487	2 377	18.16	9.33
2 954	179	416	416	69 690	42 777	16 152	58.24	36.47
——	——	——	——	——	——	——	——	——
5 460	560	147	135	54 850	45 873	15 741	73.92	41.69
2 771	265	4 032	166	178 738	152 032	30 132	102.47	61.82
757	——	——	——	61 495	60 293	7 800	11.14	8.92
598	17	114	102	44 725	42 355	7 775	31.63	18.44
107	7	18	18	32 743	29 968	3 462	30.79	20.95
——	——	——	——	——	——	——	——	——
2 126	346	2 133	1 398	221 162	188 767	28 968	253.98	122.69
1 769	832	592	542	200 454	63 118	11 397	72.48	43.14
1 781	78	364	187	126 279	120 154	14 411	85.69	45.50
284	260	124	119	150 276	137 196	14 006	103.05	59.73
——	——	——	——	800	800	59	3.00	0.20
269	5	47	47	26 219	22 994	3 037	23.30	7.33
——	——	——	——	1 440	1 440	59	2.33	0.36
——	——	41	41	41	41	15	2.39	1.13
518	43	60	20	50 080	49 421	5 244	37.61	22.48
590	——	——	——	19 189	17 475	4 224	11.03	4.76
1 983	333	——	——	56 954	49 776	6 961	47.65	35.79
31	——	38	38	21 658	18 828	2 967	14.07	10.22
1 500	14	541	26	104 113	88 099	16 260	105.69	62.01
933	26	70	70	26 327	25 592	3 656	25.31	14.80
241	——	——	——	26 096	25 196	4 081	24.31	16.98
627	555	——	——	11 223	10 751	3 235	15.48	9.57
314	1	349	308	139 825	138 222	7 949	53.80	30.58

各地区艺术表演场馆

地　区	机构数（个）	从业人员（人）	高级职称	中级职称	坐席数（个）	演(映)出场次合计（千场次）	艺术演出场次
总　计	**852**	**23 096**	**444**	**1 198**	**628 263**	**331.68**	**88.23**
中　央	1	33	1	2	1 215	0.15	0.15
北　京	58	1 514	21	51	37 205	37.76	11.84
天　津	19	780	3	5	17 986	14.61	0.34
河　北	35	540	32	81	42 984	6.02	4.57
山　西	7	171	——	——	3 546	0.78	0.50
内蒙古	4	67	3	7	2 791	1.80	0.59
辽　宁	20	235	4	31	13 455	5.66	2.21
其中：大连	6	103	4	30	6 399	1.77	0.75
吉　林	4	37	1	4	1 293	1.88	0.46
黑龙江	2	14	——	1	1 934	0.34	0.32
上　海	38	607	18	34	27 059	5.00	2.34
江　苏	173	3 125	31	171	133 801	82.29	6.80
浙　江	189	3 094	27	86	98 603	44.42	28.41
其中：宁波	26	769	3	4	17 880	8.34	1.43
安　徽	16	335	13	48	7 717	10.94	1.96
福　建	7	149	——	6	4 722	10.05	2.48
其中：厦门	1	12	——	6	1 000	0.01	0.01
江　西	5	61	——	5	2 920	0.53	0.28
山　东	40	877	30	95	32 819	9.72	1.03
其中：青岛	9	118	3	19	4 680	0.22	0.02
河　南	14	272	25	48	14 714	2.42	1.45
湖　北	12	348	13	17	9 183	1.06	0.50
湖　南	4	193	4	13	4 907	14.84	0.55
广　东	99	6 757	130	175	95 897	38.19	11.70
其中：深圳	16	508	99	131	13 868	6.31	1.27
广　西	2	23	——	1	700	0.45	0.13
海　南	4	331	——	——	5 278	0.53	0.39
重　庆	25	643	7	25	15 417	25.33	1.39
四　川	42	1 229	35	170	32 833	7.76	5.59
贵　州	1	17	——	——	1 323	0.04	0.01
云　南	8	252	8	37	3 396	1.66	1.05
西　藏	——	——	——	——	——	——	——
陕　西	5	1 023	35	46	2 099	0.71	0.35
甘　肃	2	16	3	2	2 513	0.37	0.12
青　海	4	135	——	——	2 460	5.37	0.12
宁　夏	9	177	——	24	4 814	0.75	0.53
新　疆	3	41	——	13	2 679	0.25	0.07

(企业)基本情况(一)

观众人次合计		资产、负债、所有者权益(千元)							损益及分配(千元)	
		资产总计			负债总计	所有者权益合计			营业收入	
(千人次)	艺术演出观众人次		固定资产原值	当年提取的折旧总额			实收资本(股本)	国家资本		艺术演出收入
69 878	**27 125**	**5 744 206**	**3 480 847**	**364 211**	**2 206 218**	**4 082 137**	**2 357 414**	**1 390 618**	**2 258 242**	**729 397**
141	141	7 111	37	10	4 548	2 563	500	500	6 176	——
6 137	4 762	668 577	177 713	18 213	434 616	233 961	177 838	21 846	341 749	240 465
906	41	347 371	168 879	7 324	217 573	129 798	63 056	58 776	149 003	438
2 034	1 314	73 577	41 623	2 949	8 207	65 370	54 502	44 994	21 030	11 646
522	208	23 525	15 207	60	2 497	21 028	4 240	2 890	10 487	3 820
446	115	36 620	17 150	70	450	36 170	970	821	11 120	10 285
1 236	437	51 130	25 966	228	3 127	48 003	11 670	10 160	8 530	3 250
601	114	35 220	11 656	228	227	34 993	160	160	3 448	520
489	79	10 848	5 063	994	8 170	2 678	5 155	5 155	2 940	1 819
114	93	771	1 037	267	43	728	1 028	828	342	20
1 767	1 146	271 629	125 499	16 583	78 048	193 580	66 069	29 000	143 678	48 227
23 299	3 673	1 003 404	906 107	66 687	410 026	594 378	387 384	301 733	456 378	34 680
9 836	4 658	658 264	418 138	45 718	76 887	581 377	462 392	237 586	310 412	134 520
2 068	267	92 400	54 511	10 029	12 192	80 208	66 850	4 840	78 813	7 601
829	553	64 177	47 338	10 442	14 798	49 379	35 458	24 708	53 437	15 142
624	482	35 427	34 502	50	853	34 574	47 290	500	12 415	8 397
6	4	82	——	——	98	−16	——	——	301	217
155	110	14 471	16 301	948	2 263	12 208	13 196	10 351	2 333	226
1 452	594	172 126	174 134	7 433	68 019	104 107	75 425	72 370	33 244	8 133
134	16	17 002	20 815	285	13 285	3 717	6 050	6 050	3 827	12
912	522	31 778	29 229	388	2 026	29 752	7 711	491	14 889	7 029
585	341	82 737	71 813	441	23 285	59 452	15 093	11 093	21 811	15 998
758	460	155 288	159 764	3 260	70 486	84 802	55 675	55 675	17 421	9 299
9 150	4 641	809 337	520 785	118 578	120 435	688 902	175 483	139 357	325 820	54 805
1 426	541	120 779	145 341	86 111	42 509	78 270	130 864	110 053	138 016	16 057
86	39	680	531	98	300	380	380	260	453	131
711	711	137 809	98 840	58	——	137 809	38 266	——	35 151	35 151
3 939	406	104 373	81 022	4 829	20 685	83 688	86 151	81 942	19 241	8 892
2 201	1 109	654 790	146 073	3 728	25 687	629 103	319 254	39 800	91 839	58 528
10	2	2 582	3 533	29	23	2 559	1 156	1 156	457	5
565	277	27 667	16 103	1 278	5 246	22 421	22 450	21 100	60 573	13 217
——	——	——	——	——	——	——	——	——	——	——
223	13	83 464	87 816	39 594	458 185	168 429	188 114	182 000	50 293	1 390
127	34	1 450	1 400	6	——	1 450	202	1	420	50
342	55	28 423	22 942	1 338	14 314	14 109	7 333	1 552	9 983	622
171	72	150 745	32 917	12 600	135 421	15 324	1 183	1 183	45 992	2 940
111	37	34 055	33 385	10	——	34 055	32 790	32 790	625	272

各地区艺术表演场馆

地区	损益及分配(千元)					
	营业总成本					营业利润
		养老、医疗、失业等保险费	住房公积金和住房补贴	差旅费	工会经费	
总计	**1 786 037**	**74 408**	**17 468**	**8 466**	**4 879**	**403 046**
中央	6 094	206	58	5	——	82
北京	279 413	10 468	3 186	1 598	759	58 741
天津	87 983	5 485	2 328	195	279	60 196
河北	14 473	463	192	131	140	4 718
山西	4 970	35	——	30	——	1 285
内蒙古	7 850	150	——	3	15	2 950
辽宁	5 156	362	24	6	——	3 320
其中:大连	3 096	162	24	——	——	300
吉林	2 716	53	13	23	28	−817
黑龙江	179	——	——	1	——	−119
上海	71 079	4 433	631	298	191	2 530
江苏	276 779	14 258	3 785	1 626	844	61 637
浙江	262 910	6 160	948	1 189	360	33 212
其中:宁波	60 768	3 083	325	45	47	10 958
安徽	25 795	553	203	220	82	20 353
福建	12 919	40	——	25	10	−514
其中:厦门	245	——	——	1	——	46
江西	1 919	312	36	7	5	−57
山东	33 239	3 598	533	214	293	−7 887
其中:青岛	3 281	793	101	33	10	−572
河南	9 025	34	——	12	5	5 629
湖北	44 818	943	169	180	140	−23 223
湖南	21 226	972	457	759	104	−3 887
广东	365 924	13 338	3 499	998	1 021	154 286
其中:深圳	69 566	1 347	2 442	404	536	−16 734
广西	485	——	13	——	2	−32
海南	19 870	40	——	24	15	15 281
重庆	18 685	806	160	264	284	−1 529
四川	71 913	851	64	64	20	16 133
贵州	506	191	——	——	1	−102
云南	60 150	2 928	205	72	31	−1 331
西藏	——	——	——	——	——	——
陕西	29 116	6 400	957	73	74	−948
甘肃	280	——	——	——	——	100
青海	6 512	563	——	84	——	1 879
宁夏	43 461	648	7	358	175	1 192
新疆	592	118	——	7	1	−32

(企业)基本情况(二)

营业外收入		营业外支出	利润总额	增加值(千元)	工资、福利费、增值税			公用房屋建筑面积	
	政府补助(补贴收入)				本年发放工资总额	本年支付的职工福利费	本年应交税金总额	(千平方米)	演(映)出业务用房
194 852	**150 968**	**74 933**	**523 001**	**1 697 825**	**394 819**	**22 038**	**212 619**	**2 573.32**	**1 405.65**
38	38	14	106	2 020	1 147	92	425	22.00	16.00
2 261	1 116	2 157	58 845	188 942	60 072	2 558	28 335	248.11	152.53
563	70	542	60 217	107 654	20 080	1 278	6 709	73.84	25.40
1 330	1 308	46	6 002	16 985	6 630	294	799	68.14	42.58
1 000	1 000	——	2 285	3 939	2 051	——	272	12.40	8.95
546	——	140	3 356	5 207	1 380	102	290	8.51	6.20
978	——	1 145	3 153	7 314	2 477	33	658	41.04	25.02
——	——	——	300	2 677	1 197	13	541	25.00	16.91
——	——	——	−817	2 840	1 645	——	104	6.40	2.00
——	——	——	−119	342	74	1	——	2.50	2.50
9 117	8 387	875	10 772	56 317	22 053	735	5 355	77.92	37.17
15 927	9 476	15 046	62 554	310 155	43 270	3 674	86 058	485.99	270.67
70 010	50 881	20 398	82 824	197 705	57 956	2 705	19 437	562.21	296.14
12 113	1 413	2 559	20 512	42 161	15 463	163	1 203	74.94	48.22
1 430	834	864	20 919	43 614	6 313	251	3 033	50.16	24.19
6 873	6 873	6 873	−514	3 975	1 931	——	492	50.44	16.61
——	——	——	46	301	244	——	11	0.20	0.20
9	——	3	−51	2 333	659	91	150	16.50	7.91
8 070	6 602	514	−331	29 261	13 439	1 082	1 434	138.10	83.95
329	329	——	−243	3 525	1 866	127	——	17.26	13.98
128	115	——	5 757	10 389	2 977	520	726	37.53	19.22
24 997	24 968	83	1 691	12 978	8 677	610	1 367	42.75	15.72
4 703	——	1 462	−646	9 937	4 080	475	541	43.98	8.37
32 162	29 780	5 031	181 417	428 691	62 870	4 794	22 601	354.09	203.65
22 398	21 224	1 454	4 210	117 709	13 100	2 507	1 878	116.18	38.85
——	——	——	−32	238	93	10	20	2.66	0.09
——	——	8 657	6 624	18 062	2 384	60	222	10.90	7.50
9 469	9 120	8 422	−482	14 640	6 760	544	301	62.31	28.43
2 981	290	312	18 802	54 667	27 395	138	2 789	60.52	51.48
——	——	——	−102	457	236	——	——	3.96	3.96
10	——	60	−1 381	12 009	3 782	469	2 199	21.85	10.44
——	——	——	——	——	——	——	——	——	——
2 000	——	2 000	−948	119 528	29 521	——	19 427	14.30	2.74
——	——	——	100	346	169	21	50	7.00	5.15
45	——	102	1 822	8 234	1 494	224	2 495	14.59	11.95
95	——	77	1 210	28 572	2 918	1 269	6 313	16.33	9.09
110	110	110	−32	474	286	8	17	16.30	10.05

各地区文化部门艺术表演场馆

地区	机构数（个）	从业人员（人）	高级职称	中级职称	坐席数（个）	演(映)出场次合计（千场次）	艺术演出场次
总计	**251**	**5 157**	**109**	**445**	**214 930**	**153.28**	**16.03**
中央	——	——	——	——	——	——	——
北京	——	——	——	——	——	——	——
天津	7	116	1	5	3 362	11.95	0.34
河北	4	104	2	7	4 185	0.55	0.40
山西	2	61	——	——	2 206	0.52	0.27
内蒙古	——	——	——	——	——	——	——
辽宁	3	30	——	1	2 835	1.21	0.17
其中:大连	1	20	——	——	1 230	0.88	——
吉林	4	37	1	4	1 293	1.88	0.46
黑龙江	2	14	——	1	1 934	0.34	0.32
上海	29	501	11	26	22 627	4.57	2.11
江苏	79	1 537	10	103	61 596	65.45	3.83
浙江	19	422	7	25	24 740	7.41	2.28
其中:宁波	2	37	——	——	1 897	0.88	0.12
安徽	5	155	8	38	4 788	8.40	0.47
福建	1	75	——	——	2 202	7.73	0.17
其中:厦门	——	——	——	——	——	——	——
江西	3	30	——	3	1 968	0.34	0.12
山东	38	837	30	93	30 601	9.62	1.02
其中:青岛	9	118	3	19	4 680	0.22	0.02
河南	2	30	4	19	1 914	0.05	0.03
湖北	4	91	2	4	2 297	0.36	0.30
湖南	4	193	4	13	4 907	14.84	0.55
广东	28	617	28	51	27 232	10.81	2.22
其中:深圳	3	158	13	29	4 257	0.29	0.26
广西	——	——	——	——	——	——	——
海南	——	——	——	——	——	——	——
重庆	1	15	——	——	718	0.11	0.07
四川	4	34	1	27	3 784	1.11	0.36
贵州	1	17	——	——	1 323	0.04	0.01
云南	3	59	——	5	1 796	0.25	0.25
西藏	——	——	——	——	——	——	——
陕西	——	——	——	——	——	——	——
甘肃	——	——	——	——	——	——	——
青海	4	135	——	——	2 460	5.37	0.12
宁夏	2	24	——	7	2 183	0.13	0.10
新疆	2	23	——	13	1 979	0.24	0.06

(企业)基本情况(一)

观众人次合计		资产、负债、所有者权益(千元)							损益及分配(千元)	
(千人次)	艺术演出观众人次	资产总计			负债总计	所有者权益合计			营业收入	
			固定资产原值	当年提取的折旧总额			实收资本(股本)	国家资本		艺术演出收入
24 474	**7 560**	**1 642 952**	**1 557 351**	**202 677**	**701 642**	**941 310**	**879 846**	**789 380**	**690 124**	**156 046**
——	——	——	——	——	——	——	——	——	——	——
——	——	——	——	——	——	——	——	——	——	——
321	41	9 891	7 779	221	9 614	277	3 805	3 775	12 730	438
214	121	4 875	2 787	30	4 478	397	1 935	1 885	2 975	801
500	200	5 973	3 475	60	2 497	3 476	3 890	2 890	7 882	3 710
——	——	——	——	——	——	——	——	——	——	——
619	64	14 260	14 106	203	3 127	11 133	10 160	10 160	1 176	70
455	3	2 660	4 106	203	227	2 433	160	160	806	20
489	79	10 848	5 063	994	8 170	2 678	5 155	5 155	2 940	1 819
114	93	771	1 037	267	43	728	1 028	828	342	20
1 697	1 123	137 446	64 042	5 101	46 604	90 842	41 612	29 000	117 361	41 480
10 010	1 327	702 515	673 160	57 448	366 740	335 775	343 811	294 351	182 181	20 561
4 036	1 472	85 680	106 230	12 613	19 499	66 181	74 100	68 400	54 097	27 112
93	55	8 939	8 785	7 041	6 993	1 946	1 840	1 840	10 371	476
488	301	40 587	22 986	6 042	10 970	29 617	24 054	24 014	37 084	4 312
290	150	5 755	——	——	755	5 000	5 000	500	9 722	6 668
——	——	——	——	——	——	——	——	——	——	——
83	58	11 871	13 411	788	1 683	10 188	11 956	9 311	1 810	175
1 352	584	169 018	169 450	7 331	65 103	103 915	74 145	71 090	32 359	8 118
134	16	17 002	20 815	285	13 285	3 717	6 050	6 050	3 827	12
36	14	906	500	50	220	686	486	286	522	219
162	112	4 398	2 315	21	999	3 399	2 990	1 990	3 191	411
758	460	155 288	159 764	3 260	70 486	84 802	55 675	55 675	17 421	9 299
1 688	720	149 373	190 324	103 622	59 302	90 071	119 933	115 770	134 916	14 901
390	346	92 608	124 822	83 631	39 912	52 696	103 090	103 090	104 040	12 058
——	——	——	——	——	——	——	——	——	——	——
——	——	——	——	——	——	——	——	——	——	——
76	51	5 354	13 049	1 616	8 731	−3 377	5 519	5 519	2 551	1 576
860	290	31 030	24 830	212	——	31 030	31 030	31 000	1 382	440
10	2	2 582	3 533	29	23	2 559	1 156	1 156	457	5
177	177	24 917	14 353	1 278	5 096	19 821	21 100	21 100	55 966	13 197
——	——	——	——	——	——	——	——	——	——	——
——	——	——	——	——	——	——	——	——	——	——
——	——	——	——	——	——	——	——	——	——	——
342	55	28 423	22 942	1 338	14 314	14 109	7 333	1 552	9 983	622
42	30	7 226	8 930	153	3 188	4 038	1 183	1 183	691	60
110	36	33 965	33 285	——	——	33 965	32 790	32 790	385	32

各地区文化部门艺术表演场馆

地区	损益及分配(千元)					
	营业总成本	养老、医疗、失业等保险费	住房公积金和住房补贴	差旅费	工会经费	营业利润
总计	**562 927**	**31 244**	**8 188**	**4 437**	**1 910**	**-83 019**
中央	——	——	——	——	——	——
北京	——	——	——	——	——	——
天津	13 917	900	780	40	8	-1 718
河北	3 172	354	94	18	2	-336
山西	3 475	35	——	30	——	330
内蒙古	——	——	——	——	——	——
辽宁	1 338	322	24	6	——	-162
其中:大连	998	122	24	——	——	-192
吉林	2 716	53	13	23	28	-817
黑龙江	179	——	——	1	——	-119
上海	67 248	4 166	626	248	110	-586
江苏	169 254	12 081	2 144	1 352	306	-21 218
浙江	73 722	2 141	700	843	317	-27 077
其中:宁波	4 321	362	153	26	18	-175
安徽	14 198	354	154	177	64	17 587
福建	11 687	——	——	14	——	-1 965
其中:厦门	——	——	——	——	——	——
江西	1 610	232	36	7	5	-189
山东	31 651	3 410	523	209	293	-6 887
其中:青岛	3 281	793	101	33	10	-572
河南	425	31	——	3	——	-6
湖北	3 745	141	20	15	——	-554
湖南	21 226	972	457	759	104	-3 887
广东	71 722	2 081	2 360	352	373	-32 233
其中:深圳	48 460	874	2 257	265	307	-26 399
广西	——	——	——	——	——	——
海南	——	——	——	——	——	——
重庆	4 981	30	6	124	250	-2 469
四川	920	17	39	63	11	290
贵州	506	191	——	——	1	-102
云南	57 623	2 898	205	62	31	-2 443
西藏	——	——	——	——	——	——
陕西	——	——	——	——	——	——
甘肃	——	——	——	——	——	——
青海	6 512	563	——	84	——	1 879
宁夏	738	154	7	——	6	-295
新疆	362	118	——	7	1	-42

(企业)基本情况(二)

营业外收入		营业外支出	利润总额	增加值（千元）	工资、福利费、增值税			公用房屋建筑面积	
	政府补助（补贴收入）				本年发放工资总额	本年支付的职工福利费	本年应交税金总额	（千平方米）	演(映)出业务用房
95 977	**83 927**	**15 246**	**−2 288**	**430 121**	**115 347**	**9 016**	**25 889**	**1 217.78**	**614.60**
——	——	——	——	——	——	——	——	——	——
——	——	——	——	——	——	——	——	——	——
——	——	86	−1 804	6 358	3 788	35	483	32.79	15.41
288	268	1	−49	1 909	1 118	117	192	12.37	10.71
1 000	1 000	——	1 330	1 334	766	——	2	7.55	6.55
——	——	——	——	——	——	——	——	——	——
——	——	——	−162	1 068	307	33	149	8.70	6.10
——	——	——	−192	725	217	13	146	5.00	3.00
——	——	——	−817	2 840	1 645	——	104	6.40	2.00
——	——	——	−119	342	74	1	——	2.50	2.50
6 953	6 266	832	5 535	39 088	20 108	515	5 245	63.93	32.09
8 039	4 402	2 470	−15 649	116 839	29 259	2 366	7 088	306.66	165.39
30 043	29 997	261	2 705	34 525	12 825	1 020	2 776	237.71	101.61
500	500	2	323	8 677	661	101	309	12.51	5.28
672	634	432	17 827	30 239	3 302	188	2 538	24.59	18.99
6 873	6 873	6 873	−1 965	1 473	1 105	——	367	29.71	14.00
——	——	——	——	——	——	——	——	——	——
9	——	3	−183	1 810	577	38	134	14.66	6.45
7 785	6 330	498	400	28 534	13 069	1 064	1 395	134.05	79.90
329	329	——	−243	3 525	1 866	127	——	17.26	13.98
115	115	——	109	432	209	10	32	7.50	3.70
1 049	1 020	——	495	1 597	1 067	214	63	14.36	3.58
4 703	——	1 462	−646	9 937	4 080	475	541	43.98	8.37
27 538	26 322	1 540	−6 235	130 942	16 828	2 319	1 371	197.46	85.09
21 237	20 796	263	−5 425	101 281	11 019	2 147	1 029	84.72	7.39
——	——	——	——	——	——	——	——	——	——
——	——	——	——	——	——	——	——	——	——
465	300	286	−2 290	2 551	552	62	27	9.26	9.26
290	290	290	290	1 181	577	23	8	7.60	6.82
——	——	——	−102	457	236	——	——	3.96	3.96
——	——	——	−2 443	7 411	1 882	269	844	15.45	7.52
——	——	——	——	——	——	——	——	——	——
——	——	——	——	——	——	——	——	——	——
——	——	——	——	——	——	——	——	——	——
45	——	102	1 822	8 234	1 494	224	2 495	14.59	11.95
——	——	——	−295	691	313	35	23	6.12	3.03
110	110	110	−42	329	166	8	12	15.88	9.65

艺术业主要指标解释

1. 本团原创首演剧目：指由戏曲、话剧、歌剧、舞剧、歌舞剧、木偶、皮影等艺术表演团体原生创作并首演且单个剧目演出时间超过一小时的表演剧目。但不包括音乐、舞蹈、曲艺、杂技等单个小节目的创作演出。

2. 演出场次：指以场为计量单位的在国内和国外的艺术表演的次数。包括售票、包场等有演出收入的场次和政府采购的公益性演出场次及参加汇演、调演等无演出收入的公开演出场次，包括流动舞台车演出场次，不包括彩排和内部观摩等无演出收入的场次。

场数的计算，通常以售票、发票一次(或在其他地点进行一次艺术表演活动相当于剧场演出一场的时间)为一场。按时收费的，按日场、晚场或早场等一般习惯(约 1 至 2 小时)计算。评弹等曲艺演出计算场数，可按演出 1 至 2 小时为一场的原则进行折算。独幕剧或音乐、舞蹈、曲、杂、木、皮节目组成专场演出时，不论包括几个独幕剧或节目，一律按一场计算。

3. 国内演出场次：指在国内的艺术表演的次数，包括售票、包场等有演出收入的演出场次数和到老、少、边、山、穷地区免费演出的场次，以及参加汇演、调演等无演出收入的公开演出场次，不包括彩排审查和内部观摩演出等无演出收入的场次。

4. 农村演出场次：指本团到(乡镇及以下)农村和林区、牧区、渔区的演出。不论在本省或外省，凡到上述地区演出，均计入农村演出。

5. 国内演出观众人次：指计入演出场次相关的观众人次。按时收费的，按进场观众人数计数，不论进场早晚，在场内时间多久，进一人，算一人次。

6. 演出收入：指艺术表演团体通过售票或包场演出所取得的票房收入，不包括政府采购的公益性演出补贴收入。

7. 政府采购的公益性演出场次、观众人次：指本团报告期内不进行售票、免费给社会公众演出并从财政部门获取一定场次补贴的公益性演出场次、观众人次。

8. 政府采购的公益性演出补贴收入：指本团报告期内因进行公益性演出而从财政部门取得的补贴收入，为财政拨款的其中项。

9. 坐席数：指公开营业艺术表演场馆可向观众售票的实际坐席数。

10. 演(映)出场次合计、观众人次合计：指公开营业的艺术演出、电影放映等全部有收入的场次和观众人次。

11. 演(映)出业务用房：指在艺术表演场馆中用于演(映)出服务的设施面积。多功能艺术表演的场所应包括观众厅、门厅、舞台部分(主台、侧台、后台)的建筑面积和辅助设施：休息室、化妆间、服装间、道具间、舞台设备控制间(灯控间、音控间、放映间等)的建筑面积以及配电设施、消防通道的建筑面积。若属非独立建筑的，则按使用面积计算。

各地区公共图书馆

地区	机构数(个)	从业人员数(人)	高级职称	中级职称	总藏量(千册)	图书	古籍	善本	报刊	视听文献、缩微制品	其他	藏量中:开架书刊
总　计	**2 850**	**52 688**	**4 177**	**16 724**	**585 206**	**436 729**	**27 447**	**2 453.47**	**72 444**	**28 347**	**47 687**	**219 978**
中　央	1	1 390	189	639	27 783	10 905	1 925	277.39	13 299	1 577	2 001	1 818
北　京	24	1 292	64	305	15 888	14 007	470	60.99	599	590	692	9 420
天　津	31	1 087	115	369	11 587	10 052	563	103.91	703	196	636	5 507
河　北	164	1 751	191	552	15 492	12 735	586	25.69	1 397	941	419	6 482
山　西	126	1 579	75	462	11 764	9 099	790	128.53	2 117	123	425	4 077
内蒙古	113	1 822	175	627	8 704	7 595	289	10.68	921	33	155	2 169
辽　宁	128	2 891	263	1 228	27 849	23 062	1 035	160.58	2 185	1 254	1 347	12 425
其中:大连	13	440	48	176	6 516	5 368	261	23.41	442	571	136	2 868
吉　林	66	1 717	230	689	13 384	11 231	554	64.13	1 412	211	530	4 441
黑龙江	100	1 806	274	825	15 716	12 702	457	21.89	2 095	586	333	7 440
上　海	29	2 376	181	589	65 934	26 301	2 001	192.74	3 296	13 269	23 068	12 958
江　苏	109	2 787	311	886	40 710	36 073	3 352	201.99	3 019	904	714	14 858
浙　江	96	2 646	240	798	35 517	28 051	1 951	205.90	2 955	1 324	3 186	17 929
其中:宁波	12	287	15	78	6 333	3 735	170	2.63	354	54	2 189	2 199
安　徽	89	1 229	82	339	11 362	8 796	565	43.21	1 305	203	1 058	3 332
福　建	85	1 199	73	357	15 424	11 997	533	42.76	1 938	325	1 164	7 144
其中:厦门	8	235	10	51	2 988	2 573	89	1.49	324	53	38	1 964
江　西	108	1 426	70	283	14 736	11 406	1 045	54.88	2 175	60	1 094	5 643
山　东	150	2 669	349	1 095	35 153	27 856	1 387	125.92	3 898	805	2 593	16 845
其中:青岛	13	255	27	93	4 247	3 650	152	1.94	424	16	157	2 247
河　南	142	2 756	120	674	17 245	14 142	1 146	66.61	2 423	327	354	4 855
湖　北	107	2 180	174	933	21 813	17 743	967	76.84	3 183	379	508	10 338
湖　南	120	1 927	123	699	18 394	15 170	1 198	83.67	2 560	361	304	7 646
广　东	133	3 711	185	856	43 674	37 235	942	68.33	3 888	1 230	1 320	24 708
其中:深圳	8	661	63	148	7 923	6 717	15	1.19	593	248	365	4 454
广　西	100	1 471	76	455	17 597	13 030	504	16.51	3 572	451	543	5 519
海　南	20	357	7	37	3 407	2 413	20	0.22	282	705	7	2 158
重　庆	43	805	89	224	9 880	7 127	669	75.79	868	735	1 150	2 951
四　川	156	1 974	80	533	24 804	19 078	1 578	97.66	3 211	694	1 821	7 075
贵　州	93	946	58	224	8 003	6 373	327	13.63	1 219	38	373	3 949
云　南	150	1 754	135	703	15 079	12 047	977	43.77	2 305	413	314	7 069
西　藏	4	66	3	18	500	399	11	0.30	83	1	17	205
陕　西	112	1 944	61	420	10 588	8 924	635	74.48	1 495	54	115	1 737
甘　肃	93	1 263	51	282	9 510	7 524	533	92.07	1 561	86	339	3 893
青　海	44	391	35	149	4 023	3 409	170	12.98	383	24	208	793
宁　夏	20	531	35	188	4 350	3 653	173	9.34	421	30	245	554
新　疆	94	945	63	286	9 338	6 592	97	0.08	1 674	417	654	4 040

注：表头层级——“从业人员数”下设(人)、高级职称、中级职称；“总藏量”下设(千册)、图书(其下古籍，古籍下善本)、报刊、视听文献、缩微制品、其他、藏量中:开架书刊。

基本情况(一)

当年购买的报刊种类(种)	书架单层总长度(米)	累计发放有效借书证数(个)	总流通人次		书刊文献外借册次(千册次)	为读者举办各种活动			
			(千人次)	书刊文献外借人次		组织各类讲座次数		举办展览	
						(次)	参加人次(千人次)	(个)	参观人次(千人次)
892 396	**12 163 277**	**17 496 074**	**321 675**	**132 771**	**258 573**	**31 277**	**6 011**	**9 296**	**18 001**
15 861	——	229 527	5 209	832	2 213	213	50	49	138
22 533	145 349	998 822	8 235	3 886	8 900	1 622	252	188	307
15 561	103 128	343 072	6 763	2 521	6 370	516	108	199	315
21 629	295 862	545 254	7 125	3 820	5 279	901	217	349	252
21 401	145 580	321 684	3 497	1 449	2 415	969	155	249	519
14 502	297 320	162 942	3 096	1 513	2 419	845	70	150	134
46 466	1 017 390	792 334	16 656	6 077	14 071	1 348	231	517	918
15 020	94 470	300 401	6 722	1 762	3 914	239	83	58	132
17 559	213 571	234 105	4 903	1 906	4 431	476	140	154	218
21 673	215 724	451 344	6 166	2 350	5 604	690	166	291	412
46 969	431 227	891 425	14 599	5 561	14 525	1 299	224	234	613
61 888	2 109 792	1 740 766	27 866	14 811	24 448	2 109	389	682	1 773
70 515	560 559	1 393 124	42 532	12 144	27 854	1 703	355	765	1 264
14 003	92 400	248 196	5 380	1 690	4 034	193	56	85	226
25 356	189 473	242 905	6 714	3 552	5 777	708	197	239	349
26 022	274 224	414 054	11 820	6 366	11 288	853	212	373	682
4 654	65 007	173 316	4 326	2 621	4 487	198	31	79	338
23 011	180 054	374 600	5 958	3 072	5 175	743	109	289	350
46 403	514 759	1 080 795	16 030	9 193	15 439	1 858	393	552	921
11 369	59 647	181 977	2 907	1 440	2 057	431	63	40	33
23 993	289 968	675 321	10 109	5 892	9 523	1 163	178	582	408
38 422	1 041 522	1 289 766	12 712	5 971	10 468	1 236	378	296	631
33 821	364 798	697 382	9 402	4 641	9 582	970	291	252	528
83 444	676 558	2 446 904	45 651	12 375	25 360	5 486	898	935	4 254
19 398	67 730	736 019	10 720	2 374	6 232	580	112	72	854
37 281	321 010	285 479	11 002	3 683	7 738	523	101	206	767
7 268	234 079	22 560	1 931	993	1 340	152	47	73	103
17 975	121 163	203 840	5 880	2 903	7 603	510	74	166	377
33 992	1 197 982	410 542	11 514	5 275	9 489	1 406	320	446	687
16 127	147 085	162 550	2 665	1 445	2 134	404	115	108	209
35 027	425 761	310 419	9 619	3 897	7 700	719	101	227	326
1 350	23 510	4 155	24	9	22	——	——	——	——
15 780	166 883	258 632	3 841	1 903	2 581	538	34	274	96
17 596	168 919	177 115	4 141	1 981	3 290	689	91	163	182
2 934	85 389	80 047	898	187	429	83	12	60	22
6 569	93 278	70 438	1 471	745	1 556	87	15	61	107
23 468	111 360	184 171	3 643	1 818	3 545	458	88	167	140

各地区公共图书馆

地　区	举办培训班		信息化建设		本年收入合计					
			计算机			财政拨款				
	（班次）	培训人次（千人次）	（台）	电子阅览室终端数	（千元）		购书专项经费	事业收入	经营收入	其他收入
总　计	**14 619**	**1 489**	**126 207**	**72 150**	**6 131 745**	**5 508 084**	**1 065 288**	**262 478**	**33 819**	**216 607**
中　央	30	3	2 382	236	594 921	490 402	165 000	48 860	9 414	46 245
北　京	250	18	3 664	1 076	300 304	282 939	29 401	7 231	1 941	2 735
天　津	210	19	2 353	1 154	162 736	149 695	35 273	5 412	1 317	5 949
河　北	402	50	3 242	1 684	104 958	100 903	14 164	676	223	2 397
山　西	668	71	3 029	1 885	100 504	94 334	11 893	798	1 391	3 136
内蒙古	272	22	3 159	1 810	143 119	142 212	9 731	149	——	373
辽　宁	1 180	112	5 010	2 505	342 971	305 353	75 914	27 382	——	9 234
其中：大连	452	20	1 441	852	74 797	72 745	12 897	1 526	——	395
吉　林	288	66	2 713	1 368	125 354	119 817	13 009	450	485	3 704
黑龙江	158	26	4 469	2 927	125 840	122 268	12 662	1 607	——	1 430
上　海	599	33	5 296	1 503	652 864	559 116	165 512	49 391	1 365	10 022
江　苏	1 367	137	7 608	3 707	381 385	330 875	73 278	19 896	2 675	24 812
浙　江	1 438	78	7 552	4 415	450 579	387 610	92 316	23 504	952	24 765
其中：宁波	44	3	1 159	802	47 207	41 065	10 634	494	——	3 673
安　徽	396	48	4 446	3 138	115 378	99 334	15 340	4 498	555	6 230
福　建	294	67	3 382	1 773	142 585	119 615	15 594	12 638	1 463	2 957
其中：厦门	107	23	735	302	34 387	31 781	3 128	2 334	——	271
江　西	272	29	4 524	2 939	91 134	77 718	10 772	7 250	157	2 859
山　东	822	117	7 874	4 891	219 898	210 266	35 583	4 894	——	1 735
其中：青岛	79	14	901	550	35 011	33 091	6 260	123	——	853
河　南	448	45	4 360	2 646	129 668	122 008	13 463	2 132	722	4 021
湖　北	644	105	5 612	3 490	250 315	230 001	15 877	5 624	207	12 231
湖　南	404	36	3 472	2 407	126 959	112 165	16 614	5 295	3 763	4 063
广　东	1 169	86	9 874	5 584	588 648	551 456	127 733	15 861	4	18 84[illegible]
其中：深圳	108	18	2 280	1 306	194 303	181 914	39 350	3 372	——	8 0[illegible]
广　西	285	28	4 445	2 838	124 156	113 534	15 634	2 288	349	5 731
海　南	36	4	1 002	653	29 978	28 823	6 124	——	——	423
重　庆	592	109	2 945	1 805	83 664	72 684	8 343	6 121	351	1 649
四　川	468	75	5 625	3 386	211 987	185 864	25 303	4 982	2 646	10 242
贵　州	138	11	2 556	1 607	62 115	53 834	6 505	1 685	——	3 316
云　南	549	31	4 677	3 255	125 277	116 700	17 112	1 328	3 799	1 392
西　藏	3	——	287	200	6 092	6 092	1 155	——	——	——
陕　西	639	17	2 490	1 665	95 145	91 072	9 560	923	40	1 358
甘　肃	223	19	2 568	1 708	90 375	88 878	10 416	259	——	177
青　海	35	2	1 270	1 154	30 236	29 653	1 986	55	——	272
宁　夏	44	9	1 389	922	47 929	45 921	6 618	598	——	769
新　疆	296	15	2 932	1 819	74 671	66 942	7 403	691	——	3 531

基本情况(二)

本年支出合计（千元）											
				在支出合计中：							
	基本支出	项目支出	经营支出	工资福利支出	商品和服务支出					对个人和家庭补助支出	
						差旅费	劳务费	福利费	税金支出		抚恤金和生活补助
6 066 300	**3 488 543**	**2 341 009**	**23 968**	**1 963 309**	**1 338 745**	**34 342**	**53 345**	**28 592**	**28 063**	**596 211**	**18 858**
581 626	184 076	395 162	2 388	99 060	172 592	1 993	9 147	196	2 165	56 031	774
240 946	120 566	119 245	1 034	64 849	58 044	511	1 265	443	1 112	21 601	559
160 825	125 304	33 210	1 317	53 753	20 376	422	149	804	675	22 464	187
101 864	84 846	11 247	317	51 271	14 188	516	226	519	——	12 039	529
172 885	66 281	20 836	1 391	42 808	19 069	1 179	1 170	462	73	9 630	260
151 660	122 941	21 731	39	56 165	15 629	873	583	648	31	15 674	517
311 121	214 181	87 177	——	113 979	84 923	1 607	1 490	982	10 828	38 319	863
81 297	46 112	29 525	——	32 375	9 021	386	997	71	3	2 699	1
121 408	94 481	25 364	485	53 746	22 470	537	140	91	103	22 912	707
125 514	100 546	23 141	140	58 375	24 900	914	683	274	141	20 525	274
632 384	287 211	328 031	150	164 234	178 428	1 419	7 095	2 718	2 101	22 221	2 291
379 701	241 404	136 061	2 236	124 362	81 822	1 656	3 983	2 685	1 178	52 363	1 540
448 804	241 937	204 688	951	141 975	112 663	3 636	6 279	4 786	1 252	32 527	271
46 581	29 513	17 066	——	19 579	10 476	531	836	668	69	2 211	19
110 143	67 952	33 802	657	36 122	20 517	915	1 937	432	209	15 045	1 032
122 940	79 120	41 306	397	38 130	25 497	886	1 009	538	391	12 803	395
29 087	22 776	6 230	——	9 081	11 245	192	276	201	——	3 725	121
94 010	70 967	16 243	207	33 341	17 919	899	459	957	384	14 716	439
230 339	168 960	56 146	——	100 743	40 966	1 572	1 713	501	263	22 544	286
35 045	29 253	5 335	——	16 710	6 999	171	69	18	76	3 086	12
126 736	103 236	15 038	722	60 268	15 554	805	835	828	251	17 417	488
248 337	88 942	154 604	199	53 880	21 703	1 190	363	1 242	820	16 735	431
122 257	89 658	24 426	3 612	51 532	26 337	1 152	637	1 096	811	13 709	821
564 278	308 804	247 535	35	199 002	97 424	3 007	5 740	3 267	2 473	46 453	594
175 203	71 033	102 390	——	53 631	28 871	600	2 974	609	1 238	3 804	20
123 434	80 503	37 478	339	47 663	22 623	1 156	1 166	239	922	16 738	696
31 491	12 459	15 936	10	7 249	8 865	354	110	517	26	954	——
91 228	37 133	47 509	572	25 714	29 396	964	992	1 028	386	9 100	347
205 404	91 526	105 327	2 589	51 156	65 317	1 961	2 070	1 317	467	17 388	1 767
63 495	46 691	14 451	13	24 694	14 935	494	238	381	486	8 914	320
158 959	79 737	71 453	3 807	48 650	62 750	1 118	895	400	316	14 249	410
6 092	6 087	5	——	3 570	762	139	5	3	——	686	——
96 631	78 670	14 519	193	54 226	15 968	627	777	319	83	6 941	698
86 386	79 335	7 050	——	37 336	17 065	629	582	443	35	13 457	579
30 646	26 111	4 485	20	16 845	4 000	202	199	12	——	4 950	78
46 025	31 681	9 808	116	17 303	13 495	274	559	74	12	6 593	210
78 731	57 197	17 995	32	31 308	12 548	735	849	390	69	10 513	495

各地区公共图书馆

地区	本年支出合计(千元)	在支出合计中:其他资本性支出	各种设备购置费 新增藏量购置费	本年新购藏量(千册)	资产合计(千元)	固定资产原值	增加值(千元)
总计	**1 824 725**	**397 262**	**1 044 043**	**29 389**	**20 731 308**	**18 224 774**	**3 395 739**
中央	251 556	79 658	168 982	829	2 705 457	2 245 605	257 079
北京	87 913	31 577	37 555	1 629	1 138 801	956 187	128 937
天津	40 749	3 789	36 640	894	318 605	277 938	88 875
河北	18 712	2 938	14 714	927	362 747	341 681	77 231
山西	23 647	6 489	12 045	403	445 004	413 397	70 500
内蒙古	51 741	21 153	8 298	423	258 324	238 394	82 206
辽宁	60 654	4 651	40 704	1 732	776 417	716 320	196 253
其中:大连	27 155	1 863	12 773	859	169 722	161 087	42 614
吉林	20 919	6 127	13 968	640	300 573	235 960	85 768
黑龙江	15 601	2 109	12 483	602	513 924	496 798	99 668
上海	241 828	25 109	164 904	1 967	2 660 459	2 352 198	290 865
江苏	121 154	38 836	76 709	2 047	1 477 729	1 351 363	237 378
浙江	153 162	28 271	98 051	3 210	1 407 296	1 195 471	235 190
其中:宁波	13 561	2 939	10 424	382	124 358	98 914	27 336
安徽	27 510	7 629	14 677	819	441 301	403 820	69 112
福建	36 304	15 583	15 877	955	489 174	394 502	72 757
其中:厦门	4 333	1 494	2 677	146	142 550	106 840	17 485
江西	19 963	8 058	9 539	390	229 378	208 363	57 897
山东	56 641	6 893	35 248	1 716	939 139	879 883	160 806
其中:青岛	7 506	1 244	6 218	173	158 463	143 374	25 692
河南	21 217	6 783	12 404	689	351 367	303 691	91 453
湖北	150 532	13 379	18 884	678	588 237	515 546	93 411
湖南	22 802	5 825	14 987	588	381 079	296 041	79 137
广东	180 925	26 994	120 421	3 418	1 921 612	1 750 510	327 026
其中:深圳	74 461	13 097	35 445	1 257	408 872	314 962	75 121
广西	32 692	7 269	16 973	607	368 606	315 917	78 771
海南	9 601	3 980	5 569	184	68 027	59 754	11 267
重庆	23 355	4 916	14 606	577	247 640	205 025	45 137
四川	55 054	11 867	21 446	1 604	551 745	410 107	87 623
贵州	12 881	6 330	4 910	244	183 972	166 206	41 176
云南	23 602	4 483	16 046	518	526 524	496 618	84 049
西藏	1 074	——	1 074	8	57 793	56 749	6 543
陕西	16 410	4 227	11 687	371	402 877	384 369	77 075
甘肃	17 945	3 338	10 132	216	325 784	296 245	63 168
青海	4 087	1 136	1 984	60	79 047	74 356	24 914
宁夏	7 415	2 290	4 832	170	100 797	81 489	27 608
新疆	17 079	5 575	7 694	272	111 873	104 271	46 859

基本情况(三)

公用房屋建筑面积					阅览室坐席数		图书馆延伸服务情况				
		阅览室面积					流动图书馆车书刊借阅人次(千人次)	流动图书馆车书刊借阅册次(千册次)	分馆情况		
(千平方米)	书库面积		书刊阅览室面积	电子阅览室面积	(个)	少儿阅览室坐席数(个)			数量(个)	借阅人次(千人次)	借阅册次(千册次)
8 503	**1 947**	**2 035**	**1 469**	**344**	**601 519**	**150 558**	**4 869**	**9 046**	**5 834**	**22 842**	**51 747**
254	49	66	65	1	6 550	——	——	——	——	——	——
165	30	37	23	5	12 938	2 881	251	833	243	686	1 103
128	41	39	29	8	9 486	1 523	93	142	341	582	925
257	69	53	33	8	20 457	5 383	22	30	33	251	371
318	53	57	42	9	14 732	4 019	116	224	149	196	492
223	41	55	39	8	16 607	4 269	92	122	19	131	268
423	71	92	66	14	28 395	7 833	193	524	985	1 621	2 899
121	16	28	22	5	7 255	2 009	52	116	185	409	629
142	36	42	31	5	13 486	3 482	37	57	234	431	911
238	50	62	44	14	16 705	4 075	96	143	165	565	929
286	84	60	52	6	16 839	4 104	256	491	288	1 243	15 709
648	124	145	108	20	35 436	10 352	153	211	203	3 327	3 870
555	122	132	102	23	34 924	9 038	856	1 619	374	3 252	5 554
85	7	28	22	6	5 182	1 024	303	569	164	221	403
211	45	51	37	11	15 380	3 760	19	40	55	186	272
308	81	81	64	10	22 071	5 540	186	331	376	932	1 747
63	23	23	20	2	4 211	1 320	27	53	54	544	923
292	70	75	40	12	22 037	6 122	174	251	140	535	642
465	118	113	80	24	36 011	8 610	567	878	181	1 024	1 622
62	9	17	14	3	5 646	827	85	132	21	27	55
318	89	58	34	10	23 680	6 186	108	134	52	160	203
316	78	78	57	14	27 328	7 759	381	599	284	1 121	1 559
295	87	64	47	10	28 552	8 067	5	12	135	322	762
784	138	196	141	39	58 289	12 093	480	909	844	3 670	7 128
142	15	39	33	6	8 521	2 021	14	52	289	458	891
236	72	66	50	13	22 649	6 336	54	85	11	22	39
79	14	16	12	2	4 430	986	71	92	1	33	60
166	40	41	27	7	10 308	2 817	19	27	92	679	1 546
321	85	89	63	16	26 160	6 172	125	233	90	573	1 114
155	37	39	29	6	12 172	2 568	37	52	136	296	375
287	72	71	47	18	20 352	5 500	265	435	129	285	535
27	6	4	3	1	686	69	——	——	4	1	1
186	43	42	28	7	12 656	2 632	47	129	67	141	188
148	36	41	27	6	12 529	2 949	21	83	45	177	234
45	10	11	6	3	3 062	555	——	——	——	4	8
84	23	24	19	4	5 298	1 160	136	335	2	14	27
143	32	34	22	9	11 314	3 718	10	25	156	382	655

各地区少儿公共图书馆

地区	机构数(个)	从业人员数(人)	高级职称	中级职称	总藏量(千册)	图书	古籍	善本	报刊	视听文献、缩微制品	其他	藏量中:开架书刊
总计	**91**	**1 774**	**177**	**606**	**19 500**	**17 195**	**73.29**	**3.79**	**854.59**	**856.62**	**594.44**	**12 112**
中央	——	——	——	——	——	——	——	——	——	——	——	——
北京	4	85	3	26	906	777	——	——	62.21	66.96	——	789
天津	11	179	19	57	1 854	1 742	——	——	19.71	37.72	54.45	1 394
河北	1	9	4	2	102	102	——	——	0.07	——	——	60
山西	1	15	1	3	102	75	——	——	26.39	——	——	——
内蒙古	2	28	4	8	181	159	——	——	18.55	1.81	2.24	17
辽宁	15	292	32	116	2 457	2 291	——	——	36.79	95.12	34.56	1 124
其中:大连	1	55	9	18	511	489	——	——	3.88	17.69	0.75	403
吉林	3	95	12	27	817	518	——	——	65.15	15.75	217.56	651
黑龙江	1	17	2	10	52	22	——	——	22.76	0.40	6.69	40
上海	5	108	10	26	1 589	1 449	——	——	5.74	134.07	0.46	1 161
江苏	6	58	14	21	927	848	1.11	——	44.68	15.86	18.95	747
浙江	3	125	14	36	1 097	961	——	——	35.12	94.69	6.12	856
其中:宁波	——	——	——	——	——	——	——	——	——	——	——	——
安徽	2	35	1	8	151	134	——	——	8.14	2.00	7.00	95
福建	5	99	5	25	1 197	1 027	——	——	66.78	102.69	0.29	863
其中:厦门	3	75	3	14	749	713	——	——	16.01	20.09	0.29	568
江西	——	——	——	——	——	——	——	——	——	——	——	——
山东	1	7	2	4	100	86	——	——	12.40	1.37	——	74
其中:青岛	——	——	——	——	——	——	——	——	——	——	——	——
河南	1	15	2	8	140	99	——	——	34.51	7.14	——	140
湖北	5	93	8	41	1 161	933	39.14	3.37	25.48	20.36	182.04	695
湖南	6	129	14	58	1 146	1 028	0.87	——	64.49	47.89	6.02	968
广东	5	160	12	45	3 481	3 201	7.37	——	99.14	161.67	18.69	2 100
其中:深圳	1	60	5	15	878	840	——	——	——	38.40	——	——
广西	3	58	1	34	729	589	——	——	123.67	16.23	——	7
海南	——	——	——	——	——	——	——	——	——	——	——	——
重庆	2	98	16	29	790	726	11.52	0.18	30.31	31.93	1.09	21
四川	——	——	——	——	——	——	——	——	——	——	——	——
贵州	1	6	——	——	75	63	——	——	7.44	0.20	4.21	39
云南	4	18	——	10	243	212	3.00	——	28.61	1.96	——	191
西藏	——	——	——	——	——	——	——	——	——	——	——	——
陕西	2	25	1	12	132	115	1——	0.21	15.96	0.46	——	35
甘肃	2	20	——	——	72	37	0.28	0.03	0.51	0.34	34.08	45
青海	——	——	——	——	——	——	——	——	——	——	——	——
宁夏	——	——	——	——	——	——	——	——	——	——	——	——
新疆	——	——	——	——	——	——	——	——	——	——	——	——

基本情况(一)

当年购买的报刊种类（种）	书架单层总长度（米）	累计发放有效借书证数（个）	总流通人次（千人次）		书刊文献外借册次（千册次）	为读者举办各种活动 组织各类讲座次数（次）		举办展览（个）	
				书刊文献外借人次			参加人次（千人次）		参观人次（千人次）
33 752	**153 359**	**1 003 867**	**17 112**	**7 950**	**19 608**	**1 277**	**230**	**359**	**580**
——	——	——	——	——	——	——	——	——	——
1 588	10 316	104 676	545	314	759	144	32	38	71
2 000	5 234	29 212	698	632	1 471	185	13	34	13
305	700	——	200	170	250	3	1	2	20
71	900	3 300	16	11	11	5	1	——	——
944	2 583	19 687	73	46	47	39	7	13	2
3 180	17 271	90 632	1 248	703	2 138	81	17	80	71
573	5 719	45 357	364	210	498	3	1	4	17
867	1 527	18 610	272	155	440	26	4	13	8
86	330	——	92	35	45	——	——	3	3
2 046	12 013	82 764	1 273	693	1 443	212	27	12	6
1 823	7 465	68 386	1 234	749	1 459	39	11	27	33
2 686	6 903	50 325	1 593	308	1 361	21	3	25	61
——	——	——	——	——	——	——	——	——	——
735	1 226	20 618	450	232	605	14	8	2	15
1 560	12 832	81 031	1 339	1 280	1 461	63	18	18	42
1 018	10 333	70 008	1 176	1 132	1 154	32	5	12	32
——	——	——	——	——	——	——	——	——	——
102	14	13 210	119	70	103	1	——	1	2
——	——	——	——	——	——	——	——	——	——
466	2 340	6 405	169	169	399	13	1	2	20
1 152	10 803	42 642	683	247	570	88	9	9	28
2 610	11 282	66 180	677	190	605	163	49	8	11
5 404	24 521	272 323	4 236	925	2 619	50	16	28	119
3 222	8 531	14 446	1 218	72	136	22	4	8	35
1 885	7 713	12 016	998	458	602	33	6	12	15
——	——	——	——	——	——	——	——	——	——
1 608	8 107	7 459	640	184	1 609	59	5	16	37
——	——	——	——	——	——	——	——	——	——
50	2 500	1 800	28	13	25	——	——	——	——
475	4 559	8 366	402	287	1 437	18	——	11	5
——	——	——	——	——	——	——	——	——	——
159	1 805	3 445	109	65	124	15	1	2	——
1 950	415	780	19	16	23	5	——	3	——
——	——	——	——	——	——	——	——	——	——
——	——	——	——	——	——	——	——	——	——
——	——	——	——	——	——	——	——	——	——

各地区少儿公共图书馆

地区	举办培训班		信息化建设		本年收入合计					
			计算机			财政拨款				
	(班次)	培训人次(千人次)	(台)	电子阅览室终端数	(千元)		购书专项经费	事业收入	经营收入	其他收入
总　计	**1 575**	**124**	**4 407**	**2 678**	**218 388**	**196 119**	**32 421**	**11 790**	**2 384**	**5 581**
中　央	——	——	——	——	——	——	——	——	——	——
北　京	91	2	300	116	12 400	11 024	1 453	23	402	233
天　津	72	6	267	169	26 607	22 607	5 678	1 742	439	1 569
河　北	8	——	——	——	——	——	——	——	——	——
山　西	——	——	23	2	1 200	1 150	45	50	——	——
内蒙古	12	2	71	59	1 757	1 757	70	——	——	——
辽　宁	114	10	552	273	32 844	31 865	4 472	480	——	395
其中:大连	63	1	229	136	12 105	11 470	1 700	240	——	395
吉　林	60	17	106	70	6 721	6 567	710	76	——	48
黑龙江	——	——	2	1	570	570	25	——	——	——
上　海	136	9	387	249	19 816	15 989	2 737	2 255	——	710
江　苏	411	15	390	281	7 157	5 870	1 280	557	——	525
浙　江	7	1	217	123	16 743	15 971	2 200	480	——	2
其中:宁波	——	——	——	——	——	——	——	——	——	——
安　徽	5	——	102	48	2 593	2 367	500	150	——	76
福　建	113	27	247	127	11 901	10 960	780	795	——	145
其中:厦门	88	22	174	79	9 753	8 899	480	708	——	145
江　西	——	——	——	——	——	——	——	——	——	——
山　东	8	1	43	31	961	856	50	35	——	20
其中:青岛	——	——	——	——	——	——	——	——	——	——
河　南	1	——	57	21	1 091	1 041	370	50	——	——
湖　北	23	4	202	133	8 977	7 383	1 426	115	4	1 474
湖　南	28	3	128	55	11 561	9 820	1 330	181	1 527	32
广　东	374	14	635	451	39 283	36 037	7 550	3 120	——	126
其中:深圳	24	7	259	259	21 386	21 386	4 000	——	——	——
广　西	1	——	185	114	4 288	4 054	535	120	12	102
海　南	——	——	——	——	——	——	——	——	——	——
重　庆	46	2	221	120	8 755	7 087	950	1 542	——	124
四　川	——	——	——	——	——	——	——	——	——	——
贵　州	——	——	——	——	145	145	——	——	——	——
云　南	50	10	153	132	1 379	1 379	200	——	——	——
西　藏	——	——	——	——	——	——	——	——	——	——
陕　西	12	——	81	67	903	884	40	19	——	——
甘　肃	3	——	38	36	736	736	20	——	——	——
青　海	——	——	——	——	——	——	——	——	——	——
宁　夏	——	——	——	——	——	——	——	——	——	——
新　疆	——	——	——	——	——	——	——	——	——	——

基本情况(二)

本年支出合计(千元)											
	基本支出	项目支出	经营支出	在支出合计中:							
				工资福利支出	商品和服务支出					对个人和家庭补助支出	
						差旅费	劳务费	福利费	税金支出		抚恤金和生活补助
214 549	**139 358**	**72 831**	**1 982**	**83 879**	**44 176**	**1 479**	**1 957**	**1 104**	**850**	**25 128**	**669**
——	——	——	——	——	——	——	——	——	——	——	——
13 392	6 067	7 224	——	4 870	3 473	140	8	14	126	1 080	——
26 845	23 256	3 150	439	9 290	3 853	71	43	132	146	4 720	39
——	——	——	——	——	——	——	——	——	——	——	——
1 200	1 200	——	——	525	186	22	3	16	——	444	——
1 757	1 757	——	——	1 135	236	4	——	14	——	189	——
33 787	23 282	10 370	——	13 391	5 159	168	98	89	——	4 776	263
13 562	5 931	7 631	——	4 384	1 681	66	——	46	——	657	——
6 031	4 913	1 118	——	3 202	1 022	50	4	2	——	1 104	176
570	545	25	——	543	2	1	——	1	——	——	——
18 037	10 836	7 172	——	8 246	4 881	53	438	95	33	1 343	1
7 280	4 992	2 288	——	2 737	2 174	41	197	96	28	677	——
15 656	9 406	6 250	——	6 877	3 159	110	41	241	——	2 278	25
——	——	——	——	——	——	——	——	——	——	——	——
2 576	1 318	1 258	——	1 056	476	28	——	21	——	321	——
11 631	8 299	3 332	——	3 961	3 777	79	224	60	17	1 340	158
9 537	7 056	2 481	——	3 065	3 510	73	210	57	——	1 106	106
——	——	——	——	——	——	——	——	——	——	——	——
904	807	97	——	669	93	——	——	——	——	44	——
——	——	——	——	——	——	——	——	——	——	——	——
1 177	1 177	——	——	424	253	28	38	5	——	175	——
8 949	5 588	3 356	4	2 953	1 014	80	87	20	92	1 530	2
11 374	7 057	2 790	1 527	3 898	4 160	116	5	185	206	1 439	——
33 665	17 715	15 949	——	11 858	6 560	344	723	37	——	1 881	——
15 766	6 963	8 803	——	6 168	519	15	——	——	——	——	——
4 236	2 773	1 451	12	1 605	544	26	——	——	4	596	——
——	——	——	——	——	——	——	——	——	——	——	——
12 331	5 640	6 691	——	4 490	2 923	81	——	42	189	1 044	5
——	——	——	——	——	——	——	——	——	——	——	——
145	145	——	——	139	——	——	——	——	——	——	——
1 367	1 057	310	——	634	62	——	32	20	——	86	——
——	——	——	——	——	——	——	——	——	——	——	——
903	792	——	——	731	146	30	15	11	6	——	——
736	736	——	——	645	23	7	1	3	3	61	——
——	——	——	——	——	——	——	——	——	——	——	——
——	——	——	——	——	——	——	——	——	——	——	——
——	——	——	——	——	——	——	——	——	——	——	——

各地区少儿公共图书馆

地区	本年支出合计(千元)			本年新购藏量(千册)	资产合计		增加值(千元)
	在支出合计中:				(千元)	固定资产原值	
	其他资本性支出						
		各种设备购置费					
			新增藏量购置费				
总　计	**50 176**	**7 995**	**32 875**	**1 542**	**555 218**	**488 680**	**132 080**
中　央	——	——	——	——	——	——	——
北　京	3 968	2 109	956	55	59 781	53 135	8 232
天　津	6 916	236	6 600	277	31 155	30 559	15 520
河　北	——	——	——	16	——	——	——
山　西	45	——	45	2	707	707	1 018
内蒙古	197	120	60	5	1 506	1 456	1 397
辽　宁	9 608	149	4 348	198	61 671	58 213	20 435
其中:大连	6 840	149	1 700	92	35 138	34 078	6 454
吉　林	703	9	627	132	15 874	13 809	4 704
黑龙江	25	——	25	1	552	552	566
上　海	3 535	711	1 815	120	50 303	39 294	11 850
江　苏	1 692	383	1 307	60	27 593	24 576	4 720
浙　江	3 342	1 096	2 234	127	71 357	67 219	12 114
其中:宁波	——	——	——	——	——	——	——
安　徽	723	156	501	13	9 716	8 989	1 761
福　建	2 264	1 144	1 120	75	48 212	34 909	6 864
其中:厦门	1 573	843	730	57	41 343	28 583	5 498
江　西	——	——	——	——	——	——	——
山　东	50	——	50	18	2 406	1 378	770
其中:青岛	——	——	——	——	——	——	——
河　南	325	43	282	23	1 654	1 654	710
湖　北	1 508	——	1 443	54	22 468	18 160	5 412
湖　南	1 573	401	1 166	67	23 411	20 622	6 565
广　东	8 294	1 244	7 050	180	93 526	81 887	17 818
其中:深圳	4 007	7	4 000	1	28 864	28 864	7 324
广　西	1 479	194	1 285	19	13 614	11 849	2 681
海　南	——	——	——	——	——	——	——
重　庆	3 683	——	1 715	87	14 351	14 351	6 340
四　川	——	——	——	——	——	——	——
贵　州	6	——	6	——	500	500	159
云　南	207	——	207	11	2 788	2 788	883
西　藏	——	——	——	——	——	——	——
陕　西	26	——	26	2	1 703	1 703	833
甘　肃	7	——	7	1	370	370	728
青　海	——	——	——	——	——	——	——
宁　夏	——	——	——	——	——	——	——
新　疆	——	——	——	——	——	——	——

基本情况(三)

公用房屋建筑面积					阅览室坐席数		图书馆延伸服务情况				
		阅览室面积					流动图书馆车书刊借阅人次(千人次)	流动图书馆车书刊借阅册次(千册次)	分馆情况		
(千平方米)	书库面积		书刊阅览室面积	电子阅览室面积	(个)	少儿阅览室坐席数			数量(个)	借阅人次(千人次)	借阅册次(千册次)
223.19	**34.43**	**66.76**	**48.39**	**11.94**	**21 640**	**18 986**	**307.60**	**574.24**	**496**	**2 143.28**	**4 175.22**
——	——	——	——	——	——	——	——	——	——	——	——
13.45	1.43	6.44	3.68	1.07	1 462	1 322	57.62	116.12	9	17.76	35.51
12.47	1.51	3.59	2.00	0.84	1 017	797	9.54	9.54	68	275.03	287.36
0.64	——	0.64	——	——	70	70	——	——	——	——	——
0.80	——	0.80	0.70	0.10	100	100	——	——	——	——	——
2.82	0.39	0.62	0.12	0.15	360	360	——	——	——	——	——
27.79	4.90	6.86	3.69	1.27	2 588	2 498	5.90	5.90	45	49.99	189.46
6.48	0.44	2.04	1.24	0.66	480	480	——	——	10	5.07	8.26
7.47	0.76	1.20	0.98	0.22	620	620	——	——	69	85.85	192.15
0.53	0.05	0.28	0.14	0.08	160	90	——	——	——	——	——
14.65	2.24	4.05	3.50	0.55	2 089	1 828	6.34	12.69	127	451.38	832.97
13.46	1.75	4.90	4.13	0.58	1 810	1 670	20.03	25.32	3	0.51	1.02
19.00	0.30	4.89	3.45	1.14	1 246	1 246	26.40	26.40	13	91.00	249.42
——	——	——	——	——	——	——	——	——	——	——	——
3.22	0.30	0.41	0.29	0.12	190	190	12.00	26.00	6	48.00	75.00
16.48	4.95	5.07	4.30	0.77	1 436	1 202	101.42	186.42	64	495.48	621.10
12.98	3.95	4.53	3.98	0.55	1 236	1 002	16.42	16.42	42	430.73	493.19
——	——	——	——	——	——	——	——	——	——	——	——
3.91	0.33	1.67	0.35	1.23	320	100	——	——	——	——	——
——	——	——	——	——	——	——	——	——	——	——	——
1.36	0.60	0.36	0.24	0.12	202	202	3.20	6.40	5	6.00	12.00
9.46	2.47	3.37	2.70	0.65	1 185	889	3.12	47.81	7	19.40	47.98
15.34	3.84	2.55	2.10	0.26	1 438	1 416	2.21	8.83	27	16.99	58.33
31.77	3.12	8.43	7.38	0.83	2 459	1 968	37.93	73.10	33	248.41	556.39
15.56	0.47	2.93	2.81	0.13	1 200	1 200	——	——	4	27.18	38.59
9.09	1.74	3.01	2.39	0.62	1 045	875	21.89	29.72	1	——	——
——	——	——	——	——	——	——	——	——	——	——	——
6.95	1.79	3.35	2.90	0.45	881	781	——	——	6	335.68	1 007.05
——	——	——	——	——	——	——	——	——	——	——	——
2.10	0.18	0.33	0.33	——	242	142	——	——	——	——	——
5.13	1.05	2.58	2.08	0.50	360	260	——	——	13	1.80	9.48
——	——	——	——	——	——	——	——	——	——	——	——
4.17	0.58	0.95	0.76	0.19	320	320	——	——	——	——	——
1.14	0.16	0.43	0.20	0.20	40	40	——	——	——	——	——
——	——	——	——	——	——	——	——	——	——	——	——
——	——	——	——	——	——	——	——	——	——	——	——
——	——	——	——	——	——	——	——	——	——	——	——

各地区省级公共图书馆

地区	机构数(个)	从业人员数			总藏量							
		(人)	高级职称	中级职称	(千册)	图书	古籍	善本	报刊(千册)	视听文献、缩微制品(件/套)	其他(册/件)	藏量中：开架书刊(千册)
总计	**37**	**7 863**	**1 200**	**2 453**	**160 745**	**101 830**	**13 816**	**1 476**	**16 921**	**15 492**	**26 502**	**35 091**
中央	——	——	——	——	——	——	——	——	——	——	——	——
北京	1	376	33	94	5 527	4 731	420	60	322	354	119	1 162
天津	2	337	53	139	6 405	5 590	523	104	390	135	290	2 698
河北	1	147	54	44	1 761	1 441	61	2	209	109	2	1 257
山西	1	164	33	56	2 648	1 730	294	54	836	60	20	1 324
内蒙古	1	178	38	43	1 732	1 567	183	4	75	3	87	——
辽宁	1	256	39	97	4 651	3 967	460	122	463	122	100	1 702
其中：大连	——	——	——	——	——	——	——	——	——	——	——	——
吉林	1	210	41	64	3 436	2 993	349	48	424	19	——	316
黑龙江	1	211	50	65	2 928	2 371	134	7	439	36	82	461
上海	2	1 198	144	292	53 100	14 385	1 921	192	3 075	12 621	23 018	5 528
江苏	1	536	91	165	8 902	7 898	1 415	103	692	247	65	950
浙江	1	323	51	118	5 215	4 375	842	145	744	96	——	1 485
其中：宁波	——	——	——	——	——	——	——	——	——	——	——	——
安徽	1	185	28	43	2 973	2 035	352	33	274	9	656	480
福建	1	216	29	76	2 710	2 222	251	21	415	30	44	149
其中：厦门	——	——	——	——	——	——	——	——	——	——	——	——
江西	1	142	29	36	2 683	2 413	562	30	252	9	8	950
山东	1	226	43	93	6 333	4 721	753	95	727	57	829	2 659
其中：青岛	——	——	——	——	——	——	——	——	——	——	——	——
河南	1	181	35	67	3 008	2 695	507	24	264	28	21	3
湖北	1	174	42	74	4 955	3 721	461	59	1 064	109	62	2 205
湖南	2	278	46	114	4 292	3 663	620	50	432	148	49	1 655
广东	1	381	42	115	7 099	5 786	431	32	1 032	123	158	1 203
其中：深圳	——	——	——	——	——	——	——	——	——	——	——	——
广西	3	341	51	144	4 796	3 801	261	8	914	77	4	1 338
海南	1	130	6	8	1 193	468	10	——	25	700	——	1 183
重庆	2	274	46	75	3 464	2 551	443	56	214	56	642	557
四川	1	230	20	56	4 855	3 792	687	61	856	207	——	558
贵州	1	152	28	43	1 580	1 282	250	5	290	7	1	1 286
云南	1	192	32	88	2 732	2 072	583	28	622	38	——	1 507
西藏	1	43	3	16	369	282	11	——	71	——	15	92
陕西	1	263	15	74	3 345	2 840	385	63	474	31	——	——
甘肃	1	216	28	68	3 185	2 627	316	60	531	23	3	1 347
青海	1	100	23	31	1 602	1 239	115	10	212	5	145	273
宁夏	1	138	16	43	1 670	1 576	138	1	75	19	——	300
新疆	1	65	11	12	1 598	997	81	——	510	12	80	465

基本情况(一)

当年购买的报刊种类（种）	书架单层总长度（米）	累计发放有效借书证数（个）	总流通人次（千人次）		书刊文献外借册次（千册次）	为读者举办各种活动			
						组织各类讲座次数		举办展览	
			（千人次）	书刊文献外借人次		（次）	参加人次（千人次）	（个）	参观人次（千人次）
146 151	**4 437 626**	**2 877 584**	**32 376**	**12 341**	**30 301**	**2 583**	**590.10**	**819**	**2 254.52**
——	——	——	——	——	——	——	——	——	——
5 354	6 659	134 849	3 189	974	2 575	165	29.53	43	49.18
7 796	16 892	174 285	2 135	1 023	3 254	80	12.05	18	141.83
4 410	34 230	146 868	20	4	7	10	0.28	5	——
3 180	31 176	15 094	405	103	310	103	20.00	21	320.00
1 443	84 320	13 596	——	——	——	——	——	——	——
5 671	532 719	121 223	912	449	1 634	52	15.44	13	98.97
——	——	——	——	——	——	——	——	——	——
3 475	43 704	19 879	539	301	397	40	10.50	11	12.81
2 528	39 961	104 636	1 230	290	893	81	14.54	33	47.08
17 814	245 688	331 362	1 538	791	2 822	195	55.37	17	65.49
7 762	1 280 000	238 985	1 568	904	1 709	211	35.00	86	220.03
9 064	59 707	31 892	1 353	617	1 534	67	13.65	19	38.40
——	——	——	——	——	——	——	——	——	——
3 063	60 168	54 597	1 301	670	1 244	69	25.00	13	40.00
2 319	38 461	11 860	901	683	725	74	21.30	27	38.20
——	——	——	——	——	——	——	——	——	——
4 375	22 000	52 303	512	208	388	101	15.76	2	12.08
566	135 648	238 342	954	413	778	31	12.00	29	90.00
——	——	——	——	——	——	——	——	——	——
2 920	45 066	10 722	754	243	658	35	1.45	200	10.00
4 327	752 935	213 688	1 156	243	765	206	52.98	18	10.86
5 816	78 639	117 861	2 179	475	1 806	206	38.11	29	165.91
9 621	61 124	316 748	1 482	617	669	84	25.59	13	13.07
——	——	——	——	——	——	——	——	——	——
9 168	84 814	76 295	2 108	419	1 269	131	19.04	36	379.80
2 435	225 758	5	800	670	700	120	30.00	35	80.00
5 446	43 000	100 886	1 901	597	3 096	102	20.87	19	149.90
3 181	86 124	17 025	110	23	48	35	51.08	6	19.51
3 141	59 308	31 821	516	226	452	44	12.60	14	78.08
4 197	129 035	67 401	1 598	225	564	73	20.00	20	100.00
995	22 708	2 874	15	6	10	——	——	——	——
4 637	88 416	69 329	1 079	268	482	135	8.77	38	13.05
4 803	60 000	58 353	1 290	596	991	60	13.61	17	39.00
1 160	37 286	39 473	296	94	190	46	8.00	24	10.00
2 218	32 076	8 633	231	85	158	23	7.00	12	11.00
3 266	4	56 699	304	126	172	4	0.61	1	0.27

各地区省级公共图书馆

地区	举办培训班（班次）	培训人次（千人次）	信息化建设 计算机（台）	电子阅览室终端数	本年收入合计（千元）	财政拨款	购书专项经费	事业收入	经营收入	其他收入
总计	**1 082**	**62.71**	**14 953**	**4 220**	**1 577 334**	**1 385 368**	**347 387**	**102 711**	**16 309**	**47 971**
中央	——	——	——	——	——	——	——	——	——	——
北京	——	——	988	98	152 746	147 855	1 700	4 776	——	115
天津	14	3.56	717	209	72 173	64 626	25 000	3 245	——	3 951
河北	23	0.78	417	——	12 945	10 785	4 000	82	——	1 778
山西	150	1.70	280	40	23 938	22 407	6 000	52	1 391	88
内蒙古	——	——	189	100	10 010	9 967	1 200	——	——	43
辽宁	——	——	369	122	69 098	37 894	16 000	22 669	——	8 535
其中:大连	——	——	——	——	——	——	——	——	——	——
吉林	30	8.30	389	36	26 781	24 990	5 000	——	429	1 362
黑龙江	10	0.60	575	312	30 315	29 676	5 000	624	——	13
上海	85	2.27	2346	169	326 214	267 365	102 922	40 711	1 365	2 225
江苏	6	0.35	951	225	100 135	84 297	35 000	9 810	468	5 560
浙江	28	1.61	537	30	73 055	64 463	18 000	3 119	572	4 901
其中:宁波	——	——	——	——	——	——	——	——	——	——
安徽	5	0.49	384	154	26 873	21 593	5 000	——	——	4 478
福建	——	——	372	128	30 029	24 521	5 000	844	1 463	——
其中:厦门	——	——	——	——	——	——	——	——	——	——
江西	11	0.84	220	76	12 186	9 500	3 000	2 658	——	28
山东	5	1.00	569	170	39 839	36 691	10 000	2 828	——	320
其中:青岛	——	——	——	——	——	——	——	——	——	——
河南	6	0.28	1	1	20 579	19 257	3 300	100	722	499
湖北	44	3.95	487	148	136 056	133 367	5 000	1 614	——	1 075
湖南	13	1.12	322	145	34 935	28 992	6 085	2 337	3 532	74
广东	14	3.05	524	162	75 388	70 767	40 600	1 596	——	2 694
其中:深圳	——	——	——	——	——	——	——	——	——	——
广西	79	13.40	657	296	42 693	38 440	8 074	652	——	3 600
海南	16	1.31	399	300	11 754	11 691	2 877	——	——	63
重庆	302	7.99	693	253	39 511	34 874	1 550	4 511	——	124
四川	8	0.66	303	30	50 740	47 414	5 000	259	2 568	499
贵州	8	1.38	305	84	19 918	16 506	2 000	——	——	1 731
云南	32	1.60	391	160	36 921	31 658	7 579	——	3 799	84
西藏	3	0.15	80	80	4 567	4 567	1 000	——	——	——
陕西	148	3.47	373	130	25 219	23 840	7 500	171	——	709
甘肃	17	1.03	304	104	27 480	27 420	6 000	——	——	——
青海	16	0.72	101	58	11 406	10 890	1 000	53	——	272
宁夏	6	1.00	351	224	21 758	21 157	5 000	——	——	601
新疆	3	0.10	359	176	12 072	7 898	2 000	——	——	2 549

基本情况(二)

本年支出合计（千元）											
	基本支出	项目支出	经营支出	在支出合计中：							
				工资福利支出	商品和服务支出					对个人和家庭补助支出	
						差旅费	劳务费	福利费	税金支出		抚恤金和生活补助
1 590 144	**688 354**	**875 365**	**13 475**	**336 722**	**467 118**	**7 992**	**13 512**	**4 989**	**14 108**	**145 010**	**4 713**
——	——	——	——	——	——	——	——	——	——	——	——
93 484	43 257	50 227	——	20 132	24 960	95	312	73	485	7 275	178
70 236	63 523	6 713	——	18 048	12 653	117	——	406	334	8 950	73
13 316	8 563	4 206	——	4 486	1 861	60	19	104	——	2 337	——
24 000	11 005	3 113	1 391	6 469	7 046	303	232	70	66	2 925	61
26 536	8 417	18 119	——	4 183	1 876	156	——	103	——	2 725	39
64 355	27 275	37 080	——	7 857	35 809	484	80	326	7 360	5 502	149
——	——	——	——	——	——	——	——	——	——	——	——
27 940	16 618	10 893	429	7 586	5 750	188	50	21	34	6 422	148
30 315	17 321	12 923	——	8 112	11 118	497	262	5	——	5 993	39
328 655	145 546	179 718	75	68 347	126 983	936	5 417	900	1 685	11 903	1 281
102 779	40 535	62 215	29	25 698	19 172	260	764	153	693	15 442	151
74 754	35 844	38 338	572	20 281	16 121	391	501	416	348	5 987	94
——	——	——	——	——	——	——	——	——	——	——	——
25 703	13 603	12 100	——	6 895	7 361	314	1 565	40	38	4 854	405
26 980	13 021	13 588	371	7 522	2 602	144	214	39	273	3 682	4
——	——	——	——	——	——	——	——	——	——	——	——
15 349	7 849	7 500	——	3 916	4 820	226	115	145	51	2 570	22
49 323	18 149	31 174	——	10 502	11 511	312	720	82	140	5 317	2
——	——	——	——	——	——	——	——	——	——	——	——
19 089	11 757	6 609	722	6 965	5 352	150	114	184	——	3 207	77
136 056	9 798	126 258	——	6 114	3 117	300	——	215	188	3 330	68
34 935	20 387	11 016	3 532	9 735	8 565	189	171	336	555	5 073	92
74 442	28 776	45 666	——	17 776	6 142	371	516	384	165	10 061	141
——	——	——	——	——	——	——	——	——	——	——	——
43 757	26 283	17 474	——	16 006	9 086	440	608	62	765	6 739	352
15 106	3 172	11 924	——	2 259	5 806	242	83	365	1	584	——
46 586	14 628	31 958	——	12 489	17 646	269	512	185	229	4 177	77
50 739	8 860	39 311	2 568	4 979	33 785	192	112	46	195	2 781	125
21 676	12 156	9 520	——	4 675	8 097	181	——	——	276	1 769	197
70 815	9 056	57 460	3 786	4 951	52 277	550	195	——	181	3 044	99
4 567	4 567	——	——	2 631	398	72	5	2	——	538	——
25 219	16 369	8 850	——	9 176	5 095	101	——	——	——	2 098	347
27 395	24 312	3 082	——	6 869	7 623	145	179	148	——	3 004	153
11 572	8 742	2 830	——	5 000	1 975	142	87	3	——	2 482	64
20 266	12 434	7 832	——	4 641	10 085	93	359	65	——	2 300	140
14 199	6 531	7 668	——	2 422	2 426	72	320	111	46	1 939	135

各地区省级公共图书馆

地区	本年支出合计(千元)	在支出合计中:其他资本性支出	各种设备购置费:新增藏量购置费	本年新购藏量(千册)	资产合计(千元)	固定资产原值	增加值(千元)
总计	**624 500**	**96 561**	**365 544**	**5 422**	**7 432 813**	**6 552 800**	**776 149**
中央	——	——	——	——	——	——	——
北京	41 116	23 394	17 158	306	643 066	521 112	50 803
天津	29 480	3 714	25 731	655	197 633	169 680	34 518
河北	4 085	79	4 006	27	71 525	70 270	9 761
山西	7 560	1 560	6 000	48	85 372	68 507	12 461
内蒙古	17 450	375	396	5	103 596	95 584	10 805
辽宁	15 187	250	13 183	225	240 656	219 623	31 348
其中:大连	——	——	——	——	——	——	——
吉林	7 754	2 754	5 000	119	67 221	54 059	16 139
黑龙江	5 089	——	5 000	152	245 117	245 117	24 169
上海	118 027	16 828	100 309	558	2 167 016	1 962 435	165 646
江苏	42 467	8 596	33 871	292	358 785	347 233	56 505
浙江	31 793	6 186	25 607	252	401 379	323 260	40 394
其中:宁波	——	——	——	——	——	——	——
安徽	6 593	783	5 059	168	171 425	154 430	19 184
福建	11 663	6 000	5 000	112	145 264	120 455	16 788
其中:厦门	——	——	——	——	——	——	——
江西	4 043	936	3 000	67	68 718	61 822	9 262
山东	21 993	214	10 005	208	326 732	317 818	29 492
其中:青岛	——	——	——	——	——	——	——
河南	2 841	515	2 325	36	78 658	62 480	12 961
湖北	123 495	1 740	5 000	119	90 248	78 915	12 955
湖南	9 743	3 712	6 031	167	150 153	103 108	19 915
广东	40 463	1 014	39 449	564	586 358	570 495	51 625
其中:深圳	——	——	——	——	——	——	——
广西	11 926	570	8 194	207	119 788	105 872	28 091
海南	5 717	3 157	2 560	87	16 046	16 046	3 949
重庆	12 082	970	9 164	220	125 820	95 272	21 343
四川	6 376	838	4 400	92	183 103	74 143	10 966
贵州	7 135	5 135	2 000	63	37 357	30 222	7 743
云南	7 906	428	6 285	190	211 163	197 502	16 207
西藏	1 000	——	1 000	5	28 167	28 167	4 307
陕西	8 850	1 350	7 500	206	252 952	244 013	20 694
甘肃	9 899	1 959	6 056	72	157 050	132 288	15 348
青海	2 115	133	1 015	15	50 582	46 844	9 391
宁夏	3 240	——	3 240	100	44 603	29 506	8 411
新疆	7 412	3 371	2 000	85	7 260	6 522	4 968

基本情况(三)

公用房屋建筑面积 (千平方米)					阅览室坐席数		图书馆延伸服务情况				
	书库面积	阅览室面积			(个)	少儿阅览室坐席数	流动图书馆车书刊借阅人次(千人次)	流动图书馆车书刊借阅册次(千册次)	分馆情况		
			书刊阅览室面积	电子阅览室面积					数量(个)	借阅人次(千人次)	借阅册次(千册次)
1 138	**338.81**	**272.43**	**230.67**	**23.72**	**49 895**	**5 607**	**254.36**	**611.12**	**860**	**2 789**	**18 498**
——	——	——	——	——	——	——	——	——	——	——	——
37	6.88	7.36	6.29	0.37	1 739	161	2.46	35.02	20	37	45
36	7.79	14.33	12.72	1.42	1 995	180	14.05	48.80	195	344	457
19	10.43	——	——	——	——	——	——	——	1	12	24
28	18.48	3.50	3.33	0.17	1 239	170	41.00	61.50	3	11	54
21	5.29	6.89	6.65	0.24	1 593	50	——	——	——	——	——
44	7.52	8.45	7.73	0.73	1 202	172	——	——	105	75	224
——	——	——	——	——	——	——	——	——	——	——	——
14	6.45	2.79	2.03	0.13	796	20	——	——	15	20	40
34	3.39	9.63	7.69	1.29	1 937	180	——	——	32	252	252
124	60.88	13.83	12.62	0.55	2 416	464	0.06	77.94	242	951	14 993
78	10.25	17.80	16.46	1.08	3 000	120	——	——	——	——	——
49	19.19	10.45	9.80	0.65	1 595	——	3.33	5.38	9	212	366
——	——	——	——	——	——	——	——	——	——	——	——
37	7.66	8.69	7.11	0.58	1 659	278	——	——	——	——	——
39	6.50	7.00	6.72	0.29	1 000	——	——	——	62	22	26
——	——	——	——	——	——	——	——	——	——	——	——
23	15.23	7.05	——	0.10	1 211	104	——	——	41	——	——
45	18.03	14.97	14.67	0.30	1 884	114	150.00	300.00	1	154	308
——	——	——	——	——	——	——	——	——	——	——	——
29	10.28	4.03	0.41	0.24	1 017	100	——	——	——	——	——
25	11.00	7.16	6.54	0.62	1 136	162	——	——	——	——	——
43	14.31	10.57	9.64	0.33	1 958	746	2.21	8.83	24	60	247
38	9.55	16.65	8.42	8.23	5 365	245	——	——	——	——	——
——	——	——	——	——	——	——	——	——	——	——	——
44	15.07	17.18	16.44	0.75	2 717	681	24.98	39.75	3	——	——
28	0.80	7.51	7.21	0.30	1 199	110	——	——	1	1	1
55	10.35	12.07	9.96	0.90	2 482	808	3.60	9.00	6	336	1 007
17	8.61	4.60	4.47	0.13	363	15	——	——	14	18	55
23	3.01	8.59	8.27	0.32	1 097	80	——	——	12	36	72
32	7.20	8.20	7.45	0.75	1 324	88	——	——	4	8	23
17	4.20	3.36	2.64	0.72	300	45	——	——	——	——	——
45	7.71	13.93	13.46	0.47	2 978	162	12.68	24.90	1	36	71
39	9.80	8.63	6.44	0.59	1 256	——	——	——	23	120	131
19	3.88	1.47	1.05	0.23	791	52	——	——	——	——	——
33	11.84	10.54	9.58	0.96	1 480	150	——	——	——	——	——
25	7.26	5.20	4.90	0.30	1 166	150	——	——	46	83	100

各地区地、市级公共图书馆

地区	机构数(个)	从业人员数(人)	高级职称	中级职称	总藏量(千册)	图书	古籍	善本	报刊(千册)	视听文献、缩微制品(件/套)	其他(册/件)	藏量中:开架书刊(千册)
总　计	**321**	**13 040**	**1 562**	**4 887**	**149 633**	**119 900**	**6 719**	**334**	**15 098**	**6 070**	**8 565**	**70 906**
中　央	——	——	——	——	——	——	——	——	——	——	——	——
北　京	——	——	——	——	——	——	——	——	——	——	——	——
天　津	——	——	——	——	——	——	——	——	——	——	——	——
河　北	12	494	76	154	6 047	4 559	437	18	533	794	161	2 568
山　西	7	216	23	74	1 986	1 567	149	17	394	24	1	1 064
内蒙古	12	527	72	212	2 508	2 274	80	4	206	15	13	774
辽　宁	17	969	135	421	12 218	9 820	516	28	1 051	898	449	5 011
其中:大连	2	191	33	84	4 068	3 180	261	23	308	550	30	1 613
吉　林	10	565	119	219	5 853	4 901	197	16	588	162	202	2 387
黑龙江	12	651	152	283	8 183	6 240	308	15	1 213	533	198	4 173
上　海	——	——	——	——	——	——	——	——	——	——	——	——
江　苏	15	899	120	300	13 240	11 596	1 408	72	1 052	130	462	6 421
浙　江	14	890	115	264	13 845	9 509	585	36	732	839	2 765	7 774
其中:宁波	1	89	6	24	3 352	1 055	99	——	109	18	2 170	398
安　徽	15	399	41	144	3 700	2 898	145	8	511	96	194	1 178
福　建	11	376	30	114	5 468	3 851	138	7	779	154	683	2 793
其中:厦门	2	193	10	45	2 217	1 853	75	1	314	49	1	1 289
江　西	11	382	25	107	3 899	3 275	208	14	374	28	221	1 675
山　东	15	728	131	290	9 662	7 526	378	11	976	639	522	4 586
其中:青岛	1	109	12	35	1 799	1 551	143	1	180	4	65	1 068
河　南	16	699	65	267	6 161	5 011	491	33	927	149	73	2 015
湖　北	16	674	88	356	8 324	7 186	394	11	762	122	254	4 488
湖　南	13	398	47	209	3 980	3 332	162	6	557	77	14	2 201
广　东	25	1 443	109	458	18 563	16 200	323	10	1 333	787	243	12 182
其中:深圳	2	320	43	111	3 995	3 371	15	1	526	75	23	1 870
广　西	13	369	18	168	3 902	2 888	90	4	695	65	253	1 623
海　南	2	66	1	13	547	511	6	——	28	2	6	267
重　庆	——	——	——	——	——	——	——	——	——	——	——	——
四　川	21	654	42	219	8 684	6 583	452	11	829	267	1 004	2 625
贵　州	9	283	26	100	2 072	1 750	29	3	280	22	20	698
云　南	13	358	45	149	2 681	2 015	61	——	430	223	14	1 473
西　藏	3	23	——	2	132	117	——	——	12	——	2	112
陕　西	5	188	21	63	1 446	1 238	45	4	186	8	13	444
甘　肃	9	247	14	68	1 636	1 374	78	2	137	10	115	1 072
青　海	7	101	8	49	802	732	7	1	29	10	32	322
宁　夏	4	150	11	73	1 304	976	24	6	151	8	169	105
新　疆	14	291	28	111	2 792	1 969	9	——	333	8	481	874

基本情况(一)

当年购买的报刊种类（种）	书架单层总长度（米）	累计发放有效借书证数（个）	总流通人次		书刊文献外借册次（千册次）	为读者举办各种活动			
						组织各类讲座次数		举办展览	
			（千人次）	书刊文献外借人次		（次）	参加人次（千人次）	（个）	参观人次（千人次）
235 962	**3 685 722**	**5 354 085**	**95 643**	**40 246**	**77 665**	**10 337**	**1 940**	**2 158**	**5 924**
——	——	——	——	——	——	——	——	——	——
——	——	——	——	——	——	——	——	——	——
——	——	——	——	——	——	——	——	——	——
9 766	121 726	207 488	3 058	1 499	2 248	290	111	88	125
4 145	40 746	44 261	968	513	640	302	23	32	44
3 769	135 483	43 793	1 008	461	841	95	8	24	28
11 378	182 370	309 386	4 380	1 807	4 226	327	60	125	285
4 586	46 233	148 528	1 264	630	1 268	62	10	29	67
8 429	111 093	133 559	2 125	623	1 593	198	54	75	123
10 250	96 975	236 153	2 310	861	2 214	265	87	69	179
——	——	——	——	——	——	——	——	——	——
19 292	532 305	560 626	11 915	6 393	9 161	783	113	228	857
19 563	196 138	561 832	13 312	4 062	10 901	693	132	170	370
1 718	15 294	63 181	1 100	549	1 327	56	20	23	161
7 627	56 361	80 066	2 102	971	1 724	245	94	64	113
7 525	85 310	181 646	4 843	3 103	5 542	321	69	115	366
2 810	49 144	142 660	3 661	2 328	4 006	128	18	51	266
5 018	54 497	89 551	1 472	944	1 417	221	22	42	138
14 187	128 863	309 063	4 692	2 481	4 126	363	103	106	230
2 989	25 730	116 418	1 151	366	711	104	14	11	24
9 223	107 665	329 965	3 397	2 159	3 973	369	51	135	137
11 423	135 201	251 442	5 411	2 458	3 979	420	143	96	425
5 950	75 325	140 249	1 507	860	2 434	207	66	20	66
34 461	331 291	1 343 572	18 135	5 080	11 847	4 159	591	399	1 646
10 334	23 187	533 483	3 894	1 467	4 309	149	55	33	672
7 571	74 275	69 599	3 931	1 191	2 082	96	25	71	256
1 456	1 199	7 940	502	37	107	5	3	2	3
——	——	——	——	——	——	——	——	——	——
11 908	963 059	160 171	4 540	2 025	3 684	311	73	118	265
5 481	32 125	51 162	831	519	632	100	50	15	25
9 325	102 879	68 072	1 431	546	1 132	165	21	42	61
355	802	1 281	9	3	12	——	——	——	——
3 233	9 880	25 253	609	351	372	77	5	16	4
3 787	37 796	32 081	799	393	626	138	16	27	47
656	20 737	14 613	391	27	74	15	3	6	3
2 440	12 700	34 479	566	316	727	24	1	17	79
7 744	38 921	66 782	1 400	564	1 349	148	17	56	49

各地区地、市级公共图书馆

地区	举办培训班		信息化建设		本年收入合计					
			计算机			财政拨款				
	（班次）	培训人次（千人次）	（台）	电子阅览室终端数	（千元）		购书专项经费	事业收入	经营收入	其他收入
总　计	**4 144**	**471**	**28 816**	**14 171**	**1 525 000**	**1 408 763**	**229 577**	**53 262**	**1 207**	**45 392**
中　央	——	——	——	——	——	——	——	——	——	——
北　京	——	——	——	——	——	——	——	——	——	——
天　津	——	——	——	——	——	——	——	——	——	——
河　北	61	16	1 057	439	45 346	44 141	6 921	451	221	343
山　西	231	13	428	233	20 133	19 395	1 798	552	——	11
内蒙古	27	1	1 036	477	76 238	75 797	5 350	64	——	236
辽　宁	587	55	1 841	719	121 217	119 291	17 659	1 031	——	398
其中:大连	404	11	565	295	41 119	39 884	6 700	840	——	395
吉　林	120	47	778	318	53 718	51 419	5 610	397	——	1 902
黑龙江	36	8	1 441	834	50 443	48 919	5 791	863	——	605
上　海	——	——	——	——	——	——	——	——	——	——
江　苏	525	79	2 370	972	130 034	116 488	19 854	5 923	18	6 346
浙　江	698	16	2 110	1 128	165 613	142 662	38 642	13 743	——	4 268
其中:宁波	9	1	176	76	15 096	13 234	4 000	383	——	1 335
安　徽	58	19	1 142	598	36 657	33 654	6 119	1 899	555	254
福　建	141	29	1 029	411	40 892	37 862	4 353	2 576	——	221
其中:厦门	90	23	484	165	24 315	21 991	1 968	2 129	——	194
江　西	14	1	712	361	28 514	22 780	3 552	3 532	——	901
山　东	190	43	1 935	770	78 047	75 868	14 238	1 165	——	947
其中:青岛	22	1	316	162	20 003	19 062	4 516	80	——	853
河　南	79	16	1 087	671	44 942	40 665	6 489	1 377	——	2 544
湖　北	276	46	1 399	666	55 877	47 738	4 667	1 427	——	6 289
湖　南	97	6	627	383	32 835	30 960	5 280	702	——	922
广　东	661	46	4 002	1 963	291 031	268 541	52 058	10 077	——	11 819
其中:深圳	46	14	929	484	111 747	101 636	20 000	3 062	——	7 049
广　西	23	4	824	521	35 006	31 220	5 016	1 200	349	416
海　南	2	1	168	97	8 203	7 935	1 423	——	——	267
重　庆	——	——	——	——	——	——	——	——	——	——
四　川	92	13	1 644	847	70 168	61 491	9 701	3 284	64	3 652
贵　州	14	2	332	162	22 627	19 607	3 160	1 047	——	1 270
云　南	48	2	807	447	28 520	26 995	4 360	589	——	711
西　藏	——	——	207	120	1 525	1 525	155	——	——	——
陕　西	44	1	211	88	16 100	15 170	263	492	——	437
甘　肃	18	1	406	266	21 686	21 393	3 205	202	——	91
青　海	1	——	165	134	9 912	9 852	635	——	——	——
宁　夏	8	——	359	230	13 481	12 726	900	215	——	89
新　疆	93	7	699	316	26 235	24 669	2 378	454	——	453

基本情况(二)

本年支出合计（千元）											
				在支出合计中：							
					商品和服务支出					对个人和家庭补助支出	
	基本支出	项目支出	经营支出	工资福利支出		差旅费	劳务费	福利费	税金支出		抚恤金和生活补助
1 557 163	**986 403**	**473 296**	**1 095**	**547 726**	**285 920**	**9 776**	**10 597**	**8 678**	**8 594**	**171 758**	**4 758**
——	——	——	——	——	——	——	——	——	——	——	——
——	——	——	——	——	——	——	——	——	——	——	——
——	——	——	——	——	——	——	——	——	——	——	——
43 336	35 906	3 826	215	18 210	7 451	261	88	259	——	5 234	249
92 884	13 553	6 541	——	7 844	3 856	127	497	105	3	2 470	28
63 288	61 043	1 641	——	18 233	8 983	379	476	211	11	6 082	82
126 825	85 520	41 305	——	48 434	29 690	592	200	353	3 300	11 758	161
47 885	24 035	23 850	——	17 878	3 557	276	——	47	——	657	——
48 995	38 607	10 388	——	21 712	9 970	180	24	25	69	9 501	156
49 872	42 712	7 126	——	24 603	7 171	162	373	221	133	8 905	113
——	——	——	——	——	——	——	——	——	——	——	——
127 335	83 784	43 533	18	43 672	25 323	616	2 338	787	395	17 994	894
160 690	78 039	82 649	——	48 657	45 781	1 319	1 976	2 238	780	11 910	79
15 526	6 772	8 753	——	6 003	3 007	128	290	353	67	829	——
35 702	20 781	12 534	555	13 532	4 521	148	49	219	14	3 691	178
39 767	29 446	10 320	——	12 748	12 489	316	301	191	49	5 496	197
24 056	19 552	4 504	——	7 043	10 341	174	264	162	——	3 289	94
28 926	24 274	2 024	——	9 498	7 181	320	82	435	254	5 998	263
78 525	58 440	19 163	——	33 470	14 850	435	240	136	101	9 697	122
20 003	15 178	4 825	——	7 799	5 214	98	——	13	76	1 399	12
43 424	34 733	6 996	——	19 950	4 771	260	362	220	220	8 234	119
55 849	37 916	17 531	——	21 130	9 093	384	155	308	528	7 680	48
29 775	22 315	6 429	——	12 249	4 544	338	77	122	133	4 292	460
281 522	152 355	127 096	——	104 484	39 208	1 528	1 396	1 476	2 007	20 116	61
99 510	43 700	55 810	——	36 654	5 488	371	73	504	1 114	2 588	20
33 737	24 186	8 488	300	13 258	6 304	302	158	104	66	4 831	114
6 840	4 203	2 636	——	1 270	1 962	25	20	142	——	177	——
——	——	——	——	——	——	——	——	——	——	——	——
68 776	32 421	34 340	7	18 989	15 290	861	580	353	240	6 810	982
21 166	16 987	3 243	——	7 819	4 197	140	88	259	94	4 294	33
28 612	20 539	8 069	——	10 594	4 210	282	333	214	135	4 679	72
1 525	1 520	5	——	939	364	67	——	1	——	148	——
17 279	11 871	4 518	——	7 135	5 036	122	142	14	32	1 119	25
21 817	18 314	3 503	——	8 303	5 007	179	128	132	19	3 031	235
9 862	8 222	1 640	——	4 451	1 201	42	112	9	——	2 238	14
13 133	7 527	1 720	——	5 386	1 831	31	122	——	6	2 182	68
27 701	21 189	6 032	——	11 156	5 636	360	280	144	5	3 191	5

各地区地、市级公共图书馆

地区	本年支出合计(千元) 在支出合计中:其他资本性支出	各种设备购置费	新增藏量购置费	本年新购藏量(千册)	资产合计(千元)	固定资产原值	增加值(千元)
总计	**402 138**	**98 353**	**230 147**	**8 854**	**5 089 884**	**4 530 540**	**925 730**
中央	——	——	——	——	——	——	——
北京	——	——	——	——	——	——	——
天津	——	——	——	——	——	——	——
河北	8 811	1 358	7 347	653	148 901	132 600	28 870
山西	5 594	2 423	2 010	107	251 747	247 400	20 802
内蒙古	28 199	18 409	4 694	97	81 145	71 548	27 848
辽宁	26 913	1 546	14 918	1 018	289 431	265 430	74 541
其中:大连	18 096	1 405	6 700	618	110 623	103 718	22 748
吉林	7 812	1 094	6 651	290	160 040	117 344	35 892
黑龙江	7 060	1 161	5 579	312	179 658	166 016	40 789
上海	——	——	——	——	——	——	——
江苏	40 346	16 444	22 315	776	546 559	472 964	83 290
浙江	52 346	10 330	38 753	1 459	487 066	430 595	83 192
其中:宁波	5 436	1 375	3 974	163	58 161	48 338	9 484
安徽	10 456	2 437	5 673	180	141 983	138 751	22 959
福建	8 877	3 454	3 780	322	153 659	123 646	23 607
其中:厦门	3 383	1 405	1 978	115	107 405	82 337	13 991
江西	4 995	859	3 352	175	63 717	60 879	18 517
山东	19 001	2 315	14 540	503	363 396	338 880	57 115
其中:青岛	5 591	1 075	4 516	106	132 127	120 298	14 093
河南	7 698	660	6 040	311	145 242	117 453	33 655
湖北	16 187	7 687	8 346	256	344 361	294 082	41 540
湖南	5 312	744	4 529	162	85 176	72 101	19 351
广东	88 051	12 983	51 847	1 374	842 894	750 885	159 806
其中:深圳	43 503	3 245	20 000	388	233 030	171 561	48 024
广西	8 564	2 509	4 865	141	127 443	103 543	22 476
海南	2 421	523	1 898	38	23 088	15 665	2 237
重庆	——	——	——	——	——	——	——
四川	24 540	3 169	7 563	294	196 523	177 634	33 246
贵州	4 068	747	1 733	62	70 496	63 797	15 167
云南	7 029	1 572	4 299	78	104 189	98 836	19 871
西藏	74	——	74	3	29 626	28 582	2 236
陕西	2 873	626	2 147	44	64 354	60 969	10 865
甘肃	5 476	902	2 856	79	111 373	109 316	15 766
青海	1 620	1 000	620	22	9 982	9 521	7 180
宁夏	3 456	2 290	949	38	27 660	25 062	8 633
新疆	4 359	1 111	2 769	62	40 175	37 041	16 279

基本情况(三)

公用房屋建筑面积					阅览室坐席数		图书馆延伸服务情况				
		阅览室面积							分馆情况		
(千平方米)	书库面积		书刊阅览室面积	电子阅览室面积	(个)	少儿阅览室坐席数(个)	流动图书馆车书刊借阅人次(千人次)	流动图书馆车书刊借阅册次(千册次)	数量(个)	借阅人次(千人次)	借阅册次(千册次)
2 503	**535.65**	**576.64**	**454.52**	**70.69**	**143 957**	**31 167**	**1 150**	**1 988**	**1 314**	**10 348**	**17 179**
——	——	——	——	——	——	——	——	——	——	——	——
——	——	——	——	——	——	——	——	——	——	——	——
——	——	——	——	——	——	——	——	——	——	——	——
74	19.63	15.69	11.99	2.22	4 656	732	——	——	29	152	230
149	5.06	19.85	16.87	1.48	2 482	442	——	——	21	89	224
91	12.54	22.15	16.50	2.64	4 585	805	1	4	3	4	10
153	21.73	31.43	24.06	3.51	7 853	2 010	24	45	223	378	897
42	5.47	10.78	9.14	1.51	1 987	585	7	26	69	95	199
67	17.26	22.09	17.14	1.29	4 721	684	——	——	130	268	644
109	24.75	24.15	19.85	3.79	4 948	626	81	116	86	259	523
——	——	——	——	——	——	——	——	——	——	——	——
201	48.85	46.37	32.44	4.24	10 147	2 692	106	123	57	2 208	2 268
194	40.23	50.54	43.56	4.86	10 093	3 304	157	249	53	1 866	3 262
11	1.62	3.12	2.42	0.30	738	120	6	12	1	——	1
86	19.82	21.06	18.44	2.63	5 557	1 057	12	26	14	86	117
74	29.23	26.10	23.19	1.99	4 783	1 535	101	186	119	663	1 208
42	18.02	16.23	15.58	0.65	2 704	986	16	16	50	529	903
77	15.29	21.05	12.80	2.11	4 427	1 040	6	16	12	401	482
140	35.49	26.77	21.98	3.79	7 916	1 456	101	143	67	262	438
26	2.99	8.14	7.41	0.73	1 978	73	29	58	4	25	52
99	33.30	13.09	9.43	2.26	4 612	1 164	9	18	14	16	29
130	30.15	31.70	25.80	3.69	9 309	2 253	126	286	78	814	1 172
69	25.76	14.08	11.95	1.84	9 648	1 470	——	——	45	80	175
323	41.29	75.01	61.97	10.83	20 657	4 563	133	223	203	1 706	3 583
65	1.63	15.42	14.07	1.35	3 450	1 350	——	——	5	31	48
71	13.97	14.39	11.03	2.42	4 718	1 343	12	19	1	1	3
14	3.17	1.29	0.70	0.34	480	82	10	21	——	——	——
——	——	——	——	——	——	——	——	——	——	——	——
126	35.24	34.88	27.08	4.30	6 993	1 242	5	8	63	536	1 023
47	14.63	9.97	8.64	0.83	2 569	524	——	1	27	134	159
66	15.84	22.83	16.68	4.99	4 303	696	141	177	20	150	235
10	1.51	1.03	0.79	0.20	386	24	——	——	4	1	1
30	9.02	6.05	1.39	1.18	974	120	——	——	3	8	8
28	6.87	12.06	9.94	0.91	2 460	373	4	8	8	15	37
7	0.91	2.12	1.73	0.30	418	62	——	——	——	——	——
24	5.06	5.43	4.43	0.80	1 826	346	116	305	1	12	24
45	9.08	5.49	4.15	1.26	2 436	522	2	12	33	240	427

各地区县、市级公共图书馆

地区	机构数（个）	从业人员数（人）	从业人员数：高级职称	从业人员数：中级职称	总藏量（千册）	总藏量：图书	图书：古籍	古籍：善本	报刊（千册）	视听文献、缩微制品（件/套）	其他（册/件）	藏量中：开架书刊（千册）
总计	**2 491**	**30 395**	**1 226**	**8 745**	**247 045**	**204 093**	**4 986**	**365.48**	**27 125**	**5 208**	**10 619**	**112 162**
中央	——	——	——	——	——	——	——	——	——	——	——	——
北京	23	916	31	211	10 361	9 275	49	0.53	277	236	573	8 258
天津	29	750	62	230	5 182	4 462	40	0.38	313	61	346	2 809
河北	151	1 110	61	354	7 685	6 735	88	6.08	655	39	256	2 657
山西	118	1 199	19	332	7 130	5 801	347	57.88	887	38	404	1 690
内蒙古	100	1 117	65	372	4 464	3 754	27	2.53	640	15	55	1 395
辽宁	110	1 666	89	710	10 980	9 276	58	10.15	671	235	799	5 712
其中：大连	11	249	15	92	2 448	2 188	——	——	133	21	106	1 255
吉林	55	942	70	406	4 095	3 338	7	0.38	400	30	327	1 738
黑龙江	87	944	72	477	4 605	4 091	15	0.04	444	17	53	2 806
上海	27	1 178	37	297	12 835	11 916	81	0.35	221	648	50	7 430
江苏	93	1 352	100	421	18 567	16 579	530	26.61	1 275	527	187	7 486
浙江	81	1 433	74	416	16 457	14 167	523	25.18	1 479	389	421	8 669
其中：宁波	11	198	9	54	2 981	2 681	71	2.14	244	37	19	1 801
安徽	73	645	13	152	4 689	3 863	67	2.47	520	98	208	1 674
福建	73	607	14	167	7 246	5 924	143	15.40	744	141	437	4 203
其中：厦门	6	42	——	6	770	719	14	0.01	10	4	37	675
江西	96	902	16	140	8 154	5 718	276	11.40	1 549	23	864	3 018
山东	134	1 715	175	712	19 158	15 609	257	20.46	2 196	110	1 243	9 600
其中：青岛	12	146	15	58	2 448	2 099	9	0.45	244	12	93	1 178
河南	125	1 876	20	340	8 076	6 436	148	9.72	1 232	150	259	2 837
湖北	90	1 332	44	503	8 533	6 836	112	7.23	1 358	148	191	3 645
湖南	105	1 251	30	376	10 122	8 175	416	28.10	1 571	135	241	3 791
广东	107	1 887	34	283	18 013	15 249	188	25.69	1 523	321	919	11 323
其中：深圳	6	341	20	37	3 928	3 346	——	——	67	172	343	2 583
广西	84	761	7	143	8 899	6 341	154	4.73	1 963	309	286	2 559
海南	17	161	——	16	1 667	1 435	4	0.11	229	3	1	707
重庆	41	531	43	149	6 416	4 576	226	19.92	654	679	508	2 394
四川	134	1 090	18	258	11 265	8 703	439	26.21	1 526	220	816	3 893
贵州	83	511	4	81	4 352	3 340	48	5.54	649	9	353	1 965
云南	136	1 204	58	466	9 666	7 961	333	15.36	1 253	152	300	4 089
西藏	——	——	——	——	——	——	——	——	——	——	——	——
陕西	106	1 493	25	283	5 797	4 846	205	7.95	834	14	102	1 293
甘肃	83	800	9	146	4 689	3 523	139	29.98	893	53	221	1 475
青海	36	190	4	69	1 618	1 437	48	2.20	142	8	31	198
宁夏	15	243	8	72	1 376	1 101	11	2.88	196	3	76	149
新疆	79	589	24	163	4 948	3 626	7	0.05	832	397	93	2 700

基本情况(一)

当年购买的报刊种类(种)	书架单层总长度(米)	累计发放有效借书证数(个)	总流通人次		书刊文献外借册次(千册次)	为读者举办各种活动			
			(千人次)	书刊文献外借人次		组织各类讲座次数(次)	参加人次(千人次)	举办展览(个)	参观人次(千人次)
494 422	**4 039 929**	**9 034 878**	**188 446**	**79 352**	**148 394**	**18 144**	**3 431**	**6 270**	**9 685**
——	——	——	——	——	——	——	——	——	——
17 179	138 690	863 973	5 046	2 912	6 325	1 457	223	145	258
7 765	86 236	168 787	4 628	1 498	3 116	436	96	181	173
7 453	139 906	190 898	4 047	2 317	3 024	601	106	256	127
14 076	73 658	262 329	2 123	834	1 465	564	112	196	155
9 290	77 517	105 553	2 088	1 052	1 578	750	61	126	106
29 417	302 301	361 725	11 365	3 820	8 211	969	155	379	534
10 434	48 237	151 873	5 459	1 132	2 646	177	73	29	65
5 655	58 774	80 667	2 239	983	2 441	238	76	68	82
8 895	78 788	110 555	2 626	1 199	2 497	344	65	189	186
29 155	185 539	560 063	13 061	4 771	11 703	1 104	169	217	547
34 834	297 487	941 155	14 382	7 514	13 578	1 115	241	368	695
41 888	304 714	799 400	27 868	7 465	15 419	943	210	576	855
12 285	77 106	185 015	4 280	1 141	2 707	137	36	62	66
14 666	72 944	108 242	3 311	1 910	2 809	394	79	162	196
16 178	150 453	220 548	6 076	2 580	5 022	458	121	231	277
1 844	15 863	30 656	665	294	482	70	13	28	71
13 618	103 557	232 746	3 974	1 920	3 370	421	71	245	200
31 650	250 248	533 390	10 384	6 299	10 534	1 464	278	417	601
8 380	33 917	65 559	1 756	1 074	1 346	327	49	29	8
11 850	137 237	334 634	5 958	3 491	4 891	759	126	247	262
22 672	153 386	824 636	6 144	3 270	5 724	610	182	182	195
22 055	210 834	439 272	5 716	3 305	5 342	557	187	203	295
39 362	284 143	786 584	26 035	6 679	12 845	1 243	281	523	2 596
9 064	44 543	202 536	6 826	908	1 923	431	57	39	182
20 542	161 921	139 585	4 964	2 073	4 388	296	57	99	131
3 377	7 122	14 615	629	286	533	27	14	36	20
12 529	78 163	102 954	3 979	2 305	4 507	408	53	147	227
18 903	148 799	233 346	6 864	3 227	5 756	1 060	196	322	403
7 505	55 652	79 567	1 318	700	1 051	260	52	79	105
21 505	193 847	174 946	6 590	3 126	6 004	481	60	165	165
——	——	——	——	——	——	——	——	——	——
7 910	68 587	164 050	2 153	1 284	1 727	326	20	220	79
9 006	71 123	86 681	2 052	992	1 674	491	61	119	96
1 118	27 366	25 961	212	67	165	22	1	30	10
1 911	48 502	27 326	675	345	671	40	7	32	17
12 458	72 435	60 690	1 939	1 128	2 024	306	70	110	91

各地区县、市级公共图书馆

地区	举办培训班		信息化建设		本年收入合计					
			计算机			财政拨款				
	(班次)	培训人次(千人次)	(台)	电子阅览室终端数	(千元)		购书专项经费	事业收入	经营收入	其他收入
总计	**9 363**	**953**	**80 056**	**53 523**	**2 434 490**	**2 223 551**	**323 324**	**57 645**	**6 889**	**76 999**
中央	——	——	——	——	——	——	——	——	——	——
北京	250	18	2 676	978	147 558	135 084	27 701	2 455	1 941	2 620
天津	196	16	1 636	945	90 563	85 069	10 273	2 167	1 317	1 998
河北	318	34	1 768	1 245	46 667	45 977	3 243	143	2	276
山西	287	56	2 321	1 612	56 433	52 532	4 095	194	——	3 037
内蒙古	245	21	1 934	1 233	56 871	56 448	3 181	85	——	94
辽宁	593	57	2 800	1 664	152 656	148 168	42 255	3 682	——	301
其中:大连	48	9	876	557	33 678	32 861	6 197	686	——	——
吉林	138	10	1 546	1 014	44 855	43 408	2 399	53	56	440
黑龙江	112	17	2 453	1 781	45 082	43 673	1 871	120	——	812
上海	514	31	2 950	1 334	326 650	291 751	62 590	8 680	——	7 797
江苏	836	57	4 287	2 510	151 216	130 090	18 424	4 163	2 189	12 906
浙江	712	61	4 905	3 257	211 911	180 485	35 674	6 642	380	15 596
其中:宁波	35	2	983	726	32 111	27 831	6 634	111	——	2 338
安徽	333	28	2 920	2 386	51 848	44 087	4 221	2 599	——	1 498
福建	153	38	1 981	1 234	71 664	57 232	6 241	9 218	——	2 736
其中:厦门	17	1	251	137	10 072	9 790	1 160	205	——	77
江西	247	28	3 592	2 502	50 434	45 438	4 220	1 060	157	1 930
山东	627	73	5 370	3 951	102 012	97 707	11 345	901	——	468
其中:青岛	57	13	585	388	15 008	14 029	1 744	43	——	——
河南	363	29	3 272	1 974	64 147	62 086	3 674	655	——	978
湖北	324	54	3 726	2 676	58 382	48 896	6 210	2 583	207	4 867
湖南	294	29	2 523	1 879	59 189	52 213	5 249	2 256	231	3 067
广东	494	36	5 348	3 459	222 229	212 148	35 075	4 188	4	4 336
其中:深圳	62	4	1 351	822	82 556	80 278	19 350	310	——	1 049
广西	183	11	2 964	2 021	46 457	43 874	2 544	436	——	1 715
海南	18	2	435	256	10 021	9 197	1 824	——	——	93
重庆	290	101	2 252	1 552	44 153	37 810	6 793	1 610	351	1 525
四川	368	62	3 678	2 509	91 079	76 959	10 602	1 439	14	6 091
贵州	116	8	1 919	1 361	19 570	17 721	1 345	638	——	315
云南	469	28	3 479	2 648	59 836	58 047	5 173	739	——	597
西藏	——	——	——	——	——	——	——	——	——	——
陕西	447	12	1 906	1 447	53 826	52 062	1 797	260	40	212
甘肃	188	17	1 858	1 338	41 209	40 065	1 211	57	——	86
青海	18	1	1 004	962	8 918	8 911	351	2	——	——
宁夏	30	7	679	468	12 690	12 038	718	383	——	79
新疆	200	9	1 874	1 327	36 364	34 375	3 025	237	——	529

基本情况(二)

本年支出合计（千元）											
				在支出合计中：							
					商品和服务支出					对个人和家庭补助支出	
	基本支出	项目支出	经营支出	工资福利支出		差旅费	劳务费	福利费	税金支出		抚恤金和生活补助
2 337 367	**1 629 710**	**597 186**	**7 010**	**979 801**	**413 115**	**14 581**	**20 089**	**14 729**	**3 196**	**223 412**	**8 613**
——	——	——	——	——	——	——	——	——	——	——	——
147 462	77 309	69 018	1 034	44 717	33 084	416	953	370	627	14 326	381
90 589	61 781	26 497	1 317	35 705	7 723	305	149	398	341	13 514	114
45 212	40 377	3 215	102	28 575	4 876	195	119	156	——	4 468	280
56 001	41 723	11 182	——	28 495	8 167	749	441	287	4	4 235	171
61 836	53 481	1 971	39	33 749	4 770	338	107	334	20	6 867	396
119 941	101 386	8 792	——	57 688	19 424	531	1 210	303	168	21 059	553
33 412	22 077	5 675	——	14 497	5 464	110	997	24	3	2 042	1
44 473	39 256	4 083	56	24 448	6 750	169	66	45	——	6 989	403
45 327	40 513	3 092	140	25 660	6 611	255	48	48	8	5 627	122
303 729	141 665	148 313	75	95 887	51 445	483	1 678	1 818	416	10 318	1 010
149 587	117 085	30 313	2 189	54 992	37 327	780	881	1 745	90	18 927	495
213 360	128 054	83 701	379	73 037	50 761	1 926	3 802	2 132	124	14 630	98
31 055	22 741	8 313	——	13 576	7 469	403	546	315	2	1 382	19
48 738	33 568	9 168	102	15 695	8 635	453	323	173	157	6 500	449
56 193	36 653	17 398	26	17 860	10 406	426	494	308	69	3 625	194
5 031	3 224	1 726	——	2 038	904	18	12	39	——	436	27
49 735	38 844	6 719	207	19 927	5 918	353	262	377	79	6 148	154
102 491	92 371	5 809	——	56 771	14 605	825	753	283	22	7 530	162
15 042	14 075	510	——	8 911	1 785	73	69	5	——	1 687	——
64 223	56 746	1 433	——	33 353	5 431	395	359	424	31	5 976	292
56 432	41 228	10 815	199	26 636	9 493	506	208	719	104	5 725	315
57 547	46 956	6 981	80	29 548	13 228	625	389	638	123	4 344	269
208 314	127 673	74 773	35	76 742	52 074	1 108	3 828	1 407	301	16 276	392
75 693	27 333	46 580	——	16 977	23 383	229	2 901	105	124	1 216	——
45 940	30 034	11 516	39	18 399	7 233	414	400	73	91	5 168	230
9 545	5 084	1 376	10	3 720	1 097	87	7	10	25	193	——
44 642	22 505	15 551	572	13 225	11 750	695	480	843	157	4 923	270
85 889	50 245	31 676	14	27 188	16 242	908	1 378	918	32	7 797	660
20 653	17 548	1 688	13	12 200	2 641	173	150	122	116	2 851	90
59 532	50 142	5 924	21	33 105	6 263	286	367	186	——	6 526	239
——	——	——	——	——	——	——	——	——	——	——	——
54 133	50 430	1 151	193	37 915	5 837	404	635	305	51	3 724	326
37 174	36 709	465	——	22 164	4 435	305	275	163	16	7 422	191
9 212	9 147	15	20	7 394	824	18	——	——	——	230	——
12 626	11 720	256	116	7 276	1 579	150	78	9	6	2 111	2
36 831	29 477	4 295	32	17 730	4 486	303	249	135	18	5 383	355

各地区县、市级公共图书馆

地区	本年支出合计(千元)			本年新购藏量(千册)	资产合计		增加值(千元)
	在支出合计中：其他资本性支出	各种设备购置费	新增藏量购置费		(千元)	固定资产原值	
总计	**546 531**	**122 690**	**279 370**	**14 283**	**5 503 154**	**4 895 829**	**1 436 781**
中央	——	——	——	——	——	——	——
北京	46 797	8 183	20 397	1 323	495 735	435 075	78 134
天津	11 269	75	10 909	239	120 972	108 258	54 357
河北	5 816	1 501	3 361	248	142 321	138 811	38 600
山西	10 493	2 506	4 035	248	107 885	97 490	37 237
内蒙古	6 092	2 369	3 208	320	73 583	71 262	43 553
辽宁	18 554	2 855	12 603	490	246 330	231 267	90 364
其中:大连	9 059	458	6 073	241	59 099	57 369	19 866
吉林	5 353	2 279	2 317	231	73 312	64 557	33 737
黑龙江	3 452	948	1 904	139	89 149	85 665	34 710
上海	123 801	8 281	64 595	1 409	493 443	389 763	125 219
江苏	38 341	13 796	20 523	978	572 385	531 166	97 583
浙江	69 023	11 755	33 691	1 500	518 851	441 616	111 604
其中:宁波	8 125	1 564	6 450	219	66 197	50 576	17 852
安徽	10 461	4 409	3 945	471	127 893	110 639	26 969
福建	15 764	6 129	7 097	521	190 251	150 401	32 362
其中:厦门	950	89	699	31	35 145	24 503	3 494
江西	10 925	6 263	3 187	148	96 943	85 662	30 118
山东	15 647	4 364	10 703	1 005	249 011	223 185	74 199
其中:青岛	1 915	169	1 702	67	26 336	23 076	11 599
河南	10 678	5 608	4 039	343	127 467	123 758	44 837
湖北	10 850	3 952	5 538	304	153 628	142 549	38 916
湖南	7 747	1 369	4 427	260	145 750	120 832	39 871
广东	52 411	12 997	29 125	1 480	492 360	429 130	115 595
其中:深圳	30 958	9 852	15 445	870	175 842	143 401	27 097
广西	12 202	4 190	3 914	259	121 375	106 502	28 204
海南	1 463	300	1 111	59	28 893	28 043	5 081
重庆	11 273	3 946	5 442	357	121 820	109 753	23 794
四川	24 138	7 860	9 483	1 218	172 119	158 330	43 411
贵州	1 678	448	1 177	120	76 119	72 187	18 266
云南	8 667	2 483	5 462	251	211 172	200 280	47 971
西藏	——	——	——	——	——	——	——
陕西	4 687	2 251	2 040	121	85 571	79 387	45 516
甘肃	2 570	477	1 220	65	57 361	54 641	32 054
青海	352	3	349	22	18 483	17 991	8 343
宁夏	719	——	643	32	28 534	26 921	10 564
新疆	5 308	1 093	2 925	125	64 438	60 708	25 612

基本情况(三)

公用房屋建筑面积					阅览室坐席数		图书馆延伸服务情况				
		阅览室面积					流动图书馆车书刊借阅人次（千人次）	流动图书馆车书刊借阅册次（千册次）	分馆情况		
（千平方米）	书库面积		书刊阅览室面积	电子阅览室面积	（个）	少儿阅览室坐席数（个）			数量（个）	借阅人次（千人次）	借阅册次（千册次）
4 609	**1 024**	**1 119**	**719**	**248**	**401 117**	**113 784**	**3 465**	**6 447**	**3 660**	**9 704**	**16 071**
——	——	——	——	——	——	——	——	——	——	——	——
128	23	30	17	5	11 199	2 720	248	798	223	649	1 057
91	33	24	16	7	7 491	1 343	79	93	146	238	468
164	39	37	21	6	15 801	4 651	22	30	3	88	117
140	29	34	22	8	11 011	3 407	75	163	125	96	214
112	23	26	16	6	10 429	3 414	92	118	16	127	258
225	42	52	34	10	19 340	5 651	169	479	657	1 168	1 778
79	11	17	13	3	5 268	1 424	45	90	116	314	431
62	12	17	12	4	7 969	2 778	37	57	89	143	227
95	22	28	17	9	9 820	3 269	15	27	47	54	153
162	23	46	39	6	14 423	3 640	256	413	46	292	716
369	64	81	59	14	22 289	7 540	47	88	146	1 119	1 602
312	62	71	49	18	23 236	5 734	695	1 364	312	1 174	1 926
74	6	25	19	5	4 444	904	297	557	163	220	402
88	18	22	12	8	8 164	2 425	7	14	41	100	155
195	45	48	34	8	16 288	4 005	85	145	195	247	513
21	5	7	5	1	1 507	334	11	36	4	15	20
192	40	47	27	10	16 399	4 978	167	235	87	135	160
280	64	71	43	20	26 211	7 040	316	435	113	607	876
36	6	9	6	2	3 668	754	56	73	17	2	3
191	46	41	25	8	18 051	4 922	99	115	38	144	173
161	37	39	24	9	16 883	5 344	255	313	206	306	387
183	47	39	26	8	16 946	5 851	3	3	66	183	341
423	87	104	70	20	32 267	7 285	347	686	641	1 963	3 544
77	13	23	19	4	5 071	671	14	52	284	427	843
121	43	35	22	9	15 214	4 312	16	26	7	21	36
37	10	7	4	1	2 751	794	61	71	——	32	59
112	30	29	17	6	7 826	2 009	16	18	86	343	539
177	41	50	31	11	18 804	4 915	119	226	13	18	36
86	20	21	12	5	8 506	1 964	36	51	97	126	144
190	49	40	23	12	14 725	4 716	124	258	105	127	277
——	——	——	——	——	——	——	——	——	——	——	——
112	26	22	13	5	8 704	2 350	34	104	63	96	109
81	19	20	11	4	8 813	2 576	17	75	14	42	66
19	5	7	3	3	1 853	441	——	——	——	4	8
26	7	8	5	3	1 992	664	20	30	1	2	3
74	16	23	13	7	7 712	3 046	8	13	77	60	128

图书馆业主要指标解释

1. 总藏量：指本馆已编目的古籍、图书、期刊和报纸的合订本、小册子、手稿，以及缩微制品、录像带、录音带、光盘等视听文献资料数量之和。

对同一书名，但分若干册(卷) 的图书，按每一册(卷)作为一册统计。期刊和报纸均以每一合订本为一册统计。至填报本表时，尚未装订成册编目的期刊和报纸不应统计在内。

2. 古籍、善本：指实际成书和出版年代在 1911 年(含 1911 年)以前的线装、卷轴装、经折装、蝴蝶装、包背装等书籍为古籍；其中清乾隆六十年，即 1795 年(含 1795 年)以前的古籍为善本，1795 年至 1911 年间的具有历史文献性、学术资料性和印刷装帧艺术代表性的也归为善本。

3. 图书：指不少于 49 页并在“古籍”范围以外的图书。少儿读物、连环画 49 页以上的按图书统计，48 页以下的按小册子统计到“其他”类中。

4. 报刊：指刊登当前事件的专题或综合新闻，每周至少出版一张并按年、月、日顺序或按编号排列的连续出版物。或者是同一刊名下，按顺序号或按年、月、日出版的定期或不定期的一种连续出版物。包括报纸和期刊。

5. 视听文献、缩微制品：指要求使用专用设备阅读和(或)听声的非书型文献。包括声频文献(例如：唱片、录音带、盒式磁带等)，视频文献(例如：幻灯片、透明正片等)和声频与视频混合文献(例如：有声电影、录像片等)，电子文献(例如存储在光盘、软盘、硬盘等通过计算机阅读、视听的文献)。包括所有经过缩微处理制成缩微胶卷和缩微平片，使用时需要放大的文献资料。

6. 其他：指手稿和 48 页以下的小册子等。

7. 开架书刊：指图书馆总藏量中已上架并可用于外借或馆内阅读的图书、报刊等。

8. 当年购买的报刊种类：指图书馆当年购买的期刊和报纸种类之和。其计量原则同图书。

9. 书架单层总长度：指按书架(包括书柜)每层(不包括书架顶部遮尘板)长度累计计算的长度，其中两面放书的书架每层应按两个长度计算。

10. 累计发放有效借书证数：指图书馆发放并正在使用的有效的借书证累计数。

11. 总流通人次：指包括在馆内阅读和借出阅读书、刊、缩微制品、视听文献、电子文献等的读者人次。

12. 书刊文献外借人次：指由馆内借出阅读书、刊、缩微制品、视听文献等的读者人次。

13. 书刊文献外借册次：指读者通过借阅手续借出，在馆外阅读的书、刊、缩微制品、视听文献等册次，包括外文图书。

14. 组织各类讲座次数、参加人次：指由本馆举办或与外机构联合举办的各类讲座次数及参加这些讲座的人次。

15. 举办展览个数、参观人次：指本馆举办或与外机构联合举办的在馆内或馆外展览的个数及参观人次。个数按展览的内容计算。同一内容的展览不论在哪些地点展出和展出时间多久，只计算一个。

16. 举办训练班班次、培训人次：指本馆举办或与外机构联合举办的各种科普、文化、艺术等训练班，按截止到年底办完的班数及培训人数，分别计算班次及培训人次。截止到年底未办完的班数和人数均在下一年度统计。

17. 计算机：指图书馆内列入固定资产管理并正在使用的计算机台数。

18. 电子阅览室终端数：指图书馆内放置于电子阅览室可供读者使用的计算机台数。

19. 新增藏量购置费：指本馆本年购进图书、报刊、缩微制品和视听文献等藏品所用经费之和。

20. 本年新购藏量:指本年购进馆的图书、报刊、缩微制品和视听文献等藏品之和。

21. 阅览室坐席数:指阅览室内可供读者坐阅的座位数。

22. 少儿阅览室坐席数:指少儿图书馆阅览室和公共图书馆中的少儿阅览室可供少儿读者坐阅的座位数。

23. 流动图书车书刊借阅人次、册次:指图书馆利用流动图书车开展书刊借阅服务的读者人次和册次。

24. 分馆:指馆舍面积、藏书具有一定规模,有专人管理的文献收藏单位。总馆对分馆负有业务指导关系,并且总、分馆之间文献资源实现共建共享。

各地区群众艺术馆、

地区	机构数(个)	从业人员(人)	高级职称	中级职称	举办展览个数(个)	组织文艺活动次数(次)	藏书(千册)	举办训练班班次(次)	培训人次(千人次)	组织各类理论研讨和讲座次数(次)
总计	**41 959**	**137 484**	**6 155**	**23 984**	**110 251**	**555 052**	**139 228**	**304 955**	**15 933**	**11 259**
中央	——	——	——	——	——	——	——	——	——	——
北京	332	2 525	75	282	2 080	23 165	3 280	20 215	981	484
天津	256	1 004	116	175	957	4 843	638	4 226	209	120
河北	2 265	6 314	342	1 223	5 926	26 284	4 391	10 462	710	285
山西	1 529	4 182	183	768	2 879	14 731	2 943	4 928	408	696
内蒙古	1 020	3 920	178	850	2 138	10 991	1 660	6 900	251	696
辽宁	1 534	4 842	252	1 164	4 246	28 568	5 653	14 909	732	368
其中:大连	169	629	52	182	854	5 998	1 399	3 702	193	28
吉林	964	3 445	369	948	1 332	8 428	1 302	3 499	205	611
黑龙江	1 227	3 387	387	894	2 408	14 454	2 355	6 586	314	280
上海	242	4 632	110	450	2 483	37 377	5 526	19 721	928	328
江苏	1 447	6 228	318	1 291	6 953	32 092	17 551	17 410	1 021	677
浙江	1 613	5 602	398	1 703	6 979	34 159	12 808	19 726	1 047	1 171
其中:宁波	160	718	47	161	808	4 985	1 845	3 734	201	123
安徽	1 480	4 728	202	838	3 250	11 124	1 964	7 712	408	151
福建	1 187	2 608	101	445	2 749	9 965	2 588	11 105	328	273
其中:厦门	41	206	12	38	139	1 236	204	1 360	48	43
江西	1 834	3 960	139	546	2 258	11 838	2 013	5 234	242	170
山东	2 025	7 708	606	1 674	9 525	38 477	12 809	22 278	1 272	696
其中:青岛	184	727	55	153	1 423	10 059	1 521	5 617	300	294
河南	2 466	10 643	407	1 322	6 915	34 261	4 748	10 677	873	341
湖北	1 369	4 977	241	1 116	3 922	17 734	3 630	8 424	459	231
湖南	2 543	6 744	349	1 297	3 487	22 316	6 080	7 844	406	277
广东	1 739	9 468	215	784	7 536	29 983	16 683	27 522	1 165	896
其中:深圳	63	1 097	76	137	613	3 575	2 300	5 130	207	363
广西	1 254	3 976	161	780	2 202	15 537	5 322	7 222	364	156
海南	232	664	17	61	454	2 164	644	1 373	91	59
重庆	1 035	3 574	112	369	3 019	14 022	3 178	6 866	491	115
四川	4 222	7 618	174	1 297	8 126	28 732	6 247	18 412	977	644
贵州	1 514	4 808	75	318	1 348	10 473	1 771	3 200	141	547
云南	1 513	5 194	150	1 279	4 161	20 250	3 567	11 175	586	247
西藏	295	216	13	61	61	784	464	81	6	38
陕西	1 801	5 830	181	749	4 388	13 592	1 925	8 327	547	267
甘肃	1 296	3 353	95	380	3 046	9 888	2 108	8 857	315	133
青海	294	745	55	178	711	2 486	300	1 280	48	22
宁夏	250	977	36	204	1 203	5 672	536	2 922	173	67
新疆	1 181	3 612	98	538	3 509	20 662	4 542	5 862	235	213

文化馆、文化站基本情况(一)

计算机(台)	本年收入合计						本年支出合计				
	(千元)	财政拨款		事业收入	经营收入	其他收入	(千元)	基本支出	项目支出	经营支出	
			业务活动专项经费								工资福利支出
84 347	**8 072 435**	**6 811 471**	**1 013 286**	**377 320**	**88 232**	**388 700**	**7 941 904**	**5 551 522**	**1 893 333**	**102 279**	**3 439 502**
——	——	——	——	——	——	——	——	——	——	——	——
2 505	218 766	184 942	34 802	12 980	3 662	14 575	204 134	139 529	57 860	3 933	49 839
698	92 499	77 092	11 732	10 241	100	3 626	94 941	79 576	13 889	60	38 527
2 425	228 151	206 531	16 089	3 033	889	8 241	218 826	177 049	27 919	1 213	122 623
1 451	197 064	184 410	7 190	2 433	388	5 430	193 481	129 808	54 003	672	77 099
1 018	187 518	182 110	8 436	616	68	2 209	183 735	171 483	8 170	233	95 896
2 720	252 990	230 742	28 292	3 791	8	1 069	247 220	199 345	33 261	330	121 436
985	53 239	48 856	6 564	1 263	——	299	53 927	37 215	11 825	162	25 120
442	216 497	208 045	5 775	1 469	223	1 660	185 690	138 404	44 392	577	85 930
750	153 944	141 599	7 410	1 426	200	6 733	150 759	120 708	20 689	696	79 792
5 443	594 745	453 056	108 439	56 186	16 394	44 693	564 970	387 893	133 018	20 569	208 423
6 282	547 430	442 960	80 977	43 082	5 076	39 876	558 304	441 974	108 367	13 922	217 273
6 831	765 294	618 014	173 443	30 122	2 245	66 680	755 116	449 226	265 402	4 081	278 099
994	139 491	109 055	33 364	5 493	167	14 186	139 417	77 964	51 412	553	47 387
2 079	239 109	132 211	6 761	3 328	188	12 110	239 087	163 399	60 469	486	97 960
2 347	202 231	161 922	21 337	10 049	3 743	12 184	195 823	119 410	61 303	3 879	64 092
580	36 984	32 207	2 624	806	3	3 962	33 157	19 053	12 042	939	9 286
1 004	152 490	123 979	19 940	5 045	636	7 682	149 432	104 994	32 071	1 223	67 231
14 204	447 780	422 447	43 355	6 491	329	5 507	452 423	313 655	86 432	793	198 504
556	48 113	43 791	6 759	2 912	35	255	50 471	37 972	8 576	253	26 691
1 552	281 765	249 672	13 429	5 810	1 296	9 278	274 986	229 116	35 412	2 716	171 859
2 388	265 538	197 472	20 812	14 330	3 132	38 976	267 244	162 821	82 461	4 166	91 635
1 827	237 217	198 288	14 456	11 283	1 697	15 965	244 617	183 008	40 774	1 864	127 345
6 894	869 452	715 616	197 826	85 522	14 242	29 365	845 474	471 507	307 262	15 126	330 992
995	221 187	194 351	61 516	3 494	——	5 285	211 593	110 720	80 915	11	84 095
3 204	154 124	139 257	16 251	3 879	1 441	6 618	149 768	116 412	20 006	1 035	82 387
191	34 197	30 820	6 592	31	58	1 754	32 406	18 752	11 557	58	13 931
4 017	234 510	154 440	37 835	23 713	23 782	19 143	236 805	135 009	65 611	16 290	76 120
5 092	422 662	376 163	67 418	23 124	846	9 966	422 491	244 413	155 405	2 373	147 066
841	155 002	141 644	7 713	3 198	572	5 185	155 991	130 219	17 821	1 385	100 208
3 028	253 544	218 712	18 461	5 899	6 028	8 837	242 773	186 454	39 705	2 679	123 886
256	19 174	19 006	4 855	98	31	29	20 048	18 300	268	285	9 392
1 234	204 973	190 080	8 935	4 057	203	2 787	202 421	170 288	25 098	409	135 933
1 105	113 151	105 095	4 665	2 229	290	936	117 379	109 814	5 722	667	78 235
178	92 245	82 770	4 723	960	——	2 056	88 595	51 291	34 851	——	25 999
697	50 819	47 752	1 577	315	300	2 078	54 497	45 911	4 971	257	29 225
1 644	187 554	174 624	13 760	2 580	165	3 452	192 468	141 754	39 164	302	92 565

各地区群众艺术馆、

地区	本年支出合计(千元)	在支出合计中：商品和服务支出：差旅费	劳务费	福利费	税金支出	对个人和家庭补助支出	抚恤金和生活补助	其他资本性支出	各种设备购置费	资产合计(千元)	固定资产原值
总计	**1 717 583**	**62 651**	**133 215**	**51 310**	**23 237**	**659 245**	**40 214**	**643 004**	**267 922**	**15 443 050**	**13 421 181**
中央	——	——	——	——	——	——	——	——	——	——	——
北京	111 912	239	3 662	403	1 256	15 443	947	4 856	1 172	317 380	233 602
天津	21 796	511	452	645	606	21 138	592	4 945	1 667	123 394	110 681
河北	22 663	1 075	1 380	729	99	19 045	1 621	15 963	4 541	382 453	354 991
山西	37 171	2 277	4 414	882	323	15 397	909	14 532	5 032	385 598	345 660
内蒙古	24 204	1 577	2 483	632	118	17 426	1 318	7 027	4 286	264 324	247 177
辽宁	46 619	1 941	3 816	709	38	36 864	2 169	8 104	4 913	401 937	345 533
其中:大连	11 143	787	1 758	76	13	2 880	188	3 013	1 300	78 273	60 621
吉林	20 505	929	996	268	99	31 666	1 281	41 021	9 584	188 294	144 435
黑龙江	22 641	1 019	1 311	405	112	21 069	1 225	11 710	2 018	258 420	233 533
上海	169 259	4 510	11 181	10 200	7 206	18 594	1 363	38 189	19 753	1 092 489	873 104
江苏	247 061	4 410	11 982	5 303	800	56 388	2 965	53 392	24 260	1 951 683	1 706 623
浙江	280 293	8 333	19 157	6 845	1 963	50 032	1 600	43 655	25 843	1 203 396	945 466
其中:宁波	50 911	1 919	3 551	1 199	537	5 366	196	5 492	4 451	186 381	139 052
安徽	23 124	1 104	1 512	1 610	184	23 497	878	21 187	7 801	299 666	268 874
福建	45 642	1 473	4 880	938	573	13 563	1 322	19 405	6 887	344 257	297 052
其中:厦门	8 147	38	501	284	6	2 598	174	3 172	546	37 238	32 106
江西	18 192	1 175	1 366	971	387	18 721	2 133	14 159	5 774	226 692	196 510
山东	59 932	2 200	3 071	1 264	388	27 339	1 432	103 804	45 282	943 701	817 326
其中:青岛	10 003	282	270	63	90	4 240	110	3 013	1 522	83 999	70 484
河南	27 627	1 468	2 073	753	476	24 011	1 631	11 457	6 209	429 992	402 778
湖北	59 541	3 606	3 953	2 476	470	23 905	3 269	39 604	8 232	638 278	555 163
湖南	44 319	2 236	3 871	1 466	435	17 926	1 549	17 497	5 947	393 136	333 741
广东	156 507	4 968	22 419	5 831	3 158	40 133	1 948	38 780	17 356	1 621 437	1 465 613
其中:深圳	42 408	1 257	10 265	1 524	130	3 777	219	4 863	1 073	320 958	259 639
广西	24 549	1 141	2 085	344	360	19 702	1 129	5 159	3 199	291 925	271 675
海南	4 839	503	577	135	38	573	25	1 525	1 458	141 196	135 008
重庆	48 229	3 440	8 322	2 133	1 548	14 419	925	15 701	7 680	552 083	492 362
四川	68 827	4 640	6 178	2 123	489	30 220	2 147	54 094	21 778	928 507	800 454
贵州	17 112	1 067	975	752	258	13 190	620	3 723	3 123	174 771	158 606
云南	44 545	1 577	2 946	892	1 006	22 281	902	13 788	4 607	656 739	551 922
西藏	2 509	221	1	118	3	3 766	75	928	28	125 893	122 743
陕西	17 276	1 622	3 220	993	230	13 225	1 944	10 187	2 791	293 780	270 812
甘肃	14 228	739	924	533	150	15 414	854	5 816	1 981	270 315	249 863
青海	12 356	454	653	18	178	6 329	185	5 434	2 586	61 888	58 780
宁夏	8 049	561	1 597	221	99	8 731	617	3 600	2 019	68 363	55 998
新疆	16 056	1 635	1 758	718	187	19 238	639	13 762	10 115	411 063	375 096

文化馆、文化站基本情况(二)

增加值（千元）	公用房屋建筑面积（千平方米）	业务用房面积	对公众开放阅览室面积	流动舞台车数量（辆）	利用流动舞台车演出场次（场）	利用流动舞台车演出观众人次（千人次）	由本馆指导的单位(个) 馆办文艺团体	馆办文艺团体演出场次	馆办老年大学	群众业余文艺团队
4 832 390	**21 936**	**14 312**	**336**	**209**	**9 695**	**11 379**	**5 260**	**74 877**	**776**	**259 608**
——	——	——	——	——	——	——	——	——	——	——
79 413	420	259	——	15	451	505	87	1 317	11	8 804
65 807	160	106	1	4	106	150	71	625	5	3 271
157 095	628	385	13	13	559	592	216	3 420	30	15 473
111 268	602	374	16	——	13	20	173	3 304	34	8 319
125 236	381	231	7	3	57	227	226	2 062	31	2 932
174 718	865	521	14	8	298	685	346	3 087	52	9 962
32 186	282	163	1	1	60	150	45	380	2	2 178
123 529	168	115	10	4	60	87	110	1 206	29	2 553
110 938	374	242	5	11	230	243	331	2 277	31	4 580
293 442	1 109	705	5	7	432	462	115	1 432	27	11 883
359 658	2 233	1 659	22	7	441	602	136	3 105	62	13 286
393 667	1 942	1 458	11	38	3 081	3 491	405	4 415	9	27 151
63 600	312	231	——	——	——	——	35	268	2	4 567
134 763	405	258	13	8	408	397	227	1 582	18	4 635
95 588	656	404	13	3	44	90	149	1 978	11	4 714
13 820	97	70	1	1	18	70	38	454	1	333
94 815	492	294	24	3	14	40	137	4 167	38	4 089
261 958	1 790	1 139	12	7	380	289	306	6 326	72	27 649
34 078	297	182	1	3	216	96	92	1 067	5	4 654
213 875	678	422	16	9	1 031	1 011	376	3 268	29	16 812
141 703	990	618	14	4	304	121	201	2 966	34	9 220
163 313	645	384	8	17	394	612	90	3 829	32	12 785
463 832	2 600	1 695	23	14	332	335	335	3 824	27	9 397
110 379	188	92	1	1	——	——	41	411	7	1 233
114 985	489	334	15	6	58	109	73	5 424	15	6 342
20 684	81	60	3	——	——	——	6	17	1	716
125 861	526	315	7	2	56	111	90	995	22	5 026
218 378	1 032	726	26	9	515	824	234	3 028	61	11 415
121 686	238	127	10	1	16	15	88	2 570	11	2 760
174 390	724	412	7	6	88	90	189	2 467	38	21 071
18 136	102	59	3	3	18	5	8	42	——	45
163 197	472	298	19	1	112	100	247	1 753	13	5 786
104 589	342	252	10	1	24	24	86	1 085	5	3 804
35 402	76	46	2	2	10	50	46	879	6	645
41 541	116	80	1	3	139	87	26	653	2	1 032
128 923	599	334	5	——	24	5	130	1 774	20	3 451

各地区省级群众

地　区	机构数（个）	从业人员（人）	高级职称	中级职称	举办展览个数（个）	组织文艺活动次数（次）	藏书（千册）	举办训练班班次（次）	培训人次（千人次）	组织各类理论研讨和讲座次数（次）
总　计	**31**	**1 711**	**456**	**448**	**330**	**976**	**108**	**1 672**	**63**	**635**
中　央	——	——	——	——	——	——	——	——	——	——
北　京	1	60	5	12	4	57	——	26	1	24
天　津	1	68	18	16	10	35	2	58	2	30
河　北	1	54	19	8	20	61	21	480	12	——
山　西	1	75	21	27	8	6	10	45	1	1
内蒙古	1	44	9	19	20	65	——	105	3	8
辽　宁	1	60	16	14	5	6	——	25	——	2
其中:大连	——	——	——	——	——	——	——	——	——	——
吉　林	1	61	18	19	——	78	9	2	——	11
黑龙江	1	49	19	9	1	12	4	6	——	1
上　海	1	72	11	24	9	75	——	32	3	102
江　苏	1	42	18	12	9	12	——	2	——	2
浙　江	1	60	35	13	2	39	8	24	1	6
其中:宁波	——	——	——	——	——	——	——	——	——	——
安　徽	1	37	10	6	7	6	2	190	1	——
福　建	1	52	19	7	19	8	——	10	1	19
其中:厦门	——	——	——	——	——	——	——	——	——	——
江　西	1	55	2	10	——	8	——	60	3	1
山　东	1	55	24	16	10	16	13	10	1	12
其中:青岛	——	——	——	——	——	——	——	——	——	——
河　南	1	59	18	11	11	26	——	91	8	4
湖　北	1	61	25	11	10	62	11	6	1	7
湖　南	1	83	13	21	5	10	——	15	1	——
广　东	1	40	9	11	4	5	——	26	1	13
其中:深圳	——	——	——	——	——	——	——	——	——	——
广　西	1	35	17	10	6	5	——	48	3	6
海　南	1	32	7	14	16	12	4	150	6	17
重　庆	1	65	23	9	2	40	2	80	3	——
四　川	1	68	8	23	15	55	12	17	4	5
贵　州	1	72	18	15	84	78	2	24	1	350
云　南	1	64	19	17	6	33	——	24	1	4
西　藏	1	40	1	18	——	50	——	——	——	——
陕　西	1	75	13	26	5	8	7	8	——	3
甘　肃	1	39	11	14	17	43	——	31	1	2
青　海	1	44	13	12	5	23	——	22	3	——
宁　夏	1	58	11	15	8	30	——	23	——	3
新　疆	1	32	6	9	12	12	——	32	1	2

艺术馆基本情况(一)

计算机(台)	本年收入合计(千元)	财政拨款	业务活动专项经费	事业收入	经营收入	其他收入	本年支出合计(千元)	基本支出	项目支出	经营支出	工资福利支出
885	**332 025**	**266 346**	**79 284**	**24 013**	**6 311**	**12 197**	**293 321**	**185 028**	**102 218**	**2 752**	**73 192**
——	——	——	——	——	——	——	——	——	——	——	——
90	28 280	28 111	——	160	——	9	22 255	5 287	16 968	——	3 000
——	16 215	11 612	6 050	4 603	——	——	14 951	12 210	2 741	——	3 440
35	6 655	5 137	463	302	——	801	6 655	5 624	1 031	——	1 555
34	9 291	8 709	826	——	——	82	9 259	5 745	3 514	——	2 263
28	4 200	3 250	730	83	——	336	3 227	3 067	160	——	1 175
30	8 618	8 005	1 000	613	——	——	8 063	5 987	2 076	——	2 414
——	——	——	——	——	——	——	——	——	——	——	——
24	12 335	11 928	410	——	39	13	10 356	5 731	4 231	393	2 560
8	4 537	4 516	——	——	——	20	4 537	4 471	66	——	2 050
75	22 544	11 525	7 835	6 660	——	20	23 435	12 441	7 793	——	6 100
66	7 748	4 925	1 190	561	——	2 262	7 589	5 144	2 445	——	2 183
65	29 345	23 420	19 679	670	——	469	14 750	10 054	4 696	——	4 124
——	——	——	——	——	——	——	——	——	——	——	——
——	4 753	4 236	874	197	——	320	4 850	3 976	874	——	1 153
27	10 169	6 015	2 200	907	——	385	10 147	4 470	5 557	——	1 571
——	——	——	——	——	——	——	——	——	——	——	——
11	4 238	3 675	100	79	——	384	4 178	2 641	1 537	——	1 518
15	11 830	10 791	550	1 039	——	——	12 787	5 965	6 822	——	2 642
——	——	——	——	——	——	——	——	——	——	——	——
73	6 901	4 763	850	1 481	653	4	7 401	5 398	1 350	653	2 002
39	9 940	8 503	3 000	1 383	21	33	9 940	9 919	——	21	2 590
70	11 552	10 875	400	147	——	530	11 552	10 552	1 000	——	3 315
——	14 914	10 338	6 779	561	——	13	13 104	5 542	7 562	——	2 699
——	——	——	——	——	——	——	——	——	——	——	——
20	9 293	8 531	5 689	32	——	730	7 742	3 202	4 540	——	1 607
18	3 985	3 983	——	——	——	2	3 358	2 848	510	——	1 534
——	15 689	7 460	3 336	3 019	——	1 873	16 849	8 556	8 292	——	3 230
31	13 346	12 271	8 915	75	——	1 000	13 346	4 352	8 994	——	1 860
14	9 886	8 829	234	——	——	1 057	8 422	7 301	1 121	——	2 078
——	15 529	9 550	——	364	5 298	216	10 818	5 496	3 882	1 440	1 864
10	8 898	8 898	4 730	——	——	——	4 218	4 168	50	——	2 551
24	7 815	7 024	1 143	787	——	4	7 815	5 672	2 143	——	3 158
26	4 926	4 266	1 610	140	——	——	5 416	5 416	——	——	1 333
23	9 718	8 267	291	——	——	1 292	7 422	6 085	1 337	——	2 248
7	5 110	4 383	——	150	300	277	5 658	4 915	498	245	2 347
22	3 765	2 550	400	——	——	65	3 221	2 793	428	——	1 028

各地区省级群众

地区	本年支出合计(千元)									资产合计	
	在支出合计中:										
		商品和服务支出				对个人和家庭补助支出		其他资本性支出		(千元)	固定资产原值
		差旅费	劳务费	福利费	税金支出		抚恤金和生活补助		各种设备购置费		
总计	**110 917**	**3 238**	**9 038**	**1 663**	**1 282**	**60 203**	**4 731**	**16 714**	**6 975**	**334 913**	**206 732**
中央	——	——	——	——	——	——	——	——	——	——	——
北京	17 626	140	1 203	45	12	1 490	77	139	139	18 458	4 100
天津	5 338	133	6	101	161	3 189	45	243	243	6 373	2 446
河北	1 690	121	87	31	——	2 562	178	848	——	5 762	4 397
山西	967	39	31	27	——	2 464	66	52	52	10 979	4 506
内蒙古	745	35	3	35	72	1 015	55	31	31	6 309	4 999
辽宁	3 424	——	——	——	——	2 225	116	——	——	3 952	3 952
其中:大连	——	——	——	——	——	——	——	——	——	——	——
吉林	703	51	44	26	——	2 536	133	4 164	126	24 562	21 170
黑龙江	631	29	48	——	——	1 790	72	——	——	1 305	1 083
上海	10 081	34	321	309	146	741	——	3 312	——	12 409	5 302
江苏	3 264	288	847	39	7	1 687	215	455	455	45 531	40 592
浙江	7 596	119	15	53	——	2 455	——	134	104	33 354	7 777
其中:宁波	——	——	——	——	——	——	——	——	——	——	——
安徽	427	29	74	——	——	2 396	——	——	——	5 945	5 945
福建	1 389	96	244	109	99	2 107	5	2	2	8 916	3 107
其中:厦门	——	——	——	——	——	——	——	——	——	——	——
江西	911	54	——	52	——	1 731	793	14	14	450	450
山东	6 479	83	424	32	104	2 781	——	885	270	25 338	14 640
其中:青岛	——	——	——	——	——	——	——	——	——	——	——
河南	2 528	2	——	31	173	1 590	26	800	800	5 870	4 980
湖北	3 999	298	92	142	——	2 818	2 132	512	512	6 170	4 658
湖南	4 246	81	——	145	14	2 991	93	1 000	621	7 556	2 524
广东	7 334	428	1 457	50	29	2 369	65	701	248	9 935	4 690
其中:深圳	——	——	——	——	——	——	——	——	——	——	——
广西	178	8	——	23	36	1 417	66	911	911	5 804	2 405
海南	908	140	20	——	——	251	4	156	156	6 045	3 114
重庆	11 361	368	3 763	160	33	1 571	49	685	685	4 055	2 263
四川	551	8	——	28	240	1 940	146	833	804	14 707	7 088
贵州	3 840	175	——	10	——	2 304	66	200	200	11 280	6 132
云南	4 502	168	33	33	——	2 834	32	179	179	21 322	18 104
西藏	462	75	——	18	——	1 155	1	——	——	10 010	10 010
陕西	3 011	32	——	——	91	1 645	111	——	——	7 528	5 130
甘肃	2 635	33	——	78	——	1 351	75	97	62	5 490	3 119
青海	1 583	46	218	1	42	2 175	32	——	——	4 970	3 521
宁夏	1 645	103	107	72	21	1 564	45	102	102	3 525	3 525
新疆	863	22	1	13	2	1 059	33	259	259	1 003	1 003

艺术馆基本情况(二)

增加值（千元）	公用房屋建筑面积（千平方米）	业务用房面积	对公众开放阅览室面积	流动舞台车数量（辆）	利用流动舞台车演出场次（场）	利用流动舞台车演出观众人次（千人次）	由本馆指导的单位（个）馆办文艺团体	馆办文艺团体演出场次	馆办老年大学	群众业余文艺团队
151 721	**146**	**90**	**13**	**6**	**213**	**97**	**100**	**2 015**	**9**	**82**
——	——	——	——	——	——	——	——	——	——	——
5 880	3	3	——	——	——	——	——	——	——	——
7 317	5	5	——	——	——	——	5	200	2	——
4 241	5	3	——	1	26	2	1	——	——	——
4 902	6	4	——	——	——	——	6	20	1	——
2 466	4	3	——	——	——	——	12	87	1	12
4 721	6	2	2	——	——	——	5	10	1	4
——	——	——	——	——	——	——	——	——	——	——
5 889	12	7	6	——	——	——	1	2	——	2
3 861	2	1	——	——	——	——	——	——	——	3
7 831	18	12	——	1	125	20	——	——	——	——
6 202	5	2	——	1	14	12	5	10	1	1
7 299	8	6	1	——	——	——	——	——	——	——
——	——	——	——	——	——	——	——	——	——	——
3 863	2	1	——	——	——	——	4	4	——	——
4 257	4	——	——	1	1	5	15	——	——	18
——	——	——	——	——	——	——	——	——	——	——
2 531	1	1	——	——	——	——	1	——	——	1
6 574	6	——	——	——	——	——	——	——	——	——
——	——	——	——	——	——	——	——	——	——	——
3 969	3	3	——	——	——	——	1	9	——	——
3 715	4	4	——	——	——	——	——	——	1	——
6 478	——	——	——	——	——	——	1	14	——	3
6 822	——	——	——	——	——	——	2	20	——	——
——	——	——	——	——	——	——	——	——	——	——
3 119	2	2	——	——	——	——	1	52	——	16
1 935	2	1	——	——	——	——	——	——	——	——
8 822	7	3	——	——	——	——	——	——	——	——
4 206	4	4	——	1	37	55	6	67	1	12
4 582	6	4	——	——	——	——	5	1 284	——	——
7 185	9	9	——	——	——	——	8	67	1	——
4 128	7	4	——	1	10	3	5	——	——	——
4 990	9	6	3	——	——	——	6	50	——	4
2 814	1	1	——	——	——	——	5	33	——	4
4 796	2	——	——	——	——	——	4	60	——	——
4 214	4	——	——	——	——	——	1	26	——	2
2 112	——	——	——	——	——	——	——	——	——	——

各地区地市级群众

地区	机构数（个）	从业人员			举办展览个数（个）	组织文艺活动次数（次）	藏书（千册）	举办训练班班次（次）	培训人次（千人次）	组织各类理论研讨和讲座次数（次）
		（人）	高级职称	中级职称						
总　计	**330**	**9 123**	**1 508**	**3 084**	**2 169**	**16 678**	**296.94**	**13 558**	**638**	**1 082**
中　央	——	——	——	——	——	——	——	——	——	——
北　京	——	——	——	——	——	——	——	——	——	——
天　津	——	——	——	——	——	——	——	——	——	——
河　北	12	485	107	171	75	548	33.33	643	38	27
山　西	11	360	43	136	83	92	6.16	134	6	13
内蒙古	12	425	57	130	35	375	4.40	275	8	29
辽　宁	16	504	68	131	67	541	38.95	338	52	53
其中:大连	2	73	14	26	8	27	1——	62	5	7
吉　林	12	404	94	132	35	533	5.52	406	9	31
黑龙江	16	379	135	124	71	2 455	14.60	378	18	36
上　海	——	——	——	——	——	——	——	——	——	——
江　苏	12	428	86	153	70	691	12.77	1 525	33	51
浙　江	11	371	91	140	142	1 624	——	1 131	46	85
其中:宁波	1	65	12	21	38	48	——	644	28	10
安　徽	14	254	32	95	91	523	——	665	24	21
福　建	9	129	18	35	128	680	3.00	717	31	70
其中:厦门	1	59	6	13	48	170	3.00	500	20	35
江　西	11	282	34	78	36	474	6.00	201	15	9
山　东	17	600	150	186	168	755	2——	1 527	46	48
其中:青岛	1	50	8	16	12	30	2.00	80	10	5
河　南	17	479	67	193	125	699	21.87	323	22	58
湖　北	12	430	74	159	128	646	3.62	260	23	70
湖　南	14	424	77	164	77	535	2.00	327	14	48
广　东	21	550	70	163	206	1 243	16.29	1 146	76	110
其中:深圳	1	94	19	32	29	200	——	110	5	20
广　西	14	318	42	111	52	606	11.82	628	22	21
海　南	2	26	3	5	7	100	1.00	116	2	2
重　庆	——	——	——	——	——	——	——	——	——	——
四　川	21	549	51	184	197	961	6.10	802	59	124
贵　州	7	146	28	56	19	206	0.70	85	12	7
云　南	12	310	35	128	67	445	7.30	470	35	32
西　藏	6	125	10	39	3	82	4.00	8	——	——
陕　西	9	283	32	76	61	397	38.34	94	14	34
甘　肃	15	343	38	100	129	486	14.40	141	9	12
青　海	7	125	19	61	21	137	4.78	100	6	7
宁　夏	6	111	8	46	24	449	2——	946	14	31
新　疆	14	283	39	88	52	395	——	172	7	53

艺术馆基本情况(一)

计算机（台）	本年收入合计（千元）	财政拨款	财政拨款：业务活动专项经费	事业收入	经营收入	其他收入	本年支出合计（千元）	基本支出	项目支出	经营支出	经营支出：工资福利支出
3 377	**937 293**	**813 537**	**101 155**	**48 856**	**4 073**	**42 879**	**915 374**	**710 848**	**166 734**	**6 741**	**359 563**
——	——	——	——	——	——	——	——	——	——	——	——
——	——	——	——	——	——	——	——	——	——	——	——
——	——	——	——	——	——	——	——	——	——	——	——
96	41 246	37 910	4 176	970	736	1 630	40 461	37 432	20	678	18 076
100	27 599	24 596	1 503	1 479	——	40	26 628	23 927	2 700	——	11 861
343	49 008	47 710	413	10	——	494	47 500	47 438	53	——	12 042
116	46 864	45 649	4 131	1 177	——	36	47 405	42 007	5 396	——	22 301
31	8 412	8 400	900	——	——	12	9 195	7 904	1 291	——	5 508
79	33 810	30 094	1 512	682	40	387	32 546	30 359	2 147	40	15 088
79	40 282	33 322	4 145	951	——	5 040	37 845	33 732	3 722	——	16 020
——	——	——	——	——	——	——	——	——	——	——	——
205	65 444	49 908	12 231	11 182	488	2 768	61 925	42 126	16 087	3 712	21 162
244	72 318	51 238	10 522	5 431	434	8 156	74 511	49 654	24 530	264	26 174
71	18 911	8 489	3 034	4 353	——	1 911	19 864	15 210	4 654	——	6 250
73	20 397	18 073	295	644	——	1 031	19 340	16 340	3 000	——	9 258
166	22 771	17 728	3 095	1 605	——	1 764	19 008	12 101	6 896	——	4 918
93	9 811	9 333	——	463	——	14	9 175	6 122	3 053	——	2 117
34	15 594	13 803	320	1 061	——	607	16 176	14 348	528	——	6 615
166	69 956	64 541	4 451	3 167	——	1 837	68 996	43 662	5 503	——	27 463
——	10 094	7 507	1 531	2 556	——	6	10 100	8 569	1 531	——	4 589
130	37 594	32 877	4 192	1 457	——	3 049	40 984	30 337	9 747	——	16 815
130	34 629	28 539	1 881	2 105	797	2 157	33 991	27 273	5 921	797	12 803
148	33 407	26 394	2 185	3 529	——	2 868	32 775	28 359	4 401	15	13 959
419	93 054	84 651	24 387	5 520	405	1 027	92 381	59 293	31 692	321	35 908
60	19 172	19 126	7 300	——	——	46	19 126	10 812	7 300	——	9 292
94	24 195	21 586	1 054	720	570	1 288	23 278	17 531	4 578	222	8 618
20	5 296	3 717	2 256	——	——	1 579	4 052	2 191	1 860	——	1 020
——	——	——	——	——	——	——	——	——	——	——	——
209	55 860	50 501	11 111	1 938	——	1 853	50 498	29 985	19 008	——	15 751
63	9 314	7 839	——	66	——	1 364	8 860	7 814	301	——	3 268
95	28 596	22 652	2 864	1 447	441	1 178	28 007	18 789	7 028	440	10 974
7	8 333	8 333	——	——	——	——	8 333	8 325	7	——	3 875
71	26 792	23 598	1 648	1 750	——	750	22 199	20 521	1 678	——	12 622
92	22 466	21 904	932	194	40	328	23 767	21 284	2 353	130	11 646
35	16 706	13 020	160	653	——	576	16 672	14 734	1 938	——	5 252
65	12 136	11 121	50	40	——	975	12 132	9 636	2 496	——	4 692
98	23 626	22 233	1 641	1 078	122	97	25 104	21 650	3 144	122	11 382

各地区地市级群众

地区	本年支出合计(千元)	在支出合计中:商品和服务支出					对个人和家庭补助支出		其他资本性支出		资产合计(千元)	固定资产原值
			差旅费	劳务费	福利费	税金支出		抚恤金和生活补助		各种设备购置费		
总计	**229 563**		**10 095**	**19 981**	**6 405**	**3 365**	**162 995**	**5 711**	**49 310**	**29 550**	**1 174 546**	**989 791**
中央	——		——	——	——	——	——	——	——	——	——	——
北京	——		——	——	——	——	——	——	——	——	——	——
天津	——		——	——	——	——	——	——	——	——	——	——
河北	8 934		291	51	425	44	7 946	347	692	692	55 644	51 772
山西	6 887		188	294	224	96	3 506	39	1 695	1 429	29 449	24 676
内蒙古	9 003		344	423	216	2	5 406	337	210	210	36 839	31 369
辽宁	11 116		517	952	145	——	11 034	281	1 443	1 350	41 772	38 868
其中:大连	2 460		282	380	36	——	1 127	32	40	——	1 760	1 677
吉林	5 506		310	535	7	45	10 096	198	1 259	1 242	25 409	21 927
黑龙江	12 575		296	711	168	98	8 044	223	1 130	1 120	54 872	50 591
上海	——		——	——	——	——	——	——	——	——	——	——
江苏	25 686		219	1 130	355	630	11 054	198	4 023	2 529	134 219	115 181
浙江	23 947		1 840	5 298	756	635	10 206	201	4 889	4 153	77 627	50 902
其中:宁波	4 234		280	806	37	261	1 170	4	1 356	1 356	19 945	10 639
安徽	3 678		152	602	475	65	3 028	41	1 546	239	18 491	17 263
福建	6 503		151	336	262	18	3 166	88	547	543	28 023	23 535
其中:厦门	2 461		14	12	242	——	1 509	19	34	34	7 333	7 333
江西	3 567		211	127	236	111	4 514	533	418	418	11 761	9 819
山东	10 614		440	179	308	206	7 682	238	6 733	1 715	50 848	38 637
其中:青岛	2 767		176	——	8	75	1 391	——	1 353	——	16 544	12 043
河南	6 689		212	511	166	——	7 750	165	964	706	49 558	40 159
湖北	11 065		502	130	437	148	7 111	150	916	324	81 955	70 120
湖南	8 953		365	653	195	255	6 992	204	1 689	590	39 010	27 254
广东	22 294		955	4 480	421	147	12 698	665	3 040	1 897	109 601	88 310
其中:深圳	2 123		62	1	54	6	275	——	135	——	24 790	20 194
广西	6 941		292	91	101	166	6 817	129	387	324	17 519	15 501
海南	1 778		95	379	69	21	124	4	962	896	42 239	40 632
重庆	——		——	——	——	——	——	——	——	——	——	——
四川	14 672		916	1 362	164	49	7 472	186	5 651	3 923	60 441	51 538
贵州	2 392		86	242	34	85	2 726	26	110	110	7 457	4 889
云南	7 093		223	470	464	311	5 177	164	1 734	1 313	44 953	40 015
西藏	722		134	1	100	——	1 343	74	——	——	21 801	21 318
陕西	2 499		341	484	327	115	3 775	785	1 946	1 154	40 053	34 482
甘肃	4 193		204	43	158	8	5 171	155	2 717	124	47 458	44 543
青海	5 570		221	70	16	——	2 293	133	1 156	1 089	12 374	11 171
宁夏	2 752		144	329	49	52	2 724	106	1 317	620	8 450	4 265
新疆	3 934		446	98	127	58	5 140	41	2 136	840	26 723	21 054

艺术馆基本情况(二)

增加值(千元)	公用房屋建筑面积			流动舞台车数量			由本馆指导的单位(个)			
	(千平方米)	业务用房面积		(辆)	利用流动舞台车演出场次(场)	利用流动舞台车演出观众人次(千人次)	馆办文艺团体		馆办老年大学	群众业余文艺团队
			对公众开放阅览室面积					馆办文艺团体演出场次		
589 082	**1 014.50**	**637.88**	**41.68**	**25**	**1 315**	**1 842**	**807**	**8 471**	**70**	**5 420**
——	——	——	——	——	——	——	——	——	——	——
——	——	——	——	——	——	——	——	——	——	——
——	——	——	——	——	——	——	——	——	——	——
28 347	40.78	24.50	0.74	3	92	100	33	513	12	218
16 995	24.47	12.96	2.22	——	——	——	5	42	——	17
19 033	59.01	18.63	0.27	——	5	20	40	177	3	152
35 738	48.92	28.33	0.53	——	——	——	34	247	——	115
7 104	7.83	5.40	0.04	——	——	——	5	6	——	4
26 476	20.82	12.30	0.86	——	17	32	17	195	1	45
26 927	48.24	28.19	0.47	3	36	42	46	440	4	161
——	——	——	——	——	——	——	——	——	——	——
39 198	55.39	44.56	2.45	1	37	42	29	370	3	242
45 025	71.85	41.84	——	4	359	367	28	768	1	397
8 963	6.15	6.02	——	——	——	——	——	——	1	10
14 116	24.31	19.19	4.15	2	33	50	46	160	1	646
9 678	49.00	35.93	4.50	2	43	85	26	386	2	32
4 185	28.00	24.00	0.50	1	18	70	9	100	1	18
11 618	26.49	17.93	0.71	——	——	——	7	104	2	156
37 181	57.25	40.75	0.74	——	——	——	59	1 068	9	232
6 556	10.87	5.00	0.04	——	——	——	5	30	——	6
26 750	41.34	25.11	0.14	1	150	300	140	384	3	378
23 380	48.60	31.31	2.08	1	24	70	39	298	8	509
23 162	57.16	34.30	0.66	——	——	——	15	199	6	881
56 863	77.12	58.66	9.65	1	39	9	83	498	1	304
10 440	6.90	4.40	——	——	——	——	5	150	1	——
16 323	29.63	18.24	3.08	——	——	——	12	1 247	2	162
3 240	1.50	1.00	0.10	——	——	——	2	——	——	75
——	——	——	——	——	——	——	——	——	——	——
26 866	56.82	37.84	2.65	6	426	675	36	342	3	149
6 530	3.60	1.60	0.50	——	——	——	25	124	——	18
18 859	44.11	33.11	0.96	——	——	——	13	204	3	114
6 107	22.85	8.13	0.05	——	——	——	2	28	——	24
18 481	31.96	16.44	1.65	——	——	——	18	247	4	82
18 669	15.99	9.30	1.68	——	——	——	20	196	——	200
7 960	9.47	5.69	0.78	——	——	——	——	47	——	16
7 920	18.60	15.14	0.08	1	54	50	4	48	1	64
17 640	29.24	16.91	——	——	——	——	28	139	1	31

各地区县市级

地区	机构数（个）	从业人员（人）	高级职称	中级职称	举办展览个数（个）	组织文艺活动次数（次）	藏书（千册）	举办训练班班次（次）	培训人次（千人次）	组织各类理论研讨和讲座次数（次）
总计	**2 862**	**40 325**	**2 519**	**11 237**	**15 593**	**109 580**	**3 568**	**53 997**	**2 787**	**9 542**
中央	——	——	——	——	——	——	——	——	——	——
北京	19	774	33	131	172	3 413	——	2 981	299	460
天津	18	614	85	147	131	1 041	1	573	61	90
河北	164	1 923	122	674	1 005	5 469	226	2 386	107	258
山西	119	1 652	61	476	605	2 806	25	1 336	72	682
内蒙古	102	1 343	72	435	445	3 131	30	1 105	46	659
辽宁	105	1 827	113	661	595	4 306	59	2 760	111	313
其中:大连	10	200	22	78	64	791	13	601	9	21
吉林	63	1 639	230	637	252	2 373	23	790	36	569
黑龙江	129	1 427	215	584	531	4 139	46	1 674	69	243
上海	28	1 043	60	228	274	4 429	269	1 595	43	226
江苏	104	1 500	149	571	825	6 154	391	3 405	178	624
浙江	88	1 514	207	518	749	6 978	32	3 829	190	1 080
其中:宁波	11	228	24	62	98	980	2	739	38	113
安徽	105	1 165	34	283	541	2 774	81	1 330	86	130
福建	84	695	48	215	481	2 265	82	1 353	76	184
其中:厦门	6	61	3	18	30	419	10	84	4	8
江西	103	1 327	37	241	509	3 616	60	1 655	72	160
山东	140	2 460	337	868	1 345	8 000	348	3 667	206	636
其中:青岛	12	193	20	56	148	1 537	6	1 302	72	289
河南	184	3 130	72	506	941	5 212	157	1 560	102	279
湖北	99	1 800	98	547	542	2 818	38	1 414	95	154
湖南	125	1 757	85	535	504	4 840	62	1 887	97	229
广东	123	1 620	48	235	866	6 510	194	4 530	183	773
其中:深圳	7	202	35	35	87	868	16	994	55	343
广西	99	1 204	20	313	345	3 285	75	1 928	52	129
海南	18	164	6	27	71	512	7	150	10	40
重庆	40	688	63	166	302	1 385	52	1 278	73	115
四川	181	1 878	67	494	998	5 912	396	4 886	223	515
贵州	87	808	15	149	282	2 466	59	1 036	40	190
云南	135	1 694	64	550	477	3 485	35	1 668	91	211
西藏	49	38	2	4	26	276	219	41	3	38
陕西	110	1 962	71	386	608	2 672	88	1 241	62	230
甘肃	85	977	37	187	447	2 002	138	638	33	119
青海	43	343	23	100	163	1 502	38	197	12	15
宁夏	19	322	14	103	104	1 607	62	292	21	33
新疆	94	1 037	31	266	457	4 202	277	812	39	158

文化馆基本情况(一)

计算机(台)	本年收入合计						本年支出合计				
	(千元)	财政拨款		事业收入	经营收入	其他收入	(千元)	基本支出	项目支出	经营支出	
			业务活动专项经费								工资福利支出
11 618	**2 697 089**	**2 334 757**	**255 925**	**122 740**	**28 754**	**137 662**	**2 650 420**	**2 135 459**	**365 097**	**20 166**	**1 241 725**
——	——	——	——	——	——	——	——	——	——	——	——
638	157 975	129 238	23 984	11 938	1 835	13 755	159 734	120 909	36 516	1 835	36 198
155	61 426	52 863	2 402	4 314	——	2 995	63 720	55 156	7 673	——	27 687
374	78 969	76 989	2 704	492	117	628	78 633	68 787	3 258	230	51 846
163	85 549	82 600	4 052	939	132	1 607	86 368	65 398	15 128	20	39 629
165	66 976	66 033	3 169	236	35	472	65 765	65 280	435	49	39 011
430	113 823	112 051	7 456	611	——	484	113 984	101 108	5 363	70	58 814
67	20 473	20 310	1 449	83	——	80	20 443	16 591	1 532	——	12 095
167	80 450	77 509	3 622	787	144	879	79 808	74 308	4 117	144	43 404
181	66 225	64 125	2 032	366	——	471	65 865	56 971	5 814	——	39 980
743	201 820	147 090	25 050	25 381	3 771	23 421	191 434	147 266	41 970	1 789	81 011
889	154 809	122 464	11 005	14 779	174	12 386	152 460	132 358	19 367	735	63 957
926	227 646	174 843	44 589	16 273	242	23 559	227 107	159 532	50 910	216	92 786
125	43 911	33 815	10 268	412	74	5 116	44 523	26 509	11 556	77	17 675
387	70 571	61 464	2 447	1 839	97	4 012	69 933	57 141	3 263	57	29 948
453	65 693	54 144	6 527	3 079	——	5 428	59 065	42 625	12 570	401	23 284
147	15 794	12 175	1 332	——	——	3 619	11 690	5 829	4 840	401	4 307
237	68 686	57 649	6 691	3 012	135	4 311	64 479	53 485	4 443	642	29 805
617	124 310	118 328	4 768	1 493	——	2 046	124 104	112 478	3 992	6	80 215
145	16 282	15 682	882	331	——	149	16 484	15 490	994	——	10 166
333	110 017	101 108	4 669	2 493	604	2 917	107 584	92 873	10 451	1 028	61 102
365	66 949	55 638	4 158	4 686	360	5 624	66 778	51 870	6 824	382	33 039
273	78 290	68 335	5 576	2 798	796	5 562	77 748	66 007	7 110	578	42 134
772	166 891	137 788	37 372	6 502	4	7 417	159 597	98 803	48 245	99	64 612
153	62 639	46 831	27 701	3 006	——	3 179	56 047	20 142	28 000	——	15 073
223	57 855	52 302	5 015	1 704	806	1 095	55 484	46 951	2 921	503	28 675
28	10 460	9 959	1 921	31	——	117	10 354	4 687	4 352	——	3 975
506	78 373	43 944	7 247	7 492	19 056	6 453	74 391	49 328	10 213	9 539	21 767
762	139 636	131 103	20 034	2 887	130	3 198	129 179	89 536	33 564	1 138	49 849
200	44 428	40 050	2 671	2 287	51	1 494	43 768	35 865	5 920	101	20 312
378	82 035	74 224	4 542	2 605	114	3 267	83 629	69 795	7 843	106	42 230
224	1 534	1 366	24	98	31	29	7 042	5 409	206	282	2 568
264	77 501	73 178	4 353	1 122	120	1 090	77 115	71 129	3 044	114	50 584
240	45 049	42 487	1 035	1 391	——	401	45 076	43 957	1 008	102	28 352
77	26 760	24 205	3 492	307	——	182	25 293	24 055	396	——	12 289
140	19 311	18 936	549	86	——	189	19 168	18 427	50	——	9 824
308	67 072	62 744	2 769	712	——	2 173	65 755	53 965	8 131	——	32 838

各地区县市级

地区	本年支出合计(千元)									资产合计	
	在支出合计中:										
	商品和服务支出					对个人和家庭补助支出		其他资本性支出		(千元)	固定资产原值
		差旅费	劳务费	福利费	税金支出		抚恤金和生活补助		各种设备购置费		
总计	**652 319**	**24 265**	**60 387**	**19 273**	**9 780**	**369 339**	**24 100**	**123 622**	**57 832**	**3 728 273**	**3 246 800**
中央	——	——	——	——	——	——	——	——	——	——	——
北京	92 134	99	2 312	168	932	13 869	835	3 788	842	232 076	175 949
天津	12 903	346	325	498	442	17 503	496	3 768	539	66 978	63 307
河北	9 141	563	1 016	199	7	8 425	1 087	1 551	1 215	80 348	75 453
山西	21 487	1 943	3 760	591	227	8 448	444	4 984	984	93 184	87 982
内蒙古	9 108	808	823	328	27	9 685	882	2 060	1 409	61 428	55 916
辽宁	23 125	1 033	1 488	534	24	22 485	1 652	4 228	2 654	131 554	119 294
其中:大连	4 546	231	407	20	——	1 517	70	1 067	799	10 821	9 499
吉林	12 033	408	321	235	54	18 092	906	4 247	1 261	58 583	52 289
黑龙江	7 394	407	364	179	2	10 576	414	4 571	356	62 098	52 300
上海	61 954	439	3 437	2 062	3 616	12 347	870	12 073	3 650	531 062	433 454
江苏	51 903	1 221	4 908	1 616	61	28 922	1 777	7 678	6 507	283 626	226 210
浙江	80 002	2 759	8 991	3 316	612	28 750	946	8 037	3 642	224 755	162 444
其中:宁波	16 619	707	1 688	848	72	2 706	49	612	488	41 607	28 997
安徽	11 171	527	474	824	109	15 233	728	3 232	2 351	54 297	49 452
福建	13 960	573	2 497	342	32	7 204	1 117	3 261	1 739	75 812	60 701
其中:厦门	2 578	2	142	30	——	893	155	774	477	9 696	5 614
江西	10 347	762	1 025	606	148	11 641	748	5 442	3 980	84 425	75 840
山东	17 262	461	951	346	21	13 637	957	4 636	2 190	163 996	149 946
其中:青岛	2 300	54	173	12	——	2 674	70	34	14	25 284	22 563
河南	14 570	859	932	461	297	14 475	1 429	3 316	2 109	123 972	117 126
湖北	15 015	1 345	1 468	793	183	12 096	689	2 689	1 136	96 550	85 535
湖南	19 843	1 003	1 268	788	126	7 507	1 178	2 966	1 515	99 518	75 288
广东	47 150	1 263	9 797	1 333	232	15 364	635	3 027	1 026	152 216	139 311
其中:深圳	19 683	424	7 106	127	——	1 538	157	768	158	41 371	40 113
广西	14 771	603	1 789	97	117	9 357	653	639	194	75 731	73 032
海南	716	257	171	15	17	193	17	328	328	15 667	15 420
重庆	20 379	1 082	2 721	1 328	1 385	11 789	752	5 056	4 240	169 269	156 570
四川	30 526	1 907	2 254	904	111	19 112	1 552	6 937	1 555	177 223	166 972
贵州	6 049	304	418	156	1	5 927	260	2 526	2 238	84 046	79 619
云南	15 536	522	1 260	297	628	11 938	401	5 796	892	165 626	151 698
西藏	1 324	12	——	——	3	1 267	——	928	28	70 590	68 790
陕西	10 033	1 038	2 520	559	23	7 533	1 038	2 212	1 367	81 387	79 188
甘肃	6 174	335	554	193	137	8 220	596	2 330	1 373	71 671	62 217
青海	5 125	185	365	1	136	1 799	20	4 277	1 496	25 131	24 725
宁夏	2 855	283	780	99	——	4 289	466	1 091	480	26 136	24 914
新疆	8 329	918	1 398	405	70	11 656	555	5 948	4 536	89 318	85 858

文化馆基本情况(二)

增加值(千元)	公用房屋建筑面积(千平方米)			流动舞台车数量(辆)			由本馆指导的单位(个)			
		业务用房面积			利用流动舞台车演出场次(场)	利用流动舞台车演出观众人次(千人次)	馆办文艺团体		馆办老年大学	群众业余文艺团队
			对公众开放阅览室面积					馆办文艺团体演出场次		
1 816 174	**4 512**	**2 839**	**282**	**178**	**8 167**	**9 440**	**4 353**	**64 391**	**697**	**64 675**
——	——	——	——	——	——	——	——	——	——	——
59 834	117	81	——	15	451	505	87	1 317	11	1 421
48 727	55	36	1	4	106	150	66	425	3	1 430
63 469	172	114	12	9	441	490	182	2 907	18	4 170
55 907	151	79	14	——	13	20	162	3 242	33	2 508
51 307	142	86	7	3	52	207	174	1 798	27	648
86 531	179	111	12	8	298	685	307	2 830	51	2 385
14 365	36	25	1	1	60	150	40	374	2	302
63 333	71	49	3	4	43	55	92	1 009	28	639
52 814	89	63	4	8	194	201	285	1 837	27	914
119 964	201	104	5	6	307	442	115	1 432	27	739
107 129	317	232	20	5	390	548	102	2 725	58	2 637
140 493	226	148	10	34	2 722	3 124	377	3 647	8	4 492
24 146	27	15	——	——	——	——	35	268	1	535
47 909	88	50	8	6	375	347	177	1 418	17	1 252
35 010	177	105	9	——	——	——	108	1 592	9	1 229
5 442	42	28	——	——	——	——	29	354	——	122
45 722	172	105	23	3	14	40	129	4 063	36	1 368
100 254	250	164	11	7	380	289	247	5 258	63	6 984
13 859	52	36	1	3	216	96	87	1 037	5	2 724
80 586	225	137	16	8	881	711	235	2 875	26	3 775
50 439	185	111	12	3	280	51	162	2 668	25	2 448
53 751	145	90	7	17	394	612	74	3 616	26	3 560
96 713	290	174	14	13	293	326	250	3 306	26	2 173
25 633	52	25	1	1	——	——	36	261	6	249
42 560	136	87	12	6	58	109	60	4 125	13	2 758
4 988	20	11	3	——	——	——	4	17	1	131
47 778	135	93	7	2	56	111	90	995	22	1 040
78 802	264	180	24	2	52	94	192	2 619	57	3 104
30 228	101	61	10	1	16	15	58	1 162	11	963
62 061	172	93	6	6	88	90	168	2 196	34	8 164
6 610	43	27	3	2	8	2	1	14	——	21
63 442	133	78	15	1	112	100	223	1 456	9	1 301
39 372	94	57	8	1	24	24	61	856	5	597
15 592	21	12	2	2	10	50	42	772	6	469
15 541	33	22	1	2	85	37	21	579	1	362
49 308	107	80	5	——	24	5	102	1 635	19	993

各地区县文化馆

地　区	机构数（个）	从业人员（人）	高级职称	中级职称	举办展览个数（个）	组织文艺活动次数（次）	藏书（千册）	举办训练班班次（次）	培训人次（千人次）	组织各类理论研讨和讲座次数（次）
总　计	**1 643**	**21 411**	**1 036**	**5 843**	**8 495**	**49 983**	**1 539**	**20 082**	**1 094**	**3 995**
中　央	——	——	——	——	——	——	——	——	——	——
北　京	2	58	2	12	12	210	——	268	35	22
天　津	3	89	19	17	11	56	——	——	——	——
河　北	114	1 319	75	442	697	3 850	119	1 869	79	176
山　西	85	1 126	41	337	421	1 864	9	949	45	654
内蒙古	69	861	40	283	280	1 845	20	633	16	63
辽　宁	27	592	18	233	165	739	9	384	37	111
其中:大连	1	21	3	11	4	83	——	6	——	2
吉　林	21	633	71	257	117	656	9	157	17	70
黑龙江	46	672	86	270	229	1 473	5	709	24	112
上　海	1	41	3	12	11	128	2	75	7	24
江　苏	25	392	27	157	224	1 411	39	529	43	144
浙　江	36	606	67	218	259	2 708	2	1 097	45	607
其中:宁波	2	39	2	16	29	258	——	49	3	7
安　徽	57	704	19	169	370	1 675	50	845	64	63
福　建	44	335	25	111	259	942	15	588	42	65
其中:厦门	——	——	——	——	——	——	——	——	——	——
江　西	70	869	28	157	347	2 342	11	1 183	43	120
山　东	61	1 105	149	408	555	2 579	96	1 204	48	122
其中:青岛	——	——	——	——	——	——	——	——	——	——
河　南	110	1 990	34	281	589	2 984	74	814	59	150
湖　北	42	771	39	231	253	826	25	464	61	68
湖　南	75	1 148	54	354	351	2 713	34	890	57	164
广　东	44	558	1	57	189	1 532	31	641	23	139
其中:深圳	——	——	——	——	——	——	——	——	——	——
广　西	67	823	12	228	234	2 069	61	1 118	25	72
海　南	10	90	4	13	42	232	3	89	5	33
重　庆	21	257	19	74	141	670	47	281	14	63
四　川	124	1 215	47	314	692	3 387	331	1 922	123	232
贵　州	68	597	11	108	243	1 930	47	626	28	166
云　南	108	1 283	45	400	378	2 704	29	825	57	96
西　藏	49	38	2	4	26	276	219	41	3	38
陕　西	82	1 445	51	289	453	1 685	36	641	37	165
甘　肃	65	652	21	115	359	1 320	114	424	20	92
青　海	37	274	7	77	144	1 189	29	100	7	14
宁　夏	11	183	5	57	84	747	16	200	9	18
新　疆	69	685	14	158	360	3 241	60	516	23	132

基本情况(一)

计算机(台)	本年收入合计(千元)	财政拨款	业务活动专项经费	事业收入	经营收入	其他收入	本年支出合计(千元)	基本支出	项目支出	经营支出	工资福利支出
4 503	**1 033 420**	**940 509**	**72 677**	**24 759**	**1 228**	**41 122**	**1 017 973**	**848 571**	**107 843**	**3 294**	**529 227**
——	——	——	——	——	——	——	——	——	——	——	——
68	5 827	5 827	1 266	——	——	——	5 827	4 661	1 166	——	2 613
12	4 918	4 478	——	——	——	440	4 918	4 918	——	——	2 604
193	48 680	47 596	1 992	278	94	302	48 500	40 423	3 039	207	31 800
107	57 623	56 622	1 976	438	——	480	57 402	43 279	9 806	——	25 948
103	40 310	39 808	1 989	110	——	342	39 934	39 611	309	14	23 063
117	26 685	26 350	1 209	57	——	103	26 482	23 502	2 478	——	13 589
2	1 794	1 794	50	——	——	——	1 794	1 794	——	——	1 155
48	25 597	25 050	1 901	64	——	346	25 099	22 703	2 396	——	14 355
66	29 627	28 441	1 022	94	——	139	29 219	23 614	4 659	——	17 605
11	4 846	3 875	652	627	341	3	4 796	4 456	——	340	2 479
166	27 290	21 790	1 469	1 192	——	2 657	27 006	25 517	1 489	——	10 672
323	75 682	58 753	12 537	4 266	168	9 060	75 284	55 742	16 666	139	32 354
14	5 183	4 586	520	——	——	597	5 190	4 690	50	——	2 447
208	39 163	34 958	1 300	657	2	2 477	38 857	31 079	2 189	46	16 815
168	22 060	18 071	894	1 154	——	1 087	20 610	17 019	1 864	——	9 740
——	——	——	——	——	——	——	——	——	——	——	——
108	44 623	37 246	3 988	1 924	105	2 567	43 025	34 212	3 181	217	19 389
147	37 022	34 249	962	911	——	981	36 491	33 008	1 054	6	25 201
——	——	——	——	——	——	——	——	——	——	——	——
173	51 606	48 266	1 726	753	60	1 225	51 611	48 419	1 247	260	34 429
166	23 000	19 295	2 335	1 499	213	1 783	22 911	16 810	4 210	313	11 040
175	48 566	42 954	3 539	1 857	34	3 023	48 079	42 498	3 858	129	26 627
97	22 360	19 562	1 651	772	4	889	22 533	20 212	1 072	4	13 135
——	——	——	——	——	——	——	——	——	——	——	——
131	37 387	34 559	4 583	765	——	749	36 271	30 288	2 638	——	18 848
15	6 246	5 954	732	31	——	21	6 202	2 362	3 143	——	2 153
226	20 308	16 268	1 885	236	——	3 601	19 464	13 648	3 170	——	6 954
412	87 196	81 735	10 318	2 431	——	1 518	78 063	51 859	22 105	1 008	29 855
127	30 107	26 280	1 801	2 212	51	1 161	28 639	22 331	4 340	101	13 399
280	58 562	53 509	3 855	508	5	2 983	59 183	49 230	5 927	12	30 545
224	1 534	1 366	24	98	31	29	7 042	5 409	206	282	2 568
190	54 480	51 896	1 853	855	120	683	54 241	49 290	2 009	114	36 600
139	29 275	28 167	691	182	——	235	29 306	29 082	113	102	18 807
50	18 872	16 401	3 312	223	——	182	17 959	16 771	346	——	9 621
57	11 448	11 404	224	4	——	40	11 447	10 751	50	——	5 687
196	42 520	39 779	991	561	——	2 016	41 572	35 867	3 113	——	20 732

各地区县文化馆

地区	本年支出合计(千元)	在支出合计中：商品和服务支出				对个人和家庭补助支出		其他资本性支出		资产合计(千元)	
		差旅费	劳务费	福利费	税金支出		抚恤金和生活补助		各种设备购置费		固定资产原值
总　计	**190 935**	**12 615**	**20 320**	**8 386**	**915**	**142 552**	**12 164**	**56 185**	**26 472**	**1 464 105**	**1 326 070**
中　央	——	——	——	——	——	——	——	——	——	——	——
北　京	771	4	——	8	——	877	4	400	——	12 067	5 800
天　津	773	8	32	27	——	1 415	4	——	——	6 941	6 620
河　北	4 240	293	498	129	——	5 601	641	1 202	887	57 207	53 155
山　西	13 792	1 570	3 539	448	1	6 641	339	3 472	863	63 560	61 801
内蒙古	6 351	625	601	150	15	4 929	465	1 378	842	40 151	37 046
辽　宁	4 047	285	396	342	1	4 782	582	1 237	1 131	17 578	14 674
其中:大连	500	97	47	——	——	111	15	28	28	1 001	1 001
吉　林	3 987	139	146	142	31	4 892	338	917	491	20 530	18 588
黑龙江	3 114	261	163	87	——	3 392	247	3 517	42	30 631	21 492
上　海	942	14	——	68	181	166	8	——	——	5 766	4 886
江　苏	11 068	289	305	411	2	4 240	186	1 026	1 021	49 243	46 343
浙　江	22 955	899	2 830	1 330	114	9 657	494	3 367	1 494	83 483	59 428
其中:宁波	2 044	20	1	122	31	653	14	45	45	1 568	1 388
安　徽	7 102	259	279	75	19	10 222	392	2 021	1 433	33 933	32 263
福　建	3 767	269	367	147	20	3 224	551	1 072	862	40 792	35 941
其中:厦门	——	——	——	——	——	——	——	——	——	——	——
江　西	6 643	380	397	469	76	7 373	661	3 054	2 538	51 094	44 692
山　东	5 943	199	268	94	17	2 567	392	1 841	1 385	89 402	84 893
其中:青岛	——	——	——	——	——	——	——	——	——	——	——
河　南	5 353	427	566	330	97	7 736	1 244	1 610	1 148	70 083	66 044
湖　北	4 859	652	303	176	59	3 627	387	1 549	840	36 007	34 194
湖　南	11 251	737	890	643	87	4 489	714	2 155	1 239	66 052	47 133
广　东	4 989	232	380	525	45	2 538	277	640	196	31 833	31 009
其中:深圳	——	——	——	——	——	——	——	——	——	——	——
广　西	8 993	426	1 551	73	34	6 786	451	439	107	56 726	54 697
海　南	368	98	55	——	——	152	4	78	78	4 946	4 799
重　庆	4 873	497	736	1 007	——	3 790	341	3 052	2 539	26 836	22 221
四　川	16 437	1 334	983	658	33	10 523	1 066	6 208	959	114 729	109 351
贵　州	2 807	207	138	117	1	2 844	214	2 506	2 218	71 906	70 035
云　南	11 505	359	1 016	190	12	6 826	373	4 343	509	98 078	88 644
西　藏	1 324	12	——	——	3	1 267	——	928	28	70 590	68 790
陕　西	6 874	781	1 866	250	23	5 110	786	1 098	702	62 734	60 870
甘　肃	3 968	242	79	111	1	5 250	486	1 281	992	51 785	43 985
青　海	3 621	143	236	1	6	470	——	3 660	1 494	21 863	21 628
宁　夏	1 833	200	539	36	——	2 506	33	591	——	14 869	13 901
新　疆	6 385	774	1 161	342	37	8 660	484	1 543	434	62 690	61 147

基本情况(二)

增加值（千元）	公用房屋建筑面积（千平方米）	公用房屋建筑面积：业务用房面积	业务用房面积：对公众开放阅览室面积	流动舞台车数量（辆）	利用流动舞台车演出场次（场）	利用流动舞台车演出观众人次（千人次）	由本馆指导的单位（个）：馆办文艺团体	馆办文艺团体演出场次	馆办老年大学	群众业余文艺团队
745 599	**2 112**	**1 322**	**166**	**102**	**4 960**	**5 029**	**1 917**	**31 289**	**369**	**27 794**
——	——	——	——	——	——	——	——	——	——	——
3 726	14	12	——	2	34	15	3	98	1	45
4 340	7	5	——	——	——	——	——	——	——	18
39 539	116	76	8	6	348	391	129	2 019	12	3 025
38 852	100	54	10	——	13	20	106	1 983	25	1 101
29 813	76	43	5	3	52	207	130	1 200	19	465
19 134	45	31	3	1	4	15	48	552	6	289
1 344	2	——	——	——	——	——	——	——	——	——
19 993	24	16	1	1	——	——	31	298	5	187
21 883	45	34	2	6	182	177	101	519	9	317
3 092	6	3	——	——	——	——	5	100	1	——
17 366	66	50	4	2	81	28	33	559	11	312
48 386	95	59	4	26	2 181	2 106	125	1 144	2	980
3 297	5	——	——	——	——	——	6	45	——	37
28 345	54	32	4	5	328	274	110	770	12	555
14 570	69	38	6	——	——	——	40	689	7	308
——	——	——	——	——	——	——	——	——	——	——
28 977	110	66	16	3	14	40	97	3 481	29	948
31 175	93	58	6	——	——	——	72	1 758	46	1 301
——	——	——	——	——	——	——	——	——	——	——
44 582	131	77	8	6	696	699	78	1 692	18	2 278
16 251	74	37	7	2	210	21	55	983	12	725
33 977	102	59	5	15	316	451	38	2 179	16	1 571
17 604	64	37	4	5	176	191	59	1 154	4	217
——	——	——	——	——	——	——	——	——	——	——
29 071	98	59	9	4	32	74	37	2 085	9	1 743
2 554	9	7	2	——	——	——	2	10	1	75
13 066	55	39	4	2	56	111	32	579	6	318
46 759	158	111	20	1	20	11	92	1 083	47	1 741
19 569	83	52	8	1	12	10	31	968	7	640
41 790	112	67	5	6	88	90	126	1 350	32	6 676
6 610	43	27	3	2	8	2	1	14	——	21
45 576	100	56	13	——	——	——	176	1 136	8	707
25 537	58	38	5	1	24	24	43	743	2	380
11 211	15	10	1	1	10	50	37	576	6	404
9 303	20	15	1	1	51	17	8	490	1	124
32 948	68	52	3	——	24	5	72	1 077	15	323

各地区文化站

地区	机构数（个）	从业人员（人）	专职人员	高级职称	中级职称	举办展览个数（个）	组织文艺活动次数（次）	藏书（千册）	举办训练班班次（次）	培训人次（千人次）
总计	**38 736**	**86 325**	**42 324**	**1 672**	**9 215**	**92 159**	**427 818**	**135 255**	**235 728**	**12 445**
中央	——	——	——	——	——	——	——	——	——	——
北京	312	1 691	802	37	139	1 904	19 695	3 280	17 208	680
天津	237	322	111	13	12	816	3 767	636	3 595	147
河北	2 088	3 852	1 173	94	370	4 826	20 206	4 110	6 953	553
山西	1 398	2 095	657	58	129	2 183	11 827	2 901	3 413	328
内蒙古	905	2 108	888	40	266	1 638	7 420	1 626	5 415	193
辽宁	1 412	2 451	1 244	55	358	3 579	23 715	5 555	11 786	569
其中:大连	157	356	216	16	78	782	5 180	1 377	3 039	179
吉林	888	1 341	894	27	160	1 045	5 444	1 265	2 301	160
黑龙江	1 081	1 532	707	18	177	1 805	7 848	2 290	4 528	227
上海	213	3 517	2 225	39	198	2 200	32 873	5 257	18 094	883
江苏	1 330	4 258	2 238	65	555	6 049	25 235	17 147	12 478	810
浙江	1 513	3 657	2 169	65	1 032	6 086	25 518	12 768	14 742	810
其中:宁波	148	425	253	11	78	672	3 957	1 843	2 351	135
安徽	1 360	3 272	1 786	126	454	2 611	7 821	1 881	5 527	298
福建	1 093	1 732	769	16	188	2 121	7 012	2 503	9 025	220
其中:厦门	34	86	37	3	7	61	647	190	776	24
江西	1 719	2 296	990	66	217	1 713	7 740	1 947	3 318	153
山东	1 867	4 593	2 448	95	604	8 002	29 706	12 427	17 074	1 019
其中:青岛	171	484	130	27	81	1 263	8 492	1 513	4 235	218
河南	2 264	6 975	3 063	250	612	5 838	28 324	4 570	8 703	741
湖北	1 257	2 686	1 408	44	399	3 242	14 208	3 578	6 744	340
湖南	2 403	4 480	2 090	174	577	2 901	16 931	6 016	5 615	295
广东	1 594	7 258	3 192	88	375	6 460	22 225	16 473	21 820	905
其中:深圳	55	801	248	22	70	497	2 507	2 284	4 026	147
广西	1 140	2 419	1 238	82	346	1 799	11 641	5 236	4 618	287
海南	211	442	280	1	15	360	1 540	633	957	73
重庆	994	2 821	1 756	26	194	2 715	12 597	3 124	5 508	415
四川	4 019	5 123	2 497	48	596	6 916	21 804	5 834	12 707	691
贵州	1 419	3 782	1 569	14	98	963	7 723	1 709	2 055	88
云南	1 365	3 126	2 239	32	584	3 611	16 287	3 525	9 013	459
西藏	239	13	——	——	——	32	376	241	32	3
陕西	1 681	3 510	1 434	65	261	3 714	10 515	1 791	6 984	471
甘肃	1 195	1 994	960	9	79	2 453	7 357	1 955	8 047	272
青海	243	233	70	——	5	522	824	258	961	28
宁夏	224	486	287	3	40	1 067	3 586	455	1 661	138
新疆	1 072	2 260	1 140	22	175	2 988	16 053	4 265	4 846	189

基本情况(一)

计算机（台）	本年收入合计（千元）	财政拨款	业务活动专项经费	事业收入	经营收入	其他收入	本年支出合计（千元）	基本支出	项目支出	经营支出	工资福利支出
68 467	**4 106 028**	**3 396 831**	**576 922**	**181 711**	**49 094**	**195 962**	**4 082 789**	**2 520 187**	**1 259 284**	**72 620**	**1 765 022**
——	——	——	——	——	——	——	——	——	——	——	——
1 777	32 511	27 593	10 818	882	1 827	811	22 145	13 333	4 376	2 098	10 641
543	14 858	12 617	3 280	1 324	100	631	16 270	12 210	3 475	60	7 400
1 920	101 281	86 495	8 746	1 269	36	5 182	93 077	65 206	23 610	305	51 146
1 154	74 625	68 505	809	15	256	3 701	71 226	34 738	32 661	652	23 346
482	67 334	65 117	4 124	287	33	907	67 243	55 698	7 522	184	43 668
2 144	83 685	65 037	15 705	1 390	8	549	77 768	50 243	20 426	260	37 907
887	24 354	20 146	4 215	1 180	——	207	24 289	12 720	9 002	162	7 517
172	89 902	88 514	231	——	——	381	62 980	28 006	33 897	——	24 878
482	42 900	39 636	1 233	109	200	1 202	42 512	25 534	11 087	696	21 742
4 625	370 381	294 441	75 554	24 145	12 623	21 252	350 101	228 186	83 255	18 780	121 312
5 122	319 429	265 663	56 551	16 560	4 414	22 460	336 330	262 346	70 468	9 475	129 971
5 596	435 985	368 513	98 653	7 748	1 569	34 496	438 748	229 986	185 266	3 601	155 015
798	76 669	66 751	20 062	728	93	7 159	75 030	36 245	35 202	476	23 462
1 619	143 388	48 438	3 145	648	91	6 747	144 964	85 942	53 332	429	57 601
1 701	103 598	84 035	9 515	4 458	3 743	4 607	107 603	60 214	36 280	3 478	34 319
340	11 379	10 699	1 292	343	3	329	12 292	7 102	4 149	538	2 862
722	63 972	48 852	12 829	893	501	2 380	64 599	34 520	25 563	581	29 293
13 406	241 684	228 787	33 586	792	329	1 624	246 536	151 550	70 115	787	88 184
411	21 737	20 602	4 346	25	35	100	23 887	13 913	6 051	253	11 936
1 016	127 253	110 924	3 718	379	39	3 308	119 017	100 508	13 864	1 035	91 940
1 854	154 020	104 792	11 773	6 156	1 954	31 162	156 535	73 759	69 716	2 966	43 203
1 336	113 968	92 684	6 295	4 809	901	7 005	122 542	78 090	28 263	1 271	67 937
5 703	594 593	482 839	129 288	72 939	13 833	20 908	580 392	307 869	219 763	14 706	227 773
782	139 376	128 394	26 515	488	——	2 060	136 420	79 766	45 615	11	59 730
2 867	62 781	56 838	4 493	1 423	65	3 505	63 264	48 728	7 967	310	43 487
125	14 456	13 161	2 415	——	58	56	14 642	9 026	4 835	58	7 402
3 511	140 448	103 036	27 252	13 202	4 726	10 817	145 565	77 125	47 106	6 751	51 123
4 090	213 820	182 288	27 358	18 224	716	3 915	229 468	120 540	93 839	1 235	79 606
564	91 374	84 926	4 808	845	521	1 270	94 941	79 239	10 479	1 284	74 550
2 555	127 384	112 286	11 055	1 483	175	4 176	120 319	92 374	20 952	693	68 818
15	409	409	101	——	——	——	455	398	5	3	398
875	92 865	86 280	1 791	398	83	943	95 292	72 966	18 233	295	69 569
747	40 710	36 438	1 088	504	250	207	43 120	39 157	2 361	435	36 904
43	39 061	37 278	780	——	——	6	39 208	6 417	31 180	——	6 210
485	14 262	13 312	978	39	——	637	17 539	12 933	1 927	12	12 362
1 216	93 091	87 097	8 950	790	43	1 117	98 388	63 346	27 461	180	47 317

各地区文化站

地区	本年支出合计(千元)								
	在支出合计中:								
	商品和服务支出					对个人和家庭补助支出		其他资本性支出	
		差旅费	劳务费	福利费	税金支出		抚恤金和生活补助		各种设备购置费
总计	**724 784**	**25 053**	**43 809**	**23 969**	**8 810**	**66 708**	**5 672**	**453 358**	**173 565**
中央	——	——	——	——	——	——	——	——	——
北京	2 152	——	147	190	312	84	35	929	191
天津	3 555	32	121	46	3	446	51	934	885
河北	2 898	100	226	74	48	112	9	12 872	2 634
山西	7 830	107	329	40	——	979	360	7 801	2 567
内蒙古	5 348	390	1 234	53	17	1 320	44	4 726	2 636
辽宁	8 954	391	1 376	30	14	1 120	120	2 433	909
其中:大连	4 137	274	971	20	13	236	86	1 906	501
吉林	2 263	160	96	——	——	942	44	31 351	6 955
黑龙江	2 041	287	188	58	12	659	516	6 009	542
上海	97 224	4 037	7 423	7 829	3 444	5 506	493	22 804	16 103
江苏	166 208	2 682	5 097	3 293	102	14 725	775	41 236	14 769
浙江	168 748	3 615	4 853	2 720	716	8 621	453	30 595	17 944
其中:宁波	30 058	932	1 057	314	204	1 490	143	3 524	2 607
安徽	7 848	396	362	311	10	2 840	109	16 409	5 211
福建	23 790	653	1 803	225	424	1 086	112	15 595	4 603
其中:厦门	3 108	22	347	12	6	196	——	2 364	35
江西	3 367	148	214	77	128	835	59	8 285	1 362
山东	25 577	1 216	1 517	578	57	3 239	237	91 550	41 107
其中:青岛	4 936	52	97	43	15	175	40	1 626	1 508
河南	3 840	395	630	95	6	196	11	6 377	2 594
湖北	29 462	1 461	2 263	1 104	139	1 880	298	35 487	6 260
湖南	11 277	787	1 950	338	40	436	74	11 842	3 221
广东	79 729	2 322	6 685	4 027	2 750	9 702	583	32 012	14 185
其中:深圳	20 602	771	3 158	1 343	124	1 964	62	3 960	915
广西	2 659	238	205	123	41	2 111	281	3 222	1 770
海南	1 437	11	7	51	——	5	——	79	78
重庆	16 489	1 990	1 838	645	130	1 059	124	9 960	2 755
四川	23 078	1 809	2 562	1 027	89	1 696	263	40 673	15 496
贵州	4 831	502	315	552	172	2 233	268	887	575
云南	17 414	664	1 183	98	67	2 332	305	6 079	2 223
西藏	1	——	——	——	——	1	——	——	——
陕西	1 733	211	216	107	1	272	10	6 029	270
甘肃	1 226	167	327	104	5	672	28	672	422
青海	78	2	——	——	——	62	——	1	1
宁夏	797	31	381	1	26	154	——	1 090	817
新疆	2 930	249	261	173	57	1 383	10	5 419	4 480

基本情况(二)

资产合计 (千元)	固定资产原值	增加值 (千元)	公用房屋建筑面积 (千平方米)	文化活动用房	本站指导群众业余文艺团队 (支)	辖区内社区文化中心(个)	辖区内村文化室 (个)
10 205 318	**8 977 858**	**2 275 413**	**16 264**	**10 746**	**189 431**	**83 438**	**250 530**
——	——	——	——	——	——	——	——
66 846	53 553	13 699	300	175	7 383	2 506	3 743
50 043	44 928	9 763	100	65	1 841	712	1 196
240 699	223 369	61 038	410	244	11 085	2 702	13 150
251 986	228 496	33 464	421	278	5 794	1 957	8 994
159 748	154 893	52 430	176	124	2 120	1 368	3 278
224 659	183 419	47 728	631	380	7 458	3 213	8 682
65 692	49 445	10 717	238	132	1 872	747	785
79 740	49 049	27 831	64	46	1 867	1 703	4 721
140 145	129 559	27 336	235	150	3 502	649	4 350
549 018	434 348	165 647	891	589	11 144	3 500	2 126
1 488 307	1 324 640	207 129	1 856	1 381	10 406	6 315	14 254
867 660	724 343	200 850	1 636	1 262	22 262	5 022	21 250
124 829	99 416	30 491	279	211	4 022	869	2 222
220 933	196 214	68 875	290	187	2 737	1 645	4 588
231 506	209 709	46 643	426	263	3 435	2 688	6 946
20 209	19 159	4 193	27	18	193	125	158
130 056	110 401	34 944	293	170	2 564	2 377	5 751
703 519	614 103	117 949	1 477	934	20 433	10 582	39 102
42 171	35 878	13 663	234	141	1 924	1 252	3 934
250 592	240 513	102 570	408	257	12 659	4 578	17 858
453 603	394 850	64 169	753	472	6 263	4 004	9 359
247 052	228 675	79 922	442	259	8 341	5 096	10 275
1 349 685	1 233 302	303 434	2 233	1 463	6 920	5 754	11 959
254 797	199 332	74 306	129	63	984	467	168
192 871	180 737	52 983	321	227	3 406	1 386	4 342
77 245	75 842	10 521	58	47	510	482	2 464
378 759	333 529	69 261	383	218	3 986	1 783	4 827
676 136	574 856	108 504	707	504	8 150	5 548	15 393
71 988	67 966	80 346	127	61	1 779	970	2 388
424 838	342 105	86 285	499	277	12 793	2 489	9 040
23 492	22 625	1 291	30	21	——	——	34
164 812	152 012	76 284	298	197	4 399	1 666	5 613
145 696	139 984	43 734	231	186	3 003	677	6 011
19 413	19 363	7 054	44	28	160	29	361
30 252	23 294	13 866	61	43	604	585	1 257
294 019	267 181	59 863	463	238	2 427	1 452	7 218

各地区乡镇文化站

地区	机构数（个）	从业人员（人）	专职人员	高级职称	中级职称	举办展览个数（个）	组织文艺活动次数（次）	藏书（千册）	举办训练班班次（次）	培训人次（千人次）
总计	**33 378**	**71 768**	**35 999**	**1 394**	**7 785**	**71 395**	**300 228**	**100 678**	**154 960**	**8 651**
中央	——	——	——	——	——	——	——	——	——	——
北京	184	847	451	23	89	876	12 265	1 755	7 180	273
天津	133	189	72	2	4	278	1 541	427	834	36
河北	1 902	3 538	1 120	91	344	4 427	16 522	3 715	5 972	492
山西	1 197	1 776	615	56	119	1 787	8 760	2 475	2 834	277
内蒙古	745	1 784	789	30	240	1 244	5 490	1 284	4 894	169
辽宁	982	1 621	853	32	251	1 557	10 374	2 969	3 591	257
其中：大连	66	125	75	4	27	164	736	444	555	23
吉林	618	1 130	810	21	135	735	2 991	1 038	1 651	127
黑龙江	901	1 402	639	14	159	1 316	4 902	1 860	3 184	159
上海	118	2 069	1 535	27	136	1 087	15 308	2 850	5 683	319
江苏	1 038	3 275	1 833	49	443	4 459	16 997	12 355	6 905	563
浙江	1 187	2 785	1 659	50	791	4 333	16 049	9 620	10 018	530
其中：宁波	89	251	155	9	47	394	1 938	1 079	1 306	56
安徽	1 254	3 018	1 642	118	431	2 326	6 263	1 480	4 853	277
福建	947	1 457	644	11	153	1 768	5 201	2 017	7 661	161
其中：厦门	13	35	14	1	2	12	105	54	29	4
江西	1 546	2 063	910	57	189	1 427	6 266	1 662	2 356	125
山东	1 376	3 422	1 906	68	449	5 568	17 625	8 799	10 707	688
其中：青岛	77	240	60	13	43	446	2 604	542	833	68
河南	1 920	6 073	2 761	225	546	4 768	24 100	3 711	7 084	622
湖北	1 027	2 204	1 193	37	346	2 633	9 969	2 359	4 574	287
湖南	2 182	3 945	1 871	165	519	2 250	13 183	4 885	4 374	235
广东	1 192	5 058	2 230	39	218	4 409	13 694	9 243	10 976	382
其中：深圳	——	——	——	——	——	——	——	——	——	——
广西	1 126	2 383	1 220	82	342	1 785	11 112	5 150	4 576	282
海南	205	442	280	1	15	356	1 505	624	954	73
重庆	854	2 353	1 470	24	154	2 118	9 010	2 572	4 068	317
四川	3 829	4 733	2 295	42	567	6 140	17 289	5 005	9 777	532
贵州	1 339	3 529	1 433	11	95	876	6 426	1 546	1 619	70
云南	1 310	3 006	2 180	28	553	3 413	15 554	3 298	8 384	419
西藏	238	13	——	——	——	32	376	241	32	3
陕西	1 518	3 033	1 255	60	232	3 186	7 985	1 519	6 097	407
甘肃	1 120	1 903	944	9	71	2 137	6 360	1 751	7 611	254
青海	239	231	68	——	5	522	821	258	957	27
宁夏	198	453	261	3	40	970	2 951	322	1 556	133
新疆	953	2 033	1 060	19	149	2 612	13 339	3 889	3 998	156

基本情况(一)

计算机(台)	本年收入合计 (千元)	财政拨款	业务活动专项经费	事业收入	经营收入	其他收入	本年支出合计 (千元)	基本支出	项目支出	经营支出	工资福利支出
48 542	**3 188 568**	**2 632 888**	**390 109**	**144 191**	**39 946**	**143 715**	**3 144 334**	**1 949 531**	**977 113**	**54 814**	**1 404 854**
——	——	——	——	——	——	——	——	——	——	——	——
716	17 081	16 485	7 060	24	——	2	9 719	6 359	1 713	100	4 385
259	11 482	10 247	2 387	703	100	302	11 893	9 363	2 050	60	5 033
1 754	97 378	83 165	8 572	1 269	4	5 113	88 671	61 680	23 035	273	47 836
1 074	70 490	64 934	773	——	256	3 466	67 506	31 750	32 426	647	20 517
304	59 867	58 169	2 706	285	33	395	59 483	48 235	7 279	184	39 344
488	49 962	36 478	9 599	210	8	52	42 746	28 603	12 440	48	25 280
195	8 018	5 534	1 334	——	——	6	8 013	5 294	2 567	40	3 406
127	83 590	82 202	126	——	——	381	56 380	21 561	33 893	——	19 808
355	40 260	38 417	1 015	9	——	431	39 860	23 645	10 769	296	20 201
2 128	270 931	206 646	58 006	22 154	11 071	14 161	256 295	168 529	63 085	13 085	93 445
3 436	228 046	194 026	37 468	11 638	3 805	13 942	228 187	179 004	46 280	8 978	97 701
3 878	307 701	262 632	64 483	4 525	561	20 928	309 437	163 124	132 938	1 727	113 655
439	37 296	33 143	6 411	470	90	2 690	36 821	21 781	13 617	47	13 736
1 480	133 908	44 460	2 770	486	91	6 721	134 470	77 947	52 230	379	51 494
1 314	90 319	73 456	7 951	3 446	3 743	3 656	91 253	49 096	33 031	2 675	29 382
191	6 577	6 219	1 022	343	3	7	6 254	3 302	2 893	15	1 769
312	59 462	45 414	11 649	865	456	2 202	59 939	31 362	24 549	565	26 533
10 233	186 259	178 442	24 348	650	274	552	187 692	113 440	56 113	508	61 040
172	5 391	5 097	221	25	35	70	5 955	4 056	678	153	3 998
687	109 556	96 417	3 479	365	39	3 122	103 426	86 594	12 905	905	79 143
1 514	131 057	86 421	9 391	5 063	1 490	29 300	132 722	56 827	64 928	1 889	32 075
867	100 052	82 044	5 466	4 505	617	5 933	107 870	67 838	24 805	931	59 392
2 862	325 184	253 370	68 434	56 344	13 415	10 833	312 861	171 206	112 596	12 964	124 740
——	——	——	——	——	——	——	——	——	——	——	——
2 856	61 994	56 210	4 483	1 423	65	3 505	62 451	47 934	7 967	310	42 859
100	14 456	13 161	2 415	——	58	56	14 642	9 026	4 835	58	7 402
2 950	105 625	78 823	17 638	11 404	2 283	7 925	110 125	57 288	35 977	4 666	41 828
2 941	177 167	150 619	15 164	15 247	670	2 934	193 629	105 241	78 330	1 055	74 625
466	80 857	75 431	3 020	658	371	1 270	84 242	70 511	9 130	914	66 596
2 451	119 763	107 426	10 313	1 403	175	3 751	112 912	87 897	18 876	693	65 947
15	409	409	101	——	——	——	455	398	5	3	398
802	81 307	74 968	1 143	398	83	943	81 504	63 326	14 467	289	60 306
573	39 174	35 300	1 060	316	235	174	41 420	37 666	2 341	420	35 409
43	39 001	37 218	780	——	——	6	39 148	6 357	31 180	——	6 170
468	13 744	12 820	896	39	——	613	15 863	12 327	1 903	12	10 925
1 089	82 486	77 078	7 413	762	43	1 046	87 533	55 397	25 037	180	41 385

各地区乡镇文化站

地区	本年支出合计(千元)								
		在支出合计中:							
		商品和服务支出				对个人和家庭补助支出		其他资本性支出	
		差旅费	劳务费	福利费	税金支出		抚恤金和生活补助		各种设备购置费
总计	**490 674**	**18 515**	**28 989**	**16 321**	**5 358**	**51 884**	**3 991**	**374 938**	**131 688**
中央	——	——	——	——	——	——	——	——	——
北京	333	——	——	44	5	35	35	89	——
天津	2 858	32	91	46	3	303	40	780	749
河北	2 584	100	212	70	47	111	9	12 858	2 624
山西	7 420	107	232	22	——	874	360	7 745	2 553
内蒙古	3 301	377	598	44	17	1 254	44	3 681	1 683
辽宁	4 148	249	927	19	11	152	25	498	385
其中:大连	1 402	153	561	9	10	86	25	259	234
吉林	1 807	65	49	——	——	751	44	31 351	6 955
黑龙江	1 937	267	158	18	2	259	116	6 009	542
上海	67 382	2 169	4 386	5 178	1 195	4 594	289	12 889	9 176
江苏	105 455	2 210	4 158	2 324	60	12 813	727	28 040	10 937
浙江	116 863	2 572	2 977	1 905	461	5 990	391	20 248	11 053
其中:宁波	13 482	232	183	75	2	652	133	2 039	1 370
安徽	7 519	390	342	295	9	2 637	108	15 914	4 716
福建	17 432	535	1 034	216	421	1 007	112	14 908	4 071
其中:厦门	100	22	20	12	3	186	——	2 264	35
江西	3 133	128	175	64	126	791	46	7 528	1 110
山东	17 638	801	954	384	27	2 154	131	81 316	34 585
其中:青岛	233	25	21	39	15	55	40	528	481
河南	3 526	354	560	79	——	117	8	5 655	2 315
湖北	22 029	1 135	1 787	634	139	1 496	84	34 846	5 682
湖南	8 093	617	1 641	264	37	356	64	10 487	2 234
广东	38 274	1 002	2 628	2 277	2 321	6 162	442	17 058	8 420
其中:深圳	——	——	——	——	——	——	——	——	——
广西	2 601	232	197	121	41	1 993	281	3 215	1 770
海南	1 437	11	7	51	——	5	——	79	78
重庆	11 110	1 780	1 451	588	129	648	117	8 717	2 302
四川	18 814	1 726	2 138	880	62	1 494	229	33 458	9 741
贵州	3 318	413	245	385	106	1 677	174	585	323
云南	15 825	621	1 110	86	67	1 936	67	5 767	1 931
西藏	1	——	——	——	——	1	——	——	——
陕西	1 275	210	163	87	1	246	10	4 286	239
甘肃	1 120	166	285	104	4	672	28	636	406
青海	72	2	——	——	——	58	——	——	——
宁夏	783	30	371	——	24	149	——	1 073	800
新疆	2 586	214	113	136	43	1 149	10	5 222	4 308

基本情况(二)

资产合计		增加值	公用房屋建筑面积		本站指导群众业余文艺团队(支)	辖区内社区文化中心(个)	辖区内村文化室(个)
(千元)	固定资产原值	(千元)	(千平方米)	文化活动用房			
7 797 300	**6 909 424**	**1 790 928**	**12 554**	**8 419**	**135 189**	**49 678**	**229 711**
——	——	——	——	——	——	——	——
28 362	21 181	5 279	145	82	3 236	624	3 629
36 689	31 791	6 709	42	31	723	177	1 134
232 422	215 374	57 390	380	228	10 220	1 942	12 999
239 806	216 708	29 948	387	252	4 367	1 002	8 546
140 203	135 608	46 623	146	105	1 429	732	3 195
106 248	89 255	29 936	282	197	3 028	875	7 806
17 218	14 186	4 620	62	43	275	160	440
79 665	48 974	22 512	55	44	1 425	425	4 398
136 779	126 441	25 592	187	137	2 966	118	4 346
241 037	184 588	118 621	555	360	4 734	1 570	1 654
937 984	843 071	151 560	1 369	1 048	6 771	4 002	13 287
593 614	485 002	144 278	1 209	947	13 824	2 521	17 392
53 260	42 297	16 230	176	143	1 851	386	1 535
213 031	189 371	62 255	259	166	1 993	1 245	4 417
201 448	181 470	39 492	379	231	2 537	1 870	6 436
12 400	12 200	2 482	14	8	86	35	141
123 311	104 330	31 849	262	162	2 063	1 730	5 603
558 828	489 931	84 066	1 035	669	15 506	5 751	33 017
29 610	26 343	5 144	79	42	816	82	3 037
238 116	230 120	89 182	344	228	11 444	3 291	16 946
402 824	349 363	50 092	639	406	4 255	2 325	8 489
218 729	205 026	69 959	369	228	6 992	3 859	9 782
727 070	692 096	168 392	1 558	991	3 359	2 858	9 968
——	——	——	——	——	——	——	——
191 712	179 708	52 187	318	225	3 323	1 327	4 154
76 715	75 312	10 500	57	46	499	454	2 464
337 669	298 236	57 358	333	195	2 316	1 035	4 315
592 170	510 207	100 164	615	447	6 261	4 635	15 086
67 981	65 291	71 510	117	58	1 453	575	2 210
417 154	335 668	82 913	468	265	12 066	2 154	8 813
23 492	22 625	1 291	29	21	——	——	34
156 490	144 290	66 614	268	180	3 317	1 008	4 874
142 882	137 238	42 086	220	178	2 713	434	5 970
19 412	19 362	7 010	44	28	158	28	361
28 587	21 634	12 345	55	41	451	426	1 241
286 870	260 153	53 215	428	226	1 760	685	7 145

群众文化业主要指标解释

1. 举办展览个数:指本馆举办或与外机构联合举办的在馆内或者馆外展览的个数。个数按展览的内容计算。同一内容的展览不论在哪些地点展出和展出时间多久,只计算一个。

2. 组织文艺活动次数:指本馆组织或与外机构联合组织各种文艺演出(包括调演、汇演)次数,不论地点和内容,每组织一次算一次。

3. 举办训练班班次、培训人次:指本馆举办或与外机构联合举办的各种文化、艺术、科普(包括图书、讲演、创作、表演、音乐、舞蹈、美术、文学、摄影等)训练班,按截止到年底办完的班数及培训人数,分别计算班次及培训人次。截止到年底未办完的班数和人数均在下一年度统计。

4. 组织各类理论研讨和讲座次数:指由本馆组织各类理论研讨和讲座的次数总和。

5. 财政拨款中业务活动专项经费:指本馆报告期内财政拨款中用于开展群众文化活动的专项经费。

6. 馆办文艺团体:指由本馆人员组成的为群众提供文艺演出的演出团队。

7. 馆办文艺团体演出场次:指由本馆人员组成的为群众提供文艺演出的演出团队演出场次。

8. 馆办老年大学:指由本馆举办的专为老年人进行文艺培训的场所。

9. 群众业余文艺团队:指业务上受本馆指导的城镇和农村各种业余文艺演出团队。

10. 本站指导群众业余文艺团队:指业务上受文化站指导,利用业余时间经常开展文艺演出的群众文艺团队。

11. 辖区内社区文化活动室:指乡镇或街道办事处辖区内的社区居委会举办和开展文化活动的场所。

12. 辖区内村文化室:指乡镇或街道办事处辖区内的行政村举办和开展文化活动的场所。

全国各地区文化市场

地区	机构数（个）	从业人员（人）	资产、负债、所有者			
			资产总计			负债总计
				固定资产原值	当年提取的折旧总额	
总计	**239 571**	**1 294 912**	**141 823 200**	**108 799 741**	**11 491 961**	**31 458 659**
中央	——	——	——	——	——	——
北京	2 027	13 067	964 581	758 202	80 145	305 974
天津	1 304	10 632	1 510 095	1 214 148	85 395	582 203
河北	9 025	42 332	3 421 632	3 120 967	387 933	424 131
山西	5 438	23 811	2 310 401	2 135 269	231 017	346 816
内蒙古	7 625	23 988	2 824 353	2 495 900	152 402	269 452
辽宁	12 857	56 696	5 390 426	4 245 947	465 497	1 013 306
其中:大连	3 240	16 794	1 796 532	1 448 660	314 485	571 848
吉林	7 991	28 339	3 106 378	2 758 070	173 988	117 901
黑龙江	8 641	30 214	2 420 687	2 261 230	133 211	216 290
上海	4 134	54 158	21 679 606	7 776 774	806 085	12 348 882
江苏	14 839	70 902	10 275 595	8 697 262	690 863	1 501 320
浙江	10 464	80 127	10 262 031	8 724 708	1 523 201	1 321 361
其中:宁波	1 564	13 498	1 892 468	1 533 387	203 624	155 526
安徽	10 464	47 386	5 631 840	4 743 683	327 351	1 041 234
福建	5 986	48 714	6 349 392	4 476 756	327 764	2 002 440
其中:厦门	394	6 417	514 451	321 730	38 907	236 765
江西	8 442	39 209	3 735 527	3 599 462	440 266	216 729
山东	17 000	77 113	7 129 627	5 990 736	888 407	1 080 814
其中:青岛	2 420	12 263	1 184 710	1 193 184	209 825	312 396
河南	9 474	52 375	4 316 116	3 775 164	485 747	412 209
湖北	10 501	54 273	5 275 839	4 297 632	259 559	622 718
湖南	14 484	82 590	6 882 215	5 793 329	435 739	1 080 779
广东	12 456	133 718	9 660 488	6 577 825	623 844	2 591 808
其中:深圳	1 042	19 582	1 485 325	895 916	105 291	527 822
广西	7 928	52 059	3 153 091	2 938 095	435 265	197 475
海南	1 663	9 999	794 607	719 423	58 587	25 162
重庆	6 242	31 460	2 865 896	2 423 014	336 669	492 196
四川	14 918	73 420	7 697 258	6 398 853	669 742	880 362
贵州	4 574	23 458	1 908 187	1 728 211	223 317	206 721
云南	10 957	40 950	3 168 583	2 895 097	295 565	648 295
西藏	1 572	6 128	412 463	447 587	26 276	147 854
陕西	5 076	34 943	4 160 524	3 522 603	585 793	1 024 456
甘肃	2 697	14 047	1 508 665	1 407 426	95 503	171 618
青海	1 244	5 537	412 846	396 810	7 509	13 177
宁夏	1 778	8 662	828 444	769 236	92 440	35 302
新疆	7 770	24 605	1 765 807	1 710 322	146 881	119 674

经营机构基本情况(一)

权益（千元）			损益及分配(千元)			
	所有者权益合计		营业总收入		营业总成本	
	实收资本			主营业务收入		养老、医疗、失业等保险费
		国家资本金				
110 321 494	**61 106 586**	**1 457 515**	**96 878 787**	**85 171 736**	**56 121 389**	**637 354**
——	——	——	——	——	——	——
658 607	1 344 773	16 057	487 669	400 690	280 664	5 452
927 892	345 511	20 026	848 865	772 144	498 864	6 512
2 997 501	1 391 903	29 977	2 013 580	1 648 982	1 105 117	3 943
1 963 585	1 416 464	24 018	1 302 496	1 042 443	709 762	3 532
2 554 901	885 985	27 927	1 912 992	1 733 790	799 257	7 421
4 377 120	1 851 172	9 486	2 763 138	2 206 689	1 363 509	16 960
1 224 684	854 245	6 164	863 480	642 994	528 968	5 317
2 988 477	2 698 565	3 002	1 902 768	1 813 530	945 056	4 484
2 204 397	852 106	13 651	1 563 589	1 364 106	790 315	3 882
9 330 724	6 910 081	451 558	15 505 109	14 495 005	9 754 580	174 017
8 774 275	5 493 973	29 816	6 553 085	5 892 309	4 092 600	31 881
8 940 670	8 062 292	76 853	7 563 300	6 743 089	4 743 917	35 720
1 736 942	1 619 692	14 740	1 222 039	1 082 974	803 496	4 996
4 590 606	1 666 272	9 894	3 502 352	3 167 750	1 831 093	18 177
4 346 952	2 924 271	78 731	4 975 007	4 617 781	3 615 064	29 616
277 686	403 196	19 410	439 662	405 531	396 910	4 907
3 518 798	1 629 263	14 438	2 670 550	2 137 359	1 285 130	8 388
6 048 813	3 315 637	256 055	4 677 193	3 797 858	2 193 294	29 382
872 314	941 151	27 036	846 449	619 375	488 497	12 776
3 903 907	2 168 200	54 905	3 107 415	2 587 022	1 505 858	13 047
4 653 121	1 161 477	23 748	3 639 885	3 257 607	1 864 447	13 139
5 801 436	1 667 094	22 936	4 747 261	3 787 323	2 367 684	16 607
7 068 680	3 627 576	108 410	6 733 304	5 862 382	4 637 887	85 317
957 503	737 774	5 106	961 134	786 720	642 705	16 572
2 955 616	2 101 624	29 672	2 737 670	2 532 740	1 679 105	7 636
769 445	480 466	500	523 199	510 105	327 305	1 902
2 373 700	924 518	43 118	1 981 176	1 717 454	1 247 636	22 902
6 816 896	3 297 334	23 665	6 044 802	5 318 456	3 264 373	60 813
1 701 466	1 025 291	32 484	1 292 914	1 142 755	728 481	5 605
2 477 241	1 018 989	28 808	1 899 129	1 537 638	990 401	17 859
264 609	137 899	400	311 884	253 246	135 366	58
3 136 068	1 018 878	11 807	2 968 134	2 446 102	1 879 600	1 555
1 337 047	928 538	8 020	796 799	709 806	383 091	2 479
399 669	38 688	1 552	306 915	287 036	115 674	3 967
793 142	23 949	2 970	511 934	470 204	290 514	558
1 646 133	697 797	3 031	1 034 673	918 335	695 745	4 543

全国各地区文化市场

地区	损益及分配(千元)					
					营业外收入	
	住房公积金和住房补贴	差旅费	工会经费	营业利润		政府补助(补贴收入)
总计	**144 252**	**266 918**	**96 927**	**35 051 457**	**2 539 719**	**256 247**
中央	——	——	——	——	——	——
北京	1 930	2 006	694	139 189	1 501	——
天津	2 035	2 446	577	302 167	11 667	1 061
河北	594	4 582	980	679 548	23 718	——
山西	691	3 245	1 374	517 303	24 002	361
内蒙古	2 143	2 975	1 411	1 037 924	35 437	791
辽宁	9 588	3 490	1 664	1 174 649	159 567	55
其中:大连	1 980	1 159	252	248 071	35 247	——
吉林	48	582	372	886 259	4 498	——
黑龙江	365	1 691	634	700 308	42 155	6
上海	37 420	61 629	13 339	5 265 365	189 854	119 514
江苏	12 494	13 689	2 859	2 163 325	195 791	21 871
浙江	5 556	13 752	2 247	2 262 671	81 340	4 198
其中:宁波	303	341	60	350 230	4 188	1 169
安徽	3 506	6 979	1 917	1 508 961	111 557	110
福建	7 174	15 934	7 766	1 170 742	57 226	2 655
其中:厦门	340	856	241	10 232	21 870	——
江西	3 439	4 143	1 272	1 127 430	71 494	416
山东	7 567	10 576	3 458	1 948 543	332 779	176
其中:青岛	2 768	1 495	453	202 017	164 887	10
河南	3 652	16 252	3 118	1 307 218	133 003	22 115
湖北	3 480	11 264	1 675	1 659 132	107 905	18 905
湖南	7 558	8 308	5 585	2 055 705	360 996	355
广东	17 755	31 901	25 873	1 729 814	69 900	1 358
其中:深圳	5 369	5 310	3 516	248 973	22 051	755
广西	474	3 819	1 348	922 307	19 754	——
海南	253	444	53	185 648	2 099	——
重庆	6 706	14 567	10 575	594 499	68 549	21 546
四川	6 227	18 473	3 468	2 456 130	148 602	30 415
贵州	186	3 474	593	453 481	21 677	45
云南	2 018	4 189	1 665	734 809	26 129	699
西藏	——	29	150	156 218	20 679	——
陕西	822	2 454	580	904 503	179 524	9 160
甘肃	149	1 380	54	360 706	5 196	14
青海	79	461	702	177 317	968	——
宁夏	238	329	117	192 268	1 687	1
新疆	105	1 855	807	277 318	30 465	420

经营机构基本情况(二)

		工资、福利费、增值税 (千元)			增加值(千元)	经营面积(千平方米)
营业外支出	利润总额	本年发放工资总额	本年应付福利费总额	本年应交增值税		
2 595 663	**34 989 353**	**14 496 099**	**646 618**	**5 897 725**	**69 218 022**	**79 232**
——	——	——	——	——	——	——
2 832	137 858	105 506	4 242	56 033	393 314	1 187
11 830	302 004	122 248	7 126	45 314	587 020	623
31 906	671 360	336 297	7 165	99 450	1 517 356	2 257
22 736	518 569	255 082	12 717	50 198	1 079 898	1 771
54 202	1 019 159	239 166	4 406	77 853	1 522 861	2 020
145 541	1 188 675	441 572	40 155	180 468	2 330 667	3 319
33 215	250 103	152 103	30 636	43 120	796 039	1 071
29 515	861 242	252 026	1 415	58 700	1 377 319	2 674
37 579	704 884	238 718	5 478	118 587	1 201 282	1 479
151 671	5 303 548	1 208 394	66 623	1 001 735	8 894 945	3 317
119 512	2 239 604	1 035 563	54 874	383 292	4 398 632	4 463
120 513	2 223 498	1 200 060	29 654	529 175	5 601 791	5 417
8 276	346 142	235 076	1 636	62 962	859 412	734
104 114	1 516 404	499 703	20 909	151 831	2 532 745	2 434
46 062	1 181 793	666 761	58 563	409 944	2 822 406	2 520
11 203	20 899	88 876	2 793	81 207	255 379	313
70 424	1 128 500	351 041	14 858	165 787	2 112 670	2 256
258 744	2 022 578	783 666	49 629	231 437	3 992 777	7 137
11 721	355 183	160 014	8 519	63 236	659 695	1 222
108 691	1 331 530	430 923	47 379	156 952	2 472 752	2 527
98 465	1 668 572	565 131	18 913	173 880	2 708 822	2 560
468 357	1 948 344	974 444	22 974	224 474	3 743 424	2 969
177 881	1 621 833	1 393 626	83 243	623 486	4 651 638	7 263
59 852	211 172	166 542	25 210	67 968	639 761	975
34 202	907 859	496 206	12 766	200 490	2 082 681	2 270
1 275	186 472	104 810	1 750	26 030	379 081	1 939
103 086	559 962	379 516	17 053	85 710	1 454 469	1 617
96 188	2 508 544	864 879	31 725	327 928	4 431 911	3 626
37 162	437 996	228 398	6 919	83 119	1 005 547	1 105
63 566	691 325	337 190	10 848	123 813	1 524 012	2 284
8 370	168 527	49 832	2 931	36 447	271 914	457
125 365	958 662	367 634	6 037	85 425	1 977 328	2 447
12 194	353 708	188 667	591	47 145	695 408	772
17 771	160 514	64 135	1 406	17 671	272 811	832
5 247	188 708	80 116	2 131	39 073	406 950	493
30 662	277 121	234 789	2 138	86 278	773 591	3 195

全国各地区文化市场

地区	机构数(个)	从业人员(人)	资产、负债、所有者			
			资产总计	固定资产原值	当年提取的折旧总额	负债总计
总计	**100 425**	**707 737**	**88 565 640**	**60 869 512**	**6 599 056**	**25 213 756**
中央	——	——	——	——	——	——
北京	1 810	11 788	851 803	666 711	70 785	274 512
天津	1 092	9 523	1 370 175	1 099 440	76 136	534 861
河北	2 862	18 622	1 625 251	1 403 660	217 660	206 138
山西	2 845	13 783	1 427 151	1 324 036	156 044	152 549
内蒙古	2 889	11 733	1 625 463	1 412 372	90 209	124 951
辽宁	7 593	40 204	4 033 801	3 048 562	328 909	730 237
其中:大连	2 470	14 331	1 520 893	1 231 215	239 904	436 858
吉林	3 806	15 636	2 010 676	1 726 455	97 528	80 941
黑龙江	3 620	15 431	1 400 668	1 281 562	61 480	173 073
上海	3 166	45 010	20 206 891	6 480 642	719 408	12 061 677
江苏	7 134	42 621	6 530 196	5 241 257	460 951	1 196 211
浙江	3 071	29 536	3 823 777	2 977 942	539 802	748 092
其中:宁波	353	3 514	524 939	405 054	26 247	83 140
安徽	4 032	25 838	3 296 523	2 616 227	226 391	793 594
福建	2 066	22 483	3 346 363	2 096 352	165 156	1 525 839
其中:厦门	314	5 214	358 136	184 692	24 008	125 328
江西	2 800	16 369	1 611 031	1 557 836	119 800	84 273
山东	7 898	38 876	4 143 706	3 184 514	512 069	874 461
其中:青岛	1 024	5 350	568 637	601 476	115 038	281 675
河南	3 778	27 863	2 554 593	2 211 890	263 491	281 236
湖北	4 484	32 984	3 613 002	2 755 587	163 692	446 810
湖南	4 970	44 985	3 714 518	2 969 312	199 656	646 777
广东	6 046	78 558	5 606 796	3 638 345	374 442	1 759 333
其中:深圳	1 039	19 365	1 472 481	887 347	104 821	520 685
广西	2 923	28 677	1 776 480	1 595 503	245 534	114 030
海南	387	4 453	310 184	254 519	21 040	15 910
重庆	3 298	20 353	1 759 560	1 408 089	239 003	256 836
四川	4 519	31 975	3 776 819	2 714 281	300 197	570 642
贵州	1 214	8 827	706 244	593 176	80 534	80 061
云南	2 878	14 144	994 854	863 980	97 507	236 950
西藏	783	3 788	349 452	384 398	24 746	141 722
陕西	2 140	21 511	3 047 849	2 468 433	494 476	899 227
甘肃	1 211	8 209	987 513	923 858	60 672	102 021
青海	607	3 698	313 004	302 118	6 265	3 764
宁夏	1 092	6 869	668 636	621 452	77 059	24 771
新疆	3 411	13 390	1 082 661	1 047 003	108 414	72 257

经营机构基本情况(城市)(一)

权益 (千元)			损益及分配(千元)			
所有者权益合计			营业总收入		营业总成本	
	实收资本			主营业务收入		养老、医疗、失业等保险费
		国家资本金				
63 309 530	**37 682 608**	**1 018 427**	**61 643 121**	**54 971 592**	**37 761 259**	**460 352**
——	——	——	——	——	——	——
577 291	1 176 503	15 704	436 326	355 321	252 776	5 297
835 314	294 305	19 826	804 361	737 690	476 108	6 158
1 419 113	809 306	12 661	1 018 086	835 766	613 394	2 064
1 274 602	1 005 649	23 868	853 313	635 922	445 158	2 481
1 500 512	659 694	19 492	1 189 944	1 095 716	476 888	3 129
3 303 564	1 503 421	9 186	1 815 617	1 433 471	1 004 311	12 209
1 084 035	668 855	6 164	684 781	522 663	424 281	4 747
1 929 735	1 841 521	2 202	1 271 275	1 232 270	662 579	3 989
1 227 595	507 361	13 651	952 933	825 022	510 665	3 393
8 145 214	5 834 415	170 883	14 868 529	14 030 347	9 374 346	163 652
5 333 985	4 175 470	19 543	4 117 471	3 694 355	2 652 990	22 412
3 075 685	2 808 961	50 635	2 645 825	2 371 835	1 798 952	14 695
441 799	368 490	10 890	261 194	244 710	187 871	2 527
2 502 929	1 176 586	9 425	2 183 064	1 955 917	1 119 759	15 083
1 820 524	1 738 934	77 001	3 104 090	2 934 156	2 547 545	22 575
232 808	353 074	18 330	377 227	350 215	335 915	3 700
1 526 758	498 393	9 060	1 126 861	1 000 004	657 749	4 396
3 269 245	2 032 790	232 186	2 708 090	2 180 677	1 356 783	15 259
286 962	543 968	3 788	472 275	337 035	323 456	8 008
2 273 357	1 203 329	50 715	1 904 223	1 605 841	978 323	8 720
3 166 192	859 045	22 238	2 442 856	2 227 421	1 324 591	8 481
3 067 741	905 508	21 596	2 505 985	2 021 637	1 297 497	13 585
3 847 463	2 391 843	105 068	4 000 047	3 451 569	2 865 502	54 252
951 796	732 774	5 106	952 201	781 169	636 297	16 543
1 662 450	1 265 206	23 494	1 580 908	1 472 578	1 008 962	6 159
294 274	245 032	——	224 635	221 386	134 409	117
1 502 724	596 385	40 618	1 370 212	1 193 353	921 546	19 708
3 206 177	1 694 223	5 412	2 999 003	2 753 039	1 835 062	34 390
626 183	419 546	10 493	525 065	488 826	354 751	4 501
715 550	324 397	26 450	630 424	497 888	365 351	5 263
207 730	120 849	400	245 275	188 814	103 819	58
2 148 622	613 141	11 807	2 301 709	1 878 178	1 541 661	1 110
885 492	559 124	7 260	469 320	419 931	234 385	248
309 240	22 507	1 552	239 203	223 080	86 214	3 597
643 865	3 815	2 970	412 660	387 004	246 568	215
1 010 404	395 349	3 031	695 811	622 578	512 615	3 156

全国各地区文化市场

地区	损益及分配(千元)					
					营业外收入	
	住房公积金和住房补贴	差旅费	工会经费	营业利润		政府补助(补贴收入)
总计	**110 054**	**184 721**	**74 758**	**20 786 913**	**1 622 378**	**249 805**
中央	——	——	——	——	——	——
北京	1 910	1 920	592	120 816	1 476	——
天津	1 761	2 001	488	286 565	11 258	1 061
河北	177	3 410	583	297 707	7 190	——
山西	375	2 165	1 048	353 828	17 062	361
内蒙古	181	1 008	263	672 110	16 525	25
辽宁	8 491	2 933	1 591	674 351	99 232	5
其中:大连	1 980	1 035	242	197 736	27 767	——
吉林	14	439	364	576 400	953	——
黑龙江	268	1 608	518	412 812	24 797	6
上海	35 781	58 015	12 936	5 090 582	178 154	119 514
江苏	8 879	8 549	1 412	1 272 049	117 278	20 565
浙江	2 456	5 218	744	654 122	25 102	1 400
其中:宁波	303	338	60	64 591	2 351	——
安徽	1 842	3 084	1 291	946 332	77 240	——
福建	5 478	10 916	5 015	465 560	43 770	2 655
其中:厦门	266	462	180	15 725	20 626	——
江西	2 157	491	57	406 234	18 681	——
山东	6 013	7 112	2 419	1 036 868	272 046	17
其中:青岛	2 587	1 172	404	68 457	159 627	——
河南	1 625	5 980	2 352	749 778	78 285	22 080
湖北	1 877	9 232	1 087	1 061 867	51 929	18 905
湖南	5 445	5 480	4 000	1 054 049	186 951	240
广东	14 733	24 669	22 306	937 805	55 000	1 358
其中:深圳	5 369	5 264	3 516	246 448	22 051	755
广西	385	2 955	1 134	501 854	10 193	——
海南	133	329	21	86 977	——	——
重庆	5 749	12 507	10 078	353 860	60 091	21 364
四川	2 884	7 684	1 535	1 031 371	53 115	30 415
贵州	73	1 794	235	145 830	2 830	45
云南	1 020	1 775	688	213 141	5 866	628
西藏	——	29	150	122 591	19 994	——
陕西	304	1 568	430	631 697	157 061	9 160
甘肃	——	32	——	204 597	2 570	——
青海	6	75	668	140 980	542	——
宁夏	3	98	22	143 626	383	1
新疆	34	1 645	731	140 554	26 804	——

经营机构基本情况(城市)(二)

营业外支出	利润总额	工资、福利费、增值税 (千元) 本年发放工资总额	本年应付福利费总额	本年应交增值税	增加值(千元)	经营面积(千平方米)
1 489 502	**20 913 815**	**8 627 091**	**424 636**	**3 808 897**	**41 596 845**	**41 315**
——	——	——	——	——	——	——
2 790	119 502	98 409	3 980	52 799	354 705	1 086
10 408	287 415	113 335	6 642	43 373	550 078	554
13 085	291 812	165 649	3 653	43 089	731 421	1 116
16 234	354 656	160 377	8 389	26 630	712 918	1 284
21 280	667 355	137 690	1 355	43 534	948 507	865
91 042	682 541	294 688	31 317	120 267	1 471 926	2 252
28 916	196 587	118 834	24 644	36 764	624 918	896
24 382	552 971	162 868	642	30 730	872 555	1 512
22 483	415 126	142 366	4 008	68 805	693 749	817
140 174	5 128 562	1 104 598	59 613	928 473	8 435 710	2 211
56 371	1 332 956	689 794	22 286	246 306	2 741 858	2 644
45 102	634 122	417 974	8 979	237 371	1 885 496	1 790
4 925	62 017	44 279	1 350	25 143	165 025	210
59 151	964 421	301 268	13 983	98 513	1 604 884	1 381
26 286	483 044	388 648	39 591	261 709	1 486 051	1 089
9 680	26 671	73 913	2 310	72 940	209 599	266
24 952	399 963	150 798	4 762	93 830	782 062	1 020
189 042	1 119 872	435 490	38 882	154 120	2 251 645	2 231
3 734	224 350	95 738	7 936	50 596	348 832	351
55 201	772 862	248 189	38 276	101 759	1 438 375	1 467
52 855	1 060 941	352 310	8 610	98 684	1 710 445	1 559
204 144	1 036 856	556 771	12 376	93 552	1 939 650	1 439
119 726	873 079	810 098	60 887	375 575	2 699 501	4 239
59 652	208 847	164 098	25 148	66 436	632 696	970
14 393	497 654	292 459	9 750	113 641	1 177 080	1 311
——	86 977	51 488	296	10 861	170 953	189
87 591	326 360	262 654	14 242	64 014	970 068	1 066
23 909	1 060 577	409 750	13 603	190 675	1 994 793	1 555
7 356	141 304	93 734	2 672	31 064	362 430	370
26 213	186 820	126 764	5 028	46 580	496 092	814
7 838	134 747	33 786	2 880	33 545	217 758	322
104 547	684 211	246 138	2 937	63 225	1 465 059	1 542
3 570	203 597	110 627	257	26 025	402 456	439
11 640	129 882	47 789	960	14 494	214 763	701
1 578	142 431	65 088	1 920	35 769	323 707	346
26 159	141 199	155 494	1 860	59 885	490 150	2 104

全国各地区文化市场

地区	机构数（个）	从业人员（人）	资产、负债、所有者			
			资产总计	固定资产原值	当年提取的折旧总额	负债总计
总计	**90 650**	**416 661**	**38 560 729**	**34 722 910**	**3 507 178**	**4 512 130**
中央	——	——	——	——	——	——
北京	63	351	28 972	23 335	3 851	5 326
天津	152	970	122 170	97 158	7 765	42 522
河北	4 160	17 610	1 393 675	1 330 490	135 777	166 743
山西	1 817	7 135	705 838	644 924	55 160	159 910
内蒙古	4 190	10 972	1 045 425	935 840	56 256	111 732
辽宁	3 921	13 219	1 163 122	1 021 791	128 668	252 969
其中:大连	683	2 344	271 890	213 811	74 417	134 956
吉林	3 114	10 357	880 403	818 893	62 166	18 189
黑龙江	3 884	12 079	903 508	869 334	64 736	34 895
上海	132	2 796	478 974	445 192	41 586	165 335
江苏	4 206	16 502	2 123 221	1 965 234	100 969	159 972
浙江	4 068	33 982	4 581 168	3 995 097	681 979	416 360
其中:宁波	796	7 788	1 170 206	944 788	153 517	71 124
安徽	3 796	15 014	1 768 767	1 605 777	70 449	191 307
福建	2 506	18 100	2 159 292	1 673 279	101 019	281 481
其中:厦门	64	706	40 526	32 983	4 866	7 975
江西	3 676	17 717	1 684 022	1 614 609	266 474	106 129
山东	6 732	30 191	2 381 542	2 261 122	299 459	147 364
其中:青岛	1 231	6 262	554 985	538 319	89 633	26 751
河南	3 905	18 565	1 355 142	1 220 128	173 464	101 146
湖北	3 832	15 703	1 257 254	1 155 662	67 660	142 782
湖南	5 940	29 246	2 532 827	2 232 626	169 170	398 899
广东	3 018	27 394	2 088 434	1 523 044	116 825	405 576
其中:深圳	2	158	10 736	6 587	390	6 546
广西	2 662	15 952	1 007 166	980 184	130 088	59 921
海南	709	3 978	369 516	350 955	25 701	8 547
重庆	1 830	8 215	870 314	795 146	71 847	197 919
四川	6 715	29 073	2 704 934	2 505 453	246 106	239 531
贵州	2 601	12 726	1 063 470	997 990	118 807	117 875
云南	5 223	20 937	1 810 445	1 675 078	167 505	369 448
西藏	773	2 300	55 961	56 139	1 330	2 732
陕西	2 081	10 015	867 332	827 587	76 530	111 174
甘肃	1 071	4 530	412 981	384 783	24 556	53 905
青海	445	1 381	74 391	70 034	1 146	8 298
宁夏	421	1 099	95 895	87 351	7 699	5 915
新疆	3 007	8 552	574 568	558 675	32 430	28 228

经营机构基本情况(县城)(一)

权益 (千元)			损 益 及 分 配(千元)			
所有者权益合计			营业总收入		营业总成本	
	实收资本			主营业务收入		养老、医疗、失业等保险费
		国家资本金				
34 047 906	**16 331 838**	**145 707**	**25 518 299**	**21 762 380**	**13 116 993**	**117 688**
——	——	——	——	——	——	——
23 646	14 830	150	13 442	11 428	8 591	42
79 648	34 806	200	40 580	32 477	21 129	354
1 226 932	482 625	15 656	776 356	623 795	380 240	1 592
545 928	315 849	——	365 660	335 207	218 201	828
933 693	212 673	8 435	648 287	571 905	286 824	4 264
910 153	323 116	300	807 709	647 530	305 731	3 477
136 934	183 693	——	174 633	116 828	102 872	570
862 214	695 606	570	497 928	456 345	221 406	166
868 613	312 492	——	532 961	470 398	245 551	346
313 639	335 573	2 212	172 529	109 792	79 176	3 681
1 963 249	650 678	9 839	1 293 696	1 156 678	732 439	6 729
4 164 808	3 736 867	24 963	3 475 822	3 079 768	2 135 218	15 668
1 099 082	1 055 919	3 850	789 975	674 590	509 214	2 350
1 577 460	330 521	404	965 634	888 474	525 790	1 888
1 877 811	837 435	1 730	1 354 067	1 232 822	755 883	4 403
32 551	22 470	1 080	34 539	33 420	34 031	602
1 577 893	883 361	5 377	1 248 204	898 087	504 823	3 478
2 234 178	1 038 942	23 788	1 577 642	1 286 831	657 116	11 107
528 234	355 155	23 248	344 718	256 117	144 765	4 564
1 253 996	762 829	4 190	952 682	779 431	424 130	3 724
1 114 472	204 211	510	924 550	794 268	414 027	3 850
2 133 928	563 273	1 320	1 776 829	1 387 647	877 854	2 114
1 682 858	551 309	1 542	1 426 137	1 271 627	927 173	12 459
4 190	4 000	——	6 160	3 312	4 211	29
947 245	604 487	6 153	857 865	788 526	498 853	1 191
360 969	202 701	500	220 717	213 784	142 595	1 749
672 395	224 303	1 180	471 109	404 797	250 343	2 417
2 465 403	1 009 512	13 003	2 172 934	1 831 402	1 048 317	17 753
945 595	538 727	21 991	674 279	572 361	329 108	1 069
1 440 304	552 995	1 694	1 038 725	850 580	519 672	9 251
53 229	16 500	——	65 152	63 355	30 956	——
756 158	315 829	——	519 782	438 512	262 218	359
359 076	293 305	——	268 488	237 225	119 877	2 105
66 093	12 709	——	49 424	46 281	21 483	331
89 980	14 952	——	54 895	44 634	22 891	303
546 340	258 822	——	274 214	236 413	149 378	990

全国各地区文化市场

地　区	损益及分配(千元)				营业外收入	
	住房公积金和住房补贴	差旅费	工会经费	营业利润		政府补助(补贴收入)
总　计	**24 384**	**55 849**	**14 815**	**10 506 284**	**706 493**	**5 662**
中　央	——	——	——	——	——	——
北　京	——	84	100	2 837	——	——
天　津	274	445	89	14 508	409	——
河　北	345	878	278	293 410	11 486	——
山　西	49	622	294	133 672	4 908	——
内蒙古	1 941	1 937	1 127	329 762	16 503	756
辽　宁	1 013	442	73	423 353	51 545	50
其中:大连	——	124	10	48 203	7 450	——
吉　林	34	143	8	244 333	2 694	——
黑龙江	86	81	113	248 757	15 722	——
上　海	822	747	281	43 949	1 352	——
江　苏	2 259	3 087	1 317	502 989	52 529	800
浙　江	1 962	5 212	460	1 098 604	28 256	2 798
其中:宁波	——	3	——	228 351	1 752	1 169
安　徽	1 338	1 618	501	405 857	27 209	30
福　建	1 187	2 915	1 763	540 022	7 439	——
其中:厦门	20	83	5	—426	164	——
江　西	1 013	2 731	1 012	581 644	43 073	416
山　东	1 309	2 796	772	733 523	44 830	149
其中:青岛	163	309	37	126 477	5 055	——
河　南	2 001	9 088	577	432 746	42 950	35
湖　北	1 419	1 469	489	468 292	44 420	——
湖　南	1 627	2 234	1 214	774 175	152 491	25
广　东	920	3 315	1 055	427 784	7 966	——
其中:深圳	——	46	——	1 949	——	——
广　西	89	448	145	312 146	6 283	——
海　南	76	98	32	73 364	2 004	——
重　庆	703	1 561	345	188 128	6 257	182
四　川	2 289	7 488	1 270	1 008 106	76 607	——
贵　州	111	1 527	334	269 791	17 515	——
云　南	743	2 022	824	414 562	14 528	4
西　藏	——	——	——	32 951	435	——
陕　西	361	859	127	212 390	21 182	——
甘　肃	122	1 338	52	131 084	2 170	8
青　海	40	302	24	26 456	243	——
宁　夏	192	194	71	28 168	483	——
新　疆	59	168	68	108 921	3 004	409

经营机构基本情况(县城)(二)

营业外支出	利润总额	工资、福利费、增值税 (千元) 本年发放工资总额	本年应付福利费总额	本年应交增值税	增加值(千元)	经营面积(千平方米)
825 306	**10 387 285**	**4 186 693**	**142 043**	**1 480 569**	**19 998 273**	**25 860**
——	——	——	——	——	——	——
9	2 828	3 424	234	1 356	11 850	33
1 203	13 714	8 182	484	1 507	33 189	57
13 993	290 903	132 881	2 983	48 053	615 838	879
4 279	134 301	77 951	3 695	20 068	295 134	358
30 369	315 896	87 600	3 018	31 829	515 896	1 056
45 434	429 464	123 075	7 907	51 194	738 771	885
4 270	51 383	32 221	5 992	6 242	167 663	150
3 299	243 728	73 273	445	22 515	402 947	990
12 161	252 318	80 649	1 241	42 259	438 187	552
804	44 497	27 593	2 250	28 389	148 782	87
35 798	519 720	200 641	7 687	79 239	905 994	1 127
33 351	1 093 509	521 151	16 196	192 992	2 531 890	2 693
3 305	226 798	145 253	254	32 700	562 425	422
37 603	395 463	146 052	5 634	39 234	671 035	730
11 297	536 051	190 571	10 938	104 671	957 011	1 025
502	−764	8 687	36	6 275	22 326	34
35 894	588 823	162 328	8 365	55 307	1 079 746	984
44 062	734 291	277 153	8 416	63 355	1 395 235	1 960
7 628	123 904	58 347	567	12 070	291 876	848
41 683	434 013	144 663	7 694	44 340	809 695	833
34 288	478 424	152 648	8 133	58 799	761 359	762
238 750	687 916	339 881	7 604	107 150	1 403 040	1 158
21 567	414 183	295 751	7 491	117 852	982 193	1 543
200	1 749	1 557	62	980	4 970	3
14 377	304 052	142 462	2 363	64 506	653 012	663
1 038	74 330	38 662	1 143	11 383	152 138	1 681
11 807	182 578	88 549	2 443	18 196	372 699	414
60 455	1 024 258	326 781	13 484	101 940	1 718 160	1 470
26 512	260 794	116 730	4 064	47 902	558 944	645
28 885	400 132	173 280	4 243	62 608	833 137	1 180
482	32 904	15 760	31	2 702	52 774	134
19 010	214 562	93 837	2 791	16 781	403 411	707
7 515	125 739	60 544	295	18 211	237 053	274
4 234	22 465	11 785	350	2 458	42 608	98
1 610	27 041	9 362	178	2 195	48 172	98
3 537	108 388	63 474	243	21 578	228 373	783

全国各地区文化市场

地区	机构数（个）	从业人员（人）	资产、负债、所有者			
			资产总计			负债总计
				固定资产原值	当年提取的折旧总额	
总计	**48 496**	**170 514**	**14 696 831**	**13 207 319**	**1 385 727**	**1 732 773**
中央	——	——	——	——	——	——
北京	154	928	83 806	68 156	5 509	26 136
天津	60	139	17 750	17 550	1 494	4 820
河北	2 003	6 100	402 706	386 817	34 496	51 250
山西	776	2 893	177 412	166 309	19 813	34 357
内蒙古	546	1 283	153 465	147 688	5 937	32 769
辽宁	1 343	3 273	193 503	175 594	7 920	30 100
其中:大连	87	119	3 749	3 634	164	34
吉林	1 071	2 346	215 299	212 722	14 294	18 771
黑龙江	1 137	2 704	116 511	110 334	6 995	8 322
上海	836	6 352	993 741	850 940	45 091	121 870
江苏	3 499	11 779	1 622 178	1 490 771	128 943	145 137
浙江	3 325	16 609	1 857 086	1 751 669	301 420	156 909
其中:宁波	415	2 196	197 323	183 545	23 860	1 262
安徽	2 636	6 534	566 550	521 679	30 511	56 333
福建	1 414	8 131	843 737	707 125	61 589	195 120
其中:厦门	16	497	115 789	104 055	10 033	103 462
江西	1 966	5 123	440 474	427 017	53 992	26 327
山东	2 370	8 046	604 379	545 100	76 879	58 989
其中:青岛	165	651	61 088	53 389	5 154	3 970
河南	1 791	5 947	406 381	343 146	48 792	29 827
湖北	2 185	5 586	405 583	386 383	28 207	33 126
湖南	3 574	8 359	634 870	591 391	66 913	35 103
广东	3 392	27 766	1 965 258	1 416 436	132 577	426 899
其中:深圳	1	59	2 108	1 982	80	591
广西	2 343	7 430	369 445	362 408	59 643	23 524
海南	567	1 568	114 907	113 949	11 846	705
重庆	1 114	2 892	236 022	219 779	25 819	37 441
四川	3 684	12 372	1 215 505	1 179 119	123 439	70 189
贵州	759	1 905	138 473	137 045	23 976	8 785
云南	2 856	5 869	363 284	356 039	30 553	41 897
西藏	16	40	7 050	7 050	200	3 400
陕西	855	3 417	245 343	226 583	14 787	14 055
甘肃	415	1 308	108 171	98 785	10 275	15 692
青海	192	458	25 451	24 658	98	1 115
宁夏	265	694	63 913	60 433	7 682	4 616
新疆	1 352	2 663	108 578	104 644	6 037	19 189

经营机构基本情况(县以下)(一)

权益 (千元)			损益及分配(千元)			
所有者权益合计	实收资本	国家资本金	营业总收入	主营业务收入	营业总成本	养老、医疗、失业等保险费
12 964 058	**7 092 140**	**293 381**	**9 717 367**	**8 437 764**	**5 243 137**	**59 314**
——	——	——	——	——	——	——
57 670	153 440	203	37 901	33 941	19 297	113
12 930	16 400	——	3 924	1 977	1 627	——
351 456	99 972	1 660	219 138	189 421	111 483	287
143 055	94 966	150	83 523	71 314	46 403	223
120 696	13 618	——	74 761	66 169	35 545	28
163 403	24 635	——	139 812	125 688	53 467	1 274
3 715	1 697	——	4 066	3 503	1 815	——
196 528	161 438	230	133 565	124 915	61 071	329
108 189	32 253	——	77 695	68 686	34 099	143
871 871	740 093	278 463	464 051	354 866	301 058	6 684
1 477 041	667 825	434	1 141 918	1 041 276	707 171	2 740
1 700 177	1 516 464	1 255	1 441 653	1 291 486	809 747	5 357
196 061	195 283	——	170 870	163 674	106 411	119
510 217	159 165	65	353 654	323 359	185 544	1 206
648 617	347 902	——	516 850	450 803	311 636	2 638
12 327	27 652	——	27 896	21 896	26 964	605
414 147	247 509	1	295 485	239 268	122 558	514
545 390	243 905	81	391 461	330 350	179 395	3 016
57 118	42 028	——	29 456	26 223	20 276	204
376 554	202 042	——	250 510	201 750	103 405	603
372 457	98 221	1 000	272 479	235 918	125 829	808
599 767	198 313	20	464 447	378 039	192 333	908
1 538 359	684 424	1 800	1 307 120	1 139 186	845 212	18 606
1 517	1 000	——	2 773	2 239	2 197	——
345 921	231 931	25	298 897	271 636	171 290	286
114 202	32 733	——	77 847	74 935	50 301	36
198 581	103 830	1 320	139 855	119 304	75 747	777
1 145 316	593 599	5 250	872 865	734 015	380 994	8 670
129 688	67 018	——	93 570	81 568	44 622	35
321 387	141 597	664	229 980	189 170	105 378	3 345
3 650	550	——	1 457	1 077	591	——
231 288	89 908	——	146 643	129 412	75 721	86
92 479	76 109	760	58 991	52 650	28 829	126
24 336	3 472	——	18 288	17 675	7 977	39
59 297	5 182	——	44 379	38 566	21 055	40
89 389	43 626	——	64 648	59 344	33 752	397

全国各地区文化市场

地区	损益及分配(千元)					
	住房公积金和住房补贴	差旅费	工会经费	营业利润	营业外收入	政府补助(补贴收入)
总计	**9 814**	**26 348**	**7 354**	**3 758 260**	**210 848**	**780**
中央	——	——	——	——	——	——
北京	20	2	2	15 536	25	——
天津	——	——	——	1 094	——	——
河北	72	294	119	88 431	5 042	——
山西	267	458	32	29 803	2 032	——
内蒙古	21	30	21	36 052	2 409	10
辽宁	84	115	——	76 945	8 790	——
其中:大连	——	——	——	2 132	30	——
吉林	——	——	——	65 526	851	——
黑龙江	11	2	3	38 739	1 636	——
上海	817	2 867	122	130 834	10 348	——
江苏	1 356	2 053	130	388 287	25 984	506
浙江	1 138	3 322	1 043	509 945	27 982	——
其中:宁波	——	——	——	57 288	85	——
安徽	326	2 277	125	156 772	7 108	80
福建	509	2 103	988	165 160	6 017	——
其中:厦门	54	311	56	−5 067	1 080	——
江西	269	921	203	139 552	9 740	——
山东	245	668	267	178 152	15 903	10
其中:青岛	18	14	12	7 083	205	10
河南	26	1 184	189	124 694	11 768	——
湖北	184	563	99	128 973	11 556	——
湖南	486	594	371	227 481	21 554	90
广东	2 102	3 917	2 512	364 225	6 934	——
其中:深圳	——	——	——	576	——	——
广西	——	416	69	108 307	3 278	——
海南	44	17	——	25 307	95	——
重庆	254	499	152	52 511	2 201	——
四川	1 054	3 301	663	416 653	18 880	——
贵州	2	153	24	37 860	1 332	——
云南	255	392	153	107 106	5 735	67
西藏	——	——	——	676	250	——
陕西	157	27	23	60 416	1 281	——
甘肃	27	10	2	25 025	456	6
青海	33	84	10	9 881	183	——
宁夏	43	37	24	20 474	821	——
新疆	12	42	8	27 843	657	11

经营机构基本情况(县以下)(二)

		工资、福利费、增值税 (千元)				
营业外支出	利润总额	本年发放工资总额	本年应付福利费总额	本年应交增值税	增加值(千元)	经营面积(千平方米)
280 855	**3 688 253**	**1 682 315**	**79 939**	**608 259**	**7 622 904**	**12 057**
——	——	——	——	——	——	——
33	15 528	3 673	28	1 878	26 759	68
219	875	731	——	434	3 753	12
4 828	88 645	37 767	529	8 308	170 097	262
2 223	29 612	16 754	633	3 500	71 846	128
2 553	35 908	13 876	33	2 490	58 458	99
9 065	76 670	23 809	931	9 007	119 970	183
29	2 133	1 048	——	114	3 458	24
1 834	64 543	15 885	328	5 455	101 817	172
2 935	37 440	15 703	229	7 523	69 346	110
10 693	130 489	76 203	4 760	44 873	310 453	1 019
27 343	386 928	145 128	24 901	57 747	750 780	692
42 060	495 867	260 935	4 479	98 812	1 184 405	935
46	57 327	45 544	32	5 119	131 962	102
7 360	156 520	52 383	1 292	14 084	256 826	323
8 479	162 698	87 542	8 034	43 564	379 344	406
1 021	−5 008	6 276	447	1 992	23 454	13
9 578	139 714	37 915	1 731	16 650	250 862	252
25 640	168 415	71 023	2 331	13 962	345 897	2 945
359	6 929	5 929	16	570	18 987	24
11 807	124 655	38 071	1 409	10 853	224 682	227
11 322	129 207	60 173	2 170	16 397	237 018	239
25 463	223 572	77 792	2 994	23 772	400 734	373
36 588	334 571	287 777	14 865	130 059	969 944	1 481
——	576	887	——	552	2 095	2
5 432	106 153	61 285	653	22 343	252 589	296
237	25 165	14 660	311	3 786	55 990	69
3 688	51 024	28 313	368	3 500	111 702	137
11 824	423 709	128 348	4 638	35 313	718 958	601
3 294	35 898	17 934	183	4 153	84 173	89
8 468	104 373	37 146	1 577	14 625	194 783	291
50	876	286	20	200	1 382	2
1 808	59 889	27 659	309	5 419	108 858	198
1 109	24 372	17 496	39	2 909	55 899	59
1 897	8 167	4 561	96	719	15 440	34
2 059	19 236	5 666	33	1 109	35 071	49
966	27 534	15 821	35	4 815	55 068	308

全国各地区文化市场

地区	机构数（个）	从业人员（人）	资产、负债、所有者			
			资产总计			负债总计
				固定资产原值	当年提取的折旧总额	
总计	**239 090**	**1 285 821**	**140 404 961**	**107 678 089**	**11 400 796**	**30 802 446**
中央	——	——	——	——	——	——
北京	2 016	12 947	953 123	753 107	79 156	297 805
天津	1 302	10 567	1 506 447	1 213 455	85 280	580 758
河北	9 021	42 296	3 411 072	3 110 407	387 933	424 131
山西	5 437	23 806	2 310 201	2 135 069	231 017	346 816
内蒙古	7 625	23 988	2 824 353	2 495 900	152 402	269 452
辽宁	12 833	56 478	5 352 856	4 210 207	464 012	1 012 931
其中:大连	3 229	16 659	1 774 207	1 427 900	313 930	571 848
吉林	7 990	28 338	3 106 328	2 758 020	173 983	117 901
黑龙江	8 638	30 199	2 419 173	2 260 070	133 161	215 665
上海	4 089	52 416	21 437 413	7 554 515	783 923	12 063 743
江苏	14 839	70 902	10 275 595	8 697 262	690 863	1 501 320
浙江	10 452	79 846	10 205 231	8 684 339	1 516 692	1 311 404
其中:宁波	1 563	13 448	1 891 818	1 532 737	203 559	155 526
安徽	10 457	47 303	5 628 021	4 740 297	327 212	1 041 014
福建	5 954	47 999	6 149 012	4 297 553	296 980	1 914 962
其中:厦门	384	6 061	458 558	314 570	35 860	224 537
江西	8 430	39 049	3 705 777	3 569 682	439 663	216 689
山东	16 987	76 952	7 078 777	5 981 606	886 068	1 079 286
其中:青岛	2 416	12 231	1 184 010	1 187 784	208 042	312 396
河南	9 471	52 360	4 313 620	3 764 513	476 327	410 953
湖北	10 492	54 018	5 227 539	4 250 332	259 559	622 318
湖南	14 460	81 077	6 492 287	5 464 939	434 731	966 759
广东	12 205	130 680	9 416 822	6 458 829	611 592	2 479 691
其中:深圳	1 034	19 164	1 455 079	880 256	104 811	503 716
广西	7 923	51 905	3 144 116	2 926 610	434 865	194 502
海南	1 663	9 999	794 607	719 423	58 587	25 162
重庆	6 239	31 437	2 865 213	2 420 871	336 645	491 537
四川	14 915	73 390	7 691 419	6 393 923	669 176	879 454
贵州	4 569	23 204	1 870 806	1 698 957	223 264	192 875
云南	10 954	40 940	3 167 433	2 894 007	295 525	648 275
西藏	1 572	6 128	412 463	447 587	26 276	147 854
陕西	5 072	34 753	4 131 505	3 496 791	584 286	1 009 775
甘肃	2 697	14 047	1 508 665	1 407 426	95 503	171 618
青海	1 244	5 537	412 846	396 810	7 509	13 177
宁夏	1 778	8 662	828 444	769 236	92 440	35 302
新疆	7 766	24 598	1 763 797	1 706 346	146 166	119 317

经营机构基本情况(内资)(一)

权益 (千元)			损 益 及 分 配(千元)			
所有者权益合计			营业总收入		营业总成本	
	实收资本			主营业务收入		养老、医疗、失业等保险费
		国家资本金				
109 559 468	**60 269 475**	**1 457 515**	**96 151 304**	**84 564 215**	**55 565 897**	**620 481**
——	——	——	——	——	——	——
655 318	1 340 275	16 057	470 735	387 193	264 630	5 229
925 689	345 511	20 026	843 428	766 707	495 722	6 512
2 986 941	1 389 843	29 977	2 011 887	1 647 459	1 104 134	3 943
1 963 385	1 416 264	24 018	1 302 316	1 042 263	709 592	3 532
2 554 901	885 985	27 927	1 912 992	1 733 790	799 257	7 421
4 339 925	1 850 916	9 486	2 756 442	2 201 834	1 361 019	16 918
1 202 359	854 245	6 164	860 101	640 319	527 865	5 275
2 988 427	2 698 520	3 002	1 902 734	1 813 500	945 041	4 484
2 203 508	852 106	13 651	1 562 895	1 363 493	789 709	3 881
9 373 670	6 592 706	451 558	15 268 866	14 274 654	9 551 680	162 470
8 774 275	5 493 973	29 816	6 553 085	5 892 309	4 092 600	31 881
8 893 827	8 003 955	76 853	7 524 605	6 708 498	4 714 165	35 327
1 736 292	1 619 042	14 740	1 220 239	1 081 174	802 196	4 996
4 587 007	1 663 831	9 894	3 499 001	3 164 541	1 829 360	18 091
4 234 050	2 687 941	78 731	4 896 209	4 562 219	3 558 794	28 266
234 021	281 290	19 410	415 749	387 409	380 306	4 804
3 489 088	1 600 163	14 438	2 661 551	2 128 955	1 280 218	8 287
5 999 491	3 314 417	256 055	4 666 829	3 789 172	2 188 590	29 381
871 614	940 931	27 036	844 013	618 225	487 627	12 776
3 902 667	2 151 551	54 905	3 097 529	2 586 347	1 505 294	13 047
4 605 221	1 158 477	23 748	3 626 945	3 244 967	1 855 797	13 131
5 525 528	1 650 886	22 936	4 656 343	3 717 093	2 299 654	16 557
6 937 131	3 523 478	108 410	6 552 479	5 713 097	4 497 283	82 521
951 363	725 512	5 106	932 174	760 823	614 282	15 867
2 949 614	2 090 124	29 672	2 734 665	2 529 740	1 676 615	7 620
769 445	480 466	500	523 199	510 105	327 305	1 902
2 373 676	920 268	43 118	1 979 785	1 716 063	1 246 480	22 902
6 811 965	3 295 004	23 665	6 043 150	5 317 065	3 263 491	60 795
1 677 931	999 850	32 484	1 286 216	1 136 144	722 984	5 470
2 476 111	1 017 916	28 808	1 898 692	1 537 253	990 337	17 859
264 609	137 899	400	311 884	253 246	135 366	58
3 121 730	1 018 878	11 807	2 957 483	2 441 427	1 876 035	1 461
1 337 047	928 538	8 020	796 799	709 806	383 091	2 479
399 669	38 688	1 552	306 915	287 036	115 674	3 967
793 142	23 949	2 970	511 934	470 204	290 514	558
1 644 480	697 097	3 031	1 033 711	918 035	695 466	4 531

全国各地区文化市场

地区	损益及分配(千元)					
	住房公积金和住房补贴	差旅费	工会经费	营业利润	营业外收入	政府补助(补贴收入)
总计	**141 969**	**264 746**	**96 070**	**34 937 808**	**2 494 860**	**256 247**
中央	——	——	——	——	——	——
北京	1 926	2 006	693	138 809	1 501	——
天津	1 976	2 446	577	299 872	11 667	1 061
河北	594	4 582	980	678 847	23 718	——
山西	691	3 245	1 374	517 293	24 002	361
内蒙古	2 143	2 975	1 411	1 037 924	35 437	791
辽宁	9 337	3 484	1 651	1 171 326	159 449	55
其中:大连	1 969	1 159	251	246 178	35 247	——
吉林	48	582	372	886 244	4 498	——
黑龙江	364	1 690	633	700 235	42 154	6
上海	36 126	60 547	13 215	5 240 905	186 305	119 514
江苏	12 494	13 689	2 859	2 163 325	195 791	21 871
浙江	5 470	13 734	2 247	2 257 812	80 753	4 198
其中:宁波	303	341	60	349 730	4 188	1 169
安徽	3 506	6 969	1 917	1 507 478	111 519	110
福建	6 883	15 856	7 687	1 169 429	38 840	2 655
其中:厦门	340	843	241	8 711	3 504	——
江西	3 258	4 070	1 250	1 123 512	71 064	416
山东	7 567	10 425	3 458	1 944 421	332 667	176
其中:青岛	2 768	1 445	453	201 737	164 887	10
河南	3 652	16 252	3 118	1 307 107	133 003	22 115
湖北	3 475	11 260	1 670	1 654 842	107 805	18 905
湖南	7 558	8 298	5 583	2 033 625	341 091	355
广东	17 679	31 350	25 288	1 695 900	68 430	1 358
其中:深圳	5 369	5 206	3 487	248 440	22 038	755
广西	474	3 811	1 348	921 797	19 754	——
海南	253	444	53	185 648	2 099	——
重庆	6 706	14 567	10 575	594 264	68 549	21 546
四川	6 227	18 473	3 468	2 455 621	148 602	30 415
贵州	186	3 306	578	452 366	21 677	45
云南	2 018	4 189	1 665	734 478	26 118	699
西藏	——	29	150	156 218	20 679	——
陕西	788	2 442	571	900 922	179 372	9 160
甘肃	149	1 380	54	360 706	5 196	14
青海	79	461	702	177 317	968	——
宁夏	238	329	117	192 268	1 687	1
新疆	104	1 855	806	277 297	30 465	420

经营机构基本情况(内资)(二)

		工资、福利费、增值税 (千元)				
营业外支出	利润总额	本年发放工资总额	本年应付福利费总额	本年应交增值税	增加值(千元)	经营面积(千平方米)
2 569 660	**34 856 848**	**14 342 014**	**639 343**	**5 806 395**	**68 727 676**	**78 754**
——	——	——	——	——	——	——
2 831	137 479	102 797	4 212	53 174	386 119	1 174
11 830	299 709	120 759	7 126	44 172	581 920	618
31 906	670 659	336 163	7 165	99 390	1 516 461	2 256
22 736	518 559	255 052	12 717	50 189	1 079 849	1 771
54 202	1 019 159	239 166	4 406	77 853	1 522 861	2 020
145 156	1 185 619	440 449	40 133	180 150	2 324 090	3 309
32 928	248 497	151 481	30 614	42 983	792 756	1 064
29 515	861 227	252 014	1 415	58 698	1 377 285	2 629
37 578	704 811	238 518	5 477	118 461	1 200 829	1 478
151 194	5 276 016	1 176 315	63 207	969 353	8 766 019	3 259
119 512	2 239 604	1 035 563	54 874	383 292	4 398 632	4 463
120 323	2 218 242	1 195 812	29 523	523 534	5 579 922	5 406
8 276	345 642	234 176	1 636	62 890	857 875	733
104 018	1 514 979	499 042	20 798	151 176	2 529 609	2 427
38 393	1 169 763	652 101	58 308	400 676	2 758 110	2 483
3 601	8 614	79 966	2 769	76 714	235 486	293
70 134	1 124 442	347 544	14 816	165 515	2 104 029	2 241
258 551	2 018 537	781 893	49 626	230 747	3 983 840	7 124
11 721	354 903	159 684	8 519	63 196	657 259	1 220
108 681	1 331 429	430 786	47 378	156 832	2 462 963	2 525
98 445	1 664 202	562 826	18 908	173 698	2 702 022	2 542
455 627	1 919 089	942 006	22 919	218 560	3 681 876	2 919
173 956	1 590 374	1 340 773	80 071	596 043	4 513 611	7 136
56 847	213 631	158 632	25 114	63 402	625 436	958
34 202	907 349	494 787	12 766	200 294	2 080 139	2 267
1 275	186 472	104 810	1 750	26 030	379 081	1 939
103 086	559 727	379 226	17 053	85 555	1 453 765	1 616
96 188	2 508 035	864 591	31 725	327 766	4 430 327	3 624
37 162	436 881	227 746	6 918	82 887	1 003 270	1 098
63 555	690 994	337 148	10 841	123 796	1 523 575	2 283
8 370	168 527	49 832	2 931	36 447	271 914	457
125 363	954 931	366 712	6 037	81 992	1 967 747	2 398
12 194	353 708	188 667	591	47 145	695 408	772
17 771	160 514	64 135	1 406	17 671	272 811	832
5 247	188 708	80 116	2 131	39 073	406 950	493
30 659	277 103	234 665	2 115	86 226	772 642	3 192

全国各地区文化市场经营

地区	机构数（个）	从业人员（人）	资产、负债、所有者			
			资产总计			负债总计
				固定资产原值	当年提取的折旧总额	
总计	**294**	**5 691**	**730 663**	**592 580**	**49 828**	**448 277**
中央	——	——	——	——	——	——
北京	7	55	1 370	1 805	613	291
天津	2	65	3 648	693	115	1 445
河北	2	34	10 060	10 060	——	——
山西	1	5	200	200	——	——
内蒙古	——	——	——	——	——	——
辽宁	12	54	3 175	2 900	620	365
其中:大连	1	2	50	40	10	——
吉林	1	1	50	50	5	——
黑龙江	3	15	1 514	1 160	50	625
上海	26	1 129	138 586	106 073	7 685	236 083
江苏	——	——	——	——	——	——
浙江	4	140	17 974	15 185	1 768	3 949
其中:宁波	——	——	——	——	——	——
安徽	5	42	2 768	2 552	11	20
福建	16	307	117 455	139 427	29 150	74 543
其中:厦门	4	97	10 613	3 315	2 714	3 278
江西	4	90	22 300	22 300	383	——
山东	5	67	2 470	2 520	380	1 160
其中:青岛	1	——	——	——	——	——
河南	1	1	16	12	1	——
湖北	2	110	30 000	29 500	——	200
湖南	10	601	126 220	110 390	400	32 420
广东	172	2 348	194 929	92 975	6 540	78 423
其中:深圳	8	418	30 246	15 660	480	24 106
广西	2	146	4 975	7 485	120	2 973
海南	——	——	——	——	——	——
重庆	3	23	683	2 143	24	659
四川	3	30	5 839	4 930	566	908
贵州	5	254	37 381	29 254	53	13 846
云南	2	7	1 050	1 000	30	10
西藏	——	——	——	——	——	——
陕西	2	160	5 990	5 990	599	——
甘肃	——	——	——	——	——	——
青海	——	——	——	——	——	——
宁夏	——	——	——	——	——	——
新疆	4	7	2 010	3 976	715	357

机构基本情况(港澳台投资)(一)

权益 (千元)			损益及分配(千元)			
所有者权益合计			营业总收入		营业总成本	
	实收资本			主营业务收入		养老、医疗、失业等保险费
		国家资本金				
282 386	**539 630**	**——**	**399 300**	**338 405**	**300 078**	**11 831**
——	——	——	——	——	——	——
1 079	1 820	——	1 603	1 066	865	49
2 203	——	——	5 437	5 437	3 142	——
10 060	2 060	——	1 670	1 500	960	——
200	200	——	180	180	170	——
——	——	——	——	——	——	——
2 810	250	——	2 001	1 470	677	5
50	——	——	40	10	30	5
50	45	——	34	30	15	——
889	——	——	694	613	606	1
−97 497	228 373	——	117 376	105 600	87 664	7 703
——	——	——	——	——	——	——
14 025	25 347	——	23 372	23 135	20 665	365
——	——	——	——	——	——	——
2 748	2 050	——	1 481	1 472	970	——
42 912	114 762	——	53 706	34 905	39 440	1 350
7 335	26 228	——	9 084	6 672	8 076	103
22 300	22 300	——	6 740	6 710	3 869	55
1 310	320	——	2 230	2 010	1 200	——
——	——	——	——	——	——	——
16	16	——	180	180	110	——
29 800	——	——	3 250	3 000	1 300	——
93 800	13 100	——	33 900	27 700	24 710	——
116 506	87 778	——	131 178	110 779	103 875	2 122
6 140	12 262	——	28 960	25 897	28 423	705
2 002	7 500	——	1 707	1 702	1 599	16
——	——	——	——	——	——	——
24	4 250	——	1 391	1 391	1 156	——
4 931	2 330	——	1 652	1 391	882	18
23 535	25 441	——	6 698	6 611	5 497	135
1 040	988	——	381	345	57	——
——	——	——	——	——	——	——
5 990	——	——	1 477	878	370	——
——	——	——	——	——	——	——
——	——	——	——	——	——	——
——	——	——	——	——	——	——
1 653	700	——	962	300	279	12

全国各地区文化市场经营

地区	损益及分配(千元)					
					营业外收入	
	住房公积金和住房补贴	差旅费	工会经费	营业利润		政府补助(补贴收入)
总计	**1 369**	**1 221**	**733**	**67 656**	**11 687**	**——**
中央	——	——	——	——	——	——
北京	——	——	——	230	——	——
天津	59	——	——	2 295	——	——
河北	——	——	——	701	——	——
山西	——	——	——	10	——	——
内蒙古	——	——	——	——	——	——
辽宁	5	——	——	860	38	——
其中:大连	5	——	——	10	——	——
吉林	——	——	——	15	——	——
黑龙江	1	1	1	73	1	——
上海	685	368	49	21 432	2 981	——
江苏	——	——	——	——	——	——
浙江	86	2	——	2 490	587	——
其中:宁波	——	——	——	——	——	——
安徽	——	10	——	509	38	——
福建	291	39	74	−2 912	4	——
其中:厦门	——	3	——	−1 401	4	——
江西	165	53	8	2 841	——	——
山东	——	100	——	940	110	——
其中:青岛	——	——	——	——	——	——
河南	——	——	——	70	——	——
湖北	——	——	——	1 950	50	——
湖南	——	——	——	8 990	6 400	——
广东	76	472	585	24 378	1 377	——
其中:深圳	——	104	29	533	13	——
广西	——	8	——	103	——	——
海南	——	——	——	——	——	——
重庆	——	——	——	235	——	——
四川	——	——	——	509	——	——
贵州	——	168	15	1 115	——	——
云南	——	——	——	293	1	——
西藏	——	——	——	——	——	——
陕西	——	——	——	508	100	——
甘肃	——	——	——	——	——	——
青海	——	——	——	——	——	——
宁夏	——	——	——	——	——	——
新疆	1	——	1	21	——	——

机构基本情况(港澳台投资)(二)

营业外支出	利润总额	工资、福利费、增值税 (千元)			增加值(千元)	经营面积(千平方米)
		本年发放工资总额	本年应付福利费总额	本年应交增值税		
8 781	**70 562**	**84 683**	**5 178**	**49 987**	**280 376**	**268**
——	——	——	——	——	——	——
1	229	298	30	193	1 413	7
——	2 295	1 489	——	1 142	5 100	4
——	701	120	——	59	880	1
——	10	30	——	9	49	——
——	——	——	——	——	——	——
38	860	371	——	109	1 970	3
10	——	2	——	——	32	1
——	15	12	——	2	34	45
1	73	200	1	126	453	1
236	24 177	17 073	2 203	17 040	74 195	30
——	——	——	——	——	——	——
184	2 893	2 643	129	4 796	12 277	7
——	——	——	——	——	——	——
19	528	449	25	319	1 314	2
134	−3 042	5 629	251	4 479	44 212	18
67	−1 464	1 526	24	744	5 111	8
——	2 841	2 988	20	103	6 566	10
190	860	352	——	62	1 740	8
——	——	——	——	——	——	——
10	60	9	1	2	83	——
10	1 990	1 015	——	74	3 039	11
4 100	11 290	11 728	——	2 012	23 130	16
3 854	21 901	37 608	2 488	18 651	95 208	80
3 005	−2 459	7 910	96	4 566	14 325	18
——	103	969	——	132	1 341	3
——	——	——	——	——	——	——
——	235	290	——	155	704	1
——	509	288	——	162	1 584	2
——	1 115	652	1	232	2 277	7
1	293	36	6	16	381	——
——	——	——	——	——	——	——
——	608	310	——	60	1 477	8
——	——	——	——	——	——	——
——	——	——	——	——	——	——
——	——	——	——	——	——	——
3	18	124	23	52	949	3

全国各地区文化市场经营

地　区	机构数（个）	从业人员（人）	资产、负债、所有者			
			资产总计	固定资产原值	当年提取的折旧总额	负债总计
总　计	**187**	**3 400**	**687 576**	**529 072**	**41 337**	**207 936**
中　央	——	——	——	——	——	——
北　京	4	65	10 088	3 290	376	7 878
天　津	——	——	——	——	——	——
河　北	2	2	500	500	——	——
山　西	——	——	——	——	——	——
内蒙古	——	——	——	——	——	——
辽　宁	12	164	34 395	32 840	865	10
其中:大连	10	133	22 275	20 720	545	——
吉　林	——	——	——	——	——	——
黑龙江	——	——	——	——	——	——
上　海	19	613	103 607	116 186	14 477	49 056
江　苏	——	——	——	——、	——	——
浙　江	8	141	38 826	25 184	4 741	6 008
其中:宁波	1	50	650	650	65	——
安　徽	2	41	1 051	834	128	200
福　建	16	408	82 925	39 776	1 634	12 935
其中:厦门	6	259	45 280	3 845	333	8 950
江　西	8	70	7 450	7 480	220	40
山　东	8	94	48 380	6 610	1 959	368
其中:青岛	3	32	700	5 400	1 783	——
河　南	2	14	2 480	10 639	9 419	1 256
湖　北	7	145	18 300	17 800	——	200
湖　南	14	912	263 708	218 000	608	81 600
广　东	79	690	48 737	26 021	5 712	33 694
其中:深圳	——	——	——	——	——	——
广　西	3	8	4 000	4 000	280	——
海　南	——	——	——	——	——	——
重　庆	——	——	——	——	——	——
四　川	——	——	——	——	——	——
贵　州	——	——	——	——	——	——
云　南	1	3	100	90	10	10
西　藏	——	——	——	——	——	——
陕　西	2	30	23 029	19 822	908	14 681
甘　肃	——	——	——	——	——	——
青　海	——	——	——	——	——	——
宁　夏	——	——	——	——	——	——
新　疆	——	——	——	——	——	——

机构基本情况(外商投资)(一)

权益 (千元)			损 益 及 分 配(千元)			
所有者权益合计			营业总收入		营业总成本	
	实收资本			主营业务收入		养老、医疗、失业等保险费
		国家资本金				
479 640	**297 481**	**——**	**328 183**	**269 116**	**255 414**	**5 042**
——	——	——	——	——	——	——
2 210	2 678	——	15 331	12 431	15 169	174
——	——	——	——	——	——	——
500	——	——	23	23	23	——
——	——	——	——	——	——	——
——	——	——	——	——	——	——
34 385	6	——	4 695	3 385	1 813	37
22 275	——	——	3 339	2 665	1 073	37
——	——	——	——	——	——	——
——	——	——	——	——	——	——
54 551	89 002	——	118 867	114 751	115 236	3 844
——	——	——	——	——	——	——
32 818	32 990	——	15 323	11 456	9 087	28
650	650	——	1 800	1 800	1 300	——
851	391	——	1 870	1 737	763	86
69 990	121 568	——	25 092	20 657	16 830	——
36 330	95 678	——	14 829	11 450	8 528	——
7 410	6 800	——	2 259	1 694	1 043	46
48 012	900	——	8 134	6 676	3 504	1
700	220	——	2 436	1 150	870	——
1 224	16 633	——	9 706	495	454	——
18 100	3 000	——	9 690	9 640	7 350	8
182 108	3 108	——	57 018	42 530	43 320	50
15 043	16 320	——	49 647	38 506	36 729	674
——	——	——	——	——	——	——
4 000	4 000	——	1 298	1 298	891	——
——	——	——	——	——	——	——
——	——	——	——	——	——	——
——	——	——	——	——	——	——
——	——	——	——	——	——	——
90	85	——	56	40	7	——
——	——	——	——	——	——	——
8 348	——	——	9 174	3 797	3 195	94
——	——	——	——	——	——	——
——	——	——	——	——	——	——
——	——	——	——	——	——	——
——	——	——	——	——	——	——

全国各地区文化市场经营

地区	损益及分配(千元)					
	住房公积金和住房补贴	差旅费	工会经费	营业利润	营业外收入	
						政府补助(补贴收入)
总计	**914**	**951**	**124**	**45 993**	**33 172**	**——**
中央	——	——	——	——	——	——
北京	4	——	1	150	——	——
天津	——	——	——	——	——	——
河北	——	——	——	——	——	——
山西	——	——	——	——	——	——
内蒙古	——	——	——	——	——	——
辽宁	246	6	13	2 463	80	——
其中:大连	6	——	1	1 883	——	——
吉林	——	——	——	——	——	——
黑龙江	——	——	——	——	——	——
上海	609	714	75	3 028	568	——
江苏	——	——	——	——	——	——
浙江	——	16	——	2 369	——	——
其中:宁波	——	——	——	500	——	——
安徽	——	——	——	974	——	——
福建	——	39	5	4 225	18 382	——
其中:厦门	——	10	——	2 922	18 362	——
江西	16	20	14	1 077	430	——
山东	——	51	——	3 182	2	——
其中:青岛	——	50	——	280	——	——
河南	——	——	——	41	——	——
湖北	5	4	5	2 340	50	——
湖南	——	10	2	13 090	13 505	——
广东	——	79	——	9 536	93	——
其中:深圳	——	——	——	——	——	——
广西	——	——	——	407	——	——
海南	——	——	——	——	——	——
重庆	——	——	——	——	——	——
四川	——	——	——	——	——	——
贵州	——	——	——	——	——	——
云南	——	——	——	38	10	——
西藏	——	——	——	——	——	——
陕西	34	12	9	3 073	52	——
甘肃	——	——	——	——	——	——
青海	——	——	——	——	——	——
宁夏	——	——	——	——	——	——
新疆	——	——	——	——	——	——

机构基本情况(外商投资)(二)

营业外支出	利润总额	工资、福利费、增值税 (千元)			增加值(千元)	经营面积(千平方米)
		本年发放工资总额	本年应付福利费总额	本年应交增值税		
17 222	**61 943**	**69 402**	**2 097**	**41 343**	**209 970**	**210**
——	——	——	——	——	——	——
——	150	2 411	——	2 666	5 782	6
——	——	——	——	——	——	——
——	——	14	——	1	15	——
——	——	——	——	——	——	——
——	——	——	——	——	——	——
347	2 196	752	22	209	4 607	7
277	1 606	620	22	137	3 251	6
——	——	——	——	——	——	——
——	——	——	——	——	——	——
241	3 355	15 006	1 213	15 342	54 731	28
——	——	——	——	——	——	——
6	2 363	1 605	2	845	9 592	4
——	500	900	——	72	1 537	1
77	897	212	86	336	1 822	6
7 535	15 072	9 031	4	4 789	20 084	19
7 535	13 749	7 384	——	3 749	14 782	12
290	1 217	509	22	169	2 075	5
3	3 181	1 421	3	628	7 197	4
——	280	330	——	40	2 436	2
——	41	128	——	118	9 706	2
10	2 380	1 290	5	108	3 761	6
8 630	17 965	20 710	55	3 902	38 418	34
71	9 558	15 245	684	8 792	42 819	47
——	——	——	——	——	——	——
——	407	450	——	64	1 201	——
——	——	——	——	——	——	——
——	——	——	——	——	——	——
——	——	——	——	——	——	——
——	——	——	——	——	——	——
10	38	6	1	1	56	——
——	——	——	——	——	——	——
2	3 123	612	——	3 373	8 104	41
——	——	——	——	——	——	——
——	——	——	——	——	——	——
——	——	——	——	——	——	——
——	——	——	——	——	——	——

全国各地区演出经纪

地区	机构数（个）	从业人员（人）	资产、负债、所有者			
			资产总计			负债总计
				固定资产原值	当年提取的折旧总额	
总计	**1 237**	**12 619**	**2 859 568**	**1 286 041**	**110 232**	**1 035 778**
中央	——	——	——	——	——	——
北京	——	——	——	——	——	——
天津	11	104	14 681	8 390	97	5 161
河北	58	505	81 926	36 723	5 527	26 373
山西	19	255	37 554	14 148	2 907	11 164
内蒙古	7	31	3 477	1 808	50	210
辽宁	19	289	3 102	3 007	55	167
其中：大连	——	——	——	——	——	——
吉林	31	397	29 114	25 799	1 532	——
黑龙江	32	348	65 374	36 117	1 889	11 407
上海	118	1 313	430 813	93 377	8 951	241 189
江苏	145	788	195 860	113 526	11 460	127 538
浙江	115	1 244	358 741	139 310	19 313	153 340
其中：宁波	6	45	21 493	12 675	2 602	8 212
安徽	8	121	2 474	2 389	117	305
福建	57	552	119 447	17 686	2 288	26 205
其中：厦门	——	——	——	——	——	——
江西	56	371	51 010	51 010	40	——
山东	7	185	7 914	6 018	508	900
其中：青岛	——	——	——	——	——	——
河南	25	546	150 193	143 825	10 266	61 907
湖北	24	310	294 664	62 934	2 781	62 487
湖南	18	742	82 518	81 516	2 555	260
广东	264	1 589	303 382	149 632	9 458	101 390
其中：深圳	——	——	——	——	——	——
广西	9	116	32 618	9 993	1 445	14 206
海南	6	56	59 025	19 072	412	10 608
重庆	64	1 047	122 323	40 221	3 924	37 476
四川	12	248	59 644	12 730	723	22 033
贵州	29	286	25 935	8 157	2 421	11 064
云南	23	366	96 953	63 711	5 344	67 089
西藏	1	5	1 782	38	10	381
陕西	15	245	173 550	117 165	10 064	33 415
甘肃	2	14	2 896	696	138	241
青海	8	89	7 942	4 644	608	3 082
宁夏	28	226	21 558	17 015	4 258	5
新疆	26	231	23 098	5 384	1 091	6 175

机构基本情况(一)

权益 (千元)			损益及分配(千元)			
所有者权益合计			营业总收入		营业总成本	
	实收资本			主营业务收入		养老、医疗、失业等保险费
		国家资本金				
1 823 790	**3 791 022**	**293 554**	**2 014 444**	**1 767 621**	**1 764 437**	**39 167**
——	——	——	——	——	——	——
——	——	——	——	——	——	——
9 520	4 260	1 900	14 131	13 281	12 796	296
55 553	58 965	1 525	41 014	23 450	33 954	425
26 390	21 595	——	28 486	26 261	25 046	244
3 267	500	——	462	372	155	30
2 935	372	292	2 313	1 698	1 171	62
——	——	——	——	——	——	——
29 114	28 014	——	25 019	24 631	16 183	3 000
53 967	51 429	13 651	44 898	42 990	39 690	496
189 624	218 969	15 182	384 704	367 461	373 953	10 141
68 322	2 033 861	14 025	166 478	145 799	150 835	2 758
205 401	140 079	24 335	282 398	265 424	235 711	3 897
13 281	8 725	1 850	21 188	19 879	18 977	646
2 169	1 934	1 924	660	566	249	——
93 242	80 555	7 621	76 243	71 276	61 122	1 208
——	——	——	——	——	——	——
51 010	49 010	8 312	13 463	13 220	7 870	457
7 014	6 200	——	3 706	3 200	2 868	4
——	——	——	——	——	——	——
88 286	95 636	46 978	104 223	56 863	76 504	3 356
232 177	186 666	15 665	37 993	34 907	41 689	1 780
82 258	438	208	76 541	74 345	27 572	99
201 992	205 767	89 845	235 981	192 328	220 608	4 064
——	——	——	——	——	——	——
18 412	20 500	5 000	10 609	9 741	6 890	272
48 417	41 000	——	14 456	14 431	11 395	117
84 847	70 544	24 502	113 270	108 472	97 718	2 171
37 611	223 760	300	71 662	71 402	61 148	481
14 871	23 051	9 637	28 421	27 115	26 164	386
29 864	39 546	3 007	63 449	58 091	47 390	532
1 401	——	——	180	170	132	——
140 135	163 287	7 077	134 808	85 840	155 870	454
2 655	2 000	——	909	871	769	40
4 860	5 877	1 552	7 401	5 546	6 310	1 767
21 553	1 000	1 000	14 769	13 665	9 485	114
16 923	16 207	16	15 797	14 205	13 190	516

全国各地区演出经纪

地　区	损　益　及　分　配(千元)					
					营业外收入	
	住房公积金和住房补贴	差旅费	工会经费	营业利润		政府补助(补贴收入)
总　计	**10 823**	**42 992**	**2 589**	**166 492**	**110 240**	**90 529**
中　央	——	——	——	——	——	——
北　京	——	——	——	——	——	——
天　津	143	182	26	1 245	703	703
河　北	55	1 738	34	3 518	737	——
山　西	——	1 109	5	2 108	361	361
内蒙古	——	8	——	247	20	——
辽　宁	25	6	3	989	104	——
其中:大连	——	——	——	——	——	——
吉　林	——	——	——	8 548	——	——
黑龙江	144	656	157	4 503	9	——
上　海	1 380	9 406	232	9 419	17 537	15 420
江　苏	2 641	1 561	419	12 769	4 645	1 306
浙　江	1 116	4 100	257	41 821	5 246	4 198
其中:宁波	272	167	53	2 173	1 176	1 169
安　徽	——	1	1	397	90	——
福　建	194	2 471	58	13 574	1 269	1 155
其中:厦门	——	——	——	——	——	——
江　西	813	10	5	5 460	10	——
山　东	——	360	——	367	10	——
其中:青岛	——	——	——	——	——	——
河　南	577	988	259	－17 305	22 347	22 080
湖　北	514	855	87	－6 046	14 237	14 102
湖　南	20	21	4	48 288	440	240
广　东	1 225	8 483	391	6 182	5 732	603
其中:深圳	——	——	——	——	——	——
广　西	29	472	20	2 991	——	——
海　南	——	229	10	3 036	——	——
重　庆	1 296	4 735	203	13 838	24 271	20 178
四　川	76	2 298	141	10 514	100	50
贵　州	46	466	130	961	1 795	45
云　南	308	945	66	13 490	661	628
西　藏	——	——	——	48	——	——
陕　西	179	1 215	60	－21 338	9 469	9 060
甘　肃	——	12	——	102	——	——
青　海	6	75	3	810	47	——
宁　夏	——	42	——	4 580	——	——
新　疆	36	548	18	1 376	400	400

机构基本情况(二)

营业外支出	利润总额	工资、福利费、增值税 (千元)			增加值(千元)	演出场次(场)		经营面积(千平方米)
		本年发放工资总额	本年应付福利费总额	本年应交增值税			观众人次(千人次)	
84 517	**192 215**	**263 387**	**15 889**	**102 679**	**849 922**	**52 697**	**119 151**	**409.42**
——	——	——	——	——	——	——	——	——
——	——	——	——	——	——	——	——	——
12	1 936	2 028	21	667	5 534	1 108	551	2.47
2 138	2 117	6 275	270	1 089	17 802	1 337	2 800	11.59
361	2 108	3 225	101	1 090	10 686	500	1 183	6.32
30	237	90	7	18	442	48	179	1.74
218	875	570	5	270	1 979	486	1 322	6.86
——	——	——	——	——	——	——	——	——
——	8 548	5 395	——	592	19 067	6 674	15 707	20.37
73	4 439	4 805	242	2 039	14 317	1 747	10 410	14.15
314	26 642	38 893	1 411	21 127	118 246	5 747	8 321	25.92
151	17 263	25 132	2 324	6 770	77 010	3 020	3 323	54.55
3 487	43 580	26 665	2 589	12 364	116 742	4 244	6 827	30.05
34	3 315	1 587	398	647	8 891	452	537	3.28
88	399	107	11	18	651	656	7 146	1.47
901	13 942	11 003	920	4 887	35 706	2 759	4 937	19.50
——	——	——	——	——	——	——	——	——
5	5 465	4 900	40	1 310	13 026	702	10 817	13.43
60	317	2 145	62	102	3 211	541	644	2.08
——	——	——	——	——	——	——	——	——
113	4 929	18 224	3 111	2 950	44 653	677	1 719	12.24
215	7 976	5 444	346	1 175	12 932	711	2 738	10.85
37 473	11 255	12 005	16	1 998	64 987	4 266	7 732	28.70
1 310	10 604	42 338	2 273	22 403	114 597	12 624	13 526	48.34
——	——	——	——	——	——	——	——	——
——	2 991	2 204	122	477	7 658	38	121	1.85
20	3 016	862	37	506	4 994	23	196	2.63
23 953	14 156	19 045	960	6 129	47 870	1 629	3 044	27.57
23	10 591	5 155	116	5 174	22 646	325	931	5.07
19	2 737	3 389	98	1 158	12 278	268	3 490	10.92
13 138	1 013	10 132	372	1 519	31 824	1 280	4 124	22.00
26	22	12	——	11	81	8	5	0.15
339	−12 208	6 240	218	4 997	25 221	230	822	9.41
——	102	180	——	29	518	7	18	0.24
——	857	1 662	25	438	5 323	170	461	5.34
——	4 580	2 739	16	372	12 082	184	4 589	5.06
50	1 726	2 523	176	1 000	7 839	688	1 468	8.56

全国各地区娱乐

地　区	机构数（个）	从业人员（人）	资产、负债、所有者			
			资产总计			负债总计
				固定资产原值	当年提取的折旧总额	
总　计	**82 200**	**636 800**	**62 713 053**	**51 472 527**	**4 404 472**	**13 633 456**
中　央	——	——	——	——	——	——
北　京	893	7 779	357 401	260 362	28 030	165 779
天　津	337	5 217	884 911	634 331	46 505	401 829
河　北	2 151	16 495	1 465 149	1 257 340	158 337	211 948
山　西	2 045	11 788	1 098 785	1 000 314	67 868	203 190
内蒙古	2 151	10 468	1 186 759	1 073 428	42 052	56 108
辽　宁	4 371	27 967	2 688 157	1 930 948	81 573	243 825
其中：大连	837	8 514	796 982	663 562	19 187	73 555
吉　林	2 057	9 098	1 341 594	1 162 032	43 292	64 919
黑龙江	3 276	12 229	680 961	655 185	43 996	48 636
上　海	2 441	35 686	6 805 098	4 855 568	407 990	3 471 527
江　苏	6 603	36 935	4 801 053	4 297 289	242 621	855 860
浙　江	3 776	50 080	6 265 551	5 246 144	887 072	905 993
其中：宁波	631	9 779	1 318 067	1 038 691	128 323	120 801
安　徽	3 715	23 242	2 529 145	2 157 334	130 432	572 236
福　建	2 391	30 300	4 208 929	3 002 070	156 584	1 306 430
其中：厦门	162	4 821	392 189	223 960	26 959	224 828
江　西	3 150	19 404	1 769 635	1 703 860	173 672	82 854
山　东	2 771	25 734	2 684 401	1 985 441	252 945	579 116
其中：青岛	378	3 989	441 211	513 894	102 605	241 091
河　南	1 490	15 721	1 124 757	907 774	100 970	129 793
湖　北	2 768	20 129	1 668 614	1 628 566	30 701	157 972
湖　南	3 541	32 310	2 123 836	1 838 836	103 177	411 030
广　东	5 402	85 613	5 485 208	3 455 716	228 043	1 809 168
其中：深圳	361	10 907	807 643	451 059	39 434	362 442
广　西	2 896	28 732	1 549 748	1 407 385	167 476	97 899
海　南	604	5 348	410 668	393 054	25 621	8 222
重　庆	2 805	14 448	1 253 645	1 077 323	108 321	222 452
四　川	5 926	35 357	3 587 627	3 277 371	266 159	435 171
贵　州	2 160	11 528	845 681	756 970	78 426	123 984
云　南	6 654	26 216	1 898 747	1 776 391	160 715	388 185
西　藏	515	2 969	293 789	337 368	18 547	120 655
陕　西	991	11 050	1 429 237	1 200 420	209 465	384 152
甘　肃	852	6 846	777 721	745 684	32 644	89 928
青　海	193	1 600	116 363	115 655	1 063	1 668
宁　夏	859	5 094	556 284	509 419	58 169	24 097
新　疆	2 416	11 417	823 599	822 949	52 006	58 830

场所基本情况(一)

权益（千元）			损益及分配（千元）			
所有者权益合计	实收资本	国家资本金	营业总收入	主营业务收入	营业总成本	养老、医疗、失业等保险费
49 078 083	**29 675 096**	**1 015 208**	**41 300 853**	**35 847 892**	**24 845 270**	**346 097**
——	——	——	——	——	——	——
191 622	783 816	12 463	263 186	221 928	160 354	3 091
483 082	178 575	17 526	483 455	442 767	281 706	4 080
1 253 201	535 210	27 852	831 041	619 526	436 012	2 205
895 595	673 188	4 416	582 704	451 567	319 857	1 300
1 130 651	507 986	3 106	780 597	729 121	290 281	1 355
2 444 332	562 223	9 093	1 071 189	892 675	508 457	9 177
723 427	103 533	6 163	264 312	235 584	150 018	4 012
1 276 675	1 195 341	1 400	702 808	677 414	338 311	841
632 325	184 361	——	461 520	383 521	230 011	803
3 333 571	4 575 100	434 356	3 937 574	3 203 299	2 909 354	102 580
3 945 193	1 786 235	10 685	3 052 677	2 724 331	1 875 659	16 073
5 359 558	4 832 745	52 518	4 626 021	4 127 686	2 971 719	24 820
1 197 266	1 088 059	12 890	821 395	709 759	538 722	3 292
1 956 909	966 096	7 550	1 491 136	1 325 704	783 826	13 423
2 902 499	1 913 441	21 110	3 054 059	2 841 833	2 118 620	13 859
167 361	310 033	19 410	370 147	344 091	339 108	4 217
1 686 781	809 482	1 160	1 326 823	1 079 452	690 924	5 208
2 105 285	1 492 852	251 576	1 561 012	1 237 056	783 544	16 575
200 120	488 187	23 788	411 288	292 748	286 035	11 319
994 964	644 792	4 067	820 752	681 488	421 492	3 815
1 510 642	350 928	7 283	1 139 034	1 033 108	631 836	5 243
1 712 806	578 477	22 028	1 722 436	1 381 934	957 665	6 658
3 676 040	1 844 937	15 239	4 092 907	3 649 579	2 900 594	54 598
445 201	339 538	1 780	533 320	454 318	375 467	7 441
1 451 849	1 073 031	24 612	1 512 848	1 426 770	956 752	5 619
402 446	286 490	500	239 667	232 289	146 542	679
1 031 193	351 756	4 075	815 652	711 110	468 601	7 238
3 152 456	1 393 242	23 245	2 640 700	2 324 779	1 394 735	26 149
721 697	465 189	22 847	571 596	496 046	328 172	1 975
1 509 048	608 003	22 166	1 162 118	963 257	619 336	13 689
173 134	108 241	400	207 343	158 824	82 520	——
1 045 085	284 316	930	886 170	687 334	503 149	803
687 793	424 322	8 020	356 976	314 005	171 386	1 135
114 695	8 030	——	77 513	73 384	28 023	489
532 187	7 015	1 970	328 030	305 959	192 520	48
764 769	249 676	3 015	501 309	450 146	343 312	2 569

全国各地区娱乐

地区	损益及分配(千元)					
					营业外收入	
	住房公积金和住房补贴	差旅费	工会经费	营业利润		政府补助(补贴收入)
总计	**57 209**	**98 754**	**36 332**	**13 870 665**	**1 004 867**	——
中央	——	——	——	——	——	——
北京	382	1 038	233	71 355	812	——
天津	1 291	1 812	440	172 063	6 494	——
河北	281	1 814	509	253 761	10 055	——
山西	108	1 049	186	240 145	11 557	——
内蒙古	192	698	449	476 064	10 984	——
辽宁	8 162	2 072	945	483 589	52 014	——
其中:大连	1 560	1 159	252	105 605	2 391	——
吉林	9	320	330	343 723	897	——
黑龙江	110	117	94	199 018	14 486	——
上海	15 073	24 026	9 649	672 678	47 246	——
江苏	3 996	5 279	1 311	1 043 212	111 880	——
浙江	3 017	5 453	821	1 301 346	15 551	——
其中:宁波	31	162	——	230 201	317	——
安徽	1 980	4 143	1 051	612 110	62 631	——
福建	1 300	3 110	3 902	828 358	34 016	——
其中:厦门	265	650	140	5 791	20 643	——
江西	833	1 917	574	546 010	34 084	——
山东	3 893	3 260	1 337	600 983	62 837	——
其中:青岛	2 454	859	244	54 580	2 940	——
河南	1 133	5 612	1 133	323 559	40 128	——
湖北	1 624	6 587	705	489 000	27 127	——
湖南	1 393	3 503	1 510	687 081	177 758	——
广东	5 488	12 403	5 875	1 059 885	25 987	——
其中:深圳	1 468	1 567	1 090	131 754	5 261	——
广西	234	2 211	709	497 406	6 201	——
海南	14	82	25	86 837	581	——
重庆	1 524	2 020	398	287 687	12 312	——
四川	3 561	5 816	2 290	1 095 251	70 496	——
贵州	117	1 119	167	187 120	9 736	——
云南	917	1 668	449	449 066	15 598	——
西藏	——	——	——	110 120	19 530	——
陕西	382	658	429	294 909	94 287	——
甘肃	136	735	24	161 575	3 184	——
青海	3	2	92	45 621	390	——
宁夏	30	67	14	119 498	579	——
新疆	26	163	681	131 635	25 429	——

场所基本情况(二)

		工资、福利费、增值税 (千元)							
营业外支出	利润总额	本年发放工资总额	本年应付福利费总额	本年应交增值税	增加值(千元)	经营面积(千平方米)	核定人数(人)	包房包间数量(个)	电子游戏及游艺机台数(台)
1 188 581	**13 678 459**	**7 177 699**	**307 534**	**3 335 153**	**29 685 642**	**37 595**	**8 892 677**	**585 328**	**970 213**
——	——	——	——	——	——	——	——	——	——
980	71 187	59 758	2 325	38 012	203 250	720	195 206	18 287	3 645
4 171	174 386	64 187	4 003	31 142	323 828	306	84 542	6 331	1 487
9 450	254 366	141 343	3 182	56 176	616 447	1 012	375 031	22 131	17 841
9 626	242 076	132 599	4 499	26 990	477 103	1 087	98 916	9 190	——
13 155	473 893	109 777	1 192	29 769	660 885	735	153 313	10 786	23 252
52 474	483 129	187 293	8 813	87 507	867 156	1 318	376 555	23 092	39 574
11 141	96 855	61 320	4 176	22 253	218 440	264	75 595	4 204	20 036
13 188	331 432	70 844	213	18 678	477 948	575	165 102	10 639	30 108
13 225	200 279	84 724	1 024	42 160	371 933	594	158 614	9 925	27 279
104 765	615 159	673 861	30 818	463 482	2 420 035	2 323	379 890	21 466	44 561
73 606	1 081 486	511 470	35 373	239 972	2 094 337	2 349	698 185	39 191	112 695
32 725	1 284 172	757 737	19 074	379 162	3 376 671	3 516	878 804	55 838	43 728
4 324	226 194	161 941	1 035	48 545	573 379	471	100 936	10 241	4 905
36 144	638 597	268 601	11 588	89 816	1 129 257	1 158	251 640	20 014	67 303
22 233	840 088	372 075	30 299	284 028	1 719 067	1 602	388 238	30 997	15 702
9 799	16 635	70 248	2 257	72 023	205 541	219	37 918	3 999	——
32 066	548 028	176 066	7 504	98 989	1 008 949	1 069	243 801	13 668	59 102
126 928	536 892	284 625	13 561	107 843	1 295 173	2 129	301 184	32 503	28 674
1 267	56 253	76 462	7 460	48 490	303 666	867	51 982	4 475	175
41 155	322 532	128 768	26 847	59 054	646 235	834	231 991	19 395	9 878
36 999	479 128	210 419	7 663	60 619	806 377	996	256 128	15 774	37 134
223 547	641 292	439 253	9 411	116 134	1 364 804	1 086	351 407	13 486	42 973
91 202	994 670	878 335	44 288	451 823	2 766 510	3 769	1 086 947	71 790	87 689
27 829	109 186	91 090	7 284	50 831	330 485	378	146 232	8 954	4 943
16 791	486 816	272 802	7 666	124 041	1 081 448	1 237	352 826	20 999	33 083
716	86 702	55 001	977	11 802	180 961	1 740	82 234	3 744	10 538
43 899	256 100	159 179	3 631	47 305	615 383	814	210 899	11 743	37 327
47 449	1 118 298	421 341	13 890	165 363	1 994 384	1 821	513 880	31 310	36 567
14 260	182 596	103 560	3 712	48 329	423 485	464	128 465	7 121	19 934
28 520	427 705	211 465	7 028	80 396	923 816	1 266	313 601	27 439	81 496
6 684	122 966	26 876	2 608	27 995	186 146	118	20 811	1 150	1 318
58 279	330 917	111 981	3 935	36 471	658 428	658	148 165	10 301	3 016
6 654	158 105	87 686	291	25 679	309 216	367	151 673	8 503	1 359
2 383	43 628	16 198	184	7 061	70 711	101	16 522	1 402	1 527
743	119 334	48 505	580	30 682	257 528	240	72 604	4 813	6 566
24 564	132 500	111 370	1 355	48 673	358 171	1 590	205 503	12 300	44 857

全国各地区经营性互联网

地　　区	机构数（个）	从业人员（人）	资产、负债、所有者			
			资产总计	固定资产原值	当年提取的折旧总额	负债总计
总　　计	**161**	**15 474**	**15 474 008**	**2 255 372**	**373 764**	**9 269 201**
中　　央	——	——	——	——	——	——
北　　京	——	——	——	——	——	——
天　　津	5	168	43 438	11 059	1 189	66 557
河　　北	——	——	——	——	——	——
山　　西	——	——	——	——	——	——
内 蒙 古	——	——	——	——	——	——
辽　　宁	2	11	790	380	15	10
其中：大连	——	——	——	——	——	——
吉　　林	——	——	——	——	——	——
黑 龙 江	2	117	13 684	3 217	538	3 773
上　　海	89	8 176	12 805 137	1 807 715	298 072	8 210 289
江　　苏	12	1 510	695 284	120 053	15 042	181 291
浙　　江	——	——	——	——	——	——
其中：宁波	——	——	——	——	——	——
安　　徽	——	——	——	——	——	——
福　　建	9	1 696	367 263	108 582	33 927	436 607
其中：厦门	——	——	——	——	——	——
江　　西	8	152	13 000	13 000	——	——
山　　东	2	51	16 070	1 518	46	5 478
其中：青岛	——	——	——	——	——	——
河　　南	2	10	80	80	11	——
湖　　北	9	647	514 131	55 693	5 150	159 136
湖　　南	——	——	——	——	——	——
广　　东	——	——	——	——	——	——
其中：深圳	——	——	——	——	——	——
广　　西	——	——	——	——	——	——
海　　南	1	226	17 343	1 851	174	5 302
重　　庆	4	500	61 203	24 801	1 566	27 784
四　　川	14	1 583	861 803	93 027	16 045	167 299
贵　　州	1	619	55 382	14 364	1 985	5 449
云　　南	——	——	——	——	——	——
西　　藏	——	——	——	——	——	——
陕　　西	——	——	——	——	——	——
甘　　肃	——	——	——	——	——	——
青　　海	——	——	——	——	——	——
宁　　夏	——	——	——	——	——	——
新　　疆	1	8	9 400	32	4	226

文化单位基本情况(一)

权益 (千元)			损益及分配(千元)			
所有者权益合计			营业总收入		营业总成本	
	实收资本			主营业务收入		养老、医疗、失业等保险费
		国家资本金				
6 204 807	**2 116 887**	**61 000**	**12 657 794**	**12 489 124**	**7 815 847**	**81 267**
——	——	——	——	——	——	——
——	——	——	——	——	——	——
−23 119	36 000	——	17 600	13 788	28 826	1 056
——	——	——	——	——	——	——
——	——	——	——	——	——	——
——	——	——	——	——	——	——
780	44	——	800	615	450	20
——	——	——	——	——	——	——
——	——	——	——	——	——	——
9 911	11 000	——	20 862	20 862	8 199	404
4 594 848	1 232 037	——	10 351 868	10 235 715	5 881 405	53 381
513 993	204 036	1 000	462 666	449 202	373 271	4 209
——	——	——	——	——	——	——
——	——	——	——	——	——	——
——	——	——	——	——	——	——
−69 344	204 300	50 000	777 686	757 914	793 156	8 251
——	——	——	——	——	——	——
13 000	13 000	——	4 505	4 500	3 300	12
10 592	13 000	——	4 317	4 180	5 002	278
——	——	——	——	——	——	——
80	80	——	208	168	118	——
354 995	201 390	——	149 867	145 958	118 933	2 777
——	——	——	——	——	——	——
——	——	——	——	——	——	——
——	——	——	——	——	——	——
——	——	——	——	——	——	——
12 041	1 000	——	18 527	18 527	13 600	——
33 419	31 000	10 000	110 999	107 954	108 347	3 968
694 504	150 000	——	692 752	684 709	451 133	5 039
49 933	10 000	——	45 007	45 007	29 857	1 839
——	——	——	——	——	——	——
——	——	——	——	——	——	——
——	——	——	——	——	——	——
——	——	——	——	——	——	——
——	——	——	——	——	——	——
——	——	——	——	——	——	——
9 174	10 000	——	130	25	250	33

全国各地区经营性互联网

地　区	损益及分配(千元)					
	住房公积金和住房补贴	差旅费	工会经费	营业利润	营业外收入	
						政府补助(补贴收入)
总　计	**30 500**	**42 991**	**12 960**	**4 729 283**	**186 088**	**161 708**
中　央	——	——	——	——	——	——
北　京	——	——	——	——	——	——
天　津	382	142	20	−14 476	46	36
河　北	——	——	——	——	——	——
山　西	——	——	——	——	——	——
内蒙古	——	——	——	——	——	——
辽　宁	50	30	——	350	5	5
其中:大连	——	——	——	——	——	——
吉　林	——	——	——	——	——	——
黑龙江	——	833	6	12 663	6	6
上　海	18 719	24 387	2 449	4 381 911	115 968	103 670
江　苏	3 527	2 454	131	81 855	21 874	20 565
浙　江	——	——	——	——	——	——
其中:宁波	——	——	——	——	——	——
安　徽	——	——	——	——	——	——
福　建	3 254	5 090	1 167	−18 631	10 361	1 500
其中:厦门	——	——	——	——	——	——
江　西	18	——	——	1 200	——	——
山　东	——	102	2	−822	——	——
其中:青岛	——	——	——	——	——	——
河　南	——	——	——	62	27	——
湖　北	526	1 315	138	27 075	4 803	4 803
湖　南	——	——	——	——	——	——
广　东	——	——	——	——	——	——
其中:深圳	——	——	——	——	——	——
广　西	——	——	——	——	——	——
海　南	133	100	11	4 927	——	——
重　庆	2 041	3 999	8 873	2 137	868	758
四　川	1 850	3 758	162	236 096	32 130	30 365
贵　州	——	781	——	15 150	——	——
云　南	——	——	——	——	——	——
西　藏	——	——	——	——	——	——
陕　西	——	——	——	——	——	——
甘　肃	——	——	——	——	——	——
青　海	——	——	——	——	——	——
宁　夏	——	——	——	——	——	——
新　疆	——	——	1	−214	——	——

文化单位基本情况(二)

营业外支出	利润总额	工资、福利费、增值税 (千元)			增加值(千元)	经营面积(千平方米)	注册用户数(千人次)	日均访问量(千人次)	拥有自主知识产权的网络游戏产品数(个)	所运营网络游戏产品日均在线人数(千人次)
		本年发放工资总额	本年应付福利费总额	本年应交增值税						
30 841	**4 884 530**	**647 438**	**55 303**	**587 284**	**6 904 931**	**480**	**1 854 860**	**64 960**	**419**	**9 866**
——	——	——	——	——	——	——	——	——	——	——
——	——	——	——	——	——	——	——	——	——	——
3 739	−18 169	7 642	2 238	1 019	13 569	3	8 610	101	24	306
——	——	——	——	——	——	——	——	——	——	——
——	——	——	——	——	——	——	——	——	——	——
——	——	——	——	——	——	——	——	——	——	——
2	353	260	40	55	792	1	115	909	120	27
——	——	——	——	——	——	——	——	——	——	——
——	——	——	——	——	——	——	——	——	——	——
——	12 669	3 174	——	362	17 200	2	35 000	400	3	715
24 094	4 473 785	370 058	30 244	474 904	5 872 041	416	1 514 259	34 386	157	5 310
1 082	102 647	46 370	5 669	10 469	175 642	11	33 922	2 162	19	111
——	——	——	——	——	——	——	——	——	——	——
——	——	——	——	——	——	——	——	——	——	——
——	——	——	——	——	——	——	——	——	——	——
659	−8 929	96 337	9 669	41 711	279 773	16	145 218	22 999	20	2 552
——	——	——	——	——	——	——	——	——	——	——
——	1 200	3 090	——	105	4 425	1	1 500	35	3	23
——	−822	2 494	——	441	3 268	1	6 270	160	4	11
——	——	——	——	——	——	——	——	——	——	——
18	71	115	——	20	208	——	160	120	1	20
——	31 878	17 629	359	6 391	66 513	11	43 159	1 308	11	70
——	——	——	——	——	——	——	——	——	——	——
——	——	——	——	——	——	——	——	——	——	——
——	——	——	——	——	——	——	——	——	——	——
——	——	——	——	——	——	——	——	——	——	——
——	4 927	4 760	259	779	11 049	1	2 800	350	2	350
889	2 116	34 688	3 698	4 422	61 648	4	3 317	1 030	9	94
117	268 109	47 660	2 886	42 367	362 100	12	58 320	913	44	259
241	14 909	13 078	238	4 233	36 573	1	1 210	86	1	15
——	——	——	——	——	——	——	——	——	——	——
——	——	——	——	——	——	——	——	——	——	——
——	——	——	——	——	——	——	——	——	——	——
——	——	——	——	——	——	——	——	——	——	——
——	——	——	——	——	——	——	——	——	——	——
——	——	——	——	——	——	——	——	——	——	——
——	−214	83	3	6	130	——	1 000	1	1	3

全国各地区互联网上网服务营业

地区	机构数（个）	从业人员（人）	资产、负债、所有者			
			资产总计			负债总计
				固定资产原值	当年提取的折旧总额	
总计	**138 048**	**580 749**	**55 854 374**	**50 524 477**	**6 366 696**	**6 324 036**
中央	——	——	——	——	——	——
北京	1 091	5 020	581 766	488 441	50 550	127 239
天津	857	4 860	539 752	534 195	36 464	90 856
河北	6 803	25 286	1 870 913	1 823 480	224 052	184 790
山西	3 371	11 652	1 096 252	1 067 864	145 662	123 805
内蒙古	2 997	8 673	1 223 295	1 113 778	91 302	123 854
辽宁	6 885	24 963	2 540 612	2 182 760	377 178	762 705
其中:大连	1 485	6 212	914 664	726 093	290 174	498 026
吉林	3 071	11 508	1 224 727	1 112 201	105 995	19 646
黑龙江	5 314	17 491	1 659 533	1 565 576	86 772	152 449
上海	1 415	8 003	1 053 755	836 383	71 449	133 792
江苏	7 913	30 920	4 500 538	4 117 011	417 456	316 094
浙江	6 542	28 681	3 588 530	3 311 126	612 882	250 861
其中:宁波	927	3 674	552 908	482 021	72 699	26 513
安徽	5 689	21 184	2 371 936	2 258 565	177 046	213 252
福建	3 391	15 692	1 490 264	1 250 884	130 201	173 140
其中:厦门	232	1 596	122 262	97 770	11 948	11 937
江西	4 955	18 509	1 846 794	1 780 748	265 416	131 819
山东	12 407	45 180	3 786 397	3 509 887	609 150	398 538
其中:青岛	1 904	7 628	661 217	637 180	104 787	46 664
河南	7 597	34 678	2 884 413	2 615 916	362 808	196 787
湖北	7 610	32 325	2 715 731	2 482 686	208 152	239 638
湖南	10 809	49 245	4 656 784	3 865 518	329 295	669 449
广东	6 638	43 975	3 520 320	2 759 489	357 287	500 705
其中:深圳	539	6 753	510 088	351 913	54 919	105 815
广西	4 973	23 099	1 565 849	1 516 248	266 148	85 310
海南	1 052	4 369	307 571	305 446	32 380	1 030
重庆	3 347	14 824	1 357 906	1 235 532	219 937	192 346
四川	8 836	35 880	3 161 316	2 990 582	386 300	255 169
贵州	2 260	10 417	966 065	934 237	139 713	66 005
云南	3 481	12 739	1 088 829	1 000 964	121 170	180 586
西藏	309	1 297	80 056	78 455	5 053	16 274
陕西	3 097	20 509	2 340 031	2 018 511	354 381	576 057
甘肃	1 720	6 940	681 451	620 606	61 204	69 760
青海	427	1 729	167 422	156 983	4 586	7 405
宁夏	659	2 932	237 488	230 817	29 024	10 913
新疆	2 532	8 169	748 078	759 588	87 683	53 762

场所(网吧)基本情况(一)

权益 (千元)			损益及分配(千元)			
所有者权益合计			营业总收入		营业总成本	
	实收资本					
		国家资本金		主营业务收入		养老、医疗、失业等保险费
49 488 805	**23 111 184**	**18 462**	**37 853 619**	**32 281 357**	**19 945 811**	**147 883**
——	——	——	——	——	——	——
454 527	451 816	1 000	176 670	136 218	102 652	1 153
448 896	119 176	——	326 484	295 900	170 351	1 078
1 686 123	797 433	600	1 140 312	1 005 009	634 488	1 313
972 447	687 049	4 970	670 309	557 400	361 379	1 626
1 099 441	236 428	——	779 375	685 015	309 812	3 337
1 777 907	1 277 784	——	1 572 665	1 213 434	794 640	5 912
416 638	747 229	——	555 295	373 900	356 496	——
1 205 081	1 055 015	——	830 028	780 459	392 216	173
1 507 084	604 416	——	1 035 616	916 091	512 019	2 179
919 963	526 362	1 430	614 534	500 432	406 555	4 471
4 184 444	1 409 419	2 008	2 817 817	2 521 975	1 652 435	8 236
3 337 669	3 028 210	——	2 627 255	2 323 132	1 517 812	6 959
526 395	522 908	——	379 456	353 336	245 797	1 058
2 158 684	475 385	——	1 474 665	1 311 055	779 584	3 134
1 317 124	598 350	——	1 025 821	909 566	604 794	5 343
110 325	93 163	——	69 515	61 440	57 802	690
1 714 975	717 094	1 000	1 293 362	1 009 065	564 930	2 145
3 387 859	1 542 337	1 231	2 768 858	2 244 926	1 226 875	10 922
614 553	397 058	——	387 884	283 004	171 216	922
2 687 626	1 334 660	——	2 079 367	1 757 548	943 169	4 826
2 476 093	386 260	800	2 260 780	1 997 942	1 046 306	3 078
3 987 335	1 086 929	——	2 936 061	2 322 526	1 377 295	9 847
3 019 615	1 398 231	——	2 243 614	1 890 066	1 396 828	22 376
404 273	295 245	——	310 276	244 648	189 027	6 238
1 480 539	1 005 846	50	1 211 701	1 093 859	713 695	1 745
306 541	151 976	——	250 549	244 858	155 768	1 106
1 165 560	433 344	2 273	916 264	766 226	552 381	9 169
2 906 147	1 519 937	120	2 613 876	2 216 525	1 340 277	28 752
900 060	524 506	——	630 111	557 223	334 671	1 394
866 710	343 829	2 980	630 131	483 102	302 015	2 766
63 782	22 805	——	65 151	59 057	33 869	2
1 763 974	457 662	——	1 761 451	1 500 362	1 113 444	296
611 691	491 273	——	421 413	379 963	202 898	1 298
160 017	22 884	——	123 864	113 382	45 803	1 640
226 575	15 378	——	156 218	138 736	80 155	383
694 316	389 390	——	399 297	350 305	276 695	1 224

全国各地区互联网上网服务营业

地区	损益及分配(千元)					
					营业外收入	
	住房公积金和住房补贴	差旅费	工会经费	营业利润		政府补助(补贴收入)
总计	**36 946**	**70 630**	**41 321**	**15 107 905**	**1 187 765**	——
中央	——	——	——	——	——	——
北京	315	928	361	41 356	618	——
天津	217	309	90	141 928	4 102	——
河北	258	1 030	437	421 935	12 926	——
山西	543	997	775	271 215	12 027	——
内蒙古	335	1 062	160	422 002	22 173	——
辽宁	930	1 367	702	634 979	104 090	——
其中:大连	——	——	——	122 100	32 710	——
吉林	——	146	29	399 463	3 048	——
黑龙江	111	85	377	483 843	27 621	——
上海	1 436	2 233	908	180 250	8 482	——
江苏	2 252	4 099	971	1 013 099	57 372	——
浙江	1 399	4 102	1 165	911 007	60 087	——
其中:宁波	——	12	7	117 856	2 695	——
安徽	1 051	1 745	687	631 078	39 311	——
福建	2 081	4 843	2 625	345 834	11 054	——
其中:厦门	75	206	101	4 441	1 227	——
江西	917	2 007	663	561 072	36 788	——
山东	3 553	4 727	2 117	1 196 147	258 574	——
其中:青岛	219	554	209	132 289	161 871	——
河南	1 636	8 915	1 550	970 862	68 762	——
湖北	777	2 394	726	1 126 477	61 558	——
湖南	6 145	4 755	4 071	1 313 909	182 433	——
广东	9 080	9 142	18 509	636 958	29 442	——
其中:深圳	2 307	2 270	1 461	91 635	10 130	——
广西	211	1 136	619	421 186	13 553	——
海南	106	33	7	90 848	1 518	——
重庆	1 845	2 866	967	287 336	30 433	——
四川	740	6 495	875	1 105 633	45 876	——
贵州	23	1 081	281	242 460	10 142	——
云南	442	1 315	568	256 595	9 585	——
西藏	——	——	150	28 423	935	——
陕西	261	545	91	554 840	68 733	——
甘肃	10	623	30	190 389	1 735	——
青海	50	321	607	70 494	110	——
宁夏	188	208	97	63 989	1 088	——
新疆	34	1 121	106	92 298	3 589	——

场所(网吧)基本情况(二)

营业外支出	利润总额	工资、福利费、增值税 (千元)			增加值(千元)	计算机终端数(台)	上网人次(千人次)	经营面积(千平方米)
		本年发放工资总额	本年应付福利费总额	本年应交增值税				
1 190 654	**15 107 348**	**5 936 553**	**247 798**	**1 741 725**	**29 688 019**	**11 315 209**	**16 776 040**	**30 324**
——	——	——	——	——	——	——	——	——
1 359	40 615	37 340	1 696	13 651	146 479	164 452	101 660	451
3 485	142 545	47 036	862	11 883	239 577	98 325	156 910	291
20 318	414 543	188 382	3 708	41 881	882 150	474 613	266 509	1 220
12 708	270 534	118 233	8 030	21 822	571 470	276 819	749 684	670
35 711	408 464	87 136	1 861	32 817	638 985	215 015	123 045	559
85 734	653 335	235 886	30 940	86 986	1 373 527	452 772	1 284 938	1 185
17 664	137 146	84 211	26 240	18 688	541 413	121 921	99 201	247
11 364	391 147	108 560	932	28 984	644 138	237 954	236 178	713
24 261	487 203	145 751	4 212	73 962	797 207	330 237	299 088	864
9 998	178 734	96 633	3 328	31 586	390 499	205 894	108 785	523
44 588	1 025 883	442 230	10 915	123 949	2 019 357	786 838	520 314	1 922
84 102	886 992	413 107	7 849	133 819	2 089 290	698 220	980 744	1 828
3 918	116 633	71 548	203	13 770	277 142	100 176	55 883	259
40 767	629 622	195 991	6 464	47 231	1 062 749	441 517	885 147	1 045
21 843	334 985	180 984	17 212	76 779	765 689	303 762	314 765	824
1 404	4 264	18 628	536	9 184	49 838	29 289	13 967	94
38 112	559 748	159 421	6 959	64 144	1 060 823	393 538	967 491	1 033
122 522	1 332 199	433 055	34 055	109 585	2 434 876	786 199	1 321 236	2 078
10 371	283 789	72 903	1 038	13 424	325 821	139 957	183 099	344
64 784	974 840	270 157	15 449	87 429	1 715 213	619 387	1 066 715	1 580
59 220	1 128 815	322 050	10 079	104 470	1 775 905	548 887	574 388	1 465
207 194	1 289 148	520 259	12 990	105 476	2 302 141	736 425	1 030 367	1 820
78 563	587 837	444 541	30 521	138 980	1 660 946	890 373	1 344 487	3 070
25 314	76 451	55 103	11 998	9 987	233 784	95 589	243 525	307
17 383	417 356	220 459	4 978	75 838	991 780	368 323	373 129	1 002
539	91 827	44 187	477	12 943	182 077	77 938	74 772	196
33 803	283 966	162 407	8 187	25 486	715 452	271 210	414 783	741
48 559	1 102 950	385 602	14 558	114 189	2 036 999	669 198	1 068 115	1 772
19 901	232 701	104 983	2 871	28 816	520 601	202 199	210 257	521
18 588	249 984	106 584	3 224	39 451	530 876	252 935	1 519 350	676
826	28 532	11 950	273	6 284	52 135	20 524	22 197	66
59 715	563 858	219 879	1 884	39 277	1 171 113	379 694	559 883	1 089
5 433	186 691	97 690	298	21 188	372 146	137 526	85 489	364
10 403	60 201	23 285	1 147	7 354	109 180	35 108	26 080	115
4 494	60 583	24 617	1 525	7 415	127 242	53 821	15 072	153
4 377	91 510	88 158	314	28 050	307 397	185 506	74 462	488

全国各地区艺术品经营

地区	机构数（个）	从业人员（人）	资产、负债、所有者			
			资产总计			负债总计
				固定资产原值	当年提取的折旧总额	
总计	**2 319**	**8 942**	**1 509 814**	**799 725**	**51 148**	**508 687**
中央	——	——	——	——	——	——
北京	43	268	25 414	9 399	1 565	12 956
天津	——	——	——	——	——	——
河北	1	3	100	100	2	——
山西	——	——	——	——	——	——
内蒙古	6	56	33 105	872	88	23 772
辽宁	——	——	——	——	——	——
其中：大连	——	——	——	——	——	——
吉林	——	——	——	——	——	——
黑龙江	——	——	——	——	——	——
上海	57	399	194 811	39 567	2 112	139 967
江苏	67	245	17 584	16 465	1 188	1 820
浙江	28	74	16 281	6 642	1 466	——
其中：宁波	——	——	——	——	——	——
安徽	77	782	499 711	159 138	15 751	226 071
福建	1	5	250	38	4	289
其中：厦门	——	——	——	——	——	——
江西	——	——	——	——	——	——
山东	1 650	5 042	571 149	444 786	20 457	90 887
其中：青岛	137	641	81 882	41 910	2 343	24 341
河南	9	38	7 850	1 385	154	1 473
湖北	66	363	27 090	32 850	5 680	100
湖南	34	107	2 951	2 862	10	——
广东	——	——	——	——	——	——
其中：深圳	——	——	——	——	——	——
广西	11	32	2 360	2 153	41	60
海南	——	——	——	——	——	——
重庆	18	536	48 890	22 970	1 905	10 397
四川	130	352	26 868	25 143	515	690
贵州	——	——	——	——	——	——
云南	——	——	——	——	——	——
西藏	1	2	80	110	20	——
陕西	3	7	440	440	20	——
甘肃	26	46	2 935	2 874	122	126
青海	82	572	31 277	31 277	——	——
宁夏	7	10	593	593	48	44
新疆	2	3	75	61	——	35

机构基本情况(一)

权益 (千元)			损益及分配(千元)			
所有者权益合计			营业总收入		营业总成本	
	实收资本			主营业务收入		养老、医疗、失业等保险费
		国家资本金				
1 001 127	**636 053**	**9 218**	**981 962**	**922 401**	**597 582**	**6 407**
——	——	——	——	——	——	——
12 458	109 141	2 594	47 813	42 544	17 658	1 208
——	——	——	——	——	——	——
100	60	——	150	150	70	——
9 333	10 040	——	——	——	——	——
——	——	——	678	330	169	6
——	——	——	——	——	——	——
——	——	——	——	——	——	——
——	——	——	——	——	——	——
——	——	——	——	——	——	——
54 844	57 613	590	151 177	133 912	135 961	2 096
15 764	4 828	218	17 225	16 205	12 010	18
16 281	11 258	——	16 934	16 500	9 365	——
——	——	——	——	——	——	——
273 640	183 199	300	342 550	339 948	207 825	1 097
—39	——	——	497	497	359	42
——	——	——	——	——	——	——
——	——	——	——	——	——	——
480 262	227 618	3 248	301 328	278 603	153 500	1 194
57 541	55 406	3 248	47 018	43 458	31 146	535
6 377	1 597	——	1 146	1 055	474	7
26 990	——	——	23 880	23 122	12 357	——
2 951	100	——	7 883	4 849	2 701	3
——	——	——	——	——	——	——
——	——	——	——	——	——	——
2 300	——	——	1 289	1 193	969	——
——	——	——	——	——	——	——
38 493	17 874	2 268	20 094	19 483	18 313	344
26 178	10 395	——	25 812	21 041	17 080	392
——	——	——	——	——	——	——
——	——	——	——	——	——	——
80	——	——	100	100	50	——
440	140	——	241	224	112	——
2 809	2 190	——	2 264	2 023	1 156	——
31 277	——	——	20 142	19 913	6 818	——
549	——	——	694	644	610	——
40	——	——	65	65	25	——

全国各地区艺术品经营

地区	损益及分配(千元)					
					营业外收入	
	住房公积金和住房补贴	差旅费	工会经费	营业利润		政府补助(补贴收入)
总计	**2 150**	**2 524**	**330**	**365 682**	**14 980**	**1,280**
中央	——	——	——	——	——	——
北京	1 233	40	100	26 478	71	——
天津	——	——	——	——	——	——
河北	——	——	——	80	——	——
山西	——	——	——	——	——	——
内蒙古	——	10	——	245	20	——
辽宁	——	——	——	——	——	——
其中:大连	——	——	——	——	——	——
吉林	——	——	——	——	——	——
黑龙江	——	——	——	——	——	——
上海	392	1 131	75	14 269	606	424
江苏	6	14	3	5 095	——	——
浙江	——	——	——	7 135	——	——
其中:宁波	——	——	——	——	——	——
安徽	368	229	105	133 183	9 000	80
福建	13	——	2	138	——	——
其中:厦门	——	——	——	——	——	——
江西	——	——	——	——	——	——
山东	118	402	2	137 884	4 411	166
其中:青岛	92	82	——	15 048	66	——
河南	20	12	——	581	——	——
湖北	——	——	——	10 865	100	——
湖南	——	——	——	4 883	——	——
广东	——	——	——	——	——	——
其中:深圳	——	——	——	——	——	——
广西	——	——	——	310	——	——
海南	——	——	——	——	——	——
重庆	——	580	43	1 568	665	610
四川	——	106	——	8 636	——	——
贵州	——	——	——	——	——	——
云南	——	——	——	——	——	——
西藏	——	——	——	50	——	——
陕西	——	——	——	112	——	——
甘肃	——	——	——	1 001	107	——
青海	——	——	——	13 095	——	——
宁夏	——	——	——	34	——	——
新疆	——	——	——	40	——	——

机构基本情况(二)

		工资、福利费、增值税 (千元)				拍卖场次(场)				
营业外支出	利润总额	本年发放工资总额	本年应付福利费总额	本年应交增值税	增加值(千元)		成交件数(件)	成交额(千元)	展览场次(场)	经营面积(千平方米)
38 498	**342 164**	**114 113**	**6 377**	**46 769**	**596 022**	**51**	**4 457**	**355 425**	**22 756**	**358.17**
——	——	——	——	——	——	——	——	——	——	——
493	26 056	8 408	221	4 370	43 585	6	3 897	354 911	10	16.15
——	——	——	——	——	——	——	——	——	——	——
——	80	60	——	4	146	——	——	——	——	0.12
——	——	——	——	——	——	——	——	——	——	——
——	265	55	——	284	678	——	——	——	2	2.38
——	——	——	——	——	——	——	——	——	——	——
——	——	——	——	——	——	——	——	——	——	——
——	——	——	——	——	——	——	——	——	——	——
——	——	——	——	——	——	——	——	——	——	——
3 480	11 395	11 468	671	8 805	42 845	——	——	——	55	23.29
39	5 056	2 943	249	584	10 086	——	——	——	111	11.07
——	7 135	1 593	141	3 749	14 084	——	——	——	6	7.43
——	——	——	——	——	——	——	——	——	——	——
26 397	115 786	17 812	2 277	12 216	182 825	40	300	180	1 259	20.84
——	138	109	15	12	335	——	——	——	8	0.18
——	——	——	——	——	——	——	——	——	——	——
——	——	——	——	——	——	——	——	——	——	——
7 235	135 060	51 524	1 522	11 589	224 313	2	——	——	19 705	222.55
73	15 041	10 648	16	1 262	29 949	2	——	——	1 852	10.95
95	486	152	——	42	957	——	——	——	——	0.97
70	10 895	3 981	——	565	21 091	1	260	334	1	10.25
——	4 883	1 679	557	435	7 567	——	——	——	30	3.59
——	——	——	——	——	——	——	——	——	——	——
——	——	——	——	——	——	——	——	——	——	——
——	310	301	——	109	761	——	——	——	317	2.27
——	——	——	——	——	——	——	——	——	——	——
542	1 691	2 749	447	2 232	9 327	2	——	——	70	7.78
40	8 596	5 121	275	835	15 782	——	——	——	875	15.97
——	——	——	——	——	——	——	——	——	——	——
——	——	——	——	——	——	——	——	——	——	——
——	50	20	——	3	93	——	——	——	——	0.03
——	112	101	——	7	240	——	——	——	——	0.38
62	1 046	595	2	134	1 854	——	——	——	158	2.56
45	13 050	4 911	——	691	18 697	——	——	——	——	9.18
——	34	515	——	97	694	——	——	——	145	1.02
——	40	16	——	6	62	——	——	——	4	0.16

全国各地区文化市场其他

地区	机构数（个）	从业人员（人）	资产、负债、所有者			
			资产总计			负债总计
				固定资产原值	当年提取的折旧总额	
总计	**15 352**	**36 860**	**2 223 435**	**1 805 979**	**103 758**	**281 381**
中央	——	——	——	——	——	——
北京	——	——	——	——	——	——
天津	94	283	27 313	26 173	1 140	17 800
河北	12	43	3 544	3 324	15	1 020
山西	——	——	——	——	——	——
内蒙古	2 464	4 760	377 717	306 014	18 910	65 508
辽宁	1 409	3 014	128 855	99 942	6 118	6 599
其中:大连	918	2 068	84 886	59 005	5 124	267
吉林	2 832	7 336	510 943	458 038	23 169	33 336
黑龙江	14	14	235	235	16	25
上海	——	——	——	——	——	——
江苏	96	449	29 567	27 119	2 615	1 753
浙江	——	——	——	——	——	——
其中:宁波	——	——	——	——	——	——
安徽	975	2 057	228 574	166 257	4 005	29 370
福建	132	321	12 491	12 018	14	14
其中:厦门	——	——	——	——	——	——
江西	263	615	29 523	25 279	1 128	2 056
山东	159	763	32 393	29 182	4 352	799
其中:青岛	1	5	400	200	90	300
河南	343	788	65 307	44 091	3 412	13 041
湖北	19	410	24 296	24 496	4 738	900
湖南	82	186	16 126	4 597	702	40
广东	143	1 932	170 594	95 944	10 938	60 065
其中:深圳	142	1 922	167 594	92 944	10 938	59 565
广西	39	80	2 516	2 316	155	——
海南	——	——	——	——	——	——
重庆	——	——	——	——	——	——
四川	——	——	——	——	——	——
贵州	122	596	13 974	13 508	553	189
云南	796	1 378	55 842	43 534	4 099	6 792
西藏	744	1 838	34 027	29 026	2 445	10 370
陕西	968	3 102	183 616	161 269	6 044	28 230
甘肃	96	191	13 662	12 566	1 015	1 563
青海	534	1 547	89 842	88 251	1 252	1 022
宁夏	225	400	12 521	11 392	941	243
新疆	2 791	4 757	159 957	121 408	5 982	646

经营机构基本情况(一)

权益 (千元)			损益及分配(千元)			
所有者权益合计			营业总收入		营业总成本	
	实收资本			主营业务收入		养老、医疗、失业等保险费
		国家资本金				
1 942 054	**932 092**	**45 341**	**1 762 250**	**1 604 313**	**947 376**	**10 630**
——	——	——	——	——	——	——
——	——	——	——	——	——	——
9 513	7 500	600	7 195	6 408	5 185	2
2 524	235	——	1 063	847	593	——
——	——	——	——	——	——	——
312 209	131 031	24 821	351 880	318 952	198 840	2 693
122 256	10 749	101	87 579	74 879	51 404	1 789
84 619	3 483	1	43 873	33 510	22 454	1 305
477 607	420 195	1 602	344 913	331 026	198 346	470
210	——	——	227	176	148	——
——	——	——	——	——	——	——
27 814	15 094	1 880	30 758	30 107	22 428	423
——	——	——	——	——	——	——
——	——	——	——	——	——	——
199 204	39 658	120	193 341	190 477	59 609	523
12 477	8 525	——	8 636	8 438	6 117	268
——	——	——	——	——	——	——
27 467	15 627	3 966	25 637	24 427	15 211	246
31 594	3 130	——	28 328	20 249	12 587	15
100	500	——	259	165	100	——
52 266	18 895	3 860	69 718	62 082	49 087	732
23 396	6 433	——	22 705	18 512	8 687	——
16 086	1 150	700	4 340	3 669	2 451	——
110 529	102 991	3 326	118 248	88 464	78 421	2 893
108 029	102 991	3 326	117 538	87 754	78 211	2 893
2 516	2 247	10	1 223	1 177	799	——
——	——	——	——	——	——	——
——	——	——	——	——	——	——
——	——	——	——	——	——	——
13 785	1 545	——	17 166	17 063	9 499	——
49 050	6 131	555	33 503	27 576	18 816	312
23 657	5 253	——	38 262	34 247	18 122	56
155 386	93 473	3 800	163 894	151 867	90 329	2
12 099	8 753	——	6 237	4 944	2 882	6
88 820	1 897	——	77 995	74 811	28 720	71
12 278	556	——	12 223	11 200	7 744	13
159 311	31 024	——	117 179	102 715	61 351	116

全国各地区文化市场其他

地区	损益及分配(千元)				营业外收入	
	住房公积金和住房补贴	差旅费	工会经费	营业利润		政府补助(补贴收入)
总计	**4 118**	**4 316**	**2 302**	**746 731**	**29 824**	**2 720**
中央	——	——	——	——	——	——
北京	——	——	——	——	——	——
天津	2	1	1	1 407	322	322
河北	——	——	——	254	——	——
山西	——	——	——	——	——	——
内蒙古	1 616	1 197	802	139 366	2 240	791
辽宁	421	15	14	33 898	713	40
其中:大连	420	——	——	20 366	146	——
吉林	39	116	13	134 525	553	——
黑龙江	——	——	——	63	33	——
上海	——	——	——	——	——	——
江苏	20	6	24	7 979	——	——
浙江	——	——	——	——	——	——
其中:宁波	——	——	——	——	——	——
安徽	107	861	73	132 193	525	30
福建	——	——	——	2 516	154	——
其中:厦门	——	——	——	——	——	——
江西	75	196	30	9 888	587	416
山东	3	7	——	13 258	6 828	10
其中:青岛	3	——	——	100	10	10
河南	192	219	127	16 357	1 615	35
湖北	——	——	——	11 706	80	——
湖南	——	29	——	1 544	365	115
广东	1 594	1 473	965	26 084	6 660	755
其中:深圳	1 594	1 473	965	25 584	6 660	755
广西	——	——	——	414	——	——
海南	——	——	——	——	——	——
重庆	——	——	——	——	——	——
四川	——	——	——	——	——	——
贵州	——	27	15	7 567	——	——
云南	1	1	232	12 890	285	71
西藏	——	29	——	17 402	214	——
陕西	——	36	——	71 106	7 035	100
甘肃	3	10	——	2 639	170	14
青海	20	63	——	47 297	421	——
宁夏	20	12	6	4 167	20	1
新疆	5	18	——	52 211	1 004	20

经营机构基本情况(二)

营业外支出	利润总额	工资、福利费、增值税 (千元)			增加值(千元)	经营面积(千平方米)
		本年发放工资总额	本年应付福利费总额	本年应交增值税		
48 148	**728 407**	**303 057**	**11 991**	**70 529**	**1 253 415**	**9 778**
——	——	——	——	——	——	——
——	——	——	——	——	——	——
423	1 306	1 355	2	603	4 512	20
——	254	237	5	300	811	13
——	——	——	——	——	——	——
5 306	136 300	42 108	1 346	14 965	221 871	722
4 990	29 621	13 230	333	4 106	59 910	759
4 410	16 102	6 572	220	2 179	36 186	560
4 963	130 115	67 227	270	10 446	236 166	1 366
20	76	148	——	——	227	3
——	——	——	——	——	——	——
32	7 947	6 430	283	1 118	18 892	114
——	——	——	——	——	——	——
——	——	——	——	——	——	——
718	132 000	17 192	569	2 550	157 263	209
205	2 465	2 645	341	495	6 279	56
——	——	——	——	——	——	——
241	10 234	5 912	355	1 174	18 816	91
1 893	18 193	7 404	247	1 322	26 601	2 698
10	100	1	5	60	259	——
2 388	15 584	8 449	1 460	5 543	36 288	99
1 960	9 826	3 895	330	310	20 979	63
143	1 766	1 248	——	431	3 925	31
6 709	26 035	20 469	5 928	7 155	76 117	293
6 709	25 535	20 349	5 928	7 150	75 492	290
28	386	440	——	25	1 034	27
——	——	——	——	——	——	——
——	——	——	——	——	——	——
——	——	——	——	——	——	——
2 735	4 832	3 284	——	527	11 997	105
985	12 190	8 374	173	1 487	27 568	311
834	16 782	10 761	11	2 055	32 732	270
6 909	71 232	26 017	——	4 670	107 841	689
45	2 764	2 231	——	115	6 009	37
4 940	42 778	18 079	50	2 127	68 900	601
10	4 177	3 740	10	507	9 404	94
1 671	51 544	32 182	278	8 498	99 273	1 106

全国各地区文化市场

地区	机构数（个）	从业人员（人）	资产总计	固定资产原值	当年提取的折旧总额	负债总计
						资产、负债、所有者
总计	**254**	**3 468**	**1 188 948**	**655 620**	**81 891**	**406 120**
中央	——	——	——	——	——	——
北京	——	——	——	——	——	——
天津	——	——	——	——	——	——
河北	——	——	——	——	——	——
山西	3	116	77 810	52 943	14 580	8 657
内蒙古	——	——	——	——	——	——
辽宁	171	452	28 910	28 910	558	——
其中：大连	——	——	——	——	——	——
吉林	——	——	——	——	——	——
黑龙江	3	15	900	900	——	——
上海	14	581	389 992	144 164	17 511	152 118
江苏	3	55	35 709	5 799	481	16 964
浙江	3	48	32 928	21 486	2 468	11 167
其中：宁波	——	——	——	——	——	——
安徽	——	——	——	——	——	——
福建	5	148	150 748	85 478	4 746	59 755
其中：厦门	——	——	——	——	——	——
江西	10	158	25 565	25 565	10	——
山东	4	158	31 303	13 904	949	5 096
其中：青岛	——	——	——	——	——	——
河南	8	594	83 516	62 093	8 126	9 208
湖北	5	89	31 313	10 407	2 357	2 485
湖南	——	——	——	——	——	——
广东	9	609	180 984	117 044	18 118	120 480
其中：深圳	——	——	——	——	——	——
广西	——	——	——	——	——	——
海南	——	——	——	——	——	——
重庆	4	105	21 929	22 167	1 016	1 741
四川	——	——	——	——	——	——
贵州	2	12	1 150	975	219	30
云南	3	251	28 212	10 497	4 237	5 643
西藏	2	17	2 729	2 590	201	174
陕西	2	30	33 650	24 798	5 819	2 602
甘肃	1	10	30 000	25 000	380	10 000
青海	——	——	——	——	——	——
宁夏	——	——	——	——	——	——
新疆	2	20	1 600	900	115	——

连锁经营机构基本情况(一)

权益（千元）			损 益 及 分 配(千元)			
所有者权益合计			营业总收入		营业总成本	
	实收资本			主营业务收入		养老、医疗、失业等保险费
		国家资本金				
782 828	**844 252**	**14 732**	**307 865**	**259 028**	**205 066**	**5 903**
——	——	——	——	——	——	——
——	——	——	——	——	——	——
——	——	——	——	——	——	——
——	——	——	——	——	——	——
69 153	34 632	14 632	20 997	7 215	3 480	362
——	——	——	——	——	——	——
28 910	——	——	28 592	23 388	7 387	——
——	——	——	——	——	——	——
——	——	——	——	——	——	——
900	900	——	466	466	248	——
237 874	300 000	——	65 252	54 186	47 352	1 348
18 745	40 500	——	5 464	4 690	5 962	164
21 761	50 000	——	10 692	10 347	9 310	44
——	——	——	——	——	——	——
——	——	——	——	——	——	——
90 993	119 100	——	32 065	28 257	30 896	645
——	——	——	——	——	——	——
25 565	25 050	——	6 760	6 695	2 895	320
26 207	30 500	——	9 644	9 644	8 918	394
——	——	——	——	——	——	——
74 308	72 540	——	32 001	27 818	15 014	311
28 828	29 800	——	5 626	4 058	4 639	261
——	——	——	——	——	——	——
60 504	75 650	——	42 554	41 945	41 436	1 386
——	——	——	——	——	——	——
——	——	——	——	——	——	——
——	——	——	——	——	——	——
20 188	20 000	——	4 897	4 209	2 276	12
——	——	——	——	——	——	——
1 120	1 000	——	613	301	118	11
22 569	21 480	100	9 928	5 612	2 844	560
2 555	1 600	——	848	848	673	——
31 048	20 000	——	21 570	20 475	16 696	——
20 000	——	——	9 000	8 000	4 000	——
——	——	——	——	——	——	——
——	——	——	——	——	——	——
1 600	1 500	——	896	874	922	85

全国各地区文化市场

地区	损益及分配(千元)				营业外收入	
	住房公积金和住房补贴	差旅费	工会经费	营业利润		政府补助(补贴收入)
总计	**2 506**	**4 711**	**1 093**	**64 699**	**5 955**	**10**
中央	——	——	——	——	——	——
北京	——	——	——	——	——	——
天津	——	——	——	——	——	——
河北	——	——	——	——	——	——
山西	40	90	408	3 835	57	——
内蒙古	——	——	——	——	——	——
辽宁	——	——	——	20 844	2 641	10
其中:大连	——	——	——	——	——	——
吉林	——	——	——	——	——	——
黑龙江	——	——	——	218	——	——
上海	420	446	26	6 838	15	——
江苏	52	276	——	−684	20	——
浙江	24	97	4	1 362	456	——
其中:宁波	——	——	——	——	——	——
安徽	——	——	——	——	——	——
福建	332	420	12	−1 047	372	——
其中:厦门	——	——	——	——	——	——
江西	783	13	——	3 800	25	——
山东	——	1 718	——	726	119	——
其中:青岛	——	——	——	——	——	——
河南	94	506	49	13 102	124	——
湖北	39	113	19	55	——	——
湖南	——	——	——	——	——	——
广东	368	400	133	705	2 079	——
其中:深圳	——	——	——	——	——	——
广西	——	——	——	——	——	——
海南	——	——	——	——	——	——
重庆	——	367	91	1 933	——	——
四川	——	——	——	——	——	——
贵州	——	——	——	223	4	——
云南	350	260	350	2 768	——	——
西藏	——	——	——	175	——	——
陕西	——	——	——	4 874	——	——
甘肃	——	——	——	5 000	——	——
青海	——	——	——	——	——	——
宁夏	——	——	——	——	——	——
新疆	4	5	1	−28	43	——

连锁经营机构基本情况(二)

营业外支出	利润总额	工资、福利费、增值税 (千元)			增加值(千元)	经营面积(千平方米)	连锁门店数(个)		
		本年发放工资总额	本年应付福利费总额	本年应交增值税				直营门店数	加盟门店数
14 424	**56 230**	**53 852**	**1 726**	**13 586**	**240 071**	**287**	**17 519**	**3 069**	**7 605**
——	——	——	——	——	——	——	——	——	——
——	——	——	——	——	——	——	——	——	——
——	——	——	——	——	——	——	——	——	——
——	——	——	——	——	——	——	——	——	——
41	3 851	1 025	87	296	20 639	7	774	15	759
——	——	——	——	——	——	——	——	——	——
2 123	21 362	4 333	24	1 544	27 303	49	6 926	——	——
——	——	——	——	——	——	——	——	——	——
——	——	——	——	——	——	——	——	——	——
——	218	116	——	64	398	1	169	3	166
9 020	−2 167	17 481	151	1 831	51 279	6	564	180	473
14	−678	988	61	430	3 308	2	437	193	244
199	1 619	958	1	81	5 004	36	512	131	381
——	——	——	——	——	——	——	——	——	——
——	——	——	——	——	——	——	——	——	——
221	−896	3 608	107	2 032	15 557	2	1 241	163	1 078
——	——	——	——	——	——	——	——	——	——
——	3 825	1 652	——	65	6 631	49	41	24	9
106	739	2 419	182	555	5 335	6	3 917	1 819	2 098
——	——	——	——	——	——	——	——	——	——
138	13 088	5 058	512	1 914	29 198	2	104	84	20
1	54	1 713	136	350	5 025	3	614	205	409
——	——	——	——	——	——	——	——	——	——
97	2 687	7 943	233	3 125	33 468	82	289	132	157
——	——	——	——	——	——	——	——	——	——
——	——	——	——	——	——	——	——	——	——
——	——	——	——	——	——	——	——	——	——
——	1 933	1 448	130	136	4 789	22	133	41	92
——	——	——	——	——	——	——	——	——	——
6	221	104	——	56	613	2	33	4	29
2 335	433	635	51	960	9 928	9	67	21	46
——	175	213	39	99	727	3	6	3	3
123	4 751	3 416	——	3	14 485	1	219	22	197
——	5 000	285	——	——	5 665	——	998	22	976
——	——	——	——	——	——	——	——	——	——
——	——	——	——	——	——	——	——	——	——
——	15	457	12	45	719	2	475	7	468

全国各地区歌舞娱乐场所

地　　区	机构数（个）	从业人员（人）	资产、负债、所有者权益　（千元）						
			资产总计			负债总计	所有者权益合计		
				固定资产原值	当年提取的折旧总额			实收资本	
									国家资本金
总　　计	**50 816**	**530 930**	**52 856 207**	**43 332 084**	**3 721 257**	**11 268 036**	**41 586 657**	**24 534 798**	**675 111**
中　　央	——	——	——	——	——	——	——	——	——
北　　京	823	7 368	332 991	240 433	25 043	158 197	174 794	775 597	12 285
天　　津	313	4 961	861 006	613 437	45 564	394 540	466 466	173 865	17 526
河　　北	1 717	15 088	1 377 269	1 181 374	155 560	209 865	1 167 404	496 882	27 852
山　　西	1 997	11 479	1 056 575	958 609	67 289	201 940	854 635	643 198	4 416
内 蒙 古	1 440	8 766	1 004 757	910 655	34 114	48 305	956 452	444 838	3 106
辽　　宁	3 262	23 504	2 354 265	1 662 736	68 297	191 062	2 163 203	447 782	8 093
其中：大连	575	7 138	723 452	604 722	13 380	39 174	684 278	33 013	5 163
吉　　林	1 137	7 402	1 095 078	970 891	33 865	58 578	1 036 500	975 841	1 400
黑 龙 江	2 382	9 696	569 282	546 928	34 322	41 929	527 353	151 864	——
上　　海	1 438	21 205	3 907 395	2 925 676	245 713	2 121 584	1 785 811	2 395 130	135 951
江　　苏	2 815	29 364	4 070 256	3 631 123	190 163	780 751	3 289 505	1 573 636	9 635
浙　　江	3 046	46 701	5 742 732	4 827 348	814 820	801 240	4 941 492	4 427 987	48 533
其中：宁波	523	9 207	1 272 909	1 009 528	124 640	120 751	1 152 158	1 052 991	12 890
安　　徽	1 235	16 481	2 240 120	1 885 403	120 533	553 743	1 686 377	900 435	7 550
福　　建	1 578	26 558	3 944 622	2 817 468	145 680	1 220 238	2 724 384	1 815 366	19 630
其中：厦门	137	4 011	327 404	201 324	21 542	201 265	126 139	264 089	18 330
江　　西	1 219	13 828	1 364 895	1 317 548	141 566	59 776	1 305 119	644 838	1 160
山　　东	2 188	21 959	2 141 098	1 494 326	172 124	490 055	1 651 043	1 212 426	231 178
其中：青岛	373	3 809	303 855	331 686	56 451	222 259	81 596	335 867	3 788
河　　南	1 210	14 228	1 001 908	800 341	81 403	125 584	876 324	562 833	4 017
湖　　北	1 800	16 485	1 368 521	1 341 079	23 228	135 651	1 232 870	308 693	7 040
湖　　南	1 554	26 597	1 786 788	1 536 087	88 770	340 837	1 445 951	493 864	22 028
广　　东	3 073	76 051	4 982 620	3 054 833	201 556	1 717 777	3 264 843	1 649 020	12 120
其中：深圳	270	10 248	739 681	407 790	36 009	344 706	394 975	322 603	1 680
广　　西	1 623	23 600	1 276 623	1 149 523	141 672	78 808	1 197 815	902 317	24 092
海　　南	294	4 237	334 949	333 735	20 657	1 610	333 339	237 140	——
重　　庆	1 411	11 922	1 105 690	941 861	95 893	202 596	903 094	293 277	3 873
四　　川	5 107	32 585	3 340 821	3 041 072	244 322	417 593	2 923 228	1 247 925	18 712
贵　　州	979	8 539	666 976	599 017	59 247	93 858	573 118	376 844	22 847
云　　南	3 318	20 044	1 609 186	1 510 904	139 273	328 102	1 279 570	516 132	21 932
西　　藏	337	1 858	48 969	49 998	1 151	1 793	47 176	18 363	——
陕　　西	885	10 303	1 339 676	1 100 499	205 730	330 972	1 008 704	266 771	130
甘　　肃	827	6 658	756 495	727 296	31 927	88 860	667 635	407 838	8 020
青　　海	109	1 261	102 326	101 978	1 058	1 470	100 856	3 703	——
宁　　夏	551	4 437	510 418	481 366	54 907	20 826	489 592	6 427	1 970
新　　疆	1 148	7 765	561 900	578 540	35 810	49 896	512 004	163 966	15

基本情况(一)

损益及分配（千元）						
营业总收入		营业总成本				
	主营业务收入		养老、医疗、失业等保险费	住房公积金和住房补贴	差旅费	工会经费
35 253 605	**30 841 083**	**21 349 529**	**249 055**	**36 555**	**77 347**	**25 690**
——	——	——	——	——	——	——
247 383	210 019	151 835	2 795	313	993	227
473 221	433 830	274 792	3 953	1 122	1 581	379
788 908	592 068	420 385	2 180	250	1 770	469
557 107	436 751	309 186	1 240	48	909	151
654 071	611 861	247 445	1 332	188	671	448
898 672	746 113	399 614	8 643	4 940	1 981	792
224 862	197 744	116 248	3 842	1 560	1 159	252
622 174	602 569	302 085	822	5	70	80
372 041	306 948	188 098	448	74	33	76
2 320 145	1 968 702	1 701 455	35 796	4 984	12 049	2 980
2 663 185	2 386 048	1 652 446	14 178	3 002	4 320	924
4 335 039	3 877 576	2 800 893	21 758	1 589	5 009	754
791 295	681 229	521 117	3 053	——	137	——
1 244 701	1 098 221	670 484	12 943	1 876	3 935	1 038
2 861 908	2 682 490	2 003 190	11 311	822	2 157	3 397
295 471	284 368	284 793	3 349	248	312	140
1 042 985	842 359	569 941	4 648	612	1 376	377
1 268 687	1 030 775	661 734	14 516	3 263	2 561	833
340 996	249 839	243 266	10 191	2 196	770	229
720 093	605 233	375 520	3 620	1 005	5 223	1 041
928 917	838 529	521 837	4 753	1 473	5 779	485
1 471 822	1 171 740	833 994	5 096	627	2 882	970
3 714 943	3 317 856	2 657 092	49 425	4 265	11 270	5 411
494 286	424 195	353 518	7 034	1 268	1 382	999
1 292 661	1 217 796	827 590	4 785	221	1 950	688
191 726	186 169	113 999	318	14	48	5
730 755	635 814	421 835	6 274	1 084	1 636	334
2 424 388	2 128 399	1 280 211	24 060	3 409	5 297	2 215
471 802	413 796	282 768	1 732	90	893	115
958 420	794 476	515 025	8 425	776	1 532	421
59 698	57 905	33 277	——	——	——	——
833 786	643 930	481 666	406	316	557	365
350 842	308 799	168 274	1 135	136	735	24
68 625	65 387	24 125	100	——	——	——
304 674	284 848	178 903	36	25	48	10
380 226	344 076	279 830	2 327	26	82	681

全国各地区歌舞娱乐场所

地区	损益及分配(千元)			
	营业利润	营业外收入	营业外支出	利润总额
总计	**11 864 587**	**837 859**	**998 019**	**11 695 935**
中央	——	——	——	——
北京	66 865	794	945	66 714
天津	169 315	6 262	3 784	171 793
河北	240 189	9 493	9 312	240 370
山西	225 506	970	3 087	223 389
内蒙古	395 942	7 907	10 040	393 809
辽宁	426 645	47 074	48 156	425 563
其中:大连	101 505	2 364	11 141	92 728
吉林	304 535	777	11 526	293 786
黑龙江	158 894	12 862	10 160	161 596
上海	451 835	35 901	58 703	429 033
江苏	911 284	100 588	65 657	946 215
浙江	1 215 967	14 546	28 772	1 201 741
其中:宁波	219 001	80	3 781	215 300
安徽	486 327	57 967	32 044	512 250
福建	772 789	29 381	18 397	783 720
其中:厦门	345	18 825	8 626	10 544
江西	407 038	24 293	22 127	409 204
山东	483 366	50 334	121 956	411 744
其中:青岛	54 430	2 930	1 243	56 117
河南	287 195	37 403	36 082	288 516
湖北	392 865	22 598	29 292	386 171
湖南	571 322	161 279	196 818	535 783
广东	945 837	23 138	82 322	886 653
其中:深圳	117 582	4 478	26 641	95 419
广西	415 823	5 576	14 221	407 178
海南	72 851	572	518	72 905
重庆	256 361	11 073	35 480	231 954
四川	1 004 823	32 019	33 367	1 003 475
贵州	147 041	7 882	11 089	143 834
云南	365 441	14 195	22 719	348 478
西藏	24 898	462	450	24 910
陕西	269 786	93 768	57 876	305 678
甘肃	159 171	3 078	6 629	155 620
青海	41 410	310	2 111	39 609
宁夏	111 263	472	656	111 079
新疆	82 003	24 885	23 723	83 165

基本情况(二)

工资、福利费、增值税 (千元)			增加值(千元)	经营面积(千平方米)	核定人数(人)	包房包间数量(间)	电子游戏及游艺机台数(台)
本年发放工资总额	本年支付的职工福利费	本年应交税金总额					
6 118 194	**258 627**	**2 813 046**	**25 201 952**	**27 877**	**8 750 531**	**577 774**	**1 247**
——	——	——	——	——	——	——	——
57 153	2 072	36 288	190 818	679	192 063	18 005	——
61 994	3 623	30 859	316 911	289	82 350	6 079	——
134 275	3 025	43 119	579 719	954	374 816	22 113	——
128 765	4 107	24 328	454 815	591	95 023	9 019	——
93 193	1 047	24 434	550 733	626	151 918	10 757	——
146 671	8 362	68 700	733 147	1 079	369 648	22 465	——
42 036	4 166	14 643	181 459	204	75 560	4 184	——
57 899	162	14 941	412 312	478	164 716	10 543	——
69 082	432	33 754	297 082	481	158 303	9 925	——
444 338	13 812	269 365	1 486 871	964	345 774	20 718	214
435 345	33 763	218 155	1 807 071	1 932	696 747	39 021	——
716 572	18 140	358 299	3 151 436	3 290	872 594	55 581	130
156 066	1 022	46 561	550 352	442	100 377	10 172	——
213 169	10 948	79 121	926 204	922	249 910	19 964	53
329 195	26 431	261 552	1 576 083	1 400	371 121	29 006	12
53 117	1 385	58 253	158 309	183	33 719	3 311	——
130 766	4 906	82 952	772 950	730	232 077	13 233	400
239 097	11 646	91 520	1 028 329	1 171	295 736	32 132	——
67 646	6 754	41 659	239 602	261	51 972	4 474	——
116 140	22 953	53 498	567 789	750	226 113	18 925	——
175 052	6 604	49 190	654 007	787	252 551	15 543	——
383 803	7 918	101 426	1 160 099	887	349 330	13 463	——
788 379	39 623	418 445	2 487 084	3 141	1 083 877	71 596	80
83 773	6 364	47 156	300 268	350	146 194	8 918	——
230 436	7 248	107 394	913 724	1 028	347 762	20 765	33
43 212	823	9 121	147 004	190	82 154	3 738	171
136 763	3 433	43 833	544 069	686	207 280	11 630	——
388 903	13 325	154 615	1 835 984	1 613	509 428	31 227	60
83 471	3 317	43 309	338 390	355	126 680	7 002	——
171 116	5 500	62 656	753 692	1 010	306 377	27 255	78
12 625	16	3 185	41 875	68	20 501	1 145	——
105 039	3 665	30 207	615 560	582	144 466	10 084	16
85 138	291	25 325	303 193	354	150 642	8 458	——
14 366	34	5 972	62 940	84	16 270	1 399	——
42 257	125	29 254	237 879	212	71 963	4 813	——
83 980	1 276	38 229	254 182	542	202 341	12 170	——

全国各地区游艺娱乐场所

地区	机构数（个）	从业人员（人）	资产、负债、所有者权益（千元）						
			资产总计			负债总计	所有者权益合计		
				固定资产原值	当年提取的折旧总额			实收资本	
									国家资本金
总计	**29 680**	**89 248**	**7 721 933**	**6 650 523**	**534 265**	**1 111 853**	**6 610 080**	**3 984 722**	**286 048**
中央	——	——	——	——	——	——	——	——	——
北京	55	288	19 202	17 453	2 950	3 894	15 308	5 169	178
天津	10	86	9 690	9 100	200	2 250	7 440	——	——
河北	429	1 395	87 460	75 596	2 697	2 083	85 377	37 908	——
山西	7	90	10 020	9 770	255	1 170	8 850	400	——
内蒙古	687	1 526	174 512	156 213	7 938	7 598	166 914	62 048	——
辽宁	955	3 828	245 930	181 563	13 224	52 223	193 707	96 348	1 000
其中:大连	258	1 366	73 400	58 750	5 776	34 296	39 104	70 440	1 000
吉林	903	1 675	246 278	190 903	9 427	6 341	239 937	219 262	——
黑龙江	887	2 510	110 699	107 352	9 674	6 697	104 002	32 497	——
上海	667	6 360	1 683 165	1 258 834	95 077	398 353	1 284 812	1 455 330	273 991
江苏	3 771	7 509	725 777	661 522	52 215	74 322	651 455	210 271	1 050
浙江	708	3 185	440 003	386 305	67 511	28 541	411 462	389 428	1 485
其中:宁波	100	481	40 048	24 073	3 172	50	39 998	29 958	——
安徽	2 446	6 568	283 841	266 987	9 899	18 493	265 348	65 661	——
福建	728	1 742	101 933	74 481	3 712	11 133	90 800	34 291	——
其中:厦门	1	10	300	300	150	——	300	——	——
江西	1 846	5 087	368 495	358 257	29 029	22 431	346 064	134 986	——
山东	542	3 289	361 614	274 606	26 960	64 129	297 485	128 426	398
其中:青岛	2	17	1 050	5 700	2 033	——	1 050	320	——
河南	229	1 191	93 934	83 364	17 938	3 977	89 957	69 311	——
湖北	930	3 103	272 830	259 789	7 452	21 021	251 809	35 847	10
湖南	1 978	5 512	287 340	254 809	14 249	49 963	237 377	82 005	——
广东	2 318	9 410	489 101	391 877	26 024	85 234	403 867	189 159	1 119
其中:深圳	89	589	63 856	40 278	3 042	15 363	48 493	14 935	100
广西	1 221	4 616	240 185	227 395	24 155	4 079	236 106	148 686	500
海南	307	1 044	57 195	57 025	4 379	100	57 095	38 850	——
重庆	1 359	2 258	119 279	105 573	11 000	9 980	109 299	41 796	150
四川	752	2 644	228 811	220 024	21 071	15 678	213 133	136 981	2 533
贵州	1 163	2 923	174 005	153 473	18 704	29 706	144 299	85 295	——
云南	3 000	5 571	268 744	245 141	21 109	59 297	209 447	77 874	234
西藏	163	1 078	243 643	286 003	17 276	118 862	124 781	89 818	400
陕西	77	347	47 915	43 455	625	1 150	46 765	13 355	——
甘肃	16	122	18 970	16 170	543	840	18 130	14 960	——
青海	74	318	13 378	13 018	5	176	13 202	4 327	——
宁夏	288	618	42 150	24 526	2 905	3 269	38 881	588	——
新疆	1 164	3 355	255 834	239 939	16 062	8 863	246 971	83 845	3 000

基本情况(一)

损益及分配（千元）						
营业总收入		营业总成本				
	主营业务收入		养老、医疗、失业等保险费	住房公积金和住房补贴	差旅费	工会经费
4 533 547	**3 791 219**	**2 389 550**	**41 426**	**11 664**	**15 132**	**7 526**
——	——	——	——	——	——	——
10 567	7 753	4 379	226	49	13	1
4 466	4 369	2 652	——	——	——	——
41 821	27 178	15 472	25	31	44	40
2 359	2 107	2 015	60	60	140	35
122 607	113 430	40 629	22	3	26	——
134 857	109 540	86 492	470	3 222	91	153
39 236	37 700	33 690	170	——	——	——
80 213	74 424	35 965	19	4	250	250
88 905	76 004	41 597	355	36	84	18
657 620	468 051	431 252	22 926	3 483	7 601	4 303
387 677	336 908	222 238	1 838	963	910	386
249 693	209 633	138 921	1 084	166	301	27
24 860	23 580	16 025	235	31	25	——
242 405	224 353	110 522	480	104	208	13
83 100	76 064	45 393	135	390	175	75
1 500	1 500	1 350	——	——	——	——
254 031	208 916	101 424	506	158	520	186
201 572	149 512	74 139	931	372	660	409
2 556	1 070	930	——	——	50	——
89 996	67 244	40 453	194	127	388	92
176 553	163 558	93 199	490	151	458	220
238 951	199 634	116 121	1 562	766	621	540
359 293	315 334	232 577	4 732	1 058	1 130	443
35 029	27 541	19 522	405	188	182	87
199 078	188 614	112 284	652	13	235	21
39 172	38 133	24 587	59	——	2	——
69 291	59 946	36 142	809	289	295	64
209 451	189 989	111 611	2 089	152	519	75
96 789	79 695	44 593	243	27	226	52
178 182	150 576	87 310	871	22	133	27
146 349	99 716	48 714	——	——	——	——
19 593	19 002	10 113	10	10	——	——
3 737	3 158	1 892	——	——	——	——
8 291	7 405	3 495	389	3	2	92
21 192	19 272	12 433	7	5	19	4
115 736	101 701	60 936	242	——	81	——

全国各地区游艺娱乐场所

地区	损益及分配(千元)			
	营业利润	营业外收入	营业外支出	利润总额
总计	**1 749 657**	**141 488**	**136 135**	**1 755 010**
中央	——	——	——	——
北京	3 418	18	35	3 401
天津	1 737	——	——	1 737
河北	13 447	562	138	13 871
山西	192	20	38	174
内蒙古	78 494	3 067	2 925	78 636
辽宁	41 971	4 285	4 003	42 253
其中:大连	4 010	27	——	4 037
吉林	39 028	120	1 662	37 486
黑龙江	39 871	1 618	3 065	38 424
上海	124 142	6 162	13 937	116 367
江苏	131 300	11 268	7 928	134 640
浙江	76 676	1 005	3 845	73 836
其中:宁波	7 830	237	443	7 624
安徽	124 573	4 664	4 100	125 137
福建	33 734	344	328	33 750
其中:厦门	150	——	——	150
江西	129 904	8 411	8 386	129 929
山东	108 274	12 143	4 640	115 777
其中:青岛	150	10	2	158
河南	32 342	2 524	4 958	29 908
湖北	79 471	3 756	6 479	76 748
湖南	111 749	15 444	26 079	101 114
广东	106 837	2 780	8 669	100 948
其中:深圳	12 760	750	977	12 533
广西	78 094	604	1 868	76 830
海南	13 576	9	19	13 566
重庆	26 585	1 234	5 410	22 409
四川	86 935	38 474	14 080	111 329
贵州	38 290	1 854	3 171	36 973
云南	75 697	1 294	2 949	74 042
西藏	84 547	19 068	6 234	97 381
陕西	8 972	51	45	8 978
甘肃	1 276	2	——	1 278
青海	4 017	80	235	3 862
宁夏	7 404	102	83	7 423
新疆	47 104	525	826	46 803

基本情况(二)

工资、福利费、增值税 (千元)			增加值(千元)	经营面积(千平方米)	核定人数(人)	包房包间数量(间)	电子游戏及游艺机台数(台)
本年发放工资总额	本年支付的职工福利费	本年应交税金总额					
811 040	**32 821**	**351 024**	**3 564 374**	**6 258.92**	**10 489**	**408**	**965 870**
——	——	——	——	——	——	——	——
1 727	229	1 161	9 761	25.62	——	——	3 607
686	——	248	2 871	6.30	——	——	1 487
6 998	157	13 049	36 445	56.10	120	——	17 841
948	90	473	2 122	5.29	——	——	——
14 684	144	5 213	106 498	101.55	——	——	23 173
35 344	427	15 128	109 939	190.94	225	3	39 574
19 211	10	7 590	36 767	58.74	——	——	20 036
12 738	51	3 718	65 250	94.37	——	——	30 108
15 482	592	8 377	74 409	111.55	112	——	27 269
79 188	8 525	75 436	432 181	1 119.11	432	——	43 710
75 525	1 530	21 720	285 526	410.94	585	18	112 338
38 595	697	16 421	201 253	212.20	253	130	43 463
5 235	13	1 776	18 294	26.13	——	——	4 905
54 201	633	10 471	200 381	230.40	——	——	67 250
18 841	226	5 846	62 964	80.62	1 340	38	15 540
150	——	140	590	1.12	560	37	——
40 679	1 995	14 983	217 447	303.37	404	——	58 670
34 513	1 049	9 216	183 168	212.72	4 003	——	28 054
330	——	40	2 556	1.59	——	——	175
10 044	3 796	5 053	69 608	64.78	254	54	9 878
30 001	1 059	9 935	128 805	182.40	90	42	37 134
50 333	1 458	14 079	194 756	195.56	27	——	42 938
87 282	3 873	31 572	265 853	621.28	1 605	112	87 588
6 424	908	3 066	26 890	24.31	——	——	4 943
36 935	261	15 084	155 252	185.79	505	1	33 013
9 750	154	2 137	30 055	51.45	——	——	10 367
18 731	198	2 890	60 570	115.86	30	——	37 276
31 245	565	10 436	152 636	198.17	80	——	36 507
19 558	351	4 937	82 173	103.41	35	——	19 913
34 641	1 452	15 379	149 205	225.91	129	——	81 033
13 992	2 592	24 789	143 196	48.94	——	——	1 318
3 272	33	932	13 854	16.98	——	——	3 000
1 628	——	282	3 729	9.09	——	——	1 359
1 616	150	1 064	7 336	16.93	100	——	1 527
5 987	455	1 165	17 932	26.12	——	——	6 078
25 876	79	9 830	99 199	1 035.18	160	10	44 857

文化市场经营机构主要指标解释

1. 演出经纪机构:指经文化市场行政管理部门审批并申请了营业性演出许可证的从事演出组织、制作、营销等经营活动,演出居间、代理、行纪等经纪活动和演员签约、推广、代理等经纪活动的经营单位。

2. 娱乐场所:指以营利为目的,并向公众开放,消费者自娱自乐的歌舞、游艺等场所。不包括台球、保龄球、飞镖、健身中心等休闲健身娱乐场所;电影院、录像厅;慢摇吧、酒吧、咖啡厅;网吧、氧吧;游泳馆等。

3. 核定人数:指由文化市场行政管理部门核定的娱乐经营场所容纳消费者数量。

4. 包房包间数量:指由文化市场行政管理部门审核批准的包房间数。

5. 电子游戏及游艺机台数:指由文化市场行政管理部门审核批准的电子游戏及游艺机台数。

6. 经营性互联网文化单位:指向文化市场行政部门申领了《网络文化经营许可证》的、从事或提供网络游戏、网络音乐下载以及其他互联网文化信息服务活动的机构。

7. 注册用户数:指消费或使用经营性互联网文化单位提供的互联网文化产品及其服务,并正式注册的用户数量。

8. 日均访问量:指经营性互联网文化单位所提供互联网文化产品及其服务的终端浏览次数,通称网站点击数。

9. 拥有自主知识产权的网络游戏产品数:指网络文化经营机构自主研发或拥有知识产权的网络游戏产品数。

10. 所运营网络游戏产品日均在线人数:所运营拥有自主知识产权的网络游戏产品和进口网络游戏产品的每日平均在线人数。

11. 互联网上网服务营业场所(网吧):指通过计算机等设备向公众提供互联网上网服务的营业性娱乐文化服务场所。

12. 计算机终端数:指互联网上网服务营业场所内由文化市场行政管理部门审核批准的向公众提供上网服务的计算机终端设备数量。

13. 上网人次:指互联网上网服务场所(网吧)接待上网消费者人数。

14. 艺术品经营机构:指从事艺术品销售活动、艺术品经纪代理、拍卖活动以及与艺术品销售有直接关系的各种服务类经营活动的机构,主要包括画廊、画店、艺术品公司、艺术品拍卖企业、艺术品经纪代理机构和艺术品展览、艺术品评估、鉴定机构。

15. 拍卖场次:指艺术品经营机构报告期内举办艺术品拍卖的场次。

16. 成交件数:指艺术品经营机构报告期内拍卖成交艺术品的件数。

17. 成交额:指艺术品经营机构报告期内拍卖成交艺术品的交易总额。

18. 展览次数:指艺术品经营机构报告期内举办展览的次数。

19. 文化市场其他经营机构:指不属于演出经纪机构、娱乐场所、经营性互联网文化单位、互联网上网服务营业场所(网吧)、艺术品经营机构的文化市场其他经营服务机构。

20. 文化市场连锁经营机构:指由文化市场行政管理部门审核批准的文化市场连锁经营机构,不包括直营门店。

21. 连锁门店数:文化市场连锁经营机构的直营门店与加盟门店的合计数。

22. 直营门店数:指资产由文化市场连锁经营机构全资投入或控股51%以上并进行日常管理的门店。

23. 加盟门店数:指由连锁经营机构收取加盟费和管理费用,经营管理相对独立的门店。

全国各地区文化市场执法

地　区	机构数（个）	从业人员（人）	行政编制	事业编制	其他人员	本　年（千元）	财政拨款
总　计	**2 702**	**21 439**	**3 666**	**14 759**	**1 871**	**1 113 488**	**945 074**
中　央	——	——	——	——	——	——	——
北　京	8	147	141	——	6	17 994	16 054
天　津	3	43	15	28	——	6 010	5 386
河　北	147	1 032	218	681	91	26 766	25 016
山　西	101	737	30	491	98	19 322	11 880
内蒙古	107	815	102	642	38	33 844	31 298
辽　宁	83	822	33	759	28	38 825	37 163
其中:大连	12	138	——	125	13	7 923	7 823
吉　林	80	678	10	626	41	25 757	23 012
黑龙江	103	812	97	647	42	34 023	30 837
上　海	20	387	71	289	24	100 941	77 569
江　苏	131	935	44	736	117	79 395	73 713
浙　江	98	1 124	418	587	110	118 505	112 465
其中:宁波	12	136	79	44	13	23 197	22 081
安　徽	97	646	63	437	94	19 203	13 324
福　建	89	460	30	367	50	24 569	21 192
其中:厦门	5	32	10	20	2	5 399	5 387
江　西	99	782	52	631	87	26 712	16 526
山　东	124	1 277	176	974	48	58 011	51 725
其中:青岛	13	148	5	131	2	13 613	12 827
河　南	136	1 859	79	1 236	216	59 664	49 937
湖　北	107	1 088	67	820	139	62 645	17 588
湖　南	126	1 243	74	1 008	127	50 790	39 310
广　东	86	755	572	76	82	49 084	45 650
其中:深圳	——	——	——	——	——	——	——
广　西	103	557	48	477	20	24 473	23 234
海　南	24	182	24	135	16	6 564	5 832
重　庆	43	432	213	191	25	33 765	30 622
四　川	193	1 167	282	746	113	54 260	52 127
贵　州	97	570	148	365	31	26 919	25 305
云　南	131	645	204	351	41	22 862	21 647
西　藏	46	148	72	20	2	6 773	6 504
陕　西	102	878	52	643	134	26 815	23 573
甘　肃	79	441	92	315	26	14 641	13 950
青　海	22	90	55	35	——	1 295	1 283
宁　夏	1	134	——	119	——	7 505	7 193
新　疆	116	553	184	327	25	35 556	34 159

机构基本情况(一)

收入合计	本年支出合计			
			项目支出	
其他收入	(千元)	基本支出		工资福利支出
90 573	**1 079 285**	**761 116**	**141 937**	**587 895**
——	——	——	——	——
1 390	18 615	13 479	5 136	9 057
——	5 686	4 647	934	1 831
991	26 136	20 930	1 747	16 109
2 185	18 608	12 044	1 795	8 680
2 092	32 872	19 149	3 241	18 889
601	37 753	28 757	2 436	22 330
100	7 781	5 533	499	4 858
655	25 610	18 939	1 324	15 327
1 528	34 723	25 377	539	18 361
2 682	73 707	64 214	6 706	39 655
5 444	78 705	66 414	12 185	42 364
4 230	118 938	92 900	18 478	70 906
976	23 994	19 402	4 592	13 835
4 470	19 720	13 820	1 756	10 273
2 281	23 170	16 070	2 320	11 199
——	5 203	3 887	979	1 776
6 380	25 039	14 540	2 067	11 982
1 561	58 358	41 896	7 704	33 547
62	14 214	8 149	4 726	7 143
7 214	58 258	36 618	11 152	30 287
28 786	61 074	34 841	16 058	26 846
8 690	53 103	36 882	6 367	25 711
1 423	48 236	37 810	7 030	30 205
——	——	——	——	——
842	24 402	18 543	2 660	14 567
429	6 559	4 944	726	3 920
1 065	33 188	17 984	9 975	13 773
1 548	52 348	34 537	8 183	28 444
1 294	26 282	14 649	4 793	12 356
383	27 094	13 124	1 483	15 223
3	6 673	2 919	60	5 407
1 725	25 836	19 381	1 926	17 895
159	14 593	9 174	1 212	11 759
12	1 267	779	20	987
——	7 116	6 245	871	5 324
510	35 616	19 510	1 053	14 681

全国各地区文化市场执法

地区	本年支出合计(千元)	在支出合计中:商品和服务支出			
		差旅费	劳务费	福利费	税金支出
总计	**253 035**	**25 399**	**9 244**	**13 154**	**1 568**
中央	——	——	——	——	——
北京	5 135	237	110	19	——
天津	2 515	43	59	73	5
河北	4 960	625	112	98	10
山西	4 196	443	158	313	13
内蒙古	5 127	900	454	802	43
辽宁	7 185	405	158	292	276
其中:大连	1 467	173	41	7	58
吉林	5 969	873	271	152	1
黑龙江	8 881	944	389	487	15
上海	21 316	605	488	542	108
江苏	25 915	1 384	1 817	646	35
浙江	30 318	2 944	896	2 651	175
其中:宁波	5 592	424	140	158	67
安徽	5 342	820	284	253	12
福建	4 746	645	153	388	31
其中:厦门	229	38	——	58	7
江西	6 144	1 181	199	911	60
山东	13 536	1 063	211	306	93
其中:青岛	4 413	143	3	67	6
河南	11 800	759	636	731	10
湖北	17 222	1 546	665	1 471	142
湖南	10 967	1 382	276	1 303	204
广东	10 793	378	253	173	229
其中:深圳	——	——	——	——	——
广西	5 021	748	73	33	23
海南	715	210	35	72	1
重庆	11 991	1 913	426	301	45
四川	12 023	1 682	268	467	24
贵州	4 612	538	395	104	5
云南	4 097	1 463	31	87	1
西藏	710	480	——	——	——
陕西	4 335	388	263	123	7
甘肃	2 035	71	10	47	——
青海	21	8	10	2	——
宁夏	1 202	125	13	——	——
新疆	4 206	596	131	307	——

机构基本情况(二)

对个人和家庭补助支出	抚恤金和生活补助	其他资本性支出	各种设备购置费	资产合计（千元）	固定资产原值	增加值（千元）	公用房屋建筑面积（千平方米）	机动执法车辆（辆）	参加人身意外伤害保险人数（人）	保险费用（千元）
60 590	**3 278**	**39 988**	**22 359**	**607 048**	**398 807**	**692 369**	**211**	**2 357**	**2 962**	**2 632**
——	——	——	——	——	——	——	——	——	——	——
1 256	36	845	721	12 124	8 119	10 802	1	28	——	——
718	38	601	22	2 983	1 345	2 705	——	3	28	13
1 219	2	621	563	9 802	5 731	17 868	8	63	52	79
501	134	460	269	11 195	10 663	10 147	7	65	99	209
2 102	196	1 338	985	9 751	7 934	22 561	6	89	180	135
3 087	528	1 017	719	21 629	15 969	26 312	8	81	75	15
606	311	284	184	3 038	1 860	5 344	2	18	18	2
2 127	39	816	514	12 302	9 409	18 276	6	72	33	21
2 797	97	1 300	708	24 335	20 569	22 836	11	72	31	4
2 415	22	3 343	1 380	98 414	33 327	45 176	5	56	224	199
7 504	382	2 922	2 146	37 774	22 867	53 330	15	99	92	33
9 189	141	2 428	1 942	65 026	49 450	85 982	23	143	221	300
1 519	9	523	379	11 099	7 859	16 052	3	16	64	20
894	37	823	323	17 935	16 006	12 511	6	61	49	113
1 089	42	1 028	836	10 510	7 748	13 430	2	55	72	17
288	——	1	——	3 327	1 787	2 203	——	7	——	——
1 225	323	814	372	5 515	4 200	14 826	9	29	107	59
3 385	198	1 916	1 295	71 329	67 172	40 200	22	142	89	46
405	25	116	96	5 799	4 936	7 804	6	18	5	——
1 759	68	7 718	3 108	18 069	9 518	34 243	18	130	137	127
2 518	234	1 690	836	14 509	10 586	33 130	9	110	284	457
1 353	329	1 231	911	11 854	8 450	29 409	5	101	257	156
2 782	42	833	390	16 857	14 194	34 215	5	115	260	158
——	——	——	——	——	——	——	——	——	——	——
2 449	38	614	423	12 842	12 198	17 670	14	58	100	49
193	12	150	73	1 381	1 378	4 277	1	10	15	44
1 229	47	1 297	716	22 165	14 041	16 478	6	71	112	38
2 393	44	1 960	1 597	38 708	11 386	32 454	8	123	207	131
1 600	12	2 720	445	21 206	8 221	14 917	3	84	53	20
886	17	516	264	10 299	9 717	16 736	2	77	46	10
10	——	——	——	1 216	862	5 483	2	2	——	——
437	178	731	658	12 378	9 749	19 263	3	40	46	12
391	——	37	32	1 631	1 591	12 274	2	21	9	1
1	——	11	——	405	375	1 018	1	2	——	——
574	——	16	——	3 748	1 933	5 996	——	14	——	——
2 507	42	192	111	9 156	4 099	17 844	4	341	84	186

全国各地区省级文化市场执法

地 区	机构数（个）	从业人员（人）	行政编制	事业编制	其他人员	本年（千元）	财政拨款
总 计	**32**	**551**	**121**	**394**	**17**	**71 004**	**65 099**
中 央	——	——	——	——	——	——	——
北 京	——	——	——	——	——	——	——
天 津	1	28	——	28	——	3 091	3 091
河 北	——	——	——	——	——	——	——
山 西	1	11	——	11	——	851	59
内 蒙 古	1	10	——	10	——	763	763
辽 宁	1	5	5	——	——	40	40
其中：大连	——	——	——	——	——	——	——
吉 林	2	17	——	17	——	1 874	1 640
黑 龙 江	11	59	38	21	——	2 814	2 814
上 海	1	76	——	73	——	29 080	25 427
江 苏	1	25	——	17	8	4 958	4 824
浙 江	——	——	——	——	——	——	——
其中：宁波	——	——	——	——	——	——	——
安 徽	——	——	——	——	——	——	——
福 建	1	11	——	8	3	1 762	1 525
其中：厦门	——	——	——	——	——	——	——
江 西	1	11	——	11	——	1 169	1 110
山 东	1	13	12	——	1	1 851	1 850
其中：青岛	——	——	——	——	——	——	——
河 南	——	——	——	——	——	——	——
湖 北	——	——	——	——	——	——	——
湖 南	1	13	——	11	2	1 507	1 407
广 东	——	——	——	——	——	——	——
其中：深圳	——	——	——	——	——	——	——
广 西	1	11	——	11	——	1 195	1 195
海 南	1	21	——	20	——	1 661	1 661
重 庆	1	49	47	2	——	6 309	6 309
四 川	1	15	12	——	3	2 437	2 146
贵 州	1	7	7	——	——	250	250
云 南	1	10	——	10	——	515	423
西 藏	——	——	——	——	——	——	——
陕 西	——	——	——	——	——	——	——
甘 肃	1	18	——	18	——	1 104	1 104
青 海	——	——	——	——	——	——	——
宁 夏	1	134	——	119	——	7 505	7 193
新 疆	1	7	——	7	——	268	268

机构基本情况(一)

收入合计	本年支出合计			
			项目支出	
其他收入	（千元）	基本支出		工资福利支出
2 933	**59 692**	**48 802**	**10 889**	**27 572**
——	——	——	——	——
——	——	——	——	——
——	2 683	2 183	500	722
——	——	——	——	——
1	637	503	134	318
——	721	721	——	495
——	40	40	——	——
——	——	——	——	——
——	1 987	1 218	769	760
——	2 814	2 634	180	1 986
2 141	20 828	20 828	——	8 251
102	4 599	2 129	2 470	1 512
——	——	——	——	——
——	——	——	——	——
——	——	——	——	——
236	893	864	29	42
——	——	——	——	——
59	750	684	66	436
1	1 792	1 136	656	762
——	——	——	——	——
——	——	——	——	——
——	——	——	——	——
10	1 436	1 436	——	673
——	——	——	——	——
——	——	——	——	——
——	1 150	770	380	566
——	1 660	1 270	390	953
——	6 309	3 348	2 961	2 808
291	2 326	946	1 380	722
——	250	250	——	21
92	364	326	37	164
——	——	——	——	——
——	——	——	——	——
——	1 069	1 069	——	855
——	——	——	——	——
——	7 116	6 245	871	5 324
——	268	202	66	202

全国各地区省级文化市场执法

地区	本年支出合计(千元)				
		在支出合计中:			
		商品和服务支出			
		差旅费	劳务费	福利费	税金支出
总计	**24 608**	**1 847**	**259**	**229**	**8**
中央	——	——	——	——	——
北京	——	——	——	——	——
天津	1 870	43	——	21	——
河北	——	——	——	——	——
山西	180	3	——	34	——
内蒙古	191	31	——	——	——
辽宁	——	——	——	——	——
其中:大连	——	——	——	——	——
吉林	862	195	——	——	——
黑龙江	581	314	1	13	——
上海	10 220	132	108	79	——
江苏	2 635	——	——	——	——
浙江	——	——	——	——	——
其中:宁波	——	——	——	——	——
安徽	——	——	——	——	——
福建	131	6	11	——	——
其中:厦门	——	——	——	——	——
江西	152	——	——	——	——
山东	120	105	12	3	——
其中:青岛	——	——	——	——	——
河南	——	——	——	——	——
湖北	——	——	——	——	——
湖南	704	87	——	15	——
广东	——	——	——	——	——
其中:深圳	——	——	——	——	——
广西	421	102	21	——	——
海南	244	120	10	——	——
重庆	3 349	248	5	22	8
四川	1 152	234	49	4	——
贵州	212	46	22	——	——
云南	181	7	7	16	——
西藏	——	——	——	——	——
陕西	——	——	——	——	——
甘肃	135	22	——	22	——
青海	——	——	——	——	——
宁夏	1 202	125	13	——	——
新疆	66	27	——	——	——

机构基本情况(二)

对个人和家庭补助支出	抚恤金和生活补助	其他资本性支出	各种设备购置费	资产合计（千元）	固定资产原值	增加值（千元）	公用房屋建筑面积（千平方米）	机动执法车辆（辆）	参加人身意外伤害保险人数（人）	保险费用（千元）
2 842	**29**	**2 995**	**945**	**102 824**	**38 243**	**33 323**	**4.13**	**84**	**186**	**96**
——	——	——	——	——	——	——	——	——	——	——
——	——	——	——	——	——	——	——	——	——	——
91	——	——	——	2 107	647	863	——	3	28	13
——	——	——	——	——	——	——	——	——	——	——
84	29	54	——	1 060	730	437	——	1	——	——
35	——	——	——	592	359	546	0.20	1	——	——
——	——	——	——	——	——	——	0.16	1	——	——
——	——	——	——	——	——	——	——	——	——	——
158	——	206	——	2 539	1 515	991	0.15	5	——	——
235	——	5	5	636	636	2 280	0.67	10	——	——
564	——	1 793	517	70 662	15 710	10 246	——	6	73	73
375	——	77	77	2 986	2 986	2 014	0.30	6	17	1
——	——	——	——	——	——	——	——	——	——	——
——	——	——	——	——	——	——	——	——	——	——
——	——	——	——	——	——	——	——	——	——	——
60	——	——	——	746	746	260	——	2	——	——
——	——	——	——	——	——	——	——	——	——	——
92	——	4	——	554	554	571	0.50	1	——	——
123	——	380	——	2 145	2 145	993	0.33	5	——	——
——	——	——	——	——	——	——	——	——	——	——
——	——	——	——	——	——	——	——	——	——	——
——	——	——	——	——	——	——	——	——	——	——
59	——	——	——	2 442	921	790	——	5	——	——
——	——	——	——	——	——	——	——	——	——	——
——	——	——	——	——	——	——	——	——	——	——
81	——	82	34	1 573	1 427	732	0.21	2	11	3
48	——	25	——	934	934	1 056	——	1	——	——
107	——	44	22	6 772	4 160	3 132	1.03	12	45	6
89	——	261	261	1 961	1 473	951	0.20	2	12	——
——	——	17	17	——	——	46	——	2	——	——
——	——	19	——	782	782	246	——	2	——	——
——	——	——	——	——	——	——	——	——	——	——
——	——	——	——	——	——	——	——	——	——	——
67	——	12	12	585	585	969	——	2	——	——
——	——	——	——	——	——	——	——	——	——	——
574	——	16	——	3 748	1 933	5 996	0.38	14	——	——
——	——	——	——	——	——	204	——	1	——	——

全国各地区地市级文化市场执法

地　　区	机构数（个）	从业人员（人）				本年（千元）	
			行政编制	事业编制	其他人员		财政拨款
总　计	**254**	**2 934**	**520**	**2 057**	**222**	**206 884**	**186 704**
中　央	——	——	——	——	——	——	——
北　京	——	——	——	——	——	——	——
天　津	——	——	——	——	——	——	——
河　北	11	114	11	103	——	4 092	3 980
山　西	7	77	——	43	8	3 605	3 195
内蒙古	11	141	10	120	11	7 238	6 881
辽　宁	9	194	15	173	6	12 441	11 684
其中:大连	1	28	——	28	——	607	607
吉　林	10	117	1	116	——	8 688	7 851
黑龙江	8	148	——	143	5	8 201	8 201
上　海	——	——	——	——	——	——	——
江　苏	15	186	——	157	29	24 030	23 373
浙　江	10	207	74	112	21	25 197	24 286
其中:宁波	1	28	——	24	4	4 757	4 526
安　徽	13	70	6	56	8	3 755	3 029
福　建	3	14	——	14	——	916	766
其中:厦门	——	——	——	——	——	——	——
江　西	4	70	2	41	27	3 866	1 933
山　东	13	236	70	140	5	16 656	14 047
其中:青岛	1	21	——	21	——	2 080	2 080
河　南	17	285	12	186	20	12 906	12 513
湖　北	11	119	6	84	29	7 245	1 336
湖　南	4	52	——	44	8	2 586	2 241
广　东	12	205	169	11	18	22 532	20 133
其中:深圳	——	——	——	——	——	——	——
广　西	14	106	9	94	3	7 750	7 640
海　南	2	18	——	18	——	1 245	1 000
重　庆	——	——	——	——	——	——	——
四　川	18	164	51	94	15	11 718	11 380
贵　州	9	66	11	45	3	2 948	2 737
云　南	13	67	19	44	4	2 394	2 344
西　藏	3	6	5	——	1	312	312
陕　西	9	82	14	66	——	4 728	4 652
甘　肃	12	78	9	69	——	4 536	4 198
青　海	1	4	4	——	——	120	120
宁　夏	——	——	——	——	——	——	——
新　疆	15	108	22	84	1	7 179	6 872

机构基本情况(一)

收 入 合 计	本年支出合计			
			项目支出	
其他收入	(千元)	基本支出		工资福利支出
7 436	**207 434**	**154 897**	**26 533**	**114 146**
——	——	——	——	——
——	——	——	——	——
——	——	——	——	——
——	4 149	3 111	67	2 342
——	3 519	3 004	445	1 741
229	6 967	6 038	111	4 449
——	12 441	10 068	1 713	6 454
——	607	462	54	43
47	8 053	7 398	306	4 195
——	8 070	4 068	——	4 520
——	——	——	——	——
583	23 292	16 620	6 672	10 937
738	25 117	21 615	3 397	14 595
231	4 876	3 987	889	2 543
281	3 767	3 264	234	2 292
150	896	766	130	535
——	——	——	——	——
105	3 463	——	——	1 309
55	16 171	12 541	1 337	9 679
——	2 080	2 080	——	1 159
315	12 971	11 087	1 555	7 343
2 908	7 280	4 367	1 661	3 697
345	2 648	750	332	1 805
474	21 756	18 414	2 432	13 595
——	——	——	——	——
101	7 966	6 602	1 003	4 617
245	1 261	1 150	111	669
——	——	——	——	——
338	10 733	8 046	1 976	6 019
211	3 157	2 032	303	1 619
50	7 188	1 044	120	1 782
——	312	72	——	272
54	4 900	3 457	1 322	2 857
——	4 404	2 932	1 099	2 455
——	120	120	——	120
——	——	——	——	——
207	6 833	6 331	207	4 248

全国各地区地市级文化市场执法

地　区	本年支出合计(千元)				
		在支出合计中:			
		商品和服务支出			
		差旅费	劳务费	福利费	税金支出
总　计	**53 423**	**5 485**	**1 446**	**2 157**	**95**
中　央	——	——	——	——	——
北　京	——	——	——	——	——
天　津	——	——	——	——	——
河　北	1 038	238	6	28	——
山　西	1 252	70	31	72	——
内蒙古	1 733	372	66	69	3
辽　宁	2 598	94	22	8	——
其中:大连	44	36	1	——	——
吉　林	1 807	165	6	——	——
黑龙江	1 872	163	1	108	——
上　海	——	——	——	——	——
江　苏	8 748	391	513	36	——
浙　江	7 004	615	321	421	39
其中:宁波	1 605	146	34	45	39
安　徽	618	99	105	3	——
福　建	216	88	1	30	——
其中:厦门	——	——	——	——	——
江　西	1 155	383	——	443	——
山　东	4 284	321	11	96	50
其中:青岛	748	29	——	29	——
河　南	3 840	229	188	212	2
湖　北	2 536	200	73	152	——
湖　南	318	64	1	37	——
广　东	4 513	124	36	78	——
其中:深圳	——	——	——	——	——
广　西	1 906	227	——	7	——
海　南	198	27	20	54	1
重　庆	——	——	——	——	——
四　川	1 582	324	3	169	——
贵　州	410	46	——	12	——
云　南	1 210	1 042	——	3	——
西　藏	40	30	——	——	——
陕　西	1 575	70	——	35	——
甘　肃	1 722	17	——	18	——
青　海	——	——	——	——	——
宁　夏	——	——	——	——	——
新　疆	1 248	86	42	66	——

机构基本情况(二)

对个人和家庭补助支出		其他资本性支出		资产合计（千元）		增加值（千元）	公用房屋建筑面积（千平方米）	机动执法车辆（辆）	参加人身意外伤害保险人数（人）	
	抚恤金和生活补助		各种设备购置费		固定资产原值					保险费用（千元）
18 686	**602**	**5 368**	**4 527**	**126 157**	**78 537**	**139 932**	**25.47**	**399**	**522**	**389**
——	——	——	——	——	——	——	——	——	——	——
——	——	——	——	——	——	——	——	——	——	——
——	——	——	——	——	——	——	——	——	——	——
236	——	50	——	1 942	1 499	2 687	0.46	8	——	——
166	22	49	36	2 545	2 545	2 094	0.31	10	2	8
505	105	88	65	2 793	1 862	5 112	0.48	21	59	42
1 154	36	651	514	11 434	9 170	7 975	2.21	28	15	——
15	6	——	——	169	169	62	1.20	7	——	——
1 542	——	55	55	2 691	1 958	5 837	1.60	19	6	——
1 276	14	232	232	4 345	1 325	5 955	1.38	24	——	——
——	——	——	——	——	——	——	——	——	——	——
2 203	5	1 404	1 334	16 939	9 338	14 125	3.00	27	34	10
2 986	7	375	344	12 603	11 585	18 872	3.48	34	56	27
576	——	113	113	2 431	2 431	3 344	0.50	5	26	10
326	——	30	19	2 193	1 161	2 779	0.44	12	——	——
——	——	30	——	271	221	589	0.20	2	——	——
——	——	——	——	——	——	——	——	——	——	——
277	34	7	6	——	——	2 052	——	5	20	19
1 370	99	693	672	9 058	8 198	11 454	3.78	24	17	4
98	——	75	75	878	878	1 323	——	3	——	——
707	——	211	67	5 592	3 176	8 619	1.10	34	19	3
308	33	292	194	2 008	1 516	4 307	0.95	11	13	47
66	5	3	3	1 536	1 065	1 969	——	6	5	——
1 825	9	204	204	4 652	4 652	15 726	0.91	26	117	30
——	——	——	——	——	——	——	——	——	——	——
1 235	30	55	5	3 820	3 501	5 999	1.84	15	40	6
115	12	63	43	200	200	857	——	2	——	——
——	——	——	——	——	——	——	——	——	——	——
721	——	202	120	23 075	1 733	7 258	0.27	29	50	13
403	4	351	344	2 014	1 726	2 102	0.19	13	24	——
90	14	211	160	2 353	2 259	2 019	0.23	10	——	——
——	——	——	——	121	111	278	0.05	1	——	——
156	139	105	105	8 901	6 329	3 166	0.55	11	——	——
138	——	——	——	819	819	2 644	0.35	11	——	——
——	——	——	——	200	200	128	0.12	——	——	——
——	——	——	——	——	——	——	——	——	——	——
881	34	7	5	4 052	2 388	5 329	1.60	16	45	180

全国各地区县级文化市场

地　区	机构数（个）	从业人员				本　年	
		（人）	行政编制	事业编制	其他人员	（千元）	财政拨款
总　计	**2 416**	**17 954**	**3 025**	**12 308**	**1 632**	**835 600**	**693 271**
中　央	——	——	——	——	——	——	——
北　京	8	147	141	——	6	17 994	16 054
天　津	2	15	15	——	——	2 919	2 295
河　北	136	918	207	578	91	22 674	21 036
山　西	93	649	30	437	90	14 866	8 626
内蒙古	95	664	92	512	27	25 843	23 654
辽　宁	73	623	13	586	22	26 344	25 439
其中:大连	11	110	——	97	13	7 316	7 216
吉　林	68	544	9	493	41	15 195	13 521
黑龙江	84	605	59	483	37	23 008	19 822
上　海	19	311	71	216	24	71 861	52 142
江　苏	115	724	44	562	80	50 407	45 516
浙　江	88	917	344	475	89	93 308	88 179
其中:宁波	11	108	79	20	9	18 440	17 555
安　徽	84	576	57	381	86	15 448	10 295
福　建	85	435	30	345	47	21 891	18 901
其中:厦门	5	32	10	20	2	5 399	5 387
江　西	94	701	50	579	60	21 677	13 483
山　东	110	1 028	94	834	42	39 504	35 828
其中:青岛	12	127	5	110	2	11 533	10 747
河　南	119	1 574	67	1 050	196	46 758	37 424
湖　北	96	969	61	736	110	55 400	16 252
湖　南	121	1 178	74	953	117	46 697	35 662
广　东	74	550	403	65	64	26 552	25 517
其中:深圳	——	——	——	——	——	——	——
广　西	88	440	39	372	17	15 528	14 399
海　南	21	143	24	97	16	3 658	3 171
重　庆	42	383	166	189	25	27 456	24 313
四　川	174	988	219	652	95	40 105	38 601
贵　州	87	497	130	320	28	23 721	22 318
云　南	117	568	185	297	37	19 953	18 880
西　藏	43	142	67	20	1	6 461	6 192
陕　西	93	796	38	577	134	22 087	18 921
甘　肃	66	345	83	228	26	9 001	8 648
青　海	21	86	51	35	——	1 175	1 163
宁　夏	——	——	——	——	——	——	——
新　疆	100	438	162	236	24	28 109	27 019

执法机构基本情况(一)

收入合计	本年支出合计			
			项目支出	
其他收入	(千元)	基本支出		工资福利支出
80 204	**812 159**	**557 417**	**104 515**	**446 177**
——	——	——	——	——
1 390	18 615	13 479	5 136	9 057
——	3 003	2 464	434	1 109
991	21 987	17 819	1 680	13 767
2 184	14 452	8 537	1 216	6 621
1 863	25 184	12 390	3 130	13 945
601	25 272	18 649	723	15 876
100	7 174	5 071	445	4 815
608	15 570	10 323	249	10 372
1 528	23 839	18 675	359	11 855
541	52 879	43 386	6 706	31 404
4 759	50 814	47 665	3 043	29 915
3 492	93 821	71 285	15 081	56 311
745	19 118	15 415	3 703	11 292
4 189	15 953	10 556	1 522	7 981
1 895	21 381	14 440	2 161	10 622
——	5 203	3 887	979	1 776
6 216	20 826	13 856	2 001	10 237
1 505	40 395	28 219	5 711	23 106
62	12 134	6 069	4 726	5 984
6 899	45 287	25 531	9 597	22 944
25 878	53 794	30 474	14 397	23 149
8 335	49 019	34 696	6 035	23 233
949	26 480	19 396	4 598	16 610
——	——	——	——	——
741	15 286	11 171	1 277	9 384
184	3 638	2 524	225	2 298
1 065	26 879	14 636	7 014	10 965
919	39 289	25 545	4 827	21 703
1 083	22 875	12 367	4 490	10 716
241	19 542	11 754	1 326	13 277
3	6 361	2 847	60	5 135
1 671	20 936	15 924	604	15 038
159	9 120	5 173	113	8 449
12	1 147	659	20	867
——	——	——	——	——
303	28 515	12 977	780	10 231

全国各地区县级文化市场

地区	本年支出合计(千元)	在支出合计中：商品和服务支出 差旅费	劳务费	福利费	税金支出
总计	**175 004**	**18 067**	**7 539**	**10 768**	**1 465**
中央	——	——	——	——	——
北京	5 135	237	110	19	——
天津	645	——	59	52	5
河北	3 922	387	106	70	10
山西	2 764	370	127	207	13
内蒙古	3 203	497	388	733	40
辽宁	4 587	311	136	284	276
其中：大连	1 423	137	40	7	58
吉林	3 300	513	265	152	1
黑龙江	6 428	467	387	366	15
上海	11 096	473	380	463	108
江苏	14 532	993	1 304	610	35
浙江	23 314	2 329	575	2 230	136
其中：宁波	3 987	278	106	113	28
安徽	4 724	721	179	250	12
福建	4 399	551	141	358	31
其中：厦门	229	38	——	58	7
江西	4 837	798	199	468	60
山东	9 132	637	188	207	43
其中：青岛	3 665	114	3	38	6
河南	7 960	530	448	519	8
湖北	14 686	1 346	592	1 319	142
湖南	9 945	1 231	275	1 251	204
广东	6 280	254	217	95	229
其中：深圳	——	——	——	——	——
广西	2 694	419	52	26	23
海南	273	63	5	18	——
重庆	8 642	1 665	421	279	37
四川	9 289	1 124	216	294	24
贵州	3 990	446	373	92	5
云南	2 706	414	24	68	1
西藏	670	450	——	——	——
陕西	2 760	318	263	88	7
甘肃	178	32	10	7	——
青海	21	8	10	2	——
宁夏	——	——	——	——	——
新疆	2 892	483	89	241	——

执法机构基本情况(二)

对个人和家庭补助支出		其他资本性支出		资产合计（千元）		增加值（千元）	公用房屋建筑面积（千平方米）	机动执法车辆（辆）	参加人身意外伤害保险人数（人）	
	抚恤金和生活补助		各种设备购置费		固定资产原值					保险费用（千元）
39 062	**2 647**	**31 625**	**16 887**	**378 067**	**282 027**	**519 114**	**182**	**1 874**	**2 254**	**2 147**
——	——	——	——	——	——	——	——	——	——	——
1 256	36	845	721	12 124	8 119	10 802	1	28	——	——
627	38	601	22	876	698	1 842	——	——	——	——
983	2	571	563	7 860	4 232	15 181	7	55	52	79
251	83	357	233	7 590	7 388	7 616	7	54	97	201
1 562	91	1 250	920	6 366	5 713	16 903	5	67	121	93
1 933	492	366	205	10 195	6 799	18 337	6	52	60	15
591	305	284	184	2 869	1 691	5 282	1	11	18	2
427	39	555	459	7 072	5 936	11 448	5	48	27	21
1 286	83	1 063	471	19 354	18 608	14 601	9	38	31	4
1 851	22	1 550	863	27 752	17 617	34 930	5	50	151	126
4 926	377	1 441	735	17 849	10 543	37 191	11	66	41	22
6 203	134	2 053	1 598	52 423	37 865	67 110	19	109	165	273
943	9	410	266	8 668	5 428	12 708	2	11	38	10
568	37	793	304	15 742	14 845	9 732	6	49	49	113
1 029	42	998	836	9 493	6 781	12 581	2	51	72	17
288	——	1	——	3 327	1 787	2 203	——	7	——	——
856	289	803	366	4 961	3 646	12 203	8	23	87	40
1 892	99	843	623	60 126	56 829	27 753	18	113	72	42
307	25	41	21	4 921	4 058	6 481	6	15	5	——
1 052	68	7 507	3 041	12 477	6 342	25 624	17	96	118	124
2 210	201	1 398	642	12 501	9 070	28 823	8	99	271	410
1 228	324	1 228	908	7 876	6 464	26 650	5	90	252	156
957	33	629	186	12 205	9 542	18 489	4	89	143	128
——	——	——	——	——	——	——	——	——	——	——
1 133	8	477	384	7 449	7 270	10 939	12	41	49	40
30	——	62	30	247	244	2 364	1	7	15	44
1 122	47	1 253	694	15 393	9 881	13 346	5	59	67	32
1 583	44	1 497	1 216	13 672	8 180	24 245	8	92	145	118
1 197	8	2 352	84	19 192	6 495	12 769	3	69	29	20
796	3	286	104	7 164	6 676	14 471	2	65	46	10
10	——	——	——	1 095	751	5 205	2	1	——	——
281	39	626	553	3 477	3 420	16 097	2	29	46	12
186	——	25	20	227	187	8 661	2	8	9	1
1	——	11	——	205	175	890	——	2	——	——
——	——	——	——	——	——	——	——	——	——	——
1 626	8	185	106	5 104	1 711	12 311	3	324	39	6

各地区文化部门教育

地区	机构数（个）	从业人员			毕业生数（人）	招生数（人）	在校			
		（人）	高级职称	中级职称				戏剧类	戏曲类	舞蹈类
总计	**158**	**12 796**	**2 124**	**3 731**	**20 918**	**29 079**	**88 630**	**4 445**	**7 597**	**24 169**
中央	1	152	8	31	——	——	——	——	——	——
北京	2	519	70	124	377	442	1 517	66	231	523
天津	3	636	166	123	794	689	2 303	——	75	119
河北	5	557	91	219	1 251	1 568	4 504	156	80	1 116
山西	16	1 391	212	509	2 476	3 335	10 700	583	1 138	2 443
内蒙古	4	358	37	93	663	1 108	3 670	68	61	941
辽宁	7	364	65	108	560	443	2 138	403	169	616
其中:大连	1	61	13	20	168	168	400	50	26	151
吉林	1	9	1	4	——	——	——	——	——	——
黑龙江	7	339	116	101	405	584	1 848	216	1	481
上海	1	40	1	14	8	17	81	——	——	——
江苏	17	901	155	292	1 761	1 831	6 756	109	277	2 019
浙江	5	624	106	177	1 089	1 992	4 923	280	545	613
其中:宁波	——	——	——	——	——	——	——	——	——	——
安徽	6	535	80	160	1 217	1 209	5 462	365	575	1 294
福建	12	476	60	106	1 170	951	3 717	261	551	835
其中:厦门	1	100	16	24	51	66	287	115	——	172
江西	4	200	57	63	207	744	2 298	264	77	657
山东	5	408	79	122	307	587	2 200	213	120	569
其中:青岛	——	——	——	——	——	——	——	——	——	——
河南	16	1 037	134	265	2 508	4 346	10 137	314	1 647	1 429
湖北	7	795	159	300	1 046	1 433	4 676	300	364	893
湖南	6	752	105	218	1 100	1 657	4 239	297	137	1 193
广东	6	705	90	177	375	1 126	2 723	——	566	1 325
其中:深圳	2	243	43	65	93	584	755	——	——	169
广西	6	219	39	65	380	543	1 437	——	20	928
海南	1	123	17	29	121	305	842	——	221	410
重庆	1	178	27	36	143	205	766	128	——	523
四川	6	495	80	158	1 424	2 053	5 078	374	147	2 439
贵州	——	——	——	——	——	——	——	——	——	——
云南	1	238	69	61	565	579	1 743	36	290	315
西藏	——	——	——	——	——	——	——	——	——	——
陕西	7	359	43	100	450	773	2 682	——	264	1 167
甘肃	——	——	——	——	——	——	——	——	——	——
青海	1	81	24	20	170	95	445	——	41	290
宁夏	1	101	18	27	57	168	381	——	——	180
新疆	3	204	15	29	294	296	1 364	12	——	851

机构基本情况(一)

生　数(人)			在校生中高职生人数(人)	培训干部(人)	本年收入合计				
音乐类	美术类	其他			(千元)	财政拨款	事业收入	经营收入	其他收入
17 839	**15 512**	**19 068**	**23 399**	**4 791**	**1 595 198**	**1 044 562**	**440 487**	**11 829**	**71 855**
——	——	——	——	1 500	19 502	10 154	7 935	1 413	——
234	254	209	350	70	102 825	87 702	12 336	2 049	128
283	1 127	699	1 758	500	68 824	52 298	16 140	——	296
894	1 049	1 209	2 379	——	66 781	36 514	21 592	——	8 675
2 379	1 016	3 141	3 748	3	138 562	94 940	42 461	100	1 060
1 842	8	750	——	270	31 944	25 174	6 331	——	439
560	231	159	662	——	39 302	26 374	12 904	——	24
108	28	37	200	——	9 335	6 745	2 590	——	——
——	——	——	——	——	96	96	——	——	——
671	449	30	1 044	——	33 045	21 208	11 836	——	1
——	——	81	——	——	11 222	6 163	1 835	——	3 224
1 132	2 241	978	2 770	——	123 590	82 919	32 818	——	7 757
1 210	579	1 696	2 146	57	150 754	100 478	30 164	710	14 452
——	——	——	——	——	——	——	——	——	——
720	1 080	1 428	1 168	——	65 631	31 138	29 159	——	5 334
668	669	733	135	770	108 166	85 618	16 788	1 276	1 417
——	——	——	——	——	12 737	9 232	1 688	1 276	469
301	656	343	167	——	27 705	15 207	11 578	——	920
247	150	901	——	——	40 257	23 906	9 040	——	7 311
——	——	——	——	——	——	——	——	——	——
1 850	1 961	2 936	——	——	74 895	51 166	20 487	2 227	864
864	953	1 302	1 582	1 004	66 271	34 651	23 779	1 930	5 410
723	788	1 101	2 958	8	54 171	23 697	28 926	17	1 531
501	267	64	——	76	133 415	99 842	16 912	1 500	142
348	238	——	——	——	35 525	35 026	449	——	50
205	94	190	——	20	29 959	20 546	7 549	——	1 864
74	137	——	——	——	9 120	7 551	1 492	——	77
115	——	——	——	107	15 264	6 979	7 634	——	651
649	1 103	366	1 823	405	77 873	34 027	37 397	607	5 132
——	——	——	——	——	——	——	——	——	——
304	349	449	709	——	22 841	14 455	7 150	——	956
——	——	——	——	——	——	——	——	——	——
815	163	273	——	1	39 776	18 509	17 821	——	3 346
——	——	——	——	——	——	——	——	——	——
95	19	——	——	——	9 265	7 272	1 832	——	161
111	60	30	——	——	12 071	9 975	1 630	——	466
392	109	——	——	——	22 071	16 003	4 961	——	217

各地区文化部门教育

地区	本年支出合计（千元）									
		基本支出	项目支出	经营支出	在支出合计中：					
					工资福利支出	商品和服务支出				
							差旅费	劳务费	福利费	税金支出
总　计	**1 524 242**	**1 170 380**	**334 237**	**9 800**	**559 710**	**387 239**	**12 349**	**45 438**	**9 987**	**4 462**
中　央	20 422	14 001	5 008	1 413	6 182	3 264	2	22	57	466
北　京	81 842	54 731	24 788	2 323	29 272	18 069	340	613	125	964
天　津	62 832	58 008	4 824	——	23 737	17 613	161	2 886	98	——
河　北	62 987	60 616	2 055	——	29 229	14 608	317	1 231	493	——
山　西	138 790	104 835	33 875	50	47 127	46 885	2 322	3 916	594	——
内蒙古	28 895	28 895	——	——	11 628	5 193	236	58	117	——
辽　宁	36 204	30 819	5 306	——	16 724	9 095	291	1 065	116	——
其中：大连	9 414	6 798	2 537	——	5 845	2 383	124	24	44	——
吉　林	96	96	——	——	96	——	——	——	——	——
黑龙江	33 055	33 047	8	——	14 047	6 417	241	1 753	123	——
上　海	9 342	5 946	2 192	——	3 878	2 310	24	300	46	56
江　苏	120 185	102 046	18 139	——	49 840	28 536	1 003	5 263	392	84
浙　江	136 482	103 957	31 816	709	49 355	46 703	1 963	8 123	1 668	311
其中：宁波	——	——	——	——	——	——	——	——	——	——
安　徽	59 614	54 016	5 597	——	20 477	17 471	443	55	64	11
福　建	99 667	48 995	50 042	629	19 300	14 117	702	987	838	13
其中：厦门	12 065	9 265	2 171	629	3 644	1 794	33	——	68	——
江　西	27 560	13 592	13 929	——	8 684	5 569	278	879	78	——
山　东	34 114	30 249	3 865	——	18 490	6 827	265	791	66	88
其中：青岛	——	——	——	——	——	——	——	——	——	——
河　南	75 318	60 991	12 249	1 975	31 552	15 690	317	2 263	442	331
湖　北	65 763	54 315	10 250	759	23 575	25 557	431	1 522	685	765
湖　南	54 083	49 961	4 005	87	21 491	17 463	768	1 195	907	——
广　东	138 397	76 410	59 921	1 500	45 047	14 955	400	99	1 670	516
其中：深圳	35 078	28 175	6 337	——	19 906	3 783	196	37	485	262
广　西	28 202	19 124	8 979	50	10 230	3 686	40	504	158	10
海　南	12 863	7 748	2 496	——	7 748	2 496	87	92	——	——
重　庆	15 179	13 569	1 610	——	6 853	3 272	350	177	166	62
四　川	77 651	52 021	20 976	305	25 001	30 733	566	6 412	190	264
贵　州	——	——	——	——	——	——	——	——	——	——
云　南	22 069	19 777	2 292	——	6 322	6 752	316	2 829	143	——
西　藏	——	——	——	——	——	——	——	——	——	——
陕　西	39 880	39 530	350	——	17 138	14 306	200	2 042	293	521
甘　肃	——	——	——	——	——	——	——	——	——	——
青　海	9 194	8 794	400	——	4 400	1 645	52	13	4	——
宁　夏	12 344	9 855	2 489	——	3 850	3 622	120	275	263	——
新　疆	21 212	14 436	6 776	——	8 437	4 385	114	73	191	——

机构基本情况(二)

对个人和家庭补助支出		其他资本性支出		资产合计		增加值	公用房屋建筑面积	
	抚恤金和生活补助		各种设备购置费	(千元)	固定资产原值	(千元)	(千平方米)	教学用房面积
301 439	**8 600**	**185 211**	**62 226**	**2 697 689**	**1 989 982**	**1 013 117**	**1 831**	**1 163**
4 555	98	——	——	93 461	55 075	13 387	24	21
13 941	114	6 296	1003	212 669	167 486	54 287	92	30
19 555	30	1 837	230	122 364	26 306	48 741	40	27
16 758	452	1 964	1058	81 177	68 122	51 514	79	69
26 350	2 584	15 647	12059	147 762	120 445	81 310	225	113
7 066	88	5 007	3875	44 451	22 679	20 386	35	21
7 115	436	2 667	189	62 449	56 709	28 177	45	44
1 107	400	79	79	12 367	12 367	7 123	8	7
——	——	——	——	121	121	101	——	——
12 492	79	97	97	39 568	38 442	29 889	44	39
1 061	——	890	890	27 744	16 813	6 322	6	3
31 466	916	10 343	4859	179 131	128 212	91 907	141	93
21 994	86	17 390	8821	386 289	295 152	96 786	121	91
——	——	——	——	——	——	——	——	——
17 190	88	773	112	145 739	111 060	45 136	128	67
12 145	264	29 116	8502	85 087	59 620	36 852	40	27
1 983	28	1 746	144	27 323	27 323	6 918	9	5
4 724	105	5 844	485	73 093	55 041	16 540	55	37
4 424	61	4 373	1014	74 576	64 488	26 922	71	51
——	——	——	——	——	——	——	——	——
16 378	530	6 033	1106	152 330	104 285	54 994	127	91
12 434	179	2 719	2493	147 773	99 854	42 921	132	48
9 925	266	3 975	2660	95 593	85 022	36 717	110	98
18 861	204	53 570	7680	170 154	129 586	71 207	78	48
4 482	7	1 217	516	44 223	40 859	26 821	11	8
5 607	161	299	120	45 810	44 972	18 648	31	29
1 869	4	750	750	25 127	25 127	10 716	6	6
3 444	35	839	389	15 799	12 723	11 241	15	7
11 435	1 020	7 176	1513	126 263	80 164	46 343	58	30
——	——	——	——	——	——	——	——	——
7 888	332	1 107	1107	18 461	16 275	17 763	19	4
——	——	——	——	——	——	——	——	——
5 583	226	935	793	58 938	47 332	27 267	39	15
——	——	——	——	——	——	——	——	——
2 734	29	15	15	10 631	9 967	7 538	13	9
2 342	64	458	242	10 755	8 654	7 020	20	15
2 103	149	5 091	164	44 374	40 250	12 485	36	30

各地区文化部门中等专业

地区	机构数（个）	从业人员			毕业生数（人）	招生数（人）	在校			
		（人）	高级职称	中级职称			（人）	戏剧类	戏曲类	舞蹈类
总计	**107**	**7 009**	**1 009**	**2 086**	**9 628**	**14 887**	**46 585**	**1 766**	**4 876**	**15 257**
中央	——	——	——	——	——	——	——	——	——	——
北京	1	192	26	27	115	140	636	66	——	213
天津	——	——	——	——	——	——	——	——	——	——
河北	4	254	41	112	465	437	1 330	35	80	621
山西	12	773	124	275	1 151	1 686	4 867	453	985	1 235
内蒙古	3	327	37	91	663	1 108	3 670	68	61	941
辽宁	6	261	37	79	283	443	1 312	118	26	616
其中:大连	1	61	13	20	168	168	400	50	26	151
吉林	——	——	——	——	——	——	——	——	——	——
黑龙江	6	77	12	29	53	100	238	——	1	206
上海	1	40	1	14	8	17	81	——	——	——
江苏	8	768	129	258	1 542	1 554	5 965	109	238	1 835
浙江	4	263	24	59	309	765	1 952	98	191	286
其中:宁波	——	——	——	——	——	——	——	——	——	——
安徽	5	199	23	57	293	420	1 968	——	397	505
福建	9	263	30	63	274	336	1 473	194	329	523
其中:厦门	1	100	16	24	51	66	287	115	——	172
江西	2	49	14	13	54	82	359	——	——	279
山东	5	408	79	122	307	587	2 200	213	120	569
其中:青岛	——	——	——	——	——	——	——	——	——	——
河南	11	605	81	173	1 311	3 247	7 271	104	1 040	1 159
湖北	4	301	47	104	542	530	1 884	168	159	405
湖南	4	229	36	124	289	373	984	——	137	454
广东	5	694	89	174	375	726	2 573	——	566	1 295
其中:深圳	1	232	42	62	93	184	605	——	——	139
广西	3	184	34	55	268	458	1 192	——	20	683
海南	1	123	17	29	121	305	842	——	221	410
重庆	1	178	27	36	143	205	766	128	——	523
四川	1	101	2	23	120	100	380	——	——	204
贵州	——	——	——	——	——	——	——	——	——	——
云南	——	——	——	——	——	——	——	——	——	——
西藏	——	——	——	——	——	——	——	——	——	——
陕西	6	334	42	93	421	709	2 452	——	264	974
甘肃	——	——	——	——	——	——	——	——	——	——
青海	1	81	24	20	170	95	445	——	41	290
宁夏	1	101	18	27	57	168	381	——	——	180
新疆	3	204	15	29	294	296	1 364	12	——	851

学校基本情况(一)

生数			在校生中高职生人数(人)	培训干部(人)	本年收入合计(千元)				
音乐类	美术类	其他				财政拨款	事业收入	经营收入	其他收入
9 773	**5 832**	**9 081**	**3 088**	**564**	**800 455**	**565 810**	**173 773**	**4 531**	**32 343**
——	——	——	——	——	——	——	——	——	——
——	148	209	——	70	23 831	18 980	4 147	620	84
——	——	——	——	——	——	——	——	——	——
217	27	350	——	——	30 488	21 051	6 692	——	2 745
1 294	260	640	——	3	62 041	47 821	13 636	100	483
1 842	8	750	——	270	29 664	23 024	6 271	——	369
348	45	159	317	——	26 564	18 937	7 603	——	24
108	28	37	200	——	9 335	6 745	2 590	——	——
——	——	——	——	——	——	——	——	——	——
1	——	30	56	——	3 443	2 769	674	——	——
——	——	81	——	——	11 222	6 163	1 835	——	3 224
1 046	2 198	539	2 387	——	106 219	71 889	29 590	——	4 740
395	151	831	173	——	39 650	29 371	4 164	710	455
——	——	——	——	——	——	——	——	——	——
216	102	748	15	——	15 600	9 511	5 159	——	930
146	78	203	135	10	51 524	40 306	7 641	1 276	625
——	——	——	——	——	12 737	9 232	1 688	1 276	469
15	65	——	——	——	6 639	5 030	1 497	——	112
247	150	901	——	——	40 257	23 906	9 040	——	7 311
——	——	——	——	——	——	——	——	——	——
1 271	1 320	2 377	——	——	38 496	29 348	7 837	325	835
306	366	480	——	——	25 381	17 394	4 266	——	3 220
173	170	50	5	8	12 648	8 346	4 064	——	238
486	162	64	——	76	132 836	99 712	16 463	1 500	142
333	133	——	——	——	34 946	34 896	——	——	50
205	94	190	——	20	28 680	19 736	7 201	——	1 743
74	137	——	——	——	9 120	7 551	1 492	——	77
115	——	——	——	107	15 264	6 979	7 634	——	651
——	——	176	——	——	10 889	8 156	1 713	——	310
——	——	——	——	——	——	——	——	——	——
——	——	——	——	——	——	——	——	——	——
——	——	——	——	——	——	——	——	——	——
778	163	273	——	——	36 592	16 580	16 731	——	3 181
——	——	——	——	——	——	——	——	——	——
95	19	——	——	——	9 265	7 272	1 832	——	161
111	60	30	——	——	12 071	9 975	1 630	——	466
392	109	——	——	——	22 071	16 003	4 961	——	217

各地区文化部门中等专业

地区	本年支出合计（千元）									
		基本支出	项目支出	经营支出	在支出合计中：					
					工资福利支出	商品和服务支出				税金支出
							差旅费	劳务费	福利费	
总　计	**785 285**	**602 687**	**173 122**	**3 975**	**319 668**	**171 747**	**5 657**	**16 996**	**5 155**	**1 329**
中　央	——	——	——	——	——	——	——	——	——	——
北　京	21 153	13 305	6 954	894	8 887	9 698	192	575	17	53
天　津	——	——	——	——	——	——	——	——	——	——
河　北	30 255	29 939	——	——	15 399	7 810	144	567	116	——
山　西	61 371	52 028	9 293	50	27 335	14 732	760	796	368	——
内蒙古	26 608	26 608	——	——	10 829	4 903	230	16	75	——
辽　宁	26 297	23 079	3 139	——	12 896	6 502	253	424	116	——
其中:大连	9 414	6 798	2 537	——	5 845	2 383	124	24	44	——
吉　林	——	——	——	——	——	——	——	——	——	——
黑龙江	3 443	3 443	——	——	1 934	651	40	189	1	——
上　海	9 342	5 946	2 192	——	3 878	2 310	24	300	46	56
江　苏	103 474	86 570	16 904	——	42 701	23 561	763	4 241	308	2
浙　江	39 298	30 911	7 678	709	17 075	11 334	357	1 678	747	——
其中:宁波	——	——	——	——	——	——	——	——	——	——
安　徽	15 498	15 497	——	——	8 096	4 574	56	55	64	11
福　建	49 395	23 824	24 941	629	10 801	6 474	376	912	124	13
其中:厦门	12 065	9 265	2 171	629	3 644	1 794	33	——	68	——
江　西	6 396	3 685	2 711	——	1 576	1 082	44	190	77	——
山　东	34 114	30 249	3 865	——	18 490	6 827	265	791	66	88
其中:青岛	——	——	——	——	——	——	——	——	——	——
河　南	37 326	33 085	4 065	73	16 658	7 064	167	560	288	10
湖　北	24 900	20 135	4 765	——	10 666	8 977	231	54	206	1
湖　南	12 633	10 953	1 610	70	5 369	2 753	108	152	16	——
广　东	137 830	75 843	59 921	1 500	44 568	14 871	395	79	1 625	502
其中:深圳	34 511	27 608	6 337	——	19 427	3 699	191	17	440	248
广　西	26 846	17 923	8 873	50	9 533	3 472	30	499	158	10
海　南	12 863	7 748	2 496	——	7 748	2 496	87	92	——	——
重　庆	15 179	13 569	1 610	——	6 853	3 272	350	177	166	62
四　川	11 790	9 088	2 090	——	5 693	4 683	340	2 246	36	——
贵　州	——	——	——	——	——	——	——	——	——	——
云　南	——	——	——	——	——	——	——	——	——	——
西　藏	——	——	——	——	——	——	——	——	——	——
陕　西	36 524	36 174	350	——	15 996	14 049	159	2 042	77	521
甘　肃	——	——	——	——	——	——	——	——	——	——
青　海	9 194	8 794	400	——	4 400	1 645	52	13	4	——
宁　夏	12 344	9 855	2 489	——	3 850	3 622	120	275	263	——
新　疆	21 212	14 436	6 776	——	8 437	4 385	114	73	191	——

学校基本情况(二)

对个人和家庭补助支出		其他资本性支出		资产合计		增加值	公用房屋建筑面积	
	抚恤金和生活补助		各种设备购置费	(千元)	固定资产原值	(千元)	(千平方米)	教学用房面积
141 630	**3 228**	**113 649**	**24614**	**1 271 132**	**989 833**	**526 447**	**1 024**	**639**
——	——	——	——	——	——	——	——	——
1 272	——	122	122	101 696	78 389	14 488	28	14
——	——	——	——	——	——	——	——	——
5 645	144	973	67	51 696	47 900	23 556	39	29
12 744	122	3 809	2118	54 072	45 436	43 256	132	45
6 863	54	4 012	2880	39 727	20 368	19 241	31	21
5 359	433	937	116	44 817	42 246	20 196	31	30
1 107	400	79	79	12 367	12 367	7 123	8	7
——	——	——	——	——	——	——	——	——
759	16	97	97	3 104	2 673	2 976	6	5
1 061	——	890	890	27 744	16 813	6 322	6	3
27 110	916	10 102	4635	154 326	117 497	78 610	127	85
8 070	——	1 781	1212	53 385	29 382	29 000	35	21
——	——	——	——	——	——	——	——	——
2 354	9	473	112	18 613	12 009	11 174	42	27
6 305	123	20 827	213	48 504	42 608	20 140	26	20
1 983	28	1 746	144	27 323	27 323	6 918	9	5
1 038	——	——	——	21 935	6 235	3 194	6	6
4 424	61	4 373	1014	74 576	64 488	26 922	71	51
——	——	——	——	——	——	——	——	——
8 937	220	911	81	77 721	66 265	29 261	91	69
4 446	55	810	585	84 606	45 997	17 257	74	22
1 771	203	1 560	304	30 754	29 417	8 296	33	26
18 861	204	53 566	7676	169 870	129 365	70 631	78	47
4 482	7	1 213	512	43 939	40 638	26 245	11	8
5 268	161	299	120	45 201	44 636	17 593	29	27
1 869	4	750	750	25 127	25 127	10 716	6	6
3 444	35	839	389	15 799	12 723	11 241	15	7
1 395	——	19	19	5 571	5 050	9 594	16	11
——	——	——	——	——	——	——	——	——
——	——	——	——	——	——	——	——	——
——	——	——	——	——	——	——	——	——
5 456	226	935	793	56 528	46 338	25 740	32	13
——	——	——	——	——	——	——	——	——
2 734	29	15	15	10 631	9 967	7 538	13	9
2 342	64	458	242	10 755	8 654	7 020	20	15
2 103	149	5 091	164	44 374	40 250	12 485	36	30

各地区文化(文物)科技、科研

地区	机构数(个)	从业人员			本年完成科研项目			所办刊物(种)	申请专利数(个)
		(人)	高级职称	中级职称	(个)	获国家奖	获省、部奖		
总计	**314**	**7 277**	**1 831**	**1 939**	**502**	**54**	**187**	**99**	**33**
中央	3	924	342	296	14	——	14	11	4
北京	2	115	11	20	1	——	——	——	——
天津	1	27	9	5	3	——	——	——	——
河北	16	361	102	76	21	3	13	6	1
山西	25	494	96	158	25	7	9	4	20
内蒙古	10	166	45	67	10	1	3	4	——
辽宁	14	258	63	78	25	4	18	5	——
其中:大连	2	41	12	17	12	——	12	1	——
吉林	10	232	71	52	1	——	——	3	——
黑龙江	4	114	47	30	5	1	4	——	——
上海	2	48	9	26	3	——	——	1	——
江苏	15	141	46	45	19	1	15	4	——
浙江	12	200	83	57	27	9	6	7	3
其中:宁波	1	5	2	3	——	——	——	——	——
安徽	10	134	41	30	4	——	2	2	——
福建	11	123	28	43	28	3	25	3	——
其中:厦门	1	15	4	4	6	2	4	2	——
江西	17	165	41	50	25	3	15	2	——
山东	12	178	63	51	28	7	6	1	——
其中:青岛	3	28	8	9	15	——	2	——	——
河南	31	569	112	158	74	10	27	6	——
湖北	15	308	102	96	5	——	4	4	3
湖南	5	152	33	28	13	5	1	2	——
广东	13	216	56	45	16	——	3	7	——
其中:深圳	1	12	6	6	——	——	——	——	——
广西	14	152	47	39	8	——	6	5	——
海南	——	——	——	——	——	——	——	——	——
重庆	2	114	13	7	12	——	——	——	——
四川	7	222	46	47	12	——	5	1	——
贵州	6	57	17	11	11	——	——	3	——
云南	12	168	56	49	76	——	1	1	——
西藏	2	32	11	3	——	——	——	2	——
陕西	26	553	101	140	21	——	10	7	——
甘肃	6	789	73	153	5	——	——	2	2
青海	2	57	13	26	——	——	——	1	——
宁夏	5	79	20	22	——	——	——	2	——
新疆	4	129	34	31	10	——	——	3	——

机构基本情况(一)

论文及资料		本年收入合计				
专著数(册)	论文数(省级及以上刊物公开发表)(篇)	(千元)	财政拨款	事业收入	经营收入	其他收入
276	**2 307**	**1 509 863**	**730 176**	**611 553**	**39 445**	**111 536**
76	582	333 464	199 515	131 799	——	2 141
——	1	10 124	7 730	2 163	——	231
2	27	9 053	8 878	——	——	54
5	73	49 565	24 200	15 217	——	10 148
13	93	76 635	31 725	43 403	1 240	267
16	35	64 706	17 611	45 100	——	1 987
2	75	39 962	30 125	9 837	——	——
1	28	4 129	4 129	——	——	——
1	36	41 324	31 286	8 046	——	1 991
——	71	11 920	11 884	——	——	——
10	50	11 423	6 838	3 561	——	1 024
3	24	25 380	20 815	1 055	——	3 510
12	87	76 142	29 366	9 883	34 260	1 286
——	——	627	625	——	——	2
9	30	14 963	13 794	262	——	634
8	65	14 212	10 746	150	——	1 703
2	12	2 650	2 320	——	——	330
6	43	15 488	9 654	5 050	225	559
26	61	37 654	21 261	13 716	——	2 327
11	2	2 849	2 548	——	——	301
23	195	96 805	34 470	46 657	380	11 519
4	30	27 550	16 848	7 522	——	3 179
3	33	24 355	9 754	14 526	——	74
11	35	59 184	32 848	24 030	89	462
2	12	5 963	5 959	——	——	4
6	65	15 558	9 127	473	2 850	1 093
——	——	——	——	——	——	——
2	21	30 442	13 737	14 865	——	1 048
16	135	103 622	14 558	74 800	——	14 264
1	55	12 123	5 555	6 265	——	258
1	27	32 943	12 173	19 272	120	1 367
——	——	3 863	3 713	150	——	——
4	110	129 797	36 500	54 823	——	36 474
4	208	106 332	44 192	55 452	——	5 864
——	——	7 842	5 873	1 732	——	170
——	3	12 397	9 229	138	——	2 930
12	37	15 035	6 171	1 606	281	4 972

各地区文化(文物)科技、科研

地区	本年支出合计（千元）	基本支出	项目支出	经营支出	在支出合计中：工资福利支出	商品和服务支出	差旅费	劳务费	福利费	税金支出
总计	**1 453 286**	**822 157**	**590 797**	**35 216**	**337 685**	**621 632**	**47 935**	**103 395**	**9 882**	**6 808**
中央	321 962	143 497	178 465	——	48 771	138 690	11 929	19 644	2 464	2 644
北京	9 779	8 306	1 323	——	3 848	3 651	70	——	20	119
天津	6 186	4 100	2 086	——	1 430	2 000	262	133	19	——
河北	47 255	23 562	22 902	——	12 957	24 982	2 641	5 500	217	118
山西	90 216	48 911	40 262	1 043	18 457	36 879	1 906	8 681	384	69
内蒙古	35 420	30 848	2 862	——	6 566	12 717	1 189	7 718	128	38
辽宁	33 617	22 346	11 270	——	11 369	12 849	1 496	4 119	79	——
其中：大连	4 129	3 785	344	——	2 610	621	99	78	6	——
吉林	32 119	24 295	7 694	——	9 239	10 801	3 957	94	13	1
黑龙江	11 898	9 972	1 920	——	5 052	2 636	435	85	20	——
上海	11 614	7 342	4 272	——	4 416	5 993	230	1	54	185
江苏	24 594	19 708	4 886	——	8 004	8 667	378	1 861	73	16
浙江	72 980	25 699	15 449	31 831	16 756	21 869	2 975	4 636	2 446	1 553
其中：宁波	627	627	——	——	429	60	——	——	3	——
安徽	14 571	13 283	572	——	5 310	2 175	541	332	242	——
福建	14 166	10 403	3 750	——	5 237	4 982	574	349	100	9
其中：厦门	2 826	1 734	1 092	——	1 009	1 099	31	286	16	——
江西	15 681	10 370	4 851	48	5 260	6 001	969	755	113	——
山东	29 655	20 490	9 165	——	9 728	12 087	1 476	3 228	8	87
其中：青岛	2 962	2 912	50	——	1 687	1 080	396	113	——	——
河南	103 477	75 789	27 452	52	23 052	57 165	1 613	17 019	369	587
湖北	28 821	18 626	10 145	——	11 239	8 226	1 053	890	353	12
湖南	25 037	12 571	12 167	——	6 237	3 551	144	668	38	2
广东	57 846	23 669	34 096	80	13 275	31 675	466	2 553	283	82
其中：深圳	5 888	2 808	3 080	——	1 432	1 909	38	1 862	9	——
广西	12 488	8 819	1 362	1 756	4 829	2 817	174	883	104	490
海南	——	——	——	——	——	——	——	——	——	——
重庆	32 117	5 801	26 316	——	5 730	17 413	1 892	2 851	226	——
四川	71 029	12 296	58 733	——	13 395	52 468	2 848	10 087	73	——
贵州	10 577	4 759	5 818	——	1 414	7 559	68	36	12	208
云南	31 396	28 661	2 610	125	6 980	20 288	1 780	4 216	509	11
西藏	3 463	3 383	80	——	2 078	427	50	——	——	——
陕西	123 623	105 684	17 839	——	29 429	62 146	2 223	3 773	624	——
甘肃	145 200	78 293	66 907	——	38 044	42 657	3 056	2 311	832	514
青海	7 517	6 578	938	——	3 186	2 739	794	683	3	——
宁夏	10 913	7 632	3 281	——	3 601	1 219	510	34	1	——
新疆	18 069	6 464	11 324	281	2 796	4 303	236	255	75	63

机构基本情况(二)

对个人和家庭补助支出		其他资本性支出		资产合计(千元)		增加值(千元)	公用房屋建筑面积(千平方米)	
	抚恤金和生活补助		各种设备购置费		固定资产原值			业务房屋面积
181 253	**6 638**	**154 775**	**85 306**	**2 489 898**	**1 331 295**	**782 420**	**416.70**	**139.94**
45 985	1 349	46 330	40 964	781 281	430 104	147 777	73.33	37.24
1 591	——	——	——	98 921	10 294	6 068	3.41	1.22
2 755	9	——	——	5 731	472	4 364	1.00	1.00
8 260	449	978	978	59 274	26 420	28 876	15.86	11.45
8 231	604	2 181	1 917	88 626	51 757	37 562	18.35	9.22
4 298	258	1 646	1 315	32 233	27 064	43 369	13.00	7.00
8 138	93	711	676	56 323	27 059	26 918	5.06	3.11
792	11	106	83	1 331	1 331	3 535	0.24	——
8 747	234	1 987	1 722	47 338	29 888	22 325	12.60	3.01
4 092	15	110	50	13 641	13 160	9 789	2.80	0.77
900	——	142	142	10 743	3 635	5 717	——	——
6 830	511	1 093	1 082	17 803	5 491	16 525	1.52	——
4 104	41	2 623	1 483	155 255	43 544	32 750	17.13	9.92
137	——	——	——	1 389	707	597	——	——
5 525	51	17	——	19 047	19 018	12 175	10.33	1.00
3 227	113	628	620	17 435	11 774	9 318	4.30	0.30
458	——	260	260	7 865	6 057	2 013	2.00	——
3 577	127	479	25	16 829	3 495	9 781	4.86	1.12
5 856	44	1 185	1 009	44 029	10 944	25 042	6.07	1.84
111	10	17	——	881	766	1 957	1.00	——
10 236	458	9 842	9 822	90 341	57 152	53 841	40.61	16.81
6 667	554	566	128	43 920	19 341	19 559	18.36	6.40
3 744	38	4 772	2 255	21 848	14 176	11 227	7.75	3.51
7 419	54	2 229	196	28 027	20 682	25 069	14.50	4.31
338	——	72	72	3 075	3 075	3 766	——	——
3 328	207	258	249	39 552	4 404	9 900	5.48	0.99
——	——	——	——	——	——	——	——	——
570	——	8 404	898	30 645	6 374	12 203	1.00	1.00
3 618	90	1 009	1 009	200 550	80 503	60 508	25.79	3.50
712	1	887	887	18 516	4 027	3 616	——	——
3 843	265	155	53	49 773	11 219	17 280	2.91	0.80
958	6	——	——	1 646	1 066	3 093	3.00	——
7 994	237	19 497	1 338	105 445	89 025	51 155	20.72	8.43
5 634	653	38 698	8 162	334 084	266 413	59 712	68.58	0.41
1 361	74	231	231	6 837	5 161	5 519	3.80	1.59
1 169	——	301	301	15 400	8 862	5 199	1.59	0.04
1 884	103	7 816	7 794	38 805	28 771	6 183	11.98	2.95

各地区文化艺术科技、

地区	机构数（个）	从业人员（人）	高级职称	中级职称	本年完成科研项目（个）	获国家奖	获省、部奖	所办刊物（种）	申请专利数（个）
总计	**210**	**3 478**	**1 037**	**1 076**	**390**	**53**	**181**	**89**	**20**
中央	2	790	285	248	14	——	14	10	——
北京	——	——	——	——	——	——	——	——	——
天津	1	27	9	5	3	——	——	——	——
河北	12	156	46	34	20	3	13	6	——
山西	15	219	47	72	25	7	9	4	20
内蒙古	9	120	30	45	10	1	3	4	——
辽宁	9	132	30	39	25	4	18	3	——
其中:大连	1	27	6	9	12	——	12	1	——
吉林	7	150	53	34	1	——	——	3	——
黑龙江	2	68	27	19	5	1	4	——	——
上海	2	48	9	26	3	——	——	1	——
江苏	10	112	37	37	19	1	15	4	——
浙江	7	102	45	40	25	8	6	7	——
其中:宁波	1	5	2	3	——	——	——	——	——
安徽	9	88	26	21	4	——	2	2	——
福建	10	112	24	41	28	3	25	3	——
其中:厦门	1	15	4	4	6	2	4	2	——
江西	15	121	26	38	25	3	15	1	——
山东	7	101	37	29	26	7	6	1	——
其中:青岛	2	17	6	7	15	——	2	——	——
河南	21	181	42	70	70	10	26	5	——
湖北	12	198	66	68	4	——	4	3	——
湖南	2	46	14	11	13	5	1	1	——
广东	8	96	33	28	16	——	3	7	——
其中:深圳	——	——	——	——	——	——	——	——	——
广西	9	76	23	24	8	——	6	5	——
海南	——	——	——	——	——	——	——	——	——
重庆	1	30	3	3	5	——	——	——	——
四川	4	60	14	15	6	——	1	1	——
贵州	5	36	9	8	11	——	——	3	——
云南	11	125	39	46	2	——	1	1	——
西藏	1	16	6	2	——	——	——	2	——
陕西	13	155	27	41	11	——	9	7	——
甘肃	1	22	6	7	1	——	——	1	——
青海	1	14	3	3	——	——	——	1	——
宁夏	2	32	11	9	——	——	——	1	——
新疆	2	45	10	13	10	——	——	2	——

科研机构基本情况(一)

论文及资料		本年收入合计				
专著数(册)	论文数(省级及以上刊物公开发表)(篇)	(千元)	财政拨款	事业收入	经营收入	其他收入
193	**1 438**	**627 765**	**451 457**	**116 230**	**36 215**	**20 516**
63	529	275 800	165 954	107 929	——	1 908
——	——	——	——	——	——	——
2	27	9 053	8 878	——	——	54
3	48	15 315	13 308	33	——	1 974
11	42	20 602	19 103	51	1 240	208
10	35	12 785	12 744	——	——	33
1	58	15 777	15 747	30	——	——
1	28	3 906	3 906	——	——	——
1	36	19 839	19 016	219	——	604
——	60	7 773	7 737	——	——	——
10	50	11 423	6 838	3 561	——	1 024
3	21	20 760	18 491	82	——	2 187
4	13	49 118	13 696	278	34 260	884
——	——	627	625	——	——	2
9	30	9 410	8 781	262	——	94
8	65	13 720	10 254	150	——	1 703
2	12	2 650	2 320	——	——	330
6	38	7 377	6 966	166	225	20
20	32	13 093	12 340	——	——	673
10	2	1 719	1 684	——	——	35
10	85	21 279	17 937	1 351	——	1 934
4	24	15 672	13 046	296	——	2 329
3	10	5 453	5 274	116	——	62
3	18	15 780	14 983	42	89	433
——	——	——	——	——	——	——
4	53	7 694	7 404	109	——	181
——	——	——	——	——	——	——
——	——	15 438	12 638	1 037	——	971
7	23	5 437	5 404	——	——	33
1	45	3 106	2 842	——	——	219
——	10	9 706	8 724	78	120	773
——	——	2 611	2 611	——	——	——
1	47	11 690	11 461	97	——	132
2	15	1 557	1 557	——	——	——
——	——	1 698	1 614	1	——	16
——	3	3 052	2 912	138	——	2
7	21	5 747	3 197	204	281	2 065

各地区文化艺术科技、

地区	本年支出合计									
	(千元)	基本支出	项目支出	经营支出	在支出合计中：					
					工资福利支出	商品和服务支出				
							差旅费	劳务费	福利费	税金支出
总计	**592 664**	**345 793**	**209 749**	**33 408**	**159 557**	**182 506**	**12 013**	**20 795**	**6 183**	**2 933**
中央	245 479	106 297	139 182	——	44 845	97 616	4 675	13 663	2 355	855
北京	——	——	——	——	——	——	——	——	——	——
天津	6 186	4 100	2 086	——	1 430	2 000	262	133	19	——
河北	15 223	13 805	1 418	——	6 358	2 821	267	365	97	——
山西	20 357	16 315	2 999	1 043	7 792	6 154	460	253	202	69
内蒙古	10 806	8 734	362	——	4 213	1 861	195	45	72	——
辽宁	15 722	14 171	1 550	——	6 896	2 262	177	254	21	——
其中：大连	3 906	3 585	321	——	2 443	602	91	67	6	——
吉林	18 843	16 016	2 697	——	6 672	3 328	165	14	8	1
黑龙江	7 772	5 852	1 920	——	3 036	1 483	178	85	16	——
上海	11 614	7 342	4 272	——	4 416	5 993	230	1	54	185
江苏	19 978	15 516	4 462	——	6 325	6 698	280	1 052	28	16
浙江	49 345	13 026	4 487	31 831	9 716	9 548	1 689	808	2 294	1 553
其中：宁波	627	627	——	——	429	60	——	——	3	——
安徽	9 026	7 738	572	——	3 397	1 104	425	235	76	——
福建	13 674	9 911	3 750	——	4 834	4 945	574	349	99	9
其中：厦门	2 826	1 734	1 092	——	1 009	1 099	31	286	16	——
江西	7 353	6 993	——	48	3 236	1 020	94	47	57	——
山东	12 981	10 957	2 024	——	5 380	2 949	467	342	——	87
其中：青岛	1 861	1 811	50	——	1 245	559	346	——	——	——
河南	20 372	16 569	3 619	——	8 283	1 928	150	68	113	——
湖北	15 358	11 062	4 246	——	5 634	3 630	181	5	176	——
湖南	5 562	5 263	——	——	1 697	437	31	——	33	2
广东	15 679	10 140	5 459	80	5 069	5 908	391	627	257	82
其中：深圳	——	——	——	——	——	——	——	——	——	——
广西	7 443	6 528	718	——	3 003	811	80	13	38	——
海南	——	——	——	——	——	——	——	——	——	——
重庆	19 771	1 610	18 161	——	610	10 549	364	1 951	19	——
四川	5 434	3 749	1 685	——	1 692	1 080	26	20	27	——
贵州	3 098	2 728	370	——	798	1 388	68	36	——	——
云南	9 885	8 371	1 389	125	4 031	2 621	295	165	63	11
西藏	2 353	2 353	——	——	1 247	204	25	——	——	——
陕西	11 661	11 212	349	——	5 797	1 178	26	5	18	——
甘肃	1 557	1 557	——	——	518	442	50	91	——	——
青海	1 737	1 573	163	——	679	382	59	51	1	——
宁夏	2 947	2 868	79	——	1 328	296	25	8	1	——
新疆	5 448	3 437	1 730	281	625	1 870	104	109	39	63

科研机构基本情况(二)

对个人和家庭补助支出		其他资本性支出		资产合计		增加值(千元)	公用房屋建筑面积	
	抚恤金和生活补助		各种设备购置费	(千元)	固定资产原值		(千平方米)	业务房屋面积
127 884	**4 129**	**46 677**	**37 350**	**813 132**	**371 257**	**340 688**	**116**	**65**
36 342	1 251	29 490	29 490	502 525	224 437	117 736	44	33
——	——	——	——	——	——	——	——	——
2 755	9	——	——	5 731	472	4 364	1	1
5 893	216	73	73	6 842	5 575	12 738	3	2
5 122	346	857	656	13 380	8 486	13 556	4	4
4 272	232	371	40	7 709	2 540	8 485	3	3
6 462	84	95	83	3 373	2 371	13 657	1	——
778	11	83	83	675	675	3 316	——	——
7 132	202	367	301	15 741	11 016	14 084	5	2
3 143	7	110	50	2 318	1 837	6 358	1	——
900	——	142	142	10 743	3 635	5 717	——	——
6 513	511	442	442	14 811	3 654	13 595	1	——
2 676	41	777	777	119 339	33 794	18 465	12	8
137	——	——	——	1 389	707	597	——	——
2 964	51	17	——	2 159	2 130	6 755	2	1
3 175	113	628	620	15 745	10 084	8 794	4	——
458	——	260	260	7 865	6 057	2 013	2	——
3 022	85	25	25	4 534	2 403	6 380	3	1
4 132	40	114	97	4 652	2 356	10 025	1	——
40	10	17	——	395	395	1 313	1	——
6 554	282	484	475	16 154	12 451	15 242	3	——
4 489	31	234	18	6 482	4 230	10 453	6	3
1 945	38	1 473	1 473	3 652	3 246	3 771	2	——
4 498	49	124	74	9 205	3 823	10 662	3	——
——	——	——	——	——	——	——	——	——
2 952	94	42	33	2 494	1 497	5 985	——	——
——	——	——	——	——	——	——	——	——
407	——	8 205	898	8 456	3 906	3 167	1	1
1 625	34	500	500	6 333	5 568	3 554	1	1
642	1	265	265	1 748	879	1 515	——	——
3 050	229	53	53	5 889	4 481	7 287	1	——
902	6	——	——	1 492	912	2 181	3	——
2 820	——	1 224	200	11 127	8 993	9 001	10	4
557	77	40	40	1 142	675	1 119	——	——
663	36	13	13	736	456	1 380	——	——
1 007	——	9	9	1 999	1 999	2 432	——	——
1 270	64	503	503	6 621	3 351	2 230	——	——

各地区文物保护科学

地区	机构数（个）	从业人员	具有文博和工程系列职称人数：高级职称	具有文博和工程系列职称人数：中级职称	藏品数（件/套）	一级品	二级品	三级品
总计	**104**	**3 799**	**794**	**863**	**929 189**	**2 582**	**9 091**	**101 684**
中央	1	134	57	48	——	——	——	——
北京	2	115	11	20	153	——	23	130
天津	——	——	——	——	——	——	——	——
河北	4	205	56	42	197 780	458	3 397	24 469
山西	10	275	49	86	6 768	51	85	542
内蒙古	1	46	15	22	14 479	204	68	294
辽宁	5	126	33	39	4 604	18	196	2 277
其中：大连	1	14	6	8	——	——	——	——
吉林	3	82	18	18	1 368	1	16	110
黑龙江	2	46	20	11	3 536	2	6	3 301
上海	——	——	——	——	——	——	——	——
江苏	5	29	9	8	5 066	——	——	——
浙江	5	98	38	17	22 240	51	236	1 280
其中：宁波	——	——	——	——	——	——	——	——
安徽	1	46	15	9	233	21	25	187
福建	1	11	4	2	17	——	——	——
其中：厦门	——	——	——	——	——	——	——	——
江西	2	44	15	12	1 385	9	31	381
山东	5	77	26	22	22 051	——	——	——
其中：青岛	1	11	2	2	——	——	——	——
河南	10	388	70	88	304 840	47	203	35 432
湖北	3	110	36	28	8 395	——	——	——
湖南	3	106	19	17	34 604	40	73	629
广东	5	120	23	17	34 546	——	——	——
其中：深圳	1	12	6	6	400	——	——	——
广西	5	76	24	15	1 154	——	——	1 154
海南	——	——	——	——	——	——	——	——
重庆	1	84	10	4	——	——	——	——
四川	3	162	32	32	92 465	287	140	21
贵州	1	21	8	3	916	——	——	——
云南	1	43	17	3	2 453	2	14	35
西藏	1	16	5	1	——	——	——	——
陕西	13	398	74	99	43 421	280	760	2 774
甘肃	5	767	67	146	68 548	1 025	3 685	28 387
青海	1	43	10	23	55 452	22	87	150
宁夏	3	47	9	13	149	——	——	21
新疆	2	84	24	18	2 566	64	46	110

研究机构基本情况(一)

本年考古出土文物及标本数(件/套)	本年从有关部门接收文物数(件/套)	本年藏品征集数(件/套)	本年修复文物数				考古发掘项目			
			(件/套)	一级品	二级品	三级品	(个)	基本建设中考古发掘项目	抢救性发掘项目	主动性发掘项目
29 286	**225**	**247**	**11 493**	**20**	**73**	**614**	**938**	**605**	**221**	**96**
——	——	——	——	——	——	——	——	——	——	——
——	——	——	——	——	——	——	25	25	——	——
——	——	——	——	——	——	——	——	——	——	——
——	——	——	119	——	——	——	21	20	——	1
——	——	——	——	——	——	——	45	44	1	——
——	——	——	——	——	——	——	34	——	7	27
——	——	——	163	——	——	——	21	15	4	1
——	——	——	100	——	——	——	2	——	2	——
1 000	——	——	——	——	——	——	15	10	2	3
101	——	——	——	——	——	——	8	8	——	——
——	——	——	——	——	——	——	——	——	——	——
——	——	——	——	——	——	——	12	6	6	——
7 420	42	——	2 310	——	——	10	15	——	——	——
——	——	——	——	——	——	——	——	——	——	——
——	——	——	——	——	——	——	20	20	——	——
17	——	——	——	——	——	——	——	——	——	——
——	——	——	——	——	——	——	——	——	——	——
——	——	——	——	——	——	——	19	17	——	2
1 841	——	——	308	——	——	——	30	15	13	2
——	——	——	——	——	——	——	4	——	3	1
16 952	4	——	2 279	——	——	——	126	86	28	12
302	——	——	500	——	——	——	35	35	——	——
117	——	——	263	——	——	6	215	160	54	1
1 046	——	——	15	——	——	——	46	8	38	——
20	——	——	15	——	——	——	1	——	1	——
——	——	——	——	——	——	——	4	4	——	——
——	——	——	——	——	——	——	——	——	——	——
——	——	——	1 800	——	3	——	28	20	8	——
——	——	——	1 010	——	4	87	33	11	21	1
16	——	——	——	——	——	——	4	4	——	——
——	179	——	——	——	——	——	6	5	——	1
——	——	——	——	——	——	——	——	——	——	——
44	——	240	1 198	20	66	508	141	72	36	33
80	——	7	1 265	——	——	——	12	——	——	12
——	——	——	——	——	——	——	4	3	1	——
——	——	——	——	——	——	——	11	9	2	——
350	——	——	263	——	——	3	8	8	——	——

各地区文物保护科学

地区	考古钻探面积（千平方米）	考古发掘面积（千平方米）	发掘墓葬数（个）	规划及方案设计（个）	承担维修项目（个）	国保单位	省级保单位	市、县级保单位	举办陈列、展览（个）	参观人次（千人次）	未成年人参观人次	门票销售总额	本年完成科研项目（个）
总计	**44 902**	**1 189**	**10 965**	**339**	**197**	**40**	**87**	**26**	**4**	**13 276**	**2 744**	**57 384**	**112**
中央	——	——	——	101	——	——	——	——	——	——	——	——	——
北京	3 900	50	1 109	——	——	——	——	——	——	——	——	——	1
天津	——	——	——	——	——	——	——	——	——	——	——	——	——
河北	1 903	36	90	9	4	1	——	——	——	5	——	——	1
山西	455	44	55	——	——	——	——	——	——	639	52	40	——
内蒙古	——	649	——	——	——	——	——	——	——	——	——	——	——
辽宁	1 384	19	127	——	6	3	3	——	——	——	——	——	——
其中：大连	60	2	——	——	——	——	——	——	——	——	——	——	——
吉林	2 000	16	——	——	5	3	2	——	——	——	——	——	——
黑龙江	150	5	28	——	——	——	——	——	——	——	——	——	——
上海	——	——	——	——	——	——	——	——	——	——	——	——	——
江苏	682	4	256	——	——	——	——	——	——	1	——	3	——
浙江	700	30	830	——	1	——	1	——	——	665	161	10 040	2
其中：宁波	——	——	——	——	——	——	——	——	——	——	——	——	——
安徽	1 000	15	800	——	——	——	——	——	——	——	——	——	——
福建	——	5	——	——	——	——	——	——	——	——	——	——	——
其中：厦门	——	——	——	——	——	——	——	——	——	——	——	——	——
江西	——	——	——	——	1	1	——	——	1	180	23	——	——
山东	7 628	32	362	7	9	1	4	3	——	——	——	——	2
其中：青岛	20	4	15	——	——	——	——	——	——	——	——	——	——
河南	6 303	50	2 363	23	19	10	7	2	——	50	3	150	4
湖北	1 090	36	158	5	10	——	——	——	——	——	——	——	1
湖南	6 080	18	543	18	2	——	2	——	——	——	——	——	——
广东	4 029	16	199	——	——	——	——	——	1	11 000	2 500	——	——
其中：深圳	——	1	2	——	——	——	——	——	1	11 000	2 500	——	——
广西	1 293	3	83	38	28	9	9	10	——	217	——	99	——
海南	——	——	——	——	——	——	——	——	——	——	——	——	——
重庆	264	25	60	24	——	——	——	——	——	——	——	——	7
四川	2 700	85	1 500	24	3	2	——	1	——	——	——	——	6
贵州	57	3	——	24	9	3	4	2	——	——	——	——	——
云南	60	1	356	33	33	5	6	2	——	——	——	——	74
西藏	——	——	——	——	——	——	——	——	——	——	——	——	——
陕西	1 744	27	1 080	3	57	2	45	——	——	1	——	——	10
甘肃	489	5	673	30	10	——	4	6	1	452	4	45 762	4
青海	224	1	——	——	——	——	——	——	——	——	——	——	——
宁夏	768	7	73	——	——	——	——	——	1	60	——	——	——
新疆	——	7	220	——	——	——	——	——	——	6	1	1 290	——

研究机构基本情况(二)

获国家奖(个)	获省、部奖(个)	科研成果 专著或图录(册)	论文(省级及以上刊物公开发表)(篇)	考古报告(篇)	古建维修报告(篇)	本年收入合计 (千元)	财政拨款	事业收入	经营收入	其他收入
1	**6**	**83**	**869**	**158**	**30**	**882 098**	**278 719**	**495 323**	**3 230**	**91 020**
——	——	13	53	——	——	57 664	33 561	23 870	——	233
——	——	——	1	——	——	10 124	7 730	2 163	——	231
——	——	——	——	——	——	——	——	——	——	——
——	——	2	25	2	——	34 250	10 892	15 184	——	8 174
——	——	2	51	16	——	56 033	12 622	43 352	——	59
——	——	6	——	21	——	51 921	4 867	45 100	——	1 954
——	——	1	17	——	——	24 185	14 378	9 807	——	——
——	——	——	——	——	——	223	223	——	——	——
——	——	——	——	——	——	21 485	12 270	7 827	——	1 387
——	——	——	11	3	——	4 147	4 147	——	——	——
——	——	——	——	——	——	——	——	——	——	——
——	——	——	3	——	1	4 620	2 324	973	——	1 323
1	——	8	74	2	1	27 024	15 670	9 605	——	402
——	——	——	——	——	——	——	——	——	——	——
——	——	——	——	——	——	5 553	5 013	——	——	540
——	——	——	——	——	——	492	492	——	——	——
——	——	——	——	——	——	——	——	——	——	——
——	——	——	5	12	——	8 111	2 688	4 884	——	539
——	——	6	29	9	——	24 561	8 921	13 716	——	1 654
——	——	1	——	——	——	1 130	864	——	——	266
——	1	13	110	23	4	75 526	16 533	45 306	380	9 585
——	——	——	6	5	——	11 878	3 802	7 226	——	850
——	——	——	23	21	——	18 902	4 480	14 410	——	12
——	——	8	17	25	——	43 404	17 865	23 988	——	29
——	——	2	12	1	——	5 963	5 959	——	——	4
——	——	2	12	2	——	7 864	1 723	364	2 850	912
——	——	——	——	——	——	——	——	——	——	——
——	——	2	21	2	——	15 004	1 099	13 828	——	77
——	4	9	112	6	——	98 185	9 154	74 800	——	14 231
——	——	——	10	——	24	9 017	2 713	6 265	——	39
——	——	1	17	2	——	23 237	3 449	19 194	——	594
——	——	——	——	——	——	1 252	1 102	150	——	——
——	1	3	63	1	——	118 107	25 039	54 726	——	36 342
——	——	2	193	3	——	104 775	42 635	55 452	——	5 864
——	——	——	——	——	——	6 144	4 259	1 731	——	154
——	——	——	——	2	——	9 345	6 317	——	——	2 928
——	——	5	16	1	——	9 288	2 974	1 402	——	2 907

各地区文物保护科学

地　区	本年支出合计 （千元）	基本支出	项目支出	经营支出	在支出合计中：					
					工资福利支出		商品和服务支出			
							差旅费	劳务费	福利费	税金支出
总　计	**860 622**	**476 364**	**381 048**	**1 808**	**178 128**	**439 126**	**35 922**	**82 600**	**3 699**	**3 875**
中　央	76 483	37 200	39 283	——	3 926	41 074	7 254	5 981	109	1 789
北　京	9 779	8 306	1 323	——	3 848	3 651	70	——	20	119
天　津	——	——	——	——	——	——	——	——	——	——
河　北	32 032	9 757	21 484	——	6 599	22 161	2 374	5 135	120	118
山　西	69 859	32 596	37 263	——	10 665	30 725	1 446	8 428	182	——
内蒙古	24 614	22 114	2 500	——	2 353	10 856	994	7 673	56	38
辽　宁	17 895	8 175	9 720	——	4 473	10 587	1 319	3 865	58	——
其中：大连	223	200	23	——	167	19	8	11	——	——
吉　林	13 276	8 279	4 997	——	2 567	7 473	3 792	80	5	——
黑龙江	4 126	4 120	——	——	2 016	1 153	257	——	4	——
上　海	——	——	——	——	——	——	——	——	——	——
江　苏	4 616	4 192	424	——	1 679	1 969	98	809	45	——
浙　江	23 635	12 673	10 962	——	7 040	12 321	1 286	3 828	152	——
其中：宁波	——	——	——	——	——	——	——	——	——	——
安　徽	5 545	5 545	——	——	1 913	1 071	116	97	166	——
福　建	492	492	——	——	403	37	——	——	1	——
其中：厦门	——	——	——	——	——	——	——	——	——	——
江　西	8 328	3 377	4 851	——	2 024	4 981	875	708	56	——
山　东	16 674	9 533	7 141	——	4 348	9 138	1 009	2 886	8	——
其中：青岛	1 101	1 101	——	——	442	521	50	113	——	——
河　南	83 105	59 220	23 833	52	14 769	55 237	1 463	16 951	256	587
湖　北	13 463	7 564	5 899	——	5 605	4 596	872	885	177	12
湖　南	19 475	7 308	12 167	——	4 540	3 114	113	668	5	——
广　东	42 167	13 529	28 637	——	8 206	25 767	75	1 926	26	——
其中：深圳	5 888	2 808	3 080	——	1 432	1 909	38	1 862	9	——
广　西	5 045	2 291	644	1 756	1 826	2 006	94	870	66	490
海　南	——	——	——	——	——	——	——	——	——	——
重　庆	12 346	4 191	8 155	——	5 120	6 864	1 528	900	207	——
四　川	65 595	8 547	57 048	——	11 703	51 388	2 822	10 067	46	——
贵　州	7 479	2 031	5 448	——	616	6 171	——	——	12	208
云　南	21 511	20 290	1 221	——	2 949	17 667	1 485	4 051	446	——
西　藏	1 110	1 030	80	——	831	223	25	——	——	——
陕　西	111 962	94 472	17 490	——	23 632	60 968	2 197	3 768	606	——
甘　肃	143 643	76 736	66 907	——	37 526	42 215	3 006	2 220	832	514
青　海	5 780	5 005	775	——	2 507	2 357	735	632	2	——
宁　夏	7 966	4 764	3 202	——	2 273	923	485	26	——	——
新　疆	12 621	3 027	9 594	——	2 171	2 433	132	146	36	——

研究机构基本情况(三)

对个人和家庭补助支出	抚恤金和生活补贴	其他资本性支出	各种设备购置费	资产合计(千元)	固定资产原值	增加值(千元)	公用房屋建筑面积(千平方米)	文物库房(含标本室)面积	实验室面积	国际合作 项目数(个)	外方投资(千元)
53 369	**2 509**	**108 098**	**47 956**	**1 676 766**	**960 038**	**441 732**	**301**	**70**	**5**	**17**	**1 000**
9 643	98	16 840	11 474	278 756	205 667	30 041	29	2	3	——	——
1 591	——	——	——	98 921	10 294	6 068	3	1	——	——	——
——	——	——	——	——	——	——	——	——	——	——	——
2 367	233	905	905	52 432	20 845	16 138	13	9	——	——	——
3 109	258	1 324	1 261	75 246	43 271	24 006	14	5	——	——	——
26	26	1 275	1 275	24 524	24 524	34 884	10	4	——	——	——
1 676	9	616	593	52 950	24 688	13 261	4	3	——	——	——
14	——	23	——	656	656	219	——	——	——	——	——
1 615	32	1 620	1 421	31 597	18 872	8 241	8	1	——	——	——
949	8	——	——	11 323	11 323	3 431	2	1	——	——	——
——	——	——	——	——	——	——	——	——	——	——	——
317	——	651	640	2 992	1 837	2 930	1	——	——	——	——
1 428	——	1 846	706	35 916	9 750	14 285	5	2	——	1	1 000
——	——	——	——	——	——	——	——	——	——	——	——
2 561	——	——	——	16 888	16 888	5 420	8	——	——	——	——
52	——	——	——	1 690	1 690	524	——	——	——	——	——
——	——	——	——	——	——	——	——	——	——	——	——
555	42	454	——	12 295	1 092	3 401	2	——	——	——	——
1 724	4	1 071	912	39 377	8 588	15 017	5	2	——	1	——
71	——	——	——	486	371	644	——	——	——	——	——
3 682	176	9 358	9 347	74 187	44 701	38 599	38	17	——	1	——
2 178	523	332	110	37 438	15 111	9 106	12	2	1	——	——
1 799	——	3 299	782	18 196	10 930	7 456	6	3	——	9	——
2 921	5	2 105	122	18 822	16 859	14 407	12	4	——	——	——
338	——	72	72	3 075	3 075	3 766	——	——	——	——	——
376	113	216	216	37 058	2 907	3 915	5	1	——	1	——
——	——	——	——	——	——	——	——	——	——	——	——
163	——	199	——	22 189	2 468	9 036	——	——	——	——	——
1 993	56	509	509	194 217	74 935	56 954	25	3	——	——	——
70	——	622	622	16 768	3 148	2 101	——	——	——	——	——
793	36	102	——	43 884	6 738	9 993	2	1	——	——	——
56	——	——	——	154	154	912	——	——	——	——	——
5 174	237	18 273	1 138	94 318	80 032	42 154	11	4	——	——	——
5 077	576	38 658	8 122	332 942	265 738	58 593	69	——	——	4	——
698	38	218	218	6 101	4 705	4 139	4	2	——	——	——
162	——	292	292	13 401	6 863	2 767	2	——	——	——	——
614	39	7 313	7 291	32 184	25 420	3 953	12	3	——	——	——

各地区其他文化事业

地区	机构数（个）	从业人员（人）	高级职称	中级职称	本年（千元）	财政拨款
总计	834	10 624	1 413	2 006	2 310 274	1 435 702
中央	18	1 215	132	183	728 965	380 957
北京	3	143	24	5	38 322	36 101
天津	22	477	69	80	74 427	35 277
河北	21	298	32	59	40 603	27 104
山西	15	154	34	37	14 894	13 216
内蒙古	21	405	31	65	70 944	56 482
辽宁	31	350	50	110	58 800	56 720
其中：大连	4	106	23	47	11 226	10 768
吉林	52	425	62	103	32 060	25 817
黑龙江	21	169	48	31	11 307	11 161
上海	26	688	77	127	318 777	79 398
江苏	92	672	209	197	174 219	143 481
浙江	17	163	10	48	22 746	7 011
其中：宁波	——	——	——	——	——	——
安徽	49	215	52	52	20 277	17 495
福建	29	191	19	36	25 954	20 293
其中：厦门	2	16	——	——	1 949	1 949
江西	24	213	28	35	183 762	181 793
山东	69	695	128	176	61 270	54 800
其中：青岛	5	26	——	4	2 348	1 027
河南	26	474	23	63	30 211	14 884
湖北	41	426	54	63	33 036	13 071
湖南	65	790	52	136	51 167	28 747
广东	34	590	41	90	113 502	90 093
其中：深圳	5	64	10	11	25 476	18 691
广西	26	374	28	51	31 809	15 005
海南	5	41	4	4	3 594	3 308
重庆	8	86	12	16	21 573	14 473
四川	28	281	37	52	32 010	19 763
贵州	15	165	18	21	26 320	19 142
云南	17	221	16	25	23 937	12 969
西藏	1	40	5	7	3 810	3 810
陕西	19	196	30	28	17 511	14 230
甘肃	24	202	36	50	14 843	14 325
青海	5	65	18	13	9 720	9 516
宁夏	5	140	20	20	14 412	10 485
新疆	5	60	14	23	5 492	4 775

机构基本情况(一)

收入合计			本年支出合计			
事业收入	经营收入	其他收入	(千元)	基本支出	项目支出	经营支出
545 052	**67 873**	**213 003**	**2 171 528**	**1 419 812**	**667 231**	**63 683**
205 976	24 593	117 287	753 136	499 655	241 307	11 766
——	591	1 629	37 138	23 394	13 153	591
35 299	——	2 933	72 918	69 977	2 941	——
5 905	——	6 154	44 968	21 894	22 663	——
233	527	719	15 218	9 898	4 812	507
2 823	5 289	6 350	59 293	33 541	15 628	9 866
1 544	——	536	40 233	31 572	8 305	——
267	——	191	11 423	10 525	898	——
5 068	176	951	30 766	25 079	5 186	176
9	——	122	11 161	9 916	476	——
193 225	5 558	6 661	300 805	233 907	58 877	5 453
15 806	536	13 756	113 314	73 262	39 781	271
2 240	4 839	4 817	21 937	11 947	4 676	4 697
——	——	——	——	——	——	——
1 240	550	398	14 633	12 311	491	542
3 610	15	1 117	24 219	14 522	9 048	572
——	——	——	1 821	941	880	——
813	30	1 027	153 380	9 850	143 200	16
2 111	829	2 488	57 962	45 804	4 684	709
——	769	60	1 773	1 113	——	660
12 472	1 469	1 111	27 959	21 906	3 533	1 683
6 078	180	12 982	31 801	24 604	3 433	3 752
13 137	4 063	5 049	50 929	43 978	1 734	5 011
11 580	790	9 964	115 292	64 790	46 963	492
2 300	——	3 985	25 819	10 519	15 300	——
2 970	10 634	2 208	30 131	19 858	3 570	6 521
200	——	86	3 663	3 023	586	——
3 145	140	3 537	12 329	4 653	7 039	140
7 254	1 939	2 995	34 987	19 018	12 930	1 674
5 770	687	720	24 270	23 466	495	309
1 965	828	6 960	24 461	15 743	3 135	5 384
——	——	——	3 812	3 812	——	——
3 141	50	80	17 529	13 388	3 886	10
516	——	——	14 522	13 114	1 408	——
——	——	204	9 324	6 647	2 677	——
305	3 560	62	14 124	10 340	243	3 541
617	——	100	5 314	4 943	371	——

各地区其他文化事业

地　区	本年支出合计(千元)					
	在支出合计中:					
	工资福利支出	商品和服务支出				
			差旅费	劳务费	福利费	税金支出
总　计	**487 820**	**930 387**	**20 674**	**45 460**	**11 174**	**31 790**
中　央	111 643	385 607	4 154	9 931	4 441	12 473
北　京	9 045	17 633	323	414	59	8
天　津	22 758	33 104	447	2 512	358	2 386
河　北	9 851	23 332	1 904	3 282	137	141
山　西	4 851	6 111	222	471	216	42
内蒙古	13 012	39 799	1 208	1 768	209	542
辽　宁	17 906	7 822	303	237	169	141
其中:大连	8 295	1 424	133	26	8	79
吉　林	11 803	10 090	1 656	94	8	39
黑龙江	5 832	860	141	6	45	——
上　海	62 469	181 575	1 361	4 883	1 037	6 496
江　苏	32 142	46 225	1 473	3 719	397	329
浙　江	6 944	8 930	376	774	350	554
其中:宁波	——	——	——	——	——	——
安　徽	5 906	3 659	344	205	216	145
福　建	6 122	9 439	962	787	211	341
其中:厦门	692	53	12	——	6	——
江　西	5 611	1 850	138	167	62	87
山　东	25 713	10 842	345	656	188	108
其中:青岛	906	694	——	558	——	100
河　南	11 365	9 844	189	384	195	194
湖　北	10 752	9 362	418	485	246	1 868
湖　南	18 679	17 893	429	386	731	1 337
广　东	32 156	40 105	1 051	2 617	348	1 313
其中:深圳	7 097	9 723	323	458	71	247
广　西	12 692	10 257	489	863	308	1 297
海　南	1 802	935	199	59	60	——
重　庆	2 028	6 079	211	2 013	19	100
四　川	9 661	16 555	256	3 033	104	201
贵　州	4 248	5 193	239	115	97	143
云　南	6 477	10 436	1 122	4 581	562	1 101
西　藏	2 262	337	25	——	20	——
陕　西	7 069	6 231	239	415	137	338
甘　肃	6 757	4 048	161	106	196	16
青　海	3 682	2 526	197	19	2	15
宁　夏	4 269	2 408	46	211	14	1
新　疆	2 313	1 300	46	267	32	34

机构基本情况(二)

对个人和家庭补助支出		其他资本性支出		资产合计		增加值（千元）	公用房屋建筑面积（千平方米）
	抚恤金和生活补助		各种设备购置费	（千元）	固定资产原值		
274 455	**14 802**	**160 528**	**89 575**	**4 206 361**	**2 336 826**	**966 252**	**921.22**
84 512	7 679	85 398	43 672	1 378 073	664 520	256 145	87.09
5 968	216	3 897	956	418 939	107 290	19 601	10.53
14 449	419	964	920	86 393	23 642	44 608	16.68
2 854	60	5 748	5 435	60 876	48 235	18 259	24.04
2 779	27	814	308	12 533	5 634	8 590	55.09
3 748	476	2 351	2 348	45 004	34 552	22 055	35.37
7 839	153	5 758	2 284	73 240	30 226	27 587	69.41
1 035	——	334	314	2 075	1 692	9 520	27.34
7 663	91	849	616	14 173	7 029	19 983	9.04
3 011	91	1	——	4 037	2 515	8 911	1.35
6 336	356	23 224	19 074	650 722	408 142	105 430	33.24
24 812	910	10 135	4 712	414 408	277 763	75 001	65.01
1 377	559	1 070	535	64 581	37 660	11 062	75.14
——	——	——	——	——	——	——	——
3 882	30	70	64	9 331	6 695	10 690	5.79
2 885	74	2 188	108	56 496	43 229	12 373	15.94
150	——	——	——	2 193	429	866	0.11
2 530	28	229	8	10 811	9 764	8 952	21.41
13 607	405	1 056	840	52 063	33 294	41 643	37.87
146	——	——	——	1 994	616	2 005	0.31
3 203	192	1 312	689	88 297	80 648	18 959	21.00
7 827	302	203	2	68 473	28 215	22 836	45.28
8 730	296	1 973	1 941	132 624	71 615	32 768	53.22
22 515	1 127	8 308	2 059	161 919	129 342	63 242	58.94
467	——	185	185	46 038	44 115	10 285	7.40
4 265	191	729	212	75 263	48 713	21 779	37.34
116	34	298	296	3 731	1 484	2 076	1.20
2 086	21	744	744	33 705	13 994	8 188	7.91
4 874	247	825	186	34 274	22 380	18 652	10.07
13 484	284	51	51	16 211	8 560	19 130	4.85
5 174	143	403	403	72 932	57 796	20 425	29.27
1 213	——	——	——	5 600	4 635	3 682	8.90
1 989	123	1 012	545	104 029	83 755	13 191	21.61
3 035	89	682	426	29 492	22 331	11 008	10.01
2 682	162	33	33	9 570	8 979	6 610	8.59
3 781	17	122	102	14 194	11 477	8 802	35.20
1 229	——	81	6	4 367	2 712	4 014	4.84

各地区其他文化企业

地区	机构数（个）	从业人员（人）	高级职称	中级职称	资产、负债、所有者权益（千元）资产总计	固定资产原值	当年提取的折旧总额	负债总计	所有者权益合计	实收资本	国家资本金
总计	**384**	**13 757**	**441**	**1 045**	**9 719 623**	**2 185 956**	**137 414**	**5 953 504**	**3 766 119**	**2 095 466**	**1 460 441**
中央	60	1 324	89	229	720 762	65 344	7 521	426 235	294 527	182 852	70 217
北京	——	——	——	——	——	——	——	——	——	——	——
天津	34	353	20	28	121 373	12 353	933	102 988	18 385	17 412	14 882
河北	4	38	1	2	6 673	6 400	33	7 228	−555	2 564	2 564
山西	6	133	——	4	5 270	2 886	174	3 374	1 896	1 084	1 084
内蒙古	——	——	——	——	——	——	——	——	——	——	——
辽宁	11	77	——	7	16 265	11 705	1 159	9 734	6 531	7 473	7 329
其中：大连	2	——	——	——	——	——	——	——	——	——	——
吉林	8	88	——	1	16 761	10 970	382	15 647	1 114	5 313	4 813
黑龙江	9	75	1	12	16 336	11 729	825	13 036	3 300	3 483	3 017
上海	19	291	9	19	151 321	86 670	9 686	75 066	76 255	55 284	25 169
江苏	61	6 658	220	425	6 696 444	1 073 276	61 013	4 119 068	2 577 376	1 235 973	914 786
浙江	35	614	9	38	1 046 795	393 506	28 728	502 476	544 319	292 253	190 899
其中：宁波	3	22	——	——	7 858	4 944	350	2 196	5 662	5 500	5 500
安徽	6	251	1	——	44 751	8 692	973	35 469	9 282	5 148	2 148
福建	3	27	1	1	4 079	3 880	64	2 456	1 623	2 134	2 103
其中：厦门	——	——	——	——	——	——	——	——	——	——	——
江西	11	126	11	14	10 191	11 159	414	5 948	4 243	7 606	3 946
山东	22	598	22	48	122 067	64 626	6 459	97 172	24 895	29 551	21 810
其中：青岛	3	43	——	2	13 501	3 555	147	12 015	1 486	6 080	5 580
河南	7	75	——	2	8 642	2 141	7	7 652	990	3 006	1 906
湖北	13	239	11	45	54 899	24 991	183	34 385	20 514	21 485	18 773
湖南	18	459	6	33	74 131	15 427	923	50 150	23 981	20 477	19 840
广东	9	902	8	44	284 714	271 874	8 980	140 894	143 820	115 984	97 368
其中：深圳	——	——	——	——	——	——	——	——	——	——	——
广西	4	57	——	6	9 869	3 435	654	4 388	5 481	4 054	4 054
海南	——	——	——	——	——	——	——	——	——	——	——
重庆	8	344	7	12	96 636	39 471	1 820	94 504	2 132	25 669	25 114
四川	12	361	15	40	72 996	7 590	1 686	26 141	46 855	24 126	1 826
贵州	7	203	——	——	11 341	5 799	118	2 703	8 638	2 868	2 142
云南	3	59	——	2	9 974	8 956	295	9 816	158	2 656	——
西藏	——	——	——	——	——	——	——	——	——	——	——
陕西	7	296	10	30	85 946	27 630	2 933	144 171	−58 225	20 606	20 606
甘肃	3	43	——	3	11 091	9 118	——	7 237	3 854	1 963	1 963
青海	4	66	——	——	20 296	6 328	1 451	15 566	4 730	4 442	2 082
宁夏	——	——	——	——	——	——	——	——	——	——	——
新疆	——	——	——	——	——	——	——	——	——	——	——

机构基本情况(一)

损益及分配(千元)						
营业收入		营业总成本				
	主营业务收入		养老、医疗、失业等保险费	住房公积金和住房补贴	差旅费	工会经费
2 875 363	**2 585 229**	**2 756 865**	**69 019**	**20 933**	**20 563**	**5 133**
392 408	341 286	347 788	5 969	2 439	3 228	979
——	——	——	——	——	——	——
43 182	33 492	42 269	2 450	573	1 007	90
1 142	266	1 270	200	——	18	2
3 675	1 205	3 481	576	47	71	48
——	——	——	——	——	——	——
8 958	7 594	9 156	214	71	160	4
——	——	——	——	——	——	——
17 327	2 500	17 720	282	——	102	2
8 345	7 724	7 457	149	89	26	18
83 991	78 037	90 161	2 466	409	459	109
1 486 662	1 384 729	1 367 155	23 293	8 466	10 218	2 322
130 205	115 867	142 542	4 587	3 049	1 331	380
6 155	6 155	5 598	83	34	17	——
13 150	10 926	11 759	1 149	69	311	26
1 389	——	1 400	274	62	6	7
——	——	——	——	——	——	——
6 723	4 244	7 027	777	149	48	10
47 634	37 734	54 880	3 767	440	281	51
2 162	1 552	1 614	199	85	30	5
3 553	2 419	3 717	633	60	17	9
7 681	2 932	8 053	977	80	58	20
22 391	15 866	23 344	1 872	374	109	54
438 904	394 146	468 352	15 119	3 744	894	687
——	——	——	——	——	——	——
9 798	4 864	9 255	408	214	155	28
——	——	——	——	——	——	——
16 162	14 807	19 583	1 491	146	344	68
81 562	80 159	63 788	599	174	1 524	109
4 106	3 256	4 716	267	36	14	6
5 158	4 329	4 623	180	——	4	11
——	——	——	——	——	——	——
24 133	22 335	30 698	658	146	106	7
1 052	319	971	225	——	25	——
16 072	14 193	15 700	437	96	47	86
——	——	——	——	——	——	——
——	——	——	——	——	——	——

各地区其他文化企业

地区	损益和				
	营业利润	营业外收入		营业外支出	利润总额
			政府补助（补贴收入）		
总计	**76 336**	**158 986**	**77 824**	**25 578**	**209 744**
中央	38 843	33 930	2 321	7 279	65 494
北京	——	——	——	——	——
天津	−39	51	——	27	−15
河北	−134	236	——	4	98
山西	194	——	——	15	179
内蒙古	——	——	——	——	——
辽宁	−1 042	136	35	2	−908
其中：大连	——	——	——	——	——
吉林	−424	20	——	——	−404
黑龙江	466	962	925	267	1 161
上海	−6 687	3 972	640	3 706	−6 421
江苏	108 349	58 297	55 734	2 862	163 784
浙江	−20 039	8 707	7 975	3 340	−14 672
其中：宁波	557	132	132	9	680
安徽	749	173	173	181	741
福建	−11	——	——	11	−22
其中：厦门	——	——	——	——	——
江西	−404	740	740	472	−136
山东	−14 346	9 764	4 218	971	−5 553
其中：青岛	42	——	——	——	42
河南	−188	109	——	1	−80
湖北	−860	1 625	1 165	1 303	−538
湖南	−4 159	3 162	2 110	619	−1 616
广东	−29 778	32 727	——	4 370	−1 421
其中：深圳	——	——	——	——	——
广西	22	393	393	94	321
海南	——	——	——	——	——
重庆	−4 241	2 061	——	53	−2 233
四川	17 740	13	——	6	17 747
贵州	−673	246	180	14	−441
云南	56	350	——	——	406
西藏	——	——	——	——	——
陕西	−7 450	1 312	1 215	1	−6 139
甘肃	20	——	——	−26	46
青海	372	——	——	6	366
宁夏	——	——	——	——	——
新疆	——	——	——	——	——

机构基本情况(二)

分　配　(千元)			增加值(千元)	公用房屋建筑面积	
本年发放工资总额	本年支付的职工福利费	本年应交税金总额		(千平方米)	业务用房面积
330 997	**23 806**	**156 328**	**993 393**	**1 029.99**	**570.21**
69 833	2 225	27 164	170 819	123.62	6.29
——	——	——	——	——	——
8 136	180	3 161	17 006	4.98	4.84
248	——	24	716	——	——
1 468	236	532	3 280	0.04	0.04
——	——	——	——	——	——
1 027	13	494	3 018	2.74	0.17
——	——	——	——	——	——
1 248	135	850	2 951	3.09	0.50
1 458	120	427	4 226	6.30	2.60
11 622	732	6 290	33 141	7.95	7.18
122 509	12 076	65 787	439 311	519.95	299.24
18 049	1 835	9 902	68 964	86.63	44.00
790	61	262	2 138	1.30	0.95
2 787	193	408	6 711	10.47	1.14
438	2	174	1 043	4.35	4.35
——	——	——	——	——	——
1 564	280	322	3 730	5.22	3.24
9 200	427	1 981	23 374	36.16	29.34
633	44	2	1 590	0.75	0.75
953	109	221	2 058	5.15	3.00
2 630	264	205	4 897	19.40	14.85
5 598	405	1 139	10 516	25.53	16.34
49 300	3 597	26 264	127 913	100.49	93.64
——	——	——	——	——	——
2 051	103	822	4 524	1.30	——
——	——	——	——	——	——
4 369	133	648	8 697	0.09	0.02
8 123	328	6 437	35 498	29.21	28.61
872	51	151	1 594	1.16	0.84
1 055	72	320	3 293	7.19	5.46
——	——	——	——	——	——
4 653	171	1 695	10 370	20.92	3.64
450	——	136	859	4.30	0.10
1 356	119	774	4 884	3.78	0.79
——	——	——	——	——	——
——	——	——	——	——	——

各地区其他文化企业机构

地区	机构数（个）	从业人员（人）	高级职称	中级职称	资产、负债、所有者权益（千元）资产总计	固定资产原值	当年提取的折旧总额	负债总计	所有者权益合计	实收资本	国家资本金
总计	**356**	**8 864**	**292**	**763**	**8 855 097**	**1 877 241**	**123 775**	**5 388 342**	**3 466 755**	**1 920 810**	**1 405 183**
中央	58	1 233	89	229	702 073	63 920	7 444	402 615	299 458	175 352	70 217
北京	——	——	——	——	——	——	——	——	——	——	——
天津	30	318	20	25	101 710	10 962	911	81 642	20 068	15 011	12 481
河北	4	38	1	2	6 673	6 400	33	7 228	—555	2 564	2 564
山西	6	133	——	4	5 270	2 886	174	3 374	1 896	1 084	1 084
内蒙古	——	——	——	——	——	——	——	——	——	——	——
辽宁	11	77	——	7	16 265	11 705	1 159	9 734	6 531	7 473	7 329
其中：大连	2	——	——	——	——	——	——	——	——	——	——
吉林	7	60	——	1	15 681	9 990	382	15 360	321	4 953	4 453
黑龙江	5	38	1	11	3 310	3 063	——	294	3 016	3 017	3 017
上海	19	291	9	19	151 321	86 670	9 686	75 066	76 255	55 284	25 169
江苏	52	2 258	74	166	5 918 653	793 330	49 038	3 628 613	2 290 040	1 082 763	867 978
浙江	34	614	9	38	1 042 911	389 870	28 614	499 695	543 216	291 300	189 946
其中：宁波	3	22	——	——	7 858	4 944	350	2 196	5 662	5 500	5 500
安徽	5	93	——	——	34 494	6 330	803	32 533	1 961	2 148	2 148
福建	3	27	1	1	4 079	3 880	64	2 456	1 623	2 134	2 103
其中：厦门	——	——	——	——	——	——	——	——	——	——	——
江西	9	106	11	11	8 028	10 957	392	5 840	2 188	5 576	3 946
山东	21	569	22	44	116 156	63 019	6 349	94 093	22 063	27 003	19 262
其中：青岛	3	43	——	2	13 501	3 555	147	12 015	1 486	6 080	5 580
河南	7	75	——	2	8 642	2 141	7	7 652	990	3 006	1 906
湖北	13	239	11	45	54 899	24 991	183	34 385	20 514	21 485	18 773
湖南	18	459	6	33	74 131	15 427	923	50 150	23 981	20 477	19 840
广东	9	902	8	44	284 714	271 874	8 980	140 894	143 820	115 984	97 368
其中：深圳	——	——	——	——	——	——	——	——	——	——	——
广西	4	57	——	6	9 869	3 435	654	4 388	5 481	4 054	4 054
海南	——	——	——	——	——	——	——	——	——	——	——
重庆	8	344	7	12	96 636	39 471	1 820	94 504	2 132	25 669	25 114
四川	11	337	15	40	69 510	5 870	1 362	23 181	46 329	23 600	1 300
贵州	7	203	——	——	11 341	5 799	118	2 703	8 638	2 868	2 142
云南	3	59	——	2	9 974	8 956	295	9 816	158	2 656	——
西藏	——	——	——	——	——	——	——	——	——	——	——
陕西	6	260	8	21	84 056	25 740	2 933	142 711	—58 655	20 176	20 176
甘肃	2	8	——	——	4 405	4 227	——	3 849	556	731	731
青海	4	66	——	——	20 296	6 328	1 451	15 566	4 730	4 442	2 082
宁夏	——	——	——	——	——	——	——	——	——	——	——
新疆	——	——	——	——	——	——	——	——	——	——	——

(第三产业)基本情况(一)

损益及分配（千元）						
营业收入		营业总成本				
	主营业务收入		养老、医疗、失业等保险费	住房公积金和住房补贴	差旅费	工会经费
1 951 553	**1 721 429**	**1 900 734**	**54 924**	**16 516**	**17 245**	**3 965**
344 076	292 954	302 928	5 343	2 368	3 219	979
——	——	——	——	——	——	——
40 337	31 861	39 233	2 017	488	996	90
1 142	266	1 270	200	——	18	2
3 675	1 205	3 481	576	47	71	48
——	——	——	——	——	——	——
8 958	7 594	9 156	214	71	160	4
——	——	——	——	——	——	——
17 129	2 500	17 354	220	——	102	2
1 010	389	1 114	97	89	22	1
83 991	78 037	90 161	2 466	409	459	109
650 610	605 866	593 740	11 774	4 244	7 062	1 217
129 554	115 867	141 903	4 350	3 049	1 331	380
6 155	6 155	5 598	83	34	17	——
2 530	306	2 192	583	69	208	6
1 389	——	1 400	274	62	6	7
——	——	——	——	——	——	——
6 238	3 759	6 288	777	149	13	10
33 203	23 303	40 576	3 400	401	281	42
2 162	1 552	1 614	199	85	30	5
3 553	2 419	3 717	633	60	17	9
7 681	2 932	8 053	977	80	58	20
22 366	15 866	23 344	1 872	374	109	54
438 904	394 146	468 352	15 119	3 744	894	687
——	——	——	——	——	——	——
9 798	4 864	9 255	408	214	155	28
——	——	——	——	——	——	——
16 162	14 807	19 583	1 491	146	344	68
80 080	78 677	62 145	591	174	1 524	92
4 106	3 256	4 716	267	36	14	6
5 158	4 329	4 623	180	——	4	11
——	——	——	——	——	——	——
23 513	21 715	30 178	658	146	106	7
318	318	272	——	——	25	——
16 072	14 193	15 700	437	96	47	86
——	——	——	——	——	——	——
——	——	——	——	——	——	——

各地区其他文化企业机构

地区	损益和				
	营业利润	营业外收入		营业外支出	利润总额
			政府补助（补贴收入）		
总　计	**11 039**	**155 721**	**75 466**	**21 630**	**145 130**
中　央	35 371	33 131	2 321	3 312	65 190
北　京	——	——	——	——	——
天　津	1 036	51	——	27	1 060
河　北	−134	236	——	4	98
山　西	194	——	——	15	179
内蒙古	——	——	——	——	——
辽　宁	−1 042	136	35	2	−908
其中:大连	——	——	——	——	——
吉　林	−256	20	——	——	−236
黑龙江	−526	940	925	267	147
上　海	−6 687	3 972	640	3 706	−6 421
江　苏	46 925	56 206	53 656	2 860	100 271
浙　江	−19 827	8 634	7 975	3 340	−14 533
其中:宁波	557	132	132	9	680
安　徽	−304	173	173	179	−310
福　建	−11	——	——	11	−22
其中:厦门	——	——	——	——	——
江　西	−150	460	460	471	−161
山　东	−14 473	9 764	4 218	969	−5 678
其中:青岛	42	——	——	——	42
河　南	−188	109	——	1	−80
湖　北	−860	1 625	1 165	1 303	−538
湖　南	−4 184	3 162	2 110	619	−1 641
广　东	−29 778	32 727	——	4 370	−1 421
其中:深圳	——	——	——	——	——
广　西	22	393	393	94	321
海　南	——	——	——	——	——
重　庆	−4 241	2 061	——	53	−2 233
四　川	17 901	13	——	6	17 908
贵　州	−673	246	180	14	−441
云　南	56	350	——	——	406
西　藏	——	——	——	——	——
陕　西	−7 550	1 312	1 215	1	−6 239
甘　肃	46	——	——	——	46
青　海	372	——	——	6	366
宁　夏	——	——	——	——	——
新　疆	——	——	——	——	——

(第三产业)基本情况(二)

增值税(千元)			增加值(千元)	公用房屋建筑面积	
本年发放工资总额	本年支付的职工福利费	本年应交税金总额		(千平方米)	业务用房面积
261 796	**20 198**	**124 133**	**784 519**	**883.57**	**443.60**
69 169	2 113	25 552	163 199	123.58	6.29
——	——	——	——	——	——
7 028	47	2 519	14 569	4.98	4.84
248	——	24	716	——	——
1 468	236	532	3 280	0.04	0.04
——	——	——	——	——	——
1 027	13	494	3 018	2.74	0.17
——	——	——	——	——	——
1 129	135	850	2 770	1.76	0.48
608	——	5	948	4.50	1.60
11 622	732	6 290	33 141	7.95	7.18
60 685	9 028	37 448	253 506	387.48	179.65
17 850	1 835	9 801	68 313	83.60	40.97
790	61	262	2 138	1.30	0.95
823	36	7	2 373	9.49	0.16
438	2	174	1 043	4.35	4.35
——	——	——	——	——	——
1 324	265	307	3 436	5.22	3.24
8 653	404	1 446	21 617	35.28	28.47
633	44	2	1 590	0.75	0.75
953	109	221	2 058	5.15	3.00
2 630	264	205	4 897	19.40	14.85
5 598	405	1 139	10 491	25.53	16.34
49 300	3 597	26 264	127 913	100.49	93.64
——	——	——	——	——	——
2 051	103	822	4 524	1.30	——
——	——	——	——	——	——
4 369	133	648	8 697	0.09	0.02
7 269	328	6 429	34 287	29.21	28.61
872	51	151	1 594	1.16	0.84
1 055	72	320	3 293	7.19	5.46
——	——	——	——	——	——
4 213	171	1 692	9 827	19.22	2.54
58	——	19	125	0.10	0.10
1 356	119	774	4 884	3.78	0.79
——	——	——	——	——	——
——	——	——	——	——	——

全国各地区文物业

地区	机构数(个)	从业人员(人)	高级职称	中级职称	文物藏品(件/套)	一级品	二级品	三级品
总计	**4 842**	**101 986**	**5 806**	**13 844**	**26 802 714**	**66 818**	**1 116 185**	**3 052 652**
中央	11	2 584	451	531	2 162 318	15 078	793 481	806 856
北京	92	5 102	110	340	3 731 567	722	10 261	52 578
天津	27	935	100	208	955 282	1 006	2 753	39 557
河北	236	6 597	345	652	549 484	1 198	12 368	51 043
山西	205	5 290	196	634	802 477	2 239	7 817	74 703
内蒙古	133	1 836	116	426	424 424	1 764	2 801	7 849
辽宁	132	3 220	245	728	709 835	1 646	13 774	125 394
其中:大连	9	315	31	74	99 332	241	2 547	25 554
吉林	124	1 640	205	373	327 628	974	4 862	87 348
黑龙江	173	1 652	225	397	208 946	421	1 612	18 378
上海	37	1 224	117	241	1 445 473	1 332	46 310	139 552
江苏	267	4 621	340	792	2 290 390	2 029	93 702	441 841
浙江	209	4 405	377	538	882 154	2 111	10 473	69 482
其中:宁波	20	606	45	62	164 547	223	946	8 005
安徽	164	1 856	108	343	505 821	1 670	3 936	120 361
福建	154	1 465	113	232	453 309	918	2 081	86 442
其中:厦门	11	141	12	29	62 918	16	200	6 028
江西	177	9 361	136	325	546 505	2 028	6 244	39 832
山东	228	4 911	410	1 034	1 396 215	3 500	10 398	88 850
其中:青岛	17	242	21	48	182 008	216	1 975	9 453
河南	257	8 438	334	863	1 744 709	2 472	16 136	220 045
湖北	174	4 007	251	1 067	1 149 587	2 516	8 058	90 488
湖南	207	3 491	142	443	834 156	3 442	5 611	51 998
广东	209	3 750	203	428	1 157 448	1 321	16 037	73 325
其中:深圳	18	326	29	65	39 483	25	156	4 845
广西	130	1 464	101	282	324 733	333	4 529	24 606
海南	25	293	18	21	48 679	145	310	1 231
重庆	89	1 785	149	248	760 449	924	1 785	21 239
四川	258	5 211	173	624	894 390	3 930	7 204	111 178
贵州	138	1 466	44	140	117 051	318	497	6 910
云南	237	1 529	156	354	430 699	826	1 778	15 316
西藏	24	370	14	45	41 647	413	179	277
陕西	344	7 935	348	815	937 288	6 952	13 808	75 435
甘肃	144	3 085	127	362	547 705	3 290	11 786	97 588
青海	46	366	33	98	187 116	226	842	1 405
宁夏	30	519	29	89	83 813	367	3 413	7 507
新疆	161	1 578	90	171	151 416	707	1 339	4 038

基本情况(一)

本年考古出土文物及标本数(件/套)	本年从有关部门接收文物数(件/套)	本年藏品征集数(件/套)	本年修复文物数(件/套)				考古发掘项目(个)			
			(件/套)	一级品	二级品	三级品	(个)	基本建设中考古发掘项目	抢救性发掘项目	主动性发掘项目
29 286	**49 127**	**161 630**	**44 440**	**480**	**1 472**	**20 700**	**2 904**	**1 537**	**1 016**	**272**
——	4 005	848	163	6	138	19	2	——	1	1
——	——	282	280	3	18	14	27	25	2	——
——	122	436	——	——	——	——	1	1	——	——
——	44	2 594	713	3	20	91	45	34	8	1
——	595	133	193	12	31	114	53	50	3	——
——	196	3 056	575	82	24	71	54	8	18	27
——	374	7 394	1 322	5	228	397	29	15	9	1
——	——	705	159	3	56	——	2	——	2	——
1 000	3 578	11 310	532	4	4	25	34	14	13	5
101	492	6 149	125	2	7	16	12	12	——	——
——	934	3 153	80	2	78	——	2	——	2	——
——	12 398	14 484	2 184	15	28	199	160	63	95	2
7 420	4 123	8 966	2 988	5	42	367	57	21	17	4
——	99	123	8	——	——	——	18	14	——	4
——	5 468	1 298	704	27	103	353	232	31	199	2
17	511	6 122	80	1	——	32	28	9	18	1
——	2	201	15	——	——	——	7	1	6	——
——	265	2 084	781	9	53	691	53	22	27	4
1 841	772	7 220	1 363	28	30	187	66	22	42	2
——	——	290	47	7	——	——	7	——	6	1
16 952	4 170	2 818	3 492	4	25	308	217	135	58	13
302	524	3 389	1 410	32	75	499	635	598	33	1
117	186	6 507	1 509	3	66	437	408	235	145	23
1 046	565	19 047	15 572	1	156	14 872	56	11	44	1
20	——	554	15	——	——	——	1	——	1	——
——	57	19 163	175	7	8	145	14	8	1	5
——	7 257	510	93	——	15	70	3	——	——	3
——	202	4 106	3 405	——	6	84	42	23	19	——
——	232	3 436	1 812	5	33	265	273	56	86	95
16	208	2 591	59	13	4	6	69	25	15	29
——	289	7 880	829	——	——	610	120	22	94	4
——	146	81	1	——	——	——	——	——	——	——
44	245	3 187	1 708	116	206	638	158	75	48	35
80	384	3 168	1 673	95	61	140	17	1	3	13
——	——	127	——	——	——	——	4	3	1	——
——	17	4 586	150	——	6	47	25	10	15	——
350	768	5 505	469	——	7	3	8	8	——	——

全国各地区文物业

地区	考古钻探面积(千平方米)	考古发掘面积(千平方米)	发掘墓葬数(个)	基本陈列(个)	举办展览(个)	参观人次		门票销售总额(千元)
						(千人次)	未成年人参观人次	
总计	**66 558**	**3 809**	**20 448**	**6 173**	**10 347**	**432 482**	**122 034**	**2 406 074**
中央	200	1	1	45	60	12 564	1 518	55
北京	3 908	54	1 109	132	178	16 479	3 071	210 529
天津	200	1	30	46	91	3 945	1 320	11 958
河北	2 349	272	395	119	223	16 491	3 861	219 073
山西	2 519	46	112	122	137	14 810	2 247	176 931
内蒙古	1	799	262	123	139	5 190	1 845	5 982
辽宁	3 040	94	213	293	405	10 645	2 820	67 042
其中:大连	60	2	——	6	44	600	122	4 692
吉林	2 023	158	1	184	261	6 439	1 955	30 121
黑龙江	153	26	29	120	211	7 334	2 687	8 151
上海	60	7	17	67	143	4 995	989	41 558
江苏	1 727	120	907	498	985	41 546	13 094	95 063
浙江	1 558	205	1 260	246	817	26 843	6 377	229 581
其中:宁波	816	160	240	29	102	3 621	881	8 184
安徽	1 302	28	1 060	230	608	14 003	6 229	2 908
福建	23	16	37	204	335	10 235	3 171	1 031
其中:厦门	1	2	10	11	7	784	80	——
江西	36	18	68	279	294	16 455	5 934	1 109
山东	8 341	211	544	727	700	18 445	5 341	267 779
其中:青岛	36	16	30	37	37	1 322	317	3 322
河南	10 158	148	4 161	353	535	20 656	7 020	193 154
湖北	5 841	91	1 794	277	248	15 014	5 326	21 394
湖南	9 156	592	1 346	153	277	21 930	9 108	10 320
广东	4 071	19	241	378	988	36 393	8 381	48 020
其中:深圳	——	1	2	32	106	13 329	2 998	937
广西	2 258	504	116	138	164	6 925	2 084	14 164
海南	124	1	1	34	67	1 855	797	1 705
重庆	278	61	118	103	194	12 163	3 456	44 072
四川	3 109	199	2 895	273	340	29 843	8 701	161 646
贵州	65	21	30	133	495	12 387	2 734	5 545
云南	639	46	1 486	371	714	13 612	2 898	368
西藏	——	——	——	2	10	943	23	54 911
陕西	1 832	49	1 135	204	271	17 907	5 149	388 473
甘肃	489	7	685	168	245	9 701	2 358	56 186
青海	224	1	80	19	38	974	227	134
宁夏	876	9	95	48	47	1 721	172	23 636
新疆	——	7	220	84	127	4 039	1 141	13 475

基本情况(二)

本年收入合计（千元）					本年支出合计			
	财政拨款	事业收入	经营收入	其他收入	（千元）	基本支出	项目支出	经营支出
15 284 667	**9 794 552**	**2 790 004**	**314 144**	**835 253**	**14 173 330**	**6 434 049**	**6 383 609**	**217 735**
1 339 627	1 097 458	92 490	130 145	16 263	1 235 885	366 842	794 594	71 202
1 127 655	688 460	200 261	24 900	22 365	1 168 498	413 779	617 456	14 802
190 458	105 382	12 436	341	3 656	170 829	81 809	29 690	341
544 057	288 583	181 408	6 703	23 265	526 554	321 735	169 668	8 465
645 058	400 027	161 015	19 199	21 520	659 250	251 967	363 793	17 208
289 535	194 835	60 011	260	27 349	209 499	154 332	48 472	260
412 639	308 897	76 349	5 223	4 583	400 991	200 440	160 424	6 270
60 820	49 509	4 692	——	859	63 838	27 080	13 951	——
204 997	145 777	38 420	176	11 832	178 671	95 708	78 039	356
174 676	130 127	7 250	2 264	33 866	169 306	123 385	42 896	2 021
468 116	313 482	56 335	1 837	10 768	445 144	153 632	213 355	21
782 835	467 192	109 666	44 000	41 426	757 896	345 637	286 621	16 291
1 514 317	1 044 780	280 843	14 898	66 048	1 326 051	484 392	809 950	11 897
93 690	68 163	12 947	44	5 609	98 621	48 521	44 763	76
290 028	249 765	7 135	——	14 592	276 074	105 209	144 458	10
277 405	241 862	3 462	198	6 846	199 558	73 895	89 292	81
28 100	22 140	252	——	66	25 071	9 926	10 342	——
232 379	172 892	19 229	4	7 903	213 908	119 897	79 551	10
757 394	400 273	136 545	12 882	7 962	691 144	318 302	127 540	24 523
33 984	25 755	4 757	——	1 317	33 987	26 889	5 366	53
965 650	474 797	264 596	6 491	101 567	888 598	519 944	337 391	4 647
376 515	262 371	38 143	8 021	37 019	393 796	160 630	200 749	7 849
460 598	351 919	34 238	3 197	25 555	459 715	233 292	192 766	2 446
662 600	451 958	112 685	4 667	26 003	635 256	299 554	280 288	1 812
101 124	76 924	5 293	——	18 038	94 436	39 909	50 696	——
135 156	96 964	10 759	2 941	8 443	152 647	80 753	60 542	1 922
39 427	36 670	1 796	50	903	29 455	9 884	17 697	148
255 680	185 434	28 748	9 601	5 439	238 583	63 238	143 522	10 368
986 056	455 746	307 769	505	74 593	764 308	338 890	340 209	532
165 645	143 041	9 876	3 719	1 790	155 605	91 729	43 012	2 698
172 611	122 712	24 371	2 894	7 615	177 140	78 622	76 329	3 083
100 413	40 064	35 111	——	——	54 977	29 490	24 381	——
908 926	323 813	357 342	8 707	190 143	870 431	579 087	254 237	7 792
352 815	244 691	90 350	61	10 937	404 547	198 164	203 502	411
44 963	38 465	2 305	——	1 840	36 650	26 021	9 296	——
80 267	54 888	15 879	74	8 893	61 741	40 798	18 543	11
326 169	261 227	13 181	186	14 269	220 623	72 992	125 346	258

全国各地区文物业

地区	本年支出合计（千元）						
	在支出合计中:						
	工资福利支出	商品和服务支出				对个人和家庭补助支出	
		差旅费	劳务费	福利费	税金支出		抚恤金和生活补助
总计	**3 175 271**	**181 957**	**317 173**	**78 226**	**124 451**	**743 365**	**32 904**
中央	186 635	18 832	18 268	2 588	15 613	112 067	1 287
北京	180 536	5 157	19 485	7 395	12 200	47 393	3 074
天津	42 585	1 209	950	627	4 842	16 635	553
河北	192 105	6 634	18 247	2 253	1 051	31 154	1 933
山西	132 354	13 535	17 587	4 656	3 006	17 178	906
内蒙古	45 460	4 190	13 987	1 117	206	9 935	530
辽宁	110 167	5 062	18 095	1 811	1 167	30 736	336
其中:大连	19 333	353	622	253	257	2 389	——
吉林	46 514	5 723	1 202	477	433	17 402	669
黑龙江	51 325	2 217	1 662	516	102	12 529	411
上海	107 886	1 815	2 053	4 623	8 387	10 191	984
江苏	176 793	10 287	23 215	4 489	12 381	49 671	1 718
浙江	243 948	10 271	21 335	9 401	9 778	53 975	1 110
其中:宁波	29 171	1 496	2 371	505	360	4 213	444
安徽	51 676	2 552	2 066	1 223	241	20 616	421
福建	40 767	3 256	1 963	962	640	10 455	179
其中:厦门	5 793	270	98	181	279	1 238	——
江西	61 146	6 266	2 344	2 346	808	16 001	1 202
山东	163 269	6 229	7 844	1 588	10 978	30 432	566
其中:青岛	12 119	680	771	197	116	3 969	——
河南	190 316	9 620	45 657	3 921	1 776	29 815	1 641
湖北	86 775	5 637	9 301	3 703	803	18 235	1 212
湖南	98 478	6 850	7 946	3 092	3 085	20 823	2 343
广东	176 765	5 906	12 204	3 503	5 518	49 701	1 054
其中:深圳	30 483	1 569	3 236	311	67	1 409	4
广西	37 296	3 187	2 228	1 093	1 404	9 417	331
海南	8 568	729	1 192	74	47	1 068	1
重庆	61 512	6 786	7 646	1 736	6 064	10 741	527
四川	155 264	11 349	20 959	5 218	6 479	31 186	2 258
贵州	30 508	2 912	4 472	2 137	477	5 812	443
云南	41 373	3 414	6 489	731	1 292	7 661	175
西藏	15 178	379	14	1	196	4 125	3
陕西	264 671	9 098	15 209	3 562	12 467	36 242	2 893
甘肃	99 622	7 250	8 416	2 372	2 380	17 210	2 275
青海	15 912	1 083	787	67	143	3 428	327
宁夏	17 286	1 350	718	214	5	3 680	697
新疆	42 581	3 172	3 632	730	482	7 851	845

基本情况(三)

其他资本性支出		资产总计 (千元)		增加值 (千元)	公用房屋建筑面积 (千平方米)		
	各种设备购置费		固定资产原值			展览用房	文物库房
1 892 297	**536 433**	**32 031 160**	**19 359 400**	**5 757 126**	**13 436**	**5 261**	**1 154.08**
277 261	165 404	2 433 326	954 979	399 447	465	98	104.90
183 015	11 939	1 395 986	500 697	364 421	324	108	35.50
4 009	1 324	644 827	62 471	89 407	134	83	21.73
19 799	9 782	1 170 160	804 384	307 059	360	165	38.64
40 184	21 197	800 621	417 211	200 664	358	105	31.41
26 581	14 674	342 178	256 462	109 956	286	124	24.84
67 390	5 105	1 032 587	716 367	199 481	397	158	34.65
1 190	410	69 526	34 144	26 808	64	16	3.43
9 645	3 579	362 482	262 568	82 313	218	128	11.05
24 109	4 970	867 534	803 065	98 839	265	165	16.69
68 273	22 024	1 547 089	893 352	191 815	178	64	80.93
75 858	18 820	2 642 510	1 976 421	380 822	1 010	511	71.79
387 806	59 763	2 487 452	1 256 664	432 874	615	253	52.97
3 301	1 645	157 513	111 617	40 743	84	27	6.99
21 317	4 309	311 895	217 871	87 327	381	134	21.52
23 698	4 465	323 088	178 589	67 990	441	183	24.04
4 191	——	34 775	19 659	10 151	41	18	4.28
21 866	5 108	256 600	145 683	95 219	349	182	25.12
24 523	18 139	1 503 423	1 045 817	272 622	591	274	47.55
1 172	1 140	131 979	118 012	23 060	36	14	3.41
53 282	17 646	2 386 504	908 221	336 675	1 334	217	83.31
54 423	19 155	1 098 413	816 996	158 368	1 111	311	46.93
39 918	19 229	808 019	631 150	164 776	404	162	55.27
43 412	18 159	1 152 955	860 866	307 092	772	332	52.15
3 835	3 072	148 627	92 994	40 263	87	23	5.37
20 884	3 274	283 252	188 508	60 532	216	86	23.96
6 947	5 933	67 499	48 005	12 952	40	16	2.13
13 773	4 438	548 905	377 715	116 218	253	95	17.60
66 316	13 962	2 599 679	1 386 438	337 593	703	211	56.14
10 795	4 682	885 527	659 803	72 357	187	74	10.89
13 622	5 715	498 375	374 536	77 576	899	622	20.37
130	130	87 216	46 532	39 621	27	11	2.73
175 772	8 623	1 622 909	1 163 357	395 968	512	163	68.71
86 850	22 934	915 650	721 674	161 383	276	105	30.03
2 589	1 401	150 768	129 172	25 909	50	18	7.29
1 387	1 330	88 021	73 651	33 314	72	26	8.26
26 863	19 220	715 710	480 175	76 536	210	77	25.01

全国各地区省级

地区	机构数（个）	从业人员（人）	高级职称	中级职称	文物藏品（件/套）	一级品	二级品	三级品
总计	**257**	**23 709**	**1 991**	**2 706**	**12 743 630**	**22 759**	**210 499**	**1 251 514**
中央	——	——	——	——	——	——	——	——
北京	47	1 748	100	231	3 689 060	604	9 790	49 974
天津	8	721	89	170	938 305	1 004	2 745	39 485
河北	7	411	88	64	292 052	464	3 422	25 683
山西	15	643	74	88	261 626	541	1 235	55 594
内蒙古	3	311	21	69	152 205	764	268	755
辽宁	3	260	28	46	344 428	492	5 047	45 410
其中：大连	——	——	——	——	——	——	——	——
吉林	3	229	47	47	92 437	296	3 395	13 848
黑龙江	11	575	125	93	131 464	181	1 072	15 509
上海	7	694	101	174	1 419 032	1 091	45 074	133 627
江苏	7	655	64	78	541 755	1 062	88 438	360 422
浙江	8	569	138	83	214 592	787	5 448	35 311
其中：宁波	——	——	——	——	——	——	——	——
安徽	4	273	42	52	219 190	427	1 571	81 718
福建	7	348	35	38	211 047	558	438	37 054
其中：厦门	——	——	——	——	——	——	——	——
江西	8	7 546	46	77	235 428	522	1 743	11 340
山东	6	341	54	79	447 223	1 411	1 553	47 156
其中：青岛	——	——	——	——	——	——	——	——
河南	5	572	82	117	451 005	616	3 174	41 140
湖北	11	448	97	99	416 003	928	2 438	32 556
湖南	8	754	53	98	411 467	579	1 884	20 545
广东	7	362	45	50	409 582	404	7 284	12 639
其中：深圳	——	——	——	——	——	——	——	——
广西	5	376	49	67	107 679	184	2 118	5 108
海南	2	108	8	14	31 675	108	152	715
重庆	17	1 110	101	144	365 175	748	1 418	15 141
四川	5	396	29	54	175 294	778	1 901	50 189
贵州	3	111	21	21	37 988	221	250	636
云南	4	156	37	24	232 509	509	1 400	12 141
西藏	6	321	13	30	35 829	398	159	274
陕西	14	1 979	208	256	449 864	4 497	6 531	22 747
甘肃	10	1 067	96	197	192 738	1 731	6 416	76 747
青海	6	166	25	40	107 509	131	590	800
宁夏	5	201	23	39	56 728	281	2 834	5 619
新疆	5	258	52	67	72 741	442	711	1 631

文物业基本情况(一)

本年考古出土文物及标本数(件/套)	本年从有关部门接收文物数(件/套)	本年藏品征集数(件/套)	本年修复文物数				考古发掘项目			
			(件/套)	一级品	二级品	三级品	(个)	基本建设中考古发掘项目	抢救性发掘项目	主动性发掘项目
10 616	**9 459**	**49 982**	**10 601**	**182**	**798**	**1 498**	**540**	**339**	**101**	**85**
——	——	——	——	——	——	——	——	——	——	——
——	——	10	182	2	18	7	25	25	——	——
——	122	425	——	——	——	——	1	1	——	——
——	——	240	119	——	——	——	19	18	——	1
——	143	——	10	10	——	——	23	22	1	——
——	——	167	145	7	16	37	34	——	7	27
——	12	2 256	223	——	156	67	——	——	——	——
——	——	——	——	——	——	——	——	——	——	——
1 000	——	102	57	3	——	——	14	9	2	3
101	212	2 319	17	1	3	13	8	8	——	——
——	932	2 238	80	2	78	——	2	——	2	——
——	99	350	80	——	15	65	22	17	4	1
7 398	68	3 468	2 794	5	39	310	15	——	——	——
——	——	——	——	——	——	——	——	——	——	——
——	——	422	163	20	63	80	20	20	——	——
——	——	556	64	——	——	32	6	5	1	——
——	——	——	——	——	——	——	——	——	——	——
——	56	252	104	7	15	78	19	17	——	2
1 500	——	3 352	370	10	——	40	18	15	2	1
——	——	——	——	——	——	——	——	——	——	——
134	——	129	34	——	6	28	39	28	2	9
——	——	571	325	22	34	264	28	28	——	——
117	——	3 461	681	1	24	122	36	——	36	——
——	37	2 238	449	1	143	19	16	8	8	——
——	——	——	——	——	——	——	——	——	——	——
——	13	16 412	41	5	7	29	13	8	——	5
——	7 255	187	85	——	15	70	2	——	——	2
——	177	298	2 128	——	3	30	28	20	8	——
——	——	24	36	——	——	7	25	4	21	——
16	——	137	20	——	——	——	4	4	——	——
——	179	6 338	100	——	——	——	6	5	——	1
——	146	11	1	——	——	——	——	——	——	——
——	——	306	473	86	116	130	94	57	4	33
——	8	39	1 246	——	35	22	——	——	——	——
——	——	——	——	——	——	——	4	3	1	——
——	——	3 502	125	——	6	45	11	9	2	——
350	——	172	449	——	6	3	8	8	——	——

全国各地区省级

地区	考古钻探面积(千平方米)	考古发掘面积(千平方米)	发掘墓葬数(个)	基本陈列(个)	举办展览(个)	参观人次		门票销售总额(千元)	本	
						(千人次)	未成年人参观人次			财政拨款
总　计	**24 903**	**1 541**	**7 798**	**353**	**1 023**	**58 525**	**16 991**	**513 571**	**4 711 338**	**2 885 152**
中　央	——	——	——	——	——	——	——	——	——	——
北　京	3 900	50	1 109	51	93	3 155	281	12 624	625 503	438 970
天　津	200	1	30	23	69	2 808	1 205	3 958	168 664	93 020
河　北	1 900	35	90	5	16	452	139	——	76 213	43 572
山　西	——	23	39	7	36	2 110	818	40	236 209	205 516
内蒙古	——	649	——	3	7	1 061	378	2 133	145 808	62 638
辽　宁	——	——	——	1	16	473	177	——	50 820	42 185
其中:大连	——	——	——	——	——	——	——	——	——	——
吉　林	2 000	14	——	1	26	500	——	——	37 922	27 881
黑龙江	150	5	28	23	33	3 074	1 317	6 166	61 870	53 743
上　海	60	7	17	14	17	2 223	481	——	317 290	216 576
江　苏	56	30	244	24	42	2 993	311	60 600	144 581	59 707
浙　江	700	30	830	14	71	2 861	1 553	——	243 380	204 474
其中:宁波	——	——	——	——	——	——	——	——	——	——
安　徽	1 000	15	800	4	37	272	114	——	114 351	106 228
福　建	8	3	21	13	28	1 792	776	3	107 237	95 800
其中:厦门	——	——	——	——	——	——	——	——	——	——
江　西	——	——	——	15	26	5 865	1 097	——	110 538	72 682
山　东	6 000	23	180	9	28	245	81	——	137 068	96 120
其中:青岛	——	——	——	——	——	——	——	——	——	——
河　南	——	10	452	5	15	1 380	520	——	149 277	83 010
湖　北	16	35	148	15	41	1 670	327	——	150 905	109 904
湖　南	80	6	500	7	27	4 919	1 534	3 109	147 629	94 805
广　东	3 856	9	39	7	89	1 475	612	1 670	110 426	68 709
其中:深圳	——	——	——	——	——	——	——	——	——	——
广　西	2 257	504	114	7	47	683	210	——	53 470	32 975
海　南	124	——	——	6	33	750	400	——	28 425	27 650
重　庆	264	25	60	21	81	8 376	2 276	30 689	188 427	141 005
四　川	——	20	1 000	10	5	58	17	——	210 183	39 042
贵　州	57	3	——	1	8	48	15	——	34 786	25 667
云　南	60	1	356	3	24	965	256	——	83 042	49 946
西　藏	——	——	——	1	9	943	23	54 911	96 782	36 677
陕　西	736	24	800	26	39	5 257	1 705	287 026	465 293	41 428
甘　肃	489	5	648	7	13	1 013	169	49 218	163 915	91 963
青　海	224	1	——	7	28	500	29	134	24 244	19 610
宁　夏	768	7	73	22	18	403	105	——	40 812	37 185
新　疆	——	7	220	1	1	201	65	1 290	186 268	166 464

文物业基本情况(二)

年收入合计(千元)			本年支出合计			
事业收入	经营收入	其他收入	(千元)	基本支出	项目支出	经营支出
783 821	**43 652**	**305 447**	**4 287 343**	**1 428 282**	**2 391 882**	**16 643**
——	——	——	——	——	——	——
21 280	797	16 842	634 098	133 593	380 203	979
6 112	——	889	149 047	64 133	25 925	——
16 179	——	11 911	116 824	21 849	93 109	——
16 501	4 401	1 682	237 656	27 156	200 096	2 930
53 489	——	26 108	76 293	37 973	36 320	——
2 726	——	48	47 409	25 160	16 200	——
——	——	——	——	——	——	——
8 097	——	1 329	28 696	20 443	7 825	——
5 020	1 101	2 005	60 241	47 583	11 978	666
13 115	18	2 323	261 312	71 098	117 045	13
40 776	29 071	4 726	125 666	39 939	75 277	4 717
11 498	——	7 221	166 388	51 057	115 259	——
——	——	——	——	——	——	——
2 370	——	755	110 746	20 512	85 058	——
340	——	568	50 221	13 705	33 687	——
——	——	——	——	——	——	——
8 433	——	863	99 208	34 041	53 372	——
15 684	——	1 899	97 537	20 487	51 273	——
——	——	——	——	——	——	——
22 603	——	7 367	225 669	69 902	150 089	——
8 907	4 342	19 561	166 675	39 979	115 205	4 342
17 943	1 313	6 694	142 820	56 513	57 986	1 314
33 892	——	47	108 674	38 575	65 128	——
——	——	——	——	——	——	——
6 942	——	5 334	77 332	32 685	41 958	——
——	——	775	18 932	4 572	14 360	——
23 777	——	1 388	175 106	42 323	118 684	——
59 511	——	15 143	133 209	40 836	41 405	——
7 329	——	89	33 240	10 420	22 820	——
19 523	682	3 228	79 466	22 359	45 464	682
35 111	——	——	51 346	27 673	22 567	——
261 169	1 927	149 493	437 072	270 515	165 335	1 000
60 029	——	8 037	219 137	94 365	123 396	——
2 162	——	1 537	17 341	12 501	4 349	——
594	——	2 933	38 861	21 945	16 490	——
2 709	——	4 652	101 121	14 390	84 019	——

全国各地区省级

地　区	本　年　支　出　合　计　(千元)						
	在　支　出　合　计　中:						
	工资福利支出	商　品　和　服　务　支　出				对个人和家庭补助支出	
		差旅费	劳务费	福利费	税金支出		抚恤金和生活补助
总　计	**691 501**	**61 983**	**112 391**	**19 012**	**55 260**	**206 535**	**11 290**
中　央	——	——	——	——	——	——	——
北　京	55 562	3 525	16 426	2 859	11 766	17 985	416
天　津	33 336	1 139	540	492	4 697	13 892	534
河　北	12 989	3 069	14 614	228	131	5 480	486
山　西	21 932	5 187	8 142	512	1 321	5 815	346
内蒙古	6 593	1 672	11 104	143	200	1 637	205
辽　宁	5 270	1 213	5 408	907	366	2 778	36
其中:大连	——	——	——	——	——	——	——
吉　林	7 913	4 159	7	24	——	5 359	40
黑龙江	17 871	929	1 117	112	98	7 615	218
上　海	66 574	1 086	1 010	2 878	7 400	5 910	433
江　苏	19 504	1 542	3 567	80	5 141	7 900	1 057
浙　江	36 945	3 011	5 304	579	351	8 700	114
其中:宁波	——	——	——	——	——	——	——
安　徽	13 448	365	283	495	221	8 109	38
福　建	10 368	1 520	214	164	105	4 170	8
其中:厦门	——	——	——	——	——	——	——
江　西	24 589	3 219	1 044	1 025	464	5 723	74
山　东	10 468	1 941	4 005	245	1 266	6 985	72
其中:青岛	——	——	——	——	——	——	——
河　南	20 521	2 000	8 551	510	527	6 631	128
湖　北	17 461	1 663	3 193	291	156	6 566	590
湖　南	24 912	1 582	2 240	929	1 933	8 888	1 766
广　东	19 331	643	850	462	995	12 002	175
其中:深圳	——	——	——	——	——	——	——
广　西	9 600	1 806	578	928	868	2 996	9
海　南	3 746	448	884	——	37	671	——
重　庆	47 067	4 094	4 940	1 058	1 916	8 402	199
四　川	14 308	3 095	3 760	306	745	3 866	137
贵　州	2 201	472	69	40	215	1 362	44
云　南	5 229	2 429	4 831	454	887	2 716	38
西　藏	14 121	366	14	——	196	3 985	3
陕　西	99 979	2 608	3 518	1 889	11 734	25 303	2 471
甘　肃	46 056	4 727	5 128	1 051	957	8 371	1 050
青　海	6 764	860	682	5	139	2 195	154
宁　夏	6 927	969	46	204	——	2 185	402
新　疆	9 916	644	322	142	428	2 338	47

文物业基本情况(三)

其他资本性支出		资产总计（千元）		增加值（千元）	公用房屋建筑面积（千平方米）		
	各种设备购置费		固定资产原值			展览用房	文物库房
680 558	**207 026**	**10 371 041**	**6 048 204**	**1 605 047**	**2 216.75**	**759.86**	**393.30**
——	——	——	——	——	——	——	——
171 500	5 469	966 422	210 403	192 758	206.01	74.98	33.55
3 134	1 288	627 205	51 214	76 231	101.42	57.90	21.01
4 212	4 188	204 419	59 053	36 661	44.90	13.62	16.79
11 281	8 218	307 270	72 119	43 138	98.61	37.91	16.56
11 708	9 668	62 317	31 570	49 494	75.34	20.69	12.45
6 192	1 286	283 943	229 489	25 880	88.67	8.53	4.85
——	——	——	——	——	——	——	——
1 842	1 652	90 577	69 151	19 924	3——	4.00	2.94
8 797	2 600	452 758	406 414	43 754	97.69	68.28	6.73
33 366	20 055	1 146 365	750 485	135 952	109.89	23.55	75.61
13 388	3 227	956 257	856 166	78 255	90.47	61.35	13.48
60 153	54 420	655 694	192 440	61 805	66.37	21.29	14.32
——	——	——	——	——	——	——	——
6 418	2 033	63 115	50 465	26 752	26.13	10.24	4.16
3 573	3 429	64 104	30 747	20 334	65.75	38.33	7.25
——	——	——	——	——	——	——	——
14 884	2 144	63 589	22 599	40 310	68.95	40.59	7.46
13 081	13 081	247 914	127 349	38 587	38.07	13.78	6.22
——	——	——	——	——	——	——	——
1 371	1 371	386 849	283 934	50 622	76.47	22.89	16.36
26 913	6 056	486 243	310 125	41 591	126.00	21.72	11.57
10 243	4 561	295 644	214 081	52 472	66.31	18.46	9.52
10 829	7 701	245 116	182 742	43 164	45.99	16.15	4.61
——	——	——	——	——	——	——	——
14 668	1 777	66 658	44 076	17 610	53.77	13.60	5.08
6 632	5 750	27 099	16 371	6 022	24.15	8.49	0.59
8 249	2 270	316 342	193 641	83 752	127.52	32.88	8.46
2 701	2 701	166 939	43 546	40 551	42.77	10.00	7.03
1 713	1 713	57 786	10 497	5 435	7.66	3.81	2.57
9 949	4 257	116 847	27 601	19 375	15.16	8.64	4.30
124	124	79 924	39 440	38 139	25.71	11.09	2.69
159 409	6 203	1 016 732	779 060	187 179	190.10	54.61	45.09
49 281	15 586	445 492	320 476	77 632	94.08	9.35	13.07
1 253	1 223	127 337	113 979	14 908	34.56	11.25	5.47
607	607	48 122	35 602	10 447	47.74	14.68	7.34
13 087	12 368	295 962	273 369	26 313	30.49	7.23	6.19

全国各地区地市级

地　　区	机构数（个）	从业人员（人）	高级职称	中级职称	文物藏品（件/套）	一级品	二级品	三级品
总　计	**978**	**30 805**	**2 121**	**5 159**	**6 586 064**	**13 676**	**62 591**	**518 198**
中　央	——	——	——	——	——	——	——	——
北　京	——	——	——	——	——	——	——	——
天　津	——	——	——	——	——	——	——	——
河　北	34	2 406	145	244	70 587	296	6 869	13 840
山　西	42	1 524	80	236	159 588	482	1 202	5 975
内蒙古	21	766	77	185	176 496	490	1 456	2 972
辽　宁	35	1 491	156	376	232 265	829	6 928	59 753
其中:大连	5	273	28	61	95 171	228	2 444	23 808
吉　林	23	554	103	104	77 092	194	856	2 874
黑龙江	32	525	66	138	42 601	115	348	1 676
上　海	——	——	——	——	——	——	——	——
江　苏	123	2 832	227	534	1 541 217	756	3 935	74 105
浙　江	57	2 222	150	219	385 877	722	2 512	14 181
其中:宁波	4	351	32	30	136 140	134	528	5 355
安　徽	26	353	19	86	116 858	210	613	11 557
福　建	37	579	51	110	125 995	271	634	17 505
其中:厦门	5	131	12	26	60 931	16	178	5 669
江　西	32	913	50	141	124 593	161	1 259	7 078
山　东	48	1 447	187	356	433 595	742	4 697	21 146
其中:青岛	6	183	15	26	134 151	167	1 768	7 310
河　南	74	3 568	185	484	928 368	1 054	8 043	101 580
湖　北	43	1 674	111	562	415 656	1 146	3 614	46 665
湖　南	33	768	53	151	255 333	2 392	2 108	17 986
广　东	75	1 927	140	284	542 876	817	7 128	40 663
其中:深圳	4	214	25	55	27 691	25	142	4 779
广　西	30	596	45	137	135 590	66	1 439	9 034
海　南	7	109	2	4	2 303	15	6	37
重　庆	——	——	——	——	——	——	——	——
四　川	38	2 318	85	246	258 249	1 057	2 388	24 310
贵　州	12	396	7	32	49 852	40	85	4 351
云　南	24	324	46	93	37 454	60	143	1 047
西　藏	2	12	——	——	——	——	——	——
陕　西	58	1 649	79	247	270 787	964	4 085	32 321
甘　肃	23	800	20	76	124 950	538	1 556	5 426
青　海	11	64	5	20	16 181	20	140	176
宁　夏	8	160	2	19	6 398	44	77	392
新　疆	30	828	30	75	55 303	195	470	1 548

文物业基本情况(一)

本年考古出土文物及标本数(件/套)	本年从有关部门接收文物数(件/套)	本年藏品征集数(件/套)	本年修复文物数				考古发掘项目			
			(件/套)	一级品	二级品	三级品	(个)	基本建设中考古发掘项目	抢救性发掘项目	主动性发掘项目
18 645	**8 076**	**48 259**	**25 471**	**115**	**276**	**16 441**	**1 411**	**1 010**	**351**	**33**
——	——	——	——	——	——	——	——	——	——	——
——	——	——	——	——	——	——	——	——	——	——
——	——	——	——	——	——	——	——	——	——	——
——	——	301	65	——	16	19	11	6	5	——
——	444	51	20	——	——	4	28	28	——	——
——	——	1 034	45	1	——	3	10	7	3	——
——	272	2 318	589	3	68	234	4	1	2	——
——	——	705	159	3	56	——	2	——	2	——
——	221	5 879	248	1	——	2	9	2	3	2
——	280	1 302	45	——	2	——	3	3	——	——
——	——	——	——	——	——	——	——	——	——	——
——	2 281	11 802	1 917	14	12	134	109	30	78	1
22	266	3 272	114	——	——	10	20	11	5	4
——	5	——	6	——	——	——	14	10	——	4
——	20	532	135	——	8	23	4	2	2	——
17	452	2 293	12	——	——	——	8	2	5	1
——	2	201	12	——	——	——	6	1	5	——
——	1	260	24	——	——	——	8	——	8	——
341	——	872	208	——	——	9	16	——	15	1
——	——	213	40	——	——	——	4	——	3	1
16 818	2 044	608	2 759	4	2	15	168	105	48	4
302	403	2 108	839	1	15	160	587	562	21	1
——	90	902	718	2	36	263	272	201	69	2
1 046	189	10 699	14 972	——	——	14 808	37	2	34	1
20	——	522	15	——	——	——	1	——	1	——
——	——	981	115	——	1	99	——	——	——	——
——	2	26	——	——	——	——	1	——	——	1
——	——	——	——	——	——	——	——	——	——	——
——	35	340	1 064	5	19	143	30	16	13	1
——	18	49	——	——	——	——	——	——	——	——
——	70	1 126	108	——	——	——	21	14	6	1
——	——	——	——	——	——	——	——	——	——	——
19	121	430	1 211	16	90	498	50	17	32	1
80	178	693	263	68	7	17	13	——	1	12
——	——	11	——	——	——	——	——	——	——	——
——	——	——	——	——	——	——	2	1	1	——
——	689	370	——	——	——	——	——	——	——	——

全国各地区地市级

地区	考古钻探面积(千平方米)	考古发掘面积(千平方米)	发掘墓葬数(个)	基本陈列(个)	举办展览(个)	参观人次(千人次)		门票销售总额(千元)	本	
							未成年人参观人次			财政拨款
总计	**34 688**	**538**	**9 136**	**1 327**	**3 263**	**146 969**	**35 908**	**863 783**	**4 967 039**	**2 982 760**
中央	——	——	——	——	——	——	——	——	——	——
北京	——	——	——	——	——	——	——	——	——	——
天津	——	——	——	——	——	——	——	——	——	——
河北	333	5	194	31	119	3 907	516	105 529	260 873	106 656
山西	2 515	21	62	26	36	2 257	222	36 620	197 849	96 092
内蒙古	——	149	215	21	41	1 609	617	2 540	93 174	84 320
辽宁	852	34	56	45	142	5 735	1 538	57 276	203 517	137 488
其中:大连	60	2	——	2	18	395	40	4 692	55 447	44 136
吉林	——	4	——	44	68	2 885	400	29 798	100 150	63 638
黑龙江	——	11	——	31	78	2 601	752	134	77 095	44 649
上海	——	——	——	——	——	——	——	——	——	——
江苏	1 562	35	549	242	514	28 200	8 858	18 992	467 764	279 610
浙江	736	8	194	80	271	13 674	2 277	203 490	1 005 648	628 203
其中:宁波	716	5	169	7	56	2 150	334	7 876	47 449	29 444
安徽	40	1	111	23	62	1 521	710	46	38 036	34 914
福建	——	9	10	37	83	3 293	941	——	112 998	103 430
其中:厦门	——	2	8	6	7	696	32	——	26 677	20 744
江西	——	1	10	64	55	4 873	2 367	866	57 366	47 950
山东	1 689	10	200	87	336	4 877	1 049	12 137	160 340	116 696
其中:青岛	20	4	15	19	18	957	124	3 272	28 185	20 837
河南	8 416	66	3 626	83	198	8 381	1 983	154 417	550 559	247 961
湖北	5 300	25	1 470	72	61	6 678	2 113	16 670	131 146	79 994
湖南	8 710	26	529	43	109	3 554	1 598	1 205	78 008	63 827
广东	216	9	161	141	490	25 318	4 659	24 249	383 416	250 774
其中:深圳	——	1	2	11	85	12 933	2 930	——	72 928	55 758
广西	——	——	——	48	49	3 461	1 205	1 308	53 548	41 727
海南	——	1	——	12	12	757	248	1 295	6 804	5 499
重庆	——	——	——	——	——	——	——	——	——	——
四川	2 760	89	593	31	61	12 097	1 380	139 563	452 827	177 535
贵州	——	——	——	22	12	1 816	295	18	56 247	51 232
云南	503	30	819	33	165	1 643	372	——	38 167	29 670
西藏	——	——	——	——	——	——	——	——	430	330
陕西	1 048	4	302	37	160	2 835	667	22 753	207 644	141 867
甘肃	——	——	25	26	77	2 503	352	3 035	92 397	64 258
青海	——	——	——	3	4	306	123	——	5 964	5 645
宁夏	8	——	10	14	12	570	20	22 126	31 165	10 833
新疆	——	——	——	31	48	1 618	646	9 716	103 907	67 962

文物业基本情况(二)

年收入合计（千元）			本年支出合计			
事业收入	经营收入	其他收入	（千元）	基本支出	项目支出	经营支出
1 190 097	**29 688**	**332 683**	**4 469 078**	**2 401 203**	**1 704 489**	**14 040**
——	——	——	——	——	——	——
——	——	——	——	——	——	——
——	——	——	——	——	——	——
108 598	330	5 772	206 753	157 990	24 365	288
72 716	250	17 578	217 686	126 144	85 313	250
4 107	——	1 240	82 473	70 266	9 594	——
58 001	——	900	213 829	103 562	87 444	——
4 692	——	859	58 465	22 901	12 870	——
29 734	——	6 777	87 949	46 043	41 206	——
505	660	31 230	73 002	54 115	18 217	660
——	——	——	——	——	——	——
43 322	7 768	29 130	477 680	207 841	164 169	2 616
262 922	576	37 558	907 191	331 379	561 856	540
12 325	44	1 201	56 053	27 666	28 311	76
117	——	2 903	34 384	15 770	10 059	——
1 114	198	532	99 191	31 525	40 073	81
252	——	39	23 769	8 993	9 973	——
5 195	1	3 817	49 021	38 611	9 888	1
21 107	——	3 318	161 865	119 514	25 248	53
4 707	——	1 097	28 224	23 328	3 192	53
182 042	5 255	80 111	411 810	294 925	100 822	2 821
23 209	403	7 832	129 906	66 693	51 533	403
6 480	850	4 250	76 168	51 149	23 733	614
58 338	3 986	20 635	356 662	166 774	152 173	1 372
1 287	——	15 883	66 304	32 174	34 130	——
2 596	2 938	2 278	48 781	30 141	14 671	1 859
1 226	——	78	6 365	3 638	2 111	——
——	——	——	——	——	——	——
220 909	448	45 793	345 291	164 082	157 987	370
——	299	47	52 223	44 734	3 983	50
3 221	74	3 477	35 808	16 849	18 391	521
——	——	——	430	430	——	——
38 026	5 652	14 418	197 742	147 827	33 513	1 369
24 877	——	2 054	91 982	53 086	38 011	172
143	——	176	5 131	4 273	220	——
14 831	——	5 501	14 701	11 636	1 425	——
6 761	——	5 278	85 054	42 206	28 484	——

全国各地区地市级

地区	本年支出合计（千元）						
	在支出合计中：						
	工资福利支出	商品和服务支出				对个人和家庭补助支出	
		差旅费	劳务费	福利费	税金支出		抚恤金和生活补助
总计	**1 127 088**	**51 264**	**110 301**	**27 914**	**32 250**	**261 780**	**9 039**
中央	——	——	——	——	——	——	——
北京	——	——	——	——	——	——	——
天津	——	——	——	——	——	——	——
河北	94 353	1 863	772	1 342	205	19 058	617
山西	50 254	3 866	4 897	1 117	124	7 469	387
内蒙古	19 886	1 296	1 650	465	4	6 285	201
辽宁	68 427	1 995	6 402	381	294	16 864	104
其中：大连	16 567	331	520	253	257	1 922	——
吉林	20 366	792	134	20	313	8 911	263
黑龙江	20 885	744	312	162	2	3 090	121
上海	——	——	——	——	——	——	——
江苏	114 316	7 521	14 601	2 996	7 034	34 016	504
浙江	138 668	4 499	7 295	5 849	9 101	36 285	714
其中：宁波	14 497	774	1 045	191	313	3 158	437
安徽	9 257	475	174	273	12	2 880	74
福建	17 600	933	324	279	321	4 456	26
其中：厦门	5 129	263	18	170	279	1 048	——
江西	17 383	1 356	306	723	47	5 602	929
山东	56 913	1 636	2 003	1 078	756	15 294	185
其中：青岛	9 963	632	595	196	114	3 525	——
河南	94 196	4 319	30 285	2 094	875	17 888	1 099
湖北	38 463	1 579	3 729	1 310	568	6 823	269
湖南	24 779	1 519	1 990	277	202	6 364	97
广东	111 396	3 723	8 586	1 819	4 321	28 693	179
其中：深圳	23 480	1 481	2 349	256	2	1 074	——
广西	17 559	735	1 429	131	534	4 038	168
海南	3 148	124	80	52	10	296	1
重庆	——	——	——	——	——	——	——
四川	79 044	4 705	12 049	3 723	5 637	16 694	721
贵州	8 218	770	2 561	1 675	170	2 219	34
云南	10 707	433	490	133	57	2 078	104
西藏	180	3	——	——	——	——	——
陕西	58 638	3 328	6 489	553	464	5 763	178
甘肃	22 063	1 057	1 485	1 000	1 179	4 650	900
青海	2 946	63	62	20	——	834	173
宁夏	5 696	263	490	1	——	988	295
新疆	21 747	1 667	1 706	441	20	4 242	696

文物业基本情况(三)

其他资本性支出	各种设备购置费	资产总计（千元）	固定资产原值	增加值（千元）	公用房屋建筑面积（千平方米）	展览用房	文物库房
562 514	**84 550**	**10 689 322**	**5 783 628**	**2 004 847**	**4 740.36**	**1 666.79**	**327.65**
——	——	——	——	——	——	——	——
——	——	——	——	——	——	——	——
——	——	——	——	——	——	——	——
2 102	1 332	188 402	107 083	148 136	137.58	63.64	7.60
6 044	2 241	184 559	121 412	70 567	126.00	18.65	6.81
5 126	4 223	178 907	134 929	34 144	88.18	39.83	4.60
23 371	2 120	446 866	300 531	107 099	177.92	98.20	17.60
433	410	60 548	25 950	23 144	47.77	10.55	2.34
1 661	754	175 835	105 323	33 745	94.63	65.45	3.84
3 938	2 140	325 380	311 898	36 853	110.06	61.11	4.30
——	——	——	——	——	——	——	——
46 673	11 405	1 208 477	749 706	227 574	616.12	300.19	40.98
310 994	3 308	1 299 417	685 336	265 966	288.10	117.26	18.62
2 872	1 397	82 850	60 833	21 250	52.38	14.50	3.68
6 526	723	116 695	97 181	16 775	61.00	30.13	4.96
18 806	553	125 697	60 534	27 375	182.74	75.69	9.19
4 191	——	33 414	18 298	9 151	37.03	14.55	3.98
2 483	1 811	83 150	49 069	25 838	107.62	50.16	4.78
5 457	516	590 772	328 933	94 699	210.54	76.12	17.95
284	272	123 050	109 450	19 936	26.90	11.10	2.18
13 349	11 351	1 754 282	404 023	186 328	910.73	105.70	46.05
9 510	7 860	309 882	222 180	65 332	394.11	64.10	25.43
4 483	2 534	143 176	124 376	39 224	108.78	44.79	29.10
16 412	9 407	588 842	425 144	194 338	444.32	179.94	32.04
3 662	3 044	132 994	85 734	30 930	76.29	16.20	4.65
2 388	939	158 347	92 882	28 146	86.26	39.63	10.05
64	28	26 899	23 143	4 544	7.96	3.57	0.50
——	——	——	——	——	——	——	——
31 915	7 072	1 239 871	330 669	171 268	161.50	44.26	11.81
1 029	175	516 507	503 774	36 005	41.27	12.45	1.07
984	602	139 747	132 558	18 953	71.38	35.23	8.69
6	6	400	200	188	0.21	——	——
5 761	1 238	269 293	115 252	80 043	104.38	53.25	10.86
32 478	5 774	240 871	184 093	37 223	77.29	38.98	4.75
355	6	9 654	5 612	3 917	9.12	4.72	0.79
666	633	14 969	13 126	16 489	14.57	5.83	0.40
9 933	5 799	352 425	154 661	34 078	107.99	37.93	4.92

全国各地区县级

地　区	机构数（个）	从业人员（人）	高级职称	中级职称	文物藏品（件/套）	一级品	二级品	三级品
总　计	**3 596**	**44 888**	**1 243**	**5 448**	**5 310 702**	**15 305**	**49 614**	**476 084**
中　央	——	——	——	——	——	——	——	——
北　京	45	3 354	10	109	42 507	118	471	2 604
天　津	19	214	11	38	16 977	2	8	72
河　北	195	3 780	112	344	186 845	438	2 077	11 520
山　西	148	3 123	42	310	381 263	1 216	5 380	13 134
内蒙古	109	759	18	172	95 723	510	1 077	4 122
辽　宁	94	1 469	61	306	133 142	325	1 799	20 231
其中:大连	4	42	3	13	4 161	13	103	1 746
吉　林	98	857	55	222	158 099	484	611	70 626
黑龙江	130	552	34	166	34 881	125	192	1 193
上　海	30	530	16	67	26 441	241	1 236	5 925
江　苏	137	1 134	49	180	207 418	211	1 329	7 314
浙　江	144	1 614	89	236	281 685	602	2 513	19 990
其中:宁波	16	255	13	32	28 407	89	418	2 650
安　徽	134	1 230	47	205	169 773	1 033	1 752	27 086
福　建	110	538	27	84	116 267	89	1 009	31 883
其中:厦门	6	10	——	3	1 987	——	22	359
江　西	137	902	40	107	186 484	1 345	3 242	21 414
山　东	174	3 123	169	599	515 397	1 347	4 148	20 548
其中:青岛	11	59	6	22	47 857	49	207	2 143
河　南	178	4 298	67	262	365 336	802	4 919	77 325
湖　北	120	1 885	43	406	317 928	442	2 006	11 267
湖　南	166	1 969	36	194	167 356	471	1 619	13 467
广　东	127	1 461	18	94	204 990	100	1 625	20 023
其中:深圳	14	112	4	10	11 792	——	14	66
广　西	95	492	7	78	81 464	83	972	10 464
海　南	16	76	8	3	14 701	22	152	479
重　庆	72	675	48	104	395 274	176	367	6 098
四　川	215	2 497	59	324	460 847	2 095	2 915	36 679
贵　州	123	959	16	87	29 211	57	162	1 923
云　南	209	1 049	73	237	160 736	257	235	2 128
西　藏	16	37	1	15	5 818	15	20	3
陕　西	272	4 307	61	312	216 637	1 491	3 192	20 367
甘　肃	111	1 218	11	89	230 017	1 021	3 814	15 415
青　海	29	136	3	38	63 426	75	112	429
宁　夏	17	158	4	31	20 687	42	502	1 496
新　疆	126	492	8	29	23 372	70	158	859

文物业基本情况(一)

本年考古出土文物及标本数(件/套)	本年从有关部门接收文物数(件/套)	本年藏品征集数(件/套)	本年修复文物数				考古发掘项目			
			(件/套)	一级品	二级品	三级品	(个)	基本建设中考古发掘项目	抢救性发掘项目	主动性发掘项目
25	**27 587**	**62 541**	**8 205**	**177**	**260**	**2 742**	**951**	**188**	**563**	**153**
——	——	——	——	——	——	——	——	——	——	——
——	——	272	98	1	——	7	2	——	2	——
——	——	11	——	——	——	——	——	——	——	——
——	44	2 053	529	3	4	72	15	10	3	——
——	8	82	163	2	31	110	2	——	2	——
——	196	1 855	385	74	8	31	10	1	8	——
——	90	2 820	510	2	4	96	25	14	7	1
——	——	——	——	——	——	——	——	——	——	——
——	3 357	5 329	227	——	4	23	11	3	8	——
——	——	2 528	63	1	2	3	1	1	——	——
——	2	915	——	——	——	——	——	——	——	——
——	10 018	2 332	187	1	1	——	29	16	13	——
——	3 789	2 226	80	——	3	47	22	10	12	——
——	94	123	2	——	——	——	4	4	——	——
——	5 448	344	406	7	32	250	208	9	197	2
——	59	3 273	4	1	——	——	14	2	12	——
——	——	——	3	——	——	——	1	——	1	——
——	208	1 572	653	2	38	613	26	5	19	2
——	772	2 996	785	18	30	138	32	7	25	——
——	——	77	7	7	——	——	3	——	3	——
——	2 126	2 081	699	——	17	265	10	2	8	——
——	121	710	246	9	26	75	20	8	12	——
——	96	2 144	110	——	6	52	100	34	40	21
——	339	6 110	151	——	13	45	3	1	2	——
——	——	32	——	——	——	——	——	——	——	——
——	44	1 770	19	2	——	17	1	——	1	——
——	——	297	8	——	——	——	——	——	——	——
——	25	3 808	1 277	——	3	54	14	3	11	——
——	197	3 072	712	——	14	115	218	36	52	94
——	190	2 405	39	13	4	6	65	21	15	29
——	40	416	621	——	——	610	93	3	88	2
——	——	70	——	——	——	——	——	——	——	——
25	124	2 451	24	14	——	10	14	1	12	1
——	198	2 436	164	27	19	101	4	1	2	1
——	——	116	——	——	——	——	——	——	——	——
——	17	1 084	25	——	——	2	12	——	12	——
——	79	4 963	20	——	1	——	——	——	——	——

全国各地区县级

地区	考古钻探面积（千平方米）	考古发掘面积（千平方米）	发掘墓葬数（个）	基本陈列（个）	举办展览（个）	参观人次		门票销售总额（千元）	本	
						（千人次）	未成年人参观人次			财政拨款
总计	**6 768**	**1 730**	**3 513**	**4 448**	**6 001**	**214 424**	**67 617**	**1 028 665**	**4 266 663**	**2 829 182**
中央	——	——	——	——	——	——	——	——	——	——
北京	8	4	——	81	85	13 324	2 790	197 905	502 152	249 490
天津	——	——	——	23	22	1 137	115	8 000	21 794	12 362
河北	116	232	111	83	88	12 132	3 206	113 544	206 971	138 355
山西	4	1	11	89	65	10 443	1 207	140 271	211 000	98 419
内蒙古	1	1	47	99	91	2 520	850	1 309	50 553	47 877
辽宁	2 187	61	157	247	247	4 437	1 105	9 766	158 302	129 224
其中：大连	——	——	——	4	26	205	82	——	5 373	5 373
吉林	23	140	1	139	167	3 054	1 555	323	66 925	54 258
黑龙江	3	10	1	66	100	1 659	618	1 851	35 711	31 735
上海	——	——	——	53	126	2 772	508	41 558	150 826	96 906
江苏	110	55	114	232	429	10 353	3 925	15 471	170 490	127 875
浙江	122	167	236	152	475	10 308	2 547	26 091	265 289	212 103
其中：宁波	100	155	71	22	46	1 471	547	308	46 241	38 719
安徽	262	12	149	203	509	12 210	5 405	2 862	137 641	108 623
福建	15	4	6	154	224	5 150	1 454	1 028	57 170	42 632
其中：厦门	1	——	2	5	——	88	48	——	1 423	1 396
江西	36	17	58	200	213	5 717	2 470	243	64 475	52 260
山东	651	178	164	631	336	13 323	4 211	255 642	459 986	187 457
其中：青岛	16	12	15	18	19	365	193	50	5 799	4 918
河南	1 742	72	83	265	322	10 895	4 517	38 737	265 814	143 826
湖北	526	31	176	190	146	6 666	2 886	4 724	94 464	72 473
湖南	366	560	317	103	141	13 457	5 976	6 006	234 961	193 287
广东	——	1	41	230	409	9 600	3 110	22 101	168 758	132 475
其中：深圳	——	——	——	21	21	396	68	937	28 196	21 166
广西	1	——	2	83	68	2 781	669	12 856	28 138	22 262
海南	——	——	1	16	22	348	149	410	4 198	3 521
重庆	15	36	58	82	113	3 787	1 180	13 383	67 253	44 429
四川	349	90	1 302	232	274	17 688	7 304	22 083	323 046	239 169
贵州	8	18	30	110	475	10 523	2 424	5 527	74 612	66 142
云南	76	16	311	335	525	11 004	2 270	368	51 402	43 096
西藏	——	——	——	1	1	——	——	——	3 201	3 057
陕西	48	20	33	141	72	9 815	2 777	78 694	235 989	140 518
甘肃	——	2	12	135	155	6 185	1 837	3 933	96 503	88 470
青海	——	——	80	9	6	168	75	——	14 755	13 210
宁夏	100	2	12	12	17	748	47	1 510	8 290	6 870
新疆	——	——	——	52	78	2 220	430	2 469	35 994	26 801

文物业基本情况(二)

年收入合计(千元)			本年支出合计			
事业收入	经营收入	其他收入	(千元)	基本支出	项目支出	经营支出
723 596	**110 659**	**180 860**	**4 181 024**	**2 237 722**	**1 492 644**	**115 850**
——	——	——	——	——	——	——
178 981	24 103	5 523	534 400	280 186	237 253	13 823
6 324	341	2 767	21 782	17 676	3 765	341
56 631	6 373	5 582	202 977	141 896	52 194	8 177
71 798	14 548	2 260	203 908	98 667	78 384	14 028
2 415	260	1	50 733	46 093	2 558	260
15 622	5 223	3 635	139 753	71 718	56 780	6 270
——	——	——	5 373	4 179	1 081	——
589	176	3 726	62 026	29 222	29 008	356
1 725	503	631	36 063	21 687	12 701	695
43 220	1 819	8 445	183 832	82 534	96 310	8
25 568	7 161	7 570	154 550	97 857	47 175	8 958
6 423	14 322	21 269	252 472	101 956	132 835	11 357
622	——	4 408	42 568	20 855	16 452	——
4 648	——	10 934	130 944	68 927	49 341	10
2 008	——	5 746	50 146	28 665	15 532	——
——	——	27	1 302	933	369	——
5 601	3	3 223	65 679	47 245	16 291	9
99 754	12 882	2 745	431 742	178 301	51 019	24 470
50	——	220	5 763	3 561	2 174	——
59 951	1 236	14 089	251 119	155 117	86 480	1 826
6 027	3 276	9 626	97 215	53 958	34 011	3 104
9 815	1 034	14 611	240 727	125 630	111 047	518
20 455	681	5 321	169 920	94 205	62 987	440
4 006	——	2 155	28 132	7 735	16 566	——
1 221	3	831	26 534	17 927	3 913	63
570	50	50	4 158	1 674	1 226	148
4 971	9 601	4 051	63 477	20 915	24 838	10 368
27 349	57	13 657	285 808	133 972	140 817	162
2 547	3 420	1 654	70 142	36 575	16 209	2 648
1 627	2 138	910	61 866	39 414	12 474	1 880
——	——	——	3 201	1 387	1 814	——
58 147	1 128	26 232	235 617	160 745	55 389	5 423
5 444	61	846	93 428	50 713	42 095	239
——	——	127	14 178	9 247	4 727	——
454	74	459	8 179	7 217	628	11
3 711	186	4 339	34 448	16 396	12 843	258

全国各地区县级

地区	本年支出合计（千元）						
	在支出合计中：						
	工资福利支出	商品和服务支出				对个人和家庭补助支出	
		差旅费	劳务费	福利费	税金支出		抚恤金和生活补助
总计	**1 170 047**	**49 878**	**76 213**	**28 712**	**21 328**	**162 983**	**11 288**
中央	——	——	——	——	——	——	——
北京	124 974	1 632	3 059	4 536	434	29 408	2 658
天津	9 249	70	410	135	145	2 743	19
河北	84 763	1 702	2 861	683	715	6 616	830
山西	60 168	4 482	4 548	3 027	1 561	3 894	173
内蒙古	18 981	1 222	1 233	509	2	2 013	124
辽宁	36 470	1 854	6 285	523	507	11 094	196
其中:大连	2 766	22	102	——	——	467	——
吉林	18 235	772	1 061	433	120	3 132	366
黑龙江	12 569	544	233	242	2	1 824	72
上海	41 312	729	1 043	1 745	987	4 281	551
江苏	42 973	1 224	5 047	1 413	206	7 755	157
浙江	68 335	2 761	8 736	2 973	326	8 990	282
其中:宁波	14 674	722	1 326	314	47	1 055	7
安徽	28 971	1 712	1 609	455	8	9 627	309
福建	12 799	803	1 425	519	214	1 829	145
其中:厦门	664	7	80	11	——	190	——
江西	19 174	1 691	994	598	297	4 676	199
山东	95 888	2 652	1 836	265	8 956	8 153	309
其中:青岛	2 156	48	176	1	2	444	——
河南	75 599	3 301	6 821	1 317	374	5 296	414
湖北	30 851	2 395	2 379	2 102	79	4 846	353
湖南	48 787	3 749	3 716	1 886	950	5 571	480
广东	46 038	1 540	2 768	1 222	202	9 006	700
其中:深圳	7 003	88	887	55	65	335	4
广西	10 137	646	221	34	2	2 383	154
海南	1 674	157	228	22	——	101	——
重庆	14 445	2 692	2 706	678	4 148	2 339	328
四川	61 912	3 549	5 150	1 189	97	10 626	1 400
贵州	20 089	1 670	1 842	422	92	2 231	365
云南	25 437	552	1 168	144	348	2 867	33
西藏	877	10	——	1	——	140	——
陕西	106 054	3 162	5 202	1 120	269	5 176	244
甘肃	31 503	1 466	1 803	321	244	4 189	325
青海	6 202	160	43	42	4	399	——
宁夏	4 663	118	182	9	5	507	——
新疆	10 918	861	1 604	147	34	1 271	102

文物业基本情况(三)

其他资本性支出		资产总计		增加值	公用房屋建筑面积		
	各种设备购置费	(千元)	固定资产原值	(千元)	(千平方米)	展览用房	文物库房
371 964	**79 453**	**8 537 471**	**6 572 589**	**1 747 785**	**6 014.31**	**2 735.64**	**328.24**
——	——	——	——	——	——	——	——
11 515	6 470	429 564	290 294	171 663	117.83	33.24	1.95
875	36	17 622	11 257	13 176	32.42	24.78	0.72
13 485	4 262	777 339	638 248	122 262	177.72	87.41	14.26
22 859	10 738	308 792	223 680	86 959	133.07	48.72	8.04
9 747	783	100 954	89 963	26 318	122.59	63.83	7.79
37 827	1 699	301 778	186 347	66 502	130.34	51.63	12.20
757	——	8 978	8 194	3 664	16.44	5.59	1.09
6 142	1 173	96 070	88 094	28 644	93.27	58.11	4.28
11 374	230	89 396	84 753	18 232	57.23	35.54	5.66
34 907	1 969	400 724	142 867	55 863	67.96	40.06	5.33
15 797	4 188	477 776	370 549	74 993	303.17	149.78	17.34
16 659	2 035	532 341	378 888	105 103	260.74	114.55	20.03
429	248	74 663	50 784	19 493	31.69	12.85	3.31
8 373	1 553	132 085	70 225	43 800	294.27	93.69	12.40
1 319	483	133 287	87 308	20 281	192.63	68.75	7.60
——	——	1 361	1 361	1 000	3.80	3.30	0.30
4 499	1 153	109 861	74 015	29 071	172.61	90.87	12.88
5 985	4 542	664 737	589 535	139 336	342.60	183.64	23.39
888	868	8 929	8 562	3 124	8.89	3.04	1.23
38 562	4 924	245 373	220 264	99 725	346.45	88.53	20.91
18 000	5 239	302 288	284 691	51 445	590.80	225.29	9.93
25 192	12 134	369 199	292 693	73 080	228.78	98.43	16.65
16 171	1 051	318 997	252 980	69 590	281.33	136.33	15.50
173	28	15 633	7 260	9 333	11.05	6.82	0.72
3 828	558	58 247	51 550	14 776	75.54	32.44	8.82
251	155	13 501	8 491	2 386	7.68	4.33	1.05
5 524	2 168	232 563	184 074	32 466	125.69	61.86	9.15
31 700	4 189	1 192 869	1 012 223	125 774	499.09	157.11	37.30
8 053	2 794	311 234	145 532	30 917	137.69	57.98	7.26
2 689	856	241 781	214 377	39 248	812.31	577.81	7.39
——	——	6 892	6 892	1 294	0.77	0.07	0.03
10 602	1 182	336 884	269 045	128 746	217.60	55.31	12.76
5 091	1 574	229 287	217 105	46 528	104.84	56.69	12.22
981	172	13 777	9 581	7 084	5.86	1.85	1.03
114	90	24 930	24 923	6 378	10.06	5.15	0.53
3 843	1 053	67 323	52 145	16 145	71.40	31.85	13.89

全国各地区文物

地　区	机构数（个）	从业人员			文物藏品			
		（人）	高级职称	中级职称	（件/套）	一级品	二级品	三级品
总　计	**710**	**5 203**	**170**	**448**	**131 751**	**666**	**1 071**	**9 358**
中　央	1	84	——	——	——	——	——	——
北　京	19	223	13	18	——	——	——	——
天　津	2	6	——	——	——	——	——	——
河　北	12	320	29	26	629	3	19	157
山　西	85	1 202	27	110	67 930	316	264	1 323
内蒙古	2	9	——	——	3	3	——	——
辽　宁	12	136	2	30	8 639	39	157	543
其中:大连	1	——	——	——	——	——	——	——
吉　林	2	7	——	——	——	——	——	——
黑龙江	4	24	3	11	212	——	2	——
上　海	1	——	——	——	——	——	——	——
江　苏	23	30	6	——	758	——	——	33
浙　江	38	94	19	3	——	——	——	——
其中:宁波	2	——	——	——	——	——	——	——
安　徽	28	186	4	8	13 212	86	199	1 967
福　建	5	28	1	——	——	——	——	——
其中:厦门	——	——	——	——	——	——	——	——
江　西	21	4	——	2	——	——	——	——
山　东	17	272	11	31	3 003	8	26	174
其中:青岛	1	22	——	——	——	——	——	——
河　南	25	587	13	46	9 819	87	272	4 114
湖　北	54	305	1	43	9 042	2	3	45
湖　南	9	166	4	8	1 110	28	24	259
广　东	44	103	——	1	1 826	——	1	6
其中:深圳	5	19	——	1	530	——	——	——
广　西	6	7	3	1	——	——	——	——
海　南	——	——	——	——	——	——	——	——
重　庆	1	——	——	——	——	——	——	——
四　川	24	134	7	19	5 720	90	88	619
贵　州	15	93	4	13	3 459	——	2	8
云　南	1	——	——	——	——	——	——	——
西　藏	5	54	1	15	2 704	——	——	——
陕　西	117	610	6	21	3 200	4	8	94
甘　肃	100	121	——	10	465	——	6	16
青　海	18	48	1	5	20	——	——	——
宁　夏	1	4	——	——	——	——	——	——
新　疆	18	346	15	27	——	——	——	——

主管部门基本情况(一)

本年从有关部门接收文物数(件/套)	本年藏品征集数(件/套)	本年收入合计(千元)					本年支出合计(千元)			
			财政拨款	在财政拨款中:				基本支出	项目支出	
				行政运行	一般行政管理事务	文物保护等经费				工资福利支出
9	**1 211**	**2 642 527**	**2 223 501**	**232 654**	**106 889**	**1 425 169**	**2 514 530**	**472 217**	**2 004 733**	**191 916**
——	——	211 300	210 725	10 040	15 107	59 300	222 469	27 054	195 415	5 676
——	——	485 025	440 901	26 984	15 289	226 163	539 554	53 485	486 020	17 560
——	——	——	——	——	——	——	——	——	——	——
——	——	52 703	39 537	12 436	12 873	14 015	85 625	27 818	57 807	13 800
——	——	251 233	219 042	37 555	13 313	152 309	251 057	67 258	174 793	34 457
——	——	17 087	13 515	793	——	12 180	22 947	1 335	21 612	292
——	805	15 320	13 868	2 844	70	705	21 830	11 272	10 473	3 856
——	——	——	——	——	——	——	——	——	——	——
——	——	145	145	134	11	——	145	145	——	134
——	——	1 988	1 988	383	——	808	1 910	1 890	20	870
——	——	17 717	15 113	——	——	12 890	15 207	150	12 003	——
——	——	47 735	46 748	2 883	3 432	38 589	45 974	2 501	43 273	1 608
——	——	254 293	210 622	2 845	7 869	194 833	247 485	8 461	238 974	5 839
——	——	4 345	4 345	——	——	4 345	4 345	——	4 345	——
——	——	128 162	123 247	8 774	1 704	83 877	125 327	16 305	100 983	13 660
——	——	68 061	67 234	749	2 590	63 846	10 237	2 312	7 925	1 235
——	——	——	——	——	——	——	——	——	——	——
——	——	14 655	14 655	55	400	11 145	12 739	1 789	10 950	88
——	3	51 909	49 628	11 325	1 130	29 334	45 049	18 012	26 552	9 334
——	——	5 320	5 320	2 007	——	3 313	5 682	2 945	2 737	1 479
9	——	269 509	185 118	23 148	9 655	139 886	274 690	32 466	241 416	16 211
——	51	42 062	32 765	8 964	7 566	4 598	45 044	20 288	24 120	5 993
——	12	59 046	47 282	8 522	1 115	33 247	56 125	11 510	44 596	5 190
——	——	52 969	49 198	11 109	2 166	21 881	49 851	20 504	26 674	7 197
——	——	13 661	12 792	989	1 374	8 842	14 823	2 946	11 877	2 505
——	——	16 025	10 427	——	4 364	6 063	19 961	——	19 961	——
——	——	——	——	——	——	——	——	——	——	——
——	——	28 453	26 770	——	——	26 770	26 426	——	26 426	——
——	270	106 247	21 067	4 159	150	6 042	48 619	8 616	39 983	4 106
——	50	21 511	18 550	2 824	3 183	11 843	21 885	10 126	11 699	2 671
——	——	31 927	29 951	——	——	25 301	35 888	——	31 603	——
——	——	52 382	27 067	2 440	——	21 684	27 436	4 047	23 389	2 279
——	——	108 354	98 777	34 801	1 911	58 516	105 409	91 811	13 469	22 547
——	——	23 732	20 954	3 698	38	15 663	40 644	6 395	33 228	4 336
——	20	8 166	7 670	1 589	——	4 135	8 174	3 462	4 532	2 571
——	——	4 230	4 230	28	1 832	2 370	3 088	2 566	96	169
——	——	200 581	176 707	13 572	1 121	147 176	103 735	20 639	76 741	10 237

全国各地区文物

地区	本年支出合计(千元)								
	在支出合计中:								
		商品和服务支出				对个人和家庭补助支出		其他资本性支出	
		差旅费	劳务费	福利费	税金支出		抚恤金和生活补贴		各种设备购置费
总计	**1 571 551**	**21 752**	**26 722**	**2 377**	**382**	**50 484**	**1 531**	**266 359**	**29 834**
中央	205 661	3 173	695	——	——	8 638	——	1 331	1 331
北京	298 673	121	1 761	39	158	9 591	254	166 627	1 287
天津	——	——	——	——	——	——	——	——	——
河北	62 902	1 273	7 676	84	——	3 916	40	1 157	746
山西	167 900	4 121	3 574	633	9	4 117	263	12 348	1 659
内蒙古	13 603	235	2 711	50	1	107	19	8 375	8 375
辽宁	2 438	32	986	39	——	853	——	300	150
其中:大连	——	——	——	——	——	——	——	——	——
吉林	11	——	——	11	——	——	——	——	——
黑龙江	685	3	——	——	——	345	5	——	——
上海	11 205	29	21	——	——	——	——	948	948
江苏	35 933	438	627	28	——	611	——	5 375	1 164
浙江	226 703	544	929	126	——	1 107	103	4 397	1 052
其中:宁波	4 345	——	——	——	——	——	——	——	——
安徽	32 398	394	248	38	15	3 938	66	2 597	569
福建	971	53	6	——	——	102	2	5	5
其中:厦门	——	——	——	——	——	——	——	——	——
江西	12 593	123	48	2	——	36	——	——	——
山东	20 727	872	566	9	50	1 913	——	580	524
其中:青岛	317	62	29	2	——	660	——	12	——
河南	152 021	1 774	1 614	198	15	2 814	16	30 858	866
湖北	8 053	720	1 369	423	26	1 432	133	4 155	1 446
湖南	33 583	842	765	150	91	1 122	5	3 677	1 276
广东	10 582	1 034	385	137	2	2 191	114	858	275
其中:深圳	670	31	15	11	2	52	4	2	——
广西	1 523	661	79	——	——	——	——	——	——
海南	——	——	——	——	——	——	——	——	——
重庆	25 116	232	61	——	——	3	——	1 307	1 307
四川	34 246	409	78	59	——	804	3	4 210	1 107
贵州	17 489	698	195	26	——	214	——	116	115
云南	30 298	171	36	——	——	——	——	5 590	——
西藏	493	42	——	1	——	776	2	6	6
陕西	62 767	1 224	691	79	——	3 138	172	2 357	1 765
甘肃	28 086	1 145	918	83	5	386	20	4 324	415
青海	1 071	32	20	——	——	220	——	30	——
宁夏	——	420	——	——	——	——	——	——	——
新疆	73 820	937	663	162	10	2 110	314	4 831	3 446

主管部门基本情况(二)

资产合计		增加值(千元)	公用房屋建筑面积(千平方米)	举办出国(境)文物展览(个)	出国接受培训人员数(人)	本辖区文物点(处)				各级文物保护专项资金设立情况(千元)		
(千元)	固定资产原值						全国重点文物保护单位	省级文物保护单位	市县级文物保护单位	中央级	省级	市县级
2 291 189	**770 965**	**302 589**	**612.20**	**37**	**145**	**548 716**	**2 244**	**11 912**	**61 454**	**——**	**504 891**	**108 355**
304 442	54 618	17 397	——	——	——	——	——	——	——	——	——	——
348 992	84 824	32 255	5.85	2	1	3 550	98	224	671	——	210 000	4 096
——	——	——	——	——	——	1 300	15	113	155	——	——	1
128 722	15 719	26 147	2.90	——	——	32 312	168	910	2 834	——	15 500	——
271 965	60 815	45 226	11.42	——	——	35 000	271	428	6 085	——	30 000	31 455
20 731	1 592	3 221	——	2	10	22 701	79	316	700	——	2 300	——
13 758	9 916	6 133	3.07	——	——	——	——	——	——	——	——	460
——	——	——	——	——	——	——	——	——	——	——	——	——
546	444	163	——	——	——	1 312	33	272	1 007	——	1 300	——
1 398	1 398	1 266	0.99	——	——	14 000	29	191	420	——	2 000	——
1 634	——	23	——	9	3	560	19	163	378	——	——	——
73 412	5 643	3 127	0.40	5	——	3 000	120	645	——	——	30 000	5 700
50 887	9 155	8 300	1.20	——	2	61 139	132	382	2 988	——	33 000	15 049
——	——	——	——	——	——	——	——	——	——	——	——	——
22 026	16 005	18 500	2.54	——	——	2 511	56	455	2 000	——	——	530
7 915	650	1 370	0.40	1	——	30 824	85	510	3 463	——	21 900	10 500
——	——	——	——	——	——	——	——	——	——	——	——	——
775	542	203	——	——	——	34 087	52	333	2 500	——	32 000	5
71 789	25 448	12 945	6.11	3	——	7 622	101	687	6 834	——	10 000	2 876
6 544	1 994	2 254	——	——	——	——	——	——	——	——	——	2 000
176 224	30 499	22 170	8.63	——	——	130 000	189	1 044	6 000	——	26 470	21 614
28 393	22 228	10 045	502.77	——	——	40 604	91	825	4 115	——	31 630	1 405
36 740	19 428	8 145	4.73	3	——	26 398	60	362	2 751	——	21 000	2 550
27 452	24 175	10 832	14.95	——	——	——	——	——	——	——	——	3 325
6 839	4 020	2 744	0.35	——	——	——	——	——	——	——	——	——
——	——	121	——	——	——	1 993	42	314	1 637	——	909	——
——	——	——	——	——	——	——	——	——	——	——	——	——
8 730	832	112	——	1	26	12 898	20	337	1 154	——	——	——
72 004	9 627	5 456	0.42	——	——	10 141	128	578	3 353	——	1 442	55
32 661	8 370	3 485	2.63	——	——	6 039	39	324	2 100	——	2 050	546
——	——	47	——	1	——	5 300	76	243	1 725	——	3 360	——
24 206	24 006	4 017	0.89	——	——	4 265	35	224	845	——	——	——
120 073	33 907	27 717	13.12	10	94	35 964	140	669	2 090	——	——	7 576
47 942	13 390	6 316	3.18	——	2	13 284	72	516	3 146	——	9 130	20
1 930	1 892	2 890	0.19	——	——	4 300	18	383	369	——	——	532
1 902	1 902	272	0.43	——	——	288	18	101	169	——	5 700	——
393 940	293 940	24 688	25.39	——	7	7 324	58	363	1 965	——	15 200	60

全国各地区文物保护

地　区	机构数（个）	从业人员（人）	高级职称	中级职称	藏品数（件/套）	一级品	二级品	三级品
总　计	**2 263**	**28 629**	**895**	**3 548**	**1 958 904**	**5 388**	**18 265**	**160 695**
中　央	——	——	——	——	——	——	——	——
北　京	24	2 879	4	82	24 833	88	428	1 790
天　津	8	123	16	17	2 698	2	5	52
河　北	162	4 266	154	377	111 604	260	1 567	11 237
山　西	97	1 436	25	126	108 760	312	573	2 493
内蒙古	84	617	23	149	36 397	104	177	882
辽　宁	60	733	9	119	26 833	78	561	8 372
其中:大连	——	——	——	——	——	——	——	——
吉　林	48	345	32	107	22 934	22	127	734
黑龙江	92	363	47	142	21 755	40	127	1 141
上　海	4	61	1	10	2 560	——	——	——
江　苏	62	331	27	60	31 823	74	517	931
浙　江	93	1 440	75	149	66 304	258	638	4 443
其中:宁波	13	233	24	31	21 094	54	202	1 797
安　徽	85	485	29	118	66 447	455	762	16 508
福　建	57	131	12	18	4 213	2	7	388
其中:厦门	6	5	——	——	——	——	——	——
江　西	66	217	17	39	14 022	34	187	1 599
山　东	101	2 062	109	362	213 659	353	2 769	8 914
其中:青岛	6	18	1	9	1 519	——	8	83
河　南	135	3 464	87	261	547 092	534	3 710	37 356
湖　北	46	1 115	12	377	20 426	90	179	631
湖　南	124	985	26	106	106 014	197	791	7 800
广　东	35	359	8	16	9 156	9	106	2 085
其中:深圳	2	10	2	1	128	——	——	——
广　西	59	244	6	51	24 952	20	347	3 105
海　南	10	132	8	5	2 054	6	65	90
重　庆	39	124	11	30	83 974	25	230	2 763
四　川	162	1 723	35	230	216 581	1 393	2 468	32 452
贵　州	82	387	9	51	15 389	47	120	4 496
云　南	119	581	52	167	60 996	199	170	1 462
西　藏	19	203	2	11	1 337	337	——	——
陕　西	19	203	2	11	1 337	337	——	——
甘　肃	205	2 430	29	226	83 171	284	920	6 796
青　海	44	388	5	27	1 292	28	52	101
宁　夏	26	84	4	28	8 313	36	68	112
新　疆	21	282	6	44	18 866	81	577	1 887

管理机构基本情况(一)

本年从有关部门接收文物数(件/套)	本年藏品征集数(件/套)	本年修复文物数(件/套)				基本陈列(个)	举办展览(个)	参观人次(千人次)		门票销售总额(千元)
			一级品	二级品	三级品				未成年人参观人次	
4 682	**9 414**	**3 755**	**107**	**94**	**1 226**	**1 310**	**1 139**	**92 050**	**19 506**	**1 358 248**
——	——	——	——	——	——	——	——	——	——	——
——	33	——	——	——	——	28	24	11 884	2 353	192 814
——	——	——	——	——	——	3	1	175	35	2 010
42	328	546	3	20	73	33	44	6 380	810	187 210
——	——	143	2	31	110	2	3	4 171	489	59 256
120	735	250	74	8	29	35	44	749	236	3 441
83	927	130	——	——	——	194	95	2 089	373	9 766
——	——	——	——	——	——	——	——	——	——	——
30	1 611	——	——	——	——	2	7	154	96	——
——	797	86	——	——	3	18	54	747	342	98
——	——	——	——	——	——	2	3	131	80	——
——	21	——	——	——	——	39	59	2 264	396	8 092
266	1 008	6	——	——	——	60	81	8 812	1 253	198 149
99	5	6	——	——	——	18	34	1 740	514	1 324
6	103	93	——	——	6	38	70	4 160	2 086	182
——	——	3	——	——	——	8	33	247	94	258
——	——	3	——	——	——	——	——	——	——	——
132	132	30	——	——	6	13	13	146	91	——
5	71	155	1	5	29	370	55	7 226	1 771	257 561
——	1	——	——	——	——	1	——	20	6	50
3 600	76	616	——	14	222	13	29	5 511	983	144 297
——	5	——	——	——	——	18	23	1 767	414	20 288
90	742	53	——	——	13	29	49	2 817	1 124	3 172
6	45	20	——	——	——	21	37	5 309	878	33 816
——	——	——	——	——	——	——	——	——	——	——
44	745	——	——	——	——	11	20	542	148	13 107
——	2	8	——	——	——	13	9	1 001	341	1 705
25	237	342	——	3	37	12	26	569	266	8
113	528	520	——	11	94	73	95	4 076	574	56 648
1	30	23	13	2	2	41	64	4 268	439	156
30	330	714	——	——	600	148	116	4 286	1 021	212
——	——	——	——	——	——	——	1	851	10	54 911
72	198	14	14	——	——	37	18	8 169	2 521	70 144
——	22	1	——	——	——	22	11	1 063	127	5 126
——	96	——	——	——	——	2	1	23	2	——
17	30	2	——	——	2	18	29	1 168	66	23 636
——	562	——	——	——	——	7	25	1 295	87	12 185

全国各地区文物保护

地　区	考古发掘项目(个)				考古钻探面积(千平方米)	考古发掘面积(千平方米)	发掘墓葬数(个)	(千元)	本
		基本建设中考古发掘项目	抢救性发掘项目	主动性发掘项目					财政拨款
总　计	**763**	**200**	**357**	**155**	**9 349**	**1 302**	**4 474**	**3 089 487**	**1 474 012**
中　央	——	——	——	——	——	——	——	——	——
北　京	2	——	2	——	8	4	——	232 501	31 499
天　津	——	——	——	——	——	——	——	10 576	7 659
河　北	21	13	8	——	446	235	304	210 514	63 099
山　西	7	6	1	——	2 060	1	50	79 474	31 120
内蒙古	8	4	4	——	1	2	49	46 690	41 681
辽　宁	1	——	1	——	809	43	25	72 103	56 167
其中:大连	——	——	——	——	——	——	——	——	——
吉　林	14	2	11	1	23	13	——	19 805	19 255
黑龙江	1	1	——	——	——	8	1	30 485	28 499
上　海	——	——	——	——	——	——	——	12 534	12 368
江　苏	4	4	——	——	——	1	7	65 688	51 505
浙　江	27	16	7	4	838	168	367	606 916	318 906
其中:宁波	18	14	——	4	816	160	240	47 572	31 966
安　徽	38	6	31	1	191	6	74	46 756	34 355
福　建	1	——	1	——	1	——	2	15 468	11 894
其中:厦门	1	——	1	——	1	——	2	2 893	2 866
江　西	8	1	7	——	——	6	——	13 570	8 742
山　东	14	2	12	——	7	6	25	386 663	117 263
其中:青岛	——	——	——	——	——	——	——	1 892	1 842
河　南	89	48	29	1	3 805	97	1 794	277 983	71 007
湖　北	3	2	1	——	47	4	3	49 455	22 069
湖　南	104	29	50	21	698	483	319	95 015	76 124
广　东	——	——	——	——	——	——	——	64 504	23 235
其中:深圳	——	——	——	——	——	——	——	6 311	4 790
广　西	1	——	1	——	1	——	2	13 389	10 932
海　南	——	——	——	——	——	——	——	5 868	3 900
重　庆	13	3	10	——	15	36	58	19 993	18 341
四　川	219	35	54	94	301	105	639	267 559	165 278
贵　州	65	21	15	29	8	18	30	28 664	26 743
云　南	100	5	92	3	79	45	630	47 478	40 950
西　藏	——	——	——	——	——	——	——	44 678	9 717
陕　西	10	1	8	1	2	20	3	167 300	84 330
甘　肃	——	——	——	——	——	——	——	46 398	19 456
青　海	——	——	——	——	——	——	80	6 131	5 652
宁　夏	13	1	12	——	8	——	12	37 934	16 222
新　疆	——	——	——	——	——	——	——	67 395	46 044

管理机构基本情况(二)

年收入合计			本年支出合计			
事业收入	经营收入	其他收入	(千元)	基本支出	项目支出	经营支出
1 102 015	**76 286**	**181 304**	**2 905 600**	**1 718 527**	**871 237**	**72 032**
——	——	——	——	——	——	——
171 494	24 102	4 901	279 815	228 801	36 078	13 787
2 010	341	241	10 382	7 145	2 896	341
131 159	5 835	9 421	212 995	191 082	15 705	5 417
24 275	13 598	10 008	75 041	49 420	9 757	13 586
4 731	——	236	38 362	34 658	1 585	——
6 805	5 223	2 439	63 071	25 602	28 644	6 270
——	——	——	——	——	——	——
20	——	530	18 959	13 776	5 133	——
490	——	924	30 131	17 998	11 521	——
111	——	23	54 420	7 135	46 836	——
11 677	21	2 485	63 579	40 108	23 450	21
254 792	1 291	21 680	532 265	260 622	264 475	1 233
4 560	——	4 662	46 499	22 731	18 507	——
1 467	——	4 389	44 516	27 059	15 558	——
449	——	412	18 173	8 347	9 340	——
——	——	27	4 068	629	3 439	——
2 816	——	1 932	11 400	9 897	1 203	——
101 682	12 226	712	357 647	116 166	40 378	24 090
50	——	——	1 856	833	995	——
135 768	4 913	58 080	250 250	216 406	25 908	2 812
19 716	392	3 355	45 865	31 293	12 680	392
6 241	509	8 902	96 121	48 237	47 070	433
30 555	963	2 038	62 375	42 090	16 262	171
192	——	1 329	6 503	236	2 459	——
606	3	723	12 732	10 351	1 980	63
1 796	50	121	5 967	3 596	1 086	5
420	——	1 027	13 991	7 075	5 983	——
55 899	35	9 115	211 313	83 779	120 834	32
287	50	825	24 784	13 347	9 001	167
1 685	74	2 436	45 552	24 522	17 849	177
34 961	——	——	24 440	23 783	657	——
48 785	6 445	21 547	174 384	104 672	56 244	2 721
26 694	61	105	42 603	19 256	23 124	223
——	——	394	5 343	5 180	150	——
15 285	74	5 956	21 359	17 395	2 053	11
9 339	80	6 347	57 765	29 729	17 797	80

全国各地区文物保护

地　区	本年支出合计（千元）							
	在支出合计中：							
	工资福利支出	商品和服务支出					对个人和家庭补助支出	
			差旅费	劳务费	福利费	税金支出		抚恤金和生活补助
总　计	**844 730**	**858 282**	**29 824**	**49 349**	**22 145**	**23 999**	**144 131**	**8 568**
中　央	——	——	——	——	——	——	——	——
北　京	102 665	89 796	1 422	937	4 490	151	21 667	2 188
天　津	4 580	3 745	292	414	13	54	1 794	29
河　北	119 553	54 003	1 996	2 020	1 293	856	16 103	1 274
山　西	27 087	23 410	1 902	908	1 637	166	2 602	175
内蒙古	16 174	11 176	1 464	1 738	423	——	3 164	133
辽　宁	16 704	11 115	382	1 230	254	514	3 037	1
其中：大连	——	——	——	——	——	——	——	——
吉　林	8 239	3 439	243	69	10	——	2 069	88
黑龙江	10 771	4 554	693	348	166	2	2 678	29
上　海	4 438	47 683	47	876	119	——	464	48
江　苏	16 908	32 579	540	2 557	548	72	5 585	10
浙　江	106 983	139 766	2 529	9 409	3 186	6 870	27 774	632
其中：宁波	13 758	23 952	882	1 354	324	206	2 367	444
安　徽	12 367	14 662	873	660	207	——	3 867	120
福　建	3 800	8 265	478	241	45	42	1 311	9
其中：厦门	488	3 402	——	9	1	——	114	——
江　西	4 127	4 247	895	102	151	1	1 437	45
山　东	67 082	47 819	1 344	1 120	124	8 848	4 300	165
其中：青岛	589	182	11	26	——	——	82	——
河　南	72 111	110 231	2 065	13 143	1 692	372	9 758	903
湖　北	17 638	9 020	634	393	1 250	241	2 537	74
湖　南	23 405	24 980	2 300	1 608	1 017	232	2 134	311
广　东	15 874	33 743	169	758	460	167	4 994	——
其中：深圳	872	2 361	6	235	——	——	——	——
广　西	6 227	3 998	310	45	8	2	883	13
海　南	3 252	1 113	75	48	7	10	304	——
重　庆	2 708	3 878	548	598	29	——	891	13
四　川	43 404	80 258	3 301	2 725	3 460	3 310	7 987	1 265
贵　州	8 895	4 011	452	720	62	32	1 210	182
云　南	15 456	9 875	593	1 152	111	176	2 128	55
西　藏	11 524	9 529	125	14	——	195	3 235	——
陕　西	64 433	29 938	2 144	3 057	814	386	3 976	116
甘　肃	9 282	9 581	286	137	410	1 285	1 534	163
青　海	3 830	427	24	4	2	4	708	113
宁　夏	9 269	6 770	369	609	8	5	1 484	295
新　疆	15 944	24 671	1 329	1 709	149	6	2 516	119

管理机构基本情况(三)

其他资本性支出	各种设备购置费	资产总计（千元）	固定资产原值	增加值（千元）	公用房屋建筑面积（千平方米）	展览用房	文物库房
387 953	**51 829**	**6 432 931**	**3 223 512**	**1 316 540**	**2 626.46**	**644.86**	**109.57**
——	——	——	——	——	——	——	——
6 043	4 887	195 681	156 041	134 190	78.15	11.71	1.02
259	——	6 054	3 559	6 988	11.98	8.32	0.39
3 391	1 923	349 093	182 894	157 916	91.29	31.15	9.30
9 559	9 314	191 274	138 456	41 270	84.10	9.75	3.02
2 837	602	47 668	26 420	22 790	34.70	14.79	3.52
21 703	891	101 313	35 340	23 322	46.84	12.33	3.85
——	——	——	——	——	——	——	——
4 212	350	8 549	6 406	10 570	9.04	5.16	1.10
898	481	28 210	24 616	14 974	25.40	9.43	2.48
1 035	485	50 451	5 506	6 081	1.83	1.00	0.26
8 507	426	241 258	99 007	30 388	53.34	23.37	4.55
237 836	906	834 159	372 648	204 549	145.19	60.35	5.49
1 665	261	68 442	48 956	19 581	27.62	10.62	3.20
2 243	340	71 486	30 799	18 484	157.18	32.22	2.85
569	357	22 558	11 944	5 943	53.84	7.81	0.68
——	——	1 204	369	627	0.40	——	0.10
874	319	14 090	11 495	6 710	20.68	16.05	1.64
3 029	1 847	305 808	252 485	92 492	91.10	44.48	7.05
20	——	1 604	1 335	751	0.71	0.24	0.04
4 402	1 860	1 425 192	309 366	126 167	876.73	27.58	16.98
5 365	1 689	125 559	120 494	30 486	181.33	154.78	1.96
12 219	9 986	89 894	76 735	31 424	72.08	26.42	8.39
1 518	11	106 440	60 988	27 074	51.48	29.34	0.80
45	——	——	——	1 107	——	——	——
855	442	23 310	14 328	7 758	14.04	4.83	1.70
118	28	31 282	26 141	4 708	8.87	4.11	0.51
2 062	237	16 429	10 148	4 781	21.13	12.25	2.52
20 935	4 075	1 381 040	723 584	92 498	138.80	30.03	15.22
5 116	860	52 837	40 239	12 434	46.82	13.18	2.23
1 258	727	152 712	135 148	24 537	82.97	13.99	2.80
124	124	57 006	19 811	33 136	12.05	0.63	——
10 016	1 016	141 358	100 887	77 026	144.14	22.16	6.16
13 850	4 767	163 462	134 954	18 821	18.35	4.19	1.24
154	20	3 610	3 525	4 576	3.96	0.75	0.68
780	723	20 778	18 928	20 936	20.13	7.25	0.79
6 186	2 136	174 370	70 620	23 511	28.93	5.48	0.37

全国各地区博物馆

地区	机构数（个）	从业人员（人）	高级职称	中级职称	安全保卫人员（人）	藏品数（件/套）	一级品	二级品	三级品
总计	**2 252**	**59 919**	**3 680**	**8 324**	**10 443**	**15 711 150**	**56 277**	**1 060 569**	**2 647 498**
中央	5	2 021	329	426	428	1 762 318	13 493	771 540	689 521
北京	40	1 200	63	146	227	1 136 606	451	4 888	47 973
天津	18	699	79	166	97	577 297	1 004	2 748	39 505
河北	64	1 718	101	198	226	225 007	477	7 385	15 180
山西	86	2 138	81	288	475	483 091	1 560	6 895	70 345
内蒙古	46	1 146	76	249	167	373 044	1 453	2 556	6 673
辽宁	61	2 094	199	532	294	376 280	1 510	12 858	114 164
其中:大连	7	267	24	65	42	35 369	241	2 547	25 536
吉林	71	1 110	154	246	180	300 992	951	4 719	86 504
黑龙江	71	1 206	153	231	180	183 443	379	1 477	13 936
上海	29	992	110	200	109	322 335	1 332	46 310	139 552
江苏	182	3 938	290	663	823	1 315 607	1 954	93 180	440 806
浙江	100	2 690	239	352	546	653 597	1 802	9 599	63 759
其中:宁波	7	373	21	31	90	143 453	169	744	6 208
安徽	68	1 035	53	182	231	425 117	1 108	2 950	101 230
福建	93	1 241	92	200	311	383 706	916	2 074	86 054
其中:厦门	4	107	11	19	4	15 404	16	200	6 028
江西	103	8 715	96	239	406	356 678	1 985	6 026	37 852
山东	111	2 307	237	575	463	686 500	3 121	7 582	79 751
其中:青岛	9	178	17	34	35	155 179	216	1 967	9 370
河南	103	3 827	156	419	819	680 274	1 788	11 941	143 043
湖北	116	2 311	176	585	401	863 489	2 394	7 740	78 521
湖南	75	2 133	87	282	459	460 165	3 169	4 716	43 308
广东	160	3 032	166	372	488	833 670	1 302	15 930	70 824
其中:深圳	15	285	21	57	31	38 425	25	156	4 845
广西	62	1 081	66	207	218	273 509	312	4 182	20 338
海南	15	161	10	16	55	46 625	139	245	1 141
重庆	37	1 316	113	182	189	488 687	899	1 555	18 476
四川	89	3 104	97	335	623	563 405	2 160	4 508	78 086
贵州	53	953	23	73	174	69 096	271	375	2 406
云南	113	876	85	173	195	341 692	625	1 594	13 819
西藏	2	85	6	15	64	32 540	76	177	272
陕西	101	4 192	230	452	913	761 453	6 333	11 984	64 821
甘肃	91	1 774	54	176	448	437 509	2 236	8 036	69 043
青海	18	180	18	40	29	118 862	168	687	1 143
宁夏	6	186	14	32	60	64 798	286	2 836	5 599
新疆	63	458	27	72	145	113 758	623	1 276	3 853

基本情况(一)

本年从有关部门接收文物数(件/套)	本年藏品征集数(件/套)	本年修复文物数(件/套)				考古发掘项目			
			一级品	二级品	三级品	(个)	基本建设中考古发掘项目	抢救性发掘项目	主动性发掘项目
44 211	**150 680**	**29 184**	**353**	**1 305**	**18 860**	**1 203**	**732**	**438**	**21**
4 005	848	163	6	138	19	2	——	1	1
——	249	280	3	18	14	——	——	——	——
122	436	——	——	——	——	1	1	——	——
2	2 266	48	——	——	18	3	1	——	——
595	133	50	10	——	4	1	——	1	——
76	2 321	325	8	16	42	12	4	7	——
291	5 662	1 029	5	228	397	7	——	4	——
——	705	59	3	56	——	——	——	——	——
3 548	9 699	532	4	4	25	5	2	——	1
492	5 352	39	2	7	13	3	3	——	——
934	3 153	80	2	78	——	2	——	2	——
12 398	14 463	2 184	15	28	199	144	53	89	2
3 815	7 958	672	5	42	357	15	5	10	——
——	118	2	——	——	——	——	——	——	——
5 462	1 195	611	27	103	347	174	5	168	1
511	6 122	77	1	——	32	27	9	17	1
2	201	12	——	——	——	6	1	5	——
133	1 952	751	9	53	685	26	4	20	2
767	7 146	900	27	25	158	22	5	17	——
——	289	47	7	——	——	3	——	3	——
557	2 742	597	4	11	86	2	1	1	——
524	3 333	910	32	75	499	597	561	32	1
96	5 753	1 193	3	66	418	89	46	41	1
559	19 002	15 537	1	156	14 872	10	3	6	1
——	554	——	——	——	——	——	——	——	——
13	18 418	175	7	8	145	9	4	——	5
7 257	508	85	——	15	70	3	——	——	3
177	3 812	1 263	——	——	47	1	——	1	——
119	2 638	282	5	18	84	21	10	11	——
207	2 511	36	——	2	4	——	——	——	——
80	7 550	115	——	——	10	14	12	2	——
146	81	1	——	——	——	——	——	——	——
173	2 728	488	82	140	130	7	2	4	1
384	3 139	407	95	61	140	5	1	3	1
——	11	——	——	——	——	——	——	——	——
——	4 556	148	——	6	45	1	——	1	——
768	4 943	206	——	7	——	——	——	——	——

全国各地区博物馆

地　　区	考古钻探面积（千平方米）	考古发掘面积（千平方米）	发掘墓葬数（个）	基本陈列（个）	举办展览（个）	参观人次		门票销售总额（千元）	本年承担课题、项目数		
						（千人次）	未成年人参观人次		（个）	省部级以上课题、项目数	结项课题、项目数
总　　计	**12 306**	**1 318**	**5 009**	**4 853**	**9 204**	**327 156**	**99 784**	**990 442**	**540**	**244**	**150**
中　　央	200	1	1	45	60	12 564	1 518	55	105	13	10
北　　京	——	——	——	104	154	4 595	718	17 715	5	3	4
天　　津	200	1	30	43	90	3 770	1 285	9 948	——	——	——
河　　北	——	1	1	86	179	10 106	3 051	31 863	1	——	——
山　　西	3	1	7	120	134	10 000	1 706	117 635	——	——	——
内 蒙 古	——	149	213	88	95	4 441	1 609	2 541	7	4	2
辽　　宁	847	32	61	99	310	8 556	2 447	57 276	5	5	——
其中:大连	——	——	——	6	44	600	122	4 692	——	——	——
吉　　林	——	130	1	182	254	6 285	1 859	30 121	19	13	15
黑 龙 江	3	14	——	102	157	6 587	2 345	8 053	12	11	1
上　　海	60	7	17	65	140	4 864	909	41 558	26	14	6
江　　苏	1 045	115	644	457	926	39 281	12 698	86 968	93	55	25
浙　　江	20	6	63	186	736	17 366	4 963	21 392	33	14	14
其中:宁波	——	——	——	11	68	1 881	367	6 860	5	——	5
安　　徽	111	6	186	192	538	9 843	4 143	2 726	5	3	1
福　　建	22	11	35	196	302	9 988	3 077	773	14	6	11
其中:厦门	——	2	8	11	7	784	80	——	——	——	——
江　　西	36	12	68	264	280	16 129	5 820	1 109	2	1	——
山　　东	705	174	157	357	645	11 219	3 570	10 218	13	5	1
其中:青岛	16	12	15	36	37	1 302	311	3 272	——	——	——
河　　南	49	1	4	340	506	15 095	6 034	48 707	19	4	13
湖　　北	4 704	50	1 633	259	225	13 247	4 912	1 106	20	17	7
湖　　南	2 378	91	484	124	228	19 113	7 984	7 148	29	24	5
广　　东	42	2	42	356	950	20 084	5 003	14 204	10	4	3
其中:深圳	——	——	——	31	105	2 329	498	937	1	1	——
广　　西	964	501	31	126	144	6 166	1 936	958	26	7	5
海　　南	124	1	1	21	58	854	456	——	2	2	1
重　　庆	——	——	——	91	168	11 594	3 190	44 064	17	12	6
四　　川	108	8	756	200	245	25 767	8 127	104 998	33	15	12
贵　　州	——	——	——	92	431	8 119	2 295	5 389	7	1	——
云　　南	500	1	500	223	598	9 326	1 877	156	15	4	2
西　　藏	——	——	——	2	9	92	13	——	——	——	——
陕　　西	86	2	52	166	253	9 737	2 628	318 329	17	6	2
甘　　肃	——	2	12	143	233	8 186	2 227	5 298	5	1	4
青　　海	——	——	——	17	37	951	225	134	——	——	——
宁　　夏	100	2	10	30	17	493	106	——	——	——	——
新　　疆	——	——	——	77	102	2 738	1 053	——	——	——	——

基本情况(二)

科研成果					本年收入合计（千元）				
专利（个）	专著或图录（册）	论文(省级及以上刊物公开发表)(篇)	考古报告（篇）	古建维修报告（篇）		财政拨款	事业收入	经营收入	其他收入
56	**12 530**	**3 777**	**183**	**11 273**	**7 659 240**	**5 692 991**	**1 097 551**	**169 256**	**528 089**
——	43	346	——	——	895 825	802 222	9 135	69 971	11 831
——	15	253	——	1	237 403	198 037	22 999	1	14 584
——	2	26	——	——	118 336	96 493	10 426	——	3 415
4	19	61	1	2	216 158	174 074	35 065	868	5 521
——	10	98	2	3	214 204	121 074	86 866	1 200	4 649
——	44	19	1	——	172 692	134 372	10 180	260	25 159
1	27	164	7	10 977	286 347	222 772	59 547	——	2 144
——	2	23	——	1	55 177	49 286	4 692	——	859
——	8 013	117	——	201	159 764	113 914	30 573	176	9 915
7	4	64	1	1	137 014	94 474	6 737	2 264	32 942
——	2 005	8	2	——	361 121	286 001	56 224	1 837	10 745
13	80	506	111	5	549 236	366 432	97 016	43 979	37 618
1	58	206	——	——	605 772	495 882	16 446	13 607	43 797
——	12	4	——	——	41 773	31 852	8 387	44	947
——	7	81	1	3	101 911	84 937	5 668	——	9 351
3	18	128	17	17	184 241	162 242	3 013	198	6 434
——	3	16	——	——	20 785	19 274	252	——	39
——	2 012	237	2	7	179 622	146 627	9 889	4	4 638
——	6	139	6	7	253 559	223 037	21 147	656	5 596
——	1	7	——	——	24 137	17 729	4 707	——	1 051
20	29	214	1	10	314 652	201 264	70 494	1 198	33 894
1	11	42	1	——	236 082	183 261	9 979	7 629	24 586
1	11	139	4	8	258 792	222 382	13 587	2 688	16 641
1	33	125	2	2	452 637	358 958	57 145	3 704	23 931
——	——	——	——	——	75 189	53 383	5 101	——	16 705
——	10	111	——	1	94 407	73 478	9 789	88	6 808
——	——	——	5	——	33 559	32 770	——	——	782
——	9	60	3	3	173 473	139 224	14 404	9 601	4 335
——	6	59	1	3	495 940	260 050	177 070	470	51 247
——	1	23	——	6	102 846	94 900	3 324	3 669	926
4	21	34	13	2	62 122	48 202	3 492	2 820	4 585
——	1	3	——	——	867	867	——	——	——
——	19	287	1	6	487 963	109 970	245 543	2 262	122 350
——	10	87	1	8	176 038	161 233	8 204	——	4 966
——	——	6	——	——	24 018	20 884	574	——	1 292
——	4	125	——	——	28 758	28 119	594	——	9
——	2	9	——	——	43 881	34 839	2 421	106	3 398

全国各地区博物馆

地区	本年支出合计（千元）	基本支出	项目支出	经营支出	在支出合计中：工资福利支出	商品和服务支出	商品和服务支出：差旅费	劳务费	福利费	税金支出
总计	**7 007 204**	**3 655 770**	**3 025 596**	**106 359**	**1 894 828**	**2 676 751**	**78 697**	**147 745**	**37 034**	**49 677**
中央	812 073	267 654	504 100	37 575	154 201	328 028	7 325	9 312	359	9 706
北京	208 256	115 677	89 041	36	49 901	129 731	956	16 227	468	2 429
天津	101 458	74 664	26 794	——	37 830	39 563	633	536	439	645
河北	169 729	92 107	74 574	3 048	51 354	60 003	915	3 402	454	64
山西	226 171	84 783	135 534	692	50 831	112 934	2 385	4 603	1 961	1 427
内蒙古	122 723	95 825	22 775	260	26 421	66 718	1 391	1 847	588	163
辽宁	284 753	154 492	111 291	——	84 408	104 662	2 666	11 908	1 320	43
其中：大连	58 040	26 880	13 928	——	19 113	16 331	237	611	200	13
吉林	143 031	73 508	67 909	356	35 295	34 436	1 476	1 053	172	323
黑龙江	132 097	98 380	31 310	2 021	37 243	31 185	1 259	1 269	346	100
上海	305 045	146 347	154 516	21	101 193	117 206	1 381	1 156	2 249	1 010
江苏	534 397	298 753	219 374	16 270	155 158	274 756	8 005	19 213	2 487	6 860
浙江	505 605	199 829	294 669	10 664	122 327	192 672	4 946	7 094	5 594	1 302
其中：宁波	47 777	25 790	21 911	76	15 413	25 882	614	1 017	181	154
安徽	92 477	54 626	27 207	10	22 709	28 839	1 027	1 023	666	——
福建	163 154	62 744	72 027	81	35 129	41 281	2 466	1 716	716	219
其中：厦门	16 330	9 297	6 903	——	5 217	3 498	109	89	92	5
江西	167 433	102 220	62 547	10	52 915	58 281	3 315	1 455	1 504	410
山东	229 595	174 497	53 469	433	81 960	71 032	2 594	3 272	983	366
其中：青岛	23 697	22 010	1 634	53	9 523	9 314	511	603	109	82
河南	255 913	200 465	45 749	1 783	84 796	91 068	4 082	8 014	1 710	387
湖北	241 266	88 622	136 537	7 457	56 792	91 417	3 062	6 617	1 703	212
湖南	260 689	166 237	88 933	2 013	65 016	91 107	3 351	4 905	1 593	1 687
广东	437 210	220 793	207 613	1 641	143 307	145 282	4 164	9 095	2 134	1 820
其中：深圳	67 222	33 919	33 280	——	25 674	22 654	1 494	1 124	291	65
广西	110 970	68 111	37 957	103	29 130	49 939	2 026	1 234	906	756
海南	23 488	6 288	16 611	143	5 316	9 625	654	1 144	67	37
重庆	174 674	51 912	102 958	10 368	53 572	82 305	4 386	6 087	1 408	4 172
四川	420 613	237 901	122 182	500	95 717	139 067	4 687	8 089	1 366	2 501
贵州	98 062	66 225	16 864	2 531	18 319	50 461	1 551	3 557	2 030	118
云南	67 513	33 810	25 656	2 906	22 967	15 964	970	1 250	173	229
西藏	757	502	255	——	416	127	15	——	——	——
陕西	455 077	276 671	160 178	5 071	146 578	126 221	3 329	6 198	2 040	11 985
甘肃	175 817	95 383	80 243	188	48 089	63 137	2 775	5 141	1 002	556
青海	16 862	12 374	3 839	——	7 002	5 660	292	131	61	112
宁夏	29 328	16 073	13 192	——	5 575	11 177	76	83	206	——
新疆	40 968	18 297	19 692	178	13 361	12 867	537	1 114	329	38

基本情况(三)

对个人和家庭补助支出		其他资本性支出		资产总计		增加值	公用房屋建筑面积		
	抚恤金和生活补贴		各种设备购置费	(千元)	固定资产原值	(千元)	(千平方米)	展览用房	文物库房
487 200	**19 363**	**1 064 426**	**367 581**	**19 545 758**	**13 898 959**	**3 252 904**	**9 668.58**	**4 615.75**	**891.14**
91 559	1 079	213 566	116 677	1 561 077	586 306	289 716	426.73	98.33	103.16
13 332	632	8 062	5 698	364 864	201 042	90 925	213.83	96.52	18.62
14 841	524	3 750	1 324	450 977	50 896	56 546	108.94	74.36	13.34
8 613	363	14 265	6 127	622 517	583 279	97 199	251.58	133.52	19.33
6 737	203	13 686	6 871	198 088	150 707	72 943	237.48	95.53	20.99
6 638	352	14 094	4 422	248 718	203 389	48 487	241.21	109.56	17.28
24 962	326	44 771	3 471	806 657	638 854	148 142	339.02	146.04	25.90
2 375	——	1 167	410	54 248	31 014	23 568	62.96	16.14	3.04
13 718	549	3 813	1 808	316 213	235 578	59 541	200.56	122.40	8.94
8 125	342	23 211	4 489	826 301	765 426	78 281	236.79	155.51	13.69
9 727	936	66 290	20 591	1 271 500	829 806	151 619	158.01	62.60	65.43
43 158	1 708	61 325	16 590	2 167 296	1 826 532	308 646	936.72	487.95	61.63
23 476	375	143 483	56 899	1 521 953	843 498	195 023	459.92	192.75	44.46
1 846	——	1 636	1 384	89 071	62 661	21 162	56.45	16.74	3.79
10 033	235	16 240	3 303	177 195	143 581	40 718	210.89	101.84	18.27
8 990	168	23 124	4 103	273 159	150 615	53 125	381.10	174.96	21.78
1 124	——	4 191	——	26 180	15 416	7 217	38.27	17.85	3.40
13 400	592	20 538	4 789	208 385	121 869	74 866	303.35	165.57	21.41
22 484	397	19 843	14 856	993 698	738 979	140 221	479.61	229.06	36.29
3 156	——	1 140	1 140	115 684	114 092	18 235	34.98	13.90	3.27
13 288	545	8 422	5 334	669 876	513 538	132 832	398.58	189.53	46.51
12 006	442	32 766	15 910	724 174	620 253	101 919	382.12	156.32	36.71
15 768	2 027	20 723	7 185	611 899	507 513	108 783	309.59	135.26	33.32
38 373	760	38 698	17 518	923 648	727 303	229 208	682.27	303.08	42.13
1 019	——	3 716	3 000	138 713	85 899	32 646	86.99	23.02	5.37
8 158	205	19 813	2 616	210 561	169 329	46 971	194.90	80.83	20.77
764	1	6 829	5 905	36 217	21 864	8 244	30.92	12.28	1.62
9 684	514	10 205	2 894	473 612	361 135	89 640	231.32	82.49	14.86
20 402	934	40 662	8 271	922 505	574 131	179 377	534.23	181.34	37.86
4 318	261	4 941	3 085	775 439	604 639	53 237	135.62	61.07	8.44
4 740	84	6 672	4 988	282 774	227 817	39 529	813.21	607.69	16.34
58	1	——	——	194	194	482	13.24	10.52	2.72
23 575	2 341	144 233	4 402	1 242 578	943 584	236 864	342.05	141.01	57.29
10 180	1 516	30 018	9 630	366 765	306 532	76 162	185.35	100.84	28.17
1 802	176	2 187	1 163	138 488	118 482	13 863	41.32	17.06	5.00
2 034	402	315	315	51 940	45 958	9 339	50.22	18.42	7.43
2 257	373	7 881	6 347	106 490	86 330	20 456	137.92	71.53	21.45

全国各地区文物系统

地区	机构数（个）	从业人员（人）	高级职称	中级职称	安全保卫人员（人）	藏品数（件/套）	一级品	二级品	三级品
总计	**2 028**	**55 746**	**3 459**	**7 812**	**9 555**	**14 873 402**	**55 365**	**1 059 133**	**2 569 010**
中央	5	2 021	329	426	428	1 762 318	13 493	771 540	689 521
北京	37	1 130	63	134	212	1 134 104	450	4 864	47 737
天津	18	699	79	166	97	577 297	1 004	2 748	39 505
河北	62	1 422	94	183	190	222 307	455	7 360	15 086
山西	86	2 138	81	288	475	483 091	1 560	6 895	70 345
内蒙古	46	1 146	76	249	167	373 044	1 453	2 556	6 673
辽宁	56	1 864	179	473	263	338 772	1 200	12 289	114 161
其中:大连	7	267	24	65	42	35 369	241	2 547	25 536
吉林	51	889	129	187	150	223 278	538	4 379	17 132
黑龙江	61	865	135	189	138	167 875	354	1 386	13 767
上海	29	992	110	200	109	322 335	1 332	46 310	139 552
江苏	121	2 681	228	549	574	975 103	1 954	93 179	437 132
浙江	90	2 507	226	343	514	640 599	1 802	9 599	63 209
其中:宁波	7	373	21	31	90	143 453	169	744	6 208
安徽	63	953	52	175	209	422 876	1 103	2 950	101 230
福建	93	1 241	92	200	311	383 706	916	2 074	86 054
其中:厦门	4	107	11	19	4	15 404	16	200	6 028
江西	101	8 667	96	235	390	356 068	1 985	6 026	37 852
山东	108	2 264	237	575	453	686 448	3 119	7 580	79 750
其中:青岛	9	178	17	34	35	155 179	216	1 967	9 370
河南	100	3 742	156	413	795	673 701	1 785	11 922	141 640
湖北	112	2 259	176	582	389	863 006	2 394	7 740	78 521
湖南	67	1 583	79	224	280	396 190	3 073	4 476	42 403
广东	152	2 953	160	358	476	828 060	1 296	15 921	70 631
其中:深圳	14	267	17	53	31	35 622	25	156	4 845
广西	62	1 081	66	207	218	273 509	312	4 182	20 338
海南	14	139	9	11	45	34 325	110	145	653
重庆	21	1 107	89	145	150	430 586	899	1 555	18 076
四川	84	3 029	86	304	608	427 476	2 160	4 492	77 191
贵州	50	905	23	73	155	67 976	271	375	2 406
云南	58	594	60	136	100	280 432	625	1 594	13 714
西藏	2	85	6	15	64	32 540	76	177	272
陕西	101	4 192	230	452	913	761 453	6 333	11 984	64 821
甘肃	91	1 774	54	176	448	437 509	2 236	8 036	69 043
青海	18	180	18	40	29	118 862	168	687	1 143
宁夏	6	186	14	32	60	64 798	286	2 836	5 599
新疆	63	458	27	72	145	113 758	623	1 276	3 853

博物馆基本情况(一)

本年从有关部门接收文物数(件/套)	本年藏品征集数(件/套)	本年修复文物数(件/套)				考古发掘项目			
			一级品	二级品	三级品	(个)	基本建设中考古发掘项目	抢救性发掘项目	主动性发掘项目
43 048	**129 627**	**27 792**	**352**	**1 298**	**18 761**	**1 202**	**732**	**438**	**20**
4 005	848	163	6	138	19	2	——	1	1
——	246	279	2	18	14	——	——	——	——
122	436	——	——	——	——	1	1	——	——
——	2 256	48	——	——	18	3	1	——	——
595	133	50	10	——	4	1	——	1	——
76	2 321	325	8	16	42	12	4	7	——
291	5 432	897	5	228	397	7	——	4	——
——	705	59	3	56	——	——	——	——	——
3 544	9 156	332	4	4	25	5	2	——	1
492	5 061	37	2	5	13	3	3	——	——
934	3 153	80	2	78	——	2	——	2	——
11 253	4 507	2 130	15	28	164	143	53	89	1
3 815	7 323	655	5	42	357	15	5	10	——
——	118	2	——	——	——	——	——	——	——
5 462	1 152	611	27	103	347	174	5	168	1
511	6 122	77	1	——	32	27	9	17	1
2	201	12	——	——	——	6	1	5	——
133	1 342	751	9	53	685	26	4	20	2
767	7 146	900	27	25	158	22	5	17	——
——	289	47	7	——	——	3	——	3	——
557	2 742	597	4	11	86	2	1	1	——
524	3 333	910	32	75	499	597	561	32	1
94	1 155	1 151	3	61	381	89	46	41	1
559	18 906	15 537	1	156	14 872	10	3	6	1
——	554	——	——	——	——	——	——	——	——
13	18 418	175	7	8	145	9	4	——	5
7 257	441	85	——	15	70	3	——	——	3
177	311	329	——	——	30	1	——	1	——
119	2 271	282	5	18	84	21	10	11	——
207	2 511	36	——	2	4	——	——	——	——
70	7 447	105	——	——	——	14	12	2	——
146	81	1	——	——	——	——	——	——	——
173	2 728	488	82	140	130	7	2	4	1
384	3 139	407	95	61	140	5	1	3	1
——	11	——	——	——	——	——	——	——	——
——	4 556	148	——	6	45	1	——	1	——
768	4 943	206	——	7	——	——	——	——	——

全国各地区文物系统

地区	考古钻探面积（千平方米）	考古发掘面积（千平方米）	发掘墓葬数（个）	基本陈列（个）	举办展览（个）	参观人次（千人次）	参观人次：未成年人参观人次	门票销售总额（千元）	本年承担课题、项目数（个）	省部级以上课题、项目数	结项课题、项目数
总　计	**12 306**	**1 318**	**5 009**	**4 449**	**8 596**	**281 190**	**85 752**	**900 637**	**460**	**201**	**122**
中　央	200	1	1	45	60	12 564	1 518	55	105	13	10
北　京	——	——	——	103	149	4 157	597	17 715	5	3	4
天　津	200	1	30	43	90	3 770	1 285	9 948	——	——	——
河　北	——	1	1	84	175	7 820	1 925	31 863	——	——	——
山　西	3	1	7	120	134	10 000	1 706	117 635	——	——	——
内蒙古	——	149	213	88	95	4 441	1 609	2 541	7	4	2
辽　宁	847	32	61	91	294	6 671	1 401	57 276	5	5	——
其中：大连	——	——	——	6	44	600	122	4 692	——	——	——
吉　林	——	130	1	129	214	5 067	1 174	29 998	9	3	5
黑龙江	3	14	——	83	138	4 530	1 658	1 887	8	7	1
上　海	60	7	17	65	140	4 864	909	41 558	26	14	6
江　苏	1 045	114	644	329	710	19 302	7 631	21 894	70	47	20
浙　江	20	6	63	179	732	16 714	4 805	8 076	33	14	14
其中：宁波	——	——	——	11	68	1 881	367	6 860	5	——	5
安　徽	111	6	186	179	528	8 966	3 793	2 726	4	2	1
福　建	22	11	35	196	302	9 988	3 077	773	14	6	11
其中：厦门	——	2	8	11	7	784	80	——	——	——	——
江　西	36	12	68	262	280	15 913	5 820	1 109	2	1	——
山　东	705	174	157	355	645	11 146	3 557	9 752	13	5	1
其中：青岛	16	12	15	36	37	1 302	311	3 272	——	——	——
河　南	49	1	4	333	500	14 976	6 016	48 540	19	4	13
湖　北	4 704	50	1 633	250	223	13 101	4 867	1 100	20	17	7
湖　南	2 378	91	484	112	205	10 165	4 626	6 048	27	22	5
广　东	42	2	42	341	828	18 909	4 883	14 204	9	3	3
其中：深圳	——	——	——	30	86	1 576	478	937	——	——	——
广　西	964	501	31	126	144	6 166	1 936	958	26	7	5
海　南	124	1	1	19	58	854	456	——	2	2	1
重　庆	——	——	——	65	127	10 388	2 759	42 260	8	6	3
四　川	108	8	756	188	240	25 602	8 063	104 475	15	7	4
贵　州	——	——	——	80	430	7 549	2 288	4 329	6	——	——
云　南	500	1	500	149	504	5 370	1 141	156	5	2	——
西　藏	——	——	——	2	9	92	13	——	——	——	——
陕　西	86	2	52	166	253	9 737	2 628	318 329	17	6	2
甘　肃	——	2	12	143	233	8 186	2 227	5 298	5	1	4
青　海	——	——	——	17	37	951	225	134	——	——	——
宁　夏	100	2	10	30	17	493	106	——	——	——	——
新　疆	——	——	——	77	102	2 738	1 053	——	——	——	——

博物馆基本情况(二)

科研成果					本年收入合计(千元)				
专利(个)	专著或图录(册)	论文(省级及以上刊物公开发表)(篇)	考古报告(篇)	古建维修报告(篇)		财政拨款	事业收入	经营收入	其他收入
32	**12 458**	**3 423**	**169**	**11 269**	**7 209 144**	**5 427 586**	**1 054 997**	**106 664**	**462 784**
——	43	346	——	——	895 825	802 222	9 135	69 971	11 831
——	15	161	——	1	235 603	198 037	22 999	1	14 566
——	2	26	——	——	118 336	96 493	10 426	——	3 415
4	17	48	1	2	196 898	154 814	35 065	868	5 521
——	10	98	2	3	214 204	121 074	86 866	1 200	4 649
——	44	19	1	——	172 692	134 372	10 180	260	25 159
——	27	158	7	10 975	241 284	177 900	59 515	——	2 144
——	2	23	——	1	55 177	49 286	4 692	——	859
——	8 010	94	——	201	139 200	101 068	29 984	55	7 893
——	1	49	1	1	83 809	73 903	1 740	503	7 066
——	2 005	8	2	——	361 121	286 001	56 224	1 837	10 745
2	43	438	110	4	398 187	308 711	65 358	2 127	18 456
1	58	206	——	——	589 872	495 182	16 412	271	41 967
——	12	4	——	——	41 773	31 852	8 387	44	947
——	7	71	1	3	98 412	82 243	5 660	——	8 554
3	18	128	17	17	184 241	162 242	3 013	198	6 434
——	3	16	——	——	20 785	19 274	252	——	39
——	2 012	237	2	7	178 622	145 627	9 889	4	4 638
——	6	139	6	7	252 523	223 037	21 147	——	5 216
——	1	7	——	——	24 137	17 729	4 707	——	1 051
20	29	214	1	10	312 357	199 957	70 317	1 090	33 194
1	11	42	1	——	236 082	183 261	9 979	7 629	24 586
——	11	90	4	8	172 703	151 108	10 000	2 163	5 938
1	33	121	2	2	437 396	350 101	57 145	3 203	22 571
——	——	——	——	——	68 277	46 478	5 101	——	16 698
——	10	111	——	1	94 407	73 478	9 789	88	6 808
——	——	——	5	——	28 880	28 091	——	——	782
——	3	34	3	2	152 826	122 376	13 504	8 898	2 139
——	6	38	1	3	493 342	259 446	176 570	448	51 247
——	1	23	——	6	100 904	94 018	3 264	2 669	926
——	——	7	——	2	57 893	46 912	3 480	813	4 324
——	1	3	——	——	867	867	——	——	——
——	19	287	1	6	487 963	109 970	245 543	2 262	122 350
——	10	87	1	8	176 038	161 233	8 204	——	4 966
——	——	6	——	——	24 018	20 884	574	——	1 292
——	4	125	——	——	28 758	28 119	594	——	9
——	2	9	——	——	43 881	34 839	2 421	106	3 398

全国各地区文物系统

地区	本年支出合计（千元）									
		基本支出	项目支出	经营支出	在支出合计中：					
					工资福利支出	商品和服务支出				
							差旅费	劳务费	福利费	税金支出
总计	**6 534 172**	**3 386 964**	**2 861 681**	**80 624**	**1 781 671**	**2 482 917**	**70 226**	**142 210**	**34 705**	**42 568**
中央	812 073	267 654	504 100	37 575	154 201	328 028	7 325	9 312	359	9 706
北京	206 256	115 657	89 041	36	49 148	129 562	927	16 163	468	2 271
天津	101 458	74 664	26 794	——	37 830	39 563	633	536	439	645
河北	150 469	72 847	74 574	3 048	42 119	51 115	733	2 939	411	64
山西	226 171	84 783	135 534	692	50 831	112 934	2 385	4 603	1 961	1 427
内蒙古	122 723	95 825	22 775	260	26 421	66 718	1 391	1 847	588	163
辽宁	242 145	138 292	84 885	——	76 068	93 330	2 413	11 857	1 300	16
其中：大连	58 040	26 880	13 928	——	19 113	16 331	237	611	200	13
吉林	126 703	61 674	63 864	246	30 184	25 337	1 190	294	146	313
黑龙江	83 630	52 746	29 821	695	26 189	20 952	598	960	319	2
上海	305 045	146 347	154 516	21	101 193	117 206	1 381	1 156	2 249	1 010
江苏	380 109	228 843	145 308	5 958	120 628	179 759	4 241	18 089	1 857	1 840
浙江	487 966	195 695	291 903	128	118 226	186 052	4 726	6 959	5 484	1 030
其中：宁波	47 777	25 790	21 911	76	15 413	25 882	614	1 017	181	154
安徽	89 670	51 853	27 173	10	21 519	27 927	942	999	656	——
福建	163 154	62 744	72 027	81	35 129	41 281	2 466	1 716	716	219
其中：厦门	16 330	9 297	6 903	——	5 217	3 498	109	89	92	5
江西	165 233	100 020	62 547	10	51 915	57 881	3 315	1 255	1 504	410
山东	228 275	173 807	53 439	53	81 289	70 403	2 577	3 272	963	363
其中：青岛	23 697	22 010	1 634	53	9 523	9 314	511	603	109	82
河南	252 097	196 980	45 430	1 771	83 202	89 245	4 066	8 002	1 611	387
湖北	238 016	85 372	136 537	7 457	54 942	90 017	3 062	6 617	1 667	212
湖南	164 148	102 773	56 061	1 988	47 416	55 601	2 086	4 211	941	378
广东	423 202	215 670	200 629	1 269	140 075	142 751	4 128	9 044	2 098	1 801
其中：深圳	60 601	30 130	30 448	——	23 333	21 465	1 493	1 124	266	65
广西	110 970	68 111	37 957	103	29 130	49 939	2 026	1 234	906	756
海南	21 290	4 972	15 729	143	4 381	9 318	618	1 144	67	37
重庆	150 429	43 503	91 638	9 479	50 306	75 207	2 773	4 445	809	4 149
四川	417 506	236 304	122 034	480	93 943	138 702	4 687	8 089	1 366	2 501
贵州	95 864	65 605	15 929	2 431	17 772	50 238	1 551	3 557	2 020	118
云南	50 761	24 923	24 037	1 253	16 593	14 662	962	1 243	162	59
西藏	757	502	255	——	416	127	15	——	——	——
陕西	455 077	276 671	160 178	5 071	146 578	126 221	3 329	6 198	2 040	11 985
甘肃	175 817	95 383	80 243	188	48 089	63 137	2 775	5 141	1 002	556
青海	16 862	12 374	3 839	——	7 002	5 660	292	131	61	112
宁夏	29 328	16 073	13 192	——	5 575	11 177	76	83	206	——
新疆	40 968	18 297	19 692	178	13 361	12 867	537	1 114	329	38

博物馆基本情况(三)

对个人和家庭补助支出		其他资本性支出		资产总计		增加值	公用房屋建筑面积		
	抚恤金和生活补贴		各种设备购置费	(千元)	固定资产原值	(千元)	(千平方米)	展览用房	文物库房
467 719	**18 052**	**1 003 634**	**356 385**	**16 929 375**	**11 581 397**	**3 010 217**	**8 156.11**	**3 668.96**	**857.77**
91 559	1 079	213 566	116 677	1 561 077	586 306	289 716	426.73	98.33	103.16
12 685	632	7 934	5 570	362 004	201 042	89 301	209.83	93.32	18.54
14 841	524	3 750	1 324	450 977	50 896	56 546	108.94	74.36	13.34
7 506	347	14 235	6 097	503 278	476 970	82 103	233.38	122.35	19.03
6 737	203	13 686	6 871	198 088	150 707	72 943	237.48	95.53	20.99
6 638	352	14 094	4 422	248 718	203 389	48 487	241.21	109.56	17.28
22 296	278	24 796	3 469	721 568	584 766	134 906	312.16	126.55	24.48
2 375	——	1 167	410	54 248	31 014	23 568	62.96	16.14	3.04
12 757	501	3 111	1 243	249 812	175 207	50 291	154.88	92.23	7.25
7 538	342	15 619	3 932	490 344	475 288	53 716	145.18	84.89	11.22
9 727	936	66 290	20 591	1 271 500	829 806	151 619	158.01	62.60	65.43
38 164	1 638	41 558	11 699	1 109 418	822 038	220 801	696.16	354.93	50.94
22 903	368	139 953	56 776	1 290 728	640 110	181 671	417.81	172.26	43.01
1 846	——	1 636	1 384	89 071	62 661	21 162	56.45	16.74	3.79
9 505	207	16 227	3 292	176 151	142 537	38 943	200.34	94.41	17.87
8 990	168	23 124	4 103	273 159	150 615	53 125	381.10	174.96	21.78
1 124	——	4 191	——	26 180	15 416	7 217	38.27	17.85	3.40
13 400	592	19 738	4 789	191 185	113 269	73 322	286.98	159.97	20.25
22 484	397	19 843	14 856	973 698	718 979	138 726	471.84	225.59	36.21
3 156	——	1 140	1 140	115 684	114 092	18 235	34.98	13.90	3.27
12 891	545	8 420	5 334	592 196	480 844	129 421	388.25	183.43	46.11
12 006	442	32 766	15 910	599 174	500 253	95 233	366.72	146.82	36.71
9 622	943	16 842	4 631	399 569	330 976	75 842	220.34	99.29	29.29
37 907	760	38 027	16 889	909 122	714 341	224 882	655.70	291.64	41.93
801	——	3 087	2 371	126 438	73 624	29 571	85.08	21.92	5.22
8 158	205	19 813	2 616	210 561	169 329	46 971	194.90	80.83	20.77
690	1	5 947	5 905	31 200	16 847	7 032	26.07	10.78	1.62
9 556	514	8 124	1 497	335 035	238 397	78 969	174.52	57.26	12.74
20 382	926	40 471	8 133	875 155	526 781	175 697	389.55	167.36	34.66
4 318	261	4 488	3 008	769 439	598 639	52 340	131.52	58.78	6.66
4 553	82	6 578	4 894	229 764	181 985	30 448	156.45	71.55	14.44
58	1	——	——	194	194	482	13.24	10.52	2.72
23 575	2 341	144 233	4 402	1 242 578	943 584	236 864	342.05	141.01	57.29
10 180	1 516	30 018	9 630	366 765	306 532	76 162	185.35	100.84	28.17
1 802	176	2 187	1 163	138 488	118 482	13 863	41.32	17.06	5.00
2 034	402	315	315	51 940	45 958	9 339	50.22	18.42	7.43
2 257	373	7 881	6 347	106 490	86 330	20 456	137.92	71.53	21.45

全国各地区文物

地区	机构数(个)	从业人员(人)	高级职称	中级职称	藏品数(件/套)	一级品	二级品	三级品
总计	**80**	**1 898**	**97**	**382**	**7 616 192**	**84**	**178**	**12 335**
中央	——	——	——	——	——	——	——	——
北京	2	198	4	43	2 562 185	——	——	——
天津	1	107	5	25	375 287	——	——	——
河北	3	9	——	——	14 464	——	——	——
山西	1	17	2	5	135 928	——	——	——
内蒙古	1	11	——	2	501	——	——	——
辽宁	3	71	2	6	293 479	1	2	38
其中:大连	1	34	1	1	63 963	——	——	18
吉林	1	12	1	——	2 334	——	——	——
黑龙江	——	——	——	——	——	——	——	——
上海	1	99	2	15	1 120 578	——	——	——
江苏	9	271	7	59	935 221	——	——	——
浙江	8	65	1	15	140 013	——	——	——
其中:宁波	——	——	——	——	——	——	——	——
安徽	4	73	3	12	812	——	——	469
福建	2	54	4	12	65 373	——	——	——
其中:厦门	1	29	1	10	47 514	——	——	——
江西	4	69	1	8	174 420	——	——	——
山东	8	161	23	42	471 002	18	21	11
其中:青岛	1	13	1	3	25 310	——	——	——
河南	4	115	5	36	202 684	16	10	100
湖北	2	121	17	23	248 235	30	136	11 291
湖南	2	55	3	22	232 263	8	7	2
广东	6	111	1	16	278 250	10	——	410
其中:深圳	——	——	——	——	——	——	——	——
广西	4	56	2	8	25 118	1	——	9
海南	——	——	——	——	——	——	——	——
重庆	2	20	2	2	187 628	——	——	——
四川	3	85	2	7	16 219	——	——	——
贵州	2	12	——	——	28 191	——	——	——
云南	2	29	2	11	25 558	——	——	——
西藏	1	10	——	1	5 066	——	2	5
陕西	1	7	——	1	720	——	——	——
甘肃	1	14	——	——	39 551	——	——	——
青海	1	11	——	2	4 469	——	——	——
宁夏	——	——	——	——	——	——	——	——
新疆	1	35	8	9	30 643	——	——	——

商店基本情况(一)

资产、负债、所有者权益 (千元)						
资产总计			负债总计	所有者权益合计		
	固定资产原值	当年提取的折旧总额			实收资本	
						国家资本金
1 340 318	**291 887**	**16 814**	**485 960**	**854 358**	**211 973**	**196 166**
——	——	——	——	——	——	——
227 932	30 413	1 571	57 038	170 894	16 870	16 870
187 796	8 016	434	44 157	143 639	25 188	25 188
731	220	——	4 674	−3 943	275	275
9 180	1 641	482	797	8 383	2 466	2 466
465	465	——	——	465	465	465
53 315	4 485	174	24 706	28 609	6 940	6 940
14 622	2 474	69	4 608	10 014	2 190	2 190
4 353	210	344	2 737	1 616	1 931	1 931
——	——	——	——	——	——	——
173 757	54 518	——	16 228	157 529	14 990	14 990
140 883	41 600	3 463	53 225	87 658	14 887	14 887
37 518	17 864	396	15 049	22 469	11 709	11 709
——	——	——	——	——	——	——
20 124	7 105	378	2 001	18 123	1 250	1 057
17 766	13 690	3 561	1 521	16 245	12 246	12 246
7 391	3 874	122	840	6 551	2 552	2 552
10 782	6 291	285	1 416	9 366	7 398	7 398
71 517	17 902	1 004	32 968	38 549	7 542	7 323
7 661	220	18	3 727	3 934	361	361
20 447	5 975	238	15 558	4 889	8 405	6 405
162 756	18 817	765	147 462	15 294	12 934	3 996
35 676	14 531	639	11 072	24 604	12 259	12 259
69 546	26 736	1 224	15 281	54 265	19 449	19 449
——	——	——	——	——	——	——
12 323	1 944	142	4 517	7 806	6 763	5 985
——	——	——	——	——	——	——
6 546	383	8	2 810	3 736	1 856	1 856
29 913	4 161	214	13 182	16 731	5 449	5 449
7 822	3 407	170	2 417	5 405	4 116	4 116
19 005	4 833	176	8 537	10 468	3 271	3 271
5 656	2 367	——	1 055	4 601	5 656	5 656
2 732	402	37	535	2 197	2 000	2 000
3 926	992	632	3 110	816	1 500	1 500
639	568	20	192	447	400	400
——	——	——	——	——	——	——
7 212	2 351	457	3 715	3 497	3 758	79

全国各地区文物

地区	损益及分配(千元)							
	营业总收入		营业总成本					营业利润
		主营业务收入		养老、医疗、失业等保险费	住房公积金和住房补贴	差旅费	工会经费	
总计	**521 549**	**486 948**	**475 387**	**24 486**	**9 787**	**5 513**	**1 517**	**43 120**
中央	——	——	——	——	——	——	——	——
北京	88 366	81 006	60 878	7 058	1 961	26	341	27 488
天津	61 546	61 546	58 989	2 847	1 737	284	274	2 557
河北	——	——	——	——	——	——	——	——
山西	7 650	7 186	7 474	101	96	103	2	176
内蒙古	745	745	453	——	——	86	——	292
辽宁	11 482	11 146	11 707	957	490	349	61	−225
其中:大连	5 420	5 165	5 575	774	375	108	26	−155
吉林	615	43	428	114	2	8	2	−385
黑龙江	——	——	——	——	——	——	——	——
上海	52 601	52 601	43 917	2 756	495	344	158	8 684
江苏	111 078	108 370	106 073	3 680	1 180	1 168	221	4 959
浙江	16 363	16 090	13 312	584	226	561	39	3 048
其中:宁波	——	——	——	——	——	——	——	——
安徽	4 741	3 543	5 825	217	305	25	26	−1 391
福建	9 143	5 986	7 502	329	292	259	42	−282
其中:厦门	4 422	3 792	4 673	171	209	161	26	−251
江西	7 201	7 201	8 728	472	113	99	2	−1 527
山东	29 325	27 553	30 161	1 233	694	304	68	−841
其中:青岛	1 505	1 505	1 651	266	126	46	13	−146
河南	12 188	11 762	11 732	968	242	141	29	456
湖北	8 314	6 755	13 369	202	376	262	97	−5 055
湖南	11 814	11 814	13 205	104	114	122	11	−1 391
广东	44 819	34 540	39 913	1 863	875	334	71	4 906
其中:深圳	——	——	——	——	——	——	——	——
广西	3 471	3 188	3 939	225	67	96	——	−654
海南	——	——	——	——	——	——	——	——
重庆	2 265	2 265	1 774	105	17	58	2	491
四川	17 928	16 179	17 959	51	34	60	4	−31
贵州	3 607	3 607	3 395	43	187	211	18	212
云南	7 847	6 354	6 676	171	87	195	19	1 171
西藏	1 104	171	1 104	——	——	170	1	——
陕西	2 741	2 741	2 295	22	27	3	——	446
甘肃	1 367	1 367	1 376	74	5	38	——	−9
青海	504	465	491	71	25	——	5	13
宁夏	——	——	——	——	——	——	——	——
新疆	2 724	2 724	2 712	239	140	207	24	12

商店基本情况(二)

营业外收入		营业外支出	利润总额	工资、福利费、增值税(千元)			增加值(千元)	公用房屋建筑面积		
	政府补助(补贴收入)			本年应付工资总额	本年支付的职工福利费	本年应交增值税		(千平方米)	营业用房	文物库房
15 078	**8 403**	**5 151**	**53 047**	**92 874**	**7 581**	**30 493**	**240 463**	**179.39**	**66.27**	**81.33**
——	——	——	——	——	——	——	——	——	——	——
18	——	31	27 475	17 469	1 296	5 544	62 730	17.09	2.35	14.17
1 230	1 230	——	3 787	13 688	175	4 143	25 873	12.92	4.92	8.00
——	——	——	——	——	——	——	——	0.76	0.05	0.56
——	——	——	176	1 110	122	219	2 315	4.68	0.40	2.40
——	——	——	292	30	——	4	332	0.20	0.16	0.04
200	200	83	—108	3 145	140	610	5 599	3.93	1.80	1.78
——	——	——	—155	1 473	53	244	3 021	1.02	0.27	0.40
385	——	——	——	152	——	——	615	0.70	——	——
——	——	——	——	——	——	——	——	——	——	——
——	——	——	8 684	8 044	1 889	4 350	26 398	18.01	2.77	15.25
1 770	——	159	6 570	12 914	1 352	5 297	33 815	18.73	12.37	5.57
218	137	7	3 259	2 307	234	1 599	8 491	3.76	2.49	1.10
——	——	——	——	——	——	——	——	——	——	——
729	692	——	—662	1 685	128	226	2 966	1.40	0.58	0.10
——	——	——	—282	2 209	200	379	7 028	5.49	2.00	1.28
——	——	——	—251	1 407	88	274	2 307	2.17	0.84	0.78
1 434	——	14	—107	1 180	183	34	2 275	4.80	2.84	1.95
1 415	1 030	34	540	4 506	261	1 017	8 997	8.90	4.02	2.42
——	——	——	—146	630	86	34	1 176	0.10	——	0.10
385	383	——	841	2 264	38	355	5 229	11.29	5.55	2.94
1 414	1 200	2 260	—5 901	3 407	148	312	5 324	30.68	9.62	6.26
2 927	1 651	3	1 533	1 820	232	363	3 325	11.50	1.40	10.10
97	——	860	4 143	9 352	674	3 508	22 560	10.71	5.81	4.90
——	——	——	——	——	——	——	——	——	——	——
508	404	——	—146	1 057	113	156	1 767	1.14	0.52	0.49
——	——	——	——	——	——	——	——	——	——	——
172	——	141	522	354	——	171	1 152	0.76	0.25	0.22
22	——	——	—9	1 969	287	668	3 257	5.12	1.30	0.55
590	135	299	503	330	7	119	1 100	1.55	0.88	0.22
171	160	——	1 342	946	1	887	3 470	0.76	0.30	0.43
1 181	1 181	1 181	——	933	——	1	946	0.52	0.52	——
——	——	——	446	135	15	96	778	0.24	0.22	0.02
——	——	——	—9	259	30	20	1 022	0.46	0.26	0.21
1	——	——	14	278	2	27	441	0.27	0.25	0.02
——	——	——	——	——	——	——	——	——	——	——
211	——	79	144	1 331	54	388	2 658	3.02	2.66	0.36

全国各地区其他文物

地区	机构数（个）	从业人员（人）	从业人员 高级职称	从业人员 中级职称	藏品数（件/套）	藏品数 一级品	藏品数 二级品	藏品数 三级品
总计	**91**	**1 499**	**139**	**195**	**455 528**	**1 821**	**27 011**	**121 082**
中央	5	345	65	57	400 000	1 585	21 941	117 335
北京	7	107	10	13	7 790	183	4 922	2 685
天津	——	——	——	——	——	——	——	——
河北	1	11	5	3	——	——	——	——
山西	10	209	12	19	——	——	——	——
内蒙古	1	7	2	4	——	——	——	——
辽宁	2	21	——	2	——	——	——	——
其中：大连	——	——	——	——	——	——	——	——
吉林	——	——	——	——	——	——	——	——
黑龙江	8	13	2	2	——	——	——	——
上海	——	——	——	——	——	——	——	——
江苏	——	2	——	1	1 915	1	5	71
浙江	2	18	5	2	——	——	——	——
其中：宁波	——	——	——	——	——	——	——	——
安徽	4	31	4	14	——	——	——	——
福建	1	——	——	——	——	——	——	——
其中：厦门	——	——	——	——	——	——	——	——
江西	1	273	6	23	——	——	——	——
山东	1	2	——	——	——	——	——	——
其中：青岛	——	——	——	——	——	——	——	——
河南	5	57	3	13	——	——	——	——
湖北	7	45	9	11	——	——	——	——
湖南	——	——	——	——	——	——	——	——
广东	3	25	5	6	——	——	——	——
其中：深圳	——	——	——	——	——	——	——	——
广西	——	——	——	——	——	——	——	——
海南	——	——	——	——	——	——	——	——
重庆	2	5	——	1	160	——	——	——
四川	1	3	——	1	——	——	——	——
贵州	——	——	——	——	——	——	——	——
云南	2	——	——	——	——	——	——	——
西藏	1	2	——	2	——	——	——	——
陕西	24	298	9	16	45 323	51	136	950
甘肃	2	9	1	3	340	1	7	41
青海	——	——	——	——	——	——	——	——
宁夏	——	——	——	——	——	——	——	——
新疆	1	16	1	2	——	——	——	——

事业机构基本情况(一)

本年从有关部门接收文物数(件/套)	本年藏品征集数(件/套)	本年修复文物数			
		(件/套)	一级品	二级品	三级品
——	**78**	**8**	**——**	**——**	**——**
——	——	——	——	——	——
——	——	——	——	——	——
——	——	——	——	——	——
——	——	——	——	——	——
——	——	——	——	——	——
——	——	——	——	——	——
——	——	——	——	——	——
——	——	——	——	——	——
——	——	——	——	——	——
——	——	——	——	——	——
——	——	——	——	——	——
——	——	——	——	——	——
——	——	——	——	——	——
——	——	——	——	——	——
——	——	——	——	——	——
——	——	——	——	——	——
——	——	——	——	——	——
——	——	——	——	——	——
——	——	——	——	——	——
——	——	——	——	——	——
——	——	——	——	——	——
——	——	——	——	——	——
——	——	——	——	——	——
——	——	——	——	——	——
——	——	——	——	——	——
——	——	——	——	——	——
——	——	——	——	——	——
——	57	——	——	——	——
——	——	——	——	——	——
——	——	——	——	——	——
——	——	——	——	——	——
——	——	——	——	——	——
——	21	8	——	——	——
——	——	——	——	——	——
——	——	——	——	——	——
——	——	——	——	——	——
——	——	——	——	——	——

全国各地区其他文物

地区	本年收入合计(千元)					本年			
		财政拨款	事业收入	经营收入	其他收入		基本支出	项目支出	经营支出
总计	**315 376**	**115 365**	**95 115**	**65 372**	**34 840**	**254 643**	**111 171**	**100 995**	**37 536**
中央	174 838	50 950	59 485	60 174	4 199	124 860	34 934	55 796	33 627
北京	16 958	9 725	3 605	797	2 649	13 483	7 510	4 994	979
天津	——	——	——	——	——	——	——	——	——
河北	1 130	981	——	——	149	1 069	971	98	——
山西	33 896	16 169	6 522	4 401	6 804	27 286	17 910	6 446	2 930
内蒙古	400	400	——	——	——	400	400	——	——
辽宁	1 202	1 012	190	——	——	1 195	899	296	——
其中:大连	——	——	——	——	——	——	——	——	——
吉林	——	——	——	——	——	——	——	——	——
黑龙江	1 042	1 019	23	——	——	1 042	997	45	——
上海	——	——	——	——	——	——	——	——	——
江苏	183	183	——	——	——	183	83	100	——
浙江	3 732	3 563	——	——	169	3 677	2 807	870	——
其中:宁波	——	——	——	——	——	——	——	——	——
安徽	2 905	1 521	——	——	312	2 384	1 674	710	——
福建	——	——	——	——	——	——	——	——	——
其中:厦门	——	——	——	——	——	——	——	——	——
江西	2 614	180	1 640	——	794	2 614	2 614	——	——
山东	94	94	——	——	——	94	94	——	——
其中:青岛	——	——	——	——	——	——	——	——	——
河南	15 792	492	13 028	——	8	12 908	11 387	485	——
湖北	28 724	19 274	1 222	——	8 228	34 789	12 863	21 513	——
湖南	——	——	——	——	——	——	——	——	——
广东	4 267	2 702	997	——	5	3 740	2 638	1 102	——
其中:深圳	——	——	——	——	——	——	——	——	——
广西	——	——	——	——	——	——	——	——	——
海南	——	——	——	——	——	——	——	——	——
重庆	96	——	96	——	——	60	60	——	——
四川	197	197	——	——	——	209	47	162	——
贵州	——	——	——	——	——	——	——	——	——
云南	——	——	——	——	——	——	——	——	——
西藏	130	130	——	——	——	130	128	——	——
陕西	24 461	5 697	8 288	——	9 904	21 304	11 461	6 856	——
甘肃	415	413	——	——	2	394	394	——	——
青海	——	——	——	——	——	——	——	——	——
宁夏	——	——	——	——	——	——	——	——	——
新疆	2 300	663	19	——	1 617	2 822	1 300	1 522	——

事业机构基本情况(二)

支出合计（千元）									
	在支出合计中：								
工资福利支出	商品和服务支出					对个人和家庭补助支出		其他资本性支出	
		差旅费	劳务费	福利费	税金支出		抚恤金和生活补助		各种设备购置费
55 289	**96 008**	**6 402**	**10 757**	**2 591**	**5 485**	**8 181**	**933**	**65 461**	**39 233**
22 832	52 715	1 080	2 280	2 120	4 118	2 227	110	45 524	35 922
4 297	3 200	212	560	113	177	1 212	——	2 283	67
——	——	——	——	——	——	——	——	——	——
511	322	43	14	14	——	155	23	81	81
9 177	13 828	3 553	74	106	1 069	613	7	3 267	2 092
220	180	20	18	——	——	——	——	——	——
586	400	294	106	——	——	208	——	——	——
——	——	——	——	——	——	——	——	——	——
——	——	——	——	——	——	——	——	——	——
425	185	5	45	——	——	432	27	——	——
——	——	——	——	——	——	——	——	——	——
61	122	9	9	2	——	——	——	——	——
1 525	1 718	405	75	109	——	190	——	244	200
——	——	——	——	——	——	——	——	——	——
899	949	117	38	18	——	217	——	237	97
——	——	——	——	——	——	——	——	——	——
——	——	——	——	——	——	——	——	——	——
1 359	682	49	31	——	——	573	523	——	——
81	2	——	——	——	——	11	——	——	——
——	——	——	——	——	——	——	——	——	——
2 391	7 624	95	5 935	27	60	273	1	242	239
599	3 315	87	37	2	——	82	40	11 805	——
——	——	——	——	——	——	——	——	——	——
1 507	715	130	40	72	21	1 222	175	233	233
——	——	——	——	——	——	——	——	——	——
——	——	——	——	——	——	——	——	——	——
——	——	——	——	——	——	——	——	——	——
20	40	——	——	——	——	——	——	——	——
47	162	70	——	——	——	——	——	——	——
——	——	——	——	——	——	——	——	——	——
——	——	——	——	——	——	——	——	——	——
128	2	2	——	——	——	——	——	——	——
7 466	8 830	201	1 495	8	——	379	27	893	302
344	15	——	——	——	——	33	——	——	——
——	——	——	——	——	——	——	——	——	——
——	——	——	——	——	——	——	——	——	——
814	1 002	30	——	——	40	354	——	652	——

全国各地区其他文物

地区	资产合计（千元）	固定资产原值	增加值（千元）	公用房屋建筑面积（千平方米）	文物库房	补充：国家文物出境鉴定站数（件/套）	补充：责任鉴定人员（人）
总计	**457 284**	**184 114**	**121 343**	**43.91**	**1.71**	**8**	**42**
中央	289 051	108 388	62 293	8.53	——	——	——
北京	22 335	7 587	7 491	2.58	0.47	1	6
天津	——	——	——	——	——	——	——
河北	951	620	699	——	——	1	3
山西	52 948	21 050	14 172	5.66	——	——	——
内蒙古	72	72	242	——	——	——	——
辽宁	3 084	3 084	1 043	——	——	——	——
其中：大连	——	——	——	——	——	——	——
吉林	——	——	——	——	——	——	——
黑龙江	302	302	887	——	——	——	——
上海	——	——	——	——	——	——	——
江苏	30	30	74	0.06	0.05	——	——
浙江	6 584	3 730	2 074	——	——	1	6
其中：宁波	——	——	——	——	——	——	——
安徽	2 176	1 493	1 239	1.05	0.30	——	——
福建	——	——	——	——	——	1	4
其中：厦门	——	——	——	——	——	——	——
江西	8 066	2 601	1 547	18.38	——	——	——
山东	——	——	92	——	——	——	——
其中：青岛	——	——	——	——	——	——	——
河南	20 578	4 142	11 678	0.82	0.08	1	3
湖北	20 093	20 093	1 488	1.65	——	——	——
湖南	——	——	——	——	——	——	——
广东	7 047	4 805	3 011	0.74	——	1	9
其中：深圳	——	——	——	——	——	——	——
广西	——	——	——	——	——	——	——
海南	——	——	——	——	——	——	——
重庆	——	——	56	——	——	——	——
四川	——	——	51	——	——	——	2
贵州	——	——	——	——	——	——	——
云南	——	——	——	——	——	1	4
西藏	——	——	128	——	——	——	——
陕西	21 850	4 545	11 429	1.81	0.81	1	5
甘肃	603	58	379	——	——	——	——
青海	——	——	——	——	——	——	——
宁夏	——	——	——	——	——	——	——
新疆	1 514	1 514	1 270	2.63	——	——	——

事业机构基本情况(三)

资料							
出境文物审核数(件/套)	禁止出境文物数(件/套)	暂入境文物审核数(件/套)	涉案文物鉴定数(件/套)	馆藏文物鉴定数(件/套)	拍卖文物标的审核数(件/套)	拍卖文物标的审核数:禁止上拍文物标的数	出国展览文物审核数(件/套)
54 573	**654**	**24 095**	**38 091**	**46 539**	**177 898**	**361**	**536**
——	——	——	——	——	——	——	——
——	390	19 590	2 640	2 000	139 210	325	——
——	——	——	——	——	——	——	——
267	——	——	322	12 885	——	——	——
——	——	——	——	——	——	——	——
——	——	——	——	——	——	——	——
——	——	——	——	——	——	——	——
——	——	——	——	——	——	——	——
——	——	——	——	——	——	——	——
——	——	——	——	——	——	——	——
——	——	——	——	——	——	——	——
——	——	——	——	——	——	——	——
46 054	24	852	2 203	6 457	15 637	21	206
——	——	——	——	——	——	——	——
——	——	——	——	——	——	——	——
185	——	497	4 209	467	5 824	——	——
——	——	——	——	——	——	——	——
——	——	——	——	——	——	——	——
——	——	——	——	——	——	——	——
——	——	——	——	——	——	——	——
——	——	——	5 426	——	3 416	——	——
——	——	——	——	——	——	——	——
——	——	——	——	——	——	——	——
7 836	240	3 156	22 143	7 482	9 890	——	——
——	——	——	——	——	——	——	——
——	——	——	——	——	——	——	——
——	——	——	——	——	——	——	——
——	——	——	——	——	——	——	——
——	——	——	378	9 000	——	——	——
——	——	——	——	——	——	——	——
131	——	——	163	984	3 819	——	——
——	——	——	——	——	——	——	——
100	——	——	607	7 264	102	15	330
——	——	——	——	——	——	——	——
——	——	——	——	——	——	——	——
——	——	——	——	——	——	——	——
——	——	——	——	——	——	——	——

全国各地区文物保护单位保护、维修基本情况

地区	维修项目(个)	项目总预算(千元)	累计拨入项目经费			本年项目收入合计					本年支出合计(千元)	项目累计支出(千元)	维修面积(千平方米)
			(千元)	中央补助	省专项补助	(千元)	财政拨款	中央补助	省级补助	其他收入			
总计	**1 999**	**6 972 296**	**3 479 931**	**1 163 523**	**622 468**	**2 403 983**	**1 541 696**	**804 388**	**301 678**	**618 013**	**1 722 492**	**2 676 270**	**5 349.71**
中央	——	——	——	——	——	——	——	——	——	——	——	——	——
北京	39	120 076	121 838	——	109 863	44 614	44 470	——	41 879	144	43 468	104 425	40.23
天津	3	39 830	18 016	——	——	3 833	3 503	——	——	330	18 922	46 302	20.20
河北	45	207 334	96 226	56 984	4 770	50 188	35 588	18 586	2 780	13 600	44 093	63 847	19.06
山西	130	437 730	117 954	78 284	17 150	114 086	89 609	52 419	14 960	23 377	90 259	111 475	65.91
内蒙古	19	96 810	65 449	31 400	5 200	13 581	13 581	7 700	3 200	——	10 936	56 645	53.43
辽宁	29	61 707	54 283	23 200	22 709	45 297	44 887	23 100	17 312	410	31 577	39 259	22.99
其中:大连	——	——	——	——	——	——	——	——	——	——	——	——	——
吉林	45	305 861	37 256	35 095	1 770	29 396	26 969	23 255	2 544	2 427	9 838	22 907	558.20
黑龙江	9	26 700	21 500	5 700	5 800	11 538	10 538	5 700	4 838	——	5 188	4 888	8.24
上海	55	753 803	584 408	——	10 666	365 358	9 166	——	9 166	356 192	365 358	564 408	204.69
江苏	97	264 244	156 847	400	15 711	95 171	65 323	1 100	15 811	28 408	74 720	143 089	128.57
浙江	206	385 504	271 846	15 150	40 878	321 788	78 099	4 600	14 894	25 587	70 993	237 581	606.65
其中:宁波	26	8 463	6 202	——	——	9 164	7 135	800	——	1 349	7 089	6 051	14.25
安徽	96	104 115	41 112	4 219	18 089	26 637	23 668	1 278	13 819	1 909	20 767	29 011	559.66
福建	39	89 145	50 331	6 020	4 920	52 196	40 736	3 850	4 410	10 290	43 767	54 179	55.23
其中:厦门	2	21 015	20 015	——	——	20 015	20 015	——	——	——	20 015	20 015	20.30
江西	117	128 933	62 672	19 276	22 996	55 316	46 240	11 550	20 496	8 249	37 887	42 670	108.16
山东	40	109 983	70 843	8 080	3 500	30 498	25 485	5 450	1 200	4 033	37 453	59 397	92.12
其中:青岛	1	450	230	——	——	230	——	——	——	230	——	230	1.10
河南	95	1 224 162	296 071	130 650	71 849	134 902	72 513	41 660	15 730	61 689	45 976	97 003	66.76
湖北	70	171 321	49 635	23 417	11 520	43 982	35 895	12 817	10 790	7 895	43 030	52 280	116.53
湖南	98	201 039	80 690	62 526	7 920	102 611	91 888	74 407	8 790	8 110	65 406	69 526	129.99
广东	117	582 751	236 203	1 770	22 018	115 742	98 999	770	7 730	11 077	93 098	203 835	498.92
其中:深圳	13	205 858	17 530	——	——	13 074	11 898	——	——	776	9 631	16 324	45.79
广西	66	88 130	29 796	15 852	3 239	27 472	25 753	16 789	3 599	1 019	14 647	13 914	62.11
海南	6	2 270	2 320	1 170	300	2 638	1 888	1 170	300	750	2 320	2 323	3.80
重庆	34	103 759	72 412	34 800	27 819	51 799	45 718	16 360	22 190	5 781	51 150	53 148	109.40
四川	210	422 649	307 793	246 220	18 615	250 621	234 843	190 228	15 097	14 893	84 843	120 512	440.92
贵州	57	48 577	28 359	11 343	8 600	26 059	23 222	10 268	5 440	1 158	20 295	22 548	49.84
云南	106	78 526	43 656	11 569	15 766	50 293	36 052	9 444	15 296	13 821	38 361	40 610	72.95
西藏	11	278 058	141 635	141 635	——	113 635	113 635	113 635	——	——	102 016	102 016	——
陕西	77	291 660	262 491	75 443	144 051	102 443	86 249	55 052	26 890	15 944	127 009	217 154	112.84
甘肃	34	193 787	59 500	34 080	3 660	25 701	24 791	14 860	810	810	109 797	82 705	28.64
青海	3	11 200	4 800	4 800	——	5 001	4 971	4 800	——	30	5 001	4 800	7.15
宁夏	5	26 320	7 270	5 120	1 000	7 350	7 270	5 120	1 000	80	3 580	3 580	22.90
新疆	41	116 312	86 719	79 320	2 089	84 237	80 147	78 420	707	——	10 737	10 233	1 083.61

全国各地区国家级文物保护单位保护、维修基本情况

地区	维修项目(个)	项目总预算(个)	累计拨入项目经费			本年项目收入合计					本年支出合计(千元)	项目累计支出(千元)	维修面积(千平方米)
			(千元)	中央补助	省专项补助	(千元)	财政拨款	中央补助	省级补助	其他收入			
总　计	**643**	**4 360 478**	**1 947 518**	**1 024 995**	**345 928**	**1 149 580**	**924 001**	**666 790**	**113 261**	**215 404**	**885 973**	**1 402 173**	**1 714.14**
中　央	——	——	——	——	——	——	——	——	——	——	——	——	——
北　京	13	41 091	53 780	——	53 780	15 073	14 929	——	14 929	144	12 964	43 276	29.11
天　津	2	38 830	17 016	——	——	2 833	2 503	——	——	330	17 922	45 302	20.00
河　北	32	136 543	60 154	55 634	3 390	19 916	19 316	17 436	1 600	600	21 359	37 517	10.53
山　西	72	401 993	96 144	73 284	7 130	88 379	71 079	47 919	6 130	17 000	69 572	92 397	29.07
内蒙古	11	92 690	63 999	30 900	4 260	12 131	12 131	7 200	2 260	——	7 486	55 195	34.40
辽　宁	8	42 791	44 165	22 300	14 979	36 953	36 953	23 100	11 182	——	25 171	32 704	4.68
其中:大连	——	——	——	——	——	——	——	——	——	——	——	——	——
吉　林	17	275 000	29 295	28 895	400	19 055	19 055	17 855	400	——	1 944	14 313	75.61
黑龙江	4	3 050	2 850	1 850	1 000	2 850	1 850	1 850	——	——	1 950	1 650	0.74
上　海	11	255 644	189 644	——	2 224	101 764	2 074	——	2 074	99 690	101 764	169 644	76.77
江　苏	30	118 385	83 730	——	4 766	49 798	29 595	500	6 966	20 203	30 999	83 212	51.77
浙　江	36	66 796	46 884	15 150	15 750	27 298	26 178	4 600	4 500	940	23 411	35 706	210.78
其中:宁波	2	1 200	——	——	——	1 200	1 200	800	——	——	996	996	0.80
安　徽	11	19 697	11 470	2 840	4 880	6 590	5 640	400	4 680	150	3 668	6 650	6.69
福　建	12	27 394	10 970	3 370	2 600	8 805	8 015	1 200	1 800	790	6 642	9 765	5.49
其中:厦门	——	——	——	——	——	——	——	——	——	——	——	——	——
江　西	23	20 596	21 472	14 656	4 970	16 692	15 173	6 760	6 370	1 519	8 925	10 688	38.59
山　东	12	24 821	14 183	6 080	200	14 713	10 950	3 450	——	3 763	9 928	9 150	53.03
其中:青岛	——	——	——	——	——	——	——	——	——	——	——	——	——
河　南	351	169 790	266 427	122 250	53 550	110 047	49 243	33 760	2 250	60 204	27 238	68 017	26.56
湖　北	26	52 414	24 947	20 017	3 300	19 967	19 597	9 417	3 800	370	19 127	31 567	72.19
湖　南	22	130 490	64 313	60 900	2 150	69 805	66 453	60 781	2 370	1 123	49 134	50 394	72.86
广　东	26	191 782	65 045	——	3 098	22 651	18 994	——	750	3 310	21 484	59 950	391.70
其中:深圳	2	118 000	11 000	——	——	5 000	5 000	——	——	——	5 000	11 000	40.00
广　西	28	72 888	18 598	15 852	150	17 628	17 508	16 639	160	120	7 689	7 334	44.56
海　南	2	170	170	170	——	488	488	170	——	——	170	173	2.56
重　庆	15	94 740	64 581	34 640	25 500	41 791	40 340	16 200	20 900	1 451	43 818	48 534	101.09
四　川	63	262 160	198 601	176 900	5 870	146 700	145 064	130 850	3 620	1 436	52 350	90 601	178.94
贵　州	17	11 052	10 188	7 010	1 870	9 988	8 677	5 947	670	32	7 762	7 762	20.75
云　南	24	26 989	14 849	10 019	3 400	12 849	12 849	8 119	3 400	——	10 384	10 412	25.58
西　藏	8	264 538	128 115	128 115	——	100 115	100 115	100 115	——	——	97 750	97 750	——
陕　西	35	199 470	203 708	75 443	123 751	69 260	67 841	55 052	12 190	1 419	87 863	192 593	65.31
甘　肃	18	171 945	49 540	30 080	2 960	13 861	13 051	9 130	260	810	103 097	75 215	21.96
青　海	2	11 200	4 800	4 800	——	4 800	4 800	4 800	——	——	4 800	4 800	7.10
宁　夏	2	24 075	5 120	5 120	——	5 120	5 120	5 120	——	——	1 950	1 950	15.72
新　疆	26	111 454	82 760	78 720	——	81 660	78 420	78 420	——	——	7 652	7 952	20.01

全国各地区省级文物保护

地　区	维修项目（个）	项目总预算（个）	（千元）	累计拨入项目经费	
				中央补助	省专项补助
总　计	**748**	**1 814 109**	**1 091 317**	**103 756**	**196 062**
中　央	——	——	——	——	——
北　京	9	27 116	26 889	——	25 392
天　津	——	——	——	——	——
河　北	11	20 495	10 776	1 350	1 380
山　西	37	25 243	13 030	4 100	7 650
内蒙古	3	3 380	710	——	710
辽　宁	15	17 206	9 038	900	6 710
其中：大连	——	——	——	——	——
吉　林	17	2 091	2 091	900	800
黑龙江	3	15 250	10 250	250	——
上　海	20	360 886	316 697	——	8 042
江　苏	37	113 468	36 037	400	9 600
浙　江	59	275 334	198 902	——	18 375
其中：宁波	4	800	——	——	——
安　徽	68	79 837	22 086	933	11 979
福　建	15	43 973	28 425	2 650	2 200
其中：厦门	1	21 000	20 000	——	——
江　西	41	74 129	21 612	750	10 941
山　东	18	83 937	55 740	2 000	3 300
其中：青岛	——	——	——	——	——
河　南	53	53 882	28 954	8 400	18 099
湖　北	26	18 630	7 393	——	3 660
湖　南	32	41 705	6 433	300	1 550
广　东	43	252 604	98 218	1 000	18 220
其中：深圳	7	85 502	5 640	——	——
广　西	13	3 727	1 689	——	925
海　南	3	1 100	1 150	——	300
重　庆	7	2 033	1 713	160	951
四　川	99	132 155	89 432	58 760	10 725
贵　州	20	31 604	12 473	3 833	6 670
云　南	33	21 957	13 162	1 250	6 864
西　藏	3	13 520	13 520	13 520	——
陕　西	35	82 502	54 623	——	17 230
甘　肃	10	10 242	5 165	1 700	700
青　海	1	——	——	——	——
宁　夏	3	2 245	2 150	——	1 000
新　疆	14	3 858	2 959	600	2 089

单位保护、维修基本情况

(千元)	本年项目收入合计 财政拨款	中央补助	省级补助	其他收入	本年支出合计(千元)	项目累计支出(千元)	维修面积(千平方米)
849 541	**378 839**	**105 200**	**132 775**	**246 953**	**503 883**	**901 910**	**1 670.97**
——	——	——	——	——	——	——	——
12 653	12 653	——	12 653	——	12 911	26 315	4.81
——	——	——	——	——	——	——	——
6 976	5 976	1 150	1 180	——	4 632	4 688	4.53
17 080	12 030	4 100	7 380	4 450	11 874	9 921	28.76
710	710	——	710	——	2 710	710	4.01
7 084	6 874	——	5 160	210	5 346	6 295	14.65
——	——	——	——	——	——	——	——
2 071	2 044	900	774	27	1 274	474	66.50
288	288	250	38	——	38	38	——
186 027	6 692	——	6 692	179 335	186 027	316 697	89.66
22 199	17 834	——	7 750	3 965	20 287	32 979	32.57
256 900	28 402	——	7 875	11 402	24 153	179 452	302.53
1 600	880	——	——	40	1 600	900	4.21
15 370	13 761	606	8 669	1 349	12 702	18 240	541.12
29 748	26 826	2 650	2 090	2 742	26 947	29 715	36.09
20 000	20 000	——	——	——	20 000	20 000	20.00
18 280	14 211	950	7 441	3 897	15 013	16 785	46.05
14 790	14 110	2 000	1 200	——	27 066	49 593	35.01
——	——	——	——	——	——	——	——
24 165	22 580	7 900	13 280	1 485	18 188	28 436	38.75
6 613	4 593	——	2 380	1 890	6 503	6 663	25.70
21 504	17 433	12 300	2 470	3 793	5 762	8 176	33.85
38 441	35 894	——	6 330	1 814	32 088	88 880	61.33
5 258	4 758	——	——	100	1 965	2 608	4.39
1 635	1 635	150	925	——	1 609	1 663	5.49
1 150	400	——	300	750	1 150	1 150	1.24
4 040	800	160	440	3 240	4 251	1 533	2.56
83 832	72 236	49 918	9 507	11 346	21 105	21 038	141.43
10 651	9 231	3 821	4 770	1 020	7 018	9 218	23.07
13 638	13 233	1 025	6 644	135	7 216	9 708	20.02
13 520	13 520	13 520	——	——	4 266	4 266	——
29 653	15 410	——	13 860	13 993	35 666	20 411	38.28
6 515	6 415	3 800	550	——	4 165	4 955	2.16
201	171	——	——	30	201	——	0.05
2 230	2 150	——	1 000	80	1 630	1 630	7.18
1 577	727	——	707	——	2 085	2 281	63.60

文物业主要指标解释

1. 藏品: 藏品是文博机构根据收藏品的文化属性、自然属性等情况,所划分的文物藏品、标本藏品、模型藏品(含具有收藏、展示价值的雕塑、绘画等艺术作品)和复制品藏品的总和。本指标所统计的藏品是指报告期末,该机构已经整理并登记入账的藏品数。尚未整理或正在整理的藏品,应在整理造册入账后列入下年统计。一级品、二级品、三级品均根据入账情况如实填写。

藏品数: 指按历年来以件、套为计量单位统计的藏品数量。即单件藏品编一个号者按一件计算;成套藏品按整体编一个号者,也按一件计算(其组成部分即使有分号,也按一件计)。不易计数的藏品,如粮食、药材及液体等,不论数量多少,均按一件计算。本指标在本制度执行期内必须填报。

2. 本年从有关部门接收文物数: 指本年从公安、工商、海关等司法及检查部门移交接收的文物。

3. 本年藏品征集数: 本年从社会上征集的馆藏文物数量(包括标本数)。

4. 本年修复文物数: 本年运用技术手段进行修复保养的馆藏文物数量(包括标本)。

5. 基本陈列: 指由本馆设计布陈、地点固定、时间较长的展出。

6. 举办展览: 指由本馆设计布陈、时间较短、形式比较多样的展出。同一内容的巡回展览,均按一个计算。展览的计量单位不是指每次展出的文物藏品件数。与系统外机构合办的展览,由本馆统计;与系统内机构合办的,由主办馆统计。基本陈列不作为展览统计。

7. 参观人次和未成年人参观人次: 参观人次指本报告期末,向社会开放的文物保护管理机构当年接待的所有参观人次的累计数。

未成年人参观人次是指接待有组织的集体参观人次与零散观众中能够确切统计的未成年人参观人次的总和。

8. 基本建设中考古发掘项目: 是指因基本建设工程需要,在建设工程影响范围内所进行的考古发掘工作,由项目立项单位填报。

9. 抢救性发掘项目: 指古文化遗址、古墓葬等遇到不可抗拒的自然或人为因素危害而必须进行的考古发掘项目,由项目立项单位填报。

10. 主动性发掘项目: 因科学研究或文物保护的需要所进行的考古发掘项目,由项目立项单位填报。

11. 门票销售总额: 指本馆报告期内通过举办陈列展览获得的门票销售收入。

12. 公用房屋建筑面积: 指文物部门、房产部门拥有产权,或产权虽归政府部门所有,但交由填表机构长期固定、无偿使用的各种办公和业务用房,包括职工单身宿舍和暂被家属、职工挤占的非居住用房。不包括职工家属宿舍和租用的民房。公用房屋建筑面积均按总的建筑面积(指从外墙算起的各房屋面积相加之和)填报,此项指标的其中数(如陈列展览用房、文物库房等),凡属独立建筑的均按建筑面积统计;凡属非独立建筑的均按使用面积统计;二者兼有的,可按两种方法统计加总。以文物保护单位为馆(所)址的文物机构,只统计该机构实际使用部分的建筑面积。

13. 专著或图录: 由本机构的人员完成,经过正式出版部门编印出版的科技专著、高等院校教科书、科普著作和论文集。

14. 论文数:是指由本机构的人员完成,并在省级以上刊物公开发表的论文数之和。

15. 古建维修报告:地上不可移动文物维修保护工程全过程记录及应用技术研究介绍的综合性技术报告。

各地区非物质文化

地区	机构数(个)	工作人员数			非物质文化遗产名录数量				传承活动				
									传习所		代表性传承人		
		(人)	高级职称	中级职称	国家级	省级	市级	县级	(个)	培训学员(人)	(人)	国家级代表性传承人	学徒人数
总计	**2 506**	**14 546**	**1 142**	**3 648**	**3 742**	**12 810**	**23 431**	**79 405**	**15 503**	**596 316**	**61 194**	**3 148**	**151 533**
中央	1	——	——	——	2	——	——	——	1 500	——	90	——	20
北京	——	——	——	——	——	——	——	——	——	——	——	——	——
天津	25	83	20	16	16	95	73	94	35	2 348	47	14	140
河北	156	1 420	61	221	285	887	1 653	6 605	203	85 889	1 367	490	30 632
山西	112	734	44	130	106	353	663	4 551	602	14 638	6 669	102	6 765
内蒙古	45	238	35	113	79	433	339	846	116	63 380	1 202	62	60 560
辽宁	26	114	18	41	58	144	344	373	42	4 945	636	35	468
其中:大连	1	10	1	3	5	24	75	——	——	——	88	2	12
吉林	4	28	8	11	38	296	182	80	25	1 570	435	8	448
黑龙江	63	297	56	124	21	136	306	384	72	5 659	335	39	258
上海	19	98	11	24	35	118	132	5	49	2 187	343	61	158
江苏	124	631	102	295	97	278	524	2 338	194	10 938	1 703	90	1 227
浙江	92	287	48	106	332	1 585	2 896	5 699	523	40 374	3 667	223	4 362
其中:宁波	2	12	4	2	18	65	157	43	54	10 300	32	7	410
安徽	79	536	27	135	102	401	517	2 328	101	13 045	1 367	100	698
福建	87	1 046	56	153	217	583	915	1 120	413	7 938	989	177	2 262
其中:厦门	3	13	2	4	11	17	25	——	18	722	9	22	50
江西	104	837	53	134	82	375	544	1 248	352	30 032	825	168	1 184
山东	151	836	127	355	249	841	1 658	4 094	447	69 949	1 971	285	1 590
其中:青岛	13	75	8	28	15	46	93	179	165	35 217	164	——	150
河南	145	1 299	68	275	373	508	1 209	17 277	5 241	47 661	8 996	118	17 446
湖北	98	750	66	252	159	438	877	2 339	243	16 511	2 259	110	4 906
湖南	122	697	61	226	169	467	670	2 415	234	48 335	1 588	164	5 449
广东	100	659	25	93	181	650	652	813	222	30 183	780	131	1 435
其中:深圳	3	7	1	1	——	7	12	20	——	——	23	——	——
广西	127	1 442	107	397	28	107	539	3 279	257	14 419	1 347	17	803
海南	23	180	13	31	45	161	63	172	43	1 423	299	26	429
重庆	41	——	——	——	29	167	——	992	79	5 499	1 562	56	233
四川	202	8	——	——	105	333	488	5 594	306	13 353	4 610	57	——
贵州	95	390	14	82	173	928	723	3 249	3 196	11 360	2 234	132	2 187
云南	116	250	23	95	298	772	3 346	5 961	301	13 486	2 838	55	881
西藏	8	——	——	——	60	90	——	——	2	275	124	56	89
陕西	89	600	52	135	69	326	804	2 222	373	14 692	2 436	52	1 355
甘肃	97	675	12	63	117	435	1 990	2 465	109	8 256	4 654	107	1 859
青海	43	97	6	24	57	150	51	242	30	1 061	171	40	1 053
宁夏	25	131	15	56	25	150	187	280	76	5 803	1 325	30	730
新疆	87	183	14	61	135	603	1 086	2 340	117	11 107	4 325	143	1 906

遗产保护情况(一)

宣传展示活动								普查成果						非物质文化遗产		
举办展览		举办展演		举办民俗活动		举办竞技比赛		征集实物件(套)	征集资料(件)	录音资料(小时)	录像资料(小时)	调查报告(篇)	出版成果(册)	非物质文化遗产保护展览馆		收藏实物数(件)
(个)	参观人次(千人次)	(个)	观众人次(千人次)	(个)	参与人次(千人次)	(个)	参与人次(千人次)							(个)	民族民间博物馆	
49 487	**74 712**	**33 707**	**35 013**	**29 209**	**53 502**	**6 994**	**1 961**	**313 927**	**279 067**	**252 473**	**138 853**	**115 258**	**757 972**	**1 412**	**901**	**858 575**
2	250	8	16	1	2	——	——	119	——	50	140	——	15	——	——	——
——	——	——	——	——	——	——	——	——	——	——	——	——	——	——	——	——
23	317	118	351	71	149	11	2	763	1 503	262	160	89	30	4	——	28 567
1 009	1 243	2 442	1 574	1 307	1 457	210	91	15 377	5 616	8 357	8 395	1 616	30 878	44	26	89 615
4 612	2 114	2 407	2 947	555	1 085	221	32	17 946	29 098	8 293	8 216	2 547	536 311	45	26	43 676
215	230	258	470	521	396	64	21	2 285	1 344	974	1 169	76	653	13	6	1 632
51	233	279	572	109	225	14	3	7 070	1 470	1 371	1 013	100	1 213	10	7	18 458
1	8	1	8	1	8	——	——	91	118	48	346	——	19	1	1	271
26	45	143	252	34	46	55	6	4 230	209	2 463	3 274	26	18	6	2	4 290
168	300	436	555	214	207	62	82	5 034	843	795	791	176	120	30	21	18 739
158	363	10 274	253	204	892	11	6	3 433	969	322	472	346	6 072	26	4	2 760
340	1 761	912	1 501	530	8 004	88	49	12 474	4 647	4 734	3 988	342	203	136	74	98 685
496	1 490	742	1 565	4 642	3 681	3 226	190	45 253	82 977	62 460	14 171	5 970	9 146	314	145	88 179
18	23	20	22	278	200	5	——	2 400	1 220	400	173	1	22	35	24	8 100
556	50 788	956	2 201	457	658	58	76	2 799	5 303	947	2 542	585	114	18	13	11 661
346	1 088	543	1 075	1 978	2 173	97	65	21 409	14 062	3 379	2 011	3 584	3 632	64	32	55 139
8	41	82	5	13	142	1	5	15	61	111	70	6	7	8	1	2 017
289	568	997	839	6 280	861	151	23	7 633	4 043	83 524	2 184	520	51 278	24	11	14 701
896	939	1 684	2 212	661	2 019	183	156	27 730	51 006	5 185	16 464	14 321	23 619	67	38	28 131
199	145	409	688	137	1 161	36	15	2 470	36 006	305	490	134	43	12	9	5 645
37 133	1 514	1 419	2 643	2 393	2 168	196	98	17 827	11 797	4 563	3 573	6 735	4 855	28	20	33 060
250	796	744	1 915	1 194	651	94	51	26 740	5 606	16 285	14 405	8 342	1 284	14	8	22 024
308	1 138	1 677	1 724	1 605	1 917	80	63	10 566	8 759	8 058	11 700	1 258	16 835	36	19	90 582
445	2 396	875	2 373	673	17 992	129	279	11 331	7 357	6 448	6 146	6 423	10 917	39	25	12 337
3	31	1	4	12	8	——	——	5	9	331	137	34	601	——	——	——
325	484	664	1 209	718	1 729	144	26	3 058	3 337	1 765	2 698	618	398	21	12	1 738
45	306	102	205	127	99	51	9	368	465	1 776	922	302	1 544	6	3	542
120	202	225	863	264	284	39	27	4 444	1 859	786	689	360	8 702	10	4	31 971
376	3 535	1 542	3 952	1 092	1 806	87	93	14 278	6 871	11 521	10 264	269	1 354	13	7	5 669
152	363	263	668	226	1 234	79	236	9 921	11 743	1 915	3 960	1 233	11 093	9	7	1 764
190	490	702	676	889	1 331	1 317	163	3 051	8 422	2 550	3 883	5 125	1 044	18	13	2 625
14	7	48	16	129	29	5	——	67	86	98	163	7	1	2	——	115
268	413	1 375	606	690	658	94	26	23 831	1 919	3 957	4 118	1 758	2 782	353	336	133 355
218	751	702	1 072	542	1 133	65	29	8 858	3 963	5 049	7 384	1 781	12 793	14	7	8 464
119	60	127	53	47	14	25	3	551	127	1 415	517	32	11	1	——	868
67	191	167	151	650	183	49	5	1 929	1 284	1 044	1 186	289	450	14	7	3 951
270	339	876	507	406	421	89	52	3 552	2 382	2 127	2 255	50 428	20 607	33	28	5 277

各地区非物质文化

地　区	收藏展示 展示面积（千平方米）	实物收藏库房面积	非物质文化遗产保护专项经费投入（千元）	财政拨款	社会资助	本年收入合计（千元）	财政拨款	事业收入	经营收入	其他收入
总　计	**892**	**269**	**733 059**	**527 243**	**10 235**	**106 632**	**84 112**	**11 462**	**1 308**	**7 122**
中　央	——	——	——	——	——	——	——	——	——	——
北　京	——	——	——	——	——	——	——	——	——	——
天　津	10	1	1 267	667	450	——	——	——	——	——
河　北	26	9	18 476	6 039	295	5 382	4 778	405	36	10
山　西	76	11	9 907	5 926	3 165	8 369	4 663	136	856	2 502
内蒙古	5	——	1 754	1 619	——	3 196	2 364	——	——	832
辽　宁	5	——	1 761	1 696	65	1 256	1 256	——	——	——
其中:大连	——	——	——	——	——	——	——	——	——	——
吉　林	4	1	2 777	2 777	——	——	——	——	——	——
黑龙江	9	1	4 336	3 788	104	229	167	60	——	2
上　海	5	1	5 797	5 338	10	8 372	2 432	5 578	——	10
江　苏	92	21	28 795	28 036	279	7 269	5 759	456	——	1 053
浙　江	377	53	156 705	153 370	——	6 799	6 799	——	——	——
其中:宁波	20	8	2 397	2 397	——	——	——	——	——	——
安　徽	15	4	3 336	2 689	331	3 733	3 707	——	——	24
福　建	25	10	9 788	7 242	479	4 011	3 429	28	140	264
其中:厦门	5	2	1 170	1 170	——	——	——	——	——	——
江　西	25	3	48 023	46 479	1 094	2 390	1 888	——	42	310
山　东	36	8	25 346	24 616	350	746	624	11	——	50
其中:青岛	2	1	757	757	——	——	——	——	——	——
河　南	15	5	31 053	5 474	196	3 648	2 914	20	——	80
湖　北	7	2	18 048	17 012	223	18 057	14 405	2 885	——	431
湖　南	21	6	39 231	38 243	453	2 517	1 985	301	——	231
广　东	34	17	15 324	13 170	1 740	3 471	3 243	——	——	117
其中:深圳	——	——	430	250	——	——	——	——	——	——
广　西	15	1	9 720	7 969	255	7 255	6 474	167	159	112
海　南	2	——	3 616	2 499	10	1 383	1 277	——	——	56
重　庆	10	83	26 049	25 497	20	——	——	——	——	——
四　川	5	2	78 291	78 176	90	2 262	2 215	——	5	42
贵　州	4	2	13 308	12 195	90	5 365	3 873	1 415	20	57
云　南	7	2	9 363	9 134	21	——	——	——	——	——
西　藏	1	——	5 518	4 072	——	——	——	——	——	——
陕　西	43	19	4 606	4 381	170	956	956	——	——	——
甘　肃	4	2	10 778	10 613	——	3 298	3 266	——	——	——
青　海	——	——	1 794	1 744	——	3 932	3 341	——	50	500
宁　夏	8	——	921	651	23	2 188	2 188	——	——	——
新　疆	8	2	147 371	6 131	322	548	109	——	——	439

遗产保护情况(二)

本年支出合计(千元)	基本支出	项目支出	经营支出	在支出合计中：工资福利支出	商品和服务支出	差旅费	劳务费	福利费	税金支出	对个人和家庭补助支出	抚恤金和生活补助	其他资本性支出	各种设备购置费	增加值	资产合计(千元)	固定资产原值
147 758	**89 562**	**49 948**	**511**	**38 501**	**33 534**	**3 320**	**2 394**	**613**	**873**	**10 067**	**1 010**	**8 874**	**5 791**	**55 457**	**144 352**	**81 316**
——	——	——	——	——	——	——	——	——	——	——	——	——	——	——	——	——
——	——	——	——	——	——	——	——	——	——	——	——	——	——	——	——	——
——	——	——	——	——	——	——	——	——	——	——	——	——	——	——	——	——
5 682	3 328	520	36	1 715	2 345	207	152	18	——	22	3	410	410	1 971	1 407	1 366
8 488	6 810	1 331	124	3 204	4 533	163	168	52	9	633	59	28	28	4 225	2 150	2 111
2 636	1 676	773	——	961	945	42	134	13	3	494	5	236	216	1 665	2 496	1 557
1 341	1 224	77	——	697	298	16	54	1	——	278	181	17	17	855	541	139
——	——	——	——	——	——	——	——	——	——	——	——	——	——	——	——	——
——	——	——	——	——	——	——	——	——	——	——	——	——	——	——	——	——
231	71	160	——	67	52	41	10	1	——	——	——	2	2	81	10	10
8 611	8 359	13	10	4 587	2 793	76	204	60	811	914	162	272	272	7 593	69 825	29 366
6 470	2 070	4 400	——	1 446	4 027	102	477	15	——	326	——	671	451	2 317	2 375	925
6 307	709	5 597	——	421	5 498	236	464	7	——	25	——	363	15	941	3 868	218
——	——	——	——	——	——	——	——	——	——	——	——	——	——	——	——	——
3 670	1 684	622	10	1 791	405	27	5	6	5	382	181	500	406	2 447	10 934	10 924
5 095	3 079	1 217	——	1 544	1 172	31	54	9	——	343	155	737	238	1 899	2 628	2 383
——	——	——	——	——	——	——	——	——	——	——	——	——	——	——	——	——
2 483	1 751	670	——	922	403	47	15	5	4	294	5	87	38	1 276	995	988
1 193	1 020	140	——	666	232	40	38	——	——	24	——	——	——	770	1 477	902
250	250	——	——	250	——	——	——	——	——	——	——	——	——	250	——	——
40 841	28 702	12 065	——	1 596	1 438	1 205	——	1	——	345	9	513	300	2 021	728	295
18 177	7 098	10 779	100	4 228	3 434	485	229	164	1	1 493	20	1 001	532	6 542	11 280	10 453
2 752	1 480	826	——	1 018	1 007	126	73	50	——	96	10	281	63	1 285	1 233	1 233
3 605	1 771	1 834	——	927	389	37	26	13	——	230	40	201	——	1 170	1 323	285
——	——	——	——	——	——	——	——	——	——	——	——	——	——	——	——	——
7 345	6 211	855	161	3 604	782	28	41	50	38	2 073	96	46	45	5 923	14 654	5 054
1 548	733	673	——	605	362	79	57	69	——	40	20	81	66	767	888	266
——	——	——	——	——	——	——	——	——	——	——	——	——	——	——	——	——
3 029	1 285	1 744	——	1 003	169	17	30	4	——	——	——	1 530	1 400	1 108	1 766	1 765
5 581	2 059	3 126	20	1 685	1 952	199	103	7	2	384	15	429	100	2 663	3 329	1 904
——	——	——	——	——	——	——	——	——	——	——	——	——	——	——	——	——
——	——	——	——	——	——	——	——	——	——	——	——	——	——	——	——	——
848	848	——	——	492	77	23	10	4	——	——	——	226	58	518	250	250
4 328	2 697	177	——	2 611	881	58	31	52	——	404	7	96	96	3 342	7 479	6 206
4 640	2 880	1 600	50	1 842	245	10	——	5	——	278	——	854	745	2 205	1 976	1 976
2 188	1 858	310	——	693	66	8	12	5	——	989	42	290	290	1 678	520	520
669	159	439	——	176	29	17	7	2	——	——	——	3	3	195	220	220

各地区非物质文化遗产

地区	机构数（个）	工作人员数			非物质文化遗产名录数量				传承活动				
									传习所		代表性传承人		
		（人）	高级职称	中级职称	国家级	省级	市级	县级	（个）	培训学员（人）	（人）	国家级代表性传承人	学徒人数
总　　计	**1 235**	**8 297**	**734**	**2 093**	**2 592**	**9 983**	**15 327**	**43 847**	**6 232**	**333 743**	**36 079**	**2 177**	**46 095**
中　　央	1	——	——	——	2	——	——	——	1 500	——	90	——	20
北　　京	——	——	——	——	——	——	——	——	——	——	——	——	——
天　　津	6	20	6	3	9	88	30	48	13	368	25	6	126
河　　北	54	905	28	80	214	697	1 225	3 609	75	15 041	558	182	3 378
山　　西	43	270	33	80	57	210	318	733	104	10 192	469	49	1 452
内 蒙 古	10	67	9	24	43	274	65	147	11	93	585	26	——
辽　　宁	23	108	17	41	53	137	312	314	40	4 809	595	33	451
其中:大连	1	10	1	3	5	24	75	——	——	——	88	2	12
吉　　林	3	28	8	11	38	291	176	80	19	1 510	428	8	448
黑 龙 江	46	215	44	86	19	101	219	303	61	5 132	242	34	217
上　　海	19	98	11	24	35	118	132	5	49	2 187	343	61	158
江　　苏	32	200	33	92	38	96	141	452	72	3 571	503	41	670
浙　　江	56	139	30	42	271	1 310	1 924	4 141	396	27 366	2 672	192	1 041
其中:宁波	2	12	4	2	18	65	157	43	54	10 300	32	7	410
安　　徽	45	312	21	98	75	331	240	1 272	41	8 388	1 037	67	242
福　　建	46	286	42	94	148	441	695	799	308	3 914	533	139	1 424
其中:厦门	3	13	2	4	11	17	25	——	18	722	9	22	50
江　　西	77	718	48	115	74	348	459	1 066	335	26 555	712	163	1 078
山　　东	105	581	91	242	228	783	1 411	3 118	364	64 407	1 628	269	890
其中:青岛	8	49	4	21	15	41	82	123	155	34 395	157	——	——
河　　南	119	935	54	230	147	418	993	12 306	1 472	41 984	8 225	105	17 116
湖　　北	91	623	64	225	154	426	843	2 171	232	15 750	2 192	105	4 874
湖　　南	61	354	32	111	127	361	374	1 210	136	17 492	923	107	4 737
广　　东	75	579	23	86	178	629	599	624	214	29 187	656	128	1 394
其中:深圳	——	——	——	——	——	——	——	——	——	——	——	——	——
广　　西	32	318	21	85	12	32	110	1 982	98	5 972	731	3	110
海　　南	12	111	12	24	32	124	29	149	23	496	150	17	51
重　　庆	24	——	——	——	24	110	——	708	30	2 886	1 051	53	199
四　　川	2	8	——	——	105	333	80	——	35	500	883	57	——
贵　　州	13	61	3	6	89	515	79	416	53	5 500	1 126	63	473
云　　南	53	148	18	59	128	547	1 944	3 965	35	9 847	980	30	484
西　　藏	——	——	——	——	——	——	——	——	——	——	——	——	——
陕　　西	76	510	48	116	59	283	692	1 821	335	13 233	2 107	44	1 274
甘　　肃	39	473	10	38	89	320	1 278	822	54	3 729	2 777	75	978
青　　海	8	30	3	7	15	41	15	114	3	80	40	12	900
宁　　夏	19	101	14	42	24	137	166	191	56	5 660	1 257	29	718
新　　疆	45	99	11	32	105	482	778	1 281	68	7 894	2 561	79	1 192

保护中心情况(一)

宣传展示活动								普查成果						非物质文化遗产		
举办展览		举办展演		举办民俗活动		举办竞技比赛		征集实物件(套)	征集资料(件)	录音资料(小时)	录像资料(小时)	调查报告(篇)	出版成果(册)	非物质文化遗产保护展览馆		收藏实物数(件)
(个)	参观人次(千人次)	(个)	观众人次(千人次)	(个)	参与人次(千人次)	(个)	参与人次(千人次)							(个)	民族民间博物馆	
45 414	**15 430**	**23 528**	**20 706**	**18 621**	**41 947**	**1 766**	**1 180**	**241 997**	**182 358**	**216 556**	**101 206**	**96 347**	**683 374**	**1 068**	**701**	**679 482**
2	250	8	16	1	2	——	——	119	——	50	140	——	15	——	——	——
——	——	——	——	——	——	——	——	——	——	——	——	——	——	——	——	——
8	11	12	13	11	——	4	——	40	1 369	48	27	5	2	1	——	110
99	769	1 095	624	790	913	61	76	8 670	4 368	5 504	6 349	657	861	22	15	74 305
4 424	1 187	1 676	1 152	370	819	191	28	17 061	14 213	5 906	5 829	307	534 279	28	20	6 540
135	17	40	66	316	207	14	2	747	577	223	438	10	31	4	4	359
41	191	64	450	53	199	8	1	6 860	1 397	1 316	968	90	1 169	8	5	17 608
1	8	1	8	1	8	——	——	91	118	48	346	——	19	1	1	271
16	33	133	240	31	45	52	6	4 180	189	2 461	3 272	24	15	5	2	4 240
161	297	381	529	193	191	57	82	4 684	770	584	443	109	107	23	14	17 555
158	363	10 274	253	204	892	11	6	3 433	969	322	472	346	6 072	26	4	2 760
106	980	386	681	301	6 034	25	16	2 105	1 594	665	482	46	35	50	34	88 680
246	1 148	424	1 102	570	2 758	96	90	42 766	47 043	60 953	13 637	4 810	2 448	270	113	78 461
18	23	20	22	278	200	5	——	2 400	1 220	400	173	1	22	35	24	8 100
100	621	192	1 767	287	437	29	29	2 062	2 295	628	2 018	374	71	9	7	7 785
212	844	393	734	1 712	1 403	36	28	15 655	6 562	2 752	1 579	937	3 193	36	15	33 179
8	41	82	5	13	142	1	5	15	61	111	70	6	7	8	1	2 017
229	494	600	674	6 233	763	38	20	7 249	3 751	83 372	1 990	459	51 268	21	9	10 314
718	736	1 043	1 910	517	1 659	146	152	24 639	48 157	4 665	15 029	12 307	17 619	49	25	22 312
175	133	397	632	118	1 155	32	15	1 686	35 590	276	251	96	32	5	3	3 298
37 072	1 436	1 268	2 186	2 021	2 046	165	89	15 395	10 339	3 734	2 907	4 480	4 163	26	19	32 014
242	782	712	1 857	385	624	88	49	26 443	4 987	16 063	14 233	8 297	1 268	14	8	21 709
144	651	234	484	1 361	1 182	56	51	7 235	7 340	5 243	7 243	584	11 112	23	14	72 097
392	2 293	821	2 288	547	17 934	121	276	11 057	7 101	5 839	5 714	6 364	10 295	38	24	12 087
——	——	——	——	——	——	——	——	——	——	——	——	——	——	——	——	——
71	139	293	301	289	740	45	10	841	477	561	501	98	51	5	2	787
28	245	23	18	110	71	13	3	212	406	1 416	632	62	1 525	4	1	502
85	136	175	650	40	217	33	25	4 231	826	431	409	183	371	6	3	31 151
1	200	56	300	4	100	——	——	4 252	2 662	2 410	2 739	3	1	——	——	93
13	55	62	340	23	173	10	6	859	1 444	565	1 302	184	7 025	2	1	872
120	331	573	459	637	940	268	81	1 878	6 526	1 798	2 915	2 366	18	8	3	1 605
——	——	——	——	——	——	——	——	——	——	——	——	——	——	——	——	——
229	388	1 307	557	665	604	84	17	22 165	1 560	3 080	3 488	1 729	179	350	333	132 153
102	463	523	682	99	731	22	14	2 760	3 107	2 730	3 987	1 039	9 142	9	5	4 357
32	10	34	10	9	2	1	——	86	23	1 252	317	4	4	——	——	——
53	172	125	114	644	169	46	2	1 804	1 210	866	727	277	450	12	5	3 951
175	190	601	248	198	90	46	20	2 509	1 096	1 119	1 419	50 196	20 585	19	16	1 896

各地区非物质文化遗产

地区	收藏展示 展示面积 (千平方米)	实物收藏库房面积	非物质文化遗产保护专项经费投入 (千元)	财政拨款	社会资助	本年收入合计 (千元)	财政拨款	事业收入	经营收入	其他收入
总计	**679**	**214**	**514 430**	**343 206**	**8 214**	**75 558**	**57 844**	**8 353**	**1 074**	**6 427**
中央	——	——	——	——	——	——	——	——	——	——
北京	——	——	——	——	——	——	——	——	——	——
天津	——	——	237	237	——	——	——	——	——	——
河北	11	4	16 044	3 916	31	4 787	4 193	405	36	——
山西	43	2	6 877	3 856	2 905	7 422	3 794	58	856	2 502
内蒙古	1	——	569	434	——	2 611	1 779	——	——	832
辽宁	4	——	1 691	1 626	65	1 256	1 256	——	——	——
其中:大连	——	——	——	——	——	——	——	——	——	——
吉林	4	1	2 677	2 677	——	——	——	——	——	——
黑龙江	7	1	1 782	1 659	104	229	167	60	——	2
上海	5	1	5 797	5 338	10	8 372	2 432	5 578	——	10
江苏	30	4	15 271	14 634	157	7 269	5 759	456	——	1 053
浙江	360	48	147 852	145 252	——	6 799	6 799	——	——	——
其中:宁波	20	8	2 397	2 397	——	——	——	——	——	——
安徽	5	1	2 236	1 782	231	3 513	3 487	——	——	24
福建	15	7	7 728	5 642	379	2 856	2 506	28	140	32
其中:厦门	5	2	1 170	1 170	——	——	——	——	——	——
江西	24	2	45 958	44 773	1 065	1 817	1 315	——	42	310
山东	29	6	16 247	15 567	350	746	624	11	——	50
其中:青岛	1	1	600	600	——	——	——	——	——	——
河南	13	5	5 886	5 307	191	3 471	2 909	20	——	80
湖北	7	2	17 498	16 557	128	9 436	8 537	324	——	431
湖南	17	5	6 610	6 038	372	648	618	30	——	——
广东	33	17	14 358	12 554	1 690	962	762	——	——	107
其中:深圳	——	——	——	——	——	——	——	——	——	——
广西	1	——	1 799	1 747	——	1 414	1 346	58	——	3
海南	1	——	1 911	1 044	——	245	245	——	——	——
重庆	8	82	21 137	20 705	——	——	——	——	——	——
四川	——	——	2 044	2 044	——	——	——	——	——	——
贵州	3	1	8 332	7 740	——	3 290	1 913	1 325	——	52
云南	2	1	8 497	8 268	21	——	——	——	——	——
西藏	——	——	——	——	——	——	——	——	——	——
陕西	42	18	3 558	3 383	170	556	556	——	——	——
甘肃	2	2	5 146	5 110	——	2 544	2 512	——	——	——
青海	——	——	70	70	——	2 579	2 038	——	——	500
宁夏	7	——	723	478	23	2 188	2 188	——	——	——
新疆	4	1	145 895	4 768	322	548	109	——	——	439

保护中心情况(二)

本年支出合计(千元)														增加值	资产合计	
	基本支出	项目支出	经营支出	在支出合计中:											(千元)	固定资产原值
				工资福利支出	商品和服务支出					对个人和家庭补助支出		其他资本性支出				
						差旅费	劳务费	福利费	税金支出		抚恤金和生活补助		各种设备购置费			
76 993	**46 456**	**23 752**	**280**	**26 785**	**29 068**	**1 800**	**2 106**	**379**	**832**	**6 211**	**664**	**6 375**	**3 941**	**38 894**	**126 247**	**65 402**
——	——	——	——	——	——	——	——	——	——	——	——	——	——	——	——	——
——	——	——	——	——	——	——	——	——	——	——	——	——	——	——	——	——
——	——	——	——	——	——	——	——	——	——	——	——	——	——	——	——	——
5 037	2 713	510	36	1 560	2 275	184	115	18	——	22	3	400	400	1 775	1 357	1 316
7 530	5 852	1 331	124	2 778	4 207	140	168	10	8	427	59	28	28	3 531	1 714	1 675
2 056	1 283	773	——	640	788	21	49	13	3	489	——	139	119	1 244	2 158	1 219
1 341	1 224	77	——	697	298	16	54	1	——	278	181	17	17	855	541	139
——	——	——	——	——	——	——	——	——	——	——	——	——	——	——	——	——
——	——	——	——	——	——	——	——	——	——	——	——	——	——	——	——	——
231	71	160	——	67	52	41	10	1	——	——	——	2	2	81	10	10
8 611	8 359	13	10	4 587	2 793	76	204	60	811	914	162	272	272	7 593	69 825	29 366
6 470	2 070	4 400	——	1 446	4 027	102	477	15	——	326	——	671	451	2 317	2 375	925
6 307	709	5 597	——	421	5 498	236	464	7	——	25	——	363	15	941	3 868	218
——	——	——	——	——	——	——	——	——	——	——	——	——	——	——	——	——
3 430	1 454	612	10	1 756	381	22	5	6	5	366	165	500	406	2 406	10 794	10 784
3 899	2 033	1 067	——	882	1 098	25	54	3	——	111	11	719	220	1 097	1 436	1 261
——	——	——	——	——	——	——	——	——	——	——	——	——	——	——	——	——
1 871	1 178	631	——	680	224	43	15	5	4	140	5	68	38	867	665	658
1 053	920	100	——	566	192	40	34	——	——	24	——	——	——	666	1 477	902
150	150	——	——	150	——	——	——	——	——	——	——	——	——	150	——	——
3 559	3 482	65	——	1 376	222	5	——	1	——	300	9	513	300	1 676	648	215
9 556	5 035	4 221	100	2 751	3 155	485	229	164	1	688	20	1 001	532	4 150	8 527	7 700
863	437	426	——	294	534	66	46	17	——	——	——	35	33	368	165	165
1 108	978	130	——	309	278	17	26	12	——	190	——	201	——	549	845	285
——	——	——	——	——	——	——	——	——	——	——	——	——	——	——	——	——
1 579	1 453	48	——	1 174	184	11	1	——	——	144	——	7	6	1 415	10 972	2 322
251	171	80	——	131	43	8	——	——	——	8	——	——	——	141	27	27
——	——	——	——	——	——	——	——	——	——	——	——	——	——	——	——	——
——	——	——	——	——	——	——	——	——	——	——	——	——	——	——	——	——
2 753	545	2 047	——	511	1 658	177	101	——	——	124	——	398	70	1 127	1 459	84
——	——	——	——	——	——	——	——	——	——	——	——	——	——	——	——	——
——	——	——	——	——	——	——	——	——	——	——	——	——	——	——	——	——
548	548	——	——	377	60	15	5	——	——	——	——	58	58	393	250	250
3 504	1 995	65	——	2 091	771	45	30	34	——	368	7	96	96	2 692	5 588	4 335
2 579	1 929	650	——	822	235	——	——	5	——	278	——	594	585	1 137	806	806
2 188	1 858	310	——	693	66	8	12	5	——	989	42	290	290	1 678	520	520
669	159	439	——	176	29	17	7	2	——	——	——	3	3	195	220	220

排 序 资 料

全国艺术表演团体(事业)分剧种按演出场次排序

单位:场

名次	单位名称	演出场次
	一、话剧、儿童剧、滑稽剧团	
1	黑龙江省哈尔滨儿童艺术剧院	766
2	中国国家话剧院	645
3	上海话剧艺术中心	561
4	浙江话剧团	450
5	湖北省武汉人民艺术剧院	407
6	山东省济南市儿童艺术剧院	360
7	中国儿童艺术剧院	312
8	陕西省西安儿童艺术剧院	290
9	天津市儿童艺术剧团	285
10	辽宁人民艺术剧院	273
11	天津人民艺术剧院	252
12	安徽省话剧院	226
13	江苏省苏州市滑稽剧团	216
14	上海滑稽剧团	205
15	黑龙江省哈尔滨话剧院	191
16	福建人民艺术剧院	190
17	北京人民艺术剧院	174
18	山东省话剧院	172
19	安徽省合肥市曲艺团	160
20	山东省青岛市话剧院	155
21	宁夏回族自治区话剧团	152
22	湖北省话剧院	152
23	重庆市话剧团	145
24	河南省话剧院	142
25	甘肃省话剧院	138
26	重庆喜剧艺术团	133
27	广东话剧院	126
28	云南省话剧团	124
29	河北省话剧院	123
30	上海市人民滑稽剧团	118
31	贵州省话剧团	118
32	四川人民艺术剧院	110
33	湖南省话剧团	110
34	西藏自治区话剧团	108
35	吉林省四平市话剧团	108
36	广西壮族自治区话剧团	105
37	伊犁州话剧团	104
38	吉林市话剧团	97
39	江西省九江市话剧团	95
40	广州话剧团	89
41	陕西省西安话剧院	88
42	江苏省无锡市滑稽剧团	86
43	陕西省宝鸡市话剧团	85
44	河北省承德话剧团	85
45	黑龙江省佳木斯市话剧团	82
46	吉林省长春话剧院	77
47	山西省话剧院	73
48	内蒙古自治区呼伦贝尔市话剧团	70
49	上海市青艺滑稽剧团	69
50	辽宁省大连话剧团	67
	二、歌剧、舞剧、歌舞剧团	
1	陕西省歌舞剧院	668
2	广西南宁市艺术剧院	396
3	湖南省衡阳市歌舞剧团	340
4	天津歌舞剧院	326
5	吉林省歌舞剧院	325
6	黑龙江省哈尔滨歌剧院	314
7	上海歌剧院	298
8	湖北省长阳土家族自治县歌舞剧团	290
9	山东省济南市歌舞剧院	282
10	甘肃省歌剧院	248
11	湖北省黄石市歌舞剧院	238
12	中国歌剧舞剧院	228
13	四川省歌舞剧院	226
14	广西壮族自治区歌舞剧院	215
15	湖南省东安县舜皇山艺术团	210
16	江西省会昌县歌舞剧团	206
17	重庆三峡歌舞剧团	197
18	新疆维吾尔自治区昌吉州民族歌舞剧团	190

全国艺术表演团体(事业)分剧种按演出场次排序

单位:场

名次	单位名称	演出场次	名次	单位名称	演出场次
19	湖南省长沙市歌舞剧院	179		**三、乐团、合唱团**	
20	山西华晋舞剧团	176	1	中国铁路文工团	478
21	山东省青岛市歌舞剧院	173	2	上海民族乐团	185
22	甘肃省武威市天马艺术剧院	168	3	中国铁路文工团	140
23	湖北省武汉歌舞剧院	167	4	福建省泉州南音乐团	140
24	广西省东兰县歌舞剧团	165	5	上海交响乐团	134
25	湖北省荆州市艺术剧院	162	6	天津交响乐团	132
26	辽宁歌剧院	161	7	中国电影乐团	120
27	湖南省歌舞剧院	160	8	广东省深圳交响乐团	120
28	重庆市歌剧院	150	9	上海爱乐乐团	117
29	广东省惠州市歌舞剧团	148	10	上海音乐学院合唱团	110
30	广东歌舞剧院	147	11	江苏省南京市民族乐团(国有)	85
31	重庆市涪陵区歌舞剧团	142	12	广州交响乐团	83
32	云南省歌舞剧院	138	13	中国交响乐团	77
33	四川省宜宾市歌舞剧团	138	14	河北交响乐团	74
34	湖北省赤壁市歌舞剧团	138	15	中央民族乐团	73
35	福建省厦门歌舞剧院	136	16	北京交响乐团	73
36	中央歌剧院	127	17	湖北省武汉乐团	70
37	内蒙古自治区呼和浩特市民间歌舞剧团	127	18	浙江交响乐团	68
38	山西省歌舞剧院	126	19	山东省青岛交响乐团	47
39	江西省鹰潭市艺术团	126	20	陕西省乐团	31
40	黑龙江省歌舞剧院	126		**四、文工团、文宣队、乌兰牧骑**	
41	四川省通江县诺水河歌舞团	125	1	内蒙古自治区四子王旗乌兰牧骑	488
42	广东汉剧院	125	2	贵州省雷山县民族文工团	417
43	湖北省鹤峰县文工团	123	3	内蒙古自治区阿尔山市乌兰牧骑	410
44	新疆维吾尔自治区喀什地区歌舞剧团	122	4	内蒙古自治区清水河县乌兰牧骑	400
45	湖北省歌剧舞剧院	122	5	内蒙古自治区克什克腾旗乌兰牧骑	400
46	陕西省安康市歌舞剧团	120	6	新疆维吾尔自治区疏附县文工团	391
47	湖南省郴州市歌舞剧团	120	7	内蒙古自治区翁牛特旗乌兰牧骑	390
48	安徽省黄山市歌舞剧团	113	8	陕西省府谷县文工团	363
49	湖北省咸宁市歌舞剧团	112	9	广西壮族自治区临桂县文艺工作团	336
50	福建省泉州歌剧团	112	10	内蒙古自治区宁城县乌兰牧骑	332

全国艺术表演团体(事业)分剧种按演出场次排序

单位:场

名次	单位名称	演出场次	名次	单位名称	演出场次
11	内蒙古自治区新巴尔虎左旗乌兰牧骑	326	47	新疆维吾尔自治区伽师县文工团	203
12	内蒙古自治区准格尔旗乌兰牧骑	310	48	内蒙古自治区阿拉善左旗乌兰牧骑	201
13	湖北省南漳县文工团	308	49	新疆维吾尔自治区疏勒县文工团	200
14	内蒙古自治区敖汉旗乌兰牧骑	306	50	新疆维吾尔自治区和田市文工团	200
15	内蒙古自治区库伦旗乌兰牧骑	305	51	内蒙古自治区察右前旗乌兰牧骑	200
16	陕西省榆林市文工团	300	52	江西省吉安市歌舞团	200
17	甘肃省成县文工团	300	53	内蒙古自治区察右中旗乌兰牧骑	196
18	湖北省恩施市民族文工团	290	54	内蒙古自治区太仆寺旗乌兰牧骑	193
19	内蒙古自治区伊金霍洛旗乌兰牧骑	282	55	河南省汝阳县文工团	190
20	陕西省榆阳区文艺工作团	280	56	内蒙古自治区杭锦旗乌兰牧骑	186
21	湖北省房县文工团	275	57	江西省上高县文工团	185
22	湖南省桂东县艺术团	270	58	江西省安福县文工团	184
23	甘肃省庆城县文工团	262	59	新疆维吾尔自治区和田县文工团	182
24	内蒙古自治区开鲁县乌兰牧骑	258	60	内蒙古自治区额尔古纳市乌兰牧骑	182
25	内蒙古自治区科左后旗乌兰牧骑	249	61	广西壮族自治区那坡县民族文工团	182
26	内蒙古自治区科右中旗乌兰牧骑	247	62	内蒙古自治区巴林左旗乌兰牧旗	180
27	江西省万年县文工团	246	63	内蒙古自治区扎兰屯市乌兰牧骑	180
28	内蒙古自治区达拉特旗乌兰牧骑	237	64	内蒙古自治区多伦县乌兰牧骑	180
29	内蒙古自治区奈曼旗乌兰牧骑	236	65	甘肃省两当县文艺工作团	180
30	新疆维吾尔自治区泽普县文工团	234	66	江西省遂川县文艺工作团	178
31	新疆维吾尔自治区英吉沙县文工团	230	67	江西省宜丰县广电艺术团	176
32	新疆维吾尔自治区莎车县文工团	230	68	陕西省商州区文工团	168
33	内蒙古自治区阿巴嘎旗乌兰牧骑	230	69	内蒙古自治区科左中旗乌兰牧骑	168
34	湖北省巴东县文工团	226	70	内蒙古自治区鄂托克旗乌兰牧骑	163
35	湖南省双峰县文艺工作团	222	71	内蒙古自治区巴林右旗文乌兰牧骑	162
36	湖南省新化县文艺工作团	222	72	新疆维吾尔自治区墨玉县文工团	160
37	四川省宣汉县文工团	220	73	内蒙古自治区镶黄旗乌兰牧骑	160
38	内蒙古自治区新巴尔虎右旗乌兰牧骑	220	74	湖北省黄州区文化艺术团	160
39	内蒙古自治区牙克石市乌兰牧骑	218	75	内蒙古自治区莫力达瓦达斡尔族自治旗乌兰牧骑	158
40	内蒙古自治区乌拉特中旗乌兰牧骑	213	76	新疆维吾尔自治区富蕴县艺术团	156
41	内蒙古自治区正蓝旗乌兰牧骑	210	77	内蒙古自治区林西县乌兰牧骑	156
42	新疆维吾尔自治区岳普湖县文工团	207	78	湖南省冷水江市文艺工作团	155
43	宁夏回族自治区西吉县文工团	206	79	新疆维吾尔自治区哈巴河县艺术团	154
44	中国煤矿文工团	205	80	中华全国总工会文工团	153
45	新疆维吾尔自治区巴楚县文工团	205	81	广西壮族自治区恭城瑶族自治县文工团	153
46	新疆维吾尔自治区麦盖提县刀郎文化艺术团	203	82	陕西省横山县文工团	152

全国艺术表演团体(事业)分剧种按演出场次排序

单位:场

名次	单位名称	演出场次	名次	单位名称	演出场次
83	内蒙古自治区鄂温克旗乌兰牧骑	152	18	中国评剧院	545
84	山东省青州市艺术剧院	150	19	河南省舞钢市豫剧团	540
85	内蒙古自治区和林格尔县乌兰牧骑	150	20	河北省井陉县青年晋剧团	530
86	内蒙古自治区阿鲁科旗乌兰牧骑	150	21	甘肃省陇西县秦剧团	526
87	广东省乐昌市文工团	150	22	湖南省衡阳市花鼓戏剧团	523
88	新疆维吾尔自治区阿勒泰市艺术团	145	23	山西省长治县红专剧团	520
89	云南省镇康县文工团	140	24	山东省定陶县两夹弦剧团	520
90	山西省左权县“开花调”艺术团	140	25	广东潮剧院	504
91	内蒙古自治区陈巴尔虎乌兰牧骑	140	26	山西省太原市实验晋剧院	500
92	内蒙古自治区乌拉特前旗乌兰牧骑	140	27	山西省平定县晋剧团	500
93	内蒙古自治区兴和县乌兰牧骑	140	28	山西省盂县晋剧团	500
94	江西省吉水县文工团	140	29	河北省尚义县艺术团	500
95	黑龙江省密山市文工团	140	30	江西省无锡市锡剧院	498
96	黑龙江省庆安县文工团	139	31	甘肃省甘谷县秦剧团	490
97	内蒙古自治区正镶白旗乌兰牧骑	135	32	陕西省长武县剧团	487
98	新疆维吾尔自治区和静县东归乌兰牧骑队	132	33	河北省沧州河北梆子剧团	480
99	新疆维吾尔自治区洛浦县文工团	132	34	山西省长治县红旗剧团	474
100	内蒙古自治区包头市九原区乌兰牧骑	130	35	江西省苏州市锡剧团	474
	五、戏曲剧团		36	河南省洛阳豫剧院	472
1	山西省介休市绵山晋剧团	4 000	37	陕西宝鸡市麟游县人民剧团	470
2	上海评弹团	3 862	38	山东省茌平县京剧团	470
3	北京京剧院	1 108	39	湖南省临湘市花鼓戏剧团	470
4	河南省登封市豫剧团	990	40	河北省宽城满族自治县评剧团	470
5	黑龙江省哈尔滨京评剧院	933	41	甘肃省正宁县秦剧团	468
6	湖北省荆州市实验花鼓剧院	900	42	浙江省余姚市艺术剧院	467
7	陕西省戏曲研究院	846	43	山西省兴县晋剧团	467
8	安徽省池州市石台县黄梅戏剧团	826	44	浙江京剧团	460
9	陕西省周至县剧团	780	45	陕西省宝鸡市陇县人民剧团	460
10	湖南省衡南县花鼓戏剧团	726	46	陕西省绥德县晋剧团	460
11	福建省荔城区莆仙戏二团	716	47	河南省内黄县豫剧团	460
12	江苏省苏州昆剧院(苏州市、国有)	704	48	河南省林州市豫剧二团	460
13	上海新艺评弹团	605	49	河南省延津县大平调剧团	460
14	陕西省佳县晋剧团	602	50	福建省闽清县闽剧团	460
15	河北省永年县豫剧团	600	51	陕西省韩城市人民艺术剧院	450
16	河南省内乡县宛梆剧团	580	52	山西省临县道情剧团	450
17	浙江婺剧团	563	53	山东省菏泽市牡丹区大平调剧团	450

全国艺术表演团体(事业)分剧种按演出场次排序

单位:场

名次	单位名称	演出场次	名次	单位名称	演出场次
54	山东省郓城县山东梆子剧团	450	90	河北省定兴县评剧团	400
55	湖南省桃源县艺术团	450	91	河北省大城县河北梆子剧团	400
56	河南省汤阴县豫剧团	450	92	甘肃省秦安县剧团	400
57	河南省封丘县豫剧团	450	93	安徽省谯城区梆剧团	400
58	河北省井陉县晋剧团	450	94	湖南省辰溪县辰河高腔剧团	398
59	河北省涉县平调落子剧团	450	95	甘肃省礼县剧团	396
60	山西省汾西县蒲剧团	445	96	陕西省宝鸡市岐山县剧团	395
61	山西省平顺县落子剧团	442	97	山西省壶关县人民艺术剧团	395
62	甘肃省清水县秦剧团	438	98	安徽省安庆市黄梅戏剧院一团	394
63	安徽省黄梅戏剧院	436	99	山西省高平市上党梆子剧团	393
64	江西省邳州市柳琴剧团	431	100	福建省诏安县潮剧团	390
65	陕西宝鸡陈仓区新声剧团	430		**六、曲、杂、木、皮团**	
66	福建省泰宁县梅林戏剧团	430	1	江西省苏州市评弹团	6 100
67	广东省汕头市澄海区潮剧团	427	2	安徽省宿州市埇桥区动物表演团	5 800
68	山西省翼城县蒲剧团	420	3	江西省苏州市吴中区评弹团	3 247
69	河南省濮阳县大平调剧团	420	4	江西省常熟市评弹团	2 500
70	河南省临颍县曲剧团	420	5	浙江曲艺杂技总团	2 273
71	山东省曹县豫剧团	418	6	江西省江阴市评弹团	2 150
72	北京风雷京剧团	418	7	河北省邢台市杂技团	1 800
73	陕西省礼泉县剧团	410	8	江西省常州市评弹团	1 646
74	山西省蒲县蒲剧院	410	9	江西省启东市评弹团	1 400
75	河北省元氏县豫剧团	410	10	江西省扬州市曲艺团	1 040
76	河北省阳原县青年晋剧团	410	11	福州市曲艺团	930
77	河南省宝丰县豫剧团	405	12	吉林省长春市杂技团	922
78	山西省高平市人民剧团	404	13	广东音乐曲艺团	908
79	江西省乐平市赣剧团	401	14	河北省沧州杂技团	846
80	山西省潞城市红旗落子剧团	400	15	上海杂技团	794
81	山西省晋城市城区鸣凤剧团	400	16	福建省漳州市木偶剧团	710
82	山西省翼城县琴剧团	400	17	辽宁省大连杂技团	680
83	山东省单县豫剧团	400	18	重庆杂技艺术团	672
84	河南省尉氏县豫剧团	400	19	宁夏回族自治区银川市杂技团	650
85	河南省内黄县大平调剧团	400	20	河北省吴桥县杂技团	650
86	河南省鄢陵县豫剧二团	400	21	陕西省民间艺术剧院	642
87	河南省漯河市临颍县豫剧团	400	22	河南省新乡市杂技团	610
88	河南省灵宝市蒲剧团	400	23	福建省杂技团	591
89	河北省清苑县哈哈腔剧团	400	24	辽宁省沈阳杂技团	575

全国艺术表演团体(事业)分剧种按演出场次排序

单位:场

名次	单位名称	演出场次	名次	单位名称	演出场次
25	河南省开封市杂技团	560	63	河南省柘城县杂技团	260
26	广东省木偶剧团	497	64	江西省如皋市木偶艺术团	250
27	黑龙江省齐齐哈尔市马戏团	480	65	北京杂技团	240
28	上海马戏团	468	66	安徽省安庆市杂技团	235
29	上海魔术团	468	67	湖南省杂技团	233
30	山东省济南市曲艺团	455	68	广东省揭西县潮剧团	230
31	湖北省武汉杂技艺术发展中心(武汉杂技团)	433	69	湖南省木偶皮影艺术剧院	218
32	江西省扬州市木偶剧团	426	70	广西壮族自治区桂林市杂技团	216
33	四川省自贡市杂技团	419	71	内蒙古杂技团	205
34	云南省杂技剧团	417	72	陕西省合阳线腔木偶剧团	200
35	上海市新长征评弹团	401	73	山东省宁津县杂技团	200
36	江西省阜宁县杂技团	400	74	河北省杂技团	200
37	河南省清丰县动物驯化表演团	400	75	海南省临高县木偶剧团	200
38	江西省射阳县杂技团	396	76	福建省泉州市木偶剧团	200
39	山东省杂技团	380	77	河南省卧龙区说唱团	196
40	重庆木偶艺术团	374	78	天津市杂技团	195
41	甘肃省杂技团	370	79	湖北省谷城县曲剧团	194
42	山东省济南市杂技团	366	80	广东省廉江市木偶白戏剧团	180
43	安徽省杂技团	360	81	江西省南京市杂技团(国有)	178
44	河南省泌阳县曲剧团	359	82	湖北省武汉说唱团	175
45	广西壮族自治区博白县杂技艺术团	356	83	四川省自贡市曲艺剧团	172
46	江西省盐城市杂技团(建湖县)	352	84	广西壮族自治区杂技团	164
47	江西省无锡市评弹团	342	85	重庆市三峡曲艺团	153
48	山东省济宁市杂技团	332	86	贵州省杂技团	152
49	天津市曲艺团	320	87	河南省南乐县杂技团	151
50	重庆三峡杂技艺术团	314	88	山东省庆云县杂技团	150
51	山东省聊城市杂技团	310	89	辽宁省锦州市杂技团	150
52	湖北省浠水县杂技团	310	90	河南省漯河杂技团	150
53	河南省清丰县杂技团	310	91	陕西省杂技艺术团	147
54	江西省吴江市评弹团	303	92	四川省宜宾市杂技艺术团	138
55	四川省南充市杂技团	300	93	甘肃省曲艺团	138
56	安徽省宿州市埇桥区杂技团	300	94	四川省大木偶剧院	132
57	河南省夏邑县艺术团	280	95	福建省南平市南词实验剧团	130
58	黑龙江省哈尔滨曲艺团	274	96	广西壮族自治区木偶剧团	126
59	山东省德州市杂技团	270	97	江西省木偶剧团	125
60	陕西省安塞县曲艺队	265	98	河南省宛城区说唱二团	125
61	上海木偶剧团	261	99	福建省厦门市南乐团	125
62	河南省柘城县说唱团	260	100	江西省杂技团	121

全国艺术表演团体(事业)分剧种按演出收入排序

单位:千元

名次	单位名称	演出收入	名次	单位名称	演出收入
	一、话剧、儿童剧、滑稽剧		35	江西省话剧团	504
1	上海话剧艺术中心	21 615	36	湖北省话剧院	452
2	北京人民艺术剧院	11 350	37	天津市儿童艺术剧团	343
3	中国国家话剧院	8 101	38	辽宁省沈阳话剧团	343
4	上海滑稽剧团	7 200	39	河北省话剧院	275
5	中国儿童艺术剧院	6 966	40	广东省汕头市话剧团	220
6	上海市青艺滑稽剧团	3 739	41	甘肃省话剧院	204
7	江苏省苏州市滑稽剧团	3 340	42	云南省话剧团	186
8	山西省话剧院	2 999	43	重庆市话剧团	176
9	湖北省武汉人民艺术剧院	2 057	44	浙江话剧团	161
10	四川人民艺术剧院	1 991	45	陕西省宝鸡市话剧团	159
11	上海市人民滑稽剧团	1 961	46	吉林市话剧团	156
12	辽宁人民艺术剧院	1 872	47	辽宁省鞍山市艺术剧院	150
13	陕西省西安话剧院	1 851	48	吉林省长春话剧院	138
14	江苏省常州市滑稽剧团	1 751	49	湖南省话剧团	132
15	广东话剧院	1 549	50	辽宁省大连话剧团	108
16	宁夏回族自治区话剧团	1 449		二、歌剧、舞剧、歌舞剧团	
17	山东省话剧院	1 421	1	中国歌剧舞剧院	20 106
18	黑龙江省哈尔滨儿童艺术剧院	1 299	2	上海歌剧院	13 530
19	安徽省话剧院	1 285	3	中央歌剧院	13 009
20	河南省话剧院	1 224	4	吉林省歌舞剧院	9 053
21	山西省太原市话剧团	1 162	5	陕西省歌舞剧院	8 382
22	天津人民艺术剧院	1 058	6	广东歌舞剧院	8 237
23	山东省济南市儿童艺术剧院	937	7	山西省歌舞剧院	6 577
24	黑龙江省哈尔滨话剧院	859	8	天津歌舞剧院	6 262
25	山东省青岛市话剧院	816	9	四川省歌舞剧院	5 682
26	广州话剧团	802	10	上海芭蕾舞团	4 405
27	江苏省无锡市滑稽剧团	704	11	广西壮族自治区歌舞剧院	4 175
28	伊犁州话剧团	687	12	山西华晋舞剧团	3 327
29	福建人民艺术剧院	682	13	云南省歌舞剧院	3 266
30	河北省承德话剧团	666	14	湖北省歌剧舞剧院	3 225
31	陕西省西安儿童艺术剧院	656	15	山东省青岛市歌舞剧院	2 919
32	广西壮族自治区话剧团	623	16	广东省广州芭蕾舞团	2 880
33	江苏省南京市话剧团(国有)	541	17	海南省歌舞团	2 735
34	安徽省合肥市曲艺团	534	18	山东省济南市歌舞剧院	2 731

全国艺术表演团体(事业)分剧种按演出收入排序

单位:千元

名次	单位名称	演出收入	名次	单位名称	演出收入
19	辽宁芭蕾舞团	2 592		**三、乐团、合唱团**	
20	辽宁歌剧院	2 586	1	上海交响乐团	20 019
21	甘肃省歌剧院	2 393	2	中国交响乐团	17 224
22	湖南省歌舞剧院	2 129	3	中国铁路文工团	14 180
23	山东歌舞剧院	2 033	4	中国铁路文工团	11 873
24	江西省歌舞剧团	1 990	5	广州交响乐团	10 503
25	广东省韶关市歌舞剧团	1 887	6	广东省深圳交响乐团	9 771
26	山西省吕梁市歌舞剧院	1 818	7	北京交响乐团	9 035
27	山西省大同市歌舞剧院	1 775	8	上海爱乐乐团	8 905
28	湖北省武汉歌舞剧院	1 580	9	中国电影乐团	7 917
29	黑龙江省歌舞剧院	1 313	10	中央民族乐团	5 320
30	黑龙江省哈尔滨歌剧院	1 310	11	上海民族乐团	5 116
31	广东省惠州市歌舞剧团	1 287	12	天津交响乐团	2 843
32	湖南省长沙市歌舞剧院	1 207	13	浙江交响乐团	2 652
33	山东省淄博市歌剧舞剧院	1 197	14	陕西省乐团	1 758
34	湖北省黄石市歌舞剧院	1 015	15	河北交响乐团	1 543
35	福建省合肥市歌舞团	929	16	山东省青岛交响乐团	1 498
36	福建省泉州歌剧团	913	17	浙江省杭州爱乐乐团	1 370
37	新疆维吾尔自治区昌吉州民族歌舞剧团	845	18	辽宁乐团	771
38	广东汉剧院	821	19	湖北省武汉乐团	700
39	山东省潍坊市歌舞剧院	760	20	江西省景德镇市瓷乐团	356
40	福建省宁德市闽东畲族歌舞团	754		**四、文工团、文宣队、乌兰牧骑**	
41	福建省厦门歌舞剧院	732	1	中国广播艺术团	22 277
42	广西省南宁市艺术剧院	731	2	中华全国总工会文工团	6 300
43	新疆歌剧院	516	3	中国煤矿文工团	5 653
44	广东省梅州市山歌剧团	497	4	江西省吉安市歌舞团	1 088
45	湖南省衡阳市歌舞剧团	460	5	山西省运城市文工团	1 074
46	福建省黄山市歌舞剧团	443	6	山西省柳林县文工团	855
47	陕西省榆林市民间艺术团	430	7	宁夏回族自治区青铜峡市文工团	700
48	湖北省荆州市艺术剧院	360	8	陕西省府谷县文工团	600
49	重庆三峡歌舞剧团	358	9	山西省高平市文工团	430
50	重庆市歌剧院	348	10	湖南省新化县文艺工作团	367

全国艺术表演团体(事业)分剧种按演出收入排序

单位:千元

名次	单位名称	演出收入	名次	单位名称	演出收入
11	江西省安福县文工团	364	46	广西壮族自治区巴马瑶族自治县民族艺术团	81
12	江西省宜丰县广电艺术团	332	47	青海省民和回族土族自治县民族文工团	80
13	山西省和顺县文工团	320	48	内蒙古自治区乌拉特前旗乌兰牧骑	80
14	宁夏回族自治区西吉县文工团	277	49	湖南省桂东县艺术团	80
15	湖北省巴东县文工团	270	50	黑龙江省庆安县文工团	79
16	江西省吉水县文工团	260	51	甘肃省高台县文艺工作团	73
17	福建省上杭县客家艺术团	250	52	新疆维吾尔自治区英吉沙县文工团	70
18	安徽省长丰县文艺工作团	250	53	黑龙江省肇源县文工团	70
19	江西省峡江县文工团	240	54	贵州省玉屏侗族自治县民族文化艺术团	70
20	云南省牟定县民族艺术团	237	55	湖南省双峰县文艺工作团	67
21	江西省万年县文工团	225	56	内蒙古自治区宁城县乌兰牧骑	66
22	内蒙古自治区鄂托克前旗乌兰牧骑	220	57	内蒙古自治区林西县乌兰牧骑	60
23	陕西省商州区文工团	200	58	内蒙古自治区正蓝旗乌兰牧骑	60
24	山西省左权县“开花调”艺术团	200	59	内蒙古直属乌兰牧骑艺术团	57
25	山西省汾阳市文工团	200	60	新疆维吾尔自治区墨玉县文工团	56
26	内蒙古自治区翁牛特旗乌兰牧骑	200	61	广西壮族自治区邕宁区文艺工作团	56
27	内蒙古自治区达拉特旗乌兰牧骑	190	62	陕西省镇巴县文工团	50
28	湖南省冷水江市文艺工作团	190	63	青海省循化县文工团	50
29	内蒙古自治区准格尔旗乌兰牧骑	180	64	内蒙古自治区科左后旗乌兰牧骑	50
30	内蒙古自治区伊金霍洛旗乌兰牧骑	170	65	内蒙古自治区奈曼旗乌兰牧骑	50
31	黑龙江省密山市文工团	170	66	河北省深泽县文工团	50
32	陕西省榆林市文工团	165	67	甘肃省永登县文工团	50
33	甘肃省成县文工团	160	68	黑龙江省海林市文工团	49
34	甘肃省庆城县文工团	147	69	内蒙古自治区集宁区乌兰牧骑	47
35	湖北省南漳县文工团	136	70	甘肃省临泽县文工团	46
36	陕西省清涧县文工团	130	71	新疆维吾尔自治区新疆维吾尔自治区莎车县文工团	41
37	河南省汝阳县文工团	126	72	内蒙古自治区巴林左旗乌兰牧旗	40
38	广西壮族自治区象州县文工团	119	73	内蒙古自治区库伦旗乌兰牧骑	40
39	湖北省黄州区文化艺术团	116	74	广西壮族自治区资源县民族艺术团	40
40	内蒙古自治区太仆寺旗乌兰牧骑	114	75	甘肃省两当县文艺工作团	35
41	吉林省舒兰市文工团	110	76	陕西省榆阳区文艺工作团	34
42	广西壮族自治区罗城仫佬族自治县艺术团	104	77	山东省青州市艺术剧院	34
43	陕西省靖边县文工团	100	78	新疆维吾尔自治区疏附县文工团	30
44	山西省大同市南郊区乡音艺术团	90	79	新疆维吾尔自治区伽师县文工团	30
45	内蒙古自治区克什克腾旗乌兰牧骑	90	80	四川省达县文工团	30

全国艺术表演团体(事业)分剧种按演出收入排序

单位:千元

名次	单位名称	演出收入
81	广西壮族自治区容县教育艺术团	30
82	广西壮族自治区金城江区文工团	30
83	内蒙古自治区科右前旗乌兰牧骑	28
84	新疆维吾尔自治区洛浦县文工团	27
85	山西省晋中市文工团	25
86	内蒙古自治区包头市九原区乌兰牧骑	25
87	湖北省房县文工团	25
88	新疆维吾尔自治区新和县文工团	21
89	内蒙古自治区开鲁县乌兰牧骑	20
90	内蒙古自治区卓资县乌兰牧骑	20
91	内蒙古自治区多伦县乌兰牧骑	20
92	吉林省洮南市艺术团	20
93	黑龙江省青岗县文工团	20
94	广西壮族自治区宾阳县文艺工作团	20
95	广西壮族自治区灌阳县文艺工作团	19
96	广西壮族自治区隆安县民族文工团	17
97	广西壮族自治区藤县文工团	17
98	陕西省横山县文工团	15
99	内蒙古自治区磴口县乌兰牧骑	15
100	河北省围场满族蒙古族自治县文工团	15
	五、戏曲剧团	
1	北京京剧院	18 317
2	国家京剧院	8 858
3	广东潮剧院	8 700
4	中国评剧院	8 619
5	广东粤剧院	8 324
6	安徽省黄梅戏剧院	7 128
7	江苏省苏州昆剧院(苏州市、国有)	6 572
8	上海越剧院	5 984
9	上海京剧院	5 152
10	北京市曲剧团	4 077
11	江苏省苏州市锡剧团	3 998
12	甘肃省兰州戏曲剧院	3 881
13	天津京剧院	3 625
14	吉林省吉剧团	3 608
15	江苏省无锡市锡剧院	3 567
16	河南省豫剧一团	3 362
17	江苏省南京市江宁区锡剧团	3 353
18	上海沪剧院	3 022
19	浙江婺剧团	3 000
20	山西省太原市实验晋剧院	2 986
21	浙江小百花越剧团	2 976
22	河南省豫剧三团	2 950
23	天津市青年京剧团	2 943
24	北方昆曲剧院	2 703
25	陕西省戏曲研究院	2 699
26	重庆市川剧院	2 572
27	安徽省安庆市再芬黄梅戏剧院	2 571
28	浙江省余姚市艺术剧院	2 540
29	山西省临县道情剧团	2 511
30	天津评剧院	2 398
31	浙江省诸暨市越剧团	2 394
32	广东省广州粤剧团	2 317
33	广东省潮州市潮剧团	2 302
34	福建省晋安区闽剧团	2 300
35	海南省海口市琼剧团	2 251
36	山西省京剧院	2 186
37	广东粤剧青年团	2 153
38	河南省越调剧团	2 122
39	山西省晋城市上党梆子剧团	2 087
40	广东省广州红豆粤剧团	2 083
41	浙江省嵊州市越剧团	2 065
42	福建省实验闽剧院	2 051
43	北京市河北梆子剧团	2 037
44	浙江省金华市婺剧团	2 021
45	辽宁省沈阳评剧院	1 980
46	江苏省常州市武进区锡剧团	1 918
47	吉林市戏曲剧团	1 884
48	浙江省绍兴县小百花艺术中心	1 848
49	浙江绍剧团	1 840
50	河北省河北梆子剧院	1 710
51	安徽省徽京剧院	1 702

全国艺术表演团体(事业)分剧种按演出收入排序

单位:千元

名次	单位名称	演出收入	名次	单位名称	演出收入
52	山西省吕梁市晋剧院	1 700	90	山西省平定县晋剧团	1 242
53	浙江省杭州越剧院	1 697	91	浙江省海宁市越剧团	1 225
54	浙江省义乌市婺剧团	1 680	92	福建省荔城区莆仙戏二团	1 225
55	上海评弹团	1 672	93	浙江省杭州越剧三团	1 216
56	湖北省襄樊市豫剧院	1 656	94	辽宁省大连京剧院	1 215
57	广东省饶平县潮剧团	1 649	95	湖北省黄梅戏剧院	1 208
58	江苏省靖江市锡剧团	1 627	96	广东省海丰县白字戏剧团	1 200
59	江苏省苏州市吴中区沪剧团	1 600	97	陕西省神木县晋剧团	1 198
60	广东省南澳县潮剧团	1 586	98	辽宁省锦州市京剧团	1 187
61	福建省古田县闽剧团	1 573	99	广东省江门市粤剧团	1 179
62	河北省张家口市口梆子艺术剧院	1 571	100	浙江省宁波市鄞州区越剧团	1 163
63	上海昆剧团	1 536		**六、曲、杂、木、皮团**	
64	山西省晋剧院	1 518	1	上海杂技团	14 767
65	陕西省周至县剧团	1 500	2	北京杂技团	8 626
66	广西壮族自治区桂剧团	1 489	3	浙江曲艺杂技总团	7 527
67	内蒙古自治区包头市漫瀚艺术剧院	1 450	4	上海马戏团	6 386
68	河北省大厂县评剧团	1 450	5	上海魔术团	6 386
69	浙江越剧团	1 430	6	河北省杂技团	5 370
70	山东省滨州市吕剧团	1 412	7	辽宁省沈阳杂技团	4 968
71	陕西省佳县晋剧团	1 400	8	江苏省南京市杂技团(国有)	4 053
72	江苏省南京市越剧团(国有)	1 394	9	辽宁省大连杂技团	4 019
73	浙江省乐清市越剧团	1 390	10	河北省吴桥县杂技团	3 969
74	河南省曲剧团	1 380	11	广东省广州杂技团	3 945
75	黑龙江省哈尔滨京评剧院	1 374	12	湖北省武汉说唱团	3 477
76	浙江省温州市越剧团	1 368	13	天津市杂技团	3 371
77	江苏省江都市扬剧团	1 360	14	湖北省武汉杂技艺术发展中心(武汉杂技团)	3 039
78	北京风雷京剧团	1 339	15	山东省济南市杂技团	2 682
79	福建省惠安县高甲戏剧团	1 336	16	河北省沧州杂技团	2 246
80	黑龙江省龙江剧院	1 327	17	山东省杂技团	2 243
81	福建省永泰县闽剧团	1 300	18	福建省杂技团	2 239
82	山西省阳泉市晋剧院	1 299	19	山东省济南市曲艺团	1 760
83	安徽省马鞍山市黄梅戏剧团	1 293	20	广东音乐曲艺团	1 573
84	上海淮剧团	1 284	21	吉林省长春市杂技团	1 532
85	浙江省永嘉县昆剧团	1 280	22	广东省木偶剧团	1 500
86	福建省龙岩市汉剧团	1 254	23	湖南省杂技团	1 442
87	山西省吕梁市青年晋剧院	1 250	24	安徽省宿州市埇桥区动物表演团	1 410
88	广东省台山粤剧团	1 250	25	江苏省苏州市评弹团	1 386
89	福建省连江县闽剧团	1 250	26	山西省长治市杂技团	1 325

全国艺术表演团体(事业)分剧种按演出收入排序

单位:千元

名次	单位名称	演出收入	名次	单位名称	演出收入
27	宁夏回族自治区银川市杂技团	1 298	64	广西壮族自治区木偶剧团	340
28	新疆杂技团	1 278	65	广东省揭西县潮剧团	334
29	江苏省扬州市木偶剧团	1 200	66	上海木偶剧团	326
30	内蒙古杂技团	1 119	67	重庆木偶艺术团	308
31	江苏省盐城市杂技团(建湖县)	1 053	68	河南省郑州市杂技团	290
32	广西壮族自治区杂技团	1 040	69	河南省开封市杂技团	285
33	安徽省杂技团	878	70	四川省自贡市曲艺剧团	279
34	重庆三峡杂技艺术团	848	71	广东省高州市木偶粤剧团	276
35	江苏省如皋市木偶艺术团	806	72	江苏省江阴市评弹团	272
36	江苏省常熟市评弹团	754	73	黑龙江省杂技团	267
37	山东省聊城市杂技团	676	74	河南省柘城县杂技团	260
38	山东省济宁市杂技团	666	75	贵州省贵阳市杂技团	253
39	甘肃省曲艺团	603	76	四川省曲艺团	234
40	山东省宁津县杂技团	600	77	河南省南乐县杂技团	225
41	天津市曲艺团	588	78	陕西省西安市说唱艺术团	224
42	江苏省扬州市曲艺团	580	79	河南省柘城县说唱团	220
43	湖南省木偶皮影艺术剧院	573	80	黑龙江省哈尔滨曲艺团	212
44	江西省杂技团	529	81	四川省大木偶剧院	207
45	江苏省如东县少年杂技团	526	82	山东省青岛市曲艺团	207
46	广东省汕头潮乐团	502	83	福建省福州市曲艺团	205
47	河南省清丰县动物驯化表演团	495	84	浙江省平阳县木偶剧团	199
48	福建省泉州市木偶剧团	487	85	江苏省吴江市评弹团	160
49	河南省濮阳市杂技团	465	86	广西壮族自治区桂林市杂技团	159
50	湖北省浠水县杂技团	460	87	江苏省启东市评弹团	140
51	黑龙江省齐齐哈尔市马戏团	450	88	广东省陆河县杂技艺术团	140
52	甘肃省杂技团	428	89	四川省南充市杂技团	129
53	福建省南平市南词实验剧团	425	90	安徽省安庆市杂技团	128
54	河南省清丰县杂技团	424	91	陕西省安塞县曲艺队	127
55	陕西省杂技艺术团	408	92	广西壮族自治区桂林市曲艺团	119
56	江苏省阜宁县杂技团	405	93	广东省汕头市杂技魔术团	119
57	山东省庆云县杂技团	400	94	上海市东方评弹团	111
58	重庆杂技艺术团	389	95	陕西省民间艺术剧院	97
59	四川省自贡市杂技团	388	96	陕西省合阳线腔木偶剧团	96
60	重庆市曲艺团	384	97	河南省泌阳县曲剧团	90
61	海南省临高县木偶剧团	380	98	广西壮族自治区博白县杂技艺术团	90
62	河北省邢台市杂技团	369	99	龙广东省川县杂技团	83
63	河南省新乡市杂技团	345	100	福建省惠安县掌中木偶戏剧团	82

全国艺术表演团体(企业)分剧种按演出场次排序

单位:场

名次	单位名称	演出场次
	一、话剧、儿童剧、滑稽剧团	
1	北京儿童艺术剧院股份有限公司	463
2	上海蜜丰滑稽剧团有限公司	380
3	浙江省杭州滑稽艺术剧院演艺有限公司	306
4	江苏省苏州现代音乐剧团	300
5	宁夏回族自治区隆德县民乐剧团	250
6	重庆李伯清说唱艺术团	200
7	福建省平和县福星芗剧团	200
8	河南省漯河市郾城区滑稽之家表演艺术团	180
9	上海艺挚艺术团	90
10	上海东方儿童艺术团	50
	二、歌剧、舞剧、歌舞剧团	
1	云南省雨林谷旅游开发有限公司	2 160
2	云南省玉龙雪山景区投资管理有限公司印象雪山分公司	923
3	云南省瑢树园	720
4	河北省蝶影飞扬文化传媒有限公司	550
5	广东省广州市重庆小天鹅艺术团	500
6	安徽省定远县戏剧协会艺术团	440
7	福建省福清市海口海霞团	380
8	云南省景洪市城市投资开发有限公司曼听公园歌舞剧场	365
9	辽宁省东方神话艺术团	360
10	辽宁省抚顺市金顺民间艺术团	360
11	广东省广州民族之花艺术团	360
12	湖北省磁湖梦演艺厅	357
13	四川省东方红歌舞团	350
14	上海勤怡沪剧团	320
15	广东省广东艺星文化发展有限公司	305
16	辽宁省南通市宁海文化艺术有限公司	300
17	辽宁省苏州科技文化艺术中心	251
18	云南省阿连雅	240
19	海南省儋州市唐宝山歌剧团	240
20	四川省东方女神艺术团	210
21	辽宁省大石桥市金秋艺术团	210
22	四川省南充市嘉陵区蓝月光摇滚艺术团	200
23	辽宁省大石桥市高坎连三艺术团	200
24	辽宁省大石桥市新兴艺术团	200
25	河北省藁城市青年歌舞团	200
26	四川省绵阳市游仙区大地红歌舞团	190
27	四川省星星文艺演出团	190
28	辽宁省大石桥市旗口镇滚子泡星光文娱活动队	190
29	云南省皇巢新视听元阳演艺吧	180
30	辽宁省大石桥市三信演艺服务中心	170
31	湖北省昌义芳乐队	169
32	辽宁省大石桥市旗口镇前头民间艺术团	160
33	安徽省江北普法艺术团	154
34	辽宁省营口市辽南民间歌舞团	150
35	辽宁省大石桥市石佛民间艺术团	150
36	广东省广州市虹裳时刻艺术	150
37	宁夏回族自治区宁夏银燕音乐歌剧团	140
38	上海馨舞文化传播有限公司馨舞坊艺术团	135
39	新疆维吾尔自治区布尔津县影视分行放映公司	120
40	辽宁省大石桥市旗口镇老年文艺活动中心	110
41	辽宁省大石桥市真美艺术团	110
42	辽宁省交谊舞表演队	105
43	四川省德阳市斗鸡娃艺术团	100
44	四川省巴蜀女儿花歌舞团	95
45	重庆市南川区剧场	90
46	新疆维吾尔自治区布尔津县喀纳斯篝火演出有限公司	90
47	安徽省阜阳市吉祥如意庆典演艺服务部	89
48	重庆市南川区航天歌舞团	85
49	辽宁省大石桥市雷赫演艺公司	80
50	辽宁省南通中视创星文化发展有限公司	80
	三、乐团、合唱团	
1	宁夏回族自治区中宁县枸杞艺术学校	326
2	湖北省陆军预备役国防文工团	210
3	新疆维吾尔自治区和田木卡木文工团	200
4	山西省高平市心语文工团	200
5	江苏省苏州市吴城神州艺术团	180
6	安徽省庐江县文化艺术团	175
7	四川省简阳市飞鸿艺术团	135
8	四川省简阳市飞燕艺术团	125

全国艺术表演团体(企业)分剧种按演出场次排序

单位:场

名次	单位名称	演出场次	名次	单位名称	演出场次
9	贵州省凤冈县锌硒茶乡艺术团	104	34	安徽省东方梆剧团	560
10	重庆市平安艺术团	90	35	浙江省三门县越剧二团	553
	四、戏曲剧曲		36	浙江省缙云县宣城黄梅戏剧团	550
1	安徽省宣城市春燕黄梅戏剧团	1 000	37	浙江省缙云县马小敏婺剧团	550
2	浙江省杭州黄龙越剧团	905	38	福建省华东剧团	546
3	江苏省苏州兰芽昆曲艺术团	800	39	福建省龙都剧团	544
4	安徽省太和县豫剧团	680	40	福建省莆田市涵江区日昇剧团	543
5	河北省丰宁满族自治县兴旺河北梆子剧团	650	41	福建省瑞峰剧团	542
6	安徽省宿州市佛晓泗州戏艺术团	650	42	福建省兴化剧团	541
7	江西省赣州市赣江办事处采茶戏团	600	43	福建省福祥黄梅戏剧团	537
8	河北省国军秧歌艺术团	600	44	福建省星海剧团	536
9	安徽省怀宁县新声黄梅戏剧团	600	45	浙江省桐庐春燕越剧团	533
10	安徽省宣城市华艺黄梅戏剧团	600	46	福建省联星剧团	533
11	浙江省文成县芳华越剧团	598	47	福建省嘉兴剧团	532
12	福建省祝福剧团	591	48	浙江省象山小百花越剧团	530
13	福建省砺山剧团	586	49	浙江省文成县新百花京瓯剧团	530
14	福建省南门大厦剧团	583	50	福建省国美剧团	526
15	福建省锦都剧团	582	51	浙江省缙云县东方镇婺剧团	525
16	浙江省奉化市红楼越剧团	580	52	浙江省缙云县仙都婺剧团	525
17	河北省兴定秧歌剧团	580	53	福建省红苹果剧团	523
18	河北省定州根庆秧歌剧团	580	54	福建省戏剧之家	523
19	福建省龙兴剧团	578	55	福建省建设剧团	521
20	福建省一枝春剧团	574	56	浙江省文成县万紫红京瓯剧团	520
21	浙江省泰顺县百花越剧团	570	57	浙江省缙云县婺剧团	520
22	福建省新清风剧团	569	58	福建省莆田市荔城区莆仙戏剧团	520
23	福建省德立剧团	564	59	安徽省安庆市大观区山口黄梅戏剧团	518
24	福建省腾飞剧团	563	60	福建省万里红剧团	516
25	福建省荔城区莆仙戏剧团	562	61	浙江省缙云县路通新星京梆剧团	515
26	福建省双喜剧团	562	62	福建省中南海剧团	511
27	福建省综艺剧团	562	63	浙江省文成县小百花越剧团	510
28	浙江省桐庐县富杭越剧团	560	64	福建省明阳剧团	510
29	浙江省象山鑫磊越剧团	560	65	福建省大兴旺剧团	510
30	江西省赣江采茶戏团	560	66	安徽省临泉县梆剧团	510
31	河北省定州市定州秧歌剧团	560	67	浙江省台州市小百花越剧团	507
32	福建省东升剧团	560	68	上海勤苑沪剧团	506
33	福建省赐福剧团	560	69	浙江省富阳市艺术越剧团	500

全国艺术表演团体(企业)分剧种按演出场次排序

单位:场

名次	单位名称	演出场次	名次	单位名称	演出场次
70	浙江省宁波市鄞州兰芳越剧团	500	5	安徽省宿州市东方杂技团	1 256
71	浙江省象山实验越剧团	500	6	安徽省宿州市东方专业马戏驯虎团	1 250
72	浙江省永嘉县桥头群星京瓯剧团	500	7	安徽省宿州市兴业马戏团	1 025
73	浙江省永嘉县青年瓯剧团	500	8	安徽省宿州市新太阳马戏团	1 020
74	浙江省文成县巨龙越剧团	500	9	北京市中国木偶艺术剧院有限责任公司	1 005
75	浙江省金东区林达婺剧团	500	10	四川省德阳市杂技团有限责任公司	1 000
76	浙江省兰溪市小百花婺剧团	500	11	四川大马戏团	1 000
77	浙江省台州市椒江黄龙越剧团	500	12	江苏省启东市评弹团	1 000
78	浙江省黄岩新春越剧团	500	13	安徽省宿州市万里马戏团	985
79	浙江省黄岩实验越剧二团	500	14	安徽省宿州市动物表演一团	956
80	浙江省玉环县青年婺剧团	500	15	安徽省宿州市皖北动物表演团	856
81	浙江省三门县小百花越剧团	500	16	安徽省宿州市北方驯兽团	856
82	浙江省三门县实验越剧团	500	17	安徽省宿州市振山大马戏团	850
83	浙江省三门县红楼越剧团	500	18	浙江省遂昌建新木偶剧团	800
84	浙江省仙居县小百花越剧团	500	19	浙江省遂昌县金坤木偶剧团	800
85	浙江省缙云县婺剧二团	500	20	河北省子位镇张占民吹歌艺术团	800
86	山西省晋剧院青年实实验团	500	21	安徽省宿州市民间大型驯兽表演团	758
87	山西三晋晋剧有限公司	500	22	浙江省杭州蓝宝石马戏团有限公司	750
88	山西省阳泉市小白花晋剧团	500	23	安徽省宿州市心连心马戏团	725
89	山西小程英晋剧团	500	24	安徽省宿州市新世纪马戏团	685
90	河北省魏县剧团	500	25	河北省定州市子位吹歌艺术团	650
91	福建省厦门市梨园世家文化传播有限公司	500	26	浙江省海宁市江南皮影艺术团有限公司	640
92	安徽省宣城市冬林戏剧团	500	27	河南省清丰县驯兽一队	600
93	浙江省龙游县百花婺剧团	498	28	河南省清丰县大富豪艺术团	600
94	浙江省富阳市爱艺越剧团	480	29	安徽省宿州市先锋动物表演团	560
95	浙江省富阳市艺华越剧团	480	30	安徽省迎仙杂技团	540
96	浙江省象山振新越剧团	480	31	安徽省永连杂技团	530
97	浙江省永嘉县宏星京瓯剧团	480	32	安徽省金凤凰杂技艺术团	530
98	浙江省缙云县婺剧一团	480	33	安徽省皖北业余杂技团	528
99	江苏省扬州市扬子江音像有限公司扬剧团	478	34	北京市中国杂技团有限公司	526
100	浙江省玉环海上三盘越剧团	465	35	安徽省风光艺术团	520
	五、曲、杂、木、皮团		36	广东省广州珠江曲艺团	506
1	四川省资阳市杂技团	1 800	37	浙江省遂昌县濂竹木偶剧团	500
2	浙江省杭州魔森演艺有限公司	1 600	38	河南省清丰县梅花艺术团	500
3	安徽省宿州市马戏世家动物表演团	1 356	39	河南省清丰县鑫隆汽车飞车团	500
4	安徽省宿州市光芒驯兽杂技团	1 325	40	河南省清丰县神州飞车团	500

全国艺术表演团体(企业)分剧种按演出场次排序

单位:场

名次	单位名称	演出场次	名次	单位名称	演出场次
41	河南省清丰县唐都艺术团	500	71	安徽省宿州市亚太马戏团	450
42	河南省清丰县中原驯兽团	500	72	安徽省东方艺术团	440
43	河南省清丰县百花艺术团	500	73	安徽省留队杂技队	440
44	河南省清丰县澶州飞车团	500	74	安徽省新星杂技艺术团	438
45	广东省广州玉华曲艺团	500	75	安徽省飞鹰杂技团	437
46	安徽省美猴王马戏团	490	76	安徽省皖北马戏团	436
47	安徽省临泉世纪星杂技团	490	77	安徽省临泉县虎超杂技团	436
48	安徽省皖北民间杂技艺术团	490	78	安徽省飞燕杂技团二团	436
49	安徽省金月亮艺术团	486	79	安徽省迎春杂技团	430
50	安徽省豫皖百花艺术团	486	80	安徽省梁家杂技队	430
51	安徽省迎仙马戏团	486	81	安徽省淮北情杂技队	430
52	安徽省风光杂技团	482	82	安徽省耿继文杂技队	430
53	安徽省皖北巡回杂技团	481	83	安徽省红禧杂技队	430
54	河南省兴华杂技艺术团	480	84	安徽省赵贺山杂技队	430
55	安徽省临泉金龙杂技队	480	85	安徽省潘双喜杂技队	430
56	安徽省黑豹杂技魔术团	480	86	安徽省韩明发杂技队	430
57	浙江省杭州杂技总团演艺有限公司	463	87	安徽省吴桥杂技队	430
58	安徽省临泉县摇滚乐团	460	88	安徽省文龙杂技队	430
59	安徽省皖北训蛇杂技队	460	89	安徽省长官民间肘阁队	430
60	安徽省何守静杂技队	460	90	安徽省千里马马戏团	430
61	安徽省乐乐杂技队	460	91	安徽省临泉腾飞杂技团	430
62	安徽省韦家杂技安徽省0队	460	92	安徽省天利杂技队	420
63	安徽省腾飞马戏团	460	93	安徽省张义杰杂技队	420
64	安徽省金鹰杂技团	460	94	安徽省张峰杂技队	420
65	安徽省鸿翔杂技魔术团	460	95	安徽省中州杂技安徽省3队	420
66	安徽省临泉青苹果马戏团	458	96	安徽省潘克建杂技队	420
67	江苏省搬经镇万富曲艺团	450	97	安徽省有一家乐器队	420
68	河南省清丰县苏豫驯兽团	450	98	安徽省阳光综合杂技艺术队	420
69	安徽省临泉县青年杂技团	450	99	安徽省小神童杂技队	420
70	安徽省五峰杂技队	450	100	安徽省常乐杂技队	410

全国艺术表演团体(企业)分剧种按演出收入排序

单位:千元

名次	单位名称	演出收入	名次	单位名称	演出收入
	一、话剧、儿童剧、滑稽剧团				
1	北京儿童艺术剧院股份有限公司	13 179	25	辽宁省抚顺市风情文化艺术团	320
2	山西省长治市城区南北兄弟艺社	8 000	26	新疆维吾尔自治区阿克苏小江艺术	300
3	浙江省杭州滑稽艺术剧院演艺有限公司	2 463	27	安徽省江北普法艺术团	290
4	江苏省苏州现代音乐剧团	600	28	四川省星星文艺演出团	280
5	上海艺挚艺术团	452	29	四川省南充市嘉陵区蓝月光摇滚艺术团	280
6	上海东方儿童艺术团	446	30	河北省藁城市青年歌舞团	280
7	浙江省杭州好朋友传媒有限公司艺术团	350	31	四川省巴蜀女儿花歌舞团	260
8	重庆李伯清说唱艺术团	300	32	重庆市南川区航天歌舞团	230
9	陕西西部艺术团	220	33	四川省东方红歌舞团	200
10	河南省漯河市郾城区滑稽之家表演艺术团	200	34	广东省台山市海桥艺术团	200
	二、歌剧、舞剧、歌舞剧团		35	广东省广州市威洁士彩霸艺术团	160
1	江苏省南通市宁海文化艺术有限公司	2 000	36	重庆市南川区银狮艺术团	150
2	广东省广州市重庆小天鹅艺术团	2 000	37	重庆市南川区群英艺术团	150
3	辽宁省东方神话艺术团	1 800	38	云南省皇巢新视听元阳演艺吧	150
4	江苏省苏州科技文化艺术中心	1 252	39	四川省德阳市斗鸡娃艺术团	150
5	福建省福清市海口海霞团	1 070	40	四川省绵竹市大宝艺术团	150
6	辽宁省抚顺市金顺民间艺术团	1 000	41	广东省广州市虹裳时刻艺术	150
7	四川省德阳市歌舞团有限公司	800	42	广东省广粤综合艺术团	120
8	上海勤怡沪剧团	800	43	辽宁省抚顺海清药业艺术团	100
9	四川省绵阳市游仙区大地红歌舞团	700	44	重庆市南川区腾飞艺术团	90
10	广东艺星文化发展有限公司	700	45	云南省雨林谷旅游开发有限	90
11	新疆维吾尔自治区布尔津县影视分行放映公司	680	46	云南省榕树园	90
12	广东省广州民族之花艺术团	680	47	辽宁省营口市辽南民间歌舞团	90
13	海南省儋州市唐宝山歌剧团	610	48	安徽省阜阳市吉祥如意庆典演艺服务部	89
14	浙江省湖州吴兴风尚礼仪文化服务中心	500	49	重庆市南川区东方歌舞团	85
15	浙江省湖州凤凰中远演出中心	500	50	宁夏回族自治区宁夏银燕音乐歌剧团	81
16	新疆维吾尔自治区布尔津县喀纳斯篝火演出有限公司	500		**三、乐团、合唱团**	
17	安徽省定远县戏剧协会艺术团	460	1	宁夏回族自治区中宁县枸杞艺术学校	580
18	上海馨舞文化传播有限公司馨舞坊艺术团	455	2	重庆市平安艺术团	543
19	广东省广州市千翔歌舞团	405	3	青海省乌兰牧骑艺术团	270
20	广东省广州云霞时装艺术	405	4	山西省高平市心语文工团	225
21	辽宁省抚顺八旗风文艺表演有限公司	400	5	四川省简阳市飞鸿艺术团	190
22	重庆市南川区剧场	350	6	贵州省凤冈县锌硒茶乡艺术团	189
23	江苏省南通中视创星文化发展有限公司	350	7	重庆市喜庆艺术团	158
24	四川省东方女神艺术团	320	8	四川省简阳市飞燕艺术团	150

全国艺术表演团体(企业)分剧种按演出收入排序

单位:千元

名次	单位名称	演出收入	名次	单位名称	演出收入
9	新疆维吾尔自治区和田木卡木文工团	126	34	福建省长乐市丹凤闽剧团	1 800
10	江西省钤阳艺术团	100	35	浙江省宁波市艺术剧院小百花越剧团	1 660
	四、戏曲剧团		36	浙江省缙云县婺剧团	1 600
1	浙江省慈溪市坎墩姚剧团	6 000	37	陕西省咸阳市大众剧团	1 600
2	浙江省慈溪市胜山娟芬越剧团	5 000	38	福建省长乐市向阳闽剧团	1 600
3	浙江省慈溪市青年越剧团	5 000	39	福建省长乐市侨联闽剧团	1 600
4	浙江省慈溪市观海卫春蕾越剧团	5 000	40	浙江省台州市椒江越剧一团	1 500
5	浙江省缙云县路通新星京梆剧团	5 000	41	浙江省黄岩新春越剧团	1 500
6	辽宁省沈阳东北浪艺术团	3 000	42	浙江省三门县越剧二团	1 500
7	浙江省桐庐梁祝越剧团	2 964	43	浙江省三门县小百花越剧团	1 500
8	浙江省宁波市鄞州兰芳越剧团	2 500	44	浙江省三门县实验越剧团	1 500
9	浙江省台州市椒江黄龙越剧团	2 500	45	浙江省缙云县青松婺剧团	1 500
10	浙江省磐安县磐安婺剧团	2 400	46	浙江省缙云县宣城黄梅戏剧团	1 500
11	福建省厦门市梨园世家文化传播有限公司	2 400	47	福建省长乐市艺星闽剧团	1 500
12	上海勤苑沪剧团	2 342	48	福建省荔城区莆仙戏剧团	1 468
13	福建省长乐市闽剧二团	2 200	49	四川省成都芙蓉国粹演艺有限公司	1 420
14	浙江省磐安县红双喜婺剧团	2 100	50	浙江省台州市椒江青年越剧团	1 400
15	浙江省奉化市红楼越剧团	2 030	51	四川省遂宁市川剧团	1 400
16	浙江省黄岩下闸剧团	2 025	52	山西贯中晋剧团	1 400
17	福建省连江县艺昌闽剧团	2 005	53	福建省连江县艺顺闽剧团	1 400
18	浙江省台州市小百花越剧团	2 000	54	陕西省新兴秦剧团	1 350
19	山西省小皇后晋剧院	2 000	55	浙江省玉环海上三盘越剧团	1 320
20	福建省长乐市盛昌闽剧团	2 000	56	浙江省金华市新秀婺剧团	1 300
21	福建省长乐市红牡丹闽剧团	2 000	57	浙江省兰溪市小百花婺剧团	1 300
22	安徽省宣城市春燕黄梅戏剧团	2 000	58	福建省长乐市文联闽剧团	1 300
23	天津新蕾评剧团	1 895	59	福建省长乐市天河闽剧团	1 300
24	福建省长乐市古龙风闽剧团	1 890	60	安徽省宣城市华艺黄梅戏剧团	1 300
25	浙江省泰顺县百花越剧团	1 850	61	浙江省黄岩实验越剧二团	1 250
26	浙江省玉环县银沙越剧团	1 850	62	福建省莆田市荔城区莆仙戏剧团	1 225
27	浙江省临安市越剧团	1 800	63	浙江省平阳县红旗京剧团	1 200
28	浙江省奉化市群星越剧团	1 800	64	浙江省瑞安市瑞和京瓯剧团	1 200
29	浙江省永嘉县小百花越剧团	1 800	65	浙江省浦江县东方红婺剧团	1 200
30	浙江省黄岩蓓蕾越剧团	1 800	66	浙江省台州市路桥艺苑职业越剧团	1 200
31	浙江省玉环县小百花越剧团	1 800	67	浙江省仙居县小百花越剧团	1 200
32	浙江省玉环县青青越剧团	1 800	68	江苏省江都市德才扬剧团	1 200
33	山西省长治市城区上党梆子剧团	1 800	69	福建省平潭县艺兴闽剧团	1 200

全国艺术表演团体(企业)分剧种按演出收入排序

单位:千元

名次	单位名称	演出收入	名次	单位名称	演出收入
70	福建省福清市城头东方团	1 200	5	四川省资阳市杂技团	2 400
71	福建省长乐市龙翔闽剧团	1 200	6	浙江省杭州蓝宝石马戏团有限公司	2 007
72	福建省长乐市三和闽剧团	1 200	7	四川大马戏团	2 000
73	福建省长乐市航新闽剧团	1 200	8	江苏省连云港市奇魔魔术杂技团	2 000
74	江苏省无锡市李桂英文化艺术有限公司	1 138	9	安徽省阜阳市颍东区驯兽表演团	2 000
75	浙江省青田婺剧团	1 100	10	安徽省阜阳市颍东区驯兽表演团	2 000
76	浙江省缙云县婺剧一团	1 100	11	四川省遂宁市杂技团	1 400
77	福建省长乐市兴大众闽剧团	1 100	12	湖南省濮阳市豪艺杂技(集团)有限公司	1 400
78	福建省长乐市艺辉闽剧团	1 100	13	内蒙古自治区天天乐二人转演艺团体	1 080
79	福建省长乐市康力闽剧团	1 100	14	广东省深圳市宝安区福永杂技艺术团	1 028
80	安徽省怀宁县新声黄梅戏剧团	1 100	15	浙江省杭州魔森演艺有限公司	1 000
81	福建省长乐市三联闽剧团	1 088	16	四川省遂宁市春苗杂技艺术团	1 000
82	福建省福清市东郭华侨团	1 080	17	安徽省宿州市新太阳马戏团	950
83	山西梅花文化传播有限公司	1 078	18	河北省吴桥县国明马戏团	860
84	浙江省永嘉县福星京剧团	1 050	19	湖南省濮阳市华晨杂技有限公司	840
85	福建省福清市三山云江黄梅戏团	1 050	20	湖南省清丰县梅花艺术团	800
86	浙江省玉环县楚门越剧团	1 034	21	湖南省清丰县苏豫驯兽团	800
87	福建省连江县凰山闽剧团	1 010	22	福建省海沧吴冠社区艺发财木偶剧团	800
88	浙江省金华市新园婺剧团	1 008	23	四川省成都中华绝技艺术团	780
89	浙江省龙游县百花婺剧团	1 005	24	湖南省濮阳市杂技团	760
90	浙江省富阳市艺术越剧团	1 000	25	安徽省宿州市马戏世家动物表演团	750
91	浙江省永嘉县传习所乱弹剧团	1 000	26	湖南省濮阳市东北庄杂技文化传播有限公司	700
92	浙江省湖州市春风越剧团	1 000	27	安徽省宿州市东方专业马戏驯虎团	680
93	浙江省湖州小百花越剧团	1 000	28	海南省焕杰临剧团	670
94	浙江省浦江县婺剧团	1 000	29	湖南省濮阳市创星文化艺术发展有限公司	650
95	浙江省缙云县小梅花婺剧团	1 000	30	湖南省河南省泌阳县张氏杂技飞车团	650
96	浙江省缙云县婺剧二团	1 000	31	安徽省宿州市东方杂技团	650
97	山西省长治市长子县化肥厂上党梆子剧团	1 000	32	河北省吴桥县勇进杂技团	640
98	福建省福清市城头艺华团	1 000	33	浙江省杭州哈哈艺术团	635
99	福建省福清市三山艺光团	1 000	34	湖南省濮阳市龙乡杂技团	600
100	福建省福清市红牡丹闽剧团	1 000	35	湖南省清丰县黑豹艺术团	600
	五、曲、杂、木、皮团		36	湖南省清丰县中原驯兽团	600
1	北京市中国木偶艺术剧院有限责任公司	19 793	37	湖南省清丰县百花艺术团	600
2	北京市中国杂技团有限公司	16 011	38	湖南省清丰县大富豪艺术团	600
3	四川省德阳市杂技团有限责任公司	5 000	39	广东省广州珠江曲艺团	600
4	浙江省杭州杂技总团演艺有限公司	2 914	40	海南省红山临剧团	598

全国艺术表演团体(企业)分剧种按演出收入排序

单位:千元

名次	单位名称	演出收入	名次	单位名称	演出收入
41	安徽省宿州市长城大型马戏团	580	71	安徽省宿州市亚太马戏团	450
42	安徽省宿州市民间大型驯兽表演团	580	72	安徽省宿州市万里马戏团	450
43	安徽省宿州市北方驯兽团	580	73	河北省徐水县北北里综合青年舞狮艺术团	410
44	湖南省濮阳市豫剧团	560	74	湖南省濮阳市龙城杂技团	400
45	河北省吴桥县新艺杂技团	560	75	海南省椰城杂技团	400
46	浙江省瑞安市双凤木偶剧团	550	76	四川省资阳市木偶艺术团	397
47	安徽省宿州市振山大马戏团	550	77	安徽省宿州市心连心马戏团	380
48	湖南省濮阳市龙乡坠剧团	540	78	安徽省宿州市先锋动物表演团	380
49	安徽省宿州市动物表演一团	540	79	安徽省颍上飞燕杂技团	377
50	安徽省宿州市皖北动物表演团	535	80	浙江省遂昌建新木偶剧团	360
51	湖南省衡阳市杂技团	520	81	浙江省遂昌县金坤木偶剧团	360
52	安徽省宿州市光芒驯兽杂技团	515	82	河北省徐水县龙腾舞狮艺术团	360
53	湖南省清丰县梅花驯兽团	500	83	湖南省戏在梨园艺术团	350
54	湖南省清丰县天亚美驯兽团	500	84	安徽省颍上皖北杂技团	320
55	湖南省清丰县驯兽一队	500	85	浙江省杭州杭剧团	300
56	湖南省清丰县鑫隆汽车飞车团	500	86	辽宁省沈阳豪艺演艺有限公司	300
57	湖南省清丰县神州飞车团	500	87	湖南省洛阳市综艺海红水族训鸟团	300
58	湖南省清丰县唐都艺术团	500	88	广东省广州玉华曲艺团	300
59	湖南省清丰县澶州飞车团	500	89	江苏省搬经镇万富曲艺团	290
60	湖南省睢县吉祥文化传播有限公司	500	90	河北省百灵皮影艺术团	280
61	河北省吴桥县飞飞杂技团	500	91	河北省徐水县南北里凯东龙狮舞艺术团	265
62	海南省青年临戏团	500	92	浙江省宁波市鄞州云龙云祥百花越剧团	264
63	广东省深圳市宝安区实验曲艺团	480	93	上海宝丽晶杂技艺术团	250
64	安徽省宿州市新世纪马戏团	480	94	山西省晋城八音文化发展有限公司	250
65	安徽省宿州市东方明珠马戏团	466	95	河北省唐山市银河星皮影艺术团	250
66	四川省阆中王皮影民俗文化园	460	96	河北省唐山市蒲公英儿童皮影艺术团	250
67	河北省吴桥县亮亮杂技团	460	97	河北省唐山市路北区梨红皮影演艺艺术制作中心	250
68	四川省梨城杂技歌舞团	450	98	河北省滦县滦州皮影团	250
69	四川川北皮影艺术团	450	99	安徽省宿州市兴业马戏团	250
70	四川王文坤皮影艺术团	450	100	江苏省通州区动物魔技艺术团	240

全国艺术表演场所(事业)按艺术演出场次排序

单位:场

名次	单位名称	演出场次	名次	单位名称	演出场次
1	湖北省武汉市汉阳区文化礼堂	1 440	51	广东省星海音乐厅	243
2	广东省汕头市澄海区大众影剧院	691	52	北京市顺义影剧院	243
3	上海大剧院	670	53	辽宁省丹东市文化宫	239
4	辽宁省朝阳人民会堂管理处	642	54	北京市首都剧场	236
5	上海市卢湾区文化馆白玉兰剧场	614	55	湖南省隆回县影剧院	226
6	上海市话剧艺术中心	561	56	上海市虹口区群众影剧院	221
7	广东省汕头市濠江区濠城影剧院	481	57	广东省汕头市潮阳区影剧院	220
8	四川省成都川剧艺术中心	437	58	北京市国家大剧院戏剧场	220
9	广西壮族自治区桂林市艺术馆	410	59	云南省楚雄市人民政府礼堂	210
10	天津市东丽区礼堂	400	60	上海市美琪大戏院	210
11	广西壮族自治区桂林市漓江剧院	385	61	河北省邢台市邢台剧场	210
12	上海市天蟾艺术中心逸夫舞台	382	62	上海音乐厅	207
13	吉林省吉林市临江剧场	365	63	湖北省宜昌市五一剧场	204
14	云南省曲靖市国风影剧院	360	64	北京梅兰芳大剧院	201
15	辽宁省沈阳市于洪区关东情大剧院	360	65	天津市宁河县芦台影剧院	200
16	辽宁省锦州市评剧院	360	66	山西省泽州县影剧院	200
17	上海市云峰剧场	350	67	宁夏回族自治区吴忠市影剧院	200
18	吉林省通化市东方红剧场	350	68	湖南省桂东县影剧院	200
19	湖南省永州市芝山影剧院	350	69	河南省林州市人民剧院	200
20	安徽省铜陵市五松山剧院	348	70	安徽省肥西县影剧院	200
21	辽宁省铁岭市站前大戏院	340	71	云南艺术剧院	198
22	浙江省宁波市民乐剧场	333	72	北京市国家大剧院歌剧院	197
23	江西省萍乡市人民剧院	331	73	浙江省嘉善县影剧院	196
24	广东省汕头市澄海区澄城影剧院	330	74	陕西省咸阳大剧院	191
25	重庆市北碚群文音乐厅	326	75	常湖南省德市鼎城区影剧院	190
26	江西省南昌文化会堂	321	76	广东省廉江市剧院	190
27	北京市人艺实验剧场	314	77	陕西省西安市五四剧院	185
28	辽宁省铁岭市大戏院	310	78	广东省中山市文化艺术中心	184
29	辽宁省开原市大戏院	310	79	湖北省黄石市歌舞剧院	183
30	上海市艺海剧院	304	80	上海市宛平剧院	181
31	上海市桃浦文化馆剧场	303	81	湖北剧院	175
32	吉林省吉林市江城剧场	302	82	甘肃省敦煌大剧院	170
33	浙江省浦江县剧院	300	83	西藏自治区拉萨民族文化艺术宫	168
34	吉林省四平市人民剧场	300	84	浙江省宁波剧院	166
35	北京市国家大剧院音乐厅	293	85	天津市中华剧院	162
36	云南省曲靖市艺术剧院	292	86	贵州省朝阳影剧院	162
37	湖南省溆浦县辰河戏剧院	292	87	浙江省杭州剧院	159
38	四川省遂宁市川剧团剧场	290	88	上海市南汇文化艺术中心	156
39	辽宁大剧院	290	89	天津市蓟县影剧院	154
40	浙江省平湖书场	280	90	辽宁省大连人民文化俱乐部	154
41	湖南省桂阳县影剧院	275	91	陕西省彬县剧院	150
42	福建省厦门市莲花影剧院	268	92	山西省临汾蒲剧院梨园堂	150
43	上海市兰心大戏院	266	93	湖南省沅江市剧院	150
44	上海市仙乐斯剧场	261	94	福建省涵江区影剧院	149
45	山西省榆次区文化艺术活动中心	260	95	北京市中国评剧大剧院	149
46	湖南省常宁市歌舞剧院	260	96	湖北省南漳县文工团剧场	146
47	河南省封丘县人民影剧院	260	97	河南省周口市人民会堂	145
48	上海闵行区北桥影剧院	250	98	上海市贺绿汀音乐厅	143
49	河南省舞阳县电影发行放映公司	250	99	上海市松江区剧场管理站	143
50	湖南省安乡县剧院	245	100	吉林省延吉国际会展艺术中心	143

全国艺术表演场所(企业)按艺术演出场次排序

单位:场

名次	单位名称	演出场次	名次	单位名称	演出场次
1	广东省广州市番禺区香江野生动物世界有限公司	1 020	51	北京市东城少年宫天地剧场	363
2	广东省东莞市大地影剧院发展有限公司东莞市樟木头分公司	1 000	52	江苏省苏州市评弹团梅竹书苑(集体)	362
3	云南省石林县阿着底民族文化开发有限公司	800	53	浙江省杭州花都餐饮娱乐有限公司	360
4	福建省角美新港演出室	800	54	浙江省温州市鹿城区鼓楼霹雳噢酒吧	360
5	浙江省东坡大剧院	784	55	浙江省玉环维斯特贰零零吧演艺酒吧	360
6	河北省安新县白洋淀异国风情园有限责任公司红太阳歌舞团	750	56	浙江省玉环县苏荷音乐酒吧	360
7	广东省港中旅(珠海)海洋温泉有限公司	740	57	四川省成都唐古拉风餐饮娱乐有限责任公司	360
8	北京朝阳剧场	728	58	四川省四川央可尔民族大舞台文化传播有限公司	360
9	浙江省玉环县楚门风云演艺吧	720	59	江苏省徐州市欢乐谷大剧院	360
10	河北省秦皇岛市新奥海底世界生物科普有限公司	720	60	广东省佛山市禅城区夏威夷歌舞厅	360
11	浙江省富阳市蓬莱歌舞厅	700	61	广东省佛山乐园喷泉夜总会	360
12	浙江省临安市电影发行放映有限公司	700	62	广东省佛山市影剧院	360
13	广东省佛山市顺德区嘉信电影城有限公司	645	63	安徽省江淮大戏院	360
14	浙江省临安剧院	640	64	安徽省芜湖美丽华新视听	360
15	浙江省温州市瓯海景山天天红演视厅	630	65	江苏省苏州市评弹团光裕书厅(集体)	358
16	北京天龙源剧场	630	66	上海市东方艺术中心	351
17	浙江省三门县电影发行放映公司	600	67	浙江省杭州市西湖区奥丽思演艺酒吧	350
18	福建省龙海市石码永乐年歌舞演出厅	600	68	四川省成都喀秋莎实业有限公司	350
19	浙江省桐庐新世纪演艺厅	596	69	北京市中国木偶艺术剧院小铃铛剧场	350
20	浙江省玉环县坎门晶樱演出馆	580	70	北京之夜文化城	346
21	江苏省徐州会堂	560	71	浙江省宁海县金伯爵娱乐城	340
22	上海市马戏城	549	72	四川省成都国际会议展览中心加州花园酒店顺兴老茶馆	340
23	四川省成都凯宾斯基饭店	520	73	江苏省启东市永盛康乐城	340
24	北京市老舍茶馆	504	74	北京市东方先锋小剧场	333
25	广东省广东省木偶艺术剧院有限公司	497	75	四川省四川美高美国际娱乐会所	332
26	北京市崇文工人文化宫	481	76	江苏省江阴市红磨坊大剧院有限公司	330
27	北京市湖广会馆大戏楼	468	77	河北省承德剧场	323
28	浙江省象山石浦哈哈演艺厅	450	78	北京市长安大戏院	322
29	江苏省宜兴市影剧有限公司人民剧院	440	79	浙江省杭州新感觉文化传播有限公司	320
30	河南省新乡二十一世纪演艺剧场	402	80	浙江省杭州东方威尼斯国际大酒店有限公司	320
31	辽宁省旅顺屹海鳄鱼园	400	81	浙江省杭州余杭区临平海底演艺酒吧	320
32	浙江省杭州夜巴厘酒吧有限公司	381	82	浙江省杭州余杭区临平新大陆美丽会休闲吧	320
33	辽宁省秀林北海浴宫宾馆餐饮洗浴中心	380	83	浙江省杭州新芭厘音乐酒吧	320
34	广东省连南瑶族自治县盘古王文化园有限公司	380	84	广东省佛山市禅城区世纪会酒城	320
35	广东省广州市长隆夜间动物世界有限公司	375	85	浙江省杭州金壁之都娱乐餐饮有限公司	315
36	北京市德云社剧场	372	86	浙江省杭州萧山国际俱乐部有限公司	310
37	广东省佛山市禅城区无极限酒城	366	87	浙江省杭州余杭区东湖夜未央酒吧	310
38	重庆大浪淘沙盛豪娱乐有限公司	365	88	安徽省宁国市英皇健身俱乐部	310
39	浙江省杭州萧山龙海酒店	365	89	河北省秦皇岛市海港区秦龙大戏院	308
40	浙江省杭州开元阳光休闲山庄有限公司	365	90	浙江省杭州大华书场有限公司	300
41	浙江省杭州萧山富民工贸发展公司零点迪吧	365	91	浙江省杭州大浪淘沙休闲娱乐有限公司	300
42	浙江省杭州碧中海浴业有限公司	365	92	浙江省杭州夜玫瑰休闲吧有限公司	300
43	浙江省杭州萧山光辉岁月歌厅	365	93	浙江省杭州市西湖区新铜锣湾音乐休闲酒吧	300
44	浙江省浙江萧山开元美食娱乐城有限公司	365	94	浙江省杭州黄龙娱乐有限公司	300
45	浙江省杭州萧山北干钱柜娱乐城	365	95	浙江省杭州梅苑股份有限公司梅苑宾馆	300
46	辽宁省金顺二人转剧场	365	96	辽宁省大连洋信鳄鱼园综合开发有限公司洋信鳄鱼园	300
47	辽宁省金港湾休闲娱乐城	365	97	吉林省长白山文化项目开发有限公司剧场	300
48	河北省唐山市路北亨利西餐厅	365	98	黑龙江省北安市曲艺团	300
49	北京市梨园剧场	364	99	河北省秦皇岛市麦莎酒吧有限公司	300
50	安徽省安庆金碧辉煌文化娱乐有限责任公司	364	100	北京市北辰集团北京剧院	300

全国公共图书馆分级别按总藏量排序

单位：册(件)

名次	单位名称	总藏量	名次	单位名称	总藏量
	一、省级公共图书馆			二、地市级公共图书馆	
1	上海图书馆上海科技情报研究所	52 200 878	1	广东省广州图书馆	3 858 350
2	江苏省南京图书馆	8 901 685	2	辽宁省大连市图书馆	3 557 050
3	广东省立中山图书馆	7 098 526	3	浙江省宁波市图书馆	3 351 648
4	山东省图书馆	6 332 665	4	广东省深圳图书馆	3 117 254
5	首都图书馆	5 526 624	5	四川省成都图书馆	2 835 989
6	天津图书馆	5 319 508	6	浙江省杭州图书馆	2 810 326
7	浙江图书馆	5 215 213	7	黑龙江省哈尔滨市图书馆	2 711 651
8	湖北省图书馆	4 955 248	8	辽宁省沈阳市图书馆	2 409 780
9	四川省图书馆	4 854 763	9	黑龙江省大庆市图书馆	2 329 712
10	辽宁省图书馆	4 650 954	10	湖北省武汉图书馆	2 201 280
11	湖南图书馆	3 540 418	11	江苏省苏州图书馆	2 157 958
12	吉林省图书馆	3 436 050	12	广东省广州少年儿童图书馆	2 001 773
13	陕西省图书馆	3 345 068	13	吉林省长春市图书馆	1 977 383
14	甘肃省图书馆	3 185 088	14	山东省青岛市图书馆	1 798 520
15	河南省图书馆	3 007 557	15	山东省济南市图书馆	1 624 450
16	安徽省图书馆	2 973 390	16	福建省厦门市图书馆	1 601 339
17	黑龙江省图书馆	2 928 193	17	广东省东莞图书馆	1 601 275
18	重庆图书馆	2 886 149	18	江苏省常州市图书馆	1 592 924
19	云南省图书馆	2 732 320	19	江苏省金陵图书馆(南京市)	1 525 779
20	福建省图书馆	2 710 148	20	山东省烟台市图书馆	1 512 802
21	江西省图书馆	2 682 612	21	江苏省无锡市图书馆	1 510 455
22	山西省图书馆	2 647 751	22	浙江省金华严济慈图书馆	1 423 864
23	广西壮族自治区桂林图书馆	2 265 550	23	吉林省吉林市图书馆	1 419 164
24	广西壮族自治区图书馆	2 227 026	24	浙江省温州市图书馆	1 352 112
25	河北省图书馆	1 760 577	25	辽宁省鞍山市图书馆	1 335 353
26	内蒙古自治区图书馆	1 731 781	26	浙江省嘉兴市图书馆	1 319 268
27	宁夏回族自治区图书馆	1 669 636	27	黑龙江省齐齐哈尔市图书馆	1 191 112
28	青海省图书馆	1 602 402	28	山东省淄博市图书馆	1 174 137
29	新疆维吾尔自治区图书馆	1 598 161	29	四川省广安市图书馆	1 124 000
30	贵州省图书馆	1 579 672	30	河北省石家庄市图书馆	1 102 553
31	海南省图书馆	1 192 956	31	江苏省扬州市图书馆	1 077 084
32	天津市少年儿童图书馆	1 085 858	32	江苏省镇江市图书馆	1 035 116
33	上海市少年儿童图书馆	898 658	33	江西省南昌市图书馆	945 284
34	湖南省少年儿童图书馆	751 789	34	广东省中山市中山图书馆	927 060
35	重庆市少年儿童图书馆	577 531	35	辽宁省沈阳市少年儿童图书馆	890 754
36	西藏自治区图书馆	368 604	36	河南省郑州市图书馆	887 263

全国公共图书馆分级别按总藏量排序

单位:册(件)

名次	单位名称	总藏量	名次	单位名称	总藏量
37	广东省深圳少年儿童图书馆	878 069	73	江西省九江市图书馆	555 750
38	浙江省绍兴图书馆	874 643	74	江西省景德镇市图书馆	553 092
39	河北省廊坊市图书馆	871 206	75	河南省安阳市图书馆	552 806
40	山西省太原市图书馆	867 374	76	湖北省荆州市图书馆	546 000
41	江苏省南通市图书馆	861 757	77	河南省开封市图书馆	544 998
42	湖北省武汉市少年儿童图书馆	853 769	78	云南省昆明图书馆	533 593
43	湖北省黄石市图书馆	836 846	79	广东省梅州市剑英图书馆	529 525
44	河北省唐山市图书馆	835 600	80	湖南省衡阳市图书馆	522 036
45	福建省福州市图书馆	833 039	81	江苏省盐城市图书馆	521 004
46	江苏省徐州市图书馆	828 673	82	江苏省连云港市图书馆	518 660
47	广西壮族自治区柳州市图书馆	783 480	83	广西壮族自治区梧州市图书馆	516 473
48	贵州省贵阳市图书馆	774 561	84	河北省秦皇岛图书馆	515 953
49	安徽省合肥市图书馆	758 078	85	辽宁省大连市少年儿童图书馆	511 390
50	辽宁省锦州市图书馆	755 220	86	山东省泰安市图书馆	510 000
51	辽宁省抚顺市图书馆	738 074	87	江西省萍乡市图书馆	510 000
52	河北省保定市图书馆	737 261	88	山东省枣庄市图书馆	504 392
53	福建省泉州市图书馆	697 690	89	广东省惠州慈云图书馆	503 482
54	山东省济宁市图书馆	691 470	90	湖北省襄樊市图书馆	500 000
55	广东省佛山市图书馆	685 946	91	湖北省十堰市图书馆	494 996
56	河南省南阳市图书馆	675 938	92	江苏省泰州市图书馆	493 000
57	广西壮族自治区南宁市图书馆	675 057	93	内蒙古自治区呼和浩特市图书馆	487 274
58	河南省洛阳市图书馆	669 727	94	贵州省贵州省遵义市图书馆	483 910
59	河南省新乡市图书馆	666 469	95	吉林省长春市少年儿童图书馆	483 724
60	广东省汕头市图书馆	663 922	96	广西壮族自治区玉林市图书馆	482 776
61	湖北省恩施州图书馆	659 944	97	安徽省马鞍山市图书馆	480 462
62	新疆维吾尔自治区阿克苏地区图书馆	646 952	98	四川省宜宾市图书馆	476 733
63	湖北省宜昌市图书馆	630 222	99	福建省南平市图书馆	461 502
64	辽宁省辽阳市图书馆	624 939	100	湖南省株洲市图书馆	457 783
65	浙江省杭州少年儿童图书馆	618 204		**三、县市级公共图书馆**	
66	浙江省湖州市图书馆	616 669	1	江苏省常熟市图书馆	1 532 602
67	福建省厦门市少年儿童图书馆	616 054	2	广东省深圳市福田区图书馆	1 352 200
68	广东省江门市五邑图书馆	608 655	3	山东省龙口市图书馆	1 316 700
69	广东省珠海市图书馆	605 717	4	上海市浦东新区图书馆	1 289 967
70	陕西省咸阳图书馆	600 000	5	江苏省吴江市图书馆	1 013 792
71	河北省张家口市图书馆	592 648	6	上海市黄浦区图书馆	959 744
72	吉林省延边朝鲜族自治州图书馆	581 661	7	北京市朝阳区图书馆	926 265

全国公共图书馆分级别按总藏量排序

单位:册(件)

名次	单位名称	总藏量	名次	单位名称	总藏量
8	天津市泰达图书馆	911 492	55	北京市东城区图书馆	471 033
9	重庆市北碚图书馆	888 000	56	山东省浙江省嵊州市图书馆	468 916
10	广东省深圳南山图书馆	871 889	57	北京市宣武区图书馆	468 034
11	广东省顺德图书馆	850 695	58	广东省番禺区图书馆	465 205
12	北京市海淀区图书馆	827 420	59	北京市丰台区图书馆	465 012
13	辽宁省丹东市图书馆	780 048	60	山东省浙江省杭州市余杭区图书馆	460 891
14	山东省兰山区图书馆	780 000	61	上海市卢湾区图书馆	460 672
15	辽宁省本溪市图书馆	752 362	62	山东省浙江省慈溪市图书馆	458 729
16	山东省浙江省杭州市萧山图书馆	721 137	63	北京市怀柔区图书馆	456 785
17	山东省浙江省桐乡市图书馆	715 156	64	江苏省海门市图书馆	451 442
18	江苏省张家港市图书馆	667 800	65	江西省永新县图书馆	450 000
19	北京市平谷区图书馆	657 891	66	河南省巩义市图书馆	450 000
20	山东省浙江省宁波市鄞州区图书馆	652 802	67	广东省深圳市罗湖区图书馆	449 854
21	上海市宝山区图书馆	642 199	68	北京市门头沟区图书馆	435 830
22	上海市闵行区图书馆	638 605	69	1大连市经济技术开发区图书馆	434 563
23	上海市南汇图书馆	638 320	70	广东省荔湾区图书馆	433 600
24	江苏省昆山市图书馆	630 000	71	江西省九江市庐山图书馆	430 000
25	江苏省江阴市图书馆	629 154	72	北京市房山区图书馆	421 641
26	北京市大兴区图书馆	626 144	73	广东省黄埔区图书馆	420 000
27	广东省深圳市宝安区图书馆	621 827	74	上海市虹口区图书馆	417 048
28	新疆维吾尔自治区沙湾县图书馆	604 390	75	广东省天河区图书馆	415 000
29	重庆市长寿区图书馆	593 934	76	广东省龙岗区图书馆	408 537
30	广东省佛山市南海区图书馆	578 905	77	北京市顺义区图书馆	407 447
31	上海市普陀区图书馆	556 874	78	四川省双流县图书馆	406 000
32	上海市嘉定区图书馆	555 627	79	上海市静安区图书馆	405 519
33	北京市西城区图书馆	552 414	80	江苏省苏州市沧浪区图书馆	404 400
34	山东省招远市图书馆	550 000	81	山东省历下区图书馆	403 000
35	山东省浙江省海宁市图书馆	548 603	82	北京市密云县图书馆	400 728
36	上海市长宁区图书馆	547 938	83	上海市浦东新区陆家嘴图书馆	398 192
37	北京市昌平区图书馆	546 875	84	山东省浙江省平湖市图书馆	396 108
38	上海市徐汇区图书馆	535 299	85	重庆市渝中区图书馆	392 520
39	上海市奉贤区图书馆	532 015	86	山东省文登市图书馆	391 615
40	上海市松江区图书馆	530 785	87	广东省江门市新会区景堂图书馆	390 000
41	陕西省宝鸡市图书馆	524 169	88	山东省浙江省临海市图书馆	387 700
42	上海市青浦区图书馆	523 456	89	山东省浙江省余姚市图书馆	385 637
43	青海省格尔木市图书馆	500 100	90	江西省吉水县图书馆	382 100
44	上海市闸北区图书馆	499 801	91	山东省浙江省义乌市图书馆	381 658
45	辽宁省营口市图书馆	494 419	92	四川省郫县图书馆	376 000
46	重庆市涪陵区图书馆	493 939	93	山东省浙江省温岭市图书馆	371 321
47	上海市杨浦区图书馆	487 165	94	天津市河东区图书馆	367 033
48	上海市崇明县图书馆	484 483	95	广西壮族自治区博白县图书馆	365 405
49	天津市塘沽区图书馆	479 000	96	江苏省南京市江宁区图书馆	361 684
50	北京市石景山区图书馆	478 938	97	云南省曲靖市图书馆	357 801
51	江苏省东海县图书馆	477 224	98	四川省蒲江县图书馆	357 261
52	广东省越秀区图书馆	477 149	99	山东省青州市图书馆	351 456
53	北京市崇文区图书馆	477 052	100	重庆市渝北区图书馆	349 062
54	福建省晋江市图书馆	474 278			

全国公共图书馆分级别按外借册次排序

单位:册次

名次	单位名称	外借册次
	一、省级公共图书馆	
1	首都图书馆	2 574 850
2	天津图书馆	2 106 230
3	上海图书馆上海科技情报研究所	2 073 441
4	江苏省南京图书馆	1 709 128
5	辽宁省图书馆	1 634 382
6	重庆市少年儿童图书馆	1 591 733
7	浙江图书馆	1 534 264
8	重庆图书馆	1 504 750
9	湖南图书馆	1 491 848
10	安徽省图书馆	1 244 181
11	天津市少年儿童图书馆	1 148 054
12	甘肃省图书馆	990 629
13	黑龙江省图书馆	893 044
14	广西壮族自治区图书馆	851 656
15	山东省图书馆	778 309
16	湖北省图书馆	764 780
17	上海市少年儿童图书馆	748 681
18	福建省图书馆	724 504
19	海南省图书馆	700 000
20	广东省立中山图书馆	668 637
21	河南省图书馆	658 493
22	云南省图书馆	564 200
23	陕西省图书馆	482 223
24	贵州省图书馆	451 593
25	吉林省图书馆	396 846
26	江西省图书馆	388 148
27	湖南省少年儿童图书馆	314 545
28	山西省图书馆	309 815
29	广西壮族自治区桂林图书馆	300 700
30	青海省图书馆	190 344
31	新疆维吾尔自治区图书馆	171 640
32	宁夏回族自治区图书馆	158 419
33	广西少年儿童图书馆	116 307
34	四川省图书馆	48 360
35	西藏自治区图书馆	9 969
36	河北省图书馆	6 610

名次	单位名称	外借册次
	二、地市级公共图书馆	
1	广东省深圳图书馆	4 173 170
2	福建省厦门市图书馆	2 914 112
3	浙江省杭州图书馆	2 909 076
4	广东省广州图书馆	2 159 830
5	四川省成都图书馆	1 751 268
6	江苏省苏州图书馆	1 489 700
7	浙江省温州市图书馆	1 346 585
8	广东省广州少年儿童图书馆	1 341 635
9	浙江省宁波市图书馆	1 327 316
10	浙江省嘉兴市图书馆	1 241 000
11	江苏省盐城市图书馆	1 164 548
12	广东省东莞图书馆	1 135 341
13	福建省厦门市少年儿童图书馆	1 091 451
14	江苏省常州市图书馆	893 765
15	浙江省绍兴图书馆	881 826
16	江苏省无锡市图书馆	862 452
17	黑龙江省牡丹江市图书馆	783 491
18	江苏省泰州市图书馆	773 236
19	浙江省湖州市图书馆	770 969
20	辽宁省大连市图书馆	770 000
21	辽宁省沈阳市少年儿童图书馆	750 588
22	山东省青岛市图书馆	711 362
23	辽宁省沈阳市图书馆	706 750
24	山东省济南市图书馆	638 000
25	浙江省温州市少儿图书馆	624 411
26	湖南省常德市图书馆	610 422
27	黑龙江省哈尔滨市图书馆	610 008
28	吉林省长春市图书馆	600 036
29	浙江省杭州少年儿童图书馆	592 273
30	湖北省黄冈市图书馆	570 000
31	安徽省合肥市少儿图书馆	560 000
32	河南省安阳市图书馆	557 068
33	江苏省扬州市图书馆	552 890
34	1石家庄市图书馆	550 000
35	湖北省武汉图书馆	546 473
36	广东省珠海市图书馆	546 135

全国公共图书馆分级别按外借册次排序

单位:册次

名次	单位名称	外借册次	名次	单位名称	外借册次
37	江苏省镇江市图书馆	530 500	73	广东省中山市中山图书馆	281 925
38	江苏省南通市图书馆	520 000	74	山东省东营市图书馆	280 000
39	江苏省扬州市少年儿童图书馆	517 791	75	湖北省宜昌市图书馆	280 000
40	浙江省金华严济慈图书馆	514 411	76	福建省福州市少年儿童图书馆	280 000
41	辽宁省大连市少年儿童图书馆	498 106	77	广西壮族自治区南宁市图书馆	271 243
42	山东省枣庄市图书馆	479 293	78	湖北省鄂州市图书馆	270 000
43	宁夏回族自治区银川市图书馆	473 500	79	湖北省荆州市图书馆	268 500
44	河北省秦皇岛图书馆	465 036	80	河南省郑州市图书馆	266 464
45	河南省鹤壁市图书馆	434 000	81	广西壮族自治区贺州市图书馆	265 191
46	湖北省随州市图书馆	410 000	82	湖南省湘潭市图书馆	262 880
47	广东省汕头市图书馆	405 331	83	辽宁省鞍山市图书馆	257 358
48	江苏省金陵图书馆(南京市)	402 529	84	湖南省株洲市图书馆	255 808
49	河南省安阳市少年儿童图书馆	399 426	85	山东省威海市图书馆	250 000
50	河南省新乡市图书馆	398 737	86	河北省石家庄市少年儿童图书馆	250 000
51	新疆维吾尔自治区乌鲁木齐市图书馆	391 573	87	山东省济宁市图书馆	246 000
52	山东省聊城市海源阁图书馆	384 202	88	江苏省淮安市图书馆	245 079
53	新疆维吾尔自治区克拉玛依市图书馆	371 500	89	江苏省连云港市图书馆	245 000
54	湖南省长沙市图书馆	369 400	90	山东省烟台市图书馆	239 530
55	福建省泉州市图书馆	362 787	91	吉林省吉林市图书馆	235 080
56	湖南省岳阳市图书馆	362 000	92	山东省泰安市图书馆	230 000
57	广西壮族自治区北海市少年儿童图书馆	356 130	93	江西省赣州市图书馆	230 000
58	云南省昆明图书馆	347 270	94	河南省洛阳市图书馆	230 000
59	江苏省连云港市少年儿童图书馆	346 213	95	吉林省长春市少年儿童图书馆	226 853
60	广西壮族自治区柳州市图书馆	330 814	96	河北省唐山市图书馆	226 560
61	广东省佛山市图书馆	326 857	97	山东省潍坊市图书馆	224 016
62	江苏省南通市少年儿童图书馆	321 233	98	内蒙古自治区包头市图书馆	222 495
63	湖北省武汉市少年儿童图书馆	320 704	99	辽宁省锦州市图书馆	221 795
64	江西省南昌市图书馆	312 000	100	河北省沧州市图书馆	220 000
65	河南省漯河市图书馆	306 122		**三、县市级公共图书馆**	
66	河南省濮阳市图书馆	302 500	1	江苏省东海县图书馆	1 870 012
67	河南省开封市图书馆	301 725	2	江苏省常熟市图书馆	1 608 147
68	广东省江门市五邑图书馆	300 000	3	云南省昆明少年儿童图书馆	1 428 243
69	四川省泸州市图书馆	299 819	4	上海市浦东新区图书馆	1 191 437
70	湖北省孝感市图书馆	297 000	5	山东省青州市图书馆	1 150 000
71	浙江省衢州市图书馆	286 500	6	广东省兴宁市图书馆	1 150 000
72	广西壮族自治区玉林市图书馆	281 926	7	浙江省杭州市萧山图书馆	1 149 325

全国公共图书馆分级别按外借册次排序

单位:册次

名次	单位名称	外借册次	名次	单位名称	外借册次
8	浙江省长兴县图书馆	1 107 584	55	北京市西城区图书馆	346 840
9	上海市卢湾区图书馆	1 071 024	56	重庆市涪陵区图书馆	345 720
10	江苏省昆山市图书馆	1 040 000	57	广东省龙岗区图书馆	340 958
11	广东省珠海市香洲区图书馆	1 000 000	58	广西壮族自治区灵山县图书馆	338 726
12	上海市长宁区图书馆	864 780	59	辽宁省沈阳市和平区图书馆	336 513
13	广东省蕉岭县图书馆	860 000	60	山东省牟平区图书馆	336 200
14	辽宁省大连市经济技术开发区图书馆	855 000	61	上海市浦东新区新川沙图书馆	330 432
15	天津市津南区图书馆	838 894	62	广东省佛山市南海区图书馆	330 000
16	浙江省桐乡市图书馆	773 419	63	广东省深圳市福田区图书馆	329 686
17	重庆市巴南区图书馆	733 665	64	北京市东城区图书馆	323 455
18	上海市虹口区曲阳图书馆	673 575	65	北京市顺义区图书馆	321 248
19	上海市奉贤区图书馆	671 661	66	广东省顺德图书馆	318 577
20	浙江省海宁市图书馆	663 559	67	上海市长宁区少年儿童图书馆	315 693
21	上海市虹口区图书馆	627 329	68	上海市浦东新区陆家嘴图书馆	315 018
22	浙江省武义县图书馆	610 400	69	浙江省余姚市图书馆	312 008
23	浙江省杭州市余杭区图书馆	600 000	70	北京市宣武区图书馆	310 385
24	广东省越秀区图书馆	595 970	71	上海市杨浦区延吉图书馆	308 992
25	广西壮族自治区桂平市图书馆	584 000	72	北京市平谷区图书馆	303 949
26	上海市黄浦区图书馆	583 509	73	北京市海淀区图书馆	303 521
27	浙江省永康市图书馆	571 100	74	上海市徐汇区图书馆	302 134
28	广东省深圳南山图书馆	559 691	75	浙江省绍兴县图书馆	300 000
29	浙江省平湖市图书馆	557 765	76	四川省龙泉驿区图书馆	300 000
30	上海市嘉定区图书馆	549 811	77	浙江省杭州市拱墅区图书馆	296 205
31	浙江省宁波市鄞州区图书馆	544 862	78	浙江省宁波市江东区图书馆	294 066
32	北京市石景山区图书馆	542 789	79	江苏省大丰市图书馆	293 000
33	北京市朝阳区图书馆	528 489	80	辽宁省本溪市图书馆	290 150
34	江苏省张家港市图书馆	492 460	81	北京市昌平区图书馆	288 607
35	上海市松江区图书馆	487 551	82	辽宁省沈阳市于洪区图书馆	287 308
36	辽宁省大连市普兰店市图书馆	484 326	83	浙江省玉环县图书馆	286 000
37	重庆市渝北区图书馆	470 000	84	四川省崇州市图书馆	286 000
38	上海市宝山区图书馆	458 310	85	浙江省临安市图书馆	285 360
39	辽宁省沈阳市沈河区图书馆	450 000	86	河南省济源市图书馆	284 634
40	上海市杨浦区图书馆	446 079	87	江苏省南京市鼓楼区图书馆	283 770
41	上海市青浦区图书馆	443 751	88	云南省曲靖市图书馆	283 763
42	北京市大兴区图书馆	431 092	89	江苏省江阴市图书馆	282 754
43	江苏省吴江市图书馆	430 000	90	浙江省富阳市图书馆	278 428
44	山东省东营市河口区图书馆	425 500	91	辽宁省大连市沙河口区图书馆	275 980
45	浙江省慈溪市图书馆	421 266	92	福建省晋江市图书馆	271 338
46	广东省深圳市宝安区图书馆	387 905	93	浙江省奉化市图书馆	271 155
47	吉林省图们市图书馆	380 000	94	天津市泰达图书馆	270 513
48	上海市南汇图书馆	368 637	95	辽宁省营口市图书馆	268 561
49	上海市闵行区图书馆	368 251	96	上海市崇明县图书馆	260 000
50	山东省兰山区图书馆	360 000	97	天津市河东区图书馆	258 128
51	上海市普陀区图书馆	357 522	98	山东省文登市图书馆	258 000
52	四川省郫县图书馆	355 600	99	北京市西城区青少年儿童图书馆	255 801
53	北京市怀柔区图书馆	350 238	100	吉林省敦化市图书馆	251 503
54	山东省临沭县图书馆	347 600			

全国公共图书馆分级别按购书费占总支出比重排序

单位:%

名次	单位名称	比重	名次	单位名称	比重
	一、省级公共图书馆			二、地市级公共图书馆	
1	广东省立中山图书馆	52.99	1	西藏自治区阿里地区图书馆	100.00
2	天津市少年儿童图书馆	41.55	2	江苏省宿迁市图书馆(非独立机构)	69.14
3	天津图书馆	35.44	3	湖南省郴州市图书馆	56.92
4	浙江图书馆	34.26	4	广东省汕尾市图书馆	50.92
5	江苏省南京图书馆	32.96	5	浙江省金华严济慈图书馆	40.33
6	上海图书馆上海科技情报研究所	31.35	6	海南省三亚市图书馆	39.82
7	河北省图书馆	30.08	7	广西壮族自治区南宁市少年儿童图书馆	39.68
8	陕西省图书馆	29.74	8	广西壮族自治区河池市民族图书馆	38.99
9	山西省图书馆	25.00	9	河北省廊坊市图书馆	31.70
10	甘肃省图书馆	22.11	10	浙江省杭州图书馆	31.63
11	西藏自治区图书馆	21.90	11	内蒙古自治区乌海市图书馆	31.44
12	重庆图书馆	20.91	12	广东省广州图书馆	31.08
13	辽宁省图书馆	20.48	13	四川省眉山市图书馆	30.71
14	山东省图书馆	20.28	14	山西省长治市图书馆	29.68
15	安徽省图书馆	19.68	15	山东省济宁市图书馆	28.65
16	江西省图书馆	19.55	16	湖北省十堰市少儿图书馆	28.57
17	广西壮族自治区图书馆	19.43	17	辽宁省鞍山市少儿图书馆	27.43
18	湖南图书馆	19.28	18	河南省信阳市图书馆	27.22
19	福建省图书馆	18.53	19	浙江省温州市图书馆	27.17
20	首都图书馆	18.35	20	浙江省台州市图书馆	27.07
21	吉林省图书馆	17.90	21	四川省资阳市图书馆	27.03
22	广西壮族自治区桂林图书馆	17.10	22	黑龙江省鹤岗市图书馆	26.64
23	海南省图书馆	16.95	23	安徽省合肥市图书馆	26.38
24	黑龙江省图书馆	16.49	24	浙江省嘉兴市图书馆	26.36
25	宁夏回族自治区图书馆	15.99	25	安徽省安徽省铜陵市图书馆	25.90
26	重庆市少年儿童图书馆	15.40	26	江苏省淮安市图书馆	25.63
27	新疆维吾尔自治区图书馆	14.09	27	浙江省宁波市图书馆	25.60
28	河南省图书馆	12.18	28	广东省深圳少年儿童图书馆	25.37
29	湖南省少年儿童图书馆	11.06	29	安徽省合肥市少儿图书馆	25.00
30	贵州省图书馆	9.23	30	湖北省黄冈市图书馆	24.46
31	云南省图书馆	8.88	31	河北省沧州市图书馆	24.39
32	青海省图书馆	8.77	32	江苏省扬州市少年儿童图书馆	24.23
33	四川省图书馆	8.67	33	山东省东营市图书馆	24.19
34	上海市少年儿童图书馆	5.49	34	山东省滨州市图书馆	24.10
35	湖北省图书馆	3.67	35	河南省安阳市少年儿童图书馆	23.96
36	内蒙古自治区图书馆	1.49	36	云南省昆明图书馆	23.94

全国公共图书馆分级别按购书费占总支出比重排序

单位:%

名次	单位名称	比重	名次	单位名称	比重
37	江西省抚州市图书馆	23.90	73	广东省深圳图书馆	19.11
38	河南省濮阳市图书馆	23.16	74	河北省秦皇岛图书馆	18.97
39	山东省烟台市图书馆	22.98	75	广东省清远市图书馆	18.74
40	山东省济南市图书馆	22.74	76	江苏省无锡市图书馆	18.72
41	广西壮族自治区崇左市图书馆	22.66	77	黑龙江省哈尔滨市图书馆	18.61
42	山东省青岛市图书馆	22.58	78	广东省广州少年儿童图书馆	18.58
43	江西省新余市图书馆	22.11	79	河北省石家庄市图书馆	18.57
44	湖北省孝感市图书馆	22.03	80	新疆维吾尔自治区阿克苏地区图书馆	18.06
45	陕西省西安市图书馆	21.90	81	河南省平顶山市图书馆	18.01
46	江苏省苏州图书馆	21.89	82	湖北省襄樊市少年儿童图书馆	17.95
47	湖北省鄂州市图书馆	21.88	83	广东省珠海市图书馆	17.84
48	广西壮族自治区南宁市图书馆	21.60	84	广西壮族自治区玉林市图书馆	17.46
49	河北省邯郸市图书馆	21.55	85	辽宁省铁岭市少年儿童图书馆	17.39
50	江西省鹰潭市图书馆	21.50	86	湖南省益阳市图书馆	17.17
51	福建省福州市少年儿童图书馆	21.46	87	江苏省常州市图书馆	17.16
52	湖北省黄石市图书馆	21.38	88	贵州省贵阳市图书馆	17.16
53	广东省东莞图书馆	21.30	89	甘肃省金昌市图书馆	17.05
54	青海省海西州图书馆	21.29	90	江西省萍乡市图书馆	17.02
55	福建省福州市图书馆	21.12	91	江苏省连云港市少年儿童图书馆	17.01
56	四川省成都图书馆	21.04	92	贵州省毕节地区图书馆	16.91
57	甘肃省兰州市图书馆	20.88	93	浙江省舟山市图书馆	16.89
58	新疆维吾尔自治区吐鲁番地区图书馆	20.73	94	湖北省武汉市少年儿童图书馆	16.67
59	安徽省蚌埠市图书馆	20.62	95	四川省绵阳市图书馆	16.60
60	江苏省盐城市图书馆	20.50	96	广东省河源市图书馆	16.48
61	吉林省长春市图书馆	20.31	97	山东省枣庄市图书馆	16.27
62	湖南省常德市图书馆	20.31	98	2杭州少年儿童图书馆	16.20
63	江苏省扬州市图书馆	20.11	99	湖南省邵阳市少儿图书馆	16.12
64	河南省焦作市图书馆	19.87	100	甘肃省白银市图书馆	16.09
65	福建省南平市图书馆	19.83		**三、县市级公共图书馆**	
66	河南省安阳市图书馆	19.67	1	江苏省南通市港闸区图书馆	100.00
67	浙江省湖州市图书馆	19.48	2	黑龙江省伊春市友好区图书馆	100.00
68	辽宁省沈辽宁省阳市少年儿童图书馆	19.47	3	福建省晋安区图书馆	100.00
69	云南省玉溪市图书馆	19.42	4	山西省杏花岭区图书馆	99.67
70	湖南省长沙市图书馆	19.37	5	新疆维吾尔自治区英吉沙县图书馆	93.10
71	安徽省宣城市图书馆	19.31	6	云南省永善县图书馆	82.64
72	四川省德阳市图书馆	19.28	7	河南省吉利区图书馆	81.25

全国公共图书馆分级别按购书费占总支出比重排序

单位:%

名次	单位名称	比重	名次	单位名称	比重
8	河南省郑州市管城回族区文化馆	79.92	55	辽宁省大连市沙河口区图书馆	40.81
9	四川省宁南县图书馆	74.07	56	云南省宁蒗县图书馆	40.58
10	上海市浦东新区图书馆	69.05	57	四川省邛崃市图书馆	40.25
11	内蒙古自治区乌审旗图书馆	66.80	58	广东省珠海市香洲区图书馆	40.00
12	新疆维吾尔自治区富蕴县图书馆	66.67	59	上海市闵行区图书馆	39.77
13	山东省河东区图书馆	66.67	60	江苏省扬州市邗江区图书馆	39.09
14	山西省迎泽区公共图书馆	65.50	61	广西壮族自治区青秀区图书馆	38.95
15	河南省社旗县图书馆	63.55	62	山东省枣庄市台儿庄区图书馆	38.26
16	江苏省镇江市京口区图书馆	61.90	63	山东省庆云县图书馆	37.79
17	贵州省德江县图书馆	61.23	64	广东省清城区图书馆	37.69
18	重庆市双桥区图书馆	60.00	65	黑龙江省同江市图书馆	37.50
19	湖北省西陵区图书馆	57.50	66	安徽省徽州区图书馆	37.50
20	四川省攀枝花市西区图书馆	56.34	67	江苏省苏州市沧浪区图书馆	37.04
21	辽宁省沈阳市沈北新区图书馆	56.32	68	浙江省海宁市图书馆	36.95
22	浙江省海曙区图书馆	56.23	69	四川省崇州市图书馆	36.90
23	河南省平顶山市卫东区图书馆	55.87	70	山东省枣庄市薛城区图书馆	36.20
24	四川省古蔺县图书馆	53.67	71	山西省阳曲县图书馆	35.57
25	山东省齐河县图书馆	53.36	72	辽宁省大连市经济技术开发区图书馆	35.36
26	内蒙古自治区正蓝旗图书馆	52.63	73	吉林省长春市双阳区图书馆	35.22
27	安徽省马鞍山市金家庄区图书馆	51.72	74	四川省攀枝花市米易县图书馆	35.08
28	内蒙古自治区乌海市乌达区图书馆	51.22	75	山东省寿光市图书馆	34.91
29	四川省攀枝花市盐边县图书馆	50.85	76	广东省龙岗区图书馆	34.82
30	山东省历下区图书馆	50.00	77	河北省隆尧县图书馆	34.64
31	江西省萍乡市安源区图书馆	50.00	78	辽宁省鞍山市岫岩满族自治县图书馆	34.20
32	河北省丛台区图书馆	50.00	79	江苏省南京市雨花台区图书馆	34.04
33	广东省始兴县图书馆	50.00	80	陕西省宁陕县图书馆	34.01
34	山西省夏县图书馆	49.31	81	安徽省定远县图书馆	33.53
35	四川省金堂县图书馆	48.95	82	河北省昌黎县图书馆	33.39
36	内蒙古自治区镶黄旗图书馆	46.51	83	山东省招远市图书馆	33.37
37	北京市延庆县图书馆	45.42	84	河南省汝阳县图书馆	33.33
38	河北省深泽县图书馆	45.40	85	海南省乐东黎族自治县图书馆	33.33
39	山东省东营区图书馆	44.54	86	海南省陵水黎族自治县图书馆	33.33
40	新疆维吾尔自治区塔城市图书馆	44.12	87	北京市门头沟区图书馆	33.25
41	重庆市万州区图书馆	43.97	88	河北省唐山市丰南区图书馆	32.92
42	江苏省镇江市润州区图书馆	43.94	89	湖南省长沙市天心区图书馆	32.85
43	浙江省宁波市江东区图书馆	43.82	90	四川省泸州市龙马潭区图书馆	32.84
44	广东省清新县图书馆	43.55	91	安徽省阜南县图书馆	32.76
45	福建省长乐市图书馆	42.75	92	重庆市大渡口区图书馆	32.61
46	浙江省桐乡市图书馆	42.73	93	江苏省宿迁市宿豫区图书馆	32.52
47	广西壮族自治区西乡塘区图书馆	42.50	94	青海省同德县图书馆	32.26
48	重庆市铜梁图书馆	42.42	95	河北省井陉县图书馆	32.26
49	山东省天桥区图书馆	42.40	96	上海市南汇图书馆	31.81
50	山西省清徐县图书馆	41.84	97	北京市通州区图书馆	31.60
51	新疆维吾尔自治区若羌县图书馆	41.67	98	福建省石狮市图书馆	31.51
52	海南省万宁市图书馆	41.67	99	天津市北辰区图书馆	31.09
53	河南省济源市图书馆	41.01	100	山东省莱芜市钢城区图书馆	30.77
54	海南省保亭县图书馆	40.87			

全国群艺馆、文化馆按举办展览个数排序

单位:个

名次	单位名称	展览个数	名次	单位名称	展览个数
1	贵州省群众艺术馆	84	51	浙江省龙泉市文化馆	30
2	四川省遂宁市文化馆	50	52	四川省青羊区文化馆	30
3	陕西省安塞县文化馆	50	53	四川省成都市温江区文化馆	30
4	山西省太原市群众艺术馆	50	54	陕西省岐山县文化馆	30
5	山西省高平市文化馆	50	55	山西省运城市盐湖区文化馆	30
6	山东省招远市文化馆	50	56	山东省四方文化馆	30
7	山东省邹平县文化馆	50	57	山东省济宁市市中区文化馆	30
8	青海省天峻县文化馆	50	58	湖北省伍家岗区文化馆	30
9	江西省永新县文化馆	50	59	河南省长垣县人民文化馆	30
10	江苏省南京市玄武区文化馆	50	60	河北省衡水市群艺馆	30
11	江苏省江阴市文化馆	50	61	贵州省习水县文化馆	30
12	河北省广平县文化馆	50	62	甘肃省甘谷县文化馆	30
13	广东省荔湾区文化馆	50	63	福建省宁德市艺术馆	30
14	广东省番禺区文化馆	50	64	安徽省马鞍山市文化馆	30
15	北京市朝阳区文化馆	50	65	广东省深圳市群众艺术馆	29
16	辽宁省本溪市溪湖区文化馆	49	66	山西省新绛县文化馆	28
17	广东省顺德区文化馆	49	67	山东省曹县文化馆	28
18	河北省临西县文化馆	48	68	广东省深圳市宝安区群众文化艺术馆	28
19	福建省厦门市文化馆	48	69	山东省博山区文化馆	27
20	安徽省霍山县文化馆	46	70	武湖北省汉市群众艺术馆	27
21	广东省高州市文化馆	45	71	广东省广州市文化馆	27
22	吉林省长白县文化馆	43	72	广东省深圳市罗湖区文化馆	27
23	河北省承德市营子区文化馆	43	73	四川省天全县文化馆	26
24	四川省宣汉县文化馆	42	74	内蒙古自治区包头市昆区文化馆	26
25	内蒙古自治区元宝山区文化馆	42	75	河北省遵化市文化馆	26
26	山东省青州市文化馆	40	76	福建省泉港区文化馆	26
27	辽宁省振兴区文化馆	40	77	浙江省嵊泗县文化馆	25
28	河南省周口市川汇区文化馆	40	78	云南省昭通市文化馆	25
29	浙江省宁波市群众艺术馆(市展览馆)	38	79	上海市静安区文化馆	25
30	蒙阴县文化馆	38	80	上海市奉贤区文化馆	25
31	广东省越秀区文化馆	38	81	山东省牟平区文化馆	25
32	江苏省新沂市文化馆	37	82	山东省临朐县文化馆	25
33	黑龙江省道里区文化馆	36	83	江苏省涟水县文化馆	25
34	甘肃省庄浪县文化馆	36	84	湖北省郧西县文化馆	25
35	浙江省桐乡市文化馆	35	85	广东省化州市文化馆	25
36	黑龙江省呼玛县文化馆	35	86	福建省南平市群众艺术馆	25
37	浙江省杭州市萧山区文化馆	34	87	北京市西城区文化馆	25
38	广西壮族自治区兴宁区文化馆	34	88	浙江省宁波市镇海区文化馆	24
39	四川省犍为县文化馆	33	89	山西省壶关县文化馆	24
40	浙江省温州市群众艺术馆	32	90	山东省青岛经济技术开发区文化馆	24
41	浙江省临海市文化馆	32	91	河北省唐山市乐亭县文化馆	24
42	上海市徐汇区西南文化艺术中心	32	92	浙江省嘉善县文化馆	23
43	上海市宝山区文化馆	32	93	四川省简阳市文化馆	23
44	湖南省衡山县文化馆	32	94	山东省潍坊艺术馆	23
45	湖南省永兴县文化馆	32	95	江西省南昌市青云谱区文化馆	23
46	甘肃省天水市文化馆	32	96	河北省井陉县文化馆	23
47	江苏省南通市通州区文化馆	31	97	山东省郯城县文化馆	22
48	湖北省建始县文化馆	31	98	山东省费县文化馆	22
49	重庆市渝北区文化馆	30	99	辽宁省彰武县文化馆	22
50	浙江省建德市文化馆	30	100	广东省汕头市龙湖区文化馆	22

全国群艺馆、文化馆按组织文艺活动次数排序

单位:次

名次	单位名称	活动次数	名次	单位名称	活动次数
1	黑龙江省哈尔滨市群众艺术馆	1 835	51	河南省济源市群众艺术馆	230
2	浙江省湖州市群众艺术馆	820	52	北京市朝阳区文化馆	230
3	上海市浦东新区文化艺术指导中心	816	53	江苏省苏州市沧浪区文化馆	229
4	上海市长宁文化艺术中心	805	54	贵州省榕江县文化馆	225
5	广东省增城市文化馆	500	55	湖北省襄樊市群众艺术馆	223
6	宁夏回族自治区灵武市文化馆	495	56	山东省招远市文化馆	220
7	上海市徐汇区西南文化艺术中心	489	57	辽宁省沈阳市苏家屯文化馆	220
8	北京市房山区文化馆	480	58	辽宁省抚顺市顺城区文化馆	220
9	浙江省杭州市萧山区文化馆	475	59	江西省永新县文化馆	220
10	上海市静安区文化馆	465	60	宁夏回族自治区银川市文化艺术馆	217
11	湖南省长沙市天心区文化馆	450	61	浙江省衢江区文化馆	211
12	北京市大兴区文化馆	417	62	四川省攀枝花市仁和区文化馆	210
13	广东省花都区文化馆	400	63	江苏省苏州市金阊区文化馆	210
14	北京市丰台区文化馆	400	64	江苏省常熟市文化馆	210
15	广东省龙岗区文化馆	398	65	河南省宁陵县人民文化馆	210
16	四川省攀枝花市米易县文化馆	360	66	河北省秦皇岛市群众艺术馆	210
17	四川省成都市文化馆	359	67	广东省深圳市盐田区文化馆	205
18	浙江省海曙区文化馆	354	68	吉林市群众艺术馆	202
19	山东省蒙阴县文化馆	351	69	吉林省通化市东昌区文化馆	202
20	天津市天津市宝坻区文化馆	320	70	云南省德宏州文化馆	200
21	四川省攀枝花市西区文化馆	320	71	四川省青羊区文化馆	200
22	陕西凤县文化馆	320	72	辽宁省沈阳市沈河区文化馆	200
23	湖北省襄阳区文化馆	320	73	辽宁省本溪市溪湖区文化馆	200
24	吉林省长春市南关区文化馆	316	74	江西省九江市群众艺术馆	200
25	江西省修水县文化馆	310	75	湖北省大冶市群众文化馆	200
26	北京市怀柔区文化馆	310	76	黑龙江省香坊区文化馆	200
27	江西省武宁县文化馆	309	77	河北省唐山市滦县文化馆	200
28	广西壮族自治区北海市群众艺术馆	308	78	广东省深圳市群众艺术馆	200
29	山西省寿阳县文化馆	300	79	广东省珠海市香洲区文化馆	200
30	山东省历城区文化馆	300	80	广东省湛江市霞山区文化馆	200
31	山东省青岛市市北文化馆	300	81	甘肃省肃州区文化馆	200
32	青海省尖扎县文化馆	300	82	北京市崇文区文化馆	200
33	内蒙古自治区临河区文化馆	300	83	宁夏回族自治区贺兰县文化馆	196
34	广东省江门市江海区文化馆	300	84	广东省德庆县文化馆	196
35	安徽省铜陵县文化馆	300	85	辽宁省大连市西岗区文化馆	195
36	甘肃省兰州市文化馆	296	86	浙江省长兴县文化馆	190
37	山东省青岛市市南区文化馆	290	87	浙江省松阳县文化馆	190
38	四川省巴塘县文化馆	287	88	山东省青岛市李沧区文化馆	186
39	江苏省张家港市文化馆	282	89	内蒙古自治区阿拉善右旗文化图书馆	186
40	北京市西城区文化馆	282	90	河北省唐山市乐亭县文化馆	186
41	山东省威海市环翠区文化馆	280	91	北京市门头沟区文化馆	186
42	广西壮族自治区南丹县文化馆	280	92	新疆维吾尔自治区乌苏市文化馆	185
43	山西省迎泽区文化馆	263	93	上海市杨浦区文化馆	185
44	湖南省花垣县文化馆	261	94	新疆维吾尔自治区焉耆县文化馆	182
45	北京市顺义区文化馆	260	95	黑龙江省齐齐哈尔市富拉尔基区文化馆	182
46	浙江省海宁市文化馆	250	96	甘肃省环县文化馆	182
47	福建省南平市群众艺术馆	250	97	浙江省苍南县文化馆	180
48	江西省南昌市青云谱区文化馆	240	98	浙江省丽水市群众艺术馆	180
49	湖北省荆州区文化馆	230	99	江苏省建湖县文化馆	180
50	河南省新乡市红旗区文化馆	230	100	湖南省宁乡县文化馆	180

全国其他文化产业(企业)按利润排序

单位:千元

名次	单位名称	利润
1	江苏大风乐器有限公司(沛县)	32 279
2	江苏省常州中华恐龙园有限公司	31 135
3	江苏省沙家浜江南水乡影视产业园(常熟)	17 368
4	江苏省江苏泰兴凤灵乐器有限公司	16 042
5	四川省成都演艺集团有限公司	11 778
6	北京恭王府商社	11 649
7	北京恭王府书画社	10 787
8	广州文化假日酒店有限公司	9 967
9	广州市美术公司	9 785
10	北京故宫文化服务中心	8 905
11	江苏省沭阳凤凰画材有限公司	7 941
12	江苏省龙城旅游控股集团有限公司(常州)	6 540
13	江苏省南京东方三采投资顾问有限公司(1912文化休闲街区)	5 645
14	四川省成都武侯祠锦里旅游文化经营管理有限公司	5 479
15	江苏省无锡文博投资集团有限公司	5 468
16	紫禁城出版社	5 015
17	北京故宫文化产品有限公司	4 457
18	江苏省扬州工艺美术集团有限公司	4 250
19	江苏百成数码影业有限公司(泰兴)	2 709
20	江苏省南京垠坤投资实业有限·西祠数字网络文化产业园	2 518
21	江苏省苏州苏绣文化产业群(苏州姚建萍刺绣艺术馆)	2 356
22	北京端门服务部	2 078
23	江苏省南通市慧源文化传播有限公司(海安)	1 977
24	北京赛思博艺文化艺术有限公司	1 701
25	江苏省常州亚细亚影视城股份有限公司(黄金海岸演艺大舞台)	1 638
26	北京新美物业管理中心	1 534
27	云南省江川铜器工艺制品厂	1 360
28	北京中展丹青展览有限公司	1 357
29	江苏省文化产业集团有限公司	1 330
30	安徽省马鞍山市洪滨丝画手工艺术有限公司	1 053
31	黑龙江省文化印刷厂	992
32	国博(北京)综合服务部	870
33	中国数字图书馆有限责任公司	804
34	天津金禧园宾馆	769
35	江苏省铜山县张伯英艺术馆	713
36	江苏省南京电影机械设备厂	703
37	江苏广陵书社有限公司(扬州市)	697
38	文艺研究杂志社	656
39	文化艺术出版社	560
40	浙江省宁波和美文化艺术发展中心	553
41	四川省成都武侯祠文化发展有限责任公司	541
42	上海青浦广播电视发展有限公司	523
43	北京国图创新文化服务有限责任公司	480
44	山东省青岛广告公司	473
45	国艺斋(北京)文化艺术有限公司	468
46	上海中国画院经营部	450
47	广东省佛山市民间艺术研究社	414
48	北京中演客货运输代理公司	412
49	北京中演文化服务公司	387
50	山东省沂南县电影公司	330
51	青海省江河源文化开发总公司	315
52	江苏省常熟市礼仪演出服务中心(集体)	305
53	上海时空之旅文化发展有限公司	300
54	江苏省文化产业园(徐州)	296
55	浙江省广告展览公司	294
56	浙江群星音像制作中心	278
57	湖北省安陆市电影发行放映公司	277
58	天津天博展览展示中心	275
59	江苏省姜堰市图书馆服务部(集体)	274
60	北京美术观察杂志社	269
61	湖北省孝感市文化综合服务公司	259
62	中国文化国际旅行社	256
63	北京中展天下展览有限公司	252
64	北京中演环球艺术制作有限责任公司	249
65	浙江极光舞台工程有限公司	241
66	广西文化物资供应公司	231
67	浙江群星文化艺术培训中心	206
68	浙江省杭州新世纪校园歌曲推广中心	201
69	北京中艺文兴建筑文化发展中心有限公司	198
70	江苏省南京市文化局劳动服务公司(集体)	194
71	青海工艺美术厂有限责任公司	182
72	江苏省扬州市艺术造型制作中心(集体)	179
73	山西力源实业公司	175
74	浙江省杭州美声文化艺术公司	171
75	北京天瀛浩商贸中心	170
76	浙江省丽水市电影有限公司	168
77	北京中演东方营销策划有限责任公司	165
78	浙江省杭州演出有限公司	165
79	北京北图文化发展中心	159
80	天津津文广告有限公司	159
81	江苏省江阴市影剧公司	156
82	北京赛思博文演出经纪有限公司	150
83	黑龙江省龙江县银河电影放映发行站	147
84	河北省衡水市益文实业有限公司	143
85	江苏东方影业有限责任公司(南京)	135
86	山东省济南市文化局房产管理修建公司	127
87	北京东方艺蕾文化发展有限公司	122
88	上海市星际企业管理有限公司	120
89	江西省上栗县电影发行放映有限公司	120
90	江苏省苏州市文化经济发展总公司(集体)	118
91	上海仙乐斯文化实业公司	110
92	陕西省渭南市华山舞台设备厂	100
93	天津市滨江乐园	95
94	江西省文化厅招待所	91
95	贵州省安顺市大瀑布文化传播有限责任公司	90
96	上海博视声音像有限公司	81
97	北京中文环客货运运输中心	79
98	山东省蒙阴县电影发行放映公司	79
99	上海市金山区文化馆文化娱乐中心	75
100	上海青浦文化发展中心	72

全国文化市场网吧按房屋经营面积排序

单位:平方米

名次	单位名称	房屋经营面积	名次	单位名称	房屋经营面积
1	山东省山东中鲁时空数字技术有限公司济南巨龙数字文化家园	5 600	51	陕西省水世界网络会所	2 000
2	江苏省江阴市星宇网吧	4 000	52	陕西省阳光动力网络有限公司	2 000
3	广西壮族自治区南宁市尖峰网吧	3 300	53	山西省大同市城区网通家园凯凌金冠店	2 000
4	山东省烟台人和娱乐有限公司	3 220	54	山东省淄博亿蕌网络文化有限公司	2 000
5	湖北省荆州市洪垸网城	3 200	55	山东省天堂鸟网吧	2 000
6	湖南省网吧联合商会	3 100	56	湖北省中青网络家园(武汉)有限公司新起点网吧	2 000
7	陕西省延安时空网络有限公司	3 000	57	湖北省世纪金源网络	2 000
8	山东省东营市东营区牵手网吧	3 000	58	湖北省鹤峰县佳佳网吧超市	2 000
9	山东省东营区荟萃网吧	3 000	59	黑龙江省鑫潮网络工作室北方市场分店	2 000
10	山东省自由港休闲网城	2 800	60	河北省裕华区追梦网吧	2 000
11	吉林省长春市双阳区英之杰网吧	2 800	61	河北省石家庄市大石门天宇网络有限公司	2 000
12	天津市新洋网吧	2 700	62	广东省大沥快易网吧	2 000
13	辽宁省智能网吧	2 700	63	广东省开发区克鲁马龙网吧	2 000
14	天下网吧	2 600	64	北京市零度聚阵	2 000
15	广东省东莞市凯利网吧	2 600	65	上海市网鱼网络(上海毓仁公众电脑信息服务有限公司)	1 998
16	广东省深圳市彼岸网络有限公司(战地网吧)	2 583	66	河北省唐山市路南维亚网城	1 980
17	河北省顶好电子城	2 547	67	广东东阳光网苑发展有限公司东莞厚街赤岭分店	1 966
18	湖南省长沙华澳网吧连锁管理有限公司华澳旗舰店	2 540	68	广东省东莞市长安冲击网络有限公司	1 920
19	河北省唐山市路北环宇网吧	2 500	69	广东省东莞市至尚网吧	1 914
20	河北省唐山市路北环宇网吧	2 500	70	重庆市渝中区千蝶网吧	1 900
21	广西壮族自治区南宁市利晟网络技术有限公司	2 500	71	陕西省红森林网络有限公司	1 900
22	广东省深圳市广川网络科技有限公司(广川网吧)	2 469	72	青海省西宁城西阳光网络会所城东店	1 900
23	江苏省南京皇玛网络服务中心	2 450	73	福建省宁德蕉城区旗舰网吧	1 897
24	河南省郑州金鑫网吧	2 400	74	河北省邢台万城米澜网络会馆	1 870
25	广东省深圳市俊豪电脑网络有限公司(极速网吧)	2 400	75	广东省阜沙镇创意网吧	1 864
26	湖南省资兴市阳光网络文化发展有限公司	2 388	76	福建省厦门市易购文化传播有限公司	1 861
27	河北省裕华区蓝色东方快车网路有限公司	2 343	77	河南省平顶山市光明路金盛龙网吧	1 850
28	江苏省南通市崇川区常来常网网吧	2 300	78	广东省月光网吧	1 850
29	广东省东莞市虎门天音网吧	2 300	79	广东省东莞市东坑升平网吧	1 830
30	安徽省飞宇网上世界	2 300	80	甘肃战略先锋网络技术有限公司南关直营店	1 825
31	广东省深圳市万花筒网络有限公司纵横网吧	2 280	81	湖南省幻野国度网络有限公司	1 820
32	陕西华一时空网络有限公司	2 200	82	广东省东莞市凤王网络有限公司	1 805
33	湖南省威尼斯网络会馆	2 200	83	重庆三百六十度网络信息服务有限公司北碚总店	1 800
34	湖北省联众上网服务有限责任公司	2 200	84	浙江省杭州飞狐在线网吧有限公司	1 800
35	广东省广州市球信网络技术服务中心	2 200	85	新疆维吾尔自治区石河子汇通聚异网络有限公司	1 800
36	广东省东莞市黄江裕旺网络通讯有限公司	2 194	86	上海嘉草工贸发展有限公司	1 800
37	广东省东莞市石龙巨豪网吧	2 080	87	陕西省明乐网城	1 800
38	广东省东莞市战骑网路服务有限公司	2 030	88	山东省宏伟网吧	1 800
39	重庆市渝中区博杰科技春之天网城	2 000	89	江苏省南京自由空间网络服务中心	1 800
40	云南省昆明市竞阳公众电脑屋	2 000	90	江苏省江阴市君行天下网络服务有限公司	1 800
41	新疆维吾尔自治区石河子市汇通英雄网络有限公司	2 000	91	江苏省盱眙县亚细亚网吧	1 800
42	天津市塘沽区祥宇网吧	2 000	92	吉林省英图网吧	1 800
43	陕西省西安巴巴拉小蚂蚁网络有限公司	2 000	93	湖北省武汉鑫天都网络科技有限责任公司	1 800
44	陕西晨辰网络科技有限公司	2 000	94	湖北省山晟网络工程中心	1 800
45	陕西省西安市伟世网络有限责任公司阳光东方快车分公司	2 000	95	广东省广州市白云区沟通科技有限公司	1 800
46	陕西省西安广捷计算机网络信息有限公司	2 000	96	广东省广州市花都区龙之珠网吧有限公司	1 800
47	陕西省红树林网络俱乐部	2 000	97	广东省深圳市都达利实业有限公司丰观网吧	1 800
48	陕西省狂点网络俱乐部	2 000	98	广东省东莞市黄江镇新发现网吧	1 800
49	陕西省虫虫网络沙龙	2 000	99	广东省东莞市虎门星域网吧	1 800
50	陕西省鑫星网络有限公司	2 000	100	广东省东莞市塘夏兴毅网吧	1 800

全国文物保护管理机构按藏品排序

单位:件

名次	单位名称	藏品数	名次	单位名称	藏品数
	一、省级文物保护管理机构		21	云南省西双版纳傣族自治文物管理所	2 293
1	西藏自治区布达拉宫管理处	1312	22	云南省楚雄州文物管理所	2 230
2	甘肃炳灵寺文物保护研究所	355	23	河南省濮阳市文物保护管理所	2 175
3	北京市白塔寺管理处	137	24	云南省德宏州文物管理所	2 088
4	北京市团城演武厅管理处	59	25	西宁市文物管理所	1 944
5	西藏自治区罗布林卡管理处	25	26	宁夏回族自治区中卫市文物管理所	1 935
	二、地市级文物保护管理机构		27	山西省太原市双塔寺文物保管所	1 827
1	河南省洛阳市文物工作队	254 738	28	内蒙古自治区包头市文物管理处	1 800
2	河南省龙门石窟研究院	100 000	29	山东省滨州市文物管理处	1 757
3	河南省洛阳市第二文物工作队	43 505	30	吉林省辽源市文物管理所	1 757
4	四川省阿坝州文物管理所	16 431	31	河南省驻马店市文物考古管理所	1 640
5	河北省承德市外八庙管理处	7 250	32	内蒙古自治区锡盟文物保护管理所	1 434
6	四川省攀枝花市文物管理所	6 420	33	黑龙江省哈尔滨市文物管理站	1 419
7	江西省萍乡市博物馆	6 234	34	广西壮族自治区南宁孔庙管理所	1 383
8	安徽省安徽省六安市文物局	5 442	35	四川省达州市文物管理所	1 381
9	山东省莱芜市文物管理委员会办公室	5 305	36	湖南省邵阳市文物管理局	1 381
10	山西省山西省运城市文物工作站	5 037	37	安徽省巢湖市文物管理所	1 342
11	内蒙古自治区巴彦淖尔市文物站	4 457	38	广东省珠海市文体旅游局	1 200
12	福建省泉州天后宫文物保护管理处	3 426	39	河北省衡水市文物管理处	1 194
13	贵州省六盘水市文物管理所	3 344	40	内蒙古自治区阿拉善盟文物管理站	1 104
14	河南省鹤壁市文物工作队	3 231	41	吉林省白山市文物保护管理办公室	1 014
15	宁夏回族自治区银川西夏陵区管理处	2 914	42	河北省保定市文物管理所	1 012
16	河南省洛阳市白马寺汉魏故城文物保管所	2 783	43	内蒙古自治区呼和浩特市文物事业管理处	957
17	河北省邯郸市文物保护研究所	2 695	44	湖南省周立波故居管理所	852
18	河南省信阳市文物管理局	2 635	45	海南省海口市五公祠管理处	801
19	黑龙江省鹤岗市文物管理站	2 608	46	宁夏回族自治区吴忠市文物管理所	782
20	黑龙江省绥化市文物管理站	2 569			

全国文物保护管理机构按藏品排序

单位：件

名次	单位名称	藏品数	名次	单位名称	藏品数
47	吉林省通化市文物管理委员会办公室	752	24	重庆市巴南区文物管理所	8 302
48	四川省广元市文物管理所	708	25	云南省会泽县文物管理所	8 291
49	广西壮族自治区桂林市靖江王陵文物管理处	700	26	四川省旺苍县文物保护管理所	8 000
50	江苏省无锡市名人故居文物管理处	693	27	四川省绵竹市文物保护管理所	7 831
	三、县级文物保护管理机构		28	安徽省怀远县文物管理所	7 748
1	山东省曲阜市文物管理委员会(文物管理局)	63 886	29	浙江省瑞安市文物馆	7 642
2	山东省蓬莱阁文物管理处	32 588	30	湖北省利川市文管所	7 640
3	山西省吉县文物管理所	30 411	31	北京市周口店北京人遗址	7 449
4	四川省巴中市巴州区文物管理所	28 628	32	四川省通江县文物管理所	7 392
5	重庆市重庆市长寿区文管所	27 234	33	山西省朔州市朔城区崇福寺文物保管所	7 378
6	山西省寿阳县文物管理所	23 889	34	河南省灵宝市文物管理所	7 356
7	湖南省邵东县文物管理局	22 765	35	陕西省子长县钟山石窟文物管理所	7 200
8	河南省林州市文物管理所	18 902	36	山东省东阿县文物管理所	7 180
9	河北省涿州文物保护管理所	17 886	37	河南省宜阳县文物保护管理所	6 808
10	山东省昌乐县文物管理所	17 495	38	湖南省慈利县文物保护管理所	6 736
11	山东省章丘市文物保护管理所	14 820	39	河南省开封县文物保护管理所	6 650
12	四川省三台县文物管理所	14 718	40	湖南省靖州苗族侗族自治县文物管理所	6 627
13	重庆市丰都县文物管理所	14 427	41	重庆市开县文物管理所	6 127
14	河北省河北省磁县文物保管所	14 204	42	浙江省绍兴县文物保护管理所	6 103
15	河南省淇县文物管理所	13 296	43	浙江省东阳市文物管理办公室	5 880
16	四川省汶川县文物管理所	12 289	44	广东省顺德区博物馆	5 842
17	河南省长葛市文物管理所	11 872	45	四川省邛崃市文物管理局	5 706
18	四川省都江堰市文物局	11 335	46	河南省河南省信阳市光山县文物旅游局	5 684
19	山西省临县文物管理所	10 000	47	安徽省东至县文物管理所	5 608
20	重庆市巫山县文物管理所	9 989	48	山西省榆次区文物管理所	5 500
21	江苏省宜兴市文物管理委员会办公室	9 449	49	辽宁省锦州市太和区文物保管所	5 493
22	浙江省宁海县文物事业管理委员会办公室	8 462	50	安徽省五河县文物管理所	5 400
23	湖南省涟源市文物管理所	8 377			

全国文物保护管理机构按参观人次排序

单位：千人次

名次	单位名称	参观人次	名次	单位名称	参观人次
	一、省级文物保护管理机构				
1	西藏自治区布达拉宫管理处	561	21	浙江省杭州市园林文物局灵隐管理处(杭州花圃)	309
2	西藏自治区罗布林卡管理处	290	22	河南省许昌市霸陵桥文物管理处	302
3	甘肃炳灵寺文物保护研究所	61	23	湖北省武汉市晴川阁管理处	300
4	北京市白塔寺管理处	54	24	河南省郑州市商城遗址保护管理处	300
5	北京市团城演武厅管理处	20	25	江苏省无锡市名人故居文物管理处	297
	二、地市级文物保护管理机构		26	黑龙江省鹤岗市文物管理站	285
1	四川省乐山大佛乌尤文物保护管理局	1 933	27	江苏省东林书院文物管理处(无锡市)	281
2	河南省龙门石窟研究院	1 660	28	山西解州关帝庙文物保管所	280
3	浙江省杭州市园林文物局凤凰山管理处	1 386	29	湖北省襄樊市隆中管理委会	270
4	浙江省全国重点文物保护单位岳飞墓庙保管所	1 196	30	浙江省衢州市文物保护管理所	268
5	河南省濮阳市戚城文物景区管理处	910	31	浙江省杭州市西湖风景名胜区钱江管理处	225
6	河北省承德市避暑山庄管理处	813	32	浙江省宁波市文物保护管理所	221
7	湖北省宜昌市三游洞文物管理处	720	33	陕西省西安市青龙寺遗址保管所	215
8	浙江省杭州市文物保护管理所	684	34	河南省安阳市殷墟管理处	205
9	浙江省绍兴市大禹陵景区管理处	545	35	陕西省玉华宫管理局	200
10	广东省佛山市祖庙文物管理所	527	36	湖南省周立波故居管理所	170
11	浙江省宁波市保国寺古建筑博物馆(文保所)	520	37	浙江省绍兴市名人故居管理处	167
12	河北省承德市外八庙管理处	510	38	广东省潮州广济桥文物管理所	160
13	海南省海口市海瑞墓管理处	500	39	云南省昆明市聂耳墓文物管理所	150
14	浙江省绍兴市兰亭景区管理处	490	40	山西省大同市古建筑文物保管所	144
15	甘肃省嘉峪关文物景区管理委员会	410	41	陕西省西安市汉长安城遗址保管所	130
16	浙江省绍兴市沈园景区管理处	403	42	内蒙古自治区兴安盟文物站	120
17	陕西省药王山管理局	390	43	贵州省安顺市王若飞故居管理处	120
18	宁夏回族自治区银川西夏陵区管理处	380	44	江苏省苏州市市区文物管理保护管理所	116
19	新疆维吾尔自治区吐鲁番地区文物管理局	377	45	山东省烟台山文物管理处	112
20	江苏省无锡市薛福成故居文物管理处	347	46	海南省海口市五公祠管理处	110

全国文物保护管理机构按参观人次排序

单位:人次

名次	单位名称	参观人次	名次	单位名称	参观人次
47	宁夏回族自治区银川市贺兰山岩画管理处	102	24	云南省崇圣寺三塔文物保护管理所	500
48	山西省太原市双塔寺文物保管所	100	25	辽宁省清原满族自治县文物管理所	500
49	广西壮族自治区桂林市靖江王陵文物管理处	100	26	辽宁省朝阳县文物管理所	500
50	陕西省西安市大明宫遗址保管所	98	27	宁夏回族自治区海原县文物管理所	460
	三、县级文物保护管理机构		28	河北省易县清西陵文物管理处	450
1	北京市延庆县八达岭特区办事处	6 899	29	山西省平遥县镇国寺管理处	410
2	北京市昌平区十三陵特区办事处	4 695	30	广东省德庆县悦城龙母祖庙文物管理所	410
3	山东省曲阜市文物管理委员会(文物管理局)	3 430	31	山西省运城市盐湖区舜帝陵庙文管所	400
4	贵州省毕节市文物管理所	3 000	32	浙江省海宁市盐官文物保护管理所	392
5	广东省南沙区虎门炮台管理所	3 000	33	贵州省荔波县文物管理所	390
6	云南省临翔区文馆所	2 000	34	陕西省汉滨区文物管理所	381
7	安徽省五河县文物管理所	2 000	35	云南省牟定县文物管理所	380
8	陕西省佳县白云山道教管委会	1 500	36	河南省巩义市康百万庄园保护所	360
9	安徽省固镇县文物管理所	1 500	37	陕西省城隍庙文管所	356
10	山东省汶上县文物管理局	1 400	38	辽宁省义县奉国寺管理处	350
11	山西省平遥县古城墙管理处	1 080	39	湖南省衡东县文物局	336
12	山东省蓬莱阁文物管理处	1 077	40	四川省成都市温江区文物保护管理所	310
13	河北省秦皇岛市山海关古城景区管理处	940	41	云南省红河县文物保护管理所	300
14	浙江省宁波市镇海区文物管理委员会	900	42	河南省安阳县宝山灵泉寺景区管理委员会	300
15	河北省秦皇岛市山海关区老龙头景区管理处	808	43	贵州省遵义市汇川区文物管理所	290
16	新疆维吾尔自治区察布查尔县文物局	800	44	陕西省杨贵妃墓文物管理所	289
17	广东省黄埔区南海神庙文物管理所	797	45	河南省汝州市风穴寺文物保护管理所	280
18	江苏省盱眙县明祖陵文物管理处	756	46	河南省巩义市北宋皇陵管理处	270
19	河北省赵县文物保护管理所	750	47	陕西省岐山县周公庙管理处	268
20	陕西省黄帝陵管理局	720	48	湖南省吉首市文物保护管理所	267
21	山西省平遥县文庙管理处	600	49	陕西省平利县文物事业管理所	265
22	湖南省辰溪县文物管理所	530	50	河北省涉县文物保管所	265
23	浙江省湖州市南浔区文物保护管理所	500			

全国文物保护管理机构按门票收入排序

单位:千元

名次	单位名称	门票收入	名次	单位名称	门票收入
	一、省级文物保护管理机构				
1	西藏自治区布达拉宫管理处	50 967	21	四川省广元市文物管理所	2 122
2	西藏自治区罗布林卡管理处	3 944	22	河北省邯郸市黄粱梦文物管理处	1 437
3	甘肃炳灵寺文物保护研究所	3 281	23	山西省大同市古建筑文物保管所	1 383
4	北京市白塔寺管理处	483	24	浙江省绍兴市名人故居管理处	1 358
5	甘肃北石窟寺文物保护研究所	155	25	浙江省宁波市保国寺古建筑博物馆(文保所)	1 244
	二、地市级文物保护管理机构		26	陕西省西安市青龙寺遗址保管所	1 200
1	河南省龙门石窟研究院	128 110	27	陕西省药王山管理局	1 080
2	浙江省杭州市园林文物局灵隐管理处(杭州花圃)	124 110	28	江苏省无锡市薛福成故居文物管理处	1 028
3	河北省承德市避暑山庄管理处	55 971	29	山东省聊城市光岳楼管理处	965
4	四川省乐山大佛乌尤文物保护管理局	46 053	30	海南省海口市五公祠管理处	960
5	浙江省全国重点文物保护单位岳飞墓庙保管所	32 227	31	陕西省玉华宫管理局	902
6	河北省承德市外八庙管理处	18 496	32	河南省许昌市霸陵桥文物管理处	879
7	宁夏回族自治区银川西夏陵区管理处	17 000	33	河南省许昌市春秋楼文物管理处	820
8	浙江省杭州市西湖风景名胜区钱江管理处	16 668	34	陕西省榆林市红石峡文物管理所	779
9	湖北省襄樊市隆中管理委会	12 900	35	山西芮城永乐宫文物保管所	760
10	浙江省绍兴市大禹陵景区管理处	11 537	36	陕西省榆林市镇北台文物管理所	730
11	广东省佛山市祖庙文物管理所	10 043	37	宁夏回族自治区银川市海宝塔寺管理所	700
12	新疆维吾尔自治区吐鲁番地区文物管理局	9 700	38	浙江省衢州孔氏南宗家庙管理委员会	586
13	浙江省绍兴市兰亭景区管理处	8 913	39	山西省太原市双塔寺文物保管所	560
14	河南省安阳市殷墟管理处	8 050	40	江苏省苏州市市区文物管理保护管理所	527
15	山西解州关帝庙文物保管所	7 820	41	广西壮族自治区桂林市靖江王陵文物管理处	502
16	宁夏回族自治区银川市贺兰山岩画管理处	4 426	42	河南省濮阳市戚城文物景区管理处	450
17	广东省潮州广济桥文物管理所	3 000	43	山西省太原市天龙山文物保管所	360
18	山东省烟台山文物管理处	2 780	44	海南省海口市海瑞墓管理处	335
19	内蒙古自治区呼和浩特市文物事业管理处	2 460	45	广东省潮州古城区文物管理所	300
20	湖北省宜昌市三游洞文物管理处	2 391	46	湖北省荆州市文物管理处	273

全国文物保护管理机构按门票收入排序

单位：千元

名次	单位名称	门票收入	名次	单位名称	门票收入
47	山西省太原市太山文物保管所	160	24	辽宁省桓仁满族自治县五女山山城管理处	4 220
48	江苏省东林书院文物管理处（无锡市）	154	25	河北省涉县文物保管所	4 134
49	山西省太原市崛围山文物保管所	150	26	湖北省钟祥市显陵管理处	4 108
50	山西省晋城市青莲寺文物管理处	119	27	河南省巩义市康百万庄园保护所	3 574
	三、县级文物保护管理机构		28	河北省秦皇岛市山海关区孟姜女庙景区管理处	3 433
1	北京市昌平区十三陵特区办事处	168 830	29	山东省汶上县文物管理局	3 180
2	山东省曲阜市文物管理委员会（文物管理局）	150 303	30	陕西省岐山县周公庙管理处	2 786
3	山东省蓬莱阁文物管理处	89 531	31	辽宁省新宾满族自治县赫图阿拉城文物管理所	2 686
4	陕西省黄帝陵管理局	41 893	32	广东省黄埔区南海神庙文物管理所	2 593
5	河北省秦皇岛市山海关区老龙头景区管理处	30 236	33	广东省佛山市顺德区清晖园管理处	2 434
6	河北省秦皇岛市山海关古城景区管理处	29 592	34	陕西省宝鸡市陈仓区钓鱼台文物管理所	2 040
7	北京市延庆县八达岭特区办事处	21 946	35	天津市蓟县文物保管所	2 010
8	河北省清东陵文物管理处	21 610	36	湖南省曾国藩故里管理处	1 900
9	山西省平遥县古城墙管理处	19 000	37	四川省泸定县泸定桥文物管理局	1 810
10	广东省德庆县悦城龙母祖庙文物管理所	14 200	38	新疆维吾尔自治区喀什市文物保护管理所	1 620
11	山西省洪洞县大槐树迁民遗址文物管理所	13 486	39	山东省惠民县魏氏庄园管理处	1 500
12	广西壮族自治区恭城瑶族自治县文物管理所	12 600	40	北京市周口店北京人遗址	1 490
13	河北省正定县文物保管所	8 199	41	陕西省韩城市司马迁祠文管所	1 300
14	陕西省佳县白云山道教管委会	8 000	42	河南省安阳马氏庄园景区管理委员会	1 195
15	陕西省西岳庙文管处	7 837	43	宁夏回族自治区青铜峡市文物管理所	1 060
16	河北省易县清西陵文物管理处	7 100	44	辽宁省义县奉国寺管理处	1 000
17	山西省应县木塔文物保管所	6 300	45	广东省德庆学宫管理所	985
18	山西省平遥县文庙管理处	6 100	46	浙江省东阳市卢宅文物保护管理所	955
19	河北省赵县文物保护管理所	5 594	47	四川省巴中市巴州区文物管理所	927
20	江苏省盱眙县明祖陵文物管理处	5 353	48	河北省邯郸市峰峰矿区响堂山风景管理处	870
21	四川省阆中市文物管理所	5 000	49	辽宁省新宾满族自治县清永陵文物管理所	851
22	山东省长清区灵岩寺旅游区管理委员会	4 959	50	山西省洪洞县广胜寺文物管理所	820
23	山东省栖霞市牟氏庄园管理处	4 223			

全国博物馆机构按藏品排序

单位:件

名次	单位名称	藏品数	名次	单位名称	藏品数
	一、中央直属博物馆机构				
1	故宫博物院	1 089 227	34	上海市历史博物馆	41 294
2	中国国家博物馆	622 700	35	新疆维吾尔自治区博物馆	39 532
3	北京鲁迅博物馆	30 807	36	上海市中国共产党第一次全国代表大会会址纪念馆	38 984
4	国际友谊博物馆	16 084	37	宁夏回族自治区博物馆	37 997
5	北京新文化运动纪念馆	3 500	38	青海柳湾彩陶博物馆	37 925
	二、省级博物馆机构		39	贵州省博物馆	37 072
1	首都博物馆	1 020 962	40	广东美术馆	31 952
2	江苏省南京博物院	449 922	41	江西省井冈山革命博物馆	30 198
3	天津自然博物馆	400 133	42	西藏博物馆	29 426
4	陕西历史博物馆	381 741	43	山西省艺术博物馆	23 000
5	安徽省博物馆	218 957	44	海南省博物馆	19 375
6	湖北省博物馆	205 760	45	宁夏固原博物馆	18 582
7	云南省博物馆	204 498	46	陕西省西安半坡博物馆	18 442
8	福建博物院	180 328	47	海南省民族博物馆	12 300
9	重庆中国三峡博物馆	177 203	48	江西省瑞金中央革命根据地纪念馆	11 706
10	广东省博物馆	166 253	49	青海省博物馆	9 663
11	四川博物院	159 135	50	陕西省法门寺博物馆	9 439
12	天津博物馆	147 277		**三、地市级博物馆机构**	
13	上海博物馆	134 320	1	江苏省侵华日军南京大屠杀遇难同胞纪念馆	143 669
14	内蒙古自治区博物院	133 206	2	陕西省西安博物院	120 116
15	河南博物院	129 878	3	内蒙古包头博物馆	108 831
16	浙江自然博物馆	121 919	4	山东省青岛市博物馆	108 267
17	辽宁省博物馆	115 740	5	湖南省长沙市简牍博物馆	100 000
18	湖南省博物馆	114 516	6	安徽中国徽州文化博物馆	96 903
19	山东省博物馆	113 416	7	河南省开封市博物馆	87 665
20	黑龙江省博物馆	110 000	8	广东省惠州市博物馆	85 923
21	山西博物院	96 425	9	江苏省南京市博物馆	78 998
22	河北省民俗博物馆	93 320	10	湖北省恩施土家族苗族自治州博物馆	76 948
23	重庆红岩革命历史博物馆	92 000	11	湖北省鄂州市博物馆	76 858
24	吉林省博物院	88 976	12	浙江省宁波市天一阁博物馆	75 860
25	甘肃省博物馆	84 807	13	山西省长治市博物馆	61 666
26	上海鲁迅纪念馆	83 856	14	湖北省荆门市博物馆	60 725
27	重庆自然博物馆	82 512	15	浙江省宁波博物馆	60 000
28	浙江博物馆	79 482	16	江苏省苏州戏曲博物馆	55 430
29	北京艺术博物馆	74 714	17	山东省烟台市博物馆	54 590
30	江西省博物馆	52 188	18	河南省鹤壁市博物馆	52 944
31	广西壮族自治区自然博物馆	49 084	19	江苏省南通博物苑	49 213
32	湖南省韶山毛泽东同志纪念馆	44 216	20	河南省许昌市博物馆	45 684
33	广西壮族自治区博物馆	41 709	21	甘肃省武威市博物馆	44 733

全国博物馆机构按藏品排序

单位:件

名次	单位名称	藏品数	名次	单位名称	藏品数
22	湖南省长沙市博物馆	44 290	11	四川省南江县博物馆	34 210
23	四川省成都杜甫草堂博物馆	42 989	12	甘肃省和政县古动物化石博物馆	31 000
24	广东省广州博物馆	40 864	13	安徽省歙县博物馆	30 440
25	广东省江门市五邑华侨华人博物馆	39 741	14	山东省青州市博物馆	28 594
26	广西省柳州市博物馆	37 333	15	重庆市中国民间医药博物馆	28 500
27	湖北省十堰市博物馆	33 036	16	浙江省嵊州市越剧博物馆	26 935
28	甘肃省天水市博物馆	32 432	17	四川省成都中医药大学博物馆	24 800
29	陕西省延安革命纪念馆	31 613	18	吉林省长白山自然博物馆	21 430
30	山西省大同市博物馆	30 000	19	山东省平度市博物馆	21 000
31	江苏省镇江博物馆	29 308	20	河南省偃师商城博物馆	20 793
32	辽宁省旅顺博物馆	27 808	21	浙江省上虞博物馆	20 072
33	辽宁省抚顺市雷锋纪念馆	26 655	22	河北省定州市博物馆	19 723
34	广东省河源市博物馆	26 072	23	云南泰丽宫珠宝有限公司	19 000
35	河北省承德市避暑山庄博物馆	24 986	24	山东省即墨市博物馆	18 000
36	广东省揭阳市博物馆	24 661	25	河北省平泉县博物馆	17 713
37	广东省广州艺术博物院	24 443	26	江西省吉水县博物馆	16 816
38	广西省桂林博物馆	24 418	27	重庆市刘伯承同志纪念馆管理处	16 464
39	江苏省常州市博物馆	24 001	28	江苏省常熟博物馆	16 000
40	湖北省荆州市博物馆	23 021	29	江西省铜鼓县博物馆(秋收起义铜鼓纪念馆)	15 329
41	湖南省岳阳博物馆	22 234	30	山东省邹城博物馆	15 248
42	江苏省无锡博物院	22 149	31	山东省诸城市博物馆	15 000
43	山西省晋城博物馆	21 850	32	内蒙古自治区巴林左旗博物馆	15 000
44	广东省深圳博物馆	21 758	33	湖北省武穴市博物馆	14 928
45	广东省广东革命历史博物馆	21 045	34	湖北省鹤峰县博物馆	14 882
46	山东省济南市博物馆	20 984	35	山东省章丘市博物馆	14 820
47	江西省景德镇陶瓷馆	20 967	36	湖北省老河口市博物馆	14 527
48	浙江省温州博物馆	20 913	37	江西省樟树市博物馆	14 362
49	江苏省苏州中医药博物馆	20 809	38	河南省济源市博物馆	14 179
50	四川省凉山彝族自治州博物馆	20 204	39	山东省滕州市博物馆	13 555
	四、县级博物馆机构		40	广东省和平县博物馆	13 503
1	吉林省暨东北师范大学自然博物馆	70 000	41	甘肃省敦煌市博物馆	13 387
2	四川省成都理工大学博物馆	60 000	42	湖北省天门市博物馆	13 000
3	河南省新郑市博物馆	58 236	43	湖南省刘少奇同志纪念馆	12 816
4	湖北省浠水县博物馆	51 021	44	山西省陵川县博物馆	12 721
5	山西省曲沃县博物馆	45 616	45	山东省莒县博物馆	12 674
6	四川大学博物馆	45 600	46	湖北省红安县董必武故居纪念馆	12 447
7	辽宁省抗美援朝纪念馆	45 068	47	山西省沁源县文物馆	12 395
8	重庆市万州区博物馆	40 159	48	河南省巩义市博物馆	12 286
9	河南省舞阳县博物馆	38 000	49	江苏省睢宁县钱币博物馆	12 280
10	青海省乐都县博物馆	36 322	50	安徽省祁门县博物馆	12 000

全国博物馆机构按参观人次排序

单位:千人次

名次	单位名称	参观人次	名次	单位名称	参观人次
	一、中央直属博物馆机构				
1	故宫博物院	11 715	34	江西省南京博物院	510
2	国际友谊博物馆	500	35	重庆大足石刻艺术博物馆	505
3	中国国家博物馆	300	36	吉林省博物院	500
4	北京鲁迅博物馆	26	37	福建博物院	492
5	北京新文化运动纪念馆	23	38	甘肃省博物馆	490
	二、省级博物馆机构		39	陕西省西安碑林博物馆	474
1	重庆红岩革命历史博物馆	5 450	40	辽宁省博物馆	473
2	湖南省韶山毛泽东同志纪念馆	3 500	41	广西壮族自治区自然博物馆	433
3	江西省井冈山革命博物馆	2 480	42	北京市孔庙和国子监博物馆	425
4	江西省南京中国近代史遗址博物馆	2 480	43	黑龙江省哈尔滨建筑艺术馆	420
5	陕西省秦始皇兵马俑博物馆	2 322	44	天津自然博物馆	408
6	江西省南昌八一起义纪念馆	1 528	45	青海省博物馆	399
7	上海博物馆	1 511	46	陕西历史博物馆	360
8	重庆中国三峡博物馆	1 502	47	江西省安源路矿工人运动纪念馆	360
9	湖南省博物馆	1 419	48	湖北艺术博物馆	355
10	河南博物院	1 380	49	上海市中国共产党第一次全国代表大会会址纪念馆	350
11	浙江博物馆	1 284	50	河北省博物馆	350
12	广东省博物馆	1 230		**三、地市级博物馆机构**	
13	天津市周恩来邓颖超纪念馆	1 209	1	江苏省侵华日军南京大屠杀遇难同胞纪念馆	4 390
14	首都博物馆	1 169	2	江苏省淮海战役烈士纪念塔管理局(徐州市)	3 543
15	黑龙江省博物馆	1 122	3	四川省成都武侯祠博物馆	3 000
16	湖北省博物馆	1 056	4	广东省鸦片战争博物馆	3 000
17	福建中国闽台缘博物馆	1 039	5	江西省景德镇陶瓷民俗博物馆	2 000
18	山西博物院	985	6	浙江省绍兴鲁迅纪念馆	1 753
19	云南省博物馆	965	7	四川省成都杜甫草堂博物馆	1 678
20	内蒙古自治区博物院	941	8	四川省乐山市麻浩崖墓博物馆	1 500
21	江西省博物馆	897	9	江苏省南京市雨花台烈士纪念馆	1 400
22	重庆自然博物馆	890	10	广东省孙中山故居纪念馆	1 376
23	山西省八路军太行纪念馆	850	11	江苏省茅山新四军纪念馆(镇江市)	1 350
24	浙江自然博物馆	781	12	贵州省遵义会议纪念馆	1 200
25	海南省博物馆	750	13	山东省中国甲午战争博物馆	1 120
26	陕西省乾陵博物馆	695	14	江苏省周恩来纪念馆(淮安市)	1 100
27	天津博物馆	628	15	广西省百色起义纪念馆	1 100
28	北京艺术博物馆	628	16	广东省深圳博物馆	1 100
29	浙江省中国丝绸博物馆	605	17	江苏省苏州博物馆	1 079
30	江西省瑞金中央革命根据地纪念馆	600	18	辽宁省抚顺市雷锋纪念馆	1 000
31	陕西省法门寺博物馆	590	19	湖北省随州市博物馆	953
32	黑龙江省科学技术馆	550	20	江苏省新四军纪念馆(盐城市)	950
33	黑龙江省东北烈士纪念馆	515	21	辽宁省沈阳故宫博物院	888

全国博物馆机构按参观人次排序

单位:千人次

名次	单位名称	参观人次	名次	单位名称	参观人次
22	河南省洛阳博物馆	882	11	上海豫园管理处	1 293
23	四川省成都博物院	860	12	河南省淮阳县太昊陵管理处	1 250
24	湖北省荆州市博物馆	860	13	江苏省常熟市沙家浜革命历史纪念馆(集体)	1 219
25	江苏省淮安市博物馆	850	14	山西省灵石县王家大院民居艺术馆	1 201
26	广东省黄埔军校旧址纪念馆	835	15	云南省彝良县文化体育局	1 200
27	江苏省南京市博物馆	815	16	甘肃省临潭县洮州民俗博物馆	1 200
28	河北省承德市避暑山庄博物馆	813	17	山西省平遥县博物馆	1 080
29	浙江省宁波博物馆	811	18	山西省平遥县中国票号博物馆	1 080
30	黑龙江省大庆铁人王进喜纪念馆	810	19	湖南省中国人民抗日战争胜利芷江洽降旧址纪念馆	1 050
31	内蒙古自治区呼伦贝尔民族博物馆	800	20	河南省兰考焦裕禄纪念园管理处	1 014
32	广东省深圳美术馆	753	21	四川省红四方面军总指挥部旧址纪念馆	850
33	辽宁省沈阳"九一八"历史博物馆	730	22	安徽省屯溪区博物馆	828
34	浙江省杭州名人纪念馆	715	23	山西祁县乔家大院民俗博物馆	800
35	福建省龙岩市古田会议纪念馆	708	24	湖北省武当山旅游经济特区博物馆	786
36	陕西省延安革命纪念馆	700	25	江苏省昆山昆曲博物馆	760
37	广东民间工艺博物馆	682	26	湖南省贺龙纪念馆	755
38	河南省安阳市民间艺术博物馆	650	27	河北省乐亭县李大钊纪念馆	720
39	江苏省镇江博物馆	645	28	贵州省息烽县集中营革命历史纪念馆	700
40	湖北省武汉市革命博物馆	640	29	山西省三多堂博物馆	690
41	辽宁省辽沈战役纪念馆	632	30	河南省内乡县县衙博物馆	680
42	广西省柳州市博物馆	624	31	湖南省任弼时同志纪念馆	670
43	吉林省伪满皇宫博物院	620	32	山东省枣庄市台儿庄区台儿庄大战纪念馆	668
44	吉林省东北沦陷史陈列馆	620	33	四川省朱德同志故居纪念馆	663
45	江苏省无锡博物院	608	34	江苏省昆山中国古砖瓦博物馆(集体)	643
46	浙江省宁波市天一阁博物馆	598	35	江西省九江市庐山博物馆	640
47	四川省三苏祠博物馆	580	36	浙江省杭州市萧山区博物馆	634
48	黑龙江省侵华日军第七三一部队罪证陈列馆	576	37	江苏省徐州市龟山汉墓管理处(九里区)	600
49	四川省川陕革命根据地博物馆	572	38	江苏省周恩来故居管理处(楚州区)	600
50	广东省广州艺术博物院	559	39	河南省项城市博物馆	600
	四、县级博物馆机构		40	河北省冉庄地道战纪念馆	600
1	四川省罗江县博物馆	3 000	41	广东省佛山市三水区博物馆	560
2	四川省名山县蒙山茶史博物馆	2 200	42	四川省宜宾市赵一曼纪念馆	558
3	湖南省刘少奇同志纪念馆	2 020	43	湖南省杨开慧纪念馆	524
4	贵州省黎平县堂安生态博物馆	2 000	44	广西省容县博物馆	521
5	河北省西柏坡纪念馆	1 986	45	河南省信阳市新县鄂豫皖苏区首府革命博物馆	516
6	浙江省桐乡市茅盾纪念馆	1 950	46	河北省涉县八路军一二九师陈列馆	510
7	云南省昆明金殿历史文物馆	1 800	47	山东省汶上县中都博物馆	500
8	四川省资中县博物馆	1 667	48	辽宁省朝阳县博物馆	500
9	福建省武夷山市博物馆	1 600	49	江苏省南京百家湖博物馆(江宁区)	500
10	安徽省固镇县博物馆	1 500	50	吉林省通化东北抗日联军英雄纪念馆	500

全国博物馆机构按门票收入排序

单位:千元

名次	单位名称	门票收入	名次	单位名称	门票收入
	一、中央直属博物馆机构			三、地市级博物馆机构	
1	北京鲁迅博物馆	55	1	四川省成都武侯祠博物馆	41 355
	二、省级博物馆机构		2	辽宁省沈阳故宫博物院	34 294
1	陕西省秦始皇兵马俑博物馆	243 848	3	吉林省伪满皇宫博物院	29 700
2	江苏省南京中国近代史遗址博物馆	60 600	4	河北省承德市避暑山庄博物馆	24 808
3	重庆大足石刻艺术博物馆	30 582	5	山西省太原市晋祠博物馆	24 616
4	陕西省乾陵博物馆	20 249	6	四川省成都杜甫草堂博物馆	18 652
5	陕西省汉阳陵博物馆	12 206	7	四川省成都博物院	18 185
6	陕西省法门寺博物馆	5 657	8	陕西省西安市钟鼓楼博物馆	11 045
7	北京市孔庙和国子监博物馆	4 224	9	辽宁省张氏帅府博物馆	10 377
8	天津自然博物馆	3 453	10	辽宁省沈阳金融博物馆	7 815
9	黑龙江省哈尔滨建筑艺术馆	3 416	11	浙江省宁波市天一阁博物馆	6 561
10	首都博物馆	3 121	12	四川省自贡恐龙博物馆	6 396
11	湖南省博物馆	3 109	13	陕西省西安博物院	6 339
12	黑龙江省科学技术馆	2 750	14	河南省洛阳关林管理处	5 517
13	内蒙古自治区将军衙署博物院	2 133	15	四川省乐山市麻浩崖墓博物馆	5 449
14	北京西山大觉寺管理处	2 115	16	河南省南阳市博物馆	5 290
15	陕西省西安半坡博物馆	2 000	17	河北省保定直隶总督署博物馆	4 105
16	陕西省乾陵懿德太子墓博物馆	1 892	18	辽宁省旅顺日俄监狱旧址博物馆	3 969
17	广东美术馆	1 670	19	广东中国客家博物馆	3 203
18	北京市正阳门管理处	1 253	20	山东省青岛迎宾馆	3 110
19	陕西省西安碑林博物馆	1 174	21	江苏省南京市太平天国历史博物馆	2 701
20	北京艺术博物馆	427	22	江苏省徐州圣旨博物馆	2 500
21	北京市古代钱币展览馆	380	23	河南省周口市关帝庙民俗博物馆	2 360
22	天津博物馆	347	24	广东省广州博物馆	2 312
23	北京市大钟寺古钟博物馆	300	25	甘肃省天水市博物馆	2 226
24	北京古代建筑博物馆	177	26	江苏省南京市博物馆	2 202
25	北京石刻艺术博物馆	144	27	山东省淄博中国陶瓷馆	2 014
26	青海柳湾彩陶博物馆	134	28	江苏省徐州汉兵马俑博物馆	2 000
27	重庆红岩革命历史博物馆	107	29	广东省西汉南越王博物馆	1 821
28	天津市周恩来邓颖超纪念馆	80	30	江苏省南京市明城垣史博物馆	1 420
29	天津市戏剧博物馆文庙博物馆管理办公室	78	31	山东省聊城市博物馆	1 419
30	福建闽越王城博物馆	3	32	江苏省扬州汉广陵王墓博物馆	1 395

全国博物馆机构按门票收入排序

单位:千元

名次	单位名称	门票收入	名次	单位名称	门票收入
33	河南省三门峡市虢国博物馆	1 260	17	浙江省长兴金钉子保护区博物馆	2 580
34	湖南省岳阳博物馆	1 125	18	陕西省临潼区扁鹊纪念馆	2 560
35	广东省潮州市韩愈纪念馆	1 020	19	重庆市石宝寨	2 500
36	江苏省南京天文历史博物馆	1 000	20	江苏省南京江南贡院历史陈列馆(秦淮区、集体)	2 330
37	江西省八大山人纪念馆	866	21	河北省满城县汉墓博物馆	2 208
38	江苏省泰州市梅兰芳纪念馆	834	22	甘肃省张掖市甘州区博物馆	2 192
39	广东省东莞市可园博物馆	824	23	北京市钟鼓楼文物保管所	2 041
40	山东省泰安市博物馆	800	24	重庆湖广会馆管理处	1 794
41	湖北省荆州市博物馆	800	25	贵州省苗族刺绣博物馆	1 650
42	辽宁省旅顺博物馆	723	26	四川省新都杨升庵博物馆	1 600
43	江苏省南京市民俗博物馆	690	27	河南省河南省汤阴县岳飞纪念馆	1 598
44	甘肃省武威市博物馆	640	28	河南省汤阴县羑里周易博物馆	1 418
45	河北省保定市莲池博物馆	629	29	山西省榆社县化石博物馆	1 400
46	江苏省扬州八怪纪念馆	627	30	黑龙江省哈尔滨市阿城区金上京历史博物馆	1 350
47	四川省自贡市盐业历史博物馆	526	31	山东省齐国故城遗址博物馆	1 273
48	广西省桂海碑林博物馆	512	32	陕西省西安临潼区鸿门坂博物馆	1 260
49	广东民间工艺博物馆	507	33	四川省资中县博物馆	1 180
50	河南省南阳知府衙门博物馆	475	34	河南省叶县县衙博物馆	1 080
	四、县级博物馆机构		35	天津市民俗博物馆	1 074
1	上海豫园管理处	40 670	36	贵州省郎德上寨露天博物馆	1 000
2	山西省灵石县王家大院民居艺术馆	30 688	37	山西省临汾市尧都区博物馆	982
3	山西祁县乔家大院民俗博物馆	20 600	38	广东省深圳市龙岗区大鹏古城博物馆	850
4	河南省淮阳县太昊陵管理处	19 660	39	福建省中国船政文化博物馆	770
5	山西省平遥县中国票号博物馆	19 000	40	江苏省宿迁市宿豫区博物馆	768
6	山西省平遥县博物馆	18 000	41	陕西省岐山县五丈原诸葛亮庙博物馆	760
7	浙江省安吉竹子博览园有限责任公司	10 650	42	贵州省安龙博物馆	750
8	四川省大邑刘氏庄园博物馆	9 711	43	贵州省万山特区博物馆	720
9	河南省内乡县县衙博物馆	8 120	44	湖南省张家界市永定区博物馆	700
10	陕西省临潼区博物馆	6 960	45	上海市嘉定博物馆	653
11	重庆市云阳县张桓侯庙	5 028	46	山西省三多堂博物馆	650
12	天津杨柳青博物馆	4 843	47	江苏省宿迁市宿城区博物馆	600
13	重庆市钓鱼城古战场遗址博物馆	4 043	48	湖南省中国人民抗日战争胜利芷江洽降旧址纪念馆	600
14	江苏省徐州市龟山汉墓管理处(九里区)	4 000	49	浙江省平湖市莫氏庄园陈列馆	597
15	北京民俗博物馆	2 949	50	陕西省彬县大佛寺石窟博物馆	550
16	安徽省李鸿章故居陈列馆	2 726			

全国文物科研机构按藏品排序

单位:件

名次	单位名称	藏品	名次	单位名称	藏品
	一、省级文物科研机构				
1	河南省文物考古研究所	184 117	3	河南省安阳市文物考古研究所	34 100
2	河北省文物研究所	125 461	4	广东省广州市文物考古研究所	31 146
3	河北省文物保护中心	72 311	5	河南省三门峡市文物考古研究所	15 952
4	甘肃省文物考古研究所	64 987	6	浙江省绍兴市文物考古研究所	14 842
5	青海省文物考古研究所	55 452	7	湖南省长沙市考古研究所	11 691
6	湖南省文物考古研究所	22 913	8	陕西省咸阳市文物保护中心	10 503
7	山东省文物考古研究所	20 500	9	湖北省武汉市文物考古研究所	8 395
8	陕西省考古研究院	18 812	10	陕西省西安市文物保护考古所	5 066
9	内蒙古自治区文物考古研究所	14 479	11	江苏省扬州市文物考古研究所	5 066
10	浙江省文物考古研究所	7 398	12	陕西省咸阳市文物考古研究所	5 029
11	山西省考古研究所	3 862	13	辽宁省沈阳市文物考古研究所	4 604
12	黑龙江省文物考古研究所	3 309	14	河南省南阳市文物考古研究所	3 934
13	广东省文物考古研究所	3 000	15	山西省大同市考古研究所	2 078
14	云南省文物考古研究所	2 453	16	山东省济南市考古研究所	1 551
15	新疆维吾尔自治区文物考古研究所	2 244	17	江西省景德镇市陶瓷考古研究所	1 385
16	甘肃省敦煌研究院	2 238	18	陕西省榆林市文物保护研究所	1 065
17	吉林省文物考古研究所	1 127	19	陕西省延安市文物研究所	925
18	广西文物考古研究所	1 100	20	山西省运城市文物保护研究所	828
19	贵州省考古研究所	916	21	陕西省渭南市文物保护考古研究所	687
20	甘肃省麦积山石窟艺术研究所	800	22	甘肃省武威市文物考古研究所	523
21	新疆维吾尔自治区龟兹研究院	322	23	广东省深圳市文物考古鉴定所	400
22	安徽省文物考古研究所	233	24	陕西省铜川市考古研究所	370
23	北京市文物研究所	153	25	吉林省长春市文物保护研究所	241
24	宁夏回族自治区文物考古研究所	128	26	黑龙江省文物考古研究所黑河分所	227
	二、地市级文物科研机构			三、县级文物科研机构	
1	四川省成都文物考古研究所	92 465	1	陕西省渭城区文物保护中心	799
2	河南省郑州市文物考古研究院	66 719	2	陕西省蒲城县文物保护开发中心	165

附　　录

第三批国家级非物质文化遗产项目代表性传承人名单

（排名不分先后）

一、民间文学(25人)

序号	姓名	性别	民族	申报地区或单位	项目名称	项目编码
03—0778	张定强	男	苗	贵州省台江县	苗族古歌	Ⅰ—1
03—0779	黄达佳	男	壮	广西壮族自治区田阳县	布洛陀	Ⅰ—2
03—0780	李作柄	男	汉	甘肃省武威市凉州区	河西宝卷	Ⅰ—13
03—0781	罗成贵	男	汉	湖北省丹江口市	伍家沟民间故事	Ⅰ—15
03—0782	刘远扬	男	汉	重庆市九龙坡区	走马镇民间故事	Ⅰ—17
03—0783	刘则亭	男	汉	辽宁省大洼县	古渔雁民间故事	Ⅰ—18
03—0784	刘永芹	女	蒙古	辽宁省喀喇沁左翼蒙古族自治县	喀左东蒙民间故事	Ⅰ—19
03—0785	王锡余	男	汉	上海市青浦区	吴　歌	Ⅰ—22
03—0786	张浩生	男	汉	江苏省无锡市		
03—0787	买买提阿力·阿拉马提	男	柯尔克孜	新疆维吾尔自治区克孜勒苏柯尔克孜自治州	玛纳斯	Ⅰ—25
03—0788	桑　珠	男	藏	西藏自治区	格萨(斯)尔	Ⅰ—27
03—0789	罗布生	男	蒙古	内蒙古自治区		
03—0790	爱新觉罗·庆凯	男	满	辽宁省文学艺术界联合会民间文艺家协会	满族民间故事	Ⅰ—53
03—0791	孙家香	女	土家	湖北省长阳土家族自治县	都镇湾故事	Ⅰ—56
03—0792	何巴特尔	男	蒙古	内蒙古自治区科尔沁左翼中旗	嘎达梅林	Ⅰ—59
03—0793	郭有珍	女	彝	云南省楚雄彝族自治州	梅　葛	Ⅰ—63
03—0794	李腊翁	男	德昂	云南省德宏傣族景颇族自治州	达古达楞格莱标	Ⅰ—65
03—0795	马虎成	男	东乡	甘肃省东乡族自治县	米拉尕黑	Ⅰ—68
03—0796	才仁索南	男	藏	青海省治多县	康巴拉伊	Ⅰ—69
03—0797	茶汉扣文	男	蒙古	青海省海西蒙古族藏族自治州	汗青格勒	Ⅰ—70
03—0798	夏赫·买买提	男	维吾尔	新疆维吾尔自治区	维吾尔族达斯坦	Ⅰ—71
03—0799	哈孜木·阿勒曼	男	哈萨克	新疆维吾尔自治区福海县	哈萨克族达斯坦	Ⅰ—72
03—0800	海来热几	男	彝	四川省美姑县	彝族克智	Ⅰ—75
03—0801	彭继龙	男	土家	湖南省龙山县	土家族梯玛歌	Ⅰ—80
03—0802	塔瓦力地·克里木	男	柯尔克孜	新疆维吾尔自治区乌恰县	柯尔克孜约隆	Ⅰ—83

二、传统音乐(96人)

序号	姓名	性别	民族	申报地区或单位	项目名称	项目编码
03—0803	刘改鱼	女	汉	山西省左权县	左权开花调	Ⅱ—1
03—0804	韩运德	男	汉	山西省河曲县	河曲民歌	Ⅱ—2
03—0805	扎格达苏荣	男	蒙古	蒙古自治区	蒙古族长调民歌	Ⅱ—3
03—0806	阿拉坦其其格	女	蒙古			
03—0807	淖尔吉玛	女	蒙古			
03—0808	赛音毕力格	男	蒙古			
03—0809	加·道尔吉	男	蒙古	新疆维吾尔自治区和布克赛尔蒙古自治县		
03—0810	雷美凤	女	畲	福建省宁德市	畲族民歌	Ⅱ—7
03—0811	蓝陈启	女	畲	浙江省景宁畲族自治县		
03—0812	王善良	男	汉	江西省兴国县	兴国山歌	Ⅱ—8
03—0813	彭泗德	男	汉	湖北省兴山县	兴山民歌	Ⅱ—9
03—0814	汤明哲	男	汉	广东省梅州市	梅州客家山歌	Ⅱ—11
03—0815	黄代书	男	土家	重庆市石柱土家族自治县	石柱土家啰儿调	Ⅱ—15
03—0816	李学华	男	傈僳	云南省泸水县	傈僳族民歌	Ⅱ—17
03—0817	杜秀兰	女	裕固	甘肃省肃南裕固族自治县	裕固族民歌	Ⅱ—19
03—0818	杜秀英	女	裕固			
03—0819	汪莲莲	女	汉	甘肃省康乐县	花儿(莲花山花儿会)	Ⅱ—20
03—0820	刘郭成	男	汉	甘肃省岷县	花儿(二郎山花儿会)	
03—0821	张明星	男	回	宁夏回族自治区	花儿(宁夏回族山花儿)	
03—0822	韩生元	男	回	新疆维吾尔自治区乌鲁木齐市米东区	花儿(新疆花儿)	
03—0823	喻良华	男	汉	重庆市巴南区	木洞山歌	Ⅱ—26
03—0824	孟凡林	男	汉	江西省武宁县	薅草锣鼓(武宁打鼓歌)	Ⅱ—27
03—0825	王爱民	男	土家	湖北省长阳土家族自治县	薅草锣鼓(长阳山歌)	
03—0826	吴仁和	男	侗	贵州省从江县	侗族大歌	Ⅱ—28
03—0827	潘萨银花	女	侗			
03—0828	吴仕恒	男	侗	贵州省黎平县	侗族琵琶歌	Ⅱ—29
03—0829	芒 来	男	蒙古	内蒙古自治区锡林浩特市	多声部民歌(潮尔道—蒙古族合声演唱)	Ⅱ—30
03—0830	温桂元	男	壮	广西壮族自治区马山县	多声部民歌(壮族三声部民歌)	
03—0831	郎加木	男	羌	四川省松潘县	多声部民歌(羌族多声部民歌)	
03—0832	李禹贤	男	汉	中国艺术研究院	古琴艺术	Ⅱ—34
03—0833	刘正春	男	汉	江苏省南京市	古琴艺术(金陵琴派)	
03—0834	刘善教	男	汉	江苏省镇江市	古琴艺术(梅庵琴派)	
03—0835	谢导秀	男	汉	广东省广州市	古琴艺术(岭南派)	
03—0836	布 林	男	蒙古	内蒙古自治区	蒙古族马头琴音乐	Ⅱ—35

序号	姓名	性别	民族	申报地区或单位	项目名称	项目编码
03—0837	姚少林	男	汉	河北省唐海县	唢呐艺术(唐山花吹)	Ⅱ—37
03—0838	卢补良	男	汉	山西省忻州市	唢呐艺术(晋北鼓吹)	
03—0839	牛其云	男	汉	山西省壶关县	唢呐艺术(上党乐户班社)	
03—0840	刘有生	男	汉	江西省于都县	唢呐艺术(于都唢呐公婆吹)	
03—0841	周　惠	男	汉	上海市	江南丝竹	Ⅱ—40
03—0842	沈凤泉	男	汉	浙江省杭州市		
03—0843	楼正寿	男	汉	浙江省杭州市	十番音乐(楼塔细十番)	Ⅱ—44
03—0844	汤凯旋	男	汉	广东省广州市	广东音乐	Ⅱ—49
03—0845	李自春	男	汉	重庆市巴南区	吹打(接龙吹打)	Ⅱ—52
03—0846	简伯元	男	土家	湖北省五峰土家族自治县	土家族打溜子	Ⅱ—54
03—0847	王振湖	男	汉	山西省临汾市	晋南威风锣鼓	Ⅱ—56
03—0848	黄一宝	男	汉	山西省晋城市	上党八音会	Ⅱ—58
03—0849	夏老肥	男	汉	河北省安新县	冀中笙管乐(安新县圈头村音乐会)	Ⅱ—59
03—0850	刘　勤	男	汉	河北省易县	冀中笙管乐(东韩村拾幡古乐)	
03—0851	王如海	男	汉	河北省定州市	冀中笙管乐(子位吹歌)	
03—0852	何忠信	男	汉	陕西省	西安鼓乐	Ⅱ—61
03—0853	杨达吾德	男	回	宁夏回族自治区	回族民间器乐	Ⅱ—63
03—0854	武济文	男	汉	山西省文水县	文水䦆子	Ⅱ—64
03—0855	释汇光	男	汉	山西省五台县	五台山佛乐	Ⅱ—66
03—0856	章样摩兰	男	汉			
03—0857	洪振仁	男	汉	辽宁省鞍山市	千山寺庙音乐	Ⅱ—67
03—0858	杨翠娥	女	汉	福建省泉州市	南　音	Ⅱ—71
03—0859	王秀怡	女	汉	福建省厦门市		
03—0860	王向荣	男	汉	陕西省榆林市	陕北民歌	Ⅱ—73
03—0861	贺玉堂	男	汉	陕西省延安市		
03—0862	王兰英	女	汉	江苏省高邮市	高邮民歌	Ⅱ—75
03—0863	王兆珍	女	汉	湖北省荆州市荆州区	马山民歌	Ⅱ—81
03—0864	姚启华	男	汉	湖北省丹江口市	吕家河民歌	Ⅱ—83
03—0865	顾友珍	女	汉	浙江省嘉善县	嘉善田歌	Ⅱ—87
03—0866	余家冰	女	汉	湖北省老河口市	老河口丝弦	Ⅱ—104
03—0867	陈千均	男	苗	湖南省吉首市	苗族民歌(湘西苗族民歌)	Ⅱ—109
03—0868	戴碧生	男	瑶	湖南省隆回县	瑶族民歌(花瑶呜哇山歌)	Ⅱ—110
03—0869	王妚大	女	黎	海南省琼中黎族苗族自治县	黎族民歌(琼中黎族民歌)	Ⅱ—111
03—0870	岩瓦洛	男	布朗	云南省勐海县	布朗族民歌(布朗族弹唱)	Ⅱ—114
03—0871	马建军	男	藏	甘肃省天祝藏族自治县	藏族民歌(华锐藏族民歌)	Ⅱ—115
03—0872	华尔贡	男	藏	甘肃省甘南藏族自治州	藏族民歌(甘南藏族民歌)	
03—0873	达哇战斗	男	藏	青海省玉树藏族自治州	藏族民歌(玉树民歌)	
03—0874	排孜拉·依萨克江	男	乌孜别克	新疆维吾尔自治区喀什地区	乌孜别克族埃希来、叶来	Ⅱ—117

序号	姓名	性别	民族	申报地区或单位	项目名称	项目编码
03—0875	安宝龙	男	回	青海省门源回族自治县	回族宴席曲	Ⅱ—118
03—0876	殷荣珠	女	汉	上海市崇明县	琵琶艺术(瀛洲古调派)	Ⅱ—119
03—0877	林嘉庆	男	汉	上海市南汇区	琵琶艺术(浦东派)	
03—0878	朱大祯	男	汉	浙江省平湖市	琵琶艺术(平湖派)	
03—0879	赵登山	男	汉	山东省菏泽市	古筝艺术(山东古筝乐)	Ⅱ—120
03—0880	刁登科	男	汉	辽宁省瓦房店市	笙管乐(复州双管乐)	Ⅱ—121
03—0881	王国卿	男	汉	河南省新密市	笙管乐(超化吹歌)	
03—0882	刘耀文	男	汉	山西省太原市	锣鼓艺术(太原锣鼓)	Ⅱ—123
03—0883	严三秀	女	土家	湖南省龙山县	土家族咚咚喹	Ⅱ—125
03—0884	库尔曼江·孜克热亚	男	哈萨克	新疆维吾尔自治区伊犁哈萨克自治州	哈萨克六十二阔恩尔	Ⅱ—126
03—0885	于苏甫江·亚库普	男	维吾尔	新疆维吾尔自治区	维吾尔族鼓吹乐	Ⅱ—127
03—0886	杨枝光	男	侗	湖南省通道侗族自治县	芦笙音乐(侗族芦笙)	Ⅱ—129
03—0887	阿迪力汗·阿不都拉	男	哈萨克	新疆维吾尔自治区伊犁哈萨克自治州	哈萨克族冬布拉艺术	Ⅱ—132
03—0888	阿迪里别克·卡德尔	男	柯尔克孜	新疆维吾尔自治区乌恰县	柯尔克孜族库姆孜艺术	Ⅱ—133
03—0889	松　纯	男	汉	江苏省常州市	佛教音乐(天宁寺梵呗唱诵)	Ⅱ—138
03—0890	释隆江	男	汉	河南省开封市	佛教音乐(大相国寺梵乐)	
03—0891	顿　珠	男	藏	西藏自治区墨竹工卡县	佛教音乐(直孔噶举派音乐)	
03—0892	成来加措	男	藏	甘肃省夏河县	佛教音乐(拉卜楞寺佛殿音乐道得尔)	
03—0893	徐建业	男	汉	宁夏回族自治区平罗县	佛教音乐(北武当庙寺庙音乐)	
03—0894	张玉保	男	汉	河北省广宗县	道教音乐(广宗太平道乐)	Ⅱ—139
03—0895	李满山	男	汉	山西省阳高县	道教音乐(恒山道乐)	
03—0896	石季通	男	汉	上海市道教协会	道教音乐(上海道教音乐)	
03—0897	尤武忠	男	汉	江苏省无锡市	道教音乐(无锡道教音乐)	
03—0898	张明贵	男	汉	陕西省佳县	道教音乐(白云山道教音乐)	

三、传统舞蹈(56人)

序号	姓名	性别	民族	申报地区或单位	项目名称	项目编码
03—0899	贺俊义	男	汉	陕西省绥德县	秧歌(陕北秧歌)	Ⅲ—2
03—0900	姚大新	男	汉	山东省济阳县	秧歌(济阳鼓子秧歌)	

序号	姓名	性别	民族	申报地区或单位	项目名称	项目编码
03－0901	郑玉华	男	汉	河北省曲周县	龙舞(曲周龙灯)	Ⅲ－4
03－0902	费土根	男	汉	上海市松江区	龙舞(舞草龙)	
03－0903	杨书范	男	汉	江苏省溧水县	龙舞(骆山大龙)	
03－0904	黄焯根	男	汉	广东省中山市	龙舞(醉龙)	
03－0905	王建文	男	汉	北京市	狮舞(白纸坊太狮)	Ⅲ－5
03－0906	尹少山	男	汉	河北省沧县	狮舞(沧县狮舞)	
03－0907	李大志	男	回	河南省沈丘县	狮舞(槐店文狮子)	
03－0908	杨再先	男	汉	安徽省蚌埠市	花鼓灯(蚌埠花鼓灯)	Ⅲ－6
03－0909	邓　虹	女	汉	安徽省凤台县	花鼓灯(凤台花鼓灯)	
03－0910	张士根	男	汉			
03－0911	程长庆	男	汉	江西省婺源县	傩舞(婺源傩舞)	Ⅲ－7
03－0912	彭英芳	男	汉	广东省湛江市麻章区	傩舞(湛江傩舞)	
03－0913	余杨富	男	藏	甘肃省文县	傩舞(文县池哥昼)	
03－0914	范廷禄	男	汉	甘肃省永靖县	傩舞(永靖七月跳会)	
03－0915	杨　敏	女	汉	辽宁省海城市	高跷(海城高跷)	Ⅲ－9
03－0916	王新惠	男	汉	辽宁省盖州市	高跷(盖州高跷)	
03－0917	邱剑英	男	汉	福建省泉州市	泉州拍胸舞	Ⅲ－12
03－0918	田景仁	男	土家	重庆市酉阳土家族苗族自治县	土家族摆手舞(酉阳摆手舞)	Ⅲ－17
03－0919	阿　德	女	藏	四川省新龙县	锅庄舞(甘孜锅庄)	Ⅲ－20
03－0920	白马尼麦	男	藏			
03－0921	才　哇	男	藏	青海省称多县	锅庄舞(称多白龙卓舞)	
03－0922	布扎西	男	藏	青海省囊谦县	锅庄舞(囊谦卓干玛)	
03－0923	金明焕	男	朝鲜	辽宁省本溪市	朝鲜族农乐舞(乞粒舞)	Ⅲ－24
03－0924	韩奎昇	男	朝鲜	辽宁省铁岭市	朝鲜族农乐舞	
03－0925	李成元	男	汉	陕西省横山县	鼓舞(横山老腰鼓)	Ⅲ－42
03－0926	杨门元	男	汉	甘肃省武威市	鼓舞(凉州攻鼓子)	
03－0927	代三海	男	汉	甘肃省武山县	鼓舞(武山旋鼓舞)	
03－0928	杨印海	男	汉	河北省黄骅市	麒麟舞	Ⅲ－43
03－0929	汤裕道	男	汉	江苏省高淳县	竹马(东坝大马灯)	Ⅲ－44
03－0930	陈金文	男	汉	福建省莆田市	灯舞(莆田九鲤灯舞)	Ⅲ－45
03－0931	吴观球	男	汉	广东省深圳市	灯舞(沙头角鱼灯舞)	
03－0932	毋启富	男	汉	河南省博爱县	灯舞(苏家作龙凤灯舞)	
03－0933	张洪通	男	汉	河北省南皮县	沧州落子	Ⅲ－46
03－0934	孙永超	男	汉	安徽省凤台县	火老虎	Ⅲ－48
03－0935	吴修富	男	土家	湖北省利川市	肉连响	Ⅲ－52
03－0936	吴华得	男	汉	四川省平昌县	翻山铰子	Ⅲ－55
03－0937	张有万	男	汉	陕西省靖边县	靖边跑驴	Ⅲ－56
03－0938	赵明华	男	瑶	湖南省江华瑶族自治县	瑶族长鼓舞	Ⅲ－60
03－0939	朱金龙	男	羌	四川省汶川县	羌族羊皮鼓舞	Ⅲ－62

序号	姓名	性别	民族	申报地区或单位	项目名称	项目编码
03－0940	茶春梅	女	彝	云南省巍山彝族回族自治县	彝族打歌	Ⅲ－70
03－0941	鲁朝金	男	彝	云南省南涧彝族自治县	彝族跳菜	Ⅲ－71
03－0942	俸继明	男	布朗	云南省双江拉祜族佤族布朗族傣族自治县	布朗族蜂桶鼓舞	Ⅲ－77
03－0943	李增保	男	拉祜	云南省澜沧拉祜族自治县	拉祜族芦笙舞	Ⅲ－79
03－0944	昂　嘎	女	藏	西藏自治区墨竹工卡县	宣舞（普堆巴宣舞）	Ⅲ－80
03－0945	拉　巴	男	藏	西藏自治区拉孜县	堆谐（拉孜堆谐）	Ⅲ－82
03－0946	索朗次仁	男	藏	西藏自治区拉萨市城关区	谐钦（拉萨纳如谐钦）	Ⅲ－83
03－0947	次旺丹增	男	藏	西藏自治区南木林县	谐钦（南木林土布加谐钦）	
03－0948	平措玉杰	男	藏	西藏自治区	嘎　尔	Ⅲ－85
03－0949	江白轮珠	男	藏	西藏自治区芒康县	芒康三弦舞	Ⅲ－86
03－0950	扎　桑	男	藏	西藏自治区曲水县	廓　孜	Ⅲ－89
03－0951	李扎西	男	藏	甘肃省舟曲县	多地舞	Ⅲ－90
03－0952	卢永祥	男	藏	甘肃省卓尼县	巴郎鼓舞	Ⅲ－91
03－0953	月　香	女	锡伯	新疆维吾尔自治区察布查尔锡伯自治县	锡伯族贝伦舞	Ⅲ－95
03－0954	艾买提·司马义	男	维吾尔	新疆维吾尔自治区哈密地区	维吾尔族赛乃姆	Ⅲ－96

四、传统戏剧（196人）

序号	姓名	性别	民族	申报地区或单位	项目名称	项目编码
03－0955	张寄蝶	男	汉	江苏省	昆　曲	Ⅳ－1
03－0956	黄小午	男	汉			
03－0957	石小梅	女	汉			
03－0958	胡锦芳	女	汉			
03－0959	林继凡	男	汉			
03－0960	柳继雁	女	汉			
03－0961	林媚媚	女	汉	浙江省		
03－0962	辛清华	男	汉	上海市		
03－0963	王芝泉	女	汉			
03－0964	韩建成	男	汉	北京市		
03－0965	丛兆桓	男	汉			
03－0966	雷子文	男	汉	湖南省		
03－0967	陈济民	男	汉	福建省泉州市	梨园戏	Ⅳ－2
03－0968	蔡娅治	女	汉			
03－0969	王胜利	男	汉			
03－0970	王少媛	女	汉	福建省莆田市	莆仙戏	Ⅳ－3

序号	姓名	性别	民族	申报地区或单位	项目名称	项目编码
03－0971	吴陈俊	男	汉	浙江省松阳县	高腔(松阳高腔)	Ⅳ－7
03－0972	任庭芳	男	汉	四川省	川　剧	Ⅳ－12
03－0973	徐寿年	男	汉	四川省	川　剧	Ⅳ－12
03－0974	肖德美	男	汉	四川省	川　剧	Ⅳ－12
03－0975	高凤莲	女	汉	重庆市	川　剧	Ⅳ－12
03－0976	周继培	男	汉	重庆市	川　剧	Ⅳ－12
03－0977	许倩云	女	汉	重庆市	川　剧	Ⅳ－12
03－0978	马友仙	女	汉	陕西省	秦　腔	Ⅳ－16
03－0979	贠宗翰	男	汉	陕西省	秦　腔	Ⅳ－16
03－0980	李爱琴	女	汉	陕西省	秦　腔	Ⅳ－16
03－0981	肖玉玲	女	汉	陕西省	秦　腔	Ⅳ－16
03－0982	康少易	男	汉	陕西省	秦　腔	Ⅳ－16
03－0983	吕明发	男	汉	陕西省	秦　腔	Ⅳ－16
03－0984	余巧云	女	满	陕西省	秦　腔	Ⅳ－16
03－0985	田桂兰	女	汉	山西省	晋　剧	Ⅳ－18
03－0986	程玉英	女	汉	山西省	晋　剧	Ⅳ－18
03－0987	马玉楼	女	汉	山西省	晋　剧	Ⅳ－18
03－0988	吴　同	男	回	河北省张家口市	晋　剧	Ⅳ－18
03－0989	牛学祯	女	汉	河北省张家口市	晋　剧	Ⅳ－18
03－0990	杨仲义	男	汉	山西省忻州市	北路梆子	Ⅳ－20
03－0991	成凤英	女	汉	山西省忻州市	北路梆子	Ⅳ－20
03－0992	吴国华	女	汉	山西省晋城市	上党梆子	Ⅳ－21
03－0993	张爱珍	女	汉	山西省晋城市	上党梆子	Ⅳ－21
03－0994	张保平	男	汉	山西省晋城市	上党梆子	Ⅳ－21
03－0995	张志明	男	汉	山西省长治市	上党梆子	Ⅳ－21
03－0996	田春鸟	男	汉	河北省	河北梆子	Ⅳ－22
03－0997	王冠君	男	汉	河南省	豫　剧	Ⅳ－23
03－0998	冯占顺	男	汉	河南省	豫　剧	Ⅳ－23
03－0999	李建海	男	汉	河南省内乡县	宛　梆	Ⅳ－24
03－1000	何西良	男	汉	山东省菏泽市牡丹区	大平调	Ⅳ－26
03－1001	毛爱莲	女	汉	河南省许昌市	越　调	Ⅳ－27
03－1002	冯志孝	男	汉	中国京剧院	京　剧	Ⅳ－28
03－1003	王晶华	女	汉	中国京剧院	京　剧	Ⅳ－28
03－1004	张春孝	男	汉	中国京剧院	京　剧	Ⅳ－28
03－1005	张学津	男	汉	北京市	京　剧	Ⅳ－28
03－1006	赵葆秀	女	汉	北京市	京　剧	Ⅳ－28
03－1007	邓沐玮	男	汉	天津市	京　剧	Ⅳ－28
03－1008	杨乃彭	男	汉	天津市	京　剧	Ⅳ－28
03－1009	艾世菊	男	汉	上海市	京　剧	Ⅳ－28
03－1010	汪正华	男	汉	上海市	京　剧	Ⅳ－28
03－1011	李炳淑	女	汉	上海市	京　剧	Ⅳ－28
03－1012	童祥苓	男	汉	上海市	京　剧	Ⅳ－28
03－1013	周少麟	男	汉	上海市	京　剧	Ⅳ－28
03－1014	朱世慧	男	汉	湖北省京剧院	京　剧	Ⅳ－28

序号	姓名	性别	民族	申报地区或单位	项目名称	项目编码
03—1015	谷化民	男	汉	安徽省	徽剧	Ⅳ—29
03—1016	胡和颜	女	汉	湖北省武汉市	汉剧	Ⅳ—30
03—1017	程彩萍	女	汉			
03—1018	邓玉璇	女	汉	福建省龙岩市	闽西汉剧	Ⅳ—33
03—1019	刘厚云	男	汉	湖北省荆州市	荆河戏	Ⅳ—35
03—1020	孟凡真	男	汉	河北省威县	乱弹(威县乱弹)	Ⅳ—39
03—1021	安录昌	男	汉	河北省石家庄市	石家庄丝弦	Ⅳ—40
03—1022	范增	男	汉	山西省灵丘县	灵丘罗罗腔	Ⅳ—42
03—1023	李松云	女	汉	山东省	柳子戏	Ⅳ—43
03—1024	孔祥启	男	汉			
03—1025	冯宝泉	男	汉			
03—1026	宋自武	男	汉	河南省滑县	大弦戏	Ⅳ—44
03—1027	陈乃春	男	汉	福建省福州市	闽剧	Ⅳ—45
03—1028	陈新国	男	汉			
03—1029	严木田	男	汉	广东省海丰县	西秦戏	Ⅳ—47
03—1030	吕忠文	男	汉	福建省泉州市	高甲戏	Ⅳ—48
03—1031	苏燕玉	女	汉			
03—1032	林英梨	女	汉	福建省厦门市		
03—1033	刘玉芝	女	汉	山东省金乡县	四平调	Ⅳ—50
03—1034	王凤云	女	汉	山东省成武县		
03—1035	周丹	女	汉	辽宁省沈阳市	评剧	Ⅳ—51
03—1036	刘萍	女	汉	北京市中国评剧院		
03—1037	谷文月	女	汉			
03—1038	陈佩华	女	汉	天津评剧院		
03—1039	金采凤	女	汉	上海市	越剧	Ⅳ—53
03—1040	吕瑞英	女	汉			
03—1041	毕春芳	女	汉			
03—1042	韩玉敏	女	汉	上海市	沪剧	Ⅳ—54
03—1043	沈仁伟	男	汉			
03—1044	茅善玉	女	汉			
03—1045	丁杰	男	汉	江苏省苏州市	苏剧	Ⅳ—55
03—1046	蒋剑锋	男	汉	江苏省演艺集团扬剧团	扬剧	Ⅳ—56
03—1047	吴蕙明	女	汉			
03—1048	筱荣贵	女	汉	江苏省镇江市		
03—1049	姚恭林	男	汉			
03—1050	丁玉兰	女	汉	安徽省合肥市	庐剧	Ⅳ—57
03—1051	孙邦栋	男	汉			
03—1052	张一平	女	汉	湖北省	楚剧	Ⅳ—58
03—1053	张巧珍	女	汉			

序号	姓名	性别	民族	申报地区或单位	项目名称	项目编码
03—1054	王传玲	女	汉	山东省枣庄市	柳琴戏	Ⅳ—63
03—1055	朱树龙	男	汉	江苏省徐州市		
03—1056	张金兰	女	汉	山东省临沂市		
03—1057	李家高	男	汉	湖北省阳新县	采茶戏	Ⅳ—65
03—1058	高桂枝	女	汉	河南省	曲 剧	Ⅳ—68
03—1059	肖德金	男	汉	甘肃省敦煌市	曲子戏(敦煌曲子戏)	Ⅳ—69
03—1060	张 福	男	汉	山西省朔州市	秧歌戏(朔州秧歌戏)	Ⅳ—70
03—1061	张润来	男	汉	山西省繁峙县	秧歌戏(繁峙秧歌戏)	
03—1062	苗根生	男	汉	山西省祁县	秧歌戏(祁太秧歌)	
03—1063	白美云	女	汉	山西省太谷县		
03—1064	任森奎	男	汉	山西省武乡县	秧歌戏(襄武秧歌)	
03—1065	武利平	男	汉	内蒙古自治区呼和浩特市	二人台	Ⅳ—73
03—1066	杜焕荣	女	汉	山西省河曲县		
03—1067	贾德义	男	汉			
03—1068	淡文珍	男	汉	陕西省府谷县		
03—1069	钟石金	男	汉	广东省紫金县	花朝戏	Ⅳ—75
03—1070	孟永香	女	土家	湖北省恩施市	灯 戏	Ⅳ—77
03—1071	吴尚德	男	侗	湖南省通道侗族自治县	侗 戏	Ⅳ—83
03—1072	金星明	男	傣	云南省德宏傣族景颇族自治州	傣 剧	Ⅳ—86
03—1073	李正勤	男	汉	山西省临猗县	锣鼓杂戏	Ⅳ—88
03—1074	蒋品三	男	土家	湖北省恩施市	傩戏(恩施傩戏)	Ⅳ—89
03—1075	刘佳文	男	汉	河北省唐山市	皮影戏(唐山皮影戏)	Ⅳ—91
03—1076	李修山	男	汉	河北省邯郸市	皮影戏(冀南皮影戏)	
03—1077	王钱松	男	汉	浙江省海宁市	皮影戏(海宁皮影戏)	
03—1078	张坤荣	男	汉			
03—1079	沈圣标	男	汉			
03—1080	谷宝珍	女	满	黑龙江省望奎县	皮影戏(望奎县皮影戏)	
03—1081	范正安	男	汉	山东省泰安市	皮影戏(泰山皮影戏)	
03—1082	李兴时	男	汉	山东省济南市	皮影戏(济南皮影戏)	
03—1083	陈光辉	男	汉	河南省罗山县	皮影戏(罗山皮影戏)	
03—1084	林聪鹏	男	汉	福建省泉州市	木偶戏(泉州提线木偶戏)	Ⅳ—92
03—1085	王建生	男	汉			
03—1086	颜洒容	女	汉	福建省晋江市	木偶戏(晋江布袋木偶戏)	
03—1087	陈炎森	男	汉	福建省漳州市	木偶戏(漳州布袋木偶戏)	
03—1088	武 兴	男	汉	山西省孝义市	木偶戏(孝义木偶戏)	
03—1089	殷大宁	男	汉	江苏省扬州市	木偶戏(杖头木偶戏)	
03—1090	华美霞	女	汉			
03—1091	卓乃金	男	汉	浙江省平阳县	木偶戏(平阳木偶戏)	
03—1092	吴明月	男	汉	浙江省苍南县	木偶戏(单档布袋戏)	

序号	姓名	性别	民族	申报地区或单位	项目名称	项目编码
03－1093	王贯英	女	汉	河北省保定市	老调(保定老调)	Ⅳ－93
03－1094	辛秋花	女	汉			
03－1095	庞小保	男	汉	河北省武安市	赛戏	Ⅳ－95
03－1096	张海臣	男	汉	河北省永年县	永年西调	Ⅳ－96
03－1097	朱月梅	女	汉	安徽省宿州市	坠子戏	Ⅳ－97
03－1098	李仙宝	男	汉	山西省黎城县	上党落子	Ⅳ－98
03－1099	李英杰	男	汉	山西省运城市	眉户(运城眉户)	Ⅳ－99
03－1100	赵有年	男	汉	辽宁省鞍山市	海城喇叭戏	Ⅳ－100
03－1101	赵贵君	男	汉	吉林省农安县	黄龙戏	Ⅳ－101
03－1102	筱文艳	女	汉	上海淮剧团	淮剧	Ⅳ－102
03－1103	马秀英	女	汉			
03－1104	张云良	男	汉	江苏省盐城市		
03－1105	裔小萍	女	汉			
03－1106	倪同芳	女	汉	江苏省演艺集团锡剧团	锡剧	Ⅳ－103
03－1107	王兰英	女	汉			
03－1108	沈佩华	女	汉			
03－1109	姚澄	女	汉			
03－1110	吴雅童	男	汉	江苏省常州市		
03－1111	杨秀英	女	汉	江苏省淮安市	淮海戏	Ⅳ－104
03－1112	胡夕平	男	汉	江苏省通州市	童子戏	Ⅳ－105
03－1113	陈茶花	女	汉	浙江省温州市	瓯剧	Ⅳ－106
03－1114	李子敏	男	汉			
03－1115	沈守良	男	汉	浙江省余姚市	姚剧	Ⅳ－108
03－1116	葛素云	女	汉	浙江省金华市	婺剧	Ⅳ－110
03－1117	郑兰香	女	汉			
03－1118	姜志谦	男	汉	浙江省江山市		
03－1119	吕金玲	女	汉	安徽省宿州市	花鼓戏	Ⅳ－112
03－1120	周钦全	男	汉	安徽省淮北市		
03－1121	迟秀云	女	汉			
03－1122	杨玉屏	女	汉	安徽省宣城市		
03－1123	杨建娥	女	汉	湖南省常德市		
03－1124	田爱云	女	汉	河南省开封市	二夹弦	Ⅳ－113
03－1125	李京华	女	汉	山东省定陶县		
03－1126	宋瑞桃	女	汉			
03－1127	吴天乙	男	汉	福建省泉州市	打城戏	Ⅳ－114
03－1128	张贤读	男	汉	福建省屏南县	屏南平讲戏	Ⅳ－115

序号	姓名	性别	民族	申报地区或单位	项目名称	项目编码
03－1129	郎咸芬	女	汉	东省吕剧院	吕　剧	Ⅳ－116
03－1130	李岱江	男	汉			
03－1131	李　渔	男	汉			
03－1132	林建华	女	汉			
03－1133	刘桂松	女	汉	山东省菏泽市	山东梆子	Ⅳ－118
03－1134	郝瑞芝	女	汉	山东省泰安市		
03－1135	开瑞宝	男	汉	山东省嘉祥县		
03－1136	房灵合	男	汉	山东省菏泽市	枣　梆	Ⅳ－120
03－1137	张文英	女	汉			
03－1138	蒋云霞	女	汉	江苏省徐州市	徐州梆子	Ⅳ－121
03－1139	曾金贵	男	汉	湖南省长沙市	湘　剧	Ⅳ－127
03－1140	曹汝龙	男	汉			
03－1141	谢忠义	男	汉	湖南省桂阳县		
03－1142	刘登雄	男	汉	湖南省祁剧院	祁 剧	Ⅳ－128
03－1143	梁素珍	女	汉	广东汉剧院	广东汉剧	Ⅳ－129
03－1144	王英蓉	女	汉	海南省琼剧院	剧	Ⅳ－130
03－1145	陈育明	男	汉	海南省海口市		
03－1146	党中信	男	汉	陕西省合阳县	合阳跳戏	Ⅳ－133
03－1147	尹维新	男	汉	甘肃省陇南市	武都高山戏	Ⅳ－134
03－1148	李家显	男	佤	云南省腾冲县	佤族清戏	Ⅳ－135
03－1149	李茂荣	男	彝	云南省大姚县	彝 剧	Ⅳ－136
03－1150	洪　琪	女	汉	广西壮族自治区南宁市	邕 剧	Ⅳ－138

五、曲艺(51人)

序号	姓名	性别	民族	申报地区或单位	项目名称	项目编码
03－1151	王月香	女	汉	江苏省苏州市	苏州评弹(苏州评话、苏州弹词)	Ⅴ－1
03－1152	邢晏春	男	汉			
03－1153	张国良	男	汉			
03－1154	金声伯	男	汉			
03－1155	杨乃珍	女	汉			
03－1156	陈希安	男	汉	上海市书场工作者协会		
03－1157	余红仙	女	汉			
03－1158	惠兆龙	男	汉	江苏省扬州市	扬州评话	Ⅴ－2
03－1159	王立岩	女	汉	河北省乐亭县	乐亭大鼓	Ⅴ－8
03－1160	董湘昆	男	汉	天津市宝坻区	京东大鼓	Ⅴ－10
03－1161	梁金华	女	汉	山东省青岛市	胶东大鼓	Ⅴ－11

序号	姓名	性别	民族	申报地区或单位	项目名称	项目编码
03－1162	宋小青	女	汉	浙江省绍兴市	摊簧(绍兴摊簧)	Ⅴ－18
03－1163	宋爱华	女	汉	河南省	河南坠子	Ⅴ－20
03－1164	魏世发	男	汉	甘肃省兰州市	兰州鼓子	Ⅴ－24
03－1165	玉　光	女	傣	云南省西双版纳傣族自治州	傣族章哈	Ⅴ－44
03－1166	康朗屯	男	傣			
03－1167	布比玛丽·贾合甫拜	女	哈萨克	新疆维吾尔自治区伊犁哈萨克自治州	哈萨克族阿依特斯	Ⅴ－45
03－1168	常宝霆	男	满	天津市	相　声	Ⅴ－47
03－1169	李仁珍	女	汉	江苏省扬州市	扬州弹词	Ⅴ－50
03－1170	彭延坤	男	汉	湖南省长沙市	长沙弹词	Ⅴ－51
03－1171	胡正华	男	汉	浙江省杭州市	杭州评词	Ⅴ－52
03－1172	李自新	男	汉	浙江省杭州市	杭州评话	Ⅴ－53
03－1173	连丽如	女	满	北京市宣武区	京评书	Ⅴ－57
03－1174	单田芳	男	汉	辽宁省鞍山市		
03－1175	刘兰芳	女	满			
03－1176	田连元	男	汉	辽宁省本溪市		
03－1177	何祚欢	男	汉	湖北省武汉市	湖北评书	Ⅴ－58
03－1178	张明智	男	汉	湖北省武汉市	湖北大鼓	Ⅴ－61
03－1179	王俊川	男	汉	山西省襄垣县	襄垣鼓书	Ⅴ－62
03－1180	栗四文	男	汉	山西省沁县	三弦书(沁州三弦书)	Ⅴ－64
03－1181	雷恩久	男	汉	河南省南阳市	三弦书(南阳三弦书)	
03－1182	徐文珠	女	汉	浙江省平湖市	平湖钹子书	Ⅴ－66
03－1183	杨华生	男	汉	上海市黄浦区	独脚戏	Ⅴ－68
03－1184	王汝刚	男	汉			
03－1185	刘树根	男	汉	浙江省杭州市		
03－1186	魏云彩	男	汉	江苏省徐州市	徐州琴书	Ⅴ－73
03－1187	徐　述	女	汉	四川省曲艺团	四川扬琴	Ⅴ－75
03－1188	刘时燕	女	回			
03－1189	华国秀	女	汉	重庆市三峡曲艺团	四川竹琴	Ⅴ－76
03－1190	程永玲	女	汉	四川省成都艺术剧院	四川清音	Ⅴ－77
03－1191	肖顺瑜	女	汉			
03－1192	朱顺根	男	汉	浙江省金华市	金华道情	Ⅴ－78
03－1193	叶英盛	男	汉	浙江省义乌市		
03－1194	何云根	男	汉	浙江省绍兴县	绍兴宣卷	Ⅴ－83
03－1195	戴春兰	女	汉	浙江省温州市鹿城区	温州莲花	Ⅴ－84
03－1196	谭柏树	男	汉	重庆市曲艺团	车　灯	Ⅴ－88
03－1197	黄吉森	男	汉			
03－1198	邹忠新	男	汉	四川省成都市	金钱板	Ⅴ－91
03－1199	张　徐	男	汉			

序号	姓名	性别	民族	申报地区或单位	项目名称	项目编码
03—1200	刘　钧	男	汉	青海省西宁市	青海平弦	Ⅴ—92
03—1201	李得顺	男	汉	青海省西宁市	青海越弦	Ⅴ—93

六、传统体育、游艺与杂技(19人)

序号	姓名	性别	民族	申报地区或单位	项目名称	项目编码
03—1202	陈新发	男	汉	福建省宁德市	宁德霍童线狮	Ⅵ—6
03—1203	胡金超	男	汉	浙江省永康市	线狮(九狮图)	Ⅵ—6
03—1204	释永信	男	汉	河南省登封市	少林功夫	Ⅵ—7
03—1205	陈敬宇	男	汉	河北省沧州市	沧州武术(孟村八极拳)	Ⅵ—10
03—1206	吴连枝	男	回	河北省沧州市	沧州武术(燕青拳)	Ⅵ—10
03—1207	杨振国	男	汉	河北省永年县	太极拳(杨氏太极拳)	Ⅵ—11
03—1208	陈小旺	男	汉	河南省焦作市	太极拳(陈氏太极拳)	Ⅵ—11
03—1209	陈正雷	男	汉	河南省焦作市	太极拳(陈氏太极拳)	Ⅵ—11
03—1210	任文柱	男	汉	河北省廊坊市	八卦掌	Ⅵ—25
03—1211	陈正耀	男	汉	河北省雄县	鹰爪翻子拳	Ⅵ—27
03—1212	马德行	男	汉	河南省博爱县	八极拳(月山八极拳)	Ⅵ—28
03—1213	梁晓峰	男	汉	山西省晋中市	心意拳	Ⅵ—29
03—1214	买西山	男	回	河南省周口市	心意六合拳	Ⅵ—30
03—1215	吕延芝	女	回	河南省周口市	心意六合拳	Ⅵ—30
03—1216	苌红军	男	汉	河南省荥阳市	苌家拳	Ⅵ—34
03—1217	热合曼库力尕夏	男	塔吉克	新疆维吾尔自治区塔什库尔干塔吉克自治县	马球(塔吉克族马球)	Ⅵ—37
03—1218	哈森其其格	女	鄂温克	内蒙古自治区鄂温克族自治旗	鄂温克抢枢	Ⅵ—40
03—1219	崔富海	男	汉	山西省忻州市	挠羊赛	Ⅵ—41
03—1220	金寿昌	男	汉	浙江省绍兴市	调　吊	Ⅵ—54

七、传统美术(83人)

序号	姓名	性别	民族	申报地区或单位	项目名称	项目编码
03—1221	房志达	男	汉	江苏省苏州市	桃花坞木版年画	Ⅶ—3
03—1222	刘守本	男	汉	北京市西城区	内画(北京内画鼻烟壶)	Ⅶ—15

序号	姓名	性别	民族	申报地区或单位	项目名称	项目编码
03－1223	陈永才	男	汉	广东省佛山市	剪纸(广东剪纸)	Ⅶ－16
03－1224	倪秀梅	女	汉	黑龙江省方正县	剪纸(方正剪纸)	
03－1225	张方林	男	汉	江苏省南京市	剪纸(南京剪纸)	
03－1226	王桂英	女	汉	江苏省徐州市	剪纸(徐州剪纸)	
03－1227	杨兆群	男	汉	江苏省金坛市	剪纸(金坛刻纸)	
03－1228	吴善增	男	汉	浙江省浦江县	剪纸(浦江剪纸)	
03－1229	陈秋日	女	汉	福建省漳浦县	剪纸(漳浦剪纸)	
03－1230	袁秀莹	女	汉	福建省柘荣县	剪纸(柘荣剪纸)	
03－1231	刘诗英	女	汉	江西省瑞昌市	剪纸(瑞昌剪纸)	
03－1232	范祚信	男	汉	山东省高密市	剪纸(高密剪纸)	
03－1233	栾淑荣	女	汉	山东省烟台市	剪纸(烟台剪纸)	
03－1234	杨春枝	女	汉	河南省卢氏县	剪纸(卢氏剪纸)	
03－1235	张家忠	男	汉	湖北省鄂州市	剪纸(鄂州雕花剪纸)	
03－1236	胡敬先	男	汉	湖北省仙桃市	剪纸(仙桃雕花剪纸)	
03－1237	邓兴隆	男	汉	湖南省泸溪县	剪纸(踏虎凿花)	
03－1238	姚建萍	女	汉	江苏省苏州市	苏　绣	Ⅶ－18
03－1239	赵红育	女	汉	江苏省无锡市	苏绣(无锡精微绣)	
03－1240	金蕾蕾	女	汉	江苏省南通市	苏绣(南通仿真绣)	
03－1241	康　宁	女	汉	重庆市渝中区	蜀　绣	Ⅶ－21
03－1242	倪东方	男	汉	浙江省青田县	青田石雕	Ⅶ－33
03－1243	王金生	男	汉	安徽省黄山市	徽州三雕	Ⅶ－37
03－1244	俞有桂	男	汉	江西省婺源县	徽州三雕(婺源三雕)	
03－1245	陈盖洪	男	汉	浙江省宁波市	宁波朱金漆木雕	Ⅶ－41
03－1246	王笃纯	男	汉	浙江省乐清市	乐清黄杨木雕	Ⅶ－42
03－1247	黄义罗	男	汉	福建省泉州市	木偶头雕刻(江加走木偶头雕刻)	Ⅶ－44
03－1248	乔锦洪	男	汉	江苏省无锡市	竹刻(无锡留青竹刻)	Ⅶ－46
03－1249	徐秉方	男	汉	江苏省常州市	竹刻(常州留青竹刻)	
03－1250	罗启松	男	汉	浙江省台州市黄岩区	竹刻(黄岩翻簧竹雕)	
03－1251	吴玉成	男	汉	河北省玉田县	泥塑(玉田泥塑)	Ⅶ－47
03－1252	吴光让	男	汉	广东省潮安县	泥塑(大吴泥塑)	
03－1253	徐兴国	男	汉	四川省大英县	泥塑(徐氏泥彩塑)	
03－1254	杨栖鹤	男	汉	宁夏回族自治区隆德县	泥塑(杨氏家庭泥塑)	
03－1255	尕藏尖措	男	藏	青海省湟中县	塔尔寺酥油花	Ⅶ－48
03－1256	西合道	男	藏	青海省同仁县	热贡艺术	Ⅶ－49
03－1257	娘　本	男	土			
03－1258	夏吾角	男	土			
03－1259	罗藏旦巴	男	藏			

序号	姓名	性别	民族	申报地区或单位	项目名称	项目编码
03—1260	张金培	男	汉	广东省东莞市	灯彩(东莞千角灯)	Ⅶ—50
03—1261	何伟福	男	回	上海市卢湾区	灯彩(上海灯彩)	
03—1262	陈柏华	男	汉	江苏省句容市	灯彩(秦淮灯彩)	
03—1263	邓　辉	男	汉	广东省佛山市	灯彩(佛山彩灯)	
03—1264	林汉彬	男	汉	广东省潮州市湘桥区	灯彩(潮州花灯)	
03—1265	何福礼	男	汉	浙江省东阳市	竹编(东阳竹编)	Ⅶ—51
03—1266	宋增礼	男	汉	江西省瑞昌市	竹编(瑞昌竹编)	
03—1267	牟秉衡	男	汉	重庆市梁平县	竹编(梁平竹帘)	
03—1268	郎志丽	女	满	北京市海淀区	面人(北京面人郎)	Ⅶ—52
03—1269	赵艳林	女	满	上海工艺美术研究所	面人(上海面人赵)	
03—1270	李金城	男	汉	山东省菏泽市牡丹区	面人(曹州面人)	
03—1271	喻芳泽	男	汉	江西省湖口县	草编(湖口草龙)	Ⅶ—54
03—1272	钱高潮	男	汉	浙江省临安市	石雕(鸡血石雕)	Ⅶ—56
03—1273	贡保才旦	男	藏	青海省泽库县	石雕(泽库和日寺石刻)	
03—1274	宋世义	男	汉	北京市玉器厂	玉雕(北京玉雕)	Ⅶ—57
03—1275	仵海洲	男	汉	河南省镇平县	玉雕(镇平玉雕)	
03—1276	高兆华	男	汉	广东省广州市荔湾区	玉雕(广州玉雕)	
03—1277	颜景新	男	汉	山东省曲阜市	木雕(曲阜楷木雕刻)	Ⅶ—58
03—1278	龙从发	男	汉	湖北省武汉市硚口区	木雕(武汉木雕船模)	
03—1279	宋水官	男	汉	江苏省苏州市	核雕(光福核雕)	Ⅶ—59
03—1280	王绪德	男	汉	山东省潍坊市	核雕(潍坊核雕)	
03—1281	黄学文	男	汉	广东省增城市	核雕(广州榄雕)	
03—1282	应业根	男	汉	浙江省永康市	锡　雕	Ⅶ—62
03—1283	查·巴智	男	藏	青海省果洛藏族自治州	藏文书法(果洛德昂洒智)	Ⅶ—64
03—1284	聂方俊	男	汉	湖南省凤凰县	彩扎(凤凰纸扎)	Ⅶ—66
03—1285	徐艳丰	男	汉	河北省永清县	彩扎(秸秆扎刻)	
03—1286	周廷义	男	汉	河北省邯郸市	彩扎(彩布拧台)	
03—1287	石荣圣	男	汉	江苏省邳州市	彩扎(邳州纸塑狮子头)	
03—1288	黎　伟	男	汉	广东省佛山市	彩扎(佛山狮头)	
03—1289	黄德清	男	汉	浙江省乐清市	龙档(乐清龙档)	Ⅶ—67
03—1290	金松群	男	汉	江苏省常州市	常州梳篦	Ⅶ—68
03—1291	金铁铃	男	满	北京市崇文区	北京绢花	Ⅶ—70
03—1292	王素花	女	汉	河南省开封市	汴　绣	Ⅶ—74
03—1293	汪国芳	女	羌	四川省汶川县	羌族刺绣	Ⅶ—76
03—1294	邢兰香	女	汉	北京京城百工坊艺术品有限公司	料器(北京料器)	Ⅶ—84
03—1295	周锦云	男	汉	浙江省温州市	瓯　塑	Ⅶ—85
03—1296	谢学运	男	汉	山东省鄄城县	砖塑(鄄城砖塑)	Ⅶ—86
03—1297	樊德然	男	汉	四川省成都市	糖塑(成都糖画)	Ⅶ—88

序号	姓名	性别	民族	申报地区或单位	项目名称	项目编码
03—1298	缪成金	男	汉	浙江省温州市鹿城区	镶嵌(彩石镶嵌)	Ⅶ—91
03—1299	陈明伟	男	汉	浙江省宁波市	镶嵌(骨木镶嵌)	
03—1300	廖惠林	男	汉	广东省江门市新会区	新会葵艺	Ⅶ—92
03—1301	赵庆泉	男	汉	江苏省扬州市	盆景技艺(扬派盆景技艺)	Ⅶ—94
03—1302	李云义	男	白	云南省大理市	建筑彩绘(白族民居彩绘)	Ⅶ—96
03—1303	李生斌	男	汉	陕西省	建筑彩绘(陕北匠艺丹青)	

八、传统技艺(136人)

序号	姓名	性别	民族	申报地区或单位	项目名称	项目编码
03—1304	陈圣发	男	汉	江西省景德镇市	景德镇手工制瓷技艺	Ⅷ—7
03—1305	王炎生	男	汉			
03—1306	曹开永	男	汉			
03—1307	周双喜	男	汉	江苏省南京市	南京云锦木机妆花手工织造技艺	Ⅷ—13
03—1308	金　文	男	回			
03—1309	刘香兰	女	黎	海南省五指山市	黎族传统纺染织绣技艺	Ⅷ—19
03—1310	边　多	男	藏	西藏自治区日喀则地区	藏族邦典、卡垫织造技艺	Ⅷ—21
03—1311	买特肉孜买买提	男	维吾尔	新疆维吾尔自治区且末县	花毡、印花布织染技艺	Ⅷ—23
03—1312	刘大炮	男	汉	湖南省凤凰县	蓝印花布印染技艺	Ⅷ—24
03—1313	余云山	男	汉	江西省	景德镇传统瓷窑作坊营造技艺	Ⅷ—29
03—1314	王必生	男	汉	江苏省南京市	南京金箔锻制技艺	Ⅷ—36
03—1315	史徐平	男	汉	北京市	剪刀锻制技艺(王麻子剪刀锻制技艺)	Ⅷ—38
03—1316	龙米谷	男	苗	湖南省凤凰县	苗族银饰锻制技艺	Ⅷ—40
03—1317	麻茂庭	男	苗			
03—1318	许建平	男	汉	江苏省苏州市	明式家具制作技艺	Ⅷ—45
03—1319	种桂友	男	汉	北京市崇文区	家具制作技艺(京作硬木家具制作技艺)	
03—1320	杨　虾	男	汉	广东省广州市	家具制作技艺(广式硬木家具制作技艺)	
03—1321	白音查干	男	蒙古	内蒙古自治区阿鲁科尔沁旗	蒙古族勒勒车制作技艺	Ⅷ—46
03—1322	吴水森	男	汉	安徽省休宁县	万安罗盘制作技艺	Ⅷ—49
03—1323	张国栋	男	汉	甘肃省天水市秦州区	雕漆技艺	Ⅷ—50
03—1324	薛生金	男	汉	山西省平遥县	平遥推光漆器髹饰技艺	Ⅷ—51
03—1325	季克良	男	汉	贵州省	茅台酒酿制技艺	Ⅷ—57
03—1326	袁仁国	男	汉			

序号	姓名	性别	民族	申报地区或单位	项目名称	项目编码
03－1327	郭双威	男	汉	山西省汾阳市	杏花村汾酒酿制技艺	Ⅷ－59
03－1328	郭俊陆	男	汉	山西省太原市	老陈醋酿制技艺(美和居老陈醋酿制技艺)	Ⅷ－61
03－1329	叶启桐	男	汉	福建省武夷山市	武夷岩茶(大红袍)制作技艺	Ⅷ－63
03－1330	王兴武	男	苗	贵州省丹寨县	皮纸制作技艺	Ⅷ－67
03－1331	玉勐嘎	女	傣	云南省临沧市	傣族、纳西族手工造纸技艺	Ⅷ－68
03－1332	次仁多杰	男	藏	西藏自治区	藏族造纸技艺	Ⅷ－69
03－1333	王柏林	男	汉	安徽省岳西县	桑皮纸制作技艺	Ⅷ－70
03－1334	汪爱军	男	汉	安徽省绩溪县	徽墨制作技艺	Ⅷ－73
03－1335	郑　寒	男	汉	安徽省歙县	歙砚制作技艺	Ⅷ－74
03－1336	高文英	女	汉	北京市荣宝斋	木版水印技艺	Ⅷ－77
03－1337	蒋　敏	男	汉	上海书画出版社		
03－1338	多吉登次	男	藏	西藏自治区江达县	藏族雕版印刷技艺(波罗古泽刻版制作技艺)	Ⅷ－80
03－1339	陈子福	男	汉	重庆市荣昌县	制扇技艺(荣昌折扇)	Ⅷ－81
03－1340	孙颖	女	汉	北京剧装厂	剧装戏具制作技艺	Ⅷ－82
03－1341	黄运英	男	黎	海南省保亭黎族苗族自治县	黎族树皮布制作技艺	Ⅷ－84
03－1342	钟自奇	男	汉	湖南省浏阳市	浏阳花炮制作技艺	Ⅷ－86
03－1343	尹昌太	男	汉	河北省井陉县	烟火爆竹制作技艺(南张井老虎火)	
03－1344	张巍岱	男	汉	江西省万载县	烟火爆竹制作技艺(万载花炮制作技艺)	
03－1345	韩福龄	男	汉	山东省潍坊市	风筝制作技艺(潍坊风筝)	Ⅷ－88
03－1346	魏永珍	女	汉	天津市南开区	风筝制作技艺(天津风筝魏制作技艺)	
03－1347	蒋建国	男	汉	北京市门头沟区	琉璃烧制技艺	Ⅷ－90
03－1348	葛原生	男	汉	山西省		
03－1349	陈文增	男	汉	河北省曲阳县	定瓷烧制技艺	Ⅷ－92
03－1350	杨志	男	汉	河南省禹州市	钧瓷烧制技艺	Ⅷ－93
03－1351	高水旺	男	汉	河南省洛阳市	唐三彩烧制技艺	Ⅷ－94
03－1352	邓文科	男	汉	湖南省醴陵市	醴陵釉下五彩瓷烧制技艺	Ⅷ－95
03－1353	王龙才	男	汉	广东省潮州市枫溪区	枫溪瓷烧制技艺	Ⅷ－96
03－1354	余培锡	男	汉	广东省广州市	广彩瓷烧制技艺	Ⅷ－97
03－1355	李人帡	男	汉	广西壮族自治区钦州市	陶器烧制技艺(钦州坭兴陶烧制技艺)	Ⅷ－98
03－1356	孙诺七林	男	藏	云南省迪庆藏族自治州	陶器烧制技艺(藏族黑陶烧制技艺)	
03－1357	周康明	男	汉	浙江省湖州市	蚕丝织造技艺(双林绫绢织造技艺)	Ⅷ－99

序号	姓名	性别	民族	申报地区或单位	项目名称	项目编码
03—1358	常张勤	女	汉	河北省魏县	传统棉纺织技艺	Ⅷ—100
03—1359	吐尔逊木沙	男	维吾尔	新疆维吾尔自治区伽师县		
03—1360	马舍勒	男	东乡	甘肃省东乡族自治县	毛纺织及擀制技艺(东乡族擀毡技艺)	Ⅷ—101
03—1361	宋树牙	男	汉	江西省万载县	夏布织造技艺	Ⅷ—102
03—1362	颜坤吉	男	汉	重庆市荣昌县		
03—1363	赵芳云	女	汉	山东省嘉祥县	鲁锦织造技艺	Ⅷ—103
03—1364	粟田梅	女	侗	湖南省通道侗族自治县	侗锦织造技艺	Ⅷ—104
03—1365	叶 娟	女	傣	云南省西双版纳傣族自治州	傣族织锦技艺	Ⅷ—106
03—1366	梁 珠	男	汉	广东省佛山市顺德区	香云纱染整技艺	Ⅷ—107
03—1367	康玉生	男	汉	北京市	地毯织造技艺(北京宫毯织造技艺)	Ⅷ—110
03—1368	刘赋国	男	汉	内蒙古自治区阿拉善左旗	地毯织造技艺(阿拉善地毯织造技艺)	
03—1369	买吐送·吐地	男	维吾尔	新疆维吾尔自治区洛浦县	地毯织造技艺(维吾尔族地毯织造技艺)	
03—1370	孟兰杰	女	鄂伦春	黑龙江省黑河市爱辉区	鄂伦春族狍皮制作技艺	Ⅷ—112
03—1371	李金善	男	汉	北京市东城区	盛锡福皮帽制作技艺	Ⅷ—113
03—1372	玉山·买买提	男	维吾尔	新疆维吾尔自治区沙雅县	维吾尔族卡拉库尔胎羔皮帽制作技艺	Ⅷ—114
03—1373	何凯英	男	汉	北京市	内联升千层底布鞋制作技艺	Ⅷ—115
03—1374	王金勇	男	汉	山东省招远市	黄金溜槽堆石砌灶冶炼技艺	Ⅷ—116
03—1375	王殿祥	男	汉	江苏省南京市	金银细工制作技艺	Ⅷ—117
03—1376	张克康	男	汉	云南省曲靖市	斑铜制作技艺	Ⅷ—118
03—1377	朱炳仁	男	汉	浙江省杭州市	铜雕技艺	Ⅷ—119
03—1378	俄色呷玛	男	藏	四川省白玉县藏族金属锻造技艺(藏族锻铜技艺)	藏族金属锻造技艺(藏刀锻制技艺)	Ⅷ—120
03—1379	次旦旺加	男	藏	西藏自治区拉孜县		
03—1380	龙多然杰	男	藏	青海省玉树藏族自治州		
03—1381	道 安	女	汉	四川省成都市青羊区	成都银花丝制作技艺	Ⅷ—121
03—1382	吾甫尔·热合曼	男	维吾尔	新疆维吾尔自治区英吉沙县	维吾尔族传统小刀制作技艺	Ⅷ—122
03—1383	陶克图白乙拉	男	蒙古	内蒙古自治区科尔沁左翼后旗	蒙古族马具制作技艺	Ⅷ—123
03—1384	闫改好	男	汉	山西省长子县	民族乐器制作技艺(长子响铜乐器制作技艺)	Ⅷ—124
03—1385	金季凤	男	朝鲜	吉林省延边朝鲜族自治州	民族乐器制作技艺(朝鲜族民族乐器制作技艺)	
03—1386	热合曼·阿布都拉	男	维吾尔	新疆维吾尔自治区疏附县	民族乐器制作技艺(维吾尔族乐器制作技艺)	

序号	姓名	性别	民族	申报地区或单位	项目名称	项目编码
03—1387	白静宜	女	满	北京市通州区	花丝镶嵌制作技艺	Ⅷ—125
03—1388	马福良	男	汉	河北省大厂回族自治县		
03—1389	甘而可	男	汉	安徽省黄山市屯溪区	漆器髹饰技艺(徽州漆器髹饰技艺)	Ⅷ—127
03—1390	陈思碧	女	汉	重庆市	漆器髹饰技艺(重庆漆器髹饰技艺)	
03—1391	吉伍巫且	男	彝	四川省喜德县	彝族漆器髹饰技艺	Ⅷ—128
03—1392	张 苏	男	汉	安徽省宣城市	宣笔制作技艺	Ⅷ—130
03—1393	张逢学	男	汉	陕西省西安市长安区	楮皮纸制作技艺	Ⅷ—131
03—1394	邹洪利	男	汉	河北省易县	砚台制作技艺(易水砚制作技艺)	Ⅷ—133
03—1395	蔺永茂	男	汉	山西省新绛县	砚台制作技艺(澄泥砚制作技艺)	
03—1396	李茂棣	男	汉	甘肃省岷县	砚台制作技艺(洮砚制作技艺)	
03—1397	高式熊	男	汉	上海市静安区	印泥制作技艺(上海鲁庵印泥)	Ⅷ—134
03—1398	符骥良	男	汉			
03—1399	王超辉	男	汉	浙江省瑞安市	木活字印刷技术	Ⅷ—135
03—1400	林初寅	男	汉			
03—1401	王辛敬	男	汉	北京市荣宝斋	装裱修复技艺(古字画装裱修复技艺)	Ⅷ—136
03—1402	周永干	男	汉	江苏省兴化市	传统木船制造技艺	Ⅷ—137
03—1403	陈芳财	男	汉	福建省晋江市	水密隔舱福船制造技艺	Ⅷ—138
03—1404	冯怀女	男	汉	广东省东莞市	龙舟制作技艺	Ⅷ—139
03—1405	毕六福	男	汉	四川省泸州市江阳区	伞制作技艺(油纸伞制作技艺)	Ⅷ—140
03—1406	宋志明	男	汉	浙江省杭州市	伞制作技艺(西湖绸伞)	
03—1407	次仁平措	男	藏	西藏自治区墨竹工卡县	藏香制作技艺	Ⅷ—141
03—1408	田希云	男	汉	新疆生产建设兵团	土碱烧制技艺	Ⅷ—143
03—1409	高景炎	男	汉	北京红星股份有限公司	蒸馏酒传统酿造技艺(北京二锅头酒传统酿造技艺)	Ⅷ—144
03—1410	商立云	女	满	河北省平泉县	蒸馏酒传统酿造技艺(山庄老酒传统酿造技艺)	
03—1411	秦文科	男	汉	山西省朔州市	蒸馏酒传统酿造技艺(梨花春白酒传统酿造技艺)	
03—1412	李玉恒	男	汉	辽宁省沈阳市	蒸馏酒传统酿造技艺(老龙口白酒传统酿造技艺)	
03—1413	陈 林	女	汉	四川省宜宾市	蒸馏酒传统酿造技艺(五粮液酒传统酿造技艺)	
03—1414	赖登燡	男	汉	四川省成都市	蒸馏酒传统酿造技艺(水井坊酒传统酿造技艺)	
03—1415	李家顺	男	汉	四川省射洪县	蒸馏酒传统酿造技艺(沱牌曲酒传统酿造技艺)	

序号	姓名	性别	民族	申报地区或单位	项目名称	项目编码
03－1416	许朝中	男	汉	江苏省丹阳市	酿造酒传统酿造技艺（封缸酒传统酿造技艺）	Ⅷ－145
03－1417	王秀兰	女	汉	北京张一元茶叶有限责任公司	花茶制作技艺（张一元茉莉花茶制作技艺）	Ⅷ－147
03－1418	杨继昌	男	汉	浙江省杭州市	绿茶制作技艺（西湖龙井）	Ⅷ－148
03－1419	谢四十	男	汉	安徽省黄山市徽州区	绿茶制作技艺（黄山毛峰）	
03－1420	魏月德	男	汉	福建省安溪县	乌龙茶制作技艺（铁观音制作技艺）	Ⅷ－150
03－1421	王文礼	男	汉			
03－1422	史奇刚	男	汉	浙江省象山县	晒盐技艺（海盐晒制技艺）	Ⅷ－153
03－1423	卓玛央宗	女	藏	西藏自治区芒康县	晒盐技艺（井盐晒制技艺）	
03－1424	雷定成	男	汉	四川省郫县	豆瓣传统制作技艺（郫县豆瓣传统制作技艺）	Ⅷ－155
03－1425	杨银喜	男	汉	北京六必居食品有限公司	酱菜制作技艺（六必居酱菜制作技艺）	Ⅷ－158
03－1426	徐永珍	女	汉	江苏省扬州市	茶点制作技艺（富春茶点制作技艺）	Ⅷ－161
03－1427	赵友铭	男	汉	上海功德林素食有限公司	素食制作技艺（功德林素食制作技艺）	Ⅷ－164
03－1428	于良坤	男	汉	浙江省金华市	火腿制作技艺（金华火腿腌制技艺）	Ⅷ－166
03－1429	白永明	男	汉	北京便宜坊烤鸭集团有限公司	烤鸭技艺（便宜坊焖炉烤鸭技艺）	Ⅷ－167
03－1430	满运来	男	回	北京月盛斋清真食品有限公司	牛羊肉烹制技艺（月盛斋酱烧牛羊肉制作技艺）	Ⅷ－168
03－1431	赵铁锁	男	汉	内蒙古自治区阿拉善盟	牛羊肉烹制技艺（烤全羊技艺）	
03－1432	罗世伟	男	汉	福建省福州市	聚春园佛跳墙制作技艺	Ⅷ－172
03－1433	姚炎立	男	汉	河南省洛阳市	真不同洛阳水席制作技艺	Ⅷ－173
03－1434	董直机	男	汉	浙江省泰顺县	木拱桥传统营造技艺	Ⅷ－175
03－1435	郑多金	男	汉	福建省寿宁县		
03－1436	王世猛	男	汉	福建省惠安县	闽南传统民居营造技艺	Ⅷ－179
03－1437	达列力汗·哈比地希	男	哈萨克	新疆维吾尔自治区塔城地区	哈萨克族毡房营造技艺	Ⅷ－183
03－1438	张怀升	男	俄罗斯	新疆维吾尔自治区塔城地区	俄罗斯族民居营造技艺	Ⅷ－184
03－1439	马进明	男	撒拉	青海省循化撒拉族自治县	撒拉族篱笆楼营造技艺	Ⅷ－185

九、传统医药(24人)

序号	姓名	性别	民族	申报地区或单位	项目名称	项目编码
03—1440	孙树武	男	汉	河南省焦作市	中药炮制技术(四大怀药种植与炮制)	Ⅸ—3
03—1441	李成杰	男	汉			
03—1442	杨巨奎	男	汉	山西省太谷县	中医传统制剂方法(龟龄集传统制作技艺)	Ⅸ—4
03—1443	李英杰	男	汉	江苏省苏州市	中医传统制剂方法(雷允上六神丸制作技艺)	
03—1444	秦玉峰	男	汉	山东省东阿县	中医传统制剂方法(东阿阿胶制作技艺)	
03—1445	刘光瑞	男	汉	重庆市渝中区	针灸(刘氏刺熨疗法)	Ⅸ—5
03—1446	刘　钢	男	汉	北京市护国寺中医医院	中医正骨疗法(宫廷正骨)	Ⅸ—6
03—1447	罗金殿	男	汉	北京市朝阳区	中医正骨疗法(罗氏正骨法)	
03—1448	石仰山	男	汉	上海市黄浦区	中医正骨疗法(石氏伤科疗法)	
03—1449	郭艳锦	女	汉	河南省洛阳市	中医正骨疗法(平乐郭氏正骨法)	
03—1450	米　玛	男	藏	西藏自治区藏医学院	藏医药(藏医外治法)	Ⅸ—9
03—1451	格桑次仁	男	藏	西藏自治区山南地区藏医院	藏医药(藏医尿诊法)	
03—1452	李先加	男	藏	青海省藏医院	藏医药(藏医药浴疗法)	
03—1453	丹增彭措	男	藏	西藏自治区藏医院	藏医药(藏药炮制技艺)	
03—1454	索朗顿珠	男	藏			
03—1455	洛桑多吉	男	藏	西藏自治区藏药厂	藏医药(藏药七十味珍珠丸配伍技艺)	
03—1456	白玛加措	男	藏	西藏自治区雄巴拉曲神水藏药厂	藏医药(藏药珊瑚七十味丸配伍技艺)	
03—1457	俄　日	男	藏	青海省金诃藏药药业股份有限公司	藏医药(藏药阿如拉炮制技艺)	
03—1458	尕玛措尼	男	藏			
03—1459	桑　杰	男	蒙古		藏医药(七十味珍珠丸赛太炮制技艺)	
03—1460	尼　玛	男	藏			
03—1461	区欲想	男	汉	广东省广州潘高寿药业股份有限公司	传统中医药文化(潘高寿传统中药文化)	Ⅸ—11
03—1462	乌　兰	女	蒙古	内蒙古自治区	蒙医药(赞巴拉道尔吉温针、火针疗法)	Ⅸ—12
03—1463	阿古拉	男	蒙古			

十、民俗(25人)

序号	姓名	性别	民族	申报地区或单位	项目名称	项目编码
03—1464	罗周文	男	京	广西壮族自治区东兴市	京族哈节	Ⅹ—7
03—1465	岳麻通	男	景颇	云南省陇川县	景颇族目瑙纵歌	Ⅹ—11

序号	姓名	性别	民族	申报地区或单位	项目名称	项目编码
03—1466	陆有昌	男	汉	江苏省南京市	秦淮灯会	Ⅹ—50
03—1467	顾业亮	男	汉			
03—1468	石化明	男	苗	重庆市秀山土家族苗族自治县	秀山花灯	Ⅹ—51
03—1469	彭兴茂	男	土家			
03—1470	杜同海	男	汉	山西省潞城市	民间社火	Ⅹ—54
03—1471	赵喜文	男	汉	河北省井陉县	民间社火(桃林坪花脸社火)	
03—1472	欧海金	男	水	贵州省黔南苗族布依族自治州	水书习俗	Ⅹ—70
03—1473	潘老平	男	水			
03—1474	蔺文艺	男	汉	河北省邯郸市	灯会(苇子灯阵)	Ⅹ—81
03—1475	邵传富	男	汉	安徽省肥东县	灯会(肥东洋蛇灯)	
03—1476	肖永庆	男	羌	四川省茂县	羌　年	Ⅹ—82
03—1477	王治升	男	羌	四川省汶川县		
03—1478	赵云山	男	汉	河北省隆尧县	抬阁(芯子、铁枝、飘色)(隆尧县泽畔抬阁)	Ⅹ—87
03—1479	张根志	男	汉	浙江省浦江县	抬阁(芯子、铁枝、飘色)(浦江迎会)	
03—1480	刘文昌	男	汉	安徽省临泉县	抬阁(芯子、铁枝、飘色)(肘阁抬阁)	
03—1481	钟郁文	男	汉	四川省兴文县	抬阁(芯子、铁枝、飘色)(大坝高装)	
03—1482	符恒余	男	汉	四川省江油市	抬阁(芯子、铁枝、飘色)(青林口高抬戏)	
03—1483	邓均朝	男	汉			
03—1484	刘端富	男	汉	福建省福鼎市	抬阁(芯子、铁枝、飘色)(福鼎沙埕铁枝)	
03—1485	黎　明	男	汉	广东省吴川市	抬阁(芯子、铁枝、飘色)(吴川飘色)	
03—1486	彭娘耀	男	汉	广东省陆河县	抬阁(芯子、铁枝、飘色)(河田高景)	
03—1487	王安大	男	汉	四川省渠县	三汇彩亭会	Ⅹ—104
03—1488	贡嘎仁增	男	藏	西藏自治区	藏族天文历算	Ⅹ—121

第一届全国青少年钢琴比赛获奖名单

一、名次奖

少年一组

第一名　熊嘉诚　中央音乐学院附属中等音乐学校

第二名　孙麒麟　四川音乐学院钢琴系

第三名　张纪元　上海音乐学院附属中等音乐专科学校

第四名　卢梦佳　上海音乐学院附属中等音乐专科学校

第五名　张宁馨　中央音乐学院附属中等音乐学校
第六名　宋子辉　上海音乐学院附属中等音乐专科学校

少年二组

第一名　空缺
第二名　陈　涵　上海音乐学院附属中等音乐专科学校
第三名　杨超君　上海音乐学院附属中等音乐专科学校
　　　　张　越　深圳艺术学校
第四名　空缺
第五名　鹿　尧　中央音乐学院附属中等音乐学校
第六名　陈俊珲　上海音乐学院附属中等音乐专科学校
　　　　杜天奇　四川音乐学院

二、演奏奖

少年一组

季友兰　中央音乐学院附属中等音乐学校
郑宜含　中央音乐学院鼓浪屿钢琴学校
田雅伊　深圳艺术学校
刘子豪　上海音乐学院附属中等音乐专科学校
刘金华　中央音乐学院附属中等音乐学校
王迪夫　中央音乐学院鼓浪屿钢琴学校

少年二组

徐小忆　星海音乐学院附属中等音乐学校
王琛琛　中央音乐学院附属中等音乐学校
陈幸欣　星海音乐学院附属中等音乐学校
孙　策　星海音乐学院附属中等音乐学校
黄河清　四川音乐学院
叶子豪　厦门市音乐学校

三、优秀指导教师奖

王　雁　金爱平　周　帆　杨韵琳　黄　烁　常　桦
娜塔莎　陈光泉　钟　听　但昭义　肖　爽

第三届文化部创新奖获奖项目名单

特等奖1项

项目名称:徽州文化生态保护的创新与实践
完成单位:安徽省文化厅
　　　　安徽省黄山市文化局
　　　　安徽省宣城市绩溪县文化广播电视局
完成人:杨　果　田传江　郭　因　丁光清　张媛媛　王长丰　金　涛　胡红蔚　左金刚

创新奖19项

项目名称:组合式仿真古建筑模型
完成单位:中国艺术研究院
完成人:刘　托

项目名称:中国盲人数字图书馆网站建设
完成单位:国家图书馆
　　　　中国残疾人联合会信息中心
　　　　中国盲文出版社
完成人:李春明　王志庚　张　炜　龙　伟　李志尧　赵媛媛　李　彤　胡宏哲　周　琴　何　川

项目名称:全国图书馆志愿者行动
完成单位:中国图书馆学会
国家图书馆
15个省(自治区)文化厅和省图书馆、省图书馆学会
中国科学技术学会学术部
完成人:陈　力　汤更生　李国新　范并思　杨玉麟　邱冠华　于良芝　金武刚　李超平　胡京波

项目名称:深圳市民文化大讲堂
完成单位:中共深圳市委宣传部
深圳市社会科学联合会
《中国文化报》深圳记者站
完成人:王京生　吴　忠　乐　正　黄发玉　林金华　王跃军　汤庭芬　杨　建　何国勇　刘婉华

项目名称:中演票务通全国票务网络系统
完成单位:中国对外文化集团公司
完成人:张　宇　黄慧广　周青青　丁　明　薛利平　边　宇

项目名称:e卡通——上图电子资源远程服务
完成单位:上海图书馆上海科学技术情报研究所
完成人:张　奇　陈顺忠　彭　伟　朱普德　金家琴　邱君瑞　张　磊　史晓红　夏　海　吴建明

项目名称:区域文化联动
完成单位:吴江市文化广播电视管理局
吴江市文化馆
完成人:钱　俊　沈泉生　杨筱东　赵雨萍　朱晓红　刘建华　陈月良　丁泉生　朱颖浩　严凤仙

项目名称:百分之一文化计划
完成单位:台州市文化广电新闻出版局
台州市建设规划局
完成人:许良云　吴文斌　杜小平　江海波　黎　燕

项目名称:高职艺术人才就业模式的探索与实践
完成单位:安徽艺术职业学院
完成人:张　云　王　红　吴家宝　钱　农　林禄明　吴宁宁　秦　励　张　诚　胡彩红　吴瑞侠

项目名称:先进文化唱响新农村(邓州文化茶馆建设)
完成单位:邓州市文化局
中共邓州市委宣传部
邓州市人民文化馆
完成人:刘朝瑞　刘树华　朱艳红　阿　颖　闫富传　崔伟伟　张绍从　李中龙　杨　平　刘仲杰

项目名称:福建艺术扶贫工程
完成单位:福建省艺术馆
完成人:吴志跃　黄晓光　陈秀梅　刘如珍　宋珍珍　陈宗荣　徐玉萍　黄晓楠　宋曼君　詹红丹

项目名称:三坊七巷历史文化遗产保护规划及数字技术应用
完成单位:清华大学建筑设计研究院
福州市规划设计研究院
福州市三坊七巷管理委员会
福州市文物管理局
完成人:张　杰　卫　国　吕　舟　杨　勇　陈　亮　张　飏　魏　樊　叶子文　张　弓　高　峰

项目名称:山东省文化信息资源共享工程创新运行应用模式研究

完成单位:山东省文化厅
山东省图书馆
完成人:李宗伟 李 军 赵炳武 李西宁 周玉山 孙振东 周 浩 周 宁 蔡小晶 李晓婷

项目名称:实施“文化惠民”工程——创新基层公共文化服务品牌打造模式——“文化周末”“九个一”系列工程
完成单位:东莞市莞城街道办事处
莞城文化周末工程办公室
完成人:张彤飚 黄优秀 王柏全

项目名称:城市街区自助图书馆
完成单位:深圳图书馆
完成人:吴 晞 甘 琳 王 林 秦格辉 刘 哲 杜秦生 张 桦 孔 足 李星光 杨雄标

项目名称:“南海Ⅰ号”整体打捞与水下文化遗产保护
完成单位:广东省文化厅
交通部广州打捞局
完成人:曹淳亮 景李虎 苏桂芬 龙家有 陈北先 何伟章 卜 工 魏 峻 崔 勇 曹 劲

项目名称:蜀风雅韵—成都非物质文化遗产数字博物馆
完成单位:成都图书馆
完成人:钟刚毅 王 利 肖 平 王 璁 郭 星 尹正元 陈孟洵 王承佳 张红灵 代瑞雪

项目名称:北京2008奥运形象创新设计专项
完成单位:中央美术学院
完成人:潘公凯 谭 平 王 敏 许 平 宋协伟 杭 海 王沂蓬 刘 波 肖 勇 吕品晶

项目名称:上音历史唱片可干预智能化修复与数据库管理系统
完成单位:上海音乐学院
上海协言科学技术服务有限公司
完成人:吴粤北 袁 征 张 潇 韩 斌 王劲松 周 畅

第九届全国青少年小提琴比赛获奖名单

青年组:
第一名:张安迪 中央音乐学院附中
第二名:何 畅 中央音乐学院
第三名:张好箐 上海音乐学院附中
第四名:倪惠丰 上海音乐学院
第五名:唐 韵 上海音乐学院附中
第六名:李芙蓉 中央音乐学院
演奏奖:莫婷婷 星海音乐学院
田博阳 上海音乐学院附中
张可涵 中央音乐学院
冯继霆 四川音乐学院附中
优秀指导教师奖:谢 楠、童卫东、魏 韵、郑石生、黄晨星、俞丽拿、张 提
指导教师奖:韦 玮、刘培彦、李开祥
中国作品演奏奖:空缺
中国新作品演奏奖:空缺
优秀钢琴伴奏奖:黄萌萌 中央音乐学院
施 雯 上海音乐学院
钢琴伴奏鼓励奖:李秋薇 四川音乐学院

少年组：
第一名：李泽宇　上海音乐学院附中
第二名：张金茹　上海音乐学院附中
第三名：石小玄　上海音乐学院附中
第四名：汤杰明　中央音乐学院附小
第五名：张李峻伊　中央音乐学院附中
第六名：王温迪　中央音乐学院附中
演奏奖：沈可依　上海音乐学院附中
　　　　党华莉　星海音乐学院附中
　　　　任瑞琪　武汉音乐学院附中
　　　　郭子凌　西安音乐学院附中
优秀指导教师奖：方　蕾、郑石生、赵　薇、王　泓、张　提
指导教师奖：黄晨星、徐　悦、熊治群、朱耀熹、李齐华
中国作品演奏奖：李泽宇　上海音乐学院附中
中国新作品演奏奖：任瑞琪　武汉音乐学院附中
优秀钢琴伴奏奖：孙松青　上海音乐学院
钢琴伴奏鼓励奖：叶　青　上海音乐学院

第九届"桃李杯"舞蹈比赛获奖名单

芭蕾青年组(男子)

一等奖：空缺
二等奖：李　林
三等奖：杨　鹏、梁泽程、任　楠
优秀表演奖：徐文瀚、薛　理、胡　骏、温少伟、隋万龙、吴延龄、唐靖奇、孙　超、童大钢、寇祖权、梁铭毅、侯旭磊

芭蕾青年组(女子)

一等奖：刘思睿
二等奖：张为琳、周　瑜
三等奖：张为璐、高　歌、于晓婷
优秀表演奖：鞠雪婷、孙　榕、李思佳、王　琳、郑　韵

芭蕾少年甲组(男子)

一等奖：马晓东
二等奖：邸　健、陈镇威
三等奖：王　维、袁岸璞

芭蕾少年甲组(女子)

一等奖：彭兆倩
二等奖：赵婉婷
三等奖：张雪宁、孙雅莉、陈姿含
优秀表演奖：徐依汝、尧尹晨、陈滨滨

芭蕾少年乙组(男子)

一等奖：张智尧
二等奖：李　剑、王立中
三等奖：滕建凯、杨天博、龚溢文
优秀表演奖：李重均、涂翰彬、欧阳苏男、方　智、刘士诚、张晋浩

芭蕾少年乙组(女子)

一等奖：毛晶晶
二等奖：徐　琰
余晓彤
三等奖：尚瑶谦
刘晨欣
孙　祎
优秀表演奖：杨睿琦
孙艺萌
邱远仪
张　媛
张　瑾
陆亚琦

中国古典舞A级青年组(男子)

一等奖：孙　科
王韬瑞
二等奖：高　健
三等奖：马蛟龙
宋玉龙
郑　杰
优秀表演奖：朱亚超
单思涵
姜泽佐
高泽炜
喻鑫宇

中国古典舞A级青年组(女子)

一等奖：唐诗逸
二等奖：杨笑婷
胡玉婷
三等奖：陈　晨
周　杰
戎昳宁
优秀表演奖：裴雅婷
石雪函
张傲子玄
石　崇

中国古典舞B级青年组(男子)

一等奖：李洪墨
二等奖：秦牛牛
吕　锐
三等奖：单　煊
张　森
芦　航
优秀表演奖：闫　海
陈代航
朱　琦
苏　健
张　强
熊　鹰
姜欧翔

中国古典舞B级青年组(女子)

一等奖：吴嘉雯
二等奖：吕慧文
张　烨
三等奖：田　超
李　领
杨晶晶
章文慧
优秀表演奖：冯　婧
刘　妮
江雅丽
施珍妮
陈　梦

中国古典舞A级少年甲组(男子)

一等奖：李或彧
二等奖：蒲　宇
李郦鲸
龚　延
三等奖：胡珈诚
高俊雅
优秀表演奖：徐一鸣
张鹤腾
韩小童

中国古典舞A级少年甲组(女子)

一等奖：吴灵薇
华宵一
二等奖：贺梦娇
三等奖：王念慈
姜蔚琳
苗　祎
优秀表演奖：卢奕佳
朱　磊

中国古典舞B级少年甲组(男子)

一等奖：陈世豪
二等奖：陈　曦
曹乾尧
三等奖：彭一畅
赵森杰
程兴业
优秀表演奖：金　超
张　鹏
何志凯
林海山
王晓明
李松霖

中国古典舞B级少年甲组(女子)

一等奖：吕程亮
二等奖：曹玥瑶
高雯倩

三等奖：林姿艳
谭紫蜜
吴　瑶
杨永倩
优秀表演奖：张　咪
李　彧
吴　莹
刘木苏
王潇羽
齐　男
朱方幸子

中国民族民间舞A级青年组(男子)

一等奖：边　疆
二等奖：威力斯
刘　彬
三等奖：查龙浩
钟宏宇
刘洪斌
优秀表演奖：李德戈景
彭措索南
贝毓卓
刘　嵩
孙　根
李永强
张　峰

中国民族民间舞A级青年组(女子)

一等奖：骆文博
二等奖：邓　韵
李亚迪
陶　洋
三等奖：范　蕊
徐曼妮
优秀表演奖：安　然
于弘洋
冯敬雅
吴萌萌
何　婷
陈　汐
金　晨
王　景

中国民族民间舞B级青年组(男子)

一等奖：赵　磊
二等奖：何华铭
李本尖措
陈　功
三等奖：高佳音
陈虹达
达布力·黑巴提
优秀表演奖：李秀加
毕大明
娄本松
乌宏志
杨文艺

中国民族民间舞B级青年组(女子)

一等奖：张雪佳
二等奖：王　鹤
方　玲
三等奖：席　欢
张梦露
张洪艺
优秀表演奖：金　妮
王春燕
王　驰
保奕帆
王皓婧
丁　爱

中国民族民间舞A级少年甲组(男子)

一等奖：刘　敬
二等奖：戴泽伟
敖明俊
三等奖：时　林
曾博文
杨　健
优秀表演奖：陈　政
赛博渊
邹业东
胡世闻
李佳佳
郝　飞

中国民族民间舞A级少年甲组(女子)

一等奖：袁　竹
二等奖：高　寒
韩　燕
三等奖：张　妮
崔译丹
貌　昱
优秀表演奖：来嘉悦
朱亦悦
欧阳吉芮
姜　浩
杨　娜
李　靖
周紫薇

中国民族民间舞B级少年甲组(男子)

一等奖：王　鹏
二等奖：周　易
何仲达
三等奖：林国伟
徐仁豪

张子豪

优秀表演奖：杨张煜
蒋　可
黄琛迪
朝格满达
吕　密
李　岩

中国民族民间舞B级少年甲组(女子)

一等奖：全春爱

二等奖：于小涵
张　爽

三等奖：何　柳
李　婧
陶禹霏

优秀表演奖：曾　菲
王治馨
陈　玲
李　蜜
陈　楠
沈　静
牧梦蕾
吕锶琴

中国舞少年乙组(男子)

一等奖：方　瑞

二等奖：崔晨曦
董志明

三等奖：苏　洋
蔡亦寒
高　嵩

优秀表演奖：沈徐斌
金汉迪
王　智
周　昊
谢素豪
吴昊林

中国舞少年乙组(女子)

一等奖：毕　然
刘　盈

二等奖：胡图兰

三等奖：张欣怡
王　媛
梅玉炫

优秀表演奖：赵婕雯
李书琪
周琳琳
朱梦婷
蒋　雯
郝　鑫

群舞(中国民族民间舞组)表演奖

一等奖：《翻身农奴把歌唱》
《草原汉子》
《女儿花》
《花鼓敲天下》
《阿婆的幸福生活》
《姥家门口唱大戏》

二等奖：《梦里寻她千百度》
《蝴蝶春情》
《长白瀑布》
《古扎丽古丽》
《风筝》
《赶海乐》
《扇花花开》

三等奖：《醉山寨》
《芦花香香鼓儿响》
《羌》
《阳春面》
《草原英魂》
《乐》
《孔雀部落》
《糯玉香》
《毛南古歌》

优秀表演奖：《冲霄汉》
《风酥雨忆》
《黑土地的妞》
《骏马·烈酒·激情》
《律栋吟》
《喊太阳》
《黑山银花》
《西兰卡普情韵》
《犟姑娘》
《凤鸣九州》
《跳弦》
《俏丫戏春》
《盘羊》

群舞(中国民族民间舞组)舞蹈剧目奖

一等奖：《翻身农奴把歌唱》
《草原汉子》
《阿婆的幸福生活》
《姥家门口唱大戏》
《长白瀑布》
《蝴蝶春情》

二等奖：《女儿花》
《梦里寻她千百度》
《花鼓敲天下》
《芦花香香鼓儿响》
《风筝》
《古扎丽古丽》
《扇花花开》
《阳春面》
《乐》

三等奖：《醉山寨》
《赶海乐》
《羌》
《风酥雨忆》
《孔雀部落》
《黑土地的妞》
优秀剧目奖：《草原英魂》
《黑山银花》
《毛南古歌》
《糯玉香》
《骏马·烈酒·激情》
《冲霄汉》
《喊太阳》
《律栋吟》
《西兰卡普情韵》
《犟姑娘》
《俏丫戏春》
《盘羊》
《跳弦》
《凤鸣九州》

群舞（中国古典舞组）表演奖

一等奖：《且吟春语》
《汉宫秋月》
《兰陵王入阵曲》
二等奖：《龙飞凤舞》
三等奖：《嵩山晨曲》
《鱼儿》
《桃花扇随想》
优秀表演奖：《秦淮河上》
《拓》
《问道武当》
《采桑》
《梦与鸟飞》

群舞（中国古典舞组）舞蹈剧目奖

一等奖：《鱼儿》
《汉宫秋月》
《兰陵王入阵曲》
二等奖：《嵩山晨曲》
《拓》
《龙飞凤舞》
《桃花扇随想》
三等奖：《且吟春语》
《秦淮河上》
《问道武当》
《梦与鸟飞》
《采桑》

群舞（芭蕾舞组）表演奖

一等奖：《数码的语言》
二等奖：《秋》
三等奖：《榕树仙子》
《茉莉花》
《可小可笑》
优秀表演奖：《喵》
《十/一》
《梦……飞翔》
《偶·丫》

群舞（芭蕾舞组）舞蹈剧目奖

一等奖：《秋》
《数码的语言》
二等奖：《榕树仙子》
《喵》
《茉莉花》
《可小可笑》
三等奖：《十/一》
《梦……飞翔》
《偶·丫》

舞蹈教学精品组合课

保护传统舞蹈文化贡献奖：
北京舞蹈学院
内蒙古大学艺术学院
重庆艺术学校
优秀组合编排奖：
北京舞蹈学院
北京舞蹈学院
大连艺术学校
中央民族大学舞蹈学院
沈阳音乐学院舞蹈学院
优秀组合表现奖：
北京舞蹈学院
延边大学艺术学院
广西师范大学音乐学院
南京艺术学院舞蹈学院
云南艺术学院舞蹈学院

港澳台及海外组（男子）

三等奖：梅忠孝
优秀表演奖：罗　钧
刘冠贤

港澳台及海外组（女子）

三等奖：李卓儿
刘海蒂
优秀表演奖：诸葛琇彬
杜恩妤
陈妍铵
尹美惠
李莲花
杨紫瑶
黄士容
蔡　烁
林佩佩

黄心颖
冯培甄
董虹妏
杨紫仪
郭怡欣
黄真凰
黄小妮
蔡逸慧

港澳台及海外组(群舞)

优秀表演奖：花艶
红河欢歌
雪山袖
江湖行
秦俑达阵
说唱脸谱
哥像月亮天上走
彝山奏鸣
天河喜鹊七夕情
有一个美丽的地方
相和

舞蹈教学剧目创作奖(芭蕾舞)

一等奖：《双鱼座》
二等奖：《思》
《扑面而来》
三等奖：《当我离开时》
《城》
《再来一遍》
《聆听》

舞蹈教学剧目创作奖(古典舞)

一等奖：《水墨孤鹤》
《逼上梁山》
《罗敷行》
《小薇、小薇》
《逍遥游》
二等奖：《梨园一生》
《红玉丹心》
《红豆》
《乡愁无边》
三等奖：《月满春江》
《勾践》
《梦随翎翅飞苍茫》
《新生》
《咏扇》
《芳春行》
《金刚》

舞蹈教学剧目创作奖(民族民间舞)

一等奖：《阿珈鼓》
《那一别》(汉族—江西)
《牧马人》(蒙古族)
二等奖：《舞童》朝鲜族
《轮月》(蒙古族)
《小河弯弯》(傣族)
《傣画》(傣族)
《闲鹤》
《雪域精羚》(藏族)
《可可西里的雪莲花》
《说兰花》(花鼓灯)
《马兰花》(蒙古族)
三等奖：《心中的绿洲》
《王的舞者》
《希娜里》朝鲜族
《月光下的凤尾竹》(傣族)
《天浴》
《情醉了》
《舞鼓悦山巅》(藏族)
《长调》(蒙古族)
《民族村里的小伙》(彝族)
《店小二》(东北秧歌)
《第一双新靴》(藏族)

舞蹈教学剧目创作奖(中国舞乙组)

一等奖：《提线木偶》
二等奖：《牧童短笛》
《小扁旦三尺三》
三等奖：《恰同学少年》
《战鼓行》

舞蹈教学剧目创作奖(海外组)

优秀剧目奖：《荷塘月色》中国舞
中国民族民间舞《水人歌》
朝鲜舞《比纳礼》
民族民间舞《画灵傣》
框限
用心看世界
风舞竹动
绿叶神音
弦子的传说
蒙古族双人舞《爱》
汉族舞蹈《詩的随想》
鼓乐
火红的旋律
刀光剑影
那一瞬间
思念
新嫁娘
俏红娘
蒙古族双人舞《爱》

院校原创教学剧目奖(芭蕾)

《扑面而来》
《当我离开时》
《思》

《城》
《706》套房
《聆听》
《城市精灵》
《到我内心深处来》

院校原创教学剧目奖(中国古典舞)

《水墨孤鹤》
《逼上梁山》
《金刚》
《红豆》
《勾践》
《月满春江》
《小薇、小薇》
《梦随翎翅飞苍茫》
《咏扇》
《北望河山》

院校原创教学剧目奖(中国民族民间舞)

《那一别》(汉族—江西)
《牧马人》(蒙古族)
《心中的绿洲》
《王的舞者》
《舞童》朝鲜族
《希娜里》朝鲜族
《独在他乡》(朝鲜族)
《舞鼓悦山巅》(藏族)
《空谷颤栗》(蒙古族)
《闲鹤》
《第一双新靴》(藏族)
《说兰花》(花鼓灯)
《可可西里的雪莲花》
《森塔斯》

院校原创教学剧目奖(中国舞乙组)

《提线木偶》
《牧童短笛》
《恰同学少年》
《最美的旋律》
《春晓》
《青釉流韵》

院校原创教学剧目奖(群舞民间舞)

《翻身农奴把歌唱》
《草原汉子》
《女儿花》
《梦里寻她千百度》
《姥家门口唱大戏》
《长白瀑布》
《古扎丽古丽》
《羌》
《风酥雨忆》
《乐》
《毛南古歌》

院校原创教学剧目奖(群舞中国古典舞)

《汉宫秋月》
《兰陵王入阵曲》
《鱼儿》
《嵩山晨曲》
《龙飞凤舞》
《桃花扇随想》
《拓》

2009年度文化部科技创新项目立项名单

编号	类别	项目名称	承担单位	申报部门	项目负责人	文化部补助(万元)
1	科技规划	"十二五"文化科技发展规划预研究	中国艺术科技研究所、中国传媒大学信息工程学院	中国艺术科技研究所	李秋立、蒋伟	5

编号	类别	项目名称	承担单位	申报部门	项目负责人	文化部补助（万元）
2	社会文化、文化市场	移动终端自助信息服务模式研究	文化部全国文化信息资源建设管理中心	文化部全国文化信息资源建设管理中心	张晓星	10
3		我国公共文化服务体系建设中的高校资源利用研究	青岛大学	山东省文化厅	陈志强	2
4		襄樊市城乡一体化公共文化服务模式、方式和支撑技术的研究及实践	襄樊学院	湖北省文化厅	丁长河	3
5		在“特殊”学校开展校外科技文化教育的运行模式	中国福利会少年宫	上海市文化广播影视管理局	陈白桦	3
6		中国艺术品资本市场发育及其支撑体系研究	文化部文化市场发展中心	文化部文化市场发展中心	梁钢	5
7	文化产业、动漫	航天科技文化园	北京航天软件技术有限公司航天文化创意产业发展中心	北京市文化局	车玫	0
8		张江动漫谷公共技术支撑平台	上海张江动漫科技有限公司	上海市文化广播影视管理局	刘军	0
9		基于VRGIS一体化技术的网络三维游戏驱动引擎及海洋益智游戏开发	上海兰基斯软件有限公司	上海市文化广播影视管理局	陈戈	0
10		基于运动捕捉和虚拟运动库的三维动画辅助工具及三维海洋数字动漫制作	青岛如临其境科技有限公司	山东省文化厅	韩勇	0
11		基于哼唱的音乐检索系统	上海文广新闻传媒集团	上海市文化广播影视管理局	王豫、闵友钢	0
12	图书馆、文化信息	虚拟家庭图书馆研究	国家图书馆计算机与网络系统部	国家图书馆	吴斌	5
13		下一代移动互联网图书馆服务模式研究	国家图书馆计算机与网络系统部	国家图书馆	魏大威	6
14		广西文化电子信息服务平台建设	广西文化信息中心	广西壮族自治区文化厅	李格训	0

编号	类别	项目名称	承担单位	申报部门	项目负责人	文化部补助（万元）
15	文化遗产保护	北京传统手工艺文化传播和交易促进平台	北京博越世纪科技有限公司	北京市文化局	蒋海涛	5
16		苏州传统失蜡铸造工艺的挖掘与传承研究	苏州工艺美术职业技术学院	江苏省文化厅	王汉卿	5
17		面向博物馆陈列文物的隔震技术研究	故宫博物院	故宫博物院	周乾	5
18		文化遗产安全保护呼叫中心技术研究	南京博物院	江苏省文化厅	张小朋	5
19		基于 Web GIS 的甘肃少数民族音乐数字化展示平台的研究和开发	西北民族大学	甘肃省文化厅	沙景荣	3
20	舞台技术	剧场信息的规划整合与全国剧场普查信息系统建设研究	中国传媒大学信息工程学院、中国艺术科技研究所	中国艺术科技研究所	任慧、李秋立	5
21		演出场所全国技术监管平台技术体系研究	中国传媒大学信息工程学院、中国艺术科技研究所	中国艺术科技研究所	陈新桥、杨磊	5
22		我国下一代网络化演艺灯光系统的架构与技术标准体系研究	中国传媒大学信息工程学院、中国艺术科技研究所	中国艺术科技研究所	蒋伟、闫贤良	5
23		数字化 RDM 控制大功率 LED 舞台摇头电脑灯	广州市番禺区珠江灯光音响实业有限公司	广东省文化厅	李英民	0
24		舞台灯具光度数据照相测试法	广州市番禺区珠江灯光音响实业有限公司	广东省文化厅	王竹生	0
25		3D 舞台虚拟预演系统软件	云南省民族艺术研究所	云南省文化厅	杨要武	5
26	杂技道具	可控桌面倾斜角度的杂技专用桌案、多维转动行走地圈、折叠推轮无地根遥控变角度旋转三爬杆	中国杂技团有限公司	北京市文化局	王建民	0
27	乐器改革	古琴及板腔共鸣体材料微观结构干预方法关键技术研究	吉林省文化科技研究所	吉林省文化厅	张继勇	5

编号	类别	项目名称	承担单位	申报部门	项目负责人	文化部补助(万元)
28	艺术教育	数字化音乐伴侣学习系统	中央音乐学院	中央音乐学院	赵易山	5
29		音乐数字媒体艺术人才培养模式研究与艺术实践	上海音乐学院	上海音乐学院	何训田、代晓蓉	5
30		大跨度城市雕塑(地标性艺术构筑体)结构与材料力学的研究与应用	中央美术学院	中央美术学院	卓凡	2

第四届中国国际声乐比赛(宁波)获奖名单

男声部

第一名:谢天(中国)

第二名:冯国栋(中国)

第三名:菲利普·班采克 Filip Bandzak(捷克)

第四名:王传越(中国)

女声部

第一名:柯绿娃(中国)

第二名:娜塔利亚·彼得罗日茨卡娅 Natalia Petrozhitskaya(俄罗斯)

第三名:王宏尧(中国)

伊丽莎白·斯蒂芬斯 Elisabeth H. Stevens (美国)

第四名:王雅丽(中国)

埃莲娜·古谢瓦 Elena Guseva(俄罗斯)

中国艺术歌曲优秀演唱奖获奖名单

冯国栋(中国)

柯绿娃(中国)

阮碧翠 Bich Thuy Nguyen (越南)

菲利普·班采克 Filip Bandzak(捷克)

第八届中国武汉国际杂技艺术节获奖节目名单

黄鹤金奖(4个):

俄罗斯国家马戏公司《大跳板》、朝鲜牡丹峰杂技团《大飞人》、山东省杂技团《天地抒怀——蹬人》、武汉杂技团《吊环顶技》

荣誉金奖(1个):

中华台北《空竹》

黄鹤银奖(4个):

武汉杂技团《立绳》、江西省杂技团《青花烛影——柔术滚灯》、沈阳杂技团《绳技》、朝鲜牡丹峰杂技团《抖杠》

荣誉银奖(2个)

中国杂技团《球技》

上海杂技团《百鸟朝凤—训鸟》

黄鹤铜奖(7个):

蒙古国家马戏团《三人柔术》南京市杂技团《顶花坛》、俄罗斯古林马戏团《空中吊子》、乌兹别克斯坦国家马戏团《顶杆技巧》、瑞士《幽默滑稽》、越南国家马戏团《训熊》、芬兰《秋千》

少儿组(芳草金、银、铜奖):

中国杂技团《蹦拐顶技》、美国火鸟公司《柔术》、内蒙古杂技团《高椅》分别获得少儿组芳草金、银、铜奖。

第二届中国国际小提琴比赛(青岛)获奖选手名单

第一名　陈怡(中国)

第二名　安德烈·亚历山德罗维奇·巴拉诺夫(俄罗斯)

第三名　弗瑞德莱克· 斯达克勒夫(德国)

第四名　谢昊明(中国)

第五名　曹香子(中国)

第六名　弗瑞德莱克· 斯达克勒夫(德国)

最年轻优秀选手奖　弗瑞德莱克· 斯达克勒夫(德国)

中国作品优秀演奏奖　弗瑞德莱克· 斯达克勒夫(德国)

各地区行政区划(一)

(2009 年底)　　　　单位:个

区划名称	地级区划数	#地级市	县级区划数	#县级市	#市辖区	#县	#自治县
全　　国	333	283	2 858	855	367	1 464	117
北 京 市	…	…	18	16	…	2	…
天 津 市	…	…	16	13	…	3	…
河 北 省	11	11	172	36	22	108	6
山 西 省	11	11	119	23	11	85	…
内蒙古自治区	12	9	101	21	11	17	…
辽 宁 省	14	14	100	56	17	19	8
吉 林 省	9	8	60	20	20	17	3
黑 龙 江 省	13	12	128	64	18	45	1
上 海 市	…	…	18	17	…	1	…
江 苏 省	13	13	106	55	26	25	…
浙 江 省	11	11	90	32	22	35	1
安 徽 省	17	17	105	44	5	56	…
福 建 省	9	9	85	26	14	45	…
江 西 省	11	11	99	19	10	70	…
山 东 省	17	17	140	49	31	60	…
河 南 省	17	17	159	50	21	88	…
湖 北 省	13	12	103	38	24	38	2
湖 南 省	14	13	122	34	16	65	7
广 东 省	21	21	121	54	23	41	3
广西壮族自治区	14	14	109	34	7	56	12
海 南 省	2	2	20	4	6	4	6
重 庆 市	…	…	40	19		17	4
四 川 省	21	18	181	43	14	120	4
贵 州 省	9	4	88	10	9	56	11
云 南 省	16	8	129	12	9	79	29
西藏自治区	7	1	73	1	1	71	…
陕 西 省	10	10	107	24	3	80	…
甘 肃 省	14	12	86	17	4	58	7
青 海 省	8	1	43	4	2	30	7
宁夏回族自治区	5	5	22	9	2	11	…
新疆维吾尔自治区	14	2	98	11	19	62	6
香港特别行政区							
澳门特别行政区							
台 湾 省							

注:本表出自 2010 年《中国统计摘要》。

各地区行政区划(二)

(2009 年底)

单位:个

区划名称	乡镇级			
	区划数	#街道办事处	#镇数	#乡数
全　　国	40 858	6 686	19 322	14 848
北京市	322	140	142	40
天津市	243	107	116	20
河北省	2 228	267	992	968
山西省	1 397	201	563	633
内蒙古自治区	863	221	463	179
辽宁省	1 504	570	577	357
吉林省	897	276	425	196
黑龙江省	1 272	376	467	429
上海市	210	99	109	2
江苏省	1 334	316	911	107
浙江省	1 513	333	735	445
安徽省	1 520	258	905	357
福建省	1 102	173	591	338
江西省	1 535	137	778	620
山东省	1 872	507	1 096	269
河南省	2 361	479	904	978
湖北省	1 227	283	740	204
湖南省	2 409	247	1 106	1 056
广东省	1 584	436	1 137	11
广西壮族自治区	1 232	106	702	424
海南省	222	18	183	21
重庆市	1 009	164	578	267
四川省	4 660	253	1 821	2 586
贵州省	1 555	109	689	757
云南省	1 366	80	597	689
西藏自治区	692	10	140	542
陕西省	1 745	175	921	649
甘肃省	1 350	124	464	762
青海省	396	30	137	229
宁夏回族自治区	233	41	99	93
新疆维吾尔自治区	1 005	150	234	620
香港特别行政区				
澳门特别行政区				
台湾省				

全国人口数

单位:万人

地　区	2002年	2003年	2004年	2005年	2006年	2007年	2008年	2009年
全　国	**128 453**	**129 227**	**129 988**	**130 756**	**131 448**	**132 129**	**132 802**	**133 474**
北　京	1 423	1 456	1 493	1 538	1 581	1 633	1 695	1 755
天　津	1 007	1 011	1 024	1 043	1 075	1 115	1 176	1 228
河　北	6 735	6 769	6 809	6 851	6 898	6 943	6 989	7 034
山　西	3 294	3 314	3 335	3 355	3 375	3 393	3 411	3 427
内蒙古	2 379	2 380	2 384	2 386	2 397	2 405	2 414	2 422
辽　宁	4 203	4 210	4 217	4 221	4 271	4 298	4 315	4 319
吉　林	2 699	2 704	2 709	2 716	2 723	2 730	2 734	2 740
黑龙江	3 813	3 815	3 817	3 820	3 823	3 824	3 825	3 826
上　海	1 625	1 711	1 742	1 778	1 815	1 858	1 888	1 921
江　苏	7 381	7 406	7 433	7 475	7 550	7 625	7 677	7 725
浙　江	4 647	4 680	4 720	4 898	4 980	5 060	5 120	5 180
安　徽	6 338	6 410	6 461	6 120	6 110	6 118	6 135	6 131
福　建	3 466	3 488	3 511	3 535	3 558	3 581	3 604	3 627
江　西	4 222	4 254	4 284	4 311	4 339	4 368	4 400	4 432
山　东	9 082	9 125	9 180	9 248	9 309	9 367	9 417	9 470
河　南	9 613	9 667	9 717	9 380	9 392	9 360	9 429	9 487
湖　北	5 988	6 002	6 016	5 710	5 693	5 699	5 711	5 720
湖　南	6 629	6 663	6 698	6 326	6 342	6 355	6 380	6 406
广　东	7 859	7 954	8 304	9 194	9 304	9 449	9 544	9 638
广　西	4 822	4 857	4 889	4 660	4 719	4 768	4 816	4 856
海　南	803	811	818	828	836	845	854	864
重　庆	3 107	3 130	3 122	2 798	2 808	2 816	2 839	2 859
四　川	8 673	8 700	8 725	8 212	8 169	8 127	8 138	8 185
贵　州	3 837	3 870	3 904	3 730	3 757	3 762	3 793	3 798
云　南	4 333	4 376	4 415	4 450	4 483	4 514	4 543	4 571
西　藏	267	270	274	277	281	284	287	290
陕　西	3 674	3 690	3 705	3 720	3 735	3 748	3 762	3 772
甘　肃	2 593	2 603	2 619	2 594	2 606	2 617	2 628	2 635
青　海	529	534	539	543	548	552	554	557
宁　夏	572	580	588	596	604	610	618	625
新　疆	1 905	1 934	1 963	2 010	2 050	2 095	2 131	2 159

注:1. 全国数据包括中国人民解放军现役军人数,但不包括香港、澳门特别行政区和台湾省数据;分省数据中未包括中国人民解放军现役军人数。

2. 2002—2004年部分地区数据不是常住人口口径。

3. 本表取自2010《中国统计摘要》

全国各地区国内生产总值

单位:亿元

地　　区	2002年	2003年	2004年	2005年	2006年	2007年	2008年	2009年
北　京	4 330.4	5 023.8	6 060.3	6 886.3	7 861.0	9 353.3	10 488.0	11 865.9
天　津	2 150.8	2 578.0	3 111.0	3 697.6	4 344.3	5 050.4	6 354.4	7 500.8
河　北	6 018.3	6 921.3	8 477.6	10 096.1	11 515.8	13 709.5	16 188.6	17 026.6
山　西	2 324.8	2 855.2	3 571.4	4 179.5	4 715.0	5 733.4	6 938.7	7 365.7
内蒙古	1 940.9	2 388.4	3 041.1	3 895.6	4 841.8	6 091.1	7 761.8	9 725.8
辽　宁	5 458.2	6 002.5	6 672.0	8 009.0	9 214.2	11 023.5	13 461.6	15 065.6
吉　林	2 348.5	2 662.1	3 122.0	3 620.3	4 275.1	5 284.7	6 424.1	7 203.2
黑龙江	3 637.2	4 057.4	4 750.6	5 511.5	6 201.5	7 065.0	8 310.0	8 288.0
上　海	5 741.0	6 694.2	8 072.8	9 154.2	10 366.4	12 188.9	13 698.2	14 900.9
江　苏	10 606.9	12 442.9	15 003.6	18 305.7	21 645.1	25 741.2	30 312.6	34 061.2
浙　江	8 003.7	9 705.0	11 648.7	13 437.9	15 742.5	18 780.4	21 486.9	22 832.4
安　徽	3 519.7	3 923.1	4 759.3	5 375.1	6131.1	7 364.2	8 874.2	10 052.9
福　建	4 467.6	4 983.7	5 763.4	6 568.9	7 584.4	9 249.1	10 823.1	11 949.5
江　西	2 450.5	2 807.4	3 456.7	4 056.8	4 670.5	5 500.3	6 480.3	7 589.2
山　东	10 275.5	12 078.1	15 021.8	18 516.9	22 077.4	25 965.9	31 072.1	33 805.3
河　南	6 035.5	6 867.7	8 553.8	10 587.4	12 362.8	15 012.5	18 407.8	19 367.3
湖　北	4 212.8	4 757.5	5 633.2	6 520.1	7 581.3	9 230.7	11 330.4	12 831.5
湖　南	4 151.5	4 660.0	5 641.9	6 511.3	7 508.9	9 200.0	11 156.6	12 930.7
广　东	13 502.4	15 844.6	18 864.6	22 366.5	26 159.5	31 084.4	35 696.5	39 081.6
广　西	2 523.7	2 821.1	3 433.5	4 075.7	4 828.5	5 955.6	7 171.6	7 700.4
海　南	622.0	693.2	798.9	894.6	1 031.9	1 223.3	1 459.2	1 646.6
重　庆	1 990.0	2 272.8	2 692.8	3 070.5	3 452.1	4 122.5	5 096.7	6 528.7
四　川	4 725.0	5 333.1	6 379.6	7 385.1	8 637.8	10 505.3	12 506.3	14 151.3
贵　州	1 243.4	1 426.3	1 677.8	1 979.1	2 270.9	2 741.9	3 333.4	3 893.5
云　南	2 312.8	2 556.0	3 081.9	3 472.9	3 981.3	4 741.3	5 700.1	6 168.2
西　藏	165.0	185.1	220.3	251.2	291.0	342.2	395.9	441.4
陕　西	2 253.4	2 587.7	3 175.6	3 675.7	4 520.1	5 465.8	6 851.3	8 186.7
甘　肃	1 232.0	1 399.8	1 688.5	1 934.0	2 276.7	2 702.4	3 176.1	3 382.4
青　海	340.6	390.2	466.1	543.3	639.5	783.6	961.5	1 081.3
宁　夏	377.2	445.4	537.1	606.1	710.8	889.2	1 098.5	1 334.6
新　疆	1 612.7	1 886.4	2 209.1	2 604.2	3 045.3	3 523.2	4 203.4	4 273.6

注:本表取自2010《中国统计摘要》。